Statistiques de l'OCDE sur l'investissement direct international 2019

2009-2018

OCDE
DES POLITIQUES MEILLEURES
POUR UNE VIE MEILLEURE

Cet ouvrage est publié sous la responsabilité du Secrétaire général de l'OCDE. Les opinions et les interprétations exprimées ne reflètent pas nécessairement les vues officielles des pays membres de l'OCDE.

Ce document, ainsi que les données et cartes qu'il peut comprendre, sont sans préjudice du statut de tout territoire, de la souveraineté s'exerçant sur ce dernier, du tracé des frontières et limites internationales, et du nom de tout territoire, ville ou région.

Les données statistiques concernant Israël sont fournies par et sous la responsabilité des autorités israéliennes compétentes. L'utilisation de ces données par l'OCDE est sans préjudice du statut des hauteurs du Golan, de Jérusalem-Est et des colonies de peuplement israéliennes en Cisjordanie aux termes du droit international.

Note de la Turquie
Les informations figurant dans ce document qui font référence à « Chypre » concernent la partie méridionale de l'Ile. Il n'y a pas d'autorité unique représentant à la fois les Chypriotes turcs et grecs sur l'Ile. La Turquie reconnaît la République Turque de Chypre Nord (RTCN). Jusqu'à ce qu'une solution durable et équitable soit trouvée dans le cadre des Nations Unies, la Turquie maintiendra sa position sur la « question chypriote ».

Note de tous les États de l'Union européenne membres de l'OCDE et de l'Union européenne
La République de Chypre est reconnue par tous les membres des Nations Unies sauf la Turquie. Les informations figurant dans ce document concernent la zone sous le contrôle effectif du gouvernement de la République de Chypre.

Merci de citer cet ouvrage comme suit :
OCDE (2020), *Statistiques de l'OCDE sur l'investissement direct international 2019*, Éditions OCDE, Paris, *https://doi.org/10.1787/g2g9fb44-fr*.

ISBN 978-92-64-31326-2 (imprimé)
ISBN 978-92-64-31327-9 (pdf)

Statistiques de l'OCDE sur l'investissement direct international
ISSN 2223-6708 (imprimé)
ISSN 2223-6716 (en ligne)

Les corrigenda des publications sont disponibles sur : *www.oecd.org/about/publishing/corrigenda.htm*.

Table des matières

Signes et abréviations conventionnels 9

Comparaisons internationales 11
1. Flux d'investissement direct étranger entrant, dollars des ÉU 12
2. Flux d'investissement direct étranger sortant, dollars des ÉU 13
3. Flux d'investissement direct étranger entrant en pourcentage du PIB 14
4. Flux d'investissement direct étranger sortant en pourcentage du PIB 15
5. Encours d'investissement direct étranger entrant (stocks), dollars des ÉU 16
6. Encours d'investissement direct étranger sortant (stocks), dollars des ÉU 17
7. Encours d'investissement direct étranger entrant (stocks) en pourcentage du PIB 18
8. Encours d'investissement direct étranger sortant (stocks) en pourcentage du PIB 19
9. Revenus d'Investissement direct étranger entrant, dollars des EU 20
10. Revenus d'Investissement direct étranger sortant, dollars des EU 21
11. Revenus d'Investissement direct étranger entrant en pourcentage du PIB 22
12. Revenus d'Investissement direct étranger sortant en pourcentage du PIB 23

Tableaux par pays 25

Australie
1. Flux d'investissement direct étranger par pays 26
2. Encours des investissements directs étrangers par pays 28
3. Revenus des investissements directs étrangers par pays 30
4. Investissement direct étranger : flux par secteur industriel 32
5. Encours des investissement directs étrangers par secteur industriel 33
6. Revenus des investissements directs étrangers par secteur industriel 34

Autriche
1. Flux d'investissement direct étranger par pays 35
2. Encours des investissements directs étrangers par pays 37
3. Revenus des investissements directs étrangers par pays 39
4. Investissement direct étranger : flux par secteur industriel 41
5. Encours des investissement directs étrangers par secteur industriel 42
6. Revenus des investissements directs étrangers par secteur industriel 43

Belgique
1. Flux d'investissement direct étranger par pays 44
2. Encours des investissements directs étrangers par pays 46
3. Revenus des investissements directs étrangers par pays 48
4. Investissement direct étranger : flux par secteur industriel 50
5. Encours des investissement directs étrangers par secteur industriel 51
6. Revenus des investissements directs étrangers par secteur industriel 52

Canada
1. Flux d'investissement direct étranger par pays 53
2. Encours des investissements directs étrangers par pays 55
3. Revenus des investissements directs étrangers par pays 57
4. Investissement direct étranger : flux par secteur industriel 59

5. Encours des investissement directs étrangers par secteur industriel. 60
6. Revenus des investissements directs étrangers par secteur industriel. 61

République tchèque
1. Flux d'investissement direct étranger par pays. 62
2. Encours des investissements directs étrangers par pays. 64
3. Revenus des investissements directs étrangers par pays. 66
4. Investissement direct étranger : flux par secteur industriel. 68
5. Encours des investissement directs étrangers par secteur industriel. 69
6. Revenus des investissements directs étrangers par secteur industriel. 70

Danemark
1. Flux d'investissement direct étranger par pays. 71
2. Encours des investissements directs étrangers par pays. 73
3. Revenus des investissements directs étrangers par pays. 75
4. Investissement direct étranger : flux par secteur industriel. 77
5. Encours des investissement directs étrangers par secteur industriel. 78
6. Revenus des investissements directs étrangers par secteur industriel. 79

Estonie
1. Flux d'investissement direct étranger par pays. 80
2. Encours des investissements directs étrangers par pays. 82
3. Revenus des investissements directs étrangers par pays. 84
4. Investissement direct étranger : flux par secteur industriel. 86
5. Encours des investissement directs étrangers par secteur industriel. 87
6. Revenus des investissements directs étrangers par secteur industriel. 88

Finlande
1. Flux d'investissement direct étranger par pays. 89
2. Encours des investissements directs étrangers par pays. 91
3. Revenus des investissements directs étrangers par pays. 93
4. Investissement direct étranger : flux par secteur industriel. 95
5. Encours des investissement directs étrangers par secteur industriel. 96
6. Revenus des investissements directs étrangers par secteur industriel. 97

France
1. Flux d'investissement direct étranger par pays. 98
2. Encours des investissements directs étrangers par pays. 100
3. Revenus des investissements directs étrangers par pays. 102
4. Investissement direct étranger : flux par secteur industriel. 104
5. Encours des investissement directs étrangers par secteur industriel. 105
6. Revenus des investissements directs étrangers par secteur industriel. 106

Allemagne
1. Flux d'investissement direct étranger par pays. 107
2. Encours des investissements directs étrangers par pays. 109
3. Revenus des investissements directs étrangers par pays. 111
4. Investissement direct étranger : flux par secteur industriel. 113
5. Encours des investissement directs étrangers par secteur industriel. 114
6. Revenus des investissements directs étrangers par secteur industriel. 115

Grèce
1. Flux d'investissement direct étranger par pays. 116
2. Encours des investissements directs étrangers par pays. 118
3. Revenus des investissements directs étrangers par pays. 120
4. Investissement direct étranger : flux par secteur industriel. 122

5. Encours des investissement directs étrangers par secteur industriel. 123
6. Revenus des investissements directs étrangers par secteur industriel. 124

Hongrie
1. Flux d'investissement direct étranger par pays. 125
2. Encours des investissements directs étrangers par pays. 127
3. Revenus des investissements directs étrangers par pays. 129
4. Investissement direct étranger : flux par secteur industriel. 131
5. Encours des investissement directs étrangers par secteur industriel. 132
6. Revenus des investissements directs étrangers par secteur industriel. 133

Islande
1. Flux d'investissement direct étranger par pays. 134
2. Encours des investissements directs étrangers par pays. 136
3. Revenus des investissements directs étrangers par pays. 138
4. Investissement direct étranger : flux par secteur industriel. 140
5. Encours des investissement directs étrangers par secteur industriel. 141
6. Revenus des investissements directs étrangers par secteur industriel. 142

Irlande
1. Flux d'investissement direct étranger par pays. 143
2. Encours des investissements directs étrangers par pays. 145
3. Revenus des investissements directs étrangers par pays. 147
4. Investissement direct étranger : flux par secteur industriel. 149
5. Encours des investissement directs étrangers par secteur industriel. 150
6. Revenus des investissements directs étrangers par secteur industriel. 151

Israël
1. Flux d'investissement direct étranger par pays. 152
2. Encours des investissements directs étrangers par pays. 154
4. Investissement direct étranger : flux par secteur industriel. 156
5. Encours des investissement directs étrangers par secteur industriel. 157

Italie
1. Flux d'investissement direct étranger par pays. 158
2. Encours des investissements directs étrangers par pays. 160
3. Revenus des investissements directs étrangers par pays. 162
4. Investissement direct étranger : flux par secteur industriel. 164
5. Encours des investissement directs étrangers par secteur industriel. 165
6. Revenus des investissements directs étrangers par secteur industriel. 166

Japon
1. Flux d'investissement direct étranger par pays. 167
2. Encours des investissements directs étrangers par pays. 169
3. Revenus des investissements directs étrangers par pays. 171
4. Investissement direct étranger : flux par secteur industriel. 173
5. Encours des investissement directs étrangers par secteur industriel. 174
6. Revenus des investissements directs étrangers par secteur industriel. 175

Corée
1. Flux d'investissement direct étranger par pays. 176
2. Encours des investissements directs étrangers par pays. 178
3. Revenus des investissements directs étrangers par pays. 180
4. Investissement direct étranger : flux par secteur industriel. 182
5. Encours des investissement directs étrangers par secteur industriel. 183
6. Revenus des investissements directs étrangers par secteur industriel. 184

Lettonie
1. Flux d'investissement direct étranger par pays. 185
2. Encours des investissements directs étrangers par pays. 187
3. Revenus des investissements directs étrangers par pays. 189
4. Investissement direct étranger : flux par secteur industriel. 191
5. Encours des investissement directs étrangers par secteur industriel. 192
6. Revenus des investissements directs étrangers par secteur industriel. 193

Lituanie
1. Flux d'investissement direct étranger par pays. 194
2. Encours des investissements directs étrangers par pays. 196
3. Revenus des investissements directs étrangers par pays. 198
4. Investissement direct étranger : flux par secteur industriel. 200
5. Encours des investissement directs étrangers par secteur industriel. 201
6. Revenus des investissements directs étrangers par secteur industriel. 202

Luxembourg
1. Flux d'investissement direct étranger par pays. 203
2. Encours des investissements directs étrangers par pays. 205
3. Revenus des investissements directs étrangers par pays. 207
4. Investissement direct étranger : flux par secteur industriel. 209
5. Encours des investissement directs étrangers par secteur industriel. 210
6. Revenus des investissements directs étrangers par secteur industriel. 211

Mexique
1. Flux d'investissement direct étranger par pays. 212
2. Encours des investissements directs étrangers par pays. 214
4. Investissement direct étranger : flux par secteur industriel. 216
5. Encours des investissement directs étrangers par secteur industriel. 217

Pays-Bas
1. Flux d'investissement direct étranger par pays. 218
2. Encours des investissements directs étrangers par pays. 220
3. Revenus des investissements directs étrangers par pays. 222
4. Investissement direct étranger : flux par secteur industriel. 224
5. Encours des investissement directs étrangers par secteur industriel. 225
6. Revenus des investissements directs étrangers par secteur industriel. 226

Nouvelle-Zélande
1. Flux d'investissement direct étranger par pays. 227
2. Encours des investissements directs étrangers par pays. 229
3. Revenus des investissements directs étrangers par pays. 231
4. Investissement direct étranger : flux par secteur industriel. 233
5. Encours des investissement directs étrangers par secteur industriel. 234
6. Revenus des investissements directs étrangers par secteur industriel. 235

Norvège
1. Flux d'investissement direct étranger par pays. 236
2. Encours des investissements directs étrangers par pays. 238
3. Revenus des investissements directs étrangers par pays. 240
4. Investissement direct étranger : flux par secteur industriel. 242
5. Encours des investissement directs étrangers par secteur industriel. 243
6. Revenus des investissements directs étrangers par secteur industriel. 244

Pologne
1. Flux d'investissement direct étranger par pays. 245
2. Encours des investissements directs étrangers par pays. 247
3. Revenus des investissements directs étrangers par pays. 249
4. Investissement direct étranger : flux par secteur industriel. 251
5. Encours des investissement directs étrangers par secteur industriel. 252
6. Revenus des investissements directs étrangers par secteur industriel. 253

Portugal
1. Flux d'investissement direct étranger par pays. 254
2. Encours des investissements directs étrangers par pays. 256
3. Revenus des investissements directs étrangers par pays. 258
4. Investissement direct étranger : flux par secteur industriel. 260
5. Encours des investissement directs étrangers par secteur industriel. 261
6. Revenus des investissements directs étrangers par secteur industriel. 262

République slovaque
1. Flux d'investissement direct étranger par pays. 263
2. Encours des investissements directs étrangers par pays. 265
3. Revenus des investissements directs étrangers par pays. 267
4. Investissement direct étranger : flux par secteur industriel. 269
5. Encours des investissement directs étrangers par secteur industriel. 270
6. Revenus des investissements directs étrangers par secteur industriel. 271

Slovénie
1. Flux d'investissement direct étranger par pays. 272
2. Encours des investissements directs étrangers par pays. 274
3. Revenus des investissements directs étrangers par pays. 276
4. Investissement direct étranger : flux par secteur industriel. 278
5. Encours des investissement directs étrangers par secteur industriel. 279
6. Revenus des investissements directs étrangers par secteur industriel. 280

Espagne
1. Flux d'investissement direct étranger par pays. 281
2. Encours des investissements directs étrangers par pays. 283
3. Revenus des investissements directs étrangers par pays. 285
4. Investissement direct étranger : flux par secteur industriel. 287
5. Encours des investissement directs étrangers par secteur industriel. 288
6. Revenus des investissements directs étrangers par secteur industriel. 289

Suède
1. Flux d'investissement direct étranger par pays. 290
2. Encours des investissements directs étrangers par pays. 292
3. Revenus des investissements directs étrangers par pays. 294
4. Investissement direct étranger : flux par secteur industriel. 296
5. Encours des investissement directs étrangers par secteur industriel. 297
6. Revenus des investissements directs étrangers par secteur industriel. 298

Suisse
1. Flux d'investissement direct étranger par pays. 299
2. Encours des investissements directs étrangers par pays. 301
3. Revenus des investissements directs étrangers par pays. 303
4. Investissement direct étranger : flux par secteur industriel. 305
5. Encours des investissement directs étrangers par secteur industriel. 306
6. Revenus des investissements directs étrangers par secteur industriel. 307

Turquie

1. Flux d'investissement direct étranger par pays. 308
2. Encours des investissements directs étrangers par pays. 310
3. Revenus des investissements directs étrangers par pays. 312
4. Investissement direct étranger : flux par secteur industriel. 314
5. Encours des investissement directs étrangers par secteur industriel. 315
6. Revenus des investissements directs étrangers par secteur industriel. 316

Royaume-Uni

1. Flux d'investissement direct étranger par pays. 317
2. Encours des investissements directs étrangers par pays. 319
3. Revenus des investissements directs étrangers par pays. 321
4. Investissement direct étranger : flux par secteur industriel. 323
5. Encours des investissement directs étrangers par secteur industriel. 324
6. Revenus des investissements directs étrangers par secteur industriel. 325

États-Unis

1. Flux d'investissement direct étranger par pays. 326
2. Encours des investissements directs étrangers par pays. 328
3. Revenus des investissements directs étrangers par pays. 330
4. Investissement direct étranger : flux par secteur industriel. 332
5. Encours des investissement directs étrangers par secteur industriel. 333
6. Revenus des investissements directs étrangers par secteur industriel. 334

Signes et abréviations conventionnels

Les données incluses dans cette publication sont actualisées au 28 février 2020.

Les flux et encours d'IDE sont convertis aux taux de change moyens annuels et taux de change de fin de période, respectivement. Les données en monnaie nationale sont disponibles et accessibles sur: *http:/dx.doi.org/10.1787/idi-data-fr*.

Signes et abréviations

..	Non disponible
.	Point décimal
|	Rupture de série
c	Donnée confidentielle
d	Confidentialité secondaire
-	Néant

Pays déclarants et partenaires

OECD totale	L'agrégat OCDE correspond aux pays membres pour la période considerée. 2010-2015 : 34 pays membres 2016-2017 : 35 pays membres, Lettonie inclut 2018 : 36 pays membres, Lituanie inclut
Union européenne	UE27 de 2007 à 2012 et UE28 à pârtir de 2013.
Pays ANASE	Association des Nations d'Asie du Sud-Est. Brunei Darussalam, Cambodge, Indonésie, Myanmar, Malaisie, Philippines, République démocratique populaire lao, Singapour, Thaïlande, Viet Nam

Comparaisons internationales

Tableau 1. Flux d'investissement direct étranger entrant, dollars des ÉU

Millions de dollars des ÉU

	2009	2010	2011	2012	2013	2014	2015	2016	2017	2018
Australie[1]	31 668	36 442	58 907	59 540	56 273	58 505	28 274	45 519	42 289	60 425
Autriche[2]	9 397	2 728	10 820	4 003	5 813	4 800	1 295	-8 401	14 926	2 211
Belgique	62 847	132 604	241 730	-26 383	-68 019	-41 191	-70 573	59 185	5 149	17 088
Canada	22 733	28 399	39 667	43 118	69 371	59 008	43 853	36 062	26 518	43 450
Chili[2]	..	..	..	30 428	21 015	23 100	20 913	12 345	6 053	5 704
République tchèque[1]	2 929	6 147	2 323	8 000	3 641	5 492	465	9 814	9 518	9 479
Danemark[2]	1 428	-9 179	11 457	644	1 045	4 680	3 617	235	3 749	2 406
Estonie	1 840	1 509	1 006	1 566	771	684	36	1 058	1 917	1 474
Finlande[1]	718	7 359	2 552	4 156	-106 |	18 547	2 109	8 573	2 858	-4 030
France[1]	30 735	13 891	31 671	16 069	34 264	2 669	45 355	23 055	29 812	37 286
Allemagne[1]	23 807	65 646	67 573	28 190	12 799 |	-3 005	30 563	12 614	33 190	11 917
Grèce[1]	2 437	330	1 144	1 741	2 817	2 683	1 268	2 762	3 477	3 971
Hongrie[2]	2 175	2 355	6 553	14 625	3 587	7 967	-14 545	-5 439	3 667	8 387
Islande[2]	79	245	1 107	1 025	397	447	709	-427	-41	-282
Irlande	25 717	42 807	23 566	48 901 |	50 585	48 186	217 820	39 377	52 722	-28 073
Israël[1, 3]	4 607	6 985	8 653	9 018	11 842	6 049	11 336	11 988	18 169	20 789
Italie[1]	20 078	9 179	34 355	93	24 267 |	23 224	19 631	28 441	23 996	32 866
Japon	11 939	-1 252	-1 757	1 732	2 303	10 622	-2 251	19 357	10 976	9 856
Corée	9 022	9 497	9 773	9 496	6 083 |	-917	3 076	7 415	12 699	12 183
Lettonie[1]	-21	420	1 469	1 113	901	893	734	257	667	995
Lituanie	-448	1 020	1 801	802	519	-183	1 054	436	1 027	1 093
Luxembourg[2]	20 667	35 661	13 302	19 997 |	19 332	24 645	32 757	24 391	-7 056	-20 083
Mexique[2]	17 967	27 157	25 571	21 775	48 214	30 261	35 648	30 644	33 596	33 615
Pays-Bas[2]	38 748	-7 185	24 391	20 121	51 096	45 018	178 950	30 645	60 231	114 235
Nouvelle-Zélande[1]	701	-61	4 229	3 502	1 860	2 437	-309	2 844	2 429	1 945
Norvège	16 637	17 043	20 608	16 655	-5 916 |	19 504	-2 515	-3 900	-5 922	226
Pologne	11 892	12 799	18 290	7 130	2 734	17 509	11 819	17 329	9 507	15 609
Portugal[2]	1 342	1 517	5 997	8 157	8 216	4 560	9 180	5 734	6 368	5 919
République slovaque[1]	-7	1 770	2 146	2 826	-604	-512	106	805	4 008	1 183
Slovénie[1]	-477	106	1 088	339	-151	1 050	1 675	1 245	896	1 368
Espagne	13 632	40 331	32 412	24 667	28 342	22 571	8 557	31 538	38 724	44 982
Suède	10 095	141	12 946	16 349	4 125	4 032	8 395	19 153	14 252	3 355
Suisse	28 945	28 750	25 857	28 969	646	9 352 |	75 289	88 619	107 321	-53 150
Turquie[1]	8 585	9 086	16 136	13 743	13 565	12 973	18 903	13 707	11 478	13 025
Royaume-Uni	89 796	58 180	42 196	55 626	51 673	24 704	39 189	258 570	101 290	65 285
États-Unis[1]	157 737	210 544	242 155	211 467	217 274	211 985	481 502	486 022	291 898	268 441
OCDE total	**679 946**	**792 970**	**1 041 691**	**709 198**	**680 574**	**662 350**	**1 243 884**	**1 311 573**	**972 358**	**745 147**
Union européenne[4]	**444 794**	**465 501**	**643 372**	**335 621**	**271 038**	**279 168**	**568 578**	**581 171**	**445 532**	**348 936**
G20	**698 373**	**905 575**	**1 067 278**	**889 353**	**1 013 453**	**866 361**	**1 130 330**	**1 288 358**	**951 852**	**949 916**
dont :										
G20 - Pays non-OCDE	**274 307**	**438 805**	**501 032**	**428 504**	**477 367**	**436 332**	**386 589**	**326 953**	**334 110**	**361 568**
Argentine	4 017	11 333	10 840	15 324	9 822	5 065	11 759	3 260	11 517	11 873
Brésil	25 949	77 687	97 422	82 060	59 089	63 846	49 961	53 700	66 585	59 802
Chine	131 057	243 703	280 072	241 214	290 928	268 097	242 489	174 750	166 084	203 492
Inde	35 582	27 397	36 497	23 995	28 153	34 577	44 009	44 459	39 966	42 117
Indonésie	4 878	13 771	19 241	19 138	18 817	21 811	16 641	3 921	20 579	21 474
Fédération de Russie	27 752	31 668	36 868	30 188	53 397	29 152	11 858	37 176	25 954	13 228
Arabie saoudite	36 458	29 233	16 308	12 182	8 865	8 012	8 141	7 453	1 419	4 247
Afrique du Sud	8 614	4 015	3 785	4 403	8 296	5 772	1 729	2 235	2 007	5 334
Monde	**1 249 049**	**1 573 527**	**1 927 303**	**1 550 614**	**1 514 040**	**1 519 412**	**2 088 370**	**2 031 733**	**1 717 378**	**1 442 185**

.. Non disponible ; | Rupture de série

Note : Voir les métadonnées détaillées sur : *http://stats.oecd.org/OECDStat_Metadata/ShowMetadata.ashx?Dataset=FDI_AGGR_SUMM&lang=fr.*

1. Les entités à vocation spéciale résidentes sont inexisistantes ou peu significatives.
2. Les données excluent les entités à vocation spéciales.
3. Informations sur les données concernant Israël : *http://oe.cd/israel-disclaimer.*
4. UE27 de 2007 à 2012 et UE28 à partir de 2013.

Source : Statistiques de l'OCDE sur l'investissement direct international (base de données) : https://doi.org/10.1787/idi-data-fr

Tableau 2. Flux d'investissement direct étranger sortant, dollars des ÉU

Millions de dollars des ÉU

	2009	2010	2011	2012	2013	2014	2015	2016	2017	2018
Australie[1]	16 409	19 803	1 716	7 889	1 441	18 184	-10 220	328	3 320	3 634
Autriche[2]	11 038	9 548	22 004	13 060	15 598	-665	6 915	-1 323	10 679	5 941
Belgique	40 454	60 335	54 135	79 719	26 217	26 189	57 563	36 337	33 528	27 647
Canada	39 660	34 721	52 144	55 875	57 364	60 273	67 467	69 518	78 338	49 869
Chili[2]	..	..	..	20 837	9 996	13 146	15 886	6 584	5 417	1 498
République tchèque[1]	950	1 168	-328	1 794	4 021	1 620	2 488	2 182	7 557	5 277
Danemark[2]	3 690	1 368	11 278	7 349	7 162	8 249	9 424	10 112	9 520	1 137
Estonie	1 375	167	-1 455	1 054	516	42	182	486	873	49
Finlande[1]	5 597	10 189	5 016	7 546	-2 306 |	1 742	-16 080	23 695	-738	11 363
France[1]	100 872	48 158	51 462	35 453	20 365	49 785	53 206	64 785	41 271	102 408
Allemagne[1]	68 548	125 453	78 002	62 188	39 505 |	83 977	99 023	60 344	88 075	63 280
Grèce[1]	2 055	1 558	1 774	678	-785	3 015	1 578	-1 665	168	477
Hongrie[2]	1 881	1 234	4 804	11 802	1 943	3 854	-16 118	-8 272	1 228	5 059
Islande[2]	2 248	-2 368	18	-3 205	460	-257	-31	-1 147	-208	118
Irlande	26 617	22 350	-1 166	22 557 |	29 164	41 182	168 443	30 055	-2 043	723
Israël[1, 3]	1 751	7 944	7 401	2 276	3 858	4 526	10 969	14 579	6 153	6 117
Italie[1]	21 277	32 657	53 677	7 992	25 130 |	26 327	21 640	16 165	24 478	32 673
Japon	74 699	56 276	107 550	122 514	135 745	129 157	128 698	155 923	164 658	143 142
Corée	17 436	28 280	29 705	30 632	31 488 |	19 994	18 490	30 508	51 044	38 220
Lettonie[1]	-63	20	61	193	413	517	68	147	132	190
Lituanie	555	42	750	540	132	9	369	51	68	671
Luxembourg[2]	6 709	20 842	9 052	805 |	23 917	37 271	27 033	21 752	30 564	2 016
Mexique[2]	9 861	14 372	13 282	22 882	15 544	6 332	10 663	628	3 833	7 831
Pays-Bas[2]	26 267	68 363	34 818	6 174	69 690	53 951	247 681	156 445	46 683	-18 830
Nouvelle-Zélande[1]	-1 001	716	2 682	-433	530	472	-59	196	227	425
Norvège	19 159	23 238	19 901	19 791	6 213 |	32 939	30 947	3 092	-7 415	11 405
Pologne	3 657	6 148	3 677	-2 660	-1 346	4 598	1 928	13 122	1 878	965
Portugal[2]	878	-10 064	13 627	-8 474	769	-3 260	4 810	980	-1 141	402
République slovaque[1]	904	946	491	-73	-313	43	6	95	1 323	234
Slovénie[1]	214	-19	200	-258	-214	275	267	290	338	267
Espagne	16 334	38 393	45 248	-2 479	14 294	36 743	41 917	43 902	52 238	27 058
Suède	26 205	20 364	29 912	28 977	30 279	9 162	13 045	4 703	25 512	16 818
Suisse	26 428	85 718	48 098	43 572	38 568	-47 |	88 759	122 101	30 144	60 781
Turquie[1]	1 553	1 469	2 330	4 106	3 536	6 681	4 812	2 892	2 634	3 607
Royaume-Uni	28 993	48 075	95 578	20 767	40 483	-151 368	-66 827	-37 587	117 605	41 415
États-Unis[1]	309 252	296 334	415 271	338 363	321 937	347 658	279 471	309 901	321 822	-68 407
OCDE total	**912 463**	**1 073 799**	**1 212 717**	**959 800**	**971 315**	**872 316**	**1 304 412**	**1 151 902**	**1 149 762**	**585 481**
Union européenne[4]	**451 890**	**542 921**	**555 940**	**360 965**	**366 085**	**294 154**	**697 209**	**437 018**	**499 967**	**320 099**
G20	**779 344**	**850 148**	**1 033 844**	**815 939**	**856 607**	**814 823**	**821 722**	**918 907**	**1 117 533**	**582 441**
dont :										
G20 - Pays non-OCDE	**90 784**	**144 550**	**133 127**	**107 278**	**164 068**	**217 823**	**215 298**	**245 504**	**220 454**	**164 768**
Argentine	712	965	1 488	1 055	890	1 921	875	1 787	1 156	1 802
Brésil	-10 084	22 060	11 062	-8 425	-478	-3 261	-11 643	-5 901	19 040	-16 336
Chine	43 890	57 954	48 421	64 963	72 971	123 130	174 391	216 424	138 293	96 472
Inde	16 068	15 968	12 608	8 553	1 765	11 686	7 514	5 047	11 090	11 418
Indonésie	2 249	2 664	7 713	5 422	6 647	7 077	5 937	-12 215	2 077	8 052
Fédération de Russie	34 450	41 116	48 635	28 423	70 685	64 203	27 090	26 951	34 153	35 820
Arabie saoudite	2 177	3 907	3 430	4 402	4 943	5 396	5 390	8 936	7 280	22 987
Afrique du Sud	1 322	-84	-229	2 886	6 646	7 671	5 744	4 474	7 366	4 552
Monde	**1 193 087**	**1 450 621**	**1 597 719**	**1 316 062**	**1 366 292**	**1 423 298**	**1 734 613**	**1 580 387**	**1 586 980**	**887 715**

.. Non disponible ; | Rupture de série

Note : Voir les métadonnées détaillées sur : *http://stats.oecd.org/OECDStat_Metadata/ShowMetadata.ashx?Dataset=FDI_AGGR_SUMM&lang=fr.*

1. Les entités à vocation spéciale résidentes sont inexisistantes ou peu significatives.
2. Les données excluent les entités à vocation spéciales.
3. Informations sur les données concernant Israël : *http://oe.cd/israel-disclaimer.*
4. UE27 de 2007 à 2012 et UE28 à partir de 2013.

Source : Statistiques de l'OCDE sur l'investissement direct international (base de données) : https://doi.org/10.1787/idi-data-fr

Tableau 3. Flux d'investissement direct étranger entrant en pourcentage du PIB

Pourcentage

	2009	2010	2011	2012	2013	2014	2015	2016	2017	2018
Australie[1]	3.1	2.8	3.8	3.7	3.6	4.0	2.3	3.5	3.0	4.2
Autriche[2]	2.3	0.7	2.5	1.0	1.4	1.1	0.3	-2.1	3.6	0.5
Belgique	13.0	27.4	45.9	-5.3	-13.1	-7.8	-15.5	12.6	1.0	3.2
Canada	1.7	1.8	2.2	2.4	3.8	3.3	2.8	2.4	1.6	2.5
Chili[2]	..	..	..	11.4	7.5	8.9	8.6	4.9	2.2	1.9
République tchèque[1]	1.4	3.0	1.0	3.9	1.7	2.6	0.2	5.0	4.4	3.9
Danemark[2]	0.4	-2.9	3.3	0.2	0.3	1.3	1.2	0.1	1.1	0.7
Estonie	9.4	7.7	4.3	6.8	3.1	2.6	0.2	4.4	7.2	4.9
Finlande[1]	0.3	3.0	0.9	1.6	0.0 |	6.8	0.9	3.6	1.1	-1.5
France[1]	1.1	0.5	1.1	0.6	1.2	0.1	1.9	0.9	1.2	1.3
Allemagne[1]	0.7	1.9	1.8	0.8	0.3 |	-0.1	0.9	0.4	0.9	0.3
Grèce[1]	0.7	0.1	0.4	0.7	1.2	1.1	0.6	1.4	1.7	1.8
Hongrie[2]	1.7	1.8	4.7	11.4	2.7	5.7	-11.8	-4.3	2.6	5.4
Islande[2]	0.6	1.8	7.3	7.0	2.5	2.5	4.1	-2.1	-0.2	-1.1
Irlande	10.9	19.3	9.9	21.7 |	21.2	18.6	74.7	13.1	15.7	-7.3
Israël[1, 3]	2.2	3.0	3.3	3.5	4.0	2.0	3.8	3.8	5.1	5.6
Italie[1]	0.9	0.4	1.5	0.0	1.1 |	1.1	1.1	1.5	1.2	1.6
Japon	0.2	0.0	0.0	0.0	0.0	0.2	-0.1	0.4	0.2	0.2
Corée	1.0	0.9	0.8	0.8	0.5 |	-0.1	0.2	0.5	0.8	0.8
Lettonie[1]	-0.1	1.8	5.2	4.0	3.0	2.8	2.7	0.9	2.2	2.9
Lituanie	-1.2	2.7	4.1	1.9	1.1	-0.4	2.5	1.0	2.2	2.1
Luxembourg[2]	40.2	67.0	22.2	35.3 |	31.3	37.3	56.7	40.2	-11.0	-28.3
Mexique[2]	2.0	2.6	2.2	1.8	3.8	2.3	3.0	2.8	2.9	2.7
Pays-Bas[2]	4.5	-0.8	2.7	2.4	5.8	5.1	23.4	3.9	7.2	12.5
Nouvelle-Zélande[1]	0.6	0.0	2.5	2.0	1.0	1.2	-0.2	1.5	1.2	0.9
Norvège	4.3	4.0	4.1	3.3	-1.1 |	3.9	-0.7	-1.1	-1.5	0.1
Pologne	2.7	2.7	3.5	1.4	0.5	3.2	2.5	3.7	1.8	2.7
Portugal[2]	0.6	0.6	2.4	3.8	3.6	2.0	4.6	2.8	2.9	2.5
République slovaque[1]	0.0	2.0	2.2	3.0	-0.6	-0.5	0.1	0.9	4.2	1.1
Slovénie[1]	-0.9	0.2	2.1	0.7	-0.3	2.1	3.9	2.8	1.8	2.5
Espagne	0.9	2.8	2.2	1.9	2.1	1.6	0.7	2.6	3.0	3.2
Suède	2.3	0.0	2.3	3.0	0.7	0.7	1.7	3.7	2.6	0.6
Suisse	5.3	4.9	3.7	4.3	0.1	1.3 |	11.1	13.2	15.8	-7.5
Turquie[1]	1.3	1.2	1.9	1.6	1.4	1.4	2.2	1.6	1.3	1.7
Royaume-Uni	3.7	2.4	1.6	2.1	1.9	0.8	1.4	9.7	3.8	2.3
États-Unis[1]	1.1	1.4	1.6	1.3	1.3	1.2	2.6	2.6	1.5	1.3
OCDE total	**1.6**	**1.8**	**2.2**	**1.5**	**1.4**	**1.3**	**2.7**	**2.7**	**1.9**	**1.4**
Union européenne[4]	**2.6**	**2.8**	**3.6**	**2.0**	**1.5**	**1.5**	**3.5**	**3.5**	**2.6**	**1.9**
G20	**1.5**	**1.8**	**1.9**	**1.5**	**1.7**	**1.4**	**1.9**	**2.2**	**1.5**	**1.4**
dont :										
G20 - Pays non-OCDE	**2.5**	**3.2**	**3.0**	**2.4**	**2.5**	**2.2**	**2.1**	**1.7**	**1.6**	**1.6**
Argentine	1.2	2.7	2.0	2.6	1.6	0.9	1.8	0.6	1.8	2.3
Brésil	1.6	3.5	3.7	3.3	2.4	2.6	2.8	3.0	3.2	3.1
Chine	2.6	4.0	3.7	2.8	3.0	2.6	2.2	1.6	1.4	1.5
Inde	2.7	1.6	2.0	1.3	1.5	1.7	2.1	2.0	1.5	1.6
Indonésie	0.8	1.8	2.2	2.1	2.1	2.4	1.9	0.4	2.0	2.1
Fédération de Russie	2.1	1.9	1.8	1.4	2.3	1.4	0.9	2.9	1.6	0.8
Arabie saoudite	8.5	5.5	2.4	1.7	1.2	1.1	1.2	1.2	0.2	0.5
Afrique du Sud	2.9	1.1	0.9	1.1	2.3	1.6	0.5	0.8	0.6	1.4

.. Non disponible ; | Rupture de série

Note : Voir les métadonnées détaillées sur : *http://stats.oecd.org/OECDStat_Metadata/ShowMetadata.ashx?Dataset=FDI_AGGR_SUMM&lang=fr.*

1. Les entités à vocation spéciale résidentes sont inexisistantes ou peu significatives.
2. Les données excluent les entités à vocation spéciales.
3. Informations sur les données concernant Israël : *http://oe.cd/israel-disclaimer.*
4. UE27 de 2007 à 2012 et UE28 à partir de 2013.

Source : Statistiques de l'OCDE sur l'investissement direct international (base de données) : https://doi.org/10.1787/idi-data-fr

Tableau 4. Flux d'investissement direct étranger sortant en pourcentage du PIB

Pourcentage

	2009	2010	2011	2012	2013	2014	2015	2016	2017	2018
Australie[1]	1.6	1.5	0.1	0.5	0.1	1.2	-0.8	0.0	0.2	0.3
Autriche[2]	2.8	2.4	5.1	3.2	3.6	-0.2	1.8	-0.3	2.6	1.3
Belgique	8.3	12.5	10.3	16.0	5.0	4.9	12.6	7.7	6.8	5.2
Canada	2.9	2.1	2.9	3.1	3.1	3.3	4.3	4.5	4.7	2.9
Chili[2]	..	..	..	7.8	3.6	5.0	6.5	2.6	2.0	0.5
République tchèque[1]	0.5	0.6	-0.1	0.9	1.9	0.8	1.3	1.1	3.5	2.2
Danemark[2]	1.1	0.4	3.3	2.2	2.1	2.3	3.1	3.2	2.9	0.3
Estonie	7.0	0.9	-6.3	4.6	2.1	0.2	0.8	2.0	3.3	0.2
Finlande[1]	2.2	4.1	1.8	2.9	-0.9 |	0.6	-6.9	9.9	-0.3	4.1
France[1]	3.7	1.8	1.8	1.3	0.7	1.7	2.2	2.6	1.6	3.7
Allemagne[1]	2.0	3.7	2.1	1.8	1.1 |	2.2	2.9	1.7	2.4	1.6
Grèce[1]	0.6	0.5	0.6	0.3	-0.3	1.3	0.8	-0.9	0.1	0.2
Hongrie[2]	1.4	0.9	3.4	9.2	1.4	2.8	-13.1	-6.6	0.9	3.2
Islande[2]	17.1	-17.3	0.1	-21.8	2.9	-1.4	-0.2	-5.6	-0.9	0.5
Irlande	11.3	10.1	-0.5	10.0 |	12.2	15.9	57.8	10.0	-0.6	0.2
Israël[1, 3]	0.8	3.4	2.8	0.9	1.3	1.5	3.7	4.6	1.7	1.7
Italie[1]	1.0	1.5	2.3	0.4	1.2 |	1.2	1.2	0.9	1.3	1.6
Japon	1.4	1.0	1.7	2.0	2.6	2.7	2.9	3.2	3.4	2.9
Corée	1.9	2.6	2.5	2.5	2.4 |	1.4	1.3	2.2	3.3	2.4
Lettonie[1]	-0.2	0.1	0.2	0.7	1.4	1.7	0.3	0.5	0.4	0.5
Lituanie	1.5	0.1	1.7	1.3	0.3	0.0	0.9	0.1	0.1	1.3
Luxembourg[2]	13.1	39.2	15.1	1.4 |	38.7	56.4	46.8	35.8	47.7	2.8
Mexique[2]	1.1	1.4	1.1	1.9	1.2	0.5	0.9	0.1	0.3	0.6
Pays-Bas[2]	3.0	8.1	3.9	0.7	7.9	6.1	32.4	20.0	5.6	-2.1
Nouvelle-Zélande[1]	-0.8	0.5	1.6	-0.2	0.3	0.2	0.0	0.1	0.1	0.2
Norvège	5.0	5.4	4.0	3.9	1.2 |	6.6	8.0	0.8	-1.9	2.6
Pologne	0.8	1.3	0.7	-0.5	-0.3	0.8	0.4	2.8	0.4	0.2
Portugal[2]	0.4	-4.2	5.6	-3.9	0.3	-1.4	2.4	0.5	-0.5	0.2
République slovaque[1]	1.0	1.1	0.5	-0.1	-0.3	0.0	0.0	0.1	1.4	0.2
Slovénie[1]	0.4	0.0	0.4	-0.6	-0.4	0.6	0.6	0.6	0.7	0.5
Espagne	1.1	2.7	3.1	-0.2	1.1	2.7	3.5	3.6	4.0	1.9
Suède	6.0	4.1	5.2	5.3	5.2	1.6	2.6	0.9	4.7	3.0
Suisse	4.9	14.7	6.9	6.5	5.6	0.0 |	13.1	18.2	4.4	8.6
Turquie[1]	0.2	0.2	0.3	0.5	0.4	0.7	0.6	0.3	0.3	0.5
Royaume-Uni	1.2	2.0	3.6	0.8	1.5	-5.0	-2.3	-1.4	4.5	1.5
États-Unis[1]	2.1	2.0	2.7	2.1	1.9	2.0	1.5	1.7	1.6	-0.3
OCDE total	**2.1**	**2.4**	**2.5**	**2.0**	**2.0**	**1.8**	**2.8**	**2.4**	**2.3**	**1.1**
Union européenne[4]	**2.7**	**3.2**	**3.1**	**2.1**	**2.0**	**1.6**	**4.2**	**2.6**	**2.9**	**1.7**
G20	**1.7**	**1.7**	**1.8**	**1.4**	**1.4**	**1.3**	**1.4**	**1.6**	**1.8**	**0.9**
dont :										
G20 - Pays non-OCDE	**0.8**	**1.1**	**0.8**	**0.6**	**0.9**	**1.1**	**1.1**	**1.3**	**1.0**	**0.7**
Argentine	0.2	0.2	0.3	0.2	0.1	0.3	0.1	0.3	0.2	0.3
Brésil	-0.6	1.0	0.4	-0.3	0.0	-0.1	-0.6	-0.3	0.9	-0.9
Chine	0.9	1.0	0.6	0.8	0.8	1.2	1.6	1.9	1.1	0.7
Inde	1.2	0.9	0.7	0.5	0.1	0.6	0.4	0.2	0.4	0.4
Indonésie	0.4	0.4	0.9	0.6	0.7	0.8	0.7	-1.3	0.2	0.8
Fédération de Russie	2.6	2.5	2.4	1.3	3.1	3.1	2.0	2.1	2.2	2.3
Arabie saoudite	0.5	0.7	0.5	0.6	0.7	0.7	0.8	1.4	1.1	2.9
Afrique du Sud	0.4	0.0	-0.1	0.7	1.8	2.2	1.8	1.5	2.1	1.2

.. Non disponible ; | Rupture de série

Note : Voir les métadonnées détaillées sur : *http://stats.oecd.org/OECDStat_Metadata/ShowMetadata.ashx?Dataset=FDI_AGGR_SUMM&lang=fr.*

1. Les entités à vocation spéciale résidentes sont inexisistantes ou peu significatives.
2. Les données excluent les entités à vocation spéciales.
3. Informations sur les données concernant Israël : *http://oe.cd/israel-disclaimer.*
4. UE27 de 2007 à 2012 et UE28 à partir de 2013.

Source : Statistiques de l'OCDE sur l'investissement direct international (base de données) : https://doi.org/10.1787/idi-data-fr

Tableau 5. Encours d'investissement direct étranger entrant (stocks), dollars des ÉU
En fin d'année

Millions de dollars des ÉU

	2009	2010	2011	2012	2013	2014	2015	2016	2017	2018
Australie[1]	439 446	527 096	554 931	615 116	568 855	582 540	565 804	606 131	689 369	682 880
Autriche[2]	174 486	166 478	158 863	171 697	186 591	182 785	165 845	156 671	202 992	208 561
Belgique[2]	..	..	..	..	557 245	496 519	520 992	517 401	556 011	524 711
Canada	867 470	983 889	862 698	953 503	982 529	994 712	864 233	903 454	963 383	852 196
Chili[2]	..	..	..	204 206	212 208	221 722	230 607	248 731	274 329	268 335
République tchèque[1]	125 829	128 505	120 569	136 494	134 085	121 512	116 628	121 855	155 994	163 289
Danemark[2]	103 230	96 984	98 423	98 320	74 943	95 766	91 979	99 403	116 993	109 894
Estonie	15 842	15 551	16 349	18 934	22 017	20 900	18 918	19 667	23 927	24 828
Finlande[1]	85 169	85 855	89 226	96 636	88 807 |	93 047	81 660	79 930	89 987	71 500
France[1]	648 065	630 692	698 832	680 337	761 383	700 027	687 394	694 881	818 545	824 987
Allemagne[1]	965 014	959 200	988 551	863 410 |	955 168	862 213	795 496	792 321	954 491	939 148
Grèce[1]	42 101	35 025	29 058	24 763	25 850	24 567	26 951	24 615	33 404	34 851
Hongrie[2]	98 898	91 020	85 615	104 401	109 150	100 411	86 254	82 701	93 497	95 173
Islande[2]	8 622	11 784	12 656	10 367	7 367	7 889	7 851	9 841	10 130	9 138
Irlande	250 122	285 572	290 479	383 164 |	414 747	429 823	890 126	840 646	1 058 012	1 000 393
Israël[1, 3]	56 253	60 086	64 842	75 805	86 531	89 619	99 313	107 483	129 143	145 345
Italie[1]	364 456	328 055	355 108	363 586	364 965 |	352 482	340 477	352 626	424 743	426 411
Japon	200 151	214 890	225 785	205 754	170 713	171 664	174 146	196 614	202 441	204 780
Corée[2]	..	..	..	..	166 375	168 827	168 923	174 979	210 864	..
Lettonie[1]	11 520	10 869	12 062	13 488	15 905	15 117	14 729	14 316	17 543	17 407
Lituanie	14 713	15 339	16 027	17 574	19 323	16 699	15 846	16 048	19 555	19 501
Luxembourg[2]	..	..	..	150 904	160 575	186 660	195 665	185 281	177 377	149 785
Mexique[2]	339 043	389 571	383 699	458 834	489 685	491 707	501 999	473 424	490 574	511 275
Pays-Bas[2]	646 343	588 071	610 643	628 120	797 556	1 082 570	1 398 628 |	1 411 222	1 692 688	1 685 058
Nouvelle-Zélande[1]	56 459	57 364	64 433	71 579	75 344	76 622	66 479	69 960	75 308	75 158
Norvège[2]	..	..	..	..	190 836	173 127	147 487	147 524	145 488	134 928
Pologne[2]	167 381	187 602	164 424	198 953	229 167	211 951	183 869	186 735	238 990	228 337
Portugal[2]	92 569	90 878	92 308	105 726	132 122	123 728	123 513	123 644	151 948	147 944
République slovaque[1]	52 541	50 327	51 978	55 118	58 022	49 738	46 016	47 592	59 510	58 441
Slovénie[1]	11 276	10 667	11 490	12 202	12 269	12 385	12 642	13 672	16 739	17 348
Espagne[2]	..	..	..	..	638 731	587 426	553 237	556 756	664 646	684 770
Suède[2]	..	..	..	..	359 801	293 526	291 338	293 910	339 860	319 767
Suisse[2]	..	..	..	..	..	706 237	768 164	940 426	1 172 249	1 167 102
Turquie[1]	143 842	187 147	136 606	190 125	151 832	183 679	158 867	149 752	197 271	146 976
Royaume-Uni	1 026 351	1 068 143	1 157 485	1 440 525	1 512 648	1 581 494	1 530 652	1 460 578	1 805 842	1 930 435
États-Unis[1]	2 995 459	3 422 293	3 498 726	3 915 804	4 948 418	5 456 888	5 731 383	6 586 391	7 844 202	7 432 134
OCDE total	**12 320 529**	**13 202 264**	**13 472 121**	**14 735 462**	**16 360 526**	**16 966 523**	**17 674 113**	**18 707 180**	**22 118 046**	**21 523 648**
Union européenne[4]	**6 920 904**	**6 908 722**	**7 190 848**	**7 730 553**	**8 415 215**	**8 396 535**	**8 928 841**	**8 840 331**	**10 583 197**	**10 544 385**
G20	**10 803 768**	**12 322 432**	**12 785 891**	**13 905 842**	**15 408 778**	**15 964 718**	**15 843 916**	**17 113 749**	**19 464 679**	**18 955 534**
dont :										
G20 - Pays non-OCDE	**2 697 710**	**3 482 033**	**3 794 597**	**4 068 299**	**4 336 208**	**4 418 485**	**4 324 540**	**4 722 598**	**4 862 954**	**4 793 447**
Argentine	78 205	85 591	92 295	98 706	88 338	89 716	79 773	74 868	80 700	72 573
Brésil	367 183	640 330	649 126	664 208	627 789	601 490	429 843	563 539	623 021	568 741
Chine	1 314 771	1 569 604	1 906 908	2 068 027	2 331 238	2 599 102	2 696 344	2 755 147	2 725 662	2 762 349
Inde	171 437	205 603	206 373	224 987	226 549	265 838	282 617	318 320	377 287	386 172
Indonésie	..	160 735	184 804	211 635	230 799	217 487	222 410	249 859	231 492	225 501
Fédération de Russie	367 379	464 228	408 942	438 195	471 475	290 039	262 748	393 910	441 123	408 097
Arabie saoudite	148 089	176 378	186 758	199 032	207 897	215 909	224 050	231 502	227 566	231 603
Afrique du Sud	138 751	179 564	159 391	163 509	152 123	138 904	126 755	135 453	156 103	138 410
Monde	**18 265 115**	**20 383 056**	**21 299 846**	**23 439 786**	**25 713 952**	**26 752 536**	**27 569 831**	**29 298 301**	**33 793 193**	**33 318 997**

.. Non disponible ; | Rupture de série

Note : Voir les métadonnées détaillées sur : *http://stats.oecd.org/OECDStat_Metadata/ShowMetadata.ashx?Dataset=FDI_AGGR_SUMM&lang=fr.*

1. Les entités à vocation spéciale résidentes sont inexistantes ou peu significatives.
2. Les données excluent les entités à vocation spéciales.
3. Informations sur les données concernant Israël : *http://oe.cd/israel-disclaimer.*
4. UE27 de 2007 à 2012 et UE28 à partir de 2013.

Source : Statistiques de l'OCDE sur l'investissement direct international (base de données) : https://doi.org/10.1787/idi-data-fr

Tableau 6. Encours d'investissement direct étranger sortant (stocks), dollars des ÉU

En fin d'année

Millions de dollars des ÉU

	2009	2010	2011	2012	2013	2014	2015	2016	2017	2018
Australie[1]	364 581	449 768	418 814	476 541	456 977	467 173	415 412	432 015	495 952	490 997
Autriche[2]	176 779	187 857	199 307	215 786	238 357	224 039	210 510	202 757	239 801	238 905
Belgique[2]	..	..	..	..	565 311	554 624	582 582	599 380	706 197	586 104
Canada	892 342	998 466	891 619	972 042	1 131 177	1 125 917	1 112 689	1 290 015	1 526 996	1 366 192
Chili[2]	..	..	..	97 033	102 472	107 046	107 969	117 749	123 645	118 871
République tchèque[1]	14 805	14 922	13 214	17 368	20 627	18 235	18 591	19 426	32 364	34 943
Danemark[2]	153 871	165 375	176 065	183 987	157 753	167 395	164 758	169 708	201 622	193 338
Estonie	6 262	5 545	4 805	6 064	6 827	6 216	6 039	6 299	7 807	7 919
Finlande[1]	130 241	137 662	133 773	151 373	145 454 |	116 740	94 611	108 406	122 661	127 873
France[1]	1 120 571	1 172 979	1 247 922	1 272 327	1 325 443	1 294 151	1 268 228	1 284 859	1 466 602	1 507 862
Allemagne[1]	1 357 953	1 383 601	1 432 696	1 344 222 |	1 448 431	1 388 803	1 362 452	1 361 506	1 618 087	1 643 626
Grèce[1]	39 457	42 623	48 041	44 960	36 300	32 431	27 288	18 006	20 104	19 554
Hongrie[2]	22 937	23 613	27 557	39 165	39 929	40 533	35 537	25 019	30 058	30 697
Islande[2]	10 180	11 466	11 521	12 305	9 503	8 415	7 637	6 058	5 269	5 263
Irlande	295 358	340 110	330 793	412 011 |	534 765	618 800	909 668	856 582	986 846	942 868
Israël[1, 3]	57 438	67 893	72 177	72 565	77 745	79 011	84 696	94 633	100 260	103 506
Italie[1]	486 424	489 654	519 660	534 980	533 906 |	477 456	456 619	456 380	547 578	554 280
Japon	740 965	831 110	955 854	1 037 700	1 118 009	1 152 007	1 228 767	1 315 221	1 497 525	1 567 161
Corée[2]	..	..	..	..	237 932	242 792	276 100	296 641	343 089	..
Lettonie[1]	892	894	864	1 113	1 600	1 493	1 554	1 635	1 931	2 007
Lituanie	2 842	2 647	3 249	3 854	4 005	3 516	3 532	3 543	4 137	4 643
Luxembourg[2]	..	..	..	100 708	132 422	165 574	179 173	212 374	247 606	243 217
Mexique[2]	84 447	116 906	112 841	151 307	143 742	150 085	144 619	146 169	175 036	153 576
Pays-Bas[2]	965 222	968 130	996 012	1 001 416	1 147 501	1 612 101	2 031 456 |	2 205 837	2 531 182	2 380 454
Nouvelle-Zélande[1]	13 801	16 053	19 100	19 130	18 385	17 996	17 026	16 888	17 800	17 278
Norvège[2]	..	..	..	..	181 736	162 028	172 432	192 013	200 887	196 080
Pologne[2]	11 503	16 407	18 928	26 102	27 725	21 797	22 281	25 388	28 478	25 423
Portugal[2]	53 760	52 495	63 082	57 941	71 462	56 919	58 878	58 122	63 284	56 833
République slovaque[1]	3 152	3 456	4 021	4 765	4 830	2 820	2 462	2 631	4 590	4 585
Slovénie[1]	8 850	8 147	7 826	7 533	7 142	6 477	5 997	6 052	7 159	6 941
Espagne[2]	..	..	..	..	572 343	519 308	505 765	495 217	570 596	544 368
Suède[2]	..	..	..	..	414 533	377 441	338 754	338 481	370 533	370 293
Suisse[2]	..	..	..	..	..	986 525	1 033 297	1 151 989	1 279 295	1 334 338
Turquie[1]	22 248	22 506	27 652	30 936	33 318	39 458	35 546	38 397	45 582	44 495
Royaume-Uni	1 643 017	1 686 191	1 728 556	1 693 955	1 796 164	1 681 283	1 605 446	1 567 989	1 773 656	1 788 180
États-Unis[1]	4 322 122	4 809 587	4 514 327	5 222 874	6 254 171	6 320 124	6 059 271	6 412 138	7 828 747	6 452 718
OCDE total	**15 663 667**	**16 952 191**	**17 014 234**	**18 214 984**	**20 091 888**	**20 246 642**	**20 587 641**	**21 535 523**	**25 222 961**	**23 508 476**
Union européenne[4]	**8 364 078**	**8 644 851**	**8 928 746**	**9 066 004**	**9 752 945**	**9 910 864**	**10 422 189**	**10 548 494**	**12 170 476**	**11 314 913**
G20	**12 032 967**	**13 150 484**	**13 196 386**	**14 316 875**	**16 070 559**	**16 149 880**	**15 960 096**	**16 997 319**	**20 375 232**	**18 999 007**
dont :										
G20 - Pays non-OCDE	**877 884**	**1 046 586**	**1 174 953**	**1 378 207**	**1 591 290**	**1 810 632**	**1 994 946**	**2 395 988**	**3 056 383**	**3 086 833**
Argentine	29 536	30 328	31 891	32 919	34 517	36 180	37 843	39 735	40 930	42 228
Brésil	133 523	149 333	159 809	203 897	203 799	209 993	184 909	203 186	239 630	208 431
Chine	245 750	317 210	424 780	531 943	660 480	882 640	1 095 909	1 357 390	1 809 040	1 899 012
Inde	80 943	96 911	109 519	118 072	119 838	132 741	139 038	144 086	155 176	166 594
Indonésie	..	6 672	6 204	12 401	19 350	25 396	29 351	59 134	65 928	72 742
Fédération de Russie	288 289	336 355	315 742	332 836	385 322	332 961	290 092	342 849	388 693	346 593
Arabie saoudite	22 621	26 528	29 958	34 359	39 303	44 699	63 121	73 973	84 437	105 063
Afrique du Sud	70 190	83 248	97 051	111 779	128 681	146 023	154 683	175 635	272 548	246 170
Monde	**18 470 052**	**20 180 169**	**20 605 633**	**22 367 457**	**24 676 154**	**25 385 044**	**26 119 435**	**27 617 990**	**32 506 820**	**30 346 200**

.. Non disponible ; | Rupture de série

Note : Voir les métadonnées détaillées sur : *http://stats.oecd.org/OECDStat_Metadata/ShowMetadata.ashx?Dataset=FDI_AGGR_SUMM&lang=fr.*

1. Les entités à vocation spéciale résidentes sont inexistantes ou peu significatives.
2. Les données excluent les entités à vocation spéciales.
3. Informations sur les données concernant Israël : *http://oe.cd/israel-disclaimer.*
4. UE27 de 2007 à 2012 et UE28 à partir de 2013.

Source : Statistiques de l'OCDE sur l'investissement direct international (base de données) : https://doi.org/10.1787/idi-data-fr

Tableau 7. Encours d'investissement direct étranger entrant (stocks) en pourcentage du PIB

En fin d'année

Pourcentage

	2009	2010	2011	2012	2013	2014	2015	2016	2017	2018
Australie[1]	43.3	40.6	35.9	38.7	36.9	39.8	45.3	46.2	48.7	47.1
Autriche[2]	43.6	42.5	36.8	41.9	43.4	41.4	43.4	39.6	48.6	45.8
Belgique[2]	..	..	..	..	107.0	93.5	114.3	110.2	112.3	98.7
Canada	63.1	60.8	48.1	52.1	53.2	55.2	55.5	59.0	58.4	49.8
Chili[2]	..	..	..	76.4	76.2	85.1	94.5	99.4	98.8	90.0
République tchèque[1]	61.0	61.9	52.9	65.8	64.0	58.5	62.4	62.5	72.2	66.6
Danemark[2]	32.1	30.1	28.6	30.1	21.8	27.1	30.4	31.9	35.5	31.2
Estonie	80.6	79.7	70.6	82.2	87.6	78.5	82.6	82.0	89.9	82.0
Finlande[1]	33.9	34.6	32.6	37.6	32.9 |	34.1	35.1	33.4	35.7	26.1
France[1]	24.1	23.9	24.4	25.3	27.1	24.5	28.2	28.1	31.6	29.7
Allemagne[1]	28.2	28.1	26.3	24.4 |	25.5	22.1	23.5	22.7	25.8	23.5
Grèce[1]	12.8	11.7	10.1	10.1	10.8	10.4	13.7	12.6	16.4	16.0
Hongrie[2]	75.7	69.5	60.8	81.7	80.7	71.7	70.1	65.6	66.9	61.1
Islande[2]	65.5	86.1	83.5	70.4	45.9	44.4	45.1	47.7	41.4	35.3
Irlande	105.8	128.5	122.3	170.3 |	173.9	166.3	305.4	279.7	316.0	261.5
Israël[1, 3]	27.1	25.7	24.8	29.5	29.6	29.0	33.1	33.7	36.6	39.2
Italie[1]	16.6	15.4	15.5	17.4	17.0 |	16.3	18.5	18.8	21.7	20.5
Japon	3.8	3.8	3.7	3.3	3.3	3.5	4.0	4.0	4.2	4.1
Corée[2]	..	..	..	..	12.7	12.0	12.2	12.4	13.8	..
Lettonie[1]	44.0	45.7	42.4	48.0	52.6	48.2	54.6	51.7	57.6	49.9
Lituanie	39.3	41.3	36.8	41.0	41.6	34.4	38.2	37.3	41.1	36.6
Luxembourg[2]	..	..	..	266.2	260.1	282.4	338.8	305.3	277.1	211.3
Mexique[2]	37.7	36.8	32.5	38.2	38.4	37.4	42.9	43.9	42.4	41.8
Pays-Bas[2]	74.5	69.5	67.5	74.9	90.9	121.5	182.8 |	180.1	203.5	184.4
Nouvelle-Zélande[1]	46.5	39.1	38.2	40.6	39.5	38.2	37.5	37.2	37.2	36.7
Norvège[2]	..	..	..	..	36.5	34.7	38.2	40.0	36.5	31.1
Pologne[2]	38.1	39.1	31.1	39.8	43.7	38.9	38.5	39.6	45.4	39.0
Portugal[2]	38.0	38.2	37.7	48.9	58.4	53.9	62.0	59.9	68.8	61.5
République slovaque[1]	59.1	56.2	52.9	59.0	58.9	49.3	52.4	53.0	62.2	54.9
Slovénie[1]	22.4	22.2	22.4	26.3	25.5	24.8	29.3	30.6	34.5	32.0
Espagne[2]	..	..	..	..	47.1	42.9	46.3	45.2	50.8	48.3
Suède[2]	..	..	..	..	61.5	50.6	57.8	57.0	62.9	57.5
Suisse[2]	..	..	..	..	..	99.6	113.0	140.1	172.4	165.5
Turquie[1]	22.3	24.2	16.4	21.8	16.0	19.7	18.5	17.3	23.1	19.1
Royaume-Uni	42.9	43.5	43.9	53.8	54.9	52.1	52.8	54.9	68.5	68.3
États-Unis[1]	20.7	22.8	22.5	24.2	29.5	31.1	31.4	35.2	40.2	36.1
OCDE total	**28.8**	**29.4**	**28.0**	**30.7**	**33.7**	**34.2**	**37.8**	**39.1**	**44.3**	**40.8**
Union européenne[4]	**41.1**	**41.3**	**39.8**	**45.4**	**46.7**	**45.1**	**54.4**	**53.5**	**61.1**	**56.4**
G20	**23.4**	**24.2**	**22.7**	**24.1**	**26.0**	**26.3**	**27.2**	**28.9**	**30.9**	**28.5**
dont :										
G20 - Pays non-OCDE	**24.5**	**25.4**	**22.9**	**23.0**	**23.0**	**22.6**	**23.0**	**25.0**	**23.1**	**21.3**
Argentine	23.3	20.1	17.4	17.0	14.4	15.8	12.4	13.4	12.6	14.0
Brésil	22.0	29.0	24.8	26.9	25.4	24.5	23.9	31.4	30.3	29.8
Chine	25.8	25.8	25.3	24.2	24.4	24.9	24.5	24.7	22.4	20.3
Inde	13.2	12.0	11.3	12.3	12.2	13.0	13.4	14.0	14.5	14.4
Indonésie	..	21.3	20.7	23.1	25.3	24.4	25.8	26.8	22.8	21.6
Fédération de Russie	27.9	28.3	19.9	19.8	20.5	14.1	19.2	30.7	28.0	25.9
Arabie saoudite	34.5	33.4	27.8	27.0	27.8	28.5	34.2	35.9	33.0	29.6
Afrique du Sud	46.9	47.8	38.3	41.3	41.5	39.6	39.9	45.7	44.7	37.6

.. Non disponible ; | Rupture de série

Note : Voir les métadonnées détaillées sur : *http://stats.oecd.org/OECDStat_Metadata/ShowMetadata.ashx?Dataset=FDI_AGGR_SUMM&lang=fr*.

1. Les entités à vocation spéciale résidentes sont inexistantes ou peu significatives.
2. Les données excluent les entités à vocation spéciales.
3. Informations sur les données concernant Israël : *http://oe.cd/israel-disclaimer*.
4. UE27 de 2007 à 2012 et UE28 à partir de 2013.

Source : Statistiques de l'OCDE sur l'investissement direct international (base de données) : https://doi.org/10.1787/idi-data-fr

Tableau 8. Encours d'investissement direct étranger sortant (stocks) en pourcentage du PIB

En fin d'année

Pourcentage

	2009	2010	2011	2012	2013	2014	2015	2016	2017	2018
Australie[1]	35.9	34.6	27.1	30.0	29.6	31.9	33.3	32.9	35.0	33.9
Autriche[2]	44.2	47.9	46.2	52.7	55.4	50.7	55.1	51.3	57.5	52.5
Belgique[2]	..	..	..	..	108.5	104.5	127.8	127.6	142.7	110.2
Canada	64.9	61.7	49.7	53.2	61.2	62.4	71.5	84.3	92.5	79.8
Chili[2]	..	..	..	36.3	36.8	41.1	44.3	47.0	44.5	39.9
République tchèque[1]	7.2	7.2	5.8	8.4	9.9	8.8	10.0	10.0	15.0	14.2
Danemark[2]	47.9	51.4	51.2	56.2	45.9	47.4	54.4	54.4	61.1	54.9
Estonie	31.9	28.4	20.7	26.3	27.2	23.4	26.4	26.3	29.3	26.1
Finlande[1]	51.8	55.6	48.9	59.0	53.9 |	42.8	40.6	45.4	48.6	46.7
France[1]	41.7	44.4	43.6	47.4	47.2	45.4	52.0	52.0	56.7	54.3
Allemagne[1]	39.7	40.5	38.1	37.9 |	38.6	35.6	40.3	39.0	43.8	41.1
Grèce[1]	12.0	14.2	16.7	18.3	15.1	13.7	13.9	9.2	9.9	9.0
Hongrie[2]	17.6	18.0	19.6	30.6	29.5	28.9	28.9	19.9	21.5	19.7
Islande[2]	77.3	83.8	76.0	83.6	59.3	47.4	43.9	29.4	21.5	20.3
Irlande	125.0	153.1	139.3	183.1 |	224.2	239.4	312.1	285.0	294.7	246.5
Israël[1, 3]	27.7	29.0	27.6	28.2	26.6	25.5	28.2	29.7	28.4	27.9
Italie[1]	22.2	22.9	22.7	25.6	24.9 |	22.1	24.9	24.3	28.0	26.6
Japon	14.2	14.6	15.5	16.7	21.7	23.8	28.0	26.7	30.8	31.5
Corée[2]	..	..	..	..	18.2	17.2	20.0	21.0	22.4	..
Lettonie[1]	3.4	3.8	3.0	4.0	5.3	4.8	5.8	5.9	6.3	5.8
Lituanie	7.6	7.1	7.5	9.0	8.6	7.2	8.5	8.2	8.7	8.7
Luxembourg[2]	..	..	..	177.7	214.5	250.5	310.3	349.9	386.7	343.1
Mexique[2]	9.4	11.1	9.6	12.6	11.3	11.4	12.4	13.6	15.1	12.6
Pays-Bas[2]	111.2	114.4	110.2	119.4	130.9	180.9	265.5 |	281.5	304.3	260.5
Nouvelle-Zélande[1]	11.4	11.0	11.3	10.9	9.6	9.0	9.6	9.0	8.8	8.4
Norvège[2]	..	..	..	..	34.8	32.5	44.7	52.1	50.4	45.2
Pologne[2]	2.6	3.4	3.6	5.2	5.3	4.0	4.7	5.4	5.4	4.3
Portugal[2]	22.1	22.1	25.8	26.8	31.6	24.8	29.5	28.2	28.7	23.6
République slovaque[1]	3.5	3.9	4.1	5.1	4.9	2.8	2.8	2.9	4.8	4.3
Slovénie[1]	17.6	17.0	15.3	16.3	14.8	13.0	13.9	13.6	14.8	12.8
Espagne[2]	..	..	..	..	42.2	37.9	42.3	40.2	43.6	38.4
Suède[2]	..	..	..	..	70.9	65.0	67.3	65.6	68.5	66.6
Suisse[2]	..	..	..	..	..	139.1	152.0	171.6	188.1	189.2
Turquie[1]	3.5	2.9	3.3	3.5	3.5	4.2	4.1	4.4	5.3	5.8
Royaume-Uni	68.6	68.7	65.6	63.3	65.2	55.4	55.4	59.0	67.2	63.3
États-Unis[1]	29.9	32.1	29.0	32.2	37.3	36.1	33.2	34.3	40.1	31.4
OCDE total	**36.6**	**37.8**	**35.3**	**37.9**	**41.4**	**40.8**	**44.0**	**45.0**	**50.5**	**44.6**
Union européenne[4]	**49.7**	**51.7**	**49.4**	**53.2**	**54.2**	**53.2**	**63.5**	**63.8**	**70.3**	**60.5**
G20	**26.0**	**25.8**	**23.4**	**24.8**	**27.2**	**26.6**	**27.4**	**28.7**	**32.4**	**28.6**
dont :										
G20 - Pays non-OCDE	**8.0**	**7.6**	**7.1**	**7.8**	**8.4**	**9.3**	**10.6**	**12.7**	**14.5**	**13.7**
Argentine	8.8	7.1	6.0	5.7	5.6	6.4	5.9	7.1	6.4	8.1
Brésil	8.0	6.8	6.1	8.3	8.2	8.6	10.3	11.3	11.7	10.9
Chine	4.8	5.2	5.6	6.2	6.9	8.5	9.9	12.2	14.9	14.0
Inde	6.2	5.7	6.0	6.5	6.5	6.5	6.6	6.3	6.0	6.2
Indonésie	..	0.9	0.7	1.4	2.1	2.9	3.4	6.3	6.5	7.0
Fédération de Russie	21.9	20.5	15.4	15.1	16.8	16.1	21.2	26.7	24.6	22.0
Arabie saoudite	5.3	5.0	4.5	4.7	5.3	5.9	9.6	11.5	12.3	13.4
Afrique du Sud	23.7	22.2	23.3	28.2	35.1	41.6	48.7	59.3	78.1	66.9

.. Non disponible ; | Rupture de série

Note : Voir les métadonnées détaillées sur : *http://stats.oecd.org/OECDStat_Metadata/ShowMetadata.ashx?Dataset=FDI_AGGR_SUMM&lang=fr.*

1. Les entités à vocation spéciale résidentes sont inexistantes ou peu significatives.
2. Les données excluent les entités à vocation spéciales.
3. Informations sur les données concernant Israël : *http://oe.cd/israel-disclaimer.*
4. UE27 de 2007 à 2012 et UE28 à partir de 2013.

Source : Statistiques de l'OCDE sur l'investissement direct international (base de données) : https://doi.org/10.1787/idi-data-fr

COMPARAISONS INTERNATIONALES

Tableau 9. Revenus d'Investissement direct étranger entrant, dollars des EU

En fin d'année

Millions de dollars des ÉU

	2009	2010	2011	2012	2013	2014	2015	2016	2017	2018
Australie[1]	26 176	39 894	45 666	35 683	33 996	29 806	24 066	27 528	37 319	44 418
Autriche[2]	8 375	9 127	12 151	11 598	9 505	9 459	9 845	12 146	15 988	15 245
Belgique	14 951	32 634	24 464	27 461	26 890	34 389	28 819	33 268	26 434	36 634
Canada	26 856	40 075	45 524	48 209	47 319	47 786	34 640	31 001	37 795	41 472
Chili[2]	..	..	..	17 529	16 873	14 107	10 608	9 963	14 583	15 903
République tchèque[1]	13 525	15 395	15 278	15 115	15 441	16 098	14 474	15 344	19 127	19 052
Danemark[2]	..	..	..	..	6 395	5 452	4 620	5 481	6 184	5 893
Estonie	1 022	1 639 |	2 053	1 818	1 846	1 916	1 385	1 591	1 712	1 869
Finlande[1]	2 559	5 331	6 772	6 267	5 536 |	6 597	4 631	6 491	8 425	7 760
France[1]	21 024	29 143	19 745	30 551 |	26 824	24 900	26 923	29 484	33 001	32 750
Allemagne[1]	17 776	43 208	41 092	40 166	32 635 |	41 272	28 768	37 723	38 597	39 190
Grèce[1]	674	-867	-2 139	-3 481	-332	522	1 157	1 150	1 452	1 552
Hongrie[2]	5 708	6 714	7 955	7 530	6 828	9 484	8 855	7 682	10 581	10 917
Islande[2]	-607	-249	116	751 |	-47 |	-47	31	-29	40	-26
Irlande	48 579	49 849	59 083	50 379 |	49 514	52 055	71 582	61 829	75 987	85 309
Israël[1, 3]	4 083	4 177	3 644	6 425	5 362	3 949	5 808	5 846	6 062	5 750
Italie[1]	17 663	16 725	20 810	12 486	10 059 |	11 199	11 685	14 147	19 621	20 315
Japon[1]	8 834	5 771	11 013	15 278	13 031	26 287 |	23 858	34 242	34 923	33 941
Corée[1]	..	..	..	..	7 580	-1 142	2 261	4 031	3 633	13 951
Lettonie[1]	-1 428	188	633	1 004	1 077	1 040	1 155	1 187	1 399	1 872
Lituanie[1]	-1 066	516	1 558	1 245	1 184	684	1 642	1 722	1 980	2 242
Luxembourg[2]	..	..	..	8 364	8 525	12 833	11 694	14 051	12 002	10 395
Mexique[2]	9 186	9 970	14 346	19 292	30 337	22 278	18 121	17 120	18 473	22 197
Pays-Bas[2]	20 729	30 074	31 928	25 437	37 471 |	43 658	72 778	69 364	64 356	69 426
Nouvelle-Zélande[1]	3 555	4 722	5 819	6 185	6 758	7 330	5 849	5 534	7 207	6 952
Norvège	11 377	13 477	16 400	17 688	15 179 |	7 757	6 038	7 061	10 943	12 677
Pologne[1]	13 876	16 907	17 505	16 000	18 620	21 426	18 178	20 939	21 419	24 017
Portugal[2]	5 574	7 215	2 371	4 774	3 211	4 035	4 842	5 699	6 215	6 733
République slovaque[1]	3 562	5 102	6 279	4 079	3 297 |	3 949	4 421	4 411	4 330	4 774
Slovénie[1]	568 |	301	422	265	-1	-49	1 078	1 252	1 255	1 568
Espagne	26 125	31 122	30 540	22 199	28 313	24 010	22 030	23 653	27 420	25 197
Suède	16 789	23 256	21 430	19 443	21 065	23 603	22 053	21 836	22 166	24 105
Suisse	36 566	35 947	36 212	40 637	33 750	73 369 |	59 800	70 912	98 751	105 010
Turquie[1]	2 933	2 871	2 931	2 655	3 678	2 363	3 563	3 137	3 280	3 198
Royaume-Uni	71 650	61 503	72 858	72 338	79 526	79 045	73 586	67 864	70 555	96 727
États-Unis[1]	112 122	157 583	178 262	172 761	184 116	187 547	163 802	170 208	188 418	222 958
OCDE total	**588 113**	**751 470**	**803 177**	**768 026**	**785 997**	**845 018**	**798 836**	**839 021**	**945 571**	**1 066 191**
Union européenne[4]	..	..	..	..	..	..	..	..	..	..
G20	..	..	..	..	..	..	..	..	..	..
dont :										
G20 - Pays non-OCDE	..	..	..	..	..	..	..	..	..	..
Argentine	..	..	..	..	..	..	..	..	..	..
Brésil	21 029	65 373	62 427	46 366	23 326	27 980	13 915	30 359	41 474	45 740
Chine	..	..	..	..	..	..	..	..	..	..
Inde	..	..	..	..	..	..	..	..	..	..
Indonésie	..	..	..	..	..	..	..	..	..	..
Fédération de Russie	..	..	..	..	..	..	..	..	..	..
Arabie saoudite	..	..	..	..	..	..	..	..	..	..
Afrique du Sud	..	..	..	..	..	..	..	..	..	..
Monde	..	..	..	..	..	..	..	..	..	..

.. Non disponible ; | Rupture de série

Note : Voir les métadonnées détaillées sur : *http://stats.oecd.org/OECDStat_Metadata/ShowMetadata.ashx?Dataset=FDI_AGGR_SUMM&lang=fr.*

1. Les entités à vocation spéciale résidentes sont inexisistantes ou peu significatives.
2. Les données excluent les entités à vocation spéciales.
3. Informations sur les données concernant Israël : *http://oe.cd/israel-disclaimer.*
4. UE27 de 2007 à 2012 et UE28 à partir de 2013.

Source : Statistiques de l'OCDE sur l'investissement direct international (base de données) : https://doi.org/10.1787/idi-data-fr

Tableau 10. Revenus d'Investissement direct étranger sortant, dollars des EU
En fin d'année

Millions de dollars des ÉU

	2009	2010	2011	2012	2013	2014	2015	2016	2017	2018
Australie[1]	11 653	16 397	19 810	20 772	19 746	19 180	13 785	13 315	14 189	16 500
Autriche[2]	9 780	12 644	15 127	13 963	14 106	11 648	10 823	15 536	15 260	16 648
Belgique	11 801	25 024	9 436	23 559	26 157	34 250	29 336	33 352	26 897	33 877
Canada	25 433	37 481	44 448	45 094	44 446	47 130	41 825	40 774	54 573	60 287
Chili[2]	..	..	..	4 170	4 398	5 384	3 779	3 379	4 074	4 203
République tchèque[1]	820	1 093	1 187	2 251	1 320	1 589	1 861	2 015	4 665	2 975
Danemark[2]	..	..	..	..	12 430	13 709	12 126	12 027	12 996	14 022
Estonie	409	403 |	535	440	652	595	364	492	484	682
Finlande[1]	8 576	10 946	10 698	10 144	7 867 |	10 942	7 373	7 889	8 837	10 208
France[1]	57 626	77 095	76 027	78 845 |	78 541	78 586	70 308	69 441	76 115	83 730
Allemagne[1]	66 596	83 489	101 941	81 156	89 600 |	89 590	84 951	97 529	100 267	113 620
Grèce[1]	750	1 047	438	1 169	795	3 114	1 801	627	1 099	694
Hongrie[2]	954	992	1 273	1 710	1 437	1 687	988	1 823	2 175	1 887
Islande[2]	12	-27	572	-268 |	300 |	164	283	436	302	305
Irlande	12 805	18 989	21 295	13 905 |	16 389	17 675	11 765	14 640	17 470	15 297
Israël[1, 3]	2 648	3 720	4 517	4 194	4 239	5 188	6 575	6 453	5 955	7 639
Italie[1]	28 354	28 200	33 669	26 239	22 849 |	26 374	12 049	17 895	24 782	29 870
Japon[1]	45 814	38 261	58 880	68 079	68 225	100 236 |	96 359	110 503	120 301	125 065
Corée[1]	..	..	..	..	9 924	6 305	-124	9 055	10 259	13 066
Lettonie[1]	-74	-29	58	82	97	54	153	117	218	158
Lituanie[1]	-38	60	56	100	165	120	135	145	150	300
Luxembourg[2]	..	..	..	7 192	6 831	6 200	4 646	5 588	6 457	5 731
Mexique[2]	2 027	6 567	6 904	6 779	8 076	7 332	3 430	3 193	4 764	5 228
Pays-Bas[2]	37 310	57 875	71 677	65 871	64 468 |	59 981	102 729	87 990	104 395	116 102
Nouvelle-Zélande[1]	190	594	342	679	572	707	511	741	523	373
Norvège	3 875	10 944	8 263	11 065	8 667 |	13 770	9 078	6 772	8 408	12 005
Pologne[1]	-1 142	528	-262	1 332	406	1 641	719	977	2 288	2 285
Portugal[2]	2 351	3 928	2 510	2 355	2 542	2 045	2 008	2 517	3 686	2 892
République slovaque[1]	511	495	441	216	273 |	811	350	206	391	371
Slovénie[1]	-146 |	-318	-54	-388	-552	-87	55	176	220	346
Espagne	32 797	38 740	41 158	33 934	38 884	35 392	31 694	33 709	34 205	36 001
Suède	24 569	34 394	33 851	32 720	34 882	36 148	26 830	25 633	30 744	32 957
Suisse	48 231	72 271	49 358	64 148	61 238	90 614 |	91 018	90 756	99 840	106 142
Turquie[1]	182	681	220	98	273	314	224	202	298	957
Royaume-Uni	108 692	135 386	158 549	127 585	123 000	112 807	87 381	69 270	110 581	125 452
États-Unis[1]	361 390	436 161	466 938	458 257	467 395	471 765	448 447	448 182	492 377	553 227
OCDE total	**919 122**	**1 180 681**	**1 269 443**	**1 230 003**	**1 236 400**	**1 307 774**	**1 209 061**	**1 226 903**	**1 394 289**	**1 543 462**
Union européenne[4]	..	..	..	..	..	..	..	..	..	..
G20	..	..	..	..	..	..	..	..	..	..
dont :										
G20 - Pays non-OCDE	..	..	..	..	..	..	..	..	..	..
Argentine	..	..	..	..	..	..	..	..	..	..
Brésil	1 287	10 773	13 613	2 457	7 447	2 526	-2 398	7 878	17 332	4 835
Chine	..	..	..	..	..	..	..	..	..	..
Inde	..	..	..	..	..	..	..	..	..	..
Indonésie	..	..	..	..	..	..	..	..	..	..
Fédération de Russie	..	..	..	..	..	..	..	..	..	..
Arabie saoudite	..	..	..	..	..	..	..	..	..	..
Afrique du Sud	..	..	..	..	..	..	..	..	..	..
Monde	..	..	..	..	..	..	..	..	..	..

.. Non disponible ; | Rupture de série

Note : Voir les métadonnées détaillées sur : *http://stats.oecd.org/OECDStat_Metadata/ShowMetadata.ashx?Dataset=FDI_AGGR_SUMM&lang=fr.*

1. Les entités à vocation spéciale résidentes sont inexisistantes ou peu significatives.
2. Les données excluent les entités à vocation spéciales.
3. Informations sur les données concernant Israël : *http://oe.cd/israel-disclaimer.*
4. UE27 de 2007 à 2012 et UE28 à partir de 2013.

Source : Statistiques de l'OCDE sur l'investissement direct international (base de données) : https://doi.org/10.1787/idi-data-fr

Tableau 11. Revenus d'Investissement direct étranger entrant en pourcentage du PIB

En fin d'année

Pourcentage

	2009	2010	2011	2012	2013	2014	2015	2016	2017	2018
Australie[1]	2.6	3.1	3.0	2.2	2.2	2.0	1.9	2.1	2.6	3.1
Autriche[2]	2.1	2.3	2.8	2.8	2.2	2.1	2.6	3.1	3.8	3.3
Belgique	3.1	6.7	4.6	5.5	5.2	6.5	6.3	7.1	5.3	6.9
Canada	2.0	2.5	2.5	2.6	2.6	2.6	2.2	2.0	2.3	2.4
Chili[2]	..	..	..	6.6	6.1	5.4	4.3	4.0	5.3	5.3
République tchèque[1]	6.6	7.4	6.7	7.3	7.4	7.7	7.7	7.9	8.9	7.8
Danemark[2]	..	..	..	..	1.9	1.5	1.5	1.8	1.9	1.7
Estonie	5.2	8.4 |	8.9	7.9	7.3	7.2	6.0	6.6	6.4	6.2
Finlande[1]	1.0	2.2	2.5	2.4	2.1 |	2.4	2.0	2.7	3.3	2.8
France[1]	0.8	1.1	0.7	1.1 |	1.0	0.9	1.1	1.2	1.3	1.2
Allemagne[1]	0.5	1.3	1.1	1.1	0.9 |	1.1	0.9	1.1	1.0	1.0
Grèce[1]	0.2	-0.3	-0.7	-1.4	-0.1	0.2	0.6	0.6	0.7	0.7
Hongrie[2]	4.4	5.1	5.7	5.9	5.0	6.8	7.2	6.1	7.6	7.0
Islande[2]	-4.6	-1.8	0.8	5.1 |	-0.3 |	-0.3	0.2	-0.1	0.2	-0.1
Irlande	20.6	22.4	24.9	22.4 |	20.8	20.1	24.6	20.6	22.7	22.3
Israël[1, 3]	2.0	1.8	1.4	2.5	1.8	1.3	1.9	1.8	1.7	1.6
Italie[1]	0.8	0.8	0.9	0.6	0.5 |	0.5	0.6	0.8	1.0	1.0
Japon[1]	0.2	0.1	0.2	0.2	0.3	0.5 |	0.5	0.7	0.7	0.7
Corée[1]	..	..	..	..	0.6	-0.1	0.2	0.3	0.2	0.9
Lettonie[1]	-5.5	0.8	2.2	3.6	3.6	3.3	4.3	4.3	4.6	5.4
Lituanie[1]	-2.8	1.4	3.6	2.9	2.6	1.4	4.0	4.0	4.2	4.2
Luxembourg[2]	..	..	..	14.8	13.8	19.4	20.3	23.2	18.7	14.7
Mexique[2]	1.0	0.9	1.2	1.6	2.4	1.7	1.5	1.6	1.6	1.8
Pays-Bas[2]	2.4	3.6	3.5	3.0	4.3 |	4.9	9.5	8.9	7.7	7.6
Nouvelle-Zélande[1]	2.9	3.2	3.5	3.5	3.5	3.6	3.3	2.9	3.6	3.4
Norvège	2.9	3.1	3.3	3.5	2.9 |	1.6	1.6	1.9	2.7	2.9
Pologne[1]	3.2	3.5	3.3	3.2	3.6	3.9	3.8	4.4	4.1	4.1
Portugal[2]	2.3	3.0	1.0	2.2	1.4	1.8	2.4	2.8	2.8	2.8
République slovaque[1]	4.0	5.7	6.4	4.4	3.3 |	3.9	5.0	4.9	4.5	4.5
Slovénie[1]	1.1 |	0.6	0.8	0.6	0.0	-0.1	2.5	2.8	2.6	2.9
Espagne	1.8	2.2	2.1	1.7	2.1	1.8	1.8	1.9	2.1	1.8
Suède	3.9	4.7	3.7	3.5	3.6	4.1	4.4	4.2	4.1	4.3
Suisse	6.8	6.2	5.2	6.1	4.9	10.3 |	8.8	10.6	14.5	14.9
Turquie[1]	0.5	0.4	0.4	0.3	0.4	0.3	0.4	0.4	0.4	0.4
Royaume-Uni	3.0	2.5	2.8	2.7	2.9	2.6	2.5	2.6	2.7	3.4
États-Unis[1]	0.8	1.1	1.1	1.1	1.1	1.1	0.9	0.9	1.0	1.1
OCDE total	**1.4**	**1.7**	**1.7**	**1.6**	**1.6**	**1.7**	**1.7**	**1.7**	**1.9**	**1.9**
Union européenne[4]	..	..	..	..	..	..	..	..	..	..
G20	..	..	..	..	..	..	..	..	..	..
dont :										
G20 - Pays non-OCDE	..	..	..	..	..	..	..	..	..	..
Argentine	..	..	..	..	..	..	..	..	..	..
Brésil	1.3	3.0	2.4	1.9	0.9	1.1	0.8	1.7	2.0	2.4
Chine	..	..	..	..	..	..	..	..	..	..
Inde	..	..	..	..	..	..	..	..	..	..
Indonésie	..	..	..	..	..	..	..	..	..	..
Fédération de Russie	..	..	..	..	..	..	..	..	..	..
Arabie saoudite	..	..	..	..	..	..	..	..	..	..
Afrique du Sud	..	..	..	..	..	..	..	..	..	..

.. Non disponible ; | Rupture de série

Note : Voir les métadonnées détaillées sur : *http://stats.oecd.org/OECDStat_Metadata/ShowMetadata.ashx?Dataset=FDI_AGGR_SUMM&lang=fr*.

1. Les entités à vocation spéciale résidentes sont inexisistantes ou peu significatives.
2. Les données excluent les entités à vocation spéciales.
3. Informations sur les données concernant Israël : *http://oe.cd/israel-disclaimer*.
4. UE27 de 2007 à 2012 et UE28 à partir de 2013.

Source : Statistiques de l'OCDE sur l'investissement direct international (base de données) : https://doi.org/10.1787/idi-data-fr

Tableau 12. Revenus d'Investissement direct étranger sortant en pourcentage du PIB
En fin d'année

Pourcentage

	2009	2010	2011	2012	2013	2014	2015	2016	2017	2018
Australie[1]	1.1	1.3	1.3	1.3	1.3	1.3	1.1	1.0	1.0	1.1
Autriche[2]	2.4	3.2	3.5	3.4	3.3	2.6	2.8	3.9	3.7	3.7
Belgique	2.4	5.2	1.8	4.7	5.0	6.5	6.4	7.1	5.4	6.4
Canada	1.9	2.3	2.5	2.5	2.4	2.6	2.7	2.7	3.3	3.5
Chili[2]	..	..	..	1.6	1.6	2.1	1.5	1.3	1.5	1.4
République tchèque[1]	0.4	0.5	0.5	1.1	0.6	0.8	1.0	1.0	2.2	1.2
Danemark[2]	..	..	..	..	3.6	3.9	4.0	3.9	3.9	4.0
Estonie	2.1	2.1 |	2.3	1.9	2.6	2.2	1.6	2.1	1.8	2.3
Finlande[1]	3.4	4.4	3.9	4.0	2.9 |	4.0	3.2	3.3	3.5	3.7
France[1]	2.1	2.9	2.7	2.9 |	2.8	2.8	2.9	2.8	2.9	3.0
Allemagne[1]	1.9	2.4	2.7	2.3	2.4 |	2.3	2.5	2.8	2.7	2.8
Grèce[1]	0.2	0.3	0.2	0.5	0.3	1.3	0.9	0.3	0.5	0.3
Hongrie[2]	0.7	0.8	0.9	1.3	1.1	1.2	0.8	1.4	1.6	1.2
Islande[2]	0.1	-0.2	3.8	-1.8 |	1.9 |	0.9	1.6	2.1	1.2	1.2
Irlande	5.4	8.5	9.0	6.2 |	6.9	6.8	4.0	4.9	5.2	4.0
Israël[1, 3]	1.3	1.6	1.7	1.6	1.4	1.7	2.2	2.0	1.7	2.1
Italie[1]	1.3	1.3	1.5	1.3	1.1 |	1.2	0.7	1.0	1.3	1.4
Japon[1]	0.9	0.7	1.0	1.1	1.3	2.1 |	2.2	2.2	2.5	2.5
Corée[1]	..	..	..	..	0.8	0.4	0.0	0.6	0.7	0.8
Lettonie[1]	-0.3	-0.1	0.2	0.3	0.3	0.2	0.6	0.4	0.7	0.5
Lituanie[1]	-0.1	0.2	0.1	0.2	0.4	0.2	0.3	0.3	0.3	0.6
Luxembourg[2]	..	..	..	12.7	11.1	9.4	8.0	9.2	10.1	8.1
Mexique[2]	0.2	0.6	0.6	0.6	0.6	0.6	0.3	0.3	0.4	0.4
Pays-Bas[2]	4.3	6.8	7.9	7.9	7.4 |	6.7	13.4	11.2	12.6	12.7
Nouvelle-Zélande[1]	0.2	0.4	0.2	0.4	0.3	0.4	0.3	0.4	0.3	0.2
Norvège	1.0	2.6	1.7	2.2	1.7 |	2.8	2.4	1.8	2.1	2.8
Pologne[1]	-0.3	0.1	0.0	0.3	0.1	0.3	0.2	0.2	0.4	0.4
Portugal[2]	1.0	1.7	1.0	1.1	1.1	0.9	1.0	1.2	1.7	1.2
République slovaque[1]	0.6	0.6	0.4	0.2	0.3 |	0.8	0.4	0.2	0.4	0.3
Slovénie[1]	-0.3 |	-0.7	-0.1	-0.8	-1.1	-0.2	0.1	0.4	0.5	0.6
Espagne	2.2	2.7	2.8	2.6	2.9	2.6	2.7	2.7	2.6	2.5
Suède	5.6	6.9	5.9	5.9	6.0	6.2	5.3	5.0	5.7	5.9
Suisse	8.9	12.4	7.1	9.6	8.9	12.8 |	13.4	13.5	14.7	15.1
Turquie[1]	0.0	0.1	0.0	0.0	0.0	0.0	0.0	0.0	0.0	0.1
Royaume-Uni	4.5	5.5	6.0	4.8	4.5	3.7	3.0	2.6	4.2	4.4
États-Unis[1]	2.5	2.9	3.0	2.8	2.8	2.7	2.5	2.4	2.5	2.7
OCDE total	**2.2**	**2.6**	**2.7**	**2.5**	**2.5**	**2.6**	**2.6**	**2.6**	**2.8**	**2.9**
Union européenne[4]	..	..	..	..	..	..	..	..	..	..
G20	..	..	..	..	..	..	..	..	..	..
dont :										
G20 - Pays non-OCDE	..	..	..	..	..	..	..	..	..	..
Argentine	..	..	..	..	..	..	..	..	..	..
Brésil	0.1	0.5	0.5	0.1	0.3	0.1	-0.1	0.4	0.8	0.3
Chine	..	..	..	..	..	..	..	..	..	..
Inde	..	..	..	..	..	..	..	..	..	..
Indonésie	..	..	..	..	..	..	..	..	..	..
Fédération de Russie	..	..	..	..	..	..	..	..	..	..
Arabie saoudite	..	..	..	..	..	..	..	..	..	..
Afrique du Sud	..	..	..	..	..	..	..	..	..	..

.. Non disponible ; | Rupture de série

Note : Voir les métadonnées détaillées sur : *http://stats.oecd.org/OECDStat_Metadata/ShowMetadata.ashx?Dataset=FDI_AGGR_SUMM&lang=fr.*

1. Les entités à vocation spéciale résidentes sont inexisistantes ou peu significatives.
2. Les données excluent les entités à vocation spéciales.
3. Informations sur les données concernant Israël : *http://oe.cd/israel-disclaimer.*
4. UE27 de 2007 à 2012 et UE28 à partir de 2013.

Source : Statistiques de l'OCDE sur l'investissement direct international (base de données) : https://doi.org/10.1787/idi-data-fr

Tableaux par pays

AUSTRALIE

Tableau 1. Flux d'investissement direct étranger par pays

Millions de dollars des ÉU

	Entrant					Sortant				
	2014	2015	2016	2017	2018	2014	2015	2016	2017	2018
TOTAL MONDE	**58 504.6**	**28 274.1**	**45 519.2**	**42 289.1**	**60 425.0**	**18 183.7**	**-10 220.2**	**327.8**	**3 319.8**	**3 634.1**
Pays membres de l'OCDE	**21 283.6**	**19 891.1**	**35 529.6**	**31 135.0**	**49 136.5**	**8 640.7**	**-7 840.6**	**8 789.1**	**10 137.9**	**14 741.2**
Australie	-	-	-	-	-	-	-	-	-	-
Autriche	.. c	.. c	.. c	.. c	.. c	.. c	.. c	.. c	.. c	.. c
Belgique	-658.9	-502.7	219.3	-115.0	424.3	.. c	.. c	-3.7	3.8	.. c
Canada	4 852.2	1 758.2	1 297.1	2 183.3	2 928.2	.. c	-530.5	209.6	869.8	5 186.4
Chili	.. c	.. c	.. c	.. c	-	108.2	136.0	37.9	94.3	114.3
République Tchèque	-1.8	0.8	-2.2	-0.8	.. c	.. c	3.0	.. c	.. c	-2.2
Danemark	.. c	.. c	.. c	.. c	85.2	.. c	.. c	.. c	-4.6	.. c
Estonie	.. c	.. c	.. c	-	-	.. c	.. c	.. c	.. c	.. c
Finlande	.. c	.. c	.. c	.. c	133.7	.. c	.. c	3.0	-2.3	.. c
France	443.5	314.1	37.9	470.5	16 575.0	.. c	93.9	406.6	11.5	469.1
Allemagne	921.2	661.2	579.1	1 226.9	1 542.5	-729.2	.. c	507.7	570.9	599.1
Grèce	.. c	.. c	.. c	.. c	.. c	.. c	.. c	.. c	.. c	.. c
Hongrie	.. c	1.5	-0.7	.. c	.. c	.. c	.. c	.. c	.. c	.. c
Islande	.. c	-	.. c	-	-	-	-	-	-	-
Irlande	96.4	2 356.3	-15.6	-1 612.4	233.8	.. c	-98.4	5.9	-226.8	3.7
Israël[1]	7.2	9.0	.. c	.. c	3.7	-	-	-	.. c	.. c
Italie	-36.1	.. c	-91.4	25.3	-94.9	.. c	.. c	1.5	.. c	2.2
Japon	-	10 058.6	-	-	-	-	33.1	-	-	-
Corée	446.2	7.5	839.2	.. c	702.2	.. c	20.3	.. c	.. c	308.5
Lettonie	-	-	-	-	-	-	-	-	-	-
Lituanie	-	-	.. c	.. c	-	-	-	-	-	-
Luxembourg	-29.7	-220.9	2 732.5	2 544.3	-476.6	.. c	.. c	.. c	.. c	91.9
Mexique	-0.9	0.8	-	.. c	.. c	5.4	61.6	.. c	.. c	-65.7
Pays-Bas	8 265.7	2 494.6	2 028.5	3 197.2	-5 051.2	811.2	.. c	.. c	.. c	511.7
Nouvelle-Zélande	-262.3	369.7	681.6	-44.4	770.2	82.0	-232.9	899.4	846.0	-778.4
Norvège	.. c	-0.8	.. c	-76.6	-44.1	.. c	.. c	.. c	.. c	.. c
Pologne	1.8	-	.. c	.. c	-1.5	-2.7	.. c	.. c	.. c	.. c
Portugal	-	.. c	-	.. c	.. c	.. c	.. c	.. c	-	.. c
République slovaquie	-	-	.. c	.. c	-	.. c	.. c	.. c	.. c	.. c
Slovénie	.. c	.. c	-	-	-	.. c	.. c	.. c	.. c	.. c
Espagne	.. c	2.3	-4.5	-1.5	2.2	-	.. c	.. c	.. c	7.5
Suède	559.8	200.6	85.5	50.6	281.6	.. c	.. c	.. c	-6.1	-40.3
Suisse	-8 343.2	728.8	78.8	345.6	825.4	.. c	.. c	.. c	.. c	.. c
Turquie	-0.9	-	-	.. c	.. c	.. c	.. c	.. c	.. c	2.2
Royaume-Uni	-692.3	-11 857.4	12 071.7	11 205.5	8 396.2	4 543.9	4 970.3	643.7	2 089.8	9 566.7
Etats-Unis	10 389.4	13 306.8	8 015.3	6 559.9	16 327.8	261.4	-6 173.3	5 045.7	2 879.1	643.9
EUROPE	..	..	..	..	..	..	..	..	..	..
Bulgarie	.. c	.. c	.. c	.. c	.. c	.. c	.. c	.. c	.. c	.. c
Croatie	.. c	.. c	.. c	.. c	.. c	.. c	.. c	.. c	.. c	.. c
Chypre[2, 3]	.. c	.. c	.. c	-	-	.. c	.. c	.. c	-	.. c
Malte	.. c	.. c	.. c	-	.. c	-	-	.. c	.. c	.. c
Roumanie	.. c	.. c	.. c	-	-	.. c	.. c	0.7	.. c	.. c
Russie	.. c	.. c	.. c	.. c	.. c	.. c	-0.8	10.4	.. c	29.9
Ukraine	-	-	-	-	-	.. c	.. c	.. c	.. c	.. c
AFRIQUE	..	..	..	..	..	..	..	..	..	..
Afrique septentrionale	..	..	..	..	..	..	..	..	..	..
Algérie	.. c	.. c	.. c	.. c	.. c	-	-	-	-	-
Egypte	.. c	.. c	.. c	.. c	.. c	.. c	.. c	.. c	.. c	.. c
Libye	-	-	-	-	-	.. c	.. c	.. c	.. c	.. c
Maroc	.. c	.. c	.. c	.. c	-	.. c	.. c	.. c	.. c	-
Tunisie	.. c	.. c	.. c	.. c	.. c	-	-	-	-	-
Autres pays africains	..	..	..	..	..	..	..	..	..	..
Nigéria	.. c	.. c	.. c	.. c	.. c	.. c	.. c	.. c	.. c	.. c
Afrique du Sud	.. c	268.2	.. c	341.8	144.9	-233.5	54.1	-26.0	38.3	-156.9
AMÉRIQUE	..	..	..	..	..	..	..	..	..	..
Amérique du Nord	..	..	..	..	..	..	..	..	..	..
Amérique du Nord	..	..	..	..	..	..	..	..	..	..
Bahamas	.. c	-11.3	.. c	.. c	.. c	.. c	.. c	.. c	.. c	.. c
Bermudes	.. c	.. c	952.9	3 476.9	2 911.0	.. c	.. c	-356.1	.. c	-7.5
Îles Cayman	.. c	.. c	.. c	49.0	-617.8	.. c	.. c	.. c	.. c	-895.6
Costa Rica	.. c	.. c	.. c	-	-	.. c	.. c	.. c	.. c	.. c
El Salvador	-	-	-	-	-	.. c	.. c	.. c	.. c	.. c
Guatemala	-	-	-	-	-	.. c	.. c	.. c	.. c	.. c
Honduras	-	-	-	-	-	-	-	.. c	.. c	.. c
Nicaragua	-	-	-	-	-	.. c	.. c	-	.. c	.. c
Panama	-	-	.. c	.. c	.. c	.. c	.. c	.. c	.. c	.. c
Îles Vierges, US	-	-	-	.. c	.. c	-	-	-	-	-
Amérique du Sud	..	..	..	..	..	..	..	..	..	..
Argentine	.. c	.. c	.. c	-2.3	.. c	.. c	-48.1	.. c	.. c	-1.5
Bolivie	-	-	-	-	-	.. c	.. c	.. c	.. c	.. c
Brésil	-1.8	.. c	.. c	-6.1	.. c	595.8	450.1	124.1	334.9	-44.1
Colombie	.. c	.. c	.. c	.. c	.. c	.. c	12.0	-12.6	.. c	-38.8
Equateur	-	-	-	-	-	.. c	.. c	.. c	29.1	.. c
Paraguay	-	-	-	-	-	-	-	-	-	-
Pérou	.. c	.. c	.. c	.. c	.. c	.. c	21.8	.. c	.. c	15.7
Uruguay	-	-	-	-	-	.. c	.. c	.. c	.. c	.. c
Venezuela	.. c	.. c	.. c	.. c	.. c	.. c	.. c	.. c	.. c	.. c
ASIE	..	..	..	..	..	..	..	..	..	..

Tableau 1. Flux d'investissement direct étranger par pays *(suite)*

Millions de dollars des ÉU

	Entrant					Sortant				
	2014	2015	2016	2017	2018	2014	2015	2016	2017	2018
Proche et Moyen Orient	..	..	..	..	..	..	..	..	..	..
Pays du Golfe	..	..	..	..	..	..	..	..	..	..
Koweït	.. c	1 813.1	.. c	.. c	.. c	.. c	.. c	.. c	.. c	.. c
Qatar	.. c	.. c	.. c	.. c	.. c	.. c	.. c	.. c	-	.. c
Arabie saoudite	.. c	-6.8	-89.9	.. c	.. c	-26.1	.. c	.. c	.. c	10.5
Emirats Arabes Unis	.. c	-3 606.6	-136.0	95.0	90.4	-151.4	-335.1	19.3	.. c	127.0
Autres pays du Proche et Moyen Orient	..	..	..	..	..	..	..	..	..	..
Jordanie	.. c	.. c	.. c	.. c	.. c	.. c	.. c	-	-	.. c
Autres pays asiatiques	..	..	..	..	..	..	..	..	..	..
Chine	8 883.2	2 179.0	1 506.0	700.4	2 619.7	599.4	457.6	-266.9	-1 629.2	637.2
Hong Kong, Chine	2 530.2	2 409.6	1 089.0	1 851.5	568.5	589.5	-171.3	-487.6	234.5	35.9
Inde	21.6	-82.7	44.6	26.8	27.6	49.6	81.1	50.5	84.3	29.9
Indonesie	.. c	-16.5	7.4	.. c	1.5	94.6	-37.6	56.5	136.4	.. c
République islamique d'Iran	.. c	.. c	.. c	.. c	.. c	-	-	-	-	-
Malaisie	521.9	740.1	131.6	1 056.0	121.8	560.7	240.4	176.2	68.2	67.2
Philippines	.. c	.. c	-	-7.7	-48.6	.. c	43.6	61.0	66.7	61.3
Singapour	3 868.8	355.4	-3 725.6	1 781.0	1 972.1	1 236.7	1 828.8	159.8	114.2	-238.3
Taipei Chinois	-7.2	15.0	-5.2	29.1	25.4	.. c	.. c	-7.4	.. c	.. c
Thaïlande	.. c	.. c	.. c	494.3	-146.4	-5.4	.. c	6.7	87.4	-0.7
Viet Nam	-2.7	-4.5	3.0	-1.5	1.5	168.6	23.3	6.7	28.4	.. c
AUSTRALIE, OCÉANIE ET RÉGIONS POLAIRES	..	..	..	..	..	..	..	..	..	..
TOTAL MONDE non alloué et confidentiel	**25 918.5**	**2 488.5**	**16 829.7**	**7 280.3**	**7 786.7**	**9 352.8**	**-11 191.7**	**-6 668.4**	**-3 400.3**	**-11 854.0**
Union européenne (UE28)	**3 252.2**	**-6 080.1**	**17 052.7**	**17 074.1**	**22 311.9**	**5 844.6**	**4 944.8**	**2 627.7**	**2 051.5**	**11 290.1**
Pays du G20 hors Union Européenne	**.. d**	**.. d**	**.. d**	**.. d**	**.. d**	**.. d**	**.. d**	**.. d**	**.. d**	**.. d**
Pays OCDE du G20	**16 322.3**	**.. d**	**22 748.8**	**.. d**	**.. d**	**.. d**	**.. d**	**.. d**	**.. d**	**16 712.5**
Pays non-OCDE du G20	**.. d**	**.. d**	**.. d**	**.. d**	**.. d**	**.. d**	**.. d**	**.. d**	**.. d**	**.. d**
Pays MENA	**.. d**	**.. d**	**.. d**	**.. d**	**.. d**	**.. d**	**.. d**	**.. d**	**.. d**	**.. d**
Pays ANASE	**4 156.3**	**1 475.7**	**-4 306.8**	**3 319.8**	**1 906.3**	**1 992.1**	**2 585.5**	**596.9**	**862.9**	**-3 460.8**

- Néant ; .. Non disponible ; c Donnée confidentielle ; d Confidentialité Secondaire

Note : Voir les métadonnées détaillées sur : *http://stats.oecd.org/OECDStat_Metadata/ShowMetadata.ashx?Dataset=FDI_CTRY_IND_SUMM&lang=fr.*

1. Informations sur les données concernant Israël : *http://oe.cd/israel-disclaimer.*
2. Note de la Turquie : Les informations figurant dans ce document et faisant référence à « Chypre » concernent la partie méridionale de l'île. Il n'y a pas d'autorité unique représentant à la fois les Chypriotes turcs et grecs sur l'île. La Turquie reconnaît la République Turque de Chypre Nord (RTCN). Jusqu'à ce qu'une solution durable et équitable soit trouvée dans le cadre des Nations Unies, la Turquie maintiendra sa position sur la « question chypriote ».
3. Note de tous les États de l'Union européenne membres de l'OCDE et del'Union européenne : La République de Chypre est reconnue par tous les membres des Nations Unies sauf la Turquie. Les informations figurant dans ce document concernent la zone sous le contrôle effectif du gouvernement de la République de Chypre.

Source : Statistiques de l'OCDE sur l'investissement direct international (base de données) : https://doi.org/10.1787/idi-data-fr

AUSTRALIE

Tableau 2. Encours des investissements directs étrangers par pays
En fin d'année

Millions de dollars des ÉU

	Entrant					Sortant				
	2014	2015	2016	2017	2018	2014	2015	2016	2017	2018
TOTAL MONDE	**582 533.1**	**565 804.0**	**606 131.0**	**689 369.0**	**682 880.4**	**467 167.1**	**415 412.4**	**432 015.2**	**495 952.0**	**490 996.6**
Pays membres de l'OCDE	**357 272.6**	**346 867.8**	**372 811.9**	**422 229.2**	**427 271.3**	**266 715.1**	**217 044.6**	**225 117.2**	**262 070.8**	**269 202.4**
Australie	-	-	-	-	-	-	-	-	-	-
Autriche	.. c	.. c	.. c	.. c	.. c	.. c	.. c	.. c	.. c	.. c
Belgique	3 304.6	3 659.7	4 025.3	4 106.5	3 797.3	562.7	.. c	.. c	.. c	.. c
Canada	18 616.1	18 120.8	20 133.1	25 095.5	26 064.4	9 937.5	5 768.2	5 894.4	8 196.7	23 866.5
Chili	-5.7	.. c	.. c	.. c	.. c	1 218.0	.. c	1 159.2	1 259.7	1 289.5
République Tchèque	2.5	3.7	1.4	.. c	1.4	.. c	.. c	.. c	.. c	.. c
Danemark	.. c	.. c	.. c	.. c	723.5	.. c	3.7	.. c	.. c	.. c
Estonie	.. c	.. c	-	-	-	.. c	.. c	.. c	.. c	.. c
Finlande	.. c	.. c	.. c	.. c	253.4	8.2	.. c	3.6	4.7	.. c
France	4 701.4	4 670.1	4 428.4	5 053.4	20 285.9	.. c	1 596.4	1 895.1	1 879.7	2 227.6
Allemagne	12 946.9	12 418.4	14 141.1	18 725.5	17 150.6	12 580.2	.. c	.. c	.. c	.. c
Grèce	.. c	.. c	.. c	.. c	.. c	.. c	.. c	.. c	.. c	18.4
Hongrie	.. c	.. c	.. c	-	0.7	.. c	.. c	.. c	.. c	.. c
Islande	-	-	-	-	-	-	-	-	-	-
Irlande	648.8	3 016.0	2 925.5	1 514.7	1 302.2	.. c	.. c	.. c	-373.6	.. c
Israël[1]	.. c	.. c	.. c	.. c	.. c	-	-	-	.. c	.. c
Italie	770.2	.. c	430.5	537.4	427.7	.. c	101.6	112.9	178.6	.. c
Japon	-	67 160.8	-	-	-	-	.. c	-	-	-
Corée	2 593.5	2 321.9	3 159.9	3 572.3	3 662.5	554.5	.. c	589.7	669.2	818.0
Lettonie	-	-	-	-	-	-	-	-	-	-
Lituanie	-	-	.. c	.. c	.. c	-	-	-	-	-
Luxembourg	2 409.7	2 045.0	4 592.6	7 355.1	6 294.5	.. c	1 296.1	1 191.8	1 783.0	.. c
Mexique	-	.. c	-	1.6	2.8	.. c	895.0	1 041.2	723.0	609.8
Pays-Bas	32 892.5	35 093.9	37 277.9	43 685.4	34 769.9	6 997.1	5 552.7	5 845.9	5 343.6	5 441.1
Nouvelle-Zélande	4 185.5	4 087.8	4 280.0	4 463.8	4 623.8	49 382.6	43 426.6	48 036.2	48 724.7	39 808.7
Norvège	767.7	678.7	619.4	639.6	460.2	.. c	.. c	.. c	.. c	.. c
Pologne	.. c	.. c	0.7	3.1	1.4	.. c	.. c	.. c	33.5	33.2
Portugal	-	.. c	.. c	-	.. c	.. c	2.9	8.7	10.1	8.5
République slovaquie	-	-	.. c	-	-	.. c	.. c	.. c	.. c	.. c
Slovénie	.. c	-	-	-	-	.. c	.. c	.. c	.. c	.. c
Espagne	.. c	.. c	.. c	.. c	.. c	.. c	.. c	31.8	28.1	33.2
Suède	1 525.6	1 500.0	1 516.6	1 624.7	1 657.3	.. c	212.6	266.3	292.5	.. c
Suisse	6 505.0	6 639.1	6 694.6	7 332.5	7 159.8	.. c	.. c	.. c	.. c	281.6
Turquie	.. c	.. c	.. c	.. c	.. c	.. c	.. c	91.2	.. c	.. c
Royaume-Uni	64 452.1	47 426.0	54 065.1	67 964.3	69 697.2	63 926.4	62 808.5	57 480.5	69 585.8	83 750.7
Etats-Unis	134 238.0	134 369.8	140 751.1	150 932.8	151 250.0	109 386.8	79 378.2	87 319.1	99 532.8	85 163.0
EUROPE	..	..	..	..	..	..	..	..	..	..
Bulgarie	.. c	.. c	.. c	.. c	.. c	.. c	.. c	.. c	.. c	.. c
Croatie	.. c	.. c	-	.. c	-	.. c	.. c	.. c	.. c	.. c
Chypre[2, 3]	.. c	.. c	-	-	-	.. c	.. c	.. c	.. c	.. c
Malte	.. c	.. c	-	-	-	.. c	.. c	.. c	.. c	.. c
Roumanie	.. c	.. c	.. c	.. c	.. c	.. c	.. c	.. c	.. c	.. c
Russie	.. c	.. c	.. c	.. c	3.5	.. c	.. c	36.2	.. c	189.9
Ukraine	-	-	-	-	-	.. c	.. c	.. c	.. c	.. c
AFRIQUE	..	..	..	..	..	..	..	..	..	..
Afrique septentrionale	..	..	..	..	..	..	..	..	..	..
Algérie	.. c	.. c	.. c	.. c	.. c	-	-	-	-	-
Egypte	.. c	.. c	.. c	.. c	.. c	.. c	.. c	5.8	.. c	.. c
Libye	-	-	-	-	-	.. c	.. c	.. c	-0.8	.. c
Maroc	.. c	.. c	.. c	-	-	.. c	.. c	-	.. c	.. c
Tunisie	.. c	.. c	.. c	.. c	-	.. c	.. c	.. c	.. c	.. c
Autres pays africains	..	..	..	..	..	..	..	..	..	..
Nigéria	.. c	.. c	.. c	.. c	.. c	.. c	.. c	.. c	.. c	.. c
Afrique du Sud	2 424.5	2 134.9	2 556.4	2 609.0	2 486.6	668.5	853.4	875.5	2 166.8	893.6
AMÉRIQUE	..	..	..	..	..	..	..	..	..	..
Amérique du Nord	..	..	..	..	..	..	..	..	..	..
Amérique du Nord	..	..	..	..	..	..	..	..	..	..
Bahamas	903.0	.. c	1 424.0	1 511.6	.. c	.. c	.. c	.. c	.. c	.. c
Bermudes	33 679.9	26 103.6	25 310.4	29 872.9	28 077.4	.. c	24 097.3	24 045.6	.. c	.. c
Îles Cayman	1 919.3	1 869.7	4 119.4	4 390.5	3 318.7	.. c	.. c	.. c	.. c	.. c
Costa Rica	.. c	.. c	-	-	-	.. c	.. c	.. c	.. c	.. c
El Salvador	-	-	-	-	-	.. c	.. c	.. c	.. c	.. c
Guatemala	-	-	-	-	-	.. c	.. c	.. c	.. c	.. c
Honduras	-	-	-	-	-	-	-	.. c	.. c	.. c
Nicaragua	-	-	-	-	-	.. c	-	-	.. c	.. c
Panama	-	-	-	.. c	-	.. c	.. c	.. c	.. c	.. c
Îles Vierges, US	-	-	-	.. c	-	-	-	-	-	-
Amérique du Sud	..	..	..	..	..	..	..	..	..	..
Argentine	.. c	.. c	.. c	.. c	.. c	155.0	174.6	170.8	287.8	.. c
Bolivie	-	-	-	-	-	.. c	.. c	.. c	.. c	.. c
Brésil	.. c	.. c	.. c	.. c	.. c	.. c	3 023.3	3 217.1	.. c	3 208.6
Colombie	.. c	.. c	.. c	.. c	.. c	107.4	.. c	91.9	157.6	152.5
Equateur	-	-	-	-	-	.. c	.. c	.. c	103.0	.. c
Paraguay	-	-	-	-	-	-	-	-	-	-
Pérou	.. c	.. c	.. c	.. c	.. c	146.8	157.8	200.4	232.4	223.0
Uruguay	-	-	-	-	-	.. c	.. c	4.3	.. c	.. c
Venezuela	.. c	.. c	.. c	.. c	.. c	.. c	.. c	.. c	.. c	.. c
ASIE	..	..	..	..	..	..	..	..	..	..

Tableau 2. Encours des investissements directs étrangers par pays *(suite)*

En fin d'année

Millions de dollars des ÉU

	Entrant					Sortant				
	2014	2015	2016	2017	2018	2014	2015	2016	2017	2018
Proche et Moyen Orient	..	..	..	..	..	..	..	..	..	..
Pays du Golfe	..	..	..	..	..	..	..	..	..	..
Koweït	.. c	.. c	.. c	.. c	.. c	.. c	.. c	.. c	.. c	.. c
Qatar	.. c	.. c	.. c	.. c	.. c	.. c	-0.7	-2.9	-3.1	-2.8
Arabie saoudite	.. c	.. c	646.9	713.7	686.8	.. c	632.0	.. c	.. c	.. c
Emirats Arabes Unis	5 552.8	1 325.3	1 186.0	1 708.9	1 211.9	.. c	-46.0	.. c	.. c	.. c
Autres pays du Proche et Moyen Orient	..	..	..	..	..	..	..	..	..	..
Jordanie	.. c	.. c	.. c	.. c	.. c	.. c	.. c	.. c	.. c	-
Autres pays asiatiques	..	..	..	..	..	..	..	..	..	..
Chine	26 134.0	26 100.7	27 997.8	29 932.1	28 306.7	10 307.5	10 150.5	9 672.9	10 390.8	9 556.7
Hong Kong, Chine	7 892.0	9 171.5	9 869.8	12 329.0	11 540.1	4 180.6	3 630.5	3 230.1	3 350.8	3 647.7
Inde	783.3	655.4	670.8	701.2	669.8	1 254.9	1 176.3	1 272.8	1 442.2	1 142.7
Indonesie	10.7	.. c	-	.. c	0.7	4 353.6	4 057.1	4 515.9	5 886.4	1 611.4
République islamique d'Iran	-	.. c	.. c	-	.. c	-	-	-	-	-
Malaisie	7 850.1	7 926.5	8 879.2	10 443.0	9 839.8	5 128.7	4 021.3	4 036.9	4 619.0	4 235.6
Philippines	.. c	2.9	2.9	.. c	.. c	.. c	571.3	696.1	755.0	743.2
Singapour	22 877.8	21 305.0	10 851.7	20 269.9	19 780.5	10 761.0	13 677.9	14 549.9	15 749.2	17 248.0
Taipei Chinois	85.3	85.5	77.4	107.6	111.5	.. c	.. c	.. c	.. c	.. c
Thaïlande	3 739.3	4 105.4	3 369.8	4 243.0	4 108.6	515.1	1 088.6	1 265.6	1 364.2	978.3
Viet Nam	-	.. c	.. c	.. c	.. c	898.9	995.1	1 120.8	1 576.3	.. c
AUSTRALIE, OCÉANIE ET RÉGIONS POLAIRES	..	..	..	..	..	..	..	..	..	..
TOTAL MONDE non alloué et confidentiel	**176 439.0**	**103 730.5**	**185 832.1**	**208 884.6**	**204 088.8**	**173 442.0**	**145 091.0**	**139 555.0**	**196 638.3**	**193 059.7**
Union européenne (UE28)	**127 274.5**	**114 258.1**	**126 699.0**	**154 410.0**	**159 280.8**	**88 225.6**	**85 099.0**	**80 390.7**	**96 024.5**	**115 456.7**
Pays du G20 hors Union Européenne	**.. d**	**.. d**	**.. d**	**.. d**	**.. d**	**.. d**	**.. d**	**.. d**	**.. d**	**.. d**
Pays OCDE du G20	**.. d**	**.. d**	**.. d**	**.. d**	**.. d**	**.. d**	**.. d**	**.. d**	**.. d**	**.. d**
Pays non-OCDE du G20	**.. d**	**.. d**	**.. d**	**.. d**	**.. d**	**.. d**	**.. d**	**.. d**	**.. d**	**.. d**
Pays MENA	**.. d**	**.. d**	**.. d**	**.. d**	**.. d**	**.. d**	**.. d**	**.. d**	**.. d**	**.. d**
Pays ANASE	**34 540.3**	**33 330.9**	**29 104.2**	**34 947.4**	**33 682.9**	**24 140.9**	**25 581.9**	**27 463.8**	**31 543.6**	**27 987.0**

- Néant ; .. Non disponible ; c Donnée confidentielle ; d Confidentialité Secondaire

Note : Voir les métadonnées détaillées sur : *http://stats.oecd.org/OECDStat_Metadata/ShowMetadata.ashx?Dataset=FDI_CTRY_IND_SUMM&lang=fr.*

1. Informations sur les données concernant Israël : *http://oe.cd/israel-disclaimer.*
2. Note de la Turquie : Les informations figurant dans ce document et faisant référence à « Chypre » concernent la partie méridionale de l'île. Il n'y a pas d'autorité unique représentant à la fois les Chypriotes turcs et grecs sur l'île. La Turquie reconnaît la République Turque de Chypre Nord (RTCN). Jusqu'à ce qu'une solution durable et équitable soit trouvée dans le cadre des Nations Unies, la Turquie maintiendra sa position sur la « question chypriote ».
3. Note de tous les États de l'Union européenne membres de l'OCDE et del'Union européenne : La République de Chypre est reconnue par tous les membres des Nations Unies sauf la Turquie. Les informations figurant dans ce document concernent la zone sous le contrôle effectif du gouvernement de la République de Chypre.

Source : Statistiques de l'OCDE sur l'investissement direct international (base de données) : https://doi.org/10.1787/idi-data-fr

AUSTRALIE

Tableau 3. Revenus des investissements directs étrangers par pays

Millions de dollars des ÉU

	Entrant					Sortant				
	2014	2015	2016	2017	2018	2014	2015	2016	2017	2018
TOTAL MONDE	**29 806.2**	**24 065.7**	**27 528.4**	**37 318.6**	**44 417.7**	**19 179.7**	**13 784.7**	**13 315.2**	**14 188.8**	**16 500.3**
Pays membres de l'OCDE	**20 860.8**	**14 234.7**	**15 602.5**	**23 323.6**	**28 346.9**	**11 425.1**	**7 361.2**	**7 112.2**	**7 926.3**	**9 649.7**
Australie	-	-	-	-	-	-	-	-	-	-
Autriche	.. c	.. c	.. c	.. c	.. c	.. c	.. c	.. c	.. c	.. c
Belgique	145.1	102.9	141.2	131.8	224.1	.. c	.. c	-	.. c	.. c
Canada	.. c	399.7	304.8	654.5	543.8	1 207.0	.. c	.. c	52.1	301.0
Chili	.. c	.. c	-	-	-	.. c	.. c	.. c	91.2	.. c
République Tchèque	-	-	-	-	-	.. c	.. c	.. c	.. c	-2.2
Danemark	.. c	.. c	.. c	.. c	.. c	.. c	1.5	.. c	.. c	.. c
Estonie	-	-	-	-	-	.. c	.. c	.. c	.. c	.. c
Finlande	.. c	.. c	.. c	.. c	.. c	.. c	.. c	.. c	.. c	.. c
France	457.9	365.9	557.5	505.8	702.2	.. c	.. c	.. c	101.9	.. c
Allemagne	.. c	.. c	.. c	.. c	1 110.8	530.0	.. c	.. c	.. c	.. c
Grèce	-	-	-	-	-	.. c	.. c	.. c	.. c	.. c
Hongrie	-	-	-	-	-	.. c	.. c	.. c	.. c	.. c
Islande	-	-	-	-	-	-	-	-	-	-
Irlande	67.6	182.6	263.1	.. c	.. c	-30.6	.. c	-14.9	.. c	.. c
Israël[1]	-	.. c	.. c	.. c	.. c	-	-	-	-	-
Italie	.. c	-5.3	.. c	.. c	.. c	1.8	.. c	.. c	.. c	.. c
Japon	-	3 246.7	-	-	-	-	.. c	-	-	-
Corée	.. c	.. c	119.7	.. c	396.7	.. c	.. c	-3.7	5.4	40.3
Lettonie	-	-	-	-	-	-	-	-	-	-
Lituanie	-	-	-	-	-	-	-	-	-	-
Luxembourg	38.8	.. c	180.6	239.9	82.9	.. c	.. c	.. c	.. c	.. c
Mexique	-	-	-	-	-	.. c	.. c	.. c	95.8	.. c
Pays-Bas	1 316.9	741.6	726.2	1 403.2	2 083.4	.. c	406.5	.. c	.. c	.. c
Nouvelle-Zélande	-24.3	116.5	459.4	474.4	272.7	4 050.8	3 526.9	3 301.9	3 644.7	3 650.6
Norvège	.. c	.. c	.. c	.. c	.. c	.. c	.. c	.. c	.. c	.. c
Pologne	-	-	-	-	-	.. c	.. c	.. c	.. c	.. c
Portugal	-	-	-	-	-	.. c	.. c	.. c	-	-
République slovaquie	-	-	-	-	-	.. c	.. c	.. c	.. c	.. c
Slovénie	-	-	-	-	-	.. c	.. c	.. c	.. c	.. c
Espagne	.. c	-	-	-	.. c	.. c	10.5	.. c	.. c	.. c
Suède	163.2	122.5	96.6	.. c	130.0	.. c	.. c	.. c	.. c	.. c
Suisse	1 268.3	39.8	.. c	.. c	666.3	.. c	.. c	.. c	.. c	5.2
Turquie	-	-	-	-	-	.. c	.. c	.. c	.. c	.. c
Royaume-Uni	2 859.2	1 380.3	912.1	4 099.9	5 563.6	2 488.7	1 442.6	1 436.9	1 118.1	1 296.0
Etats-Unis	7 663.6	6 104.9	6 224.6	7 957.7	9 516.7	2 477.0	711.5	903.9	1 570.2	2 914.0
EUROPE	..	..	..	..	..	..	..	..	..	..
Bulgarie	-	-	-	-	-	.. c	.. c	.. c	.. c	.. c
Croatie	-	-	-	-	-	.. c	.. c	.. c	.. c	.. c
Chypre[2, 3]	.. c	-	-	-	-	-	-	.. c	-	.. c
Malte	.. c	.. c	.. c	-	.. c	-	-	-	.. c	-
Roumanie	-	-	-	-	-	.. c	.. c	-	.. c	.. c
Russie	.. c	.. c	.. c	.. c	-	.. c	.. c	.. c	0.8	.. c
Ukraine	-	-	-	-	-	.. c	.. c	.. c	.. c	.. c
AFRIQUE	..	..	..	..	..	..	..	..	..	..
Afrique septentrionale	..	..	..	..	..	..	..	..	..	..
Algérie	-	-	-	-	-	-	-	-	-	-
Egypte	-	-	-	-	-	.. c	.. c	.. c	.. c	.. c
Libye	-	-	-	-	-	.. c	.. c	.. c	.. c	-
Maroc	-	-	-	-	-	-	-	-	-	-
Tunisie	-	-	-	-	-	-	-	-	-	-
Autres pays africains	..	..	..	..	..	..	..	..	..	..
Nigéria	-	-	-	-	-	.. c	.. c	.. c	.. c	-
Afrique du Sud	94.6	.. c	168.7	105.8	125.5	.. c	11.3	14.1	-30.7	.. c
AMÉRIQUE	..	..	..	..	..	..	..	..	..	..
Amérique du Nord	..	..	..	..	..	..	..	..	..	..
Amérique du Nord	..	..	..	..	..	..	..	..	..	..
Bahamas	.. c	.. c	.. c	.. c	.. c	-	-	.. c	-	-
Bermudes	806.7	845.3	1 575.1	1 949.6	2 950.6	.. c	.. c	.. c	.. c	.. c
Îles Cayman	169.5	130.7	.. c	216.9	224.1	.. c	168.3	.. c	.. c	.. c
Costa Rica	-	-	-	-	-	.. c	.. c	.. c	.. c	.. c
El Salvador	-	-	-	-	-	.. c	.. c	.. c	.. c	.. c
Guatemala	-	-	-	-	-	.. c	.. c	.. c	.. c	.. c
Honduras	-	-	-	-	-	-	-	.. c	.. c	.. c
Nicaragua	-	-	-	-	-	.. c	-	-	.. c	.. c
Panama	-	-	.. c	-	-	.. c	.. c	.. c	.. c	.. c
Îles Vierges, US	-	-	-	-	-	-	-	-	-	-
Amérique du Sud	..	..	..	..	..	..	..	..	..	..
Argentine	.. c	.. c	.. c	.. c	.. c	.. c	-13.5	.. c	-3.1	.. c
Bolivie	-	-	-	-	-	.. c	.. c	.. c	.. c	.. c
Brésil	-	.. c	.. c	.. c	.. c	306.5	118.0	.. c	100.4	.. c
Colombie	-	-	-	-	-	.. c	.. c	-11.2	.. c	-10.5
Equateur	-	-	-	-	-	.. c	.. c	.. c	.. c	.. c
Paraguay	-	-	-	-	-	-	-	-	-	-
Pérou	-	-	-	-	-	.. c	.. c	.. c	.. c	.. c
Uruguay	-	-	-	-	-	.. c	.. c	.. c	.. c	.. c
Venezuela	-	-	-	-	-	.. c	.. c	.. c	.. c	.. c
ASIE	..	..	..	..	..	..	..	..	..	..

Tableau 3. Revenus des investissements directs étrangers par pays *(suite)*

Millions de dollars des ÉU

	Entrant					Sortant				
	2014	2015	2016	2017	2018	2014	2015	2016	2017	2018
Proche et Moyen Orient	..	..	..	..	..	..	..	..	..	..
Pays du Golfe	..	..	..	..	..	..	..	..	..	..
Koweït	-	.. c	.. c	11.5	.. c	.. c	.. c	.. c	.. c	-
Qatar	.. c	.. c	.. c	.. c	.. c	.. c	.. c	.. c	-	-
Arabie saoudite	.. c	.. c	.. c	-31.4	.. c	.. c	0.8	.. c	.. c	.. c
Emirats Arabes Unis	202.8	112.0	94.4	158.6	114.3	-2.7	20.3	2.2	.. c	9.7
Autres pays du Proche et Moyen Orient	..	..	..	..	..	..	..	..	..	..
Jordanie	.. c	.. c	.. c	.. c	.. c	-	-	-	-	-
Autres pays asiatiques	..	..	..	..	..	..	..	..	..	..
Chine	.. c	28.6	136.0	456.7	1 623.2	183.9	287.0	492.8	171.7	236.1
Hong Kong, Chine	935.6	833.3	825.8	959.5	1 151.9	366.0	319.3	208.9	198.5	239.0
Inde	.. c	.. c	40.1	.. c	.. c	78.4	.. c	65.4	70.5	.. c
Indonesie	.. c	.. c	-	-	-	.. c	69.1	61.7	162.5	268.2
République islamique d'Iran	-	-	-	-	-	-	-	-	-	-
Malaisie	.. c	.. c	84.7	.. c	.. c	.. c	.. c	.. c	219.2	184.5
Philippines	.. c	-	-	-	-	66.7	53.3	54.3	.. c	.. c
Singapour	379.5	777.7	.. c	799.3	723.1	1 260.1	976.0	396.2	.. c	571.5
Taipei Chinois	.. c	.. c	3.0	11.5	.. c	.. c	.. c	.. c	.. c	-0.7
Thaïlande	.. c	-56.4	.. c	.. c	-211.4	16.2	.. c	29.0	35.3	14.2
Viet Nam	-	-	-	-	-	41.5	.. c	10.4	.. c	44.1
AUSTRALIE, OCÉANIE ET RÉGIONS POLAIRES	..	..	..	..	..	..	..	..	..	..
TOTAL MONDE non alloué et confidentiel	**13 191.8**	**7 348.4**	**14 439.2**	**15 706.2**	**16 423.4**	**5 185.7**	**4 964.3**	**6 084.1**	**6 472.5**	**6 382.3**
Union européenne (UE28)	**6 298.9**	**4 324.9**	**3 930.0**	**8 040.5**	**10 434.8**	**3 626.3**	**2 877.0**	**2 659.6**	**2 335.0**	**2 624.2**
Pays du G20 hors Union Européenne	**.. d**	**.. d**	**.. d**	**.. d**	**.. d**	**.. d**	**.. d**	**.. d**	**.. d**	**.. d**
Pays OCDE du G20	**.. d**	**.. d**	**.. d**	**.. d**	**.. d**	**.. d**	**.. d**	**.. d**	**.. d**	**.. d**
Pays non-OCDE du G20	**.. d**	**.. d**	**.. d**	**.. d**	**.. d**	**.. d**	**.. d**	**.. d**	**.. d**	**.. d**
Pays MENA	**.. d**	**.. d**	**.. d**	**.. d**	**.. d**	**.. d**	**.. d**	**.. d**	**.. d**	**.. d**
Pays ANASE	**857.2**	**1 133.8**	**1 233.2**	**964.1**	**792.6**	**1 953.3**	**1 639.5**	**849.6**	**1 405.5**	**1 304.3**

- Néant ; .. Non disponible ; c Donnée confidentielle ; d Confidentialité Secondaire

Note : Voir les métadonnées détaillées sur : *http://stats.oecd.org/OECDStat_Metadata/ShowMetadata.ashx?Dataset=FDI_CTRY_IND_SUMM&lang=fr*.

1. Informations sur les données concernant Israël : *http://oe.cd/israel-disclaimer*.
2. Note de la Turquie : Les informations figurant dans ce document et faisant référence à « Chypre » concernent la partie méridionale de l'île. Il n'y a pas d'autorité unique représentant à la fois les Chypriotes turcs et grecs sur l'île. La Turquie reconnaît la République Turque de Chypre Nord (RTCN). Jusqu'à ce qu'une solution durable et équitable soit trouvée dans le cadre des Nations Unies, la Turquie maintiendra sa position sur la « question chypriote ».
3. Note de tous les États de l'Union européenne membres de l'OCDE et del'Union européenne : La République de Chypre est reconnue par tous les membres des Nations Unies sauf la Turquie. Les informations figurant dans ce document concernent la zone sous le contrôle effectif du gouvernement de la République de Chypre.

Source : Statistiques de l'OCDE sur l'investissement direct international (base de données) : https://doi.org/10.1787/idi-data-fr

AUSTRALIE

Tableau 4. Investissement direct étranger : flux par secteur industriel

Millions de dollars des ÉU

	Entrant					Sortant				
	2014	2015	2016	2017	2018	2014	2015	2016	2017	2018
All FDI activities	**58 504.6**	**28 274.1**	**45 519.2**	**42 289.1**	**60 425.0**	**18 183.7**	**-10 220.2**	**327.8**	**3 319.8**	**3 634.1**
Agriculture, sylviculture et pêche	**.. c**	**.. c**	**.. c**	**308.8**	**-366.0**	**.. c**	**.. c**	**.. c**	**.. c**	**.. c**
Industries extractives	**49 106.7**	**10 962.5**	**23 738.2**	**15 139.1**	**12 632.4**	**28 215.3**	**-13 542.7**	**300.3**	**-465.2**	**1 116.8**
Activités d'extraction	..	..	..	..	..	..	..	..	..	..
Activités de fabrication	**1 627.9**	**2 587.0**	**3 527.1**	**6 472.5**	**5 907.2**	**2 235.4**	**6 006.5**	**3 305.6**	**4 805.7**	**4 403.5**
dont :										
Produits alimentaires, boissons et tabac	..	..	..	..	..	..	..	..	..	..
Textiles, bois, papier, imprimerie	..	..	..	..	..	..	..	..	..	..
Produits pétroliers, chimiques, pharmaceutiques, caoutchouc, plastique, minéraux	..	..	..	..	..	..	..	..	..	..
Ouvrages en métaux et machines, sauf matériels électriques	..	..	..	..	..	..	..	..	..	..
Automobiles, remorques, semi-remorques, autres matériels de transport	..	..	..	..	..	..	..	..	..	..
Autres activités de fabrication	..	..	..	..	..	..	..	..	..	..
Production et distribution d'électricité, de gaz, de vapeur et de climatisation	**626.5**	**2 235.3**	**-762.7**	**2 889.9**	**1 139.2**	**.. c**	**.. c**	**20.8**	**388.5**	**462.4**
Distribution de l'eau ; assainissement, traitement des déchets et dépollution	..	..	..	..	..	..	..	..	..	..
Construction	**2 834.0**	**-811.5**	**553.8**	**1 395.5**	**1 194.4**	**-1 955.1**	**-544.0**	**264.6**	**460.6**	**685.7**
Services	**3 260.3**	**15 105.6**	**23 133.1**	**17 494.1**	**36 595.2**	**-195.6**	**9 635.6**	**3 857.9**	**6 123.1**	**4 758.3**
Commerce de gros et de détail ; réparations automobiles et motocycles	3 874.2	-2 097.1	1 887.3	738.0	3 020.8	-102.8	915.2	997.5	-296.6	1 524.6
Transport et entreposage	882.5	5 677.4	2 966.6	-52.1	149.4	25.2	151.8	-198.5	-246.8	-331.7
Activités d'hébergement et de restauration	1 419.7	-823.5	-25.3	236.8	1 753.2	.. c	.. c	3.7	90.4	.. c
Information et communication	-1 595.5	782.9	-385.8	1 316.6	2 146.1	.. c	.. c	-427.4	313.4	319.7
Activités financières et d'assurances	-11 716.2	3 971.7	3 892.1	7 345.4	24 569.4	-1 284.5	4 724.6	3 180.0	5 185.8	2 583.1
Activités des sociétés holding	..	..	..	..	..	..	..	..	..	..
Activités immobilières	10 655.3	.. c	.. c	.. c	5 122.1	192.9	.. c	-334.5	2 263.0	386.9
Activités professionnelles, scientifiques et techniques	-172.2	340.4	832.5	766.3	-200.9	.. c	60.1	.. c	-294.3	-107.6
Activités de services administratifs et d'appui	-572.4	-250.2	.. c	360.2	475.8	-338.9	.. c	263.9	-80.5	147.9
Administration publique; activités des ménages et des organismes extra-territoriaux	.. c	.. c	.. c	.. c	.. c	-	.. c	-	-	-
Éducation	-	.. c	.. c	.. c	.. c	-	.. c	.. c	.. c	.. c
Santé humaine et action sociale	418.2	-825.0	1 449.5	482.8	-26.9	1 960.5	-204.4	503.2	.. c	440.7
Arts, spectacles et loisirs	1.8	.. c	.. c	.. c	.. c	.. c	.. c	.. c	.. c	.. c
Autres services	.. c	.. c	.. c	.. c	-9.0	-	-	-	-	.. c
Not allocated and confidential	**1 049.2**	**-1 804.8**	**-4 670.3**	**-1 410.8**	**3 322.6**	**-10 116.3**	**-11 775.5**	**-7 421.4**	**-7 993.0**	**-7 792.6**
Activités immobilières privées	..	..	..	..	..	..	..	..	..	..

- Néant ; .. Non disponible ; c Donnée confidentielle

Note : Voir les métadonnées détaillées sur : *http://stats.oecd.org/OECDStat_Metadata/ShowMetadata.ashx?Dataset=FDI_CTRY_IND_SUMM&lang=fr.*

Source : Statistiques de l'OCDE sur l'investissement direct international (base de données) : https://doi.org/10.1787/idi-data-fr

Tableau 5. Encours des investissement directs étrangers par secteur industriel
En fin d'année

Millions de dollars des ÉU

	Entrant					Sortant				
	2014	2015	2016	2017	2018	2014	2015	2016	2017	2018
All FDI activities	**582 533.1**	**565 804.0**	**606 131.0**	**689 369.0**	**682 880.4**	**467 167.1**	**415 412.4**	**432 015.2**	**495 952.0**	**490 996.6**
Agriculture, sylviculture et pêche	**1 266.4**	**2 344.6**	**2 372.6**	**2 783.7**	**2 232.5**	**.. c**	**.. c**	**.. c**	**.. c**	**.. c**
Industries extractives	**242 649.6**	**229 291.3**	**243 304.6**	**268 004.8**	**257 987.0**	**128 540.1**	**83 761.2**	**91 384.2**	**101 582.6**	**105 174.3**
Activités d'extraction	..	..	..	..	..	..	..	..	..	..
Activités de fabrication	**70 816.9**	**66 141.6**	**68 521.7**	**79 397.1**	**75 981.8**	**65 704.6**	**70 271.8**	**68 969.6**	**88 653.0**	**101 904.3**
dont :										
Produits alimentaires, boissons et tabac	..	..	..	..	..	..	..	..	..	..
Textiles, bois, papier, imprimerie	..	..	..	..	..	..	..	..	..	..
Produits pétroliers, chimiques, pharmaceutiques, caoutchouc, plastique, minéraux	..	..	..	..	..	..	..	..	..	..
Ouvrages en métaux et machines, sauf matériels électriques	..	..	..	..	..	..	..	..	..	..
Automobiles, remorques, semi-remorques, autres matériels de transport	..	..	..	..	..	..	..	..	..	..
Autres activités de fabrication	..	..	..	..	..	..	..	..	..	..
Production et distribution d'électricité, de gaz, de vapeur et de climatisation	**10 510.0**	**11 635.9**	**11 457.3**	**15 899.7**	**15 300.0**	**6 216.3**	**3 509.2**	**3 374.1**	**3 906.1**	**4 211.6**
Distribution de l'eau ; assainissement, traitement des déchets et dépollution	..	..	..	..	..	..	..	..	..	..
Construction	**15 536.2**	**12 793.9**	**14 607.8**	**19 006.3**	**15 843.5**	**8 918.9**	**6 426.5**	**6 494.9**	**7 716.2**	**5 628.9**
Services	**174 760.0**	**174 028.6**	**195 276.4**	**224 882.6**	**239 174.9**	**158 338.0**	**153 393.0**	**155 839.4**	**171 875.0**	**153 586.3**
Commerce de gros et de détail ; réparations automobiles et motocycles	48 131.8	38 614.0	38 901.6	42 643.3	39 996.5	4 487.3	4 493.3	5 321.3	4 628.3	5 205.4
Transport et entreposage	11 135.0	15 468.0	17 976.1	15 575.2	13 758.5	2 483.6	2 987.5	2 924.0	2 861.7	2 452.7
Activités d'hébergement et de restauration	6 674.8	5 291.2	5 045.6	5 303.0	6 172.4	.. c	62.8	58.6	128.7	57.2
Information et communication	20 527.1	19 313.9	18 188.1	19 856.5	18 980.1	1 964.4	2 333.6	1 360.3	2 010.0	2 096.3
Activités financières et d'assurances	41 760.5	46 550.0	47 799.6	57 600.0	75 895.7	126 707.8	120 508.5	123 236.6	137 117.2	119 251.8
Activités des sociétés holding	..	..	..	..	..	..	..	..	..	..
Activités immobilières	38 397.7	42 450.5	54 720.0	70 845.5	72 593.9	10 102.4	11 741.8	11 984.1	14 756.3	14 189.7
Activités professionnelles, scientifiques et techniques	3 105.3	3 303.1	3 907.4	5 173.5	4 576.5	.. c	2 121.7	2 069.5	1 925.7	1 809.7
Activités de services administratifs et d'appui	1 502.6	1 136.1	2 730.1	3 175.3	3 283.5	.. c	.. c	.. c	.. c	2 400.5
Administration publique; activités des ménages et des organismes extra-territoriaux	.. c	.. c	.. c	.. c	592.2	-	-	-	-	-
Éducation	-	.. c	.. c	.. c	.. c	-	.. c	.. c	.. c	.. c
Santé humaine et action sociale	2 986.3	1 299.0	2 551.4	3 102.7	2 776.0	5 586.4	4 287.3	4 591.9	4 682.2	4 852.5
Arts, spectacles et loisirs	190.3	.. c	.. c	.. c	.. c	.. c	.. c	.. c	.. c	.. c
Autres services	.. c	.. c	219.2	.. c	.. c	-	-	-	-	.. c
Not allocated and confidential	**66 993.9**	**69 568.2**	**70 590.4**	**79 394.7**	**76 360.8**	**99 449.3**	**98 050.7**	**105 953.0**	**122 219.0**	**120 491.2**
Activités immobilières privées	..	..	..	..	..	..	..	..	..	..

- Néant ; .. Non disponible ; c Donnée confidentielle

Note : Voir les métadonnées détaillées sur : *http://stats.oecd.org/OECDStat_Metadata/ShowMetadata.ashx?Dataset=FDI_CTRY_IND_SUMM&lang=fr.*

Source : Statistiques de l'OCDE sur l'investissement direct international (base de données) : https://doi.org/10.1787/idi-data-fr

AUSTRALIE

Tableau 6. Revenus des investissements directs étrangers par secteur industriel

Millions de dollars des ÉU

	Entrant					Sortant				
	2014	2015	2016	2017	2018	2014	2015	2016	2017	2018
All FDI activities	**29 806.2**	**24 065.7**	**27 528.4**	**37 318.6**	**44 417.7**	**19 179.7**	**13 784.7**	**13 315.2**	**14 188.8**	**16 500.3**
Agriculture, sylviculture et pêche	**.. c**	**48.8**	**107.8**	**105.8**	**.. c**	**.. c**	**-**	**-**	**-**	**.. c**
Industries extractives	**9 261.8**	**5 158.9**	**4 975.8**	**12 391.8**	**17 935.3**	**5 587.7**	**-81.9**	**-164.3**	**2 207.8**	**2 092.3**
Activités d'extraction	..	..	..	..	..	..	..	..	..	..
Activités de fabrication	**5 550.7**	**3 850.0**	**4 670.3**	**4 534.4**	**4 697.8**	**3 128.7**	**2 993.5**	**2 993.4**	**3 330.5**	**3 775.3**
dont :										
Produits alimentaires, boissons et tabac	..	..	..	..	..	..	..	..	..	..
Textiles, bois, papier, imprimerie	..	..	..	..	..	..	..	..	..	..
Produits pétroliers, chimiques, pharmaceutiques, caoutchouc, plastique, minéraux	..	..	..	..	..	..	..	..	..	..
Ouvrages en métaux et machines, sauf matériels électriques	..	..	..	..	..	..	..	..	..	..
Automobiles, remorques, semi-remorques, autres matériels de transport	..	..	..	..	..	..	..	..	..	..
Autres activités de fabrication	..	..	..	..	..	..	..	..	..	..
Production et distribution d'électricité, de gaz, de vapeur et de climatisation	**630.1**	**507.9**	**815.4**	**.. c**	**1 203.4**	**249.7**	**193.9**	**.. c**	**.. c**	**.. c**
Distribution de l'eau ; assainissement, traitement des déchets et dépollution	**..**	**..**	**..**	**..**	**..**	**..**	**..**	**..**	**..**	**..**
Construction	**1 102.4**	**.. c**	**.. c**	**1 203.2**	**1 290.8**	**547.1**	**.. c**	**.. c**	**422.3**	**.. c**
Services	**11 086.2**	**11 665.8**	**14 171.6**	**15 693.2**	**17 206.2**	**6 799.2**	**7 549.8**	**6 985.1**	**4 890.0**	**6 568.3**
Commerce de gros et de détail ; réparations automobiles et motocycles	2 018.2	2 194.0	2 583.1	1 970.3	3 686.4	328.1	616.9	197.0	-87.4	184.5
Transport et entreposage	-116.3	337.4	767.9	633.8	819.5	-40.6	121.7	20.1	108.1	50.8
Activités d'hébergement et de restauration	557.1	571.0	799.8	784.0	667.1	.. c	.. c	.. c	.. c	.. c
Information et communication	641.8	822.8	984.2	1 186.3	1 263.2	231.7	87.9	82.5	-76.6	-28.4
Activités financières et d'assurances	4 771.9	3 428.5	3 736.0	4 825.7	4 983.2	5 100.1	5 462.5	5 491.0	3 827.9	5 135.6
Activités des sociétés holding	..	..	..	..	..	..	..	..	..	..
Activités immobilières	2 571.7	.. c	.. c	.. c	.. c	.. c	540.2	.. c	.. c	.. c
Activités professionnelles, scientifiques et techniques	272.2	139.8	161.3	-20.7	-145.7	.. c	.. c	.. c	.. c	.. c
Activités de services administratifs et d'appui	42.4	107.4	139.7	153.3	111.3	.. c	.. c	.. c	.. c	.. c
Administration publique; activités des ménages et des organismes extra-territoriaux	.. c	72.1	.. c	.. c	.. c	-	.. c	-	-	.. c
Éducation	-	-	.. c	.. c	.. c	-	.. c	.. c	.. c	.. c
Santé humaine et action sociale	244.3	212.6	191.0	187.8	160.6	.. c	436.5	.. c	.. c	.. c
Arts, spectacles et loisirs	.. c	.. c	.. c	.. c	.. c	.. c	.. c	.. c	.. c	.. c
Autres services	.. c	.. c	.. c	.. c	.. c	-	-	-	-	-
Not allocated and confidential	**2 175.1**	**2 834.2**	**2 787.5**	**3 390.3**	**2 084.1**	**2 867.3**	**3 129.5**	**3 501.1**	**3 338.2**	**4 064.4**
Activités immobilières privées	**..**	**..**	**..**	**..**	**..**	**..**	**..**	**..**	**..**	**..**

- Néant ; .. Non disponible ; c Donnée confidentielle

Note : Voir les métadonnées détaillées sur : *http://stats.oecd.org/OECDStat_Metadata/ShowMetadata.ashx?Dataset=FDI_CTRY_IND_SUMM&lang=fr.*

Source : Statistiques de l'OCDE sur l'investissement direct international (base de données) : https://doi.org/10.1787/idi-data-fr

AUTRICHE

Tableau 1. Flux d'investissement direct étranger par pays

Millions de dollars des ÉU

	Entrant					Sortant				
	2014	2015	2016	2017	2018	2014	2015	2016	2017	2018
TOTAL MONDE	**4 578.7**	**1 487.5**	**-8 500.5**	**14 921.7**	**2 084.3**	**-723.1**	**7 027.2**	**-2 031.4**	**10 228.8**	**5 868.1**
Pays membres de l'OCDE	**4 467.3**	**3 124.8**	**-8 340.2**	**7 038.7**	**5 673.3**	**8 143.8**	**4 321.7**	**8 929.6**	**6 060.2**	**2 865.6**
Australie	433.9	54.4	-11.1	-55.2	-72.0	127.4	175.3	119.4	86.8	606.6
Autriche	-	-	-	-	-	-	-	-	-	-
Belgique	-1 549.7	410.4	14.4	665.1	-1 312.4	-579.8	257.3	454.5	-273.9	-348.2
Canada	18.6	-44.4	25.4	230.0	-40.1	-594.4	-117.6	-184.7	-391.2	139.3
Chili	38.5	-149.8	-2.2	-3.4	-3.5	-175.1	-1.1	17.7	-	14.2
République Tchèque	73.0	66.6	28.8	3.4	66.1	472.3	676.7	-1 019.6	554.6	473.3
Danemark	197.7	-119.8	-426.8	-	-	-35.8	43.3	12.2	-78.9	-1.2
Estonie	-	-	-3.3		-	10.6	83.2	18.8	-77.8	98.0
Finlande	-447.1	25.5	44.2	57.5	-69.6	-134.0	44.4	91.8	113.9	22.4
France	1 162.3	1 090.4	-315.2	7.9	-214.8	2 656.2	-55.5	19.9	310.0	85.0
Allemagne	-617.0	-1 559.6	938.8	4 137.1	5 745.3	-1 068.1	602.3	1 282.8	1 889.3	-1 950.9
Grèce	33.2	299.5	38.7	48.5	-351.7	-102.2	49.9	85.1	3.4	-317.5
Hongrie	-19.9	219.6	-8.8	-80.0	5.9	-283.9	733.2	-832.7	335.9	-668.0
Islande	1.3	-1.1	1.1	13.5	-	1.3	-	-	-	-3.5
Irlande	445.8	-1 013.9	696.7	-811.6	1 019.7	-9.3	31.1	86.3	31.6	-44.8
Israël[1]	-14.6	-8.9	-10.0	-1.1	-2.4	-9.3	-8.9	-2.2	4.5	4.7
Italie	-1 072.0	1 279.0	-7 566.1	666.2	394.2	-449.8	563.5	811.7	-168.0	671.5
Japon	18.6	-68.8	80.7	287.5	-53.1	33.2	46.6	31.0	-9.0	10.6
Corée	-208.3	11.1	364.9	319.0	1 328.9	179.1	10.0	-43.1	-10.1	120.4
Lettonie	..	..	..	..	..	..	..	..	..	..
Lituanie	..	..	..	..	..	..	..	..	..	..
Luxembourg	1 582.9	1 558.5	2 051.3	110.5	2 013.5	-406.0	-215.2	800.6	-232.2	1 854.1
Mexique	57.1	-16.6	-33.2	196.1	-7.1	-8.0	155.3	174.7	131.9	121.6
Pays-Bas	4 712.8	1 232.4	-2 337.7	355.1	-5 132.8	6 876.7	-1 009.4	6 886.0	5 024.2	-1 148.4
Nouvelle-Zélande	-	2.2	-	-1.1	-5.9	34.5	-287.3	-31.0	-34.9	321.0
Norvège	-45.1	18.9	-33.2	19.2	69.6	593.1	185.2	191.3	-804.9	-787.2
Pologne	-46.4	83.2	-5.5	144.3	-76.7	-51.7	82.1	558.4	1 079.9	-186.5
Portugal	-15.9	-5.5	18.8	7.9	-	46.4	10.0	-1.1	32.7	-18.9
République slovaquie	127.4	-93.2	-36.5	-379.9	456.7	-510.8	287.3	5.5	-479.1	-13.0
Slovénie	-142.0	56.6	-117.2	-62.0	31.9	-65.0	183.0	-81.8	320.1	-30.7
Espagne	-120.7	-46.6	-97.3	-11.3	224.2	67.7	94.3	194.6	280.7	345.8
Suède	-8.0	54.4	70.8	157.8	112.1	70.3	208.5	21.0	411.5	-112.1
Suisse	689.9	-516.9	1 237.4	951.4	717.6	480.3	653.4	1 237.4	-799.2	1 860.0
Turquie	192.4	218.5	180.3	231.1	44.8	567.9	211.9	-2 687.2	-1 252.4	207.7
Royaume-Uni	-711.2	98.7	-808.4	857.9	1 190.8	-1 069.4	-16.6	826.1	-210.8	-107.4
Etats-Unis	-299.9	-10.0	-2 326.7	-1 028.1	-407.2	1 479.4	646.7	-213.4	248.0	1 664.1
EUROPE	**5 223.6**	**3 269.0**	**-6 914.7**	**13 042.5**	**4 088.3**	**2 099.0**	**5 748.2**	**4 073.9**	**7 960.8**	**303.3**
Bulgarie	-71.6	-85.4	195.7	30.4	7.1	-180.4	345.0	-1 933.0	-308.9	-42.5
Croatie	131.4	-25.5	16.6	-94.7	54.3	-578.5	-211.9	-1 803.6	58.6	1.2
Chypre[2, 3]	..	..	..	..	..	..	..	..	..	..
Malte	..	..	..	..	..	..	..	..	..	..
Roumanie	-253.4	13.3	-10.0	-	-10.6	-1 401.1	1 325.6	-1 015.2	756.4	675.1
Russie	244.1	-164.2	-25.4	6 417.5	-1 071.6	327.7	434.8	-517.5	1 364.0	5.9
Ukraine	19.9	119.8	14.4	-7.9	9.4	-1 405.1	541.3	-222.3	-13.5	-159.3
AFRIQUE	**1 517.8**	**-855.2**	**276.5**	**1 288.5**	**178.2**	**98.2**	**-108.7**	**-35.4**	**144.3**	**-70.8**
Afrique septentrionale	13.3	3.3	-3.3	-24.8	-	-21.2	31.1	-54.2	28.2	22.4
Algérie	..	..	..	..	..	..	..	..	..	..
Egypte	..	..	..	..	..	..	..	..	..	..
Libye	-	-	-	-	-	..	..	..	..	..
Maroc	..	..	..	..	..	..	..	..	..	..
Tunisie	..	..	..	..	..	..	..	..	..	..
Autres pays africains	..	..	..	..	..	..	..	..	..	..
Nigéria	..	..	..	..	..	..	..	..	..	..
Afrique du Sud	..	..	..	..	..	..	..	..	..	..
AMÉRIQUE	**-1 961.0**	**-379.4**	**-2 345.5**	**-77.8**	**-2 178.7**	**-3 663.3**	**359.4**	**-7 431.2**	**351.7**	**2 204.7**
Amérique du Nord	-281.3	-54.4	-2 301.2	-798.1	-447.3	885.0	529.1	-398.1	-143.2	1 803.4
Amérique du Nord	-2 194.5	71.0	174.7	1 404.6	-37.8	-4 588.0	-306.2	-7 227.7	441.9	146.3
Bahamas	..	..	-	-	..	..	..	..	..	..
Bermudes	..	..	..	..	..	..	..	..	..	..
Îles Cayman	..	..	..	..	..	..	..	..	..	..
Costa Rica	..	..	..	..	..	..	..	..	..	..
El Salvador	-	-	-	-	-	-	-	-	-	-
Guatemala	-	-	..	..	..	..	..	..	..	..
Honduras	-	-	-	-	-	..	..	..	..	..
Nicaragua	-	-	-	..	-	..	..	..	..	..
Panama	..	..	..	..	..	..	..	..	..	..
Îles Vierges, US	-	..	..	..	..	-	-	-	-	-
Amérique du Sud	514.8	-396.0	-219.0	-684.3	-1 693.6	39.8	136.4	194.6	53.0	254.9
Argentine	-4.0	3.3	-1.1	7.9	17.7	17.2	12.2	121.6	18.0	24.8
Bolivie	-	-	-	..	..	..	..	..	..	..
Brésil	408.7	-244.0	-105.1	-688.8	-1 691.3	99.5	117.6	-39.8	47.3	173.5
Colombie	..	..	..	..	..	..	..	..	..	..
Equateur	..	-	-	..	..	..	..	..	..	..
Paraguay	-	-	-	-	-	..	..	..	..	-
Pérou	..	..	..	..	..	..	..	..	..	..
Uruguay	..	..	..	..	..	..	..	..	..	..
Venezuela	..	..	..	..	..	..	..	..	..	..
ASIE	**-635.5**	**-556.9**	**492.1**	**724.8**	**74.4**	**579.8**	**1 132.6**	**1 255.1**	**1 720.2**	**2 504.4**

AUTRICHE

Tableau 1. Flux d'investissement direct étranger par pays *(suite)*

Millions de dollars des ÉU

	Entrant					Sortant				
	2014	2015	2016	2017	2018	2014	2015	2016	2017	2018
Proche et Moyen Orient	-354.3	-391.6	-152.6	86.8	-882.8	195.0	448.1	548.5	45.1	1 116.5
Pays du Golfe	-341.0	-383.8	-139.3	86.8	-881.6	242.8	453.7	528.6	55.2	1 095.2
Koweït	..	..	..	..	..	-	-	-	-	..
Qatar	..	-	..	..	..	..	..	..	..	..
Arabie saoudite	..	..	..	..	..	..	..	..	..	..
Emirats Arabes Unis	..	..	..	..	..	..	..	..	..	..
Autres pays du Proche et Moyen Orient	-14.6	-6.7	-13.3	-	-1.2	-49.1	-4.4	19.9	-10.1	22.4
Jordanie	..	..	..	..	..	..	..	..	..	..
Autres pays asiatiques	-280.0	-165.3	644.7	638.0	958.3	386.1	684.4	706.6	1 675.1	1 386.8
Chine	-65.0	62.1	2.2	22.5	138.1	-229.5	140.9	268.7	592.9	624.3
Hong Kong, Chine	-203.0	-99.8	147.1	-134.1	-112.1	4.0	108.7	206.8	242.4	166.4
Inde	-6.6	8.9	-1.1	-	-21.2	102.2	49.9	86.3	39.5	140.4
Indonesie	-1.3	-1.1	-3.3	3.4	-1.2	26.5	-16.6	21.0	-5.6	36.6
République islamique d'Iran	..	..	..	..	..	..	..	..	..	..
Malaisie	..	..	..	..	..	..	..	..	..	..
Philippines	-	-	-2.2	-	-	15.9	6.7	8.8	9.0	3.5
Singapour	406.0	48.8	-5.5	-19.2	2.4	208.3	72.1	7.7	1 030.3	207.7
Taipei Chinois	..	..	..	..	..	..	..	..	..	..
Thaïlande	-216.3	-126.5	-88.5	-23.7	-420.2	-	306.2	28.8	-232.2	55.5
Viet Nam	..	..	..	..	..	..	..	..	..	..
AUSTRALIE, OCÉANIE ET RÉGIONS POLAIRES	**433.9**	**56.6**	**-11.1**	**-56.4**	**-79.1**	**163.2**	**-117.6**	**87.4**	**51.9**	**927.7**
TOTAL MONDE non alloué et confidentiel	..	**-46.6**	**2.2**	-	**1.2**	..	**13.3**	**18.8**	-	**-1.2**
Union européenne (UE28)	**3 700.4**	**3 452.0**	**-8 227.4**	**5 451.5**	**4 264.1**	**1 992.8**	**4 066.6**	**6 032.3**	**9 428.5**	**-966.6**
Pays du G20 hors Union Européenne	**1 015.0**	**-143.1**	**-9 319.9**	**12 939.9**	**5 519.9**	**2 276.8**	**3 046.0**	**127.2**	**2 748.3**	**2 576.4**
Pays OCDE du G20	**-1 025.6**	**1 051.6**	**-9 470.3**	**5 849.4**	**7 909.8**	**1 854.8**	**2 220.7**	**136.0**	**624.5**	**1 569.7**
Pays non-OCDE du G20	**2 040.6**	**-1 194.7**	**150.4**	**7 090.5**	**-2 388.8**	**421.9**	**826.4**	**-8.8**	**2 123.8**	**1 007.9**
Pays MENA	**-327.7**	**-379.4**	**-146.0**	**62.0**	**-881.6**	**228.2**	**484.7**	**473.3**	**69.9**	**1 123.6**
Pays ANASE	**187.1**	**-76.5**	**-45.3**	**-3.4**	**-400.1**	**278.6**	**369.4**	**103.9**	**789.1**	**343.4**

- Néant ; .. Non disponible

Note : Les données excluent les entités à vocation spéciales. Voir les métadonnées détaillées sur : *http://stats.oecd.org/OECDStat_Metadata/ShowMetadata.ashx?Dataset=FDI_CTRY_IND_SUMM&lang=fr.*

1. Informations sur les données concernant Israël : *http://oe.cd/israel-disclaimer.*
2. Note de la Turquie : Les informations figurant dans ce document et faisant référence à « Chypre » concernent la partie méridionale de l'île. Il n'y a pas d'autorité unique représentant à la fois les Chypriotes turcs et grecs sur l'île. La Turquie reconnaît la République Turque de Chypre Nord (RTCN). Jusqu'à ce qu'une solution durable et équitable soit trouvée dans le cadre des Nations Unies, la Turquie maintiendra sa position sur la « question chypriote ».
3. Note de tous les États de l'Union européenne membres de l'OCDE et del'Union européenne : La République de Chypre est reconnue par tous les membres des Nations Unies sauf la Turquie. Les informations figurant dans ce document concernent la zone sous le contrôle effectif du gouvernement de la République de Chypre.

Source : Statistiques de l'OCDE sur l'investissement direct international (base de données) : https://doi.org/10.1787/idi-data-fr

Tableau 2. Encours des investissements directs étrangers par pays
En fin d'année

Millions de dollars des ÉU

	Entrant					Sortant				
	2014	2015	2016	2017	2018	2014	2015	2016	2017	2018
TOTAL MONDE	**175 755.5**	**159 723.5**	**150 648.3**	**196 133.4**	**201 892.6**	**218 116.7**	**205 235.7**	**196 996.9**	**232 706.9**	**232 394.1**
Pays membres de l'OCDE	**127 957.6**	**122 621.7**	**113 170.7**	**141 902.1**	**147 023.1**	**155 625.8**	**148 300.5**	**152 926.1**	**180 702.8**	**179 607.3**
Australie	57.1	54.4	67.5	87.6	79.0	2 090.7	2 064.2	2 130.3	2 551.0	2 870.4
Autriche	3 008.5	2 423.5	2 342.2	5 155.9	5 798.0	-	-	-	-	-
Belgique	971.3	823.1	765.3	891.1	920.5	1 751.9	1 653.8	2 004.8	1 921.3	1 485.0
Canada	2 497.4	2 920.0	3 706.1	4 439.9	4 963.4	1 402.3	1 260.8	986.6	512.1	600.0
Chili	165.1	1.1	1.1	1.2	1.1	156.6	141.5	159.2	167.9	162.6
République Tchèque	25.5	197.1	254.0	206.3	311.4	14 593.5	14 398.5	11 573.7	14 570.6	14 773.3
Danemark	230.7	201.4	179.2	218.3	195.8	204.0	154.6	176.0	277.0	262.2
Estonie	-	-	-8.4	1.2	1.1	361.8	254.8	246.7	203.9	289.7
Finlande	809.8	731.6	728.4	838.3	616.0	550.0	544.4	615.6	804.7	790.0
France	3 942.2	4 604.2	3 677.7	5 865.9	5 666.4	4 565.0	4 148.1	4 177.3	4 940.0	4 799.6
Allemagne	45 400.1	45 058.2	44 714.9	56 338.5	60 326.3	28 454.9	26 271.1	28 231.3	35 520.5	34 850.0
Grèce	407.4	664.1	758.9	899.5	479.7	336.3	335.3	376.3	417.4	234.7
Hongrie	88.6	155.7	190.8	207.5	216.4	8 853.2	7 952.1	6 870.5	8 163.8	7 054.0
Islande	-	-	-	-	-	1.2	4.4	4.2	6.0	4.6
Irlande	347.2	341.9	662.0	722.0	486.6	190.6	179.6	179.2	251.9	196.9
Israël[2]	20.6	18.5	160.2	266.3	111.1	15.8	7.6	5.3	9.6	14.9
Italie	20 404.2	18 500.8	10 314.1	11 662.3	11 573.2	2 447.6	2 469.2	3 163.3	3 788.7	4 577.5
Japon	2 578.7	2 102.3	2 142.9	2 823.2	2 862.4	91.1	133.9	175.0	171.5	184.3
Corée	193.0	189.4	227.7	255.5	1 534.2	1 324.6	1 196.5	1 105.7	1 166.9	1 234.3
Lettonie	..	..	..	..	..	..	..	..	..	..
Lituanie	..	..	..	..	..	..	..	..	..	..
Luxembourg	2 264.3	2 394.1	3 321.4	3 328.1	4 329.1	10 867.4	11 665.8	12 643.6	14 292.4	15 545.0
Mexique	2 496.2	1 779.0	1 660.2	2 729.7	2 150.2	565.8	675.0	717.8	889.9	1 009.8
Pays-Bas	6 013.4	8 135.0	4 421.8	5 540.9	8 141.7	25 254.5	20 751.2	25 500.2	36 103.4	33 565.4
Nouvelle-Zélande	1 381.6	-	-	-	-	471.1	124.1	97.0	62.4	365.2
Norvège	329.0	235.2	248.8	310.6	285.1	2 855.6	2 572.7	2 792.2	2 203.2	1 336.2
Pologne	34.0	9.8	16.9	25.2	8.0	5 016.7	4 849.2	5 051.1	7 031.7	6 371.7
Portugal	30.4	68.6	85.4	88.8	82.4	199.1	261.3	227.7	297.4	265.6
République slovaquie	52.2	25.0	24.2	28.8	27.5	6 694.5	6 541.1	6 250.7	7 266.7	7 033.4
Slovénie	156.6	167.7	122.3	154.7	154.6	2 493.8	3 358.7	2 843.9	3 642.4	3 515.0
Espagne	821.9	1 020.1	1 242.8	1 452.4	739.6	1 074.5	1 071.3	1 183.7	1 560.3	1 716.3
Suède	962.8	793.7	918.1	1 036.2	1 187.3	1 331.9	1 552.5	1 535.8	1 772.6	1 480.4
Suisse	8 901.8	7 989.1	9 112.5	13 261.0	12 621.9	7 197.2	8 315.7	9 551.0	8 546.4	10 316.0
Turquie	195.5	206.9	218.2	247.1	241.6	6 002.5	4 881.9	3 580.7	1 790.6	1 548.0
Royaume-Uni	4 663.4	5 259.7	5 716.2	6 682.7	6 815.9	7 832.2	7 618.9	8 187.0	7 778.8	7 380.4
Etats-Unis	18 448.2	15 551.4	15 170.2	16 128.6	14 088.6	10 376.9	10 890.6	10 451.1	11 849.4	13 496.7
EUROPE	**127 666.3**	**124 238.4**	**113 256.0**	**148 287.4**	**151 856.0**	**179 384.5**	**167 276.0**	**166 382.4**	**197 311.1**	**192 007.1**
Bulgarie	-	4.4	278.3	317.8	311.4	4 834.5	4 593.4	3 152.7	3 238.2	3 050.1
Croatie	-7.3	-	1.1	3.6	2.3	5 589.7	5 264.0	3 959.1	4 552.7	4 387.5
Chypre[3, 4]	..	..	..	..	..	..	..	..	..	..
Malte	..	..	..	..	..	..	..	..	..	..
Roumanie	-	56.6	55.9	68.4	66.4	10 828.6	9 527.5	8 282.9	10 100.7	10 317.2
Russie	23 944.5	21 389.2	20 206.6	30 197.9	27 789.1	6 808.7	5 693.0	4 966.8	6 103.4	5 164.9
Ukraine	19.4	18.5	42.2	45.6	52.7	1 178.9	997.3	331.0	488.1	332.0
AFRIQUE	**6 165.2**	**1 948.8**	**1 924.7**	**3 004.3**	**3 068.5**	**1 092.7**	**887.3**	**820.1**	**993.0**	**878.2**
Afrique septentrionale	-	-	-	-	-1.1	242.8	234.1	172.9	293.8	305.7
Algérie	-	-	-	-	..	..	..	..	..	..
Egypte	..	..	-	..	..	..	..	..	..	..
Libye	-	-	-	-	-	..	..	..	..	..
Maroc	-	-	-	-	-	..	..	..	..	..
Tunisie	-	-	-	-	-	..	..	..	..	..
Autres pays africains	..	..	..	..	..	..	..	..	..	..
Nigéria	-	-	..	-	-	..	..	..	..	..
Afrique du Sud	..	..	..	..	..	..	..	..	..	..
AMÉRIQUE	**27 104.8**	**21 442.6**	**21 840.4**	**26 765.4**	**24 290.1**	**24 004.0**	**23 296.7**	**15 143.9**	**16 569.9**	**18 605.5**
Amérique du Nord	20 945.7	18 471.4	18 877.4	20 568.5	19 052.0	11 779.2	12 151.3	11 437.8	12 361.5	14 096.6
Amérique du Nord	2 796.1	1 793.1	1 666.5	2 579.8	2 240.7	10 588.2	9 623.3	1 933.2	2 360.3	2 588.7
Bahamas	..	..	-	-	..	..	..	..	..	..
Bermudes	..	..	..	..	..	..	..	..	..	..
Îles Cayman	..	..	-	-	..	..	..	..	..	..
Costa Rica	..	..	-	-	-	..	..	..	..	..
El Salvador	-	-	-	-	-	-	-	-	-	-
Guatemala	-	-	-	-	-	..	..	..	..	..
Honduras	-	-	-	-	-	..	..	..	..	..
Nicaragua	-	-	-	-	-	..	..	..	..	..
Panama	..	..	..	..	..	..	..	..	..	..
Îles Vierges, US	-	..	-	-	-	-	-	-	-	-
Amérique du Sud	3 363.1	1 176.9	1 296.5	3 617.2	2 997.5	1 636.6	1 522.0	1 773.0	1 848.2	1 920.1
Argentine	26.7	50.1	49.5	62.4	713.3	99.6	98.0	92.8	106.7	84.7
Bolivie	-	-	-	-	-	..	..	..	..	..
Brésil	3 162.7	1 118.1	1 239.6	3 552.4	2 275.0	1 294.2	1 077.8	1 173.2	1 334.9	1 344.2
Colombie	-	-	-	-	-	..	..	..	..	..
Equateur	-	-	-	-	-	..	..	..	..	..
Paraguay	-	-	-	-	-	..	..	..	..	-
Pérou	-	-	-	-	..	..	..	..	..	..
Uruguay	..	-	-	-	-	..	..	..	..	..
Venezuela	..	..	..	..	..	..	..	..	..	..
ASIE	**13 054.0**	**11 746.3**	**13 276.1**	**17 663.7**	**22 291.0**	**11 067.7**	**11 573.2**	**12 422.3**	**15 217.1**	**17 665.4**

Tableau 2. Encours des investissements directs étrangers par pays *(suite)*

En fin d'année

Millions de dollars des ÉU

	Entrant					Sortant				
	2014	2015	2016	2017	2018	2014	2015	2016	2017	2018
Proche et Moyen Orient	5 767.0	5 549.3	6 269.6	8 725.1	12 452.5	4 045.4	4 559.6	4 986.8	5 805.9	6 931.5
Pays du Golfe	5 736.6	5 527.5	6 108.4	8 457.7	12 340.3	3 970.1	4 498.6	4 921.5	5 724.4	6 831.9
Koweït	..	..	..	..	..	-	-	-	-	..
Qatar	-	-	-	-	-	..	..	..	..	..
Arabie saoudite	..	..	..	..	..	..	..	..	..	..
Emirats Arabes Unis	..	..	..	..	..	..	..	..	..	..
Autres pays du Proche et Moyen Orient	29.1	20.7	162.3	267.5	112.2	75.3	61.0	65.4	81.6	100.8
Jordanie	..	..	..	..	..	..	..	..	..	..
Autres pays asiatiques	7 287.0	6 198.1	7 005.4	8 939.8	9 839.7	7 022.4	7 013.6	7 435.4	9 411.1	10 732.8
Chine	661.7	484.5	375.3	903.1	941.2	2 445.2	2 481.2	2 615.2	3 445.7	4 189.4
Hong Kong, Chine	3 306.0	2 802.4	3 301.4	3 500.8	3 052.4	575.5	679.4	877.0	1 232.9	1 370.5
Inde	140.8	138.3	123.3	328.6	353.8	364.2	427.9	450.1	645.2	738.5
Indonesie	-	-	-	-	-	239.2	211.2	226.6	226.7	254.2
République islamique d'Iran	..	..	-	..	..	..	..	..	..	..
Malaisie	..	..	..	..	..	..	..	..	..	..
Philippines	1.2	1.1	-	-	-	63.1	74.0	79.1	79.2	77.9
Singapour	403.1	457.3	610.3	568.5	545.0	1 443.6	1 281.4	1 290.2	1 805.0	1 975.0
Taipei Chinois	..	..	..	..	..	..	..	..	..	..
Thaïlande	-	-	-	16.8	17.2	146.9	310.3	331.0	249.5	306.8
Viet Nam	-	-	-	-	-	..	..	..	..	..
AUSTRALIE, OCÉANIE ET RÉGIONS POLAIRES	**1 437.5**	**54.4**	**67.5**	**87.6**	**79.0**	**2 567.8**	**2 189.4**	**2 228.3**	**2 615.7**	**3 236.8**
TOTAL MONDE non alloué et confidentiel	**327.8**	**292.9**	**283.5**	**325.0**	**308.0**	**..**	**13.1**	**-**	**-**	**1.1**
Union européenne (UE28)	**93 052.3**	**93 426.2**	**82 307.4**	**103 460.1**	**109 931.3**	**147 824.0**	**137 523.1**	**139 249.5**	**171 018.2**	**166 214.8**
Pays du G20 hors Union Européenne	**135 158.5**	**121 521.0**	**111 744.5**	**145 581.7**	**145 704.1**	**76 810.0**	**72 022.9**	**72 912.4**	**83 385.7**	**84 870.6**
Pays OCDE du G20	**100 875.9**	**96 225.4**	**87 616.7**	**107 260.7**	**110 298.8**	**65 155.9**	**61 611.3**	**62 907.1**	**70 961.9**	**72 551.0**
Pays non-OCDE du G20	**34 282.5**	**25 294.5**	**24 127.8**	**38 320.9**	**35 405.3**	**11 654.1**	**10 411.5**	**10 005.3**	**12 425.0**	**12 319.7**
Pays MENA	**5 745.1**	**5 528.6**	**6 108.4**	**8 457.7**	**12 340.3**	**4 239.6**	**4 759.9**	**5 118.6**	**6 054.2**	**7 180.0**
Pays ANASE	**404.3**	**462.7**	**689.4**	**716.0**	**696.1**	**2 134.4**	**2 063.1**	**2 139.8**	**2 642.1**	**2 928.8**

- Néant ; .. Non disponible

Note : Les données excluent les entités à vocation spéciales. Voir les métadonnées détaillées sur : *http://stats.oecd.org/OECDStat_Metadata/ShowMetadata.ashx?Dataset=FDI_CTRY_IND_SUMM&lang=fr*.

1. Les positions d'IDE entrants sont allouées selon le pays investisseur ultime. Voir les métadonnées détaillées sur : *http://stats.oecd.org/OECDStat_Metadata/ShowMetadata.ashx?Dataset=FDI_CTRY_IND_SUMM&lang=fr*.
2. Informations sur les données concernant Israël : *http://oe.cd/israel-disclaimer*.
3. Note de la Turquie : Les informations figurant dans ce document et faisant référence à « Chypre » concernent la partie méridionale de l'île. Il n'y a pas d'autorité unique représentant à la fois les Chypriotes turcs et grecs sur l'île. La Turquie reconnaît la République Turque de Chypre Nord (RTCN). Jusqu'à ce qu'une solution durable et équitable soit trouvée dans le cadre des Nations Unies, la Turquie maintiendra sa position sur la « question chypriote ».
4. Note de tous les États de l'Union européenne membres de l'OCDE et del'Union européenne : La République de Chypre est reconnue par tous les membres des Nations Unies sauf la Turquie. Les informations figurant dans ce document concernent la zone sous le contrôle effectif du gouvernement de la République de Chypre.

Source : Statistiques de l'OCDE sur l'investissement direct international (base de données) : https://doi.org/10.1787/idi-data-fr

AUTRICHE

Tableau 3. Revenus des investissements directs étrangers par pays

Millions de dollars des ÉU

	Entrant					Sortant				
	2014	2015	2016	2017	2018	2014	2015	2016	2017	2018
TOTAL MONDE	**9 229.1**	**9 651.7**	**11 956.2**	**15 794.2**	**15 040.7**	**11 442.2**	**10 661.1**	**15 376.5**	**15 095.3**	**16 474.7**
Pays membres de l'OCDE	**8 222.1**	**9 462.0**	**10 632.5**	**13 050.4**	**11 928.5**	**6 391.1**	**6 815.3**	**9 847.4**	**9 533.3**	**9 991.7**
Australie	5.3	7.8	10.0	11.3	11.8	155.2	129.8	123.9	147.7	295.1
Autriche	-	-	-	-	-	-	-	-	-	-
Belgique	79.6	30.0	130.5	73.3	38.9	91.5	83.2	129.4	137.5	69.6
Canada	-9.3	16.6	16.6	-6.8	11.8	-38.5	147.5	224.5	-143.2	24.8
Chili	-	-	-	-	-	-26.5	-6.7	13.3	-3.4	14.2
République Tchèque	1.3	6.7	4.4	22.5	18.9	2 100.3	1 846.9	1 712.9	1 924.2	1 954.4
Danemark	46.4	-56.6	27.6	28.2	29.5	10.6	4.4	21.0	10.1	9.4
Estonie	-	-	-3.3	-	-	5.3	11.1	14.4	20.3	-
Finlande	27.9	64.3	63.0	55.2	35.4	17.2	26.6	54.2	77.8	29.5
France	-50.4	287.3	253.2	200.7	313.9	119.4	187.5	94.0	-128.5	85.0
Allemagne	3 587.6	2 794.2	3 680.2	4 781.9	4 910.9	1 479.4	1 134.8	954.3	2 409.0	1 830.5
Grèce	25.2	-48.8	38.7	47.3	28.3	-41.1	-23.3	-3.3	-5.6	11.8
Hongrie	17.2	63.2	44.2	44.0	16.5	-406.0	1 122.6	680.1	1 050.6	15.3
Islande	-	-	-	-	-	-	-	-	-	1.2
Irlande	15.9	16.6	31.3	21.4	50.1	21.2	33.3	27.6	28.2	7.1
Israël[1]	-	-	-	-	-	-4.0	-3.3	-	-1.1	2.4
Italie	-2 275.4	474.8	412.5	812.8	435.5	-345.0	62.1	76.3	11.3	116.8
Japon	2.7	1.1	50.9	49.6	61.4	15.9	10.0	2.2	6.8	13.0
Corée	-	-5.5	-10.0	3.4	60.2	136.7	105.4	189.1	99.2	170.0
Lettonie	..	..	..	..	..	..	..	..	..	..
Lituanie	..	..	..	..	..	..	..	..	..	..
Luxembourg	264.0	311.7	1 402.2	12.4	1 256.9	-25.2	-470.3	732.1	-307.7	703.4
Mexique	-27.9	7.8	7.7	10.1	10.6	110.1	134.2	152.6	121.7	99.1
Pays-Bas	3 437.7	3 088.2	2 069.0	4 775.1	2 811.3	203.0	-786.5	1 091.5	383.3	1 358.4
Nouvelle-Zélande	18.6	-	-	-	-	33.2	-144.2	58.6	48.5	5.9
Norvège	87.6	13.3	-16.6	-13.5	20.1	5.3	-219.6	19.9	19.2	135.7
Pologne	-15.9	-4.4	-2.2	-12.4	-22.4	372.8	471.4	329.5	455.4	495.7
Portugal	-	7.8	28.8	15.8	7.1	10.6	23.3	14.4	-	7.1
République slovaquie	181.8	16.6	-	3.4	4.7	768.2	641.2	755.3	695.5	600.7
Slovénie	-1.3	-	-	2.3	3.5	-485.6	286.2	305.2	402.4	186.5
Espagne	157.9	92.1	81.8	87.9	72.0	107.5	144.2	232.2	151.1	44.8
Suède	185.8	186.4	191.3	158.9	112.1	173.8	142.0	160.3	220.9	38.9
Suisse	1 164.9	688.9	1 406.6	1 084.4	1 007.9	916.8	713.3	901.3	98.1	791.9
Turquie	199.0	156.4	194.6	193.9	37.8	330.4	251.8	170.3	170.2	18.9
Royaume-Uni	892.9	560.2	362.7	423.9	347.0	65.0	93.2	-69.7	742.9	214.8
Etats-Unis	204.3	684.4	150.4	206.3	231.3	510.8	662.2	660.2	664.0	639.7
EUROPE	**7 759.1**	**8 824.2**	**10 810.6**	**13 110.1**	**13 606.8**	**4 087.8**	**7 862.5**	**12 057.9**	**11 928.8**	**11 241.6**
Bulgarie	-	-1.1	110.6	22.5	20.1	-84.9	526.9	291.9	143.2	245.5
Croatie	-2.7	-10.0	-11.1	-10.1	-8.3	116.8	-231.8	334.0	223.2	331.6
Chypre[2, 3]	..	..	..	..	..	..	..	..	..	..
Malte	..	..	..	..	..	..	..	..	..	..
Roumanie	-5.3	-3.3	-4.4	-2.3	-1.2	-777.5	531.3	525.3	860.1	943.0
Russie	-273.3	-52.1	-102.8	87.9	1 828.2	597.1	902.9	927.8	1 197.2	413.1
Ukraine	-78.3	-33.3	-42.0	-22.5	1.2	-1 228.6	-106.5	112.8	152.2	18.9
AFRIQUE	**18.6**	**-225.2**	**43.1**	**478.0**	**192.4**	**71.6**	**-26.6**	**-43.1**	**59.7**	**46.0**
Afrique septentrionale	-1.3	-1.1	-1.1	-1.1	-2.4	5.3	6.7	-58.6	-3.4	13.0
Algérie	-	-	..	..	..	..	..	..	..	..
Egypte	..	..	..	..	..	..	..	..	..	..
Libye	-	-	..	..	..	..	..	..	..	..
Maroc	-	-	..	..	..	..	..	..	..	..
Tunisie	..	..	..	..	..	..	..	..	..	..
Autres pays africains	..	..	..	..	..	..	..	..	..	..
Nigéria	-	-	..	..	..	..	..	..	..	..
Afrique du Sud	..	..	..	..	..	..	..	..	..	..
AMÉRIQUE	**650.1**	**758.7**	**-171.4**	**846.6**	**563.0**	**5 394.7**	**1 171.4**	**1 427.6**	**824.0**	**1 057.5**
Amérique du Nord	193.7	701.1	167.0	199.5	243.1	472.3	809.8	884.7	520.8	663.3
Amérique du Nord	412.6	153.1	139.3	231.1	125.1	4 768.5	311.7	457.8	266.0	259.6
Bahamas	..	-	..	..	..	..	..	..	..	..
Bermudes	..	..	..	..	..	..	..	..	..	..
Îles Cayman	..	..	..	..	..	..	..	..	..	..
Costa Rica	..	-	..	..	..	..	..	..	..	..
El Salvador	-	-	..	..	..	-	-	..	..	..
Guatemala	-	-	..	..	..	..	..	..	..	..
Honduras	-	-	..	..	..	..	..	..	..	..
Nicaragua	-	-	..	..	..	..	..	..	..	..
Panama	..	..	..	..	..	..	..	..	..	..
Îles Vierges, US	-	..	..	..	..	-	..	..	..	..
Amérique du Sud	43.8	-95.4	-477.7	416.0	194.7	153.9	49.9	85.1	37.2	134.5
Argentine	-1.3	-	-	37.2	23.6	8.0	25.5	18.8	7.9	7.1
Bolivie	-	-	..	..	..	-	-	..	..	..
Brésil	43.8	-95.4	-477.7	378.8	171.1	39.8	33.3	15.5	15.8	92.1
Colombie	-	-	..	..	..	..	..	..	..	..
Equateur	-	-	..	..	..	..	..	..	..	..
Paraguay	-	-	..	..	..	..	..	..	..	..
Pérou	-	-	..	..	..	..	..	..	..	..
Uruguay	-	-	..	..	..	..	..	..	..	..
Venezuela	-	-	..	..	..	..	..	..	..	..
ASIE	**778.8**	**331.7**	**1 261.7**	**1 341.5**	**664.5**	**1 698.3**	**1 692.7**	**1 764.9**	**2 097.8**	**3 834.5**

Tableau 3. Revenus des investissements directs étrangers par pays *(suite)*

Millions de dollars des ÉU

	Entrant					Sortant				
	2014	2015	2016	2017	2018	2014	2015	2016	2017	2018
Proche et Moyen Orient	522.8	55.5	875.8	939.0	262.0	786.8	868.6	834.9	762.0	1 595.7
Pays du Golfe	529.4	64.3	888.0	945.8	262.0	818.6	864.1	831.6	768.8	1 578.0
Koweït	..	..	..	..	..	-	-	..	..	..
Qatar	-	-	..	..	..	..	..	..	..	..
Arabie saoudite	..	..	..	..	..	..	..	..	..	..
Emirats Arabes Unis	..	..	..	..	..	..	..	..	..	..
Autres pays du Proche et Moyen Orient	-6.6	-8.9	-12.2	-6.8	-	-31.8	4.4	2.2	-6.8	17.7
Jordanie	..	..	..	..	..	..	..	..	..	..
Autres pays asiatiques	254.7	276.2	385.9	402.4	402.5	911.5	825.3	930.0	1 335.8	2 237.7
Chine	-2.7	-1.1	-1.1	-7.9	3.5	500.2	545.8	504.3	1 148.7	1 514.2
Hong Kong, Chine	256.1	275.1	289.7	322.4	233.7	66.3	48.8	23.2	99.2	109.8
Inde	-	-	-	-	-	22.6	26.6	24.3	38.3	63.7
Indonesie	-	-	-	-	-	-5.3	3.3	17.7	14.7	21.2
République islamique d'Iran	..	..	..	..	..	..	..	..	..	..
Malaisie	..	..	..	..	..	..	..	..	..	..
Philippines	-	-	-1.1	-	-	10.6	13.3	16.6	14.7	11.8
Singapour	4.0	8.9	3.3	-4.5	1.2	84.9	82.1	79.6	-131.9	247.8
Taipei Chinois	..	..	..	..	..	..	..	..	..	..
Thaïlande	-5.3	-4.4	-4.4	-2.3	-1.2	15.9	33.3	29.9	18.0	37.8
Viet Nam	-	-	..	..	..	..	..	..	..	..
AUSTRALIE, OCÉANIE ET RÉGIONS POLAIRES	**22.6**	**7.8**	**8.8**	**11.3**	**11.8**	**189.7**	**-14.4**	**183.6**	**196.1**	**301.0**
TOTAL MONDE non alloué et confidentiel	**..**	**-45.5**	**3.3**	**6.8**	**2.4**	**..**	**-24.4**	**-14.4**	**-11.3**	**-5.9**
Union européenne (UE28)	**6 659.1**	**8 061.0**	**9 182.8**	**11 635.7**	**10 630.2**	**3 717.7**	**5 885.7**	**9 210.4**	**9 705.8**	**9 337.9**
Pays du G20 hors Union Européenne	**2 319.2**	**4 612.3**	**4 596.9**	**7 659.8**	**8 661.6**	**3 750.8**	**4 480.3**	**4 102.6**	**6 523.5**	**5 669.8**
Pays OCDE du G20	**2 527.5**	**4 986.1**	**5 128.8**	**6 687.0**	**6 433.4**	**2 542.1**	**2 918.5**	**2 578.8**	**4 102.1**	**3 507.6**
Pays non-OCDE du G20	**-208.3**	**-372.7**	**-533.0**	**972.8**	**2 228.3**	**1 208.7**	**1 561.8**	**1 523.8**	**2 421.4**	**2 162.2**
Pays MENA	**522.8**	**55.5**	**875.8**	**937.9**	**258.5**	**825.3**	**869.7**	**773.0**	**762.0**	**1 598.0**
Pays ANASE	**-1.3**	**6.7**	**54.2**	**30.4**	**9.4**	**142.0**	**124.2**	**174.7**	**-68.8**	**357.6**

- Néant ; .. Non disponible

Note : Les données excluent les entités à vocation spéciales. Voir les métadonnées détaillées sur : *http://stats.oecd.org/OECDStat_Metadata/ShowMetadata.ashx?Dataset=FDI_CTRY_IND_SUMM&lang=fr.*

1. Informations sur les données concernant Israël : *http://oe.cd/israel-disclaimer.*
2. Note de la Turquie : Les informations figurant dans ce document et faisant référence à « Chypre » concernent la partie méridionale de l'île. Il n'y a pas d'autorité unique représentant à la fois les Chypriotes turcs et grecs sur l'île. La Turquie reconnaît la République Turque de Chypre Nord (RTCN). Jusqu'à ce qu'une solution durable et équitable soit trouvée dans le cadre des Nations Unies, la Turquie maintiendra sa position sur la « question chypriote ».
3. Note de tous les États de l'Union européenne membres de l'OCDE et del'Union européenne : La République de Chypre est reconnue par tous les membres des Nations Unies sauf la Turquie. Les informations figurant dans ce document concernent la zone sous le contrôle effectif du gouvernement de la République de Chypre.

Source : Statistiques de l'OCDE sur l'investissement direct international (base de données) : https://doi.org/10.1787/idi-data-fr

AUTRICHE

Tableau 4. Investissement direct étranger : flux par secteur industriel

Millions de dollars des ÉU

	Entrant					Sortant				
	2014	2015	2016	2017	2018	2014	2015	2016	2017	2018
All FDI activities	**4 578.7**	**1 487.5**	**-8 500.5**	**14 921.7**	**2 084.3**	**-723.1**	**7 027.2**	**-2 031.4**	**10 228.8**	**5 868.1**
Agriculture, sylviculture et pêche	**-1.3**	**-1.1**	**-1.1**	**-1.1**	**1.2**	**-25.2**	**-2.2**	**110.6**	**14.7**	**-68.5**
Industries extractives	**15.9**	**76.5**	**64.1**	**-189.4**	**151.1**	**214.9**	**-572.4**	**-796.2**	**-1 209.6**	**-47.2**
Activités d'extraction	..	..	..	..	..	..	..	..	..	..
Activités de fabrication	**1 796.5**	**619.0**	**483.2**	**354.0**	**1 298.2**	**-1 462.1**	**2 881.9**	**2 566.6**	**2 338.0**	**2 851.4**
dont :										
Produits alimentaires, boissons et tabac	132.7	-53.2	360.5	-80.0	-263.2	-622.3	109.8	68.6	92.4	-232.5
Textiles, bois, papier, imprimerie	-21.2	-106.5	-22.1	-	-3.5	-169.8	303.9	831.6	1 481.2	578.3
Produits pétroliers, chimiques, pharmaceutiques, caoutchouc, plastique, minéraux	1 430.3	-178.6	-19.9	157.8	11.8	-899.6	695.5	57.5	-462.2	1 338.4
Ouvrages en métaux et machines, sauf matériels électriques	8.0	563.5	-7.7	325.8	129.8	586.4	1 083.7	-230.0	298.7	996.1
Automobiles, remorques, semi-remorques, autres matériels de transport	301.2	-203.0	434.6	-120.6	1 074.0	387.4	558.0	1 006.3	800.4	109.8
Autres activités de fabrication	-53.1	596.8	-262.1	69.9	349.3	-743.0	132.0	833.8	120.5	61.4
Production et distribution d'électricité, de gaz, de vapeur et de climatisation	**-55.7**	**110.1**	**-8.8**	**102.6**	**-4.7**	**946.0**	**-142.0**	**52.0**	**-1 778.8**	**352.9**
Distribution de l'eau ; assainissement, traitement des déchets et dépollution	**-1.3**	**4.4**	**2.2**	**-**	**-9.4**	**222.9**	**58.8**	**58.6**	**-25.9**	**4.7**
Construction	**-82.3**	**-2.2**	**34.3**	**200.7**	**312.8**	**163.2**	**-331.7**	**-786.2**	**-206.3**	**-142.8**
Services	**2 905.7**	**676.7**	**-9 216.0**	**14 453.8**	**335.2**	**-883.6**	**5 124.8**	**-3 909.1**	**9 279.7**	**2 299.1**
Commerce de gros et de détail ; réparations automobiles et motocycles	1 854.8	-1 930.1	2 502.5	2 988.4	102.7	1 913.2	1 941.2	1 668.7	1 698.8	67.3
Transport et entreposage	379.5	-237.4	409.2	41.7	43.7	104.8	1.1	110.6	225.5	2.4
Activités d'hébergement et de restauration	-8.0	-21.1	-87.4	14.7	-22.4	-374.2	179.7	-66.4	-199.5	34.2
Information et communication	569.2	-718.8	1 016.3	-720.3	-2 093.7	-553.3	378.3	-110.6	590.7	-66.1
Activités financières et d'assurances	-1 113.2	3 455.4	-8 222.9	-1 357.2	-813.2	-4 878.6	3 407.7	-8 549.2	-384.4	3 952.6
Activités des sociétés holding	-2 065.8	1 748.2	-311.8	-1 379.8	-1 485.9	-2 240.9	-51.0	-2 634.1	-1 189.3	4 661.9
Activités immobilières	660.7	485.9	-682.3	2 198.2	1 068.1	136.7	-307.3	-253.2	567.0	-793.1
Activités professionnelles, scientifiques et techniques	800.1	-464.8	-4 017.5	10 990.9	1 746.7	2 767.7	-631.2	2 961.4	7 038.7	-1 091.7
Activités de services administratifs et d'appui	-256.1	112.0	-106.2	273.9	351.7	-43.8	108.7	275.4	-390.0	55.5
Administration publique; activités des ménages et des organismes extra-territoriaux	-	-	-	-	-	1.3	-1.1	-1.1	5.6	1.2
Éducation	..	..	..	..	..	..	..	..	..	..
Santé humaine et action sociale	..	..	..	..	..	..	..	..	..	..
Arts, spectacles et loisirs	6.6	2.2	-31.0	22.5	-46.0	5.3	10.0	59.7	128.5	129.8
Autres services	14.6	-7.8	-1.1	-5.6	-1.2	-10.6	28.8	-42.0	7.9	5.9
Not allocated and confidential	**1.3**	**1.1**	**141.5**	**1.1**	**-**	**100.8**	**10.0**	**672.3**	**1 817.2**	**618.4**
Activités immobilières privées	..	-	..	..	..	..	-	..	..	..

- Néant ; .. Non disponible

Note : Les données excluent les entités à vocation spéciales. Voir les métadonnées détaillées sur : *http://stats.oecd.org/OECDStat_Metadata/ShowMetadata.ashx?Dataset=FDI_CTRY_IND_SUMM&lang=fr.*

Source : Statistiques de l'OCDE sur l'investissement direct international (base de données) : https://doi.org/10.1787/idi-data-fr

AUTRICHE

Tableau 5. Encours des investissement directs étrangers par secteur industriel
En fin d'année

Millions de dollars des ÉU

	Entrant					Sortant				
	2014	2015	2016	2017	2018	2014	2015	2016	2017	2018
All FDI activities	**175 755.5**	**159 723.5**	**150 648.3**	**196 133.4**	**201 892.6**	**218 116.7**	**205 235.7**	**196 996.9**	**232 706.9**	**232 394.1**
Agriculture, sylviculture et pêche	**23.1**	**17.4**	**21.1**	**22.8**	**22.9**	**119.0**	**101.3**	**83.3**	**103.1**	..
Industries extractives	**228.3**	**280.9**	**403.7**	**266.3**	**403.0**	**8 672.3**	**7 995.6**	**6 124.2**	**7 230.8**	..
Activités d'extraction	..	..	..	..	..	..	..	..	..	..
Activités de fabrication	**16 123.2**	**14 734.9**	**14 262.7**	**16 207.7**	**17 196.0**	**39 741.1**	**38 175.3**	**39 284.3**	**45 710.0**	..
dont :										
Produits alimentaires, boissons et tabac	1 541.9	1 371.8	1 696.0	1 745.0	1 646.4	1 134.0	1 199.8	1 559.0	1 948.9	..
Textiles, bois, papier, imprimerie	1 008.9	816.5	919.2	1 037.4	986.9	4 673.1	4 632.6	5 516.0	6 856.6	..
Produits pétroliers, chimiques, pharmaceutiques, caoutchouc, plastique, minéraux	5 543.6	4 592.3	4 047.6	4 454.3	4 262.7	15 507.7	14 196.0	13 321.4	14 688.2	..
Ouvrages en métaux et machines, sauf matériels électriques	3 491.8	3 644.0	3 324.5	4 365.6	4 538.6	8 481.7	8 653.2	8 363.0	9 628.2	..
Automobiles, remorques, semi-remorques, autres matériels de transport	3 038.9	2 438.8	2 492.9	2 764.5	3 682.2	2 535.0	2 911.3	3 760.9	5 153.5	..
Autres activités de fabrication	1 498.2	1 871.5	1 781.4	1 842.2	2 080.4	7 408.4	6 582.5	6 765.0	7 434.6	..
Production et distribution d'électricité, de gaz, de vapeur et de climatisation	**903.3**	**776.3**	**807.4**	**1 262.9**	**1 079.7**	**5 514.4**	**4 531.3**	**4 305.9**	**2 759.7**	..
Distribution de l'eau ; assainissement, traitement des déchets et dépollution	**81.3**	**74.0**	**78.0**	**91.1**	**77.9**	**974.9**	**700.1**	**710.4**	**814.3**	..
Construction	**163.9**	**136.1**	**387.9**	**466.5**	**751.1**	**3 944.6**	**3 437.1**	**2 706.9**	**3 028.3**	..
Services	**158 232.4**	**143 703.9**	**134 557.8**	**177 816.0**	**182 362.0**	**159 161.2**	**150 301.6**	**142 510.8**	**173 752.7**	..
Commerce de gros et de détail ; réparations automobiles et motocycles	21 153.3	15 906.4	18 748.8	25 600.9	25 292.0	26 877.7	27 506.8	28 932.2	32 536.6	..
Transport et entreposage	1 418.1	1 024.5	1 531.6	2 223.6	2 161.7	1 284.5	1 176.9	1 292.3	1 622.7	..
Activités d'hébergement et de restauration	409.2	354.9	303.6	442.6	400.7	272.0	607.5	595.6	682.4	..
Information et communication	4 266.3	2 792.6	3 649.2	3 112.3	2 700.9	4 043.0	3 323.9	3 100.0	4 201.2	..
Activités financières et d'assurances	32 165.2	31 829.1	22 282.1	26 037.4	24 090.9	79 103.5	74 683.7	64 026.6	74 707.4	..
Activités des sociétés holding	5 578.8	6 565.1	6 343.4	8 737.1	6 865.1	35 561.0	34 315.7	32 799.6	39 002.2	..
Activités immobilières	4 012.6	4 065.3	3 869.5	7 615.7	8 265.4	5 933.3	5 345.7	6 417.2	7 745.3	..
Activités professionnelles, scientifiques et techniques	91 830.9	83 415.4	81 512.6	109 462.7	115 011.5	37 180.6	33 511.2	33 278.2	46 459.6	..
Activités de services administratifs et d'appui	2 826.4	4 180.7	2 530.8	3 157.8	4 324.5	3 367.9	3 061.5	3 754.6	4 377.5	..
Administration publique; activités des ménages et des organismes extra-territoriaux	-	-	-	-	-	17.0	17.4	17.9	25.2	..
Éducation	..	..	..	..	..	..	..	..	..	..
Santé humaine et action sociale	..	..	..	..	..	..	..	..	..	..
Arts, spectacles et loisirs	98.3	95.8	91.7	122.3	72.1	925.1	856.8	878.0	1 143.0	..
Autres services	29.1	16.3	14.8	9.6	8.0	120.2	137.2	99.1	112.7	..
Not allocated and confidential	-	-	**129.7**	-	-	**-10.9**	**-6.5**	**-5.3**	**677.6**	..
Activités immobilières privées	..	-	..	..	..	..	-	..	..	..

- Néant ; .. Non disponible

Note : Les données excluent les entités à vocation spéciales. Voir les métadonnées détaillées sur : *http://stats.oecd.org/OECDStat_Metadata/ShowMetadata.ashx?Dataset=FDI_CTRY_IND_SUMM&lang=fr.*

Source : Statistiques de l'OCDE sur l'investissement direct international (base de données) : https://doi.org/10.1787/idi-data-fr

Tableau 6. Revenus des investissements directs étrangers par secteur industriel

Millions de dollars des ÉU

	Entrant					Sortant				
	2014	2015	2016	2017	2018	2014	2015	2016	2017	2018
All FDI activities	**9 229.1**	**9 651.7**	**11 956.2**	**15 794.2**	**15 040.7**	**11 442.2**	**10 661.1**	**15 376.5**	**15 095.3**	**16 474.7**
Agriculture, sylviculture et pêche	**-1.3**	**-1.1**	**-1.1**	**-1.1**	**1.2**	**-1.3**	**-5.5**	**1.1**	**-**	**14.2**
Industries extractives	**13.3**	**6.7**	**67.5**	**87.9**	**75.5**	**-61.0**	**-1 139.2**	**-748.6**	**259.3**	**336.4**
Activités d'extraction	..	..	..	..	..	..	..	..	..	..
Activités de fabrication	**1 910.6**	**1 817.0**	**2 001.5**	**1 869.0**	**2 876.2**	**3 948.5**	**4 288.4**	**5 229.5**	**4 709.7**	**4 905.0**
dont :										
Produits alimentaires, boissons et tabac	281.3	359.4	382.6	361.9	292.7	140.6	146.4	165.9	180.4	119.2
Textiles, bois, papier, imprimerie	73.0	122.0	108.4	139.8	107.4	756.3	907.4	1 271.7	1 370.8	959.5
Produits pétroliers, chimiques, pharmaceutiques, caoutchouc, plastique, minéraux	383.4	342.8	527.5	417.1	526.4	1 633.3	1 878.0	2 191.8	1 790.1	2 330.9
Ouvrages en métaux et machines, sauf matériels électriques	838.5	617.9	666.8	783.5	967.8	976.5	732.1	764.1	553.5	801.4
Automobiles, remorques, semi-remorques, autres matériels de transport	226.9	-16.6	270.9	9.0	590.1	120.7	110.9	238.9	281.8	335.2
Autres activités de fabrication	106.1	391.6	45.3	157.8	393.0	321.1	513.6	597.1	533.2	358.8
Production et distribution d'électricité, de gaz, de vapeur et de climatisation	**-14.6**	**36.6**	**27.6**	**136.4**	**35.4**	**-122.1**	**107.6**	**13.3**	**86.8**	**135.7**
Distribution de l'eau ; assainissement, traitement des déchets et dépollution	**4.0**	**6.7**	**11.1**	**25.9**	**2.4**	**18.6**	**72.1**	**38.7**	**65.4**	**47.2**
Construction	**18.6**	**1.1**	**-2.2**	**18.0**	**43.7**	**550.6**	**313.9**	**267.6**	**128.5**	**171.1**
Services	**7 301.3**	**7 784.8**	**9 851.8**	**13 656.9**	**12 006.4**	**7 106.3**	**7 023.8**	**10 573.9**	**9 844.4**	**10 856.8**
Commerce de gros et de détail ; réparations automobiles et motocycles	2 380.3	2 490.3	2 177.4	3 261.2	3 176.0	2 422.7	2 757.6	2 730.3	3 670.4	2 667.3
Transport et entreposage	136.7	143.1	168.1	139.8	217.2	110.1	130.9	133.8	162.3	69.6
Activités d'hébergement et de restauration	-31.8	-4.4	29.9	12.4	1.2	-38.5	31.1	66.4	24.8	16.5
Information et communication	456.4	351.6	482.1	411.5	266.7	-208.3	281.8	90.7	111.6	199.5
Activités financières et d'assurances	-839.9	854.1	1 604.6	2 356.0	604.3	477.6	4 364.9	5 180.8	4 793.1	5 361.7
Activités des sociétés holding	1 157.0	615.6	1 130.2	1 289.6	190.0	961.9	664.4	2 119.9	496.0	2 218.8
Activités immobilières	120.7	232.9	143.8	214.2	311.6	-195.0	-97.6	186.9	343.8	282.1
Activités professionnelles, scientifiques et techniques	4 818.9	3 458.7	4 859.0	7 079.2	7 313.8	4 163.5	-778.7	1 861.1	1 101.3	1 929.7
Activités de services administratifs et d'appui	269.3	251.8	385.9	178.1	110.9	355.6	307.3	291.9	-375.4	234.9
Administration publique; activités des ménages et des organismes extra-territoriaux	-	-	-	-	-	-1.3	-1.1	-1.1	-1.1	1.2
Éducation	..	..	..	..	..	..	..	..	..	..
Santé humaine et action sociale	..	..	..	..	..	..	..	..	..	..
Arts, spectacles et loisirs	-10.6	5.5	-2.2	4.5	-	13.3	35.5	50.9	12.4	75.5
Autres services	1.3	-1.1	-1.1	-4.5	1.2	-2.7	-3.3	-11.1	9.0	8.3
Not allocated and confidential	**-2.7**	**-**	**-**	**1.1**	**-**	**2.7**	**-**	**1.1**	**1.1**	**8.3**
Activités immobilières privées	..	-	..	..	..	..	-	..	..	..

- Néant ; .. Non disponible

Note : Les données excluent les entités à vocation spéciales. Voir les métadonnées détaillées sur : *http://stats.oecd.org/OECDStat_Metadata/ShowMetadata.ashx?Dataset=FDI_CTRY_IND_SUMM&lang=fr.*

Source : Statistiques de l'OCDE sur l'investissement direct international (base de données) : https://doi.org/10.1787/idi-data-fr

BELGIQUE

Tableau 1. Flux d'investissement direct étranger par pays

Millions de dollars des ÉU

	Entrant					Sortant				
	2014	2015	2016	2017	2018	2014	2015	2016	2017	2018
TOTAL MONDE	**-13 465.6**	**51 524.1**	**68 178.7**	**4 212.6**	**17 028.2**	**-4 126.3**	**44 194.1**	**40 165.9**	**34 746.9**	**31 312.4**
Pays membres de l'OCDE	**-9 440.1**	**.. d**	**65 172.0**	**3 082.0**	**22 903.3**	**6 501.3**	**43 496.4**	**41 489.6**	**30 063.1**	..
Australie	784.1	-109.8	-259.9	598.6	343.4	.. d	.. d	8.8	899.6	..
Autriche	.. d	469.2	404.7	-372.0	413.1	30.5	-84.3	17.7	-363.0	..
Belgique	-	-	-	-	-	-	-	-	-	..
Canada	-398.0	74.3	325.1	465.6	246.7	2.7	.. d	317.4	126.3	..
Chili	-66.3	.. d	-12.2	45.1	-43.7	.. d	73.2	-84.0	31.6	..
République Tchèque	.. d	.. d	.. c	.. c	.. c	.. d	.. d	722.1	652.7	..
Danemark	130.0	-30.0	-151.5	-77.8	239.6	.. d	126.5	27.6	169.1	..
Estonie	.. d	.. d	8.8	-6.8	-7.1	.. d	-6.7	11.1	6.8	..
Finlande	-851.8	-1 015.0	-96.2	-1 370.8	1 692.4	120.7	11.1	37.6	49.6	..
France	1 133.1	1 032.7	11 004.1	-510.7	6 943.2	525.4	-825.3	5 402.0	4 978.0	..
Allemagne	-2 933.5	7 509.7	-1 407.7	-10 686.5	-1 061.0	.. d	.. d	-1 307.1	692.1	..
Grèce	-175.1	81.0	-8.8	30.4	-33.0	-17.2	.. d	.. c	.. c	..
Hongrie	41.1	-383.8	1 403.3	-2 199.3	-1 714.9	.. d	.. d	76.3	292.0	..
Islande	.. d	.. d	.. c	.. c	.. c	.. d	.. d	.. c	.. c	..
Irlande	-122.1	3 708.3	3 518.7	7 002.6	4 384.5	-504.2	.. d	-353.9	148.8	..
Israël[1]	.. d	.. d	-76.3	-25.9	13.0	-37.2	22.2	12.2	30.4	..
Italie	5 461.1	-3 711.6	907.9	375.4	172.3	-53.1	.. d	745.3	1 129.5	..
Japon	1 192.8	1 330.0	2 961.4	421.6	2 038.2	443.1	-26.6	447.9	-395.7	..
Corée	.. d	87.6	137.1	181.5	529.9	471.0	92.1	25.4	154.4	..
Lettonie	.. d	.. d	.. c	.. c	.. c	-2.7	3.3	-14.4	12.4	..
Lituanie	.. d	.. d	.. c	.. c	.. c	.. d	.. d	1.1	1.1	..
Luxembourg	164.5	1 767.1	14 935.3	6 815.5	-5 960.1	.. d	.. d	12 966.9	25 214.7	..
Mexique	23.9	393.8	-63.0	3.4	-115.7	.. d	.. d	-21 045.0	4 716.5	..
Pays-Bas	-12 880.5	-3 284.5	-19 941.4	16.9	1 999.3	5 078.9	.. d	6 772.1	844.3	..
Nouvelle-Zélande	-29.2	-21.1	115.0	-41.7	1.2	-2.7	-	-64.1	135.3	..
Norvège	-2 417.4	-6 289.5	-8 077.0	-1 707.8	3 421.5	443.1	246.3	307.4	-64.3	..
Pologne	-1 606.7	102.1	116.1	395.7	-13.0	.. d	.. d	179.1	563.6	..
Portugal	37.2	1 517.5	226.7	27.1	-53.1	.. d	.. d	335.1	-223.2	..
République slovaquie	54.4	.. d	147.1	-19.2	-46.0	.. d	.. d	-44.2	128.5	..
Slovénie	.. d	.. d	-15.5	-1.1	60.2	233.5	-159.7	98.4	104.8	..
Espagne	-948.7	240.7	2 707.1	-515.2	460.3	.. d	165.3	822.7	292.0	..
Suède	4 715.4	-2 231.8	4 525.0	-3 492.3	-10 374.1	.. d	.. d	61.9	1 322.3	..
Suisse	2 708.0	42 036.6	1 842.3	2 632.2	3 406.1	.. d	.. d	-122.7	4.5	..
Turquie	.. d	- d	10.0	-116.1	72.0	.. d	916.3	1 300.5	-102.6	..
Royaume-Uni	-4 198.0	4 577.9	6 184.9	573.8	-544.1	.. d	.. d	.. c	.. c	..
Etats-Unis	-537.3	895.2	43 172.6	3 645.6	18 838.7	.. d	.. d	-60 143.8	1 268.2	..
EUROPE	**-9 763.8**	**45 497.5**	**19 181.7**	**-1 625.5**	**899.3**	**9 383.0**	**38 962.8**	**122 805.5**	**24 736.8**	..
Bulgarie	14.6	-10.0	31.0	4.5	-13.0	.. d	.. d	89.6	730.5	..
Croatie	- d	.. d	5.5	-	3.5	.. d	.. d	21.0	6.8	..
Chypre[2, 3]	.. d	39.9	174.7	-48.5	232.5	.. d	.. d	303.0	1 016.8	..
Malte	.. d	.. d	39.8	651.6	-671.5	.. d	11.1	21.0	12.4	..
Roumanie	45.1	-3.3	-4.4	80.0	-79.1	.. d	.. d	140.4	77.8	..
Russie	-124.7	275.1	128.3	-84.5	345.8	.. d	.. d	211.2	-205.2	..
Ukraine	.. d	5.5	6.6	1.1	-10.6	.. d	.. d	-3.3	4.5	..
AFRIQUE	**-238.8**	**110.9**	**-598.3**	**457.7**	**72.0**	**.. d**	**.. d**	**294.2**	**651.6**	..
Afrique septentrionale	14.6	-20.0	-22.1	48.5	34.2	.. d	.. d	394.8	340.4	..
Algérie	.. d	.. d	.. c	.. c	.. c	-1.3	-	-1.1	-1.1	..
Egypte	.. d	.. d	-7.7	42.8	21.2	.. d	.. d	362.7	284.1	..
Libye	.. d	- d	.. c	.. c	.. c	- d	.. d	.. c	.. c	..
Maroc	.. d	.. d	.. c	.. c	.. c	.. d	124.2	33.2	53.0	..
Tunisie	.. d	.. d	.. c	.. c	.. c	15.9	5.5	-	4.5	..
Autres pays africains	-253.4	130.9	-577.2	408.1	36.6	-1 766.0	508.0	-100.6	312.3	..
Nigéria	.. d	.. d	.. c	.. c	.. c	13.3	10.0	32.1	11.3	..
Afrique du Sud	-297.2	.. d	66.4	230.0	64.9	260.1	82.1	28.8	99.2	..
AMÉRIQUE	**-4 358.5**	**3 615.1**	**43 824.0**	**3 370.5**	**16 105.3**	**.. d**	**3 871.3**	**-80 869.2**	**6 605.8**	..
Amérique du Nord	-935.4	970.6	43 496.6	4 111.1	19 085.3	.. d	.. d	-59 826.4	1 394.4	..
Amérique du Nord	-2 818.1	1 649.5	-59.7	-214.2	-5 072.6	.. d	.. d	-21 046.1	4 610.5	..
Bahamas	.. d	-	.. c	.. c	.. c	.. d	.. d	.. c	.. c	..
Bermudes	2 676.1	.. d	.. c	.. c	.. c	.. d	3.3	-4.4	58.6	..
Îles Cayman	.. d	-8.9	-77.4	2.3	-253.7	.. d	.. d	-17.7	-27.1	..
Costa Rica	.. d	.. d	.. c	.. c	.. c	2.7	-1.1	-1.1	-1.1	..
El Salvador	- d	.. d	.. c	.. c	.. c	1.3	.. d	.. c	.. c	..
Guatemala	.. d	.. d	.. c	.. c	.. c	-	- d	.. c	.. c	..
Honduras	- d	-	-	-	-	- d	- d	.. c	.. c	..
Nicaragua	- d	.. d	.. c	.. c	.. c	-	-	.. c	.. c	..
Panama	.. d	- d	5.5	-20.3	-131.0	.. d	.. d	.. c	.. c	..
Îles Vierges, US	- d	- d	-	-1.1	-1.2	-	-	-	-	..
Amérique du Sud	-606.3	995.0	387.0	-526.4	2 092.5	358.2	.. d	3.3	600.8	..
Argentine	114.1	-18.9	.. c	.. c	.. c	.. d	.. d	52.0	2.3	..
Bolivie	-	-	-	-2.3	-	-	- d	-	-	..
Brésil	-709.8	1 080.4	677.9	-441.9	1 891.9	.. d	.. d	-60.8	455.4	..
Colombie	.. d	.. d	-3.3	-22.5	21.2	11.9	.. d	29.9	19.2	..
Equateur	.. d	- d	-6.6	-	2.4	4.0	.. d	.. c	.. c	..
Paraguay	-	-	-1.1	-	-	- d	- d	.. c	.. c	..
Pérou	-4.0	.. d	.. c	.. c	.. c	.. d	.. d	.. c	.. c	..
Uruguay	.. d	.. d	.. c	.. c	.. c	-1.3	.. d	3.3	-10.1	..
Venezuela	.. d	-1.1	.. c	.. c	.. c	.. d	-1.1	-77.4	-49.6	..
ASIE	**299.9**	**2 373.8**	**5 912.9**	**1 454.2**	**-357.6**	**.. d**	**.. d**	**-2 014.8**	**1 391.0**	..

BELGIQUE

Tableau 1. Flux d'investissement direct étranger par pays *(suite)*

Millions de dollars des ÉU

	Entrant					Sortant				
	2014	2015	2016	2017	2018	2014	2015	2016	2017	2018
Proche et Moyen Orient	-384.8	.. d	-298.6	19.2	-348.2	.. d	.. d	147.1	299.9	..
Pays du Golfe	-61.0	.. d	-16.6	45.1	-348.2	.. d	.. d	148.2	269.4	..
Koweït	.. d	.. d	.. c	.. c	.. c	.. d	-	-	-	..
Qatar	.. d	.. d	6.6	73.3	-4.7	.. d	93.2	-10.0	-5.6	..
Arabie saoudite	.. d	.. d	-28.8	13.5	4.7	.. d	.. d	60.8	5.6	..
Emirats Arabes Unis	.. d	44.4	2.2	-101.5	-382.4	91.5	146.4	97.3	278.4	..
Autres pays du Proche et Moyen Orient	-323.7	.. d	.. c	.. c	.. c	-26.5	22.2	-1.1	29.3	..
Jordanie	.. d	.. d	.. c	.. c	.. c	.. d	4.4	.. c	.. c	..
Autres pays asiatiques	684.6	2 085.4	6 211.4	1 435.0	-9.4	.. d	.. d	-2 161.9	1 091.2	..
Chine	-862.4	451.5	319.6	60.9	813.2	635.5	.. d	-46.4	1.1	..
Hong Kong, Chine	179.1	493.6	1 872.2	20.3	-3 119.3	.. d	.. d	-2 960.3	-134.1	..
Inde	.. d	.. d	-42.0	25.9	182.9	.. d	.. d	278.7	266.0	..
Indonesie	-63.7	94.3	-23.2	4.5	1.2	-853.1	-18.9	164.8	227.7	..
République islamique d'Iran	.. d	.. d	.. c	.. c	.. c	- d	.. d	.. c	.. c	..
Malaisie	-31.8	.. d	.. c	.. c	.. c	.. d	.. d	67.5	208.5	..
Philippines	-1.3	-1.1	.. c	.. c	.. c	23.9	-6.7	19.9	4.5	..
Singapour	149.9	178.6	457.8	581.7	-587.7	.. d	.. d	-353.9	627.9	..
Taipei Chinois	-41.1	68.8	39.8	37.2	-21.2	18.6	18.9	-6.6	-11.3	..
Thaïlande	59.7	-629.0	.. c	.. c	.. c	.. d	55.5	61.9	9.0	..
Viet Nam	- d	.. d	-1.1	-3.4	-4.7	-6.6	34.4	6.6	276.2	..
AUSTRALIE, OCÉANIE ET RÉGIONS POLAIRES	**594.4**	**-104.3**	**-139.3**	**554.6**	**332.8**	**.. d**	**.. d**	**-49.8**	**1 360.6**	..
TOTAL MONDE non alloué et confidentiel	**1.3**	**31.1**	**-2.2**	**1.1**	**-23.6**	**.. d**	**.. d**	**-**	**1.1**	..
Union européenne (UE28)	**-9 603.3**	**9 428.7**	**25 383.2**	**-2 326.7**	**-6 298.8**	**9 088.5**	**37 610.6**	**121 102.5**	**25 120.1**	..
Pays du G20 hors Union Européenne	**-1 369.2**	**14 052.1**	**63 831.7**	**-5 377.1**	**30 947.7**	**-7 284.1**	**17 543.0**	**20 416.9**	**1 460.9**	..
Pays OCDE du G20	**655.4**	**12 082.1**	**62 971.4**	**-5 047.9**	**27 463.7**	**-7 851.9**	**17 069.3**	**19 726.9**	**608.7**	..
Pays non-OCDE du G20	**-2 024.7**	**1 970.1**	**860.3**	**-329.2**	**3 484.0**	**566.5**	**.. d**	**690.0**	**852.2**	..
Pays MENA	**-33.2**	**189.7**	**-38.7**	**93.6**	**-326.9**	**.. d**	**.. d**	**505.4**	**602.0**	..
Pays ANASE	**95.5**	**-397.1**	**931.1**	**677.5**	**-406.0**	**.. d**	**.. d**	**-2.2**	**1 339.2**	..

- Néant ; .. Non disponible ; c Donnée confidentielle ; d Confidentialité Secondaire

Note : Les données excluent les entités à vocation spéciales. Voir les métadonnées détaillées sur : *http://stats.oecd.org/OECDStat_Metadata/ShowMetadata.ashx?Dataset=FDI_CTRY_IND_SUMM&lang=fr.*

1. Informations sur les données concernant Israël : *http://oe.cd/israel-disclaimer.*
2. Note de la Turquie : Les informations figurant dans ce document et faisant référence à « Chypre » concernent la partie méridionale de l'île. Il n'y a pas d'autorité unique représentant à la fois les Chypriotes turcs et grecs sur l'île. La Turquie reconnaît la République Turque de Chypre Nord (RTCN). Jusqu'à ce qu'une solution durable et équitable soit trouvée dans le cadre des Nations Unies, la Turquie maintiendra sa position sur la « question chypriote ».
3. Note de tous les États de l'Union européenne membres de l'OCDE et del'Union européenne : La République de Chypre est reconnue par tous les membres des Nations Unies sauf la Turquie. Les informations figurant dans ce document concernent la zone sous le contrôle effectif du gouvernement de la République de Chypre.

Source : Statistiques de l'OCDE sur l'investissement direct international (base de données) : https://doi.org/10.1787/idi-data-fr

Tableau 2. Encours des investissements directs étrangers par pays

En fin d'année

Millions de dollars des ÉU

	Entrant					Sortant				
	2014	2015	2016	2017	2018	2014	2015	2016	2017	2018
TOTAL MONDE	**496 545.0**	**520 992.9**	**517 401.7**	**583 051.1**	**524 712.6**	**554 653.1**	**582 582.5**	**599 379.2**	**706 661.1**	**586 103.7**
Pays membres de l'OCDE	**491 936.3**	**.. d**	**507 827.6**	**571 567.5**	**519 640.5**	**525 242.7**	**.. d**	**573 158.0**	**674 429.1**	**558 486.4**
Australie	-781.9	-797.0	-1 033.0	-425.8	-292.0	784.3	2 035.9	2 224.1	2 962.3	1 390.0
Autriche	683.5	1 200.9	1 412.5	1 180.1	1 412.9	821.9	696.8	635.6	297.4	427.1
Belgique	-	-	-	-	-	-	-	-	-	-
Canada	-781.9	-312.5	-144.4	165.5	611.4	520.8	1 008.2	1 540.0	2 161.2	2 312.8
Chili	.. d	8.7	24.2	201.5	.. c	1 180.1	1 004.9	1 019.3	1 254.5	1 185.0
République Tchèque	1 512.8	.. d	3 388.8	5 170.3	2 600.2	4 440.0	4 707.7	6 267.5	7 265.5	7 098.7
Danemark	983.4	1 327.2	748.4	833.5	998.4	400.7	688.1	561.8	883.9	816.4
Estonie	-14.6	.. d	9.5	2.4	-4.6	14.6	15.2	7.4	31.2	8.0
Finlande	2 354.1	1 399.0	1 345.0	834.7	1 782.7	539.1	634.7	598.7	485.7	516.4
France	130 485.4	115 236.8	127 166.6	133 574.0	136 551.4	40 884.8	36 172.0	41 659.1	46 169.3	58 196.7
Allemagne	10 674.4	15 651.6	10 587.1	1 314.5	12 267.0	12 931.4	.. d	9 343.3	12 180.4	14 894.7
Grèce	547.6	603.2	599.8	880.3	617.1	238.0	.. d	774.7	1 605.9	1 135.8
Hongrie	3 834.1	3 051.7	4 297.5	2 049.7	308.0	1 754.4	1 822.5	1 852.0	3 181.8	3 076.5
Islande	27.9	.. d	-	-	-2.3	29.1	28.3	112.8	145.1	3.4
Irlande	-6 593.8	-2 297.2	1 769.8	8 524.8	12 316.2	5 411.2	7 073.5	6 589.0	6 764.2	5 500.3
Israël[1]	-51.0	.. d	-71.7	-84.0	-79.0	46.1	44.6	64.3	36.0	49.2
Italie	136.0	-1 050.6	1 411.4	2 261.9	2 238.4	9 461.5	9 442.6	9 295.9	10 981.1	11 351.0
Japon	14 086.0	13 285.8	15 879.6	18 689.1	19 613.0	1 836.9	1 932.5	2 631.0	2 409.5	2 431.9
Corée	944.6	966.8	1 054.1	1 397.2	1 757.5	1 346.4	292.9	336.3	652.4	913.7
Lettonie	.. d	-12.0	.. c	-1.2	.. c	24.3	31.6	10.5	37.2	59.5
Lituanie	.. d	.. d	-8.4	-	1.1	10.9	10.9	6.3	7.2	-3.4
Luxembourg	152 925.6	143 213.9	127 452.3	155 038.4	134 599.3	155 788.5	169 294.5	140 822.2	199 493.9	149 528.3
Mexique	-1 244.5	-704.4	-660.9	-713.6	-629.7	17 144.3	.. d	-4 890.9	-2.4	693.8
Pays-Bas	184 087.9	185 607.0	156 584.8	170 479.7	129 498.5	200 889.8	216 541.1	228 930.1	245 362.2	198 465.8
Nouvelle-Zélande	-125.1	-128.5	-6.3	-38.4	-69.8	13.4	10.9	-14.8	161.9	681.2
Norvège	8 929.7	3 572.1	-4 635.8	-4 998.8	-1 691.1	695.7	513.9	756.8	575.7	614.8
Pologne	-3 438.3	-3 002.7	-2 209.3	-2 090.4	-1 959.0	.. d	.. d	2 777.5	3 683.1	3 432.6
Portugal	-2 166.0	-443.1	-163.4	-146.3	-154.6	914.2	2 541.1	2 709.0	3 147.0	390.4
République slovaquie	.. d	.. d	266.7	284.2	243.9	1 515.2	1 368.5	1 322.9	1 731.8	1 777.0
Slovénie	.. d	.. d	-21.1	-24.0	.. c	757.6	680.5	675.7	756.8	724.8
Espagne	-4 157.1	-3 514.4	-375.3	-229.1	1 165.6	4 011.4	3 909.6	4 341.7	4 914.8	6 249.1
Suède	11 134.5	7 923.8	11 575.8	8 136.2	5 093.9	990.7	732.7	748.4	1 063.8	53.8
Suisse	3 313.3	44 021.8	43 837.9	52 555.8	49 552.3	1 918.3	2 151.3	1 569.5	4 430.3	4 121.8
Turquie	71.6	-42.5	-14.8	-52.8	-34.3	2 620.0	2 616.2	3 767.3	3 637.6	3 286.0
Royaume-Uni	-7 179.0	-3 011.4	4 119.3	4 941.2	3 374.2	24 663.2	34 476.9	142 859.7	136 410.4	79 149.3
Etats-Unis	-8 654.1	-9 404.5	3 629.2	11 854.2	17 366.6	27 795.6	22 250.4	-38 736.2	-30 443.8	-2 042.6
EUROPE	**491 887.8**	**513 532.9**	**490 791.6**	**542 918.0**	**492 380.4**	**480 760.5**	**514 788.2**	**614 905.7**	**704 474.7**	**561 244.6**
Bulgarie	88.6	68.6	95.9	112.7	-13.7	296.2	377.8	474.3	1 596.3	1 417.4
Croatie	-14.6	-10.9	-6.3	-8.4	-3.4	259.8	545.5	470.1	668.0	830.1
Chypre[2, 3]	1 080.5	774.1	845.4	927.1	956.0	2 480.4	.. d	2 246.2	3 476.9	5 242.7
Malte	.. d	.. d	781.1	1 550.7	897.6	.. d	.. d	32.7	49.2	45.8
Roumanie	-24.3	-28.3	-42.2	-50.4	-109.9	1 005.3	837.2	1 425.1	1 348.0	1 632.7
Russie	-309.6	-59.9	44.3	-20.4	6.9	1 960.8	.. d	1 203.8	1 192.1	258.8
Ukraine	-17.0	-9.8	-5.3	-3.6	-13.7	-7.3	.. d	-2.1	-2.4	18.3
AFRIQUE	**-471.1**	**-233.0**	**-796.9**	**-254.3**	**-96.2**	**1 781.1**	**2 202.5**	**2 049.1**	**2 669.7**	**1 836.5**
Afrique septentrionale	35.2	14.2	-3.2	44.4	.. c	535.4	452.9	645.1	1 241.3	978.9
Algérie	.. d	.. d	2.1	2.4	-	6.1	16.3	15.8	22.8	9.2
Egypte	.. d	.. d	-34.8	4.8	43.5	276.8	215.6	446.9	791.6	728.2
Libye	8.5	.. d	4.2	1.2	2.3	-	3.3	3.2	3.6	3.4
Maroc	.. d	26.1	21.1	31.2	96.2	204.0	185.1	151.8	387.4	211.8
Tunisie	- d	.. d	.. c	.. c	9.2	47.4	32.7	27.4	34.8	26.3
Autres pays africains	-505.1	-248.2	-793.7	-298.6	-247.3	1 245.7	1 749.6	1 404.0	1 428.4	857.6
Nigéria	.. d	.. d	.. c	.. c	.. c	75.3	432.2	73.8	78.0	65.3
Afrique du Sud	-693.3	.. d	-431.1	-219.5	-144.3	250.1	235.2	320.4	305.8	-50.4
AMÉRIQUE	**-12 289.1**	**-10 009.8**	**4 536.7**	**13 203.4**	**7 206.3**	**50 657.1**	**44 118.7**	**-37 018.0**	**-22 076.0**	**5 491.2**
Amérique du Nord	-9 437.2	-9 716.9	3 485.8	12 019.7	17 976.9	28 316.5	23 258.6	-37 196.2	-28 282.6	270.2
Amérique du Nord	1 334.3	2 695.7	3 413.1	3 596.8	-942.3	17 252.4	.. d	-4 766.5	32.4	596.5
Bahamas	-	-	7.4	8.4	-	2.4	2.2	2.1	-	-
Bermudes	.. d	.. d	3 106.4	3 263.4	-1 212.5	-	.. d	85.4	142.7	91.6
Îles Cayman	195.5	167.7	1 191.1	1 273.7	1 046.5	.. d	32.7	8.4	2.4	2.3
Costa Rica	.. d	.. d	.. c	.. c	144.3	.. d	- d	-	-1.2	-
El Salvador	-1.2	-	-	-1.2	-	4.9	4.4	5.3	6.0	5.7
Guatemala	.. d	.. d	1.1	-	-1.1	1.2	1.1	1.1	1.2	-
Honduras	-	-	-	-	-	3.6	3.3	4.2	-129.5	-216.4
Nicaragua	-	-	-	-	-	-	-	11.6	13.2	18.3
Panama	-111.7	-113.2	-95.9	-115.1	-242.7	-8.5	-3.3	1.1	-6.0	-1.1
Îles Vierges, US	-	-	-	-	-1.1	-	-	-	-	-
Amérique du Sud	-4 187.4	-2 988.6	-2 362.2	-2 413.0	-9 828.3	5 088.3	4 572.7	4 944.7	6 172.9	4 624.5
Argentine	574.3	486.7	239.3	202.7	356.1	.. d	.. d	1 634.9	1 741.4	161.4
Bolivie	-	-	-	-	-	2.4	2.2	1.1	1.2	1.1
Brésil	-4 873.4	-3 416.4	-2 540.3	-2 751.3	-764.8	1 873.4	.. d	1 562.1	2 314.7	2 173.1
Colombie	.. d	.. d	-40.1	-57.6	-34.3	21.9	19.6	128.6	255.5	1 150.7
Equateur	-15.8	-14.2	-13.7	-14.4	-13.7	7.3	14.2	7.4	12.0	14.9
Paraguay	-	-	-	-	-	-	-	33.7	60.0	77.9
Pérou	- d	.. d	-10.5	.. c	.. c	.. d	.. d	600.8	620.1	601.1
Uruguay	.. d	.. d	-6.3	-	-	19.4	15.2	10.5	9.6	8.0
Venezuela	.. d	.. d	-22.1	12.0	51.5	23.1	68.6	-53.8	-95.9	-748.8
ASIE	**18 016.0**	**18 290.7**	**23 561.7**	**27 302.7**	**25 273.6**	**20 653.1**	**19 420.8**	**17 215.1**	**18 117.1**	**14 625.6**

Tableau 2. Encours des investissements directs étrangers par pays (*suite*)

En fin d'année

Millions de dollars des ÉU

	Entrant					Sortant				
	2014	2015	2016	2017	2018	2014	2015	2016	2017	2018
Proche et Moyen Orient	.. d	148.1	91.7	149.9	-295.4	1 697.3	.. d	2 257.8	1 922.5	1 931.5
Pays du Golfe	.. d	-98.0	75.9	127.1	-265.6	919.1	.. d	1 432.5	1 164.5	1 173.6
Koweït	-	.. d	-23.2	-	-	-	-	-	-	-
Qatar	.. d	.. d	3.2	66.0	59.5	.. d	66.4	56.9	54.0	93.9
Arabie saoudite	.. d	.. d	-40.1	-26.4	-21.8	40.1	.. d	71.7	72.0	83.6
Emirats Arabes Unis	.. d	.. d	186.6	116.3	-306.8	911.8	1 193.3	1 295.5	1 021.8	993.8
Autres pays du Proche et Moyen Orient	199.1	.. d	15.8	22.8	-29.8	778.2	786.1	825.3	758.0	758.0
Jordanie	-	-	-	-	-1.1	734.5	734.9	745.2	696.8	692.7
Autres pays asiatiques	18 161.7	18 142.6	23 470.0	27 152.8	25 569.0	18 955.7	17 309.7	14 957.3	16 194.5	12 694.1
Chine	-1 946.2	-1 020.1	-412.1	-624.9	420.2	2 278.9	2 406.1	2 094.4	2 498.2	2 064.3
Hong Kong, Chine	5 406.4	5 470.9	6 592.2	6 598.7	3 095.9	7 210.5	6 559.6	3 639.7	3 276.6	2 686.1
Inde	174.8	155.7	52.7	193.1	364.1	1 498.2	.. d	1 303.9	1 471.6	1 212.5
Indonesie	.. d	.. d	25.3	32.4	35.5	63.1	238.4	495.4	761.6	699.6
République islamique d'Iran	-	- d	-	-	-3.4	1.2	10.9	-	14.4	13.7
Malaisie	191.8	136.1	163.4	127.1	56.1	318.1	.. d	472.2	735.2	846.1
Philippines	.. d	12.0	.. c	.. c	-20.6	57.1	35.9	311.0	63.6	65.3
Singapour	-416.4	-204.7	313.1	783.2	155.7	.. d	3 363.1	2 779.6	3 490.0	1 361.3
Taipei Chinois	-32.8	33.8	72.7	112.7	84.7	59.5	68.6	76.9	39.6	50.4
Thaïlande	-108.1	-710.9	-302.5	-179.9	6.9	310.8	515.0	353.1	386.2	316.0
Viet Nam	-6.1	-4.4	-4.2	-4.8	-9.2	13.4	49.0	21.1	251.9	13.7
AUSTRALIE, OCÉANIE ET RÉGIONS POLAIRES	**-598.6**	**-589.0**	**-693.6**	**-119.9**	**-30.9**	**802.5**	**2 052.3**	**2 227.3**	**3 475.7**	**2 905.9**
TOTAL MONDE non alloué et confidentiel	**-**	**1.1**	**2.1**	**1.2**	**-20.6**	**-1.2**	**-**	**-**	**-**	**-**
Union européenne (UE28)	**479 888.8**	**466 027.2**	**451 644.4**	**495 563.7**	**444 698.9**	**473 407.9**	**508 222.1**	**607 433.3**	**693 635.2**	**552 079.2**
Pays du G20 hors Union Européenne	**130 642.0**	**125 515.5**	**158 933.3**	**169 793.7**	**193 071.9**	**149 533.4**	**145 368.5**	**178 715.1**	**197 479.0**	**179 180.2**
Pays OCDE du G20	**137 756.6**	**129 820.4**	**161 996.4**	**173 006.7**	**192 821.2**	**139 990.6**	**137 067.0**	**170 028.5**	**187 120.4**	**172 577.3**
Pays non-OCDE du G20	**-7 113.4**	**-4 304.8**	**-3 063.1**	**-3 213.0**	**250.7**	**9 542.8**	**8 301.6**	**8 686.6**	**10 357.4**	**6 602.9**
Pays MENA	**-217.3**	**4.4**	**162.3**	**279.4**	**-64.1**	**2 189.0**	**2 517.1**	**2 824.9**	**3 102.7**	**2 848.6**
Pays ANASE	**-440.7**	**-794.8**	**201.3**	**759.2**	**222.1**	**4 601.4**	**4 710.9**	**4 551.5**	**5 776.0**	**3 207.0**

- Néant ; .. Non disponible ; c Donnée confidentielle ; d Confidentialité Secondaire

Note : Les données excluent les entités à vocation spéciales. Voir les métadonnées détaillées sur : *http://stats.oecd.org/OECDStat_Metadata/ShowMetadata.ashx?Dataset=FDI_CTRY_IND_SUMM&lang=fr*.

1. Informations sur les données concernant Israël : *http://oe.cd/israel-disclaimer*.
2. Note de la Turquie : Les informations figurant dans ce document et faisant référence à « Chypre » concernent la partie méridionale de l'île. Il n'y a pas d'autorité unique représentant à la fois les Chypriotes turcs et grecs sur l'île. La Turquie reconnaît la République Turque de Chypre Nord (RTCN). Jusqu'à ce qu'une solution durable et équitable soit trouvée dans le cadre des Nations Unies, la Turquie maintiendra sa position sur la « question chypriote ».
3. Note de tous les États de l'Union européenne membres de l'OCDE et del'Union européenne : La République de Chypre est reconnue par tous les membres des Nations Unies sauf la Turquie. Les informations figurant dans ce document concernent la zone sous le contrôle effectif du gouvernement de la République de Chypre.

Source : Statistiques de l'OCDE sur l'investissement direct international (base de données) : https://doi.org/10.1787/idi-data-fr

BELGIQUE

Tableau 3. Revenus des investissements directs étrangers par pays

Millions de dollars des ÉU

	Entrant					Sortant				
	2014	2015	2016	2017	2018	2014	2015	2016	2017	2018
TOTAL MONDE	**22 222.4**	**20 682.2**	**31 450.8**	**26 833.5**	**42 567.0**	**18 898.8**	**12 695.5**	**32 119.9**	**24 680.4**	**38 648.6**
Pays membres de l'OCDE	**22 333.8**	**.. d**	**31 321.5**	**26 541.5**	**42 381.7**	**19 522.4**	**11 327.8**	**30 771.9**	**22 437.2**	**35 751.2**
Australie	-37.2	-6.7	-24.3	-40.6	-8.3	103.5	163.1	4.4	624.5	-157.0
Autriche	2.7	42.2	118.3	99.2	76.7	110.1	69.9	52.0	89.1	151.1
Belgique	-	-	-	-	-	-	-	-	-	-
Canada	-10.6	-15.5	60.8	51.9	54.3	.. d	.. d	78.5	69.9	112.1
Chili	.. d	.. d	-16.6	-29.3	-20.1	-15.9	36.6	28.8	22.5	-3.5
République Tchèque	13.3	6.7	3.3	3.4	14.2	.. d	.. d	799.5	762.0	909.9
Danemark	.. d	.. d	67.5	72.1	107.4	.. d	58.8	27.6	63.1	85.0
Estonie	- d	-	-	-	-	-	.. d	3.3	4.5	4.7
Finlande	74.3	228.5	2.2	505.0	269.1	34.5	26.6	96.2	31.6	7.1
France	6 036.9	5 738.2	7 862.4	8 760.0	10 003.5	-73.0	1 327.8	3 345.1	2 404.5	2 592.9
Allemagne	1 038.9	1 487.5	1 607.9	3 151.8	2 364.0	.. d	.. d	290.8	1 087.8	6 780.4
Grèce	-4.0	-11.1	-2.2	-1.1	-11.8	-8.0	-16.6	-10.0	84.5	88.5
Hongrie	61.0	49.9	46.4	-2.3	-	.. d	.. d	214.5	190.5	260.8
Islande	.. d	.. d	.. c	.. c	.. c	- d	.. d	3.3	4.5	3.5
Irlande	63.7	145.3	222.3	-3.4	107.4	.. d	.. d	395.9	591.8	770.7
Israël[1]	.. d	.. d	-8.8	-12.4	-20.1	-18.6	24.4	18.8	32.7	-
Italie	-513.5	-337.2	-73.0	-18.0	-48.4	-520.1	55.5	662.4	1 139.7	420.2
Japon	1 350.7	1 041.6	822.7	-32.7	2 024.1	41.1	-224.1	113.9	127.4	201.8
Corée	.. d	.. d	57.5	93.6	105.0	26.5	73.2	57.5	67.6	92.1
Lettonie	- d	- d	-	-	-	1.3	1.1	3.3	3.4	3.5
Lituanie	.. d	.. d	.. c	.. c	.. c	1.3	1.1	1.1	1.1	1.2
Luxembourg	6 375.2	5 027.2	9 896.1	-289.7	7 227.7	6 324.8	1 835.8	1 073.8	7 166.0	7 328.0
Mexique	.. d	.. d	-19.9	-44.0	-54.3	.. d	.. d	822.7	-47.3	11.8
Pays-Bas	6 931.1	5 756.0	8 477.3	8 712.7	14 791.7	7 028.0	.. d	11 435.4	372.0	6 939.7
Nouvelle-Zélande	-6.6	-6.7	-2.2	-	-2.4	1.3	1.1	66.4	-12.4	36.6
Norvège	58.4	-2.2	-56.4	1 586.1	162.9	55.7	25.5	35.4	21.4	10.6
Pologne	-134.0	-103.2	-73.0	-32.7	-18.9	.. d	.. d	320.7	253.6	252.6
Portugal	-8.0	-	42.0	-2.3	-	.. d	.. d	499.8	293.1	86.2
République slovaquie	- d	- d	-1.1	-1.1	-1.2	.. d	.. d	123.9	95.8	75.5
Slovénie	- d	- d	-	-1.1	-1.2	.. d	.. d	118.3	108.2	131.0
Espagne	42.5	1.1	120.5	38.3	81.4	.. d	.. d	494.3	290.8	177.0
Suède	557.3	316.1	749.8	1 502.6	940.6	.. d	.. d	84.0	177.0	64.9
Suisse	-69.0	686.6	754.2	811.6	518.1	.. d	.. d	-245.5	96.9	55.5
Turquie	-13.3	.. d	4.4	-18.0	-24.8	39.8	143.1	217.8	414.8	509.9
Royaume-Uni	363.5	475.9	230.0	981.9	2 155.1	.. d	.. d	10 470.0	6 663.3	8 560.1
Etats-Unis	110.1	318.4	457.8	697.8	1 589.8	1 378.5	768.7	-928.9	-855.6	-813.2
EUROPE	**20 960.6**	**19 486.4**	**30 000.0**	**25 804.3**	**38 713.6**	**17 059.8**	**9 632.8**	**31 049.4**	**22 743.8**	**37 083.7**
Bulgarie	-1.3	-1.1	-1.1	-	-	.. d	.. d	26.5	74.4	76.7
Croatie	.. d	- d	-	-	-	.. d	.. d	34.3	18.0	21.2
Chypre[2, 3]	.. d	7.8	58.6	16.9	22.4	.. d	.. d	193.5	-37.2	249.0
Malte	.. d	.. d	-19.9	-51.9	-41.3	10.6	8.9	8.8	9.0	8.3
Roumanie	.. d	.. d	-3.3	-3.4	-5.9	.. d	.. d	95.1	133.0	132.2
Russie	-14.6	-28.8	-25.4	-15.8	-24.8	.. d	.. d	174.7	172.5	354.1
Ukraine	- d	- d	.. c	.. c	.. c	.. d	.. d	-6.6	5.6	13.0
AFRIQUE	**-26.5**	**-26.6**	**-22.1**	**-7.9**	**-1.2**	**-1 840.3**	**-431.5**	**-277.6**	**251.4**	**1 109.4**
Afrique septentrionale	6.6	2.2	2.2	4.5	3.5	.. d	-312.8	-32.1	96.9	55.5
Algérie	- d	- d	-	-	-	1.3	2.2	3.3	2.3	3.5
Egypte	- d	- d	-1.1	-	-	.. d	.. d	-153.7	45.1	-3.5
Libye	- d	- d	-	-	-	- d	- d	-	-	-
Maroc	.. d	.. d	.. c	.. c	.. c	.. d	.. d	105.1	37.2	40.1
Tunisie	- d	- d	-	-	-	19.9	14.4	12.2	12.4	14.2
Autres pays africains	-30.5	-28.8	-24.3	-12.4	-4.7	.. d	-118.7	-245.5	154.4	1 055.1
Nigéria	.. d	- d	.. c	.. c	.. c	42.5	11.1	13.3	20.3	920.6
Afrique du Sud	-13.3	.. d	-8.8	-3.4	-1.2	26.5	36.6	29.9	37.2	17.7
AMÉRIQUE	**-122.1**	**65.4**	**347.2**	**578.3**	**1 476.5**	**2 536.8**	**2 022.2**	**301.9**	**-207.4**	**-203.0**
Amérique du Nord	99.5	302.8	518.6	748.5	1 645.2	1 345.4	753.2	-849.3	-785.7	-701.1
Amérique du Nord	-31.8	.. d	32.1	29.3	-26.0	.. d	.. d	828.3	-24.8	33.0
Bahamas	-	-	-	-	-	- d	- d	-	-	-
Bermudes	21.2	17.7	.. c	.. c	.. c	-	.. d	3.3	13.5	14.2
Îles Cayman	.. d	-2.2	14.4	15.8	23.6	.. d	- d	-	-	-
Costa Rica	-4.0	- d	.. c	.. c	.. c	-	-	-1.1	-	-
El Salvador	- d	- d	-	-	-	.. d	.. d	1.1	1.1	1.2
Guatemala	- d	- d	.. c	.. c	.. c	-	-	-	-	-
Honduras	- d	-	-	-	-	- d	- d	-	-1.1	-2.4
Nicaragua	- d	-	-	-	-	-	-	1.1	4.5	5.9
Panama	.. d	.. d	-	-	-	.. d	- d	.. c	.. c	.. c
Îles Vierges, US	- d	-	-	-	-	-	-	-	-	-
Amérique du Sud	-191.1	-247.4	-203.5	-199.5	-141.6	152.6	277.3	324.0	600.8	466.2
Argentine	-	.. d	-	-2.3	-1.2	.. d	.. d	40.9	-6.8	22.4
Bolivie	-	-	-	-	-	- d	- d	-	-	-1.2
Brésil	-165.8	-223.0	-184.7	-164.6	-120.4	21.2	.. d	94.0	443.0	180.6
Colombie	.. d	.. d	-1.1	-	-2.4	-1.3	-	16.6	19.2	4.7
Equateur	- d	- d	-	-	-	4.0	3.3	1.1	1.1	-
Paraguay	-	-	-	-	-	- d	- d	1.1	3.4	3.5
Pérou	- d	- d	.. c	.. c	.. c	.. d	.. d	.. c	.. c	.. c
Uruguay	- d	- d	.. c	.. c	.. c	.. d	.. d	5.5	11.3	9.4
Venezuela	- d	-	-	-2.3	-	-1.3	.. d	-52.0	-53.0	81.4
ASIE	**1 456.8**	**1 170.3**	**1 152.3**	**498.3**	**2 388.8**	**1 037.5**	**1 307.8**	**968.7**	**1 278.3**	**778.9**

BELGIQUE

Tableau 3. Revenus des investissements directs étrangers par pays *(suite)*

Millions de dollars des ÉU

	Entrant					Sortant				
	2014	2015	2016	2017	2018	2014	2015	2016	2017	2018
Proche et Moyen Orient	-1.3	-11.1	4.4	-4.5	11.8	.. d	.. d	170.3	91.3	27.1
Pays du Golfe	.. d	.. d	13.3	9.0	31.9	.. d	.. d	110.6	38.3	-4.7
Koweït	-	-	-	-	-	-	-	-	-	-
Qatar	- d	- d	.. c	.. c	.. c	.. d	.. d	-6.6	-5.6	-16.5
Arabie saoudite	- d	.. d	.. c	.. c	.. c	.. d	.. d	17.7	4.5	11.8
Emirats Arabes Unis	14.6	.. d	14.4	10.1	34.2	49.1	52.1	99.5	53.0	-1.2
Autres pays du Proche et Moyen Orient	-14.6	.. d	-8.8	-12.4	-20.1	.. d	.. d	59.7	53.0	31.9
Jordanie	- d	-	-	-	-	.. d	.. d	32.1	11.3	13.0
Autres pays asiatiques	1 458.1	1 181.4	1 147.8	502.8	2 378.1	927.4	1 117.0	798.4	1 188.1	753.0
Chine	79.6	75.4	241.1	223.2	187.7	.. d	.. d	14.4	129.6	3.5
Hong Kong, Chine	58.4	75.4	86.3	245.7	86.2	455.1	731.0	310.7	323.5	145.2
Inde	.. d	.. d	-19.9	-13.5	-11.8	.. d	.. d	103.9	129.6	33.0
Indonesie	-2.7	.. d	-1.1	-1.1	-	.. d	.. d	28.8	55.2	40.1
République islamique d'Iran	-	- d	-	-	-	-	.. d	4.4	4.5	4.7
Malaisie	2.7	-1.1	-2.2	-1.1	5.9	.. d	.. d	59.7	95.8	99.1
Philippines	- d	-	-	-	-	.. d	4.4	11.1	12.4	7.1
Singapour	-25.2	-13.3	-24.3	-10.1	-11.8	.. d	.. d	-16.6	255.9	66.1
Taipei Chinois	1.3	.. d	2.2	2.3	-	14.6	16.6	8.8	2.3	3.5
Thaïlande	.. d	.. d	-14.4	-6.8	-7.1	.. d	.. d	46.4	21.4	33.0
Viet Nam	- d	- d	-	-	-	1.3	2.2	-	-	-4.7
AUSTRALIE, OCÉANIE ET RÉGIONS POLAIRES	**-43.8**	**-14.4**	**-26.5**	**-40.6**	**-10.6**	**106.1**	**165.3**	**76.3**	**614.4**	**-122.7**
TOTAL MONDE non alloué et confidentiel	**-2.7**	**1.1**	**-**	**1.1**	**-**	**-1.3**	**-1.1**	**1.1**	**-**	**2.4**
Union européenne (UE28)	**21 005.7**	**18 843.0**	**29 329.9**	**23 442.7**	**38 104.6**	**16 677.7**	**9 298.9**	**30 859.2**	**22 067.4**	**36 177.3**
Pays du G20 hors Union Européenne	**8 186.3**	**8 492.5**	**10 985.3**	**13 606.1**	**18 184.8**	**3 926.0**	**4 227.4**	**15 639.7**	**12 661.5**	**18 976.8**
Pays OCDE du G20	**8 309.7**	**8 707.7**	**10 985.3**	**13 583.6**	**18 157.7**	**3 603.6**	**3 690.5**	**15 134.4**	**11 696.5**	**18 312.3**
Pays non-OCDE du G20	**-122.1**	**-215.2**	**1.1**	**22.5**	**26.0**	**323.7**	**538.0**	**505.4**	**964.9**	**665.6**
Pays MENA	**25.2**	**.. d**	**16.6**	**13.5**	**35.4**	**-273.3**	**-143.1**	**118.3**	**148.8**	**79.1**
Pays ANASE	**-38.5**	**-27.7**	**-42.0**	**-18.0**	**-13.0**	**132.7**	**297.3**	**140.4**	**438.5**	**240.8**

- Néant ; .. Non disponible ; c Donnée confidentielle ; d Confidentialité Secondaire

Note : Les données excluent les entités à vocation spéciales. Voir les métadonnées détaillées sur : *http://stats.oecd.org/OECDStat_Metadata/ShowMetadata.ashx?Dataset=FDI_CTRY_IND_SUMM&lang=fr.*

1. Informations sur les données concernant Israël : *http://oe.cd/israel-disclaimer.*
2. Note de la Turquie : Les informations figurant dans ce document et faisant référence à « Chypre » concernent la partie méridionale de l'île. Il n'y a pas d'autorité unique représentant à la fois les Chypriotes turcs et grecs sur l'île. La Turquie reconnaît la République Turque de Chypre Nord (RTCN). Jusqu'à ce qu'une solution durable et équitable soit trouvée dans le cadre des Nations Unies, la Turquie maintiendra sa position sur la « question chypriote ».
3. Note de tous les États de l'Union européenne membres de l'OCDE et del'Union européenne : La République de Chypre est reconnue par tous les membres des Nations Unies sauf la Turquie. Les informations figurant dans ce document concernent la zone sous le contrôle effectif du gouvernement de la République de Chypre.

Source : Statistiques de l'OCDE sur l'investissement direct international (base de données) : https://doi.org/10.1787/idi-data-fr

Tableau 4. Investissement direct étranger : flux par secteur industriel

Millions de dollars des ÉU

	Entrant					Sortant				
	2014	2015	2016	2017	2018	2014	2015	2016	2017	2018
All FDI activities	**-13 465.6**	**51 524.1**	**68 178.7**	**4 212.6**	**17 028.2**	**-4 126.3**	**44 194.1**	**40 165.9**	**34 746.9**	**31 312.4**
Agriculture, sylviculture et pêche	**10.6**	**-13.3**	**2.2**	**-3.4**	**944.2**	**-4.0**	**8.9**	**-5.5**	**1.1**	**1.2**
Industries extractives	**.. d**	**-**	**-**	**169.1**	**-**	**6.6**	**276.2**	**-497.6**	**53.0**	**375.3**
Activités d'extraction	-	-	-	-	-	-	-	-	-	-
Activités de fabrication	**1 634.6**	**54 145.3**	**11 350.2**	**-9 542.3**	**-1 205.0**	**5 572.5**	**31 614.0**	**3 827.3**	**1 819.4**	**-3 648.1**
dont :										
Produits alimentaires, boissons et tabac	-311.8	-958.4	2 281.3	-3 094.4	304.5	71.6	-84.3	2 085.6	308.9	2 115.0
Textiles, bois, papier, imprimerie	-282.6	.. d	101.7	175.9	-249.0	-290.6	1 027.2	236.6	331.4	26.0
Produits pétroliers, chimiques, pharmaceutiques, caoutchouc, plastique, minéraux	3 874.2	57 679.4	5 607.7	-7 955.1	-5 738.2	2 629.7	29 499.7	288.6	169.1	-1 624.0
Ouvrages en métaux et machines, sauf matériels électriques	-935.4	-1 927.9	74.1	1 096.8	5 169.4	2 072.4	-1 093.7	938.8	657.2	-4 390.4
Automobiles, remorques, semi-remorques, autres matériels de transport	111.5	-74.3	1 623.4	571.5	178.2	723.1	.. d	520.8	112.7	260.8
Autres activités de fabrication	-821.3	1 064.9	1 662.1	-335.9	-868.6	364.9	592.3	-243.3	239.0	-35.4
Production et distribution d'électricité, de gaz, de vapeur et de climatisation	**4 589.4**	**-4 952.9**	**-4 599.1**	**3 624.2**	**984.3**	**.. d**	**-477.0**	**1 056.1**	**2 918.5**	**1 032.7**
Distribution de l'eau ; assainissement, traitement des déchets et dépollution	**-66.3**	**13.3**	**-112.8**	**42.8**	**-540.5**	**8.0**	**.. d**	**-18.8**	**-39.5**	**-22.4**
Construction	**-358.2**	**380.5**	**-382.6**	**441.9**	**664.5**	**337.0**	**144.2**	**-95.1**	**490.4**	**-75.5**
Services	**-18 391.9**	**2 254.0**	**62 415.1**	**11 751.8**	**22 867.9**	**-8 763.4**	**12 162.0**	**35 780.2**	**29 056.5**	**38 882.3**
Commerce de gros et de détail ; réparations automobiles et motocycles	-2 202.5	5 666.1	7 904.5	2 096.7	-1 148.4	-2 071.1	6 494.7	533.0	506.1	-7 100.2
Transport et entreposage	1 360.0	477.0	254.3	-196.1	-833.2	.. d	.. d	455.6	828.5	-695.1
Activités d'hébergement et de restauration	.. d	.. d	37.6	152.2	94.4	724.4	-6.7	95.1	216.4	54.3
Information et communication	451.1	1 256.8	3 822.8	429.5	488.6	1 730.1	280.6	338.4	1 229.9	-675.1
Activités financières et d'assurances	-12 421.4	1 642.8	10 456.7	7 410.7	11 675.9	-7 625.1	-10 407.1	-13 526.5	30 480.2	32 384.0
Activités des sociétés holding	-2 300.7	4 816.4	-13 570.7	-1 202.8	75.5	-4 696.8	-9 696.1	-30 043.1	11 872.4	11 646.4
Activités immobilières	-1 053.5	119.8	1 332.5	-92.4	-2 086.6	-431.2	66.6	899.0	-156.7	-251.4
Activités professionnelles, scientifiques et techniques	-7 028.0	-6 241.8	41 210.9	2 161.0	13 657.5	-1 301.6	15 516.4	48 179.8	-2 715.6	14 881.4
Activités de services administratifs et d'appui	1 726.2	-752.1	-2 416.2	-143.2	986.7	74.3	394.9	-1 081.5	993.1	207.7
Administration publique; activités des ménages et des organismes extra-territoriaux	-	-	-	-	-	4.0	7.8	1.1	-2 315.4	35.4
Éducation	-	-	-	-	-	-	.. d	1.1	1.1	-
Santé humaine et action sociale	.. d	-	-	34.9	30.7	-1.3	-	-	-	-
Arts, spectacles et loisirs	39.8	88.7	-25.4	-25.9	44.8	.. d	- d	-	5.6	4.7
Autres services	9.3	-8.9	-163.7	-75.5	-43.7	5.3	77.6	-115.0	-15.8	35.4
Not allocated and confidential	**..**	**.. d**	**-14.4**	**-41.7**	**-4 900.3**	**..**	**.. d**	**119.4**	**447.5**	**-5 233.1**
Activités immobilières privées	**.. d**	**.. d**	**-479.9**	**-2 229.7**	**-1 786.9**	**-**	**-**	**-**	**-**	**-**

- Néant ; .. Non disponible ; d Confidentialité Secondaire

Note : Les données excluent les entités à vocation spéciales. Voir les métadonnées détaillées sur : *http://stats.oecd.org/OECDStat_Metadata/ShowMetadata.ashx?Dataset=FDI_CTRY_IND_SUMM&lang=fr*.

Source : Statistiques de l'OCDE sur l'investissement direct international (base de données) : https://doi.org/10.1787/idi-data-fr

BELGIQUE

Tableau 5. Encours des investissement directs étrangers par secteur industriel

En fin d'année

Millions de dollars des ÉU

	Entrant					Sortant				
	2014	2015	2016	2017	2018	2014	2015	2016	2017	2018
All FDI activities	**496 545.0**	**520 992.9**	**517 401.7**	**583 051.1**	**524 712.6**	**554 653.1**	**582 582.5**	**599 379.2**	**706 661.1**	**586 103.7**
Agriculture, sylviculture et pêche	**166.3**	**145.9**	**.. d**	**.. d**	..	**42.5**	**35.9**	**5.3**	**6.0**	..
Industries extractives	**307.2**	**300.5**	**250.9**	**.. d**	..	**4 280.9**	**5 265.1**	**4 550.4**	**4 601.8**	..
Activités d'extraction	-	-	-	-	..	-	-	-	-	..
Activités de fabrication	**103 162.1**	**148 903.6**	**142 889.2**	**154 717.0**	..	**93 519.7**	**112 978.8**	**119 590.0**	**145 107.9**	..
dont :										
Produits alimentaires, boissons et tabac	10 404.8	9 297.8	8 780.4	10 124.7	..	16 674.4	16 881.9	26 508.9	32 736.9	..
Textiles, bois, papier, imprimerie	5 546.0	4 458.4	4 208.9	4 820.1	..	1 727.7	2 252.6	2 363.2	2 500.6	..
Produits pétroliers, chimiques, pharmaceutiques, caoutchouc, plastique, minéraux	65 289.4	117 469.8	110 265.6	117 134.8	..	49 381.1	69 504.6	63 177.0	74 672.6	..
Ouvrages en métaux et machines, sauf matériels électriques	13 404.9	11 040.8	11 550.5	14 119.7	..	19 685.4	16 805.7	19 568.9	26 547.1	..
Automobiles, remorques, semi-remorques, autres matériels de transport	1 129.1	928.7	1 620.1	2 494.6	..	446.8	394.1	979.2	1 571.1	..
Autres activités de fabrication	7 387.8	5 708.2	6 464.6	6 023.0	..	5 604.3	7 138.8	6 993.8	7 078.4	..
Production et distribution d'électricité, de gaz, de vapeur et de climatisation	**40 898.2**	**32 155.7**	**14 817.1**	**18 354.5**	..	**37 240.1**	**32 501.9**	**20 636.7**	**28 714.3**	..
Distribution de l'eau ; assainissement, traitement des déchets et dépollution	**1 744.7**	**1 632.0**	**1 419.8**	**1 686.3**	..	**650.8**	**523.7**	**597.7**	**558.9**	..
Construction	**3 121.5**	**3 253.1**	**2 583.5**	**2 985.1**	..	**1 214.1**	**1 984.8**	**1 997.5**	**2 822.0**	..
Services	**325 644.7**	**316 591.2**	**322 023.8**	**363 424.1**	..	**403 572.9**	**416 545.5**	**436 127.3**	**479 938.8**	..
Commerce de gros et de détail ; réparations automobiles et motocycles	36 679.2	37 419.7	42 686.8	52 196.0		26 891.1	29 968.4	31 281.8	31 990.9	
Transport et entreposage	4 333.1	3 725.6	3 602.8	4 164.1	..	2 621.2	3 402.3	3 177.0	5 163.1	..
Activités d'hébergement et de restauration	2 737.8	2 524.8	2 654.2	2 347.1	..	1 174.0	1 022.3	1 029.8	1 351.6	..
Information et communication	3 619.2	4 156.8	8 008.9	10 036.0	..	11 243.8	10 478.0	11 070.9	12 180.4	..
Activités financières et d'assurances	132 563.9	128 049.0	125 992.4	139 022.5	..	121 547.2	100 215.6	79 222.1	97 419.0	..
Activités des sociétés holding	65 538.3	70 659.8	69 405.5	70 552.9	..	79 234.6	63 162.8	36 950.6	48 812.7	..
Activités immobilières	4 951.1	6 047.9	7 845.5	8 452.9	..	4 714.4	4 568.3	2 980.9	3 251.4	..
Activités professionnelles, scientifiques et techniques	122 474.8	117 679.9	114 280.6	131 869.8	..	221 778.4	254 009.8	297 704.2	321 729.4	..
Activités de services administratifs et d'appui	17 611.7	16 376.7	16 215.9	14 587.4	..	5 810.7	5 348.9	1 757.1	5 907.9	..
Administration publique; activités des ménages et des organismes extra-territoriaux	-	-	-	-	..	7 250.6	6 929.8	7 487.1	26.4	..
Éducation	97.1	87.1	84.3	95.9	..	- d	.. d	.. d	.. d	..
Santé humaine et action sociale	38.9	26.1	326.8	271.0	..	2.4	1.1	.. d	33.6	..
Arts, spectacles et loisirs	267.1	230.8	253.0	284.2	..	197.9	175.3	181.3	211.1	..
Autres services	272.0	266.7	72.7	99.5	..	343.6	421.3	200.3	668.0	..
Not allocated and confidential	..	**-209.0**	**.. d**	**.. d**	..	..	**719.7**	**-650.4**	**189.5**	..
Activités immobilières privées	**19 940.4**	**18 219.9**	**17 768.5**	**20 491.7**	..	**13 163.3**	**12 027.2**	**11 728.7**	**13 527.2**	..

- Néant ; .. Non disponible ; d Confidentialité Secondaire

Note : Les données excluent les entités à vocation spéciales. Voir les métadonnées détaillées sur : *http://stats.oecd.org/OECDStat_Metadata/ShowMetadata.ashx?Dataset=FDI_CTRY_IND_SUMM&lang=fr.*

Source : Statistiques de l'OCDE sur l'investissement direct international (base de données) : https://doi.org/10.1787/idi-data-fr

BELGIQUE

Tableau 6. Revenus des investissements directs étrangers par secteur industriel

Millions de dollars des ÉU

	Entrant					Sortant				
	2014	2015	2016	2017	2018	2014	2015	2016	2017	2018
All FDI activities	**22 222.4**	**20 682.2**	**31 450.8**	**26 833.5**	**42 567.0**	**18 898.8**	**12 695.5**	**32 119.9**	**24 680.4**	**38 648.6**
Agriculture, sylviculture et pêche	**27.9**	**.. d**	**-13.3**	**10.1**	**-5.9**	**15.9**	**14.4**	**-17.7**	**4.5**	**2.4**
Industries extractives	**4.0**	**.. d**	**-64.1**	**306.6**	**-26.0**	**322.4**	**-96.5**	**85.1**	**1 466.6**	**280.9**
Activités d'extraction	-	-	-	-	-	-	-	-	-	-
Activités de fabrication	**8 222.1**	**6 688.9**	**11 927.5**	**-1 637.9**	**12 649.6**	**8 161.1**	**3 006.1**	**8 360.1**	**-1 205.1**	**3 528.9**
dont :										
Produits alimentaires, boissons et tabac	615.6	553.5	644.7	-2 439.4	476.8	18.6	-166.4	263.2	-50.7	-131.0
Textiles, bois, papier, imprimerie	197.7	96.5	216.7	306.6	1 582.7	62.4	.. d	147.1	196.1	161.7
Produits pétroliers, chimiques, pharmaceutiques, caoutchouc, plastique, minéraux	4 492.5	4 394.9	9 062.3	-3 237.5	6 337.8	6 675.1	1 100.4	6 170.5	-3 309.7	1 652.3
Ouvrages en métaux et machines, sauf matériels électriques	1 755.3	918.5	1 373.4	2 564.5	2 335.7	510.8	1 069.3	1 155.6	1 648.1	1 396.2
Automobiles, remorques, semi-remorques, autres matériels de transport	533.4	295.1	266.5	441.9	310.4	-34.5	15.5	82.9	148.8	129.8
Autres activités de fabrication	626.2	430.4	362.7	727.1	1 605.1	930.1	533.6	540.8	161.2	319.8
Production et distribution d'électricité, de gaz, de vapeur et de climatisation	**10.6**	**.. d**	**658.0**	**58.6**	**526.4**	**-156.6**	**.. d**	**-141.5**	**-181.5**	**-57.8**
Distribution de l'eau ; assainissement, traitement des déchets et dépollution	**34.5**	**150.9**	**88.5**	**-29.3**	**42.5**	**-152.6**	**-78.8**	**5.5**	**-4.5**	**17.7**
Construction	**213.6**	**320.6**	**10.0**	**103.7**	**177.0**	**-1 292.3**	**-37.7**	**-144.9**	**101.5**	**146.3**
Services	**13 396.6**	**13 474.2**	**16 930.2**	**10 366.4**	**14 873.1**	**11 598.8**	**9 500.8**	**22 231.6**	**20 910.8**	**28 743.1**
Commerce de gros et de détail ; réparations automobiles et motocycles	2 832.7	2 306.2	4 093.8	2 500.3	1 652.3	1 580.2	590.1	1 836.8	1 176.9	2 364.0
Transport et entreposage	356.9	244.0	171.4	-41.7	297.4	142.0	163.1	128.3	63.1	160.5
Activités d'hébergement et de restauration	126.0	45.5	68.6	93.6	23.6	11.9	-44.4	-17.7	-122.9	-7.1
Information et communication	226.9	260.7	376.0	308.9	93.2	-386.1	-227.4	499.8	82.3	276.2
Activités financières et d'assurances	3 664.6	7 031.6	7 905.6	7 721.8	10 492.2	5 035.2	4 866.3	6 929.1	4 980.3	8 252.1
Activités des sociétés holding	-2 113.6	1 443.2	1 167.8	191.6	2 217.6	2 692.1	2 339.4	3 248.9	337.1	5 109.2
Activités immobilières	433.9	398.2	-420.2	555.7	-924.1	228.2	191.9	113.9	249.1	238.4
Activités professionnelles, scientifiques et techniques	4 914.4	2 528.0	3 072.0	778.9	2 486.7	4 967.5	2 927.3	10 903.5	13 973.6	16 936.2
Activités de services administratifs et d'appui	808.0	637.8	1 612.3	-1 582.7	721.1	423.2	276.2	802.8	355.1	468.5
Administration publique; activités des ménages et des organismes extra-territoriaux	-	-	-	-	-	.. d	.. d	1 015.2	19.2	-23.6
Éducation	.. d	.. d	6.6	6.8	7.1	.. d	.. d	3.3	1.1	2.4
Santé humaine et action sociale	.. d	.. d	-4.4	-4.5	-1.2	-	-1.1	4.4	7.9	7.1
Arts, spectacles et loisirs	22.6	21.1	36.5	24.8	23.6	1.3	-	10.0	6.8	-2.4
Autres services	10.6	1.1	11.1	4.5	2.4	9.3	35.5	3.3	116.1	68.5
Not allocated and confidential	**..**	**.. d**	**1 914.2**	**17 655.3**	**14 330.2**	**..**	**.. d**	**1 741.7**	**3 588.1**	**5 987.3**
Activités immobilières privées	**-**	**-**	**-**	**-**	**-**	**-**	**-**	**-**	**-**	**-**

- Néant ; .. Non disponible ; d Confidentialité Secondaire

Note : Les données excluent les entités à vocation spéciales. Voir les métadonnées détaillées sur : *http://stats.oecd.org/OECDStat_Metadata/ShowMetadata.ashx?Dataset=FDI_CTRY_IND_SUMM&lang=fr.*

Source : Statistiques de l'OCDE sur l'investissement direct international (base de données) : https://doi.org/10.1787/idi-data-fr

CANADA

Tableau 1. Flux d'investissement direct étranger par pays

Millions de dollars des ÉU

	Entrant					Sortant				
	2014	2015	2016	2017	2018	2014	2015	2016	2017	2018
TOTAL MONDE	**59 137.3**	**45 630.9**	**36 061.7**	**26 518.8**	**43 449.6**	**60 542.2**	**67 862.0**	**69 518.0**	**78 338.3**	**49 868.8**
Pays membres de l'OCDE	..	..	..	..	..	..	..	..	..	..
Australie	..	..	-415.5	-34.8	1 949.8	..	..	1 598.6	-334.8	2 433.3
Autriche	..	..	..	..	..	..	..	..	..	..
Belgique	..	..	..	..	..	..	..	..	..	..
Canada	-	-	..	..	..	-	-	..	..	..
Chili	..	..	..	..	..	..	..	..	..	..
République Tchèque	..	..	..	..	..	..	..	..	..	..
Danemark	..	..	..	..	..	..	..	..	..	..
Estonie	..	..	..	..	..	..	..	..	..	..
Finlande	..	..	..	..	..	..	..	..	..	..
France	..	..	417.3	736.4	2 791.6	..	..	-98.4	584.6	137.9
Allemagne	..	..	369.6	585.3	370.0	..	..	1 381.9	-228.0	963.4
Grèce	..	..	..	..	..	..	..	..	..	..
Hongrie	..	..	..	..	..	..	..	..	..	..
Islande	..	..	..	..	..	..	..	..	..	..
Irlande	..	..	..	..	..	..	..	..	..	..
Israël[1]	..	..	..	..	..	..	..	..	..	..
Italie	..	..	..	..	..	..	..	..	..	..
Japon	..	..	1 080.8	527.8	476.3	..	..	-308.5	-839.4	226.1
Corée	..	..	..	..	..	..	..	..	..	..
Lettonie	..	..	..	..	..	..	..	..	..	..
Lituanie	..	..	..	..	..	..	..	..	..	..
Luxembourg	..	..	1 420.8	1 896.1	327.4	..	..	-2 506.2	-601.7	3 636.0
Mexique	..	..	-50.8	192.4	23.9	..	..	1 390.0	894.9	923.8
Pays-Bas	..	..	4 341.5	-1 678.4	3 466.2	..	..	1 419.6	1 151.4	898.7
Nouvelle-Zélande	..	..	..	..	..	..	..	..	..	..
Norvège	..	..	..	..	..	..	..	..	..	..
Pologne	..	..	..	..	..	..	..	..	..	..
Portugal	..	..	..	..	..	..	..	..	..	..
République slovaquie	..	..	..	..	..	..	..	..	..	..
Slovénie	..	..	..	..	..	..	..	..	..	..
Espagne	..	..	..	..	..	..	..	..	..	..
Suède	..	..	..	..	..	..	..	..	..	..
Suisse	..	..	9 559.0	-2 851.1	2 828.6	..	..	-455.7	2 303.2	1 729.1
Turquie	..	..	..	..	..	..	..	..	..	..
Royaume-Uni	..	..	-1 712.3	2 573.4	2 166.8	..	..	9 073.1	6 251.2	7 631.4
Etats-Unis	18 761.7	34 506.0	18 669.1	14 583.6	18 295.7	41 035.6	47 448.2	55 928.0	67 638.9	25 864.5
EUROPE	..	..	..	..	..	..	..	..	..	..
Bulgarie	..	..	..	..	..	..	..	..	..	..
Croatie	..	..	..	..	..	..	..	..	..	..
Chypre[2, 3]	..	..	..	..	..	..	..	..	..	..
Malte	..	..	..	..	..	..	..	..	..	..
Roumanie	..	..	..	..	..	..	..	..	..	..
Russie	..	..	..	..	..	..	..	..	..	..
Ukraine	..	..	..	..	..	..	..	..	..	..
AFRIQUE	..	..	..	..	..	..	..	..	..	..
Afrique septentrionale	..	..	..	..	..	..	..	..	..	..
Algérie	..	..	..	..	..	..	..	..	..	..
Egypte	..	..	..	..	..	..	..	..	..	..
Libye	..	..	..	..	..	..	..	..	..	..
Maroc	..	..	..	..	..	..	..	..	..	..
Tunisie	..	..	..	..	..	..	..	..	..	..
Autres pays africains	..	..	..	..	..	..	..	..	..	..
Nigéria	..	..	..	..	..	..	..	..	..	..
Afrique du Sud	..	..	..	..	..	..	..	..	..	..
AMÉRIQUE	..	..	..	..	..	..	..	..	..	..
Amérique du Nord	..	..	..	..	..	..	..	..	..	..
Amérique du Nord	..	..	..	..	..	..	..	..	..	..
Bahamas	..	..	..	..	..	..	..	..	..	..
Bermudes	..	..	..	..	..	..	..	..	..	..
Îles Cayman	..	..	245.5	173.8	1 527.5	..	..	2 622.9	2 971.2	-3 157.7
Costa Rica	..	..	..	..	..	..	..	..	..	..
El Salvador	..	..	..	..	..	..	..	..	..	..
Guatemala	..	..	..	..	..	..	..	..	..	..
Honduras	..	..	..	..	..	..	..	..	..	..
Nicaragua	..	..	..	..	..	..	..	..	..	..
Panama	..	..	..	..	..	..	..	..	..	..
Îles Vierges, US	..	..	..	..	..	..	..	..	..	..
Amérique du Sud	..	..	..	..	..	..	..	..	..	..
Argentine	..	..	..	..	..	..	..	..	..	..
Bolivie	..	..	..	..	..	..	..	..	..	..
Brésil	..	..	439.9	1 124.2	1 129.8	..	..	-76.1	129.7	726.0
Colombie	..	..	..	..	..	..	..	..	..	..
Equateur	..	..	..	..	..	..	..	..	..	..
Paraguay	..	..	..	..	..	..	..	..	..	..
Pérou	..	..	..	..	..	..	..	..	..	..
Uruguay	..	..	..	..	..	..	..	..	..	..
Venezuela	..	..	..	..	..	..	..	..	..	..
ASIE	..	..	..	..	..	..	..	..	..	..

CANADA

Tableau 1. Flux d'investissement direct étranger par pays *(suite)*

Millions de dollars des ÉU

	Entrant					Sortant				
	2014	2015	2016	2017	2018	2014	2015	2016	2017	2018
Proche et Moyen Orient	..	..	..	..	..	..	..	..	..	..
Pays du Golfe	..	..	..	..	..	..	..	..	..	..
Koweït	..	..	..	..	..	..	..	..	..	..
Qatar	..	..	..	..	..	..	..	..	..	..
Arabie saoudite	..	..	..	..	..	..	..	..	..	..
Emirats Arabes Unis	..	..	..	..	..	..	..	..	..	..
Autres pays du Proche et Moyen Orient	..	..	..	..	..	..	..	..	..	..
Jordanie	..	..	..	..	..	..	..	..	..	..
Autres pays asiatiques	..	..	..	..	..	..	..	..	..	..
Chine	..	..	5 654.8	703.4	2 645.7	..	..	968.3	1 218.3	613.4
Hong Kong, Chine	..	..	1 154.4	58.8	1 538.7	..	..	666.9	2 069.9	508.1
Inde	..	..	..	..	..	..	..	..	..	..
Indonesie	..	..	..	..	..	..	..	..	..	..
République islamique d'Iran	..	..	..	..	..	..	..	..	..	..
Malaisie	..	..	..	..	..	..	..	..	..	..
Philippines	..	..	..	..	..	..	..	..	..	..
Singapour	..	..	..	..	..	..	..	..	..	..
Taipei Chinois	..	..	..	..	..	..	..	..	..	..
Thaïlande	..	..	..	..	..	..	..	..	..	..
Viet Nam	..	..	..	..	..	..	..	..	..	..
AUSTRALIE, OCÉANIE ET RÉGIONS POLAIRES	..	..	..	..	..	..	..	..	..	..
TOTAL MONDE non alloué et confidentiel	**40 375.7**	**11 124.9**	**-5 405.0**	..	**25 153.9**	**19 506.7**	**20 413.8**	**-6 937.0**	..	**24 004.3**
Union européenne (UE28)	..	..	..	..	..	..	..	..	..	..
Pays du G20 hors Union Européenne	..	..	..	..	..	..	..	..	..	..
Pays OCDE du G20	..	..	..	..	..	..	..	..	..	..
Pays non-OCDE du G20	..	..	..	..	..	..	..	..	..	..
Pays MENA	..	..	..	..	..	..	..	..	..	..
Pays ANASE	..	..	..	..	..	..	..	..	..	..

- Néant ; .. Non disponible

Note : Voir les métadonnées détaillées sur : *http://stats.oecd.org/OECDStat_Metadata/ShowMetadata.ashx?Dataset=FDI_CTRY_IND_SUMM&lang=fr.*

1. Informations sur les données concernant Israël : *http://oe.cd/israel-disclaimer.*
2. Note de la Turquie : Les informations figurant dans ce document et faisant référence à « Chypre » concernent la partie méridionale de l'île. Il n'y a pas d'autorité unique représentant à la fois les Chypriotes turcs et grecs sur l'île. La Turquie reconnaît la République Turque de Chypre Nord (RTCN). Jusqu'à ce qu'une solution durable et équitable soit trouvée dans le cadre des Nations Unies, la Turquie maintiendra sa position sur la « question chypriote ».
3. Note de tous les États de l'Union européenne membres de l'OCDE et del'Union européenne : La République de Chypre est reconnue par tous les membres des Nations Unies sauf la Turquie. Les informations figurant dans ce document concernent la zone sous le contrôle effectif du gouvernement de la République de Chypre.

Source : Statistiques de l'OCDE sur l'investissement direct international (base de données) : https://doi.org/10.1787/idi-data-fr

Tableau 2. Encours des investissements directs étrangers par pays
En fin d'année

Millions de dollars des ÉU

	Entrant					Sortant				
	2014	2015	2016	2017	2018	2014	2015	2016	2017	2018
TOTAL MONDE	**642 013.1**	**565 687.9**	**603 759.3**	**663 136.9**	**642 809.0**	**728 686.1**	**754 206.6**	**823 098.7**	**927 266.6**	**944 849.6**
Pays membres de l'OCDE	..	..	**510 685.4**	**561 860.6**	..	**528 808.5**	**551 341.5**	**611 581.6**	**697 789.0**	**718 470.5**
Australie	5 276.3	5 172.0	7 319.9	6 910.0	..	18 993.0	18 649.9	29 026.0	34 974.7	29 935.0
Autriche	782.0	285.4	1 455.2	1 440.9	..	1 032.8	906.1	4 811.1	5 958.6	5 685.2
Belgique	2 706.3	1 685.7	1 664.1	2 064.2	..	553.5	627.5	731.6	1 703.0	1 565.0
Canada	5 233.2	5 321.5	6 439.6	11 442.5	..	-	-	-	-	-
Chili	263.8	279.6	530.6	376.9	..	16 175.5	11 355.2	20 140.4	28 450.9	24 288.5
République Tchèque	..	..	..	..	..	279.3	36.7	913.9	395.4	371.2
Danemark	664.7	425.6	706.3	646.4	..	112.9	288.9	1 001.0	1 410.7	1 367.8
Estonie	..	..	..	..	..	..	33.0	95.9	308.3	284.3
Finlande	2 289.9	603.3	420.8	837.9	..	824.2	1 042.6	1 256.8	1 418.9	1 362.0
France	14 165.0	8 338.2	11 681.5	14 135.2	..	4 852.1	4 130.8	6 662.9	7 169.5	7 221.5
Allemagne	14 897.8	16 653.2	18 610.6	21 448.9	..	7 955.0	7 654.0	16 480.2	15 974.1	14 502.1
Grèce	..	..	..	..	..	..	18.8	224.2	281.3	286.0
Hongrie	..	..	..	..	..	3 095.1	4 350.0	4 043.8	4 359.8	3 696.5
Iclando	..	..	..	..	..	.. c	82.0	..	171.0	155.0
Irlande	2 465.7	2 742.8	4 445.1	7 874.1	..	11 354.4	11 224.6	9 550.9	8 364.9	7 223.6
Israël[1]	538.8	324.4	846.2	992.7	..	1 299.3	801.7	1 168.2	1 805.5	-452.5
Italie	4 501.3	3 887.3	3 602.0	4 191.5	..	357.8	350.0	1 159.1	2 061.8	2 083.3
Japon	28 161.9	27 344.7	28 801.6	31 447.7	..	5 030.6	3 281.2	4 231.5	5 717.8	6 013.9
Corée	3 336.5	1 379.3	2 262.9	2 895.4	..	430.2	1 020.9	1 602.2	2 099.2	2 345.6
Lettonie	..	..	..	..	..	..	2.2	4.9	2.6	1.9
Lituanie	..	..	..	..	..	.. c	331.7	344.6	387.6	357.7
Luxembourg	14 204.7	11 355.5	14 640.5	17 894.2	..	47 745.5	51 572.0	99 411.9	113 108.6	76 610.0
Mexique	1 439.8	1 375.0	2 255.7	2 258.0	..	11 864.8	12 129.7	21 198.0	26 569.7	23 175.7
Pays-Bas	30 656.1	25 450.9	20 498.1	15 824.5	..	17 554.1	22 771.8	37 439.9	45 874.9	34 708.4
Nouvelle-Zélande	..	..	..	..	..	458.7	491.0	919.6	1 479.4	1 470.0
Norvège	6 953.2	6 226.9	5 644.6	5 688.1	..	1 111.3	1 025.5	2 179.8	2 631.9	2 703.1
Pologne	2 190.7	1 369.9	2 018.0	2 247.2	..	70.7	813.8	336.4	498.1	471.7
Portugal	..	..	..	..	..	11.2	170.3	104.8	140.2	136.6
République slovaquie	..	..	..	..	..	15.5	3.9	-41.1	5.4	9.0
Slovénie	..	..	..	..	..	..	..	..	..	..
Espagne	288.0	3 775.3	3 900.4	4 053.0	..	3 115.8	3 048.4	7 267.5	5 865.6	6 297.7
Suède	1 928.6	2 083.8	1 747.5	1 951.6	..	1 521.7	4 186.6	6 087.8	3 607.5	3 343.4
Suisse	13 301.1	15 638.0	20 058.1	23 187.6	..	5 818.6	-175.7	-1 190.5	3 651.7	7 182.6
Turquie	..	..	..	..	..	640.6	699.4	1 263.9	2 318.9	1 363.8
Royaume-Uni	44 750.4	34 830.9	38 114.8	41 670.2	..	65 353.9	66 803.7	96 444.4	107 298.2	105 575.5
Etats-Unis	327 964.5	294 034.0	312 802.9	339 358.1	..	298 718.0	322 967.0	513 066.0	576 174.5	553 796.5
EUROPE	**162 339.9**	**139 817.9**	**152 762.2**	**170 555.8**	..	.. c	**196 129.3**	**206 260.3**	**228 616.7**	**232 940.5**
Bulgarie	..	..	..	..	..	4.3	6.2	..	21.6	19.9
Croatie	..	..	..	..	..	..	-1.0	..	..	..
Chypre[2, 3]	3 062.3	2 246.4	1 384.7	2 141.2	..	2 741.6	3 321.5	5 640.7	4 242.3	2 764.7
Malte	..	..	..	..	..	506.9	448.6	..	..	..
Roumanie	..	..	..	..	..	117.3	142.0	813.5	1 071.8	971.5
Russie	2 370.9	1 813.6	1 988.1	2 763.5	..	2 426.1	1 253.6	1 820.9	2 360.5	2 025.7
Ukraine	..	..	..	..	..	..	399.2	..	..	..
AFRIQUE	**3 175.3**	**2 437.9**	**1 385.5**	**1 546.4**	..	**2 869.2**	**3 180.6**	**4 554.9**	**5 545.5**	**5 028.1**
Afrique septentrionale	..	..	..	..	..	.. c	..	..	..	..
Algérie	..	..	..	..	..	.. c	11.5	7.4	8.4	7.8
Egypte	..	..	..	..	..	87.1	0.4	-18.8	-43.0	-63.8
Libye	..	..	..	..	..	..	..	..	..	..
Maroc	..	..	..	..	..	3.4	-2.8	8.2	27.9	30.6
Tunisie	..	..	..	..	..	25.0	122.1	159.8	107.3	87.0
Autres pays africains	..	..	..	..	..	.. c	..	..	..	..
Nigéria	..	..	..	..	..	528.5	315.7	808.9	796.7	735.1
Afrique du Sud	2 190.7	1 040.5	564.9	598.2	..	2 455.4	1 407.0	2 763.9	2 794.4	2 206.7
AMÉRIQUE	**365 059.1**	**327 026.0**	**346 476.1**	**378 331.5**	..	.. c	..	**552 785.1**	**625 101.2**	**641 414.0**
Amérique du Nord	..	..	..	..	..	..	322 994.5	..	..	..
Amérique du Nord	..	..	..	..	..	.. c	..	..	..	..
Bahamas	..	..	..	..	..	16 309.2	14 188.7	18 617.4	19 998.3	20 687.0
Bermudes	785.4	774.6	596.3	722.5	..	27 517.9	31 393.3	42 560.2	47 087.8	37 319.8
Îles Cayman	86.2	1 187.1	1 143.0	1 001.1	..	31 792.4	28 834.3	42 839.1	44 268.9	41 307.2
Costa Rica	..	..	..	..	..	-71.6	26.8	7.7	128.2	116.4
El Salvador	..	..	..	..	..	379.3	697.5	710.9	498.9	460.4
Guatemala	..	..	..	..	..	3.4	19.9	18.2	-4.1	8.6
Honduras	..	..	..	..	..	205.2	230.3	127.8	691.1	672.9
Nicaragua	..	..	..	..	..	.. c	251.4	704.5	548.7	504.5
Panama	..	..	..	..	..	1 113.9	3 521.6	6 547.2	9 402.1	8 417.2
Îles Vierges, US	..	..	..	..	..	..	-	..	..	..
Amérique du Sud	..	..	..	..	..	.. c	..	..	..	..
Argentine	..	..	..	..	..	1 643.2	2 380.1	4 413.2	2 745.3	1 086.7
Bolivie	..	..	..	..	..	110.4	114.9	153.0	155.9	145.7
Brésil	28 369.7	23 541.9	22 035.7	22 176.5	..	12 105.4	8 564.9	15 929.1	19 995.0	17 347.6
Colombie	..	..	..	..	..	1 846.7	2 656.3	4 491.8	4 727.2	4 592.6
Equateur	..	..	..	..	..	-	705.5	2 087.8	2 695.9	2 740.1
Paraguay	..	..	..	..	..	..	..	..	..	..
Pérou	..	..	..	..	..	10 153.5	9 665.8	15 022.5	15 569.6	14 900.6
Uruguay	..	..	..	..	..	765.6	546.3	399.2	782.5	736.9
Venezuela	..	..	..	..	..	319.0	329.4	-35.7	339.1	5.4
ASIE	..	..	..	..	..	.. c	..	..	..	..

Tableau 2. Encours des investissements directs étrangers par pays *(suite)*

En fin d'année

Millions de dollars des ÉU

	Entrant					Sortant				
	2014	2015	2016	2017	2018	2014	2015	2016	2017	2018
Proche et Moyen Orient	..	..	..	..	..	.. c	..	..	..	..
Pays du Golfe	..	..	..	..	..	.. c	..	..	..	..
Koweït	1 113.0	1 659.7	1 483.8	1 732.1	..	..	0.0	0.0	0.0	14.2
Qatar	..	..	..	..	..	..	0.6	0.2	0.2	0.2
Arabie saoudite	..	..	..	..	..	25.0	96.1	14.5	132.4	119.9
Emirats Arabes Unis	9 212.0	8 357.7	7 672.5	7 965.5	..	31.0	-193.0	324.0	-162.0	-65.2
Autres pays du Proche et Moyen Orient	..	..	..	..	..	..	..	..	..	..
Jordanie	..	..	..	..	..	..	-	..	..	..
Autres pays asiatiques	..	..	..	..	..	..	..	..	..	..
Chine	24 320.2	17 449.4	18 662.4	21 597.6	..	6 927.3	7 407.6	13 015.8	15 331.8	15 489.4
Hong Kong, Chine	12 459.7	7 794.8	8 544.3	9 604.0	..	4 315.0	5 298.4	6 701.8	6 263.2	6 695.6
Inde	4 762.5	3 139.5	3 931.8	4 706.7	..	589.7	920.1	1 831.1	2 242.1	2 540.2
Indonesie	521.6	308.5	295.9	312.4	..	3 365.8	2 340.1	3 555.1	3 955.8	3 856.7
République islamique d'Iran	..	..	..	..	..	..	..	..	..	..
Malaisie	2 675.2	6 342.5	7 346.8	7 122.8	..	445.7	682.4	1 104.2	1 180.7	1 114.5
Philippines	..	..	..	..	..	968.2	1 268.7	2 486.7	2 596.1	2 475.5
Singapour	2 508.0	631.5	389.1	368.5	..	2 778.7	3 087.6	4 216.8	5 957.4	5 805.4
Taipei Chinois	..	..	..	..	..	..	83.3	182.5	173.6	688.3
Thaïlande	..	..	..	..	..	167.3	103.3	256.2	340.6	165.9
Viet Nam	..	..	..	..	..	-95.7	-55.0	184.1	113.3	219.1
AUSTRALIE, OCÉANIE ET RÉGIONS POLAIRES	..	..	..	..	..	..	..	..	..	..
TOTAL MONDE non alloué et confidentiel	**111 438.9**	**96 406.1**	**15 578.3**	**17 048.1**	..	**9 673.2**	**906.5**	**-28 103.4**	**-32 085.0**	..
Union européenne (UE28)	..	..	**102 512.0**	**121 298.7**	..	**160 930.3**	**184 284.9**	**170 555.8**	**184 511.7**	**188 918.4**
Pays du G20 hors Union Européenne	..	..	..	..	..	**443 733.9**	**462 056.2**	..	..	..
Pays OCDE du G20	..	..	..	..	..	**414 196.1**	**437 686.6**	..	..	..
Pays non-OCDE du G20	..	..	..	..	..	**29 537.9**	**24 369.5**	**43 343.6**	**49 557.3**	**44 673.1**
Pays MENA	..	..	..	..	..	.. c	..	..	..	..
Pays ANASE	..	..	..	..	..	..	..	..	..	..

- Néant ; .. Non disponible ; c Donnée confidentielle

Note : Les positions d'IDE entrants sont allouées selon le pays investisseur ultime. Les positions d'IDE entrants par la contrepartie immédiate pour l'année la plus récente sont disponibles dans *la base de données Statistisques d'IDE selon BMD4*. Voir les métadonnées détaillées sur : *http://stats.oecd.org/OECDStat_Metadata/ShowMetadata.ashx?Dataset=FDI_CTRY_IND_SUMM&lang=fr*.

1. Informations sur les données concernant Israël : *http://oe.cd/israel-disclaimer*.
2. Note de la Turquie : Les informations figurant dans ce document et faisant référence à « Chypre » concernent la partie méridionale de l'île. Il n'y a pas d'autorité unique représentant à la fois les Chypriotes turcs et grecs sur l'île. La Turquie reconnaît la République Turque de Chypre Nord (RTCN). Jusqu'à ce qu'une solution durable et équitable soit trouvée dans le cadre des Nations Unies, la Turquie maintiendra sa position sur la « question chypriote ».
3. Note de tous les États de l'Union européenne membres de l'OCDE et del'Union européenne : La République de Chypre est reconnue par tous les membres des Nations Unies sauf la Turquie. Les informations figurant dans ce document concernent la zone sous le contrôle effectif du gouvernement de la République de Chypre.

Source : Statistiques de l'OCDE sur l'investissement direct international (base de données) : https://doi.org/10.1787/idi-data-fr

CANADA

Tableau 3. Revenus des investissements directs étrangers par pays

Millions de dollars des ÉU

	Entrant					Sortant				
	2014	2015	2016	2017	2018	2014	2015	2016	2017	2018
TOTAL MONDE	**47 094.2**	**34 466.1**	**31 001.1**	**37 795.4**	**41 472.2**	**46 641.6**	**40 014.9**	**40 774.1**	**54 572.7**	**60 286.9**
Pays membres de l'OCDE	..	..	..	..	..	..	..	..	..	..
Australie	..	..	..	..	..	..	..	..	..	..
Autriche	..	..	..	..	..	..	..	..	..	..
Belgique	..	..	..	..	..	..	..	..	..	..
Canada	-	-	..	..	..	-	-	..	..	..
Chili	..	..	..	..	..	..	..	..	..	..
République Tchèque	..	..	..	..	..	..	..	..	..	..
Danemark	..	..	..	..	..	..	..	..	..	..
Estonie	..	..	..	..	..	..	..	..	..	..
Finlande	..	..	..	..	..	..	..	..	..	..
France	..	..	..	..	..	..	..	..	..	..
Allemagne	..	..	..	..	..	..	..	..	..	..
Grèce	..	..	..	..	..	..	..	..	..	..
Hongrie	..	..	..	..	..	..	..	..	..	..
Islande	..	..	..	..	..	..	..	..	..	..
Irlande	..	..	..	..	..	..	..	..	..	..
Israël[1]	..	..	..	..	..	..	..	..	..	..
Italie	..	..	..	..	..	..	..	..	..	..
Japon	1 783.3	451.4	565.9	591.9	998.8	401.9	-36.0	-123.8	1 010.0	151.4
Corée	..	..	..	..	..	..	..	..	..	..
Lettonie	..	..	..	..	..	..	..	..	..	..
Lituanie	..	..	..	..	..	..	..	..	..	..
Luxembourg	..	..	..	..	..	..	..	..	..	..
Mexique	..	..	..	..	..	..	..	..	..	..
Pays-Bas	..	..	..	..	..	..	..	..	..	..
Nouvelle-Zélande	..	..	..	..	..	..	..	..	..	..
Norvège	..	..	..	..	..	..	..	..	..	..
Pologne	..	..	..	..	..	..	..	..	..	..
Portugal	..	..	..	..	..	..	..	..	..	..
République slovaquie	..	..	..	..	..	..	..	..	..	..
Slovénie	..	..	..	..	..	..	..	..	..	..
Espagne	..	..	..	..	..	..	..	..	..	..
Suède	..	..	..	..	..	..	..	..	..	..
Suisse	..	..	..	..	..	..	..	..	..	..
Turquie	..	..	..	..	..	..	..	..	..	..
Royaume-Uni	4 119.7	2 238.9	3 035.8	2 942.5	2 511.5	8 541.7	5 558.2	6 768.6	4 027.1	5 566.9
Etats-Unis	21 219.3	22 184.2	15 744.4	16 553.1	18 826.2	22 455.9	19 047.2	13 734.5	23 359.8	25 550.6
EUROPE	..	..	..	..	..	..	..	..	..	..
Bulgarie	..	..	..	..	..	..	..	..	..	..
Croatie	..	..	..	..	..	..	..	..	..	..
Chypre[2, 3]	..	..	..	..	..	..	..	..	..	..
Malte	..	..	..	..	..	..	..	..	..	..
Roumanie	..	..	..	..	..	..	..	..	..	..
Russie	..	..	..	..	..	..	..	..	..	..
Ukraine	..	..	..	..	..	..	..	..	..	..
AFRIQUE	..	..	..	..	..	..	..	..	..	..
Afrique septentrionale	..	..	..	..	..	..	..	..	..	..
Algérie	..	..	..	..	..	..	..	..	..	..
Egypte	..	..	..	..	..	..	..	..	..	..
Libye	..	..	..	..	..	..	..	..	..	..
Maroc	..	..	..	..	..	..	..	..	..	..
Tunisie	..	..	..	..	..	..	..	..	..	..
Autres pays africains	..	..	..	..	..	..	..	..	..	..
Nigéria	..	..	..	..	..	..	..	..	..	..
Afrique du Sud	..	..	..	..	..	..	..	..	..	..
AMÉRIQUE	..	..	..	..	..	..	..	..	..	..
Amérique du Nord	..	..	..	..	..	..	..	..	..	..
Amérique du Nord	..	..	..	..	..	..	..	..	..	..
Bahamas	..	..	..	..	..	..	..	..	..	..
Bermudes	..	..	..	..	..	..	..	..	..	..
Îles Cayman	..	..	..	..	..	..	..	..	..	..
Costa Rica	..	..	..	..	..	..	..	..	..	..
El Salvador	..	..	..	..	..	..	..	..	..	..
Guatemala	..	..	..	..	..	..	..	..	..	..
Honduras	..	..	..	..	..	..	..	..	..	..
Nicaragua	..	..	..	..	..	..	..	..	..	..
Panama	..	..	..	..	..	..	..	..	..	..
Îles Vierges, US	..	..	..	..	..	..	..	..	..	..
Amérique du Sud	..	..	..	..	..	..	..	..	..	..
Argentine	..	..	..	..	..	..	..	..	..	..
Bolivie	..	..	..	..	..	..	..	..	..	..
Brésil	..	..	..	..	..	..	..	..	..	..
Colombie	..	..	..	..	..	..	..	..	..	..
Equateur	..	..	..	..	..	..	..	..	..	..
Paraguay	..	..	..	..	..	..	..	..	..	..
Pérou	..	..	..	..	..	..	..	..	..	..
Uruguay	..	..	..	..	..	..	..	..	..	..
Venezuela	..	..	..	..	..	..	..	..	..	..
ASIE	..	..	..	..	..	..	..	..	..	..

CANADA

Tableau 3. Revenus des investissements directs étrangers par pays *(suite)*

Millions de dollars des ÉU

	Entrant					Sortant				
	2014	2015	2016	2017	2018	2014	2015	2016	2017	2018
Proche et Moyen Orient	..	..	..	..	..	..	..	..	..	..
Pays du Golfe	..	..	..	..	..	..	..	..	..	..
Koweït	..	..	..	..	..	..	..	..	..	..
Qatar	..	..	..	..	..	..	..	..	..	..
Arabie saoudite	..	..	..	..	..	..	..	..	..	..
Emirats Arabes Unis	..	..	..	..	..	..	..	..	..	..
Autres pays du Proche et Moyen Orient	..	..	..	..	..	..	..	..	..	..
Jordanie	..	..	..	..	..	..	..	..	..	..
Autres pays asiatiques	..	..	..	..	..	..	..	..	..	..
Chine	..	..	..	..	..	..	..	..	..	..
Hong Kong, Chine	..	..	..	..	..	..	..	..	..	..
Inde	..	..	..	..	..	..	..	..	..	..
Indonesie	..	..	..	..	..	..	..	..	..	..
République islamique d'Iran	..	..	..	..	..	..	..	..	..	..
Malaisie	..	..	..	..	..	..	..	..	..	..
Philippines	..	..	..	..	..	..	..	..	..	..
Singapour	..	..	..	..	..	..	..	..	..	..
Taipei Chinois	..	..	..	..	..	..	..	..	..	..
Thaïlande	..	..	..	..	..	..	..	..	..	..
Viet Nam	..	..	..	..	..	..	..	..	..	..
AUSTRALIE, OCÉANIE ET RÉGIONS POLAIRES	..	..	..	..	..	..	..	..	..	..
TOTAL MONDE non alloué et confidentiel	**19 971.9**	**9 591.6**	..	..	..	**15 242.1**	**15 444.7**	..	..	..
Union européenne (UE28)	..	..	..	..	..	..	..	..	..	..
Pays du G20 hors Union Européenne	..	..	..	..	..	..	..	..	..	..
Pays OCDE du G20	..	..	..	..	..	..	..	..	..	..
Pays non-OCDE du G20	..	..	..	..	..	..	..	..	..	..
Pays MENA	..	..	..	..	..	..	..	..	..	..
Pays ANASE	..	..	..	..	..	..	..	..	..	..

- Néant ; .. Non disponible

Note : Voir les métadonnées détaillées sur : *http://stats.oecd.org/OECDStat_Metadata/ShowMetadata.ashx?Dataset=FDI_CTRY_IND_SUMM&lang=fr.*

1. Informations sur les données concernant Israël : *http://oe.cd/israel-disclaimer.*
2. Note de la Turquie : Les informations figurant dans ce document et faisant référence à « Chypre » concernent la partie méridionale de l'île. Il n'y a pas d'autorité unique représentant à la fois les Chypriotes turcs et grecs sur l'île. La Turquie reconnaît la République Turque de Chypre Nord (RTCN). Jusqu'à ce qu'une solution durable et équitable soit trouvée dans le cadre des Nations Unies, la Turquie maintiendra sa position sur la « question chypriote ».
3. Note de tous les États de l'Union européenne membres de l'OCDE et del'Union européenne : La République de Chypre est reconnue par tous les membres des Nations Unies sauf la Turquie. Les informations figurant dans ce document concernent la zone sous le contrôle effectif du gouvernement de la République de Chypre.

Source : Statistiques de l'OCDE sur l'investissement direct international (base de données) : https://doi.org/10.1787/idi-data-fr

CANADA

Tableau 4. Investissement direct étranger : flux par secteur industriel

Millions de dollars des ÉU

	Entrant					Sortant				
	2014	2015	2016	2017	2018	2014	2015	2016	2017	2018
All FDI activities	**59 137.3**	**45 630.9**	**36 061.7**	**26 518.8**	**43 449.6**	**60 542.2**	**67 862.0**	**69 518.0**	**78 338.3**	**49 868.8**
Agriculture, sylviculture et pêche	..	..	..	..	..	..	..	..	..	..
Industries extractives	**15 266.6**	**2 924.2**	**8 255.9**	**-7 189.6**	**4 456.4**	**8 310.9**	**-12 959.4**	**11 613.4**	**-2 322.3**	**7 588.2**
Activités d'extraction	..	..	..	..	..	..	..	..	..	..
Activités de fabrication	**10 935.1**	**3 263.7**	**2 740.4**	**9 415.2**	**13 670.4**	**7 741.5**	**19 992.2**	**4 075.4**	**-2 740.2**	**5 315.4**
dont :										
Produits alimentaires, boissons et tabac	..	..	..	..	..	..	..	..	..	..
Textiles, bois, papier, imprimerie	..	..	..	..	..	..	..	..	..	..
Produits pétroliers, chimiques, pharmaceutiques, caoutchouc, plastique, minéraux	..	..	..	..	..	..	..	..	..	..
Ouvrages en métaux et machines, sauf matériels électriques	..	..	..	..	..	..	..	..	..	..
Automobiles, remorques, semi-remorques, autres matériels de transport	..	..	..	..	..	..	..	..	..	..
Autres activités de fabrication	..	..	..	..	..	..	..	..	..	..
Production et distribution d'électricité, de gaz, de vapeur et de climatisation	..	..	..	..	..	..	..	..	..	..
Distribution de l'eau ; assainissement, traitement des déchets et dépollution	..	..	..	..	..	..	..	..	..	..
Construction	..	..	..	..	..	..	..	..	..	..
Services	..	..	..	..	..	..	..	..	..	..
Commerce de gros et de détail ; réparations automobiles et motocycles	..	..	..	..	..	..	..	..	..	..
Transport et entreposage	7 235.4	7 653.9	8 649.8	9 904.2	5 888.7	-1 325.2	1 652.2	17 092.9	43 579.6	13 804.8
Activités d'hébergement et de restauration	..	..	..	..	..	..	..	..	..	..
Information et communication	..	..	..	..	..	..	..	..	..	..
Activités financières et d'assurances	2 792.6	444.3	7 115.5	3 767.5	3 287.7	14 804.0	42 321.1	19 132.0	21 809.0	19 238.8
Activités des sociétés holding	..	..	..	..	..	..	..	..	..	..
Activités immobilières	..	..	..	..	..	..	..	..	..	..
Activités professionnelles, scientifiques et techniques	13 935.0	11 108.5	4 320.2	2 526.0	2 475.9	20 228.1	9 423.5	-794.6	7 271.3	4 794.7
Activités de services administratifs et d'appui	..	..	..	..	..	..	..	..	..	..
Administration publique; activités des ménages et des organismes extra-territoriaux	..	..	..	..	..	..	..	..	..	..
Éducation	..	..	..	..	..	..	..	..	..	..
Santé humaine et action sociale	..	..	..	..	..	..	..	..	..	..
Arts, spectacles et loisirs	..	..	..	..	..	..	..	..	..	..
Autres services	..	..	..	..	..	..	..	..	..	..
Not allocated and confidential	**8 972.6**	**20 236.3**	**25 065.4**	**24 293.2**	**25 322.8**	**10 783.0**	**7 432.5**	**53 829.2**	**83 400.9**	**36 965.2**
Activités immobilières privées	..	..	..	..	..	..	..	..	..	..

.. Non disponible

Note : Voir les métadonnées détaillées sur : *http://stats.oecd.org/OECDStat_Metadata/ShowMetadata.ashx?Dataset=FDI_CTRY_IND_SUMM&lang=fr.*

Source : Statistiques de l'OCDE sur l'investissement direct international (base de données) : https://doi.org/10.1787/idi-data-fr

Tableau 5. Encours des investissement directs étrangers par secteur industriel
En fin d'année

Millions de dollars des ÉU

	Entrant					Sortant				
	2014	2015	2016	2017	2018	2014	2015	2016	2017	2018
All FDI activities	**642 013.1**	**565 687.9**	**603 759.3**	**663 136.9**	**642 809.0**	**728 686.1**	**754 206.6**	**823 098.7**	**927 266.6**	**944 849.6**
Agriculture, sylviculture et pêche	**322.4**	**307.1**	**107.5**	**144.7**	..	**2 213.1**	**1 919.8**	**2 432.1**	**1 699.7**	..
Industries extractives	**150 135.4**	**121 970.4**	**128 794.0**	**137 988.9**	**128 687.9**	**149 791.4**	**135 925.6**	**139 518.1**	**146 773.1**	**142 751.4**
Activités d'extraction	105 653.1	106 750.7	110 904.9	118 490.4	110 725.4	54 463.3	76 402.5	76 560.7	79 396.9	83 753.2
Activités de fabrication	**170 984.6**	**130 824.4**	**135 076.1**	**146 897.5**	**148 340.8**	**59 577.6**	**59 023.1**	**67 044.4**	**74 232.4**	**75 706.4**
dont :										
Produits alimentaires, boissons et tabac	25 578.9	20 377.9	40 505.1	40 199.7	45 170.8	8 824.0	12 462.4	22 515.7	27 713.3	28 801.1
Textiles, bois, papier, imprimerie	9 630.1	7 843.9	9 463.4	13 852.4	13 235.8	3 624.5	2 356.2	5 153.9	5 293.6	7 159.5
Produits pétroliers, chimiques, pharmaceutiques, caoutchouc, plastique, minéraux	76 852.3	60 877.9	69 323.7	72 525.3	71 311.0	13 825.3	11 437.9	11 788.9	12 127.6	11 631.6
Ouvrages en métaux et machines, sauf matériels électriques	37 449.8	21 432.8	12 814.4	14 026.9	15 601.0	15 844.5	12 518.1	13 876.1	13 699.0	13 657.4
Automobiles, remorques, semi-remorques, autres matériels de transport	13 443.4	13 422.7	14 454.4	16 408.5	16 108.1	14 691.8	11 720.4	14 796.3	16 535.2	16 415.5
Autres activités de fabrication	8 030.0	6 869.9	-11 484.9	-10 115.3	-13 085.9	2 767.5	8 527.5	-1 086.5	-1 136.2	-1 958.8
Production et distribution d'électricité, de gaz, de vapeur et de climatisation	..	**1 794.8**	**1 557.0**	**1 199.2**	**993.7**	..	**19 913.3**	**23 957.6**	**30 220.5**	**32 659.8**
Distribution de l'eau ; assainissement, traitement des déchets et dépollution	..	..	..	..	..	..	..	..	..	..
Construction	**4 602.1**	**3 174.1**	**4 845.0**	**5 665.3**	**6 305.1**	**434.5**	**619.9**	**1 853.1**	**3 524.6**	**4 622.9**
Services	**303 846.0 e**	**303 605.5 e**	**331 109.0 e**	**368 014.6 e**	**347 989.8 e**	**482 003.6 e**	**518 263.7 e**	**570 010.9 e**	**652 982.0 e**	**642 640.3 e**
Commerce de gros et de détail ; réparations automobiles et motocycles	80 633.7	67 195.1	76 747.0	84 540.2	82 151.4	15 653.9	21 244.9	28 031.5	28 623.3	28 133.0
Transport et entreposage	6 684.2	6 343.2	7 906.7	10 884.7	10 423.4	23 108.0	24 583.8	35 114.4	53 079.4	61 916.3
Activités d'hébergement et de restauration	3 576.2	2 560.7	3 009.3	3 148.9	3 183.8	2 235.5	3 057.1	2 044.2	2 655.6	2 635.2
Information et communication	4 740.1	4 215.3	4 874.7	3 120.7	..	30 475.9	29 538.3	34 336.3	35 113.4	..
Activités financières et d'assurances	85 576.3	83 708.8	215 557.1	241 803.7	227 260.3	265 836.7	274 206.6	404 099.7	455 128.3	471 101.0
Activités des sociétés holding	..	..	123 683.1	133 688.0	..	..	..	115 943.4	139 498.6	..
Activités immobilières	6 194.5	7 338.9	8 783.1	10 184.1	11 019.5	36 861.8	45 101.9	46 785.1	57 397.1	57 036.0
Activités professionnelles, scientifiques et techniques	116 441.1	132 243.5	14 231.1	14 332.4	13 951.5	107 831.7	120 531.1	19 599.8	20 985.0	21 818.9
Activités de services administratifs et d'appui	..	..	..	..	..	..	..	..	..	..
Administration publique; activités des ménages et des organismes extra-territoriaux	..	..	..	..	..	..	..	..	..	..
Éducation	..	..	..	..	..	..	..	..	..	..
Santé humaine et action sociale	..	..	..	..	..	..	..	..	..	..
Arts, spectacles et loisirs	..	..	..	..	..	..	..	..	..	..
Autres services	..	..	..	..	..	..	..	..	..	..
Not allocated and confidential	**12 122.6**	..	**2 270.8 e**	**3 226.6 e**	**10 491.6 e**	**34 665.9**	..	**18 282.5 e**	**17 834.1 e**	**46 468.8 e**
Activités immobilières privées	..	..	..	..	..	..	..	..	..	..

.. Non disponible ; e Valeur estimée

Note : Voir les métadonnées détaillées sur : *http://stats.oecd.org/OECDStat_Metadata/ShowMetadata.ashx?Dataset=FDI_CTRY_IND_SUMM&lang=fr.*

Source : Statistiques de l'OCDE sur l'investissement direct international (base de données) : https://doi.org/10.1787/idi-data-fr

CANADA

Tableau 6. Revenus des investissements directs étrangers par secteur industriel

Millions de dollars des ÉU

	Entrant					Sortant				
	2014	2015	2016	2017	2018	2014	2015	2016	2017	2018
All FDI activities	**47 094.2**	**34 466.1**	**31 001.1**	**37 795.4**	**41 472.2**	**46 641.6**	**40 014.9**	**40 774.1**	**54 572.7**	**60 286.9**
Agriculture, sylviculture et pêche	..	..	..	..	..	..	..	..	..	..
Industries extractives	..	..	..	..	..	..	..	..	..	..
Activités d'extraction	..	..	..	..	..	..	..	..	..	..
Activités de fabrication	..	..	..	..	..	..	..	..	..	..
dont :										
Produits alimentaires, boissons et tabac	..	..	..	..	..	..	..	..	..	..
Textiles, bois, papier, imprimerie	..	..	..	..	..	..	..	..	..	..
Produits pétroliers, chimiques, pharmaceutiques, caoutchouc, plastique, minéraux	..	..	..	..	..	..	..	..	..	..
Ouvrages en métaux et machines, sauf matériels électriques	..	..	..	..	..	..	..	..	..	..
Automobiles, remorques, semi-remorques, autres matériels de transport	..	..	..	..	..	..	..	..	..	..
Autres activités de fabrication	..	..	..	..	..	..	..	..	..	..
Production et distribution d'électricité, de gaz, de vapeur et de climatisation	..	..	..	..	..	..	..	..	..	..
Distribution de l'eau ; assainissement, traitement des déchets et dépollution	..	..	..	..	..	..	..	..	..	..
Construction	..	..	..	..	..	..	..	..	..	..
Services	..	..	..	..	..	..	..	..	..	..
Commerce de gros et de détail ; réparations automobiles et motocycles	..	..	..	..	..	..	..	..	..	..
Transport et entreposage	..	..	..	..	..	..	..	..	..	..
Activités d'hébergement et de restauration	..	..	..	..	..	..	..	..	..	..
Information et communication	..	..	..	..	..	..	..	..	..	..
Activités financières et d'assurances	..	..	..	..	..	..	..	..	..	..
Activités des sociétés holding	..	..	..	..	..	..	..	..	..	..
Activités immobilières	..	..	..	..	..	..	..	..	..	..
Activités professionnelles, scientifiques et techniques	..	..	..	..	..	..	..	..	..	..
Activités de services administratifs et d'appui	..	..	..	..	..	..	..	..	..	..
Administration publique; activités des ménages et des organismes extra-territoriaux	..	..	..	..	..	..	..	..	..	..
Éducation	..	..	..	..	..	..	..	..	..	..
Santé humaine et action sociale	..	..	..	..	..	..	..	..	..	..
Arts, spectacles et loisirs	..	..	..	..	..	..	..	..	..	..
Autres services	..	..	..	..	..	..	..	..	..	..
Not allocated and confidential	**47 094.2**	..	**31 001.1**	**37 795.4**	**41 472.2**	**46 641.6**	..	**40 774.1**	**54 572.7**	**60 286.9**
Activités immobilières privées	..	..	..	..	..	..	..	..	..	..

.. Non disponible

Note : Voir les métadonnées détaillées sur : *http://stats.oecd.org/OECDStat_Metadata/ShowMetadata.ashx?Dataset=FDI_CTRY_IND_SUMM&lang=fr.*

Source : Statistiques de l'OCDE sur l'investissement direct international (base de données) : https://doi.org/10.1787/idi-data-fr

RÉPUBLIQUE TCHÈQUE

Tableau 1. Flux d'investissement direct étranger par pays

Millions de dollars des ÉU

	Entrant					Sortant				
	2014	2015	2016	2017	2018	2014	2015	2016	2017	2018
TOTAL MONDE	**5 491.9**	**465.2**	**9 814.5**	**9 517.9**	**9 478.9**	**1 619.5**	**2 488.1**	**2 181.7**	**7 557.0**	**5 277.3**
Pays membres de l'OCDE	**.. c**	**264.4**	**.. c**	**.. c**	**9 764.7**	**1 912.1**	**1 943.3**	**.. c**	**3 372.3**	**2 917.6**
Australie	30.4	-20.7	31.3	23.3	-2.8	.. c	-31.8	.. c	.. c	-1.4
Autriche	276.5	-115.8	-188.5	861.0	741.7	-17.1	4.0	5.5	17.1	-5.2
Belgique	-1 494.3	-237.0	-484.9	-739.0	3 024.6	26.8	7.7	-17.2	0.6	3.7
Canada	-27.1	25.4	-53.1	8.3	-2.6	3.4	-7.3	-3.0	7.3	14.5
Chili	-1.8	0.6	0.0	0.0	-0.3	0.1	0.0	0.1	.. c	4.5
République Tchèque	-	-	-	-	-	-	-	-	-	-
Danemark	62.6	149.6	73.0	6.7	-91.8	0.7	-0.3	0.4	2.0	0.9
Estonie	-3.6	-0.7	4.0	2.3	4.3	-0.8	1.8	-1.5	0.6	-0.9
Finlande	-2.4	-12.9	13.1	57.6	40.2	0.0	.. c	20.5	2.2	3.4
France	677.4	221.1	707.3	416.4	1 082.0	42.1	64.8	42.5	8.0	23.9
Allemagne	2 811.4	1 003.5	2 535.1	4 553.2	2 783.8	684.0	276.2	-227.7	234.5	358.2
Grèce	-13.4	2.8	-4.4	-10.5	-0.1	.. c	23.4	0.2	-937.4	0.0
Hongrie	8.3	-77.6	20.0	126.4	28.7	112.4	-7.2	-29.8	175.5	242.4
Islande	.. c	1.7	.. c	.. c	2.9	0.0	0.0	0.0	0.0	0.0
Irlande	255.2	138.8	41.3	-184.2	31.3	2.7	145.1	-294.8	-368.3	-326.6
Israël[1]	30.0	20.3	52.2	-0.5	8.6	-	-	-	.. c	.. c
Italie	47.3	134.2	739.9	325.4	511.7	-19.0	13.6	-89.2	151.3	-74.0
Japon	142.3	92.9	97.1	122.1	197.7	-11.5	-0.1	0.1	.. c	0.4
Corée	353.6	479.6	167.6	478.2	67.2	.. c	.. c	-0.5	.. c	.. c
Lettonie	0.5	-0.7	9.1	4.4	6.9	1.0	1.1	3.7	11.2	-3.3
Lituanie	0.0	4.3	-6.1	4.5	-9.9	-1.3	-1.6	-0.2	5.5	0.6
Luxembourg	2 221.8	1 208.6	1 015.7	2 493.6	-227.1	5.2	848.7	379.0	2 785.0	303.8
Mexique	1.9	-66.8	-19.5	-44.4	21.5	3.5	1.0	-6.0	2.3	-10.0
Pays-Bas	819.8	-2 272.3	2 044.1	-2 043.9	1 114.1	-779.7	89.5	464.0	2 330.7	1 354.5
Nouvelle-Zélande	-5.5	3.3	-1.7	0.6	1.2	-	-	-	-	0.1
Norvège	-13.5	-5.4	99.9	-13.9	31.9	-	.. c	50.6	7.8	6.6
Pologne	-159.7	427.3	450.9	997.5	442.0	-175.6	145.4	-67.5	240.6	531.2
Portugal	-15.6	25.3	-27.6	11.2	-36.6	5.0	0.1	0.2	-0.2	0.0
République slovaquie	142.2	-164.5	361.2	-232.3	-107.3	1 241.6	387.5	607.2	-1 148.4	399.5
Slovénie	7.5	-32.9	1.1	-0.5	7.6	86.5	-94.7	233.9	-9.9	15.6
Espagne	-1 943.6	-159.0	215.0	77.3	-104.2	15.1	6.7	-1.1	15.1	-3.4
Suède	51.6	-125.1	246.2	261.8	18.2	19.1	-0.7	3.7	4.8	92.0
Suisse	-153.4	-650.0	426.1	1 190.3	50.0	-23.7	44.6	-45.5	-19.0	-7.9
Turquie	-2.9	7.3	2.8	-9.6	1.7	12.8	-30.8	-44.0	56.4	-71.6
Royaume-Uni	20.3	1 157.7	-620.1	-583.0	-48.3	-35.0	-11.9	8.6	-283.2	26.7
Etats-Unis	-9.7	-895.0	81.4	-303.0	165.8	12.5	67.9	-29.2	48.1	39.6
EUROPE	**.. c**	**.. c**	**8 666.3**	**9 273.3**	**9 691.0**	**1 405.4**	**2 497.0**	**2 182.8**	**7 331.9**	**4 792.2**
Bulgarie	10.0	-12.0	6.0	4.2	-3.8	74.6	-78.2	77.6	48.8	-38.5
Croatie	-7.7	8.5	3.4	3.3	3.6	336.1	-210.5	-63.2	103.0	-1.7
Chypre[2, 3]	939.1	-403.5	1 099.5	1 657.7	75.9	91.7	594.9	693.2	3 667.1	704.6
Malte	87.7	99.0	-194.5	16.4	32.2	11.4	-4.8	28.3	23.2	23.0
Roumanie	-6.7	-9.4	20.5	-14.7	7.7	-882.8	229.9	348.5	150.9	1 128.9
Russie	190.1	110.4	-1.3	-123.8	147.8	-13.7	-9.4	33.4	51.3	73.6
Ukraine	-0.2	13.4	35.4	13.0	14.9	-8.5	-16.3	-1.4	3.8	-16.2
AFRIQUE	**-2.0**	**.. c**	**.. c**	**.. c**	**.. c**	**.. c**	**.. c**	**.. c**	**.. c**	**47.8**
Afrique septentrionale	11.0	.. c	.. c	.. c	.. c	.. c	.. c	.. c	.. c	19.8
Algérie	0.1	.. c	.. c	.. c	.. c	-	-	-	-	-
Egypte	3.6	-0.6	3.8	-3.8	-1.7	.. c	.. c	.. c	.. c	.. c
Libye	-	-	-	-	-	-	-	-	-	-
Maroc	-0.5	-1.2	-0.9	-2.7	142.9	-	-	-	-	-
Tunisie	7.8	-2.8	0.1	0.4	0.1	0.5	0.4	-0.1	-0.9	.. c
Autres pays africains	-13.0	1.0	-0.6	11.9	-16.3	0.0	-1.0	5.6	23.9	28.1
Nigéria	.. c	.. c	.. c	-2.4	.. c	-	-	-0.2	0.0	-0.2
Afrique du Sud	-2.7	-5.4	2.2	16.7	-1.7	0.0	0.0	5.6	23.9	28.3
AMÉRIQUE	**.. c**	**.. c**	**.. c**	**-405.1**	**71.5**	**48.5**	**46.5**	**-38.0**	**91.7**	**48.0**
Amérique du Nord	-36.8	-869.6	28.3	-294.7	163.2	16.0	60.6	-32.2	55.4	54.2
Amérique du Nord	139.7	141.8	-29.3	-112.3	40.3	30.4	-8.8	-7.1	3.4	.. c
Bahamas	-19.0	62.3	28.8	27.1	9.7	-	-	-	-	-
Bermudes	2.1	18.0	-0.6	-24.6	0.7	-	-	-	-	-
Îles Cayman	-6.9	1.1	-4.3	0.6	1.4	-	-	-	-	-
Costa Rica	.. c	.. c	.. c	.. c	.. c	-	0.0	-0.1	0.0	.. c
El Salvador	.. c	.. c	-	.. c	.. c	-	-	-	-	-
Guatemala	-	-	-	0.0	-	-	-	-	-	-
Honduras	-	.. c	.. c	.. c	0.0	-	-	-	-	-
Nicaragua	0.4	.. c	.. c	.. c	.. c	-	-	-	-	-
Panama	16.0	-0.8	10.2	-11.4	2.5	-	-	-	-	-
Îles Vierges, US	-	-	-	-	-	-	-	-	-	-
Amérique du Sud	.. c	.. c	.. c	1.8	-132.0	2.1	-5.3	1.2	32.9	.. c
Argentine	-9.4	7.9	0.5	2.7	1.7	.. c	.. c	.. c	.. c	.. c
Bolivie	-	-	-	-	.. c	-	-	-	-	-
Brésil	-4.9	-1.5	5.3	0.3	-133.4	-8.2	-2.5	-1.0	0.2	-0.9
Colombie	0.9	0.3	0.3	-0.9	-0.3	-	-	0.5	-0.3	0.2
Equateur	.. c	.. c	.. c	.. c	0.0	-	-	-	-	-
Paraguay	-	-	-	-	0.1	-	-	-	-	-
Pérou	0.0	0.2	-0.2	.. c	-0.2	-	-	0.4	-0.1	0.4
Uruguay	-	-	-	-	.. c	-	-	-	-	-
Venezuela	-1.5	-	-	-	-	-	-	-	-	-
ASIE	**.. c**	**695.9**	**.. c**	**.. c**	**-396.4**	**.. c**	**.. c**	**55.8**	**131.5**	**390.7**

Tableau 1. Flux d'investissement direct étranger par pays *(suite)*

Millions de dollars des ÉU

	Entrant					Sortant				
	2014	2015	2016	2017	2018	2014	2015	2016	2017	2018
Proche et Moyen Orient	.. c	-78.0	.. c	.. c	23.6	.. c	.. c	78.3	151.7	58.4
Pays du Golfe	.. c	-45.9	0.9	-8.9	14.2	.. c	.. c	-2.4	.. c	.. c
Koweït	.. c	.. c	.. c	.. c	-	-	-	-	-	-
Qatar	0.0	-0.1	.. c	.. c	0.9	-	-	-	-	-
Arabie saoudite	1.8	1.5	2.5	-5.1	3.1	.. c	.. c	-	-	0.2
Emirats Arabes Unis	9.0	15.5	-7.8	-4.6	14.6	3.1	-0.2	-2.4	2.3	-6.6
Autres pays du Proche et Moyen Orient	97.6	-32.1	.. c	.. c	9.4	3.1	-13.6	80.7	.. c	.. c
Jordanie	1.4	-	-1.2	1.3	.. c	-	-	-	-	-
Autres pays asiatiques	544.0	773.9	1 108.1	508.5	-420.0	91.8	-3.4	-22.5	-20.2	332.3
Chine	-4.1	277.1	512.0	-59.6	-694.6	48.1	0.1	-45.4	-32.8	393.8
Hong Kong, Chine	-21.9	-59.4	46.2	-9.0	-90.0	.. c	.. c	0.3	0.1	0.2
Inde	-0.2	-14.7	-108.9	-23.2	3.3	53.8	-0.1	21.2	8.4	-82.9
Indonesie	-0.1	0.2	-0.4	-0.4	-2.3	-	-	-0.3	-0.1	-0.4
République islamique d'Iran	-	-0.3	0.3	-	0.0	-	-	-	-	-
Malaisie	1.0	-4.3	10.9	1.3	-2.4	-	-	-	-	.. c
Philippines	2.0	-0.5	0.0	1.7	-2.3	-	-	-	-	-
Singapour	79.5	50.9	121.5	-9.0	110.0	.. c	.. c	.. c	.. c	0.4
Taipei Chinois	-47.6	-31.2	209.3	-7.5	-5.3	-	-	-	0.4	.. c
Thaïlande	43.5	-24.9	-11.5	12.0	-1.5	0.0	0.0	0.1	0.0	0.4
Viet Nam	0.7	-1.8	-1.2	2.8	-3.0	-6.1	-1.0	0.8	6.7	-0.4
AUSTRALIE, OCÉANIE ET RÉGIONS POLAIRES	**24.9**	**-17.4**	**31.3**	**117.5**	**-1.3**	**.. c**	**-31.8**	**.. c**	**.. c**	**-1.3**
TOTAL MONDE non alloué et confidentiel	**.. d**	**.. d**	**.. d**	**.. d**	**.. d**	**.. d**	**.. d**	**.. d**	**.. d**	**-0.2**
Union européenne (UE28)	**4 792.1**	**957.1**	**8 080.3**	**8 072.5**	**9 327.4**	**.. c**	**.. c**	**2 124.8**	**7 230.3**	**4 759.5**
Pays du G20 hors Union Européenne	**4 215.4**	**2 514.8**	**4 081.5**	**4 794.5**	**4 101.7**	**775.1**	**.. c**	**-334.5**	**.. c**	**718.1**
Pays OCDE du G20	**4 044.9**	**2 139.2**	**3 669.9**	**4 986.9**	**4 777.7**	**696.1**	**.. c**	**.. c**	**224.2**	**.. c**
Pays non-OCDE du G20	**170.4**	**375.6**	**411.7**	**-192.4**	**-676.0**	**79.0**	**-12.1**	**.. c**	**.. c**	**.. c**
Pays MENA	**.. c**	**-50.4**	**4.2**	**-13.9**	**155.4**	**26.9**	**-5.7**	**.. c**	**-26.4**	**13.3**
Pays ANASE	**124.5**	**22.9**	**.. c**	**8.6**	**105.0**	**.. c**	**.. c**	**.. c**	**.. c**	**.. c**

- Néant ; .. Non disponible ; c Donnée confidentielle ; d Confidentialité Secondaire

Note : Voir les métadonnées détaillées sur : *http://stats.oecd.org/OECDStat_Metadata/ShowMetadata.ashx?Dataset=FDI_CTRY_IND_SUMM&lang=fr.*

1. Informations sur les données concernant Israël : *http://oe.cd/israel-disclaimer.*
2. Note de la Turquie : Les informations figurant dans ce document et faisant référence à « Chypre » concernent la partie méridionale de l'île. Il n'y a pas d'autorité unique représentant à la fois les Chypriotes turcs et grecs sur l'île. La Turquie reconnaît la République Turque de Chypre Nord (RTCN). Jusqu'à ce qu'une solution durable et équitable soit trouvée dans le cadre des Nations Unies, la Turquie maintiendra sa position sur la « question chypriote ».
3. Note de tous les États de l'Union européenne membres de l'OCDE et del'Union européenne : La République de Chypre est reconnue par tous les membres des Nations Unies sauf la Turquie. Les informations figurant dans ce document concernent la zone sous le contrôle effectif du gouvernement de la République de Chypre.

Source : Statistiques de l'OCDE sur l'investissement direct international (base de données) : https://doi.org/10.1787/idi-data-fr

Tableau 2. Encours des investissements directs étrangers par pays
En fin d'année

Millions de dollars des ÉU

	Entrant					Sortant				
	2014	2015	2016	2017	2018	2014	2015	2016	2017	2018
TOTAL MONDE	**121 511.8**	**116 627.8**	**121 854.6**	**155 994.1**	**163 288.6**	**18 235.5**	**18 591.4**	**19 426.3**	**32 364.1**	**34 943.0**
Pays membres de l'OCDE	**114 217.1**	**109 917.7**	**113 133.7**	**145 348.9**	**153 045.4**	**14 355.7**	**14 588.6**	**14 557.3**	**22 431.2**	**26 639.3**
Australie	120.3	89.5	88.1	103.2	90.3	.. c	.. c	-	.. c	.. c
Autriche	13 166.6	11 904.1	11 581.3	13 659.9	13 826.0	37.6	37.6	41.1	72.7	53.7
Belgique	5 146.3	5 006.7	4 974.1	5 314.4	5 353.4	230.2	211.4	184.5	212.5	207.7
Canada	384.8	393.3	390.3	488.6	529.7	20.0	25.1	.. c	28.3	26.2
Chili	2.1	1.5	1.3	1.6	1.5	0.0	-	-0.2	.. c	.. c
République Tchèque	7 475.1	9 132.4	9 482.4	22 133.1	28 974.9	-	-	-	-	-
Danemark	665.7	717.6	869.2	927.5	854.4	5.9	0.3	5.8	8.6	-0.8
Estonie	-	-	.. c	3.3	5.3	0.3	0.8	0.7	2.6	0.2
Finlande	326.8	266.8	356.8	489.6	463.5	0.0	.. c	5.0	7.0	8.0
France	8 276.9	8 957.7	10 620.3	12 579.8	12 299.3	153.5	202.5	233.8	286.8	233.6
Allemagne	30 319.8	27 595.1	26 097.5	31 225.7	32 791.0	1 293.9	1 004.1	492.8	857.5	567.5
Grèce	78.2	61.7	.. c	4.6	4.1	989.6	910.3	881.3	3.8	4.2
Hongrie	271.9	193.4	244.8	382.7	379.6	155.6	138.9	132.0	430.8	367.1
Islande	23.5	17.4	.. c	.. c	.. c	0.0	0.0	0.0	0.0	0.0
Irlande	68.7	289.4	576.9	586.5	380.0	757.5	873.2	511.2	188.8	90.6
Israël[1]	292.5	228.4	607.5	733.3	674.6	-	-	-	.. c	.. c
Italie	4 912.0	5 612.5	5 676.6	6 222.4	6 295.0	43.8	55.2	-37.2	119.7	114.2
Japon	2 211.1	2 676.8	2 519.3	3 284.3	3 382.3	.. c	0.0	.. c	.. c	0.1
Corée	1 611.4	2 056.6	2 294.0	3 174.2	2 899.5	.. c	.. c	.. c	.. c	.. c
Lettonie	.. c	.. c	15.2	25.3	22.7	6.5	8.3	8.3	26.5	16.3
Lituanie	.. c	.. c	.. c	2.8	2.7	-0.1	1.4	1.4	7.3	-1.6
Luxembourg	2 937.7	3 259.8	1 838.7	1 978.9	1 988.2	22.2	660.2	952.7	6 180.9	9 775.5
Mexique	.. c	.. c	293.2	.. c	.. c	9.6	11.0	4.6	7.0	7.1
Pays-Bas	6 628.7	6 399.4	8 392.4	10 505.4	11 036.0	6 242.3	6 349.8	6 581.6	9 636.3	8 613.9
Nouvelle-Zélande	.. c	.. c	-	-	-	-	-	-	-	-
Norvège	96.3	82.2	120.7	147.6	136.0	-	.. c	.. c	131.7	67.2
Pologne	1 679.5	1 693.4	2 038.8	3 869.4	3 884.7	317.5	368.2	645.1	794.8	1 208.6
Portugal	33.0	40.0	49.3	67.0	42.7	4.6	4.2	4.3	4.7	4.6
République slovaquie	3 615.1	3 051.2	2 766.9	1 986.1	2 099.6	3 346.4	3 131.3	3 085.1	2 888.4	2 763.3
Slovénie	63.0	42.2	34.9	34.6	26.7	83.6	-1.3	211.1	218.9	103.6
Espagne	3 365.7	1 016.5	1 102.0	1 325.8	1 306.9	24.4	30.7	28.6	48.6	72.4
Suède	1 208.5	1 037.4	946.2	1 307.3	1 316.2	19.4	19.1	22.4	29.8	19.2
Suisse	3 513.4	3 242.4	4 657.7	6 157.6	6 668.0	-0.3	44.7	1.0	-19.6	1 246.8
Turquie	1.6	2.4	.. c	2.6	2.5	233.1	109.6	44.1	83.3	42.8
Royaume-Uni	5 930.5	5 350.9	5 604.1	5 949.8	5 569.8	310.8	304.0	314.1	58.0	409.0
Etats-Unis	9 625.0	9 278.4	8 867.5	10 321.0	9 404.8	38.1	97.7	69.7	85.2	616.4
EUROPE	**105 298.1**	**99 618.3**	**.. c**	**133 052.4**	**141 636.4**	**17 623.5**	**18 043.6**	**.. c**	**31 190.6**	**.. c**
Bulgarie	11.2	9.2	10.4	9.0	10.1	568.8	438.7	482.7	742.0	678.6
Croatie	.. c	.. c	17.1	37.8	35.0	349.3	65.0	1.9	114.5	243.7
Chypre[2, 3]	4 122.2	3 338.1	4 096.8	4 424.5	4 431.4	1 069.8	1 539.2	1 923.5	5 890.9	3 582.6
Malte	313.2	363.7	363.1	440.8	447.3	30.4	13.5	42.8	53.6	.. c
Roumanie	13.6	2.7	3.8	3.3	4.0	366.5	670.4	1 039.0	1 211.2	1 392.1
Russie	715.8	656.5	799.6	955.7	711.1	194.5	162.4	192.7	272.5	369.5
Ukraine	52.6	62.8	89.6	117.0	93.3	32.0	-0.6	4.2	9.7	12.1
AFRIQUE	**91.1**	**.. c**	**43.2**	**.. c**	**54.2**	**.. c**	**.. c**	**.. c**	**.. c**	**138.0**
Afrique septentrionale	3.9	.. c	5.7	.. c	.. c	.. c	.. c	.. c	.. c	.. c
Algérie	-	-	-	-	-	-	-	-	-	-
Egypte	3.9	.. c	.. c	.. c	.. c	.. c	.. c	.. c	.. c	.. c
Libye	-	-	-	-	-	-	-	-	-	-
Maroc	-	-	-	-	-	-	-	-	-	-
Tunisie	-	-	.. c	-	-	0.2	0.9	0.8	-0.4	0.9
Autres pays africains	87.3	168.1	37.5	14.6	.. c	1.5	0.0	2.7	28.0	.. c
Nigéria	-	-	-	-	-	-	-	-0.3	-	-
Afrique du Sud	88.9	168.7	.. c	-	.. c	0.0	0.0	3.1	28.0	49.3
AMÉRIQUE	**.. c**	**.. c**	**.. c**	**12 143.3**	**11 234.8**	**115.1**	**165.2**	**.. c**	**180.6**	**688.6**
Amérique du Nord	10 009.8	9 671.7	9 257.8	10 809.7	9 934.5	58.1	122.8	.. c	113.5	642.6
Amérique du Nord	722.4	711.7	1 042.3	1 329.7	1 296.4	42.6	33.4	4.5	24.5	49.7
Bahamas	183.3	168.2	191.9	.. c	.. c	-	-	-	-	-
Bermudes	18.5	27.5	65.3	68.9	62.8	-	-	-	-	-
Îles Cayman	83.3	77.7	290.4	448.9	425.4	-	-	-	-	-
Costa Rica	-	-	-	.. c	.. c	-	1.5	-0.1	-	-
El Salvador	-	-	-	-	-	-	-	-	-	-
Guatemala	-	-	-	-	-	-	-	-	-	-
Honduras	-	-	-	-	-	-	-	-	-	-
Nicaragua	-	-	-	-	-	-	-	-	-	-
Panama	26.2	-7.0	-53.3	-65.1	-39.4	-	-	-	-	-
Îles Vierges, US	-	-	-	-	-	-	-	-	-	-
Amérique du Sud	.. c	.. c	.. c	4.0	3.9	14.5	9.0	9.7	42.6	-3.7
Argentine	-	-	-	-	-	.. c	.. c	.. c	.. c	.. c
Bolivie	-	-	-	-	-	-	-	-	-	-
Brésil	.. c	.. c	1.8	2.3	2.4	2.1	0.0	0.1	-0.3	-0.7
Colombie	-	-	-	-	-	-	-	0.4	-	0.4
Equateur	-	-	.. c	-	-	-	-	-	-	-
Paraguay	-	-	-	-	-	-	-	-	-	-
Pérou	-	-	-	-	-	-	-	0.0	-	0.1
Uruguay	-	-	-	-	-	-	-	-	-	-
Venezuela	-	-	-	-	-	-	-	-	-	-
ASIE	**5 104.0**	**6 124.1**	**7 656.0**	**10 526.7**	**10 132.6**	**.. c**	**240.3**	**.. c**	**858.8**	**.. c**

Tableau 2. Encours des investissements directs étrangers par pays *(suite)*

En fin d'année

Millions de dollars des ÉU

	Entrant					Sortant				
	2014	2015	2016	2017	2018	2014	2015	2016	2017	2018
Proche et Moyen Orient	346.8	283.3	.. c	.. c	.. c	.. c	88.1	.. c	713.9	678.9
Pays du Golfe	40.9	44.1	.. c	100.7	86.8	.. c	1.2	.. c	.. c	.. c
Koweït	.. c	.. c	6.9	6.3	5.7	-	-	-	-	-
Qatar	-	-	-	-	-	-	-	-	-	-
Arabie saoudite	.. c	.. c	7.2	.. c	.. c	.. c	-	-	-	-
Emirats Arabes Unis	33.7	38.1	66.2	81.4	66.2	0.9	1.2	.. c	1.3	1.2
Autres pays du Proche et Moyen Orient	305.8	239.2	632.3	.. c	.. c	171.2	86.9	186.9	.. c	.. c
Jordanie	1.3	1.2	-	1.5	1.4	-	-	-	-	-
Autres pays asiatiques	4 757.2	5 840.8	.. c	.. c	.. c	159.6	152.2	153.4	144.9	.. c
Chine	204.0	370.7	794.3	1 100.9	881.2	91.8	85.3	64.0	39.2	421.4
Hong Kong, Chine	-17.8	-17.6	191.7	244.8	231.1	.. c	.. c	5.2	5.2	6.0
Inde	168.2	190.9	97.1	91.6	86.5	45.5	48.7	68.7	80.7	184.9
Indonesie	-	-	-	-	-	-	-	0.2	-	-
République islamique d'Iran	-	-	-	-	-		-	-	-	-
Malaisie	.. c	.. c	.. c	.. c	.. c	-	-	-	-	-
Philippines	-	-	-	-	-	-	-	-	-	0.2
Singapour	.. c	.. c	392.7	824.7	990.6	.. c	.. c	.. c	.. c	.. c
Taipei Chinois	455.8	421.4	554.6	833.7	765.4	-	-	-	0.4	0.4
Thaïlande	1.3	.. c	-	-	-	0.0	0.0	0.0	-	.. c
Viet Nam	5.3	5.1	5.1	6.4	6.1	12.2	10.7	11.5	18.1	16.7
AUSTRALIE, OCÉANIE ET RÉGIONS POLAIRES	**.. c**	**.. c**	**95.9**	**.. c**	**.. c**	**.. c**	**.. c**	**-**	**.. c**	**.. c**
TOTAL MONDE non alloué et confidentiel	**.. d**	**.. d**	**.. d**	**.. d**	**.. d**	**.. d**	**.. d**	**.. d**	**.. d**	**.. d**
Union européenne (UE28)	**100 638.5**	**95 350.3**	**97 761.2**	**125 497.2**	**133 850.4**	**16 430.2**	**.. c**	**17 795.8**	**30 097.5**	**.. c**
Pays du G20 hors Union Européenne	**.. c**	**.. c**	**64 159.4**	**75 830.8**	**.. c**	**2 454.1**	**.. c**	**.. c**	**.. c**	**.. c**
Pays OCDE du G20	**.. c**	**.. c**	**.. c**	**.. c**	**.. c**	**2 119.0**	**1 809.1**	**1 142.0**	**1 525.0**	**2 012.4**
Pays non-OCDE du G20	**1 243.6**	**1 457.7**	**.. c**	**.. c**	**1 721.5**	**335.1**	**.. c**	**.. c**	**.. c**	**.. c**
Pays MENA	**46.1**	**47.3**	**94.9**	**108.6**	**94.5**	**111.6**	**.. c**	**86.2**	**67.5**	**90.2**
Pays ANASE	**90.3**	**112.6**	**.. c**	**.. c**	**.. c**	**.. c**	**.. c**	**.. c**	**.. c**	**-98.3**

- Néant ; .. Non disponible ; c Donnée confidentielle ; d Confidentialité Secondaire

Note : Les positions d'IDE entrants sont allouées selon le pays investisseur ultime. Voir les métadonnées détaillées sur : *http://stats.oecd.org/OECDStat_Metadata/ShowMetadata.ashx?Dataset=FDI_CTRY_IND_SUMM&lang=fr.*

1. Informations sur les données concernant Israël : *http://oe.cd/israel-disclaimer.*
2. Note de la Turquie : Les informations figurant dans ce document et faisant référence à « Chypre » concernent la partie méridionale de l'île. Il n'y a pas d'autorité unique représentant à la fois les Chypriotes turcs et grecs sur l'île. La Turquie reconnaît la République Turque de Chypre Nord (RTCN). Jusqu'à ce qu'une solution durable et équitable soit trouvée dans le cadre des Nations Unies, la Turquie maintiendra sa position sur la « question chypriote ».
3. Note de tous les États de l'Union européenne membres de l'OCDE et del'Union européenne : La République de Chypre est reconnue par tous les membres des Nations Unies sauf la Turquie. Les informations figurant dans ce document concernent la zone sous le contrôle effectif du gouvernement de la République de Chypre.

Source : Statistiques de l'OCDE sur l'investissement direct international (base de données) : https://doi.org/10.1787/idi-data-fr

Tableau 3. Revenus des investissements directs étrangers par pays

Millions de dollars des ÉU

	Entrant					Sortant				
	2014	2015	2016	2017	2018	2014	2015	2016	2017	2018
TOTAL MONDE	**16 098.5**	**14 473.5**	**15 343.8**	**19 127.2**	**19 052.2**	**1 588.9**	**1 860.9**	**2 014.9**	**4 665.4**	**2 974.8**
Pays membres de l'OCDE	**14 990.7**	**13 878.2**	**.. c**	**.. c**	**18 503.3**	**1 367.9**	**1 622.0**	**1 585.0**	**3 715.0**	**2 093.8**
Australie	2.1	1.6	2.6	2.9	4.9	-0.5	0.0	-	.. c	.. c
Autriche	2 236.1	1 945.5	1 982.7	2 029.7	2 217.7	1.4	-0.7	2.2	3.0	5.0
Belgique	1 062.8	977.6	1 003.2	804.4	1 436.6	2.4	3.6	2.8	3.3	4.1
Canada	-1.7	6.1	7.7	6.9	9.4	.. c	.. c	.. c	-2.2	14.6
Chili	-	-	-	-	-	-	-	0.1	-	.. c
République Tchèque	-	-	-	-	-	-	-	-	-	-
Danemark	89.4	88.7	99.5	92.0	115.9	0.9	0.1	0.7	1.0	1.3
Estonie	.. c	.. c	-1.3	1.9	2.4	0.1	0.3	-1.4	0.5	-0.8
Finlande	39.0	44.9	54.6	45.6	67.5	-	0.0	4.4	2.0	4.3
France	1 250.2	1 060.4	1 187.1	1 316.2	1 088.1	2.7	11.6	10.7	11.2	4.3
Allemagne	2 628.5	2 163.2	2 666.0	2 984.8	3 932.3	68.7	333.3	34.3	286.9	9.6
Grèce	.. c	.. c	-0.4	.. c	-0.1	-	-	-	0.1	0.4
Hongrie	59.8	-5.7	102.6	-5.1	58.7	4.2	7.9	-1.0	60.8	32.4
Islande	0.0	0.0	-	-	-	0.0	0.0	0.0	0.0	0.0
Irlande	51.0	29.7	0.7	-8.9	16.8	0.2	8.2	-1.3	2.0	3.1
Israël[1]	3.6	1.1	4.6	3.2	5.0	-	-	-	.. c	.. c
Italie	103.8	134.4	373.8	493.2	532.0	-8.2	8.4	-0.1	1.8	9.5
Japon	200.4	149.7	151.9	117.0	105.8	.. c	.. c	.. c	.. c	-0.2
Corée	478.7	300.3	413.9	351.8	411.6	-	-	-0.5	-0.6	-
Lettonie	.. c	.. c	3.4	4.6	5.6	4.0	4.8	1.3	13.3	7.1
Lituanie	-0.5	.. c	.. c	1.7	5.7	0.3	0.1	-0.2	-0.3	-0.1
Luxembourg	1 612.4	1 946.6	1 786.1	4 721.1	3 038.7	1.2	-17.8	3.9	1 342.0	384.4
Mexique	-0.9	.. c	-2.4	-3.4	-6.9	0.2	0.7	1.2	1.1	1.4
Pays-Bas	2 885.0	2 915.5	2 982.4	3 518.3	3 297.8	558.6	656.9	1 314.7	1 620.3	1 223.7
Nouvelle-Zélande	.. c	.. c	-	-	0.2	-	-	-	-	-
Norvège	7.1	15.1	30.3	20.9	35.1	-	-	1.9	.. c	6.1
Pologne	156.4	279.7	286.7	209.3	346.7	19.8	-70.6	-21.4	66.9	120.9
Portugal	2.2	0.6	-19.1	-13.4	-19.4	-	-	.. c	0.0	0.0
République slovaquie	372.7	396.8	300.5	325.8	391.7	707.9	670.8	213.5	221.5	259.1
Slovénie	8.5	5.4	11.3	8.3	8.9	7.6	13.4	16.5	20.4	21.6
Espagne	121.1	112.7	96.2	106.7	119.5	1.7	2.5	2.3	2.2	4.5
Suède	223.7	218.4	224.5	203.8	161.4	-0.4	.. c	.. c	-0.1	-2.0
Suisse	592.4	470.0	483.3	670.7	506.3	0.2	0.1	0.1	0.7	0.4
Turquie	0.6	1.3	.. c	1.1	1.6	-11.6	-28.8	-26.7	25.8	-39.9
Royaume-Uni	370.4	506.8	297.9	315.6	413.1	3.7	5.0	1.5	2.0	10.1
Etats-Unis	437.4	113.8	191.0	190.9	198.4	3.9	14.8	7.2	12.7	8.8
EUROPE	**15 014.7**	**13 966.3**	**.. c**	**18 552.8**	**18 288.9**	**1 537.1**	**.. c**	**1 928.8**	**4 637.3**	**2 786.6**
Bulgarie	.. c	-	-1.3	.. c	-0.6	-22.5	27.3	26.1	44.8	37.0
Croatie	-0.1	2.3	2.0	1.0	6.4	36.5	-0.2	-0.7	1.5	1.3
Chypre[2, 3]	1 138.2	664.6	572.2	710.2	490.6	288.2	267.4	307.4	683.2	425.2
Malte	9.8	-1.8	28.3	52.4	46.5	28.3	12.9	25.9	.. c	38.1
Roumanie	-0.4	-0.2	0.3	-0.4	9.2	-235.2	-106.9	-50.7	95.0	97.6
Russie	-7.9	-3.5	7.8	8.1	-27.6	6.4	-32.2	-10.7	44.7	70.9
Ukraine	-1.7	-2.3	-0.3	-0.3	6.6	0.3	-3.2	1.2	1.1	2.7
AFRIQUE	**.. c**	**.. c**	**.. c**	**-3.8**	**.. c**	**.. c**	**.. c**	**.. c**	**.. c**	**.. c**
Afrique septentrionale	.. c	.. c	0.1	0.3	16.9	.. c	.. c	.. c	.. c	.. c
Algérie	-	-	-	-	-	-	-	-	-	-
Egypte	0.1	.. c	.. c	.. c	.. c	.. c	.. c	.. c	.. c	.. c
Libye	-	-	-	-	-	-	-	-	-	-
Maroc	-	-	-	.. c	.. c	-	-	-	-	-
Tunisie	.. c	0.0	.. c	-	.. c	0.0	0.0	0.0	0.0	0.1
Autres pays africains	-4.3	-3.3	.. c	-4.1	.. c	0.0	0.0	2.6	1.1	1.1
Nigéria	-	-	-	-	-	-	-	-0.2	-	-0.2
Afrique du Sud	-	-	-	-	-	0.0	0.0	2.6	1.2	1.3
AMÉRIQUE	**442.9**	**.. c**	**200.8**	**.. c**	**205.8**	**.. c**	**.. c**	**.. c**	**13.0**	**25.4**
Amérique du Nord	435.7	119.9	198.7	197.8	207.7	.. c	.. c	.. c	10.5	23.4
Amérique du Nord	7.2	-11.9	2.2	3.5	-2.0	12.9	2.7	1.1	1.4	1.3
Bahamas	.. c	2.1	11.1	8.0	9.8	-	-	-	-	-
Bermudes	.. c	1.6	0.6	0.7	0.6	-	-	-	-	-
Îles Cayman	2.2	0.6	1.4	1.1	1.4	-	-	-	-	-
Costa Rica	-	-	-	-	-	-	0.0	-0.1	-	-0.1
El Salvador	-	-	-	-	-	-	-	-	-	-
Guatemala	-	-	-	-	-	-	-	-	-	-
Honduras	-	-	-	-	-	-	-	-	-	-
Nicaragua	0.0	.. c	.. c	.. c	.. c	-	-	-	-	-
Panama	-3.7	-5.4	-8.2	1.1	-3.3	-	-	-	-	-
Îles Vierges, US	-	-	-	-	-	-	-	-	-	-
Amérique du Sud	0.0	.. c	0.0	.. c	0.1	0.1	-0.9	-1.0	1.2	0.7
Argentine	.. c	-	-	-	.. c	.. c	.. c	.. c	-	.. c
Bolivie	-	-	-	-	-	-	-	-	-	-
Brésil	.. c	.. c	.. c	.. c	.. c	-0.3	-1.3	-1.3	-0.9	-1.2
Colombie	-	-	-	-	-	-	-	0.2	-	0.2
Equateur	-	-	.. c	-	.. c	-	-	-	-	-
Paraguay	-	-	-	-	-	-	-	-	-	-
Pérou	-	-	-	-	-	-	-	0.3	-	0.2
Uruguay	-	-	-	-	-	-	-	-	-	-
Venezuela	-	-	-	-	-	-	-	-	-	-
ASIE	**644.2**	**401.9**	**.. c**	**.. c**	**537.9**	**23.4**	**-0.4**	**.. c**	**2.4**	**.. c**

Tableau 3. Revenus des investissements directs étrangers par pays *(suite)*

Millions de dollars des ÉU

	Entrant					Sortant				
	2014	2015	2016	2017	2018	2014	2015	2016	2017	2018
Proche et Moyen Orient	.. c	.. c	.. c	.. c	.. c	24.9	3.2	.. c	30.9	64.6
Pays du Golfe	17.3	.. c	2.1	.. c	.. c	-0.1	0.1	.. c	.. c	.. c
Koweït	-	-	-	-	-	-	-	-	-	-
Qatar	-	-	-	-	-	-	-	-	-	-
Arabie saoudite	-	-	.. c	-	0.2	-	-	-	-	-
Emirats Arabes Unis	-0.1	0.6	2.1	-0.9	2.9	-0.1	0.1	.. c	0.0	0.0
Autres pays du Proche et Moyen Orient	.. c	1.1	.. c	4.7	5.5	25.0	3.1	66.5	.. c	.. c
Jordanie	-	-	-	-	-	-	-	-	-	-
Autres pays asiatiques	.. c	.. c	572.8	370.7	.. c	-1.5	-3.6	-11.9	-28.5	.. c
Chine	-7.6	-4.4	-17.9	-111.8	-37.7	-2.2	-6.7	-11.9	-31.7	23.9
Hong Kong, Chine	-64.4	-53.9	3.9	5.8	8.3	.. c	.. c	.. c	.. c	0.1
Inde	0.4	-14.5	1.0	-0.8	3.7	1.7	3.6	1.2	4.1	10.0
Indonesie	-	-	-	-	-	-	-	-0.4	-	-0.3
République islamique d'Iran	-	-	-	-	-	-	-	-	-	-
Malaisie	.. c	.. c	.. c	.. c	1.2	-	-	-	-	-
Philippines	.. c	.. c	.. c	.. c	.. c	-	-	-	-	-
Singapour	13.5	13.9	9.6	2.6	11.2	.. c	.. c	.. c	.. c	.. c
Taipei Chinois	-0.3	8.4	9.1	3.7	22.4	-	-	-	-0.2	-0.1
Thaïlande	0.4	-	0.8	1.0	1.8	-	-	0.1	-	0.1
Viet Nam	-	-	-	-	-	-0.4	-	-	0.3	0.9
AUSTRALIE, OCÉANIE ET RÉGIONS POLAIRES	**.. c**	**.. c**	**.. c**	**2.5**	**.. c**	**-0.5**	**0.0**	**-**	**.. c**	**.. c**
TOTAL MONDE non alloué et confidentiel	**.. d**	**.. d**	**.. d**	**.. d**	**.. d**	**.. d**	**- d**	**.. d**	**- d**	**.. d**
Union européenne (UE28)	**14 418.9**	**13 485.3**	**.. c**	**17 918.9**	**17 789.7**	**1 472.1**	**.. c**	**1 891.9**	**.. c**	**2 701.4**
Pays du G20 hors Union Européenne	**5 454.4**	**4 414.1**	**.. c**	**.. c**	**6 629.0**	**.. c**	**.. c**	**.. c**	**356.1**	**122.6**
Pays OCDE du G20	**5 469.6**	**.. c**	**.. c**	**5 776.9**	**6 690.3**	**62.1**	**347.0**	**45.2**	**338.7**	**.. c**
Pays non-OCDE du G20	**-15.2**	**.. c**	**-9.1**	**.. c**	**-61.3**	**.. c**	**.. c**	**.. c**	**17.4**	**.. c**
Pays MENA	**.. c**	**0.1**	**2.2**	**-0.7**	**20.0**	**.. c**	**.. c**	**3.6**	**11.5**	**63.4**
Pays ANASE	**14.6**	**14.6**	**11.5**	**4.5**	**.. c**	**.. c**	**.. c**	**.. c**	**.. c**	**.. c**

- Néant ; .. Non disponible ; c Donnée confidentielle ; d Confidentialité Secondaire

Note : Voir les métadonnées détaillées sur : *http://stats.oecd.org/OECDStat_Metadata/ShowMetadata.ashx?Dataset=FDI_CTRY_IND_SUMM&lang=fr.*

1. Informations sur les données concernant Israël : *http://oe.cd/israel-disclaimer.*
2. Note de la Turquie : Les informations figurant dans ce document et faisant référence à « Chypre » concernent la partie méridionale de l'île. Il n'y a pas d'autorité unique représentant à la fois les Chypriotes turcs et grecs sur l'île. La Turquie reconnaît la République Turque de Chypre Nord (RTCN). Jusqu'à ce qu'une solution durable et équitable soit trouvée dans le cadre des Nations Unies, la Turquie maintiendra sa position sur la « question chypriote ».
3. Note de tous les États de l'Union européenne membres de l'OCDE et del'Union européenne : La République de Chypre est reconnue par tous les membres des Nations Unies sauf la Turquie. Les informations figurant dans ce document concernent la zone sous le contrôle effectif du gouvernement de la République de Chypre.

Source : Statistiques de l'OCDE sur l'investissement direct international (base de données) : https://doi.org/10.1787/idi-data-fr

RÉPUBLIQUE TCHÈQUE

Tableau 4. Investissement direct étranger : flux par secteur industriel

Millions de dollars des ÉU

	Entrant					Sortant				
	2014	2015	2016	2017	2018	2014	2015	2016	2017	2018
All FDI activities	**5 491.9**	**465.2**	**9 814.5**	**9 517.9**	**9 478.9**	**1 619.5**	**2 488.1**	**2 181.7**	**7 557.0**	**5 277.3**
Agriculture, sylviculture et pêche	**15.6**	**.. c**	**26.6**	**-19.1**	**5.7**	**.. c**	**.. c**	**10.7**	**0.5**	**.. c**
Industries extractives	**.. c**	**.. c**	**.. c**	**.. c**	**-41.2**	**3.2**	**-0.4**	**4.9**	**1.6**	**-0.4**
Activités d'extraction	.. c	-50.6	3.9	12.9	2.1	-	-	-	-	-
Activités de fabrication	**2 569.3**	**2 006.8**	**2 310.9**	**1 595.5**	**1 547.3**	**574.8**	**-344.8**	**260.1**	**444.3**	**548.8**
dont :										
Produits alimentaires, boissons et tabac	.. c	.. c	393.5	-5.3	.. c	.. c	.. c	.. c	.. c	-8.7
Textiles, bois, papier, imprimerie	318.1	.. c	308.2	.. c	127.0	15.1	-0.5	-29.0	29.0	.. c
Produits pétroliers, chimiques, pharmaceutiques, caoutchouc, plastique, minéraux	.. c	518.6	305.0	355.0	.. c	47.1	.. c	.. c	177.5	.. c
Ouvrages en métaux et machines, sauf matériels électriques	.. c	756.0	284.7	210.8	.. c	.. c	.. c	.. c	-38.1	-59.3
Automobiles, remorques, semi-remorques, autres matériels de transport	1 042.5	326.3	732.7	.. c	-160.9	8.2	-42.4	.. c	.. c	535.7
Autres activités de fabrication	.. c	137.9	.. c	.. c	479.7	102.9	.. c	.. c	302.7	-48.3
Production et distribution d'électricité, de gaz, de vapeur et de climatisation	**-1 006.1**	**78.4**	**540.2**	**309.5**	**1 747.4**	**-346.9**	**-373.8**	**.. c**	**.. c**	**.. c**
Distribution de l'eau ; assainissement, traitement des déchets et dépollution	**-108.0**	**.. c**	**.. c**	**.. c**	**-42.3**	**-0.6**	**0.0**	**0.2**	**-0.2**	**-**
Construction	**335.8**	**.. c**	**.. c**	**450.2**	**-100.6**	**-21.6**	**262.4**	**543.9**	**233.9**	**10.5**
Services	**4 789.3**	**-325.6**	**6 869.8**	**6 917.1**	**6 424.0**	**1 410.6**	**2 915.4**	**1 071.5**	**6 954.9**	**3 911.7**
Commerce de gros et de détail ; réparations automobiles et motocycles	.. c	-376.7	419.1	.. c	.. c	.. c	-31.1	38.3	.. c	579.4
Transport et entreposage	.. c	46.1	-240.2	.. c	183.3	29.4	-409.7	.. c	80.6	297.4
Activités d'hébergement et de restauration	20.8	177.3	.. c	.. c	.. c	-	-1.3	3.2	-0.3	.. c
Information et communication	57.1	-1 897.8	.. c	.. c	-104.8	50.6	.. c	-955.5	398.0	400.5
Activités financières et d'assurances	.. c	1 390.9	2 068.7	.. c	.. c	1 333.7	.. c	.. c	5 931.1	.. c
Activités des sociétés holding	-19.6	622.0	.. c	.. c	2 226.5	1 152.4	3 960.6	1 780.9	.. c	.. c
Activités immobilières	.. c	.. c	.. c	1 507.2	1 460.1	-81.7	225.7	-48.4	131.3	61.0
Activités professionnelles, scientifiques et techniques	2 733.2	133.7	1 011.5	.. c	.. c	.. c	-711.8	-0.8	341.3	.. c
Activités de services administratifs et d'appui	.. c	.. c	.. c	267.4	116.9	2.1	49.6	-13.5	.. c	.. c
Administration publique; activités des ménages et des organismes extra-territoriaux	-	-	-	-	-	-	-	-	-	-
Éducation	.. c	.. c	-3.1	2.0	-1.7	-	-	-	-	-
Santé humaine et action sociale	42.6	-7.5	9.1	.. c	40.5	-0.2	0.3	-	-	0.1
Arts, spectacles et loisirs	-7.5	96.6	-0.1	33.3	7.8	8.8	2.8	0.1	5.1	9.2
Autres services	.. c	.. c	.. c	.. c	12.4	15.1	8.7	-4.3	.. c	.. c
Not allocated and confidential	**9.8**	**.. c**	**.. c**	**.. c**	**.. c**	**0.0**	**.. c**	**.. c**	**.. c**	**.. c**
Activités immobilières privées	**-210.2**	**-245.3**	**299.0**	**139.9**	**-64.9**	**-**	**6.4**	**-3.3**	**27.3**	**-2.5**

- Néant ; c Donnée confidentielle

Note : Voir les métadonnées détaillées sur : *http://stats.oecd.org/OECDStat_Metadata/ShowMetadata.ashx?Dataset=FDI_CTRY_IND_SUMM&lang=fr.*

Source : Statistiques de l'OCDE sur l'investissement direct international (base de données) : https://doi.org/10.1787/idi-data-fr

RÉPUBLIQUE TCHÈQUE

Tableau 5. Encours des investissement directs étrangers par secteur industriel

En fin d'année

Millions de dollars des ÉU

	Entrant					Sortant				
	2014	2015	2016	2017	2018	2014	2015	2016	2017	2018
All FDI activities	**121 511.8**	**116 627.8**	**121 854.6**	**155 994.1**	**163 288.6**	**18 235.5**	**18 591.4**	**19 426.3**	**32 364.1**	**34 943.0**
Agriculture, sylviculture et pêche	**256.1**	**.. c**	**319.4**	**.. c**	**413.9**	**.. c**	**53.9**	**61.7**	**69.8**	**38.5**
Industries extractives	**1 442.8**	**.. c**	**.. c**	**672.9**	**641.6**	**4.6**	**7.4**	**14.9**	**14.7**	**24.5**
Activités d'extraction	367.8	283.6	265.4	353.7	343.1	-	-	-	-	-
Activités de fabrication	**40 624.2**	**38 352.3**	**38 458.9**	**45 505.7**	**46 528.2**	**2 065.2**	**1 450.5**	**1 581.3**	**2 421.3**	**2 636.4**
dont :										
Produits alimentaires, boissons et tabac	.. c	4 122.0	.. c	5 032.5	.. c	.. c	214.8	.. c	.. c	276.9
Textiles, bois, papier, imprimerie	2 446.4	2 388.4	2 689.1	3 237.8	3 158.5	.. c	126.8	98.2	200.9	.. c
Produits pétroliers, chimiques, pharmaceutiques, caoutchouc, plastique, minéraux	5 104.8	5 343.1	5 724.8	.. c	6 358.4	716.3	.. c	.. c	955.0	.. c
Ouvrages en métaux et machines, sauf matériels électriques	9 640.3	9 665.7	.. c	11 892.9	.. c	.. c	.. c	.. c	276.6	259.5
Automobiles, remorques, semi-remorques, autres matériels de transport	12 897.0	10 312.9	9 627.7	.. c	12 830.2	.. c	.. c	.. c	.. c	.. c
Autres activités de fabrication	6 981.3	.. c	6 469.6	7 976.8	7 989.8	.. c	.. c	85.8	.. c	217.6
Production et distribution d'électricité, de gaz, de vapeur et de climatisation	**.. c**	**3 560.7**	**3 859.4**	**4 747.7**	**4 999.2**	**1 137.1**	**.. c**	**.. c**	**779.2**	**1 236.6**
Distribution de l'eau ; assainissement, traitement des déchets et dépollution	**799.3**	**.. c**	**935.9**	**.. c**	**.. c**	**0.7**	**0.8**	**1.9**	**2.1**	**1.7**
Construction	**.. c**	**.. c**	**1 733.0**	**2 551.9**	**.. c**	**.. c**	**409.4**	**832.5**	**1 382.4**	**1 328.9**
Services	**69 800.9**	**69 047.3**	**73 030.0**	**97 525.3**	**104 056.6**	**.. c**	**15 219.9**	**15 146.9**	**26 560.5**	**28 795.8**
Commerce de gros et de détail ; réparations automobiles et motocycles	13 028.3	.. c	.. c	13 789.2	14 989.0	844.8	629.4	.. c	867.6	.. c
Transport et entreposage	2 033.4	1 927.3	.. c	.. c	.. c	861.9	.. c	.. c	275.1	253.9
Activités d'hébergement et de restauration	437.0	.. c	.. c	.. c	.. c	29.7	-28.5	-22.8	32.4	.. c
Information et communication	6 078.4	.. c	7 109.2	8 686.1	.. c	223.1	197.7	.. c	-626.9	-517.4
Activités financières et d'assurances	30 819.7	31 828.9	32 849.8	.. c	.. c	.. c	.. c	14 545.4	.. c	26 903.2
Activités des sociétés holding	5 352.3	5 896.9	7 123.5	15 236.4	17 272.0	9 077.6	12 095.1	12 799.5	.. c	.. c
Activités immobilières	.. c	.. c	.. c	.. c	16 458.5	-199.3	0.2	-41.1	141.1	.. c
Activités professionnelles, scientifiques et techniques	6 737.1	5 927.4	6 730.1	.. c	12 572.3	1 454.8	312.4	478.6	.. c	854.2
Activités de services administratifs et d'appui	1 325.8	1 363.1	1 211.0	1 838.4	1 566.7	-26.7	16.2	-6.9	.. c	8.7
Administration publique; activités des ménages et des organismes extra-territoriaux	-	-	-	-	-	-	-	-	-	-
Éducation	.. c	21.0	33.0	42.9	39.6	-	-	-	-	-
Santé humaine et action sociale	.. c	.. c	217.6	.. c	267.3	-	-	-	-	-
Arts, spectacles et loisirs	.. c	.. c	76.7	.. c	.. c	70.9	74.6	70.4	83.7	.. c
Autres services	203.9	.. c	.. c	.. c	.. c	34.0	35.8	30.6	.. c	.. c
Not allocated and confidential	**0.2**	**.. c**	**.. c**	**.. c**	**.. c**	**97.0**	**.. c**	**.. c**	**651.9**	**423.9**
Activités immobilières privées	**3 051.1**	**2 563.5**	**2 822.1**	**3 618.3**	**3 517.1**	**449.4**	**413.4**	**400.2**	**481.9**	**456.7**

- Néant ; c Donnée confidentielle

Note : Voir les métadonnées détaillées sur : *http://stats.oecd.org/OECDStat_Metadata/ShowMetadata.ashx?Dataset=FDI_CTRY_IND_SUMM&lang=fr.*

Source : Statistiques de l'OCDE sur l'investissement direct international (base de données) : https://doi.org/10.1787/idi-data-fr

Tableau 6. Revenus des investissements directs étrangers par secteur industriel

Millions de dollars des ÉU

	Entrant					Sortant				
	2014	2015	2016	2017	2018	2014	2015	2016	2017	2018
All FDI activities	**16 098.5**	**14 473.5**	**15 343.8**	**19 127.2**	**19 052.2**	**1 588.9**	**1 860.9**	**2 014.9**	**4 665.4**	**2 974.8**
Agriculture, sylviculture et pêche	**.. c**	**4.6**	**8.5**	**.. c**	**6.1**	**.. c**	**-**	**2.9**	**2.1**	**.. c**
Industries extractives	**.. c**	**-156.3**	**-171.3**	**.. c**	**-4.3**	**3.3**	**.. c**	**0.5**	**0.7**	**-0.3**
Activités d'extraction	87.3	37.1	.. c	1.7	2.9	-	-	-	-	-
Activités de fabrication	**7 441.1**	**7 005.8**	**7 025.9**	**6 923.6**	**6 013.1**	**153.1**	**37.4**	**140.8**	**170.5**	**298.9**
dont :										
Produits alimentaires, boissons et tabac	420.6	495.4	.. c	.. c	354.8	39.8	.. c	.. c	.. c	.. c
Textiles, bois, papier, imprimerie	342.9	347.9	461.7	433.5	482.7	.. c	2.5	5.8	29.2	66.3
Produits pétroliers, chimiques, pharmaceutiques, caoutchouc, plastique, minéraux	1 459.4	1 320.2	1 536.9	1 263.4	1 175.6	.. c	.. c	.. c	50.7	29.5
Ouvrages en métaux et machines, sauf matériels électriques	.. c	1 087.4	942.3	1 096.2	.. c	.. c	5.1	31.4	.. c	.. c
Automobiles, remorques, semi-remorques, autres matériels de transport	2 447.7	2 712.9	2 484.4	2 612.8	1 728.4	.. c	-21.8	.. c	.. c	.. c
Autres activités de fabrication	1 223.4	.. c	1 075.4	.. c	1 092.2	31.2	51.3	.. c	10.1	.. c
Production et distribution d'électricité, de gaz, de vapeur et de climatisation	**.. c**	**.. c**	**641.1**	**510.0**	**819.3**	**-312.6**	**31.6**	**.. c**	**48.4**	**.. c**
Distribution de l'eau ; assainissement, traitement des déchets et dépollution	**.. c**	**.. c**	**137.3**	**161.9**	**172.1**	**0.0**	**-**	**0.7**	**0.9**	**1.0**
Construction	**121.9**	**.. c**	**191.8**	**.. c**	**179.0**	**17.6**	**.. c**	**-23.1**	**92.0**	**-9.1**
Services	**8 357.6**	**7 291.6**	**7 506.3**	**11 054.3**	**11 863.0**	**1 727.6**	**.. c**	**1 671.5**	**4 342.0**	**2 699.2**
Commerce de gros et de détail ; réparations automobiles et motocycles	1 151.1	.. c	1 709.0	.. c	2 122.5	.. c	141.6	-10.8	.. c	-38.8
Transport et entreposage	188.0	193.3	278.7	.. c	340.6	.. c	.. c	.. c	.. c	29.7
Activités d'hébergement et de restauration	12.1	98.5	.. c	.. c	60.1	-	-	0.8	0.6	.. c
Information et communication	690.5	683.5	879.5	944.8	984.3	37.9	114.1	.. c	61.1	52.9
Activités financières et d'assurances	.. c	.. c	.. c	6 428.6	5 480.3	1 604.5	1 520.2	1 402.7	.. c	.. c
Activités des sociétés holding	1 618.9	739.1	.. c	3 350.4	1 784.7	1 597.8	1 502.9	1 349.1	.. c	.. c
Activités immobilières	.. c	338.6	.. c	.. c	1 668.1	-2.6	0.2	28.4	.. c	-2.7
Activités professionnelles, scientifiques et techniques	.. c	824.1	332.4	757.9	.. c	.. c	13.3	63.4	.. c	.. c
Activités de services administratifs et d'appui	115.4	.. c	97.8	139.9	118.5	0.4	-0.1	27.5	.. c	.. c
Administration publique; activités des ménages et des organismes extra-territoriaux	-	-	-	-	-	-	-	-	-	-
Éducation	.. c	.. c	2.1	4.5	-2.5	-	-	-	-	-
Santé humaine et action sociale	.. c	-30.6	21.8	.. c	26.3	-0.1	0.5	-	-	0.1
Arts, spectacles et loisirs	-3.4	5.5	29.3	.. c	17.7	1.2	2.0	15.7	20.5	18.9
Autres services	1.0	10.9	.. c	.. c	.. c	-1.4	-	0.7	3.8	.. c
Not allocated and confidential	**-3.7**	**.. c**	**4.3**	**.. c**	**3.5**	**0.0**	**.. c**	**.. c**	**8.7**	**.. c**
Activités immobilières privées	**-**	**-**	**-**	**-**	**0.5**	**-**	**-**	**-**	**-**	**-2.5**

- Néant ; c Donnée confidentielle

Note : Voir les métadonnées détaillées sur : *http://stats.oecd.org/OECDStat_Metadata/ShowMetadata.ashx?Dataset=FDI_CTRY_IND_SUMM&lang=fr*.

Source : Statistiques de l'OCDE sur l'investissement direct international (base de données) : https://doi.org/10.1787/idi-data-fr

DANEMARK

Tableau 1. Flux d'investissement direct étranger par pays

Millions de dollars des ÉU

	Entrant					Sortant				
	2014	2015	2016	2017	2018	2014	2015	2016	2017	2018
TOTAL MONDE	**4 677.1**	**2 995.2**	**235.0**	**3 749.3**	**2 405.8**	**8 248.2**	**8 707.7**	**10 111.9**	**9 519.8**	**1 136.8**
Pays membres de l'OCDE	**4 063.2**	**2 880.7**	**188.7**	**3 989.1**	**1 593.4**	**8 235.7**	**7 503.2**	**7 635.1**	**9 008.6**	**-1 862.0**
Australie	-21.7	2.1	-3.4	5.3	-7.3	-448.3	-60.2	-56.9	-58.0	-439.5
Autriche	11.0	16.2	0.1	-6.5	-12.5	-3.2	-35.4	.. d	-56.7	-45.0
Belgique	.. d	4.5	17.2	177.8	83.8	148.3	138.7	341.0	-218.7	-73.2
Canada	-8.9	1.6	-5.5	2.3	-4.8	104.1	46.2	89.0	145.3	120.4
Chili	2.5	0.7	-1.5	0.5	-1.7	46.1	-11.4	69.2	43.3	37.2
République Tchèque	8.0	4.8	-7.6	1.2	-5.4	74.0	171.9	5.8	30.0	-104.7
Danemark	-	-	-	-	-	-	-	-	-	-
Estonie	1.2	1.2	-28.2	.. d	-50.7	22.1	12.3	59.4	-169.3	-1.0
Finlande	.. d	.. d	.. d	.. d	469.8	1 698.8	518.9	-337.6	-2 854.4	-491.6
France	-277.8	302.4	-316.9	.. d	-1 987.8	147.0	397.0	340.5	322.2	326.3
Allemagne	-128.5	245.6	-280.8	96.2	298.3	509.7	2 630.8	746.9	5 267.8	-1 953.3
Grèce	41.8	0.9	-3.0	1.7	-3.6	35.4	-16.1	8.0	10.6	32.0
Hongrie	-90.6	11.7	87.1	55.9	-22.7	181.2	32.4	235.8	146.5	172.2
Islande	-1.1	3.0	-2.1	-17.6	-41.0	18.9	7.6	10.4	92.1	65.9
Irlande	-104.1	-465.5	38.8	-47.4	285.7	24.9	4.0	227.9	-34.7	-620.9
Israël[1]	0.5	0.3	-1.3	1.1	-2.5	8.7	59.0	-2.7	11.7	-5.4
Italie	28.5	57.7	22.4	154.0	-42.8	-149.9	-3.3	218.5	263.9	29.1
Japon	.. d	.. d	.. d	.. d	74.3	68.9	54.3	82.0	-119.2	140.8
Corée	4.1	1.9	-5.9	3.2	-7.1	-13.5	32.6	20.8	32.1	10.0
Lettonie	3.2	1.5	-2.4	24.1	-2.4	-4.4	13.2	-20.4	-54.2	20.1
Lituanie	3.9	1.9	-3.3	0.5	-3.5	-235.5	19.0	67.5	-57.0	41.0
Luxembourg	-1 273.4	940.6	-3 052.2	-3 942.3	-4 062.2	50.5	.. d	275.0	-57.4	.. d
Mexique	4.3	9.1	10.8	18.5	-4.3	-0.7	113.3	142.2	42.1	92.2
Pays-Bas	239.6	-1 532.8	-743.2	2 720.0	1 297.7	-33.3	330.4	732.8	165.9	-1 552.9
Nouvelle-Zélande	1.2	-0.7	-2.4	2.9	0.3	20.5	3.7	15.2	-2.7	7.4
Norvège	2 710.2	1 043.2	504.2	232.7	4 590.8	1 467.4	82.8	-136.4	759.8	-4 246.3
Pologne	19.9	9.7	-22.3	0.5	9.0	-60.5	187.2	493.1	-10.8	145.9
Portugal	2.3	1.2	-2.2	0.3	-2.4	-215.2	-49.1	18.4	23.6	255.8
République slovaquie	2.8	1.3	-1.3	-	-2.1	-9.6	42.5	-13.7	17.0	-10.1
Slovénie	1.2	0.4	-0.1	-0.8	-	-9.6	-	-2.1	-1.2	-4.1
Espagne	145.1	129.4	.. d	410.3	6.7	89.3	167.9	701.8	219.2	524.6
Suède	-235.8	1 686.7	-1 303.9	-817.5	1 769.1	1 047.2	474.3	-504.8	351.7	5 187.8
Suisse	1 693.3	-547.0	106.8	-332.5	-707.2	593.6	1 201.6	.. d	348.8	-245.7
Turquie	28.5	3.3	-6.7	1.5	-7.3	17.4	81.9	11.9	-17.4	54.6
Royaume-Uni	350.1	273.3	2 795.1	490.8	251.2	2 382.2	1 727.8	4 227.7	4 148.4	-1 305.9
Etats-Unis	-1 352.3	-69.3	1 175.9	80.3	-562.0	423.4	-793.9	286.4	221.8	1 771.1
EUROPE	**5 533.3**	**2 839.1**	**-728.3**	**3 580.5**	**2 299.4**	**7 874.2**	**8 275.8**	**6 730.0**	**9 490.6**	**-4 029.1**
Bulgarie	-	0.4	-0.9	0.2	-1.0	2.0	-14.4	-10.8	33.6	71.9
Croatie	-	-	-	-	-	-7.5	14.0	6.7	18.8	23.8
Chypre[2, 3]	1.2	-40.1	9.5	-29.7	10.1	57.7	-17.4	14.3	27.0	-18.4
Malte	23.7	-38.5	.. d	.. d	-3.6	-1.6	.. d	-	-	0.3
Roumanie	2.3	1.0	-2.1	0.9	-2.4	-18.2	12.3	2.5	311.7	-128.3
Russie	58.6	16.2	11.7	-75.6	0.3	7.5	-196.7	-239.8	287.0	293.0
Ukraine	1.6	0.6	-1.6	0.9	-1.9	2.1	4.3	18.1	30.6	15.8
AFRIQUE	**7.8**	**2.7**	**-4.2**	**4.4**	**-8.7**	**-318.6**	**197.3**	**17.4**	**-187.4**	**485.3**
Afrique septentrionale	2.5	0.7	-3.7	2.9	-4.8	-194.4	-77.3	101.2	-238.6	.. d
Algérie	1.1	0.1	-1.0	0.8	-1.3	.. d	-35.5	43.1	.. d	.. d
Egypte	0.7	0.3	-1.9	1.5	-2.5	2.1	-43.9	66.6	-104.2	17.7
Libye	-	-	-	-	-	-0.5	-	-	-	-
Maroc	0.7	0.3	-0.7	0.6	-1.0	-	2.2	-8.3	.. d	.. d
Tunisie	-	-	-	-	-	-	-0.3	-0.1	0.2	0.2
Autres pays africains	5.3	1.9	-0.4	1.5	-3.8	-124.4	274.5	-83.9	51.2	41.3
Nigéria	2.7	1.3	-1.2	-0.2	-1.1	-12.8	44.0	-4.5	-28.3	11.6
Afrique du Sud	0.9	0.4	-2.2	1.7	-2.9	22.2	13.7	43.2	197.2	-22.5
AMÉRIQUE	**-1 159.2**	**-37.5**	**1 162.9**	**117.1**	**-610.1**	**812.1**	**-142.7**	**1 863.8**	**448.5**	**1 956.8**
Amérique du Nord	-1 346.9	-40.1	1 162.1	97.1	-597.9	516.7	-744.2	323.0	372.0	1 854.8
Amérique du Nord	16.2	26.5	.. d	16.2	6.3	166.1	598.3	1 727.7	-98.6	-192.8
Bahamas	5.9	13.2	-13.8	-19.1	0.3	0.9	-0.3	-	-	-0.6
Bermudes	2.3	.. d	.. d	16.4	9.7	-38.3	-66.5	.. d	14.2	11.6
Îles Cayman	-	0.4	-0.1	0.2	0.2	31.0	.. d	-36.1	44.2	.. d
Costa Rica	-	-	-	-	-	3.9	.. d	.. d	.. d	.. d
El Salvador	-	-	-	-	-	-2.0	-	-	-	-
Guatemala	-	-	-	-	-	-	-0.9	0.7	-0.9	-0.5
Honduras	-	-	-	-	-	-6.4	-8.0	-5.6	10.6	0.2
Nicaragua	-	-	-	-	-	1.4	-1.9	-0.3	-0.9	-0.6
Panama	-	-	0.3	0.3	0.3	.. d	.. d	-57.1	2.9	33.4
Îles Vierges, US	-	-	-	-	-	-	-0.6	-	-0.2	-
Amérique du Sud	171.7	.. d	-8.5	.. d	-18.4	129.4	3.1	-187.1	175.1	294.6
Argentine	4.4	-21.6	-1.5	-0.2	-1.3	8.4	-54.7	-63.9	5.9	112.8
Bolivie	-	-	-	-	-	0.5	-	-0.1	-0.2	-1.0
Brésil	18.0	.. d	.. d	.. d	-13.3	166.9	59.5	-161.5	-34.2	124.2
Colombie	1.8	0.4	-0.7	0.6	-1.0	14.4	0.1	-8.5	1.5	1.0
Equateur	-	-	-	-	-	-0.5	0.3	-	.. d	5.7
Paraguay	-	-	-	-	-	-	-	-	-	-
Pérou	0.7	0.3	-0.1	-0.3	-	17.6	-	-12.9	0.9	19.0
Uruguay	.. d	0.3	-0.9	0.6	-1.1	37.6	-3.4	0.1	-9.2	8.2
Venezuela	-	-	-	-	-	.. d	12.8	-9.5	-0.6	-12.0
ASIE	**74.4**	**92.5**	**.. d**	**-97.7**	**598.6**	**268.2**	**390.6**	**1 684.5**	**-75.9**	**3 208.4**

Tableau 1. Flux d'investissement direct étranger par pays *(suite)*

Millions de dollars des ÉU

	Entrant					Sortant				
	2014	2015	2016	2017	2018	2014	2015	2016	2017	2018
Proche et Moyen Orient	5.3	4.5	-13.4	8.6	-16.8	-175.5	-84.3	31.2	-730.7	106.4
Pays du Golfe	4.3	3.9	-10.4	6.4	-12.0	-189.2	-135.9	34.9	-744.5	97.4
Koweït	-2.0	0.7	-0.4	-0.2	0.3	-1.2	0.6	1.6	2.4	3.0
Qatar	2.0	1.0	-0.9	-0.2	-0.8	.. d	.. d	19.3	.. d	11.6
Arabie saoudite	2.0	1.0	-4.9	3.6	-6.3	26.9	23.9	14.1	1.1	19.6
Emirats Arabes Unis	2.1	0.9	-3.3	2.4	-4.1	-46.5	0.6	16.9	-38.0	65.1
Autres pays du Proche et Moyen Orient	0.9	0.6	-3.1	2.3	-4.8	13.7	51.4	-3.7	13.9	9.0
Jordanie	-	0.1	-0.7	0.6	-1.0	-	1.2	1.5	-1.7	9.2
Autres pays asiatiques	69.1	88.0	.. d	-106.3	615.3	443.5	474.8	1 653.4	655.0	3 101.8
Chine	37.0	34.3	-29.9	2.3	-30.6	-282.8	79.1	347.7	56.7	47.7
Hong Kong, Chine	5.3	25.6	-6.1	-5.2	.. d	-16.0	-348.8	24.1	-30.1	61.0
Inde	5.0	2.2	-3.3	-0.2	-3.2	154.8	-25.9	93.5	-	339.9
Indonesie	14.2	0.7	-1.2	-	-1.1	0.9	21.7	-6.8	10.3	10.3
République islamique d'Iran	0.4	0.1	-1.3	1.1	-1.7	-2.1	4.5	55.7	28.2	4.0
Malaisie	8.9	4.6	-1.5	0.5	-1.7	31.5	24.8	72.7	47.6	67.3
Philippines	-8.4	0.1	-1.0	0.8	-1.3	2.0	20.2	-24.8	-0.8	-7.9
Singapour	-14.2	-18.1	.. d	25.3	-36.7	359.0	784.6	1 107.3	671.8	1 663.4
Taipei Chinois	2.8	1.3	-2.5	0.5	-2.7	2.5	4.9	9.8	15.1	106.6
Thaïlande	1.4	1.2	-16.9	-7.0	-10.3	71.7	-212.3	-121.4	-174.0	175.7
Viet Nam	4.4	1.2	-2.8	0.8	-3.0	-25.1	4.6	-17.2	8.9	2.2
AUSTRALIE, OCÉANIE ET RÉGIONS POLAIRES	**-20.6**	**1.3**	**-5.8**	**8.3**	**-7.0**	**-449.0**	**72.1**	**-192.5**	**-141.0**	**-466.8**
TOTAL MONDE non alloué et confidentiel	**241.3**	**97.1**	**.. d**	**136.6**	**133.7**	**61.2**	**-85.3**	**8.8**	**-15.0**	**-17.7**
Union européenne (UE28)	**1 031.9**	**2 327.4**	**-1 335.1**	**3 761.1**	**-1 723.6**	**5 721.6**	**6 615.5**	**7 848.5**	**7 843.6**	**724.3**
Pays du G20 hors Union Européenne	**.. d**	**.. d**	**.. d**	**.. d**	**-2 057.8**	**3 145.2**	**4 147.1**	**6 135.5**	**10 772.8**	**-229.2**
Pays OCDE du G20	**.. d**	**.. d**	**.. d**	**.. d**	**-1 999.5**	**3 040.4**	**4 226.5**	**6 109.1**	**10 248.9**	**-1 154.2**
Pays non-OCDE du G20	**139.9**	**.. d**	**.. d**	**.. d**	**-58.3**	**104.8**	**-79.4**	**26.4**	**523.9**	**925.0**
Pays MENA	**7.3**	**4.9**	**-15.6**	**10.6**	**-19.0**	**.. d**	**.. d**	**139.5**	**.. d**	**.. d**
Pays ANASE	**6.2**	**-10.3**	**-108.0**	**20.1**	**-54.2**	**539.1**	**671.5**	**1 028.6**	**683.8**	**2 404.1**

- Néant ; .. Non disponible ; d Confidentialité Secondaire

Note : Les données excluent les entités à vocation spéciales. Voir les métadonnées détaillées sur : *http://stats.oecd.org/OECDStat_Metadata/ShowMetadata.ashx?Dataset=FDI_CTRY_IND_SUMM&lang=fr.*

1. Informations sur les données concernant Israël : *http://oe.cd/israel-disclaimer.*
2. Note de la Turquie : Les informations figurant dans ce document et faisant référence à « Chypre » concernent la partie méridionale de l'île. Il n'y a pas d'autorité unique représentant à la fois les Chypriotes turcs et grecs sur l'île. La Turquie reconnaît la République Turque de Chypre Nord (RTCN). Jusqu'à ce qu'une solution durable et équitable soit trouvée dans le cadre des Nations Unies, la Turquie maintiendra sa position sur la « question chypriote ».
3. Note de tous les États de l'Union européenne membres de l'OCDE et del'Union européenne : La République de Chypre est reconnue par tous les membres des Nations Unies sauf la Turquie. Les informations figurant dans ce document concernent la zone sous le contrôle effectif du gouvernement de la République de Chypre.

Source : Statistiques de l'OCDE sur l'investissement direct international (base de données) : https://doi.org/10.1787/idi-data-fr

Tableau 2. Encours des investissements directs étrangers par pays
En fin d'année

Millions de dollars des ÉU

	Entrant					Sortant				
	2014	2015	2016	2017	2018	2014	2015	2016	2017	2018
TOTAL MONDE	**95 766.5**	**91 978.8**	**99 403.4**	**116 993.1**	**109 894.0**	**167 394.9**	**164 757.8**	**169 708.2**	**201 621.5**	**193 338.2**
Pays membres de l'OCDE	**91 109.9**	**86 914.3**	**93 622.7**	**110 717.0**	**103 395.4**	**132 211.1**	**131 524.2**	**134 466.7**	**165 941.7**	**160 055.2**
Australie	-84.0	14.5	9.2	12.2	3.4	1 910.0	2 095.9	2 000.3	2 050.7	1 480.4
Autriche	90.0	309.5	236.5	229.4	217.7	150.3	206.0	219.3	282.1	209.8
Belgique	783.3	756.4	822.1	1 219.3	1 217.3	644.6	1 095.6	974.1	700.9	778.9
Canada	303.2	139.5	30.1	67.3	58.9	1 597.7	1 314.1	1 095.6	1 115.1	1 246.3
Chili	-18.5	1.5	0.1	0.6	-0.8	348.0	319.6	346.5	403.4	278.2
République Tchèque	13.9	30.2	38.6	44.0	37.6	904.9	886.1	997.8	1 118.9	1 006.2
Danemark	-	-	-	-	-	-	-	-	-	-
Estonie	-11.1	5.6	-17.2	69.8	17.6	293.7	243.8	272.1	265.6	236.4
Finlande	3 830.8	3 484.3	4 690.6	2 562.9	7 947.8	6 921.0	6 473.1	6 248.4	3 447.3	3 188.2
France	3 082.8	3 969.0	3 805.2	7 332.0	5 745.9	6 216.2	5 901.3	6 111.3	7 428.5	7 420.3
Allemagne	4 781.1	4 670.1	5 145.8	6 338.9	6 182.2	11 822.3	14 553.4	15 171.4	25 401.8	23 132.3
Grèce	-31.7	-3.5	-7.5	-9.5	-12.4	232.8	234.1	219.6	235.4	223.3
Hongrie	-81.0	-60.0	5.5	102.1	75.6	628.8	649.8	852.4	1 172.6	1 237.7
Islande	82.3	62.5	66.9	50.7	8.6	826.8	951.1	871.6	1 102.3	1 372.8
Irlande	1 811.0	1 385.8	1 555.6	1 569.7	2 712.7	1 492.6	1 222.0	1 358.9	1 537.6	1 193.8
Israël[1]	37.2	21.5	28.1	28.8	25.0	53.4	105.7	114.1	136.4	123.0
Italie	229.5	465.6	483.2	736.8	627.5	1 146.6	1 091.7	1 352.8	1 708.0	1 587.9
Japon	.. d	.. d	.. d	.. d	.. d	862.4	896.0	992.7	911.9	1 067.7
Corée	12.9	-5.0	-9.8	16.6	9.1	304.2	362.2	268.4	325.1	316.7
Lettonie	6.5	11.0	9.9	.. d	8.1	299.1	354.3	279.6	309.5	317.8
Lituanie	5.4	12.2	15.5	.. d	.. d	568.2	545.5	577.6	639.2	649.6
Luxembourg	11 478.4	11 449.9	14 934.5	12 779.9	9 784.0	1 038.5	881.4	995.3	1 168.7	1 459.2
Mexique	101.9	.. d	.. d	.. d	-10.9	645.8	656.7	689.2	815.3	904.4
Pays-Bas	13 938.5	10 530.2	10 385.5	16 682.0	16 709.5	10 790.0	10 044.9	11 616.5	14 867.7	11 626.2
Nouvelle-Zélande	-4.1	-4.5	43.4	55.9	53.5	115.2	112.2	167.7	122.3	118.4
Norvège	9 219.5	9 623.4	10 008.9	12 306.2	12 263.6	7 340.3	6 304.7	6 282.0	9 589.5	7 644.7
Pologne	35.6	58.7	61.1	46.1	55.5	3 307.4	3 115.4	3 839.0	4 353.8	4 147.9
Portugal	9.1	6.6	15.9	7.4	5.2	313.7	238.8	350.5	492.8	480.1
République slovaquie	4.9	6.9	21.1	19.2	16.7	559.2	538.7	548.4	641.0	613.2
Slovénie	8.0	7.8	7.4	8.4	8.4	36.6	39.4	36.3	43.3	35.4
Espagne	1 527.6	1 618.4	1 149.0	1 712.7	1 873.5	2 998.0	3 043.5	3 605.7	4 322.4	5 070.7
Suède	24 920.8	22 250.1	20 240.3	23 697.8	18 666.3	27 216.3	27 177.3	25 608.3	29 445.7	31 327.1
Suisse	3 252.5	2 421.5	3 557.7	3 434.4	2 587.4	5 481.6	5 062.1	3 922.3	4 502.8	3 956.3
Turquie	5.2	13.8	9.5	11.0	4.4	532.4	546.3	525.5	575.6	556.8
Royaume-Uni	5 716.2	7 371.6	9 431.7	11 955.8	11 224.5	20 246.2	20 838.8	21 918.4	30 039.8	27 780.5
Etats-Unis	5 812.2	5 829.6	6 287.6	6 881.3	4 655.8	15 233.8	14 323.0	14 613.8	15 308.2	17 266.6
EUROPE	**86 142.5**	**81 616.0**	**88 774.2**	**104 830.9**	**99 696.0**	**114 352.1**	**114 538.5**	**117 257.5**	**149 335.8**	**139 838.9**
Bulgarie	-	1.5	0.7	1.0	0.2	113.7	96.9	84.1	126.9	187.0
Croatie	-0.2	-	-	-	-	158.3	147.9	162.5	248.1	253.1
Chypre[2, 3]	363.6	254.5	396.6	230.0	233.5	234.6	131.8	117.4	132.6	62.1
Malte	595.9	592.5	435.7	143.0	130.8	25.2	83.7	64.5	90.4	86.4
Roumanie	-2.6	1.0	7.7	1.3	-0.8	408.7	380.4	298.7	752.8	586.3
Russie	76.0	96.5	.. d	.. d	.. d	811.1	481.8	277.8	663.4	751.8
Ukraine	-2.8	-0.6	-0.4	-1.5	-3.1	159.0	151.5	192.5	199.6	212.1
AFRIQUE	**-11.8**	**-3.5**	**-6.8**	**58.3**	**47.2**	**2 085.8**	**1 725.8**	**1 851.0**	**1 751.2**	**1 993.7**
Afrique septentrionale	-10.8	-10.7	-9.6	-12.4	-16.7	1 101.9	1 032.4	1 087.2	773.9	1 119.9
Algérie	-0.5	-2.8	-3.8	-3.5	-4.6	.. d	.. d	.. d	.. d	.. d
Egypte	-5.4	-4.8	-3.1	-6.6	-8.7	391.9	348.0	369.5	173.3	184.8
Libye	0.5	-	-	-	-	-2.6	0.1	0.1	0.2	0.2
Maroc	-5.2	-3.1	-2.7	-2.6	-3.4	42.1	38.1	21.3	123.6	.. d
Tunisie	-	-	-	-	-	4.9	8.2	8.8	7.6	6.7
Autres pays africains	1.1	7.2	2.8	70.7	64.0	983.9	693.3	763.8	977.3	873.9
Nigéria	8.2	12.3	4.5	5.0	4.0	-7.2	37.8	45.2	12.9	19.5
Afrique du Sud	-6.7	-6.4	-4.8	-6.9	-9.4	344.9	297.4	348.4	624.5	517.5
AMÉRIQUE	**6 691.4**	**6 556.8**	**7 095.2**	**7 816.4**	**5 380.4**	**22 363.3**	**20 047.1**	**21 295.2**	**22 175.5**	**24 587.2**
Amérique du Nord	6 429.6	6 275.1	6 609.9	7 288.5	5 006.3	16 997.3	15 829.1	15 832.3	16 586.2	18 587.1
Amérique du Nord	297.5	263.4	478.3	520.3	383.5	2 553.3	2 235.0	3 699.5	3 768.4	4 287.7
Bahamas	.. d	.. d	.. d	.. d	.. d	50.2	16.4	9.5	9.5	9.4
Bermudes	.. d	.. d	86.2	131.0	141.3	.. d	.. d	85.8	107.0	114.9
Îles Cayman	29.1	.. d	-78.8	-82.5	-70.7	525.2	770.0	600.5	.. d	.. d
Costa Rica	-	-	-	-	-	27.6	124.7	.. d	.. d	.. d
El Salvador	-	-	-	-	-	2.1	2.1	1.1	1.1	1.1
Guatemala	-	-	-	-	-	1.1	0.3	0.7	-0.3	-1.2
Honduras	-	-	-	-	-	34.8	.. d	.. d	.. d	.. d
Nicaragua	-	-	-	-	-	18.3	13.3	14.5	15.0	13.5
Panama	6.5	4.7	.. d	.. d	.. d	.. d	54.6	-21.0	-28.4	3.8
Îles Vierges, US	-	-	-	-	-	2.5	1.9	-	1.5	1.4
Amérique du Sud	-35.4	18.3	7.1	7.9	-9.4	2 812.9	1 983.0	1 763.6	1 820.8	1 712.4
Argentine	.. d	.. d	.. d	.. d	.. d	634.8	175.0	116.3	147.1	150.3
Bolivie	-	-	-	-	-	1.5	1.5	1.4	1.8	-0.5
Brésil	-26.3	.. d	.. d	3.1	-9.7	1 623.6	1 284.6	1 048.4	912.7	976.8
Colombie	4.9	1.6	-2.8	-2.6	-3.4	54.2	55.2	78.7	96.3	92.3
Equateur	-	-	-	-	-	3.3	2.8	2.1	.. d	.. d
Paraguay	-	-	-	-	-	2.0	1.6	2.0	2.7	2.6
Pérou	3.8	3.4	3.3	3.4	3.4	88.2	84.8	73.3	75.2	92.8
Uruguay	-4.6	-2.9	-3.3	-2.9	-3.8	56.0	50.2	54.4	42.5	41.1
Venezuela	0.3	0.4	-	-	-	1.1	7.5	40.4	45.4	-11.7
ASIE	**776.3**	**1 739.7**	**1 402.8**	**1 695.8**	**2 316.5**	**25 589.2**	**25 262.1**	**26 292.0**	**25 266.8**	**24 412.7**

Tableau 2. Encours des investissements directs étrangers par pays (*suite*)

En fin d'année

Millions de dollars des ÉU

	Entrant					Sortant				
	2014	2015	2016	2017	2018	2014	2015	2016	2017	2018
Proche et Moyen Orient	26.6	12.9	24.8	48.2	29.5	1 322.1	1 245.4	1 371.8	785.6	902.8
Pays du Golfe	-7.2	-3.5	3.0	25.8	12.7	1 199.9	1 077.3	1 211.0	591.8	709.1
Koweït	7.5	7.8	6.5	7.2	7.2	9.1	9.4	10.9	9.5	11.7
Qatar	10.8	8.6	5.0	5.5	4.4	.. d	.. d	.. d	88.4	61.2
Arabie saoudite	-18.3	-12.7	-15.0	26.4	18.7	165.6	169.7	197.8	188.6	207.5
Emirats Arabes Unis	-4.4	-5.0	9.5	-10.3	-13.8	254.4	245.8	348.4	266.6	277.0
Autres pays du Proche et Moyen Orient	33.7	16.4	21.8	22.4	16.7	122.2	168.1	160.6	193.8	193.7
Jordanie	-	-2.1	-2.7	-2.4	-3.2	0.8	16.5	18.0	16.8	25.6
Autres pays asiatiques	749.7	1 726.8	1 378.0	1 647.5	2 286.9	24 267.2	24 016.7	24 920.2	24 481.2	23 509.7
Chine	174.6	179.2	310.5	312.8	134.5	3 783.9	4 154.5	4 362.4	4 229.9	3 957.1
Hong Kong, Chine	23.4	.. d	237.6	390.0	1 143.4	3 794.1	3 255.6	3 068.3	2 800.4	2 690.6
Inde	-8.3	22.0	61.7	15.0	12.0	769.6	744.5	820.8	810.6	942.0
Indonesie	0.5	5.1	3.8	4.2	3.2	142.6	143.2	142.9	119.2	109.5
République islamique d'Iran	-3.4	-2.8	-5.0	-4.7	-5.8	40.7	44.8	101.1	142.9	141.9
Malaisie	107.8	.. d	30.8	25.6	23.0	992.7	777.2	922.3	1 024.2	1 185.8
Philippines	-34.6	-2.6	-3.8	-3.4	-4.6	76.3	146.0	161.4	146.4	127.3
Singapour	196.2	101.2	100.8	189.6	139.7	12 140.4	12 458.9	13 205.5	13 170.3	12 152.3
Taipei Chinois	29.4	33.7	36.9	109.9	102.5	36.3	59.3	47.9	58.3	143.0
Thaïlande	-16.5	7.8	.. d	.. d	.. d	956.8	703.2	569.7	435.7	504.2
Viet Nam	2.3	4.1	1.1	1.5	-1.1	108.0	120.4	118.8	127.3	116.3
AUSTRALIE, OCÉANIE ET RÉGIONS POLAIRES	**-88.1**	**10.2**	**52.9**	**73.8**	**62.3**	**2 009.5**	**2 317.4**	**2 124.0**	**2 064.4**	**1 471.0**
TOTAL MONDE non alloué et confidentiel	**2 256.0**	**2 059.6**	**2 085.0**	**2 517.8**	**2 391.6**	**994.9**	**866.9**	**888.4**	**1 027.8**	**1 034.6**
Union européenne (UE28)	**73 106.2**	**69 184.9**	**73 871.1**	**87 660.5**	**83 502.3**	**98 767.6**	**100 215.4**	**103 881.6**	**130 972.8**	**124 897.4**
Pays du G20 hors Union Européenne	**.. d**	**.. d**	**.. d**	**.. d**	**.. d**	**68 793.6**	**70 030.0**	**72 054.1**	**93 376.1**	**90 372.4**
Pays OCDE du G20	**.. d**	**.. d**	**.. d**	**.. d**	**.. d**	**60 517.5**	**62 579.4**	**64 739.4**	**85 680.0**	**82 759.9**
Pays non-OCDE du G20	**.. d**	**.. d**	**.. d**	**.. d**	**.. d**	**8 275.7**	**7 450.7**	**7 314.7**	**7 696.1**	**7 612.5**
Pays MENA	**-21.4**	**-19.5**	**-12.8**	**6.8**	**-12.1**	**.. d**	**.. d**	**.. d**	**.. d**	**.. d**
Pays ANASE	**255.5**	**131.5**	**252.9**	**338.3**	**265.7**	**14 665.8**	**14 497.8**	**15 280.0**	**15 237.0**	**14 307.9**

- Néant ; .. Non disponible ; d Confidentialité Secondaire

Note : Les données excluent les entités à vocation spéciales. Voir les métadonnées détaillées sur : *http://stats.oecd.org/OECDStat_Metadata/ShowMetadata.ashx?Dataset=FDI_CTRY_IND_SUMM&lang=fr*.

1. Informations sur les données concernant Israël : *http://oe.cd/israel-disclaimer*.
2. Note de la Turquie : Les informations figurant dans ce document et faisant référence à « Chypre » concernent la partie méridionale de l'île. Il n'y a pas d'autorité unique représentant à la fois les Chypriotes turcs et grecs sur l'île. La Turquie reconnaît la République Turque de Chypre Nord (RTCN). Jusqu'à ce qu'une solution durable et équitable soit trouvée dans le cadre des Nations Unies, la Turquie maintiendra sa position sur la « question chypriote ».
3. Note de tous les États de l'Union européenne membres de l'OCDE et del'Union européenne : La République de Chypre est reconnue par tous les membres des Nations Unies sauf la Turquie. Les informations figurant dans ce document concernent la zone sous le contrôle effectif du gouvernement de la République de Chypre.

Source : Statistiques de l'OCDE sur l'investissement direct international (base de données) : https://doi.org/10.1787/idi-data-fr

DANEMARK

Tableau 3. Revenus des investissements directs étrangers par pays

Millions de dollars des ÉU

	Entrant					Sortant				
	2014	2015	2016	2017	2018	2014	2015	2016	2017	2018
TOTAL MONDE	**5 452.2**	**4 606.0**	**5 481.4**	**6 184.4**	**5 880.3**	**13 709.6**	**12 131.8**	**12 061.1**	**12 990.7**	**14 022.2**
Pays membres de l'OCDE	**5 407.3**	**4 450.7**	**5 340.7**	**6 054.4**	**5 759.2**	**10 223.2**	**10 213.1**	**9 531.7**	**10 906.6**	**11 282.3**
Australie	-6.6	3.3	3.3	3.0	2.2	138.6	97.4	104.1	28.3	75.2
Autriche	9.3	24.5	15.2	4.7	5.7	53.0	29.7	23.8	27.9	38.2
Belgique	19.0	25.1	36.5	55.0	70.5	142.7	62.2	69.8	112.4	102.6
Canada	-6.2	11.4	4.2	5.5	6.7	89.7	122.2	75.2	100.1	78.4
Chili	-2.7	-	-	-	-	62.3	47.6	79.6	24.2	25.3
République Tchèque	0.2	0.1	0.7	0.9	1.1	68.3	69.0	87.8	68.2	115.9
Danemark	-	-	-	-	-	-	-	-	-	-
Estonie	-0.7	-	0.1	0.2	0.2	73.1	15.5	39.4	61.5	56.4
Finlande	66.0	156.4	99.7	217.7	484.4	550.1	483.2	385.8	365.4	296.5
France	318.8	249.9	240.4	549.2	549.6	464.3	532.3	394.2	628.9	512.2
Allemagne	220.9	393.3	559.4	418.7	459.7	572.9	626.3	444.5	996.1	1 142.9
Grèce	-4.4		-	-	-	1.8	-10.9	23.6	18.3	24.2
Hongrie	-	-	-	-	-	51.3	58.9	76.8	129.2	112.5
Islande	11.0	4.5	4.2	3.5	2.9	13.7	9.5	12.2	19.7	23.6
Irlande	-37.4	68.5	168.3	166.0	88.9	166.8	99.2	83.6	272.8	187.7
Israël[1]	2.1	..	..	..	..	1.4	..	..	..	..
Italie	15.8	46.7	23.8	35.4	31.0	-40.4	81.3	77.1	133.8	157.8
Japon	.. d	.. d	-78.4	-105.0	-28.2	75.8	77.9	94.2	82.9	85.2
Corée	0.5	0.4	-	0.5	1.1	17.6	24.1	32.1	23.2	43.7
Lettonie	-	-	0.1	24.2	0.2	21.7	17.4	23.5	17.6	32.8
Lituanie	0.2	0.3	0.4	0.6	0.5	94.3	17.7	56.0	70.9	146.0
Luxembourg	325.5	256.0	497.3	414.6	239.6	95.0	48.2	94.6	61.2	85.4
Mexique	3.2	8.2	14.3	16.4	-	69.2	65.3	63.9	103.9	79.4
Pays-Bas	1 492.9	-313.0	282.6	453.8	465.0	230.8	104.2	383.6	391.6	368.9
Nouvelle-Zélande	-	-	-0.9	5.6	5.4	30.8	14.3	21.7	6.7	-2.1
Norvège	-24.6	608.9	573.6	858.3	977.6	871.4	646.2	588.6	745.7	674.0
Pologne	-1.1	14.9	-3.1	0.5	31.2	223.7	251.4	291.1	248.1	299.2
Portugal	0.4	0.3	0.6	2.1	0.2	33.1	30.9	21.7	45.0	50.1
République slovaquie	0.2	-	0.9	0.9	0.6	59.6	46.1	45.8	53.0	57.8
Slovénie	0.2	-	-	0.2	0.2	23.8	19.3	20.9	13.0	9.8
Espagne	168.9	157.9	61.2	306.9	194.8	69.1	217.4	-11.1	198.0	118.0
Suède	1 610.3	1 413.0	1 332.1	976.6	842.0	1 441.6	978.2	1 142.8	1 260.6	1 736.3
Suisse	132.4	206.5	232.4	285.1	138.4	2 354.5	2 776.6	2 341.2	2 120.0	1 815.3
Turquie	-2.3	-	0.1	0.2	0.2	49.5	88.3	43.5	19.5	50.2
Royaume-Uni	466.5	484.3	706.2	694.7	623.1	1 623.5	1 326.6	1 547.1	1 466.1	1 452.9
Etats-Unis	620.1	633.3	564.3	657.9	562.9	544.3	1 172.4	805.7	1 059.3	1 226.6
EUROPE	**4 807.9**	**3 836.8**	**4 986.8**	**5 540.0**	**5 279.6**	**9 465.7**	**8 819.7**	**8 579.7**	**9 872.0**	**10 157.8**
Bulgarie	-	-	-	-	-	1.8	5.8	2.8	4.8	7.8
Croatie	-	-	-	-	-	-0.7	21.6	21.1	25.0	26.9
Chypre[2, 3]	24.2	18.0	33.1	43.5	32.9	42.4	29.3	19.9	12.9	20.4
Malte	1.8	14.3	88.8	8.6	7.3	2.1	1.6	4.9	4.7	5.5
Roumanie	-	-	0.3	0.2	-	26.3	28.7	14.6	42.3	62.6
Russie	1.6	1.2	32.1	10.1	20.6	78.3	61.7	30.0	63.2	108.0
Ukraine	..	..	..	..	..	..	..	..	..	..
AFRIQUE	**0.4**	**-**	**0.6**	**1.2**	**4.3**	**341.2**	**146.0**	**112.3**	**269.3**	**296.8**
Afrique septentrionale	-	-	0.1	0.2	-	.. d	132.6	119.9	.. d	.. d
Algérie	..	..	..	..	..	..	..	..	..	..
Egypte	-	-	0.1	0.2	-	12.8	17.5	28.4	18.9	5.1
Libye	..	..	..	..	..	..	..	..	..	..
Maroc	-	-	-	-	-	0.5	1.5	0.1	3.6	4.6
Tunisie	..	..	..	..	..	..	..	..	..	..
Autres pays africains	0.4	-	0.4	1.1	4.3	-94.5	13.4	-7.4	100.4	83.0
Nigéria	-	-	-	-	-	0.9	1.3	5.8	8.5	0.3
Afrique du Sud	-	-	0.3	0.3	-	31.5	18.6	15.9	50.1	44.3
AMÉRIQUE	**634.8**	**692.2**	**602.6**	**692.8**	**589.7**	**997.6**	**1 437.7**	**1 050.1**	**1 456.1**	**1 563.3**
Amérique du Nord	639.8	658.7	576.5	669.1	570.5	637.9	1 301.0	872.7	1 167.3	1 283.6
Amérique du Nord	17.3	39.7	22.0	23.8	19.6	34.4	59.9	49.9	180.3	125.1
Bahamas	..	..	..	..	..	..	..	..	..	..
Bermudes	..	..	..	..	..	..	..	..	..	..
Îles Cayman	..	..	..	..	..	..	..	..	..	..
Costa Rica	..	..	..	..	..	..	..	..	..	..
El Salvador	..	..	..	..	..	..	..	..	..	..
Guatemala	..	..	..	..	..	..	..	..	..	..
Honduras	..	..	..	..	..	..	..	..	..	..
Nicaragua	..	..	..	..	..	..	..	..	..	..
Panama	..	..	..	..	..	..	..	..	..	..
Îles Vierges, US	..	..	..	..	..	..	..	..	..	..
Amérique du Sud	-22.2	-6.1	4.2	-	-0.5	325.3	76.7	127.3	108.6	154.6
Argentine	-2.0	-	-	-	-	124.1	-4.0	2.2	-17.7	48.2
Bolivie	..	..	..	..	..	..	..	..	..	..
Brésil	-11.2	-6.1	4.3	-0.2	-0.5	177.4	10.7	52.3	107.4	61.8
Colombie	..	..	..	..	..	..	..	..	..	..
Equateur	..	..	..	..	..	..	..	..	..	..
Paraguay	..	..	..	..	..	..	..	..	..	..
Pérou	..	..	..	..	..	..	..	..	..	..
Uruguay	-6.4	-	-	-	-	-2.0	-5.1	-8.2	-5.0	1.6
Venezuela	-	-	-	-	-	-58.0	-1.0	0.7	-0.2	-2.9
ASIE	**15.8**	**73.6**	**-111.0**	**-58.3**	**-1.3**	**2 733.7**	**1 614.5**	**2 191.6**	**1 354.2**	**1 937.1**

Tableau 3. Revenus des investissements directs étrangers par pays *(suite)*

Millions de dollars des ÉU

	Entrant					Sortant				
	2014	2015	2016	2017	2018	2014	2015	2016	2017	2018
Proche et Moyen Orient	2.3	1.8	2.5	3.9	3.3	.. d	282.4	208.9	32.0	65.4
Pays du Golfe	-	-	0.9	2.1	1.3	.. d	276.1	202.2	24.8	59.2
Koweït	..	..	..	..	..	..	..	..	..	..
Qatar	..	..	..	..	..	..	..	..	..	..
Arabie saoudite	..	..	..	..	..	..	..	..	..	..
Emirats Arabes Unis	..	..	..	..	..	..	..	..	..	..
Autres pays du Proche et Moyen Orient	2.1	1.8	1.8	2.0	2.1	8.7	6.2	6.7	7.1	6.0
Jordanie	..	..	..	..	..	..	..	..	..	..
Autres pays asiatiques	13.5	72.0	-113.5	-62.3	-4.6	2 013.1	1 332.1	1 982.8	1 322.4	1 871.7
Chine	2.0	17.1	4.2	3.9	3.0	427.3	350.3	538.7	401.6	576.7
Hong Kong, Chine	3.0	26.8	3.6	5.3	27.9	175.5	147.2	239.3	67.7	154.9
Inde	2.8	0.7	1.0	2.4	0.3	87.6	45.6	44.6	28.9	72.7
Indonesie	-2.1	-	-	-	-	33.3	21.9	11.3	24.7	29.0
République islamique d'Iran	..	..	..	..	..	..	..	..	..	..
Malaisie	28.5	43.0	1.5	1.2	1.4	81.0	69.7	104.3	88.0	100.6
Philippines	-1.6	-	-	-	-	4.1	7.1	1.2	5.8	1.0
Singapour	-29.4	-12.8	-51.1	19.4	-15.5	588.9	432.7	610.5	283.3	488.0
Taipei Chinois	1.6	1.8	1.9	6.5	8.2	6.8	10.7	-6.2	2.7	37.7
Thaïlande	-1.8	-	3.9	3.5	-3.0	.. d	37.9	205.6	143.7	144.3
Viet Nam	..	..	..	..	..	..	..	..	..	..
AUSTRALIE, OCÉANIE ET RÉGIONS POLAIRES	**-6.8**	**3.3**	**2.4**	**8.8**	**8.1**	**169.6**	**111.8**	**126.1**	**35.7**	**73.7**
TOTAL MONDE non alloué et confidentiel	**-**	**0.1**	**-**	**-0.2**	**-0.2**	**1.8**	**2.1**	**1.3**	**3.3**	**-6.5**
Union européenne (UE28)	**4 697.0**	**3 011.0**	**4 144.8**	**4 374.7**	**4 128.8**	**6 092.5**	**5 190.6**	**5 385.7**	**6 728.9**	**7 226.7**
Pays du G20 hors Union Européenne	**.. d**	**.. d**	**..**	**..**	**..**	**..**	**..**	**..**	**..**	**..**
Pays OCDE du G20	**.. d**	**.. d**	**2 037.4**	**2 276.3**	**2 208.3**	**3 605.1**	**4 214.2**	**3 681.6**	**4 642.1**	**4 904.6**
Pays non-OCDE du G20	**..**	**..**	**..**	**..**	**..**	**..**	**..**	**..**	**..**	**..**
Pays MENA	**..**	**..**	**..**	**..**	**..**	**.. d**	**..**	**..**	**..**	**..**
Pays ANASE	**-6.4**	**30.2**	**-45.8**	**24.2**	**-17.1**	**1 189.2**	**648.7**	**1 034.8**	**693.6**	**890.3**

- Néant ; .. Non disponible ; d Confidentialité Secondaire

Note : Les données excluent les entités à vocation spéciales. Voir les métadonnées détaillées sur : *http://stats.oecd.org/OECDStat_Metadata/ShowMetadata.ashx?Dataset=FDI_CTRY_IND_SUMM&lang=fr*.

1. Informations sur les données concernant Israël : *http://oe.cd/israel-disclaimer*.
2. Note de la Turquie : Les informations figurant dans ce document et faisant référence à « Chypre » concernent la partie méridionale de l'île. Il n'y a pas d'autorité unique représentant à la fois les Chypriotes turcs et grecs sur l'île. La Turquie reconnaît la République Turque de Chypre Nord (RTCN). Jusqu'à ce qu'une solution durable et équitable soit trouvée dans le cadre des Nations Unies, la Turquie maintiendra sa position sur la « question chypriote ».
3. Note de tous les États de l'Union européenne membres de l'OCDE et del'Union européenne : La République de Chypre est reconnue par tous les membres des Nations Unies sauf la Turquie. Les informations figurant dans ce document concernent la zone sous le contrôle effectif du gouvernement de la République de Chypre.

Source : Statistiques de l'OCDE sur l'investissement direct international (base de données) : https://doi.org/10.1787/idi-data-fr

Tableau 4. Investissement direct étranger : flux par secteur industriel

Millions de dollars des ÉU

	Entrant					Sortant				
	2014	2015	2016	2017	2018	2014	2015	2016	2017	2018
All FDI activities	**4 677.1**	**2 995.2**	**235.0**	**3 749.3**	**2 405.8**	**8 248.2**	**8 707.7**	**10 111.9**	**9 519.8**	**1 136.8**
Agriculture, sylviculture et pêche	**-**	**-**	**-**	**-**	**-**	**48.2**	**17.0**	**13.5**	**17.0**	**50.7**
Industries extractives	**.. d**	**.. d**	**463.2**	**.. d**	**.. d**	**.. d**	**585.7**	**1 905.4**	**.. d**	**.. d**
Activités d'extraction	.. d	.. d	456.3	.. d	.. d	.. d	585.1	1 905.4	.. d	.. d
Activités de fabrication	**-594.3**	**3 001.3**	**-648.7**	**1 031.2**	**57.0**	**1 356.7**	**927.2**	**-642.1**	**985.6**	**1 374.8**
dont :										
Produits alimentaires, boissons et tabac	235.1	226.0	-16.3	84.4	538.5	-815.3	260.7	1 400.6	1 050.9	637.4
Textiles, bois, papier, imprimerie	-31.5	-6.8	-0.4	-7.0	1.6	51.4	90.4	154.4	60.6	-31.5
Produits pétroliers, chimiques, pharmaceutiques, caoutchouc, plastique, minéraux	-833.1	1 639.5	-62.3	-171.5	-302.2	177.3	501.7	-1 698.8	-407.2	996.1
Ouvrages en métaux et machines, sauf matériels électriques	72.3	1 158.1	-613.2	980.6	-161.1	.. d	-381.5	-390.3	273.1	-285.1
Automobiles, remorques, semi-remorques, autres matériels de transport	6.2	-2.7	9.7	-1.4	65.4	6.4	22.0	14.0	9.4	27.7
Autres activités de fabrication	-43.4	-12.6	34.2	145.7	-85.2	-439.2	434.2	-122.0	-1.2	30.4
Production et distribution d'électricité, de gaz, de vapeur et de climatisation	**.. d**	**-179.6**	**.. d**	**.. d**	**-56.5**	**128.5**	**300.1**	**588.6**	**.. d**	**.. d**
Distribution de l'eau ; assainissement, traitement des déchets et dépollution	**-0.5**	**-**	**-5.8**	**6.7**	**6.3**	**-0.2**	**-0.6**	**-0.6**	**-**	**0.3**
Construction	**55.4**	**8.0**	**34.9**	**13.9**	**-30.4**	**104.7**	**126.5**	**-33.1**	**-20.4**	**-25.7**
Services	**1 914.5**	**369.0**	**1 028.6**	**-3 351.1**	**3 350.8**	**7 142.0**	**6 147.3**	**8 079.7**	**7 055.8**	**965.7**
Commerce de gros et de détail ; réparations automobiles et motocycles	404.4	489.6	79.5	43.0	-356.9	32.6	-1 565.6	620.1	483.4	54.0
Transport et entreposage	129.0	710.3	-136.8	-89.7	-2.7	606.0	1 433.5	403.8	.. d	81.3
Activités d'hébergement et de restauration	15.8	0.7	-13.5	-39.5	-3.8	-	-	-	-	-
Information et communication	-666.9	-179.6	-349.9	-140.0	51.5	.. d	-85.3	-353.2	-104.1	.. d
Activités financières et d'assurances	1 316.0	835.6	2 906.3	-3 946.5	-225.5	2 435.3	5 373.4	4 602.0	499.4	877.2
Activités des sociétés holding	..	..	..	..	..	..	..	..	..	..
Activités immobilières	8.7	67.5	40.9	65.3	187.4	3.4	99.8	165.4	.. d	.. d
Activités professionnelles, scientifiques et techniques	454.2	-1 251.7	-431.4	555.2	366.7	984.0	545.5	2 484.3	1 409.3	2 250.6
Activités de services administratifs et d'appui	285.5	-149.3	-1 105.1	134.7	.. d	398.8	297.1	194.0	246.8	296.7
Administration publique; activités des ménages et des organismes extra-territoriaux	.. d	.. d	23.6	36.5	-38.6	19.9	6.5	-83.9	55.0	-8.9
Éducation	-	-	-	-	-	-	-	-	-	-
Santé humaine et action sociale	-9.3	-8.5	-20.4	-11.2	35.6	.. d	35.1	47.2	.. d	20.1
Arts, spectacles et loisirs	63.9	-0.6	10.3	18.3	-18.8	-	7.3	-	-	-
Autres services	5.0	22.3	25.0	22.7	29.3	-	-	-	-	-0.6
Not allocated and confidential	**.. d**	**.. d**	**.. d**	**.. d**	**.. d**	**.. d**	**.. d**	**239.3**	**.. d**	**.. d**
Activités immobilières privées	**.. d**	**.. d**	**.. d**	**.. d**	**.. d**	**.. d**	**.. d**	**-38.9**	**.. d**	**.. d**

- Néant ; .. Non disponible ; d Confidentialité Secondaire

Note : Les données excluent les entités à vocation spéciales. Voir les métadonnées détaillées sur : *http://stats.oecd.org/OECDStat_Metadata/ShowMetadata.ashx?Dataset=FDI_CTRY_IND_SUMM&lang=fr.*

Source : Statistiques de l'OCDE sur l'investissement direct international (base de données) : https://doi.org/10.1787/idi-data-fr

Tableau 5. Encours des investissement directs étrangers par secteur industriel
En fin d'année

Millions de dollars des ÉU

	Entrant					Sortant				
	2014	2015	2016	2017	2018	2014	2015	2016	2017	2018
All FDI activities	**95 766.5**	**91 978.8**	**99 403.4**	**116 993.1**	**109 894.0**	**167 394.9**	**164 757.8**	**169 708.2**	**201 621.5**	**193 338.2**
Agriculture, sylviculture et pêche	**.. d**	**98.4**	**60.4**	**109.5**	**..**	**338.0**	**302.6**	**299.5**	**329.4**	**..**
Industries extractives	**.. d**	**1 856.1**	**2 045.1**	**.. d**	**..**	**.. d**	**.. d**	**.. d**	**.. d**	**..**
Activités d'extraction	.. d	1 824.5	2 011.4	.. d	..	.. d	.. d	.. d	.. d	..
Activités de fabrication	**10 163.7**	**10 008.2**	**9 545.3**	**12 052.1**	**..**	**48 017.9**	**42 303.2**	**40 222.5**	**44 120.0**	**..**
dont :										
Produits alimentaires, boissons et tabac	2 668.3	2 678.8	2 732.5	3 266.9	..	25 529.8	24 079.8	23 521.3	27 492.5	..
Textiles, bois, papier, imprimerie	321.3	291.2	294.2	389.0	..	644.3	722.4	834.6	973.0	..
Produits pétroliers, chimiques, pharmaceutiques, caoutchouc, plastique, minéraux	2 724.7	3 437.5	3 337.8	3 634.0	..	12 075.0	8 106.6	6 838.7	5 828.4	..
Ouvrages en métaux et machines, sauf matériels électriques	2 209.3	2 266.2	1 927.0	3 354.9	..	8 129.0	8 192.2	7 942.1	8 617.0	..
Automobiles, remorques, semi-remorques, autres matériels de transport	30.7	22.7	27.4	44.9	..	168.1	139.4	200.2	201.0	..
Autres activités de fabrication	2 209.5	1 311.9	1 226.2	1 362.2	..	1 471.6	1 062.8	885.6	1 008.3	..
Production et distribution d'électricité, de gaz, de vapeur et de climatisation	**2 456.8**	**2 230.9**	**2 806.1**	**912.4**	**..**	**8 854.2**	**8 162.5**	**7 658.2**	**.. d**	**..**
Distribution de l'eau ; assainissement, traitement des déchets et dépollution	**3.9**	**.. d**	**.. d**	**.. d**	**..**	**6.2**	**8.3**	**13.2**	**13.5**	**..**
Construction	**78.6**	**72.0**	**137.8**	**257.3**	**..**	**87.7**	**243.6**	**172.3**	**264.5**	**..**
Services	**69 977.5**	**70 941.1**	**77 816.6**	**90 709.1**	**..**	**95 108.8**	**103 903.7**	**101 698.3**	**123 988.8**	**..**
Commerce de gros et de détail ; réparations automobiles et motocycles	11 515.8	11 659.0	12 222.0	12 979.2	..	12 596.5	11 103.2	12 162.0	13 471.3	..
Transport et entreposage	2 362.5	3 138.8	2 830.5	2 969.4	..	18 509.5	18 977.7	9 985.7	14 972.2	..
Activités d'hébergement et de restauration	112.9	156.1	172.7	323.8	..	31.4	33.1	33.2	62.5	..
Information et communication	6 021.3	5 577.3	5 061.0	6 065.0	..	2 970.9	2 433.5	2 156.0	2 488.5	..
Activités financières et d'assurances	39 375.6	41 361.6	45 588.1	51 257.3	..	36 309.0	45 444.2	48 435.9	57 509.2	..
Activités des sociétés holding	..	..	..	..	..	..	..	..	..	..
Activités immobilières	2 016.2	2 155.9	2 352.4	3 771.3	..	1 815.1	2 364.9	2 523.0	3 175.9	..
Activités professionnelles, scientifiques et techniques	5 691.7	4 455.8	4 615.6	6 752.7	..	18 714.7	19 165.0	22 024.3	24 197.0	..
Activités de services administratifs et d'appui	3 456.7	3 165.6	5 649.7	7 077.5	..	2 322.0	2 541.0	2 561.7	5 914.9	..
Administration publique; activités des ménages et des organismes extra-territoriaux	.. d	.. d	.. d	.. d	..	.. d	.. d	.. d	.. d	..
Éducation	0.7	0.7	-18.6	-21.4	..	12.3	16.7	23.5	21.3	..
Santé humaine et action sociale	0.3	-11.9	-15.5	11.0	..	.. d	.. d	.. d	.. d	..
Arts, spectacles et loisirs	-2.9	-19.8	-3.8	11.3	..	5.2	61.1	58.0	69.9	..
Autres services	57.2	62.8	63.5	.. d	..	36.1	45.1	78.1	71.8	..
Not allocated and confidential	**.. d**	**.. d**	**.. d**	**.. d**	**..**	**.. d**	**.. d**	**.. d**	**.. d**	**..**
Activités immobilières privées	**.. d**	**.. d**	**.. d**	**.. d**	**..**	**.. d**	**.. d**	**.. d**	**.. d**	**..**

.. Non disponible ; d Confidentialité Secondaire

Note : Les données excluent les entités à vocation spéciales. Voir les métadonnées détaillées sur : *http://stats.oecd.org/OECDStat_Metadata/ShowMetadata.ashx?Dataset=FDI_CTRY_IND_SUMM&lang=fr.*

Source : Statistiques de l'OCDE sur l'investissement direct international (base de données) : https://doi.org/10.1787/idi-data-fr

DANEMARK

Tableau 6. Revenus des investissements directs étrangers par secteur industriel

Millions de dollars des ÉU

	Entrant					Sortant				
	2014	2015	2016	2017	2018	2014	2015	2016	2017	2018
All FDI activities	**5 452.2**	**4 606.0**	**5 481.4**	**6 184.4**	**5 880.3**	**13 709.6**	**12 131.8**	**12 061.1**	**12 990.7**	**14 022.2**
Agriculture, sylviculture et pêche	**7.5**	**17.7**	**12.8**	**15.1**	**12.4**	**22.6**	**21.7**	**22.3**	**25.3**	**22.7**
Industries extractives	**327.7**	**-337.2**	**-234.0**	**-59.2**	**62.9**	**.. d**	**.. d**	**429.4**	**.. d**	**.. d**
Activités d'extraction	320.2	-349.7	-253.3	-72.7	59.6	.. d	.. d	.. d	.. d	.. d
Activités de fabrication	**195.8**	**1 050.3**	**1 127.4**	**1 340.2**	**1 232.0**	**4 621.5**	**4 651.3**	**4 672.0**	**4 433.2**	**4 488.3**
dont :										
Produits alimentaires, boissons et tabac	373.9	318.3	275.0	334.3	338.0	1 103.6	706.6	1 021.9	1 045.2	1 273.8
Textiles, bois, papier, imprimerie	15.8	14.1	22.7	16.2	22.0	61.6	73.5	70.7	69.5	61.0
Produits pétroliers, chimiques, pharmaceutiques, caoutchouc, plastique, minéraux	-377.3	328.6	391.5	404.9	257.2	2 783.6	2 902.6	2 705.5	2 552.2	2 310.1
Ouvrages en métaux et machines, sauf matériels électriques	-8.4	115.5	204.0	302.8	510.0	538.0	812.7	769.7	610.0	693.0
Automobiles, remorques, semi-remorques, autres matériels de transport	6.6	4.3	3.9	7.3	12.8	22.1	20.5	16.2	19.4	19.3
Autres activités de fabrication	185.1	269.7	230.1	274.8	91.7	112.8	135.6	88.0	137.1	131.1
Production et distribution d'électricité, de gaz, de vapeur et de climatisation	**55.2**	**-30.3**	**69.5**	**53.5**	**64.5**	**940.4**	**280.6**	**296.7**	**382.8**	**.. d**
Distribution de l'eau ; assainissement, traitement des déchets et dépollution	**-0.5**	**18.9**	**-4.0**	**5.8**	**8.2**	**0.2**	**-0.1**	**-**	**0.9**	**1.3**
Construction	**57.1**	**77.5**	**72.4**	**63.3**	**46.4**	**-10.3**	**5.1**	**2.7**	**6.8**	**19.5**
Services	**4 312.2**	**3 564.2**	**4 316.1**	**4 714.2**	**4 340.2**	**7 214.1**	**6 630.2**	**6 570.5**	**7 366.3**	**8 347.5**
Commerce de gros et de détail ; réparations automobiles et motocycles	801.1	673.4	944.2	1 112.7	1 017.7	1 328.8	883.1	1 006.0	1 145.3	1 181.9
Transport et entreposage	183.7	90.1	-192.5	28.5	-134.6	874.0	448.7	465.0	424.4	1 065.5
Activités d'hébergement et de restauration	17.1	15.9	19.5	0.8	29.1	1.8	2.2	1.9	4.2	4.6
Information et communication	187.2	153.9	115.7	-43.3	188.5	249.0	149.9	125.5	211.6	144.0
Activités financières et d'assurances	2 198.7	2 019.1	2 718.5	2 729.7	2 313.5	3 129.9	3 102.1	3 060.7	3 402.3	3 639.8
Activités des sociétés holding	..	..	..	..	..	..	..	..	..	..
Activités immobilières	105.2	65.0	119.0	178.7	236.5	90.6	81.5	108.6	121.3	152.4
Activités professionnelles, scientifiques et techniques	657.1	211.4	334.0	267.8	286.8	1 205.4	1 603.3	1 549.0	1 642.7	1 644.4
Activités de services administratifs et d'appui	165.3	312.8	251.5	427.2	370.0	203.3	272.8	209.0	339.5	503.5
Administration publique; activités des ménages et des organismes extra-territoriaux	-	-	-	-	-	19.9	6.5	-24.5	1.4	-45.0
Éducation	-	-	0.3	0.9	1.3	0.5	1.0	0.9	1.4	1.4
Santé humaine et action sociale	-28.8	-0.7	-19.8	-12.9	0.6	.. d	.. d	61.8	64.2	46.4
Arts, spectacles et loisirs	0.7	0.6	0.6	0.8	1.0	0.7	0.4	3.6	3.9	4.3
Autres services	24.7	22.6	25.3	23.3	30.1	1.8	2.4	3.0	4.1	4.3
Not allocated and confidential	**497.3**	**244.9**	**121.2**	**51.5**	**113.7**	**.. d**	**.. d**	**67.6**	**.. d**	**.. d**
Activités immobilières privées	**-**	**-**	**-**	**-**	**-**	**-**	**-**	**-**	**-**	**-**

- Néant ; .. Non disponible ; d Confidentialité Secondaire

Note : Les données excluent les entités à vocation spéciales. Voir les métadonnées détaillées sur : *http://stats.oecd.org/OECDStat_Metadata/ShowMetadata.ashx?Dataset=FDI_CTRY_IND_SUMM&lang=fr.*

Source : Statistiques de l'OCDE sur l'investissement direct international (base de données) : https://doi.org/10.1787/idi-data-fr

ESTONIE

Tableau 1. Flux d'investissement direct étranger par pays

Millions de dollars des ÉU

	Entrant					Sortant				
	2014	2015	2016	2017	2018	2014	2015	2016	2017	2018
TOTAL MONDE	**683.7**	**35.5**	**1 058.2**	**1 916.8**	**1 474.4**	**42.0**	**182.1**	**486.5**	**872.6**	**48.9**
Pays membres de l'OCDE	**243.4**	**-45.0**	**860.2**	**1 577.6**	**1 188.4**	**176.6**	**274.8**	**415.1**	**879.3**	**-62.7**
Australie	-6.1	-0.2	1.2	6.2	12.8	2.2	2.5	0.7	-0.6	0.4
Autriche	11.8	118.0	16.0	-54.6	62.4	0.3	1.6	-0.4	0.0	0.2
Belgique	-6.1	25.9	17.3	11.2	14.9	0.0	0.2	5.6	3.0	-0.2
Canada	5.0	-2.7	-0.7	-6.5	9.3	-0.6	0.0	0.0	0.1	0.1
Chili	0.0	0.0	0.0	0.0	0.0	.. c	.. c	.. c	.. c	.. c
République Tchèque	9.4	3.6	4.3	8.2	-0.5	-1.0	3.8	4.5	2.9	2.0
Danemark	252.1	-106.0	76.0	1.2	33.3	1.1	43.0	7.3	-48.3	2.1
Estonie	-	-	-	-	-	-	-	-	-	-
Finlande	17.0	192.0	381.0	139.5	320.5	88.8	44.7	64.2	809.0	124.2
France	9.6	93.6	42.8	49.6	2.7	12.4	3.3	6.3	6.3	21.4
Allemagne	7.5	-62.2	8.0	126.7	180.9	-27.0	2.6	17.7	2.0	5.7
Grèce	0.1	0.0	0.4	0.8	0.5	0.2	0.0	0.2	0.0	.. c
Hongrie	4.4	-0.3	1.4	-0.4	3.1	-0.1	2.4	1.0	-0.2	0.7
Islande	1.3	16.9	4.6	5.7	6.8	0.0	0.0	0.0	0.0	10.1
Irlande	-9.7	21.2	-4.5	-108.9	173.0	4.9	4.0	-10.1	-3.2	-0.7
Israël[1]	-0.6	0.7	0.1	1.5	5.0	2.8	0.3	-0.1	0.8	-0.2
Italie	9.0	9.1	19.9	-9.0	-16.2	9.7	3.0	11.9	-0.3	2.4
Japon	-0.1	0.0	10.6	5.4	20.0	-	.. c	-	-	.. c
Corée	-0.1	0.0	0.2	-1.1	-0.2	-	-	-	-	.. c
Lettonie	132.9	-12.5	117.4	43.3	61.9	124.7	135.3	106.6	14.5	233.9
Lituanie	49.4	52.5	26.2	93.8	31.3	-411.6	112.4	-69.7	131.9	24.1
Luxembourg	-184.2	217.1	-17.4	109.6	1 111.3	13.7	-0.4	0.9	-0.2	45.7
Mexique	0.2	0.0	0.0	-0.4	-0.1	-	.. c	0.2	.. c	.. c
Pays-Bas	71.7	-79.1	15.1	-104.6	-640.1	-31.6	109.8	6.9	8.0	-637.4
Nouvelle-Zélande	0.0	0.0	1.7	0.5	0.5	.. c	.. c	.. c	.. c	.. c
Norvège	171.2	-204.2	-250.2	37.3	-278.0	3.4	41.1	2.3	14.8	8.1
Pologne	91.9	6.7	29.0	2.7	60.4	35.8	-19.8	79.2	11.0	17.0
Portugal	0.0	-11.2	5.1	9.4	-0.3	2.2	0.0	22.5	-12.9	2.9
République slovaquie	13.0	0.3	0.3	3.3	3.4	0.1	1.2	0.5	-0.6	0.5
Slovénie	0.1	-0.2	0.1	0.2	0.7	.. c	0.0	-	-0.2	0.8
Espagne	3.4	3.9	1.5	-3.9	17.2	15.2	15.0	22.8	21.2	18.7
Suède	-226.4	-322.7	293.9	711.3	-165.5	28.5	35.6	30.5	-13.8	19.3
Suisse	-44.0	-4.8	20.5	40.4	65.5	-7.0	1.3	-0.4	-0.8	-4.1
Turquie	-0.4	1.6	-2.6	3.2	7.4	0.1	0.2	0.2	0.0	0.6
Royaume-Uni	10.9	10.5	36.4	546.6	42.8	17.3	0.7	28.1	66.0	23.7
Etats-Unis	31.9	27.3	30.9	3.1	41.8	5.2	-21.5	5.8	0.3	14.7
EUROPE	**564.5**	**92.3**	**958.1**	**1 732.7**	**1 347.0**	**29.7**	**196.9**	**458.5**	**816.8**	**-6.2**
Bulgarie	0.3	-0.3	0.8	0.0	1.6	1.4	-2.4	-	4.9	3.4
Croatie	-0.1	-0.5	1.1	-0.1	-0.5	1.8	0.1	0.4	1.5	2.1
Chypre[2, 3]	-12.6	93.5	-51.8	-66.1	116.3	74.0	-166.1	32.6	-182.8	-37.3
Malte	3.5	5.7	27.1	12.5	9.2	3.3	-5.0	11.4	5.8	-7.1
Roumanie	0.1	-0.3	1.5	2.3	1.1	20.9	-8.5	15.0	-5.0	10.8
Russie	151.3	-31.9	74.8	49.8	46.3	11.8	4.8	47.0	21.5	1.7
Ukraine	-17.6	25.1	44.6	56.9	53.9	15.7	-4.5	-15.8	-18.3	69.6
AFRIQUE	**2.3**	**-0.4**	**-7.4**	**9.2**	**1.1**	**1.9**	**-0.3**	**-0.9**	**-1.9**	**11.4**
Afrique septentrionale	0.0	-0.1	0.0	0.4	0.6	1.6	.. c	.. c	0.3	1.4
Algérie	.. c	.. c	.. c	0.0	0.1	-	-	-	-	-
Egypte	0.0	0.0	0.0	0.3	0.5	0.0	-	-	0.1	0.5
Libye	-	-	-	-	.. c	-	-	-	-	-
Maroc	0.0	-	-	0.0	0.0	.. c	.. c	.. c	.. c	.. c
Tunisie	-	-0.1	0.0	0.0	0.0	-	-	-	-	-
Autres pays africains	2.3	-0.3	-7.5	8.8	0.5	0.3	.. c	-1.0	-2.1	10.1
Nigéria	-	.. c	.. c	0.0	0.0	-	-	-	.. c	.. c
Afrique du Sud	0.2	0.0	0.2	0.0	-0.5	0.1	-	.. c	.. c	2.5
AMÉRIQUE	**95.8**	**-66.4**	**57.9**	**-87.4**	**19.3**	**6.0**	**-20.9**	**5.9**	**1.4**	**16.0**
Amérique du Nord	36.9	24.6	30.2	-3.4	51.1	4.7	-21.5	5.8	0.4	14.8
Amérique du Nord	59.8	-92.1	26.4	-85.0	-32.4	0.7	0.3	0.0	0.4	0.7
Bahamas	0.2	0.0	0.4	-0.2	0.1	-	-	.. c	-	-
Bermudes	.. c	.. c	-	.. c	-	-	-	-	-	-
Îles Cayman	-6.1	11.3	-5.2	-10.7	4.0	-	0.3	-	-	-
Costa Rica	.. c	.. c	0.1	-0.1	-	-	-	-	-	-
El Salvador	-	-	-	.. c	.. c	-	-	-	-	-
Guatemala	-	-	-	-	-	-	-	-	-	-
Honduras	-	-	-	.. c	.. c	-	-	-	-	-
Nicaragua	-	-	-	.. c	.. c	-	-	-	-	-
Panama	5.0	-1.8	8.2	1.6	-0.2	0.2	0.2	-0.1	0.1	0.1
Îles Vierges, US	-	-	-	.. c	.. c	-	-	-	-	-
Amérique du Sud	-0.9	1.1	1.2	1.0	0.6	0.6	0.4	0.1	0.6	0.5
Argentine	0.0	0.0	-	0.0	0.0	.. c	-	.. c	-	.. c
Bolivie	.. c	.. c	0.3	.. c	.. c	-	-	-	-	-
Brésil	-0.7	0.9	0.8	0.7	0.4	.. c	0.7	0.3	0.2	0.6
Colombie	-	0.0	0.1	0.0	0.0	-	-	-	-	-
Equateur	.. c	-	0.1	0.0	0.1	-	0.0	-	-	.. c
Paraguay	-	-	-	.. c	-	-	-	-	-	-
Pérou	-	.. c	0.1	0.1	0.1	-	-	-	-	-
Uruguay	0.0	0.0	-	0.0	0.0	-	.. c	.. c	.. c	.. c
Venezuela	.. c	0.0	-	-	0.0	-	-	-	-	-
ASIE	**25.8**	**7.0**	**10.1**	**253.1**	**90.3**	**2.0**	**3.7**	**22.3**	**56.6**	**26.5**

Tableau 1. Flux d'investissement direct étranger par pays *(suite)*

Millions de dollars des ÉU

	Entrant					Sortant				
	2014	2015	2016	2017	2018	2014	2015	2016	2017	2018
Proche et Moyen Orient	1.7	3.7	1.0	210.4	14.9	-0.4	4.1	16.0	59.3	29.2
Pays du Golfe	1.8	0.5	0.3	206.1	6.3	-6.2	-6.8	-0.4	2.4	5.9
Koweït	-	-	.. c	0.0	0.0	-	-	-	-	-
Qatar	0.2	0.1	.. c	0.0	0.0	-	-	-	-	-
Arabie saoudite	.. c	0.0	0.0	0.0	0.0	-	-	-	-	-
Emirats Arabes Unis	1.5	0.1	0.8	206.1	6.0	-5.7	-8.3	2.7	3.1	4.2
Autres pays du Proche et Moyen Orient	-0.1	3.3	0.7	4.3	8.6	5.9	10.9	16.4	56.9	23.3
Jordanie	0.1	.. c	.. c	0.1	0.1	.. c	.. c	.. c	.. c	.. c
Autres pays asiatiques	24.1	3.3	9.2	42.7	75.4	2.4	-0.4	6.2	-2.7	-2.7
Chine	9.6	-7.2	-8.6	5.6	8.5	-0.2	1.3	0.1	0.1	0.6
Hong Kong, Chine	-1.3	2.0	12.6	8.6	17.1	.. c	.. c	4.8	-4.7	0.4
Inde	2.2	3.6	-0.9	1.6	-0.6	.. c	-0.3	.. c	2.6	.. c
Indonesie	-0.2	0.0	0.0	0.0	0.1	-	-	-	0.2	0.1
République islamique d'Iran	-	0.0	0.1	0.1	0.1	-	-	-	-	-
Malaisie	2.1	0.1	0.2	0.3	0.1	-	-	-	.. c	-
Philippines	0.0	0.1	0.1	0.3	0.2	.. c	-	-	0.1	-
Singapour	6.1	2.1	-4.5	17.8	16.9	-0.6	-1.2	-0.1	-2.8	-2.5
Taipei Chinois	0.0	0.0	0.2	0.7	0.9	-	.. c	.. c	-	-
Thaïlande	-0.1	-	-0.8	-2.0	3.1	0.6	0.4	0.6	0.3	-0.2
Viet Nam	0.0	0.0	0.1	0.0	0.1	.. c	.. c	.. c	-	-
AUSTRALIE, OCÉANIE ET RÉGIONS POLAIRES	**-5.8**	**1.1**	**38.9**	**8.1**	**14.4**	**2.3**	**2.6**	**0.6**	**-0.4**	**1.2**
TOTAL MONDE non alloué et confidentiel	**1.2**	**1.8**	**0.7**	**1.0**	**2.2**	**0.0**	**-**	**0.0**	**-**	**0.0**
Union européenne (UE28)	**258.8**	**258.5**	**1 048.8**	**1 524.7**	**1 425.5**	**-15.1**	**316.5**	**396.1**	**820.4**	**-121.1**
Pays du G20 hors Union Européenne	**229.8**	**42.4**	**213.0**	**781.6**	**355.3**	**31.8**	**-2.5**	**119.6**	**99.3**	**74.7**
Pays OCDE du G20	**67.4**	**77.0**	**146.7**	**723.9**	**301.2**	**19.3**	**-9.1**	**71.1**	**74.2**	**69.7**
Pays non-OCDE du G20	**162.4**	**-34.6**	**66.3**	**57.7**	**54.2**	**12.5**	**6.6**	**48.5**	**25.1**	**5.0**
Pays MENA	**2.4**	**0.5**	**0.0**	**206.3**	**6.9**	**-4.6**	**-6.1**	**-0.4**	**41.4**	**11.1**
Pays ANASE	**7.8**	**2.4**	**-4.9**	**16.3**	**20.5**	**0.0**	**-0.3**	**0.4**	**-2.0**	**-2.7**

- Néant ; c Donnée confidentielle

Note : Voir les métadonnées détaillées sur : *http://stats.oecd.org/OECDStat_Metadata/ShowMetadata.ashx?Dataset=FDI_CTRY_IND_SUMM&lang=fr.*

1. Informations sur les données concernant Israël : *http://oe.cd/israel-disclaimer.*
2. Note de la Turquie : Les informations figurant dans ce document et faisant référence à « Chypre » concernent la partie méridionale de l'île. Il n'y a pas d'autorité unique représentant à la fois les Chypriotes turcs et grecs sur l'île. La Turquie reconnaît la République Turque de Chypre Nord (RTCN). Jusqu'à ce qu'une solution durable et équitable soit trouvée dans le cadre des Nations Unies, la Turquie maintiendra sa position sur la « question chypriote ».
3. Note de tous les États de l'Union européenne membres de l'OCDE et del'Union européenne : La République de Chypre est reconnue par tous les membres des Nations Unies sauf la Turquie. Les informations figurant dans ce document concernent la zone sous le contrôle effectif du gouvernement de la République de Chypre.

Source : Statistiques de l'OCDE sur l'investissement direct international (base de données) : https://doi.org/10.1787/idi-data-fr

ESTONIE

Tableau 2. Encours des investissements directs étrangers par pays

En fin d'année

Millions de dollars des ÉU

	Entrant					Sortant				
	2014	2015	2016	2017	2018	2014	2015	2016	2017	2018
TOTAL MONDE	**20 972.1**	**18 956.5**	**19 740.8**	**23 896.4**	**24 828.0**	**6 216.6**	**6 038.9**	**6 299.3**	**7 806.7**	**7 918.8**
Pays membres de l'OCDE	**17 071.6**	**15 469.8**	**16 427.9**	**20 078.5**	**..**	**1 241.0**	**1 476.8**	**2 776.6**	**3 675.5**	**5 469.9**
Australie	24.8	22.6	19.8	29.8	..	10.1	2.5	3.1	2.9	4.7
Autriche	389.6	396.0	325.3	357.7	..	2.8	4.0	3.5	3.9	4.8
Belgique	76.1	74.9	80.3	96.9	..	2.8	2.7	45.8	4.0	3.6
Canada	73.7	50.2	66.9	84.1	..	0.8	0.5	0.4	0.6	0.7
Chili	.. c	.. c	0.0	0.0	..	0.1	0.1	0.1	0.2	0.2
République Tchèque	9.2	10.7	11.5	13.6	..	4.7	7.0	11.2	16.5	23.9
Danemark	527.7	490.1	487.7	587.1	..	6.4	47.6	53.4	10.1	11.7
Estonie	1 399.1	1 285.5	1 418.8	1 864.3	..	-	-	-	-	-
Finlande	4 279.2	4 180.0	4 370.8	5 332.3	..	342.8	443.7	462.9	917.6	713.9
France	303.4	379.7	444.2	573.7	..	42.3	42.0	46.2	54.9	71.7
Allemagne	744.9	575.1	588.0	681.6	..	66.0	59.8	71.3	61.3	60.1
Grèce	37.8	26.1	28.6	30.7	..	1.6	2.3	2.4	2.7	2.5
Hongrie	4.7	4.7	5.3	9.3	..	0.8	3.1	4.1	4.5	4.9
Islande	43.2	40.5	40.9	52.4	..	0.0	0.0	0.0	0.0	.. c
Irlande	74.7	59.9	52.3	61.5	..	13.6	15.8	5.7	2.2	1.4
Israël[1]	10.3	10.3	8.4	8.7	..	3.0	1.0	2.3	3.5	3.1
Italie	137.9	131.6	172.4	179.6	..	117.7	108.3	119.6	92.4	90.0
Japon	110.1	130.5	136.6	161.9	..	-	0.2	0.2	0.2	0.2
Corée	.. c	0.0	0.1	0.0	..	0.1	0.1	0.0	0.1	0.1
Lettonie	334.7	316.0	446.4	472.0	..	1 030.1	1 060.4	1 102.6	1 392.1	1 643.7
Lituanie	678.4	691.1	722.7	896.4	..	1 135.0	1 281.4	1 210.1	1 606.4	1 581.6
Luxembourg	422.1	452.4	455.6	640.6	..	13.8	10.6	21.2	24.0	57.6
Mexique	0.1	0.1	0.0	0.0	..	0.3	0.3	0.5	1.0	1.6
Pays-Bas	659.3	509.6	541.9	551.4	..	134.9	239.8	232.4	266.2	290.1
Nouvelle-Zélande	0.4	0.6	1.9	2.7	..	0.1	0.1	0.0	4.5	4.4
Norvège	1 045.8	905.6	895.3	1 238.3	..	44.2	84.7	44.8	68.6	71.2
Pologne	42.0	46.3	91.1	135.4	..	75.4	51.3	124.8	153.5	163.1
Portugal	1.9	2.0	0.4	4.8	..	3.6	3.2	24.6	14.4	16.5
République slovaquie	15.9	18.2	20.3	24.5	..	25.9	24.2	22.7	25.2	24.5
Slovénie	-0.1	-0.1	-0.1	-0.1	..	0.1	0.1	0.1	-0.2	0.5
Espagne	22.3	7.4	30.1	43.1	..	81.3	74.1	83.5	122.9	139.8
Suède	5 268.9	4 304.5	4 354.6	5 262.4	..	73.2	87.8	109.5	144.2	158.9
Suisse	240.8	228.6	249.0	291.1	..	23.1	30.3	28.9	31.4	43.2
Turquie	5.1	5.2	6.0	8.7	..	2.4	2.3	2.4	2.7	3.2
Royaume-Uni	408.8	399.8	370.2	458.1	..	25.9	32.3	47.2	131.3	134.6
Etats-Unis	691.6	721.3	707.4	820.3	..	121.1	95.0	99.0	116.4	127.8
EUROPE	**18 922.6**	**17 053.1**	**17 844.9**	**21 660.0**	**..**	**5 983.0**	**5 843.3**	**6 078.0**	**7 459.2**	**7 559.2**
Bulgarie	0.3	1.0	1.4	1.8	..	48.0	37.7	33.9	42.0	44.6
Croatie	0.1	0.3	0.4	0.6	..	28.9	25.1	24.9	28.4	28.5
Chypre[2, 3]	384.7	355.0	368.6	401.9	..	1 738.2	1 401.9	1 403.8	1 394.1	1 274.4
Malte	22.7	23.1	42.5	48.5	..	23.9	22.5	33.3	52.3	44.0
Roumanie	0.1	1.2	2.3	3.9	..	50.0	25.5	38.1	37.3	37.7
Russie	953.8	738.7	769.7	827.1	..	249.9	222.1	250.4	330.3	298.3
Ukraine	175.2	171.5	195.7	242.5	..	336.9	248.6	251.8	265.6	323.2
AFRIQUE	**13.4**	**9.2**	**16.2**	**43.1**	**..**	**16.3**	**15.2**	**15.3**	**15.5**	**29.2**
Afrique septentrionale	0.2	0.3	0.8	1.9	..	14.1	13.3	13.4	15.5	16.1
Algérie	-	-	0.0	0.0	..	-	-	-	-	-
Egypte	0.2	0.2	0.7	1.7	..	0.7	0.7	0.7	0.8	1.3
Libye	-	0.1	0.0	0.1	..	-	-	-	-	-
Maroc	0.0	0.0	0.0	0.0	..	13.3	12.6	12.7	14.6	14.8
Tunisie	-	-	.. c	0.0	..	0.1	0.0	0.0	0.1	0.1
Autres pays africains	13.2	9.0	15.4	41.2	..	2.2	1.9	1.9	-0.1	13.1
Nigéria	0.6	0.5	0.6	0.7	..	-	-	-	.. c	.. c
Afrique du Sud	1.0	1.0	0.9	0.7	..	0.1	0.1	0.2	0.6	2.9
AMÉRIQUE	**1 130.4**	**1 023.6**	**1 101.2**	**1 196.3**	**..**	**140.1**	**114.0**	**115.2**	**135.9**	**147.8**
Amérique du Nord	765.3	771.5	774.4	904.4	..	121.9	95.5	99.5	117.0	128.5
Amérique du Nord	362.3	250.2	323.8	287.5	..	5.0	4.4	1.7	2.3	2.8
Bahamas	2.1	1.3	1.7	2.0	..	-	-	0.0	0.0	0.0
Bermudes	0.3	0.4	0.3	0.5	..	-	-	-	-	-
Îles Cayman	.. c	.. c	.. c	.. c	..	-	0.3	0.2	0.3	0.3
Costa Rica	.. c	.. c	0.0	0.0	..	0.0	0.0	0.0	0.0	0.0
El Salvador	-	0.0	0.4	0.8	..	-	-	-	-	-
Guatemala	-	-	-	-	..	-	-	-	-	-
Honduras	-	-	-	.. c	..	-	-	-	-	-
Nicaragua	-	-	-	.. c	..	-	-	-	-	-
Panama	22.2	16.8	26.5	13.8	..	0.3	0.4	0.2	0.2	0.1
Îles Vierges, US	-	-	-	.. c	..	-	-	-	-	-
Amérique du Sud	2.8	1.9	3.1	4.5	..	13.2	14.1	14.1	16.6	16.5
Argentine	0.6	0.5	0.5	0.5	..	0.1	0.1	0.1	0.1	0.2
Bolivie	0.3	0.3	0.3	0.5	..	-	-	-	-	-
Brésil	0.3	0.4	0.6	0.8	..	12.8	13.8	14.0	16.1	16.0
Colombie	-	0.1	0.1	0.2	..	-	-	-	-	-
Equateur	0.3	0.5	1.5	2.4	..	-	0.0	0.0	0.0	0.1
Paraguay	-	-	-	.. c	..	-	-	-	-	-
Pérou	-	-	-	.. c	..	0.1	0.1	-	-	-
Uruguay	0.0	0.0	0.0	0.0	..	.. c	.. c	.. c	.. c	-
Venezuela	.. c	0.0	-	-	..	-	.. c	.. c	.. c	.. c
ASIE	**295.3**	**323.8**	**331.0**	**613.6**	**..**	**67.0**	**63.7**	**87.6**	**188.7**	**172.8**

Tableau 2. Encours des investissements directs étrangers par pays *(suite)*
En fin d'année

Millions de dollars des ÉU

	Entrant					Sortant				
	2014	2015	2016	2017	2018	2014	2015	2016	2017	2018
Proche et Moyen Orient	17.2	20.4	19.7	26.6	..	12.8	14.6	34.6	103.8	130.5
Pays du Golfe	4.8	6.4	7.3	9.0	..	-1.6	-8.0	-7.3	-6.3	-0.5
Koweït	0.2	0.1	0.2	0.2	..	-	-	-	-	-
Qatar	0.4	0.6	0.6	0.8	..	-	-	-	-	-
Arabie saoudite	1.1	1.1	1.5	1.4	..	-	-	-	-	-
Emirats Arabes Unis	1.8	2.8	3.7	5.1	..	-3.8	-11.5	-8.5	-6.5	-2.4
Autres pays du Proche et Moyen Orient	12.4	14.1	12.5	17.6	..	14.4	22.7	41.9	110.1	131.1
Jordanie	.. c	.. c	.. c	0.0	..	.. c	.. c	.. c	.. c	.. c
Autres pays asiatiques	278.1	303.4	311.2	587.0	..	54.3	49.0	53.0	84.9	42.3
Chine	5.4	5.8	12.2	14.3	..	3.4	4.6	4.5	5.2	4.6
Hong Kong, Chine	30.6	37.2	46.5	51.0	..	0.5	0.5	5.0	24.6	13.1
Inde	-0.2	0.2	0.2	215.0	..	0.6	0.4	1.4	4.2	3.3
Indonesie	.. c	0.1	0.1	0.2	..	0.3	0.3	0.3	0.6	0.6
République islamique d'Iran	0.2	0.2	0.3	0.5	..	-	-	-	-	-
Malaisie	5.2	5.6	6.3	7.9	..	-	-	-	0.1	0.1
Philippines	0.0	0.1	0.2	0.3	..	0.1	0.0	0.0	0.2	0.2
Singapour	113.1	109.1	92.1	115.3	..	3.5	2.1	1.6	2.5	1.4
Taipei Chinois	0.0	0.0	0.3	0.9	..	0.1	0.1	0.1	0.1	0.1
Thaïlande	0.0	0.2	0.6	0.3	..	5.6	5.4	5.7	6.8	6.3
Viet Nam	-	.. c	.. c	0.0	..	.. c	.. c	.. c	.. c	-
AUSTRALIE, OCÉANIE ET RÉGIONS POLAIRES	**-5.1**	**-1.7**	**32.7**	**48.5**	**..**	**10.2**	**2.6**	**3.2**	**7.4**	**9.7**
TOTAL MONDE non alloué et confidentiel	**615.5**	**548.4**	**414.8**	**334.9**	**..**	**-**	**-**	**-**	**0.0**	**0.0**
Union européenne (UE28)	**16 246.6**	**14 741.9**	**15 433.6**	**18 733.3**	**..**	**5 089.6**	**5 114.0**	**5 338.7**	**6 604.0**	**6 628.7**
Pays du G20 hors Union Européenne	**3 462.6**	**3 163.7**	**3 297.3**	**4 057.9**	**..**	**654.0**	**584.6**	**660.8**	**820.7**	**820.7**
Pays OCDE du G20	**2 500.5**	**2 416.0**	**2 511.6**	**2 997.9**	**..**	**386.8**	**343.2**	**390.0**	**463.7**	**494.8**
Pays non-OCDE du G20	**962.1**	**747.7**	**785.7**	**1 059.9**	**..**	**267.2**	**241.4**	**270.8**	**356.9**	**326.0**
Pays MENA	**5.9**	**7.4**	**13.2**	**17.9**	**..**	**12.7**	**5.5**	**6.1**	**46.3**	**59.7**
Pays ANASE	**118.3**	**115.0**	**99.3**	**124.0**	**..**	**9.5**	**8.3**	**8.1**	**10.6**	**8.8**

- Néant ; .. Non disponible ; c Donnée confidentielle

Note : Les positions d'IDE entrants sont allouées selon le pays investisseur ultime. Voir les métadonnées détaillées sur : *http://stats.oecd.org/OECDStat_Metadata/ShowMetadata.ashx?Dataset=FDI_CTRY_IND_SUMM&lang=fr.*

1. Informations sur les données concernant Israël : *http://oe.cd/israel-disclaimer.*
2. Note de la Turquie : Les informations figurant dans ce document et faisant référence à « Chypre » concernent la partie méridionale de l'île. Il n'y a pas d'autorité unique représentant à la fois les Chypriotes turcs et grecs sur l'île. La Turquie reconnaît la République Turque de Chypre Nord (RTCN). Jusqu'à ce qu'une solution durable et équitable soit trouvée dans le cadre des Nations Unies, la Turquie maintiendra sa position sur la « question chypriote ».
3. Note de tous les États de l'Union européenne membres de l'OCDE et del'Union européenne : La République de Chypre est reconnue par tous les membres des Nations Unies sauf la Turquie. Les informations figurant dans ce document concernent la zone sous le contrôle effectif du gouvernement de la République de Chypre.

Source : Statistiques de l'OCDE sur l'investissement direct international (base de données) : https://doi.org/10.1787/idi-data-fr

ESTONIE

Tableau 3. Revenus des investissements directs étrangers par pays

Millions de dollars des ÉU

	Entrant					Sortant				
	2014	2015	2016	2017	2018	2014	2015	2016	2017	2018
TOTAL MONDE	**1 916.4**	**1 385.0**	**1 591.0**	**1 712.4**	**1 869.0**	**594.8**	**364.5**	**492.4**	**484.5**	**681.8**
Pays membres de l'OCDE	**1 611.8**	**1 171.6**	**1 348.1**	**1 425.5**	**1 565.2**	**33.5**	**12.6**	**190.0**	**222.1**	**458.7**
Australie	0.4	0.5	1.3	10.6	12.0	1.9	0.6	0.2	0.0	0.1
Autriche	9.7	19.2	13.9	28.8	28.2	-0.1	0.1	0.1	0.0	0.1
Belgique	8.1	6.3	7.3	14.5	15.5	0.1	0.1	0.6	0.5	2.6
Canada	7.3	0.2	1.7	0.1	-0.1	0.0	0.0	0.0	0.0	0.0
Chili	-	-	.. c	-	-	0.0	0.0	0.0	0.0	0.0
République Tchèque	5.8	2.0	4.0	9.1	2.3	0.4	0.2	0.5	0.3	1.1
Danemark	47.9	43.3	33.5	34.9	26.4	1.8	1.7	4.3	4.0	-0.1
Estonie	-	-	-	-	-	-	-	-	-	-
Finlande	422.0	307.2	383.1	381.9	376.8	-5.7	-13.5	5.2	71.4	132.6
France	22.0	18.1	25.4	32.1	39.5	0.0	1.4	0.9	1.6	1.2
Allemagne	40.0	34.3	27.8	48.6	64.1	7.3	0.4	1.7	0.5	3.2
Grèce	0.0	0.0	0.2	0.8	0.9	0.0	0.0	1.4	0.0	0.0
Hongrie	2.1	0.2	0.4	1.6	2.9	0.0	0.1	0.2	0.2	0.6
Islande	5.5	11.7	9.5	7.9	9.7	0.0	0.0	-	-	-
Irlande	0.4	1.2	0.4	-1.3	2.0	0.3	0.7	0.5	0.2	-0.1
Israël[1]	1.0	1.1	1.8	1.7	1.3	0.0	0.0	0.0	0.0	0.0
Italie	3.2	4.3	4.7	3.7	6.0	-0.3	-0.2	-0.4	-0.7	1.3
Japon	0.1	0.2	0.4	0.6	5.5	-	0.0	0.0	0.0	0.0
Corée	-	-	.. c	-	-	0.0	0.0	-	0.0	-
Lettonie	47.8	35.8	31.5	54.6	39.4	111.7	91.0	115.7	106.9	121.0
Lituanie	40.0	59.7	41.9	71.9	53.9	235.9	133.3	105.5	126.6	152.4
Luxembourg	-1.3	26.9	18.2	30.3	15.2	1.2	0.9	3.3	4.2	3.0
Mexique	0.0	0.0	0.0	0.0	0.1	0.0	0.0	0.0	0.0	0.0
Pays-Bas	185.8	123.7	133.3	83.9	120.9	-0.2	26.2	39.8	0.5	5.0
Nouvelle-Zélande	0.0	0.0	0.0	0.0	0.0	-	0.0	0.0	0.1	0.1
Norvège	50.9	56.1	30.6	35.6	44.0	-1.9	-4.0	0.8	1.0	0.7
Pologne	5.0	9.9	16.8	11.2	10.0	3.0	0.8	-0.1	0.8	6.3
Portugal	0.3	0.4	2.8	5.7	-3.3	0.0	0.0	0.0	0.1	0.5
République slovaquie	1.9	0.1	0.3	3.2	3.4	-0.7	0.0	0.5	0.7	1.6
Slovénie	.. c	.. c	0.0	0.3	0.4	-0.2	0.0	0.0	-	0.4
Espagne	5.8	7.9	4.5	5.0	6.4	6.8	5.1	6.1	4.9	6.4
Suède	727.6	413.7	536.9	541.6	526.2	15.6	9.0	8.4	13.8	9.5
Suisse	12.5	19.8	19.7	20.0	25.8	-2.9	0.2	0.6	7.9	7.9
Turquie	-0.3	1.7	-2.1	0.7	0.3	0.1	0.1	0.1	0.1	0.1
Royaume-Uni	24.8	40.6	32.7	53.0	96.4	8.2	-3.9	-0.2	3.1	2.1
Etats-Unis	23.4	20.9	7.4	4.7	33.3	-1.3	-13.7	-0.3	-0.1	-0.8
EUROPE	**1 843.5**	**1 339.6**	**1 547.5**	**1 656.6**	**1 755.8**	**584.9**	**375.6**	**488.1**	**481.9**	**671.2**
Bulgarie	0.3	0.0	0.3	0.4	0.7	2.6	3.1	0.9	1.0	2.0
Croatie	-0.1	0.2	0.3	0.3	0.2	0.1	0.1	0.4	0.0	0.2
Chypre[2, 3]	44.0	25.8	34.2	33.6	115.2	175.0	93.6	107.6	96.6	92.6
Malte	1.3	0.3	14.0	4.6	10.9	3.2	4.8	6.5	3.8	15.8
Roumanie	0.0	0.0	1.6	2.0	1.6	2.7	0.7	0.1	7.4	1.4
Russie	90.7	23.1	80.6	70.9	46.8	18.1	10.7	29.5	6.0	3.7
Ukraine	14.7	20.2	30.1	51.0	50.8	-4.0	2.1	3.5	3.7	78.9
AFRIQUE	**0.1**	**0.2**	**-0.4**	**-1.8**	**1.0**	**2.3**	**-0.3**	**0.6**	**0.2**	**1.1**
Afrique septentrionale	0.0	0.0	0.1	0.3	0.7	1.6	0.7	0.6	0.2	1.0
Algérie	.. c	.. c	0.0	0.0	0.1	-	-	-	-	-
Egypte	0.0	0.0	0.0	0.3	0.6	0.0	0.0	0.0	0.0	0.0
Libye	-	0.0	0.0	0.0	0.0	-	-	-	-	-
Maroc	-	-	-	0.0	0.0	1.6	0.7	0.5	0.2	0.9
Tunisie	-	-	-	-	-	0.0	0.0	0.0	0.0	0.0
Autres pays africains	0.1	0.2	-0.5	-2.2	0.3	0.6	-1.0	0.0	0.0	0.1
Nigéria	0.0	0.0	0.0	0.0	0.0	-	-	-	-	.. c
Afrique du Sud	0.0	0.0	0.1	-0.1	-0.2	0.0	0.0	0.0	0.0	0.0
AMÉRIQUE	**61.7**	**33.0**	**31.2**	**11.1**	**47.1**	**5.1**	**-11.5**	**1.3**	**0.1**	**-0.5**
Amérique du Nord	30.7	21.1	9.1	4.8	33.2	-1.3	-13.6	-0.3	-0.1	-0.8
Amérique du Nord	30.9	11.6	21.6	5.9	13.6	5.4	1.7	1.1	0.0	0.0
Bahamas	-0.1	-0.1	0.0	-0.2	.. c	-	-	-	0.0	0.0
Bermudes	0.1	0.1	0.0	0.0	0.0	-	-	-	-	-
Îles Cayman	-1.5	13.9	9.0	7.6	7.8	-	0.0	0.0	0.0	0.0
Costa Rica	.. c	.. c	-	.. c	0.0	0.1	0.0	0.0	0.0	0.0
El Salvador	-	-	0.0	0.0	0.0	-	-	-	-	-
Guatemala	-	-	-	-	-	-	-	-	-	-
Honduras	-	-	-	-	-	-	-	-	-	-
Nicaragua	-	-	-	-	-	-	-	-	-	-
Panama	5.3	2.1	11.5	3.1	-0.2	0.0	0.0	0.0	0.0	0.0
Îles Vierges, US	-	-	-	-	-	-	-	-	-	-
Amérique du Sud	0.1	0.2	0.5	0.3	0.3	1.0	0.4	0.5	0.1	0.3
Argentine	0.0	0.0	0.0	-	0.0	0.0	0.0	0.0	0.0	0.0
Bolivie	0.1	0.1	0.4	0.3	0.2	-	-	-	-	-
Brésil	0.0	0.0	0.0	-0.1	-0.1	1.0	0.4	0.5	0.1	0.3
Colombie	-	0.0	0.0	0.0	0.0	-	-	-	-	-
Equateur	0.0	0.0	0.0	0.1	0.1	-	-	0.0	-	0.0
Paraguay	-	-	-	-	-	-	-	-	-	-
Pérou	-	.. c	.. c	.. c	.. c	0.0	0.0	-	0.0	-
Uruguay	-	-	-	0.0	0.0	.. c	-	-	-	-
Venezuela	-	-	-	-	-	-	-	-	-	-
ASIE	**10.0**	**7.8**	**8.7**	**33.3**	**49.4**	**0.7**	**0.0**	**2.2**	**2.2**	**9.7**

Tableau 3. Revenus des investissements directs étrangers par pays *(suite)*

Millions de dollars des ÉU

	Entrant					Sortant				
	2014	2015	2016	2017	2018	2014	2015	2016	2017	2018
Proche et Moyen Orient	0.9	3.2	3.9	8.4	9.0	0.0	0.5	1.6	1.2	8.2
Pays du Golfe	0.2	0.3	0.5	3.9	5.7	-0.1	-0.6	0.0	-1.1	0.6
Koweït	0.0	0.0	0.0	0.0	0.0	-	-	-	-	-
Qatar	0.0	0.0	0.0	0.0	0.0	-	-	-	-	-
Arabie saoudite	0.0	0.0	0.0	0.0	0.0	-	-	-	-	-
Emirats Arabes Unis	0.1	0.2	0.4	3.8	5.6	-0.2	-0.2	-0.3	-0.4	-0.1
Autres pays du Proche et Moyen Orient	0.7	2.9	3.4	4.4	3.2	0.1	1.1	1.6	2.3	7.6
Jordanie	.. c	.. c	.. c	.. c	0.0	-	-	-	-	-
Autres pays asiatiques	9.0	4.6	4.8	25.0	40.4	0.7	-0.5	0.6	1.0	1.5
Chine	0.1	0.3	0.2	0.7	3.2	0.3	0.0	-0.1	0.0	0.0
Hong Kong, Chine	-5.9	-5.3	1.6	0.4	-11.6	0.0	0.0	0.2	0.5	0.2
Inde	0.0	0.7	0.1	0.3	0.3	0.2	-0.2	0.0	0.3	0.0
Indonesie	.. c	.. c	0.0	0.0	0.0	0.0	0.0	0.0	0.0	0.0
République islamique d'Iran	-	0.0	0.1	0.0	0.0	-	-	-	-	-
Malaisie	2.1	0.0	0.0	0.1	0.1	-	-	-	-	-
Philippines	-	0.1	-	0.2	0.3	0.0	0.0	0.0	0.0	0.0
Singapour	8.9	6.1	6.6	15.8	33.0	0.1	0.0	-0.1	0.0	0.1
Taipei Chinois	-	-	-0.1	-0.3	0.8	0.0	0.0	0.0	0.0	0.0
Thaïlande	.. c	0.0	0.1	0.1	0.2	0.2	0.2	0.2	0.2	0.2
Viet Nam	-	.. c	.. c	.. c	.. c	-	.. c	-	-	-
AUSTRALIE, OCÉANIE ET RÉGIONS POLAIRES	**-0.6**	**2.5**	**2.3**	**11.9**	**13.6**	**1.9**	**0.6**	**0.2**	**0.1**	**0.2**
TOTAL MONDE non alloué et confidentiel	**1.7**	**2.0**	**1.6**	**1.3**	**2.1**	**0.0**	**0.0**	**0.0**	**0.0**	**-**
Union européenne (UE28)	**1 644.5**	**1 181.1**	**1 370.1**	**1 456.4**	**1 561.9**	**568.8**	**355.8**	**409.5**	**448.4**	**562.6**
Pays du G20 hors Union Européenne	**211.6**	**145.0**	**180.3**	**226.0**	**307.2**	**35.5**	**-4.2**	**32.0**	**11.0**	**11.2**
Pays OCDE du G20	**120.8**	**120.8**	**99.2**	**154.1**	**257.0**	**15.9**	**-15.2**	**2.0**	**4.6**	**7.2**
Pays non-OCDE du G20	**90.8**	**24.2**	**81.1**	**71.9**	**50.2**	**19.6**	**11.0**	**29.9**	**6.4**	**4.0**
Pays MENA	**0.3**	**0.3**	**0.7**	**4.5**	**6.6**	**1.5**	**0.1**	**0.5**	**-0.9**	**1.6**
Pays ANASE	**11.1**	**6.2**	**6.7**	**16.2**	**33.6**	**0.3**	**0.2**	**0.1**	**0.1**	**0.3**

- Néant ; c Donnée confidentielle

Note : Voir les métadonnées détaillées sur : *http://stats.oecd.org/OECDStat_Metadata/ShowMetadata.ashx?Dataset=FDI_CTRY_IND_SUMM&lang=fr*.

1. Informations sur les données concernant Israël : *http://oe.cd/israel-disclaimer*.
2. Note de la Turquie : Les informations figurant dans ce document et faisant référence à « Chypre » concernent la partie méridionale de l'île. Il n'y a pas d'autorité unique représentant à la fois les Chypriotes turcs et grecs sur l'île. La Turquie reconnaît la République Turque de Chypre Nord (RTCN). Jusqu'à ce qu'une solution durable et équitable soit trouvée dans le cadre des Nations Unies, la Turquie maintiendra sa position sur la « question chypriote ».
3. Note de tous les États de l'Union européenne membres de l'OCDE et del'Union européenne : La République de Chypre est reconnue par tous les membres des Nations Unies sauf la Turquie. Les informations figurant dans ce document concernent la zone sous le contrôle effectif du gouvernement de la République de Chypre.

Source : Statistiques de l'OCDE sur l'investissement direct international (base de données) : https://doi.org/10.1787/idi-data-fr

ESTONIE

Tableau 4. Investissement direct étranger : flux par secteur industriel

Millions de dollars des ÉU

	Entrant					Sortant				
	2014	2015	2016	2017	2018	2014	2015	2016	2017	2018
All FDI activities	**683.7**	**35.5**	**1 058.2**	**1 916.8**	**1 474.4**	**42.0**	**182.1**	**486.5**	**872.6**	**48.9**
Agriculture, sylviculture et pêche	**12.5**	**26.0**	**28.1**	**32.5**	**26.7**	**0.9**	**-0.4**	**4.2**	**2.9**	**20.1**
Industries extractives	**19.9**	**-4.3**	**-3.4**	**-3.2**	**3.7**	**69.5**	**-150.0**	**29.6**	**-51.3**	**1.6**
Activités d'extraction	.. c	0.0	0.4	0.1	0.1	61.8	-150.1	29.6	-49.9	1.6
Activités de fabrication	**-128.6**	**167.1**	**215.4**	**858.6**	**245.0**	**-4.0**	**217.1**	**164.5**	**586.6**	**216.8**
dont :										
Produits alimentaires, boissons et tabac	-32.7	59.3	11.3	62.4	61.6	-4.3	46.5	8.2	-35.7	1.2
Textiles, bois, papier, imprimerie	65.8	22.4	95.8	27.8	126.2	-6.2	148.9	5.3	-31.8	71.7
Produits pétroliers, chimiques, pharmaceutiques, caoutchouc, plastique, minéraux	12.1	26.9	-77.6	-15.1	39.5	14.2	-7.6	2.5	-2.4	17.9
Ouvrages en métaux et machines, sauf matériels électriques	-122.1	-13.3	-0.5	73.4	4.8	-12.5	6.9	10.2	1.5	18.2
Automobiles, remorques, semi-remorques, autres matériels de transport	-74.1	30.9	88.5	705.6	24.0	3.2	12.2	112.0	649.5	50.8
Autres activités de fabrication	22.3	41.1	97.8	4.5	-11.0	1.6	10.3	26.2	5.5	57.0
Production et distribution d'électricité, de gaz, de vapeur et de climatisation	**-76.9**	**-51.6**	**-28.4**	**5.0**	**10.8**	**23.1**	**22.0**	**38.1**	**10.9**	**9.4**
Distribution de l'eau ; assainissement, traitement des déchets et dépollution	**5.2**	**-11.3**	**-2.0**	**19.1**	**6.0**	**.. c**	**.. c**	**.. c**	**.. c**	**.. c**
Construction	**-5.0**	**17.6**	**45.2**	**-2.9**	**-59.6**	**24.3**	**14.8**	**-54.7**	**31.9**	**33.3**
Services	**856.2**	**-108.1**	**803.4**	**1 007.8**	**1 241.7**	**-110.2**	**78.0**	**281.2**	**266.3**	**-266.8**
Commerce de gros et de détail ; réparations automobiles et motocycles	422.8	194.3	182.3	334.4	187.3	34.4	23.0	39.8	40.0	150.4
Transport et entreposage	40.3	26.7	2.0	-3.9	157.8	8.7	43.6	11.2	-53.9	28.3
Activités d'hébergement et de restauration	11.8	1.6	9.0	2.6	-0.3	-0.7	-1.8	-1.8	25.5	11.1
Information et communication	52.9	22.3	70.5	142.9	-19.1	-470.5	3.7	-15.0	32.6	44.0
Activités financières et d'assurances	550.0	-427.4	427.6	344.1	1 176.6	168.4	-109.2	15.4	290.3	80.8
Activités des sociétés holding	102.4	5.4	82.5	-14.2	473.6	26.3	-59.7	-16.1	104.5	2.3
Activités immobilières	106.0	24.9	14.9	-29.2	-20.4	100.8	109.0	93.5	72.9	-8.6
Activités professionnelles, scientifiques et techniques	-404.9	-34.1	-12.7	57.2	364.8	58.1	24.1	37.6	-13.3	-614.8
Activités de services administratifs et d'appui	67.6	72.8	104.9	140.6	-627.8	-39.9	-56.6	56.5	-114.5	-26.3
Administration publique; activités des ménages et des organismes extra-territoriaux	-	-	-	-	-	-	-	-	.. c	.. c
Éducation	0.1	1.1	1.7	1.5	1.9	.. c	0.1	.. c	0.9	.. c
Santé humaine et action sociale	1.3	-1.3	-2.9	-0.1	-1.3	.. c	3.4	-0.1	-0.3	.. c
Arts, spectacles et loisirs	6.5	5.4	2.2	14.9	20.7	30.5	34.0	20.6	6.1	20.5
Autres services	2.0	5.5	3.7	3.0	1.6	-0.4	4.7	23.5	-19.6	49.0
Not allocated and confidential	**0.3**	**0.0**	**0.0**	**0.0**	**0.0**	**.. c**	**.. c**	**.. c**	**.. c**	**.. c**
Activités immobilières privées	**-**	**-**	**-**	**-**	**-**	**-**	**-**	**-**	**-**	**-**

- Néant ; c Donnée confidentielle

Note : Voir les métadonnées détaillées sur : *http://stats.oecd.org/OECDStat_Metadata/ShowMetadata.ashx?Dataset=FDI_CTRY_IND_SUMM&lang=fr.*

Source : Statistiques de l'OCDE sur l'investissement direct international (base de données) : https://doi.org/10.1787/idi-data-fr

Tableau 5. Encours des investissement directs étrangers par secteur industriel
En fin d'année

Millions de dollars des ÉU

	Entrant					Sortant				
	2014	2015	2016	2017	2018	2014	2015	2016	2017	2018
All FDI activities	**20 972.1**	**18 956.5**	**19 740.8**	**23 896.4**	**24 828.0**	**6 216.6**	**6 038.9**	**6 299.3**	**7 806.7**	**7 918.8**
Agriculture, sylviculture et pêche	**402.7**	**381.5**	**367.2**	**428.0**	**499.9**	**13.7**	**14.2**	**21.6**	**36.8**	**52.4**
Industries extractives	**93.9**	**81.6**	**76.6**	**80.9**	**88.2**	**160.2**	**76.1**	**101.6**	**109.5**	**105.7**
Activités d'extraction	0.0	0.1	0.5	0.5	0.5	153.3	69.9	97.2	105.9	102.4
Activités de fabrication	**2 545.8**	**2 599.9**	**2 661.9**	**3 156.0**	**3 207.9**	**670.4**	**830.0**	**1 009.0**	**1 217.3**	**1 377.9**
dont :										
Produits alimentaires, boissons et tabac	549.9	584.7	572.9	690.9	719.6	41.0	88.1	111.9	102.3	93.1
Textiles, bois, papier, imprimerie	701.5	656.8	688.6	812.8	874.6	165.9	303.5	296.3	305.9	359.1
Produits pétroliers, chimiques, pharmaceutiques, caoutchouc, plastique, minéraux	290.1	381.2	287.1	331.6	351.5	128.3	103.6	110.3	111.3	119.5
Ouvrages en métaux et machines, sauf matériels électriques	363.4	332.6	305.9	403.8	359.2	43.0	57.0	89.5	59.2	87.6
Automobiles, remorques, semi-remorques, autres matériels de transport	94.3	115.1	195.2	230.0	241.1	253.1	226.8	328.1	556.9	413.2
Autres activités de fabrication	546.7	529.5	612.3	686.0	661.0	30.1	50.9	72.9	01.7	305.4
Production et distribution d'électricité, de gaz, de vapeur et de climatisation	**297.4**	**210.7**	**167.2**	**181.4**	**190.6**	**93.5**	**118.1**	**172.2**	**168.7**	**166.2**
Distribution de l'eau ; assainissement, traitement des déchets et dépollution	**166.5**	**141.6**	**134.9**	**140.2**	**126.5**	**.. c**	**.. c**	**.. c**	**.. c**	**3.0**
Construction	**207.1**	**173.3**	**202.8**	**304.0**	**233.4**	**326.7**	**289.5**	**258.6**	**379.8**	**426.3**
Services	**16 735.9**	**14 858.1**	**15 523.6**	**18 953.2**	**19 654.3**	**4 345.4**	**4 237.9**	**4 231.9**	**5 247.2**	**5 108.0**
Commerce de gros et de détail ; réparations automobiles et motocycles	2 922.2	2 596.9	2 498.6	3 004.6	2 896.5	516.2	485.2	504.1	663.5	735.6
Transport et entreposage	1 101.3	991.9	927.4	987.2	1 095.2	241.7	264.5	238.9	200.9	199.1
Activités d'hébergement et de restauration	107.7	111.0	108.9	134.5	118.9	94.7	85.6	91.5	84.7	88.1
Information et communication	423.5	670.2	689.9	966.7	1 255.0	55.9	76.1	87.5	111.8	143.7
Activités financières et d'assurances	6 094.7	4 900.6	5 424.8	6 807.7	7 539.7	1 001.0	947.8	845.8	1 340.1	1 061.4
Activités des sociétés holding	1 149.1	638.6	1 058.9	1 006.2	958.2	204.0	169.5	137.3	222.1	170.4
Activités immobilières	3 532.7	3 417.7	3 514.1	4 279.4	4 449.9	692.4	774.2	868.2	1 206.9	1 293.5
Activités professionnelles, scientifiques et techniques	1 818.6	1 430.4	1 614.2	1 782.4	1 577.2	82.6	116.2	149.9	142.0	114.0
Activités de services administratifs et d'appui	659.6	666.7	674.1	891.2	618.5	1 531.7	1 326.4	1 332.8	1 383.1	1 295.5
Administration publique; activités des ménages et des organismes extra-territoriaux	-	-	-	-	-	-	-	-	.. c	.. c
Éducation	3.8	2.0	3.5	6.2	6.0	.. c	0.3	0.3	1.8	.. c
Santé humaine et action sociale	35.5	29.5	28.9	32.3	29.9	.. c	.. c	.. c	.. c	.. c
Arts, spectacles et loisirs	24.2	25.3	25.5	43.2	56.7	.. c	153.9	78.0	94.5	113.4
Autres services	12.1	15.8	13.7	17.7	10.8	1.6	5.9	30.9	13.6	59.2
Not allocated and confidential	**451.4**	**470.9**	**532.5**	**683.5**	**827.1**	**.. c**	**.. c**	**.. c**	**.. c**	**679.3**
Activités immobilières privées	-	-	-	-	-	-	-	-	-	-

- Néant ; c Donnée confidentielle

Note : Voir les métadonnées détaillées sur : *http://stats.oecd.org/OECDStat_Metadata/ShowMetadata.ashx?Dataset=FDI_CTRY_IND_SUMM&lang=fr.*

Source : Statistiques de l'OCDE sur l'investissement direct international (base de données) : https://doi.org/10.1787/idi-data-fr

Tableau 6. Revenus des investissements directs étrangers par secteur industriel

Millions de dollars des ÉU

	Entrant					Sortant				
	2014	2015	2016	2017	2018	2014	2015	2016	2017	2018
All FDI activities	**1 916.4**	**1 385.0**	**1 591.0**	**1 712.4**	**1 869.0**	**594.8**	**364.5**	**492.4**	**484.5**	**681.8**
Agriculture, sylviculture et pêche	**1.5**	**22.5**	**9.3**	**14.1**	**23.1**	**0.1**	**-0.3**	**0.3**	**-0.5**	**1.8**
Industries extractives	**7.7**	**3.3**	**3.6**	**6.9**	**8.6**	**0.8**	**.. c**	**29.7**	**1.4**	**0.2**
Activités d'extraction	.. c	0.0	0.5	0.1	0.1	.. c	.. c	.. c	1.2	0.2
Activités de fabrication	**337.7**	**255.3**	**298.2**	**313.1**	**311.2**	**54.1**	**16.3**	**49.3**	**73.9**	**126.0**
dont :										
Produits alimentaires, boissons et tabac	53.4	38.2	44.0	54.0	53.7	3.5	0.6	1.8	2.7	2.9
Textiles, bois, papier, imprimerie	91.6	70.4	80.5	69.2	80.8	25.9	10.4	26.8	23.3	14.7
Produits pétroliers, chimiques, pharmaceutiques, caoutchouc, plastique, minéraux	14.4	28.9	42.8	31.0	47.4	0.1	-16.9	-2.8	-3.9	-0.5
Ouvrages en métaux et machines, sauf matériels électriques	76.2	35.1	43.2	50.8	40.2	-1.3	1.7	-1.0	1.1	5.7
Automobiles, remorques, semi-remorques, autres matériels de transport	25.4	28.4	15.2	48.0	24.1	15.0	16.7	13.9	41.4	47.7
Autres activités de fabrication	76.8	54.4	72.4	60.2	65.0	11.0	3.8	10.5	9.2	55.6
Production et distribution d'électricité, de gaz, de vapeur et de climatisation	**15.2**	**8.4**	**17.6**	**14.3**	**17.9**	**2.6**	**12.0**	**10.0**	**9.7**	**16.0**
Distribution de l'eau ; assainissement, traitement des déchets et dépollution	**11.5**	**8.1**	**13.7**	**15.4**	**11.3**	**.. c**	**.. c**	**.. c**	**.. c**	**.. c**
Construction	**20.5**	**-1.9**	**32.4**	**-3.8**	**5.3**	**25.1**	**31.6**	**18.5**	**16.8**	**16.1**
Services	**1 521.8**	**1 089.3**	**1 216.3**	**1 352.4**	**1 491.7**	**492.9**	**288.1**	**357.8**	**362.6**	**498.7**
Commerce de gros et de détail ; réparations automobiles et motocycles	381.3	234.4	284.8	319.6	313.1	29.8	29.1	61.6	43.2	104.5
Transport et entreposage	90.0	83.3	59.5	51.2	78.2	-28.8	-23.8	-19.8	-6.1	2.3
Activités d'hébergement et de restauration	18.7	10.8	14.3	16.4	15.8	-2.4	-1.4	-3.6	-3.0	-0.5
Information et communication	62.0	111.5	79.6	100.9	102.7	56.0	2.2	2.3	11.7	13.5
Activités financières et d'assurances	539.0	360.6	522.2	493.5	622.9	183.4	101.8	113.5	112.6	171.1
Activités des sociétés holding	53.5	35.6	79.0	31.9	90.4	4.1	2.2	29.3	4.6	9.4
Activités immobilières	178.7	160.3	140.7	145.8	146.4	32.3	32.0	38.0	63.8	57.1
Activités professionnelles, scientifiques et techniques	150.1	74.6	47.5	117.4	105.4	10.7	13.3	13.9	18.3	14.5
Activités de services administratifs et d'appui	94.1	50.3	60.0	90.4	85.9	171.3	92.7	106.0	94.8	105.6
Administration publique; activités des ménages et des organismes extra-territoriaux	-	-	-	-	-	-	-	-	.. c	.. c
Éducation	0.1	0.3	1.1	1.4	1.6	.. c	.. c	.. c	.. c	.. c
Santé humaine et action sociale	3.8	2.1	3.8	3.4	5.4	.. c	.. c	.. c	.. c	.. c
Arts, spectacles et loisirs	0.1	-4.2	-1.7	7.7	13.6	40.7	42.5	45.5	27.4	.. c
Autres services	4.1	5.2	4.5	4.6	0.6	-0.1	0.0	0.0	0.1	.. c
Not allocated and confidential	**0.5**	**-**	**0.0**	**0.0**	**0.0**	**.. c**	**.. c**	**.. c**	**.. c**	**.. c**
Activités immobilières privées	**-**	**-**	**-**	**-**	**-**	**-**	**-**	**-**	**-**	**-**

- Néant ; c Donnée confidentielle

Note : Voir les métadonnées détaillées sur : *http://stats.oecd.org/OECDStat_Metadata/ShowMetadata.ashx?Dataset=FDI_CTRY_IND_SUMM&lang=fr.*

Source : Statistiques de l'OCDE sur l'investissement direct international (base de données) : https://doi.org/10.1787/idi-data-fr

FINLANDE

Tableau 1. Flux d'investissement direct étranger par pays

Millions de dollars des ÉU

	Entrant					Sortant				
	2014	2015	2016	2017	2018	2014	2015	2016	2017	2018
TOTAL MONDE	**18 547.2**	**2 108.7**	**8 573.5**	**2 857.6**	**-2 425.4**	**1 742.1**	**-16 079.9**	**23 694.6**	**-738.4**	**10 950.1**
Pays membres de l'OCDE	**18 276.5**	**2 396.0**	**8 751.5**	**2 567.9**	**-4 195.7**	**3 395.3**	**-13 594.0**	**21 749.4**	**-4 135.9**	**10 652.7**
Australie	.. d	-1.1	.. d	-5.6	13.0	-27.9	179.7	-88.5	-138.7	147.5
Autriche	-205.7	-259.6	112.8	-16.9	246.7	-335.7	42.2	-4.4	-65.4	148.7
Belgique	248.1	158.6	149.3	-208.5	165.2	-1 779.2	-2 326.1	778.5	-3 039.1	2 021.7
Canada	.. d	.. d	-1 133.5	-14.7	-34.2	8.0	-1 023.8	134.9	-359.6	1 025.6
Chili	-	-3.3	-	-21.4	20.1	33.2	.. d	3.3	-11.3	107.4
République Tchèque	1.3	-3.3	17.7	20.3	-10.6	47.8	-4.4	25.4	58.6	73.2
Danemark	1 524.5	-871.9	43.1	417.1	441.4	-91.5	97.6	975.3	441.9	-192.4
Estonie	50.4	-14.4	-29.9	683.1	100.3	189.7	33.3	107.3	657.2	304.5
Finlande	-	-	-	-	-	-	-	-	-	-
France	-92.9	-3.3	-35.4	243.5	-62.6	727.1	213.0	13 415.9	-11 931.0	-1 050.4
Allemagne	-439.2	897.4	557.3	372.0	172.3	-1 183.5	790.9	-767.4	-465.6	-173.5
Grèce	-	-	-	1.1	.. d	-	2.2	-3.3	55.2	-4.7
Hongrie	-	-	5.5	4.5	-20.1	-127.4	-28.8	1.1	10.1	11.8
Islande	-2.7	12.2	.. c	-	.. c	-	-5.5	-1.1	-	-1.2
Irlande	488.3	230.7	-23.2	84.5	-439.0	-1 118.5	-195.2	-1 257.3	582.8	1 811.6
Israël[1]	.. c	298.4	.. d	40.6	-54.3	139.3	.. c	3.3	25.9	23.6
Italie	33.2	55.5	174.7	21.4	152.2	-480.3	494.7	52.0	-449.8	516.9
Japon	92.9	309.5	-3 132.8	-4.5	416.6	-55.7	-15.5	-7.7	328.0	-82.6
Corée	2.7	12.2	-	7.9	34.2	-98.2	26.6	-19.9	-27.1	21.2
Lettonie	151.3	-1.1	-24.3	7.9	11.8	5.3	-10.0	7.7	18.0	34.2
Lituanie	2.7	-2.2	-6.6	-3.4	-2.4	79.6	10.0	61.9	119.5	49.6
Luxembourg	5 645.5	-3 101.5	8 525.9	2 944.4	-180.6	351.6	457.0	1 306.0	-240.1	67.3
Mexique	.. d	.. d	-7.7	2.3	-1.2	26.5	-1.1	-88.5	108.2	370.6
Pays-Bas	5 644.2	867.4	638.1	1 940.0	-2 146.8	3 366.1	-12 035.5	4 201.0	14 293.8	-146.3
Nouvelle-Zélande	.. c	.. c	.. d	3.4	-3.5	-	-	8.8	-48.5	24.8
Norvège	315.8	479.2	397.0	177.0	420.2	49.1	2 970.6	-70.8	-262.7	545.3
Pologne	33.2	17.7	55.3	-4.5	5.9	-43.8	-82.1	140.4	102.6	-114.5
Portugal	-	-	6.6	-5.6	-1.2	18.6	7.8	3.3	-5.6	72.0
République slovaquie	30.5	.. c	47.6	6.8	-49.6	-5.3	20.0	7.7	-15.8	-29.5
Slovénie	-	-	-	-	.. d	-9.3	-1.1	-4.4	6.8	2.4
Espagne	6.6	-2.2	15.5	-30.4	47.2	96.9	13.3	82.9	237.9	-7.1
Suède	2 251.6	2 361.6	656.9	-2 561.2	-3 486.4	2 835.3	-5 355.5	3 347.3	386.7	2 152.7
Suisse	47.8	-46.6	606.0	-267.2	400.1	3 172.4	-2 619.0	-1 417.7	-51.9	30.7
Turquie	-1.3	24.4	-	2.3	8.3	42.5	3 161.4	105.1	81.2	-67.3
Royaume-Uni	1 998.1	261.8	399.2	-65.4	-769.5	-435.2	487.0	-765.2	589.6	53.1
Etats-Unis	159.2	274.0	756.4	-1 205.1	408.4	-1 914.6	1 062.7	1 539.3	-5 008.5	2 904.5
EUROPE	**17 948.8**	**489.2**	**12 383.1**	**3 989.4**	**-3 609.1**	**5 754.3**	**-13 874.7**	**20 653.5**	**1 516.2**	**6 110.0**
Bulgarie	-	-	-	-	-	-	1.1	-1.1	2.3	9.4
Croatie	-	-	-	-	-	1.3	.. d	-2.2	1.1	5.9
Chypre[2, 3]	51.7	-102.1	12.2	22.5	1 345.5	106.1	17.7	5.5	1.1	1.2
Malte	2.7	.. c	.. c	-3.4	.. d	15.9	.. c	69.7	16.9	-3.5
Roumanie	-	-3.3	.. d	-1.1	-2.4	-18.6	-10.0	2.2	-32.7	24.8
Russie	299.9	-520.2	376.0	219.8	44.8	352.9	126.5	176.9	239.0	112.1
Ukraine	-	-	-	-	1.2	-104.8	-13.3	-36.5	10.1	3.5
AFRIQUE	**14.6**	**10.0**	**35.4**	**-41.7**	**-3.5**	**34.5**	**16.6**	**-6.6**	**110.5**	**35.4**
Afrique septentrionale	-	-	-	-	-2.4	-	1.1	-2.2	34.9	22.4
Algérie	-	-	-	-	-	-	-	-	-	-
Egypte	-	-	-	-	-3.5	-	-1.1	-	27.1	16.5
Libye	-	-	-	-	-	-	-	-	-	-
Maroc	-	-	-	-	-	-	2.2	-2.2	4.5	9.4
Tunisie	-	-	-	-	-	-	-	-	3.4	-3.5
Autres pays africains	14.6	10.0	35.4	-41.7	-1.2	34.5	14.4	-5.5	75.5	13.0
Nigéria	-	-	-	-	-	-1.3	-1.1	-1.1	3.4	22.4
Afrique du Sud	.. d	.. d	1.1	-1.1	-2.4	23.9	-	2.2	53.0	1.2
AMÉRIQUE	**388.7**	**920.7**	**-629.2**	**-1 135.2**	**691.6**	**-3 029.1**	**-2 585.7**	**3 133.9**	**-3 520.5**	**4 300.7**
Amérique du Nord	524.1	722.1	-377.1	-1 219.7	374.1	-1 906.6	37.7	1 674.2	-5 368.1	3 930.1
Amérique du Nord	-123.4	210.8	-247.7	98.1	297.4	-1 446.2	-2 567.9	1 618.9	1 720.2	375.3
Bahamas	-	-	-	.. c	24.8	.. d	.. d	-	-	-
Bermudes	.. d	.. c	.. c	.. c	.. c	.. c	.. c	1 703.0	1 614.2	.. d
Îles Cayman	.. c	.. c	.. c	.. c	-5.9	-	-	-	-	-
Costa Rica	-	-	-	-	-	-	-	-	2.3	-1.2
El Salvador	-	-	-	-	-	-	-	-	-1.1	.. d
Guatemala	-	-	-	-	-	.. d	-	-	-3.4	-1.2
Honduras	-	-	-	-	-	.. d	3.3	4.4	1.1	.. d
Nicaragua	-	-	-	-	-	-	-	-	-	-
Panama	-	-	-	-	-	-1.3	1.1	-3.3	-1.1	-1.2
Îles Vierges, US	-	-	-	-	-	-	-	-	-	-
Amérique du Sud	-11.9	-11.1	-4.4	-13.5	20.1	325.1	-55.5	-159.2	126.3	-4.7
Argentine	.. d	.. d	-10.0	9.0	-1.2	-10.6	-2.2	-2.2	18.0	-1.2
Bolivie	-	-	-	-	-	-	-	-	1.1	-
Brésil	.. d	-8.9	-	3.4	-	-53.1	-112.0	-282.0	98.1	100.3
Colombie	-	-	-	-	-	-	-	-	19.2	72.0
Equateur	-	-	-	-	-	.. c	.. c	-8.8	-6.8	-1.2
Paraguay	-	-	-	-	-	-	-	-	2.3	-
Pérou	-	.. d	-	-1.1	-1.2	2.7	5.5	-2.2	-6.8	21.2
Uruguay	-	-	4.4	-3.4	1.2	360.9	26.6	133.8	14.7	-305.7
Venezuela	-	-	-	-	-	.. c	-	-1.1	-	-1.2
ASIE	**216.3**	**651.1**	**-3 157.1**	**48.5**	**491.0**	**-988.5**	**184.1**	**-7.7**	**1 343.7**	**328.1**

Tableau 1. Flux d'investissement direct étranger par pays *(suite)*

Millions de dollars des ÉU

	Entrant					Sortant				
	2014	2015	2016	2017	2018	2014	2015	2016	2017	2018
Proche et Moyen Orient	102.2	294.0	-46.4	49.6	-16.5	192.4	232.9	146.0	136.4	30.7
Pays du Golfe	.. d	-4.4	-53.1	9.0	36.6	45.1	215.2	134.9	118.4	5.9
Koweït	-	-	-	-	1.2	-	-	-	-2.3	-1.2
Qatar	-	-	-	-2.3	3.5	.. c	2.2	3.3	14.7	2.4
Arabie saoudite	-	-4.4	-54.2	21.4	30.7	-	25.5	27.6	86.8	-77.9
Emirats Arabes Unis	1.3	-1.1	1.1	-9.0	3.5	1.3	159.7	14.4	-82.3	62.6
Autres pays du Proche et Moyen Orient	.. c	298.4	6.6	40.6	-53.1	147.3	17.7	10.0	16.9	24.8
Jordanie	-	-	-	-	-	-	-	-	-	-2.4
Autres pays asiatiques	114.1	358.3	-3 109.6	-2.3	507.5	-1 180.8	-49.9	-153.7	1 207.3	297.4
Chine	-10.6	21.1	8.8	-46.2	5.9	-1 379.9	-539.1	109.5	213.1	66.1
Hong Kong, Chine	.. c	.. c	4.4	45.1	28.3	-21.2	112.0	-130.5	10.1	-51.9
Inde	9.3	3.3	13.3	11.3	-10.6	4.0	88.7	-2.2	381.0	54.3
Indonesie	-	-	-	-1.1	-10.6	54.4	43.3	40.9	-15.8	115.7
République islamique d'Iran	-	-	-	-	-	.. c	.. c	.. c	19.2	-38.9
Malaisie	-	-	1.1	-2.3	-1.2	-8.0	6.7	-22.1	32.7	5.9
Philippines	-	-	-	-1.1	-	-5.3	3.3	-8.8	4.5	-
Singapour	-2.7	-3.3	-11.1	-13.5	47.2	429.9	206.3	-19.9	174.7	1.2
Taipei Chinois	.. d	.. d	-1.1	1.1	-3.5	-	.. c	-36.5	7.9	-3.5
Thaïlande	-	-	-	-2.3	1.2	46.4	14.4	-1.1	95.8	225.4
Viet Nam	-	-	-	-	-	-131.4	-	-5.5	9.0	4.7
AUSTRALIE, OCÉANIE ET RÉGIONS POLAIRES	**-22.6**	**-4.4**	**-**	**-2.3**	**9.4**	**-27.9**	**180.8**	**-77.4**	**-187.1**	**175.9**
TOTAL MONDE non alloué et confidentiel	**1.3**	**42.2**	**-58.6**	**-1.1**	**-4.7**	**-1.3**	**-1.1**	**-1.1**	**-1.1**	**-**
Union européenne (UE28)	**17 418.1**	**553.5**	**11 098.1**	**3 865.4**	**-4 470.7**	**2 246.3**	**-17 492.0**	**21 899.8**	**1 335.8**	**5 637.9**
Pays du G20 hors Union Européenne	**2 373.6**	**1 768.2**	**-2 085.6**	**-429.5**	**394.2**	**-4 402.3**	**5 005.0**	**13 579.6**	**-16 198.9**	**4 029.3**
Pays OCDE du G20	**2 084.4**	**2 276.2**	**-2 421.8**	**-645.9**	**337.5**	**-3 393.9**	**5 375.5**	**13 508.8**	**-17 273.1**	**3 659.9**
Pays non-OCDE du G20	**290.6**	**-508.0**	**336.2**	**215.3**	**57.8**	**-1 008.4**	**-369.4**	**70.8**	**1 074.3**	**369.4**
Pays MENA	**1.3**	**-4.4**	**-53.1**	**9.0**	**34.2**	**51.7**	**218.5**	**134.9**	**146.5**	**27.1**
Pays ANASE	**-2.7**	**-3.3**	**-8.8**	**-19.2**	**36.6**	**387.4**	**272.9**	**-17.7**	**297.6**	**350.5**

- Néant ; .. Non disponible ; c Donnée confidentielle ; d Confidentialité Secondaire

Note : Voir les métadonnées détaillées sur : *http://stats.oecd.org/OECDStat_Metadata/ShowMetadata.ashx?Dataset=FDI_CTRY_IND_SUMM&lang=fr*.

1. Informations sur les données concernant Israël : *http://oe.cd/israel-disclaimer*.
2. Note de la Turquie : Les informations figurant dans ce document et faisant référence à « Chypre » concernent la partie méridionale de l'île. Il n'y a pas d'autorité unique représentant à la fois les Chypriotes turcs et grecs sur l'île. La Turquie reconnaît la République Turque de Chypre Nord (RTCN). Jusqu'à ce qu'une solution durable et équitable soit trouvée dans le cadre des Nations Unies, la Turquie maintiendra sa position sur la « question chypriote ».
3. Note de tous les États de l'Union européenne membres de l'OCDE et del'Union européenne : La République de Chypre est reconnue par tous les membres des Nations Unies sauf la Turquie. Les informations figurant dans ce document concernent la zone sous le contrôle effectif du gouvernement de la République de Chypre.

Source : Statistiques de l'OCDE sur l'investissement direct international (base de données) : https://doi.org/10.1787/idi-data-fr

Tableau 2. Encours des investissements directs étrangers par pays
En fin d'année

Millions de dollars des ÉU

	Entrant					Sortant				
	2014	2015	2016	2017	2018	2014	2015	2016	2017	2018
TOTAL MONDE	**93 052.3**	**81 660.3**	**79 930.4**	**89 986.8**	**71 499.9**	**116 746.6**	**94 610.8**	**108 406.2**	**122 661.3**	**127 872.7**
Pays membres de l'OCDE	**87 179.7**	**77 404.5**	**68 168.0**	**76 454.8**	**60 053.8**	**110 849.8**	**92 311.4**	**103 610.2**	**113 506.8**	**118 049.0**
Australie	.. c	.. c	.. c	.. c	19.5	301.1	423.5	431.1	411.4	454.5
Autriche	155.4	-66.4	-50.6	-80.4	40.1	46.1	98.0	121.2	-32.4	4.6
Belgique	117.8	100.2	170.8	155.9	131.7	6 376.5	3 240.1	3 350.9	1 650.3	3 281.4
Canada	2 164.7	2 536.7	1 085.7	1 256.9	2 545.2	2 445.2	1 413.2	1 634.9	1 129.8	1 625.8
Chili	-	-	-	-	-	155.4	144.8	148.6	217.1	263.3
République Tchèque	-	-	9.5	.. c	.. c	191.8	176.4	161.3	241.1	301.1
Danemark	6 314.5	4 782.8	5 656.2	6 622.7	3 535.6	1 144.9	1 502.5	2 076.5	3 087.1	8 264.3
Estonie	35.2	19.6	27.4	115.1	69.8	2 252.2	2 081.7	2 106.0	2 632.5	3 583.7
Finlande	7 450.9	6 561.8	4 711.7	3 192.6	877.0	-	-	-	-	-
France	1 654.8	1 641.8	1 687.6	2 094.0	2 326.5	1 654.8	1 702.8	14 709.6	3 811.5	2 593.3
Allemagne	3 018.3	3 051.7	2 997.8	7 569.0	7 983.7	1 725.2	2 086.0	2 151.4	2 367.5	2 779.9
Grèce	-	-	-	-	-	.. d	.. d	9.5	52.8	46.9
Hongrie	-	-	-	-	-	63.1	31.6	36.9	33.6	30.9
Islande	117.8	.. c	.. c	.. c	.. c	.. c	.. c	.. d	2.4	6.9
Irlande	1 115.8	184.0	1 373.5	1 737.8	2 066.6	13 213.1	12 131.7	9 971.5	12 187.6	12 812.0
Israël[1]	.. c	.. c	.. c	1 661.1	1 086.6	137.2	.. c	.. c	166.7	179.8
Italie	573.1	634.7	937.1	1 077.0	1 199.9	-162.7	292.9	332.0	-10.8	414.5
Japon	.. d	2 059.9	1 467.3	2 019.7	950.3	-37.6	-37.0	-43.2	311.8	224.4
Corée	-	-	-	.. d	49.2	114.1	130.6	109.6	195.5	158.0
Lettonie	-	-	-	.. c	-	241.6	186.2	258.2	221.9	148.8
Lituanie	-	-	-	-	-	462.6	385.4	286.7	458.1	454.5
Luxembourg	2 666.2	2 732.7	2 330.6	2 807.6	2 453.6	3 321.8	1 623.3	2 687.9	2 369.9	2 325.4
Mexique	-	-	-	-	-	106.8	83.8	74.8	181.1	458.0
Pays-Bas	11 032.5	9 304.3	8 122.7	4 317.6	3 335.2	22 316.4	13 921.6	19 254.8	37 856.8	33 501.3
Nouvelle-Zélande	.. d	.. d	-	.. d	9.2	19.4	17.4	.. d	-21.6	27.5
Norvège	1 520.1	1 354.4	971.9	1 314.5	1 483.9	1 370.7	2 409.4	2 452.8	2 203.2	5 512.9
Pologne	.. c	.. c	43.2	.. c	.. c	1 650.0	1 387.0	1 098.3	1 593.9	1 379.7
Portugal	41.3	.. c	3.2	73.2	73.3	24.3	17.4	40.1	19.2	90.5
République slovaquie	-	-	-	-	-	176.0	180.7	165.5	103.1	32.1
Slovénie	-	-	-	-	-	12.1	9.8	6.3	14.4	37.8
Espagne	230.7	424.6	308.8	381.4	420.2	938.5	906.9	940.2	1 290.5	1 198.8
Suède	29 840.2	33 199.8	29 237.9	27 312.3	16 032.7	36 939.0	31 497.0	29 774.4	32 383.1	26 165.6
Suisse	788.0	1 168.2	879.1	1 156.2	985.8	4 514.0	1 436.0	-483.8	596.1	466.0
Turquie	.. d	.. d	.. d	49.2	51.5	185.8	2 798.0	1 997.5	2 432.2	1 826.2
Royaume-Uni	959.1	740.3	746.3	1 101.0	2 585.3	2 435.5	2 154.6	818.0	1 851.8	2 223.5
Etats-Unis	15 273.4	6 792.6	5 332.6	10 308.2	9 617.6	7 196.0	8 310.3	7 051.8	1 958.5	5 175.2
EUROPE	**72 245.0**	**68 972.2**	**63 101.1**	**63 286.2**	**48 291.7**	**104 542.5**	**85 146.4**	**97 972.0**	**113 256.2**	**113 123.4**
Bulgarie	-	-	-	-	-	14.6	15.2	6.3	9.6	17.2
Croatie	-	-	-	-	-	.. d	.. d	-	2.4	8.0
Chypre[2, 3]	.. c	13.1	.. d	6.0	33.2	-10.9	-1.1	1.1	7.2	8.0
Malte	465.0	.. c	.. c	.. c	317.2	377.6	344.0	360.5	427.0	405.3
Roumanie	-	-	-	-	-	109.3	84.9	83.3	58.8	57.2
Russie	2 091.9	1 408.8	1 428.3	1 713.8	1 569.7	2 652.8	2 297.2	2 886.1	2 852.0	2 852.1
Ukraine	-	-	-	-	-	66.8	76.2	150.7	194.3	63.0
AFRIQUE	**224.6**	**178.6**	**.. d**	**115.1**	**71.0**	**131.1**	**149.2**	**160.2**	**386.2**	**415.6**
Afrique septentrionale	-	-	-	-	-	1.2	3.3	5.3	42.0	74.4
Algérie	-	-	-	-	-	-	-	-	1.2	11.5
Egypte	-	-	-	-	-	1.2	-	-	26.4	42.4
Libye	-	-	-	-	-	-	-	-	-	-
Maroc	-	-	-	-	-	.. d	3.3	5.3	12.0	19.5
Tunisie	-	-	-	-	-	-	-	-	2.4	2.3
Autres pays africains	224.6	178.6	242.4	115.1	71.0	129.9	147.0	154.9	343.0	340.1
Nigéria	-	-	-	-	-	1.2	-1.1	-1.1	10.8	32.1
Afrique du Sud	224.6	178.6	242.4	22.8	19.5	60.7	72.9	69.6	203.9	185.5
AMÉRIQUE	**17 632.4**	**9 560.2**	**6 740.8**	**14 173.7**	**13 953.5**	**9 319.4**	**6 840.5**	**7 618.8**	**3 749.1**	**8 613.5**
Amérique du Nord	17 438.1	9 329.3	6 418.3	11 566.3	12 162.8	9 640.0	9 723.5	8 686.6	3 088.3	6 802.2
Amérique du Nord	194.3	230.8	322.5	2 607.3	1 790.7	-1 038.1	-3 436.0	-1 961.6	-466.5	514.1
Bahamas	-	-	-	-	103.0	.. c	.. c	2.1	.. c	-
Bermudes	.. d	.. d	.. d	104.3	29.8	-1 335.5	.. c	-2 085.0	-689.6	35.5
Îles Cayman	.. c	.. c	.. c	2 503.0	1 657.9	-	-	-	-	-
Costa Rica	-	-	-	-	-	-	-	-	1.2	-1.1
El Salvador	-	-	-	-	-	-	-	-	.. d	.. d
Guatemala	-	-	-	-	-	-	-	-	-3.6	-4.6
Honduras	-	-	-	-	-	.. c	.. c	.. c	.. c	.. c
Nicaragua	-	-	-	-	-	-	-	-	-	-
Panama	-	-	-	-	-	.. d	.. d	.. d	21.6	9.2
Îles Vierges, US	-	-	-	-	-	-	-	-	-	-
Amérique du Sud	-	-	-	-	-	716.3	552.0	894.9	1 127.4	1 298.4
Argentine	-	-	-	-	-	23.1	16.3	12.6	36.0	29.8
Bolivie	-	-	-	-	-	-	-	-	1.2	1.1
Brésil	-	-	-	-	-	526.9	348.4	455.4	681.2	863.3
Colombie	-	-	-	-	-	-	-	.. c	32.4	96.2
Equateur	-	-	-	-	-	23.1	25.0	16.9	16.8	20.6
Paraguay	-	-	-	-	-	-	-	-	1.2	-
Pérou	-	-	-	-	-	47.4	45.7	44.3	64.8	85.9
Uruguay	-	-	-	-	-	-60.7	-27.2	214.0	78.0	-64.1
Venezuela	-	-	-	-	-	-	-	.. d	1.2	-1.1
ASIE	**2 917.5**	**2 921.1**	**9 828.2**	**12 374.7**	**9 156.2**	**2 427.0**	**2 028.3**	**2 187.2**	**4 870.5**	**5 226.7**

Tableau 2. Encours des investissements directs étrangers par pays *(suite)*
En fin d'année

Millions de dollars des ÉU

	Entrant					Sortant				
	2014	2015	2016	2017	2018	2014	2015	2016	2017	2018
Proche et Moyen Orient	559.7	548.7	558.7	2 395.1	1 788.4	343.6	362.5	540.7	766.4	743.1
Pays du Golfe	.. d	.. d	.. d	734.0	701.9	189.4	227.5	395.3	591.3	554.2
Koweït	-	-	-	-	-	-	-	-	-2.4	-3.4
Qatar	-	-	-	-	-	4.9	5.4	9.5	26.4	25.2
Arabie saoudite	-	-	-	-	-	138.4	149.2	187.6	353.8	264.5
Emirats Arabes Unis	539.1	532.4	539.7	734.0	701.9	58.3	56.6	94.9	64.8	106.5
Autres pays du Proche et Moyen Orient	.. c	.. c	.. c	1 661.1	1 086.6	154.2	133.9	145.5	176.3	190.1
Jordanie	-	-	-	-	-	-	-	-	-	-2.3
Autres pays asiatiques	2 356.6	2 372.3	9 269.5	9 979.6	7 366.6	2 083.4	1 666.8	1 646.5	4 104.1	4 483.6
Chine	-	-	7 790.7	7 109.6	6 008.7	43.7	-328.8	-318.3	190.7	332.0
Hong Kong, Chine	-	-	-	.. c	24.0	-208.8	-213.4	-296.2	-279.4	-246.2
Inde	-	-	-	747.2	251.9	171.2	121.9	188.7	435.4	485.5
Indonesie	-	-	-	-	-	14.6	67.5	104.4	189.5	289.7
République islamique d'Iran	-	-	-	-	-	-61.9	.. c	.. c	-21.6	-59.5
Malaisie	-	-	-	-	-	69.2	68.6	47.4	130.7	119.1
Philippines	-	-	-	-	-	6.1	8.7	1.1	.. d	2.3
Singapour	.. c	.. c	.. c	21.6	99.6	1 731.3	1 667.9	1 653.8	2 425.0	2 515.5
Taipei Chinois	.. c	301.6	-	-	-17.2	.. c	.. d	.. d	42.0	32.1
Thaïlande	-	-	-	-	-	205.2	202.5	178.1	334.6	550.7
Viet Nam	-	-	-	-	-	3.6	3.3	33.7	55.2	26.3
AUSTRALIE, OCÉANIE ET RÉGIONS POLAIRES	**32.8**	**28.3**	**.. c**	**36.0**	**28.6**	**326.6**	**446.4**	**468.0**	**399.4**	**493.5**
TOTAL MONDE non alloué et confidentiel	**-**	**-**	**.. d**	**1.2**	**-1.1**	**-**	**-**	**-**	**-**	**-**
Union européenne (UE28)	**65 705.9**	**63 883.5**	**58 834.2**	**58 967.4**	**43 564.2**	**95 651.7**	**76 051.2**	**90 808.5**	**104 685.8**	**102 166.2**
Pays du G20 hors Union Européenne	**28 009.3**	**19 092.0**	**23 765.2**	**35 154.7**	**35 179.8**	**19 595.6**	**22 103.4**	**32 853.4**	**19 581.4**	**23 234.5**
Pays OCDE du G20	**25 691.6**	**17 505.7**	**14 303.8**	**25 561.3**	**27 330.0**	**15 961.8**	**19 358.7**	**29 266.4**	**14 640.2**	**17 933.4**
Pays non-OCDE du G20	**2 316.5**	**1 586.3**	**9 461.4**	**9 592.2**	**7 849.8**	**3 632.6**	**2 744.7**	**3 587.0**	**4 941.2**	**5 301.1**
Pays MENA	**539.1**	**532.4**	**539.7**	**734.0**	**701.9**	**201.5**	**241.7**	**413.2**	**640.4**	**634.3**
Pays ANASE	**.. c**	**.. c**	**.. c**	**21.6**	**99.6**	**2 028.8**	**2 019.6**	**2 018.6**	**3 153.0**	**3 516.1**

- Néant ; .. Non disponible ; c Donnée confidentielle ; d Confidentialité Secondaire

Note : Les positions d'IDE entrants sont allouées selon le pays investisseur ultime. Voir les métadonnées détaillées sur : *http://stats.oecd.org/OECDStat_Metadata/ShowMetadata.ashx?Dataset=FDI_CTRY_IND_SUMM&lang=fr.*

1. Informations sur les données concernant Israël : *http://oe.cd/israel-disclaimer.*
2. Note de la Turquie : Les informations figurant dans ce document et faisant référence à « Chypre » concernent la partie méridionale de l'île. Il n'y a pas d'autorité unique représentant à la fois les Chypriotes turcs et grecs sur l'île. La Turquie reconnaît la République Turque de Chypre Nord (RTCN). Jusqu'à ce qu'une solution durable et équitable soit trouvée dans le cadre des Nations Unies, la Turquie maintiendra sa position sur la « question chypriote ».
3. Note de tous les États de l'Union européenne membres de l'OCDE et del'Union européenne : La République de Chypre est reconnue par tous les membres des Nations Unies sauf la Turquie. Les informations figurant dans ce document concernent la zone sous le contrôle effectif du gouvernement de la République de Chypre.

Source : Statistiques de l'OCDE sur l'investissement direct international (base de données) : https://doi.org/10.1787/idi-data-fr

Tableau 3. Revenus des investissements directs étrangers par pays

Millions de dollars des ÉU

	Entrant					Sortant				
	2014	2015	2016	2017	2018	2014	2015	2016	2017	2018
TOTAL MONDE	**6 596.8**	**4 631.2**	**6 491.2**	**8 425.2**	**7 741.1**	**10 942.0**	**7 373.3**	**7 889.0**	**8 836.7**	**10 207.7**
Pays membres de l'OCDE	**6 470.7**	**4 554.6**	**6 489.0**	**8 303.5**	**7 653.7**	**9 838.1**	**6 566.8**	**7 260.9**	**7 703.8**	**9 536.2**
Australie	-	-	-	-1.1	-	29.2	23.3	-17.7	40.6	60.2
Autriche	29.2	-	64.1	92.4	109.8	59.7	33.3	50.9	64.3	123.9
Belgique	41.1	38.8	42.0	29.3	-14.2	403.3	122.0	98.4	347.2	-20.1
Canada	19.9	-362.7	5.5	16.9	4.7	152.6	-32.2	85.1	102.6	98.0
Chili	-	-	-	-	-	46.4	33.3	26.5	16.9	20.1
République Tchèque	-	-	4.4	2.3	-1.2	45.1	31.1	38.7	56.4	44.8
Danemark	598.4	457.0	332.9	520.8	619.6	179.1	221.9	237.8	629.0	315.1
Estonie	-63.7	-17.7	-40.9	9.0	-20.1	265.4	255.1	193.5	294.2	322.2
Finlande	-	-	-	-	-	-	-	-	-	-
France	123.4	48.8	89.6	85.7	125.1	14.6	91.0	-3.3	42.8	66.1
Allemagne	464.4	490.3	321.8	342.7	266.7	285.3	106.5	-261.0	-157.8	-8.3
Grèce	-	-	-	-	-	1.3	3.3	4.4	11.3	5.9
Hongrie	-	-	1.1	-	1.2	1.3	-1.1	2.2	13.5	15.3
Islande	1.3	15.5	-	-	-5.9	4.0	3.3	3.3	-	2.4
Irlande	14.6	15.5	13.3	12.4	-5.9	171.2	64.3	122.7	120.6	92.1
Israël[1]	-2.7	7.8	6.6	40.6	9.4	-27.9	7.8	11.1	11.3	10.6
Italie	66.3	102.1	121.6	147.7	165.2	5.3	15.5	34.3	-50.7	72.0
Japon	130.0	350.5	180.3	162.3	182.9	-4.0	1.1	-	-31.6	16.5
Corée	-	-	-	4.5	4.7	11.9	16.6	7.7	11.3	15.3
Lettonie	-	-	-	-	2.4	8.0	11.1	22.1	40.6	31.9
Lituanie	-	-	-	-	-	25.2	42.2	26.5	36.1	66.1
Luxembourg	-2 181.2	-2 313.9	779.6	710.2	257.3	128.7	186.4	105.1	102.6	67.3
Mexique	-	-	-	-	-	13.3	18.9	-68.6	12.4	47.2
Pays-Bas	3 382.0	1 891.3	520.8	1 485.7	1 575.6	2 096.3	1 812.5	2 552.3	1 789.0	1 455.2
Nouvelle-Zélande	-	-	-	-	-	-	-	1.1	-	5.9
Norvège	151.3	129.8	148.2	112.7	211.3	159.2	44.4	226.7	46.2	328.1
Pologne	-10.6	-8.9	2.2	3.4	3.5	149.9	119.8	125.0	202.9	172.3
Portugal	-	-	-	-	-	8.0	-	6.6	7.9	9.4
République slovaquie	-	2.2	6.6	7.9	2.4	10.6	11.1	7.7	9.0	13.0
Slovénie	-	-	-	-	-	4.0	3.3	2.2	2.3	9.4
Espagne	15.9	12.2	6.6	4.5	9.4	22.6	36.6	74.1	30.4	54.3
Suède	3 062.2	3 232.4	3 435.8	3 948.8	3 543.0	4 646.4	3 109.3	3 079.7	3 182.3	4 764.5
Suisse	120.7	133.1	216.7	168.0	178.2	110.1	88.7	97.3	93.6	88.5
Turquie	1.3	2.2	1.1	1.1	1.2	18.6	325.0	118.3	184.9	110.9
Royaume-Uni	368.8	230.7	146.0	312.3	303.3	268.0	275.1	121.6	130.8	214.8
Etats-Unis	136.7	99.8	87.4	84.5	122.7	555.9	-461.5	154.8	346.1	846.2
EUROPE	**6 261.1**	**4 498.1**	**6 179.4**	**8 047.6**	**7 443.6**	**9 511.7**	**7 325.6**	**7 379.2**	**7 690.2**	**8 880.0**
Bulgarie	-	-	-	-	-	5.3	5.5	-	1.1	-7.1
Croatie	-	-	-	-	-	-	-	-	-	-
Chypre[2, 3]	57.1	23.3	18.8	25.9	42.5	126.0	2.2	1.1	2.3	2.4
Malte	25.2	8.9	17.7	14.7	29.5	17.2	32.2	29.9	10.1	-2.4
Roumanie	-	-	-	-	-	-27.9	-6.7	2.2	5.6	4.7
Russie	-1.3	7.8	-65.2	4.5	61.4	370.2	301.7	231.1	425.0	453.2
Ukraine	-	-	-	-	-	-88.9	-21.1	23.2	19.2	8.3
AFRIQUE	**-**	**-**	**-**	**1.1**	**1.2**	**27.9**	**11.1**	**4.4**	**10.1**	**4.7**
Afrique septentrionale	-	-	-	-	-	-	-1.1	-	4.5	-4.7
Algérie	-	-	-	-	-	-	-	-	-	-1.2
Egypte	-	-	-	-	-	-	-1.1	-	2.3	-2.4
Libye	-	-	-	-	-	-	-	-	-	-
Maroc	-	-	-	-	-	-	-	-	2.3	1.2
Tunisie	-	-	-	-	-	-	-	-	-1.1	-2.4
Autres pays africains	-	-	-	1.1	1.2	27.9	11.1	4.4	5.6	9.4
Nigéria	-	-	-	-	-	-	-	-	-	1.2
Afrique du Sud	-	-	-	-	-	18.6	1.1	4.4	2.3	2.4
AMÉRIQUE	**197.7**	**-236.3**	**120.5**	**170.2**	**103.9**	**764.2**	**-535.8**	**-220.1**	**587.3**	**887.5**
Amérique du Nord	155.2	-261.8	91.8	101.5	128.6	708.5	-493.6	240.0	448.7	944.2
Amérique du Nord	41.1	26.6	28.8	68.8	-24.8	23.9	36.6	-57.5	23.7	53.1
Bahamas	-	-	-	48.5	24.8	2.7	8.9	-	-	-
Bermudes	-	7.8	8.8	1.1	1.2	2.7	2.2	3.3	1.1	1.2
Îles Cayman	41.1	17.7	19.9	16.9	13.0	-	-	-	-	-
Costa Rica	-	-	-	-	-	-	-	-	-	-
El Salvador	-	-	-	-	-	-	-	-	-	-
Guatemala	-	-	-	-	-	-	-	-	-	-
Honduras	-	-	-	-	-	-	3.3	4.4	1.1	1.2
Nicaragua	-	-	-	-	-	-	-	-	-	-
Panama	-	-	-	-	-	-	1.1	-1.1	7.9	-
Îles Vierges, US	-	-	-	-	-	-	-	-	-	-
Amérique du Sud	-	-	-	-	-	31.8	-78.8	-402.5	115.0	-109.8
Argentine	-	-	-	-	-	2.7	2.2	4.4	4.5	-3.5
Bolivie	-	-	-	-	-	-	-	-	-	-
Brésil	-	-	-	-	-	-39.8	-125.3	-319.6	28.2	-7.1
Colombie	-	-	-	-	-	-	-	-	1.1	-
Equateur	-	-	-	-	-	11.9	7.8	-8.8	-1.1	-2.4
Paraguay	-	-	-	-	-	-	-	-	-	-
Pérou	-	-	-	-	-	5.3	7.8	10.0	6.8	9.4
Uruguay	-	-	-	-	-	2.7	-4.4	-113.9	59.7	-127.5
Venezuela	-	-	-	-	-	2.7	-	-	-	-
ASIE	**138.0**	**368.3**	**190.2**	**207.4**	**193.6**	**609.0**	**549.1**	**743.1**	**508.4**	**369.4**

Tableau 3. Revenus des investissements directs étrangers par pays (*suite*)

Millions de dollars des ÉU

	Entrant					Sortant				
	2014	2015	2016	2017	2018	2014	2015	2016	2017	2018
Proche et Moyen Orient	-2.7	7.8	6.6	40.6	9.4	29.2	92.1	98.4	58.6	27.1
Pays du Golfe	-	-	-	-	-	54.4	85.4	87.4	51.9	17.7
Koweït	-	-	-	-	-	-	-	-	-	-
Qatar	-	-	-	-	-	11.9	2.2	6.6	6.8	-5.9
Arabie saoudite	-	-	-	-	-	8.0	43.3	52.0	28.2	23.6
Emirats Arabes Unis	-	-	-	-	-	19.9	31.1	22.1	11.3	-1.2
Autres pays du Proche et Moyen Orient	-2.7	7.8	6.6	40.6	9.4	-23.9	5.5	12.2	7.9	9.4
Jordanie	-	-	-	-	-	-	-	-	-	-2.4
Autres pays asiatiques	140.6	360.5	184.7	166.8	184.1	578.5	458.1	643.6	449.8	342.3
Chine	-	-	-	-	-	42.5	37.7	127.2	-181.5	-62.6
Hong Kong, Chine	-	-	-	1.1	-10.6	164.5	148.6	-36.5	-37.2	-81.4
Inde	6.6	6.7	-	-7.9	-11.8	27.9	14.4	-15.5	56.4	23.6
Indonesie	-	-	-	-	-	2.7	-	15.5	-7.9	16.5
République islamique d'Iran	-	-	-	-	-	-34.5	-1.1	-3.3	-4.5	-11.8
Malaisie	-	-	-	-	-	6.6	4.4	11.1	-14.7	-3.5
Philippines	-	-	-	-	-	2.7	2.2	1.1	2.3	-
Singapour	4.0	3.3	4.4	7.9	20.1	297.2	226.3	561.8	645.9	429.6
Taipei Chinois	-	-	-	-	-	1.3	1.1	-33.2	2.3	-
Thaïlande	-	-	-	-	-	50.4	2.2	3.3	6.8	16.5
Viet Nam	-	-	-	-	-	-	-	-4.4	1.1	2.4
AUSTRALIE, OCÉANIE ET RÉGIONS POLAIRES	**-**	**-**	**-**	**-1.1**	**-**	**30.5**	**23.3**	**-16.6**	**41.7**	**66.1**
TOTAL MONDE non alloué et confidentiel	**-**	**1.1**	**1.1**	**-**	**-1.2**	**-1.3**	**-**	**-1.1**	**-1.1**	**-**
Union européenne (UE28)	**6 009.0**	**4 226.3**	**5 881.9**	**7 754.5**	**7 015.2**	**8 922.6**	**6 586.8**	**6 677.0**	**6 923.7**	**7 885.0**
Pays du G20 hors Union Européenne	**1 316.2**	**977.3**	**886.9**	**1 153.2**	**1 226.2**	**1 784.5**	**655.6**	**268.7**	**988.6**	**1 985.1**
Pays OCDE du G20	**1 310.9**	**961.7**	**952.1**	**1 156.6**	**1 176.7**	**1 352.0**	**380.5**	**170.3**	**633.5**	**1 537.8**
Pays non-OCDE du G20	**6.6**	**14.4**	**-65.2**	**-3.4**	**48.4**	**432.5**	**275.1**	**98.4**	**355.1**	**447.3**
Pays MENA	**-**	**-**	**-**	**-**	**-**	**57.1**	**83.2**	**87.4**	**51.9**	**10.6**
Pays ANASE	**4.0**	**3.3**	**4.4**	**7.9**	**20.1**	**359.6**	**234.1**	**588.3**	**632.4**	**460.3**

- Néant

Note : Voir les métadonnées détaillées sur : *http://stats.oecd.org/OECDStat_Metadata/ShowMetadata.ashx?Dataset=FDI_CTRY_IND_SUMM&lang=fr*.

1. Informations sur les données concernant Israël : *http://oe.cd/israel-disclaimer*.
2. Note de la Turquie : Les informations figurant dans ce document et faisant référence à « Chypre » concernent la partie méridionale de l'île. Il n'y a pas d'autorité unique représentant à la fois les Chypriotes turcs et grecs sur l'île. La Turquie reconnaît la République Turque de Chypre Nord (RTCN). Jusqu'à ce qu'une solution durable et équitable soit trouvée dans le cadre des Nations Unies, la Turquie maintiendra sa position sur la « question chypriote ».
3. Note de tous les États de l'Union européenne membres de l'OCDE et del'Union européenne : La République de Chypre est reconnue par tous les membres des Nations Unies sauf la Turquie. Les informations figurant dans ce document concernent la zone sous le contrôle effectif du gouvernement de la République de Chypre.

Source : Statistiques de l'OCDE sur l'investissement direct international (base de données) : https://doi.org/10.1787/idi-data-fr

FINLANDE

Tableau 4. Investissement direct étranger : flux par secteur industriel

Millions de dollars des ÉU

	Entrant					Sortant				
	2014	2015	2016	2017	2018	2014	2015	2016	2017	2018
All FDI activities	**18 547.2**	**2 108.7**	**8 573.5**	**2 857.6**	**-2 425.4**	**1 742.1**	**-16 079.9**	**23 694.6**	**-738.4**	**10 950.1**
Agriculture, sylviculture et pêche	**-**	**-**	**-**	**-**	**.. c**	**-1.3**	**1.1**	**-2.2**	**.. c**	**.. c**
Industries extractives	**-2.7**	**254.0**	**-1 302.7**	**-124.0**	**.. d**	**-6.6**	**18.9**	**167.0**	**.. d**	**.. d**
Activités d'extraction	-2.7	254.0	-1 302.7	-124.0	93.2	-6.6	18.9	167.0	-1.1	60.2
Activités de fabrication	**5 025.9**	**-1 907.9**	**2 754.6**	**2 058.4**	**-2 198.7**	**1 917.2**	**-11 460.9**	**19 691.5**	**-2 345.8**	**5 122.2**
dont :										
Produits alimentaires, boissons et tabac	33.2	7.8	-117.2	160.1	67.3	104.8	64.3	-285.3	207.4	282.1
Textiles, bois, papier, imprimerie	205.7	-3.3	173.6	-16.9	-1 711.3	1 586.8	392.7	426.8	184.9	-714.0
Produits pétroliers, chimiques, pharmaceutiques, caoutchouc, plastique, minéraux	740.3	1 129.2	882.5	366.4	-525.2	678.0	-74.3	846.0	205.2	507.5
Ouvrages en métaux et machines, sauf matériels électriques	3 876.9	-3 219.1	1 291.6	1 595.1	-230.1	-483.0	-11 691.6	18 451.8	-2 672.8	4 054.1
Automobiles, remorques, semi-remorques, autres matériels de transport	75.6	-120.9	366.0	-62.0	118.0	-1.3	-23.3	2.2	16.9	79.1
Autres activités de fabrication	95.5	299.5	157.0	16.8	81.4	33.2	-128.7	248.8	-288.6	914.7
Production et distribution d'électricité, de gaz, de vapeur et de climatisation	**-505.5**	**.. c**	**210.1**	**195.0**	**79.1**	**-1 722.2**	**-8 153.1**	**1 081.5**	**928.9**	**3 618.6**
Distribution de l'eau ; assainissement, traitement des déchets et dépollution	**-4.0**	**.. d**	**-3.3**	**-2.3**	**8.3**	**2.7**	**-54.4**	**-136.0**	**184.9**	**17.7**
Construction	**-164.5**	**58.8**	**-297.5**	**-127.4**	**-161.7**	**-396.7**	**-203.0**	**-195.7**	**-74.4**	**616.1**
Services	**14 151.5**	**3 575.2**	**7 212.2**	**528.7**	**-263.2**	**1 378.5**	**3 771.5**	**3 088.6**	**445.3**	**1 470.6**
Commerce de gros et de détail ; réparations automobiles et motocycles	1 313.5	-1 414.3	-380.4	1 677.4	-192.4	-4.0	65.4	227.8	-232.2	63.7
Transport et entreposage	185.8	20.0	284.2	134.1	249.0	-61.0	140.9	16.6	-45.1	48.4
Activités d'hébergement et de restauration	.. d	17.7	-6.6	80.0	15.3	13.3	.. c	-	-	-
Information et communication	6 153.6	-505.8	9 870.6	-1 737.1	241.9	-1 654.5	-1 815.9	43.1	-1 281.7	-715.2
Activités financières et d'assurances	1 109.2	4 784.2	-2 866.3	-2 558.9	-731.7	611.6	1 235.7	2 236.0	1 614.2	705.8
Activités des sociétés holding	160.5	734.3	-2 822.1	86.8	-225.4	-37.2	85.4	211.2	326.9	82.6
Activités immobilières	1 429.0	235.2	263.2	2 371.8	552.3	108.8	3 098.2	12.2	-57.5	572.4
Activités professionnelles, scientifiques et techniques	3 728.3	631.2	27.6	84.5	-31.9	1 723.5	604.5	289.7	-75.5	136.9
Activités de services administratifs et d'appui	201.7	-224.1	-64.1	343.8	-256.1	473.7	12.2	136.0	-10.1	357.6
Administration publique; activités des ménages et des organismes extra-territoriaux	-	-	-	-	-	161.9	412.6	127.2	545.6	280.9
Éducation	-	-	-	-	-	-	-	-	-	-
Santé humaine et action sociale	.. d	37.7	87.4	127.4	-105.0	1.3	-	-12.2	2.3	-
Arts, spectacles et loisirs	.. c	-6.7	-4.4	7.9	-3.5	-	.. c	-6.6	-18.0	-2.4
Autres services	-	-	-	-	-	4.0	1.1	19.9	2.3	21.2
Not allocated and confidential	**-1.3**	**128.7**	**-**	**-1.1**	**110.9**	**-53.1**	**-**	**-**	**5.6**	**105.0**
Activités immobilières privées	**47.8**	**-**	**-**	**330.3**	**-**	**623.6**	**-**	**-**	**117.2**	**-**

- Néant ; .. Non disponible ; c Donnée confidentielle ; d Confidentialité Secondaire

Note : Voir les métadonnées détaillées sur : *http://stats.oecd.org/OECDStat_Metadata/ShowMetadata.ashx?Dataset=FDI_CTRY_IND_SUMM&lang=fr.*

Source : Statistiques de l'OCDE sur l'investissement direct international (base de données) : https://doi.org/10.1787/idi-data-fr

FINLANDE

Tableau 5. Encours des investissement directs étrangers par secteur industriel

En fin d'année

Millions de dollars des ÉU

	Entrant					Sortant				
	2014	2015	2016	2017	2018	2014	2015	2016	2017	2018
All FDI activities	**93 052.3**	**81 660.3**	**79 930.4**	**89 986.8**	**71 499.9**	**116 746.6**	**94 610.8**	**108 406.2**	**122 661.3**	**127 872.7**
Agriculture, sylviculture et pêche	**-**	**-**	**-**	**-**	**.. c**	**149.3**	**.. c**	**.. c**	**.. c**	**.. c**
Industries extractives	**2 181.7**	**2 456.2**	**1 853.1**	**2 401.1**	**.. d**	**585.2**	**.. d**	**.. d**	**.. d**	**.. d**
Activités d'extraction	2 181.7	2 456.2	1 853.1	2 401.1	2 413.6	585.2	505.2	436.4	477.3	585.1
Activités de fabrication	**30 161.9**	**21 722.4**	**23 635.5**	**34 032.1**	**25 413.3**	**57 683.1**	**40 485.6**	**57 161.4**	**64 925.6**	**62 057.5**
dont :										
Produits alimentaires, boissons et tabac	1 396.2	1 986.9	1 256.5	1 527.9	1 566.3	3 094.7	2 878.6	1 639.1	2 079.6	2 170.8
Textiles, bois, papier, imprimerie	1 836.9	2 348.4	3 492.1	4 108.9	2 122.7	14 013.1	11 865.0	12 492.9	13 474.5	12 421.6
Produits pétroliers, chimiques, pharmaceutiques, caoutchouc, plastique, minéraux	8 366.4	8 019.6	7 982.5	9 425.5	8 615.8	7 358.7	6 509.5	7 279.4	8 732.3	8 449.7
Ouvrages en métaux et machines, sauf matériels électriques	16 309.0	6 824.2	9 202.1	16 392.4	10 234.7	30 623.2	17 371.8	34 582.1	38 118.3	34 950.8
Automobiles, remorques, semi-remorques, autres matériels de transport	161.5	119.8	306.7	435.4	597.7	-23.1	-33.8	5.3	197.9	208.4
Autres activités de fabrication	2 093.1	2 423.5	1 394.5	2 140.8	2 276.2	2 616.4	1 894.4	1 162.6	2 323.1	3 856.2
Production et distribution d'électricité, de gaz, de vapeur et de climatisation	**-104.4**	**3 119.2**	**3.2**	**1 283.3**	**1 227.4**	**16 869.9**	**11 488.3**	**11 238.5**	**14 346.4**	**16 289.2**
Distribution de l'eau ; assainissement, traitement des déchets et dépollution	**.. d**	**19.6**	**16.9**	**16.8**	**26.3**	**190.6**	**450.7**	**63.2**	**239.9**	**247.3**
Construction	**483.2**	**731.6**	**659.9**	**899.5**	**841.5**	**1 120.6**	**419.2**	**322.5**	**321.4**	**997.3**
Services	**58 972.5**	**52 462.7**	**52 648.9**	**49 737.3**	**40 005.7**	**37 733.0**	**38 949.4**	**36 933.7**	**39 660.6**	**45 085.9**
Commerce de gros et de détail ; réparations automobiles et motocycles	6 792.9	4 351.7	3 593.3	6 110.6	5 374.4	2 401.5	2 916.7	2 422.3	2 619.3	3 405.1
Transport et entreposage	594.9	553.1	874.9	1 113.0	1 187.3	.. d	875.3	441.7	435.4	385.8
Activités d'hébergement et de restauration	492.9	455.1	381.6	549.3	572.5	.. c	.. c	.. c	-	-
Information et communication	7 755.7	8 859.0	14 733.8	14 074.1	12 944.8	8 139.3	10 639.1	7 353.2	6 874.6	6 000.7
Activités financières et d'assurances	29 087.4	28 289.6	25 317.8	14 137.7	6 648.7	7 591.8	5 464.3	21 625.4	24 288.8	28 492.1
Activités des sociétés holding	.. d	1 463.3	.. d	199.1	147.7	688.4	491.0	1 065.7	1 379.2	1 303.0
Activités immobilières	4 974.2	4 264.6	3 540.6	8 728.7	8 202.4	524.5	1 780.1	1 414.6	1 212.5	1 777.0
Activités professionnelles, scientifiques et techniques	6 614.4	3 488.3	1 848.8	2 356.7	2 040.3	15 742.0	14 622.8	1 196.4	1 279.7	1 130.1
Activités de services administratifs et d'appui	2 315.3	1 892.2	1 473.6	2 122.8	1 859.4	2 021.5	1 725.6	1 408.2	1 674.3	2 238.4
Administration publique; activités des ménages et des organismes extra-territoriaux	-	-	-	-	-	59.5	458.4	626.1	1 147.8	1 353.3
Éducation	-	-	-	-	-	-	-	-	-	-
Santé humaine et action sociale	295.0	273.3	874.9	526.5	1 161.0	.. c	.. c	325.7	-	158.0
Arts, spectacles et loisirs	48.6	35.9	9.5	16.8	14.9	-	.. d	.. d	34.8	24.0
Autres services	-	-	-	-	-	68.0	64.2	82.2	92.3	121.4
Not allocated and confidential	**76.5**	**-**	**1.1**	**-**	**.. c**	**-4.9**	**647.8**	**586.1**	**652.4**	**.. c**
Activités immobilières privées	**1 280.9**	**1 148.6**	**1 112.0**	**1 616.7**	**1 543.4**	**2 419.7**	**2 169.8**	**2 100.8**	**2 515.0**	**2 401.0**

- Néant ; .. Non disponible ; c Donnée confidentielle ; d Confidentialité Secondaire

Note : Voir les métadonnées détaillées sur : *http://stats.oecd.org/OECDStat_Metadata/ShowMetadata.ashx?Dataset=FDI_CTRY_IND_SUMM&lang=fr.*

Source : Statistiques de l'OCDE sur l'investissement direct international (base de données) : https://doi.org/10.1787/idi-data-fr

FINLANDE

Tableau 6. Revenus des investissements directs étrangers par secteur industriel

Millions de dollars des ÉU

	Entrant					Sortant				
	2014	2015	2016	2017	2018	2014	2015	2016	2017	2018
All FDI activities	**6 596.8**	**4 631.2**	**6 491.2**	**8 425.2**	**7 741.1**	**10 942.0**	**7 373.3**	**7 889.0**	**8 836.7**	**10 207.7**
Agriculture, sylviculture et pêche	**-**	**-**	**-**	**-**	**1.2**	**-1.3**	**1.1**	**-2.2**	**1.1**	**36.6**
Industries extractives	**11.9**	**-392.7**	**-63.0**	**36.1**	**116.8**	**-8.0**	**22.2**	**21.0**	**14.7**	**33.0**
Activités d'extraction	11.9	-392.7	-63.0	36.1	116.8	-8.0	22.2	21.0	14.7	33.0
Activités de fabrication	**4 016.2**	**931.8**	**1 819.1**	**3 048.1**	**3 089.8**	**4 674.3**	**2 387.1**	**2 466.0**	**4 566.6**	**4 619.4**
dont :										
Produits alimentaires, boissons et tabac	180.4	181.9	125.0	217.6	310.4	108.8	246.3	128.3	175.9	131.0
Textiles, bois, papier, imprimerie	118.1	147.5	188.0	267.2	231.3	1 021.6	610.1	1 200.9	1 400.1	1 069.3
Produits pétroliers, chimiques, pharmaceutiques, caoutchouc, plastique, minéraux	1 675.7	1 247.9	1 033.9	1 057.4	1 301.8	823.9	686.6	1 153.4	820.7	1 022.1
Ouvrages en métaux et machines, sauf matériels électriques	1 574.9	-1 382.1	204.6	1 203.9	738.8	2 535.5	764.3	-269.8	2 179.0	2 201.1
Automobiles, remorques, semi-remorques, autres matériels de transport	50.4	-21.1	-85.1	7.9	55.5	-1.3	-1.1	-1.1	2.3	5.9
Autres activités de fabrication	417.9	757.6	352.8	293.1	453.2	185.8	79.9	254.3	-11.3	190.0
Production et distribution d'électricité, de gaz, de vapeur et de climatisation	**-50.4**	**-115.4**	**-55.3**	**293.1**	**134.5**	**1 069.4**	**658.9**	**374.9**	**560.3**	**794.3**
Distribution de l'eau ; assainissement, traitement des déchets et dépollution	**-4.0**	**-3.3**	**-5.5**	**2.3**	**1.2**	**1.3**	**-35.5**	**10.0**	**2.3**	**1.2**
Construction	**45.1**	**126.5**	**-18.8**	**47.3**	**69.6**	**659.4**	**686.6**	**559.5**	**280.7**	**279.7**
Services	**2 576.6**	**4 083.2**	**4 813.7**	**4 998.3**	**4 327.9**	**4 541.6**	**3 651.7**	**4 460.9**	**3 411.1**	**4 442.3**
Commerce de gros et de détail ; réparations automobiles et motocycles	760.2	454.8	613.7	617.7	636.1	218.9	203.0	310.7	227.7	166.4
Transport et entreposage	-23.9	43.3	82.9	121.7	139.3	120.7	10.0	49.8	-9.0	8.3
Activités d'hébergement et de restauration	23.9	13.3	32.1	39.5	17.7	13.3	12.2	-	-	-
Information et communication	-1 563.0	325.0	860.3	1 098.0	922.9	636.9	612.3	1 387.8	392.3	311.6
Activités financières et d'assurances	2 826.1	2 961.7	2 855.2	2 360.5	1 671.2	1 284.3	768.7	2 376.4	2 456.3	3 539.5
Activités des sociétés holding	217.6	656.7	504.3	25.9	-56.7	103.5	51.0	49.8	80.0	190.0
Activités immobilières	95.5	138.7	170.3	387.8	504.0	29.2	76.5	103.9	90.2	31.9
Activités professionnelles, scientifiques et techniques	229.5	74.3	66.4	116.1	164.1	2 104.3	1 848.0	96.2	18.0	116.8
Activités de services administratifs et d'appui	232.2	116.5	112.8	162.3	253.7	112.8	89.9	100.6	195.0	236.0
Administration publique; activités des ménages et des organismes extra-territoriaux	-	-	-	-	-	13.3	22.2	35.4	36.1	26.0
Éducation	-	-	-	-	-	-	-	-	-	-
Santé humaine et action sociale	-6.6	-44.4	26.5	100.3	24.8	-	-	-	-	-
Arts, spectacles et loisirs	2.7	1.1	-5.5	-5.6	-7.1	-	-	-3.3	-7.9	-4.7
Autres services	-	-	-	-	-	9.3	6.7	4.4	11.3	11.8
Not allocated and confidential	**1.3**	**1.1**	**1.1**	**-**	**-**	**5.3**	**1.1**	**-1.1**	**-**	**1.2**
Activités immobilières privées	**-**	**-**	**-**	**-**	**-**	**-**	**-**	**-**	**-**	**-**

- Néant

Note : Voir les métadonnées détaillées sur : *http://stats.oecd.org/OECDStat_Metadata/ShowMetadata.ashx?Dataset=FDI_CTRY_IND_SUMM&lang=fr*.

Source : Statistiques de l'OCDE sur l'investissement direct international (base de données) : https://doi.org/10.1787/idi-data-fr

FRANCE

Tableau 1. Flux d'investissement direct étranger par pays

Millions de dollars des ÉU

	Entrant					Sortant				
	2014	2015	2016	2017	2018	2014	2015	2016	2017	2018
TOTAL MONDE	**2 669.5**	**45 354.4**	**23 054.3**	**29 811.7**	**37 285.5**	**49 785.1**	**53 205.8**	**64 784.9**	**41 270.4**	**102 407.6**
Pays membres de l'OCDE	**6 526.5**	**38 489.2**	**22 293.5**	**28 124.2**	**37 285.5**	**42 336.5**	**44 911.8**	**55 650.8**	**41 552.2**	**102 407.6**
Australie	244.1	174.2	497.6	-547.9	-256.1	1 342.7	78.8	-742.0	1 675.1	6 759.1
Autriche	-319.8	-393.8	142.7	81.2	-1 371.4	25.2	1 134.8	181.4	335.9	1 267.6
Belgique	-594.4	4 128.7	-5 049.2	417.1	-500.4	-3 922.0	-1 919.0	8 497.2	-13 043.6	2 641.3
Canada	39.8	-556.9	320.7	1 364.0	1 661.7	1 068.1	230.7	369.3	1 830.7	-2 191.7
Chili	350.3	120.9	74.1	11.3	..	258.7	402.7	-94.0	1 749.5	1 131.8
République Tchèque	-582.5	-221.9	102.8	-120.6	-67.3	342.3	188.6	421.3	417.1	575.9
Danemark	-711.2	429.3	320.7	196.1	109.8	183.1	1 453.1	424.6	901.8	4 376.3
Estonie	..	..	..	..	..	..	..	..	..	..
Finlande	339.7	-176.4	13 714.5	-11 200.5	-2 379.3	-208.3	248.5	34.3	1 201.7	-429.6
France	-	-	-	-	-	-	-	-	-	-
Allemagne	-2 433.3	5 961.2	5 461.7	10 157.8	2 733.4	-585.1	3 456.5	10 055.3	7 722.9	-1 007.9
Grèce	..	..	-70.8	240.1	-267.9	-63.7	201.9	77.4	-197.3	-115.7
Hongrie	-10.6	18.9	10.0	15.8	204.2	-260.1	105.4	-209.0	-280.7	587.7
Islande	-33.2	..	..	..	..	..	..	..	..	..
Irlande	6 724.2	-1 812.5	-750.9	1 198.3	-1 906.1	2 560.7	2 940.7	-2 332.2	2 831.7	2 343.9
Israël[1]	-87.6	-7.8	59.7	49.6	28.3	130.0	179.7	243.3	-169.1	118.0
Italie	5.3	1 368.8	3 314.2	465.6	1 562.6	2 818.1	7 401.0	13 788.6	2 631.0	31 930.8
Japon	514.8	129.8	1 006.3	1 111.5	577.1	2 018.0	37.7	1 712.9	2 937.7	1 971.0
Corée	65.0	309.5	237.8	77.8	382.4	143.3	241.8	-531.9	648.2	764.8
Lettonie	-	-1.1	..	..	..	..	39.9	..	..	..
Lituanie	..	..	..	..	..	54.4	-1 048.3	-32.1	32.7	38.9
Luxembourg	7 195.2	2 434.8	13 760.9	-3 415.6	28 995.6	-3 449.6	3 783.7	-3 212.4	12 751.7	-1 979.2
Mexique	78.3	-313.9	161.5	-74.4	-212.4	-54.4	-577.9	127.2	1 544.4	308.0
Pays-Bas	-2 790.2	-6 681.1	-4 129.2	2 978.2	6 565.6	18 013.8	3 947.9	4 009.7	6 490.8	26 203.2
Nouvelle-Zélande	..	..	78.5	-7.9	-62.6	25.2	92.1	36.5	-12.4	33.0
Norvège	207.0	292.8	76.3	240.1	627.9	1 444.9	-7.8	-412.5	-1 892.7	-1 648.8
Pologne	-79.6	-754.3	-806.1	968.3	233.7	2 118.9	1 432.1	1 184.3	-480.2	1 262.8
Portugal	-6.6	323.9	123.9	217.6	-148.7	818.6	949.5	-614.8	162.3	48.4
République slovaquie	..	..	-18.8	..	..	772.2	-76.5	131.6	65.4	410.7
Slovénie	..	..	..	..	..	13.3	-51.0	34.3	116.1	43.7
Espagne	-6 242.5	2 126.5	-241.1	3 156.4	972.5	-870.4	3 673.9	4 780.5	-195.0	1 553.2
Suède	-424.6	1 180.3	802.8	20.3	-125.1	-338.3	-127.6	834.9	3 628.7	107.4
Suisse	-5 942.7	22 381.6	2 109.9	189.4	4 054.1	-5 202.3	-513.6	3 236.8	1 588.3	7 599.4
Turquie	..	217.4	-105.1	-95.8	-4.7	224.2	603.4	-474.4	651.6	546.4
Royaume-Uni	9 652.4	14 600.1	-972.0	20 597.5	5 923.5	11 582.9	7 351.1	-1 291.6	11 745.0	13 286.9
Etats-Unis	1 367.9	-6 761.0	-7 935.4	-211.9	-9 835.9	11 309.5	8 012.2	15 409.7	-5 824.6	-9 675.4
EUROPE	**4 248.4**	**46 619.0**	**27 703.2**	**25 768.2**	**45 783.1**	**25 993.1**	**36 703.3**	**43 957.8**	**38 851.3**	**91 104.7**
Bulgarie	..	..	..	..	..	-244.1	67.7	207.9	-68.8	69.6
Croatie	..	..	..	..	..	-21.2	42.2	28.8	-475.7	-1.2
Chypre[2, 3]	-314.4	644.5	-149.3	232.2	147.5	-8.0	1 296.7	653.5	-45.1	492.2
Malte	-118.1	495.8	179.1	-653.8	454.4	-656.8	45.5	71.9	24.8	74.4
Roumanie	..	..	..	..	..	82.3	234.1	89.6	230.0	554.7
Russie	453.8	139.8	-94.0	352.8	-118.0	1 176.9	890.7	3 626.0	1 650.3	417.8
Ukraine	..	..	..	..	..	-303.8	-2.2	170.3	60.9	92.1
AFRIQUE	**342.3**	**-249.6**	**-631.4**	**276.2**	**-1 212.1**	**-283.9**	**7 671.7**	**303.0**	**-2 344.7**	**-4 827.1**
Afrique septentrionale	396.7	1.1	-371.6	-34.9	47.2	-4 172.7	904.0	820.5	125.1	-808.5
Algérie	139.3	125.3	-328.4	44.0	-18.9	-46.4	245.1	70.8	205.2	334.0
Egypte	82.3	-14.4	-8.8	-77.8	-132.2	510.8	-239.6	160.3	-664.0	-704.6
Libye	14.6	1.1	8.8	6.8	5.9	88.9	-128.7	14.4	..	-348.2
Maroc	179.1	-51.0	-43.1	-25.9	147.5	-4 922.4	834.2	505.4	786.8	-102.7
Tunisie	-18.6	..	1.1	18.0	46.0	195.0	193.0	69.7	144.3	14.2
Autres pays africains	-54.4	-250.7	-259.9	311.1	-1 260.5	3 888.8	6 767.6	-517.5	-2 469.8	-4 018.6
Nigéria	..	..	..	..	..	898.2	-278.4	235.5	-307.7	-295.1
Afrique du Sud	..	..	150.4	-219.8	16.5	1 150.3	754.3	181.4	91.3	-388.3
AMÉRIQUE	**1 241.9**	**-7 181.4**	**-8 503.8**	**1 144.2**	**-7 938.2**	**14 252.4**	**3 317.8**	**22 464.9**	**4 417.8**	**8 475.2**
Amérique du Nord	1 407.7	-7 317.8	-7 614.7	1 152.1	-8 174.2	12 377.6	8 242.9	15 779.1	-3 993.9	-11 867.1
Amérique du Nord	-439.2	-118.7	-940.0	-42.8	494.5	-4 535.0	149.8	3 250.0	2 522.8	17 021.1
Bahamas	..	..	..	..	..	-1 233.9	631.2	-53.1	..	..
Bermudes	..	..	-140.4	..	..	-2 705.3	-110.9	1 093.7	472.3	16 682.4
Îles Cayman	103.5	-112.0	-38.7	16.9	122.7	..	43.3	2 190.6	-36.1	-70.8
Costa Rica	..	..	..	..	..	..	..	..	..	..
El Salvador	..	..	..	..	..	..	..	..	..	..
Guatemala	..	..	..	..	..	..	..	..	..	..
Honduras	..	..	..	..	..	..	..	..	..	..
Nicaragua	..	..	..	..	..	..	..	..	..	..
Panama	98.2	23.3	-	29.3	-11.8	524.1	221.9	-282.0	166.8	123.9
Îles Vierges, US	-	-	-	-	-	..	..	..	..	..
Amérique du Sud	..	254.0	50.9	34.9	-258.5	6 409.7	-5 074.9	3 435.8	5 888.9	3 321.1
Argentine	..	..	..	..	..	825.3	431.5	-66.4	452.0	-241.9
Bolivie	..	..	..	..	..	58.4	-401.6	-23.2	421.6	-50.7
Brésil	25.2	122.0	-31.0	143.2	136.9	5 231.5	-5 851.4	2 239.3	2 641.2	1 173.1
Colombie	..	..	..	..	..	-31.8	203.0	68.6	-19.2	227.8
Equateur	-13.3	..	-	..	..	..	..	..	..	..
Paraguay	..	..	..	..	..	..	..	..	..	..
Pérou	..	..	..	..	..	15.9	17.7	1 427.6	491.5	48.4
Uruguay	..	..	..	..	..	33.2	-24.4	5.5	-107.1	-4.7
Venezuela	..	..	..	..	..	8.0	240.7	-96.2	275.1	917.0
ASIE	**-4 535.0**	**4 846.4**	**3 891.4**	**3 163.1**	**787.2**	**8 492.8**	**4 939.5**	**-1 118.0**	**-3 169.9**	**1 216.8**

Tableau 1. Flux d'investissement direct étranger par pays *(suite)*

Millions de dollars des ÉU

	Entrant					Sortant				
	2014	2015	2016	2017	2018	2014	2015	2016	2017	2018
Proche et Moyen Orient	-5 890.9	2 776.5	612.6	1 720.2	-383.6	1 411.7	-1 468.7	1 089.2	-650.4	1 709.0
Pays du Golfe	-6 095.3	1 697.2	801.7	569.3	-695.1	1 276.4	-2 067.7	884.7	-617.7	898.1
Koweït	1.3	..	..	..	188.8	..	..	5.5	..	98.0
Qatar	-152.6	787.6	1 425.4	862.4	-770.7	77.0	-397.1	353.9	-1 743.9	1 235.7
Arabie saoudite	-107.5	237.4	38.7	28.2	-3.5	1 491.3	989.5	278.7	-436.3	505.1
Emirats Arabes Unis	-5 814.0	738.8	-557.3	-304.4	-90.9	-481.6	-536.9	257.7	1 539.8	-396.6
Autres pays du Proche et Moyen Orient	204.3	1 079.3	-189.1	1 150.9	311.6	136.7	599.0	204.6	-32.7	812.0
Jordanie	..	..	..	..	..	2.7	25.5	-7.7	-5.6	315.1
Autres pays asiatiques	1 356.0	2 069.9	3 277.7	1 442.9	1 170.8	7 081.1	6 408.2	-2 207.2	-2 520.6	-492.2
Chine	-70.3	620.1	226.7	157.8	179.4	1 934.5	826.4	593.8	-153.3	-213.6
Hong Kong, Chine	1 312.2	17.7	1 612.3	951.4	330.5	189.7	1 802.6	-2 101.1	-523.1	193.6
Inde	..	91.0	-86.3	-32.7	-20.1	1 061.4	1 096.0	-246.6	421.6	225.4
Indonesie	..	..	173.6	382.1	67.3	298.5	-518.0	-632.5	-1 135.2	-1 079.9
République islamique d'Iran	525.4	-480.3	-54.2	177.0	-203.0	-53.1	-136.4	-73.0	109.3	-88.5
Malaisie	..	-	-1.1	232.2	22.4	256.1	-164.2	-39.8	-91.3	282.1
Philippines	..	1 251.2	-8.8	..	..	-388.7	-49.9	-869.2	32.7	-87.3
Singapour	-1 222.0	339.4	94.0	-254.8	-92.1	1 373.2	611.2	178.0	-2 241.0	-807.3
Taipei Chinois	47.8	-4.4	39.8	20.3	-4.7	88.9	62.1	36.5	83.4	134.5
Thaïlande	376.8	..	42.0	-69.9	-20.1	514.8	-1 192.5	200.2	-559.1	-776.6
Viet Nam	-153.9	..	..	..	-8.3	49.1	-127.6	-75.2	130.8	-11.8
AUSTRALIE, OCÉANIE ET RÉGIONS POLAIRES	**270.7**	**156.4**	**597.1**	**-542.2**	**-131.0**	**1 340.1**	**567.9**	**-800.6**	**3 517.1**	**6 438.1**
TOTAL MONDE non alloué et confidentiel	**1 101.2**	**1 163.6**	**-2.2**	**2.3**	**-3.5**	**-9.3**	**5.5**	**-22.1**	**-1.1**	**-**
Union européenne (UE28)	**9 393.7**	**23 719.4**	**25 597.7**	**25 426.7**	**41 075.2**	**28 786.0**	**36 809.8**	**37 707.6**	**36 523.5**	**84 445.9**
Pays du G20 hors Union Européenne	**9 502.5**	**16 402.7**	**2 365.4**	**33 680.5**	**2 786.5**	**43 038.3**	**25 454.2**	**44 397.9**	**29 094.8**	**43 089.8**
Pays OCDE du G20	**9 404.3**	**15 128.1**	**1 986.1**	**32 843.0**	**2 531.6**	**29 867.3**	**26 835.3**	**38 424.2**	**25 563.1**	**42 692.1**
Pays non-OCDE du G20	**98.2**	**1 274.5**	**379.3**	**836.4**	**256.1**	**13 171.0**	**-1 379.9**	**5 973.7**	**3 531.7**	**397.7**
Pays MENA	**-5 419.9**	**2 766.5**	**165.9**	**1 601.8**	**-323.4**	**-2 831.4**	**-1 110.4**	**1 747.2**	**-379.9**	**591.3**
Pays ANASE	**-996.4**	**1 386.6**	**291.9**	**-1 026.9**	**-63.7**	**2 195.8**	**604.5**	**-1 198.7**	**-5 840.4**	**-2 888.0**

- Néant ; .. Non disponible

Note : Voir les métadonnées détaillées sur : *http://stats.oecd.org/OECDStat_Metadata/ShowMetadata.ashx?Dataset=FDI_CTRY_IND_SUMM&lang=fr*.

1. Informations sur les données concernant Israël : *http://oe.cd/israel-disclaimer*.
2. Note de la Turquie : Les informations figurant dans ce document et faisant référence à « Chypre » concernent la partie méridionale de l'île. Il n'y a pas d'autorité unique représentant à la fois les Chypriotes turcs et grecs sur l'île. La Turquie reconnaît la République Turque de Chypre Nord (RTCN). Jusqu'à ce qu'une solution durable et équitable soit trouvée dans le cadre des Nations Unies, la Turquie maintiendra sa position sur la « question chypriote ».
3. Note de tous les États de l'Union européenne membres de l'OCDE et del'Union européenne : La République de Chypre est reconnue par tous les membres des Nations Unies sauf la Turquie. Les informations figurant dans ce document concernent la zone sous le contrôle effectif du gouvernement de la République de Chypre.

Source : Statistiques de l'OCDE sur l'investissement direct international (base de données) : https://doi.org/10.1787/idi-data-fr

Tableau 2. Encours des investissements directs étrangers par pays
En fin d'année

Millions de dollars des ÉU

	Entrant					Sortant				
	2014	2015	2016	2017	2018	2014	2015	2016	2017	2018
TOTAL MONDE	**700 064.6**	**687 394.7**	**694 881.4**	**818 545.2**	**824 987.4**	**1 294 220.9**	**1 268 227.5**	**1 284 859.3**	**1 466 602.3**	**1 507 861.2**
Pays membres de l'OCDE	**660 183.9**	**635 455.6**	**635 961.8**	**744 415.9**	..	**1 080 173.8**	**1 061 566.7**	**1 069 930.4**	**1 236 098.6**	**1 507 861.2**
Australie	3 383.7	4 105.6	3 484.8	2 909.6	..	14 086.0	12 640.2	12 319.0	12 377.1	18 452.0
Autriche	1 583.2	1 437.1	1 744.5	1 681.5	..	2 132.0	2 783.9	2 853.4	3 499.6	4 531.7
Belgique	45 724.2	40 031.6	46 226.4	46 279.7	..	185 139.3	166 371.3	165 440.1	178 348.5	174 665.7
Canada	6 519.7	6 797.0	7 132.9	12 770.4	..	11 107.8	9 781.2	12 018.6	12 368.7	9 175.6
Chili	373.9	474.7	765.3	901.9	..	1 466.6	1 820.4	1 767.7	3 810.3	4 790.5
République Tchèque	129.9	..	183.4	218.3	..	10 221.5	9 421.9	8 511.6	10 001.2	9 918.7
Danemark	5 385.7	5 315.2	4 775.0	5 676.4	..	4 718.0	7 407.7	7 817.0	9 985.6	13 793.2
Estonie	..	..	..	..	..	..	..	..	..	..
Finlande	1 834.5	1 651.6	20 905.5	12 367.5	..	897.2	1 192.2	1 092.0	2 573.8	1 994.5
France	32 915.5	46 694.6	42 307.4	58 325.7	..	-	-	-	-	-
Allemagne	82 772.5	80 557.4	72 064.9	87 776.4	..	61 707.8	61 591.7	62 205.1	83 809.1	81 423.2
Grèce	163.9	..	246.7	295.0	..	1 504.3	1 479.6	1 610.6	1 727.0	1 540.0
Hongrie	..	..	120.2	319.0	..	3 545.2	3 411.0	3 210.7	3 716.7	3 991.3
Islande	251.3	192.7	154.9	173.9	..	..	..	..	..	..
Irlande	6 385.0	6 720.7	5 303.0	5 942.7	..	22 997.5	23 325.0	19 622.6	24 822.5	25 730.5
Israël[1]	739.4	680.5	953.9	1 157.4	..	2 929.6	2 995.1	3 138.0	3 262.2	3 076.5
Italie	21 329.3	22 089.3	24 305.9	30 486.9	..	55 756.3	57 632.0	65 369.5	78 496.0	104 191.7
Japon	19 860.2	19 314.1	16 865.2	19 904.1	..	25 929.5	28 202.5	27 856.0	29 884.9	28 801.2
Corée	919.1	1 129.0	331.0	446.2	..	4 594.2	4 689.2	4 202.6	5 088.8	5 618.3
Lettonie	148.1	129.6	..	..	..	..	236.3	..	..	..
Lituanie	..	..	..	..	..	299.9	206.9	157.1	262.7	274.8
Luxembourg	54 289.7	24 682.6	33 639.7	40 155.9	..	52 588.7	50 607.5	46 858.9	66 035.0	60 088.2
Mexique	1 302.7	1 082.2	1 424.1	1 319.3	..	3 303.6	2 646.7	2 569.8	5 243.5	5 587.4
Pays-Bas	55 928.7	50 586.8	46 167.4	41 554.3	..	139 333.8	130 150.2	134 564.1	158 010.3	177 364.3
Nouvelle-Zélande	140.8	123.0	129.7	183.5	..	376.4	408.3	428.0	362.2	376.7
Norvège	2 911.4	3 048.4	2 187.2	3 698.7	..	8 504.8	7 242.2	6 882.0	5 485.7	3 529.9
Pologne	..	-1 220.5	-1 538.9	-405.4	..	16 957.3	16 775.2	17 193.0	19 216.8	19 155.0
Portugal	994.3	1 035.4	1 704.4	2 055.6	..	4 237.2	4 280.9	3 742.0	4 358.4	4 256.9
République slovaquie	..	..	..	..	..	471.1	341.9	450.1	575.7	944.6
Slovénie	..	..	..	..	..	661.7	518.2	635.6	633.2	648.0
Espagne	11 098.1	12 675.0	15 922.8	21 661.1	..	47 130.1	45 978.2	49 303.3	59 353.6	57 166.2
Suède	6 910.7	7 143.2	6 407.7	8 998.6	..	3 733.4	4 666.3	5 598.2	8 895.4	8 468.1
Suisse	65 097.6	82 888.4	85 522.3	96 995.7	..	44 392.4	42 635.8	44 511.4	50 706.4	57 364.3
Turquie	195.5	277.6	269.8	256.7	..	4 720.4	4 228.6	3 788.3	4 672.6	3 940.9
Royaume-Uni	78 614.2	84 679.4	74 732.8	99 040.5	..	133 347.0	129 384.9	116 238.0	142 089.2	148 098.2
Etats-Unis	152 084.2	130 959.2	121 413.5	141 153.8	..	211 671.0	226 904.7	238 007.8	246 521.9	237 188.0
EUROPE	**481 242.5**	**477 213.9**	**486 007.2**	**566 303.7**	..	**827 627.7**	**792 676.1**	**796 403.5**	**948 805.5**	**997 046.0**
Bulgarie	..	..	..	..	..	769.7	733.8	994.0	1 083.0	1 108.3
Croatie	..	..	..	..	..	813.4	770.8	748.4	209.9	208.4
Chypre[2, 3]	879.0	859.0	319.4	301.0	..	981.0	1 494.8	1 408.2	1 468.0	1 876.6
Malte	610.7	272.2	967.6	380.2	..	715.1	666.3	657.7	963.1	1 024.7
Roumanie	..	..	183.4	227.9	..	4 705.9	4 699.0	4 519.9	5 178.7	5 358.4
Russie	2 248.5	2 256.9	1 073.0	995.4	..	10 442.5	10 071.9	17 820.2	19 327.2	20 883.9
Ukraine	..	..	..	..	..	494.1	426.8	570.3	801.2	862.1
AFRIQUE	**5 391.8**	**4 695.7**	**9 495.1**	**10 755.6**	..	**60 008.1**	**62 084.9**	**60 422.7**	**61 775.0**	**53 023.8**
Afrique septentrionale	1 807.8	1 518.8	3 072.6	3 629.2	..	20 537.7	18 289.6	16 715.5	18 749.1	17 271.6
Algérie	729.7	830.7	496.5	574.5	..	2 637.0	2 449.6	2 855.5	2 784.8	3 041.0
Egypte	201.5	..	183.4	251.9	..	4 107.3	3 650.5	1 988.0	1 593.9	890.8
Libye	160.3	..	..	..	..	902.1	751.2	421.6	..	-309.1
Maroc	585.2	476.9	1 853.1	2 145.6	..	11 094.4	10 496.5	10 591.3	13 310.1	12 759.3
Tunisie	129.9	..	461.7	562.5	..	1 796.9	941.8	857.0	1 014.6	889.6
Autres pays africains	3 580.4	3 173.7	6 422.5	7 126.4	..	39 471.6	43 795.3	43 707.2	43 025.9	35 752.2
Nigéria	..	..	..	..	..	10 338.1	9 927.1	11 545.3	11 141.8	10 744.2
Afrique du Sud	2 552.0	2 259.1	2 579.3	2 345.9	..	2 134.4	2 303.8	2 588.8	2 603.7	2 049.5
AMÉRIQUE	**167 196.1**	**143 683.2**	**135 828.0**	**162 061.6**	..	**272 718.4**	**275 976.0**	**296 572.2**	**317 926.4**	**317 988.3**
Amérique du Nord	158 608.8	137 760.5	128 544.3	153 924.2	..	222 778.9	236 685.9	250 026.4	258 890.6	246 363.6
Amérique du Nord	7 948.7	5 320.6	5 524.4	5 892.3	..	9 879.1	9 417.5	11 229.1	15 197.9	33 319.2
Bahamas	..	..	..	..	..	-389.7	488.8	440.6	..	..
Bermudes	4 036.9	2 307.0	2 346.4	3 000.7	..	4 123.1	2 812.2	3 757.8	5 513.3	23 091.4
Îles Cayman	866.9	655.4	591.3	187.1	..	..	581.4	1 940.6	1 731.8	1 668.2
Costa Rica	..	..	..	..	..	..	..	..	..	..
El Salvador	..	..	..	..	..	..	..	..	..	..
Guatemala	..	..	..	..	..	..	..	..	..	..
Honduras	..	..	..	..	..	..	..	..	..	..
Nicaragua	..	..	..	..	..	..	..	..	..	..
Panama	183.3	373.4	307.8	369.4	..	638.6	839.4	687.3	674.0	803.8
Îles Vierges, US										
Amérique du Sud	638.6	602.1	1 759.2	2 245.1	..	40 060.4	29 872.6	35 316.7	43 837.9	38 305.5
Argentine	..	..	123.3	148.7	..	3 188.2	3 465.4	3 032.6	3 819.9	2 155.9
Bolivie	..	..	..	..	..	795.2	414.8	806.4	831.1	782.0
Brésil	..	..	528.1	815.5	..	30 624.5	20 078.4	25 305.2	29 695.4	27 088.4
Colombie	..	..	..	..	..	1 151.0	1 203.0	904.4	900.7	1 071.7
Equateur	166.3	..	131.8	152.3	..	..	..	..	..	..
Paraguay	..	..	..	..	..	..	..	..	..	..
Pérou	..	..	..	..	..	148.1	140.4	1 247.0	1 120.2	1 123.2
Uruguay	..	..	..	..	..	337.5	283.1	288.8	203.9	183.2
Venezuela	..	..	..	..	..	2 082.2	2 311.4	1 813.0	3 328.1	869.0
ASIE	**38 808.7**	**42 967.9**	**45 882.8**	**59 126.9**	..	**118 879.8**	**123 546.0**	**118 080.5**	**122 693.7**	**118 676.4**

Tableau 2. Encours des investissements directs étrangers par pays *(suite)*
En fin d'année

Millions de dollars des ÉU

	Entrant					Sortant				
	2014	2015	2016	2017	2018	2014	2015	2016	2017	2018
Proche et Moyen Orient	8 315.4	10 371.3	12 174.6	14 507.1	..	13 000.6	12 261.3	12 576.2	14 054.9	15 676.7
Pays du Golfe	6 605.9	8 737.1	10 120.2	9 660.6	..	8 933.3	7 762.7	7 861.3	8 692.7	9 888.9
Koweït	..	..	139.1	225.5	..	..	..	108.6	..	211.8
Qatar	3 561.0	4 214.5	5 328.3	6 441.6	..	2 808.2	3 154.1	3 296.1	1 707.8	3 054.7
Arabie saoudite	570.6	1 035.4	527.0	593.7	..	4 197.1	5 592.8	5 382.1	5 113.9	5 795.7
Emirats Arabes Unis	2 276.4	3 323.9	3 990.7	2 255.9	..	-386.1	-953.7	-797.9	1 817.0	1 425.5
Autres pays du Proche et Moyen Orient	1 709.5	1 634.2	2 055.4	4 846.5	..	4 067.2	4 498.6	4 714.9	5 362.2	5 786.6
Jordanie	..	..	..	..	..	218.5	227.5	261.4	278.2	546.1
Autres pays asiatiques	30 493.3	32 595.5	33 708.2	44 621.0	..	105 879.2	111 284.7	105 504.4	108 638.8	103 000.9
Chine	4 072.1	5 456.7	7 131.9	12 056.8	..	25 567.7	24 859.0	24 350.2	25 307.0	24 015.3
Hong Kong, Chine	2 932.1	3 342.4	4 148.8	5 232.7	..	11 016.7	12 172.0	10 327.8	11 266.5	11 430.0
Inde	167.5	372.3	527.0	539.7	..	4 958.4	5 762.7	5 762.6	6 671.9	6 332.7
Indonesie	128.7	..	870.7	790.4	..	3 331.5	2 684.8	2 711.1	1 480.0	318.3
République islamique d'Iran	593.7	247.1	237.2	299.8	..	870.5	719.7	728.4	825.1	812.9
Malaisie	122.6	139.4	338.4	644.0	..	1 062.3	865.5	744.2	957.1	1 238.8
Philippines	..	..	..	..	..	803.7	1 176.9	402.7	353.8	269.1
Singapour	671.4	1 363.1	1 513.7	2 471.8	..	11 600.7	12 054.4	10 478.6	11 352.8	10 248.5
Taipei Chinois	208.8	162.2	153.9	262.7	..	545.1	642.4	585.0	725.6	834.7
Thaïlande	666.5	631.5	1 082.5	1 399.6	..	3 282.9	1 909.6	2 011.2	1 709.0	872.5
Viet Nam	-151.8	..	148.6	175.1	..	721.2	717.5	593.4	723.2	768.3
AUSTRALIE, OCÉANIE ET RÉGIONS POLAIRES	**3 656.9**	**4 458.4**	**3 766.2**	**3 314.9**	**..**	**15 003.8**	**13 953.2**	**13 409.9**	**15 436.6**	**21 158.7**
TOTAL MONDE non alloué et confidentiel	**3 768.6**	**14 375.6**	**13 902.2**	**16 982.5**	**..**	**-17.0**	**-8.7**	**-29.5**	**-34.8**	**-32.1**
Union européenne (UE28)	**408 388.0**	**385 971.7**	**396 907.3**	**463 572.8**	**..**	**755 490.7**	**726 168.8**	**720 838.0**	**865 425.8**	**908 034.1**
Pays du G20 hors Union Européenne	**409 701.7**	**409 228.1**	**377 689.5**	**472 676.9**	**..**	**610 666.8**	**612 520.4**	**631 527.4**	**714 571.8**	**731 115.2**
Pays OCDE du G20	**399 897.8**	**397 685.4**	**364 331.2**	**454 389.5**	**..**	**526 223.7**	**537 702.8**	**544 575.7**	**620 551.7**	**642 476.5**
Pays non-OCDE du G20	**9 803.9**	**11 542.7**	**13 358.3**	**18 286.2**	**..**	**84 443.1**	**74 817.6**	**86 951.6**	**94 021.3**	**88 638.7**
Pays MENA	**9 370.4**	**11 206.3**	**14 362.8**	**17 061.6**	**..**	**30 368.3**	**26 979.9**	**25 685.7**	**28 692.7**	**28 831.0**
Pays ANASE	**1 591.7**	**2 387.6**	**4 188.9**	**5 753.2**	**..**	**21 558.8**	**22 243.9**	**19 810.3**	**17 453.8**	**14 165.3**

- Néant ; .. Non disponible

Note : Les positions d'IDE entrants sont allouées selon le pays investisseur ultime. Les positions d'IDE entrants par la contrepartie immédiate pour l'année la plus récente sont disponibles dans *la base de données Statistisques d'IDE selon BMD4*. Voir les métadonnées détaillées sur : *http://stats.oecd.org/OECDStat_Metadata/ShowMetadata.ashx?Dataset=FDI_CTRY_IND_SUMM&lang=fr.*

1. Informations sur les données concernant Israël : *http://oe.cd/israel-disclaimer.*
2. Note de la Turquie : Les informations figurant dans ce document et faisant référence à « Chypre » concernent la partie méridionale de l'île. Il n'y a pas d'autorité unique représentant à la fois les Chypriotes turcs et grecs sur l'île. La Turquie reconnaît la République Turque de Chypre Nord (RTCN). Jusqu'à ce qu'une solution durable et équitable soit trouvée dans le cadre des Nations Unies, la Turquie maintiendra sa position sur la « question chypriote ».
3. Note de tous les États de l'Union européenne membres de l'OCDE et del'Union européenne : La République de Chypre est reconnue par tous les membres des Nations Unies sauf la Turquie. Les informations figurant dans ce document concernent la zone sous le contrôle effectif du gouvernement de la République de Chypre.

Source : Statistiques de l'OCDE sur l'investissement direct international (base de données) : https://doi.org/10.1787/idi-data-fr

FRANCE

Tableau 3. Revenus des investissements directs étrangers par pays

Millions de dollars des ÉU

	Entrant					Sortant				
	2014	2015	2016	2017	2018	2014	2015	2016	2017	2018
TOTAL MONDE	**24 821.5**	**26 922.9**	**29 483.6**	**33 000.8**	**32 749.9**	**78 585.6**	**70 308.4**	**69 441.6**	**76 115.4**	**83 729.5**
Pays membres de l'OCDE	..	..	..	..	..	..	..	..	..	..
Australie	..	..	..	..	..	..	..	..	..	..
Autriche	..	..	..	..	..	..	..	..	..	..
Belgique	1 500.6	3 088.2	3 294.3	3 297.3	2 931.7	7 732.5	6 552.4	7 248.7	4 531.6	4 423.5
Canada	9.3	61.0	54.2	89.1	77.9	-187.1	321.7	1 036.2	-603.1	-126.3
Chili	..	..	..	..	..	..	..	..	..	..
République Tchèque	8.0	16.6	16.6	-1.1	-4.7	1 237.9	1 159.2	974.2	1 051.7	1 078.7
Danemark	..	..	..	..	..	..	..	..	..	..
Estonie	..	..	..	..	..	..	..	..	..	..
Finlande	..	..	..	..	..	..	..	..	..	..
France	-	-	-	-	-	-	-	-	-	-
Allemagne	2 510.3	2 261.8	2 247.0	3 015.4	2 549.3	4 621.2	4 190.8	5 174.2	6 030.9	6 069.9
Grèce	..	..	..	..	..	..	..	..	..	..
Hongrie	..	..	..	..	..	..	..	..	..	..
Islande	..	..	..	..	..	..	..	..	..	..
Irlande	489.6	215.2	126.1	136.4	103.9	1 885.4	2 021.1	1 541.5	1 474.5	1 454.0
Israël[1]	..	..	..	..	..	..	..	..	..	..
Italie	431.2	629.0	994.1	475.7	725.8	1 845.6	2 303.9	3 731.1	4 272.3	4 253.5
Japon	484.3	572.4	535.2	483.6	463.8	3 309.0	1 986.7	3 550.8	3 965.7	3 884.1
Corée	..	..	..	..	..	..	..	..	..	..
Lettonie	..	..	..	..	..	..	..	..	..	..
Lituanie	..	..	..	..	..	..	..	..	..	..
Luxembourg	3 433.7	3 825.8	4 075.0	4 963.4	5 339.3	2 627.0	2 109.8	2 599.8	2 561.2	2 693.3
Mexique	..	..	..	..	..	..	..	..	..	..
Pays-Bas	7 065.1	5 880.2	6 679.2	7 053.3	6 866.5	7 568.0	6 665.6	6 190.4	4 618.4	5 119.8
Nouvelle-Zélande	..	..	..	..	..	..	..	..	..	..
Norvège	92.9	177.5	118.3	168.0	167.6	1 930.5	814.2	637.0	419.3	414.3
Pologne	-188.4	-85.4	-107.3	-143.2	-127.5	1 334.7	1 250.1	954.3	1 366.3	1 275.8
Portugal	-63.7	88.7	103.9	57.5	46.0	455.1	607.9	464.4	490.4	496.9
République slovaquie	..	..	..	..	..	..	..	..	..	..
Slovénie	..	..	..	..	..	..	..	..	..	..
Espagne	935.4	1 002.8	1 071.5	1 361.7	1 328.9	2 830.0	2 587.9	3 060.9	4 497.8	4 495.5
Suède	283.9	307.3	391.5	642.5	645.6	414.0	216.3	408.1	559.1	538.2
Suisse	2 045.9	2 409.3	2 654.0	1 752.9	2 070.1	4 745.9	4 532.4	5 463.9	6 522.4	6 239.8
Turquie	2.7	2.2	3.3	3.4	2.4	427.2	367.2	263.2	772.2	735.3
Royaume-Uni	2 681.4	2 650.0	4 122.5	3 938.7	4 147.3	7 256.2	5 554.1	6 108.6	6 874.1	7 730.4
Etats-Unis	2 298.0	2 941.8	2 073.4	2 583.7	2 549.3	5 483.6	9 131.4	5 539.1	5 988.1	11 074.0
EUROPE	..	..	..	..	..	..	..	..	..	..
Bulgarie	..	..	..	..	..	..	..	..	..	..
Croatie	..	..	..	..	..	..	..	..	..	..
Chypre[2, 3]	..	..	..	..	..	..	..	..	..	..
Malte	..	..	..	..	..	..	..	..	..	..
Roumanie	-1.3	-	-1.1	-1.1	-2.4	345.0	416.0	538.5	724.8	704.6
Russie	62.4	22.2	1.1	47.3	37.8	347.6	52.1	1 119.1	1 300.9	1 249.9
Ukraine	..	..	..	..	..	..	..	..	..	..
AFRIQUE	..	..	..	..	..	..	..	..	..	..
Afrique septentrionale	..	..	..	..	..	..	..	..	..	..
Algérie	..	..	..	..	..	..	..	..	..	..
Egypte	..	..	..	..	..	..	..	..	..	..
Libye	..	..	..	..	..	..	..	..	..	..
Maroc	6.6	18.9	17.7	2.3	4.7	563.9	637.8	404.7	393.4	433.1
Tunisie	..	..	..	..	..	..	..	..	..	..
Autres pays africains	..	..	..	..	..	..	..	..	..	..
Nigéria	..	..	..	..	..	..	..	..	..	..
Afrique du Sud	..	..	..	..	..	..	..	..	..	..
AMÉRIQUE	..	..	..	..	..	..	..	..	..	..
Amérique du Nord	..	..	..	..	..	..	..	..	..	..
Amérique du Nord	..	..	..	..	..	..	..	..	..	..
Bahamas	..	..	..	..	..	..	..	..	..	..
Bermudes	..	..	..	..	..	..	..	..	..	..
Îles Cayman	..	..	..	..	..	..	..	..	..	..
Costa Rica	..	..	..	..	..	..	..	..	..	..
El Salvador	..	..	..	..	..	..	..	..	..	..
Guatemala	..	..	..	..	..	..	..	..	..	..
Honduras	..	..	..	..	..	..	..	..	..	..
Nicaragua	..	..	..	..	..	..	..	..	..	..
Panama	..	..	..	..	..	..	..	..	..	..
Îles Vierges, US	..	..	..	..	..	..	..	..	..	..
Amérique du Sud	..	..	..	..	..	..	..	..	..	..
Argentine	..	..	..	..	..	..	..	..	..	..
Bolivie	..	..	..	..	..	..	..	..	..	..
Brésil	-4.0	-1.1	-5.5	-1.1	-	1 325.5	252.9	938.8	918.7	1 002.0
Colombie	..	..	..	..	..	..	..	..	..	..
Equateur	..	..	..	..	..	..	..	..	..	..
Paraguay	-	-	..	..	..	..	..	..	..	..
Pérou	..	..	..	..	..	..	..	..	..	..
Uruguay	..	..	..	..	..	..	..	..	..	..
Venezuela	..	..	..	..	..	..	..	..	..	..
ASIE	..	..	..	..	..	..	..	..	..	..

Tableau 3. Revenus des investissements directs étrangers par pays *(suite)*

Millions de dollars des ÉU

	Entrant					Sortant				
	2014	2015	2016	2017	2018	2014	2015	2016	2017	2018
Proche et Moyen Orient	..	..	..	..	..	..	..	..	..	..
Pays du Golfe	..	..	..	..	..	..	..	..	..	..
Koweït	..	..	..	..	..	..	..	..	..	..
Qatar	..	..	..	..	..	..	..	..	..	..
Arabie saoudite	..	..	..	..	..	..	..	..	..	..
Emirats Arabes Unis	..	..	..	..	..	..	..	..	..	..
Autres pays du Proche et Moyen Orient	..	..	..	..	..	..	..	..	..	..
Jordanie	..	..	..	..	..	..	..	..	..	..
Autres pays asiatiques	..	..	..	..	..	..	..	..	..	..
Chine	47.8	-13.3	1.1	15.8	49.6	2 130.8	2 796.5	988.6	1 659.3	1 684.2
Hong Kong, Chine	84.9	92.1	144.9	329.2	288.0	1 955.7	1 469.8	1 071.5	1 532.0	1 543.7
Inde	-6.6	-4.4	-3.3	-5.6	-4.7	168.5	399.3	275.4	290.8	290.3
Indonesie	-	-	-64.1	1.1	4.7	957.9	544.6	374.9	472.3	467.4
République islamique d'Iran	..	..	..	..	..	..	..	..	..	..
Malaisie	..	..	..	..	..	..	..	..	..	..
Philippines	..	..	..	..	..	..	..	..	..	..
Singapour	39.8	-54.4	23.2	18.0	20.1	2 007.4	1 517.5	270.9	1 784.5	1 851.8
Taipei Chinois	..	..	..	..	..	..	..	..	..	..
Thaïlande	..	..	..	..	..	..	..	..	..	..
Viet Nam	..	..	..	..	..	..	..	..	..	..
AUSTRALIE, OCÉANIE ET RÉGIONS POLAIRES	..	..	..	..	..	..	..	..	..	..
TOTAL MONDE non alloué et confidentiel	..	..	..	..	..	..	..	..	..	..
Union européenne (UE28)	**19 607.3**	**20 565.7**	**24 236.4**	**25 333.1**	**25 059.6**	**41 616.0**	**38 546.9**	**41 311.5**	**41 721.3**	**42 969.4**
Pays du G20 hors Union Européenne	..	..	..	..	..	..	..	..	..	..
Pays OCDE du G20	..	..	..	..	..	..	..	..	..	..
Pays non-OCDE du G20	..	..	..	..	..	..	..	..	..	..
Pays MENA	..	..	..	..	..	..	..	..	..	..
Pays ANASE	..	..	..	..	..	..	..	..	..	..

- Néant ; .. Non disponible

Note : Voir les métadonnées détaillées sur : *http://stats.oecd.org/OECDStat_Metadata/ShowMetadata.ashx?Dataset=FDI_CTRY_IND_SUMM&lang=fr.*

1. Informations sur les données concernant Israël : *http://oe.cd/israel-disclaimer.*
2. Note de la Turquie : Les informations figurant dans ce document et faisant référence à « Chypre » concernent la partie méridionale de l'île. Il n'y a pas d'autorité unique représentant à la fois les Chypriotes turcs et grecs sur l'île. La Turquie reconnaît la République Turque de Chypre Nord (RTCN). Jusqu'à ce qu'une solution durable et équitable soit trouvée dans le cadre des Nations Unies, la Turquie maintiendra sa position sur la « question chypriote ».
3. Note de tous les États de l'Union européenne membres de l'OCDE et del'Union européenne : La République de Chypre est reconnue par tous les membres des Nations Unies sauf la Turquie. Les informations figurant dans ce document concernent la zone sous le contrôle effectif du gouvernement de la République de Chypre.

Source : Statistiques de l'OCDE sur l'investissement direct international (base de données) : https://doi.org/10.1787/idi-data-fr

Tableau 4. Investissement direct étranger : flux par secteur industriel

Millions de dollars des ÉU

	Entrant					Sortant				
	2014	2015	2016	2017	2018	2014	2015	2016	2017	2018
All FDI activities	**2 669.5**	**45 354.4**	**23 054.3**	**29 811.7**	**37 285.5**	**49 785.1**	**53 205.8**	**64 784.9**	**41 270.4**	**102 407.6**
Agriculture, sylviculture et pêche	**1.3**	**26.6**	**113.9**	**59.7**	**89.7**	**-27.9**	**155.3**	**-131.6**	**81.2**	**-68.5**
Industries extractives	**506.8**	**-288.4**	**-134.9**	**349.5**	**859.2**	**-4 010.9**	**12 299.5**	**4 397.9**	**-7 555.0**	**2 705.1**
Activités d'extraction	485.6	-296.2	-136.0	405.8	599.6	-4 026.8	12 294.0	4 399.0	-7 573.0	2 705.1
Activités de fabrication	**-900.9**	**-4 221.9**	**8 033.8**	**-1 874.6**	**20 128.6**	**19 081.9**	**-4 329.5**	**16 377.3**	**15 449.2**	**42 022.9**
dont :										
Produits alimentaires, boissons et tabac	-2 340.5	-593.5	-3 915.7	3 741.4	371.8	-5 877.7	2 478.1	3 229.0	13 298.4	5 510.4
Textiles, bois, papier, imprimerie	1 803.1	26.6	513.1	-372.0	-924.1	2 073.8	-216.3	915.6	-2 190.3	469.7
Produits pétroliers, chimiques, pharmaceutiques, caoutchouc, plastique, minéraux	-6 365.9	3 263.5	984.2	8 833.3	-5 488.0	3 021.1	117.6	6 261.2	-7 812.0	3 160.6
Ouvrages en métaux et machines, sauf matériels électriques	1 204.7	2 285.1	12 446.1	-8 650.7	440.2	-191.1	-2 463.7	8 010.6	5 955.4	-1 194.4
Automobiles, remorques, semi-remorques, autres matériels de transport	6 769.3	-1 044.9	-393.7	-2 679.5	695.1	8 774.0	3 808.1	-263.2	6 852.7	669.2
Autres activités de fabrication	-1 972.9	-8 158.6	-1 600.1	-2 748.3	25 033.6	11 281.7	-8 054.4	-1 776.0	-656.1	33 406.1
Production et distribution d'électricité, de gaz, de vapeur et de climatisation	**-517.4**	**829.7**	**1 255.1**	**-464.4**	**-486.3**	**6 440.2**	**1 797.0**	**803.9**	**-728.2**	**1 777.4**
Distribution de l'eau ; assainissement, traitement des déchets et dépollution	**-42.5**	**24.4**	**49.8**	**-319.0**	**50.7**	**-3 228.1**	**1 198.0**	**2.2**	**-65.4**	**957.2**
Construction	**-8.0**	**16 924.0**	**1 359.1**	**-2 992.9**	**-246.7**	**2 158.7**	**-1 026.1**	**-764.1**	**-5 489.8**	**234.9**
Services	**16 413.7**	**25 407.7**	**-2 208.3**	**30 804.9**	**14 383.3**	**23 321.0**	**44 645.6**	**40 132.7**	**38 453.4**	**33 747.2**
Commerce de gros et de détail ; réparations automobiles et motocycles	2 104.3	2 376.0	212.3	3 812.4	-1 500.1	3 145.8	4 411.5	4 821.4	2 227.5	8 059.7
Transport et entreposage	-2 652.2	2 134.2	1 351.3	3 115.8	-134.5	-437.8	1 812.5	-360.5	-399.1	-406.0
Activités d'hébergement et de restauration	-341.0	-549.1	2 440.6	-315.6	-858.0	609.0	173.0	2 612.0	7 657.5	-3 908.9
Information et communication	810.7	2 072.1	557.3	2 282.7	1 418.6	3 082.1	2 978.4	116.1	1 607.5	7 510.9
Activités financières et d'assurances	14 160.8	13 513.0	-11 714.0	16 830.1	17 559.3	8 600.2	12 863.0	26 855.0	19 838.8	395.4
Activités des sociétés holding	9 056.7	4 495.8	-5 298.0	6 444.6	9 307.2	2 329.8	2 794.2	819.4	4 536.1	3 183.1
Activités immobilières	6 121.8	8 722.1	-2 011.5	-459.9	18.9	5 267.3	13 164.7	3 758.7	2 214.0	24 582.8
Activités professionnelles, scientifiques et techniques	-159.2	-1 724.9	3 773.1	4 039.0	1 163.7	3 458.9	4 169.7	1 586.9	3 749.3	311.6
Activités de services administratifs et d'appui	-3 884.8	-56.6	2 275.8	89.1	-4 009.2	-892.9	4 022.2	560.7	1 336.9	-2 721.6
Administration publique; activités des ménages et des organismes extra-territoriaux	-	-	..	..	..	..	..	201.3	225.5	-13.0
Éducation	37.2	-6.7	266.5	436.3	-73.2	..	..	..	..	-
Santé humaine et action sociale	185.8	-748.8	512.0	307.7	581.8	488.3	1 213.5	-84.0	101.5	-77.9
Arts, spectacles et loisirs	35.8	-320.6	130.5	658.3	223.1	..	..	..	..	..
Autres services	-2.7	..	..	..	-	67.7	23.3	50.9	-84.5	15.3
Not allocated and confidential	**-12 783.6**	**6 652.2**	**14 585.9**	**4 248.7**	**2 506.8**	**6 050.2**	**-1 534.1**	**3 966.6**	**1 125.0**	**21 031.5**
Activités immobilières privées	-	-	-	-	-	-	-	-	-	-

- Néant ; .. Non disponible

Note : Voir les métadonnées détaillées sur : *http://stats.oecd.org/OECDStat_Metadata/ShowMetadata.ashx?Dataset=FDI_CTRY_IND_SUMM&lang=fr.*

Source : Statistiques de l'OCDE sur l'investissement direct international (base de données) : https://doi.org/10.1787/idi-data-fr

Tableau 5. Encours des investissement directs étrangers par secteur industriel
En fin d'année

Millions de dollars des ÉU

	Entrant					Sortant				
	2014	2015	2016	2017	2018	2014	2015	2016	2017	2018
All FDI activities	**700 064.6**	**687 394.7**	**694 881.4**	**818 545.2**	**824 987.4**	**1 294 220.9**	**1 268 227.5**	**1 284 859.3**	**1 466 602.3**	**1 507 861.2**
Agriculture, sylviculture et pêche	**451.6**	**496.5**	**678.8**	**856.3**	**878.2**	**329.0**	**499.7**	**393.2**	**407.8**	**327.5**
Industries extractives	**1 692.5**	**4 272.2**	**4 899.3**	**5 611.7**	**4 316.5**	**93 558.5**	**103 472.0**	**113 755.7**	**105 212.3**	**99 744.7**
Activités d'extraction	1 438.7	4 058.8	4 707.5	5 371.8	3 832.2	93 547.6	103 462.2	113 755.7	105 169.1	99 684.0
Activités de fabrication	**186 970.2**	**166 421.3**	**179 479.3**	**196 752.2**	**202 513.2**	**389 846.3**	**373 918.3**	**380 503.8**	**418 938.6**	**448 797.8**
dont :										
Produits alimentaires, boissons et tabac	35 166.4	32 898.2	26 577.4	31 796.6	31 237.7	66 435.6	60 243.9	61 354.5	87 273.9	90 369.8
Textiles, bois, papier, imprimerie	8 356.7	7 163.9	7 447.0	7 150.4	6 345.3	16 890.6	15 648.3	15 642.5	14 326.0	15 490.0
Produits pétroliers, chimiques, pharmaceutiques, caoutchouc, plastique, minéraux	74 929.4	71 850.8	75 444.3	92 344.7	86 720.9	126 416.9	135 303.2	137 969.9	159 120.9	159 053.1
Ouvrages en métaux et machines, sauf matériels électriques	18 496.8	17 823.6	36 895.8	32 625.3	22 114.7	35 834.2	27 742.0	41 073.0	28 752.7	25 443.1
Automobiles, remorques, semi-remorques, autres matériels de transport	17 643.3	16 751.2	14 685.4	20 100.7	18 815.0	62 083.0	67 343.5	62 618.3	69 838.1	67 683.8
Autres activités de fabrication	32 378.8	19 932.5	18 427.3	12 733.3	37 279.6	82 184.9	67 637.5	61 845.7	59 627.0	90 758.0
Production et distribution d'électricité, de gaz, de vapeur et de climatisation	**4 219.0**	**3 713.7**	**4 382.8**	**5 421.0**	**5 440.8**	**97 727.8**	**89 245.5**	**85 793.2**	**95 949.9**	**93 540.2**
Distribution de l'eau ; assainissement, traitement des déchets et dépollution	**390.9**	**621.7**	**719.9**	**682.4**	**632.0**	**4 611.2**	**5 516.6**	**4 973.1**	**5 777.2**	**6 095.7**
Construction	**11 831.4**	**22 391.9**	**22 863.9**	**23 455.3**	**22 228.1**	**32 547.6**	**27 436.0**	**22 586.7**	**18 674.7**	**17 121.6**
Services	**489 165.7**	**475 276.0**	**454 420.8**	**554 393.1**	**563 212.7**	**649 722.0**	**641 045.2**	**647 115.0**	**787 951.5**	**802 458.2**
Commerce de gros et de détail ; réparations automobiles et motocycles	50 795.5	51 325.0	46 885.2	54 588.6	52 305.9	97 871.0	91 222.6	95 101.7	116 367.2	123 572.2
Transport et entreposage	8 325.1	9 737.6	9 967.3	12 760.9	13 319.2	8 033.7	8 999.5	8 656.1	9 907.7	9 177.9
Activités d'hébergement et de restauration	6 563.4	5 684.3	7 609.4	8 667.5	7 972.3	11 818.0	12 861.2	12 998.8	21 664.7	15 397.3
Information et communication	15 714.1	16 681.5	18 234.4	24 291.2	24 112.7	82 765.2	79 499.2	75 413.7	83 187.8	85 982.4
Activités financières et d'assurances	193 979.2	189 669.0	172 687.9	203 358.1	212 401.0	322 542.7	311 113.8	322 707.9	377 319.5	377 352.9
Activités des sociétés holding	78 366.5	75 523.1	74 580.0	93 872.6	100 345.8	32 661.7	35 098.5	34 721.2	44 726.6	50 156.9
Activités immobilières	158 174.2	152 710.9	143 840.0	173 948.2	173 035.3	69 538.8	76 129.6	74 232.1	87 534.2	107 208.6
Activités professionnelles, scientifiques et techniques	40 303.3	35 528.6	39 808.2	50 271.0	48 278.0	50 002.7	52 194.9	48 424.2	77 071.2	72 907.0
Activités de services administratifs et d'appui	8 773.1	8 761.0	9 265.3	17 476.6	22 444.5	4 306.4	5 457.8	5 912.3	10 764.0	7 011.7
Administration publique; activités des ménages et des organismes extra-territoriaux	..	..	..	..	..	..	..	256.1	531.3	494.6
Éducation	1 240.8	1 087.6	1 368.2	2 013.7	2 035.7	..	..	..	..	..
Santé humaine et action sociale	3 948.3	3 193.3	3 723.0	5 700.4	5 894.2	2 170.8	2 938.5	2 757.5	2 947.9	2 702.1
Arts, spectacles et loisirs	1 100.0	726.2	904.4	1 133.4	1 243.4	..	..	..	..	..
Autres services	165.1	..	..	..	..	534.2	512.8	546.0	522.9	518.7
Not allocated and confidential	**5 343.3**	**14 201.4**	**27 436.5**	**31 373.2**	**25 766.0**	**25 878.5**	**27 094.2**	**29 738.6**	**33 690.3**	**39 775.6**
Activités immobilières privées	-	-	-	-	-	-	-	-	-	-

- Néant ; .. Non disponible

Note : Voir les métadonnées détaillées sur : http://stats.oecd.org/OECDStat_Metadata/ShowMetadata.ashx?Dataset=FDI_CTRY_IND_SUMM&lang=fr.

Source : Statistiques de l'OCDE sur l'investissement direct international (base de données) : https://doi.org/10.1787/idi-data-fr

Tableau 6. Revenus des investissements directs étrangers par secteur industriel

Millions de dollars des ÉU

	Entrant					Sortant				
	2014	2015	2016	2017	2018	2014	2015	2016	2017	2018
All FDI activities	**24 821.5**	**26 922.9**	**29 483.6**	**33 000.8**	**32 749.9**	**78 585.6**	**70 308.4**	**69 441.6**	**76 115.4**	**83 729.5**
Agriculture, sylviculture et pêche	..	..	..	..	-	..	..	..	..	-
Industries extractives	..	..	..	..	..	..	..	..	..	..
Activités d'extraction	..	..	..	..	..	..	..	..	..	..
Activités de fabrication	..	..	..	..	..	..	..	..	..	..
dont :										
Produits alimentaires, boissons et tabac	..	..	..	..	..	..	..	..	..	..
Textiles, bois, papier, imprimerie	..	..	..	..	..	..	..	..	..	..
Produits pétroliers, chimiques, pharmaceutiques, caoutchouc, plastique, minéraux	..	..	..	..	..	..	..	..	..	..
Ouvrages en métaux et machines, sauf matériels électriques	..	..	..	..	..	..	..	..	..	..
Automobiles, remorques, semi-remorques, autres matériels de transport	..	..	..	..	..	..	..	..	..	..
Autres activités de fabrication	..	..	..	..	..	..	..	..	..	..
Production et distribution d'électricité, de gaz, de vapeur et de climatisation	..	..	..	..	..	..	..	..	..	..
Distribution de l'eau ; assainissement, traitement des déchets et dépollution	..	..	..	..	..	..	..	..	..	..
Construction	..	..	..	..	..	..	..	..	..	..
Services	..	..	..	..	..	..	..	..	..	..
Commerce de gros et de détail ; réparations automobiles et motocycles	..	..	..	..	..	..	..	..	..	..
Transport et entreposage	..	..	..	..	..	..	..	..	..	..
Activités d'hébergement et de restauration	..	..	..	..	..	..	..	..	..	..
Information et communication	..	..	..	..	..	..	..	..	..	..
Activités financières et d'assurances	..	..	..	..	..	..	..	..	..	..
Activités des sociétés holding	..	..	..	..	..	..	..	..	..	..
Activités immobilières	..	..	..	..	..	..	..	..	..	..
Activités professionnelles, scientifiques et techniques	..	..	..	..	..	..	..	..	..	..
Activités de services administratifs et d'appui	..	..	..	..	..	..	..	..	..	..
Administration publique; activités des ménages et des organismes extra-territoriaux	-	-	-	-	-	..	-	-	..	..
Éducation	..	..	..	..	..	..	..	..	..	..
Santé humaine et action sociale	..	..	..	..	..	..	..	..	..	..
Arts, spectacles et loisirs	..	..	..	..	..	..	..	..	..	-
Autres services	..	..	..	..	-	..	..	..	..	..
Not allocated and confidential	..	..	..	..	..	..	..	..	..	..
Activités immobilières privées	-	-	-	-	-	-	-	-	-	-

- Néant ; .. Non disponible

Note : Voir les métadonnées détaillées sur : *http://stats.oecd.org/OECDStat_Metadata/ShowMetadata.ashx?Dataset=FDI_CTRY_IND_SUMM&lang=fr.*

Source : Statistiques de l'OCDE sur l'investissement direct international (base de données) : https://doi.org/10.1787/idi-data-fr

ALLEMAGNE

Tableau 1. Flux d'investissement direct étranger par pays

Millions de dollars des ÉU

	Entrant					Sortant				
	2014	2015	2016	2017	2018	2014	2015	2016	2017	2018
TOTAL MONDE	**-3 005.2**	**30 562.4**	**12 614.2**	**33 190.2**	**11 916.7**	**83 976.4**	**99 022.7**	**60 343.9**	**88 074.6**	**63 279.8**
Pays membres de l'OCDE	**-4 213.9**	**39 868.0**	**16 754.4**	**32 375.2**	**13 190.1**	**73 622.1**	**82 656.7**	**51 385.6**	**74 438.1**	**50 270.3**
Australie	-866.4	-116.5	-148.2	259.3	-282.1	213.6	800.9	171.4	1 906.2	2 002.8
Autriche	1 166.2	3 025.0	-603.8	567.0	378.9	2 983.9	-1 147.0	4 502.9	4 422.3	1 084.6
Belgique	-5 167.8	-5 721.6	293.0	-8 864.8	-4 853.1	2 937.5	8 723.2	-3 974.3	-18 353.1	-2 792.4
Canada	37.2	-368.3	503.2	-12.4	-29.5	-213.6	614.5	993.0	644.8	1 294.7
Chili	345.0	2.2	11.1	-54.1	-205.4	-280.0	668.9	-69.7	250.3	113.3
République Tchèque	-406.0	-88.7	61.9	117.2	-395.4	3 096.7	290.6	2 145.3	2 080.9	1 649.9
Danemark	-490.9	1 798.1	-1 246.3	5 529.3	-436.7	-1 030.9	-449.3	-371.6	807.1	501.6
Estonie	-45.1	-12.2	23.2	11.3	-18.9	98.2	-104.3	22.1	102.6	60.2
Finlande	-652.8	248.5	-288.6	-1 057.4	16.5	460.4	593.5	-351.7	822.9	550.0
France	-350.3	-175.3	5 061.4	5 647.6	555.9	1 846.9	-631.2	-236.6	7 738.7	3 015.5
Allemagne	-	-	-	-	-	-	-	-	-	-
Grèce	-179.1	-114.3	-12.2	36.1	-46.0	195.0	63.2	244.4	771.1	496.9
Hongrie	-145.9	-119.8	-25.4	-253.6	192.4	1 442.2	228.5	1 550.4	-2 809.2	-1 210.9
Islande	57.1	8.9	-8.8	-1.1	1.2	2.7	17.7	26.5	47.3	73.2
Irlande	2 020.7	1 961.2	-3 141.7	1 483.5	2 486.7	2 574.0	198.6	872.5	-2 896.0	13 325.9
Israël[1]	66.3	163.1	133.8	57.5	175.9	497.5	130.9	288.6	237.9	-15.3
Italie	1 313.5	-481.4	645.8	-1 121.6	1 233.3	70.3	961.7	3 231.2	259.3	2 459.6
Japon	541.3	2 474.8	1 903.1	2 321.0	601.9	-173.8	-2 816.4	1 711.8	-200.7	-211.3
Corée	1 226.0	162.0	717.7	152.2	10.6	800.1	684.4	471.1	933.4	-610.2
Lettonie	-11.9	-2.2	3.3	-31.6	4.7	165.8	2.2	22.1	28.2	67.3
Lituanie	65.0	-11.1	-12.2	-24.8	-38.9	-75.6	66.6	140.4	-28.2	70.8
Luxembourg	6 709.6	14 629.0	-2 624.1	596.3	2 895.1	11 723.5	12 183.0	11 200.9	31 003.3	14 913.3
Mexique	411.3	-281.8	90.7	-76.7	218.3	1 175.5	1 764.8	1 361.3	3 193.6	1 936.7
Pays-Bas	-32 497.0	10 577.9	3 404.8	11 050.6	9 373.3	20 505.5	27 710.5	2 460.5	-3 049.3	-15 656.8
Nouvelle-Zélande	-18.6	-54.4	-10.0	7.9	-10.6	184.4	28.8	-	-15.8	194.7
Norvège	-184.4	-150.9	240.0	292.0	-192.4	431.2	1 375.5	-742.0	884.9	-777.8
Pologne	-245.5	190.8	-303.0	-115.0	414.3	420.6	2 437.0	3 056.5	2 397.7	1 900.2
Portugal	-96.9	-15.5	59.7	-63.1	-75.5	525.4	-45.5	831.6	156.7	398.9
République slovaquie	74.3	383.8	182.5	-223.2	-135.7	-521.4	-120.9	138.2	810.5	-85.0
Slovénie	-5.3	-3.3	-3.3	16.9	9.4	406.0	203.0	7.7	34.9	206.5
Espagne	1 808.4	921.8	1 392.2	499.4	4 372.7	-447.1	717.7	2 573.3	5 623.9	8 894.1
Suède	-1 972.9	-437.0	-1 070.4	8 312.5	-6 115.9	8 163.7	7 575.2	1 069.3	3 490.0	4 331.4
Suisse	4 172.7	6 699.9	8 336.8	4 187.8	11 315.9	5 599.0	690.0	4 026.3	2 480.0	433.1
Turquie	159.2	208.5	-53.1	186.0	-482.7	999.1	1 083.7	538.5	1 364.0	1 878.9
Royaume-Uni	14 710.1	2 761.0	3 312.0	-7 998.0	-618.4	-1 268.4	-1 863.6	1 555.9	5 053.5	-2 818.4
Etats-Unis	4 292.2	1 792.6	-82.9	10 916.5	-7 129.7	10 204.3	20 088.7	12 057.9	24 216.0	12 594.1
EUROPE	**-8 108.0**	**33 914.6**	**10 345.0**	**17 411.8**	**18 242.7**	**54 416.9**	**63 782.6**	**33 839.4**	**46 423.2**	**38 234.4**
Bulgarie	4.0	38.8	101.7	29.3	54.3	-132.7	184.1	220.1	201.8	192.4
Croatie	13.3	6.7	33.2	-37.2	8.3	213.6	36.6	134.9	292.0	292.7
Chypre[2, 3]	287.9	98.7	214.5	34.9	90.9	-4.0	308.4	79.6	-587.3	284.4
Malte	45.1	55.5	56.4	14.7	-132.2	-2 276.8	1 206.9	-4 755.1	250.3	-1 138.9
Roumanie	-5.3	12.2	28.8	49.6	-18.9	555.9	484.7	1 058.3	-15.8	912.3
Russie	1 056.1	543.5	-228.9	-1 421.5	-972.5	-4 343.9	521.4	1 906.4	1 692.0	3 429.7
Ukraine	53.1	-49.9	-47.6	-9.0	11.8	-294.5	-106.5	-70.8	130.8	-170.0
AFRIQUE	**-691.3**	**-17.7**	**-60.8**	**481.3**	**-16.5**	**666.0**	**694.4**	**1 930.8**	**1 379.8**	**2 400.6**
Afrique septentrionale	-22.6	-17.7	-6.6	91.3	-56.7	22.6	269.6	1 181.0	664.0	1 594.5
Algérie	-1.3	-1.1	1.1	5.6	-5.9	167.2	276.2	314.1	402.4	411.9
Egypte	-19.9	-7.8	-12.2	51.9	-34.2	-5.3	298.4	685.6	96.9	-214.8
Libye	-	-	-16.6	-1.1	18.9	-188.4	-303.9	-213.4	155.6	-53.1
Maroc	5.3	-3.3	13.3	11.3	1.2	46.4	10.0	384.8	-21.4	1 397.4
Tunisie	-6.6	-5.5	8.8	22.5	-36.6	1.3	-11.1	11.1	31.6	53.1
Autres pays africains	-668.7	-1.1	-55.3	390.0	38.9	644.8	426.0	748.6	715.8	806.1
Nigéria	-130.0	7.8	39.8	12.4	8.3	63.7	56.6	42.0	-24.8	2.4
Afrique du Sud	-525.4	1.1	-95.1	394.5	48.4	408.7	350.5	716.6	500.5	716.4
AMÉRIQUE	**3 205.5**	**-5 699.4**	**-1 400.0**	**13 492.3**	**-7 525.1**	**11 722.2**	**26 429.3**	**12 075.6**	**27 482.8**	**16 163.1**
Amérique du Nord	4 329.3	1 423.2	420.2	10 904.1	-7 160.4	9 992.0	20 703.3	13 051.0	24 860.8	13 888.8
Amérique du Nord	-1 300.3	-7 063.8	-1 839.0	2 522.8	-22.4	1 858.8	2 095.4	489.9	2 422.5	709.3
Bahamas	155.2	173.0	5.5	58.6	-1 015.0	2.7	7.8	4.4	-	5.9
Bermudes	-1 264.4	-5 141.4	-1 084.8	-126.3	-614.9	5.3	14.4	115.0	-29.3	279.7
Îles Cayman	-525.4	-1 478.6	-713.3	558.0	-2 241.2	544.0	410.4	-999.7	-985.2	-1 488.3
Costa Rica	-9.3	6.7	-	-1.1	-1.2	-13.3	3.3	16.6	-38.3	-60.2
El Salvador	-	-	-	-1.1	-3.5	-	3.3	-5.5	-5.6	-27.1
Guatemala	6.6	-	2.2	1.1	-2.4	-8.0	3.3	-13.3	4.5	-4.7
Honduras	2.7	2.2	2.2	1.1	-3.5	-2.7	8.9	-3.3	-13.5	2.4
Nicaragua	18.6	-10.0	-	-	-	8.0	8.9	-	-21.4	8.3
Panama	-15.9	-56.6	-3.3	30.4	-22.4	127.4	84.3	-27.6	182.6	108.6
Îles Vierges, US	-	-	-	-	-	-	-	-	-	-
Amérique du Sud	175.1	-59.9	19.9	66.5	-342.3	-128.7	3 630.6	-1 466.3	198.4	1 565.0
Argentine	-51.7	-65.4	43.1	40.6	-14.2	286.6	458.1	210.1	731.6	342.3
Bolivie	-	1.1	-	-	1.2	5.3	7.8	-91.8	-	5.9
Brésil	-147.3	43.3	-34.3	48.5	-109.8	766.9	1 907.9	-991.9	-559.1	-64.9
Colombie	4.0	-6.7	-11.1	4.5	-31.9	4.0	114.3	178.0	152.2	153.4
Equateur	-	-2.2	-	-2.3	7.1	-542.7	54.4	18.8	29.3	29.5
Paraguay	6.6	-	8.8	1.1	-2.4	-8.0	-	2.2	15.8	24.8
Pérou	2.7	-2.2	1.1	-2.3	-8.3	33.2	83.2	73.0	50.7	109.8
Uruguay	18.6	-8.9	-11.1	1.1	-9.4	75.6	251.8	1.1	146.5	1 206.2
Venezuela	-4.0	-22.2	12.2	29.3	30.7	-469.7	52.1	-820.5	-625.6	-339.9
ASIE	**3 464.2**	**2 535.8**	**3 906.9**	**1 580.4**	**1 464.7**	**16 779.9**	**7 290.1**	**12 323.3**	**10 900.7**	**4 281.8**

Tableau 1. Flux d'investissement direct étranger par pays (*suite*)

Millions de dollars des ÉU

	Entrant					Sortant				
	2014	2015	2016	2017	2018	2014	2015	2016	2017	2018
Proche et Moyen Orient	-802.7	-154.2	201.3	205.2	-121.6	1 133.1	854.1	949.9	1 236.6	297.4
Pays du Golfe	-888.9	-323.9	49.8	140.9	-302.1	469.7	758.7	617.1	1 072.0	291.5
Koweït	14.6	12.2	11.1	-15.8	-9.4	55.7	-8.9	74.1	92.4	11.8
Qatar	-55.7	-300.6	123.9	299.9	-207.7	-99.5	102.1	127.2	-5.6	-336.4
Arabie saoudite	-65.0	53.2	-140.4	-164.6	-17.7	-13.3	64.3	359.4	-3.4	-276.2
Emirats Arabes Unis	-794.7	-96.5	69.7	41.7	-49.6	583.8	634.5	-65.2	909.7	887.5
Autres pays du Proche et Moyen Orient	86.2	169.7	151.5	64.3	180.6	663.4	95.4	334.0	164.6	5.9
Jordanie	4.0	-6.7	7.7	2.3	1.2	91.5	-1.1	1.1	-15.8	-24.8
Autres pays asiatiques	4 267.0	2 690.0	3 705.6	1 375.3	1 586.2	15 646.8	6 435.9	11 372.3	9 664.1	3 984.4
Chine	2 019.4	103.2	327.3	-222.1	-50.7	11 385.2	6 081.0	8 398.8	6 202.2	365.9
Hong Kong, Chine	358.2	25.5	422.4	-387.8	836.8	432.5	271.8	437.9	-120.6	270.3
Inde	-25.2	-21.1	-48.7	-41.7	-140.4	1 263.1	1 773.7	1 495.1	1 215.2	1 218.0
Indonesie	15.9	25.5	23.2	-33.8	15.3	156.6	13.3	99.5	282.9	435.5
République islamique d'Iran	122.1	-5.5	15.5	72.1	136.9	898.2	25.5	264.3	-551.2	144.0
Malaisie	98.2	130.9	67.5	-200.7	8.3	257.4	205.2	555.1	583.9	367.0
Philippines	-14.6	-5.5	4.4	2.3	-13.0	-63.7	58.8	-351.7	213.1	232.5
Singapour	49.1	-219.6	147.1	-497.1	94.4	-696.6	166.4	-2 603.1	-22.5	299.8
Taipei Chinois	4.0	59.9	70.8	15.8	38.9	614.3	53.2	112.8	211.9	809.6
Thaïlande	-10.6	-27.7	-109.5	-11.3	70.8	398.0	-281.8	385.9	580.5	269.1
Viet Nam	-2.7	3.3	4.4	7.9	-15.3	-9.3	79.9	107.3	108.2	29.5
AUSTRALIE, OCÉANIE ET RÉGIONS POLAIRES	**-881.0**	**-169.7**	**-172.5**	**208.5**	**-279.7**	**391.4**	**826.4**	**175.8**	**1 889.3**	**2 201.1**
TOTAL MONDE non alloué et confidentiel	**5.3**	**-1.1**	**-4.4**	**15.8**	**30.7**	**-**	**-**	**-1.1**	**-1.1**	**-1.2**
Union européenne (UE28)	**-14 054.7**	**29 526.3**	**5 543.5**	**14 205.8**	**9 201.0**	**52 628.4**	**59 813.6**	**27 429.0**	**38 609.0**	**31 906.1**
Pays du G20 hors Union Européenne	**23 750.8**	**6 658.9**	**11 795.9**	**8 873.9**	**-7 163.9**	**23 563.8**	**31 858.0**	**34 049.5**	**55 170.8**	**27 709.2**
Pays OCDE du G20	**21 474.1**	**5 975.6**	**11 949.6**	**10 273.9**	**-5 922.3**	**13 654.0**	**20 687.7**	**21 855.6**	**45 108.8**	**21 542.5**
Pays non-OCDE du G20	**2 276.8**	**683.3**	**-153.7**	**-1 400.1**	**-1 241.6**	**9 909.8**	**11 170.3**	**12 194.0**	**10 062.0**	**6 166.6**
Pays MENA	**-899.6**	**-345.0**	**60.8**	**240.1**	**-355.2**	**521.4**	**983.9**	**1 801.4**	**1 731.5**	**1 867.1**
Pays ANASE	**118.1**	**-82.1**	**131.6**	**-737.2**	**159.3**	**41.1**	**252.9**	**-1 802.5**	**1 748.4**	**1 602.7**

- Néant

Note : Voir les métadonnées détaillées sur : *http://stats.oecd.org/OECDStat_Metadata/ShowMetadata.ashx?Dataset=FDI_CTRY_IND_SUMM&lang=fr*.

1. Informations sur les données concernant Israël : *http://oe.cd/israel-disclaimer*.
2. Note de la Turquie : Les informations figurant dans ce document et faisant référence à « Chypre » concernent la partie méridionale de l'île. Il n'y a pas d'autorité unique représentant à la fois les Chypriotes turcs et grecs sur l'île. La Turquie reconnaît la République Turque de Chypre Nord (RTCN). Jusqu'à ce qu'une solution durable et équitable soit trouvée dans le cadre des Nations Unies, la Turquie maintiendra sa position sur la « question chypriote ».
3. Note de tous les États de l'Union européenne membres de l'OCDE et del'Union européenne : La République de Chypre est reconnue par tous les membres des Nations Unies sauf la Turquie. Les informations figurant dans ce document concernent la zone sous le contrôle effectif du gouvernement de la République de Chypre.

Source : Statistiques de l'OCDE sur l'investissement direct international (base de données) : https://doi.org/10.1787/idi-data-fr

Tableau 2. Encours des investissements directs étrangers par pays
En fin d'année

Millions de dollars des ÉU

	Entrant					Sortant				
	2014	2015	2016	2017	2018	2014	2015	2016	2017	2018
TOTAL MONDE	**859 564.6**	**781 743.1**	**794 510.4**	**957 467.0**	**939 148.2**	**1 398 632.3**	**1 369 209.6**	**1 367 630.4**	**1 645 169.1**	**1 643 627.2**
Pays membres de l'OCDE	**.. d**	**734 250.4**	**740 795.8**	**886 950.1**	**..**	**1 164 727.4**	**1 143 407.7**	**1 135 030.0**	**1 377 444.2**	**1 377 837.2**
Australie	3 722.4	3 246.6	4 354.4	5 115.1	..	13 265.3	11 603.7	11 963.7	14 484.3	14 989.7
Autriche	27 324.5	24 989.7	23 894.8	28 881.0	..	48 188.8	44 631.5	50 981.3	66 045.8	66 659.0
Belgique	14 120.0	11 479.6	10 011.6	12 130.0	..	42 896.6	40 618.4	35 196.6	21 261.7	21 250.3
Canada	6 888.8	.. d	.. d	.. d	..	16 771.6	13 905.3	14 705.4	16 608.3	16 738.0
Chili	.. c	620.6	1 499.9	563.7	..	1 941.3	1 984.8	.. d	.. d	.. d
République Tchèque	1 267.5	808.9	855.9	989.4	..	19 727.9	18 904.7	20 343.6	27 005.3	27 230.4
Danemark	7 518.9	7 646.2	8 241.8	9 375.2	..	6 502.7	5 242.2	6 134.7	7 606.1	6 930.4
Estonie	4.9	3.3	5.3	8.4	..	-21.9	4.4	23.2	128.3	199.2
Finlande	3 740.6	3 071.3	2 875.5	4 407.5	..	3 372.8	3 078.9	2 937.7	3 785.1	4 348.5
France	59 195.9	54 028.3	53 257.1	70 020.4	..	78 366.5	72 999.5	70 393.2	101 826.6	97 062.1
Allemagne	68 773.9	62 546.5	71 940.6	88 746.7	..	-	..	-	-	-
Grèce	72.8	67.5	76.9	51.6	..	5 049.4	4 497.6	5 065.9	7 052.1	6 718.6
Hongrie	71.6	66.4	99.1	111.5	..	15 396.0	13 728.9	13 877.9	18 336.5	15 714.4
Islande	399.4	397.4	16.9	18.0	..	18.2	57.7	.. d	.. d	.. d
Irlande	8 360.3	7 584.1	5 347.3	5 124.7	..	10 034.5	10 260.2	10 209.8	13 049.9	25 389.3
Israël[1]	6 283.0	5 585.2	5 062.7	5 958.3	..	977.4	1 094.2	1 197.4	1 442.8	1 432.3
Italie	40 730.6	35 062.6	33 599.7	35 765.2	..	40 064.1	31 816.0	32 880.8	39 173.7	38 026.1
Japon	37 229.2	36 272.2	37 322.7	42 181.6	..	9 414.1	6 525.9	8 340.9	9 528.7	9 821.4
Corée	5 735.4	4 536.7	5 755.2	6 295.3	..	8 944.3	9 208.5	8 271.3	10 453.3	9 837.4
Lettonie	9.7	9.8	.. c	14.4	..	693.3	769.7	649.3	816.7	857.6
Lituanie	.. c	2.2	.. c	.. c	..	1 053.8	724.0	953.9	1 077.0	897.6
Luxembourg	55 098.3	54 835.1	53 514.3	60 084.0	..	148 809.8	139 543.8	136 757.7	176 811.0	185 967.5
Mexique	.. d	.. d	.. d	.. d	..	9 546.5	8 260.2	9 058.7	12 854.4	15 659.5
Pays-Bas	56 614.7	51 801.9	46 522.6	54 118.5	..	103 715.7	120 076.2	133 641.8	173 359.3	165 679.0
Nouvelle-Zélande	1 223.8	55.5	.. d	.. d	..	539.1	508.4	663.0	1 577.1	1 722.0
Norvège	2 855.6	2 155.7	2 241.0	3 001.9	..	7 356.2	7 277.1	6 929.5	6 928.5	6 272.0
Pologne	689.6	432.2	716.8	813.1	..	31 773.0	29 566.7	29 132.5	37 765.7	37 926.5
Portugal	446.8	445.3	416.4	412.6	..	3 624.1	3 166.0	3 359.3	4 378.7	5 044.7
République slovaquie	1.2	1.1	1.1	1.2	..	4 588.1	3 881.3	3 158.0	4 180.9	4 436.7
Slovénie	87.4	84.9	76.9	67.2	..	1 124.3	1 198.7	1 135.2	1 478.8	1 635.0
Espagne	21 512.6	25 955.4	24 900.4	29 593.4	..	55 989.4	49 805.1	48 540.1	63 602.8	65 500.3
Suède	14 286.3	15 486.1	14 714.9	17 912.0	..	17 433.3	25 171.5	23 485.8	27 332.7	26 331.6
Suisse	63 104.1	54 352.7	59 685.9	70 117.5	..	36 397.5	34 801.3	38 921.7	45 445.0	41 985.3
Turquie	801.3	1 585.2	1 612.7	1 960.9	..	10 984.0	9 992.4	9 351.7	10 584.1	9 306.2
Royaume-Uni	106 889.4	89 879.2	92 148.2	103 998.6	..	168 541.4	151 477.4	140 717.8	159 872.9	144 218.0
Etats-Unis	194 859.4	171 474.1	171 626.4	219 305.6	..	243 397.9	268 515.0	254 632.7	289 683.4	299 314.2
EUROPE	**566 818.4**	**520 013.1**	**527 565.1**	**622 904.8**	**..**	**914 261.0**	**873 252.0**	**873 344.6**	**1 074 952.0**	**1 063 023.8**
Bulgarie	.. c	.. c	.. c	.. c	..	1 676.7	1 734.3	1 926.8	2 217.6	2 303.6
Croatie	.. c	.. c	.. c	-	..	2 297.1	2 164.4	2 160.9	2 528.2	2 926.5
Chypre[2, 3]	757.6	1 475.2	1 300.7	1 633.5	..	1 125.5	1 694.1	215.0	-795.2	954.9
Malte	500.2	370.2	721.0	470.1	..	13 602.8	13 850.8	9 407.6	10 519.3	8 946.6
Roumanie	6.1	6.5	6.3	.. c	..	6 921.6	7 060.4	7 802.3	8 989.0	9 143.6
Russie	5 724.5	7 914.0	8 730.9	11 602.3	..	16 946.4	14 918.9	18 945.9	21 971.7	21 750.6
Ukraine	.. d	135.0	.. c	.. c	..	4 399.9	2 880.8	2 679.5	2 868.8	3 036.4
AFRIQUE	**2 529.0**	**1 699.5**	**1 514.7**	**1 598.7**	**..**	**10 743.6**	**8 916.7**	**10 170.8**	**11 496.8**	**14 418.4**
Afrique septentrionale	88.6	236.3	198.2	104.3	..	2 651.6	2 403.9	2 624.6	2 786.0	5 825.5
Algérie	3.6	3.3	3.2	3.6	..	295.0	389.8	533.4	599.7	1 118.6
Egypte	.. c	.. c	56.9	.. d	..	1 333.1	1 367.4	1 573.7	1 587.9	2 129.6
Libye	.. c	167.7	134.9	.. c	..	241.6	-57.7	-255.1	-209.9	417.9
Maroc	.. c	.. c	.. c	.. c	..	468.6	411.5	536.5	567.3	1 915.5
Tunisie	1.2	1.1	.. d	1.2	..	312.0	292.9	237.2	241.1	243.9
Autres pays africains	2 440.3	1 463.3	1 316.5	1 495.6	..	8 092.0	6 513.9	7 546.1	8 710.7	8 592.9
Nigéria	.. c	.. c	.. c	.. c	..	384.9	381.1	374.2	316.6	297.7
Afrique du Sud	2 433.1	1 464.3	1 308.1	.. d	..	6 114.2	4 843.8	5 764.7	6 766.6	6 472.4
AMÉRIQUE	**208 468.3**	**185 536.2**	**185 547.6**	**234 773.3**	**..**	**305 389.9**	**321 532.9**	**310 884.4**	**352 528.2**	**359 905.0**
Amérique du Nord	201 748.2	178 657.6	179 464.5	228 383.3	..	260 169.5	282 420.3	269 338.0	306 291.7	316 052.2
Amérique du Nord	5 565.4	5 210.7	2 931.4	4 384.7	..	20 812.1	16 474.7	16 394.0	19 412.3	20 653.8
Bahamas	7.3	.. c	.. c	6.0	..	108.1	103.4	106.5	136.7	138.5
Bermudes	1 619.6	1 457.8	1 368.2	2 076.0	..	2 164.7	2 112.1	1 794.0	1 789.4	2 188.0
Îles Cayman	1 147.3	1 730.0	-546.0	-597.3	..	2 532.6	1 921.6	1 418.8	717.2	-817.5
Costa Rica	-	-	-	-	..	109.3	127.4	190.8	145.1	49.2
El Salvador	-	-	-	-	..	129.9	119.8	117.0	111.5	60.7
Guatemala	-	-	4.2	4.8	..	89.8	105.6	98.0	100.7	91.6
Honduras	-	-	-	-	..	65.6	79.5	84.3	116.3	40.1
Nicaragua	-	-	-	-	..	55.8	67.5	.. d	.. d	.. d
Panama	.. c	.. c	.. c	.. c	..	4 902.5	2 669.6	2 534.0	2 669.7	2 794.8
Îles Vierges, US	1.2	1.1	1.1	1.2	..	.. c	.. c	.. c	.. c	.. c
Amérique du Sud	1 154.6	1 666.8	3 150.6	2 006.5	..	24 408.3	22 636.9	25 152.3	26 823.0	23 199.0
Argentine	2.4	2.2	2.1	2.4	..	2 805.8	2 499.7	2 286.3	2 720.1	2 254.4
Bolivie	-	-	-	-	..	139.6	168.8	84.3	80.4	84.7
Brésil	1 016.2	1 028.9	1 620.1	1 404.4	..	15 541.7	13 490.5	14 884.6	16 048.2	13 957.0
Colombie	.. c	3.3	3.2	3.6	..	1 219.0	1 127.9	1 342.9	1 593.9	1 605.2
Equateur	-	-	-	1.2	..	286.5	324.4	326.8	358.6	348.1
Paraguay	-	-	-	-	..	185.8	156.8	173.9	212.3	219.8
Pérou	2.4	2.2	3.2	3.6	..	611.9	627.1	714.7	694.4	762.5
Uruguay	.. c	.. c	13.7	18.0	..	412.8	687.0	770.5	823.9	2 055.2
Venezuela	8.5	7.6	8.4	9.6	..	1 237.2	1 558.0	2 297.9	1 492.0	-593.1
ASIE	**76 801.5**	**71 192.2**	**75 274.6**	**93 251.4**	**..**	**154 354.6**	**153 341.3**	**160 563.9**	**190 075.6**	**189 740.1**

Tableau 2. Encours des investissements directs étrangers par pays *(suite)*

En fin d'année

Millions de dollars des ÉU

	Entrant					Sortant				
	2014	2015	2016	2017	2018	2014	2015	2016	2017	2018
Proche et Moyen Orient	.. d	17 895.5	16 689.2	18 860.6	..	7 106.1	7 609.1	8 090.0	10 931.9	11 977.3
Pays du Golfe	14 491.5	12 252.6	11 551.6	12 829.2	..	5 011.8	5 587.4	5 991.4	8 859.4	9 690.9
Koweït	337.5	327.7	322.5	373.0	..	137.2	163.3	220.3	260.3	257.6
Qatar	7 568.7	6 874.3	6 660.7	8 287.4	..	211.3	271.1	300.4	359.8	349.2
Arabie saoudite	.. d	365.8	378.4	428.2	..	1 439.9	1 476.3	1 613.8	1 527.9	1 407.1
Emirats Arabes Unis	3 762.5	2 780.6	2 343.2	2 257.1	..	3 048.6	3 574.3	3 462.6	6 423.6	7 347.1
Autres pays du Proche et Moyen Orient	.. d	5 642.9	5 136.5	6 031.4	..	2 094.3	2 021.8	2 098.7	2 072.4	2 286.5
Jordanie	2.4	3.3	5.3	.. c	..	173.6	167.7	158.1	134.3	116.8
Autres pays asiatiques	.. d	53 296.7	58 585.4	74 390.7	..	147 248.5	145 731.1	152 473.9	179 143.7	177 762.8
Chine	4 537.1	4 935.2	7 611.5	16 754.6	..	71 871.1	72 182.9	77 044.4	91 752.2	87 757.0
Hong Kong, Chine	1 025.9	853.6	1 265.9	1 446.4	..	5 729.3	5 930.3	5 402.1	6 504.0	7 228.1
Inde	3 747.9	.. d	2 874.5	3 268.2	..	21 331.7	24 132.8	25 177.6	28 907.4	28 051.3
Indonesie	.. c	.. c	3.2	.. c	..	2 558.1	2 573.8	2 743.8	3 085.9	3 391.3
République islamique d'Iran	1 623.3	1 673.4	1 710.8	1 772.6	..	574.3	248.2	406.9	434.2	482.0
Malaisie	696.9	755.6	770.5	901.9	..	4 642.7	3 924.9	4 412.4	5 238.7	5 930.8
Philippines	-	-	-	.. c	..	1 001.6	1 032.1	1 022.5	1 243.7	1 370.5
Singapour	677.5	386.5	341.5	548.1	..	14 653.0	13 846.5	12 935.6	13 971.0	14 496.2
Taipei Chinois	417.7	542.2	609.3	827.5	..	1 535.8	1 935.8	1 922.6	2 295.5	3 023.8
Thaïlande	61.9	52.3	186.6	194.3	..	3 054.7	2 554.2	2 996.7	3 750.3	3 987.9
Viet Nam	.. c	.. c	.. c	.. c	..	586.4	636.9	708.3	804.7	841.5
AUSTRALIE, OCÉANIE ET RÉGIONS POLAIRES	**4 946.2**	**3 303.2**	**4 609.5**	**4 937.6**	**..**	**13 883.2**	**12 167.7**	**12 666.8**	**16 117.8**	**16 764.4**
TOTAL MONDE non alloué et confidentiel	**1.2**	**-1.1**	**-1.1**	**1.2**	**..**	**-**	**-1.1**	**-**	**-1.2**	**-224.4**
Union européenne (UE28)	**488 175.0**	**448 199.2**	**445 338.9**	**524 856.1**	**..**	**832 548.4**	**797 669.0**	**791 088.9**	**979 406.3**	**972 299.1**
Pays du G20 hors Union Européenne	**543 797.8**	**485 193.3**	**502 493.9**	**618 099.1**	**..**	**737 903.3**	**720 423.5**	**708 777.3**	**837 849.6**	**820 013.7**
Pays OCDE du G20	**.. d**	**466 323.4**	**479 965.2**	**583 173.4**	**..**	**599 294.3**	**584 305.9**	**560 316.2**	**665 068.4**	**654 972.5**
Pays non-OCDE du G20	**.. d**	**18 869.9**	**22 528.7**	**34 925.6**	**..**	**138 608.9**	**136 117.6**	**148 461.1**	**172 781.2**	**165 041.2**
Pays MENA	**14 611.7**	**12 521.5**	**11 805.6**	**12 985.1**	**..**	**8 024.0**	**8 372.3**	**8 992.3**	**12 017.3**	**16 045.3**
Pays ANASE	**1 546.8**	**1 302.1**	**1 332.4**	**1 718.6**	**..**	**26 514.7**	**24 587.9**	**24 840.3**	**28 123.1**	**30 022.9**

- Néant ; .. Non disponible ; c Donnée confidentielle ; d Confidentialité Secondaire

Note : Les positions d'IDE entrants sont allouées selon le pays investisseur ultime. Voir les métadonnées détaillées sur : *http://stats.oecd.org/OECDStat_Metadata/ShowMetadata.ashx?Dataset=FDI_CTRY_IND_SUMM&lang=fr*.

1. Informations sur les données concernant Israël : *http://oe.cd/israel-disclaimer*.
2. Note de la Turquie : Les informations figurant dans ce document et faisant référence à « Chypre » concernent la partie méridionale de l'île. Il n'y a pas d'autorité unique représentant à la fois les Chypriotes turcs et grecs sur l'île. La Turquie reconnaît la République Turque de Chypre Nord (RTCN). Jusqu'à ce qu'une solution durable et équitable soit trouvée dans le cadre des Nations Unies, la Turquie maintiendra sa position sur la « question chypriote ».
3. Note de tous les États de l'Union européenne membres de l'OCDE et del'Union européenne : La République de Chypre est reconnue par tous les membres des Nations Unies sauf la Turquie. Les informations figurant dans ce document concernent la zone sous le contrôle effectif du gouvernement de la République de Chypre.

Source : Statistiques de l'OCDE sur l'investissement direct international (base de données) : https://doi.org/10.1787/idi-data-fr

Tableau 3. Revenus des investissements directs étrangers par pays

Millions de dollars des ÉU

	Entrant					Sortant				
	2014	2015	2016	2017	2018	2014	2015	2016	2017	2018
TOTAL MONDE	**41 271.1**	**28 767.6**	**37 723.1**	**38 597.7**	**39 190.4**	**89 590.0**	**84 950.6**	**97 529.6**	**100 267.2**	**113 619.7**
Pays membres de l'OCDE	**37 716.6**	**27 528.6**	**37 521.8**	**37 883.0**	**38 308.7**	**60 656.8**	**63 997.8**	**74 997.2**	**75 233.9**	**85 709.9**
Australie	-143.3	-21.1	67.5	73.3	73.2	691.3	438.2	488.8	821.8	933.6
Autriche	2 564.7	1 984.5	1 909.8	2 313.2	2 326.2	3 476.2	3 493.1	4 117.0	4 969.0	5 610.8
Belgique	1 621.3	2 232.9	964.3	642.5	581.8	3 007.8	2 501.4	1 706.3	1 698.8	1 921.4
Canada	58.4	114.3	90.7	93.6	101.5	883.6	723.2	881.3	722.6	827.3
Chili	-	-16.6	-38.7	-55.2	-55.5	-14.6	16.6	140.4	191.6	197.1
République Tchèque	157.9	-30.0	282.0	244.6	252.6	2 160.0	1 943.4	2 092.2	2 229.7	2 542.2
Danemark	2 128.2	986.1	670.1	532.1	555.9	195.0	73.2	520.8	521.9	564.1
Estonie	-	-	-	-	4.7	17.2	13.3	18.8	14.7	17.7
Finlande	106.1	8.9	71.9	117.2	85.0	407.3	311.7	346.1	341.6	396.6
France	5 216.9	2 959.5	5 948.2	4 908.1	5 037.2	2 022.0	2 524.7	3 027.8	3 167.6	3 597.3
Allemagne	-	-	-	-	-	-	-	-	-	-
Grèce	13.3	1.1	-	29.3	24.8	322.4	296.2	188.0	349.5	384.8
Hongrie	46.4	32.2	39.8	23.7	23.6	1 167.6	1 286.7	973.1	1 092.3	1 254.6
Islande	2.7	3.3	1.1	1.1	1.2	-5.3	-1.1	-	-	-
Irlande	854.5	382.7	853.7	874.8	932.4	782.8	274.0	692.2	994.3	1 097.6
Israël[1]	77.0	77.6	67.5	91.3	92.1	43.8	54.4	78.5	73.3	79.1
Italie	2 778.3	2 046.6	2 054.6	3 777.5	3 886.5	1 816.4	2 049.9	2 042.5	2 220.7	2 509.1
Japon	294.5	491.4	233.3	877.0	881.6	1 570.9	910.7	1 171.1	693.3	786.0
Corée	124.7	351.6	211.2	213.1	210.1	1 232.6	917.4	1 099.2	1 108.1	1 259.3
Lettonie	-	-1.1	1.1	-	-1.2	54.4	51.0	37.6	48.5	55.5
Lituanie	2.7	1.1	2.2	3.4	1.2	106.1	62.1	21.0	76.7	61.4
Luxembourg	4 979.4	355.0	756.4	1 398.9	1 599.2	5 031.2	4 708.8	7 852.5	8 909.9	10 011.8
Mexique	-34.5	-89.9	-7.7	-23.7	-22.4	631.6	897.4	897.9	872.5	1 004.4
Pays-Bas	5 845.8	7 013.9	8 970.5	8 702.5	8 949.6	5 560.6	14 069.9	8 052.6	7 759.0	9 101.9
Nouvelle-Zélande	2.7	2.2	1.1	2.3	2.4	91.5	72.1	116.1	142.0	157.0
Norvège	172.5	129.8	29.9	-86.8	-85.0	551.9	-271.8	356.1	454.3	485.1
Pologne	203.0	142.0	258.8	290.8	344.6	3 230.7	2 489.2	2 654.0	2 560.0	2 962.4
Portugal	8.0	6.7	-15.5	-21.4	-20.1	532.0	458.1	414.7	461.1	528.7
République slovaquie	2.7	4.4	8.8	11.3	15.3	449.8	521.4	593.8	579.4	660.9
Slovénie	17.2	16.6	29.9	31.6	31.9	122.1	136.4	134.9	144.3	162.9
Espagne	1 766.0	1 203.6	2 179.6	2 313.2	2 313.2	1 901.3	2 154.2	2 428.4	3 262.3	3 734.2
Suède	1 665.1	353.9	-577.2	1 039.3	944.2	1 468.8	1 454.2	4 844.6	5 023.1	5 698.1
Suisse	3 559.8	2 422.6	6 860.6	5 231.7	5 191.8	4 395.6	4 691.1	5 822.2	4 705.2	5 316.9
Turquie	84.9	41.0	53.1	60.9	61.4	1 113.2	1 139.2	790.7	1 120.5	1 273.5
Royaume-Uni	367.5	1 879.1	2 447.2	766.5	682.2	4 317.4	2 879.6	5 622.0	2 988.4	3 219.6
Etats-Unis	3 175.0	2 442.6	3 098.5	3 408.9	3 285.7	11 482.0	10 770.9	14 794.9	14 992.7	17 297.3
EUROPE	**36 271.7**	**24 515.8**	**33 550.8**	**33 425.8**	**33 990.3**	**49 108.4**	**51 932.3**	**60 628.1**	**61 426.0**	**69 514.9**
Bulgarie	21.2	11.1	12.2	21.4	21.2	86.2	47.7	152.6	144.3	165.2
Croatie	-4.0	6.7	11.1	5.6	11.8	156.6	146.4	235.5	201.8	227.8
Chypre[2, 3]	651.5	227.4	91.8	82.3	80.3	59.7	68.8	143.8	148.8	168.8
Malte	73.0	26.6	49.8	12.4	14.2	1 298.9	-10.0	411.4	540.0	618.4
Roumanie	6.6	3.3	15.5	20.3	21.2	705.9	687.7	991.9	998.8	1 135.4
Russie	816.0	232.9	-103.9	435.1	441.4	2 335.1	1 417.6	2 974.7	2 858.8	3 055.6
Ukraine	5.3	1.1	1.1	-3.4	-2.4	-211.0	-109.8	-84.0	-121.7	-122.7
AFRIQUE	**107.5**	**-112.0**	**196.8**	**151.1**	**141.6**	**881.0**	**633.4**	**1 255.1**	**1 144.2**	**1 437.5**
Afrique septentrionale	8.0	-1.1	16.6	2.3	2.4	119.4	74.3	368.2	397.9	613.7
Algérie	5.3	-	-	-	-	71.6	123.1	195.7	169.1	207.7
Egypte	2.7	-1.1	15.5	1.1	1.2	103.5	147.5	247.7	241.2	417.8
Libye	-1.3	-	-	-	-	-151.3	-250.7	-140.4	-25.9	-27.1
Maroc	-	-	-	-	-	58.4	26.6	49.8	-4.5	-4.7
Tunisie	-	1.1	1.1	1.1	-	37.2	27.7	15.5	18.0	20.1
Autres pays africains	99.5	-110.9	179.1	149.9	139.3	761.6	559.1	888.0	745.1	825.0
Nigéria	23.9	-	-5.5	1.1	1.2	22.6	27.7	-13.3	-12.4	-14.2
Afrique du Sud	63.7	-100.9	190.2	136.4	127.5	642.2	470.3	826.1	692.1	773.0
AMÉRIQUE	**4 105.1**	**3 537.4**	**3 757.6**	**3 984.9**	**4 045.8**	**15 381.5**	**13 099.3**	**15 225.0**	**15 771.6**	**18 116.4**
Amérique du Nord	3 232.1	2 556.9	3 190.3	3 502.4	3 388.4	12 367.0	11 493.1	15 677.3	15 715.3	18 124.6
Amérique du Nord	853.1	982.8	604.9	534.3	703.4	3 186.9	2 142.0	162.6	193.9	229.0
Bahamas	163.2	26.6	3.3	21.4	21.2	4.0	5.5	1.1	1.1	1.2
Bermudes	468.4	394.9	266.5	215.3	212.4	330.4	301.7	257.7	263.8	304.5
Îles Cayman	172.5	585.7	258.8	211.9	193.6	1 967.6	746.5	-1 066.0	-1 040.5	-1 188.5
Costa Rica	-	-	-	-	-	-5.3	-1.1	-11.1	-25.9	-30.7
El Salvador	-	-	-	-	-	4.0	4.4	-1.1	-3.4	-3.5
Guatemala	-	-	-	-	-	5.3	34.4	-3.3	5.6	7.1
Honduras	-	-	-	-	-	11.9	11.1	23.2	23.7	27.1
Nicaragua	-	-	-	-	-	2.7	2.2	3.3	2.3	2.4
Panama	-8.0	-4.4	-4.4	-4.5	-4.7	189.7	120.9	53.1	93.6	107.4
Îles Vierges, US	-	-	-	-	-	-	-	-	-	-
Amérique du Sud	19.9	-2.2	-37.6	-51.9	-46.0	-171.2	-535.8	-613.7	-137.5	-237.2
Argentine	-	-2.2	-4.4	-3.4	-3.5	102.2	69.9	247.7	236.7	275.0
Bolivie	-	-	-	-	-	15.9	15.5	4.4	6.8	8.3
Brésil	18.6	16.6	7.7	7.9	11.8	-234.8	-761.0	-757.5	-751.9	-931.2
Colombie	-	-	-	-	-	45.1	59.9	40.9	94.7	109.8
Equateur	-	-	-	-	-	22.6	28.8	17.7	25.9	27.1
Paraguay	-	-	-1.1	-	-	5.3	-5.5	-1.1	2.3	2.4
Pérou	-	1.1	1.1	1.1	-	74.3	85.4	90.7	87.9	101.5
Uruguay	1.3	-	-2.2	-1.1	-1.2	33.2	47.7	28.8	31.6	38.9
Venezuela	-	1.1	1.1	1.1	1.2	-217.6	-87.6	-420.2	-57.5	-59.0
ASIE	**927.4**	**941.8**	**540.8**	**1 171.2**	**1 190.8**	**23 433.7**	**18 859.7**	**20 039.8**	**21 125.0**	**23 618.6**

Tableau 3. Revenus des investissements directs étrangers par pays *(suite)*

Millions de dollars des ÉU

	Entrant					Sortant				
	2014	2015	2016	2017	2018	2014	2015	2016	2017	2018
Proche et Moyen Orient	222.9	87.6	192.4	187.1	191.2	1 052.1	966.2	1 003.0	781.2	769.5
Pays du Golfe	143.3	4.4	121.6	82.3	83.8	914.2	922.9	836.0	614.4	612.5
Koweït	10.6	6.7	15.5	16.9	14.2	45.1	11.1	40.9	89.1	50.7
Qatar	128.7	3.3	118.3	86.8	86.2	30.5	18.9	29.9	4.5	5.9
Arabie saoudite	-6.6	1.1	-18.8	-19.2	-20.1	447.1	475.9	296.4	90.2	61.4
Emirats Arabes Unis	14.6	4.4	7.7	1.1	5.9	374.2	374.9	382.6	351.7	401.3
Autres pays du Proche et Moyen Orient	79.6	83.2	70.8	106.0	107.4	138.0	43.3	167.0	166.8	157.0
Jordanie	-	-	1.1	-	1.2	10.6	7.8	32.1	22.5	4.7
Autres pays asiatiques	704.5	853.0	348.3	983.0	1 000.8	22 381.6	17 893.5	19 037.9	20 344.9	22 849.1
Chine	152.6	-52.1	-44.2	-25.9	-22.4	13 672.5	10 702.2	11 905.3	13 154.1	14 769.3
Hong Kong, Chine	14.6	-8.9	-87.4	-68.8	-60.2	1 714.2	1 426.5	1 140.1	1 171.2	1 336.0
Inde	-45.1	-7.8	-26.5	-27.1	-28.3	934.1	1 023.8	911.2	1 214.1	1 482.4
Indonesie	-2.7	-	1.1	1.1	1.2	480.3	382.7	366.0	485.9	557.1
République islamique d'Iran	59.7	26.6	66.4	67.6	67.3	327.7	72.1	74.1	129.6	86.2
Malaisie	30.5	17.7	46.4	30.4	29.5	362.2	498.1	591.6	572.7	633.8
Philippines	-	1.1	1.1	1.1	1.2	74.3	62.1	19.9	207.4	238.4
Singapour	57.1	18.9	-69.7	-103.7	-96.8	1 196.8	1 166.9	706.6	445.3	501.6
Taipei Chinois	9.3	8.9	8.8	11.3	10.6	216.3	208.5	167.0	240.1	275.0
Thaïlande	10.6	7.8	12.2	10.1	9.4	382.1	353.9	529.7	568.1	650.3
Viet Nam	-4.0	-2.2	-2.2	-1.1	-	51.7	58.8	179.1	111.6	109.8
AUSTRALIE, OCÉANIE ET RÉGIONS POLAIRES	**-140.6**	**-17.7**	**53.1**	**59.7**	**60.2**	**786.8**	**523.6**	**606.0**	**966.1**	**1 094.1**
TOTAL MONDE non alloué et confidentiel	**-**	**-97.6**	**-376.0**	**-195.0**	**-238.4**	**-1.3**	**-97.6**	**-224.5**	**-165.7**	**-161.7**
Union européenne (UE28)	**31 093.3**	**21 854.7**	**27 036.4**	**28 141.1**	**28 719.5**	**40 456.4**	**44 693.3**	**50 316.3**	**51 446.3**	**58 409.1**
Pays du G20 hors Union Européenne	**12 918.9**	**10 302.8**	**14 197.7**	**14 660.1**	**14 704.4**	**44 139.6**	**37 032.7**	**47 586.0**	**46 688.1**	**52 749.9**
Pays OCDE du G20	**11 922.5**	**10 215.2**	**14 196.6**	**14 155.1**	**14 196.9**	**25 760.9**	**23 251.2**	**30 816.1**	**28 708.2**	**32 707.4**
Pays non-OCDE du G20	**996.4**	**87.6**	**1.1**	**505.0**	**507.5**	**18 378.7**	**13 781.5**	**16 769.9**	**17 979.9**	**20 042.5**
Pays MENA	**151.3**	**7.8**	**139.3**	**96.9**	**96.8**	**1 003.1**	**969.5**	**1 244.1**	**1 049.5**	**1 252.2**
Pays ANASE	**92.9**	**43.3**	**-10.0**	**-62.0**	**-55.5**	**2 556.7**	**2 534.7**	**2 404.1**	**2 503.7**	**2 702.7**

- Néant

Note : Voir les métadonnées détaillées sur : *http://stats.oecd.org/OECDStat_Metadata/ShowMetadata.ashx?Dataset=FDI_CTRY_IND_SUMM&lang=fr*.

1. Informations sur les données concernant Israël : *http://oe.cd/israel-disclaimer*.
2. Note de la Turquie : Les informations figurant dans ce document et faisant référence à « Chypre » concernent la partie méridionale de l'île. Il n'y a pas d'autorité unique représentant à la fois les Chypriotes turcs et grecs sur l'île. La Turquie reconnaît la République Turque de Chypre Nord (RTCN). Jusqu'à ce qu'une solution durable et équitable soit trouvée dans le cadre des Nations Unies, la Turquie maintiendra sa position sur la « question chypriote ».
3. Note de tous les États de l'Union européenne membres de l'OCDE et del'Union européenne : La République de Chypre est reconnue par tous les membres des Nations Unies sauf la Turquie. Les informations figurant dans ce document concernent la zone sous le contrôle effectif du gouvernement de la République de Chypre.

Source : Statistiques de l'OCDE sur l'investissement direct international (base de données) : https://doi.org/10.1787/idi-data-fr

ALLEMAGNE

Tableau 4. Investissement direct étranger : flux par secteur industriel

Millions de dollars des ÉU

	Entrant					Sortant				
	2014	2015	2016	2017	2018	2014	2015	2016	2017	2018
All FDI activities	**-3 005.2**	**30 562.4**	**12 614.2**	**33 190.2**	**11 916.7**	**83 976.4**	**99 022.7**	**60 343.9**	**88 074.6**	**63 279.8**
Agriculture, sylviculture et pêche	**-35.6**	**37.8**	**3.8**	**30.1**	..	**75.2**	**29.8**	**-28.2**	**-50.7**	..
Industries extractives	**-117.8**	**-36.1**	**111.3**	**43.6**	..	**1 191.3**	**581.4**	**1 090.6**	**1 992.3**	..
Activités d'extraction	80.8	105.4	10.4	37.6	..	68.0	-479.9	98.5	1 470.0	..
Activités de fabrication	**4 397.7**	**4 573.2**	**-326.4**	**12 826.3**	..	**18 963.8**	**26 276.1**	**3 554.4**	**4 713.4**	..
dont :										
Produits alimentaires, boissons et tabac	-283.6	267.5	998.1	-411.2	..	-242.8	-136.9	-312.3	-211.4	..
Textiles, bois, papier, imprimerie	633.0	135.6	-64.2	-127.9	..	260.3	31.8	-12.1	226.2	..
Produits pétroliers, chimiques, pharmaceutiques, caoutchouc, plastique, minéraux	2 509.2	1 962.7	-2 639.6	4 869.0	..	6 832.7	6 203.2	-380.1	1 455.0	..
Ouvrages en métaux et machines, sauf matériels électriques	-554.4	547.0	-252.3	1 531.9	..	-1 954.4	5 828.5	2 806.6	-3 953.1	..
Automobiles, remorques, semi-remorques, autres matériels de transport	1 218.4	1 275.7	395.2	5 915.9	..	9 521.1	17 051.9	4 652.6	4 095.2	..
Autres activités de fabrication	875.0	384.7	1 236.4	1 048.6	..	4 546.9	-2 702.5	-3 200.3	3 101.4	..
Production et distribution d'électricité, de gaz, de vapeur et de climatisation	**541.4**	**5 353.4**	**-7 508.8**	**-1 025.8**	..	**1 022.5**	**-2 602.1**	**7 811.1**	**273.5**	..
Distribution de l'eau ; assainissement, traitement des déchets et dépollution	**23.0**	**59.2**	**35.1**	**15.0**	..	**191.9**	**216.9**	**111.0**	**29.1**	..
Construction	**634.3**	**386.2**	**524.4**	**317.3**	..	**308.8**	**281.7**	**78.8**	**-14.6**	..
Services	**-17 502.0**	**13 588.4**	**4 121.8**	**19 649.1**	..	**31 300.5**	**45 115.3**	**20 879.5**	**47 167.0**	..
Commerce de gros et de détail ; réparations automobiles et motocycles	1 076.0	-2 314.1	1 244.4	3 964.9	..	1 555.5	-842.8	2 939.2	7 884.3	..
Transport et entreposage	-20.3	244.2	-551.4	4 241.4	..	2 086.0	1 295.7	-3 048.3	823.8	..
Activités d'hébergement et de restauration	2.9	-80.3	16.5	544.7	..	161.3	62.9	70.4	49.6	..
Information et communication	-26 861.1	1 553.6	-2 306.0	-1 826.3	..	15 491.6	5 739.3	-5 228.9	444.9	..
Activités financières et d'assurances	-1 208.0	4 916.6	-1 420.3	-11 934.0	..	-5 447.7	17 458.4	15 448.3	17 598.7	..
Activités des sociétés holding	-330.6	2 840.5	-4 000.2	-6 603.9	..	-5 887.1	5 306.0	9 283.9	1 690.6	..
Activités immobilières	-93.8	1 504.0	-20.4	6 436.8	..	-412.9	392.5	-382.2	253.2	..
Activités professionnelles, scientifiques et techniques	8 962.2	6 707.8	6 177.1	18 510.8	..	17 895.9	22 977.7	9 195.0	21 869.7	..
Activités de services administratifs et d'appui	695.1	901.1	875.8	-437.1	..	133.9	-1 259.9	1 795.3	-1 427.5	..
Administration publique; activités des ménages et des organismes extra-territoriaux	-1.7	1.5	4.6	4.3	..	-259.7	-723.2	11.5	-310.6	..
Éducation	0.9	5.5	19.0	5.3	..	13.1	12.3	-9.1	0.4	..
Santé humaine et action sociale	-90.3	5.3	18.8	50.2	..	3.4	0.9	9.4	1.2	..
Arts, spectacles et loisirs	27.1	143.3	33.3	83.0	..	83.3	4.3	79.8	-10.5	..
Autres services	9.0	-0.2	30.5	5.1	..	-3.3	-2.9	-0.7	-10.1	..
Not allocated and confidential	**9 465.1**	**5 480.4**	**14 393.9**	**505.3**	**11 916.7**	**30 024.7**	**30 350.4**	**41 873.5**	**31 840.7**	**63 279.8**
Activités immobilières privées	**-411.3**	**1 120.1**	**1 257.2**	**829.3**	..	**297.8**	**-1 146.6**	**595.4**	**2 124.0**	..

.. Non disponible

Note : Voir les métadonnées détaillées sur : *http://stats.oecd.org/OECDStat_Metadata/ShowMetadata.ashx?Dataset=FDI_CTRY_IND_SUMM&lang=fr.*

Source : Statistiques de l'OCDE sur l'investissement direct international (base de données) : https://doi.org/10.1787/idi-data-fr

Tableau 5. Encours des investissement directs étrangers par secteur industriel

En fin d'année

Millions de dollars des ÉU

	Entrant					Sortant				
	2014	2015	2016	2017	2018	2014	2015	2016	2017	2018
All FDI activities	**859 564.6**	**781 743.1**	**794 510.4**	**957 467.0**	**939 148.2**	**1 398 632.3**	**1 369 209.6**	**1 367 630.4**	**1 645 169.1**	**1 643 627.2**
Agriculture, sylviculture et pêche	**194.3**	**181.8**	**335.2**	**341.8**	**..**	**2 662.5**	**2 640.2**	**2 718.5**	**3 391.7**	**..**
Industries extractives	**499.0**	**153.5**	**2 109.2**	**528.9**	**..**	**9 200.5**	**8 209.0**	**7 578.8**	**7 126.4**	**..**
Activités d'extraction	235.5	-19.6	1 834.1	265.1	..	8 796.2	7 929.2	7 142.4	6 596.3	..
Activités de fabrication	**43 490.3**	**42 703.3**	**40 651.4**	**59 786.5**	**..**	**216 148.7**	**195 268.4**	**207 732.7**	**253 595.6**	**..**
dont :										
Produits alimentaires, boissons et tabac	4 023.5	4 213.4	3 687.2	5 151.1	..	5 809.5	5 960.8	6 068.3	7 814.8	..
Textiles, bois, papier, imprimerie	6 377.7	3 009.3	4 339.6	4 739.7	..	5 484.1	5 330.4	5 025.8	6 213.7	..
Produits pétroliers, chimiques, pharmaceutiques, caoutchouc, plastique, minéraux	14 617.8	16 707.7	16 038.8	22 739.3	..	60 457.3	44 548.7	47 308.9	58 159.0	..
Ouvrages en métaux et machines, sauf matériels électriques	13 351.5	14 317.9	14 714.9	15 329.8	..	52 579.0	52 372.3	55 578.2	62 829.2	..
Automobiles, remorques, semi-remorques, autres matériels de transport	-620.4	-566.1	-2 861.8	3 572.8	..	52 382.3	48 897.1	52 905.0	71 454.8	..
Autres activités de fabrication	5 741.5	5 020.1	4 732.8	8 252.6	..	39 436.4	38 157.9	40 846.4	47 122.8	..
Production et distribution d'électricité, de gaz, de vapeur et de climatisation	**8 084.7**	**8 231.9**	**7 424.9**	**8 124.3**	**..**	**23 084.9**	**18 329.9**	**13 382.5**	**15 880.3**	**..**
Distribution de l'eau ; assainissement, traitement des déchets et dépollution	**414.0**	**420.3**	**416.4**	**452.1**	**..**	**2 011.8**	**1 488.3**	**1 545.3**	**1 556.7**	**..**
Construction	**1 443.6**	**1 644.0**	**792.7**	**2 563.0**	**..**	**2 105.2**	**1 609.1**	**2 079.7**	**2 278.7**	**..**
Services	**779 759.4**	**703 984.8**	**717 454.4**	**854 659.4**	**..**	**955 660.6**	**963 449.1**	**957 855.0**	**1 157 864.0**	**..**
Commerce de gros et de détail ; réparations automobiles et motocycles	42 659.8	42 561.8	43 973.9	57 637.3	..	107 237.8	107 732.2	113 203.3	138 413.3	..
Transport et entreposage	7 187.5	6 561.8	8 046.8	9 374.0	..	8 158.8	6 814.4	7 031.7	11 686.3	..
Activités d'hébergement et de restauration	1 592.9	1 428.4	1 534.7	1 982.5	..	1 710.7	1 814.9	1 760.3	1 829.0	..
Information et communication	45 488.7	35 860.6	36 232.7	35 403.0	..	19 874.8	20 088.2	21 608.5	29 546.7	..
Activités financières et d'assurances	306 748.4	285 777.9	284 748.6	339 420.7	..	581 949.7	582 034.8	507 963.5	587 951.5	..
Activités des sociétés holding	236 471.5	226 884.0	221 776.1	259 743.3	..	538 508.0	517 573.2	454 265.8	542 740.5	..
Activités immobilières	25 690.4	24 980.9	23 540.6	24 617.4	..	27 685.1	27 331.5	27 663.1	34 039.3	..
Activités professionnelles, scientifiques et techniques	348 384.8	305 542.7	317 975.1	382 943.2	..	188 975.9	197 033.2	257 246.8	329 420.7	..
Activités de services administratifs et d'appui	1 597.8	538.9	567.1	2 271.5	..	13 141.4	12 080.6	12 629.9	15 015.6	..
Administration publique; activités des ménages et des organismes extra-territoriaux	.. c	.. c	.. c	.. c	..	.. c	.. c	.. c	24.0	..
Éducation	.. d	-2.2	20.0	32.4	..	.. d	34.8	32.7	48.0	..
Santé humaine et action sociale	.. d	251.5	265.6	346.6	..	6 471.2	8 093.6	8 298.7	9 419.5	..
Arts, spectacles et loisirs	194.3	301.6	348.9	425.8	..	154.2	126.3	150.7	165.5	..
Autres services	.. d	.. d	.. d	.. d	..	.. d	.. d	.. d	304.6	..
Not allocated and confidential	**1.2**	**-2.2**	**-**	**-**	**939 148.2**	**-**	**-2.2**	**-**	**-1.2**	**1 643 627.2**
Activités immobilières privées	**25 678.2**	**24 425.7**	**25 326.2**	**31 011.0**	**..**	**187 758.1**	**178 217.7**	**174 738.1**	**203 476.9**	**..**

- Néant ; .. Non disponible ; c Donnée confidentielle ; d Confidentialité Secondaire

Note : Voir les métadonnées détaillées sur : *http://stats.oecd.org/OECDStat_Metadata/ShowMetadata.ashx?Dataset=FDI_CTRY_IND_SUMM&lang=fr.*

Source : Statistiques de l'OCDE sur l'investissement direct international (base de données) : https://doi.org/10.1787/idi-data-fr

ALLEMAGNE

Tableau 6. Revenus des investissements directs étrangers par secteur industriel

Millions de dollars des ÉU

	Entrant					Sortant				
	2014	2015	2016	2017	2018	2014	2015	2016	2017	2018
All FDI activities	**41 271.1**	**28 767.6**	**37 723.1**	**38 597.7**	**39 190.4**	**89 590.0**	**84 950.6**	**97 529.6**	**100 267.2**	**113 619.7**
Agriculture, sylviculture et pêche	**4.5**	**4.3**	**4.0**	**4.1**	..	**12.7**	**20.0**	**6.3**	**17.3**	..
Industries extractives	**6.5**	**3.7**	**4.8**	**-2.2**	..	**755.6**	**572.9**	**621.5**	**193.2**	..
Activités d'extraction	0.6	0.8	0.8	-4.7	..	728.4	546.1	604.6	174.0	..
Activités de fabrication	**3 905.2**	**3 098.3**	**2 333.9**	**2 751.2**	..	**15 293.3**	**12 785.0**	**16 361.5**	**21 908.5**	..
dont :										
Produits alimentaires, boissons et tabac	651.1	736.5	302.5	603.0	..	874.3	437.1	327.9	508.0	..
Textiles, bois, papier, imprimerie	312.5	167.0	195.1	144.2	..	277.0	248.3	209.7	260.3	..
Produits pétroliers, chimiques, pharmaceutiques, caoutchouc, plastique, minéraux	387.8	464.1	506.3	372.3	..	2 181.8	2 894.3	2 252.0	3 398.1	..
Ouvrages en métaux et machines, sauf matériels électriques	1 811.8	1 303.2	1 399.6	1 490.4	..	4 065.1	2 800.4	3 578.2	3 258.9	..
Automobiles, remorques, semi-remorques, autres matériels de transport	174.1	137.3	-19.5	-0.2	..	5 980.5	3 817.9	7 780.6	11 087.4	..
Autres activités de fabrication	568.0	290.3	-50.0	141.5	..	1 914.7	2 586.8	2 204.1	2 495.7	..
Production et distribution d'électricité, de gaz, de vapeur et de climatisation	**321.0**	**736.0**	**335.6**	**1 012.4**	..	**778.5**	**679.1**	**337.2**	**-50.3**	..
Distribution de l'eau ; assainissement, traitement des déchets et dépollution	**6.1**	**6.2**	**-0.6**	**2.6**	..	**12.4**	**9.7**	**15.7**	**10.5**	..
Construction	**1 493.5**	**1 055.4**	**860.8**	**701.5**	..	**315.0**	**234.8**	**292.6**	**225.5**	..
Services	**24 632.7**	**20 951.1**	**26 001.1**	**17 678.5**	..	**37 520.7**	**36 908.7**	**34 595.9**	**42 045.1**	..
Commerce de gros et de détail ; réparations automobiles et motocycles	2 686.8	2 230.4	2 056.4	2 408.8	..	1 008.7	1 318.3	1 539.7	1 062.2	..
Transport et entreposage	122.8	138.7	206.9	548.5	..	1 519.2	682.3	510.7	1 514.2	..
Activités d'hébergement et de restauration	58.4	60.0	96.8	18.9	..	1.7	2.1	3.3	2.5	..
Information et communication	406.1	330.9	557.3	567.3	..	-587.1	-133.9	44.3	460.9	..
Activités financières et d'assurances	2 356.1	2 606.2	5 736.2	5 438.2	..	9 150.9	10 689.0	19 560.5	28 009.4	..
Activités des sociétés holding	89.0	963.4	3 443.5	4 331.9	..	349.0	1 991.9	13 096.8	20 045.8	..
Activités immobilières	780.5	493.9	430.6	757.5	..	249.8	214.2	260.0	125.9	..
Activités professionnelles, scientifiques et techniques	17 978.6	14 794.7	16 576.5	7 728.8	..	25 605.0	23 835.8	12 398.4	10 675.4	..
Activités de services administratifs et d'appui	200.7	210.8	204.9	103.1	..	262.1	195.8	124.8	51.3	..
Administration publique; activités des ménages et des organismes extra-territoriaux	37.9	75.0	88.9	94.0	..	319.2	106.0	152.9	119.3	..
Éducation	-0.3	0.0	0.1	0.1	..	-16.9	-18.1	-16.6	-12.1	..
Santé humaine et action sociale	-0.5	4.2	0.0	0.0	..	0.9	1.6	0.0	0.8	..
Arts, spectacles et loisirs	4.8	5.8	7.4	12.5	..	7.1	14.6	16.1	25.2	..
Autres services	0.7	0.4	39.0	0.8	..	-	1.0	1.9	10.0	..
Not allocated and confidential	**9 022.3**	**1 223.8**	**6 472.3**	**14 599.4**	**39 190.4**	**29 396.5**	**29 774.6**	**41 385.3**	**31 296.3**	**113 619.7**
Activités immobilières privées	**1 879.0**	**1 688.8**	**1 711.3**	**1 850.2**	..	**5 505.3**	**3 966.0**	**3 913.6**	**4 621.0**	..

- Néant ; .. Non disponible

Note : Voir les métadonnées détaillées sur : *http://stats.oecd.org/OECDStat_Metadata/ShowMetadata.ashx?Dataset=FDI_CTRY_IND_SUMM&lang=fr.*

Source : Statistiques de l'OCDE sur l'investissement direct international (base de données) : https://doi.org/10.1787/idi-data-fr

Tableau 1. Flux d'investissement direct étranger par pays

Millions de dollars des ÉU

	Entrant					Sortant				
	2014	2015	2016	2017	2018	2014	2015	2016	2017	2018
TOTAL MONDE	**2 683.4**	**1 267.8**	**2 762.4**	**3 477.4**	**3 970.8**	**3 015.3**	**1 577.9**	**-1 665.4**	**168.0**	**476.6**
Pays membres de l'OCDE	**1 901.0**	**1 003.5**	**1 925.6**	**2 864.7**	**2 371.6**	**945.1**	**537.6**	**-2 404.6**	**302.6**	**86.2**
Australie	3.6	2.6	5.4	7.9	16.3	0.6	0.9	-0.2	-0.3	-2.0
Autriche	84.0	-30.2	7.3	-1.7	2.5	7.0	3.4	-7.2	-7.2	-2.3
Belgique	-151.0	15.0	-18.1	37.0	163.0	1.9	1.2	-1.0	-0.6	-0.3
Canada	470.5	710.9	205.6	183.8	176.7	0.2	0.0	0.0	-0.1	0.1
Chili	-	-	-	-	-	-	-	-	-	-
République Tchèque	4.8	-5.3	6.5	5.2	18.6	-11.5	-7.1	-6.9	-7.7	-7.1
Danemark	39.0	4.9	-3.8	-3.1	-18.1	0.2	0.1	-	-1.0	-1.9
Estonie	0.6	0.1	0.6	0.6	0.6	-	-	-	-	-
Finlande	0.5	0.2	-2.1	4.8	-15.1	-	-	-	-0.6	-0.7
France	-104.5	-130.6	144.2	-46.2	-28.9	10.2	-0.2	-3.0	8.2	-10.9
Allemagne	138.8	123.6	242.3	715.4	541.6	-126.8	7.8	12.4	12.5	5.1
Grèce	-	-	-	-	-	-	-	-	-	-
Hongrie	0.7	-0.1	0.6	0.3	8.8	-	-1.3	0.6	0.6	0.2
Islande	-	0.0	0.0	-0.3	-1.0	-	-	-	-	-
Irlande	25.7	9.2	-15.4	26.2	-66.4	0.3	-0.1	11.0	-	-
Israël[1]	1.7	2.5	3.2	32.1	28.3	-	0.0	0.7	-	0.9
Italie	26.8	102.0	84.0	133.4	341.5	142.6	13.7	-2.7	13.1	-44.8
Japon	-0.4	-0.7	-0.6	-4.7	-3.8	-8.9	-0.5	-0.3	-0.3	-0.4
Corée	-	1.3	1.3	-0.6	-0.2	-5.2	-	-	-	-
Lettonie	1.8	1.1	1.6	1.1	2.3	-	-	-	-	-
Lituanie	-	0.0	0.0	0.1	0.8	-	-	-	-	-
Luxembourg	529.4	-151.3	810.7	111.8	406.7	215.8	18.7	55.1	95.5	55.6
Mexique	-	0.1	0.0	0.5	1.9	-	-	-	0.0	-
Pays-Bas	-2.3	317.3	99.5	489.9	-91.7	-235.5	135.6	-38.3	29.4	-61.7
Nouvelle-Zélande	-0.1	-	0.0	0.5	1.5	-	-	-	-	-
Norvège	9.4	10.9	-0.3	1.8	4.9	-	-	0.0	-0.4	-0.8
Pologne	1.1	0.1	1.7	5.1	2.9	-39.8	5.2	5.9	4.8	-7.8
Portugal	0.3	0.1	0.0	6.5	-2.3	0.3	0.2	0.6	0.5	-0.4
République slovaquie	-	0.1	0.4	0.7	1.9	-	-0.3	-0.3	-0.3	-0.3
Slovénie	-0.1	-0.1	0.7	0.6	-1.4	0.3	0.2	1.3	2.6	3.0
Espagne	-25.9	138.4	109.3	47.0	30.7	4.1	4.3	11.6	0.3	0.2
Suède	-3.3	-4.2	4.5	1.6	18.9	-0.1	0.2	0.7	-5.4	-3.6
Suisse	56.3	-66.9	152.3	849.3	552.8	-5.7	-16.8	-0.8	22.6	5.3
Turquie	7.4	-1.4	5.8	44.7	35.6	1 013.0	791.6	-2 467.4	58.0	57.0
Royaume-Uni	-151.7	79.7	14.6	175.2	159.3	-1.5	-437.9	-118.1	8.5	31.0
Etats-Unis	939.8	-124.5	63.5	38.4	82.3	-16.3	18.7	141.8	70.3	72.6
EUROPE	**978.7**	**513.1**	**1 990.1**	**3 082.9**	**3 070.2**	**2 939.5**	**1 464.6**	**-2 084.1**	**-3.2**	**365.6**
Bulgarie	2.5	-4.1	35.7	24.0	33.3	685.9	553.6	259.6	-545.7	42.7
Croatie	-	0.0	0.2	0.1	-0.1	-	0.0	2.6	0.5	0.5
Chypre[2, 3]	422.1	91.2	285.2	413.8	810.2	840.9	436.3	51.6	391.3	811.6
Malte	4.9	1.8	4.6	11.1	24.8	20.6	90.9	2.8	-0.1	-0.2
Roumanie	1.1	1.1	2.2	-0.5	6.7	239.8	-104.5	52.6	-0.8	-354.3
Russie	35.3	22.4	14.8	18.9	11.8	50.9	38.9	38.6	39.1	42.7
Ukraine	1.2	0.1	0.3	0.0	0.2	-35.8	-36.4	-3.7	-2.8	-2.2
AFRIQUE	**-19.4**	**-12.1**	**-11.4**	**-4.9**	**-13.2**	**7.5**	**-2.6**	**12.9**	**0.9**	**-12.2**
Afrique septentrionale	1.3	1.0	2.6	7.3	8.7	11.7	0.5	0.1	0.5	0.0
Algérie	-	-	-	-	-	-	-	-	0.1	-
Egypte	1.3	0.9	2.0	7.3	8.7	11.7	0.5	0.3	0.4	0.2
Libye	-	-	-	-	-	-	0.0	-0.2	0.0	-0.3
Maroc	-	-	0.3	-	-	-	-	-	-	-
Tunisie	-	0.1	0.3	-	-	-	0.0	0.0	-	-
Autres pays africains	-20.7	-13.1	-14.0	-12.2	-22.0	-4.2	-3.0	12.8	0.5	-12.1
Nigéria	-	-	-	-	0.9	-	-	-	-	-
Afrique du Sud	0.1	0.0	0.0	0.5	0.8	-4.4	-3.0	-	0.2	-11.9
AMÉRIQUE	**1 492.6**	**640.4**	**364.1**	**229.7**	**141.7**	**-64.0**	**-71.1**	**107.3**	**21.7**	**-92.5**
Amérique du Nord	1 410.2	586.4	269.1	222.3	259.0	-16.1	18.7	141.8	70.2	72.7
Amérique du Nord	82.4	54.1	94.9	7.3	-118.9	-48.6	-89.9	-34.8	-48.4	-164.7
Bahamas	0.9	0.3	1.6	3.8	2.5	-	0.2	-	-	-
Bermudes	97.8	64.6	106.3	17.6	7.0	-	-	-	-13.9	-
Îles Cayman	-1.5	2.4	-0.4	0.1	-0.3	3.3	-68.4	-2.4	-30.5	-31.8
Costa Rica	-	-	-	-	-	-	-	-	-	-
El Salvador	-	-	-	-	-	-	-	-	-	-
Guatemala	-	-	-	-	0.0	-	-	-	-	-0.1
Honduras	-	0.1	-	-	-	-	-	-	-	-
Nicaragua	-	-	-	-	-	-	-	-	-	-
Panama	-4.5	-0.2	0.5	-0.8	0.1	0.1	-	-0.1	-	-
Îles Vierges, US	-	-	-	-	-	-	-	-	-	-
Amérique du Sud	-	0.0	0.1	0.2	1.7	0.7	0.1	0.3	0.0	-0.5
Argentine	-	-	-	-	0.5	-	-	-	-	-
Bolivie	-	-	-	-	-	-	-	-	-	-
Brésil	-	0.0	-	0.2	0.4	0.7	0.1	0.3	-0.1	-0.6
Colombie	-	-	-	-	-	-	-	0.1	0.1	0.1
Equateur	-	-	-	-	-	-	-	-	-	-
Paraguay	-	-	-	-	-	-	-	-	-	-
Pérou	-	-	-	-	0.4	-	-	-	-	-
Uruguay	-	-	0.1	-	0.3	-	-	-	-	-
Venezuela	-	-	-	-	-	-	-	-	-	-
ASIE	**236.2**	**130.6**	**420.0**	**169.7**	**755.3**	**131.7**	**185.7**	**298.8**	**149.0**	**217.7**

Tableau 1. Flux d'investissement direct étranger par pays *(suite)*

Millions de dollars des ÉU

	Entrant					Sortant				
	2014	2015	2016	2017	2018	2014	2015	2016	2017	2018
Proche et Moyen Orient	177.5	73.4	33.1	85.8	96.1	-60.9	-33.8	13.2	45.1	42.7
Pays du Golfe	132.4	59.3	18.4	25.7	31.5	-59.3	-32.8	17.2	45.6	44.4
Koweït	-	1.1	1.0	4.9	1.4	0.3	0.2	-	-	-
Qatar	60.8	31.8	9.2	2.5	1.9	0.1	0.8	16.7	44.9	36.6
Arabie saoudite	1.6	10.8	2.4	1.1	3.9	-	-	-0.1	-	-
Emirats Arabes Unis	69.3	13.3	2.9	13.6	20.7	-59.7	-33.7	0.6	0.9	7.8
Autres pays du Proche et Moyen Orient	45.1	14.1	14.7	60.1	64.6	-1.6	-1.0	-4.0	-0.6	-1.7
Jordanie	1.1	1.1	2.9	4.6	4.5	1.2	-	-	-	-2.3
Autres pays asiatiques	58.8	57.2	386.9	84.0	659.2	192.6	219.5	285.5	104.0	175.0
Chine	22.6	20.7	32.4	53.7	254.2	-0.1	0.2	0.4	0.7	10.9
Hong Kong, Chine	36.6	35.1	350.6	29.2	370.5	206.7	219.9	285.5	103.6	164.4
Inde	0.1	0.1	0.3	0.0	1.3	-	0.0	0.0	0.0	0.0
Indonesie	-	-	0.0	-	-	-	-	-	-	-
République islamique d'Iran	-	-	0.0	1.5	2.8	-	-	-	-	-
Malaisie	-	-	0.2	0.2	0.3	-	-	-	-	-
Philippines	-	-	-	-	-	-	-	-	-	-
Singapour	1.0	0.0	1.3	2.0	28.1	-	-	-	-	-
Taipei Chinois	-	-	0.1	-	3.0	-0.3	-	-	-	-
Thaïlande	-	0.1	0.0	0.2	-	-	-	-	-	-
Viet Nam	-	-	-	-	0.3	-	-	-	-	-
AUSTRALIE, OCÉANIE ET RÉGIONS POLAIRES	**-4.8**	**-4.4**	**-0.9**	**-0.6**	**13.8**	**0.6**	**0.9**	**-0.2**	**-0.5**	**-2.0**
TOTAL MONDE non alloué et confidentiel	**0.0**	**0.2**	**0.5**	**0.5**	**3.0**	**0.0**	**0.4**	**0.0**	**0.0**	**0.0**
Union européenne (UE28)	**845.2**	**560.0**	**1 817.0**	**2 159.8**	**2 351.1**	**1 754.5**	**719.9**	**290.8**	**-1.8**	**453.9**
Pays du G20 hors Union Européenne	**1 390.0**	**816.9**	**816.1**	**1 322.3**	**1 595.3**	**1 055.0**	**430.2**	**-2 398.3**	**209.6**	**149.0**
Pays OCDE du G20	**1 330.3**	**763.0**	**766.2**	**1 247.8**	**1 322.4**	**1 007.9**	**394.1**	**-2 437.4**	**169.8**	**107.9**
Pays non-OCDE du G20	**59.7**	**53.9**	**49.8**	**74.4**	**272.9**	**47.1**	**36.1**	**39.1**	**39.9**	**41.1**
Pays MENA	**176.1**	**70.7**	**31.9**	**60.4**	**73.2**	**-49.4**	**-33.1**	**13.0**	**45.8**	**42.0**
Pays ANASE	**1.3**	**0.1**	**1.5**	**3.4**	**28.8**	**-**	**-**	**-**	**-**	**-**

- Néant

Note : Voir les métadonnées détaillées sur : *http://stats.oecd.org/OECDStat_Metadata/ShowMetadata.ashx?Dataset=FDI_CTRY_IND_SUMM&lang=fr*.

1. Informations sur les données concernant Israël : *http://oe.cd/israel-disclaimer*.
2. Note de la Turquie : Les informations figurant dans ce document et faisant référence à « Chypre » concernent la partie méridionale de l'île. Il n'y a pas d'autorité unique représentant à la fois les Chypriotes turcs et grecs sur l'île. La Turquie reconnaît la République Turque de Chypre Nord (RTCN). Jusqu'à ce qu'une solution durable et équitable soit trouvée dans le cadre des Nations Unies, la Turquie maintiendra sa position sur la « question chypriote ».
3. Note de tous les États de l'Union européenne membres de l'OCDE et del'Union européenne : La République de Chypre est reconnue par tous les membres des Nations Unies sauf la Turquie. Les informations figurant dans ce document concernent la zone sous le contrôle effectif du gouvernement de la République de Chypre.

Source : Statistiques de l'OCDE sur l'investissement direct international (base de données) : https://doi.org/10.1787/idi-data-fr

Tableau 2. Encours des investissements directs étrangers par pays
En fin d'année

Millions de dollars des ÉU

	Entrant					Sortant				
	2014	2015	2016	2017	2018	2014	2015	2016	2017	2018
TOTAL MONDE	**21 550.3**	**24 082.0**	**24 614.9**	**33 404.1**	**34 851.3**	**29 415.1**	**24 419.0**	**18 005.9**	**20 104.3**	**19 554.2**
Pays membres de l'OCDE	**24 968.9**	**25 225.0**	**24 961.0**	**33 380.5**	**33 764.3**	**10 811.6**	**8 194.0**	**4 570.0**	**5 863.0**	**6 127.8**
Australie	-6.0	-5.0	-4.5	9.8	19.6	2.2	2.0	1.9	11.7	11.3
Autriche	325.7	255.2	351.7	507.5	292.7	894.8	688.6	625.6	722.2	416.6
Belgique	1 201.4	1 415.9	1 450.0	801.5	1 296.8	-20.0	4.5	47.9	153.1	148.6
Canada	1 135.5	748.9	591.1	876.3	722.0	2.6	2.3	-	17.4	15.7
Chili	0.0	0.0	0.0	0.0	0.0	-	-	-	0.2	0.2
République Tchèque	-0.2	-0.1	-0.3	13.6	21.9	0.9	0.1	-0.4	0.2	0.0
Danemark	99.6	89.7	86.6	194.2	190.8	7.7	7.1	5.0	2.0	-1.8
Estonie	0.0	0.0	0.0	5.3	5.6	-	-	-	0.1	0.1
Finlande	11.5	2.7	12.0	50.1	52.5	-	-	-	1.1	0.6
France	1 836.6	2 060.0	1 464.2	1 743.3	1 706.0	28.6	18.0	26.0	69.0	64.6
Allemagne	5 532.1	5 559.1	5 226.2	7 721.0	7 927.0	154.9	185.9	232.4	366.7	368.4
Grèce	-	-	-	-	-	-	-	-	-	-
Hongrie	67.0	60.5	39.0	44.8	14.9	3.1	-0.8	0.4	1.9	2.0
Islande	1.3	1.1	1.1	1.7	1.7	-	-	-	-	-
Irlande	466.6	376.2	410.6	474.4	447.6	13.3	11.5	11.4	13.8	13.3
Israël[1]	38.1	36.1	34.9	46.5	64.0	0.0	0.0	-	0.5	3.6
Italie	940.6	920.0	1 024.3	1 241.4	1 644.4	614.7	533.8	339.7	568.5	574.5
Japon	35.1	46.8	44.7	47.1	42.0	12.4	11.3	-0.6	12.9	12.3
Corée	4.8	4.9	8.2	20.2	12.4	-6.8	-6.1	-12.5	-14.9	-14.2
Lettonie	0.0	0.0	0.0	12.8	13.9	-	-	-	0.3	0.3
Lituanie	0.0	0.0	0.0	3.5	3.9	-	-	-	0.1	0.1
Luxembourg	5 842.4	4 766.5	5 634.6	7 731.4	7 565.4	-121.7	406.9	-192.6	-383.6	-345.3
Mexique	-6.2	-25.8	-25.0	-27.9	-25.6	-	-	-	-	-
Pays-Bas	4 456.9	4 980.6	5 014.6	5 763.3	5 443.1	1 168.9	2 137.1	2 034.0	2 185.0	2 023.9
Nouvelle-Zélande	-0.1	-0.1	-0.1	0.8	1.6	-	-	-	0.7	0.7
Norvège	60.9	52.5	59.4	37.3	24.6	33.3	29.9	29.0	6.8	7.1
Pologne	-9.1	-4.6	5.1	15.2	10.8	-281.1	-125.6	51.7	44.5	50.9
Portugal	0.2	1.4	0.6	1.5	2.5	6.1	5.5	4.7	5.4	4.9
République slovaquie	-1.8	-2.9	-5.8	-5.4	-3.9	-3.6	-7.1	-6.6	-6.5	-6.0
Slovénie	-1.6	7.8	5.7	6.9	22.2	15.0	13.6	11.9	20.0	20.9
Espagne	1 253.7	835.5	818.6	865.6	767.9	133.2	118.2	125.9	154.0	110.7
Suède	136.3	107.0	101.2	143.3	132.0	4.3	4.2	3.9	10.0	8.4
Suisse	1 411.0	1 781.4	1 928.8	3 408.4	3 558.0	-36.4	-32.6	0.6	92.9	98.8
Turquie	26.8	13.4	6.7	42.6	59.7	6 479.5	3 589.7	143.5	153.5	272.8
Royaume-Uni	-847.5	342.2	106.5	549.3	757.8	-507.3	-1 547.9	-1 253.0	-784.3	-239.4
Etats-Unis	957.2	798.1	570.3	1 036.7	968.5	2 212.8	2 143.9	2 340.3	2 438.0	2 503.4
EUROPE	**17 654.4**	**21 225.6**	**21 772.7**	**29 790.5**	**31 192.4**	**23 975.5**	**19 318.6**	**12 646.7**	**13 554.8**	**13 306.9**
Bulgarie	1.8	1.9	-8.0	4.9	72.5	1 994.7	1 766.4	1 328.0	1 474.7	1 459.8
Croatie	-12.7	-1.4	0.0	0.4	-0.1	60.8	56.3	62.7	6.9	5.8
Chypre[2, 3]	-5 192.3	-2 484.2	-2 040.2	-1 728.8	-985.3	6 078.0	5 435.7	4 500.8	4 971.6	5 031.4
Malte	0.5	1.2	1.4	-38.9	-36.6	346.0	561.2	-4.7	-0.8	-2.3
Roumanie	-12.1	-6.3	-3.2	5.7	9.9	3 537.1	2 828.9	2 486.5	1 792.6	1 785.9
Russie	41.2	36.3	27.3	102.7	110.6	99.2	89.0	86.1	77.6	75.9
Ukraine	-2.3	-1.9	-0.2	2.4	2.3	96.5	53.4	37.8	46.8	44.3
AFRIQUE	**100.6**	**72.2**	**62.9**	**64.5**	**45.3**	**813.1**	**518.2**	**91.1**	**302.3**	**338.8**
Afrique septentrionale	-2.4	-0.2	-0.2	8.6	13.6	714.8	439.1	18.5	279.7	332.8
Algérie	0.0	0.0	0.0	0.0	0.0	-	-	-	-	-
Egypte	-1.1	0.0	-0.1	8.3	13.1	709.8	438.7	12.9	278.9	332.3
Libye	-0.1	-	-	-	-	5.1	0.5	0.3	0.3	0.0
Maroc	-1.0	0.0	0.0	0.2	0.2	0.0	0.0	5.4	0.2	0.2
Tunisie	-0.2	-0.2	-0.2	0.2	0.3	0.0	-0.1	-0.1	0.3	0.3
Autres pays africains	103.0	72.4	63.2	55.8	31.7	98.3	79.0	72.6	22.5	6.0
Nigéria	0.0	0.0	0.0	0.0	0.5	29.0	26.0	25.2	0.3	0.3
Afrique du Sud	-0.1	-0.2	-0.1	0.7	1.0	37.7	24.6	19.8	16.5	2.7
AMÉRIQUE	**2 845.6**	**2 102.7**	**1 837.9**	**2 239.4**	**2 103.1**	**3 428.4**	**3 256.2**	**3 383.2**	**3 802.5**	**3 573.0**
Amérique du Nord	2 092.7	1 547.0	1 161.4	1 913.0	1 690.5	2 215.4	2 146.3	2 340.3	2 455.4	2 519.1
Amérique du Nord	752.7	556.5	679.0	299.7	413.5	1 212.5	1 109.7	1 042.8	1 193.1	915.2
Bahamas	-	-	-	0.9	1.0	-	-	-	1.0	1.0
Bermudes	459.2	295.7	500.3	1.0	1.5	1.2	-	-	-	-
Îles Cayman	39.1	118.1	23.2	13.2	12.8	502.9	504.5	490.9	131.5	125.6
Costa Rica	-	-	-	-	-	-	-	-	0.1	0.1
El Salvador	-	-	-	-	-	-	-	-	-	-
Guatemala	-	0.0	0.0	-0.1	0.0	-	-	-	-	0.3
Honduras	-	-0.3	-0.3	-0.3	-0.3	-	-	-	-	-
Nicaragua	-	-	-	-	-	-	-	-	-	-
Panama	93.7	81.7	91.4	147.2	141.8	11.0	9.8	9.5	12.3	1.5
Îles Vierges, US	-	-	-	-	-	-	-	-	-	-
Amérique du Sud	0.2	-0.8	-2.5	26.8	-0.9	0.5	0.2	-	154.0	138.6
Argentine	1.3	0.4	-0.7	-0.8	-0.5	-	-	-	0.5	0.5
Bolivie	-	-	-	-	-	-	-	-	0.0	0.0
Brésil	-0.3	-1.1	-1.6	27.6	-0.5	0.5	0.2	-	151.9	136.5
Colombie	-0.1	-0.1	-0.2	-0.2	-0.2	-	-	-	1.0	1.0
Equateur	-	-	-	0.0	-	-	-	-	0.1	0.1
Paraguay	-	-	-	-	-	-	-	-	-	-
Pérou	-0.6	-	-	0.0	0.0	-	-	-	0.1	0.1
Uruguay	0.0	-	0.0	0.1	0.2	-	-	-	0.3	0.3
Venezuela	-0.1	-	-	0.0	0.0	-	-	-	-	-
ASIE	**899.6**	**636.1**	**909.5**	**1 246.0**	**1 433.4**	**1 195.9**	**1 324.1**	**1 883.0**	**2 391.5**	**2 282.9**

Tableau 2. Encours des investissements directs étrangers par pays *(suite)*

En fin d'année

Millions de dollars des ÉU

	Entrant					Sortant				
	2014	2015	2016	2017	2018	2014	2015	2016	2017	2018
Proche et Moyen Orient	306.2	156.9	217.4	235.4	283.0	56.7	-19.3	33.4	48.0	48.4
Pays du Golfe	265.8	113.4	177.9	98.7	114.1	9.4	-27.5	25.5	35.0	28.9
Koweït	-	-	-	4.0	4.8	-	-	-	-	-
Qatar	39.0	22.7	33.4	63.0	62.3	-11.9	-	0.0	0.2	0.3
Arabie saoudite	-0.1	0.0	-0.4	10.8	12.8	-	-	-	0.0	0.0
Emirats Arabes Unis	226.9	90.8	144.9	14.5	26.0	10.7	-37.2	14.9	20.5	21.3
Autres pays du Proche et Moyen Orient	40.4	43.4	39.5	136.7	168.9	47.3	8.2	7.9	13.0	19.5
Jordanie	-0.9	0.2	1.0	8.1	10.3	3.1	-	-	0.9	4.8
Autres pays asiatiques	593.5	479.2	692.0	1 010.6	1 150.3	1 139.2	1 343.4	1 849.6	2 343.5	2 234.5
Chine	13.7	6.4	10.1	128.8	256.0	24.0	39.2	24.1	22.3	21.4
Hong Kong, Chine	472.9	361.6	574.9	744.3	751.5	1 087.7	1 280.0	1 823.5	2 316.4	2 208.0
Inde	0.3	0.8	0.4	0.8	0.8	14.3	12.8	12.4	0.0	0.0
Indonesie	0.0	0.0	0.0	0.1	0.1	9.9	8.9	8.6	0.3	0.3
République islamique d'Iran	62.3	53.0	48.6	56.7	56.6	-	-	-	-	-
Malaisie	0.3	0.1	0.3	0.7	0.9	-0.7	-1.0	-1.1	-1.1	-1.1
Philippines	-	0.0	0.0	-	-	0.0	0.0	0.0	0.1	0.1
Singapour	0.2	2.1	1.6	4.3	19.4	-0.4	-0.4	-0.8	2.4	2.4
Taipei Chinois	0.1	0.2	0.1	0.1	1.8	-0.7	-0.7	-1.9	-2.1	-2.0
Thaïlande	0.6	0.5	0.5	0.7	0.7	-1.9	-2.1	-2.5	-1.4	-1.3
Viet Nam	0.0	-	0.0	0.0	0.2	-	-	-	-	-
AUSTRALIE, OCÉANIE ET RÉGIONS POLAIRES	**50.1**	**45.3**	**31.8**	**47.7**	**61.2**	**2.2**	**2.0**	**1.9**	**13.4**	**12.9**
TOTAL MONDE non alloué et confidentiel	**-**	**0.0**	**-**	**16.0**	**15.9**	**-0.2**	**0.0**	**0.0**	**39.9**	**39.6**
Union européenne (UE28)	**16 095.6**	**19 283.8**	**19 695.3**	**26 127.9**	**27 376.1**	**14 128.5**	**13 102.1**	**10 441.2**	**11 388.2**	**11 496.7**
Pays du G20 hors Union Européenne	**9 665.0**	**10 505.1**	**9 047.7**	**13 530.6**	**14 214.0**	**9 179.3**	**5 107.7**	**1 968.7**	**3 107.6**	**3 806.6**
Pays OCDE du G20	**9 609.0**	**10 462.5**	**9 012.7**	**13 259.9**	**13 833.8**	**8 993.7**	**4 933.0**	**1 817.7**	**2 838.6**	**3 569.3**
Pays non-OCDE du G20	**56.0**	**42.6**	**35.0**	**270.7**	**380.2**	**185.6**	**174.7**	**151.0**	**269.0**	**237.3**
Pays MENA	**264.4**	**116.4**	**181.6**	**196.1**	**229.4**	**768.7**	**417.4**	**49.6**	**317.7**	**368.2**
Pays ANASE	**1.1**	**2.7**	**2.3**	**5.9**	**21.4**	**6.9**	**5.3**	**4.2**	**8.2**	**8.4**

- Néant

Note : Voir les métadonnées détaillées sur : *http://stats.oecd.org/OECDStat_Metadata/ShowMetadata.ashx?Dataset=FDI_CTRY_IND_SUMM&lang=fr.*

1. Informations sur les données concernant Israël : *http://oe.cd/israel-disclaimer.*
2. Note de la Turquie : Les informations figurant dans ce document et faisant référence à « Chypre » concernent la partie méridionale de l'île. Il n'y a pas d'autorité unique représentant à la fois les Chypriotes turcs et grecs sur l'île. La Turquie reconnaît la République Turque de Chypre Nord (RTCN). Jusqu'à ce qu'une solution durable et équitable soit trouvée dans le cadre des Nations Unies, la Turquie maintiendra sa position sur la « question chypriote ».
3. Note de tous les États de l'Union européenne membres de l'OCDE et del'Union européenne : La République de Chypre est reconnue par tous les membres des Nations Unies sauf la Turquie. Les informations figurant dans ce document concernent la zone sous le contrôle effectif du gouvernement de la République de Chypre.

Source : Statistiques de l'OCDE sur l'investissement direct international (base de données) : https://doi.org/10.1787/idi-data-fr

GRÈCE

Tableau 3. Revenus des investissements directs étrangers par pays

Millions de dollars des ÉU

	Entrant					Sortant				
	2014	2015	2016	2017	2018	2014	2015	2016	2017	2018
TOTAL MONDE	**520.9**	**1 156.8**	**1 149.8**	**1 451.9**	**1 551.9**	**3 113.9**	**1 801.5**	**627.5**	**1 098.5**	**694.2**
Pays membres de l'OCDE	**460.5**	**1 017.5**	**922.0**	**1 325.3**	**1 426.1**	**1 070.6**	**719.6**	**200.7**	**360.7**	**472.2**
Australie	0.3	0.1	0.1	0.1	0.1	0.1	0.1	0.1	0.2	0.2
Autriche	69.0	-29.0	-10.2	-9.1	-9.2	4.5	36.5	-6.0	-7.4	-2.2
Belgique	-105.9	-26.7	-11.9	61.2	63.3	11.8	0.8	3.2	1.1	3.8
Canada	76.0	146.8	192.4	179.8	172.5	3.6	2.7	2.8	2.5	3.8
Chili	-	0.0	0.0	0.0	0.0	-	0.0	0.0	0.0	0.0
République Tchèque	2.7	40.3	1.1	-0.1	0.2	-6.0	-6.1	-6.4	-5.8	-5.4
Danemark	28.0	5.1	4.8	5.9	6.6	-	0.0	0.0	-0.3	0.4
Estonie	-	0.0	0.0	0.0	0.0	1.9	0.9	1.3	1.3	2.6
Finlande	0.8	0.7	-2.2	4.2	11.5	-	-	-	-0.6	-0.7
France	28.7	17.6	14.9	27.3	66.5	8.0	3.3	2.5	7.5	1.5
Allemagne	213.3	238.6	207.0	291.9	231.0	114.8	19.9	32.9	52.1	44.0
Grèce	-	-	-	-	-	-	-	-	-	-
Hongrie	-	0.0	0.0	0.0	0.0	-0.1	-1.3	0.6	0.6	0.3
Islande	-	0.0	0.0	0.0	-0.1	-	0.0	0.0	0.0	0.0
Irlande	-14.6	7.4	-13.7	20.6	4.9	-	0.0	0.1	0.2	1.4
Israël[1]	1.2	1.0	0.9	1.1	0.5	0.5	0.3	0.3	0.3	1.0
Italie	55.2	133.6	104.7	45.8	59.1	2.9	11.8	15.6	27.1	36.1
Japon	-0.1	-0.7	-0.3	-4.4	-4.0	-0.3	-0.3	-0.3	-0.3	-0.3
Corée	0.5	0.0	0.0	-0.6	7.0	-	0.0	-	-	0.0
Lettonie	-	0.0	0.0	0.0	0.0	0.3	0.2	0.1	0.1	0.1
Lituanie	-	-	-	0.0	0.0	-	0.0	-	-	-
Luxembourg	-166.0	-142.9	116.3	180.0	458.1	20.2	30.5	56.9	65.7	42.3
Mexique	-	0.0	-	0.0	-	-	0.0	-	-	-
Pays-Bas	70.8	265.0	-18.6	223.8	212.6	-234.6	131.0	-70.3	-14.0	43.8
Nouvelle-Zélande	-	-	-	0.0	0.0	-	0.0	0.0	0.0	0.0
Norvège	7.7	10.0	-1.3	-0.2	0.4	0.5	0.2	0.1	-0.7	-0.4
Pologne	0.3	0.2	0.0	0.3	0.3	-40.7	4.4	5.9	3.4	2.9
Portugal	-	0.0	0.0	0.1	1.0	0.4	0.2	0.9	0.5	-0.4
République slovaquie	0.4	0.2	0.1	0.1	0.1	0.1	-0.2	-0.2	-0.2	-0.1
Slovénie	-0.1	0.3	-0.1	-0.1	-1.4	0.1	0.2	1.9	3.1	3.1
Espagne	19.5	155.3	110.1	73.4	78.9	5.2	4.2	3.3	2.5	7.2
Suède	6.1	4.3	5.6	2.8	12.4	-0.1	0.3	0.3	-3.8	-2.9
Suisse	37.7	7.4	-28.0	83.0	115.9	70.9	52.1	47.0	77.9	88.6
Turquie	-0.7	-3.8	-1.8	-2.1	-2.2	1 012.9	800.5	47.4	61.6	53.6
Royaume-Uni	105.1	169.2	212.5	115.3	-88.3	41.7	-401.9	-100.7	14.0	66.4
Etats-Unis	24.7	17.7	39.4	25.3	28.5	52.3	29.4	161.4	72.3	81.5
EUROPE	**444.9**	**1 003.6**	**925.7**	**1 303.6**	**1 386.3**	**2 927.3**	**1 671.2**	**206.7**	**947.7**	**527.3**
Bulgarie	1.1	-1.0	-0.7	-0.5	-0.3	716.1	539.4	124.0	330.7	-1.5
Croatie	-	0.0	0.0	0.0	0.0	-	0.0	0.4	0.4	0.4
Chypre[2, 3]	77.2	170.2	249.9	201.8	190.1	774.0	436.2	-77.1	254.4	172.4
Malte	-	0.0	0.0	-6.4	-6.7	33.3	91.9	12.5	0.1	7.6
Roumanie	9.7	0.1	0.2	0.4	0.2	209.9	-101.5	17.6	-34.9	-63.0
Russie	2.1	1.2	-2.6	-6.7	-6.3	50.8	39.3	41.9	40.2	44.0
Ukraine	-	0.0	0.0	-	0.0	-34.5	-36.1	-3.1	-1.9	-1.2
AFRIQUE	**-20.6**	**-12.6**	**-12.9**	**-15.8**	**-25.5**	**8.6**	**-0.8**	**2.1**	**3.1**	**1.4**
Afrique septentrionale	-	0.0	0.0	0.0	0.0	11.8	0.5	0.1	2.1	-0.1
Algérie	-	-	-	-	-	-	0.0	0.0	0.0	0.0
Egypte	-	0.0	0.0	0.0	0.0	11.8	0.4	0.3	0.4	0.2
Libye	-	-	0.0	0.0	0.0	-	0.0	-0.2	0.0	-0.3
Maroc	-	-	-	-	0.0	-	0.1	-	1.7	-
Tunisie	-	-	-	0.0	-	-	0.0	0.0	-	-
Autres pays africains	-20.6	-12.6	-12.9	-15.8	-25.5	-3.2	-1.3	1.9	1.0	1.5
Nigéria	-	0.0	-	-	-	-	-	-	-	-
Afrique du Sud	0.3	0.0	0.0	0.0	0.0	-4.0	-3.0	0.0	0.1	0.0
AMÉRIQUE	**74.2**	**153.6**	**215.2**	**188.2**	**184.4**	**25.5**	**-56.9**	**132.2**	**41.9**	**53.1**
Amérique du Nord	100.7	164.5	231.9	205.0	201.0	55.9	32.1	164.2	74.8	85.2
Amérique du Nord	-27.2	-11.2	-16.8	-17.1	-17.3	-45.1	-89.0	-32.0	-33.0	-32.7
Bahamas	-	0.0	-	-	-	1.7	1.0	2.6	1.2	2.8
Bermudes	-11.4	-0.1	-0.1	0.0	-0.2	-	0.0	0.0	0.0	0.0
Îles Cayman	-1.5	2.4	-0.4	-0.3	-0.3	2.3	-68.4	-2.4	-30.4	-31.5
Costa Rica	-	0.0	0.0	0.0	0.0	-	0.0	0.0	0.0	0.0
El Salvador	-	-	-	-	-	-	0.0	0.0	0.0	0.0
Guatemala	-	0.0	0.0	0.0	0.0	-	0.0	0.0	0.0	-0.1
Honduras	-	0.0	0.0	0.0	0.0	-	-	-	-	-
Nicaragua	-	0.0	0.0	-	0.0	-	0.0	-	-	-
Panama	-4.4	-0.7	-3.7	-2.7	-2.9	1.1	0.3	0.1	0.3	0.2
Îles Vierges, US	-	-	-	-	-	-	-	-	-	-
Amérique du Sud	0.7	0.3	0.1	0.2	0.7	14.7	0.0	0.0	0.1	0.5
Argentine	-	0.0	0.0	0.0	0.0	-	0.0	-	-	0.0
Bolivie	-	0.0	0.0	0.0	0.0	-	0.0	0.0	0.0	0.0
Brésil	0.7	0.2	0.1	0.2	0.7	14.7	0.0	0.0	-0.3	-1.0
Colombie	-	0.0	-	-	-	-	0.0	-	-	-
Equateur	-	-	-	-	-	-	0.0	0.0	0.0	0.0
Paraguay	-	0.0	0.0	0.0	0.0	-	0.0	0.0	0.0	0.0
Pérou	-	-	0.0	-	-	-	0.0	0.0	0.5	1.5
Uruguay	-	0.1	-	-	-	-	0.0	-	-	-
Venezuela	-	-	-	0.0	0.0	-	-	-	-	-
ASIE	**30.1**	**19.0**	**28.3**	**-13.8**	**16.0**	**150.9**	**187.0**	**285.7**	**105.1**	**110.0**

Tableau 3. Revenus des investissements directs étrangers par pays *(suite)*

Millions de dollars des ÉU

	Entrant					Sortant				
	2014	2015	2016	2017	2018	2014	2015	2016	2017	2018
Proche et Moyen Orient	0.1	-7.2	-6.0	-5.9	-10.9	-57.1	-33.5	0.6	4.1	4.0
Pays du Golfe	-2.4	-8.9	-7.0	-7.0	-11.5	-58.1	-33.2	1.3	2.4	3.2
Koweït	-	-	-	-	0.0	-	-	-	-	-
Qatar	1.6	-12.5	-0.5	-0.4	-2.6	-	0.0	-	0.0	0.8
Arabie saoudite	-	0.0	0.0	0.0	0.0	-	0.1	0.0	-	-
Emirats Arabes Unis	-3.8	3.6	-6.6	-6.8	-9.0	-58.1	-33.3	1.3	2.4	2.4
Autres pays du Proche et Moyen Orient	2.4	1.7	1.0	1.2	0.6	1.1	-0.3	-0.7	1.7	0.8
Jordanie	-	-	0.0	0.0	0.0	-	0.0	0.0	0.0	0.0
Autres pays asiatiques	30.0	26.2	34.3	-8.0	26.9	208.0	220.5	285.1	101.1	106.0
Chine	-	0.4	1.8	0.2	20.3	0.1	0.1	0.1	0.1	0.3
Hong Kong, Chine	29.6	26.4	32.7	-3.1	3.5	207.6	220.1	284.7	100.0	105.0
Inde	-	-	-	-	0.0	-	0.0	0.0	0.3	0.1
Indonesie	-	-	-	-	-	-	0.0	0.0	0.0	0.0
République islamique d'Iran	-	-	-	0.0	0.0	-	-	0.0	-	-
Malaisie	-	0.0	0.0	0.0	0.0	-	0.0	-	0.1	0.1
Philippines	-	-	-	-	-	-	-	-	-	0.1
Singapour	-	0.1	0.0	-	0.0	0.3	0.5	0.5	0.7	0.3
Taipei Chinois	-	-	-	-	0.0	0.3	0.0	0.0	0.2	0.4
Thaïlande	-	-	-	-	-	-	0.0	-	-	0.0
Viet Nam	-	0.0	-	-	0.0	-	0.0	0.0	0.0	0.0
AUSTRALIE, OCÉANIE ET RÉGIONS POLAIRES	**-7.9**	**-6.8**	**-6.3**	**-10.2**	**-11.2**	**0.7**	**0.6**	**0.6**	**0.2**	**1.0**
TOTAL MONDE non alloué et confidentiel	**0.1**	**0.0**	**0.0**	**-0.1**	**2.0**	**0.9**	**0.5**	**0.2**	**0.4**	**1.5**
Union européenne (UE28)	**401.2**	**1 008.5**	**969.9**	**1 238.7**	**1 290.9**	**1 663.6**	**800.7**	**19.3**	**697.6**	**360.1**
Pays du G20 hors Union Européenne	**506.0**	**720.9**	**768.3**	**672.0**	**485.0**	**1 297.7**	**502.1**	**203.7**	**277.3**	**330.0**
Pays OCDE du G20	**503.0**	**719.1**	**769.0**	**678.3**	**470.3**	**1 236.0**	**465.6**	**161.7**	**236.9**	**286.6**
Pays non-OCDE du G20	**3.1**	**1.8**	**-0.7**	**-6.3**	**14.7**	**61.7**	**36.5**	**42.1**	**40.4**	**43.4**
Pays MENA	**-1.9**	**-8.9**	**-7.0**	**-7.0**	**-11.4**	**-45.8**	**-33.1**	**0.7**	**6.1**	**3.1**
Pays ANASE	**-**	**0.2**	**0.0**	**0.0**	**0.0**	**0.3**	**0.5**	**0.5**	**0.8**	**0.6**

- Néant

Note : Voir les métadonnées détaillées sur : *http://stats.oecd.org/OECDStat_Metadata/ShowMetadata.ashx?Dataset=FDI_CTRY_IND_SUMM&lang=fr.*

1. Informations sur les données concernant Israël : *http://oe.cd/israel-disclaimer.*
2. Note de la Turquie : Les informations figurant dans ce document et faisant référence à « Chypre » concernent la partie méridionale de l'île. Il n'y a pas d'autorité unique représentant à la fois les Chypriotes turcs et grecs sur l'île. La Turquie reconnaît la République Turque de Chypre Nord (RTCN). Jusqu'à ce qu'une solution durable et équitable soit trouvée dans le cadre des Nations Unies, la Turquie maintiendra sa position sur la « question chypriote ».
3. Note de tous les États de l'Union européenne membres de l'OCDE et del'Union européenne : La République de Chypre est reconnue par tous les membres des Nations Unies sauf la Turquie. Les informations figurant dans ce document concernent la zone sous le contrôle effectif du gouvernement de la République de Chypre.

Source : Statistiques de l'OCDE sur l'investissement direct international (base de données) : https://doi.org/10.1787/idi-data-fr

GRÈCE

Tableau 4. Investissement direct étranger : flux par secteur industriel

Millions de dollars des ÉU

	Entrant					Sortant				
	2014	2015	2016	2017	2018	2014	2015	2016	2017	2018
All FDI activities	**2 683.4**	**1 267.8**	**2 762.4**	**3 477.4**	**3 970.8**	**3 015.3**	**1 577.9**	**-1 665.4**	**168.0**	**476.6**
Agriculture, sylviculture et pêche	**2.8**	**1.7**	**5.2**	**10.3**	**17.2**	**5.1**	**-5.0**	**-0.3**	**7.5**	**0.3**
Industries extractives	**180.7**	**156.8**	**128.6**	**128.0**	**37.9**	**-125.2**	**-1.8**	**35.3**	**10.2**	**1.2**
Activités d'extraction	263.6	9.0	-6.1	20.8	26.9	1.1	0.1	0.1	10.1	6.8
Activités de fabrication	**-430.0**	**8.0**	**50.1**	**311.6**	**364.9**	**-25.2**	**-6.3**	**188.3**	**126.6**	**74.6**
dont :										
Produits alimentaires, boissons et tabac	-46.0	22.4	54.7	68.2	-5.5	13.6	5.1	28.7	41.8	35.8
Textiles, bois, papier, imprimerie	-18.7	1.4	3.3	-6.2	5.9	10.9	-4.1	1.3	2.3	5.1
Produits pétroliers, chimiques, pharmaceutiques, caoutchouc, plastique, minéraux	-268.4	0.4	20.3	179.5	350.8	-8.0	-8.2	22.3	4.8	5.5
Ouvrages en métaux et machines, sauf matériels électriques	-120.2	-3.5	-3.1	29.0	19.0	-29.7	-22.5	-21.8	31.7	-1.0
Automobiles, remorques, semi-remorques, autres matériels de transport	2.2	4.5	4.5	0.7	0.2	0.3	-	-	0.8	-
Autres activités de fabrication	21.2	-17.1	-29.6	40.5	-5.6	-12.3	23.5	157.8	45.0	29.1
Production et distribution d'électricité, de gaz, de vapeur et de climatisation	**1.7**	**-35.7**	**19.6**	**465.4**	**85.6**	**10.0**	**9.4**	**7.5**	**27.3**	**47.7**
Distribution de l'eau ; assainissement, traitement des déchets et dépollution	**-0.5**	**0.9**	**0.0**	**1.0**	**1.0**	**3.0**	**5.2**	**4.1**	**0.8**	**-1.6**
Construction	**-45.8**	**22.4**	**39.1**	**-15.6**	**-77.0**	**-20.4**	**17.7**	**100.2**	**116.5**	**78.5**
Services	**2 712.7**	**947.3**	**2 308.8**	**2 200.3**	**2 756.4**	**3 161.3**	**1 579.0**	**-2 030.8**	**-125.2**	**272.4**
Commerce de gros et de détail ; réparations automobiles et motocycles	-124.7	94.7	97.2	100.7	133.1	289.8	312.0	402.6	150.5	301.2
Transport et entreposage	38.4	107.0	600.6	1 455.9	870.4	7.2	44.0	6.5	8.7	-50.9
Activités d'hébergement et de restauration	210.7	15.6	488.6	123.1	137.2	0.5	0.2	6.6	1.0	-0.8
Information et communication	404.8	-119.0	-165.5	-132.9	301.6	-36.3	-60.0	-189.4	-144.5	-147.4
Activités financières et d'assurances	1 292.7	650.3	886.6	516.4	721.9	2 983.8	1 292.6	-2 305.7	-334.3	47.9
Activités des sociétés holding	194.9	102.3	153.8	49.7	300.2	307.3	278.2	-240.5	365.1	291.7
Activités immobilières	634.5	135.0	162.6	78.3	844.3	-61.0	-42.4	-7.1	138.6	102.0
Activités professionnelles, scientifiques et techniques	69.2	-28.7	10.1	24.0	-123.1	-26.7	30.8	-22.0	-2.8	9.3
Activités de services administratifs et d'appui	60.6	59.0	50.6	52.8	56.2	6.1	5.2	-36.8	53.1	5.7
Administration publique; activités des ménages et des organismes extra-territoriaux	-	-	-	-	-	-	-	-	-	-
Éducation	3.4	0.1	4.2	-0.1	0.0	-1.4	-	-	-0.1	-
Santé humaine et action sociale	-14.0	-5.6	30.9	20.6	-89.3	-2.7	-3.3	-6.2	-3.8	-4.3
Arts, spectacles et loisirs	135.7	35.0	131.9	-35.7	-100.1	-0.1	-0.1	151.7	8.7	9.7
Autres services	-1.3	3.9	11.0	-2.8	4.2	2.3	0.0	-31.0	-0.2	0.0
Not allocated and confidential	**42.7**	**34.6**	**45.8**	**6.8**	**11.6**	**-0.6**	**-6.9**	**31.6**	**0.0**	**-1.3**
Activités immobilières privées	**219.1**	**131.7**	**165.4**	**369.5**	**773.3**	**7.4**	**-13.4**	**-1.2**	**4.2**	**4.7**

- Néant

Note : Voir les métadonnées détaillées sur : *http://stats.oecd.org/OECDStat_Metadata/ShowMetadata.ashx?Dataset=FDI_CTRY_IND_SUMM&lang=fr.*

Source : Statistiques de l'OCDE sur l'investissement direct international (base de données) : https://doi.org/10.1787/idi-data-fr

Tableau 5. Encours des investissement directs étrangers par secteur industriel
En fin d'année

Millions de dollars des ÉU

	Entrant					Sortant				
	2014	2015	2016	2017	2018	2014	2015	2016	2017	2018
All FDI activities	**21 550.3**	**24 082.0**	**24 614.9**	**33 404.1**	**34 851.3**	**29 415.1**	**24 419.0**	**18 005.9**	**20 104.3**	**19 554.2**
Agriculture, sylviculture et pêche	**303.6**	**286.2**	**260.7**	**327.6**	**313.6**	**71.4**	**60.5**	**56.1**	**63.0**	**60.1**
Industries extractives	**521.9**	**387.5**	**1 222.2**	**1 403.1**	**1 346.3**	**26.2**	**24.0**	**22.4**	**32.5**	**18.2**
Activités d'extraction	224.6	209.2	101.2	111.6	113.2	12.4	11.2	10.8	19.3	5.6
Activités de fabrication	**7 334.9**	**7 579.7**	**8 005.2**	**9 072.8**	**9 148.8**	**3 539.7**	**3 220.5**	**2 956.4**	**3 455.2**	**3 853.0**
dont :										
Produits alimentaires, boissons et tabac	2 185.8	1 858.0	1 867.2	2 097.2	2 078.7	251.9	258.8	207.1	278.1	279.0
Textiles, bois, papier, imprimerie	154.6	133.5	119.0	132.2	124.1	100.4	46.4	39.4	63.8	60.3
Produits pétroliers, chimiques, pharmaceutiques, caoutchouc, plastique, minéraux	2 931.4	2 940.7	3 009.9	4 339.3	4 270.7	293.8	77.9	136.7	150.1	217.5
Ouvrages en métaux et machines, sauf matériels électriques	1 330.4	1 485.5	1 526.1	848.1	1 164.9	599.1	517.2	483.9	372.0	381.8
Automobiles, remorques, semi-remorques, autres matériels de transport	2.0	11.8	11.4	11.3	0.3	-	-	-	5.3	5.1
Autres activités de fabrication	730.7	1 150.3	1 471.7	1 644.6	1 510.1	2 294.7	2 320.2	2 089.3	2 585.9	2 909.4
Production et distribution d'électricité, de gaz, de vapeur et de climatisation	**3 028.2**	**2 983.0**	**2 529.6**	**3 103.2**	**2 929.6**	**164.8**	**181.4**	**174.8**	**220.8**	**245.6**
Distribution de l'eau ; assainissement, traitement des déchets et dépollution	**40.9**	**34.6**	**37.0**	**35.4**	**34.5**	**25.8**	**23.1**	**22.4**	**25.5**	**25.3**
Construction	**412.1**	**425.1**	**241.4**	**337.2**	**383.5**	**34.8**	**59.2**	**98.3**	**116.8**	**137.2**
Services	**9 848.2**	**12 313.1**	**12 237.3**	**17 180.0**	**17 947.0**	**25 543.7**	**20 780.2**	**14 607.9**	**15 190.6**	**14 174.9**
Commerce de gros et de détail ; réparations automobiles et motocycles	5 543.7	5 432.4	5 447.0	5 782.3	5 483.4	3 192.9	3 157.9	3 683.9	4 910.7	4 511.1
Transport et entreposage	886.7	875.8	1 769.0	3 552.6	4 015.2	750.1	203.4	187.1	212.7	202.4
Activités d'hébergement et de restauration	931.4	812.1	874.9	1 039.1	1 030.6	54.7	47.4	41.8	39.7	31.3
Information et communication	5 299.7	4 378.0	4 137.7	5 926.0	5 946.2	2 300.3	2 295.2	1 768.8	1 420.3	1 594.6
Activités financières et d'assurances	-8 171.0	-4 537.5	-4 369.9	-4 743.9	-3 410.8	17 990.4	14 540.8	8 013.3	7 469.1	6 786.6
Activités des sociétés holding	1 009.6	799.8	716.9	644.8	1 349.5	5 258.3	4 817.1	4 864.3	4 096.5	3 906.2
Activités immobilières	1 706.8	2 588.1	2 103.9	2 316.0	2 119.4	421.4	185.3	382.6	367.4	372.1
Activités professionnelles, scientifiques et techniques	798.9	692.7	273.6	333.7	332.4	448.7	-32.9	189.4	389.3	331.8
Activités de services administratifs et d'appui	676.8	661.1	711.4	1 050.0	981.6	154.8	177.8	136.9	157.6	134.2
Administration publique; activités des ménages et des organismes extra-territoriaux	1.5	-	1.7	2.0	1.9	-	-	-	-	-
Éducation	0.7	0.6	0.9	1.0	0.9	-	-	-	-	-
Santé humaine et action sociale	241.6	137.9	84.1	298.9	206.3	19.9	16.2	15.7	17.4	15.3
Arts, spectacles et loisirs	1 914.0	1 262.5	1 194.0	1 612.0	1 229.8	193.3	173.3	167.8	191.0	182.3
Autres services	17.2	9.4	9.0	10.3	10.1	17.2	15.7	20.7	15.5	13.0
Not allocated and confidential	**60.5**	**72.8**	**81.4**	**105.6**	**172.0**	**8.6**	**70.0**	**67.7**	**-421.4**	**-363.4**
Activités immobilières privées	**-**	**-**	**-**	**1 839.2**	**2 576.1**	**0.0**	**-**	**-**	**1 421.2**	**1 403.2**

- Néant

Note : Voir les métadonnées détaillées sur : *http://stats.oecd.org/OECDStat_Metadata/ShowMetadata.ashx?Dataset=FDI_CTRY_IND_SUMM&lang=fr.*

Source : Statistiques de l'OCDE sur l'investissement direct international (base de données) : https://doi.org/10.1787/idi-data-fr

Tableau 6. Revenus des investissements directs étrangers par secteur industriel

Millions de dollars des ÉU

	Entrant					Sortant				
	2014	2015	2016	2017	2018	2014	2015	2016	2017	2018
All FDI activities	**520.9**	**1 156.8**	**1 149.8**	**1 451.9**	**1 551.9**	**3 113.9**	**1 801.5**	**627.5**	**1 098.5**	**694.2**
Agriculture, sylviculture et pêche	**5.0**	**1.5**	**1.6**	**2.7**	**3.4**	**1.8**	**-1.5**	**0.1**	**0.2**	**0.1**
Industries extractives	**74.2**	**1.1**	**-6.1**	**74.0**	**10.2**	**83.2**	**4.1**	**1.8**	**12.8**	**5.4**
Activités d'extraction	-51.3	0.6	27.6	108.0	46.4	2.7	1.4	0.9	3.7	4.6
Activités de fabrication	**-183.6**	**174.4**	**103.9**	**332.8**	**593.3**	**-42.4**	**23.4**	**142.1**	**142.1**	**175.3**
dont :										
Produits alimentaires, boissons et tabac	103.0	127.5	65.2	85.3	136.4	3.6	5.8	6.4	44.7	50.0
Textiles, bois, papier, imprimerie	-9.8	12.3	-1.3	-14.1	-7.8	6.6	38.2	1.2	1.9	2.6
Produits pétroliers, chimiques, pharmaceutiques, caoutchouc, plastique, minéraux	-133.1	46.6	73.1	233.6	443.7	-15.3	-11.0	4.3	3.9	11.1
Ouvrages en métaux et machines, sauf matériels électriques	-160.3	-4.0	-9.5	26.5	3.7	-25.7	-33.2	-22.3	-9.9	-9.3
Automobiles, remorques, semi-remorques, autres matériels de transport	2.2	4.3	7.0	0.0	-0.3	-	-	-	-	0.1
Autres activités de fabrication	14.5	-12.4	-30.6	1.5	17.5	-11.7	23.6	152.4	101.4	120.9
Production et distribution d'électricité, de gaz, de vapeur et de climatisation	**119.8**	**2.7**	**34.2**	**109.9**	**-21.9**	**8.9**	**7.7**	**12.8**	**2.9**	**-8.2**
Distribution de l'eau ; assainissement, traitement des déchets et dépollution	**0.1**	**0.2**	**0.0**	**1.0**	**1.0**	**0.9**	**0.8**	**0.8**	**0.8**	**0.0**
Construction	**17.6**	**0.6**	**17.2**	**34.7**	**34.6**	**-72.4**	**6.9**	**50.7**	**59.4**	**76.5**
Services	**355.9**	**877.3**	**931.5**	**841.3**	**858.8**	**3 013.9**	**1 670.8**	**301.0**	**789.5**	**351.1**
Commerce de gros et de détail ; réparations automobiles et motocycles	87.6	126.8	206.3	180.4	265.2	272.6	285.2	354.5	165.0	175.3
Transport et entreposage	113.3	181.6	174.0	136.9	176.3	212.9	57.7	89.6	129.7	190.7
Activités d'hébergement et de restauration	-12.7	-15.7	-14.9	-15.4	-10.6	2.6	2.0	1.9	4.4	5.2
Information et communication	-107.1	-17.9	-64.1	27.7	138.4	-17.5	-36.6	-187.7	-152.2	-147.6
Activités financières et d'assurances	260.7	424.1	448.8	364.5	332.2	2 764.0	1 353.6	37.5	207.3	48.6
Activités des sociétés holding	194.9	87.5	145.8	18.4	98.8	307.3	297.9	-86.4	-183.2	-50.2
Activités immobilières	29.6	32.2	58.1	28.5	42.8	-212.4	-55.3	5.3	39.5	21.8
Activités professionnelles, scientifiques et techniques	31.8	-20.3	-8.6	26.1	30.6	-24.0	34.0	-20.8	-2.4	16.1
Activités de services administratifs et d'appui	12.2	17.4	19.0	31.7	37.5	4.8	4.9	6.7	391.7	17.4
Administration publique; activités des ménages et des organismes extra-territoriaux	-	-	-	-	-	-	-	-	-	-
Éducation	0.1	0.1	-0.1	-0.1	5.8	2.3	-	-	-	-
Santé humaine et action sociale	-17.2	-3.4	29.0	-23.0	-26.4	-10.1	-2.3	-2.8	-2.9	-3.1
Arts, spectacles et loisirs	-43.8	151.7	69.2	82.7	-145.9	16.6	27.7	16.8	9.4	26.9
Autres services	1.3	0.6	14.9	1.3	12.8	2.3	0.0	0.1	0.1	-0.1
Not allocated and confidential	**132.1**	**98.7**	**67.2**	**55.2**	**69.7**	**112.2**	**81.7**	**103.5**	**76.1**	**72.0**
Activités immobilières privées	**0.4**	**0.3**	**0.4**	**0.3**	**2.9**	**7.8**	**7.6**	**14.7**	**14.7**	**21.8**

- Néant

Note : Voir les métadonnées détaillées sur : *http://stats.oecd.org/OECDStat_Metadata/ShowMetadata.ashx?Dataset=FDI_CTRY_IND_SUMM&lang=fr.*

Source : Statistiques de l'OCDE sur l'investissement direct international (base de données) : https://doi.org/10.1787/idi-data-fr

Tableau 1. Flux d'investissement direct étranger par pays

Millions de dollars des ÉU

	Entrant					Sortant				
	2014	2015	2016	2017	2018	2014	2015	2016	2017	2018
TOTAL MONDE	**7 967.0**	**-14 544.6**	**-5 438.6**	**3 666.9**	**8 386.8**	**3 854.1**	**-16 117.7**	**-8 272.2**	**1 228.0**	**5 058.6**
Pays membres de l'OCDE	**6 566.3**	**-7 902.9**	**-6 730.6**	**1 811.6**	**8 124.7**	**2 327.1**	**-16 476.6**	**1 277.8**	**-942.1**	**4 051.2**
Australie	-9.6	10.0	13.6	-47.1	21.9	4.7	-12.0	9.7	-18.8	10.3
Autriche	1 467.7	1 145.8	-186.2	258.8	481.3	8.6	-23.2	23.8	2.7	29.8
Belgique	390.5	-408.3	299.5	-278.2	1 805.3	97.6	50.4	77.9	-2 841.3	0.2
Canada	139.9	28.3	8.6	-57.6	-66.1	.. c	.. c	9.4	12.2	11.4
Chili	-0.8	-0.2	3.5	2.0	1.2	.. c	.. c	.. c	.. c	.. c
République Tchèque	34.9	42.4	131.8	186.3	76.0	79.1	-34.6	-3.3	297.9	-98.8
Danemark	276.6	50.1	147.1	148.3	109.9	-	.. c	.. c	.. c	.. c
Estonie	0.4	0.0	-0.1	0.3	0.3	-0.5	-0.6	-0.3	0.5	0.0
Finlande	-143.3	-22.0	1.3	-15.0	9.1	-0.2	-0.3	0.1	0.0	0.0
France	36.7	-1 545.4	1 912.5	382.0	506.0	17.2	-20.6	3.9	23.4	14.1
Allemagne	1 141.0	-2 189.9	3 707.4	-1 705.7	-816.2	9.4	49.2	115.2	22.3	-2.6
Grèce	4.5	-4.4	50.7	1.4	-4.3	0.0	0.0	0.1	0.4	-0.2
Hongrie	-	-	-	-	-	-	-	-	-	-
Islande	3.6	-1.5	-1.1	-3.7	1.8	-	-	-	.. c	.. c
Irlande	-119.9	5 757.4	-4 021.9	69.0	837.5	21.7	10.7	1.2	440.4	1 361.6
Israël[1]	-13.2	863.1	-25.2	-2 104.5	-45.4	.. c	546.1	317.2	360.6	152.9
Italie	255.2	308.9	1 387.8	46.8	-181.0	-41.2	-24.3	371.1	5.1	59.4
Japon	391.3	-467.1	118.2	173.1	224.5	1.2	-0.5	3.1	1.0	1.4
Corée	185.0	169.6	185.8	264.3	896.2	16.1	22.6	16.5	11.5	-1.2
Lettonie	0.1	-0.2	-4.6	-1.3	-0.4	-0.3	1.5	-0.3	0.3	-0.1
Lituanie	3.0	-1.6	3.5	1.9	-2.2	1.0	1.0	1.3	0.7	0.7
Luxembourg	-24.8	-13 183.7	-164.3	539.3	905.9	190.5	-2 200.1	215.6	-164.1	-40.4
Mexique	-17.3	-414.9	74.1	-12.3	-39.0	16.2	229.5	85.5	18.4	18.7
Pays-Bas	3 248.9	5 066.5	-9 255.4	2 018.1	620.3	902.2	52.1	-62.3	183.2	1 641.7
Nouvelle-Zélande	11.9	-0.9	-9.9	2.2	1.0	-	-	-	-	-
Norvège	248.6	-19.5	-14.2	10.5	-417.0	-	.. c	.. c	.. c	.. c
Pologne	25.4	100.9	124.2	764.7	-9.8	55.8	51.3	51.0	395.8	111.6
Portugal	-282.5	-43.3	-9.5	18.7	-3.1	0.8	-40.2	-4.5	-0.3	0.2
République slovaquie	15.6	-42.9	-3.9	-15.5	-24.4	130.8	277.8	162.4	21.2	-182.2
Slovénie	-0.5	5.6	5.3	-1.9	1.8	-13.0	-72.5	1.3	4.1	31.8
Espagne	-122.1	-15.6	37.4	3.0	180.3	49.9	83.8	118.3	164.1	151.5
Suède	-85.6	73.6	33.9	-46.9	30.9	0.0	-0.5	0.5	.. c	0.6
Suisse	-317.1	-1 116.2	134.7	2 255.2	49.0	-279.3	-15 532.0	17.4	176.1	-268.4
Turquie	-4.9	-2.0	11.4	9.2	-7.9	-12.2	1.5	-23.8	-1.6	-3.8
Royaume-Uni	-444.3	995.4	-882.4	-1 398.6	-734.4	21.9	18.8	21.0	36.1	14.8
Etats-Unis	274.8	-3 042.8	-540.6	346.9	3 715.5	804.7	62.0	-249.9	-94.0	1 034.8
EUROPE	**6 329.4**	**-4 716.1**	**-5 978.5**	**3 728.9**	**3 594.8**	**2 162.1**	**-16 988.9**	**1 799.7**	**271.3**	**4 231.3**
Bulgarie	-16.7	-11.3	3.7	3.0	11.8	64.2	17.5	-42.8	-25.3	736.7
Croatie	26.3	-221.7	-4.8	-18.8	17.2	122.5	7.2	163.7	725.3	188.9
Chypre[2, 3]	36.1	-59.2	0.4	20.2	-37.5	236.5	38.7	354.1	192.5	104.8
Malte	-27.5	349.0	-117.8	48.5	-480.5	138.7	23.1	-22.0	120.7	64.0
Roumanie	7.5	-26.4	23.2	28.7	4.2	149.8	170.3	-21.7	190.3	117.1
Russie	601.2	-25.8	154.1	62.3	163.2	56.1	-32.1	71.7	199.4	30.1
Ukraine	104.6	99.2	57.8	52.3	9.2	222.1	121.4	191.5	61.3	66.0
AFRIQUE	**611.7**	**274.6**	**311.7**	**306.1**	**163.6**	**.. c**	**43.1**	**10.5**	**1.9**	**-6.4**
Afrique septentrionale	-1.4	-8.3	5.6	4.7	3.7	-	.. c	-0.4	-0.5	-2.7
Algérie	-0.1	-0.2	0.1	0.6	0.1	-	-	-	-	-
Egypte	-0.2	-2.3	1.7	5.3	1.9	-	.. c	.. c	.. c	.. c
Libye	-	-	-	-	-	-	-	-	-	-
Maroc	-0.6	-5.2	3.4	-2.2	1.6	-	-	-	.. c	.. c
Tunisie	-0.4	-0.4	0.4	1.1	0.2	-	-	-	-	-
Autres pays africains	613.0	282.9	306.1	301.4	159.9	.. c	43.2	.. c	.. c	.. c
Nigéria	0.0	-0.2	-0.3	0.3	0.1	-	-	-	-	-
Afrique du Sud	0.2	7.1	-2.7	-2.8	0.4	-	.. c	.. c	.. c	.. c
AMÉRIQUE	**171.1**	**-10 743.2**	**-374.1**	**1 621.5**	**2 614.7**	**1 476.4**	**276.2**	**-10 421.6**	**545.7**	**672.6**
Amérique du Nord	414.7	-3 014.5	-532.0	289.3	3 649.5	828.8	90.0	-240.5	-81.7	1 046.2
Amérique du Nord	-256.5	-7 743.7	145.7	1 325.6	-928.1	617.8	132.9	-10 260.9	566.4	-429.8
Bahamas	0.7	0.6	.. c	6.1	0.7	-	-	-	-	-
Bermudes	2.6	0.5	-1.3	1.5	0.9	-	-	-	-	-
Îles Cayman	-42.4	99.6	230.0	252.2	14.3	-	-	-	.. c	.. c
Costa Rica	0.1	0.0	0.0	-0.1	0.0	-	-	-	-	-
El Salvador	.. c	.. c	.. c	-	.. c	-	-	-	-	-
Guatemala	.. c	.. c	.. c	.. c	0.0	-	-	-	-	-
Honduras	0.2	0.4	-0.5	0.0	0.1	-	-	-	-	-
Nicaragua	-	-	-	-	-	-	-	-	-	-
Panama	-6.3	15.9	-26.5	-2.1	3.8	.. c	.. c	.. c	.. c	.. c
Îles Vierges, US	-	-	-	-	-	-	-	-	-	-
Amérique du Sud	13.0	15.0	12.1	6.6	-106.7	29.8	53.3	79.7	60.9	56.2
Argentine	-1.5	-0.7	0.6	0.5	1.5	.. c	.. c	.. c	.. c	.. c
Bolivie	-	-	.. c	-	-	-	-	-	-	-
Brésil	16.2	8.6	5.0	-4.1	1.0	16.9	37.0	70.4	76.5	57.1
Colombie	0.2	0.3	0.4	-0.3	-113.2	.. c	.. c	.. c	.. c	.. c
Equateur	.. c	-0.1	0.2	-0.1	0.2	-	-	.. c	-	-
Paraguay	-	.. c	.. c	.. c	.. c	-	-	-	-	-
Pérou	0.4	-1.6	1.9	0.2	0.4	.. c	.. c	.. c	.. c	-
Uruguay	2.7	-0.3	0.3	0.3	0.0	.. c	.. c	-	.. c	.. c
Venezuela	-4.5	9.2	0.1	8.1	0.0	-	-	-	-	-
ASIE	**1 039.9**	**524.3**	**470.8**	**-2 075.3**	**1 408.1**	**210.5**	**563.2**	**329.0**	**427.6**	**150.3**

Tableau 1. Flux d'investissement direct étranger par pays *(suite)*

Millions de dollars des ÉU

	Entrant					Sortant				
	2014	2015	2016	2017	2018	2014	2015	2016	2017	2018
Proche et Moyen Orient	7.7	886.0	117.4	-2 166.1	-44.3	224.6	552.6	337.4	383.9	169.0
Pays du Golfe	18.0	28.3	146.2	-58.6	-3.3	4.5	6.0	20.1	23.3	15.8
Koweït	.. c	.. c	0.0	.. c	0.0	-	-	.. c	-	-
Qatar	-5.8	-2.8	-0.5	-0.7	-3.0	-	-	-	-	-
Arabie saoudite	-0.3	0.9	1.2	0.5	0.1	-	-	-	-	-
Emirats Arabes Unis	21.1	30.9	147.6	-59.2	-2.2	.. c	.. c	.. c	.. c	.. c
Autres pays du Proche et Moyen Orient	-10.3	857.6	-28.8	-2 107.5	-41.1	220.2	546.7	317.3	360.5	153.2
Jordanie	.. c	.. c	0.0	.. c	.. c	-	-	-	-	-
Autres pays asiatiques	1 032.2	-361.6	353.5	90.8	1 452.4	-14.1	10.5	-8.4	43.7	-18.7
Chine	0.8	22.8	80.9	8.7	59.0	3.3	-3.4	7.9	3.3	-2.9
Hong Kong, Chine	230.8	-9.9	9.5	-280.0	309.0	-21.7	-8.6	28.8	20.1	-67.2
Inde	51.7	-141.9	-64.9	-0.5	1.6	1.2	0.0	-1.1	0.6	-0.7
Indonesie	2.7	-3.1	-3.5	4.7	0.7	-	-	-	-	-
République islamique d'Iran	-	-	.. c	.. c	.. c	-	-	-	-	-
Malaisie	32.7	31.1	-22.1	3.3	24.4	.. c	.. c	.. c	-	-
Philippines	7.7	2.4	-0.8	23.5	4.6	-	-	.. c	.. c	-
Singapour	93.8	55.7	13.6	-63.3	-18.0	-22.2	-9.5	-71.2	-0.3	48.9
Taipei Chinois	26.8	-29.1	40.8	-54.8	-51.2	.. c	.. c	.. c	.. c	.. c
Thaïlande	8.2	-0.3	-1.2	-3.1	8.5	.. c	-	-	-	-
Viet Nam	0.4	-0.9	-0.2	0.7	-3.4	.. c	.. c	-	-	-
AUSTRALIE, OCÉANIE ET RÉGIONS POLAIRES	**0.9**	**5.3**	**3.8**	**-44.9**	**185.2**	**4.7**	**-12.0**	**9.7**	**-18.8**	**10.3**
TOTAL MONDE non alloué et confidentiel	**-186.2**	**110.4**	**127.7**	**130.5**	**420.3**	**.. d**	**0.7**	**0.5**	**0.3**	**0.5**
Union européenne (UE28)	**5 703.0**	**-3 880.4**	**-6 781.3**	**1 057.0**	**3 304.0**	**2 243.1**	**-1 563.2**	**1 525.0**	**-204.1**	**4 305.3**
Pays du G20 hors Union Européenne	**2 618.7**	**-6 282.0**	**6 167.3**	**-1 929.7**	**3 746.9**	**952.6**	**415.2**	**530.6**	**280.9**	**1 236.6**
Pays OCDE du G20	**1 947.6**	**-6 149.9**	**5 996.4**	**-1 999.0**	**3 519.6**	**862.2**	**354.3**	**361.8**	**15.6**	**1 157.4**
Pays non-OCDE du G20	**671.0**	**-132.1**	**170.9**	**69.3**	**227.3**	**90.3**	**60.9**	**168.8**	**265.3**	**79.2**
Pays MENA	**19.6**	**14.6**	**151.8**	**-57.2**	**3.2**	**3.5**	**5.8**	**19.7**	**22.8**	**13.1**
Pays ANASE	**145.4**	**84.9**	**-14.1**	**-34.4**	**16.8**	**-24.6**	**-9.7**	**-71.2**	**-0.3**	**48.9**

- Néant ; .. Non disponible ; c Donnée confidentielle ; d Confidentialité Secondaire

Note : Les données excluent les entités à vocation spéciales. Voir les métadonnées détaillées sur : *http://stats.oecd.org/OECDStat_Metadata/ShowMetadata.ashx?Dataset=FDI_CTRY_IND_SUMM&lang=fr.*

1. Informations sur les données concernant Israël : *http://oe.cd/israel-disclaimer.*
2. Note de la Turquie : Les informations figurant dans ce document et faisant référence à « Chypre » concernent la partie méridionale de l'île. Il n'y a pas d'autorité unique représentant à la fois les Chypriotes turcs et grecs sur l'île. La Turquie reconnaît la République Turque de Chypre Nord (RTCN). Jusqu'à ce qu'une solution durable et équitable soit trouvée dans le cadre des Nations Unies, la Turquie maintiendra sa position sur la « question chypriote ».
3. Note de tous les États de l'Union européenne membres de l'OCDE et del'Union européenne : La République de Chypre est reconnue par tous les membres des Nations Unies sauf la Turquie. Les informations figurant dans ce document concernent la zone sous le contrôle effectif du gouvernement de la République de Chypre.

Source : Statistiques de l'OCDE sur l'investissement direct international (base de données) : https://doi.org/10.1787/idi-data-fr

Tableau 2. Encours des investissements directs étrangers par pays
En fin d'année

Millions de dollars des ÉU

	Entrant					Sortant				
	2014	2015	2016	2017	2018	2014	2015	2016	2017	2018
TOTAL MONDE	**100 410.8**	**86 253.7**	**82 701.0**	**93 497.3**	**95 172.7**	**40 533.1**	**35 536.9**	**25 018.8**	**30 058.2**	**30 696.7**
Pays membres de l'OCDE	**90 561.3**	**75 892.9**	**70 880.2**	**78 742.7**	..	**18 712.0**	**15 709.4**	**14 722.5**	**16 657.1**	**17 075.7**
Australie	19.1	25.2	28.9	6.6	..	.. c	1.6	33.6	31.9	8.1
Autriche	6 210.7	5 969.9	6 608.4	8 245.5	..	121.6	78.2	93.7	97.6	114.6
Belgique	1 242.1	1 295.4	1 499.5	1 623.5	..	3 877.2	3 521.7	3 469.1	2 081.7	8.3
Canada	395.4	381.4	352.3	421.3	..	26.3	53.1	18.6	7.0	-7.9
Chili	-	-	-	-	..	-	.. c	.. c	.. c	.. c
République Tchèque	270.2	336.1	384.8	545.5	..	420.8	374.8	329.9	737.0	598.5
Danemark	775.7	709.4	781.3	995.1	..	-	.. c	.. c	.. c	.. c
Estonie	-	-	-	10.3	..	1.1	0.6	0.3	0.8	0.8
Finlande	109.5	80.0	74.2	103.9	..	0.9	0.5	1.1	1.3	1.2
France	5 032.9	4 522.2	4 711.2	5 123.2	..	61.3	40.8	41.9	48.5	73.2
Allemagne	26 416.4	24 172.2	24 020.3	23 709.6	..	91.7	154.7	199.7	227.3	216.8
Grèce	3.6	3.2	3.1	3.5	..	0.3	0.2	0.2	0.7	0.5
Hongrie	647.0	394.2	322.9	564.5	..	-	-	-	-	-
Islande	3.3	2.1	-	-	..	-	-	-	.. c	.. c
Irlande	202.4	246.0	275.4	359.8	..	90.4	140.0	137.5	592.3	1 282.0
Israël[2]	11 663.0	11 205.0	931.1	1 266.7	..	.. c	4 548.9	3 177.7	3 180.0	2 422.6
Italie	3 356.5	2 944.4	3 209.0	3 879.4	..	36.0	5.3	397.3	449.0	752.2
Japon	2 323.1	2 282.8	2 563.0	3 208.1	..	3.4	2.5	5.7	6.7	8.0
Corée	1 157.1	1 241.8	1 438.1	2 000.3	..	494.7	512.5	551.0	645.9	575.6
Lettonie	-	-	-	-	..	0.5	1.8	0.8	2.7	2.5
Lituanie	2.5	3.0	3.5	3.6	..	4.0	3.9	4.3	6.9	7.7
Luxembourg	1 390.3	1 273.7	1 366.1	1 689.7	..	3 230.3	1 048.8	1 230.6	1 124.6	1 164.3
Mexique	173.8	148.6	162.8	202.1	..	42.2	234.5	136.7	164.2	153.5
Pays-Bas	2 274.0	2 299.1	2 285.3	2 709.7	..	1 183.0	3.7	-167.0	364.9	2 020.5
Nouvelle-Zélande	57.6	51.4	36.7	41.6	..	-	-	-	-	-
Norvège	845.5	548.4	514.4	586.3	..	-	.. c	.. c	.. c	.. c
Pologne	184.0	263.5	237.9	434.6	..	381.0	376.5	429.4	1 409.2	1 394.9
Portugal	175.5	88.1	76.2	99.1	..	41.1	0.7	-3.8	-4.1	-3.9
République slovaquie	67.0	53.8	81.2	100.3	..	1 717.9	2 142.7	2 445.7	2 779.1	2 612.3
Slovénie	-5.4	-1.2	4.9	9.0	..	55.0	15.5	16.5	24.4	53.9
Espagne	686.9	706.2	701.9	700.8	..	862.5	882.3	994.6	1 337.2	1 401.5
Suède	344.9	368.6	463.3	579.4	..	1.3	0.1	0.2	.. c	0.2
Suisse	1 624.9	1 798.1	1 855.0	2 095.1	..	496.9	509.0	285.9	593.2	387.5
Turquie	63.7	53.5	53.5	63.1	..	73.2	58.3	27.1	23.2	12.7
Royaume-Uni	4 087.1	3 617.1	3 046.9	3 790.3	..	47.8	65.8	70.2	97.8	143.3
Etats-Unis	18 763.2	8 812.6	12 790.4	13 574.6	..	1 227.8	935.6	796.8	628.4	1 664.6
EUROPE	**59 066.9**	**54 680.3**	**56 534.3**	**63 044.8**	..	**23 376.3**	**18 430.5**	**19 513.7**	**23 981.4**	**24 907.7**
Bulgarie	-0.2	-0.8	9.8	16.5	..	1 069.2	974.3	897.9	1 031.8	1 671.0
Croatie	6.3	11.8	12.6	25.4	..	3 734.6	2 939.6	2 952.7	4 284.9	4 269.9
Chypre[3, 4]	921.1	816.2	973.0	1 064.3	..	3 147.8	2 665.2	3 008.0	3 060.5	3 167.5
Malte	163.9	258.1	402.9	222.3	..	127.5	138.0	128.5	199.6	273.4
Roumanie	162.1	131.8	146.0	259.4	..	1 159.6	1 226.4	1 181.9	1 555.6	1 447.8
Russie	551.3	465.3	640.6	817.9	..	467.2	330.3	463.8	783.0	623.3
Ukraine	593.1	491.8	456.3	554.6	..	4.2	-52.8	116.2	157.3	220.7
AFRIQUE	**256.7**	**239.7**	**274.7**	**278.4**	..	**6.3**	**56.6**	**6.0**	**6.3**	**1.0**
Afrique septentrionale	0.5	0.5	0.1	0.1	..	.. c	4.6	2.7	2.6	-0.7
Algérie	-	-	-	-	..	-	-	-	-	-
Egypte	0.5	0.5	0.1	0.1	..	.. c	.. c	.. c	2.2	.. c
Libye	-	-	-	-	..	.. c	.. c	.. c	.. c	-
Maroc	-	-	-	-	..	-	-	-	.. c	.. c
Tunisie	-	-	-	-	..	-	-	-	-	-
Autres pays africains	256.2	239.2	274.6	278.3	..	.. c	52.0	.. c	.. c	.. c
Nigéria	-	-	-	-	..	-	-	-	-	-
Afrique du Sud	17.3	24.9	48.6	60.6	..	-	.. c	.. c	.. c	.. c
AMÉRIQUE	**19 448.5**	**9 374.8**	**13 345.5**	**14 442.3**	..	**12 095.4**	**11 365.1**	**1 100.9**	**1 524.2**	**2 058.5**
Amérique du Nord	19 158.6	9 193.9	13 142.7	13 995.9	..	1 254.2	988.7	815.4	635.4	1 656.7
Amérique du Nord	281.0	172.8	193.1	435.8	..	10 669.0	10 301.1	144.1	684.1	175.9
Bahamas	2.4	2.0	1.9	6.8	..	-	-	-	-	-
Bermudes	-4.4	-0.1	2.6	0.6	..	-	-	-	-	-
Îles Cayman	64.9	43.4	39.3	34.5	..	-	-	-	.. c	.. c
Costa Rica	-	-	-	-	..	-	-	-	-	-
El Salvador	-	-	-	-	..	-	-	-	-	-
Guatemala	-	-	-	-	..	-	-	-	-	-
Honduras	-	-	-	-	..	-	-	-	-	-
Nicaragua	-	-	-	-	..	-	-	-	-	-
Panama	8.2	-21.1	13.6	13.2	..	.. c	.. c	.. c	.. c	.. c
Îles Vierges, US	-	-	-	-	..	-	-	-	-	-
Amérique du Sud	8.9	8.1	9.7	10.6	..	172.2	75.4	141.4	204.7	225.9
Argentine	6.4	5.8	5.6	6.3	..	.. c	.. c	.. c	.. c	.. c
Bolivie	-	-	-	-	..	-	-	-	-	-
Brésil	-	-	1.8	1.5	..	152.5	44.0	109.6	194.1	220.7
Colombie	-	-	-	-	..	.. c	.. c	.. c	.. c	.. c
Equateur	-	-	-	-	..	-	-	.. c	-	-
Paraguay	-	-	-	-	..	-	-	-	-	-
Pérou	-	-	-	-	..	.. c	.. c	.. c	-	-
Uruguay	2.5	2.4	2.3	2.8	..	.. c	.. c	.. c	.. c	.. c
Venezuela	-	-	-	-	..	-	-	-	-	-
ASIE	**18 833.4**	**19 276.5**	**10 009.1**	**12 716.7**	..	**5 016.6**	**5 668.4**	**4 351.1**	**4 501.0**	**3 710.4**

Tableau 2. Encours des investissements directs étrangers par pays *(suite)*

En fin d'année

Millions de dollars des ÉU

	Entrant					Sortant				
	2014	2015	2016	2017	2018	2014	2015	2016	2017	2018
Proche et Moyen Orient	11 851.5	11 415.6	1 345.0	1 655.7	..	4 167.9	4 833.2	3 481.0	3 511.3	2 733.8
Pays du Golfe	178.8	208.1	411.6	386.4	..	55.0	275.3	294.5	322.6	302.2
Koweït	-	-	-	-	..	-	-	-	-	-
Qatar	-10.8	-7.0	-8.0	-9.5	..	-	-	-	-	-
Arabie saoudite	10.1	10.2	6.3	7.0	..	-	-	-	-	-
Emirats Arabes Unis	179.5	204.9	413.3	388.8	..	4.1	4.4	.. c	90.0	82.7
Autres pays du Proche et Moyen Orient	11 672.7	11 207.5	933.4	1 269.3	..	4 112.9	4 558.0	3 186.5	3 188.8	2 431.6
Jordanie	-	-	-	-	..	-	-	-	-	-
Autres pays asiatiques	6 981.9	7 860.9	8 664.1	11 061.0	..	848.7	835.2	870.0	989.7	976.7
Chine	1 268.3	1 951.7	1 933.8	1 987.2	..	36.0	30.4	35.8	40.8	37.9
Hong Kong, Chine	170.9	144.3	177.6	209.0	..	-28.9	-35.2	-19.9	-2.0	-22.6
Inde	1 637.5	1 798.0	2 200.4	2 676.1	..	25.6	24.3	23.1	25.4	23.7
Indonesie	-	-	-	-	..	-	-	-	-	-
République islamique d'Iran	-	-	-	-	..	-	-	-	-	-
Malaisie	31.6	25.0	26.0	30.7	..	.. c	.. c	.. c	.. c	.. c
Philippines	-	-	-	-	..	-	-	.. c	-	-
Singapour	93.4	158.7	22.9	-56.1	..	286.8	290.2	254.8	245.9	327.3
Taipei Chinois	294.7	207.9	299.7	978.7	..	.. c	.. c	.. c	.. c	.. c
Thaïlande	8.3	53.3	5.1	9.1	..	.. c	-	-	-	-
Viet Nam	-	-	-	-	..	.. c	.. c	.. c	.. c	.. c
AUSTRALIE, OCÉANIE ET RÉGIONS POLAIRES	**82.6**	**78.5**	**65.7**	**48.2**	..	**.. c**	**1.6**	**33.6**	**31.9**	**8.1**
TOTAL MONDE non alloué et confidentiel	**2 722.7**	**2 603.8**	**2 471.8**	**2 967.0**	..	**.. d**	**14.7**	**13.6**	**13.3**	**11.0**
Union européenne (UE28)	**54 727.1**	**50 562.2**	**51 701.8**	**56 868.3**	..	**21 464.4**	**16 802.7**	**17 862.4**	**21 511.2**	**22 675.4**
Pays du G20 hors Union Européenne	**65 279.2**	**52 457.5**	**57 213.3**	**61 535.2**	..	**2 825.5**	**2 570.0**	**2 943.6**	**3 385.4**	**4 510.4**
Pays OCDE du G20	**61 788.3**	**48 201.5**	**52 376.2**	**55 978.7**	..	**2 126.3**	**2 064.5**	**2 278.5**	**2 329.9**	**3 600.0**
Pays non-OCDE du G20	**3 490.9**	**4 255.9**	**4 837.1**	**5 556.5**	..	**699.2**	**505.5**	**665.1**	**1 055.5**	**910.3**
Pays MENA	**188.9**	**211.1**	**414.0**	**389.1**	..	**55.5**	**279.9**	**297.2**	**325.2**	**301.5**
Pays ANASE	**133.2**	**237.1**	**54.1**	**-16.4**	..	**278.3**	**282.8**	**247.7**	**237.3**	**319.2**

- Néant ; .. Non disponible ; c Donnée confidentielle ; d Confidentialité Secondaire

Note : Les données excluent les entités à vocation spéciales. Voir les métadonnées détaillées sur : *http://stats.oecd.org/OECDStat_Metadata/ShowMetadata.ashx?Dataset=FDI_CTRY_IND_SUMM&lang=fr*.

1. Les données excluent les entités à vocation spéciales. Les positions d'IDE entrants sont allouées selon le pays investisseur ultime. Les positions d'IDE entrants par la contrepartie immédiate pour 2013 et l'année la plus récente sont disponibles dans *la base de données Statistisques d'IDE selon BMD4*. Voir les métadonnées détaillées sur : *http://stats.oecd.org/OECDStat_Metadata/ShowMetadata.ashx?Dataset=FDI_CTRY_IND_SUMM&lang=fr*.
2. Informations sur les données concernant Israël : *http://oe.cd/israel-disclaimer*.
3. Note de la Turquie : Les informations figurant dans ce document et faisant référence à « Chypre » concernent la partie méridionale de l'île. Il n'y a pas d'autorité unique représentant à la fois les Chypriotes turcs et grecs sur l'île. La Turquie reconnaît la République Turque de Chypre Nord (RTCN). Jusqu'à ce qu'une solution durable et équitable soit trouvée dans le cadre des Nations Unies, la Turquie maintiendra sa position sur la « question chypriote ».
4. Note de tous les États de l'Union européenne membres de l'OCDE et del'Union européenne : La République de Chypre est reconnue par tous les membres des Nations Unies sauf la Turquie. Les informations figurant dans ce document concernent la zone sous le contrôle effectif du gouvernement de la République de Chypre.

Source : Statistiques de l'OCDE sur l'investissement direct international (base de données) : https://doi.org/10.1787/idi-data-fr

Tableau 3. Revenus des investissements directs étrangers par pays

Millions de dollars des ÉU

	Entrant					Sortant				
	2014	2015	2016	2017	2018	2014	2015	2016	2017	2018
TOTAL MONDE	**9 484.3**	**8 855.2**	**7 682.1**	**10 580.6**	**10 917.0**	**1 687.4**	**988.0**	**1 822.6**	**2 175.2**	**1 887.3**
Pays membres de l'OCDE	**8 563.2**	**7 742.7**	**6 183.6**	**8 984.7**	**9 075.3**	**771.3**	**653.7**	**1 019.5**	**1 169.1**	**868.6**
Australie	10.5	-1.1	21.3	1.1	-0.2	.. c	.. c	.. c	0.8	9.2
Autriche	1 549.0	1 667.6	855.8	981.8	1 220.4	7.4	22.9	-0.5	9.8	17.3
Belgique	61.8	18.2	17.0	137.4	191.4	66.6	59.7	52.3	1.4	1.5
Canada	10.6	32.7	29.9	38.6	8.1	.. c	.. c	.. c	4.4	4.7
Chili	.. c	.. c	.. c	.. c	.. c	-	-	-	.. c	.. c
République Tchèque	16.1	-13.3	45.6	42.8	48.4	68.1	66.1	24.2	23.9	-11.6
Danemark	67.0	66.6	118.2	155.7	200.6	-	.. c	.. c	.. c	.. c
Estonie	-	-	-	-	-	-0.5	-0.2	-0.3	0.0	-0.1
Finlande	4.8	5.3	7.7	9.7	19.6	0.1	0.1	0.0	0.1	-0.1
France	574.6	386.5	535.1	598.3	514.1	16.5	5.4	5.6	12.4	12.4
Allemagne	1 491.9	1 294.8	1 229.8	1 985.8	2 117.6	2.7	17.2	9.7	23.2	12.9
Grèce	-1.7	-1.0	-0.9	-	0.0	-	-	0.0	0.0	-0.4
Hongrie	-	-	-	-	-	-	-	-	-	-
Islande	.. c	.. c	-	-	-	-	-	-	.. c	.. c
Irlande	114.8	100.7	188.6	158.5	314.5	16.5	14.8	1.4	-1.7	140.9
Israël[1]	-8.6	-15.2	8.3	7.1	-70.8	.. c	287.0	320.6	297.5	132.0
Italie	92.4	93.2	287.7	221.9	149.0	-99.7	-67.3	-7.6	-6.9	23.9
Japon	85.9	82.3	98.5	122.0	124.0	0.3	0.9	3.0	1.5	1.8
Corée	178.4	173.0	158.3	178.9	155.0	105.8	107.7	108.2	102.1	70.9
Lettonie	-	-	-	-	-	1.3	0.2	-1.1	-1.5	-2.3
Lituanie	3.0	3.8	5.0	3.2	6.6	-1.3	-1.8	-3.1	-4.1	-5.3
Luxembourg	648.5	507.5	348.1	857.2	886.6	113.7	89.9	79.3	76.6	33.3
Mexique	.. c	-14.0	-24.2	-17.2	-18.6	8.9	15.0	82.6	14.3	13.8
Pays-Bas	2 153.9	2 155.9	1 250.1	1 600.1	1 695.7	19.2	-314.5	-21.0	173.9	96.3
Nouvelle-Zélande	.. c	.. c	.. c	.. c	.. c	-	-	-	-	-
Norvège	86.7	89.8	96.5	117.5	0.7	-	.. c	-	-	-
Pologne	27.9	31.5	45.5	45.4	19.3	40.7	28.4	32.6	76.5	47.0
Portugal	91.9	60.2	58.4	62.8	62.0	0.0	2.3	3.0	0.1	0.1
République slovaquie	4.5	13.1	29.2	19.2	28.8	77.6	324.3	275.8	212.1	198.8
Slovénie	3.0	3.3	5.3	6.3	6.3	17.6	11.6	7.4	11.4	9.7
Espagne	146.2	127.7	165.4	230.7	173.0	-0.1	0.3	-0.4	19.5	4.6
Suède	69.5	65.0	68.9	72.9	94.5	-0.3	-0.3	.. c	.. c	.. c
Suisse	235.3	270.9	164.5	834.5	587.8	21.7	-62.0	58.4	135.8	92.3
Turquie	8.8	5.0	7.1	5.0	8.5	.. c	.. c	-7.2	-2.8	-3.1
Royaume-Uni	415.9	364.3	410.7	516.8	464.3	22.3	15.4	14.3	17.9	31.7
Etats-Unis	420.1	173.2	-31.9	-6.3	68.2	33.0	26.4	-26.7	-34.0	-64.5
EUROPE	**8 172.1**	**7 661.0**	**6 518.4**	**9 322.0**	**9 535.7**	**977.2**	**580.8**	**1 189.7**	**1 697.9**	**1 667.1**
Bulgarie	-0.7	-1.0	-1.2	-0.7	0.0	148.8	183.7	154.7	136.8	169.3
Croatie	16.1	5.8	-3.2	3.6	12.2	95.0	-31.1	84.9	171.6	152.5
Chypre[2, 3]	118.1	75.3	112.5	329.2	271.5	268.1	154.6	277.0	266.8	401.9
Malte	29.8	41.1	132.2	38.6	41.5	0.0	23.1	23.8	120.1	64.9
Roumanie	18.7	15.0	15.0	5.4	-10.3	28.0	25.5	47.4	68.8	38.7
Russie	-2.6	-2.0	8.8	14.2	-17.4	-13.6	-37.6	39.7	48.3	56.0
Ukraine	.. c	1.5	-0.5	0.1	0.3	146.2	-30.0	5.4	61.3	54.0
AFRIQUE	**137.9**	**275.2**	**319.4**	**281.3**	**157.9**	**-**	**.. c**	**13.4**	**3.7**	**-7.0**
Afrique septentrionale	.. c	.. c	0.0	0.0	-	-	.. c	-0.5	-0.6	-2.8
Algérie	-	-	-	-	-	-	-	-	-	-
Egypte	-	-	-	-	-	-	.. c	.. c	.. c	.. c
Libye	-	-	-	-	-	-	-	-	-	-
Maroc	-	-	-	-	-	-	-	-	.. c	.. c
Tunisie	.. c	.. c	.. c	.. c	-	-	-	-	-	-
Autres pays africains	137.9	275.7	319.4	281.4	157.9	-	.. c	.. c	.. c	.. c
Nigéria	-	-	-	-	-	-	-	-	-	-
Afrique du Sud	.. c	.. c	.. c	.. c	.. c	-	-	.. c	.. c	.. c
AMÉRIQUE	**736.2**	**305.0**	**207.5**	**189.1**	**163.1**	**351.7**	**-21.2**	**138.0**	**42.0**	**-1.7**
Amérique du Nord	430.7	205.8	-2.0	32.4	76.3	33.0	26.5	-21.2	-29.6	-59.8
Amérique du Nord	305.4	99.1	209.6	156.6	87.1	301.5	-86.7	83.0	18.4	15.3
Bahamas	0.7	.. c	.. c	1.4	1.5	-	-	-	-	-
Bermudes	-0.1	-0.1	.. c	.. c	.. c	-	-	-	-	-
Îles Cayman	62.6	113.5	206.9	96.3	62.4	-	-	-	-	-
Costa Rica	-	-	-	-	-	-	-	-	-	-
El Salvador	-	-	-	-	-	-	-	-	-	-
Guatemala	-	-	-	-	-	-	-	-	-	-
Honduras	-	-	-	-	-	-	-	-	-	-
Nicaragua	-	-	-	-	-	-	-	-	-	-
Panama	-2.3	-5.2	4.2	10.3	3.8	.. c	.. c	.. c	.. c	.. c
Îles Vierges, US	-	-	-	-	-	-	-	-	-	-
Amérique du Sud	0.1	0.1	-0.1	0.2	-0.3	17.2	39.1	76.2	53.3	42.8
Argentine	-	-	-	-	-	.. c	.. c	.. c	.. c	.. c
Bolivie	-	-	-	-	-	-	-	-	-	-
Brésil	.. c	.. c	.. c	.. c	.. c	15.4	32.7	73.2	50.6	45.6
Colombie	-	-	-	-	.. c	.. c	.. c	.. c	.. c	.. c
Equateur	-	-	-	-	-	-	-	-	-	-
Paraguay	-	-	-	-	-	-	-	-	-	-
Pérou	-	-	-	-	-	-	-	-	-	-
Uruguay	.. c	.. c	.. c	.. c	-	.. c	.. c	-	-	-
Venezuela	-	-	-	-	-	-	-	-	-	-
ASIE	**357.5**	**274.2**	**344.5**	**414.0**	**429.1**	**341.8**	**425.6**	**481.1**	**430.5**	**218.8**

Tableau 3. Revenus des investissements directs étrangers par pays *(suite)*

Millions de dollars des ÉU

	Entrant					Sortant				
	2014	2015	2016	2017	2018	2014	2015	2016	2017	2018
Proche et Moyen Orient	58.7	-16.0	10.3	-15.9	-53.3	227.9	299.2	360.0	321.9	159.8
Pays du Golfe	64.4	-0.8	2.1	-22.9	17.6	6.4	12.0	39.2	24.8	28.6
Koweït	-	-	-	-	-	-	-	.. c	-	-
Qatar	.. c	.. c	.. c	.. c	.. c	-	-	-	-	-
Arabie saoudite	-	-	-	.. c	-	-	-	-	-	-
Emirats Arabes Unis	70.2	3.8	5.3	-18.6	25.1	.. c	.. c	.. c	.. c	.. c
Autres pays du Proche et Moyen Orient	-5.8	-15.2	8.2	7.0	-70.9	221.4	287.2	320.8	297.1	131.2
Jordanie	-	-	-	-	-	-	-	-	-	-
Autres pays asiatiques	298.9	290.2	334.2	429.9	482.4	114.0	126.4	121.1	108.6	59.0
Chine	0.7	10.9	46.4	55.3	72.0	1.9	2.4	3.3	-2.5	0.7
Hong Kong, Chine	3.5	-5.2	6.9	23.1	90.1	-0.8	.. c	.. c	-2.5	-46.9
Inde	.. c	1.2	1.9	5.6	4.0	2.0	1.0	0.6	1.3	1.7
Indonesie	-	-	-	-	-	-	-	-	-	-
République islamique d'Iran	-	-	-	-	-	-	-	-	-	-
Malaisie	4.1	1.7	1.8	0.8	.. c	.. c	.. c	.. c	-	-
Philippines	.. c	.. c	.. c	.. c	.. c	-	-	-	-	-
Singapour	20.8	24.7	19.7	26.2	27.2	5.0	3.6	3.7	7.0	30.5
Taipei Chinois	-	-	-	.. c	.. c	.. c	.. c	.. c	.. c	.. c
Thaïlande	.. c	.. c	.. c	.. c	.. c	-	-	-	-	-
Viet Nam	-	-	-	-	-	.. c	.. c	-	-	-
AUSTRALIE, OCÉANIE ET RÉGIONS POLAIRES	**12.6**	**-2.5**	**10.7**	**1.8**	**0.2**	**.. c**	**.. c**	**.. c**	**0.8**	**9.2**
TOTAL MONDE non alloué et confidentiel	**68.1**	**342.2**	**281.7**	**372.4**	**631.1**	**.. d**	**.. d**	**.. d**	**0.3**	**0.9**
Union européenne (UE28)	**7 717.1**	**7 087.4**	**5 926.4**	**8 082.2**	**8 527.4**	**908.3**	**630.1**	**1 059.6**	**1 409.2**	**1 438.6**
Pays du G20 hors Union Européenne	**3 288.5**	**2 599.3**	**2 779.1**	**3 719.8**	**3 648.4**	**108.5**	**127.9**	**320.9**	**237.8**	**212.8**
Pays OCDE du G20	**3 291.4**	**2 589.8**	**2 722.2**	**3 644.8**	**3 590.0**	**100.9**	**123.0**	**187.4**	**132.9**	**113.7**
Pays non-OCDE du G20	**-2.9**	**9.4**	**56.9**	**75.0**	**58.5**	**7.6**	**4.9**	**133.5**	**104.9**	**99.1**
Pays MENA	**67.3**	**-1.3**	**2.0**	**-22.9**	**17.7**	**6.5**	**11.5**	**38.8**	**24.2**	**25.8**
Pays ANASE	**30.4**	**27.9**	**23.7**	**50.9**	**43.7**	**4.6**	**3.4**	**3.6**	**7.0**	**30.5**

- Néant ; .. Non disponible ; c Donnée confidentielle ; d Confidentialité Secondaire

Note : Les données excluent les entités à vocation spéciales. Voir les métadonnées détaillées sur : *http://stats.oecd.org/OECDStat_Metadata/ShowMetadata.ashx?Dataset=FDI_CTRY_IND_SUMM&lang=fr.*

1. Informations sur les données concernant Israël : *http://oe.cd/israel-disclaimer.*
2. Note de la Turquie : Les informations figurant dans ce document et faisant référence à « Chypre » concernent la partie méridionale de l'île. Il n'y a pas d'autorité unique représentant à la fois les Chypriotes turcs et grecs sur l'île. La Turquie reconnaît la République Turque de Chypre Nord (RTCN). Jusqu'à ce qu'une solution durable et équitable soit trouvée dans le cadre des Nations Unies, la Turquie maintiendra sa position sur la « question chypriote ».
3. Note de tous les États de l'Union européenne membres de l'OCDE et del'Union européenne : La République de Chypre est reconnue par tous les membres des Nations Unies sauf la Turquie. Les informations figurant dans ce document concernent la zone sous le contrôle effectif du gouvernement de la République de Chypre.

Source : Statistiques de l'OCDE sur l'investissement direct international (base de données) : https://doi.org/10.1787/idi-data-fr

Tableau 4. Investissement direct étranger : flux par secteur industriel

Millions de dollars des ÉU

	Entrant					Sortant				
	2014	2015	2016	2017	2018	2014	2015	2016	2017	2018
All FDI activities	**7 967.0**	**-14 544.6**	**-5 438.6**	**3 666.9**	**8 386.8**	**3 854.1**	**-16 117.7**	**-8 272.2**	**1 228.0**	**5 058.6**
Agriculture, sylviculture et pêche	**68.6**	**45.3**	**10.5**	**42.8**	**-40.0**	**-15.4**	**0.1**	**-0.1**	**-0.7**	**-0.3**
Industries extractives	**14.6**	**-9.6**	**-19.0**	**0.7**	**86.4**	**328.4**	**-192.6**	**22.6**	**143.4**	**-185.2**
Activités d'extraction	..	..	..	..	..	..	..	..	..	..
Activités de fabrication	**2 758.2**	**-13 886.7**	**16 552.9**	**1 350.5**	**3 259.0**	**529.9**	**1 323.9**	**1 478.4**	**1 203.7**	**-2.0**
dont :										
Produits alimentaires, boissons et tabac	-37.3	109.0	151.4	50.9	-477.8	7.6	13.7	5.6	7.7	-0.4
Textiles, bois, papier, imprimerie	161.3	198.9	524.3	91.6	25.5	8.4	-17.8	5.1	5.2	76.2
Produits pétroliers, chimiques, pharmaceutiques, caoutchouc, plastique, minéraux	669.5	-324.5	964.6	1 313.4	1 382.6	364.3	544.7	825.6	168.3	160.4
Ouvrages en métaux et machines, sauf matériels électriques	781.7	-14 774.4	14 054.3	2 634.9	1 333.6	125.3	212.8	501.1	849.7	-91.3
Automobiles, remorques, semi-remorques, autres matériels de transport	494.4	577.4	548.2	-2 698.9	438.2	2.6	555.3	87.0	117.1	-161.9
Autres activités de fabrication	688.7	326.8	310.1	-41.3	556.9	21.7	15.1	54.0	55.8	15.0
Production et distribution d'électricité, de gaz, de vapeur et de climatisation	**-657.4**	**97.2**	**-243.1**	**-454.5**	**-515.3**	**3.2**	**12.1**	**-18.0**	**23.9**	**-30.3**
Distribution de l'eau ; assainissement, traitement des déchets et dépollution	**-38.2**	**-13.8**	**2.3**	**9.0**	**-1.9**	**-0.6**	**0.8**	**0.6**	**1.6**	**-0.3**
Construction	**-78.1**	**6.7**	**121.7**	**-27.6**	**101.0**	**-15.3**	**-39.1**	**24.7**	**-4.4**	**2.1**
Services	**5 675.3**	**-1 037.7**	**-22 150.2**	**2 404.9**	**5 173.5**	**2 829.9**	**-17 461.6**	**-10 141.4**	**-576.1**	**4 802.6**
Commerce de gros et de détail ; réparations automobiles et motocycles	465.4	441.9	-166.6	663.5	1 479.0	303.5	-15 813.4	-153.8	214.4	173.9
Transport et entreposage	62.1	246.8	630.9	327.6	-120.6	-4.6	16.6	30.9	13.4	80.2
Activités d'hébergement et de restauration	-33.7	49.0	60.5	64.4	-9.5	4.7	-0.5	-17.5	-71.1	-0.7
Information et communication	240.2	698.5	-340.0	-395.1	13.4	346.7	227.0	53.4	-19.8	-25.0
Activités financières et d'assurances	2 984.5	473.8	-9 860.4	23.8	3 220.3	1 574.6	864.9	596.2	-827.5	2 091.0
Activités des sociétés holding	535.3	618.0	-10 430.7	-63.0	3 037.9	1 154.5	226.4	155.0	394.5	1 412.0
Activités immobilières	99.7	0.0	-97.5	122.9	342.9	23.0	39.8	6.8	-6.0	31.0
Activités professionnelles, scientifiques et techniques	1 309.1	-2 557.4	-3 715.1	90.3	921.7	-106.0	-2 616.9	221.6	57.1	-78.1
Activités de services administratifs et d'appui	537.1	-371.9	-8 754.4	1 429.4	-702.6	652.8	-186.5	-10 887.7	58.8	2 532.5
Administration publique; activités des ménages et des organismes extra-territoriaux	-	-	-	-	-	-	-	-	-	-
Éducation	-0.9	-0.8	-0.4	3.3	12.8	-	-	1.2	0.1	0.8
Santé humaine et action sociale	13.8	8.1	9.8	9.1	3.6	0.8	-0.2	2.0	1.0	0.7
Arts, spectacles et loisirs	-1.9	-9.3	5.3	54.3	11.4	14.2	4.6	2.8	2.6	-0.2
Autres services	-0.2	-16.4	77.8	11.5	1.1	20.2	3.1	2.7	1.0	-3.5
Not allocated and confidential	**0.0**	**0.0**	**0.0**	**0.0**	**0.0**	**4.6**	**4.5**	**0.0**	**0.0**	**0.3**
Activités immobilières privées	**224.0**	**254.0**	**286.2**	**341.1**	**324.1**	**189.5**	**234.2**	**361.1**	**436.5**	**471.7**

\- Néant ; .. Non disponible

Note : Les données excluent les entités à vocation spéciales. Voir les métadonnées détaillées sur : *http://stats.oecd.org/OECDStat_Metadata/ShowMetadata.ashx?Dataset=FDI_CTRY_IND_SUMM&lang=fr.*

Source : Statistiques de l'OCDE sur l'investissement direct international (base de données) : https://doi.org/10.1787/idi-data-fr

HONGRIE

Tableau 5. Encours des investissement directs étrangers par secteur industriel

En fin d'année

Millions de dollars des ÉU

	Entrant					Sortant				
	2014	2015	2016	2017	2018	2014	2015	2016	2017	2018
All FDI activities	**100 410.8**	**86 253.7**	**82 701.0**	**93 497.3**	**95 172.7**	**40 533.1**	**35 536.9**	**25 018.8**	**30 058.2**	**30 696.7**
Agriculture, sylviculture et pêche	**573.1**	**554.5**	**547.3**	**672.5**	**588.1**	**3.9**	**3.5**	**3.3**	**3.1**	**2.7**
Industries extractives	**244.1**	**203.3**	**229.0**	**377.9**	**418.4**	**3 986.3**	**3 037.0**	**2 887.1**	**3 273.1**	**2 896.5**
Activités d'extraction	..	..	..	..	..	..	..	..	..	..
Activités de fabrication	**24 932.2**	**9 329.4**	**24 494.8**	**39 255.5**	**37 470.6**	**7 188.9**	**8 269.3**	**7 846.0**	**9 927.8**	**9 355.7**
dont :										
Produits alimentaires, boissons et tabac	2 058.6	2 185.6	2 301.3	2 718.4	2 194.3	26.4	40.2	42.2	67.8	47.6
Textiles, bois, papier, imprimerie	1 242.9	1 342.5	1 805.7	2 198.9	1 964.1	86.7	72.4	70.0	83.2	150.9
Produits pétroliers, chimiques, pharmaceutiques, caoutchouc, plastique, minéraux	6 880.1	5 958.4	6 561.9	8 736.4	9 552.7	5 694.1	6 236.1	5 631.0	5 699.8	5 296.1
Ouvrages en métaux et machines, sauf matériels électriques	6 063.8	-8 926.8	4 686.8	7 686.4	8 360.6	944.5	940.0	1 391.7	2 588.6	2 620.8
Automobiles, remorques, semi-remorques, autres matériels de transport	4 657.3	4 794.9	5 089.6	13 424.1	11 011.6	52.3	594.7	295.3	992.7	768.1
Autres activités de fabrication	4 029.5	3 974.8	4 049.6	4 491.4	4 387.3	384.9	386.0	415.8	495.7	472.1
Production et distribution d'électricité, de gaz, de vapeur et de climatisation	**2 472.8**	**2 707.7**	**2 392.4**	**2 276.4**	**1 475.0**	**91.8**	**58.7**	**23.5**	**41.6**	**10.4**
Distribution de l'eau ; assainissement, traitement des déchets et dépollution	**93.2**	**54.1**	**62.7**	**88.1**	**79.8**	**36.7**	**17.5**	**16.6**	**17.9**	**10.7**
Construction	**769.2**	**766.5**	**931.3**	**1 115.6**	**1 137.2**	**27.1**	**2.5**	**15.2**	**25.6**	**23.1**
Services	**68 860.3**	**69 822.3**	**50 688.9**	**45 290.2**	**49 248.0**	**25 327.0**	**20 169.3**	**9 904.0**	**11 673.7**	**12 995.2**
Commerce de gros et de détail ; réparations automobiles et motocycles	9 380.6	8 685.1	8 074.2	9 793.1	10 401.9	2 020.6	1 709.9	1 544.0	1 921.9	1 985.1
Transport et entreposage	1 432.7	1 482.3	1 925.3	2 597.1	2 498.5	59.5	60.3	64.1	85.6	95.9
Activités d'hébergement et de restauration	544.8	574.5	695.1	902.6	921.4	183.5	163.4	137.6	77.3	68.3
Information et communication	5 513.4	5 543.6	5 117.6	4 963.6	4 621.7	624.3	447.7	470.9	453.1	236.8
Activités financières et d'assurances	15 792.8	15 326.4	6 459.3	7 896.7	10 487.6	8 062.8	6 666.8	7 065.1	8 291.2	7 544.7
Activités des sociétés holding	9 909.1	10 041.2	118.4	4.3	2 793.7	2 446.8	1 231.0	1 397.4	2 179.6	3 498.2
Activités immobilières	6 233.9	5 673.7	5 743.4	6 947.7	8 243.7	95.0	103.7	98.4	136.9	157.4
Activités professionnelles, scientifiques et techniques	25 097.3	19 739.4	15 887.2	6 275.6	6 530.1	2 907.5	324.7	401.6	538.5	482.7
Activités de services administratifs et d'appui	4 667.8	12 602.0	6 631.1	5 657.1	5 294.1	11 341.0	10 655.3	78.9	114.8	2 375.3
Administration publique; activités des ménages et des organismes extra-territoriaux	-	-	-	-	-	-	-	-	-	-
Éducation	26.5	23.2	23.5	31.4	46.9	-	-	1.2	1.5	2.3
Santé humaine et action sociale	50.0	54.6	61.2	81.0	71.1	3.9	3.4	4.4	7.1	7.4
Arts, spectacles et loisirs	81.5	73.2	28.1	88.3	76.3	13.0	17.0	19.9	23.8	22.4
Autres services	38.8	44.2	42.7	55.7	54.9	15.8	17.3	17.8	22.0	17.0
Not allocated and confidential	**-**	**-**	**0.0**	**-**	**0.0**	**0.4**	**0.3**	**0.3**	**0.4**	**0.3**
Activités immobilières privées	**2 465.8**	**2 815.9**	**3 354.5**	**4 421.1**	**4 755.6**	**3 870.9**	**3 978.7**	**4 322.7**	**5 095.0**	**5 402.0**

- Néant ; .. Non disponible

Note : Les données excluent les entités à vocation spéciales. Voir les métadonnées détaillées sur : *http://stats.oecd.org/OECDStat_Metadata/ShowMetadata.ashx?Dataset=FDI_CTRY_IND_SUMM&lang=fr.*

Source : Statistiques de l'OCDE sur l'investissement direct international (base de données) : https://doi.org/10.1787/idi-data-fr

Tableau 6. Revenus des investissements directs étrangers par secteur industriel

Millions de dollars des ÉU

	Entrant					Sortant				
	2014	2015	2016	2017	2018	2014	2015	2016	2017	2018
All FDI activities	**9 484.3**	**8 855.2**	**7 682.1**	**10 580.6**	**10 917.0**	**1 687.4**	**988.0**	**1 822.6**	**2 175.2**	**1 887.3**
Agriculture, sylviculture et pêche	**59.5**	**35.0**	**38.9**	**55.9**	**55.4**	**0.1**	**0.0**	**0.0**	**0.0**	**0.0**
Industries extractives	**23.7**	**7.0**	**4.6**	**30.3**	**52.0**	**98.2**	**-182.5**	**33.3**	**229.2**	**140.4**
Activités d'extraction	..	..	..	..	..	..	..	..	..	..
Activités de fabrication	**3 850.0**	**3 515.0**	**3 784.6**	**5 093.7**	**4 963.5**	**392.5**	**764.7**	**868.9**	**952.6**	**538.4**
dont :										
Produits alimentaires, boissons et tabac	231.1	205.2	336.8	253.5	275.7	3.9	6.6	1.8	15.1	-3.1
Textiles, bois, papier, imprimerie	167.7	134.1	171.8	155.5	233.1	12.9	9.7	10.1	12.2	3.3
Produits pétroliers, chimiques, pharmaceutiques, caoutchouc, plastique, minéraux	1 282.5	1 252.0	1 325.0	2 023.8	1 721.0	203.4	549.1	607.0	584.3	304.0
Ouvrages en métaux et machines, sauf matériels électriques	910.9	791.0	712.9	1 068.0	1 131.7	127.6	158.5	188.0	255.1	245.1
Automobiles, remorques, semi-remorques, autres matériels de transport	737.9	711.0	749.0	1 045.5	972.3	9.3	21.4	27.9	31.2	-42.5
Autres activités de fabrication	520.0	421.8	489.1	547.4	629.6	35.3	19.4	34.1	54.7	31.5
Production et distribution d'électricité, de gaz, de vapeur et de climatisation	**151.8**	**112.1**	**156.7**	**116.1**	**114.4**	**3.3**	**-2.7**	**-16.5**	**-7.1**	**0.4**
Distribution de l'eau ; assainissement, traitement des déchets et dépollution	**8.0**	**3.1**	**7.5**	**11.0**	**9.8**	**1.5**	**1.7**	**2.6**	**3.2**	**-0.2**
Construction	**7.9**	**110.5**	**127.8**	**113.2**	**106.3**	**-10.7**	**-21.9**	**26.8**	**4.5**	**4.3**
Services	**5 383.4**	**5 072.6**	**3 562.0**	**5 160.3**	**5 615.6**	**978.3**	**205.4**	**669.7**	**780.4**	**954.2**
Commerce de gros et de détail ; réparations automobiles et motocycles	762.7	976.1	1 068.2	1 408.4	1 524.0	219.9	222.9	224.9	207.8	247.0
Transport et entreposage	416.2	358.1	496.6	455.4	592.9	-11.3	-4.4	-12.9	-16.9	-17.0
Activités d'hébergement et de restauration	11.5	48.1	58.4	88.8	97.2	5.0	6.7	7.7	4.8	-0.7
Information et communication	750.2	561.1	531.6	513.0	645.7	49.2	45.8	16.7	41.7	21.3
Activités financières et d'assurances	934.0	448.7	560.9	1 072.7	1 168.7	437.4	-15.5	379.9	501.9	598.9
Activités des sociétés holding	271.9	-97.8	6.7	230.8	243.7	100.1	-146.5	112.7	200.9	300.1
Activités immobilières	76.4	120.4	148.7	427.5	357.2	15.7	18.8	1.9	1.6	10.2
Activités professionnelles, scientifiques et techniques	785.7	617.2	285.5	274.5	530.7	-62.7	31.8	6.8	61.7	9.3
Activités de services administratifs et d'appui	1 567.2	1 874.1	369.6	885.9	662.3	294.6	-109.8	38.9	-26.5	86.9
Administration publique; activités des ménages et des organismes extra-territoriaux	-	-	-	-	-	-	-	-	-	-
Éducation	2.6	1.6	1.7	5.0	8.4	-	-	-0.1	0.1	0.8
Santé humaine et action sociale	11.4	11.6	9.3	11.0	8.0	0.9	0.8	0.9	1.0	0.7
Arts, spectacles et loisirs	15.8	19.1	28.8	12.8	16.3	14.2	5.1	2.9	2.6	-0.2
Autres services	49.8	36.6	2.7	5.1	4.2	15.4	3.1	1.9	0.4	-3.0
Not allocated and confidential	**0.0**	**-**	**0.0**	**0.0**	**0.0**	**0.0**	**0.0**	**0.0**	**0.0**	**0.0**
Activités immobilières privées	**-**	**-**	**-**	**-**	**-**	**224.2**	**223.3**	**237.8**	**212.4**	**249.7**

- Néant ; .. Non disponible

Note : Les données excluent les entités à vocation spéciales. Voir les métadonnées détaillées sur : *http://stats.oecd.org/OECDStat_Metadata/ShowMetadata.ashx?Dataset=FDI_CTRY_IND_SUMM&lang=fr.*

Source : Statistiques de l'OCDE sur l'investissement direct international (base de données) : https://doi.org/10.1787/idi-data-fr

ISLANDE

Tableau 1. Flux d'investissement direct étranger par pays

Millions de dollars des ÉU

	Entrant					Sortant				
	2014	2015	2016	2017	2018	2014	2015	2016	2017	2018
TOTAL MONDE	**447.4**	**708.7**	**-427.2**	**-41.4**	**-316.4**	**-257.2**	**-31.3**	**-1 147.3**	**-208.3**	**148.0**
Pays membres de l'OCDE	**352.2**	**597.6**	**-679.8**	**154.3**	**-325.9**	**-231.1**	**-280.9**	**-1 171.4**	**-291.8**	**88.8**
Australie	-27.5	7.7	-5.2	87.2	-0.8	-3.2	274.6	-3.8	-6.6	0.5
Autriche	0.6	7.4	1.8	-4.3	3.0	0.0	-	-	-	-
Belgique	-14.6	-10.6	36.7	-1.4	0.0	0.1	0.2	0.3	0.1	0.0
Canada	103.5	106.3	-134.7	44.9	0.0	0.5	1.2	-44.5	-29.5	0.2
Chili	-	1.5	-	-	-	3.7	2.2	4.6	6.1	5.9
République Tchèque	4.2	-0.6	5.2	-3.9	-3.0	0.0	0.0	0.0	0.0	0.0
Danemark	40.8	10.3	30.7	174.3	55.7	11.7	11.7	5.7	-3.5	1.0
Estonie	-	-	-	-	-	-2.5	2.1	4.9	4.1	3.7
Finlande	3.4	2.5	5.8	21.5	9.1	-2.1	-60.1	-25.3	-2.1	-3.9
France	53.8	8.0	25.7	-75.8	-	0.0	5.0	0.0	-47.9	-6.5
Allemagne	-7.6	71.3	-12.3	27.8	40.3	-16.3	13.1	21.2	8.0	7.7
Grèce	-3.8	1.8	12.8	-12.3	-	-0.1	0.0	0.0	0.0	0.0
Hongrie	2.0	1.7	1.4	-2.5	0.0	-1.3	-0.1	-0.2	-1.9	0.8
Islande	-	-	-	-	-	-	-	-	-	-
Irlande	61.5	32.7	69.1	-135.5	-72.4	0.7	0.5	0.9	0.9	0.2
Israël[1]	-	-	-0.4	-0.3	0.3	-	-	-	-	-
Italie	12.3	9.0	-26.5	-3.9	-7.1	-0.1	0.0	0.0	0.0	0.0
Japon	-	-	-	-	-	3.9	1.9	0.0	-	-
Corée	-	0.3	-	-	244.5	-	-	0.0	0.0	0.0
Lettonie	0.6	1.0	0.9	2.1	2.8	-42.3	-22.7	1.3	15.8	11.0
Lituanie	1.0	1.0	0.7	0.1	-	-4.6	-4.4	0.8	1.0	1.5
Luxembourg	60.5	-478.9	-444.7	-553.2	-293.4	-399.6	-9.5	-3.9	25.3	30.9
Mexique	-1.8	-3.6	-2.8	7.4	-	0.2	0.4	-0.3	0.3	-0.2
Pays-Bas	165.1	515.3	-506.8	-841.9	32.9	109.6	-192.1	20.7	-45.6	-119.6
Nouvelle-Zélande	-	-	-	-	-	0.4	-0.1	0.4	0.3	0.6
Norvège	7.0	36.7	85.5	-14.6	26.6	7.2	-314.5	-41.1	-3.9	-52.6
Pologne	-	-	-	0.2	-0.4	2.2	0.0	0.1	0.3	0.2
Portugal	-	-	-	-	-	0.0	0.0	0.0	-	-
République slovaquie	2.3	-0.2	2.8	-	-	0.5	0.6	0.3	-0.3	-0.6
Slovénie	-	-	-	-	-	-	-	-	-	-
Espagne	5.1	0.9	-1.8	-2.2	-10.6	9.8	27.4	-207.7	-8.6	3.4
Suède	34.0	-1.8	-4.5	-80.3	-35.7	-42.6	-89.1	-132.7	-160.8	-6.7
Suisse	-333.8	5.8	151.9	-1 275.8	-306.7	56.0	-43.6	-6.5	-10.4	179.5
Turquie	3.8	-5.6	9.1	-0.1	0.8	-1.3	-4.2	3.0	0.1	0.2
Royaume-Uni	91.2	255.3	116.6	-144.2	35.5	56.6	94.5	-771.2	-45.7	-32.1
Etats-Unis	90.3	24.2	-96.4	2 941.3	-47.4	-25.4	-2.9	2.3	13.7	63.8
EUROPE	**244.1**	**528.4**	**-211.4**	**-3 138.8**	**-507.3**	**-245.1**	**-310.4**	**-1 095.6**	**-246.4**	**31.1**
Bulgarie	5.2	-0.5	-5.0	-6.6	-1.2	-	-	-	-	-
Croatie	-	-	-0.1	2.6	-1.9	-	-	-	0.1	-
Chypre[2, 3]	-3.1	-0.4	-3.2	-6.5	-6.2	-2.6	274.3	-38.9	11.4	0.2
Malte	55.2	74.0	278.9	-207.5	-0.7	-	-	0.1	-	-
Roumanie	0.1	1.0	-1.1	0.5	-0.8	0.0	0.1	0.0	0.0	-0.1
Russie	0.1	-1.0	0.0	-1.2	19.2	3.2	-2.6	-2.0	-2.5	-0.4
Ukraine	-5.8	0.0	5.7	-	-	-	-	-	-	-
AFRIQUE	**-**	**-**	**0.1**	**1.5**	**-0.3**	**0.2**	**-0.2**	**-0.2**	**0.1**	**0.5**
Afrique septentrionale	-	-	-	-	-	0.0	0.0	-	-	-
Algérie	-	-	-	-	-	-	-	-	-	-
Egypte	-	-	-	-	-	-	-	-	-	-
Libye	-	-	-	-	-	-	-	-	-	-
Maroc	-	-	-	-	-	0.0	0.0	-	-	-
Tunisie	-	-	-	-	-	-	-	-	-	-
Autres pays africains	-	-	0.1	1.5	-0.3	0.2	-0.2	-0.2	0.1	0.5
Nigéria	-	-	-	-	-	-	-	-	-	-
Afrique du Sud	-	-	0.1	0.4	-0.3	0.2	-0.2	-0.2	0.0	0.2
AMÉRIQUE	**187.0**	**132.6**	**-223.1**	**2 998.5**	**-49.7**	**-20.4**	**0.6**	**-68.8**	**-10.4**	**66.8**
Amérique du Nord	193.8	130.5	-231.1	2 986.2	-47.4	-24.8	-1.5	-42.1	-15.8	63.9
Amérique du Nord	2.4	10.5	-2.3	6.5	-2.3	0.3	0.2	-30.9	-0.4	-3.6
Bahamas	-0.1	12.6	-	-	-	-	-	-	-	-
Bermudes	-	0.6	-0.7	1.3	0.4	-	-	0.7	-2.0	0.4
Îles Cayman	4.3	-	-	-2.5	-2.5	0.1	-0.2	-31.2	0.9	-4.0
Costa Rica	-	-	-	-	-	-	-	-	-	-
El Salvador	-	-	-	-	-	-	-	-	-	-
Guatemala	-	-	-	-	-	-	-	-	-	-
Honduras	-	-	-	-	-	-	-	-	-	-
Nicaragua	-	-	-	-	-	-	-	-	-	-
Panama	-	-	-	-	-	-	-	-	-	-
Îles Vierges, US	-	-	-	-	-	-	-	-	-	-
Amérique du Sud	-9.1	-8.4	10.2	5.8	0.0	4.1	1.9	4.3	5.8	6.4
Argentine	-	-	-	-	-	-	-	-	-	-
Bolivie	-	-	-	-	-	-	-	-	-	-
Brésil	-9.1	-9.9	10.2	5.8	0.0	0.1	0.0	-0.2	-0.1	0.6
Colombie	-	-	-	-	-	-	-	-	-	0.0
Equateur	-	-	-	-	-	-	-	-	-	-
Paraguay	-	-	-	-	-	-	-	-	-	-
Pérou	-	-	-	-	-	-	-	-	-	-
Uruguay	-	-	-	-	-	0.3	-0.3	-0.1	-0.1	-0.1
Venezuela	-	-	-	-	-	-	-	-	-	-
ASIE	**14.6**	**17.2**	**-1.5**	**6.4**	**244.1**	**10.9**	**4.2**	**5.8**	**6.7**	**2.0**

ISLANDE

Tableau 1. Flux d'investissement direct étranger par pays *(suite)*

Millions de dollars des ÉU

	Entrant					Sortant				
	2014	2015	2016	2017	2018	2014	2015	2016	2017	2018
Proche et Moyen Orient	7.3	1.6	-3.6	6.4	0.3	0.0	0.0	0.1	0.0	0.0
Pays du Golfe	7.3	1.6	-3.3	6.7	-	0.0	0.0	0.0	0.0	0.0
Koweït	-	-	-	-	-	-	-	-	-	-
Qatar	-	-	-	-	-	-	-	-	-	-
Arabie saoudite	-	-	-	1.9	-	-	-	-	-	-
Emirats Arabes Unis	7.3	1.6	-3.3	4.9	-	0.0	0.0	0.0	0.0	0.0
Autres pays du Proche et Moyen Orient	-	-	-0.4	-0.3	0.3	-	-	0.1	0.0	0.0
Jordanie	-	-	-	-	-	-	-	-	-	-
Autres pays asiatiques	7.3	15.6	2.1	0.0	243.9	10.9	4.2	5.7	6.7	2.0
Chine	-0.5	13.8	-2.0	-0.7	-0.7	6.9	1.9	3.1	6.1	1.1
Hong Kong, Chine	4.9	0.0	-6.4	-6.3	-0.2	-0.5	0.2	2.3	0.2	0.2
Inde	-	0.0	0.0	-	-	0.0	-0.1	0.0	-	-
Indonesie	-	-	0.1	-	-	0.0	-	-	-	-
République islamique d'Iran	-	-	-	-	-	-	-	-	-	-
Malaisie	-	-	-0.1	0.1	-	-	-	-	0.1	0.0
Philippines	-	-	-	-	-	-	-	-	-	-
Singapour	-3.2	-2.9	3.0	4.5	-0.1	0.3	0.0	0.1	0.0	0.0
Taipei Chinois	-	-	-	0.0	-	-	-	-	-	-
Thaïlande	6.2	4.4	7.5	2.3	0.3	0.4	0.2	0.2	0.2	0.2
Viet Nam	-	-	-	-	-	-	-	-	0.0	0.4
AUSTRALIE, OCÉANIE ET RÉGIONS POLAIRES	**-27.5**	**7.7**	**-5.2**	**87.2**	**-0.8**	**-2.8**	**274.5**	**-3.4**	**-6.3**	**1.1**
TOTAL MONDE non alloué et confidentiel	**29.2**	**22.6**	**13.8**	**3.9**	**-2.5**	**0.0**	**0.0**	**14.9**	**48.1**	**46.6**
Union européenne (UE28)	**569.8**	**500.3**	**-416.7**	**-1 853.1**	**-254.2**	**-322.7**	**51.4**	**-1 123.6**	**-249.2**	**-108.8**
Pays du G20 hors Union Européenne	**308.4**	**475.9**	**-117.9**	**2 890.7**	**284.1**	**25.4**	**382.7**	**-792.4**	**-104.2**	**35.0**
Pays OCDE du G20	**317.9**	**473.0**	**-126.3**	**2 884.5**	**265.9**	**15.1**	**383.6**	**-793.1**	**-107.7**	**33.5**
Pays non-OCDE du G20	**-9.5**	**2.9**	**8.5**	**6.2**	**18.2**	**10.3**	**-1.0**	**0.7**	**3.5**	**1.5**
Pays MENA	**7.3**	**1.6**	**-3.3**	**6.7**	**-**	**0.0**	**0.0**	**0.0**	**0.0**	**0.0**
Pays ANASE	**2.9**	**1.5**	**10.5**	**6.9**	**0.2**	**0.7**	**0.1**	**0.3**	**0.4**	**0.6**

- Néant

Note : Les données excluent les entités à vocation spéciales. Voir les métadonnées détaillées sur : *http://stats.oecd.org/OECDStat_Metadata/ShowMetadata.ashx?Dataset=FDI_CTRY_IND_SUMM&lang=fr.*

1. Informations sur les données concernant Israël : *http://oe.cd/israel-disclaimer.*
2. Note de la Turquie : Les informations figurant dans ce document et faisant référence à « Chypre » concernent la partie méridionale de l'île. Il n'y a pas d'autorité unique représentant à la fois les Chypriotes turcs et grecs sur l'île. La Turquie reconnaît la République Turque de Chypre Nord (RTCN). Jusqu'à ce qu'une solution durable et équitable soit trouvée dans le cadre des Nations Unies, la Turquie maintiendra sa position sur la « question chypriote ».
3. Note de tous les États de l'Union européenne membres de l'OCDE et del'Union européenne : La République de Chypre est reconnue par tous les membres des Nations Unies sauf la Turquie. Les informations figurant dans ce document concernent la zone sous le contrôle effectif du gouvernement de la République de Chypre.

Source : Statistiques de l'OCDE sur l'investissement direct international (base de données) : https://doi.org/10.1787/idi-data-fr

ISLANDE

Tableau 2. Encours des investissements directs étrangers par pays

En fin d'année

Millions de dollars des ÉU

	Entrant					Sortant				
	2014	2015	2016	2017	2018	2014	2015	2016	2017	2018
TOTAL MONDE	**7 888.8**	**7 851.0**	**9 841.0**	**10 129.9**	**9 138.0**	**8 414.9**	**7 636.6**	**6 058.2**	**5 268.6**	**5 262.8**
Pays membres de l'OCDE	**7 172.2**	**7 152.8**	**9 091.9**	**9 500.3**	**8 529.0**	**7 141.2**	**6 177.3**	**5 022.9**	**4 684.5**	**4 661.4**
Australie	-	-	-	-	0.0	2.3	239.9	240.1	-162.7	12.1
Autriche	20.5	26.6	16.0	16.7	17.8	-	-	-	-	-
Belgique	3.8	4.3	4.9	5.3	4.8	0.0	0.0	0.1	17.1	16.4
Canada	151.5	157.7	195.4	190.2	196.8	108.3	102.5	35.6	12.0	11.2
Chili	-	1.1	-	-	-	28.0	29.5	32.6	39.2	44.1
République Tchèque	-	-	-	-	-	0.1	0.1	0.2	0.2	0.2
Danemark	443.2	451.7	424.6	467.8	473.6	41.8	70.5	84.8	109.1	59.7
Estonie	-	-	-	-	-	17.9	22.4	30.8	38.9	43.0
Finlande	1.3	0.8	2.6	9.8	8.9	217.1	120.3	81.3	83.2	80.8
France	6.3	8.5	15.1	18.9	24.2	2.6	1.8	8.2	82.7	71.3
Allemagne	83.6	104.8	83.4	97.7	122.0	89.2	107.0	128.5	137.1	135.9
Grèce	-	-	-	-	-	0.6	0.3	0.2	0.2	0.2
Hongrie	-	-	-	-	-	1.7	1.0	1.5	1.0	1.7
Islande	85.9	62.7	116.3	69.4	40.8	-	-	-	-	-
Irlande	86.5	39.1	57.7	63.2	56.7	9.6	9.1	9.1	12.4	12.1
Israël[2]	1.3	1.3	2 788.6	2 789.5	2 327.4	-	-	-	-	-
Italie	4.0	4.3	6.0	5.6	6.0	-0.1	0.0	0.0	0.0	0.0
Japon	-	-	-	-	-	16.1	14.8	5.6	5.8	6.0
Corée	-	-	-	-	227.9	-	-	8.2	8.2	8.2
Lettonie	37.6	-9.5	48.8	64.2	63.7	112.5	53.9	51.7	69.8	82.7
Lituanie	-	-	-	-	-	33.3	23.2	17.8	29.0	29.2
Luxembourg	168.5	136.3	568.5	329.2	380.6	882.2	690.1	290.2	158.1	158.1
Mexique	-	-	-	-	-	0.0	0.4	0.1	0.3	0.1
Pays-Bas	102.2	118.3	162.6	265.6	235.9	2 719.9	2 513.5	2 532.7	3 033.8	2 772.3
Nouvelle-Zélande	-	-	-	-	-	2.3	1.8	2.1	2.6	3.0
Norvège	105.5	109.9	239.5	282.1	253.5	412.7	120.6	124.5	186.2	131.1
Pologne	-	-	-	-	-	0.7	0.2	0.1	0.5	0.7
Portugal	-	-	-	-	-	0.0	0.0	-	-	-
République slovaquie	-	-	-	-	-	6.1	6.1	6.2	-0.4	-1.0
Slovénie	-	-	-	-	-	-	-	-	-	-
Espagne	85.8	84.7	10.3	-1.7	0.6	72.1	91.4	47.1	45.8	47.2
Suède	29.1	42.7	31.1	32.6	76.9	623.1	371.7	207.0	62.7	53.4
Suisse	29.0	32.8	68.1	118.0	76.9	52.2	-0.7	-7.0	-59.0	111.3
Turquie	-	-	-	-	-	17.1	7.1	4.9	11.3	11.0
Royaume-Uni	724.2	744.4	1 648.7	2 016.0	1 596.7	1 777.9	1 636.1	1 076.3	752.0	663.5
Etats-Unis	5 040.0	5 020.9	2 603.7	2 660.1	2 337.2	39.5	20.1	20.4	36.4	96.2
EUROPE	**2 168.6**	**2 126.3**	**3 664.8**	**3 977.5**	**3 549.8**	**7 481.0**	**6 528.8**	**5 449.8**	**5 093.0**	**4 813.7**
Bulgarie	-	-	-	-	-	-	-	-	-	-
Croatie	-	-	-	-	-	-	-	-	0.1	0.1
Chypre[3, 4]	59.5	56.6	76.2	29.9	28.0	160.9	556.1	526.1	109.6	119.4
Malte	26.4	41.8	53.1	54.6	48.5	-	-	0.1	0.1	0.1
Roumanie	-	-	-	-	-	0.4	0.5	0.5	0.6	-
Russie	0.3	0.3	0.3	0.4	0.3	40.8	30.6	32.0	36.1	33.7
Ukraine	-	-	-	-	-	-	-	-	-	-
AFRIQUE	**-**	**-**	**-**	**2.4**	**1.9**	**1.0**	**1.3**	**1.0**	**1.7**	**1.9**
Afrique septentrionale	-	-	-	-	-	0.4	0.4	-	-	-
Algérie	-	-	-	-	-	-	-	-	-	-
Egypte	-	-	-	-	-	-	-	-	-	-
Libye	-	-	-	-	-	-	-	-	-	-
Maroc	-	-	-	-	-	0.4	0.4	-	-	-
Tunisie	-	-	-	-	-	-	-	-	-	-
Autres pays africains	-	-	-	2.4	1.9	0.6	0.9	1.0	1.7	1.9
Nigéria	-	-	-	-	-	-	-	-	-	-
Afrique du Sud	-	-	-	1.3	0.9	0.6	0.9	1.0	1.0	0.9
AMÉRIQUE	**5 275.3**	**5 259.6**	**2 884.2**	**2 887.9**	**2 565.2**	**463.7**	**438.0**	**102.8**	**102.5**	**162.7**
Amérique du Nord	5 191.5	5 178.6	2 799.1	2 850.2	2 533.9	147.8	123.0	56.0	48.4	107.4
Amérique du Nord	83.8	79.9	85.1	37.6	31.3	287.0	285.0	14.1	15.0	10.9
Bahamas	8.9	4.8	-	-	-	-	-	-	-	-
Bermudes	2.1	2.7	3.1	3.4	3.0	4.8	4.8	5.9	7.3	7.7
Îles Cayman	72.6	71.1	81.7	34.0	28.2	33.3	31.2	8.0	6.9	2.4
Costa Rica	-	-	-	-	-	-	-	-	-	-
El Salvador	-	-	-	-	-	-	-	-	-	-
Guatemala	-	-	-	-	-	-	-	-	-	-
Honduras	-	-	-	-	-	-	-	-	-	-
Nicaragua	-	-	-	-	-	-	-	-	-	-
Panama	0.2	0.2	0.2	0.2	0.2	-	-	-	-	-
Îles Vierges, US	-	-	-	-	-	-	-	-	-	-
Amérique du Sud	-	1.1	-	-	-	28.9	30.0	32.7	39.1	44.5
Argentine	-	-	-	-	-	-	-	-	-	-
Bolivie	-	-	-	-	-	-	-	-	-	-
Brésil	-	-	-	-	-	0.3	0.2	0.0	-0.1	0.4
Colombie	-	-	-	-	-	-	-	-	-	-
Equateur	-	-	-	-	-	-	-	-	-	-
Paraguay	-	-	-	-	-	-	-	-	-	-
Pérou	-	-	-	-	-	-	-	-	-	-
Uruguay	-	-	-	-	-	0.7	0.3	0.1	0.0	0.0
Venezuela	-	-	-	-	-	-	-	-	-	-
ASIE	**180.9**	**183.4**	**2 981.1**	**2 965.5**	**2 754.8**	**64.0**	**63.3**	**74.5**	**83.8**	**82.4**

Tableau 2. Encours des investissements directs étrangers par pays *(suite)*
En fin d'année

Millions de dollars des ÉU

	Entrant					Sortant				
	2014	2015	2016	2017	2018	2014	2015	2016	2017	2018
Proche et Moyen Orient	1.3	1.3	2 788.6	2 791.4	2 329.1	1.0	0.9	0.8	0.0	0.0
Pays du Golfe	-	-	-	1.9	1.7	1.0	0.9	0.7	0.0	0.0
Koweït	-	-	-	-	-	-	-	-	-	-
Qatar	-	-	-	-	-	-	-	-	-	-
Arabie saoudite	-	-	-	1.9	1.7	-	-	-	-	-
Emirats Arabes Unis	-	-	-	-	-	1.0	0.9	0.7	0.0	0.0
Autres pays du Proche et Moyen Orient	1.3	1.3	2 788.6	2 789.5	2 327.4	-	-	0.1	0.0	0.0
Jordanie	-	-	-	-	-	-	-	-	-	-
Autres pays asiatiques	179.6	182.1	192.5	174.1	425.7	63.0	62.4	73.6	83.7	82.4
Chine	116.5	125.7	143.8	124.0	150.6	43.1	43.7	58.2	67.0	64.7
Hong Kong, Chine	24.4	24.3	29.4	23.7	21.1	0.6	0.6	0.7	0.9	1.1
Inde	-	-	-	-	-	0.1	0.0	0.0	-	-
Indonesie	-	-	-	-	-	0.0	-	-	-	-
République islamique d'Iran	-	-	-	-	-	-	-	-	-	-
Malaisie	-	-	-	-	-	-	-	-	0.2	0.2
Philippines	-	-	-	-	-	-	-	-	-	-
Singapour	38.7	32.0	19.3	26.3	26.1	2.5	2.6	0.0	0.3	0.3
Taipei Chinois	-	-	-	-	-	-	-	-	-	-
Thaïlande	-	-	-	-	-	0.7	0.8	1.0	1.3	1.5
Viet Nam	-	-	-	-	-	-	-	-	0.0	0.4
AUSTRALIE, OCÉANIE ET RÉGIONS POLAIRES	**-**	**-**	**-**	**-**	**0.0**	**4.7**	**241.7**	**242.2**	**-160.2**	**15.0**
TOTAL MONDE non alloué et confidentiel	**264.2**	**281.7**	**310.9**	**296.7**	**266.3**	**400.4**	**363.5**	**188.0**	**147.7**	**187.1**
Union européenne (UE28)	**1 882.6**	**1 855.4**	**3 209.5**	**3 475.5**	**3 145.0**	**6 769.7**	**6 275.2**	**5 100.5**	**4 743.5**	**4 346.9**
Pays du G20 hors Union Européenne	**6 126.4**	**6 166.6**	**4 696.4**	**5 116.1**	**4 664.3**	**2 137.7**	**2 205.0**	**1 619.0**	**987.1**	**1 115.2**
Pays OCDE du G20	**6 009.6**	**6 040.5**	**4 552.3**	**4 988.5**	**4 510.7**	**2 052.9**	**2 129.6**	**1 527.9**	**883.2**	**1 015.4**
Pays non-OCDE du G20	**116.8**	**126.0**	**144.2**	**127.6**	**153.5**	**84.8**	**75.4**	**91.1**	**104.0**	**99.8**
Pays MENA	**-**	**-**	**-**	**1.9**	**1.7**	**1.4**	**1.3**	**0.7**	**0.0**	**0.0**
Pays ANASE	**38.7**	**32.0**	**19.3**	**26.3**	**26.1**	**3.2**	**3.4**	**1.0**	**1.8**	**2.4**

- Néant

Note : Les données excluent les entités à vocation spéciales. Voir les métadonnées détaillées sur : *http://stats.oecd.org/OECDStat_Metadata/ShowMetadata.ashx?Dataset=FDI_CTRY_IND_SUMM&lang=fr.*

1. Les positions d'IDE entrants sont allouées selon le pays investisseur ultime. Voir les métadonnées détaillées sur : *http://stats.oecd.org/OECDStat_Metadata/ShowMetadata.ashx?Dataset=FDI_CTRY_IND_SUMM&lang=fr.*
2. Informations sur les données concernant Israël : *http://oe.cd/israel-disclaimer.*
3. Note de la Turquie : Les informations figurant dans ce document et faisant référence à « Chypre » concernent la partie méridionale de l'île. Il n'y a pas d'autorité unique représentant à la fois les Chypriotes turcs et grecs sur l'île. La Turquie reconnaît la République Turque de Chypre Nord (RTCN). Jusqu'à ce qu'une solution durable et équitable soit trouvée dans le cadre des Nations Unies, la Turquie maintiendra sa position sur la « question chypriote ».
4. Note de tous les États de l'Union européenne membres de l'OCDE et del'Union européenne : La République de Chypre est reconnue par tous les membres des Nations Unies sauf la Turquie. Les informations figurant dans ce document concernent la zone sous le contrôle effectif du gouvernement de la République de Chypre.

Source : Statistiques de l'OCDE sur l'investissement direct international (base de données) : https://doi.org/10.1787/idi-data-fr

Tableau 3. Revenus des investissements directs étrangers par pays

Millions de dollars des ÉU

	Entrant					Sortant				
	2014	2015	2016	2017	2018	2014	2015	2016	2017	2018
TOTAL MONDE	**-47.3**	**31.2**	**-29.2**	**40.4**	**-27.3**	**164.1**	**283.4**	**435.8**	**302.1**	**303.8**
Pays membres de l'OCDE	**-22.0**	**58.4**	**-18.5**	**49.1**	**..**	**134.7**	**260.1**	**390.9**	**270.0**	**..**
Australie	-7.5	-6.4	-4.1	-1.7	..	0.3	-2.9	-5.3	-0.2	..
Autriche	-3.1	-2.8	3.1	6.1	..	-	-	-	-	..
Belgique	-1.4	-1.2	-0.1	0.3	..	0.1	0.2	0.3	0.1	..
Canada	-7.6	-0.8	-1.9	0.0	..	0.5	1.3	5.3	0.7	..
Chili	-	-	-	-	..	4.1	-5.4	5.5	6.3	..
République Tchèque	0.0	0.0	-0.2	0.0	..	-	-	-	-	..
Danemark	18.9	10.2	13.1	12.1	..	3.7	24.6	24.4	22.4	..
Estonie	-	-	-	-	..	0.7	2.0	4.9	4.3	..
Finlande	0.1	3.7	9.0	9.2	..	1.9	0.1	-0.8	0.9	..
France	0.3	0.1	-0.1	-0.1	..	0.7	0.6	0.1	2.2	..
Allemagne	-8.5	-4.1	0.6	-1.1	..	4.1	22.6	16.1	7.7	..
Grèce	-0.6	0.0	0.0	-	..	-0.1	0.0	0.0	0.0	..
Hongrie	-0.2	-0.1	0.0	0.0	..	-1.0	0.5	-0.5	-1.2	..
Islande	-	-	-	-	..	-	-	-	-	..
Irlande	3.9	0.2	7.0	12.6	..	0.6	0.5	0.6	0.7	..
Israël[1]	-	-	-	-	..	-	-	-	-	..
Italie	1.9	-4.5	0.9	-3.1	..	-	-	-	-	..
Japon	-	-	-	-	..	0.5	0.2	0.0	-	..
Corée	-	-	-	-	..	-	-	0.0	0.0	..
Lettonie	0.6	1.0	3.2	2.9	..	8.0	4.1	7.4	11.2	..
Lituanie	-0.2	-0.1	-0.1	0.0	..	2.1	2.2	1.1	1.5	..
Luxembourg	39.3	99.4	134.6	-25.2	..	23.9	20.0	16.9	24.3	..
Mexique	-0.2	-0.3	-0.5	-0.5	..	-	-	-	-	..
Pays-Bas	99.3	70.2	65.1	97.8	..	4.0	62.9	117.5	112.6	..
Nouvelle-Zélande	-	-	-	-	..	0.2	0.1	0.0	0.1	..
Norvège	15.2	21.7	-0.5	7.9	..	11.2	2.6	3.5	31.9	..
Pologne	-	-	-	-	..	0.0	-	0.0	0.0	..
Portugal	-	-	-	-	..	-	-	-	-	..
République slovaquie	0.1	-0.1	-0.1	-	..	0.6	0.5	0.4	-	..
Slovénie	-	-	-	-	..	-	-	-	-	..
Espagne	0.5	0.4	-1.8	-3.8	..	16.2	24.2	3.5	3.1	..
Suède	15.2	-4.9	-17.4	-49.7	..	15.7	4.1	2.0	-1.7	..
Suisse	2.8	4.5	-25.8	94.6	..	0.6	-0.1	0.1	0.2	..
Turquie	-0.3	-0.8	-0.9	-0.1	..	-1.3	-4.2	3.0	0.1	..
Royaume-Uni	-17.7	-11.5	39.8	2.7	..	45.4	105.1	181.5	37.1	..
Etats-Unis	-172.6	-114.4	-241.5	-112.0	..	2.1	0.5	4.6	7.3	..
EUROPE	**138.0**	**157.5**	**216.2**	**157.2**	**..**	**153.6**	**287.2**	**418.0**	**278.5**	**..**
Bulgarie	-	-	-	-	..	-	-	-	-	..
Croatie	-	-	-	-	..	-	-	-	-	..
Chypre[2, 3]	-3.1	0.4	-1.5	-6.5	..	1.2	5.0	11.0	-2.8	..
Malte	-18.0	-14.8	-7.2	-1.0	..	-	-	-	-	..
Roumanie	-	-	-	-	..	0.1	0.1	0.1	0.1	..
Russie	-3.9	-3.5	-2.5	-2.6	..	1.6	-3.7	-2.0	-2.5	..
Ukraine	-0.4	-0.3	-0.2	-	..	-	-	-	-	..
AFRIQUE	**-**	**-**	**-**	**-0.3**	**..**	**-0.1**	**0.3**	**-0.1**	**0.1**	**..**
Afrique septentrionale	-	-	-	-	..	-	-	-	-	..
Algérie	-	-	-	-	..	-	-	-	-	..
Egypte	-	-	-	-	..	-	-	-	-	..
Libye	-	-	-	-	..	-	-	-	-	..
Maroc	-	-	-	-	..	-	-	-	-	..
Tunisie	-	-	-	-	..	-	-	-	-	..
Autres pays africains	-	-	-	-0.3	..	-0.1	0.3	-0.1	0.1	..
Nigéria	-	-	-	-	..	-	-	-	-	..
Afrique du Sud	-	-	-	-0.3	..	-0.1	0.3	-0.1	0.1	..
AMÉRIQUE	**-181.0**	**-123.4**	**-247.2**	**-115.5**	**..**	**6.8**	**-3.2**	**16.9**	**20.3**	**..**
Amérique du Nord	-180.1	-115.2	-243.4	-112.0	..	2.6	2.0	9.8	8.0	..
Amérique du Nord	-0.3	-6.1	-1.9	-2.8	..	0.1	0.1	1.6	6.0	..
Bahamas	-0.1	-5.8	-	-	..	-	-	-	-	..
Bermudes	-	-	-1.4	0.4	..	-	-	0.7	0.5	..
Îles Cayman	-	-	-	-2.5	..	0.1	0.1	0.9	5.4	..
Costa Rica	-	-	-	-	..	-	-	-	-	..
El Salvador	-	-	-	-	..	-	-	-	-	..
Guatemala	-	-	-	-	..	-	-	-	-	..
Honduras	-	-	-	-	..	-	-	-	-	..
Nicaragua	-	-	-	-	..	-	-	-	-	..
Panama	-	0.0	0.0	0.0	..	-	-	-	-	..
Îles Vierges, US	-	-	-	-	..	-	-	-	-	..
Amérique du Sud	-0.6	-2.1	-2.0	-0.7	..	4.1	-5.4	5.5	6.3	..
Argentine	-	-	-	-	..	-	-	-	-	..
Bolivie	-	-	-	-	..	-	-	-	-	..
Brésil	-0.6	-2.1	-2.0	-0.7	..	-	-	-	-	..
Colombie	-	-	-	-	..	-	-	-	-	..
Equateur	-	-	-	-	..	-	-	-	-	..
Paraguay	-	-	-	-	..	-	-	-	-	..
Pérou	-	-	-	-	..	-	-	-	-	..
Uruguay	-	-	-	-	..	-	-	-	-	..
Venezuela	-	-	-	-	..	-	-	-	-	..
ASIE	**-0.2**	**0.4**	**-2.7**	**0.8**	**..**	**3.3**	**2.0**	**3.5**	**1.6**	**..**

ISLANDE

Tableau 3. Revenus des investissements directs étrangers par pays *(suite)*

Millions de dollars des ÉU

	Entrant					Sortant				
	2014	2015	2016	2017	2018	2014	2015	2016	2017	2018
Proche et Moyen Orient	-0.5	-0.3	-0.1	-0.1	..	0.0	0.0	0.0	0.0	..
Pays du Golfe	-0.5	-0.3	-0.1	-0.1	..	0.0	0.0	0.0	0.0	..
Koweït	-	-	-	-	..	-	-	-	-	..
Qatar	-	-	-	-	..	-	-	-	-	..
Arabie saoudite	-	-	-	-	..	-	-	-	-	..
Emirats Arabes Unis	-0.5	-0.3	-0.1	-0.1	..	0.0	0.0	0.0	0.0	..
Autres pays du Proche et Moyen Orient	-	-	-	-	..	-	-	0.0	0.0	..
Jordanie	-	-	-	-	..	-	-	-	-	..
Autres pays asiatiques	0.2	0.6	-2.6	0.9	..	3.3	2.0	3.5	1.6	..
Chine	0.0	-0.2	-2.0	-0.7	..	2.0	1.4	3.0	1.2	..
Hong Kong, Chine	0.0	0.5	0.4	-1.1	..	0.8	0.2	0.2	0.2	..
Inde	-	-	-	-	..	0.0	-0.1	-	-	..
Indonesie	-	-	-	-	..	-	-	-	-	..
République islamique d'Iran	-	-	-	-	..	-	-	-	-	..
Malaisie	-	-	0.0	0.0	..	-	-	-	0.0	..
Philippines	-	-	-	-	..	-	-	-	-	..
Singapour	0.2	0.2	-1.2	2.4	..	0.1	0.1	0.1	0.0	..
Taipei Chinois	-	-	-	-	..	-	-	-	-	..
Thaïlande	0.0	0.1	0.2	0.3	..	0.0	0.2	0.1	0.2	..
Viet Nam	-	-	-	-	..	-	-	-	-	..
AUSTRALIE, OCÉANIE ET RÉGIONS POLAIRES	**-7.5**	**-6.4**	**-4.1**	**-1.7**	**..**	**0.5**	**-2.8**	**-5.3**	**-0.1**	**..**
TOTAL MONDE non alloué et confidentiel	**3.5**	**3.1**	**8.7**	**-0.1**	**..**	**0.0**	**0.0**	**2.8**	**1.7**	**..**
Union européenne (UE28)	**127.4**	**141.5**	**247.9**	**53.5**	**..**	**128.0**	**279.1**	**386.3**	**222.5**	**..**
Pays du G20 hors Union Européenne	**-216.6**	**-148.5**	**-214.1**	**-120.1**	**..**	**55.8**	**121.1**	**206.1**	**53.6**	**..**
Pays OCDE du G20	**-212.1**	**-142.8**	**-207.6**	**-115.8**	**..**	**52.3**	**123.3**	**205.2**	**54.8**	**..**
Pays non-OCDE du G20	**-4.5**	**-5.7**	**-6.5**	**-4.2**	**..**	**3.5**	**-2.1**	**1.0**	**-1.2**	**..**
Pays MENA	**-0.5**	**-0.3**	**-0.1**	**-0.1**	**..**	**0.0**	**0.0**	**0.0**	**0.0**	**..**
Pays ANASE	**0.2**	**0.3**	**-1.0**	**2.6**	**..**	**0.1**	**0.3**	**0.2**	**0.2**	**..**

- Néant ; .. Non disponible

Note : Les données excluent les entités à vocation spéciales. Voir les métadonnées détaillées sur : *http://stats.oecd.org/OECDStat_Metadata/ShowMetadata.ashx?Dataset=FDI_CTRY_IND_SUMM&lang=fr*.

1. Informations sur les données concernant Israël : *http://oe.cd/israel-disclaimer*.
2. Note de la Turquie : Les informations figurant dans ce document et faisant référence à « Chypre » concernent la partie méridionale de l'île. Il n'y a pas d'autorité unique représentant à la fois les Chypriotes turcs et grecs sur l'île. La Turquie reconnaît la République Turque de Chypre Nord (RTCN). Jusqu'à ce qu'une solution durable et équitable soit trouvée dans le cadre des Nations Unies, la Turquie maintiendra sa position sur la « question chypriote ».
3. Note de tous les États de l'Union européenne membres de l'OCDE et del'Union européenne : La République de Chypre est reconnue par tous les membres des Nations Unies sauf la Turquie. Les informations figurant dans ce document concernent la zone sous le contrôle effectif du gouvernement de la République de Chypre.

Source : Statistiques de l'OCDE sur l'investissement direct international (base de données) : https://doi.org/10.1787/idi-data-fr

Tableau 4. Investissement direct étranger : flux par secteur industriel

Millions de dollars des ÉU

	Entrant					Sortant				
	2014	2015	2016	2017	2018	2014	2015	2016	2017	2018
All FDI activities	**447.4**	**708.7**	**-427.2**	**-41.4**	**-316.4**	**-257.2**	**-31.3**	**-1 147.3**	**-208.3**	**148.0**
Agriculture, sylviculture et pêche	**37.2**	**1.3**	**40.4**	**10.1**	**-1.2**	**6.8**	**21.0**	**-22.3**	**34.7**	**23.3**
Industries extractives	**0.2**	**30.9**	**2.7**	**-0.9**	**42.6**	**-**	**-**	**-**	**-**	**-**
Activités d'extraction	-	30.9	0.3	-0.9	42.5	-	-	-	-	-
Activités de fabrication	**-104.4**	**-82.7**	**-96.3**	**98.3**	**99.9**	**26.4**	**133.4**	**97.5**	**3.3**	**80.8**
dont :										
Produits alimentaires, boissons et tabac	-0.7	-2.6	-3.6	14.4	2.8	1.4	-220.5	-26.6	1.3	1.3
Textiles, bois, papier, imprimerie	-	-	-	-	-	2.5	0.4	77.5	23.1	20.1
Produits pétroliers, chimiques, pharmaceutiques, caoutchouc, plastique, minéraux	-8.9	-19.5	-20.8	0.4	148.6	13.9	298.1	10.9	-6.6	0.6
Ouvrages en métaux et machines, sauf matériels électriques	-99.2	-114.8	-95.4	-18.1	76.3	1.5	59.8	39.8	79.4	60.9
Automobiles, remorques, semi-remorques, autres matériels de transport	-	-	-	-	-	-0.3	-0.1	-0.7	-	-
Autres activités de fabrication	4.4	54.2	23.5	101.7	-127.9	7.4	-4.4	-3.4	-93.9	-2.1
Production et distribution d'électricité, de gaz, de vapeur et de climatisation	**8.6**	**13.5**	**1.8**	**-60.9**	**10.5**	**6.5**	**1.1**	**0.4**	**0.8**	**0.8**
Distribution de l'eau ; assainissement, traitement des déchets et dépollution	**0.0**	**0.0**	**0.1**	**0.8**	**-23.6**	**-**	**-**	**-**	**-**	**-**
Construction	**0.7**	**1.6**	**15.1**	**8.6**	**-14.3**	**-4.0**	**54.5**	**-409.5**	**4.9**	**4.3**
Services	**499.5**	**740.0**	**-391.1**	**-98.0**	**-427.7**	**-292.9**	**-241.3**	**-825.8**	**-260.8**	**36.4**
Commerce de gros et de détail ; réparations automobiles et motocycles	647.5	-2 218.0	681.0	3 217.0	-275.9	-14.3	52.8	40.2	7.8	30.7
Transport et entreposage	-1.6	-1.3	1.6	-2.5	-0.4	34.1	9.7	35.3	47.4	23.7
Activités d'hébergement et de restauration	-	-	29.6	-3.4	37.4	0.3	-4.4	-1.7	-17.8	-
Information et communication	8.6	38.8	18.7	136.7	28.2	2.8	0.4	-1.6	-33.9	-0.7
Activités financières et d'assurances	-237.2	2 880.5	-1 176.1	-3 460.0	-286.9	-265.9	-155.0	-411.0	-247.0	-55.8
Activités des sociétés holding	-235.9	2 883.4	-841.0	-3 446.5	-468.1	-257.2	-82.0	-407.2	-244.9	-58.4
Activités immobilières	32.5	23.8	15.3	8.1	8.7	-54.8	-45.9	-96.7	-5.3	37.8
Activités professionnelles, scientifiques et techniques	32.1	21.8	35.3	11.3	36.5	5.2	-87.3	-236.0	-4.0	5.1
Activités de services administratifs et d'appui	17.6	-5.6	3.9	-4.9	24.9	-4.7	-12.6	-14.9	-8.5	-4.9
Administration publique; activités des ménages et des organismes extra-territoriaux	-	-	-	-	-	-	-	-	-	-
Éducation	-	-	-0.5	-0.3	-0.3	-	-	-	-	-
Santé humaine et action sociale	-	-	-	-	-	4.4	1.2	-139.4	-	-
Arts, spectacles et loisirs	-	-	-	0.0	-	-	-	-	0.4	0.5
Autres services	-	-	-	-	-	-	-	-	-	-
Not allocated and confidential	**5.7**	**4.0**	**0.0**	**0.6**	**-2.7**	**0.0**	**0.2**	**12.3**	**8.9**	**2.4**
Activités immobilières privées	**-**	**-**	**-**	**-**	**-**	**-**	**-**	**-**	**-**	**-**

- Néant

Note : Les données excluent les entités à vocation spéciales. Voir les métadonnées détaillées sur : *http://stats.oecd.org/OECDStat_Metadata/ShowMetadata.ashx?Dataset=FDI_CTRY_IND_SUMM&lang=fr.*

Source : Statistiques de l'OCDE sur l'investissement direct international (base de données) : https://doi.org/10.1787/idi-data-fr

Tableau 5. Encours des investissement directs étrangers par secteur industriel
En fin d'année

Millions de dollars des ÉU

	Entrant					Sortant				
	2014	2015	2016	2017	2018	2014	2015	2016	2017	2018
All FDI activities	**7 888.8**	**7 851.0**	**9 841.0**	**10 129.9**	**9 138.0**	**8 414.9**	**7 636.6**	**6 058.2**	**5 268.6**	**5 262.8**
Agriculture, sylviculture et pêche	**70.4**	**67.4**	**147.8**	**189.8**	**175.1**	**145.1**	**126.8**	**124.4**	**173.6**	**202.7**
Industries extractives	**41.8**	**36.2**	**39.8**	**39.8**	**64.3**	-	-	-	-	-
Activités d'extraction	-	36.2	27.4	39.8	55.0	-	-	-	-	-
Activités de fabrication	**1 484.6**	**1 362.1**	**1 238.4**	**1 243.8**	**1 331.7**	**1 299.0**	**1 585.7**	**1 573.7**	**821.0**	**1 001.6**
dont :										
Produits alimentaires, boissons et tabac	98.8	92.6	97.9	120.4	113.8	198.7	73.1	13.2	14.5	14.5
Textiles, bois, papier, imprimerie	-	-	-	-	-	45.5	101.7	144.7	156.5	168.8
Produits pétroliers, chimiques, pharmaceutiques, caoutchouc, plastique, minéraux	137.9	118.6	108.3	88.8	191.7	244.1	680.6	669.7	-150.0	24.8
Ouvrages en métaux et machines, sauf matériels électriques	920.5	778.1	648.3	618.2	606.9	549.7	559.5	583.9	729.5	734.9
Automobiles, remorques, semi-remorques, autres matériels de transport	-	-	-	-	-	0.7	0.4	-	-	-
Autres activités de fabrication	327.3	372.7	383.9	416.2	419.3	260.4	170.4	162.2	70.6	58.6
Production et distribution d'électricité, de gaz, de vapeur et de climatisation	**182.2**	**182.0**	**184.8**	**183.6**	**190.9**	**43.4**	**43.6**	**53.0**	**57.1**	**54.9**
Distribution de l'eau ; assainissement, traitement des déchets et dépollution	**19.6**	**19.2**	**22.1**	**24.5**	-	-	-	-	-	-
Construction	**1.2**	**4.1**	**37.4**	**46.2**	**30.8**	**305.4**	**159.2**	**19.1**	**17.4**	**21.8**
Services	**5 922.7**	**6 021.7**	**7 991.8**	**8 193.8**	**7 160.6**	**6 221.4**	**5 357.3**	**4 054.0**	**3 999.0**	**3 800.6**
Commerce de gros et de détail ; réparations automobiles et motocycles	2 925.0	145.5	734.3	1 419.8	1 070.8	508.8	605.4	673.6	666.4	644.1
Transport et entreposage	41.4	34.0	31.3	35.0	29.1	356.2	244.5	263.5	303.5	300.5
Activités d'hébergement et de restauration	2.3	2.2	4.3	14.8	18.3	10.7	19.2	0.3	0.3	0.3
Information et communication	110.8	158.5	207.6	334.8	193.7	29.6	27.8	32.8	10.9	10.6
Activités financières et d'assurances	2 395.7	5 192.3	6 405.2	5 709.3	5 196.4	4 503.8	3 752.1	2 872.9	2 846.9	2 621.1
Activités des sociétés holding	2 368.0	5 160.9	6 046.8	5 004.5	4 387.9	4 368.3	3 707.9	2 834.2	2 804.3	2 577.8
Activités immobilières	264.5	285.8	318.5	353.2	325.2	361.1	215.4	119.9	132.4	162.3
Activités professionnelles, scientifiques et techniques	41.2	80.4	151.9	179.0	194.7	237.2	314.1	59.7	6.2	11.4
Activités de services administratifs et d'appui	141.9	122.9	133.6	142.9	127.9	107.8	65.4	31.2	30.9	48.4
Administration publique; activités des ménages et des organismes extra-territoriaux	-	-	-	-	-	-	-	-	-	-
Éducation	-	-	5.0	5.1	4.6	-	-	-	-	-
Santé humaine et action sociale	-	-	-	-	-	106.2	113.3	-	-	-
Arts, spectacles et loisirs	-	-	-	0.0	0.0	-	-	-	1.4	1.8
Autres services	-	-	-	-	-	-	-	-	-	-
Not allocated and confidential	**166.4**	**158.3**	**178.9**	**208.4**	**184.6**	**400.5**	**363.9**	**234.1**	**200.5**	**181.2**
Activités immobilières privées	-	-	-	-	-	-	-	-	-	-

- Néant

Note : Les données excluent les entités à vocation spéciales. Voir les métadonnées détaillées sur : *http://stats.oecd.org/OECDStat_Metadata/ShowMetadata.ashx?Dataset=FDI_CTRY_IND_SUMM&lang=fr.*

Source : Statistiques de l'OCDE sur l'investissement direct international (base de données) : https://doi.org/10.1787/idi-data-fr

Tableau 6. Revenus des investissements directs étrangers par secteur industriel

Millions de dollars des ÉU

	Entrant					Sortant				
	2014	2015	2016	2017	2018	2014	2015	2016	2017	2018
All FDI activities	**-47.3**	**31.2**	**-29.2**	**40.4**	**-27.3**	**164.1**	**283.4**	**435.8**	**302.1**	**303.8**
Agriculture, sylviculture et pêche	**-0.7**	**-0.3**	**-0.4**	**-3.3**	**-3.2**	**7.4**	**21.4**	**27.5**	**20.5**	**20.2**
Industries extractives	**0.2**	**0.0**	**-0.2**	**-0.9**	**5.5**	**-**	**-**	**-**	**-**	**-**
Activités d'extraction	-	0.0	-0.2	-0.9	5.4	-	-	-	-	-
Activités de fabrication	**19.4**	**-29.7**	**-46.3**	**-73.5**	**-118.8**	**54.9**	**75.0**	**121.0**	**129.4**	**166.3**
dont :										
Produits alimentaires, boissons et tabac	-4.5	-2.8	-1.3	2.8	3.3	1.5	1.7	1.4	1.3	1.3
Textiles, bois, papier, imprimerie	-	-	-	-	-	3.5	1.5	14.4	19.5	19.3
Produits pétroliers, chimiques, pharmaceutiques, caoutchouc, plastique, minéraux	-7.2	-53.3	-36.5	-92.8	-113.0	13.9	-7.2	10.9	-0.4	0.6
Ouvrages en métaux et machines, sauf matériels électriques	23.3	13.2	-33.1	-4.1	-26.9	21.5	70.5	76.9	111.0	147.9
Automobiles, remorques, semi-remorques, autres matériels de transport	-	-	-	-	-	-	-0.1	-	-	-
Autres activités de fabrication	7.8	13.1	24.5	20.6	17.8	14.5	8.7	17.3	-2.0	-2.7
Production et distribution d'électricité, de gaz, de vapeur et de climatisation	**12.0**	**16.5**	**1.8**	**4.1**	**10.5**	**1.2**	**1.1**	**0.4**	**0.8**	**0.8**
Distribution de l'eau ; assainissement, traitement des déchets et dépollution	**0.0**	**0.0**	**0.1**	**0.8**	**-**	**-**	**-**	**-**	**-**	**-**
Construction	**-0.6**	**0.2**	**1.1**	**-14.3**	**-14.1**	**-2.8**	**48.9**	**123.1**	**4.8**	**4.8**
Services	**-77.6**	**44.5**	**14.7**	**130.2**	**95.6**	**103.3**	**136.9**	**161.5**	**144.0**	**109.3**
Commerce de gros et de détail ; réparations automobiles et motocycles	117.9	-45.1	-103.0	-119.1	14.8	29.7	38.3	31.3	26.5	30.2
Transport et entreposage	-1.1	-1.2	1.1	-0.4	-0.4	30.6	22.8	35.3	25.0	24.6
Activités d'hébergement et de restauration	-	0.0	-0.1	2.3	4.1	0.3	0.3	-2.0	-	-
Information et communication	-1.5	4.0	13.5	8.5	8.4	-2.0	3.4	3.3	4.5	-0.9
Activités financières et d'assurances	-223.3	55.1	76.5	209.6	39.7	29.7	59.9	92.0	90.4	59.6
Activités des sociétés holding	-222.0	59.2	74.6	191.1	26.0	26.9	56.3	90.8	85.5	57.6
Activités immobilières	2.2	4.2	6.2	7.3	7.2	10.9	8.0	9.1	2.0	1.4
Activités professionnelles, scientifiques et techniques	8.4	3.0	4.7	11.4	11.2	9.2	9.9	1.8	0.4	-1.1
Activités de services administratifs et d'appui	19.7	24.5	16.2	10.8	10.8	-9.8	-10.1	-14.1	-5.1	-5.0
Administration publique; activités des ménages et des organismes extra-territoriaux	-	-	-	-	-	-	-	-	-	-
Éducation	-	-	-0.5	-0.3	-0.3	-	-	-	-	-
Santé humaine et action sociale	-	-	-	-	-	4.8	4.3	4.8	-	-
Arts, spectacles et loisirs	-	-	-	-	-	-	-	-	0.4	0.4
Autres services	-	-	-	-	-	-	-	-	-	-
Not allocated and confidential	**0.0**	**0.0**	**0.0**	**-2.7**	**-2.7**	**0.0**	**0.2**	**2.3**	**2.4**	**2.4**
Activités immobilières privées	**-**	**-**	**-**	**-**	**-**	**-**	**-**	**-**	**-**	**-**

- Néant

Note : Les données excluent les entités à vocation spéciales. Voir les métadonnées détaillées sur : *http://stats.oecd.org/OECDStat_Metadata/ShowMetadata.ashx?Dataset=FDI_CTRY_IND_SUMM&lang=fr.*

Source : Statistiques de l'OCDE sur l'investissement direct international (base de données) : https://doi.org/10.1787/idi-data-fr

IRLANDE

Tableau 1. Flux d'investissement direct étranger par pays

Millions de dollars des ÉU

	Entrant					Sortant				
	2014	2015	2016	2017	2018	2014	2015	2016	2017	2018
TOTAL MONDE	**48 185.0**	**217 818.1**	**39 375.2**	**52 722.4**	**-28 071.5**	**41 180.8**	**168 442.6**	**30 056.4**	**-2 043.7**	**727.0**
Pays membres de l'OCDE	**36 835.6**	**141 354.4**	**-51 120.2**	**37 331.8**	**-104 719.7**	**30 226.9**	**155 159.2**	**11 446.4**	**-32 593.8**	**-57 047.1**
Australie	483.0	-806.4	-1 280.5	790.2	-378.9	188.4	326.1	-358.3	39.5	165.2
Autriche	156.6	-170.8	129.4	69.9	-88.5	104.8	-8.9	-225.6	-126.3	267.9
Belgique	2 930.9	6 319.5	4 772.8	-1 586.1	13 368.3	244.1	392.7	-709.9	565.9	886.3
Canada	380.8	-1 074.9	-1 058.3	-1 867.9	-1 166.1	145.9	579.0	118.3	326.9	119.2
Chili	.. c	-81.0	-57.5	-78.9	5.9	.. c	.. c	10.0	9.0	.. c
République Tchèque	.. c	.. c	-157.0	10.1	66.1	-	37.7	.. c	22.5	.. c
Danemark	494.9	-35.5	-531.9	-466.7	-20.1	38.5	67.7	.. c	101.5	337.5
Estonie	.. c	.. c	1.1	-	1.2	-	-	-	-	.. c
Finlande	-1 150.3	761.0	-142.7	40.6	-41.3	.. c	.. c	.. c	-76.7	.. c
France	-4 882.6	4 184.1	1 866.6	2 790.0	6 569.1	80.9	196.3	418.0	1 406.8	-507.5
Allemagne	18.6	-1 896.8	2 813.2	-886.0	2 786.5	326.4	-62.1	-1 073.8	-423.9	-750.6
Grèce	.. c	.. c	.. c	-158.9	141.6	14.6	-6.7	7.7	.. c	-7.1
Hongrie	.. c	30.0	.. c	.. c	.. c	-193.7	106.5	807.3	.. c	.. c
Islande	-	.. c	.. c	.. c	.. c	.. c	.. c	.. c	.. c	.. c
Irlande	-	.. c	-	.. c	-	-	-	-154.8	-	-
Israël[1]	-425.9	569.1	14.4	33.8	63.7	.. c	.. c	119.4	158.9	-90.9
Italie	494.9	2 337.2	2 306.8	1 856.6	1 809.3	-27.9	-117.6	-629.2	98.1	-564.1
Japon	2 443.9	-1 236.8	586.1	-2 614.1	4 563.9	114.1	3 943.4	428.0	-1 650.3	330.5
Corée	1 261.8	.. c	.. c	164.6	-443.8	49.1	.. c	321.8	-6.8	89.7
Lettonie	.. c	-	.. c	3.4	.. c	.. c	-	.. c	.. c	.. c
Lituanie	.. c	.. c	.. c	.. c	.. c	-5.3	.. c	19.9	.. c	24.8
Luxembourg	5 132.0	.. c	-61 160.0	64 617.3	-69 841.9	48 430.4	63 727.1	-8 409.8	-91 038.2	33 644.5
Mexique	-520.1	-16.6	-424.6	.. c	.. c	-100.8	-99.8	-125.0	189.4	-15.3
Pays-Bas	16 886.0	8 790.9	7 410.2	26 319.5	-113 702.3	3 688.5	5 254.6	4 833.6	31 481.2	-88 740.7
Nouvelle-Zélande	116.8	-122.0	.. c	64.3	-101.5	.. c	21.1	6.6	-1.1	1.2
Norvège	-164.5	25.5	186.9	20.3	638.5	-42.5	66.6	.. c	-38.3	-348.2
Pologne	53.1	15.5	112.8	-32.7	100.3	-15.9	5.5	28.8	33.8	5.9
Portugal	-283.9	143.1	183.6	251.4	10.6	42.5	-18.9	-49.8	30.4	-76.7
République slovaquie	-26.5	-26.6	-55.3	-18.0	-37.8	.. c	6.7	.. c	-18.0	.. c
Slovénie	.. c	.. c	.. c	.. c	-3.5	-	-	-	-	.. c
Espagne	3 956.5	-1 196.9	-759.7	1 821.7	2 827.8	173.8	116.5	67.5	-209.7	-179.4
Suède	-2 498.3	215.2	1 087.0	-426.1	-1 130.7	27.9	.. c	471.1	.. c	-138.1
Suisse	-1 366.6	4 823.1	42 488.1	626.8	11 160.2	.. c	6 256.2	-3 384.9	1 821.7	.. c
Turquie	5.3	46.6	-95.1	-147.7	334.0	63.7	.. c	-163.7	151.1	.. c
Royaume-Uni	3 757.5	-1 592.9	-17 207.8	5 254.2	-19 751.0	-1 044.2	2 157.5	12 006.0	2 265.8	2 764.1
Etats-Unis	9 145.5	84 810.9	-61 299.3	-59 817.4	86 524.3	-5 449.1	69 739.3	7 802.7	4 073.9	-6 482.9
EUROPE	**25 937.4**	**88 714.4**	**106 699.1**	**114 122.4**	**-182 452.5**	**36 673.7**	**82 472.5**	**591.6**	**-28 036.3**	**-14 635.9**
Bulgarie	6.6	-3.3	.. c	-3.4	3.5	.. c	.. c	1.1	.. c	3.5
Croatie	.. c	-4.4	-16.6	.. c	.. c	.. c	.. c	.. c	.. c	.. c
Chypre[2, 3]	-155.2	-205.2	.. c	.. c	.. c	.. c	.. c	.. c	6.8	5.9
Malte	.. c	-74.3	-165.9	.. c	.. c	.. c	.. c	.. c	.. c	.. c
Roumanie	30.5	-4.4	14.4	9.0	23.6	14.6	81.0	-70.8	13.5	73.2
Russie	-4.0	583.5	1 090.3	127.4	190.0	-47.8	13.3	182.5	7.9	-338.7
Ukraine	.. c	.. c	11.1	2.3	.. c	.. c	.. c	.. c	.. c	.. c
AFRIQUE	**.. c**	**.. c**	**-96.2**	**121.7**	**82.6**	**.. c**	**21.1**	**.. c**	**45.1**	**.. c**
Afrique septentrionale	-92.9	.. c	.. c	68.8	-47.2	5.3	.. c	.. c	-2.3	.. c
Algérie	.. c	-	.. c	.. c	4.7	-	-	-	.. c	-
Egypte	-86.2	43.3	60.8	40.6	15.3	2.7	.. c	.. c	.. c	3.5
Libye	.. c	.. c	.. c	.. c	.. c	-	-	-	-	-
Maroc	.. c	.. c	.. c	.. c	.. c	1.3	.. c	.. c	.. c	2.4
Tunisie	.. c	.. c	.. c	-2.3	.. c	-	-	.. c	.. c	.. c
Autres pays africains	.. c	.. c	.. c	53.0	128.6	.. c	.. c	.. c	47.3	.. c
Nigéria	.. c	.. c	45.3	11.3	2.4	.. c	-	.. c	-	8.3
Afrique du Sud	.. c	332.8	380.4	89.1	83.8	.. c	-13.3	-22.1	40.6	36.6
AMÉRIQUE	**29 716.1**	**94 538.0**	**-55 142.1**	**-35 596.9**	**128 780.8**	**2 328.5**	**72 220.7**	**19 726.9**	**-5 317.3**	**-1 599.2**
Amérique du Nord	9 523.7	83 736.0	-62 357.6	-61 685.3	85 358.2	-5 300.5	70 316.1	7 921.0	4 400.9	-6 363.7
Amérique du Nord	20 237.5	11 032.7	7 215.5	26 099.7	43 748.4	7 634.3	.. c	11 437.6	.. c	4 549.7
Bahamas	.. c	.. c	206.8	.. c	623.2	.. c	-	-	-	-
Bermudes	14 533.6	4 214.1	6 736.7	1 420.4	49 427.6	5 924.1	3 089.3	.. c	-4 191.2	5 324.0
Îles Cayman	1 011.0	3 881.3	1 781.5	.. c	-2 402.9	-42.5	-1 365.5	588.3	-5 755.8	.. c
Costa Rica	4.0	.. c	.. c	38.3	64.9	.. c	1.1	.. c	37.2	.. c
El Salvador	.. c	-	.. c	.. c	.. c	-	-	-	-	-
Guatemala	-	-	.. c	-	-	-	-	-	-	-
Honduras	-	-	.. c	-	.. c	-	-	-	-	-
Nicaragua	-	-	.. c	.. c	-	-	-	-	-	-
Panama	-49.1	42.2	103.9	36.1	.. c	.. c	-	-4.4	36.1	56.7
Îles Vierges, US	-	-	-	.. c	-	-	-	-	-	-
Amérique du Sud	-46.4	-230.7	1.1	-13.5	-323.4	-5.3	.. c	367.1	.. c	213.6
Argentine	6.6	-55.5	23.2	-21.4	22.4	25.2	24.4	29.9	31.6	49.6
Bolivie	-	-	.. c	.. c	.. c	-	-	-	-	-
Brésil	-26.5	-99.8	171.4	81.2	-203.0	-27.9	175.3	-86.3	-330.3	16.5
Colombie	10.6	.. c	-182.5	-16.9	-133.4	-	-	.. c	.. c	.. c
Equateur	.. c	17.7	.. c	6.8	.. c	-	-	.. c	-	-
Paraguay	-	.. c	.. c	.. c	-	-	-	-	-	-
Pérou	-19.9	1.1	-33.2	10.1	-79.1	-	3.3	.. c	.. c	.. c
Uruguay	.. c	-2.2	-5.5	-	.. c	-	-	-	-	-
Venezuela	.. c	-	.. c	7.9	68.5	.. c	.. c	.. c	-	.. c
ASIE	**-5 044.4**	**8 543.5**	**-12 911.6**	**-1 615.4**	**22 523.3**	**1 354.7**	**10 320.6**	**-2 007.1**	**.. c**	**4 674.9**

Tableau 1. Flux d'investissement direct étranger par pays *(suite)*

Millions de dollars des ÉU

	Entrant					Sortant				
	2014	2015	2016	2017	2018	2014	2015	2016	2017	2018
Proche et Moyen Orient	-931.4	629.0	-1 333.6	-395.7	-190.0	196.4	485.9	-59.7	137.5	749.4
Pays du Golfe	-505.5	100.9	-909.0	-418.2	-263.2	.. c	.. c	-179.1	-19.2	.. c
Koweït	-	.. c	.. c	3.4	.. c	-	-	.. c	-	-
Qatar	.. c	.. c	.. c	.. c	.. c	-	.. c	.. c	.. c	-
Arabie saoudite	.. c	.. c	-161.5	.. c	-443.8	2.7	.. c	.. c	.. c	61.4
Emirats Arabes Unis	-184.4	363.8	-538.5	-248.0	199.5	31.8	15.5	202.4	11.3	.. c
Autres pays du Proche et Moyen Orient	-423.2	525.8	-423.5	24.8	74.4	.. c	.. c	118.3	157.8	.. c
Jordanie	.. c	.. c	.. c	.. c	1.2	-	.. c	.. c	.. c	.. c
Autres pays asiatiques	-4 111.7	7 915.7	-11 576.9	-1 220.8	22 714.5	1 160.9	9 834.7	-1 948.5	.. c	3 925.4
Chine	86.2	1 474.2	2 097.8	120.6	-81.4	455.1	-22.2	.. c	.. c	.. c
Hong Kong, Chine	.. c	-384.9	268.7	266.0	3.5	-14.6	.. c	-479.9	.. c	.. c
Inde	.. c	-715.5	-217.8	31.6	149.9	49.1	44.4	-10.0	9.0	-42.5
Indonesie	.. c	73.2	.. c	.. c	-4.7	-	.. c	.. c	.. c	.. c
République islamique d'Iran	.. c	-	.. c	-	-	127.4	106.5	-	-	-
Malaisie	15.9	-6.7	6.6	11.3	16.5	.. c	.. c	.. c	1.1	.. c
Philippines	128.7	14.4	-61.9	-45.1	16.5	.. c	.. c	.. c	.. c	.. c
Singapour	.. c	7 982.3	-14 155.7	962.7	.. c	452.4	1 611.8	248.8	.. c	-194.7
Taipei Chinois	46.4	100.9	2.2	-87.9	-155.8	14.6	.. c	25.4	31.6	18.9
Thaïlande	.. c	8.9	.. c	-18.0	-87.3	.. c	.. c	.. c	-6.8	.. c
Viet Nam	.. c	.. c	.. c	.. c	-1.2	-	8.9	16.6	.. c	1.2
AUSTRALIE, OCÉANIE ET RÉGIONS POLAIRES	**598.4**	**-929.6**	**.. c**	**859.0**	**-486.3**	**193.7**	**348.3**	**-350.5**	**38.3**	**166.4**
TOTAL MONDE non alloué et confidentiel	**-2 928.2**	**26 580.1**	**.. d**	**-25 168.5**	**3 480.5**	**624.9**	**3 059.3**	**.. d**	**32 711.1**	**11 524.8**
Union européenne (UE28)	**25 945.3**	**54 290.6**	**-28 657.5**	**98 602.2**	**-201 424.5**	**52 905.7**	**73 949.0**	**7 187.9**	**-51 835.2**	**-62 145.6**
Pays du G20 hors Union Européenne	**..**	**..**	**.. d**	**.. d**	**..**	**..**	**..**	**.. d**	**.. d**	**..**
Pays OCDE du G20	**12 588.6**	**..**	**.. d**	**.. d**	**..**	**-5 653.4**	**..**	**18 744.9**	**6 470.5**	**..**
Pays non-OCDE du G20	**..**	**..**	**.. d**	**.. d**	**-286.8**	**..**	**..**	**.. d**	**.. d**	**..**
Pays MENA	**..**	**..**	**.. d**	**.. d**	**..**	**..**	**..**	**.. d**	**.. d**	**..**
Pays ANASE	**.. c**	**8 051.0**	**-14 402.3**	**.. c**	**.. c**	**362.2**	**1 679.4**	**-372.7**	**.. c**	**436.7**

\- Néant ; .. Non disponible ; c Donnée confidentielle ; d Confidentialité Secondaire

Note : Voir les métadonnées détaillées sur : *http://stats.oecd.org/OECDStat_Metadata/ShowMetadata.ashx?Dataset=FDI_CTRY_IND_SUMM&lang=fr.*

1. Informations sur les données concernant Israël : *http://oe.cd/israel-disclaimer.*
2. Note de la Turquie : Les informations figurant dans ce document et faisant référence à « Chypre » concernent la partie méridionale de l'île. Il n'y a pas d'autorité unique représentant à la fois les Chypriotes turcs et grecs sur l'île. La Turquie reconnaît la République Turque de Chypre Nord (RTCN). Jusqu'à ce qu'une solution durable et équitable soit trouvée dans le cadre des Nations Unies, la Turquie maintiendra sa position sur la « question chypriote ».
3. Note de tous les États de l'Union européenne membres de l'OCDE et del'Union européenne : La République de Chypre est reconnue par tous les membres des Nations Unies sauf la Turquie. Les informations figurant dans ce document concernent la zone sous le contrôle effectif du gouvernement de la République de Chypre.

Source : Statistiques de l'OCDE sur l'investissement direct international (base de données) : https://doi.org/10.1787/idi-data-fr

Tableau 2. Encours des investissements directs étrangers par pays
En fin d'année

Millions de dollars des ÉU

	Entrant					Sortant				
	2014	2015	2016	2017	2018	2014	2015	2016	2017	2018
TOTAL MONDE	**429 846.0**	**890 125.2**	**840 646.1**	**1 058 012.7**	**1 000 391.6**	**618 834.1**	**909 667.9**	**856 581.6**	**986 845.8**	**942 868.1**
Pays membres de l'OCDE	**340 559.9**	**765 318.5**	**639 685.9**	**870 374.2**	**729 646.2**	**491 002.7**	**797 432.8**	**711 684.4**	**798 833.1**	**716 519.3**
Australie	1 168.0	480.1	-731.5	403.0	120.2	5 917.5	1 829.1	.. c	1 364.8	516.4
Autriche	490.5	299.4	448.0	480.9	387.0	148.1	136.1	.. c	-217.1	-38.9
Belgique	5 973.4	10 843.8	9 638.5	7 419.0	21 189.6	7 243.3	7 787.7	.. c	1 686.3	1 636.1
Canada	4 222.6	1 973.9	2 496.0	425.8	-823.2	2 522.9	2 350.6	2 463.4	2 500.6	1 820.5
Chili	.. c	-98.0	-161.3	-136.7	-121.4	23.1	.. c	31.6	40.8	.. c
République Tchèque	.. c	17.4	-132.8	12.0	73.3	358.2	497.6	.. c	-67.2	250.7
Danemark	2 365.1	1 434.9	506.0	130.7	-55.0	122.6	167.7	.. c	-116.3	200.4
Estonie	.. c	.. c	1.1	1.2	1.1	.. c	.. c	.. c	.. c	.. c
Finlande	-1 011.3	-203.6	-183.4	-101.9	-137.4	1 175.2	1 253.1	-763.2	-847.9	-91.6
France	18 576.9	20 562.9	20 509.1	23 816.3	24 066.9	3 128.7	2 971.1	3 319.3	5 361.0	4 294.7
Allemagne	8 927.3	3 928.1	4 759.1	7 140.8	7 169.7	6 355.8	5 248.8	3 725.1	3 871.4	4 021.1
Grèce	.. c	40.3	.. c	.. c	232.4	1.2	.. c	100.1	-217.1	-210.7
Hongrie	.. c	.. c	.. c	.. c	.. c	27 261.4	25 814.9	.. c	.. c	.. c
Islande	.. c	.. c	.. c	.. c	.. c	.. c	.. c	.. c	.. c	.. c
Irlande	-	-	-	.. c	-	-	96.9	.. c	.. c	.. c
Israël[1]	-463.8	123.0	128.6	151.1	-83.6	.. c	.. c	.. c	.. c	.. c
Italie	7 562.6	8 373.4	8 216.5	10 142.7	9 947.3	247.7	1 234.6	549.2	682.4	12.6
Japon	2 770.6	1 907.5	2 539.3	421.0	4 434.4	1 426.6	5 797.5	6 232.7	3 882.2	4 159.6
Corée	2 202.4	.. c	4 837.1	5 111.5	638.9	214.9	460.5	.. c	758.0	820.9
Lettonie	.. c	.. c	.. c	.. c	5.7	-	-	.. c	.. c	.. c
Lituanie	.. c	15.2	40.1	34.8	8.0	-4.9	-5.4	.. c	25.2	46.9
Luxembourg	85 839.3	152 394.1	.. c	268 463.7	189 482.5	214 482.9	462 149.2	423 202.3	339 971.2	378 574.5
Mexique	139.6	101.3	-321.5	.. c	-404.2	694.5	926.5	695.7	941.5	910.2
Pays-Bas	92 525.3	100 641.3	89 640.6	110 159.5	-16 507.9	54 975.7	56 332.1	57 785.4	181 039.8	79 456.1
Nouvelle-Zélande	.. c	45.7	80.1	139.1	35.5	99.6	.. c	.. c	353.8	.. c
Norvège	191.8	386.5	591.3	813.1	1 103.7	-59.5	6.5	.. c	.. c	101.9
Pologne	-123.8	-94.7	24.2	-24.0	50.4	331.4	302.7	.. c	375.4	586.2
Portugal	252.5	427.9	629.3	952.3	613.7	.. c	.. c	.. c	.. c	.. c
République slovaquie	44.9	7.6	-47.4	-72.0	.. c	160.3	.. c	959.2	961.9	245.0
Slovénie	.. c	.. c	.. c	-6.0	-10.3	.. c	.. c	.. c	.. c	.. c
Espagne	15 251.5	12 201.4	8 403.1	11 107.0	12 500.6	.. c	.. c	.. c	.. c	7 919.6
Suède	2 448.8	2 476.9	3 085.3	2 655.3	1 510.2	847.4	1 882.4	.. c	6 608.3	6 304.1
Suisse	11 638.4	13 802.9	60 657.7	86 613.1	79 366.8	-8 322.7	-6 112.1	-18 538.0	-15 808.3	3 973.0
Turquie	29.1	.. c	.. c	.. c	-108.8	2 008.1	1 920.5	.. c	.. c	1 183.9
Royaume-Uni	56 208.0	56 807.8	78 050.0	70 197.9	60 901.1	94 325.9	98 851.4	99 266.4	106 291.7	98 323.8
Etats-Unis	23 908.1	375 156.2	235 690.9	233 552.4	331 213.6	63 187.8	112 705.5	92 687.9	111 362.4	106 361.3
EUROPE	**319 909.3**	**396 315.7**	**497 426.0**	**729 005.8**	**511 159.8**	**434 097.8**	**693 740.9**	**630 141.2**	**708 088.3**	**661 542.2**
Bulgarie	.. c	18.5	-	-4.8	-	.. c	.. c	.. c	.. c	.. c
Croatie	2.4	.. c	.. c	-4.8	.. c	.. c	.. c	.. c	.. c	.. c
Chypre[2, 3]	694.5	343.0	.. c	.. c	.. c	423.7	344.0	.. c	844.3	842.7
Malte	2 708.7	1 986.9	.. c	467.7	335.5	.. c	.. c	.. c	.. c	.. c
Roumanie	-21.9	-22.9	-8.4	2.4	27.5	263.5	285.2	.. c	225.5	224.4
Russie	1 685.2	1 495.9	2 422.3	2 680.5	2 688.3	.. c	403.9	.. c	604.5	285.1
Ukraine	.. c	.. c	-15.8	.. c	.. c	.. c	.. c	.. c	.. c	.. c
AFRIQUE	**-1 499.4**	**81.7**	**4.2**	**.. c**	**.. c**	**412.8**	**390.9**	**.. c**	**-227.9**	**-476.3**
Afrique septentrionale	-54.6	.. c	.. c	-4.8	.. c	354.5	311.4	.. c	.. c	92.7
Algérie	.. c	.. c	-	.. c	-4.6	-	-	-	.. c	.. c
Egypte	-87.4	-24.0	44.3	-46.8	-29.8	239.2	214.5	-	.. c	.. c
Libye	.. c	.. c	.. c	.. c	-11.5	-	-	-	-	-
Maroc	.. c	.. c	.. c	54.0	-6.9	116.6	96.9	83.3	93.5	92.7
Tunisie	.. c	-	-	.. c	.. c	-	-	.. c	.. c	-
Autres pays africains	-1 444.8	.. c	.. c	.. c	.. c	57.1	79.5	.. c	.. c	-569.0
Nigéria	.. c	-6.5	24.2	-10.8	-9.2	.. c	.. c	.. c	.. c	.. c
Afrique du Sud	-342.4	9.8	418.5	61.2	145.4	36.4	32.7	5.3	51.6	92.7
AMÉRIQUE	**87 931.2**	**453 350.0**	**308 094.2**	**320 768.8**	**459 539.7**	**160 977.5**	**165 850.8**	**170 419.5**	**181 131.0**	**178 485.2**
Amérique du Nord	28 130.7	377 131.2	238 187.0	233 977.0	330 390.4	65 710.7	115 056.1	95 151.3	113 863.0	108 181.8
Amérique du Nord	60 193.9	76 844.9	70 498.6	86 959.7	129 615.3	94 644.0	50 141.5	74 008.6	66 319.3	69 169.9
Bahamas	.. c	.. c	.. c	.. c	11 932.7	-	-	-	-	-
Bermudes	46 355.6	54 299.4	48 187.0	29 124.5	76 518.2	70 130.1	29 632.0	53 506.9	50 314.2	55 439.7
Îles Cayman	5 175.7	11 024.5	12 142.9	45 767.6	40 667.5	.. c	19 175.8	.. c	.. c	.. c
Costa Rica	.. c	.. c	.. c	-70.8	-2.3	.. c	.. c	.. c	105.5	17.2
El Salvador	.. c	.. c	.. c	-	.. c	-	-	-	-	-
Guatemala	-	-	-2.1	-2.4	-2.3	-	-	-	-	-
Honduras	-	-	.. c	.. c	.. c	-	-	-	-	-
Nicaragua	-	-	.. c	-	-	-	-	-	-	-
Panama	-319.3	.. c	.. c	.. c	.. c	.. c	.. c	.. c	54.0	106.5
Îles Vierges, US	-	-	-	.. c	.. c	-	-	-	-	-
Amérique du Sud	-394.6	-626.0	-591.3	-167.9	-466.0	621.6	653.2	1 260.7	948.7	1 132.4
Argentine	-43.7	-61.0	-47.4	-67.2	-40.1	.. c	116.5	.. c	.. c	194.6
Bolivie	.. c	-	.. c	.. c	-	-	-	-	-	-
Brésil	.. c	-263.5	-131.8	-133.1	-327.5	.. c	572.7	744.2	398.2	395.0
Colombie	75.3	-38.1	.. c	254.3	112.2	.. c	.. c	.. c	.. c	.. c
Equateur	-18.2	.. c	.. c	-	-8.0	-	-	.. c	.. c	.. c
Paraguay	-	-	.. c	.. c	.. c	-	-	-	-	-
Pérou	.. c	.. c	.. c	-10.8	.. c	-	.. c	.. c	.. c	.. c
Uruguay	.. c	.. c	.. c	-8.4	-5.7	-	-	-	-	-
Venezuela	.. c	-164.4	.. c	-63.6	17.2	.. c	.. c	.. c	.. c	.. c
ASIE	**9 179.8**	**13 510.1**	**.. c**	**6 856.6**	**25 224.4**	**5 003.3**	**23 483.9**	**21 248.0**	**69 186.9**	**73 226.5**

Tableau 2. Encours des investissements directs étrangers par pays (*suite*)

En fin d'année

Millions de dollars des ÉU

	Entrant					Sortant				
	2014	2015	2016	2017	2018	2014	2015	2016	2017	2018
Proche et Moyen Orient	-576.7	-1 145.3	.. c	-2 326.7	-1 394.6	546.3	1 563.4	1 414.6	1 602.3	1 859.4
Pays du Golfe	-114.1	-1 267.3	-2 174.6	-2 485.0	-1 329.3	354.5	.. c	.. c	.. c	.. c
Koweït	-1.2	-2.2	.. c	.. c	.. c	-	-	.. c	-	-
Qatar	.. c	.. c	.. c	.. c	.. c	-	.. c	.. c	.. c	.. c
Arabie saoudite	-8.5	.. c	.. c	.. c	.. c	4.9	-1.1	.. c	7.2	55.0
Emirats Arabes Unis	-69.2	80.6	-462.7	-630.8	974.4	.. c	.. c	.. c	110.3	798.0
Autres pays du Proche et Moyen Orient	-462.6	121.9	.. c	158.3	-65.3	191.8	.. c	.. c	.. c	.. c
Jordanie	.. c	.. c	.. c	.. c	.. c	-	-	-	.. c	.. c
Autres pays asiatiques	9 757.7	14 655.4	5 633.0	9 183.3	26 620.1	4 457.0	21 921.6	19 833.5	67 584.6	71 367.1
Chine	-261.0	.. c	.. c	.. c	6 752.9	1 541.9	.. c	.. c	.. c	.. c
Hong Kong, Chine	705.4	313.6	634.6	855.1	804.9	348.4	.. c	5 621.4	.. c	.. c
Inde	.. c	-252.6	-470.1	-796.4	-571.3	240.4	72.9	44.3	50.4	-6.9
Indonesie	.. c	5.4	.. c	7.2	-2.3	.. c	.. c	.. c	.. c	.. c
République islamique d'Iran	.. c	.. c	-	-	-	-	-	-	-	-
Malaisie	-8.5	-22.9	3.2	-39.6	-20.6	46.1	56.6	.. c	.. c	16.0
Philippines	9.7	20.7	-41.1	8.4	24.0	.. c	-	.. c	.. c	5.7
Singapour	3 768.6	.. c	-4 653.7	-4 852.5	13 740.6	693.3	984.2	1 219.6	.. c	.. c
Taipei Chinois	177.3	310.3	315.2	209.9	45.8	30.4	52.3	.. c	97.1	98.5
Thaïlande	.. c	-26.1	-44.3	-	-97.3	.. c	.. c	.. c	.. c	-
Viet Nam	.. c	-	.. c	-	1.1	-	8.7	.. c	13.2	14.9
AUSTRALIE, OCÉANIE ET RÉGIONS POLAIRES	**1 334.3**	**525.9**	**-653.5**	**544.5**	**153.4**	**6 017.1**	**2 176.4**	**.. c**	**1 718.6**	**1 028.2**
TOTAL MONDE non alloué et confidentiel	**12 990.9**	**26 341.9**	**.. d**	**724.4**	**4 031.4**	**12 325.5**	**24 025.0**	**.. d**	**26 948.9**	**29 062.3**
Union européenne (UE28)	**300 236.0**	**374 145.9**	**339 587.9**	**544 762.5**	**319 453.9**	**429 172.2**	**682 620.6**	**630 117.0**	**683 589.6**	**600 849.6**
Pays du G20 hors Union Européenne	**..**	**..**	**.. d**	**.. d**	**..**	**..**	**..**	**.. d**	**.. d**	**..**
Pays OCDE du G20	**125 715.2**	**..**	**.. d**	**.. d**	**437 155.9**	**180 030.4**	**234 296.1**	**.. d**	**.. d**	**222 425.0**
Pays non-OCDE du G20	**..**	**..**	**.. d**	**.. d**	**..**	**..**	**..**	**.. d**	**.. d**	**..**
Pays MENA	**..**	**..**	**.. d**	**.. d**	**..**	**..**	**..**	**.. d**	**.. d**	**..**
Pays ANASE	**3 608.3**	**9 568.9**	**.. c**	**.. c**	**.. c**	**654.4**	**1 102.9**	**688.3**	**.. c**	**.. c**

- Néant ; .. Non disponible ; c Donnée confidentielle ; d Confidentialité Secondaire

Note : Voir les métadonnées détaillées sur : *http://stats.oecd.org/OECDStat_Metadata/ShowMetadata.ashx?Dataset=FDI_CTRY_IND_SUMM&lang=fr*.

1. Informations sur les données concernant Israël : *http://oe.cd/israel-disclaimer*.
2. Note de la Turquie : Les informations figurant dans ce document et faisant référence à « Chypre » concernent la partie méridionale de l'île. Il n'y a pas d'autorité unique représentant à la fois les Chypriotes turcs et grecs sur l'île. La Turquie reconnaît la République Turque de Chypre Nord (RTCN). Jusqu'à ce qu'une solution durable et équitable soit trouvée dans le cadre des Nations Unies, la Turquie maintiendra sa position sur la « question chypriote ».
3. Note de tous les États de l'Union européenne membres de l'OCDE et del'Union européenne : La République de Chypre est reconnue par tous les membres des Nations Unies sauf la Turquie. Les informations figurant dans ce document concernent la zone sous le contrôle effectif du gouvernement de la République de Chypre.

Source : Statistiques de l'OCDE sur l'investissement direct international (base de données) : https://doi.org/10.1787/idi-data-fr

Tableau 3. Revenus des investissements directs étrangers par pays

Millions de dollars des ÉU

	Entrant					Sortant				
	2014	2015	2016	2017	2018	2014	2015	2016	2017	2018
TOTAL MONDE	**54 464.6**	**71 584.0**	**61 827.9**	**75 764.9**	**85 256.7**	**20 477.6**	**11 762.6**	**14 638.9**	**17 361.1**	**15 296.8**
Pays membres de l'OCDE	**34 954.2**	**36 967.3**	**38 457.4**	**49 354.1**	**59 524.4**	**14 893.2**	**14 581.3**	**15 449.5**	**15 750.2**	**16 067.5**
Australie	-14.6	.. c	.. c	22.5	-15.3	.. c	42.2	91.8	-12.4	-14.2
Autriche	.. c	.. c	12.2	4.5	-	8.0	4.4	15.5	-1.1	13.0
Belgique	1 491.3	1 620.6	1 217.5	2 008.8	3 539.5	-42.5	17.7	79.6	39.5	30.7
Canada	-26.5	14.4	35.4	-48.5	-127.5	123.4	34.4	-25.4	4.5	-5.9
Chili	-	.. c	-2.2	.. c	-	-	-	-	-	-
République Tchèque	-	-	-	-	-	.. c	16.6	.. c	-11.3	.. c
Danemark	104.8	166.4	89.6	74.4	.. c	.. c	.. c	11.1	6.8	16.5
Estonie	-	-	-	-	-	-	-	-	-	-
Finlande	.. c	.. c	13.3	11.3	9.4	.. c	2.2	-	.. c	.. c
France	2 522.2	2 399.3	2 255.9	2 437.2	2 775.9	151.3	48.8	142.7	140.9	43.7
Allemagne	1 069.4	881.9	758.6	352.8	939.5	196.4	255.1	268.7	165.7	-135.7
Grèce	-	-	-	.. c	.. c	.. c	.. c	.. c	.. c	.. c
Hongrie	.. c	4.4	.. c	.. c	.. c	.. c	.. c	.. c	.. c	.. c
Islande	.. c	.. c	-	.. c	.. c	-	.. c	-	-	-
Irlande	-	.. c	-	-	-	-	-	-	.. c	-
Israël[1]	-	-	-	-	-	.. c	.. c	.. c	.. c	107.4
Italie	2 037.9	1 978.9	1 659.8	1 652.6	1 670.0	35.8	-73.2	67.5	16.9	61.4
Japon	-45.1	13.3	419.1	406.9	535.8	17.2	4.4	-11.1	-20.3	.. c
Corée	99.5	.. c	85.1	67.6	5.9	.. c	.. c	.. c	.. c	.. c
Lettonie	-	-	-	-	-	-	-	-	.. c	-
Lituanie	-	-	-	-	-	-	-	-	-	-
Luxembourg	4 878.6	4 657.8	4 598.0	11 272.7	13 512.3	6 838.3	8 481.4	10 401.4	9 696.8	9 974.0
Mexique	-	-	-1.1	-4.5	-7.1	.. c	.. c	45.3	.. c	.. c
Pays-Bas	9 612.6	13 148.1	12 987.9	7 436.6	6 540.8	2 505.0	2 142.0	2 981.3	4 123.5	5 399.5
Nouvelle-Zélande	-	-	-	4.5	-	.. c	.. c	.. c	.. c	.. c
Norvège	.. c	.. c	.. c	-301.0	136.9	.. c	.. c	1.1	4.5	8.3
Pologne	-	-	-	-	-	4.0	8.9	1.1	19.2	7.1
Portugal	-115.4	112.0	71.9	32.7	40.1	.. c	.. c	.. c	-6.8	.. c
République slovaquie	-	-	-	-	-	-	.. c	.. c	.. c	.. c
Slovénie	-	-	-	-	-	-	-	-	-	-
Espagne	685.9	168.6	246.6	558.0	544.1	.. c	-10.0	45.3	-6.8	-
Suède	201.7	168.6	188.0	181.5	201.8	31.8	14.4	96.2	50.7	27.1
Suisse	5 296.5	6 703.3	8 283.8	9 189.5	13 556.0	.. c	-397.1	-1 003.0	.. c	.. c
Turquie	-	-	-	.. c	.. c	.. c	.. c	26.5	.. c	.. c
Royaume-Uni	3 086.1	4 266.2	4 133.6	4 438.1	4 246.4	1 382.5	604.5	424.6	2 207.2	2 542.2
Etats-Unis	4 026.8	411.5	684.5	8 332.8	11 091.7	1 624.0	1 859.1	498.7	-1 226.5	-2 202.3
EUROPE	**31 750.0**	**54 418.2**	**42 523.5**	**51 193.8**	**57 944.1**	**14 065.3**	**13 742.7**	**16 078.7**	**18 749.9**	**19 183.3**
Bulgarie	-	-	-	-	-	.. c	.. c	-	.. c	.. c
Croatie	.. c	-	-	-	-	-	-	-	-	-
Chypre[2, 3]	.. c	.. c	.. c	.. c	.. c	-21.2	-	.. c	.. c	.. c
Malte	42.5	33.3	29.9	32.7	36.6	.. c	.. c	.. c	.. c	.. c
Roumanie	-	-	-	-	-	.. c	.. c	18.8	10.1	3.5
Russie	-	-	.. c	.. c	1.2	.. c	.. c	.. c	.. c	.. c
Ukraine	-	-	-	-	-	.. c	.. c	.. c	.. c	.. c
AFRIQUE	**10.6**	**11.1**	**12.2**	**.. c**	**14.2**	**.. c**	**.. c**	**.. c**	**.. c**	**.. c**
Afrique septentrionale	-	-	-	-	-	.. c	.. c	-	.. c	.. c
Algérie	-	-	-	-	-	-	-	-	-	-
Egypte	-	-	-	-	-	.. c	.. c	-	-	-
Libye	-	-	-	-	-	-	-	-	-	-
Maroc	-	-	-	-	-	-	-	-	-	-
Tunisie	-	-	-	-	-	-	-	-	.. c	.. c
Autres pays africains	10.6	11.1	12.2	.. c	14.2	-	-	.. c	-	.. c
Nigéria	-	-	-	-	-	-	-	.. c	.. c	-
Afrique du Sud	.. c	.. c	11.1	.. c	.. c	-	-	-	-	-
AMÉRIQUE	**21 760.6**	**16 677.8**	**18 402.1**	**22 968.1**	**25 337.0**	**5 844.5**	**3 740.4**	**3 290.9**	**2 165.5**	**907.6**
Amérique du Nord	3 998.9	424.8	721.0	8 283.2	10 964.2	1 748.7	1 894.6	473.3	-1 222.0	-2 209.4
Amérique du Nord	17 763.0	16 252.9	17 685.5	14 686.1	.. c	.. c	1 770.4	2 729.2	3 270.2	.. c
Bahamas	.. c	.. c	.. c	.. c	.. c	-	-	-	.. c	-
Bermudes	15 316.4	12 073.2	13 110.7	8 614.6	8 242.7	2 170.6	888.5	1 272.8	1 749.5	.. c
Îles Cayman	2 597.9	4 400.4	4 472.0	5 631.8	5 073.8	.. c	859.7	1 405.5	.. c	.. c
Costa Rica	-	-	.. c	.. c	-	-	.. c	4.4	.. c	-
El Salvador	-	-	-	-	-	-	-	-	-	-
Guatemala	-	-	-	-	-	-	-	-	-	-
Honduras	-	-	-	-	-	-	-	-	-	-
Nicaragua	-	-	-	-	-	-	-	-	-	-
Panama	-13.3	.. c	-11.1	-1.1	4.7	-	-	-	-	-
Îles Vierges, US	-	-	-	-	-	-	-	-	-	-
Amérique du Sud	-	-	-4.4	-1.1	.. c	.. c	76.5	88.5	117.2	.. c
Argentine	-	-	-	-	-	.. c	33.3	32.1	.. c	.. c
Bolivie	-	-	-	-	-	-	-	-	-	-
Brésil	-	-	.. c	-	.. c	5.3	.. c	54.2	.. c	.. c
Colombie	-	-	-	-	-	-	-	-	-	-
Equateur	-	-	-	-	-	-	-	-	-	-
Paraguay	-	.. c	-	.. c	-	-	-	-	-	-
Pérou	-	-	-	-	-	-	.. c	-	.. c	-
Uruguay	-	-	-	-	-	-	-	-	-	-
Venezuela	-	-	-	-	-	-	-	-	.. c	-
ASIE	**282.6**	**391.6**	**677.9**	**1 139.7**	**1 677.1**	**760.2**	**.. c**	**.. c**	**.. c**	**.. c**

Tableau 3. Revenus des investissements directs étrangers par pays *(suite)*

Millions de dollars des ÉU

	Entrant					Sortant				
	2014	2015	2016	2017	2018	2014	2015	2016	2017	2018
Proche et Moyen Orient	.. c	8.9	7.7	7.9	-24.8	-13.3	10.0	.. c	.. c	178.2
Pays du Golfe	.. c	.. c	7.7	6.8	-26.0	.. c	.. c	.. c	.. c	.. c
Koweït	-	-	-	-	-	-	-	-	-	-
Qatar	-	-	-	-	-	-	-	-	-	-
Arabie saoudite	-	-	-	-	-	-	-	.. c	-	.. c
Emirats Arabes Unis	.. c	.. c	7.7	6.8	.. c	.. c	.. c	-	.. c	.. c
Autres pays du Proche et Moyen Orient	-	.. c	-	-	-	.. c	.. c	.. c	.. c	.. c
Jordanie	-	.. c	-	-	-	-	-	-	-	.. c
Autres pays asiatiques	.. c	381.6	670.1	1 132.9	1 701.9	773.5	.. c	.. c	.. c	.. c
Chine	-	.. c	.. c	.. c	.. c	.. c	.. c	.. c	.. c	.. c
Hong Kong, Chine	.. c	.. c	.. c	.. c	.. c	.. c	4.4	2.2	-11.3	8.3
Inde	-	-	.. c	.. c	.. c	69.0	.. c	18.8	15.8	.. c
Indonesie	-	-	-	-	-	-	-	-	-	-
République islamique d'Iran	-	-	-	-	-	.. c	.. c	-	-	-
Malaisie	.. c	-	-	-	-	-	-	-	-	-
Philippines	.. c	-	-	-	-	.. c	-	-	-	-
Singapour	17.2	89.9	99.5	138.7	.. c	.. c	.. c	.. c	11.3	2.4
Taipei Chinois	-	-	-	-	-	.. c	.. c	.. c	.. c	.. c
Thaïlande	-	-	-	-	-	-	-	-	-	-
Viet Nam	-	-	-	-	-	-	-	-	-	-
AUSTRALIE, OCÉANIE ET RÉGIONS POLAIRES	**-11.9**	**.. c**	**.. c**	**23.7**	**-11.8**	**84.9**	**48.8**	**99.5**	**-7.9**	**-20.1**
TOTAL MONDE non alloué et confidentiel	**672.7**	**85.4**	**.. d**	**439.6**	**296.2**	**-277.3**	**-5 788.1**	**.. d**	**-3 541.9**	**-5 014.8**
Union européenne (UE28)	**25 618.9**	**29 638.4**	**28 608.9**	**31 754.0**	**34 288.9**	**12 745.1**	**13 379.9**	**16 209.2**	**18 116.3**	**18 739.5**
Pays du G20 hors Union Européenne	**..**	**..**	**.. d**	**.. d**	**..**	**..**	**..**	**.. d**	**.. d**	**..**
Pays OCDE du G20	**12 755.7**	**..**	**.. d**	**.. d**	**..**	**..**	**..**	**.. d**	**.. d**	**..**
Pays non-OCDE du G20	**..**	**..**	**.. d**	**.. d**	**..**	**..**	**..**	**.. d**	**.. d**	**..**
Pays MENA	**..**	**..**	**7.7**	**6.8**	**..**	**..**	**..**	**.. d**	**.. d**	**..**
Pays ANASE	**17.2**	**89.9**	**102.8**	**138.7**	**.. c**	**.. c**	**.. c**	**15.5**	**.. c**	**2.4**

- Néant ; .. Non disponible ; c Donnée confidentielle ; d Confidentialité Secondaire

Note : Voir les métadonnées détaillées sur : *http://stats.oecd.org/OECDStat_Metadata/ShowMetadata.ashx?Dataset=FDI_CTRY_IND_SUMM&lang=fr*.

1. Informations sur les données concernant Israël : *http://oe.cd/israel-disclaimer*.
2. Note de la Turquie : Les informations figurant dans ce document et faisant référence à « Chypre » concernent la partie méridionale de l'île. Il n'y a pas d'autorité unique représentant à la fois les Chypriotes turcs et grecs sur l'île. La Turquie reconnaît la République Turque de Chypre Nord (RTCN). Jusqu'à ce qu'une solution durable et équitable soit trouvée dans le cadre des Nations Unies, la Turquie maintiendra sa position sur la « question chypriote ».
3. Note de tous les États de l'Union européenne membres de l'OCDE et del'Union européenne : La République de Chypre est reconnue par tous les membres des Nations Unies sauf la Turquie. Les informations figurant dans ce document concernent la zone sous le contrôle effectif du gouvernement de la République de Chypre.

Source : Statistiques de l'OCDE sur l'investissement direct international (base de données) : https://doi.org/10.1787/idi-data-fr

IRLANDE

Tableau 4. Investissement direct étranger : flux par secteur industriel

Millions de dollars des ÉU

	Entrant					Sortant				
	2014	2015	2016	2017	2018	2014	2015	2016	2017	2018
All FDI activities	**48 185.0**	**217 818.1**	**39 375.2**	**52 722.4**	**-28 071.5**	**41 180.8**	**168 442.6**	**30 056.4**	**-2 043.7**	**727.0**
Agriculture, sylviculture et pêche	**.. c**	**.. c**	**.. c**	**.. c**	**.. c**	-	-	-	-	-
Industries extractives	**.. c**	**.. c**	-	**.. c**	**.. c**	**.. c**	**.. c**	**.. c**	**.. c**	**.. c**
Activités d'extraction	-	-	-	-	-	-	-	-	-	-
Activités de fabrication	**2 907.0**	**23 021.6**	**-3 059.8**	**-40 928.9**	**64 342.0**	**4 607.9**	**4 891.8**	**4 749.5**	**3 760.6**	**12 663.8**
dont :										
Produits alimentaires, boissons et tabac	-3 753.5	89.9	-410.3	-109.3	.. c	-1 925.2	-66.6	358.3	.. c	193.6
Textiles, bois, papier, imprimerie	.. c	.. c	.. c	-	-	.. c	.. c	.. c	.. c	.. c
Produits pétroliers, chimiques, pharmaceutiques, caoutchouc, plastique, minéraux	6 200.1	7 018.3	12 029.2	-8 361.0	22 319.1	.. c	.. c	.. c	.. c	.. c
Ouvrages en métaux et machines, sauf matériels électriques	-179.1	.. c	.. c	.. c	.. c	559.9	170.8	.. c	.. c	.. c
Automobiles, remorques, semi-remorques, autres matériels de transport	.. c	.. c	.. c	.. c	.. c	-	.. c	.. c	.. c	-
Autres activités de fabrication	739.0	1 985.6	1 066.0	1 938.9	4 462.4	.. c	442.6	-97.3	16.9	1 775.1
Production et distribution d'électricité, de gaz, de vapeur et de climatisation	**.. c**	**.. c**	**.. c**	**.. c**	**.. c**	**.. c**	**.. c**	**.. c**	**.. c**	**.. c**
Distribution de l'eau ; assainissement, traitement des déchets et dépollution	-	-	-	-	-	-	-	-	-	-
Construction	-	-	-	-	-	-	-	-	-	-
Services	**45 956.0**	**194 743.2**	**42 325.6**	**93 448.3**	**-93 273.9**	**34 333.3**	**160 920.7**	**23 942.3**	**-8 973.1**	**-13 737.8**
Commerce de gros et de détail ; réparations automobiles et motocycles	2 991.9	3 237.9	.. c	31 392.2	.. c	725.8	1 975.6	1 925.2	-1 792.4	-610.2
Transport et entreposage	.. c	.. c	.. c	.. c	.. c	.. c	.. c	.. c	.. c	.. c
Activités d'hébergement et de restauration	-	-	-	-	-	-	-	-	-	-
Information et communication	6 921.9	9 404.3	7 806.0	90 701.2	-65 734.7	2 779.6	2 991.7	-1 297.1	.. c	.. c
Activités financières et d'assurances	.. c	104 400.4	6 564.2	5 056.9	-21 036.2	-11 868.1	.. c	14 734.0	8 090.4	-13 442.7
Activités des sociétés holding	-148.6	3 130.3	-1 812.5	1 630.0	-2 981.2	34.5	175.3	-754.2	2 427.0	.. c
Activités immobilières	-	-	-	-	-	-	-	-	-	-
Activités professionnelles, scientifiques et techniques	13 420.5	51 088.2	18 794.6	.. c	-2 840.8	42 648.3	80 381.6	2 079.0	-59 940.3	55 580.1
Activités de services administratifs et d'appui	7 473.8	.. c	1 533.8	-3 125.9	-2 059.5	-1 215.3	.. c	797.3	.. c	2 641.3
Administration publique; activités des ménages et des organismes extra-territoriaux	-	-	-	-	-	-	-	-	-	-
Éducation	-	-	-	-	-	-	-	-	-	-
Santé humaine et action sociale	-	-	-	-	-	-	-	-	-	-
Arts, spectacles et loisirs	-	-	-	-	-	.. c	.. c	.. c	.. c	.. c
Autres services	-	-	-	-	-	-	-	-	-	-
Not allocated and confidential	**.. c**	**.. c**	**.. c**	**.. c**	**.. c**	**.. c**	**.. c**	**.. c**	**.. c**	**.. c**
Activités immobilières privées	-	-	-	-	-	-	-	-	-	-

- Néant ; c Donnée confidentielle

Note : Voir les métadonnées détaillées sur : *http://stats.oecd.org/OECDStat_Metadata/ShowMetadata.ashx?Dataset=FDI_CTRY_IND_SUMM&lang=fr.*

Source : Statistiques de l'OCDE sur l'investissement direct international (base de données) : https://doi.org/10.1787/idi-data-fr

Tableau 5. Encours des investissement directs étrangers par secteur industriel

En fin d'année

Millions de dollars des ÉU

	Entrant					Sortant				
	2014	2015	2016	2017	2018	2014	2015	2016	2017	2018
All FDI activities	**429 846.0**	**890 125.2**	**840 646.1**	**1 058 012.7**	**1 000 391.6**	**618 834.1**	**909 667.9**	**856 581.6**	**986 845.8**	**942 868.1**
Agriculture, sylviculture et pêche	**.. c**	**.. c**	**.. c**	**.. c**	**.. c**	**-**	**-**	**-**	**-**	**-**
Industries extractives	**.. c**	**.. c**	**.. c**	**.. c**	**.. c**	**.. c**	**.. c**	**.. c**	**.. c**	**.. c**
Activités d'extraction	-	-	-	-	-	-	-	-	-	-
Activités de fabrication	**94 742.3**	**346 463.8**	**338 813.1**	**323 992.6**	**360 203.8**	**56 665.7**	**61 224.8**	**66 143.1**	**87 474.2**	**97 420.4**
dont :										
Produits alimentaires, boissons et tabac	7 316.2	6 550.9	5 640.4	5 044.4	.. c	18 615.8	22 185.1	20 756.8	.. c	.. c
Textiles, bois, papier, imprimerie	.. c	.. c	-	-	-	.. c	.. c	.. c	.. c	.. c
Produits pétroliers, chimiques, pharmaceutiques, caoutchouc, plastique, minéraux	57 283.7	68 160.0	75 389.5	88 749.1	90 865.6	.. c	.. c	.. c	.. c	.. c
Ouvrages en métaux et machines, sauf matériels électriques	8 576.4	.. c	.. c	.. c	.. c	.. c	.. c	.. c	.. c	.. c
Automobiles, remorques, semi-remorques, autres matériels de transport	.. c	.. c	.. c	.. c	.. c	-	.. c	.. c	.. c	.. c
Autres activités de fabrication	20 099.4	17 171.5	15 863.8	20 788.0	20 953.7	10 827.3	10 055.5	.. c	10 560.1	11 294.9
Production et distribution d'électricité, de gaz, de vapeur et de climatisation	**1 318.5**	**1 289.1**	**.. c**	**.. c**	**.. c**	**.. c**	**.. c**	**.. c**	**.. c**	**.. c**
Distribution de l'eau ; assainissement, traitement des déchets et dépollution	**-**	**-**	**-**	**-**	**-**	**-**	**-**	**-**	**-**	**-**
Construction	**-**	**-**	**-**	**-**	**-**	**-**	**-**	**-**	**-**	**-**
Services	**333 475.6**	**542 177.5**	**500 819.0**	**732 762.1**	**639 032.5**	**540 484.5**	**820 501.9**	**758 951.2**	**865 181.1**	**819 425.2**
Commerce de gros et de détail ; réparations automobiles et motocycles	20 097.0	17 702.8	18 194.4	52 753.7	50 184.3	22 685.5	15 996.7	16 775.6	19 342.8	15 064.1
Transport et entreposage	.. c	.. c	.. c	.. c	.. c	.. c	.. c	.. c	.. c	.. c
Activités d'hébergement et de restauration	-	-	-	-	-	-	-	-	-	-
Information et communication	17 750.1	20 554.2	20 304.6	198 402.5	133 494.4	1 569.8	4 987.5	3 578.6	.. c	.. c
Activités financières et d'assurances	.. c	275 921.6	255 443.2	.. c	.. c	45 026.1	93 710.4	96 473.1	105 693.2	104 727.5
Activités des sociétés holding	22 995.1	23 430.6	22 537.2	24 346.4	21 470.1	10 202.1	9 313.0	7 573.5	9 648.6	9 226.0
Activités immobilières	.. c	.. c	.. c	.. c	.. c	.. c	.. c	.. c	.. c	.. c
Activités professionnelles, scientifiques et techniques	19 743.7	118 391.9	137 960.4	121 421.2	118 184.1	407 301.4	609 615.7	555 569.7	507 453.8	543 179.5
Activités de services administratifs et d'appui	77 411.0	107 810.6	67 058.1	75 790.4	69 406.9	22 487.6	55 463.3	43 842.1	42 764.5	31 952.1
Administration publique; activités des ménages et des organismes extra-territoriaux	-	-	-	-	-	-	-	-	-	-
Éducation	-	-	-	-	-	-	-	-	-	-
Santé humaine et action sociale	-	-	-	-	-	-	-	-	-	-
Arts, spectacles et loisirs	-	-	-	-	-	.. c	.. c	.. c	.. c	.. c
Autres services	-	-	-	-	-	-	-	-	-	-
Not allocated and confidential	**.. c**	**.. c**	**.. c**	**.. c**	**.. c**	**.. c**	**.. c**	**.. c**	**.. c**	**.. c**
Activités immobilières privées	**-**	**-**	**-**	**-**	**-**	**-**	**-**	**-**	**-**	**-**

- Néant ; c Donnée confidentielle

Note : Voir les métadonnées détaillées sur : *http://stats.oecd.org/OECDStat_Metadata/ShowMetadata.ashx?Dataset=FDI_CTRY_IND_SUMM&lang=fr.*

Source : Statistiques de l'OCDE sur l'investissement direct international (base de données) : https://doi.org/10.1787/idi-data-fr

Tableau 6. Revenus des investissements directs étrangers par secteur industriel

Millions de dollars des ÉU

	Entrant					Sortant				
	2014	2015	2016	2017	2018	2014	2015	2016	2017	2018
All FDI activities	**54 464.6**	**71 584.0**	**61 827.9**	**75 764.9**	**85 256.7**	**20 477.6**	**11 762.6**	**14 638.9**	**17 361.1**	**15 296.8**
Agriculture, sylviculture et pêche	**.. c**	**.. c**	**.. c**	**.. c**	**.. c**	**-**	**-**	**-**	**-**	**-**
Industries extractives	**.. c**	**.. c**	**.. c**	**.. c**	**.. c**	**.. c**	**.. c**	**.. c**	**.. c**	**.. c**
Activités d'extraction	-	-	-	-	-	-	-	-	-	-
Activités de fabrication	**25 455.8**	**46 930.7**	**35 241.6**	**42 271.4**	**49 025.1**	**1 413.0**	**-3 803.7**	**-3 473.4**	**-2 141.8**	**-3 295.2**
dont :										
Produits alimentaires, boissons et tabac	7 319.9	6 719.9	6 375.1	3 587.0	3 962.0	638.2	519.1	529.7	.. c	.. c
Textiles, bois, papier, imprimerie	.. c	.. c	.. c	-	-	.. c	556.9	.. c	.. c	.. c
Produits pétroliers, chimiques, pharmaceutiques, caoutchouc, plastique, minéraux	11 878.7	15 142.5	16 080.9	21 823.9	28 691.1	.. c	.. c	.. c	-39.5	.. c
Ouvrages en métaux et machines, sauf matériels électriques	1 149.0	.. c	8 734.9	12 636.7	12 323.9	.. c	.. c	.. c	.. c	.. c
Automobiles, remorques, semi-remorques, autres matériels de transport	.. c	.. c	.. c	.. c	.. c	-	-	.. c	.. c	.. c
Autres activités de fabrication	4 968.8	4 524.7	4 035.2	.. c	.. c	75.6	119.8	-	-234.5	-266.7
Production et distribution d'électricité, de gaz, de vapeur et de climatisation	**.. c**	**53.2**	**.. c**	**.. c**	**.. c**	**130.0**	**39.9**	**.. c**	**-83.4**	**.. c**
Distribution de l'eau ; assainissement, traitement des déchets et dépollution	**-**	**-**	**-**	**-**	**-**	**-**	**-**	**-**	**-**	**-**
Construction	**-**	**-**	**-**	**-**	**-**	**-**	**-**	**-**	**-**	**-**
Services	**28 874.9**	**24 584.6**	**24 096.0**	**33 309.7**	**36 053.3**	**18 056.3**	**14 745.4**	**17 443.3**	**17 939.4**	**16 638.7**
Commerce de gros et de détail ; réparations automobiles et motocycles	3 129.9	.. c	829.4	.. c	.. c	1 093.3	48.8	97.3	428.4	122.7
Transport et entreposage	.. c	.. c	.. c	.. c	.. c	.. c	.. c	-	.. c	.. c
Activités d'hébergement et de restauration	-	-	-	-	-	-	-	-	-	-
Information et communication	10 295.9	9 163.6	8 431.9	12 257.9	13 053.2	-29.2	-345.0	-360.5	-130.8	-326.9
Activités financières et d'assurances	8 938.6	6 939.5	7 267.5	7 559.5	5 296.8	1 362.6	827.5	893.5	1 122.8	-876.9
Activités des sociétés holding	603.7	600.1	914.5	1 105.9	339.9	640.8	437.0	686.7	976.2	260.8
Activités immobilières	-	-	-	-	-	-	-	-	-	-
Activités professionnelles, scientifiques et techniques	1 654.5	2 143.1	3 626.0	2 839.6	3 756.6	15 209.0	14 154.2	16 497.8	15 956.5	17 415.3
Activités de services administratifs et d'appui	4 897.2	4 881.9	4 021.9	7 782.7	9 945.7	197.7	-16.6	274.2	273.9	60.2
Administration publique; activités des ménages et des organismes extra-territoriaux	-	-	-	-	-	-	-	-	-	-
Éducation	-	-	-	-	-	-	-	-	-	-
Santé humaine et action sociale	-	-	-	-	-	-	-	-	-	-
Arts, spectacles et loisirs	-	-	-	-	-	.. c	.. c	.. c	.. c	.. c
Autres services	-	-	-	-	-	-	-	-	-	-
Not allocated and confidential	**.. c**	**.. c**	**120.5**	**.. c**	**.. c**	**.. c**	**.. c**	**1 352.4**	**.. c**	**.. c**
Activités immobilières privées	**-**	**-**	**-**	**-**	**-**	**-**	**-**	**-**	**-**	**-**

- Néant ; c Donnée confidentielle

Note : Voir les métadonnées détaillées sur : http://stats.oecd.org/OECDStat_Metadata/ShowMetadata.ashx?Dataset=FDI_CTRY_IND_SUMM&lang=fr.

Source : Statistiques de l'OCDE sur l'investissement direct international (base de données) : https://doi.org/10.1787/idi-data-fr

Tableau 1. Flux d'investissement direct étranger par pays

Millions de dollars des ÉU

	Entrant					Sortant				
	2014	2015	2016	2017	2018	2014	2015	2016	2017	2018
TOTAL MONDE	**6 049.0**	**11 337.0**	**11 988.0**	**18 169.0**	**20 789.0**	**4 525.0**	**10 969.0**	**14 579.0**	**6 153.4**	**6 117.0**
Pays membres de l'OCDE	**2 106.4**	**3 668.0**	**6 374.0**	**.. d**	**9 546.0**	**2 946.8**	**8 088.0**	**11 850.0**	**.. d**	**3 304.0**
Australie	-2.7	.. c	-	.. c	..	87.4	96.0	79.0	76.1	41.0
Autriche	..	-	-	-	..	0.6	-	-	..	..
Belgique	120.3	63.0	-22.0	-342.6	-7.0	26.5	-591.0	-	3.7	6.0
Canada	-132.5	102.0	61.0	178.9	-500.0	62.7	-71.0	125.0	327.0	108.0
Chili	..	-	-	..	..	.. c	.. c	-	.. c	..
République Tchèque	..	-	-	..	..	3.1	9.0	-3.0	-0.6	-2.0
Danemark	.. c	-	-	.. c	.. c	.. c	.. c	.. c	.. c	.. c
Estonie	..	-	-	..	..	..	-	-	..	..
Finlande	..	-	-	..	..	.. c	.. c	10.0	.. c	.. c
France	101.5	372.0	114.0	-67.1	-77.0	-15.9	2.0	-20.0	-16.6	94.0
Allemagne	257.5	25.0	-5.0	29.8	26.0	151.3	134.0	115.0	265.6	-430.0
Grèce	..	-	-	..	..	2.7	1.0	2.0	-4.6	-1.0
Hongrie	.. c	.. c	.. c	.. c	.. c	-339.9	-88.0	-15.0	-9.7	37.0
Islande	.. c	.. c	.. c	.. c	.. c	..	-	-	.. c	..
Irlande	.. c	.. c	.. c	.. c	.. c	..	-	-	.. c	.. c
Israël[1]	-	-	-	..	..	-	-	-	..	..
Italie	.. c	.. c	.. c	.. c	.. c	..	3.0	-8.0	12.6	19.0
Japon	29.0	12.0	137.0	1 058.6	152.0	561.2	162.0	96.0	41.3	1 369.0
Corée	..	-	-	..	..	24.4	21.0	19.0	18.7	16.0
Lettonie	..	-	-	..	..	.. c	.. c	.. c	..	..
Lituanie	..	-	-	..	..	25.8	-	-	-	.. c
Luxembourg	58.0	-33.0	672.0	-293.3	-394.0	-1.3	242.0	178.0	75.8	34.0
Mexique	.. c	.. c	34.0	30.5	1 553.0	..	4.0	-6.0	4.2	3.0
Pays-Bas	-1 363.3	480.0	1 746.0	384.5	-119.0	1 327.5	7 756.0	9 875.0	3 426.6	2 051.0
Nouvelle-Zélande	..	-	-	..	..	..	.. c	-	-	..
Norvège	.. c	.. c	-	..	..	.. c	.. c	.. c	.. c	.. c
Pologne	.. c	.. c	.. c	.. c	.. c	18.1	111.0	15.0	-34.2	-8.0
Portugal	..	-	-	..	..	..	-	-	-	..
République slovaquie	..	-	-	..	..	..	-	-	..	..
Slovénie	..	-	-	..	..	..	-	-	..	..
Espagne	..	.. c	-	..	..	-2.0	-34.0	-47.0	8.4	91.0
Suède	..	176.0	65.0	-38.8	-1.0	-0.6	1.0	-5.0	.. c	.. c
Suisse	201.0	113.0	26.0	-142.2	13.0	138.5	165.0	85.0	51.2	-295.0
Turquie	.. c	.. c	.. c	.. c	.. c	13.8	5.0	6.0	12.0	8.0
Royaume-Uni	68.8	72.0	260.0	607.6	-821.0	972.6	631.0	-79.0	172.2	-191.0
Etats-Unis	2 243.9	1 596.0	2 818.0	1 747.5	9 464.0	-195.5	-807.0	1 407.0	143.6	253.0
EUROPE	**-11.1**	**1 800.0**	**3 371.0**	**7 274.1**	**-748.0**	**2 292.9**	**8 913.0**	**10 213.0**	**4 670.1**	**1 629.0**
Bulgarie	..	-	-	..	..	50.5	30.0	26.0	20.8	10.0
Croatie	..	-	-	..	..	.. c	.. c	-	..	..
Chypre[2, 3]	..	-	-	.. c	.. c	-92.3	-288.0	-140.0	79.2	-9.0
Malte	..	-	-	..	..	..	-	-	..	..
Roumanie	..	-	-	..	..	-2.1	13.0	-11.0	4.5	13.0
Russie	.. c	.. c	-	..	..	54.0	75.0	70.0	45.7	26.0
Ukraine	..	-	-	..	..	52.2	61.0	55.0	46.8	14.0
AFRIQUE	**-**	**-**	**-**	**-**	**..**	**-2.7**	**-5.0**	**-23.0**	**-0.5**	**5.0**
Afrique septentrionale	-	-	-	-	..	-	-	-	..	..
Algérie	..	-	-	..	..	..	-	-	..	..
Egypte	..	-	-	..	..	..	-	-	..	..
Libye	..	-	-	..	..	..	-	-	..	..
Maroc	..	-	-	..	..	..	-	-	..	..
Tunisie	..	-	-	..	..	..	-	-	..	..
Autres pays africains	-	-	-	-	..	-3.7	-3.0	-15.0	..	5.0
Nigéria	..	-	-	..	..	.. c	.. c	-	.. c	.. c
Afrique du Sud	..	-	-	..	..	1.8	4.0	2.0	4.7	3.0
AMÉRIQUE	**2 379.2**	**1 425.0**	**2 726.0**	**3 188.8**	**11 932.0**	**238.4**	**-529.0**	**1 973.0**	**655.8**	**692.0**
Amérique du Nord	2 111.5	1 698.0	2 879.0	..	8 964.0	-132.9	-878.0	1 532.0	470.5	361.0
Amérique du Nord	188.8	-398.0	-159.0	..	2 959.0	263.6	322.0	333.0	..	158.0
Bahamas	..	-	-	..	..	..	-	-	..	..
Bermudes	25.0	-37.0	15.0	.. c	.. c	.. c	.. c	.. c	-	..
Îles Cayman	172.4	-364.0	-209.0	1 260.8	1 195.0	267.9	319.0	256.0	.. c	122.0
Costa Rica	..	-	-	..	..	.. c	.. c	.. c	.. c	34.0
El Salvador	..	-	-	..	..	..	-	-	..	..
Guatemala	..	-	-	..	..	..	-	-	..	..
Honduras	..	-	-	..	..	..	-	-	..	..
Nicaragua	..	-	-	..	..	..	-	-	..	..
Panama	-8.6	3.0	1.0	0.8	-9.0	.. c	.. c	-	.. c	..
Îles Vierges, US	.. c	.. c	-	.. c	..	-4.6	-1.0	75.0	.. c	.. c
Amérique du Sud	-	-	-	..	9.0	14.7	22.0	17.0	..	173.0
Argentine	..	-	-	..	..	.. c	.. c	-1.0	.. c	.. c
Bolivie	..	-	-	..	..	..	-	-	..	..
Brésil	..	-	-	..	..	14.7	22.0	18.0	13.6	174.0
Colombie	..	-	-	..	..	.. c	.. c	-	0.5	.. c
Equateur	..	-	-	..	..	.. c	.. c	-	.. c	.. c
Paraguay	..	-	-	..	..	..	-	-	..	..
Pérou	..	-	-	..	..	.. c	.. c	-	.. c	.. c
Uruguay	.. c	.. c	.. c	.. c	..	.. c	-	-	..	..
Venezuela	..	-	-	..	..	..	-	-	..	..
ASIE	**321.3**	**2 144.0**	**674.0**	**1 235.2**	**721.0**	**784.6**	**518.0**	**297.0**	**185.4**	**1 491.0**

Tableau 1. Flux d'investissement direct étranger par pays *(suite)*

Millions de dollars des ÉU

	Entrant					Sortant				
	2014	2015	2016	2017	2018	2014	2015	2016	2017	2018
Proche et Moyen Orient	-	-	-	..	..	-	-	-1.0	..	..
Pays du Golfe	-	-	-	..	..	-	-	-	..	..
Koweït	..	-	-	..	..	..	-	-	..	..
Qatar	..	-	-	..	..	..	-	-	..	..
Arabie saoudite	..	-	-	..	..	..	-	-	..	..
Emirats Arabes Unis	..	-	-	..	..	..	-	-	..	..
Autres pays du Proche et Moyen Orient	..	-	-	..	..	-	-	-1.0	..	..
Jordanie	..	-	-	..	..	..	-	-	..	..
Autres pays asiatiques	321.3	2 144.0	674.0	..	721.0	758.6	482.0	298.0	..	1 491.0
Chine	..	107.0	161.0	85.6	534.0	22.4	85.0	-2.0	3.3	25.0
Hong Kong, Chine	14.5	7.0	2.0	.. c	.. c	13.3	-7.0	14.0	18.0	-25.0
Inde	..	.. c	-	.. c	.. c	128.8	135.0	108.0	55.4	55.0
Indonesie	..	-	-	..	..	.. c	.. c	-	-	..
République islamique d'Iran	..	-	-	..	..	..	-	-	-	..
Malaisie	..	-	-	..	..	.. c	.. c	-	.. c	.. c
Philippines	..	-	-	..	..	.. c	.. c	-	.. c	.. c
Singapour	277.7	2 018.0	374.0	68.3	33.0	-8.4	-2.0	1.0	7.4	3.0
Taipei Chinois	..	-	-	..	..	25.8	-	24.0	.. c	.. c
Thaïlande	..	-	-	..	..	-8.9	88.0	1.0	5.0	..
Viet Nam	..	-	-	..	..	.. c	.. c	12.0	2.8	26.0
AUSTRALIE, OCÉANIE ET RÉGIONS POLAIRES	**-2.7**	**-**	**-29.0**	**..**	**..**	**87.4**	**96.0**	**81.0**	**76.1**	**41.0**
TOTAL MONDE non alloué et confidentiel	**3 362.3**	**5 968.0**	**5 246.0**	**6 470.9**	**8 884.0**	**1 124.4**	**1 976.0**	**2 038.0**	**566.6**	**2 259.0**
Union européenne (UE28)	**.. c**	**.. c**	**3 339.0**	**.. d**	**-796.0**	**.. c**	**.. c**	**9 921.0**	**.. d**	**1 802.0**
Pays du G20 hors Union Européenne	**.. c**	**.. c**	**3 645.0**	**.. d**	**10 277.0**	**.. c**	**.. c**	**1 929.0**	**.. d**	**1 573.0**
Pays OCDE du G20	**2 640.6**	**2 190.0**	**3 484.0**	**.. d**	**9 744.0**	**1 661.9**	**180.0**	**1 734.0**	**1 056.5**	**1 290.0**
Pays non-OCDE du G20	**.. c**	**.. c**	**161.0**	**.. d**	**533.0**	**.. c**	**.. c**	**195.0**	**.. d**	**283.0**
Pays MENA	**..**	**-**	**-**	**..**	**..**	**..**	**-**	**-**	**..**	**..**
Pays ANASE	**..**	**2 018.0**	**374.0**	**..**	**33.0**	**.. c**	**.. c**	**14.0**	**.. d**	**29.0**

- Néant ; .. Non disponible ; c Donnée confidentielle ; d Confidentialité Secondaire

Note : Voir les métadonnées détaillées sur : *http://stats.oecd.org/OECDStat_Metadata/ShowMetadata.ashx?Dataset=FDI_CTRY_IND_SUMM&lang=fr*.

1. Informations sur les données concernant Israël : *http://oe.cd/israel-disclaimer*.
2. Note de la Turquie : Les informations figurant dans ce document et faisant référence à « Chypre » concernent la partie méridionale de l'île. Il n'y a pas d'autorité unique représentant à la fois les Chypriotes turcs et grecs sur l'île. La Turquie reconnaît la République Turque de Chypre Nord (RTCN). Jusqu'à ce qu'une solution durable et équitable soit trouvée dans le cadre des Nations Unies, la Turquie maintiendra sa position sur la « question chypriote ».
3. Note de tous les États de l'Union européenne membres de l'OCDE et del'Union européenne : La République de Chypre est reconnue par tous les membres des Nations Unies sauf la Turquie. Les informations figurant dans ce document concernent la zone sous le contrôle effectif du gouvernement de la République de Chypre.

Source : Statistiques de l'OCDE sur l'investissement direct international (base de données) : https://doi.org/10.1787/idi-data-fr

Tableau 2. Encours des investissements directs étrangers par pays

En fin d'année

Millions de dollars des ÉU

	Entrant					Sortant				
	2014	2015	2016	2017	2018	2014	2015	2016	2017	2018
TOTAL MONDE	**89 619.0**	**99 313.0**	**107 483.0**	**129 143.0**	**145 345.0**	**79 012.0**	**84 696.0**	**94 633.0**	**100 260.0**	**103 506.0**
Pays membres de l'OCDE	**46 584.7**	**46 415.0**	**50 293.0**	**.. d**	**67 865.0**	**57 422.7**	**63 195.0**	**68 899.0**	**.. d**	**77 344.0**
Australie	107.5	.. c	-	.. c	..	805.4	805.0	822.0	848.9	754.0
Autriche	..	-	-	..	..	12.8	-	-	..	..
Belgique	266.4	324.0	384.0	158.5	149.0	690.8	157.0	151.0	176.8	176.0
Canada	5 440.0	3 959.0	3 835.0	4 708.3	3 373.0	2 596.4	2 197.0	2 461.0	2 772.8	2 602.0
Chili	..	-	-	..	..	.. c	.. c	-	.. c	.. c
République Tchèque	..	-	-	..	..	29.8	36.0	32.0	39.4	37.0
Danemark	.. c	-	-	.. c	.. c	.. c	.. c	.. c	.. c	.. c
Estonie	..	-	-	..	..	..	-	-	..	..
Finlande	..	-	-	..	..	.. c	.. c	.. c	.. c	.. c
France	518.0	829.0	853.0	823.8	706.0	138.1	138.0	46.0	22.6	129.0
Allemagne	404.6	468.0	489.0	513.8	554.0	1 398.9	1 433.0	1 583.0	1 991.7	1 295.0
Grèce	..	-	-	..	..	16.4	15.0	16.0	14.3	12.0
Hongrie	.. c	.. c	.. c	.. c	.. c	278.7	95.0	73.0	100.6	60.0
Islande	.. c	.. c	.. c	.. c	.. c	..	-	-	.. c	..
Irlande	.. c	.. c	.. c	.. c	.. c	..	-	.. c	.. c	.. c
Israël[1]	-	-	-	..	..	-	-	-	..	..
Italie	.. c	.. c	.. c	.. c	.. c	125.1	125.0	115.0	139.1	101.0
Japon	125.5	-	359.0	1 462.5	1 578.0	1 653.5	1 807.0	1 763.0	1 758.6	3 028.0
Corée	..	-	-	..	..	251.4	243.0	237.0	238.8	..
Lettonie	..	-	-	..	..	.. c	.. c	.. c	..	..
Lituanie	..	-	-	..	..	242.0	-	-	.. c	.. c
Luxembourg	2 651.5	2 854.0	3 522.0	3 343.2	3 226.0	624.1	1 055.0	1 349.0	1 727.1	1 461.0
Mexique	.. c	.. c	321.0	386.0	1 895.0	25.6	34.0	26.0	28.5	31.0
Pays-Bas	10 194.6	10 332.0	12 375.0	13 474.3	12 201.0	32 248.9	37 708.0	45 089.0	48 895.1	48 508.0
Nouvelle-Zélande	..	-	-	..	..	..	-	-	-	..
Norvège	.. c	.. c	-	..	..	.. c	.. c	.. c	.. c	.. c
Pologne	.. c	.. c	.. c	.. c	.. c	105.3	200.0	250.0	305.5	279.0
Portugal	..	-	-	..	..	..	-	-	-	.. c
République slovaquie	..	-	-	..	..	..	-	-	..	..
Slovénie	..	-	-	..	..	..	-	-	..	..
Espagne	..	.. c	-	..	..	62.8	31.0	-10.0	-2.7	108.0
Suède	886.6	1 054.0	1 081.0	950.8	452.0	11.4	10.0	6.0	.. c	.. c
Suisse	2 922.0	1 696.0	1 740.0	1 724.4	1 759.0	1 665.0	1 731.0	2 244.0	2 348.4	3 218.0
Turquie	.. c	.. c	.. c	.. c	.. c	582.3	784.0	711.0	864.5	587.0
Royaume-Uni	2 392.1	2 264.0	2 442.0	2 642.3	2 445.0	2 003.2	2 909.0	2 239.0	2 175.6	2 079.0
Etats-Unis	15 299.8	16 853.0	18 680.0	21 043.6	29 781.0	11 364.9	10 776.0	10 517.0	11 133.2	11 998.0
EUROPE	**26 231.8**	**25 997.0**	**27 767.0**	**35 588.4**	**33 138.0**	**44 661.4**	**51 397.0**	**55 871.0**	**63 714.5**	**62 363.0**
Bulgarie	..	-	-	..	..	495.9	254.0	253.0	247.4	216.0
Croatie	..	-	-	..	..	.. c	.. c	-	..	..
Chypre[2, 3]	..	-	-	..	.. c	914.0	387.0	230.0	367.4	293.0
Malte	..	-	-	..	..	..	-	-	..	..
Roumanie	..	-	-	..	..	81.0	73.0	75.0	70.6	83.0
Russie	.. c	.. c	-	..	..	553.8	562.0	606.0	596.3	524.0
Ukraine	..	-	-	..	..	487.4	488.0	504.0	518.8	446.0
AFRIQUE	**-**	**-**	**-**	**-**	**..**	**-21.3**	**-21.0**	**-125.0**	**-129.4**	**-187.0**
Afrique septentrionale	-	-	-	-	..	-	-	-	..	..
Algérie	..	-	-	..	..	..	-	-	..	..
Egypte	..	-	-	..	..	..	-	-	..	..
Libye	..	-	-	..	..	..	-	-	..	..
Maroc	..	-	-	..	..	..	-	-	..	..
Tunisie	..	-	-	..	..	..	-	-	..	..
Autres pays africains	-	-	-	-	..	25.7	28.0	-37.0	..	-187.0
Nigéria	..	-	-	..	..	.. c	.. c	5.0	.. c	.. c
Afrique du Sud	..	-	-	..	..	..	12.0	13.0	18.8	19.0
AMÉRIQUE	**29 107.1**	**28 200.0**	**30 493.0**	**35 370.6**	**45 813.0**	**17 100.2**	**15 717.0**	**16 976.0**	**17 729.3**	**17 552.0**
Amérique du Nord	20 739.8	20 812.0	22 515.0	25 751.9	33 154.0	13 961.2	12 973.0	12 978.0	13 905.9	14 600.0
Amérique du Nord	7 777.3	6 732.0	7 949.0	..	12 495.0	998.7	1 565.0	2 399.0	..	2 845.0
Bahamas	..	-	-	..	..	..	-	-	..	..
Bermudes	1 451.1	351.0	518.0	.. c	..	.. c	.. c	.. c	.. c	..
Îles Cayman	6 293.9	6 337.0	7 067.0	8 485.8	9 801.0	963.7	1 264.0	1 471.0	1 639.0	.. c
Costa Rica	..	-	-	..	..	.. c	.. c	.. c	.. c	.. c
El Salvador	..	-	-	..	..	..	-	-	..	..
Guatemala	..	-	-	..	..	..	-	-	..	..
Honduras	..	-	-	..	..	..	-	-	..	..
Nicaragua	..	-	-	..	..	..	-	-	..	..
Panama	32.4	44.0	37.0	37.5	36.0	.. c	.. c	-	.. c	.. c
Îles Vierges, US	.. c	.. c	6.0	-	..	9.5	267.0	369.0	.. c	.. c
Amérique du Sud	.. c	-	-	..	164.0	126.3	81.0	104.0	..	107.0
Argentine	..	-	-	..	..	.. c	.. c	-3.0	-2.5	-3.0
Bolivie	..	-	-	..	..	..	-	-	..	..
Brésil	..	-	-	..	..	126.3	81.0	107.0	108.2	94.0
Colombie	..	-	-	..	..	.. c	.. c	-	..	..
Equateur	..	-	-	..	..	.. c	.. c	.. c	.. c	.. c
Paraguay	..	-	-	..	..	..	-	-	..	..
Pérou	..	-	-	..	..	.. c	.. c	.. c	.. c	.. c
Uruguay	.. c	.. c	.. c	.. c	..	.. c	-	-	..	..
Venezuela	..	-	-	..	..	..	-	-	..	..
ASIE	**6 043.1**	**5 171.0**	**5 860.0**	**7 982.1**	**8 696.0**	**3 993.9**	**4 159.0**	**4 228.0**	**4 199.3**	**5 893.0**

Tableau 2. Encours des investissements directs étrangers par pays *(suite)*

En fin d'année

Millions de dollars des ÉU

	Entrant					Sortant				
	2014	2015	2016	2017	2018	2014	2015	2016	2017	2018
Proche et Moyen Orient	-	-	-	..	..	0.8	-	21.0	..	..
Pays du Golfe	-	-	-	..	..	-	-	-	..	..
Koweït	..	-	-	..	..	..	-	-	..	..
Qatar	..	-	-	..	..	..	-	-	..	..
Arabie saoudite	..	-	-	..	..	..	-	-	..	..
Emirats Arabes Unis	..	-	-	..	..	..	-	-	..	..
Autres pays du Proche et Moyen Orient	-	-	-	..	..	0.8	-	21.0	..	..
Jordanie	..	-	-	..	..	..	-	-	..	..
Autres pays asiatiques	6 043.1	5 155.0	5 852.0	..	8 696.0	3 991.1	3 905.0	3 720.0	..	5 893.0
Chine	..	77.0	373.0	3 575.5	4 260.0	207.8	469.0	218.0	228.4	848.0
Hong Kong, Chine	206.3	270.0	30.0	44.6	46.0	299.8	296.0	308.0	333.0	306.0
Inde	16.6	.. c	-	.. c	.. c	1 036.6	1 047.0	1 130.0	1 052.8	989.0
Indonesie	..	-	-	..	..	.. c	.. c	-	.. c	.. c
République islamique d'Iran	..	-	-	..	..	..	-	-	..	..
Malaisie	..	-	-	..	..	.. c	.. c	-	.. c	.. c
Philippines	..	-	-	..	..	.. c	.. c	.. c	.. c	.. c
Singapour	5 694.8	4 808.0	5 090.0	2 893.3	2 809.0	28.5	29.0	30.0	39.4	40.0
Taipei Chinois	..	-	-	..	..	..	-	.. c	.. c	.. c
Thaïlande	..	-	-	..	..	23.9	14.0	15.0	21.3	6.0
Viet Nam	..	-	-	..	..	.. c	.. c	19.0	19.3	45.0
AUSTRALIE, OCÉANIE ET RÉGIONS POLAIRES	**107.5**	**-**	**-**	**..**	**52.0**	**805.4**	**805.0**	**826.0**	**848.9**	**754.0**
TOTAL MONDE non alloué et confidentiel	**28 129.4**	**39 945.0**	**43 363.0**	**50 201.9**	**57 646.0**	**12 472.4**	**12 639.0**	**16 857.0**	**13 897.4**	**17 131.0**
Union européenne (UE28)	**.. c**	**.. c**	**25 227.0**	**.. d**	**29 710.0**	**.. c**	**.. c**	**50 792.0**	**.. d**	**55 769.0**
Pays du G20 hors Union Européenne	**.. c**	**.. c**	**27 732.0**	**.. d**	**44 899.0**	**.. c**	**.. c**	**22 591.0**	**.. d**	**25 075.0**
Pays OCDE du G20	**24 794.9**	**24 956.0**	**27 351.0**	**.. d**	**40 636.0**	**20 944.7**	**21 251.0**	**20 520.0**	**21 974.0**	**22 604.0**
Pays non-OCDE du G20	**.. c**	**.. c**	**381.0**	**.. d**	**4 263.0**	**.. c**	**.. c**	**2 071.0**	**.. d**	**2 471.0**
Pays MENA	**..**	**-**	**-**	**..**	**..**	**..**	**-**	**-**	**..**	**..**
Pays ANASE	**..**	**4 808.0**	**5 090.0**	**..**	**2 809.0**	**.. c**	**.. c**	**69.0**	**.. d**	**95.0**

- Néant ; .. Non disponible ; c Donnée confidentielle ; d Confidentialité Secondaire

Note : Voir les métadonnées détaillées sur : *http://stats.oecd.org/OECDStat_Metadata/ShowMetadata.ashx?Dataset=FDI_CTRY_IND_SUMM&lang=fr.*

1. Informations sur les données concernant Israël : *http://oe.cd/israel-disclaimer.*
2. Note de la Turquie : Les informations figurant dans ce document et faisant référence à « Chypre » concernent la partie méridionale de l'île. Il n'y a pas d'autorité unique représentant à la fois les Chypriotes turcs et grecs sur l'île. La Turquie reconnaît la République Turque de Chypre Nord (RTCN). Jusqu'à ce qu'une solution durable et équitable soit trouvée dans le cadre des Nations Unies, la Turquie maintiendra sa position sur la « question chypriote ».
3. Note de tous les États de l'Union européenne membres de l'OCDE et del'Union européenne : La République de Chypre est reconnue par tous les membres des Nations Unies sauf la Turquie. Les informations figurant dans ce document concernent la zone sous le contrôle effectif du gouvernement de la République de Chypre.

Source : Statistiques de l'OCDE sur l'investissement direct international (base de données) : https://doi.org/10.1787/idi-data-fr

Tableau 4. Investissement direct étranger : flux par secteur industriel

Millions de dollars des ÉU

	Entrant					Sortant				
	2014	2015	2016	2017	2018	2014	2015	2016	2017	2018
All FDI activities	**6 049.0**	**11 337.0**	**11 988.0**	**18 169.0**	**20 789.0**	**4 525.0**	**10 969.0**	**14 579.0**	**6 153.4**	**6 117.0**
Agriculture, sylviculture et pêche	**37.8**	**-**	**-1.0**	**36.0**	**14.0**	**0.5**	**-**	**15.0**	**1.1**	**20.0**
Industries extractives	**-80.2**	**-**	**-194.0**	**309.7**	**680.0**	**265.2**	**-**	**-200.0**	**-114.3**	**-270.0**
Activités d'extraction	-80.2	-	-194.0	309.7	680.0	265.2	-	-200.0	4.3	..
Activités de fabrication	**1 223.2**	**1 695.0**	**2 870.0**	**3 003.9**	**4 441.0**	**4 055.7**	**9 958.0**	**12 136.0**	**4 266.8**	**3 166.0**
dont :										
Produits alimentaires, boissons et tabac	81.5	144.0	24.0	-15.1	23.0	-0.8	-2.0	1.0	209.6	41.0
Textiles, bois, papier, imprimerie	69.9	204.0	27.0	49.7	20.0	129.2	85.0	147.0	64.4	201.0
Produits pétroliers, chimiques, pharmaceutiques, caoutchouc, plastique, minéraux	817.5	410.0	566.0	180.7	3 187.0	3 187.1	9 454.0	11 403.0	3 709.4	3 096.0
Ouvrages en métaux et machines, sauf matériels électriques	-94.7	899.0	1 495.0	2 911.5	1 149.0	675.0	265.0	556.0	272.5	-175.0
Automobiles, remorques, semi-remorques, autres matériels de transport	-10.1	27.0	33.0	6.9	24.0	-18.7	34.0	9.0	-34.2	-5.0
Autres activités de fabrication	359.0	11.0	725.0	-129.8	38.0	84.0	122.0	20.0	44.8	8.0
Production et distribution d'électricité, de gaz, de vapeur et de climatisation	**15.8**	**846.0**	**46.0**	**-19.8**	**-9.0**	**2.0**	**122.0**	**56.0**	**-69.3**	**.. c**
Distribution de l'eau ; assainissement, traitement des déchets et dépollution	**2.6**	**2.0**	**3.0**	**4.8**	**-45.0**	**0.1**	**6.0**	**-3.0**	**-**	**.. c**
Construction	**51.0**	**-1.0**	**115.0**	**19.4**	**527.0**	**-112.0**	**-34.0**	**-101.0**	**89.7**	**128.0**
Services	**4 799.5**	**5 630.0**	**6 319.0**	**12 052.1**	**15 343.0**	**-647.1**	**-782.0**	**1 299.0**	**3 954.0**	**1 551.0**
Commerce de gros et de détail ; réparations automobiles et motocycles	115.0	110.0	284.0	157.4	113.0	-117.2	-597.0	51.0	581.8	44.0
Transport et entreposage	16.1	-24.0	-23.0	14.6	59.0	269.6	-75.0	-12.0	33.1	-27.0
Activités d'hébergement et de restauration	-5.2	16.0	27.0	37.8	43.0	15.2	12.0	36.0	323.3	53.0
Information et communication	2 387.7	1 984.0	2 847.0	3 052.5	3 434.0	-14.6	125.0	71.0	64.7	44.0
Activités financières et d'assurances	692.0	1 611.0	1 132.0	448.8	8 571.0	-737.4	-200.0	1 019.0	2 288.6	642.0
Activités des sociétés holding	..	..	..	831.1	8 643.0	..	..	..	715.5	518.0
Activités immobilières	-148.8	293.0	168.0	349.8	536.0	-106.4	-122.0	125.0	532.7	640.0
Activités professionnelles, scientifiques et techniques	1 711.3	1 362.0	1 837.0	1 872.8	2 231.0	35.1	94.0	-11.0	101.8	17.0
Activités de services administratifs et d'appui	5.8	264.0	-	6 095.0	52.0	2.1	-20.0	-16.0	-1.1	-12.0
Administration publique; activités des ménages et des organismes extra-territoriaux	-	-	-	-	..	-	-	-	-	..
Éducation	9.9	5.0	2.0	8.0	14.0	-0.5	1.0	11.0	7.1	-1.0
Santé humaine et action sociale	5.8	-34.0	35.0	17.1	6.0	11.2	5.0	15.0	15.8	25.0
Arts, spectacles et loisirs	6.3	36.0	4.0	-2.4	12.0	1.4	1.0	8.0	2.0	..
Autres services	3.5	7.0	6.0	4.7	3.0	-5.7	-6.0	2.0	-3.0	4.0
Not allocated and confidential	**-0.6**	**3 165.0**	**2 830.0**	**2 763.0**	**-162.0**	**960.6**	**1 699.0**	**1 377.0**	**-1 974.6**	**.. c**
Activités immobilières privées	**-**	**-**	**-**	**-**	**..**	**-**	**-**	**-**	**-**	**..**

- Néant ; .. Non disponible ; c Donnée confidentielle

Note : Les données statistiques concernant Israël sont fournies par et sous la responsabilité des autorités israéliennes compétentes. L'utilisation de ces données par l'OCDE est sans préjudice du statut des hauteurs du Golan, de Jérusalem Est et des colonies de peuplement israéliennes en Cisjordanie aux termes du droit international.

Note : Voir les métadonnées détaillées sur : *http://stats.oecd.org/OECDStat_Metadata/ShowMetadata.ashx?Dataset=FDI_CTRY_IND_SUMM&lang=fr.*

Source : Statistiques de l'OCDE sur l'investissement direct international (base de données) : https://doi.org/10.1787/idi-data-fr

Tableau 5. Encours des investissement directs étrangers par secteur industriel

En fin d'année

Millions de dollars des ÉU

	Entrant					Sortant				
	2014	2015	2016	2017	2018	2014	2015	2016	2017	2018
All FDI activities	**89 619.0**	**99 313.0**	**107 483.0**	**129 143.0**	**145 345.0**	**79 012.0**	**84 696.0**	**94 633.0**	**100 260.0**	**103 506.0**
Agriculture, sylviculture et pêche	**217.5**	**-**	**260.0**	**280.6**	**286.0**	**5.0**	**-**	**25.0**	**14.4**	**195.0**
Industries extractives	**1 810.6**	**-**	**1 552.0**	**1 862.3**	**2 599.0**	**1 385.1**	**-**	**1 126.0**	**1 030.1**	**870.0**
Activités d'extraction	1 810.6	-	1 552.0	1 859.6	2 596.0	1 385.1	-	1 126.0	39.6	..
Activités de fabrication	**29 564.8**	**30 233.0**	**30 944.0**	**33 424.7**	**37 462.0**	**47 974.3**	**53 723.0**	**60 386.0**	**65 069.4**	**65 193.0**
dont :										
Produits alimentaires, boissons et tabac	1 445.2	125.0	1 611.0	1 695.2	1 625.0	1 012.6	803.0	749.0	1 581.5	1 176.0
Textiles, bois, papier, imprimerie	1 781.6	2 477.0	855.0	988.0	819.0	707.2	803.0	894.0	1 112.2	1 132.0
Produits pétroliers, chimiques, pharmaceutiques, caoutchouc, plastique, minéraux	6 493.5	6 765.0	5 540.0	..	8 549.0	38 538.7	44 658.0	52 970.0	56 524.4	58 010.0
Ouvrages en métaux et machines, sauf matériels électriques	18 072.5	18 602.0	20 106.0	22 913.2	24 133.0	6 946.9	6 587.0	4 887.0	4 808.3	4 164.0
Automobiles, remorques, semi-remorques, autres matériels de transport	377.0	416.0	449.0	445.2	467.0	151.7	183.0	185.0	384.4	309.0
Autres activités de fabrication	1 395.0	1 848.0	2 383.0	1 840.2	1 869.0	617.2	689.0	701.0	658.6	402.0
Production et distribution d'électricité, de gaz, de vapeur et de climatisation	**112.9**	**964.0**	**1 027.0**	**1 049.5**	**1 047.0**	**739.9**	**871.0**	**934.0**	**1 093.0**	**-74.0**
Distribution de l'eau ; assainissement, traitement des déchets et dépollution	**23.0**	**24.0**	**28.0**	**33.0**	**-11.0**	**0.3**	**20.0**	**18.0**	**18.5**	**26.0**
Construction	**832.9**	**815.0**	**868.0**	**901.7**	**1 262.0**	**1 692.7**	**898.0**	**910.0**	**1 780.6**	**661.0**
Services	**48 497.9**	**56 515.0**	**62 242.0**	**77 766.3**	**89 610.0**	**17 661.1**	**17 952.0**	**19 906.0**	**29 225.8**	**23 499.0**
Commerce de gros et de détail ; réparations automobiles et motocycles	1 864.3	2 011.0	2 939.0	3 164.5	3 196.0	769.6	181.0	310.0	549.0	409.0
Transport et entreposage	192.5	222.0	151.0	177.9	287.0	216.5	-88.0	-117.0	0.2	-157.0
Activités d'hébergement et de restauration	134.3	283.0	466.0	597.9	725.0	214.6	144.0	259.0	669.5	256.0
Information et communication	18 104.7	22 174.0	22 952.0	26 461.9	28 004.0	1 320.7	1 381.0	1 338.0	2 001.2	2 173.0
Activités financières et d'assurances	9 014.6	11 209.0	12 544.0	14 094.8	21 154.0	10 994.8	12 190.0	13 821.0	19 732.5	15 060.0
Activités des sociétés holding	..	..	..	10 614.3	17 801.0	..	..	..	14 073.6	12 848.0
Activités immobilières	3 489.8	4 209.0	4 365.0	5 429.5	4 767.0	3 794.4	3 751.0	3 862.0	5 540.5	4 813.0
Activités professionnelles, scientifiques et techniques	14 697.0	14 885.0	16 971.0	19 792.0	21 912.0	296.8	253.0	292.0	516.8	304.0
Activités de services administratifs et d'appui	649.3	1 115.0	1 471.0	7 633.9	7 874.0	20.1	5.0	-31.0	100.7	-108.0
Administration publique; activités des ménages et des organismes extra-territoriaux	-	-	-	.. c	..	-	-	-	.. c	..
Éducation	58.9	48.0	82.0	90.4	104.0	-3.0	2.0	16.0	32.9	9.0
Santé humaine et action sociale	151.3	130.0	164.0	178.1	183.0	0.6	-6.0	7.0	43.5	-13.0
Arts, spectacles et loisirs	80.5	164.0	64.0	67.9	77.0	43.9	33.0	46.0	33.8	44.0
Autres services	60.7	65.0	73.0	77.3	80.0	-7.9	106.0	103.0	0.5	-14.0
Not allocated and confidential	**8 559.4**	**10 762.0**	**10 562.0**	**13 824.9**	**13 090.0**	**9 553.5**	**11 232.0**	**11 328.0**	**2 028.2**	**13 136.0**
Activités immobilières privées	**-**	**-**	**-**	**-**	**..**	**-**	**-**	**-**	**-**	**..**

- Néant ; .. Non disponible ; c Donnée confidentielle

Note : Les données statistiques concernant Israël sont fournies par et sous la responsabilité des autorités israéliennes compétentes. L'utilisation de ces données par l'OCDE est sans préjudice du statut des hauteurs du Golan, de Jérusalem Est et des colonies de peuplement israéliennes en Cisjordanie aux termes du droit international.

Note : Voir les métadonnées détaillées sur : *http://stats.oecd.org/OECDStat_Metadata/ShowMetadata.ashx?Dataset=FDI_CTRY_IND_SUMM&lang=fr.*

Source : Statistiques de l'OCDE sur l'investissement direct international (base de données) : https://doi.org/10.1787/idi-data-fr

Tableau 1. Flux d'investissement direct étranger par pays

Millions de dollars des ÉU

	Entrant					Sortant				
	2014	2015	2016	2017	2018	2014	2015	2016	2017	2018
TOTAL MONDE	**23 224.2**	**19 630.8**	**28 440.8**	**23 995.9**	**32 865.7**	**26 327.2**	**21 639.9**	**16 164.8**	**24 478.4**	**32 673.2**
Pays membres de l'OCDE	**24 386.6**	**17 185.7**	**28 509.7**	**23 571.6**	**31 122.3**	**18 174.9**	**10 636.9**	**4 114.4**	**13 985.5**	**18 599.1**
Australie	77.2	17.1	66.2	34.4	89.3	161.7	121.3	45.8	177.4	202.6
Autriche	581.3	-335.0	321.5	105.2	82.9	1 073.2	173.7	-9 176.9	709.2	311.0
Belgique	5 043.2	-4 390.8	-2 813.9	1 102.5	115.9	110.3	1 572.7	2 926.1	-3 876.6	-2 311.7
Canada	-46.2	-24.9	-56.1	261.8	70.1	5.3	255.0	75.0	390.8	595.6
Chili	127.6	-42.5	7.0	-246.8	-5.4	238.9	69.9	-12.3	9 808.8	166.1
République Tchèque	176.0	22.0	55.2	75.9	-0.9	-50.0	12.6	3 459.4	10.5	-230.6
Danemark	1 486.8	300.4	-764.2	44.6	-104.6	-242.9	482.4	456.6	-181.0	-82.4
Estonie	17.8	-0.4	-29.2	-6.5	-49.0	17.0	2.2	-5.3	15.8	-2.4
Finlande	-560.6	-139.0	62.8	146.4	-320.5	843.1	-31.4	152.7	1.8	-202.4
France	6 900.6	6 802.2	18 029.3	-1 577.7	35 211.3	6 747.7	1 668.8	1 009.7	1 107.6	2 599.8
Allemagne	3 034.8	1 575.3	4 884.2	2 714.2	3 054.7	1 225.0	-190.4	-15.3	-2 132.3	2 404.1
Grèce	17.0	-40.4	76.5	-140.6	-29.9	452.1	177.3	150.3	80.9	506.2
Hongrie	-207.8	-585.9	200.7	17.0	116.0	-17.5	559.2	142.4	-35.8	145.9
Islande	0.1	-46.1	18.6	28.3	0.2	-1.0	65.4	-11.2	-66.6	-10.7
Irlande	-1 421.9	-232.1	70.0	1 940.2	78.2	1 868.8	3 950.9	-336.2	-50.9	886.2
Israël[1]	97.0	-64.0	41.1	59.0	-21.9	220.6	194.9	292.4	414.6	178.2
Italie	-	-	-	-	-	-	-	-	-	-
Japon	587.2	1 120.8	278.8	163.4	176.6	-382.4	116.3	293.1	42.0	54.4
Corée	557.2	-188.0	-112.9	134.6	519.8	61.6	-65.3	133.5	36.7	278.3
Lettonie	-4.8	6.4	7.1	4.2	-1.8	-14.3	-1.0	48.2	3.2	2.7
Lituanie	3.9	0.3	0.0	-1.3	3.6	-2.4	11.6	-14.4	-1.9	0.0
Luxembourg	-1 122.6	4 114.8	-3 325.6	8 131.6	-13 801.2	3 369.4	733.8	6 909.7	12 629.1	429.6
Mexique	-41.1	219.1	98.9	-84.7	51.1	94.5	226.7	121.4	337.1	429.1
Pays-Bas	3 168.3	2 677.9	528.0	4 287.1	844.0	-479.6	-5 639.7	-4 234.1	340.1	-460.2
Nouvelle-Zélande	10.8	1.2	0.6	-2.2	-2.2	1.0	6.6	34.7	14.1	12.2
Norvège	-1 202.5	-371.4	403.7	121.2	384.8	148.0	110.1	1 420.1	180.8	283.7
Pologne	38.5	31.0	-14.6	-91.5	114.2	411.8	1 071.6	-207.2	-2 207.3	-12.0
Portugal	-33.7	23.0	52.1	60.4	12.3	-940.0	34.5	124.3	163.6	208.3
République slovaquie	-11.6	-76.2	-17.0	-22.0	27.7	209.9	26.1	-3 449.1	826.3	-87.7
Slovénie	2.2	40.4	46.2	28.6	4.8	120.3	42.1	332.2	12.4	128.5
Espagne	-283.2	1 235.1	820.2	601.5	444.1	-1 288.3	1 293.0	-387.1	-7 105.1	8 170.4
Suède	84.3	-72.7	478.4	730.1	186.9	261.6	332.3	87.4	-45.1	179.0
Suisse	1 945.1	2 238.8	259.8	3 453.9	890.6	2 156.6	712.8	-939.2	222.7	-431.8
Turquie	566.7	47.9	-317.2	-0.1	23.7	-138.2	777.4	3 545.3	652.7	568.9
Royaume-Uni	4 156.3	3 863.5	7 443.1	1 714.2	3 753.1	2 439.1	-269.3	1 960.5	992.8	-286.6
Etats-Unis	641.7	-535.3	1 710.5	-216.5	-796.0	-522.6	2 043.5	-832.5	515.3	3 976.9
EUROPE	**20 830.8**	**17 600.8**	**25 794.9**	**24 274.1**	**30 498.2**	**20 718.6**	**10 226.4**	**10 867.8**	**5 199.9**	**16 683.4**
Bulgarie	6.8	0.1	23.6	-5.1	6.5	256.1	141.7	1 141.2	1 240.3	163.7
Croatie	11.7	11.8	39.5	24.9	35.5	290.9	102.9	2 081.0	104.1	268.4
Chypre[2, 3]	-38.9	29.6	223.4	-245.3	-671.9	102.6	-8.3	-3.0	7.1	-2.9
Malte	-1 418.8	497.6	-617.6	314.2	120.6	-19.9	-57.4	35.2	-42.0	-68.1
Roumanie	-28.6	38.6	-26.9	103.8	-96.6	180.9	274.3	788.5	501.8	3 339.2
Russie	-79.5	139.4	-437.2	415.2	-63.6	1 464.3	1 025.5	2 424.6	938.8	683.0
Ukraine	1.1	28.1	-8.6	6.4	-6.5	-154.7	33.9	-26.9	-206.7	-302.5
AFRIQUE	**234.1**	**-39.4**	**320.4**	**74.2**	**-42.8**	**4 876.9**	**4 344.2**	**2 687.1**	**2 711.1**	**3 343.0**
Afrique septentrionale	267.1	-8.3	100.7	29.8	22.5	3 993.7	3 780.0	1 279.7	2 130.5	1 947.6
Algérie	50.7	39.8	64.1	16.2	68.1	1 806.2	1 835.6	920.0	981.0	1 060.0
Egypte	23.7	-15.2	28.2	-6.1	7.6	1 249.5	1 654.9	236.1	794.3	283.3
Libye	171.1	1.5	-13.6	10.0	-52.7	209.4	1.3	-44.1	17.7	30.1
Maroc	19.4	-28.8	13.3	9.8	14.2	106.7	118.5	14.8	72.0	202.6
Tunisie	2.2	-5.5	8.7	0.0	-14.7	621.9	169.7	153.0	265.4	371.5
Autres pays africains	-33.1	-31.1	219.7	44.4	-65.3	883.2	564.2	1 407.4	580.6	1 395.4
Nigéria	9.3	1.9	27.6	0.1	-0.3	327.7	88.0	346.5	279.5	671.0
Afrique du Sud	0.7	-64.0	177.0	25.7	14.5	540.7	396.9	485.3	231.4	101.2
AMÉRIQUE	**770.8**	**-271.2**	**1 899.3**	**-537.1**	**241.5**	**722.0**	**3 834.1**	**127.4**	**12 295.5**	**6 071.7**
Amérique du Nord	595.5	-560.2	1 654.4	45.3	-725.9	-517.3	2 298.5	-757.5	906.1	4 572.4
Amérique du Nord	-57.3	219.1	21.7	-460.5	494.4	-174.6	602.4	677.8	1 380.3	322.3
Bahamas	1.4	0.0	0.0	0.0	0.0	-11.8	0.5	0.5	0.3	0.2
Bermudes	17.2	-12.0	-0.3	-10.7	9.7	0.3	-10.4	-27.2	135.4	-5.4
Îles Cayman	-21.3	249.0	-241.7	-16.7	-15.0	-5.0	2.4	1.0	-23.5	-14.0
Costa Rica	0.0	4.5	2.3	2.4	2.3	-31.8	1.0	19.6	11.9	112.7
El Salvador	0.0	0.0	0.0	0.0	29.9	0.4	-0.3	1.0	-0.9	-0.2
Guatemala	-48.8	41.7	0.5	0.4	0.5	4.1	6.9	22.3	-42.9	5.2
Honduras	0.0	0.0	0.0	0.0	0.0	3.2	5.6	-4.3	-0.8	-2.3
Nicaragua	0.1	0.0	0.0	0.0	0.0	-1.3	-0.5	0.0	0.1	0.0
Panama	25.8	-59.7	-8.2	0.3	2.3	-71.2	-84.7	-34.6	109.5	-562.0
Îles Vierges, US	-	-	-	-	-	0.1	-0.1	-	-	-
Amérique du Sud	232.5	69.9	223.2	-121.9	473.1	1 413.9	933.2	207.0	10 009.1	1 176.9
Argentine	104.6	3.4	129.9	81.8	121.1	340.7	245.5	-1 171.1	271.2	62.4
Bolivie	3.9	1.7	2.7	4.4	3.1	8.7	-1.4	2.9	3.1	4.2
Brésil	165.4	245.3	55.7	45.0	70.8	706.8	481.2	1 552.3	273.8	863.5
Colombie	3.4	0.1	21.1	5.7	-0.9	-31.8	37.7	81.0	90.7	36.0
Equateur	-5.4	10.4	1.5	3.9	1.9	-15.3	-40.1	-11.2	5.5	4.0
Paraguay	0.4	0.3	0.1	-0.3	0.2	-1.6	0.9	0.2	0.3	0.3
Pérou	-6.1	-1.9	24.5	9.3	10.4	-5.3	43.7	44.8	45.3	176.1
Uruguay	-171.0	-147.7	88.5	-118.2	262.5	6.8	11.7	-1.8	4.4	-9.9
Venezuela	9.7	0.9	-107.6	93.3	9.5	162.0	83.9	-262.2	-528.0	-156.1
ASIE	**1 120.1**	**1 931.6**	**290.8**	**-64.4**	**2 128.3**	**4 352.7**	**3 134.4**	**2 450.9**	**3 914.4**	**6 358.9**

Tableau 1. Flux d'investissement direct étranger par pays (*suite*)

Millions de dollars des ÉU

	Entrant					Sortant				
	2014	2015	2016	2017	2018	2014	2015	2016	2017	2018
Proche et Moyen Orient	249.5	307.6	78.8	126.2	86.8	2 955.2	9.4	2 621.3	1 364.0	1 826.8
Pays du Golfe	146.5	372.4	37.6	67.3	105.2	2 416.3	-462.9	2 211.8	724.0	1 238.7
Koweït	-162.6	852.5	-1.3	1.7	-9.3	279.1	-808.5	123.1	828.8	262.4
Qatar	-16.7	-48.4	-26.1	27.6	16.2	-1 198.2	-763.2	107.9	283.6	-118.4
Arabie saoudite	3.1	9.0	6.9	72.3	2.7	1 611.8	552.9	-148.3	-487.8	-359.3
Emirats Arabes Unis	324.1	-420.0	51.7	-33.7	114.8	1 446.2	317.4	1 831.4	309.0	1 154.6
Autres pays du Proche et Moyen Orient	103.0	-64.8	41.2	58.9	-18.4	538.8	472.3	409.5	639.9	588.1
Jordanie	0.5	0.4	0.4	-0.3	1.0	192.4	129.7	44.5	74.1	-132.8
Autres pays asiatiques	870.6	1 624.0	212.0	-190.6	2 041.4	1 397.6	3 125.0	-170.4	2 550.4	4 532.0
Chine	65.2	59.8	-124.6	-400.7	1 303.4	-275.0	538.5	357.3	686.4	1 861.2
Hong Kong, Chine	-87.3	296.0	57.4	-239.2	-31.5	237.4	113.0	-1 523.1	86.9	-56.3
Inde	-85.8	115.8	-47.7	20.2	15.4	1 301.0	1 151.2	-18.3	291.5	189.2
Indonesie	4.7	-2.2	1.1	-1.2	1.0	-226.1	16.5	57.7	537.5	71.5
République islamique d'Iran	4.4	-0.3	34.9	1.0	2.6	28.4	252.0	-123.9	-43.6	-177.9
Malaisie	17.4	-14.8	6.4	16.9	-1.1	237.5	244.7	223.7	722.9	436.9
Philippines	2.3	1.9	-0.1	0.7	2.3	16.8	6.5	3.2	9.3	473.2
Singapour	-278.4	-1.5	-10.7	118.6	-119.3	232.1	225.5	103.1	101.4	300.1
Taipei Chinois	-7.1	122.3	-79.6	-55.0	82.6	11.6	21.0	-13.7	4.1	0.5
Thaïlande	34.5	41.2	11.3	-5.1	6.7	-93.5	-39.7	-42.4	59.4	171.8
Viet Nam	-2.2	0.1	-0.6	-1.6	-3.2	147.3	105.4	93.8	132.3	256.6
AUSTRALIE, OCÉANIE ET RÉGIONS POLAIRES	**88.4**	**18.5**	**67.1**	**32.3**	**86.8**	**-15.9**	**140.7**	**40.5**	**355.5**	**216.2**
TOTAL MONDE non alloué et confidentiel	**180.2**	**390.5**	**68.2**	**216.7**	**-46.3**	**-4 327.1**	**-40.0**	**-8.9**	**2.0**	**0.1**
Union européenne (UE28)	**19 597.0**	**15 397.6**	**25 752.7**	**20 056.6**	**29 135.6**	**16 925.1**	**6 466.1**	**3 976.9**	**3 068.7**	**15 995.9**
Pays du G20 hors Union Européenne	**16 613.0**	**13 404.4**	**31 785.9**	**3 401.9**	**43 619.0**	**15 155.8**	**9 092.1**	**9 875.9**	**4 862.7**	**14 295.8**
Pays OCDE du G20	**16 434.5**	**12 897.8**	**32 024.7**	**3 143.6**	**42 153.7**	**9 691.6**	**4 683.9**	**6 336.5**	**2 120.0**	**10 823.0**
Pays non-OCDE du G20	**178.5**	**506.6**	**-238.8**	**258.3**	**1 465.3**	**5 464.2**	**4 408.2**	**3 539.4**	**2 742.7**	**3 472.7**
Pays MENA	**415.1**	**364.2**	**139.2**	**97.2**	**129.7**	**6 647.4**	**3 438.2**	**3 556.1**	**2 886.7**	**2 957.0**
Pays ANASE	**-230.1**	**38.5**	**66.0**	**141.8**	**-107.6**	**307.7**	**585.9**	**443.6**	**1 563.3**	**1 788.7**

- Néant

Note : Voir les métadonnées détaillées sur : *http://stats.oecd.org/OECDStat_Metadata/ShowMetadata.ashx?Dataset=FDI_CTRY_IND_SUMM&lang=fr*.

1. Informations sur les données concernant Israël : *http://oe.cd/israel-disclaimer*.
2. Note de la Turquie : Les informations figurant dans ce document et faisant référence à « Chypre » concernent la partie méridionale de l'île. Il n'y a pas d'autorité unique représentant à la fois les Chypriotes turcs et grecs sur l'île. La Turquie reconnaît la République Turque de Chypre Nord (RTCN). Jusqu'à ce qu'une solution durable et équitable soit trouvée dans le cadre des Nations Unies, la Turquie maintiendra sa position sur la « question chypriote ».
3. Note de tous les États de l'Union européenne membres de l'OCDE et del'Union européenne : La République de Chypre est reconnue par tous les membres des Nations Unies sauf la Turquie. Les informations figurant dans ce document concernent la zone sous le contrôle effectif du gouvernement de la République de Chypre.

Source : Statistiques de l'OCDE sur l'investissement direct international (base de données) : https://doi.org/10.1787/idi-data-fr

Tableau 2. Encours des investissements directs étrangers par pays
En fin d'année

Millions de dollars des ÉU

	Entrant					Sortant				
	2014	2015	2016	2017	2018	2014	2015	2016	2017	2018
TOTAL MONDE	**352 501.4**	**340 477.1**	**352 626.2**	**424 743.1**	**426 410.8**	**477 481.9**	**456 619.5**	**456 380.4**	**547 577.5**	**554 279.6**
Pays membres de l'OCDE	**258 808.0**	**258 838.7**	**282 861.8**	**336 621.5**	**312 775.6**	**377 510.8**	**354 248.8**	**338 716.9**	**405 727.5**	**407 840.7**
Australie	463.2	218.1	587.2	3.9	7.0	2 193.6	2 141.9	2 246.0	2 844.8	2 688.3
Autriche	5 054.2	4 737.4	3 960.9	4 163.6	4 104.3	30 358.8	27 311.3	18 268.5	20 986.6	20 092.4
Belgique	4 518.4	2 668.5	4 047.3	3 656.4	1 810.9	13 334.5	13 202.1	14 468.4	10 672.5	8 013.9
Canada	708.6	777.0	1 040.3	1 605.3	1 903.5	1 846.0	1 743.7	2 068.5	2 723.9	3 259.7
Chili	355.5	283.3	266.1	0.2	-115.9	1 993.6	1 956.4	1 794.0	13 467.1	11 124.1
République Tchèque	196.0	219.6	585.9	775.5	158.9	914.9	879.3	3 696.9	4 361.7	4 119.2
Danemark	3 188.6	3 142.6	2 661.3	2 560.0	2 219.3	1 529.6	1 711.0	1 971.0	2 104.7	2 179.7
Estonie	58.0	82.1	59.1	-	-	34.6	35.8	32.2	56.5	88.8
Finlande	1 171.4	184.2	247.1	560.4	304.7	2 060.4	1 959.2	1 862.4	1 820.6	1 793.2
France	61 243.9	51 578.5	58 481.4	63 308.5	49 785.9	26 848.2	25 724.3	26 415.8	32 418.1	35 056.0
Allemagne	26 206.8	22 366.9	33 032.3	39 738.7	35 315.7	40 228.4	38 260.1	37 048.3	42 944.3	44 132.3
Grèce	-	-	-	0.0	-	2 916.7	2 840.9	2 957.5	3 739.8	3 887.4
Hongrie	28.3	10.9	111.7	151.3	284.8	920.0	1 407.0	2 572.0	1 593.8	2 870.6
Islande	-	-	-	-	-	-25.7	44.1	33.8	-31.4	3.6
Irlande	842.1	683.5	1 387.5	3 557.0	2 203.6	10 859.4	13 181.9	9 351.2	9 745.4	8 893.8
Israël[1]	46.8	103.7	156.5	252.5	273.5	786.6	859.9	1 602.2	2 279.4	1 792.7
Italie	23 526.6	32 732.4	33 128.2	32 382.3	31 135.1	-	-	-	-	-
Japon	7 008.4	7 104.1	4 646.9	11 113.6	8 825.0	1 690.3	1 245.3	1 507.7	1 859.9	2 017.8
Corée	820.2	545.6	596.3	1 225.2	1 572.1	1 243.3	1 088.1	1 183.0	1 444.7	1 716.9
Lettonie	-	-	-	-	-	21.2	24.8	76.6	96.0	94.4
Lituanie	-	-	-	0.0	-	15.5	25.4	33.8	38.9	45.8
Luxembourg	29 533.5	19 495.6	25 704.5	25 893.6	25 820.5	19 544.4	20 494.5	25 480.2	46 329.0	44 903.3
Mexique	-	-	177.6	176.9	54.2	1 468.3	1 441.3	1 784.7	2 183.3	2 522.1
Pays-Bas	20 568.5	16 483.1	19 368.6	17 535.7	12 588.6	81 870.5	66 185.9	59 628.1	64 437.8	64 348.3
Nouvelle-Zélande	-	-	-	782.4	302.1	36.1	33.5	44.4	64.1	53.2
Norvège	-52.0	-599.4	532.0	616.8	532.3	798.5	819.1	978.0	1 224.8	1 445.3
Pologne	137.0	120.1	101.0	-10.4	127.4	12 904.6	11 342.7	9 623.9	8 313.8	8 058.1
Portugal	178.7	323.5	307.0	330.0	412.7	1 943.1	1 733.1	2 098.3	2 526.4	2 903.3
République slovaquie	-	-	-	0.0	-	4 231.9	3 659.5	646.6	1 586.8	1 418.3
Slovénie	-	-	51.8	0.7	1.1	1 183.1	1 139.5	1 303.8	1 268.3	1 458.0
Espagne	7 002.8	6 271.4	4 967.1	5 289.2	3 876.7	41 880.8	37 973.9	33 982.5	35 783.5	40 184.5
Suède	1 806.0	2 206.8	1 004.1	2 988.7	2 613.9	1 312.2	1 783.7	1 603.1	1 796.3	1 758.7
Suisse	21 350.9	19 707.5	18 533.4	25 084.4	32 557.9	10 700.6	10 917.4	9 941.7	11 709.6	9 881.8
Turquie	305.6	288.3	-	1.3	13.3	5 365.8	5 341.1	8 283.1	8 527.9	7 769.5
Royaume-Uni	4 975.1	32 016.8	32 979.6	46 767.8	44 297.5	25 234.3	24 295.9	19 503.1	26 403.5	24 851.2
Etats-Unis	37 564.7	35 086.6	34 139.1	46 109.7	49 789.0	29 303.2	31 495.4	34 659.3	38 444.0	42 414.2
EUROPE	**216 918.4**	**219 094.8**	**243 847.4**	**279 230.2**	**254 520.8**	**361 938.9**	**337 118.6**	**323 587.4**	**376 763.5**	**376 628.4**
Bulgarie	69.8	64.7	-	0.0	-	803.3	1 094.4	2 261.3	2 926.0	2 446.3
Croatie	0.4	0.4	-	-	-	963.2	883.5	3 138.5	3 353.8	3 329.7
Chypre[2, 3]	289.4	199.2	517.2	344.9	272.9	163.9	141.5	141.5	160.2	149.5
Malte	-	-	-	7.5	152.6	693.9	460.5	530.6	568.7	391.1
Roumanie	-0.8	-1.0	-1.3	-8.4	66.4	5 206.8	4 833.2	6 556.0	7 288.2	9 513.6
Russie	3 168.3	2 393.3	478.3	2 219.6	1 712.3	8 966.5	9 078.6	11 514.0	13 238.5	12 240.9
Ukraine	823.0	827.2	-	592.1	652.4	793.7	745.9	684.6	586.0	318.9
AFRIQUE	**243.4**	**212.1**	**157.4**	**964.2**	**452.6**	**18 830.1**	**21 412.1**	**22 576.5**	**27 942.1**	**29 432.6**
Afrique septentrionale	215.9	190.4	151.1	183.5	-	16 172.5	18 602.4	18 780.7	23 400.9	24 167.9
Algérie	-	-	-	-	-	7 246.9	8 389.1	9 016.2	11 176.6	11 529.1
Egypte	-	-	-	-	-	6 822.9	7 760.3	7 380.2	9 155.9	8 971.1
Libye	210.5	185.0	146.2	177.9	-	186.1	310.1	263.6	317.5	332.3
Maroc	5.4	5.4	5.0	5.6	-	465.9	607.2	524.0	677.3	965.6
Tunisie	-	-	-	-	-	1 450.6	1 535.8	1 596.8	2 073.7	2 369.7
Autres pays africains	27.5	21.6	6.3	780.7	452.6	2 657.6	2 809.6	3 795.8	4 541.2	5 264.7
Nigéria	-	-	-	-	-	469.4	503.6	837.8	1 239.0	1 823.3
Afrique du Sud	27.5	21.6	6.3	780.7	452.6	1 094.1	1 335.6	1 634.1	2 014.9	1 999.3
AMÉRIQUE	**40 563.3**	**46 168.2**	**45 224.3**	**60 165.5**	**64 994.0**	**47 793.9**	**49 505.5**	**57 647.6**	**77 918.9**	**80 514.3**
Amérique du Nord	38 273.3	35 863.6	35 179.4	47 714.9	51 692.5	31 149.2	33 239.0	36 727.9	41 167.8	45 673.9
Amérique du Nord	1 488.9	9 617.6	9 346.0	12 393.1	13 172.4	2 557.7	3 193.0	4 272.9	6 027.4	6 195.8
Bahamas	-	-	-	-	-	4.3	4.4	4.7	5.6	5.6
Bermudes	556.1	586.9	-	83.1	199.0	5.8	6.6	3.0	135.8	122.4
Îles Cayman	-19.5	8 137.9	8 962.0	10 611.6	11 358.5	0.9	3.2	4.0	-20.5	-33.1
Costa Rica	-	-	-	-	-	231.1	231.9	362.9	240.3	377.5
El Salvador	-	-	-	-	-	0.5	0.3	7.8	7.0	6.8
Guatemala	-	-	-	-	-	172.5	195.9	162.5	484.2	488.6
Honduras	-	-	-	-	-	18.2	29.7	15.1	9.1	6.4
Nicaragua	-	-	-	-	-	1.3	0.7	0.6	0.8	0.7
Panama	40.6	11.5	8.7	65.5	21.3	231.8	227.7	414.3	534.6	-16.5
Îles Vierges, US	-	-	-	-	-	0.1	-	-	-	-
Amérique du Sud	801.1	687.0	698.9	57.5	129.1	14 087.0	13 073.5	16 646.8	30 723.6	28 644.6
Argentine	-88.4	-153.0	92.3	49.6	36.5	1 659.5	1 488.2	1 223.5	1 563.5	1 635.8
Bolivie	-	-	-	-	-	34.7	28.9	30.9	29.3	31.6
Brésil	192.2	220.9	337.2	3.0	205.0	7 652.5	6 878.0	10 969.9	13 269.7	13 054.9
Colombie	-	-	-	0.2	-	258.9	283.3	570.1	434.6	443.8
Equateur	-	-	-	-	-	93.6	63.9	35.9	44.0	49.6
Paraguay	-	-	-	0.1	-	8.0	7.6	8.0	8.9	10.7
Pérou	-	-	-	0.2	-	296.7	341.2	374.8	537.9	690.2
Uruguay	341.7	335.8	3.2	4.2	3.6	44.9	52.0	48.5	59.5	53.6
Venezuela	-	-	-	-	-	2 051.6	1 981.8	1 612.9	1 297.5	1 510.6
ASIE	**14 727.1**	**11 613.3**	**13 249.1**	**25 274.1**	**23 016.5**	**45 245.0**	**45 855.7**	**50 028.5**	**61 585.3**	**64 523.9**

Tableau 2. Encours des investissements directs étrangers par pays *(suite)*
En fin d'année

Millions de dollars des ÉU

	Entrant					Sortant				
	2014	2015	2016	2017	2018	2014	2015	2016	2017	2018
Proche et Moyen Orient	5 721.1	2 646.4	2 427.1	3 465.2	3 048.3	22 365.7	21 383.7	23 986.0	27 916.5	27 942.6
Pays du Golfe	5 672.5	2 537.0	2 270.6	2 965.7	2 795.2	19 749.4	18 597.5	20 413.9	23 154.0	23 396.2
Koweït	4 094.2	1 644.4	455.7	537.8	681.8	2 697.3	1 634.1	1 699.5	2 503.1	2 648.3
Qatar	868.9	539.9	1 373.0	2 136.2	1 576.9	1 336.9	821.9	950.9	1 204.0	1 086.8
Arabie saoudite	501.6	286.1	145.8	238.5	474.6	6 216.6	6 027.6	5 831.4	5 810.2	5 278.3
Emirats Arabes Unis	207.9	66.7	296.1	53.2	61.9	8 456.8	8 955.9	10 421.0	12 093.0	12 622.2
Autres pays du Proche et Moyen Orient	48.6	109.4	156.5	499.5	253.1	2 616.3	2 786.1	3 572.1	4 762.5	4 546.4
Jordanie	-	-	-	-	-	934.1	966.5	981.1	1 191.9	1 008.8
Autres pays asiatiques	9 006.0	8 966.9	10 822.0	21 809.0	19 968.1	22 879.4	24 472.0	26 042.5	33 668.8	36 581.3
Chine	316.7	623.8	3 556.6	5 791.0	5 455.5	8 575.8	8 592.7	8 480.6	10 858.2	11 808.1
Hong Kong, Chine	22.4	45.0	692.8	-56.5	13.6	1 601.9	2 398.0	2 842.6	4 067.4	4 334.7
Inde	317.2	177.2	364.4	909.2	899.9	4 897.0	5 726.2	6 106.2	7 373.6	7 020.1
Indonesie	178.8	-	-	-	-	185.2	173.8	262.9	808.1	838.3
République islamique d'Iran	28.1	25.8	58.0	68.0	-	1 414.6	1 519.2	1 316.6	1 594.3	1 594.5
Malaisie	-17.7	-14.6	57.2	-	-	664.2	824.6	1 059.3	1 987.0	2 306.1
Philippines	-	-	-	-	-	55.3	59.9	64.0	72.4	533.3
Singapour	78.0	204.4	100.7	1 646.6	1 008.7	590.9	550.0	689.1	745.8	977.8
Taipei Chinois	252.6	254.3	334.4	432.3	942.4	56.4	67.9	80.3	69.2	70.6
Thaïlande	1.3	1.3	1.3	33.5	-	426.3	360.9	317.0	346.8	420.8
Viet Nam	-	-	-	0.0	-	361.4	451.8	553.6	749.0	771.0
AUSTRALIE, OCÉANIE ET RÉGIONS POLAIRES	**463.2**	**218.1**	**587.2**	**786.3**	**309.0**	**2 232.9**	**2 190.9**	**2 266.1**	**3 056.0**	**2 883.4**
TOTAL MONDE non alloué et confidentiel	**79 585.9**	**63 170.7**	**49 560.8**	**58 322.7**	**83 117.8**	**1 441.1**	**536.6**	**274.3**	**311.6**	**297.1**
Union européenne (UE28)	**190 594.9**	**195 587.2**	**222 702.3**	**249 993.2**	**217 553.5**	**327 978.3**	**302 584.8**	**285 252.1**	**333 321.1**	**336 981.4**
Pays du G20 hors Union Européenne	**167 437.2**	**186 284.2**	**203 789.7**	**252 424.9**	**231 934.6**	**174 668.6**	**172 077.7**	**180 722.1**	**214 731.2**	**220 303.9**
Pays OCDE du G20	**162 823.2**	**182 714.3**	**198 808.7**	**242 433.2**	**222 698.2**	**135 421.5**	**132 777.1**	**134 699.6**	**159 794.5**	**166 428.2**
Pays non-OCDE du G20	**4 614.0**	**3 569.9**	**4 981.0**	**9 991.7**	**9 236.4**	**39 247.2**	**39 300.7**	**46 022.5**	**54 936.7**	**53 875.8**
Pays MENA	**5 890.2**	**2 733.2**	**2 421.8**	**3 396.1**	**2 774.8**	**37 385.9**	**38 643.4**	**40 662.5**	**48 263.8**	**48 983.9**
Pays ANASE	**240.4**	**191.1**	**440.1**	**2 173.7**	**2 135.6**	**2 415.9**	**2 569.1**	**3 085.9**	**4 868.9**	**6 011.9**

- Néant

Note : Les positions d'IDE entrants sont allouées selon le pays investisseur ultime. Voir les métadonnées détaillées sur : *http://stats.oecd.org/OECDStat_Metadata/ShowMetadata.ashx?Dataset=FDI_CTRY_IND_SUMM&lang=fr.*

1. Informations sur les données concernant Israël : *http://oe.cd/israel-disclaimer.*
2. Note de la Turquie : Les informations figurant dans ce document et faisant référence à « Chypre » concernent la partie méridionale de l'île. Il n'y a pas d'autorité unique représentant à la fois les Chypriotes turcs et grecs sur l'île. La Turquie reconnaît la République Turque de Chypre Nord (RTCN). Jusqu'à ce qu'une solution durable et équitable soit trouvée dans le cadre des Nations Unies, la Turquie maintiendra sa position sur la « question chypriote ».
3. Note de tous les États de l'Union européenne membres de l'OCDE et del'Union européenne : La République de Chypre est reconnue par tous les membres des Nations Unies sauf la Turquie. Les informations figurant dans ce document concernent la zone sous le contrôle effectif du gouvernement de la République de Chypre.

Source : Statistiques de l'OCDE sur l'investissement direct international (base de données) : https://doi.org/10.1787/idi-data-fr

Tableau 3. Revenus des investissements directs étrangers par pays

Millions de dollars des ÉU

	Entrant					Sortant				
	2014	2015	2016	2017	2018	2014	2015	2016	2017	2018
TOTAL MONDE	**11 199.1**	**11 685.3**	**14 146.7**	**19 620.5**	**20 315.2**	**26 374.4**	**12 048.9**	**17 894.9**	**24 781.8**	**29 870.1**
Pays membres de l'OCDE	**11 413.8**	**11 788.9**	**14 015.2**	**19 607.3**	**20 289.3**	**21 575.7**	**10 457.2**	**15 165.6**	**20 785.8**	**25 188.3**
Australie	16.3	9.7	9.7	18.7	36.2	237.5	26.5	80.6	155.6	108.1
Autriche	189.6	-26.1	281.6	213.3	162.9	1 033.1	741.6	874.8	926.8	931.9
Belgique	728.9	574.4	66.4	728.2	112.1	343.5	192.5	298.5	437.3	388.0
Canada	-10.8	-12.4	4.6	23.5	42.4	137.8	60.8	150.6	125.4	173.1
Chili	7.9	6.4	5.6	6.1	-0.1	202.1	5.9	12.9	524.9	734.1
République Tchèque	26.7	32.0	28.4	49.6	47.2	122.6	113.3	770.7	381.2	329.0
Danemark	242.7	279.7	237.1	274.0	51.7	20.9	-3.3	-11.6	9.2	15.3
Estonie	-1.6	-0.9	-30.6	-2.3	-1.8	1.4	0.9	1.3	0.9	1.6
Finlande	8.1	5.3	11.6	-1.8	-0.4	147.5	121.4	170.8	170.4	73.2
France	3 194.5	3 357.0	2 873.2	3 337.7	4 347.8	694.0	309.1	1 606.3	1 294.6	1 625.3
Allemagne	1 155.2	1 897.7	1 773.7	2 181.4	1 425.0	2 142.1	2 045.9	1 826.5	2 047.3	2 565.9
Grèce	5.0	6.1	6.5	9.3	13.5	60.5	90.3	67.0	91.8	78.6
Hongrie	-88.9	-118.6	30.0	-32.4	11.5	105.3	76.6	85.6	83.6	131.5
Islande	-	-	-1.1	-0.7	-	-1.1	-2.4	-41.8	1.3	0.3
Irlande	79.1	12.9	6.9	87.6	62.3	1 451.4	1 656.0	1 245.0	1 482.7	1 645.5
Israël[1]	19.2	-0.7	-0.5	1.8	4.2	6.6	42.2	130.5	98.8	211.6
Italie	-	-	-	-	-	-	-	-	-	-
Japon	224.1	170.1	248.4	356.9	224.7	102.1	-8.5	47.7	66.1	60.1
Corée	61.1	71.9	86.3	149.8	97.1	29.7	-0.4	13.6	26.0	8.6
Lettonie	-0.2	-0.2	-0.1	0.0	0.1	-0.3	-0.1	0.4	3.3	4.2
Lituanie	-0.1	0.0	0.0	0.0	-0.1	0.6	0.0	1.5	1.4	1.7
Luxembourg	1 855.7	1 250.4	1 273.0	3 378.2	3 221.1	2 090.0	2 436.2	1 625.9	1 308.1	1 708.8
Mexique	-12.8	-7.3	-2.6	-0.5	-3.0	185.8	68.5	108.6	26.1	-38.2
Pays-Bas	3 639.4	2 538.2	4 379.8	4 197.2	6 244.2	6 072.4	-2 109.1	1 874.7	4 085.7	7 844.5
Nouvelle-Zélande	0.1	0.1	0.2	0.1	0.0	3.8	4.4	10.5	8.9	4.7
Norvège	-16.9	-5.6	-15.9	-61.8	11.4	121.1	74.5	-13.7	44.1	18.5
Pologne	0.7	0.4	1.1	0.7	-2.0	1 199.2	995.5	1 134.0	795.3	589.7
Portugal	-84.9	25.8	56.6	13.6	65.3	58.4	93.7	-11.0	113.7	128.0
République slovaquie	5.5	2.6	0.9	0.5	-0.1	176.3	99.3	95.0	117.7	174.3
Slovénie	0.0	39.2	50.8	0.1	1.0	88.3	76.6	94.3	116.3	141.1
Espagne	367.0	715.4	425.1	827.1	379.8	711.2	1 423.4	1 093.8	2 679.2	2 889.3
Suède	121.8	209.9	188.1	144.5	292.8	125.5	203.1	120.5	64.7	107.2
Suisse	336.1	709.8	615.9	1 619.3	1 033.9	190.0	135.5	290.0	235.1	612.6
Turquie	-12.2	3.7	5.5	-2.3	-2.5	673.9	342.1	471.5	667.7	494.5
Royaume-Uni	-700.1	-181.3	1 007.8	1 545.7	2 100.7	1 448.1	394.2	1 120.2	1 677.0	694.7
Etats-Unis	57.0	223.2	391.3	543.9	310.4	1 594.9	750.7	-178.2	918.9	731.0
EUROPE	**11 077.4**	**11 448.6**	**13 385.7**	**18 490.0**	**19 769.0**	**20 109.5**	**10 370.5**	**16 041.7**	**20 709.4**	**25 133.5**
Bulgarie	0.7	1.0	10.3	0.3	0.6	265.9	224.0	225.2	237.0	247.2
Croatie	-0.6	-0.5	-0.5	-0.1	0.6	33.7	20.8	92.9	236.9	243.0
Chypre[2, 3]	3.3	-18.7	-1.0	3.3	5.2	-5.3	-1.3	-0.8	-0.6	0.5
Malte	-36.8	18.1	28.3	-8.1	10.4	37.4	-49.1	-10.4	-25.9	-40.0
Roumanie	-0.7	-1.1	-1.9	2.5	14.9	211.1	175.9	270.5	420.2	356.8
Russie	104.3	47.1	7.6	-12.3	129.5	173.9	208.0	475.6	811.4	936.8
Ukraine	-0.7	-0.5	0.1	-0.2	-0.1	4.8	-14.3	11.8	-8.4	1.0
AFRIQUE	**-8.5**	**-14.5**	**-14.7**	**-4.2**	**-31.4**	**1 088.7**	**504.0**	**495.5**	**736.8**	**898.1**
Afrique septentrionale	16.4	-9.7	-3.6	0.6	-30.1	401.9	145.3	236.4	324.3	328.1
Algérie	-1.1	-0.6	-0.6	-0.1	-0.8	166.9	-75.3	36.2	95.9	39.0
Egypte	14.8	-9.6	-0.4	0.4	0.1	242.3	195.1	119.6	104.0	93.6
Libye	3.0	0.4	-1.8	0.8	-15.6	-86.0	-2.7	-0.3	-2.6	81.0
Maroc	-0.3	0.1	-0.7	-0.5	-0.4	33.1	5.7	42.8	73.6	50.6
Tunisie	0.0	0.0	-0.2	-0.1	-13.4	45.6	22.5	38.2	53.3	63.9
Autres pays africains	-24.9	-4.8	-11.1	-4.8	-1.4	686.8	358.7	259.1	412.6	570.0
Nigéria	-0.7	-0.9	-0.5	0.0	1.0	80.2	19.7	-37.1	33.4	22.4
Afrique du Sud	-9.4	-5.0	-6.7	-3.2	-2.9	218.4	118.9	70.0	67.2	21.8
AMÉRIQUE	**52.3**	**218.5**	**383.9**	**564.2**	**210.3**	**2 642.7**	**54.8**	**-690.1**	**1 063.7**	**1 575.4**
Amérique du Nord	46.2	210.7	395.9	567.3	352.7	1 732.7	811.5	-27.6	1 044.3	904.1
Amérique du Nord	-7.5	-0.4	-26.7	-25.5	-45.2	134.2	-42.8	64.3	111.0	29.6
Bahamas	0.0	0.0	-	-	-	1.1	-	-	-	-
Bermudes	0.1	0.4	-23.2	0.1	-0.3	0.3	-0.2	-23.4	0.9	8.1
Îles Cayman	-0.4	-0.6	5.5	-22.3	-32.4	-	-	-	-	-0.7
Costa Rica	-	-0.1	0.0	0.0	-	2.3	5.6	18.8	1.1	2.0
El Salvador	-	-	-	-	-	0.0	0.0	0.0	0.0	0.0
Guatemala	-	-0.9	-	-	-	14.9	11.2	31.9	18.6	23.7
Honduras	-	-	-	-	-	1.8	1.6	1.0	0.1	-5.8
Nicaragua	-	-	-	-	-	0.0	0.0	0.0	-	0.0
Panama	1.6	2.0	0.2	0.0	0.0	-139.6	-135.1	-96.4	33.4	29.1
Îles Vierges, US	-	-	-	-	-	0.0	0.0	-	-	-
Amérique du Sud	13.6	8.1	14.7	22.3	-97.2	775.8	-713.9	-726.8	-91.6	641.7
Argentine	-1.7	-1.8	-2.8	-2.6	-2.5	219.0	143.5	179.1	119.7	94.1
Bolivie	0.0	0.0	0.0	-0.1	0.0	0.7	9.2	3.4	0.1	0.0
Brésil	16.5	9.2	20.3	28.5	-84.9	273.9	-731.6	-714.0	-330.5	-2.9
Colombie	-0.6	-0.4	-0.4	-0.1	0.0	-46.6	-10.4	60.3	-8.8	-19.3
Equateur	0.0	-0.2	0.0	0.0	0.0	4.9	0.9	5.2	0.1	1.5
Paraguay	-	-	-	0.0	0.0	-1.6	-1.8	-0.5	0.3	-0.2
Pérou	-0.4	-0.4	-0.5	0.0	0.1	5.1	3.4	-7.9	-1.2	33.5
Uruguay	-7.9	-4.3	-7.3	-5.4	-9.6	0.5	0.0	-1.3	-3.3	-10.1
Venezuela	-0.2	-0.3	-0.1	-4.1	-0.4	116.6	-134.6	-263.6	-392.0	-188.9
ASIE	**61.9**	**24.2**	**383.5**	**553.0**	**330.9**	**2 282.1**	**1 088.6**	**1 956.7**	**2 108.4**	**2 149.4**

Tableau 3. Revenus des investissements directs étrangers par pays *(suite)*

Millions de dollars des ÉU

	Entrant					Sortant				
	2014	2015	2016	2017	2018	2014	2015	2016	2017	2018
Proche et Moyen Orient	-20.8	-215.9	10.6	7.6	11.2	330.6	200.7	318.7	487.2	323.1
Pays du Golfe	-40.0	-215.3	11.1	5.9	7.1	317.1	152.6	187.1	397.9	47.5
Koweït	-32.1	-19.3	0.0	0.0	1.6	38.6	0.4	0.1	294.4	1.9
Qatar	5.9	7.4	7.0	6.8	8.0	82.7	20.9	12.0	-19.4	-46.6
Arabie saoudite	-0.2	-0.3	-0.2	-0.2	0.0	129.6	84.2	137.9	53.4	31.4
Emirats Arabes Unis	-14.5	-203.4	4.4	-0.7	-2.5	55.6	46.7	37.5	41.6	60.7
Autres pays du Proche et Moyen Orient	19.1	-0.6	-0.5	1.8	4.1	13.5	48.1	131.6	89.3	275.7
Jordanie	-	-	-	-	0.0	-0.1	2.1	-0.2	-1.1	31.4
Autres pays asiatiques	82.8	240.1	372.9	545.3	319.7	1 951.5	888.0	1 638.0	1 621.1	1 826.3
Chine	-14.1	-1.6	2.7	-20.8	-12.3	689.8	463.3	809.5	1 010.9	956.7
Hong Kong, Chine	-167.0	-4.6	8.5	10.5	6.9	151.2	-0.9	154.0	135.5	250.6
Inde	-4.1	-5.4	-1.9	-2.9	-2.8	707.9	122.2	221.5	209.2	237.6
Indonesie	-0.1	0.1	-0.1	0.0	-0.1	37.4	3.1	27.8	11.4	10.3
République islamique d'Iran	-0.2	0.1	0.4	0.3	1.6	9.8	1.4	12.3	-93.5	-87.3
Malaisie	-0.2	-0.3	-0.5	-0.6	-0.1	64.0	58.7	84.2	42.5	7.9
Philippines	0.0	0.0	0.0	-0.1	-0.1	-1.1	1.4	0.3	2.4	2.4
Singapour	-13.1	11.4	12.2	45.5	1.1	73.0	42.4	72.2	26.9	49.1
Taipei Chinois	-0.1	-0.2	2.0	1.3	-0.8	6.4	3.7	3.5	-0.8	1.4
Thaïlande	-2.7	-0.7	0.4	0.1	-0.2	6.5	15.7	23.6	76.6	54.3
Viet Nam	0.0	-0.1	-0.1	-0.1	-0.2	23.1	95.2	121.1	53.1	83.7
AUSTRALIE, OCÉANIE ET RÉGIONS POLAIRES	**16.4**	**9.9**	**9.8**	**18.9**	**36.3**	**247.1**	**31.0**	**91.1**	**163.5**	**112.8**
TOTAL MONDE non alloué et confidentiel	**-0.4**	**-1.2**	**-1.6**	**-1.3**	**0.0**	**4.4**	**0.1**	**0.1**	**0.1**	**0.9**
Union européenne (UE28)	**10 710.3**	**10 618.6**	**12 703.0**	**16 950.4**	**18 566.2**	**18 634.8**	**9 327.4**	**14 661.6**	**18 756.0**	**22 876.8**
Pays du G20 hors Union Européenne	**4 063.5**	**5 574.5**	**6 416.8**	**8 141.3**	**8 602.9**	**9 695.5**	**4 400.5**	**6 454.8**	**8 957.4**	**8 708.8**
Pays OCDE du G20	**3 972.4**	**5 532.3**	**6 397.8**	**8 154.8**	**8 578.8**	**7 245.7**	**3 988.9**	**5 247.4**	**7 004.6**	**6 423.0**
Pays non-OCDE du G20	**91.1**	**42.1**	**19.0**	**-13.6**	**24.0**	**2 449.8**	**411.5**	**1 207.4**	**1 952.8**	**2 285.8**
Pays MENA	**-23.6**	**-225.0**	**7.5**	**6.4**	**-23.0**	**720.1**	**304.6**	**425.1**	**722.2**	**421.6**
Pays ANASE	**-16.2**	**10.1**	**12.0**	**46.5**	**2.6**	**209.7**	**216.5**	**329.3**	**213.0**	**207.8**

- Néant

Note : Voir les métadonnées détaillées sur : *http://stats.oecd.org/OECDStat_Metadata/ShowMetadata.ashx?Dataset=FDI_CTRY_IND_SUMM&lang=fr*.

1. Informations sur les données concernant Israël : *http://oe.cd/israel-disclaimer*.
2. Note de la Turquie : Les informations figurant dans ce document et faisant référence à « Chypre » concernent la partie méridionale de l'île. Il n'y a pas d'autorité unique représentant à la fois les Chypriotes turcs et grecs sur l'île. La Turquie reconnaît la République Turque de Chypre Nord (RTCN). Jusqu'à ce qu'une solution durable et équitable soit trouvée dans le cadre des Nations Unies, la Turquie maintiendra sa position sur la « question chypriote ».
3. Note de tous les États de l'Union européenne membres de l'OCDE et del'Union européenne : La République de Chypre est reconnue par tous les membres des Nations Unies sauf la Turquie. Les informations figurant dans ce document concernent la zone sous le contrôle effectif du gouvernement de la République de Chypre.

Source : Statistiques de l'OCDE sur l'investissement direct international (base de données) : https://doi.org/10.1787/idi-data-fr

ITALIE

Tableau 4. Investissement direct étranger : flux par secteur industriel

Millions de dollars des ÉU

	Entrant					Sortant				
	2014	2015	2016	2017	2018	2014	2015	2016	2017	2018
All FDI activities	**23 224.2**	**19 630.8**	**28 440.8**	**23 995.9**	**32 865.7**	**26 327.2**	**21 639.9**	**16 164.8**	**24 478.4**	**32 673.2**
Agriculture, sylviculture et pêche	**-399.5**	**-334.4**	**448.3**	**408.0**	**67.9**	**35.6**	**3.5**	**50.6**	**-73.7**	**59.8**
Industries extractives	**-103.9**	**459.4**	**-372.5**	**2 196.2**	**-148.2**	**2 122.3**	**-3 491.1**	**-3 407.4**	**2 068.5**	**-240.2**
Activités d'extraction	-125.2	472.5	-372.5	2 198.1	-148.2	2 106.6	-3 712.2	-3 380.1	2 068.1	-238.4
Activités de fabrication	**7 525.3**	**1 606.9**	**5 184.9**	**9 130.0**	**8 480.8**	**9 011.7**	**12 894.0**	**10 408.6**	**7 250.6**	**12 290.5**
dont :										
Produits alimentaires, boissons et tabac	457.6	183.7	1 721.0	-76.2	-315.4	997.6	1 109.6	339.8	831.6	524.1
Textiles, bois, papier, imprimerie	-75.3	1 811.0	-1 313.9	346.6	-469.3	48.0	942.2	-993.1	298.2	425.6
Produits pétroliers, chimiques, pharmaceutiques, caoutchouc, plastique, minéraux	3 427.0	1 368.8	305.6	3 882.9	-167.8	1 551.3	273.6	631.4	1 092.6	3 620.7
Ouvrages en métaux et machines, sauf matériels électriques	4 119.4	-163.1	277.6	2 351.7	5 906.0	2 245.5	8 661.7	4 827.0	5 549.7	4 889.0
Automobiles, remorques, semi-remorques, autres matériels de transport	135.0	-2 208.7	-1 448.8	179.1	2 767.5	2 714.2	397.6	4 811.2	-200.2	738.4
Autres activités de fabrication	-538.3	615.2	5 643.4	2 445.8	759.8	1 455.0	1 509.3	792.4	-321.3	2 092.7
Production et distribution d'électricité, de gaz, de vapeur et de climatisation	**3 351.8**	**599.0**	**-983.3**	**-45.7**	**886.8**	**-234.9**	**206.9**	**-3 158.1**	**1 551.2**	**3 104.9**
Distribution de l'eau ; assainissement, traitement des déchets et dépollution	**350.6**	**-707.5**	**-120.8**	**-20.8**	**-36.5**	**-5.6**	**9.7**	**-3.3**	**29.5**	**-30.6**
Construction	**-46.1**	**-327.2**	**-847.8**	**137.9**	**111.4**	**5 766.3**	**582.7**	**2 636.5**	**3 765.0**	**8 623.1**
Services	**10 334.5**	**16 485.8**	**23 288.9**	**10 311.5**	**21 536.3**	**8 468.1**	**11 143.2**	**10 257.5**	**10 110.3**	**9 006.9**
Commerce de gros et de détail ; réparations automobiles et motocycles	2 873.8	1 339.3	3 673.6	3 717.7	-1 435.3	-741.0	-1 231.2	2 075.6	110.4	3 835.6
Transport et entreposage	-142.5	1 190.6	225.0	-769.7	1 304.8	585.2	248.9	-293.0	807.3	-790.6
Activités d'hébergement et de restauration	-1.1	-66.1	657.5	-330.8	179.8	135.7	8.2	-30.7	-356.4	183.3
Information et communication	541.6	10 835.8	509.6	182.4	-7.0	533.2	-314.9	-849.3	393.9	2 619.2
Activités financières et d'assurances	5 240.6	7 734.5	9 882.5	4 731.8	182.2	6 506.1	11 478.5	9 897.5	6 914.3	-3 838.5
Activités des sociétés holding	1 706.9	85.3	-4 279.2	284.0	1 249.9	-3 392.8	-3 348.5	3 014.9	325.5	-128.9
Activités immobilières	2 781.2	-2 424.5	945.1	1 126.0	-391.7	-589.5	631.1	-241.0	254.0	383.7
Activités professionnelles, scientifiques et techniques	109.8	-3 489.4	5 933.2	228.4	18 734.6	1 648.1	-153.4	1 815.2	1 100.2	2 679.2
Activités de services administratifs et d'appui	-992.6	1 752.7	1 255.2	680.7	3 142.4	1 242.9	339.8	-1 946.1	872.3	912.1
Administration publique; activités des ménages et des organismes extra-territoriaux	-	-	-	-	138.8	-347.6	74.3	57.4	-19.8	2 929.4
Éducation	-82.3	0.0	-0.1	-	-	-5.4	0.8	-2.2	-1.9	-7.3
Santé humaine et action sociale	-56.1	-11.5	19.4	18.1	30.0	38.3	17.0	-39.4	-25.9	-72.0
Arts, spectacles et loisirs	-6.2	-594.3	-118.0	686.4	-471.6	-536.0	32.5	-187.6	55.2	172.7
Autres services	68.1	218.7	305.9	40.5	129.5	-2.1	11.5	1.3	6.7	0.1
Not allocated and confidential	**0.0**	**0.0**	**0.0**	**0.0**	**0.0**	**0.0**	**0.0**	**0.0**	**0.0**	**0.0**
Activités immobilières privées	**2 211.4**	**1 848.8**	**1 843.1**	**1 878.8**	**1 967.1**	**1 163.7**	**291.0**	**-619.7**	**-222.9**	**-141.1**

- Néant

Note : Voir les métadonnées détaillées sur : *http://stats.oecd.org/OECDStat_Metadata/ShowMetadata.ashx?Dataset=FDI_CTRY_IND_SUMM&lang=fr.*

Source : Statistiques de l'OCDE sur l'investissement direct international (base de données) : https://doi.org/10.1787/idi-data-fr

ITALIE

Tableau 5. Encours des investissement directs étrangers par secteur industriel

En fin d'année

Millions de dollars des ÉU

	Entrant					Sortant				
	2014	2015	2016	2017	2018	2014	2015	2016	2017	2018
All FDI activities	**352 501.4**	**340 477.1**	**352 626.2**	**424 743.1**	**426 410.8**	**477 481.9**	**456 619.5**	**456 380.4**	**547 577.5**	**554 279.6**
Agriculture, sylviculture et pêche	**1 888.6**	**1 209.5**	**1 254.4**	**2 164.8**	**1 746.3**	**490.7**	**655.0**	**541.8**	**531.2**	**704.5**
Industries extractives	**3 047.0**	**3 288.1**	**2 771.2**	**3 138.5**	**3 505.6**	**1 556.4**	**-1 758.6**	**-3 435.0**	**3 665.2**	**5 904.0**
Activités d'extraction	2 873.9	3 277.0	2 771.2	3 138.5	3 505.6	1 117.7	-2 283.1	-3 599.5	3 635.6	2 671.0
Activités de fabrication	**85 684.8**	**83 141.0**	**92 095.8**	**118 455.3**	**111 127.2**	**115 492.6**	**118 515.6**	**125 553.4**	**154 183.5**	**156 495.2**
dont :										
Produits alimentaires, boissons et tabac	16 360.3	16 657.9	17 642.0	19 755.0	16 024.1	8 291.8	8 694.4	9 274.3	11 370.0	9 808.3
Textiles, bois, papier, imprimerie	1 524.4	5 754.8	2 337.0	3 644.6	2 950.7	4 972.7	5 423.8	4 137.6	4 694.3	5 000.9
Produits pétroliers, chimiques, pharmaceutiques, caoutchouc, plastique, minéraux	26 258.4	23 660.3	23 144.1	30 069.6	25 092.1	16 913.1	15 846.0	18 255.5	20 485.5	23 081.3
Ouvrages en métaux et machines, sauf matériels électriques	20 788.9	20 160.8	21 661.9	31 012.2	32 625.6	59 480.6	62 864.3	64 057.4	77 722.6	79 598.4
Automobiles, remorques, semi-remorques, autres matériels de transport	13 261.4	9 423.0	14 758.4	18 019.1	18 861.9	12 098.1	10 925.7	14 893.1	18 215.5	16 197.3
Autres activités de fabrication	7 491.4	7 484.4	12 552.4	15 954.8	15 572.8	13 736.3	14 761.5	14 935.4	21 695.6	22 809.1
Production et distribution d'électricité, de gaz, de vapeur et de climatisation	**5 650.2**	**4 467.9**	**4 444.9**	**6 160.7**	**4 347.7**	**6 076.5**	**5 457.5**	**6 638.7**	**5 790.1**	**7 121.4**
Distribution de l'eau ; assainissement, traitement des déchets et dépollution	**1 327.2**	**517.5**	**413.7**	**453.4**	**456.3**	**149.9**	**144.9**	**157.9**	**83.3**	**65.5**
Construction	**4 913.2**	**4 111.8**	**3 272.6**	**4 790.3**	**4 249.7**	**34 994.2**	**32 353.9**	**36 078.0**	**43 940.9**	**50 405.1**
Services	**225 409.6**	**220 137.2**	**223 761.4**	**259 574.3**	**270 421.1**	**295 243.7**	**279 211.8**	**269 361.2**	**314 669.1**	**309 688.0**
Commerce de gros et de détail ; réparations automobiles et motocycles	29 331.1	29 318.0	34 988.9	42 779.8	47 171.1	33 097.4	30 140.9	33 006.2	33 939.0	38 971.0
Transport et entreposage	11 081.0	11 577.1	11 172.3	13 318.6	12 690.4	5 128.5	5 098.4	4 930.8	6 610.3	6 656.9
Activités d'hébergement et de restauration	2 014.2	1 912.5	2 493.1	2 341.2	3 623.7	1 950.0	1 651.2	1 432.5	1 374.3	2 201.4
Information et communication	16 530.6	27 928.7	25 519.3	27 943.1	27 769.8	7 072.2	6 081.8	6 088.7	5 607.9	5 334.2
Activités financières et d'assurances	51 887.4	56 116.2	40 681.7	45 975.5	40 574.1	218 507.1	209 645.6	203 772.1	240 929.7	226 567.5
Activités des sociétés holding	27 742.2	24 550.1	4 226.3	3 883.0	4 768.2	137 697.3	128 167.8	125 687.5	125 777.7	122 938.1
Activités immobilières	14 976.3	12 033.5	17 142.5	22 241.1	21 777.7	2 677.4	3 536.3	3 653.9	5 273.9	5 586.6
Activités professionnelles, scientifiques et techniques	86 986.6	70 970.6	77 692.3	87 400.4	97 587.8	20 655.3	20 050.6	14 409.8	17 420.2	17 736.5
Activités de services administratifs et d'appui	10 014.4	9 244.0	12 224.2	14 409.7	15 475.4	1 328.3	1 059.2	-798.9	106.9	1 412.8
Administration publique; activités des ménages et des organismes extra-territoriaux	-	-	-	-	135.9	360.1	331.7	425.9	324.4	3 017.5
Éducation	-88.4	7.8	-	-	-	10.8	7.8	-2.5	-1.9	7.5
Santé humaine et action sociale	287.2	194.5	193.5	119.3	195.4	104.8	121.0	92.3	123.8	134.1
Arts, spectacles et loisirs	758.6	98.5	539.0	1 427.3	1 470.3	4 311.3	1 427.3	2 255.8	2 752.8	1 714.7
Autres services	1 630.6	736.0	1 114.9	1 618.4	1 949.5	40.6	60.2	94.7	207.9	347.3
Not allocated and confidential	**0.0**	**0.0**	**0.0**	**0.0**	**0.0**	**784.8**	**783.7**	**749.6**	**841.2**	**1 140.4**
Activités immobilières privées	**24 580.9**	**23 604.0**	**24 612.2**	**30 005.9**	**30 556.8**	**22 693.2**	**21 255.6**	**20 734.8**	**23 873.0**	**22 755.4**

- Néant

Note : Voir les métadonnées détaillées sur : *http://stats.oecd.org/OECDStat_Metadata/ShowMetadata.ashx?Dataset=FDI_CTRY_IND_SUMM&lang=fr.*

Source : Statistiques de l'OCDE sur l'investissement direct international (base de données) : https://doi.org/10.1787/idi-data-fr

Tableau 6. Revenus des investissements directs étrangers par secteur industriel

Millions de dollars des ÉU

	Entrant					Sortant				
	2014	2015	2016	2017	2018	2014	2015	2016	2017	2018
All FDI activities	**11 199.1**	**11 685.3**	**14 146.7**	**19 620.5**	**20 315.2**	**26 374.4**	**12 048.9**	**17 894.9**	**24 781.8**	**29 870.1**
Agriculture, sylviculture et pêche	**-16.3**	**-99.0**	**-40.3**	**98.7**	**27.1**	**19.4**	**4.8**	**2.8**	**34.6**	**-14.9**
Industries extractives	**605.1**	**183.3**	**-184.7**	**-48.2**	**263.1**	**115.4**	**2 262.8**	**70.1**	**42.9**	**560.2**
Activités d'extraction	575.9	183.1	-184.7	-48.2	263.1	81.3	2 166.0	69.7	42.6	562.6
Activités de fabrication	**3 664.3**	**2 736.6**	**4 037.7**	**7 010.3**	**7 078.6**	**9 031.6**	**5 034.1**	**7 555.1**	**8 295.1**	**8 163.7**
dont :										
Produits alimentaires, boissons et tabac	726.2	639.9	831.5	879.6	1 064.8	582.8	382.1	679.5	805.8	640.0
Textiles, bois, papier, imprimerie	83.3	169.8	-31.8	-0.2	87.3	389.0	255.7	307.7	232.4	199.4
Produits pétroliers, chimiques, pharmaceutiques, caoutchouc, plastique, minéraux	1 860.1	1 511.9	2 106.2	2 587.1	2 047.2	1 987.4	1 042.5	1 987.7	1 937.5	1 765.0
Ouvrages en métaux et machines, sauf matériels électriques	48.5	622.8	883.4	1 897.8	1 767.6	3 090.7	1 441.5	2 232.0	2 284.9	2 450.9
Automobiles, remorques, semi-remorques, autres matériels de transport	-177.7	-1 126.3	-682.3	80.2	-678.1	2 019.2	1 036.7	1 474.4	1 713.1	1 257.8
Autres activités de fabrication	1 123.9	918.6	930.7	1 565.8	2 789.7	962.5	875.7	873.8	1 321.4	1 850.7
Production et distribution d'électricité, de gaz, de vapeur et de climatisation	**278.3**	**286.2**	**-69.0**	**216.4**	**293.3**	**-60.4**	**-114.9**	**-252.6**	**75.1**	**27.0**
Distribution de l'eau ; assainissement, traitement des déchets et dépollution	**-81.0**	**-5.7**	**-34.8**	**-16.5**	**-50.4**	**6.5**	**-0.1**	**6.0**	**-2.0**	**2.4**
Construction	**57.0**	**54.6**	**38.9**	**24.6**	**-148.8**	**843.0**	**-827.7**	**-244.1**	**710.1**	**432.7**
Services	**6 691.8**	**8 529.3**	**10 398.8**	**12 335.2**	**12 852.4**	**16 418.8**	**5 690.0**	**10 757.6**	**15 626.1**	**20 698.9**
Commerce de gros et de détail ; réparations automobiles et motocycles	1 752.0	2 412.6	2 352.1	3 654.4	4 057.7	409.7	691.9	1 077.4	1 404.3	1 990.3
Transport et entreposage	-84.5	306.2	843.4	1 031.0	1 384.4	175.0	-6.7	273.3	287.0	36.6
Activités d'hébergement et de restauration	176.8	100.5	37.1	-74.4	-14.4	150.2	158.9	210.0	215.2	180.8
Information et communication	1 147.1	345.8	1 491.4	1 078.8	969.3	-586.3	-923.7	-343.2	192.8	66.1
Activités financières et d'assurances	1 884.9	3 952.2	2 885.8	2 731.6	1 291.6	13 959.9	5 814.6	8 407.7	12 865.0	17 206.0
Activités des sociétés holding	-1 139.9	948.0	210.5	189.2	609.1	7 021.2	388.9	1 963.1	5 422.2	8 945.3
Activités immobilières	-564.5	-791.9	1 129.1	128.8	1 576.9	281.6	184.5	142.8	370.5	281.8
Activités professionnelles, scientifiques et techniques	2 702.1	1 213.6	1 069.1	2 996.4	2 796.5	1 931.5	-381.5	861.2	169.8	632.3
Activités de services administratifs et d'appui	-105.9	732.4	694.9	844.2	1 096.6	23.8	112.0	80.2	112.5	40.8
Administration publique; activités des ménages et des organismes extra-territoriaux	-	-	-	-	-1.0	35.7	13.9	7.2	8.6	0.4
Éducation	-87.4	0.2	-	-	-	-3.0	-3.0	0.6	-1.3	0.0
Santé humaine et action sociale	-57.4	-8.7	8.7	18.1	5.9	-0.6	4.2	-5.2	-9.4	-6.4
Arts, spectacles et loisirs	-243.4	-91.1	-141.8	-88.3	-436.3	24.3	16.5	45.1	9.5	259.7
Autres services	172.0	357.5	28.9	14.4	125.1	16.9	8.4	0.6	1.4	10.5
Not allocated and confidential	**0.0**	**0.0**	**0.0**	**0.0**	**0.0**	**0.2**	**0.0**	**0.0**	**0.0**	**0.0**
Activités immobilières privées	-	-	-	-	-	-	-	-	-	-

- Néant

Note : Voir les métadonnées détaillées sur : *http://stats.oecd.org/OECDStat_Metadata/ShowMetadata.ashx?Dataset=FDI_CTRY_IND_SUMM&lang=fr.*

Source : Statistiques de l'OCDE sur l'investissement direct international (base de données) : https://doi.org/10.1787/idi-data-fr

Tableau 1. Flux d'investissement direct étranger par pays

Millions de dollars des ÉU

	Entrant					Sortant				
	2014	2015	2016	2017	2018	2014	2015	2016	2017	2018
TOTAL MONDE	**12 040.8**	**2 976.6**	**17 749.5**	**10 975.6**	**9 856.3**	**130 963.4**	**136 295.5**	**151 287.1**	**164 658.4**	**143 142.3**
Pays membres de l'OCDE	**6 674.4**	**-864.7**	**10 116.4**	**5 569.6**	**7 659.0**	**84 039.3**	**92 921.6**	**113 752.1**	**113 071.8**	**75 520.8**
Australie	448.1	371.0	442.2	310.6	101.6	4 625.2	6 725.2	4 399.5	4 054.1	1 023.6
Autriche	-8.4	7.8	11.5	37.5	10.7	43.5	15.4	14.3	279.1	-66.2
Belgique	-271.3	-29.5	70.7	-161.6	603.5	546.6	923.6	1 918.5	1 263.0	1 687.4
Canada	-11.4	-38.2	-52.4	55.2	50.2	1 864.9	1 217.1	676.2	921.8	2 486.9
Chili	-5.0	2.2	1.5	2.0	2.0	392.1	80.3	-201.7	-81.1	224.6
République Tchèque	-	-	-	-6.4	1.0	137.4	343.9	142.2	175.5	223.8
Danemark	43.1	0.1	91.2	11.3	60.5	158.1	-214.4	-162.9	313.7	176.0
Estonie	-	-	-	-	2.0	-	-	-	2.0	1.1
Finlande	2.1	-1.1	-21.1	37.4	-438.7	160.1	117.3	-4 089.1	918.4	784.2
France	1 409.6	2 190.7	4 719.0	3 494.7	3 134.2	1 200.3	844.4	1 175.9	1 520.4	952.2
Allemagne	-354.6	-4 396.8	581.7	-1 006.2	-1 131.5	1 826.2	2 949.8	1 509.1	2 695.0	2 224.4
Grèce	-9.4	-	-	-	-	0.2	0.1	-0.4	-1.0	-2.3
Hongrie	-3.1	4.9	0.4	27.0	-	25.9	-4.6	125.9	135.5	180.8
Islande	4.5	-0.9	-	-	1.2	3.1	-	-	7.3	8.9
Irlande	-1 514.0	-1 235.5	511.0	-1 457.0	-41.9	533.3	-782.2	2 572.1	2 007.1	6 354.2
Israël[1]	283.9	-28.7	-64.5	23.8	1 248.4	27.2	31.7	193.5	1 115.0	81.8
Italie	-86.4	257.4	24.1	97.8	-69.8	302.1	687.2	454.7	-152.7	1 103.8
Japon	-	-	-	-	-	-	-	-	-	-
Corée	764.8	904.9	581.8	937.0	1 889.8	3 277.8	1 562.6	1 631.6	1 635.3	4 766.2
Lettonie	-	-	-	-	-	1.1	-	0.7	0.4	-
Lituanie	-	-	-	-	-	-	-	-	-	-
Luxembourg	-301.2	-1 065.2	1 004.3	1 358.6	-731.4	2 365.7	1 560.3	1 020.6	6 057.6	-436.6
Mexique	-2.4	-2.7	-	-	2.0	1 191.1	1 222.4	1 886.6	1 324.1	1 317.4
Pays-Bas	-1 181.4	-1 233.6	-940.9	-185.0	-442.2	4 475.4	7 268.4	3 585.0	14 843.9	7 810.9
Nouvelle-Zélande	33.0	-7.0	-26.3	-19.0	-1.3	1 164.0	123.2	400.0	339.7	312.1
Norvège	-103.2	-139.3	-151.8	179.6	-160.7	238.4	-33.0	340.6	-175.6	312.4
Pologne	-	-	-	0.3	-	18.9	-69.6	144.6	72.6	17.5
Portugal	77.3	-	-6.2	-67.6	0.9	28.4	8.8	92.6	6.7	12.8
République slovaquie	-	-	0.9	-	2.0	-12.9	-3.3	48.4	22.1	27.1
Slovénie	-	-	-	-	-	4.6	26.6	-0.2	-16.4	-37.0
Espagne	112.1	38.4	2.0	33.1	-226.4	905.2	544.4	800.4	290.0	4 260.4
Suède	-1 381.8	-273.6	-87.4	263.1	181.2	1 510.1	2 479.2	247.2	967.7	1 288.7
Suisse	696.6	-215.8	762.4	-2 613.6	-2 160.8	26.0	-569.2	1 935.7	-1 485.9	-303.4
Turquie	-	-	0.4	0.8	-	316.3	442.4	509.8	526.1	272.7
Royaume-Uni	1 198.0	839.5	-1 296.8	101.1	1 067.3	7 387.0	16 421.5	41 413.2	25 991.1	18 042.9
Etats-Unis	6 834.9	3 186.3	3 958.8	4 115.2	4 705.3	49 297.4	49 001.6	50 967.7	47 499.6	20 411.7
EUROPE	**-1 690.1**	**-5 277.3**	**5 422.5**	**153.2**	**-316.4**	**22 746.8**	**33 225.2**	**53 766.4**	**56 456.8**	**46 340.7**
Bulgarie	-	-	-	0.7	-	0.4	-	-63.0	73.3	-3.6
Croatie	-	-	-	-	-	0.8	0.2	-0.1	0.1	0.6
Chypre[2, 3]	16.0	2.0	-0.4	0.4	2.4	-226.9	1.4	3.0	96.7	12.0
Malte	-	-	1.1	0.8	0.9	-2.3	-2.1	-26.4	0.1	14.7
Roumanie	-	-	0.4	-	-	27.0	15.9	22.2	10.1	83.0
Russie	2.1	-0.5	2.7	3.6	1.4	378.4	465.4	108.1	148.7	343.5
Ukraine	0.6	-	-	-	-	51.5	31.2	28.4	25.7	34.0
AFRIQUE	**11.7**	**-4.4**	**34.7**	**6.5**	**4.9**	**1 554.3**	**1 481.2**	**-555.5**	**1 720.4**	**1 574.0**
Afrique septentrionale	-0.7	0.4	-	-	-	55.2	56.1	-15.9	127.4	38.9
Algérie	-	-	-	-	-	3.5	-	-	10.4	28.8
Egypte	-0.7	0.4	-	-	-	57.3	46.9	-21.1	112.2	-6.7
Libye	-	-	-	-	-	-	-	-	-	-
Maroc	-	-	-	-	-	-0.5	9.2	5.3	4.8	16.3
Tunisie	-	-	-	-	-	-5.1	-	-	-	0.5
Autres pays africains	12.3	-4.9	34.7	6.5	4.9	1 499.1	1 425.1	-539.6	1 593.0	1 535.1
Nigéria	-	-	-	-	-	7.7	9.6	7.3	1.5	4.1
Afrique du Sud	4.7	-0.5	0.7	-3.1	-0.6	1 680.7	1 037.9	928.2	1 060.5	1 255.3
AMÉRIQUE	**7 665.0**	**3 454.9**	**4 833.5**	**7 447.1**	**8 798.7**	**57 498.8**	**59 489.2**	**77 855.5**	**60 168.6**	**47 044.9**
Amérique du Nord	6 823.5	3 148.1	3 906.5	4 170.4	4 755.5	51 162.2	50 218.7	51 643.9	48 421.4	22 898.6
Amérique du Nord	801.2	267.5	944.8	3 294.8	4 051.6	2 717.1	9 204.4	25 455.0	12 595.9	21 307.1
Bahamas	2.1	2.0	-	2.3	-	-10.6	25.1	-281.7	40.9	83.6
Bermudes	2.4	78.7	-18.2	26.4	-65.0	1 120.9	310.4	-315.2	7 395.9	85.2
Îles Cayman	642.5	140.9	748.6	3 225.3	3 674.8	987.3	7 855.2	20 485.0	3 882.0	16 777.9
Costa Rica	-	-	-	-	-	-	-	-1.1	1.0	0.3
El Salvador	-	-	-	-	-	1.5	1.9	2.3	1.5	1.7
Guatemala	-	-	-	-	-	-	-	-	-	-
Honduras	-	-	-	-	-	-	-	-	-	-
Nicaragua	-	-	-	-	-	-	-	-	-	-
Panama	0.3	7.0	14.2	6.0	25.7	-794.8	-474.0	91.6	-233.0	119.0
Îles Vierges, US	1.3	-	1.8	-3.1	-	-2.1	1.4	-2.1	-4.8	-5.7
Amérique du Sud	40.3	39.3	-17.8	-18.1	-8.4	3 619.4	66.0	756.7	-848.7	2 839.2
Argentine	45.3	-7.0	-19.2	-17.4	-18.6	84.8	18.5	122.4	579.0	457.8
Bolivie	-	-	-	-	-	-185.3	-0.4	-	-	-
Brésil	-	44.6	-	-2.6	8.2	3 170.6	-204.7	835.9	-1 380.3	2 196.3
Colombie	-	-	-	-	-	26.4	21.5	5.6	28.7	41.5
Equateur	-	-	-	-	-	0.1	-	-0.7	-	-
Paraguay	-	-	-	-	-	35.5	-12.0	-7.4	33.4	-6.4
Pérou	-	-0.4	-	-	-	105.6	100.5	94.6	120.0	148.7
Uruguay	-	-	-	-	-	11.4	207.1	35.0	-105.2	-180.1
Venezuela	-	-	-	-	-	-21.7	-144.7	-127.1	-43.2	-43.2
ASIE	**5 546.7**	**4 426.9**	**7 009.9**	**3 129.9**	**1 288.1**	**43 122.4**	**34 397.8**	**14 223.4**	**40 338.2**	**48 323.5**

JAPON

Tableau 1. Flux d'investissement direct étranger par pays *(suite)*

Millions de dollars des ÉU

	Entrant					Sortant				
	2014	2015	2016	2017	2018	2014	2015	2016	2017	2018
Proche et Moyen Orient	286.3	38.6	43.1	100.9	1 384.2	654.2	522.0	682.2	2 012.6	770.1
Pays du Golfe	2.4	66.6	107.5	77.1	135.8	626.2	489.3	489.7	897.6	686.8
Koweït	-	-	-	-	0.3	19.1	10.3	1.8	1.7	1.7
Qatar	-	-	-	-	-	-48.3	164.1	40.0	73.7	14.1
Arabie saoudite	14.9	53.0	58.6	55.4	77.0	873.0	482.5	267.4	169.2	333.5
Emirats Arabes Unis	-18.6	13.6	48.9	17.1	56.0	-225.9	-168.9	147.6	644.3	412.2
Autres pays du Proche et Moyen Orient	283.9	-28.0	-64.5	23.8	1 248.4	28.0	32.7	192.5	1 115.0	83.4
Jordanie	-	-	-	-	-	0.9	0.0	-	-	-
Autres pays asiatiques	5 260.4	4 388.3	6 966.9	3 029.0	-96.1	42 468.2	33 875.8	13 541.1	38 325.6	47 553.4
Chine	331.3	83.7	278.7	600.7	447.7	10 444.5	9 454.8	9 811.3	10 727.6	10 421.9
Hong Kong, Chine	1 601.0	872.3	1 226.8	-99.6	749.4	2 563.6	2 636.2	1 967.3	2 841.6	2 158.0
Inde	-8.5	24.7	0.4	5.6	-4.6	2 414.9	-1 055.2	4 104.3	1 477.0	3 203.6
Indonesie	6.6	20.8	38.9	195.8	-2.6	4 843.5	3 150.4	2 985.4	3 637.1	3 211.2
République islamique d'Iran	-	-	-	-	-	-	1.4	2.7	-	2.5
Malaisie	20.8	46.6	15.7	36.9	20.0	1 227.1	2 970.7	1 458.4	975.8	724.7
Philippines	15.0	12.1	-4.5	17.7	12.5	931.6	1 529.0	2 288.1	1 089.5	972.1
Singapour	1 326.1	1 845.6	2 450.3	526.8	-3 679.2	8 179.1	7 007.6	-18 361.5	6 790.3	12 572.1
Taipei Chinois	1 195.7	547.8	2 281.6	741.1	438.3	918.7	444.9	1 411.2	1 195.1	1 697.4
Thaïlande	5.4	43.3	102.1	72.9	47.4	5 445.5	3 760.2	4 085.4	5 438.2	5 424.3
Viet Nam	-0.9	0.3	1.7	0.1	1.0	1 637.8	1 445.5	1 658.9	2 007.0	1 829.9
AUSTRALIE, OCÉANIE ET RÉGIONS POLAIRES	**507.6**	**376.5**	**449.0**	**238.4**	**114.8**	**6 042.6**	**7 703.4**	**5 998.5**	**5 017.1**	**-150.8**
TOTAL MONDE non alloué et confidentiel	**0.0**	**0.0**	**0.0**	**0.5**	**-33.9**	**-1.5**	**-1.3**	**-1.2**	**957.4**	**9.9**
Union européenne (UE28)	**-2 253.4**	**-4 894.4**	**4 665.4**	**2 580.0**	**1 984.7**	**21 416.1**	**33 132.5**	**50 948.3**	**57 571.8**	**44 712.6**
Pays du G20 hors Union Européenne	**10 597.0**	**3 530.9**	**9 319.6**	**8 943.9**	**10 257.0**	**95 178.5**	**94 423.8**	**123 787.0**	**102 433.4**	**74 025.0**
Pays OCDE du G20	**10 200.6**	**3 312.1**	**8 958.8**	**8 106.0**	**9 749.0**	**71 288.1**	**81 074.5**	**104 624.1**	**86 014.7**	**52 601.7**
Pays non-OCDE du G20	**396.4**	**218.8**	**360.7**	**837.9**	**508.0**	**23 890.4**	**13 349.4**	**19 162.9**	**16 418.7**	**21 423.2**
Pays MENA	**1.7**	**67.8**	**107.5**	**77.1**	**135.8**	**682.2**	**545.4**	**473.8**	**1 025.0**	**726.8**
Pays ANASE	**1 372.6**	**1 967.4**	**2 605.7**	**850.2**	**-3 598.8**	**22 691.3**	**20 610.6**	**-5 621.8**	**20 230.5**	**25 138.4**

- Néant

Note : Voir les métadonnées détaillées sur : *http://stats.oecd.org/OECDStat_Metadata/ShowMetadata.ashx?Dataset=FDI_CTRY_IND_SUMM&lang=fr.*

1. Informations sur les données concernant Israël : *http://oe.cd/israel-disclaimer.*
2. Note de la Turquie : Les informations figurant dans ce document et faisant référence à « Chypre » concernent la partie méridionale de l'île. Il n'y a pas d'autorité unique représentant à la fois les Chypriotes turcs et grecs sur l'île. La Turquie reconnaît la République Turque de Chypre Nord (RTCN). Jusqu'à ce qu'une solution durable et équitable soit trouvée dans le cadre des Nations Unies, la Turquie maintiendra sa position sur la « question chypriote ».
3. Note de tous les États de l'Union européenne membres de l'OCDE et del'Union européenne : La République de Chypre est reconnue par tous les membres des Nations Unies sauf la Turquie. Les informations figurant dans ce document concernent la zone sous le contrôle effectif du gouvernement de la République de Chypre.

Source : Statistiques de l'OCDE sur l'investissement direct international (base de données) : https://doi.org/10.1787/idi-data-fr

JAPON

Tableau 2. Encours des investissements directs étrangers par pays
En fin d'année

Millions de dollars des ÉU

	Entrant					Sortant				
	2014	2015	2016	2017	2018	2014	2015	2016	2017	2018
TOTAL MONDE	**171 663.6**	**174 146.0**	**196 613.9**	**202 441.1**	**204 780.1**	**1 152 006.4**	**1 228 766.5**	**1 315 221.1**	**1 497 525.0**	**1 567 161.1**
Pays membres de l'OCDE	..	..	..	..	..	**760 116.5**	**825 579.1**	**886 155.2**	**1 005 386.9**	**1 031 719.6**
Australie	..	..	..	667.9	785.3	60 651.8	66 927.8	65 442.8	68 041.5	64 137.6
Autriche	..	..	..	..	..	..	..	..	..	..
Belgique	..	..	..	1 311.4	751.4	17 866.6	16 904.9	17 439.5	20 514.5	21 784.2
Canada	..	..	..	1 378.9	1 384.6	16 659.0	16 075.6	15 840.7	16 439.6	17 079.4
Chili	..	..	..	..	..	..	..	..	..	..
République Tchèque	..	..	..	..	..	..	..	..	..	..
Danemark	..	..	..	..	..	..	..	..	..	..
Estonie	..	..	..	..	..	..	..	..	..	..
Finlande	..	..	..	..	..	..	..	..	..	..
France	..	..	..	39 072.7	44 660.6	12 701.1	12 369.6	12 799.6	15 330.6	15 201.6
Allemagne	..	..	..	8 109.0	10 544.1	15 914.3	17 169.5	18 057.7	23 074.2	22 704.1
Grèce	..	..	..	..	..	..	..	..	..	..
Hongrie	..	..	..	..	..	..	..	..	..	..
Islande	..	..	..	..	..	..	..	..	..	..
Irlande	..	..	..	..	..	..	..	..	..	..
Israël[1]	..	..	..	..	..	..	..	..	..	..
Italie	..	..	..	632.4	578.0	2 906.8	3 466.3	3 621.4	3 395.0	4 140.7
Japon	..	..	..	..	..	0.0	-	..	-	-
Corée	..	..	..	6 243.0	6 752.6	31 641.1	31 428.7	32 028.8	36 771.6	38 791.6
Lettonie	..	..	..	..	..	..	..	..	..	..
Lituanie	..	..	..	..	..	..	..	..	..	..
Luxembourg	..	..	..	4 584.4	4 610.3	8 040.7	10 231.1	9 532.4	15 162.9	12 652.3
Mexique	..	..	..	234.6	258.8	5 799.1	7 357.9	8 794.5	10 377.8	11 921.8
Pays-Bas	..	..	..	8 130.9	6 600.3	93 170.6	99 814.4	94 713.0	114 317.0	114 949.5
Nouvelle-Zélande	..	..	..	338.8	342.0	3 404.9	3 060.7	3 396.2	3 730.2	3 909.9
Norvège	..	..	..	..	..	..	..	..	..	..
Pologne	..	..	..	..	..	..	..	..	..	..
Portugal	..	..	..	..	..	..	..	..	..	..
République slovaquie	..	..	..	..	..	..	..	..	..	..
Slovénie	..	..	..	..	..	..	..	..	..	..
Espagne	..	..	..	-182.5	-857.0	1 966.6	2 396.2	2 910.4	3 206.4	7 358.1
Suède	..	..	..	425.4	497.7	2 676.0	4 676.6	4 336.6	5 572.4	6 999.2
Suisse	..	..	..	9 805.8	9 779.4	6 520.2	6 071.3	8 285.1	8 082.2	6 726.2
Turquie	..	..	..	..	..	..	..	..	..	..
Royaume-Uni	..	..	..	6 362.6	2 618.3	73 876.6	86 153.6	118 135.2	151 633.6	153 793.6
Etats-Unis	..	..	..	71 722.9	61 043.2	375 621.3	413 342.0	445 853.6	479 995.3	490 843.0
EUROPE	..	..	..	**83 039.9**	**86 856.8**	**265 481.1**	**286 386.4**	**312 439.5**	**387 489.8**	**405 329.4**
Bulgarie	..	..	..	..	..	..	..	..	..	..
Croatie	..	..	..	..	..	..	..	..	..	..
Chypre[2, 3]	..	..	..	..	..	..	..	..	..	..
Malte	..	..	..	..	..	..	..	..	..	..
Roumanie	..	..	..	..	..	..	..	..	..	..
Russie	..	..	..	51.4	52.7	1 679.3	1 806.0	1 503.9	1 576.5	1 523.4
Ukraine	..	..	..	..	..	..	..	..	..	..
AFRIQUE	..	..	..	**92.7**	**93.0**	**9 929.8**	**8 898.2**	**10 008.6**	**7 793.2**	**8 728.2**
Afrique septentrionale	..	..	..	..	..	..	..	..	..	..
Algérie	..	..	..	..	..	..	..	..	..	..
Egypte	..	..	..	..	..	..	..	..	..	..
Libye	..	..	..	..	..	..	..	..	..	..
Maroc	..	..	..	..	..	..	..	..	..	..
Tunisie	..	..	..	..	..	..	..	..	..	..
Autres pays africains	..	..	..	..	..	..	..	..	..	..
Nigéria	..	..	..	..	..	..	..	..	..	..
Afrique du Sud	..	..	..	3.8	5.1	7 196.7	7 154.5	8 229.6	6 199.5	6 910.1
AMÉRIQUE	..	..	..	**78 573.0**	**69 264.3**	**464 701.1**	**499 646.7**	**549 724.5**	**596 208.4**	**621 629.7**
Amérique du Nord	..	..	..	73 101.8	62 427.9	392 280.3	429 417.5	461 694.3	496 434.9	507 922.3
Amérique du Nord	..	..	..	..	..	..	..	..	..	..
Bahamas	..	..	..	..	..	..	..	..	..	..
Bermudes	..	..	..	..	..	..	..	..	..	..
Îles Cayman	..	..	..	5 423.7	8 931.9	12 600.5	15 359.0	31 340.5	35 222.3	46 552.2
Costa Rica	..	..	..	..	..	..	..	..	..	..
El Salvador	..	..	..	..	..	..	..	..	..	..
Guatemala	..	..	..	..	..	..	..	..	..	..
Honduras	..	..	..	..	..	..	..	..	..	..
Nicaragua	..	..	..	..	..	..	..	..	..	..
Panama	..	..	..	..	..	..	..	..	..	..
Îles Vierges, US	..	..	..	..	..	..	..	..	..	..
Amérique du Sud	..	..	..	..	..	..	..	..	..	..
Argentine	..	..	..	..	..	..	..	..	..	..
Bolivie	..	..	..	..	..	..	..	..	..	..
Brésil	..	..	..	-1 169.7	-3 095.6	30 738.3	24 763.5	24 467.1	21 659.2	21 265.6
Colombie	..	..	..	..	..	..	..	..	..	..
Equateur	..	..	..	..	..	..	..	..	..	..
Paraguay	..	..	..	..	..	..	..	..	..	..
Pérou	..	..	..	..	..	..	..	..	..	..
Uruguay	..	..	..	..	..	..	..	..	..	..
Venezuela	..	..	..	..	..	..	..	..	..	..
ASIE	..	..	..	**38 398.7**	**46 846.4**	**345 174.2**	**359 992.3**	**369 450.9**	**429 113.7**	**459 868.5**

Tableau 2. Encours des investissements directs étrangers par pays *(suite)*

En fin d'année

Millions de dollars des ÉU

	Entrant					Sortant				
	2014	2015	2016	2017	2018	2014	2015	2016	2017	2018
Proche et Moyen Orient	..	..	..	1 290.4	-372.4	5 880.0	6 779.5	6 990.5	9 012.6	8 597.7
Pays du Golfe	..	..	..	..	..	..	..	..	..	..
Koweït	..	..	..	..	..	..	..	..	..	..
Qatar	..	..	..	..	..	..	..	..	..	..
Arabie saoudite	..	..	..	-778.3	-3 104.3	4 112.2	4 921.6	4 850.9	4 897.0	5 202.8
Emirats Arabes Unis	..	..	..	1 430.4	561.5	199.7	280.5	563.6	1 445.3	1 976.5
Autres pays du Proche et Moyen Orient	..	..	..	..	..	..	..	..	..	..
Jordanie	..	..	..	..	..	..	..	..	..	..
Autres pays asiatiques	..	..	..	37 108.3	47 218.8	339 294.2	353 212.8	362 460.4	420 101.1	451 270.8
Chine	..	..	..	1 593.8	2 340.1	103 164.9	107 575.6	108 230.4	117 568.0	121 537.8
Hong Kong, Chine	..	..	..	6 541.9	7 620.1	22 231.3	23 908.3	27 538.7	29 957.1	31 869.1
Inde	..	..	..	164.4	188.7	13 649.8	14 089.4	17 934.7	22 145.1	24 340.4
Indonesie	..	..	..	30.2	28.0	23 558.8	24 414.0	27 001.5	30 343.0	30 191.7
République islamique d'Iran	..	..	..	..	..	4.7	6.1	8.8	9.1	11.8
Malaisie	..	..	..	292.3	305.6	13 453.0	13 358.2	12 618.5	14 096.4	16 326.7
Philippines	..	..	..	64.8	96.8	11 087.7	12 303.3	13 740.9	15 023.0	14 411.0
Singapour	..	..	..	13 939.3	20 792.6	44 556.1	48 957.0	39 563.3	59 361.9	71 332.4
Taipei Chinois	..	..	..	7 967.4	8 802.0	11 217.0	11 307.9	12 359.6	14 382.2	14 673.1
Thaïlande	..	..	..	135.0	121.5	51 213.8	50 019.5	53 797.8	61 409.8	66 845.1
Viet Nam	..	..	..	1.5	3.9	11 925.2	13 146.6	14 517.8	15 621.7	16 894.4
AUSTRALIE, OCÉANIE ET RÉGIONS POLAIRES	..	..	..	**1 171.9**	**1 318.6**	**66 717.3**	**73 839.9**	**73 593.6**	**76 915.9**	**71 601.1**
TOTAL MONDE non alloué et confidentiel	..	..	..	**1 164.8**	**400.9**	**2.9**	**2.9**	**4.0**	**4.1**	**4.2**
Union européenne (UE28)	..	..	..	..	..	**251 665.9**	**272 982.7**	**298 349.4**	**373 327.7**	**390 675.7**
Pays du G20 hors Union Européenne	..	..	..	..	..	..	..	..	..	..
Pays OCDE du G20	..	..	..	..	..	..	..	..	..	..
Pays non-OCDE du G20	..	..	..	..	..	..	..	..	..	..
Pays MENA	..	..	..	..	..	..	..	..	..	..
Pays ANASE	..	..	..	..	..	**156 713.4**	**163 967.2**	**163 435.0**	**198 170.1**	**218 865.1**

- Néant ; .. Non disponible

Note : Les positions d'IDE entrants sont allouées selon le pays investisseur ultime. Les positions d'IDE entrants par la contrepartie immédiate plus détaillées géographiquement et à partir de 2014 sont disponibles dans *la base de données Statistisques d'IDE selon BMD4*. Voir les métadonnées détaillées sur : *http://stats.oecd.org/OECDStat_Metadata/ShowMetadata.ashx?Dataset=FDI_CTRY_IND_SUMM&lang=fr*.

1. Informations sur les données concernant Israël : *http://oe.cd/israel-disclaimer*.
2. Note de la Turquie : Les informations figurant dans ce document et faisant référence à « Chypre » concernent la partie méridionale de l'île. Il n'y a pas d'autorité unique représentant à la fois les Chypriotes turcs et grecs sur l'île. La Turquie reconnaît la République Turque de Chypre Nord (RTCN). Jusqu'à ce qu'une solution durable et équitable soit trouvée dans le cadre des Nations Unies, la Turquie maintiendra sa position sur la « question chypriote ».
3. Note de tous les États de l'Union européenne membres de l'OCDE et del'Union européenne : La République de Chypre est reconnue par tous les membres des Nations Unies sauf la Turquie. Les informations figurant dans ce document concernent la zone sous le contrôle effectif du gouvernement de la République de Chypre.

Source : Statistiques de l'OCDE sur l'investissement direct international (base de données) : https://doi.org/10.1787/idi-data-fr

Tableau 3. Revenus des investissements directs étrangers par pays

Millions de dollars des ÉU

	Entrant					Sortant				
	2014	2015	2016	2017	2018	2014	2015	2016	2017	2018
TOTAL MONDE	**26 287.5**	**23 857.9**	**32 634.0**	**34 923.3**	**33 941.5**	**100 236.0**	**96 358.7**	**105 867.5**	**120 300.6**	**125 065.1**
Pays membres de l'OCDE	**22 942.3**	**19 930.5**	**28 694.7**	**29 740.6**	**27 929.7**	**56 231.5**	**53 905.8**	**57 586.0**	**63 138.4**	**65 516.3**
Australie	119.0	150.4	93.4	109.5	53.9	3 104.9	1 997.5	3 452.5	7 423.5	7 189.1
Autriche	..	..	..	..	..	..	..	..	..	..
Belgique	113.2	107.2	89.9	136.8	123.2	400.8	711.8	1 007.3	1 037.4	629.0
Canada	7.1	-28.0	12.0	56.1	61.5	1 374.6	1 138.3	1 097.7	1 635.5	1 255.8
Chili	..	..	..	..	..	..	..	..	..	..
République Tchèque	..	..	..	..	..	..	..	..	..	..
Danemark	..	..	..	..	..	..	..	..	..	..
Estonie	..	..	..	..	..	..	..	..	..	..
Finlande	..	..	..	..	..	..	..	..	..	..
France	4 526.7	4 387.7	5 341.1	5 459.0	5 582.3	581.4	768.1	605.5	637.4	772.7
Allemagne	1 296.3	1 151.1	1 124.8	1 973.2	1 922.6	933.5	964.5	941.5	2 296.7	2 177.5
Grèce	..	..	..	..	..	..	..	..	..	..
Hongrie	..	..	..	..	..	..	..	..	..	..
Islande	..	..	..	..	..	..	..	..	..	..
Irlande	..	..	..	..	..	..	..	..	..	..
Israël[1]	..	..	..	..	..	..	..	..	..	..
Italie	23.7	8.2	10.8	13.2	21.1	175.3	125.4	131.2	149.0	172.1
Japon	-	..	..	-	-	-	..	..	-	-
Corée	522.7	425.2	492.1	645.0	669.6	2 409.1	2 428.8	2 639.0	2 748.9	2 934.4
Lettonie	..	..	..	..	..	..	..	..	..	..
Lituanie	..	..	..	..	..	..	..	..	..	..
Luxembourg	940.6	526.0	980.0	680.4	1 296.4	302.2	299.3	384.2	485.6	554.8
Mexique	0.7	0.7	1.2	3.3	0.3	274.8	422.0	592.3	690.5	726.9
Pays-Bas	3 873.9	2 750.6	7 945.2	5 907.7	5 619.7	8 577.1	8 943.9	7 745.4	8 212.9	9 836.1
Nouvelle-Zélande	38.8	8.2	-2.8	-3.3	14.6	160.1	199.9	218.7	185.5	209.3
Norvège	..	..	..	..	..	..	..	..	..	..
Pologne	..	..	..	..	..	..	..	..	..	..
Portugal	..	..	..	..	..	..	..	..	..	..
République slovaquie	..	..	..	..	..	..	..	..	..	..
Slovénie	..	..	..	..	..	..	..	..	..	..
Espagne	63.7	11.5	3.3	3.0	6.5	138.4	153.9	186.3	270.7	276.4
Suède	161.5	73.7	207.3	64.0	14.6	199.6	298.3	349.8	403.3	563.0
Suisse	2 073.0	1 095.4	1 485.8	1 611.3	1 787.2	219.5	43.9	133.0	53.8	57.6
Turquie	..	..	..	..	..	..	..	..	..	..
Royaume-Uni	686.2	526.8	1 078.5	1 060.7	910.6	6 334.9	4 575.6	5 201.1	6 312.8	6 805.9
Etats-Unis	8 402.3	7 752.7	9 373.1	11 713.5	9 632.3	29 770.5	29 948.4	32 054.7	28 899.6	29 649.8
EUROPE	**13 991.5**	**11 757.1**	**18 785.6**	**17 206.4**	**17 506.2**	**19 568.4**	**18 336.9**	**17 927.9**	**21 844.4**	**23 983.2**
Bulgarie	..	..	..	..	..	..	..	..	..	..
Croatie	..	..	..	..	..	..	..	..	..	..
Chypre[2, 3]	..	..	..	..	..	..	..	..	..	..
Malte	..	..	..	..	..	..	..	..	..	..
Roumanie	..	..	..	..	..	..	..	..	..	..
Russie	0.3	-	1.0	-	0.3	198.2	100.8	36.4	261.9	382.1
Ukraine	..	..	..	..	..	..	..	..	..	..
AFRIQUE	**26.1**	**3.5**	**7.1**	**9.8**	**12.9**	**858.5**	**822.6**	**680.0**	**548.9**	**594.5**
Afrique septentrionale	..	..	..	..	..	..	..	..	..	..
Algérie	..	..	..	..	..	..	..	..	..	..
Egypte	..	..	..	..	..	..	..	..	..	..
Libye	..	..	..	..	..	..	..	..	..	..
Maroc	..	..	..	..	..	..	..	..	..	..
Tunisie	..	..	..	..	..	..	..	..	..	..
Autres pays africains	..	..	..	..	..	..	..	..	..	..
Nigéria	..	..	..	..	..	..	..	..	..	..
Afrique du Sud	-	-	0.1	0.5	-	561.2	329.2	183.9	221.0	324.5
AMÉRIQUE	**9 240.5**	**8 925.7**	**10 324.9**	**12 394.8**	**10 689.8**	**35 028.7**	**35 010.1**	**38 256.8**	**38 513.4**	**39 673.9**
Amérique du Nord	8 409.4	7 724.7	9 385.1	11 769.5	9 693.7	31 145.1	31 086.7	33 152.4	30 535.1	30 905.7
Amérique du Nord	..	..	..	..	..	..	..	..	..	..
Bahamas	..	..	..	..	..	..	..	..	..	..
Bermudes	..	..	..	..	..	..	..	..	..	..
Îles Cayman	667.3	933.3	748.2	383.8	310.5	1 162.9	2 974.3	3 835.4	3 948.8	4 103.3
Costa Rica	..	..	..	..	..	..	..	..	..	..
El Salvador	..	..	..	..	..	..	..	..	..	..
Guatemala	..	..	..	..	..	..	..	..	..	..
Honduras	..	..	..	..	..	..	..	..	..	..
Nicaragua	..	..	..	..	..	..	..	..	..	..
Panama	..	..	..	..	..	..	..	..	..	..
Îles Vierges, US	..	..	..	..	..	..	..	..	..	..
Amérique du Sud	..	..	..	..	..	..	..	..	..	..
Argentine	..	..	..	..	..	..	..	..	..	..
Bolivie	..	..	..	..	..	..	..	..	..	..
Brésil	0.9	1.5	-	-	-	971.5	-648.7	-213.0	1 910.7	2 157.4
Colombie	..	..	..	..	..	..	..	..	..	..
Equateur	..	..	..	..	..	..	..	..	..	..
Paraguay	..	..	..	..	..	..	..	..	..	..
Pérou	..	..	..	..	..	..	..	..	..	..
Uruguay	..	..	..	..	..	..	..	..	..	..
Venezuela	..	..	..	..	..	..	..	..	..	..
ASIE	**2 871.5**	**3 010.7**	**3 423.3**	**5 204.7**	**5 663.6**	**41 407.8**	**39 873.3**	**45 107.9**	**51 522.6**	**53 110.8**

Tableau 3. Revenus des investissements directs étrangers par pays *(suite)*

Millions de dollars des ÉU

	Entrant					Sortant				
	2014	2015	2016	2017	2018	2014	2015	2016	2017	2018
Proche et Moyen Orient	-128.2	-92.7	-56.0	25.2	10.7	2 352.1	1 101.5	1 127.4	1 398.7	1 228.9
Pays du Golfe	..	..	..	..	..	..	..	..	..	..
Koweït	..	..	..	..	..	..	..	..	..	..
Qatar	..	..	..	..	..	..	..	..	..	..
Arabie saoudite	-	-	-	-	-	1 825.3	464.7	611.1	693.0	966.9
Emirats Arabes Unis	0.9	0.7	0.8	7.1	8.1	362.4	612.2	511.5	760.7	292.8
Autres pays du Proche et Moyen Orient	..	..	..	..	..	..	..	..	..	..
Jordanie	..	..	..	..	..	..	..	..	..	..
Autres pays asiatiques	2 999.7	3 103.4	3 479.3	5 179.5	5 652.9	39 055.7	38 771.7	43 980.4	50 123.9	51 881.9
Chine	64.7	31.6	41.4	71.0	117.3	12 483.5	12 669.9	14 757.1	16 687.4	18 190.0
Hong Kong, Chine	633.3	487.0	771.2	1 015.5	1 070.5	2 467.4	2 803.0	3 180.8	3 911.8	2 518.0
Inde	6.4	3.9	5.0	16.9	-	572.7	1 057.7	1 421.3	2 009.6	2 275.9
Indonesie	17.9	1.8	58.8	6.5	1.9	2 255.4	1 771.7	2 210.6	3 174.7	2 854.2
République islamique d'Iran	-	-	-	-	-	-	-	-	-	3.2
Malaisie	119.9	27.6	13.6	59.3	47.3	2 070.3	1 548.0	1 527.8	1 391.2	1 335.2
Philippines	0.0	1.0	0.4	-	0.0	1 426.4	1 362.9	1 403.5	1 452.2	1 596.0
Singapour	1 412.7	1 937.5	1 869.2	3 056.0	3 410.1	4 795.1	5 248.6	5 621.3	5 452.1	5 606.7
Taipei Chinois	184.7	164.7	188.8	288.6	305.0	2 229.6	1 945.4	1 770.8	2 465.0	3 336.2
Thaïlande	33.3	14.5	30.6	15.6	28.7	7 036.2	6 447.6	7 573.6	8 828.9	9 119.8
Viet Nam	2.9	0.9	3.1	1.7	2.2	1 098.2	1 249.0	1 635.4	1 729.4	1 863.9
AUSTRALIE, OCÉANIE ET RÉGIONS POLAIRES	**157.9**	**161.0**	**93.0**	**107.7**	**69.0**	**3 372.6**	**2 314.5**	**3 894.9**	**7 871.4**	**7 702.7**
TOTAL MONDE non alloué et confidentiel	**0.0**	**0.0**	**-**	**0.0**	**-**	**0.0**	**1.3**	**0.0**	**0.0**	**0.0**
Union européenne (UE28)	**11 913.2**	**10 641.8**	**17 288.9**	**15 582.9**	**15 705.8**	**18 498.4**	**17 936.8**	**17 705.6**	**21 132.1**	**23 093.0**
Pays du G20 hors Union Européenne	..	..	..	..	..	..	..	..	..	..
Pays OCDE du G20	..	..	..	..	..	..	..	..	..	..
Pays non-OCDE du G20	..	..	..	..	..	..	..	..	..	..
Pays MENA	..	..	..	..	..	..	..	..	..	..
Pays ANASE	**1 588.0**	**1 986.0**	**1 980.4**	**3 142.3**	**3 490.1**	**18 794.9**	**17 654.6**	**19 978.1**	**22 054.2**	**22 391.7**

- Néant ; .. Non disponible

Note : Voir les métadonnées détaillées sur : *http://stats.oecd.org/OECDStat_Metadata/ShowMetadata.ashx?Dataset=FDI_CTRY_IND_SUMM&lang=fr.*

1. Informations sur les données concernant Israël : *http://oe.cd/israel-disclaimer.*
2. Note de la Turquie : Les informations figurant dans ce document et faisant référence à « Chypre » concernent la partie méridionale de l'île. Il n'y a pas d'autorité unique représentant à la fois les Chypriotes turcs et grecs sur l'île. La Turquie reconnaît la République Turque de Chypre Nord (RTCN). Jusqu'à ce qu'une solution durable et équitable soit trouvée dans le cadre des Nations Unies, la Turquie maintiendra sa position sur la « question chypriote ».
3. Note de tous les États de l'Union européenne membres de l'OCDE et del'Union européenne : La République de Chypre est reconnue par tous les membres des Nations Unies sauf la Turquie. Les informations figurant dans ce document concernent la zone sous le contrôle effectif du gouvernement de la République de Chypre.

Source : Statistiques de l'OCDE sur l'investissement direct international (base de données) : https://doi.org/10.1787/idi-data-fr

Tableau 4. Investissement direct étranger : flux par secteur industriel

Millions de dollars des ÉU

	Entrant					Sortant				
	2014	2015	2016	2017	2018	2014	2015	2016	2017	2018
All FDI activities	**12 040.8**	**2 976.6**	**17 749.5**	**10 975.6**	**9 856.3**	**130 963.4**	**136 295.5**	**151 287.1**	**164 658.4**	**143 142.3**
Agriculture, sylviculture et pêche	**-1.2**	**10.6**	**0.6**	**8.2**	**50.5**	**1 667.2**	**281.4**	**53.1**	**-66.9**	**67.1**
Industries extractives	**10.7**	**14.5**	**15.9**	**164.6**	**29.9**	**5 407.0**	**4 813.2**	**4 045.9**	**792.6**	**7 810.4**
Activités d'extraction	..	..	..	..	..	..	..	..	..	..
Activités de fabrication	**4 214.1**	**2 505.1**	**11 219.7**	**10 035.6**	**13 242.3**	**65 506.7**	**51 038.8**	**52 899.4**	**56 378.6**	**54 849.8**
dont :										
Produits alimentaires, boissons et tabac	1 190.3	180.4	438.4	262.6	215.4	18 821.3	3 565.1	2 976.9	9 997.8	336.2
Textiles, bois, papier, imprimerie	51.1	119.0	36.0	22.4	-30.6	2 809.2	1 418.2	2 757.8	1 019.5	2 834.6
Produits pétroliers, chimiques, pharmaceutiques, caoutchouc, plastique, minéraux	..	..	..	..	..	..	..	..	..	..
Ouvrages en métaux et machines, sauf matériels électriques	..	..	..	..	..	..	..	..	..	..
Automobiles, remorques, semi-remorques, autres matériels de transport	1 303.5	-1 038.8	3 750.2	3 444.8	2 769.3	9 721.5	12 897.5	12 508.4	9 012.3	12 722.1
Autres activités de fabrication	..	..	..	..	..	..	..	..	..	..
Production et distribution d'électricité, de gaz, de vapeur et de climatisation	..	..	..	..	..	..	..	..	..	..
Distribution de l'eau ; assainissement, traitement des déchets et dépollution	..	..	..	..	..	..	..	..	..	..
Construction	**-15.0**	**62.5**	**136.0**	**47.5**	**-205.1**	**408.8**	**387.8**	**1 630.1**	**1 655.0**	**2 463.4**
Services	**6 519.5**	**-685.7**	**5 169.0**	**-174.5**	**-3 936.5**	**55 275.3**	**77 273.1**	**89 155.6**	**100 445.7**	**71 696.2**
Commerce de gros et de détail ; réparations automobiles et motocycles	-2 447.3	-3 940.6	-2 411.8	-5 214.5	-6 428.0	18 619.8	13 600.8	18 768.1	27 830.5	14 037.0
Transport et entreposage	-854.3	586.5	1 520.7	707.5	20.8	1 575.6	8 099.6	2 291.3	1 068.9	2 098.7
Activités d'hébergement et de restauration	..	..	..	..	..	..	..	..	..	..
Information et communication	1 732.6	1 015.4	968.7	-233.8	-2 674.8	7 753.0	11 808.8	16 901.9	22 777.5	38 946.9
Activités financières et d'assurances	7 516.1	1 516.3	3 313.8	1 713.4	4 401.0	19 226.4	34 621.1	8 502.0	33 365.8	24 933.3
Activités des sociétés holding	..	..	..	..	..	..	..	..	..	..
Activités immobilières	224.9	-135.0	308.5	466.0	835.3	1 529.2	3 716.5	5 119.7	6 387.7	4 602.3
Activités professionnelles, scientifiques et techniques	..	..	..	..	..	..	..	..	..	..
Activités de services administratifs et d'appui	..	..	..	..	..	..	..	..	..	..
Administration publique; activités des ménages et des organismes extra-territoriaux	..	..	..	..	..	..	..	..	..	..
Éducation	..	..	..	..	..	..	..	..	..	..
Santé humaine et action sociale	..	..	..	..	..	..	..	..	..	..
Arts, spectacles et loisirs	..	..	..	..	..	..	..	..	..	..
Autres services	..	..	..	..	..	..	..	..	..	..
Not allocated and confidential	**1 312.8**	**1 069.5**	**1 208.4**	**894.3**	**675.3**	**2 698.4**	**2 501.1**	**3 503.1**	**5 453.3**	**6 255.3**
Activités immobilières privées	..	..	..	..	..	..	..	..	..	..

.. Non disponible

Note : Voir les métadonnées détaillées sur : *http://stats.oecd.org/OECDStat_Metadata/ShowMetadata.ashx?Dataset=FDI_CTRY_IND_SUMM&lang=fr.*

Source : Statistiques de l'OCDE sur l'investissement direct international (base de données) : https://doi.org/10.1787/idi-data-fr

Tableau 5. Encours des investissement directs étrangers par secteur industriel

En fin d'année

Millions de dollars des ÉU

	Entrant					Sortant				
	2014	2015	2016	2017	2018	2014	2015	2016	2017	2018
All FDI activities	**171 663.6**	**174 146.0**	**196 613.9**	**202 441.1**	**204 780.1**	**1 152 006.4**	**1 228 766.5**	**1 315 221.1**	**1 497 525.0**	**1 567 161.1**
Agriculture, sylviculture et pêche	**77.9**	**78.4**	**81.5**	**80.9**	**132.7**	**3 589.2**	**3 210.6**	**3 275.7**	**2 984.2**	**2 957.5**
Industries extractives	**46.4**	**59.8**	**117.6**	**274.3**	**160.0**	**94 520.7**	**94 435.8**	**83 214.4**	**77 565.0**	**77 152.2**
Activités d'extraction	..	..	..	..	..	..	..	..	..	..
Activités de fabrication	**69 632.0**	**73 483.9**	**81 159.7**	**88 042.3**	**94 829.7**	**521 497.3**	**535 640.1**	**554 005.7**	**617 584.7**	**626 268.5**
dont :										
Produits alimentaires, boissons et tabac	2 426.2	2 268.7	2 557.5	2 520.5	2 181.4	70 197.0	74 357.1	72 039.4	83 580.4	82 484.1
Textiles, bois, papier, imprimerie	295.9	398.4	467.2	479.2	453.2	16 352.0	16 062.8	17 042.1	17 714.1	20 012.7
Produits pétroliers, chimiques, pharmaceutiques, caoutchouc, plastique, minéraux	..	..	..	..	..	..	..	..	..	..
Ouvrages en métaux et machines, sauf matériels électriques	..	..	..	..	..	..	..	..	..	..
Automobiles, remorques, semi-remorques, autres matériels de transport	23 064.5	22 435.6	26 011.5	29 057.8	31 181.1	105 192.4	108 728.0	114 617.1	125 618.1	126 467.3
Autres activités de fabrication	..	..	..	..	..	..	..	..	..	..
Production et distribution d'électricité, de gaz, de vapeur et de climatisation	..	..	..	..	..	..	..	..	..	..
Distribution de l'eau ; assainissement, traitement des déchets et dépollution	..	..	..	..	..	..	..	..	..	..
Construction	**202.3**	**270.3**	**780.1**	**579.4**	**367.3**	**5 767.8**	**5 504.6**	**6 898.9**	**7 760.8**	**9 094.5**
Services	**91 922.2**	**89 370.8**	**102 234.8**	**100 064.8**	**94 190.1**	**497 318.3**	**558 702.1**	**632 298.9**	**747 724.3**	**804 736.8**
Commerce de gros et de détail ; réparations automobiles et motocycles	13 627.3	8 932.6	11 181.4	6 367.8	-1 496.0	160 456.2	173 966.9	182 152.0	210 584.8	225 079.1
Transport et entreposage	1 089.2	1 580.6	3 693.8	3 563.3	3 949.8	13 607.1	21 302.5	18 025.5	16 791.5	17 694.6
Activités d'hébergement et de restauration	..	..	..	..	..	..	..	..	..	..
Information et communication	4 933.7	6 814.4	7 414.3	7 737.9	6 008.8	61 477.4	70 163.4	80 071.0	101 658.3	128 595.1
Activités financières et d'assurances	63 602.5	61 944.8	66 484.9	66 522.6	69 415.8	214 322.7	241 153.5	260 295.5	304 659.9	327 948.1
Activités des sociétés holding	..	..	..	..	..	..	..	..	..	..
Activités immobilières	2 944.3	3 227.7	3 454.0	3 845.2	4 962.8	17 247.0	19 699.6	24 473.3	30 170.0	33 396.6
Activités professionnelles, scientifiques et techniques	..	..	..	..	..	..	..	..	..	..
Activités de services administratifs et d'appui	..	..	..	..	..	..	..	..	..	..
Administration publique; activités des ménages et des organismes extra-territoriaux	..	..	..	..	..	..	..	..	..	..
Éducation	..	..	..	..	..	..	..	..	..	..
Santé humaine et action sociale	..	..	..	..	..	..	..	..	..	..
Arts, spectacles et loisirs	..	..	..	..	..	..	..	..	..	..
Autres services	..	..	..	..	..	..	..	..	..	..
Not allocated and confidential	**9 782.8**	**10 882.8**	**12 240.1**	**13 399.4**	**15 100.3**	**29 313.1**	**31 273.4**	**35 527.6**	**43 906.0**	**46 951.6**
Activités immobilières privées	..	..	..	..	..	..	..	..	..	..

.. Non disponible

Note : Voir les métadonnées détaillées sur : *http://stats.oecd.org/OECDStat_Metadata/ShowMetadata.ashx?Dataset=FDI_CTRY_IND_SUMM&lang=fr.*

Source : Statistiques de l'OCDE sur l'investissement direct international (base de données) : https://doi.org/10.1787/idi-data-fr

Tableau 6. Revenus des investissements directs étrangers par secteur industriel

Millions de dollars des ÉU

	Entrant					Sortant				
	2014	2015	2016	2017	2018	2014	2015	2016	2017	2018
All FDI activities	**26 287.5**	**23 857.9**	**32 634.0**	**34 923.3**	**33 941.5**	**100 236.0**	**96 358.7**	**105 867.5**	**120 300.6**	**125 065.1**
Agriculture, sylviculture et pêche	**5.9**	**8.9**	**0.1**	**3.7**	**28.0**	**79.3**	**46.4**	**55.8**	**106.8**	**142.1**
Industries extractives	**3.5**	**3.2**	**4.9**	**31.9**	**15.1**	**5 696.0**	**1 833.0**	**2 637.9**	**8 750.9**	**9 021.7**
Activités d'extraction	..	..	..	..	..	..	..	..	..	..
Activités de fabrication	**9 521.6**	**7 764.5**	**12 640.5**	**12 744.2**	**12 646.5**	**52 716.1**	**48 053.5**	**51 807.8**	**58 402.7**	**61 015.3**
dont :										
Produits alimentaires, boissons et tabac	1 285.0	926.4	1 162.3	1 022.5	1 064.7	3 024.2	3 879.3	2 768.5	3 852.4	4 335.5
Textiles, bois, papier, imprimerie	35.9	28.0	36.0	42.3	31.7	518.9	843.1	763.5	938.6	1 019.1
Produits pétroliers, chimiques, pharmaceutiques, caoutchouc, plastique, minéraux	..	..	..	..	..	..	..	..	..	..
Ouvrages en métaux et machines, sauf matériels électriques	..	..	..	..	..	..	..	..	..	..
Automobiles, remorques, semi-remorques, autres matériels de transport	3 378.0	3 533.9	4 215.1	3 952.8	4 326.3	17 120.4	15 772.6	16 820.8	17 380.5	18 255.1
Autres activités de fabrication	..	..	..	..	..	..	..	..	..	..
Production et distribution d'électricité, de gaz, de vapeur et de climatisation	..	..	..	..	..	..	..	..	..	..
Distribution de l'eau ; assainissement, traitement des déchets et dépollution	..	..	..	..	..	..	..	..	..	..
Construction	**62.4**	**185.0**	**86.4**	**112.6**	**-79.3**	**583.8**	**454.4**	**547.2**	**564.0**	**665.3**
Services	**15 801.0**	**15 071.5**	**18 497.9**	**20 748.2**	**19 949.9**	**38 778.7**	**43 442.6**	**48 240.9**	**49 488.7**	**51 441.6**
Commerce de gros et de détail ; réparations automobiles et motocycles	2 507.5	3 148.5	3 063.8	4 713.1	3 596.8	15 553.6	18 349.0	19 693.9	21 018.6	21 812.0
Transport et entreposage	45.2	57.4	60.6	2 285.4	131.4	1 606.9	2 569.4	2 276.2	1 822.4	1 998.1
Activités d'hébergement et de restauration	..	..	..	..	..	..	..	..	..	..
Information et communication	2 402.7	1 501.1	4 345.9	3 881.2	2 323.5	1 237.7	901.4	2 942.7	4 772.1	4 739.5
Activités financières et d'assurances	9 567.5	9 405.9	9 282.3	8 589.1	12 565.3	16 955.8	17 187.3	18 151.0	16 819.1	16 717.1
Activités des sociétés holding	..	..	..	..	..	..	..	..	..	..
Activités immobilières	277.3	177.2	274.3	280.0	264.4	659.3	680.4	729.2	931.8	958.5
Activités professionnelles, scientifiques et techniques	..	..	..	..	..	..	..	..	..	..
Activités de services administratifs et d'appui	..	..	..	..	..	..	..	..	..	..
Administration publique; activités des ménages et des organismes extra-territoriaux	..	..	..	..	..	..	..	..	..	..
Éducation	..	..	..	..	..	..	..	..	..	..
Santé humaine et action sociale	..	..	..	..	..	..	..	..	..	..
Arts, spectacles et loisirs	..	..	..	..	..	..	..	..	..	..
Autres services	..	..	..	..	..	..	..	..	..	..
Not allocated and confidential	**893.1**	**824.8**	**1 404.2**	**1 282.8**	**1 381.2**	**2 382.1**	**2 528.9**	**2 577.9**	**2 987.5**	**2 779.0**
Activités immobilières privées	..	..	..	..	..	..	..	..	..	..

.. Non disponible

Note : Voir les métadonnées détaillées sur : *http://stats.oecd.org/OECDStat_Metadata/ShowMetadata.ashx?Dataset=FDI_CTRY_IND_SUMM&lang=fr.*

Source : Statistiques de l'OCDE sur l'investissement direct international (base de données) : https://doi.org/10.1787/idi-data-fr

CORÉE

Tableau 1. Flux d'investissement direct étranger par pays

Millions de dollars des ÉU

	Entrant					Sortant				
	2014	2015	2016	2017	2018	2014	2015	2016	2017	2018
TOTAL MONDE	**3 381.2**	**2 804.7**	**7 263.0**	**11 531.5**	**13 267.2**	**19 994.0**	**18 489.6**	**30 507.5**	**43 463.9**	**45 232.6**
Pays membres de l'OCDE	**4 217.7**	**972.8**	**4 619.0**	**6 407.4**	**7 131.6**	**7 638.0**	**7 447.0**	**12 486.8**	**20 259.0**	**19 455.3**
Australie	-433.0	5.5	2.0	33.7	2 004.2	1 441.4	679.9	817.6	-715.4	485.9
Autriche	-236.5	-166.4	118.0	5.0	-4.0	8.6	.. c	12.3	41.3	1 290.4
Belgique	-11.6	-17.3	9.0	63.4	13.5	338.0	101.8	43.2	122.9	262.6
Canada	-2.5	191.0	153.0	124.2	-221.0	136.7	-1 354.6	293.9	-4.7	98.2
Chili	-10.2	4.8	9.0	-	0.1	39.3	-11.6	24.5	196.6	104.3
République Tchèque	-1.0	-	-	0.2	0.1	150.0	343.0	22.7	436.5	238.4
Danemark	148.1	38.9	-13.0	-7.8	3.7	23.4	.. c	.. c	12.0	2.7
Estonie	-	-	-	13.2	1.1	.. c	-	-	-	0.0
Finlande	38.4	12.3	27.0	12.5	-22.3	0.6	6.9	.. c	36.5	-17.0
France	-1 471.2	2.4	387.0	55.8	635.5	-669.5	923.7	-21.0	119.2	490.7
Allemagne	303.9	252.8	-3.0	704.7	-255.1	71.3	153.7	280.1	556.4	503.5
Grèce	-9.3	-	-	-	-	.. c	.. c	.. c	0.4	0.5
Hongrie	407.7	47.0	27.0	3.7	-	87.0	98.9	125.8	432.0	378.9
Islande	7.8	1.9	1.0	-0.2	-	.. c	.. c	.. c	0.0	189.3
Irlande	2.9	-245.1	84.0	163.8	500.0	-181.8	34.4	.. c	1 509.2	157.1
Israël[1]	3.8	1.9	2.0	1.9	10.8	11.3	.. c	.. c	-0.3	26.1
Italie	140.6	37.6	68.0	60.9	8.4	-37.8	98.0	-1.4	119.0	86.2
Japon	443.9	634.2	1 052.0	1 362.6	1 050.9	506.1	1 469.3	181.2	524.1	779.6
Corée	-	-	-	-	-	-	-	-	-	-
Lettonie	-	-	-	-	1.2	.. c	.. c	.. c	0.2	-
Lituanie	0.0	-	-	0.2	0.1	.. c	-	-	-	0.0
Luxembourg	-1 009.5	189.6	92.0	186.5	146.8	879.0	315.5	639.0	879.8	2 634.0
Mexique	33.3	29.2	24.0	-	10.1	-326.5	220.2	-66.2	516.8	98.0
Pays-Bas	1 015.1	-343.0	616.0	1 113.7	133.1	559.8	1 157.9	-377.0	35.8	464.4
Nouvelle-Zélande	2 847.9	-	1.0	-2.6	-1.3	3.4	-0.7	9.8	-13.4	23.1
Norvège	295.7	-111.2	107.0	46.7	1.1	-338.4	.. c	.. c	27.5	2.3
Pologne	-0.9	-	3.0	-	0.5	-352.6	138.2	-155.9	239.4	438.9
Portugal	-74.8	3.1	13.0	0.4	-	4.3	.. c	.. c	48.7	15.6
République slovaquie	-1.2	-	-	0.1	0.1	149.3	113.4	197.2	-107.6	133.6
Slovénie	-0.7	-	-	-	-	.. c	.. c	.. c	0.6	0.8
Espagne	-86.2	33.6	45.0	6.8	1 389.7	-9.3	52.6	47.9	44.2	92.5
Suède	-240.6	105.7	190.0	2.2	-244.8	44.2	.. c	.. c	41.0	13.0
Suisse	429.6	253.6	401.0	185.8	26.3	14.4	134.2	94.1	65.6	135.9
Turquie	5.1	-	1.0	0.5	5.0	137.0	37.9	580.7	193.0	240.6
Royaume-Uni	-176.4	-810.2	153.0	1 151.8	-149.0	-396.9	-1 402.1	688.3	1 463.9	2 595.1
Etats-Unis	1 859.5	821.0	1 050.0	1 118.2	2 087.0	5 344.9	4 263.9	9 100.3	13 437.9	7 490.7
EUROPE	**-1 749.1**	**-98.1**	**2 814.0**	**5 191.0**	**3 567.4**	**-95.8**	**2 442.1**	**3 348.8**	**7 424.9**	**11 228.4**
Bulgarie	-0.3	-	-	-	-	3.6	15.3	41.8	-21.7	-6.7
Croatie	0.0	-	-	-	-	.. c	-	-	-	-
Chypre[2, 3]	-0.4	-	-	4.1	0.7	0.3	23.0	.. c	-224.6	-83.5
Malte	-1 213.8	557.5	427.0	1 405.1	1 370.2	.. c	-	-	-	14.2
Roumanie	0.4	-	-	-	-	-61.7	-50.6	.. c	84.5	3.8
Russie	-23.7	-	-	2.0	5.7	-857.9	18.0	687.4	513.3	461.6
Ukraine	-1.0	-	-	10.1	0.0	0.0	.. c	.. c	0.3	2.9
AFRIQUE	**-190.1**	**-**	**-**	**11.2**	**5.5**	**85.0**	**-539.2**	**-453.8**	**232.2**	**65.3**
Afrique septentrionale	-9.0	-	-	2.2	1.9	20.9	-9.8	-350.2	69.4	60.6
Algérie	-0.4	-	-	-	-	0.4	2.1	.. c	-0.7	1.8
Egypte	-3.2	-	-	1.1	0.8	-2.3	-12.6	.. c	36.1	23.1
Libye	-4.6	-	-	0.9	0.9	1.7	0.3	.. c	4.8	2.1
Maroc	-0.5	-	-	0.2	0.2	21.7	.. c	.. c	25.5	29.6
Tunisie	-0.3	-	-	-	-	.. c	.. c	.. c	3.7	4.0
Autres pays africains	-181.9	-	-	8.8	3.6	64.1	-529.4	-103.6	162.8	4.6
Nigéria	-34.1	-	-	0.3	0.9	50.2	-12.7	.. c	217.2	37.6
Afrique du Sud	-9.5	-	-	0.1	-	9.5	42.7	23.5	14.8	43.2
AMÉRIQUE	**2 104.8**	**1 145.9**	**2 103.0**	**2 342.2**	**3 152.1**	**8 571.5**	**4 339.9**	**13 441.6**	**19 126.8**	**13 699.1**
Amérique du Nord	1 857.0	1 012.0	1 203.0	1 242.3	1 866.0	5 481.6	2 909.3	9 394.2	13 433.2	7 588.9
Amérique du Nord	247.0	129.1	891.0	1 098.2	1 285.7	1 634.2	2 473.6	2 471.8	3 755.1	5 005.7
Bahamas	-7.8	3.5	2.0	14.3	-	.. c	.. c	-	-	38.2
Bermudes	318.5	299.5	330.0	747.9	133.4	-41.5	-5.1	.. c	2.2	-26.6
Îles Cayman	121.0	-301.0	486.0	174.1	460.4	1 962.0	2 229.0	2 526.0	3 016.6	4 321.7
Costa Rica	0.2	-	-	-	-	-0.5	.. c	.. c	-1.5	2.2
El Salvador	-	-	-	-	-	4.9	.. c	.. c	-0.6	0.4
Guatemala	0.0	-	-	-	-	-2.3	1.3	.. c	13.9	2.0
Honduras	-	-	-	-	-	0.0	.. c	.. c	-2.1	-6.2
Nicaragua	-	-	-	-	-	-2.8	-2.4	.. c	3.0	9.1
Panama	-35.0	9.1	9.0	-4.5	0.7	95.3	2.3	-168.5	-194.5	18.4
Îles Vierges, US	11.7	87.5	40.0	-	-	.. c	-	.. c	-	-
Amérique du Sud	-9.4	4.8	9.0	1.2	0.4	1 455.8	-1 043.0	1 575.6	1 938.5	1 104.5
Argentine	0.6	-	-	-	-	4.5	5.2	.. c	-1.0	337.1
Bolivie	0.2	-	-	-	-	-2.4	.. c	.. c	51.1	-1.2
Brésil	-0.8	-	-	1.1	-	1 021.0	-1 314.9	1 308.2	1 571.0	439.0
Colombie	0.0	-	-	-	-	-5.6	4.0	.. c	5.8	-12.8
Equateur	-	-	-	-	-	-1.8	.. c	.. c	6.0	0.0
Paraguay	-1.0	-	-	-	0.1	0.1	.. c	.. c	0.2	0.5
Pérou	-0.8	-	-	0.1	0.3	400.2	282.8	182.4	108.8	237.7
Uruguay	2.6	-	-	-	-	.. c	.. c	.. c	-	-
Venezuela	0.1	-	-	-	-	0.2	.. c	.. c	0.0	-0.1
ASIE	**821.8**	**1 699.9**	**2 291.0**	**3 946.5**	**4 543.5**	**9 800.0**	**11 313.4**	**13 199.5**	**17 362.6**	**19 638.1**

Tableau 1. Flux d'investissement direct étranger par pays *(suite)*

Millions de dollars des ÉU

	Entrant					Sortant				
	2014	2015	2016	2017	2018	2014	2015	2016	2017	2018
Proche et Moyen Orient	-1 307.4	-6.5	82.0	26.9	99.0	-443.5	46.3	396.3	495.0	464.2
Pays du Golfe	-1 297.4	-8.4	80.0	22.5	86.0	-451.5	16.1	358.8	450.8	374.9
Koweït	-0.2	-	-	-	1.3	0.4	.. c	.. c	1.3	-
Qatar	0.0	-	-	0.1	-	1.0	1.3	0.6	0.2	0.0
Arabie saoudite	-1 311.0	299.4	86.0	-	4.4	-508.1	-35.8	373.0	176.8	476.1
Emirats Arabes Unis	21.0	-315.5	-17.0	1.7	0.2	-1.5	73.9	-79.3	234.9	-121.7
Autres pays du Proche et Moyen Orient	-10.0	1.9	2.0	4.3	13.0	8.0	30.3	37.5	44.1	89.3
Jordanie	-8.4	-	-	0.6	0.3	-3.4	.. c	.. c	4.9	2.9
Autres pays asiatiques	2 121.4	1 706.4	2 209.0	3 919.6	4 444.5	10 244.0	11 267.0	12 803.2	16 867.6	19 173.9
Chine	312.0	106.9	347.0	148.3	758.4	4 337.3	3 725.9	6 271.3	5 891.8	6 305.2
Hong Kong, Chine	246.1	353.1	313.0	1 194.6	931.5	250.8	1 648.1	-173.9	1 724.3	2 761.6
Inde	75.2	308.2	153.0	0.6	0.5	485.0	664.2	612.1	919.2	1 985.8
Indonesie	6.4	0.6	2.0	4.1	0.5	276.1	172.2	633.7	553.1	533.6
République islamique d'Iran	-0.3	-	-	0.1	1.9	2.1	.. c	.. c	-12.1	-47.3
Malaisie	-310.0	-58.2	-70.0	142.7	15.2	178.7	147.0	607.9	711.0	217.6
Philippines	1.3	-55.7	-16.0	3.3	0.4	-84.8	-13.9	-187.3	486.8	-1 156.1
Singapour	1 379.1	364.8	425.0	1 020.5	1 441.8	1 470.3	1 987.0	1 840.8	2 704.7	2 362.4
Taipei Chinois	105.1	52.4	3.0	26.1	228.3	44.5	64.1	17.2	104.2	178.4
Thaïlande	-3.4	-	-	5.3	3.1	359.5	244.3	233.4	84.4	345.8
Viet Nam	-7.0	-	-	1.1	1.9	1 315.9	1 126.8	2 295.6	3 339.7	4 353.6
AUSTRALIE, OCÉANIE ET RÉGIONS POLAIRES	**2 439.5**	**7.1**	**4.0**	**40.6**	**1 998.7**	**1 633.0**	**933.5**	**971.5**	**-682.6**	**601.6**
TOTAL MONDE non alloué et confidentiel	**-45.7**	**49.8**	**51.0**	**0.0**	**0.0**	**-**	**0.0**	**0.0**	**-**	**-**
Union européenne (UE28)	**-2 477.4**	**-301.7**	**2 243.0**	**4 946.0**	**3 529.3**	**613.6**	**2 119.5**	**1 808.5**	**5 869.5**	**9 709.8**
Pays du G20 hors Union Européenne	**-247.7**	**1 878.6**	**3 475.0**	**4 768.3**	**5 945.4**	**10 974.2**	**8 367.3**	**21 759.4**	**25 849.2**	**23 450.2**
Pays OCDE du G20	**703.2**	**1 163.5**	**2 887.0**	**4 612.2**	**5 176.0**	**6 206.8**	**5 089.8**	**11 853.5**	**16 210.2**	**12 868.6**
Pays non-OCDE du G20	**-950.8**	**715.1**	**588.0**	**156.2**	**769.5**	**4 767.5**	**3 277.5**	**9 906.0**	**9 639.0**	**10 581.6**
Pays MENA	**-1 320.1**	**-8.4**	**80.0**	**27.1**	**90.2**	**-434.1**	**9.1**	**12.5**	**525.1**	**438.4**
Pays ANASE	**1 065.6**	**251.5**	**341.0**	**1 177.3**	**1 462.9**	**3 818.0**	**3 859.4**	**5 853.5**	**8 286.0**	**7 094.0**

- Néant ; c Donnée confidentielle

Note : Les données excluent les entités à vocation spéciales. Voir les métadonnées détaillées sur : *http://stats.oecd.org/OECDStat_Metadata/ShowMetadata.ashx?Dataset=FDI_CTRY_IND_SUMM&lang=fr.*

1. Informations sur les données concernant Israël : *http://oe.cd/israel-disclaimer.*
2. Note de la Turquie : Les informations figurant dans ce document et faisant référence à « Chypre » concernent la partie méridionale de l'île. Il n'y a pas d'autorité unique représentant à la fois les Chypriotes turcs et grecs sur l'île. La Turquie reconnaît la République Turque de Chypre Nord (RTCN). Jusqu'à ce qu'une solution durable et équitable soit trouvée dans le cadre des Nations Unies, la Turquie maintiendra sa position sur la « question chypriote ».
3. Note de tous les États de l'Union européenne membres de l'OCDE et del'Union européenne : La République de Chypre est reconnue par tous les membres des Nations Unies sauf la Turquie. Les informations figurant dans ce document concernent la zone sous le contrôle effectif du gouvernement de la République de Chypre.

Source : Statistiques de l'OCDE sur l'investissement direct international (base de données) : https://doi.org/10.1787/idi-data-fr

Tableau 2. Encours des investissements directs étrangers par pays

En fin d'année

Millions de dollars des ÉU

	Entrant					Sortant				
	2014	2015	2016	2017	2018	2014	2015	2016	2017	2018
TOTAL MONDE	**168 827.2**	**168 923.7**	**174 978.0**	**210 863.5**	**213 966.3**	**242 791.7**	**276 100.1**	**296 641.0**	**343 088.5**	**383 982.9**
Pays membres de l'OCDE	**142 929.2**	**135 470.0**	**135 601.7**	**157 266.9**	**161 400.1**	**98 219.8**	**118 311.7**	**126 418.8**	**148 737.9**	**166 676.3**
Australie	1 065.3	776.5	577.8	764.2	1 808.8	9 566.1	10 373.0	11 401.7	11 037.0	11 763.7
Autriche	819.5	464.7	533.8	649.8	190.0	196.5	209.4	217.4	321.9	315.3
Belgique	406.2	201.1	359.3	602.5	595.0	1 468.1	1 524.0	1 482.1	1 777.6	1 956.4
Canada	1 026.5	1 500.1	2 201.9	2 344.7	1 842.4	4 680.4	3 935.6	3 735.1	3 883.0	4 135.4
Chili	16.4	1.2	24.9	15.7	-7.1	248.8	195.2	159.7	351.5	589.7
République Tchèque	-3.0	-2.5	-2.6	1.1	-33.2	2 021.0	2 221.1	1 989.3	3 046.0	3 032.1
Danemark	459.6	447.3	549.2	223.5	406.9	38.6	28.5	30.8	39.6	35.6
Estonie	-	-	-	12.8	25.7	.. c	.. c	.. c	0.1	0.1
Finlande	248.4	117.3	177.8	128.2	125.5	2.7	9.5	11.2	53.2	32.6
France	5 672.7	5 315.6	4 205.1	5 375.6	6 122.5	128.1	772.7	626.5	997.6	1 064.7
Allemagne	6 312.0	6 772.7	6 950.6	8 306.5	9 457.2	4 113.6	3 381.8	3 242.2	4 045.4	4 409.3
Grèce	3.5	0.5	19.4	5.9	9.9	.. c	.. c	.. c	8.1	8.4
Hongrie	4 041.4	3 790.8	3 589.3	3 582.3	3 759.6	1 115.5	1 074.7	344.3	1 836.2	1 858.3
Islande	12.3	1.3	14.0	38.4	18.4	.. c	.. c	.. c	3.0	192.2
Irlande	1 733.6	1 262.5	823.6	-53.3	1 989.3	427.4	1 193.7	1 202.2	3 008.9	2 991.5
Israël[1]	41.9	20.9	14.1	76.1	110.0	13.7	9.6	16.4	6.8	19.0
Italie	437.5	197.9	325.4	567.0	1 024.9	374.3	498.7	628.3	717.1	908.9
Japon	47 867.8	44 596.0	43 315.1	47 519.3	54 761.4	2 549.1	4 812.8	5 090.4	5 612.0	7 089.4
Corée	-	-	-	-	-	-	-	-	-	-
Lettonie	-	-	-	-	1.2	.. c	.. c	.. c	5.8	5.8
Lituanie	0.0	0.0	0.0	0.2	0.3	0.7	.. c	.. c	0.5	0.5
Luxembourg	325.4	1 279.9	1 296.9	1 804.4	1 229.6	2 288.9	3 844.3	3 791.2	4 893.8	6 183.1
Mexique	181.8	155.5	152.2	190.3	244.3	1 951.5	2 968.7	2 504.0	3 196.8	3 047.3
Pays-Bas	16 117.1	15 359.4	17 549.6	27 591.7	21 609.7	8 114.6	12 444.4	11 694.9	8 572.3	8 398.8
Nouvelle-Zélande	2 852.2	8.9	34.6	55.8	366.5	99.8	171.4	200.0	145.0	187.3
Norvège	1 476.9	916.7	738.0	767.2	666.1	380.0	.. c	-270.0	11.8	13.2
Pologne	5.9	7.4	9.4	9.6	9.1	1 068.7	1 199.2	828.8	1 209.9	1 677.0
Portugal	58.9	166.9	169.9	186.0	218.2	59.3	.. c	.. c	184.7	203.5
République slovaquie	-1.1	0.1	-0.9	-0.7	-18.6	2 638.3	2 489.6	2 437.7	2 613.5	2 605.0
Slovénie	6.2	5.3	5.4	5.3	13.0	.. c	.. c	.. c	9.0	8.8
Espagne	655.8	514.4	510.6	428.8	520.6	840.9	818.3	826.1	987.6	955.3
Suède	1 779.7	2 158.6	2 307.8	2 099.5	1 847.0	235.9	270.5	243.2	416.1	401.1
Suisse	3 906.3	3 491.6	3 418.4	5 055.0	3 902.8	154.5	940.6	354.4	335.3	443.5
Turquie	22.4	11.0	27.4	34.8	-57.6	813.1	885.6	1 198.6	865.4	1 194.5
Royaume-Uni	13 320.5	13 003.1	13 952.0	14 941.4	16 209.0	5 310.7	5 352.3	4 888.5	7 627.9	10 352.4
Etats-Unis	32 059.7	32 927.3	31 751.9	33 937.3	32 431.9	47 312.2	56 038.7	67 395.1	80 918.8	90 626.1
EUROPE	**61 239.2**	**61 797.5**	**63 544.6**	**82 239.7**	**79 191.3**	**36 571.6**	**44 551.7**	**43 031.6**	**52 276.5**	**57 277.2**
Bulgarie	1.5	1.1	1.0	1.0	1.0	153.5	231.7	235.3	141.8	135.1
Croatie	0.0	0.0	-	-	0.0	0.1	0.4	.. c	0.4	0.4
Chypre[2, 3]	0.6	1.2	1.3	1.3	13.0	531.5	338.4	551.0	148.4	53.6
Malte	3 354.2	6 228.0	5 942.5	9 790.9	9 265.8	.. c	.. c	.. c	0.3	-9.7
Roumanie	0.6	-	-0.6	3.2	-1.5	84.8	71.5	197.4	610.8	113.5
Russie	35.5	48.3	42.9	47.5	-8.8	2 047.2	1 373.9	2 482.6	2 617.5	3 051.6
Ukraine	1.3	1.5	1.3	1.4	1.4	135.8	163.0	158.4	203.4	162.4
AFRIQUE	**80.2**	**183.7**	**140.0**	**145.0**	**281.2**	**2 378.9**	**1 786.0**	**1 431.8**	**2 932.2**	**3 106.8**
Afrique septentrionale	14.9	17.0	11.0	12.5	15.6	365.4	491.5	272.0	475.0	495.7
Algérie	0.1	-	0.1	0.1	0.1	1.5	3.8	4.4	2.6	62.5
Egypte	5.8	6.7	5.4	5.7	6.8	80.0	90.3	-128.6	-1.9	-2.6
Libye	8.0	8.9	5.0	6.0	7.2	278.9	387.2	383.0	393.0	369.3
Maroc	1.4	1.4	0.6	0.8	1.5	-0.3	5.5	5.5	70.5	54.3
Tunisie	-0.3	-	-0.1	0.0	0.0	.. c	.. c	.. c	10.7	12.2
Autres pays africains	64.4	165.9	128.8	132.3	265.5	2 013.4	1 294.5	1 159.9	2 454.5	2 612.8
Nigéria	43.5	40.5	7.4	8.3	18.0	194.4	136.7	43.1	450.1	476.2
Afrique du Sud	-2.3	2.5	-1.7	0.5	1.0	180.4	172.1	202.9	214.9	223.4
AMÉRIQUE	**36 209.7**	**37 208.5**	**38 506.1**	**45 533.0**	**40 084.6**	**70 515.4**	**81 340.2**	**97 541.5**	**114 957.7**	**130 672.6**
Amérique du Nord	33 086.1	34 427.4	33 953.8	36 282.0	34 274.3	51 992.5	59 974.3	71 130.1	84 801.8	94 761.5
Amérique du Nord	3 083.1	2 708.7	4 469.9	9 175.2	5 882.3	11 722.7	16 131.6	18 262.5	21 034.3	25 940.1
Bahamas	33.2	40.4	47.0	31.6	52.0	.. c	.. c	.. c	1.9	28.7
Bermudes	397.1	27.3	710.6	1 748.6	480.7	1 273.4	1 189.3	.. c	824.0	889.6
Îles Cayman	1 128.8	1 093.2	1 813.6	5 223.2	3 111.5	6 847.1	10 014.0	12 483.8	15 076.3	18 875.1
Costa Rica	0.1	0.1	0.1	0.1	0.1	39.4	32.2	34.4	27.4	44.2
El Salvador	-	0.0	-	-	-	43.1	.. c	.. c	46.8	45.6
Guatemala	0.0	2.3	2.3	2.1	2.2	18.5	51.6	45.3	56.1	49.4
Honduras	-	-	-	-	-	15.9	20.4	20.8	21.0	14.8
Nicaragua	-	-	-	-	-	30.5	30.6	27.1	32.9	18.0
Panama	232.5	175.9	183.9	210.5	28.9	961.8	1 198.3	1 065.8	891.5	1 408.2
Îles Vierges, US	-	-	-	-	-	.. c	.. c	.. c	0.4	0.4
Amérique du Sud	30.2	66.2	73.4	69.7	-76.5	6 800.2	5 233.6	8 148.6	9 121.5	9 971.1
Argentine	0.1	5.0	2.9	4.9	-14.5	37.2	43.4	39.7	40.8	378.1
Bolivie	0.2	0.2	-	-	-	14.6	9.8	83.1	133.9	12.7
Brésil	-3.3	50.5	44.0	47.7	-55.2	4 705.9	3 025.5	5 656.4	6 141.1	6 274.0
Colombie	0.2	0.3	0.1	0.1	-0.5	212.0	221.2	211.9	251.8	222.3
Equateur	-	-	-	-	0.0	17.1	26.2	15.2	36.8	36.8
Paraguay	8.6	3.4	0.8	0.7	0.9	0.4	3.3	.. c	3.8	6.6
Pérou	0.6	1.0	0.6	0.4	0.7	1 538.0	1 698.2	1 970.0	2 132.2	2 421.1
Uruguay	7.4	4.6	0.1	0.1	-0.1	.. c	0.6	.. c	28.0	28.0
Venezuela	0.1	0.0	0.0	0.0	-0.6	3.4	10.2	.. c	1.4	1.8
ASIE	**67 188.6**	**68 758.6**	**71 968.2**	**82 017.6**	**92 143.2**	**122 642.1**	**136 180.1**	**141 198.9**	**159 831.6**	**178 848.4**

Tableau 2. Encours des investissements directs étrangers par pays (*suite*)

En fin d'année

Millions de dollars des ÉU

	Entrant					Sortant				
	2014	2015	2016	2017	2018	2014	2015	2016	2017	2018
Proche et Moyen Orient	958.9	1 806.5	2 193.0	3 155.9	2 398.6	336.8	1 753.9	1 590.2	2 476.9	2 600.9
Pays du Golfe	896.0	1 762.9	2 166.3	3 058.0	2 257.2	312.0	1 681.5	1 482.2	2 340.8	2 383.4
Koweït	0.3	12.2	12.5	11.0	12.5	19.3	27.5	22.6	22.8	20.6
Qatar	0.1	0.3	0.1	0.1	0.2	4.7	12.0	12.1	10.3	14.2
Arabie saoudite	631.8	1 528.1	1 667.4	2 617.7	1 840.9	-877.0	-590.8	-472.2	95.7	210.2
Emirats Arabes Unis	77.7	34.8	309.7	211.2	174.1	501.0	871.0	942.6	1 185.1	1 210.9
Autres pays du Proche et Moyen Orient	62.9	43.5	26.7	97.9	141.4	24.8	72.5	108.0	136.1	217.6
Jordanie	13.9	14.5	6.8	12.8	11.6	7.2	12.1	15.0	19.1	17.4
Autres pays asiatiques	66 221.9	66 945.6	69 771.6	78 858.4	89 740.5	122 305.3	134 426.2	139 604.8	157 350.9	176 243.6
Chine	2 692.0	4 655.9	5 576.7	5 661.1	8 147.7	67 614.4	67 885.7	69 240.6	77 477.5	77 603.8
Hong Kong, Chine	4 502.6	5 000.1	6 151.3	6 706.6	7 098.4	11 397.2	13 293.4	12 363.3	13 411.7	15 404.7
Inde	960.6	833.0	1 106.1	650.5	569.9	3 968.9	4 268.9	5 081.2	5 409.0	12 442.7
Indonesie	29.2	64.2	65.8	60.9	63.2	5 135.0	6 437.1	6 963.7	7 041.3	7 735.4
République islamique d'Iran	82.1	74.9	68.6	80.1	80.0	-7.1	-4.0	22.4	-19.6	-27.8
Malaisie	1 873.9	1 367.5	1 318.0	1 730.7	2 285.9	3 526.2	3 904.9	4 184.0	5 110.6	5 474.4
Philippines	24.4	217.3	165.1	691.2	186.4	2 651.5	2 790.3	2 346.0	2 856.1	1 718.9
Singapour	7 767.2	9 278.9	11 585.3	15 034.3	15 437.3	7 269.4	9 683.1	10 843.1	13 938.5	16 181.9
Taipei Chinois	218.1	647.8	339.9	623.2	899.2	1 044.7	873.2	746.6	953.5	1 051.1
Thaïlande	5.5	7.0	-10.3	0.5	25.1	2 547.4	2 633.3	3 084.4	3 085.3	3 618.7
Viet Nam	7.4	2.9	-36.1	-26.6	7.6	9 359.4	11 421.2	12 555.8	15 705.7	20 377.0
AUSTRALIE, OCÉANIE ET RÉGIONS POLAIRES	**4 109.5**	**958.6**	**803.2**	**911.3**	**2 266.1**	**10 683.7**	**12 242.1**	**13 437.3**	**13 090.6**	**14 078.0**
TOTAL MONDE non alloué et confidentiel	**0.0**	**16.9**	**16.9**	**16.9**	**0.0**	**0.0**	**0.0**	**-**	**0.0**	**0.0**
Union européenne (UE28)	**55 756.7**	**57 293.3**	**59 275.7**	**76 264.6**	**74 590.5**	**31 229.9**	**38 110.0**	**35 616.3**	**43 274.3**	**47 697.3**
Pays du G20 hors Union Européenne	**112 309.9**	**112 443.1**	**111 963.4**	**123 071.9**	**134 388.9**	**159 611.0**	**171 635.7**	**189 905.2**	**217 939.0**	**242 510.8**
Pays OCDE du G20	**107 966.2**	**105 255.6**	**103 459.4**	**113 981.1**	**123 844.7**	**76 799.0**	**89 019.7**	**100 710.4**	**118 901.1**	**134 591.7**
Pays non-OCDE du G20	**4 343.7**	**7 187.5**	**8 504.0**	**9 090.8**	**10 544.2**	**82 812.1**	**82 616.0**	**89 194.8**	**99 037.9**	**107 919.1**
Pays MENA	**931.9**	**1 802.4**	**2 189.7**	**3 092.1**	**2 362.1**	**683.7**	**2 193.7**	**1 777.5**	**2 835.6**	**2 904.6**
Pays ANASE	**9 721.5**	**10 959.6**	**13 105.0**	**17 501.5**	**18 023.7**	**33 849.4**	**40 710.4**	**44 390.6**	**52 463.1**	**60 325.3**

- Néant ; c Donnée confidentielle

Note : Les données excluent les entités à vocation spéciales. Voir les métadonnées détaillées sur : *http://stats.oecd.org/OECDStat_Metadata/ShowMetadata.ashx?Dataset=FDI_CTRY_IND_SUMM&lang=fr*.

1. Informations sur les données concernant Israël : *http://oe.cd/israel-disclaimer*.
2. Note de la Turquie : Les informations figurant dans ce document et faisant référence à « Chypre » concernent la partie méridionale de l'île. Il n'y a pas d'autorité unique représentant à la fois les Chypriotes turcs et grecs sur l'île. La Turquie reconnaît la République Turque de Chypre Nord (RTCN). Jusqu'à ce qu'une solution durable et équitable soit trouvée dans le cadre des Nations Unies, la Turquie maintiendra sa position sur la « question chypriote ».
3. Note de tous les États de l'Union européenne membres de l'OCDE et del'Union européenne : La République de Chypre est reconnue par tous les membres des Nations Unies sauf la Turquie. Les informations figurant dans ce document concernent la zone sous le contrôle effectif du gouvernement de la République de Chypre.

Source : Statistiques de l'OCDE sur l'investissement direct international (base de données) : https://doi.org/10.1787/idi-data-fr

Tableau 3. Revenus des investissements directs étrangers par pays

Millions de dollars des ÉU

	Entrant					Sortant				
	2014	2015	2016	2017	2018	2014	2015	2016	2017	2018
TOTAL MONDE	**-1 017.6**	**2 225.8**	**3 997.0**	**3 615.4**	**4 402.0**	**6 305.4**	**-124.1**	**9 054.5**	**10 090.4**	**9 629.2**
Pays membres de l'OCDE	**-917.1**	**1 899.9**	**3 098.0**	**3 505.4**	**3 512.6**	**1 428.8**	**-2 776.0**	**46.6**	**1 285.6**	**2 110.9**
Australie	-	-6.3	2.0	-	0.4	-79.0	-79.0	-359.5	-1 244.7	383.3
Autriche	-0.2	-10.5	86.0	0.1	0.0	6.7	.. c	.. c	8.4	37.1
Belgique	-	-6.6	1.0	8.0	4.2	-3.0	61.8	.. c	68.4	36.6
Canada	-4.2	32.1	78.0	4.3	-	-463.1	-1 803.0	-305.2	-85.0	-210.9
Chili	-	2.5	10.0	-	-	-0.3	-42.0	-12.6	12.2	-0.6
République Tchèque	-	-	-	-	-	425.2	294.5	406.5	410.7	354.6
Danemark	-	-1.7	-1.0	5.6	2.3	-3.3	.. c	.. c	1.7	2.2
Estonie	-	-	-	-	-	.. c	-	-	.. c	-
Finlande	-6.1	-2.4	15.0	-	-	-2.7	.. c	.. c	-0.1	-2.4
France	-49.7	133.6	134.0	97.7	90.2	.. c	127.7	0.2	51.0	32.9
Allemagne	-69.9	169.8	213.0	564.1	705.4	44.8	90.9	197.8	152.7	217.2
Grèce	-	-	-	-	-	.. c	.. c	.. c	.. c	0.5
Hongrie	-	7.0	12.0	8.6	-	91.1	90.5	.. c	419.5	-7.9
Islande	-	0.9	-	-	-	.. c	.. c	.. c	.. c	-0.6
Irlande	-0.7	-40.8	66.0	0.0	231.2	-117.4	.. c	.. c	-2.7	-3.9
Israël[1]	-	0.0	3.0	0.1	0.0	-0.7	.. c	.. c	-0.3	-6.0
Italie	-3.9	-2.7	10.0	2.5	56.0	81.9	90.2	55.8	54.4	48.8
Japon	-515.2	551.0	643.0	1 041.1	575.3	118.8	14.9	64.1	141.3	85.3
Corée	-	-	-	-	-	-	-	-	-	-
Lettonie	-	-	-	-	-	.. c	.. c	.. c	.. c	-
Lituanie	-	-	-	-	-	.. c	.. c	.. c	.. c	-
Luxembourg	-	66.3	83.0	0.1	-	131.8	138.6	-123.5	-13.2	401.9
Mexique	-2.0	12.9	21.0	-	1.7	-216.0	-801.4	-459.7	-99.0	-58.1
Pays-Bas	-46.9	-57.5	344.0	253.6	78.4	-69.6	48.9	-158.9	89.3	150.1
Nouvelle-Zélande	-	-	2.0	2.8	-	-58.8	-11.6	.. c	0.4	16.5
Norvège	-17.9	5.6	20.0	183.2	5.1	-370.5	.. c	.. c	.. c	-4.4
Pologne	-	-	1.0	-	-	89.2	115.9	60.5	38.9	-24.4
Portugal	-	1.8	3.0	-	-	4.3	.. c	.. c	9.8	15.2
République slovaquie	-	-	-	-	-	563.3	344.2	382.8	367.6	399.5
Slovénie	-	-	-	-	-	.. c	.. c	.. c	.. c	0.2
Espagne	-	6.7	36.0	-	0.9	-1.9	41.5	40.7	59.7	16.1
Suède	-2.4	14.6	104.0	71.4	29.2	38.4	.. c	.. c	29.5	30.8
Suisse	-101.7	216.6	249.0	59.9	30.9	0.2	.. c	.. c	9.5	8.0
Turquie	-	-	1.0	0.2	-	48.5	-113.7	-122.1	86.4	69.2
Royaume-Uni	-17.4	179.3	234.0	759.0	116.3	-526.5	-146.1	-31.3	323.9	345.1
Etats-Unis	-78.9	627.7	728.0	443.1	1 585.0	1 739.9	-1 029.4	464.8	367.9	-220.8
EUROPE	**-326.8**	**898.8**	**1 766.0**	**2 014.1**	**1 352.6**	**-442.9**	**809.6**	**1 221.5**	**2 472.5**	**2 480.7**
Bulgarie	-	-	-	-	-	3.6	15.1	48.9	1.4	-3.6
Croatie	-	-	-	-	-	.. c	-	-	.. c	-
Chypre[2, 3]	-	-	-	-	-	-32.9	.. c	.. c	-213.0	-99.5
Malte	-10.0	180.2	115.0	-	2.5	.. c	-	-	.. c	-0.5
Roumanie	-	-	-	-	-	-112.7	.. c	.. c	13.9	-10.9
Russie	-	-	-	-	-	-727.5	-122.5	583.8	453.6	477.1
Ukraine	-	-	-	-	-	-	-	.. c	-	-0.2
AFRIQUE	**-**	**-**	**-**	**-**	**-**	**-197.7**	**-667.5**	**-562.4**	**-45.3**	**6.8**
Afrique septentrionale	-	-	-	-	-	-19.1	-20.7	-367.7	40.7	26.8
Algérie	-	-	-	-	-	-	.. c	.. c	-0.7	-0.7
Egypte	-	-	-	-	-	-10.1	.. c	.. c	37.4	22.2
Libye	-	-	-	-	-	-	.. c	.. c	-1.3	-0.6
Maroc	-	-	-	-	-	-11.3	.. c	.. c	-0.1	-0.8
Tunisie	-	-	-	-	-	.. c	.. c	.. c	.. c	6.7
Autres pays africains	-	-	-	-	-	-178.6	-646.8	-194.8	-86.0	-20.0
Nigéria	-	-	-	-	-	-39.7	.. c	.. c	-0.7	45.3
Afrique du Sud	-	-	-	-	-	4.8	43.7	19.9	15.1	46.6
AMÉRIQUE	**-89.1**	**579.9**	**804.0**	**447.7**	**1 598.8**	**1 838.7**	**-4 217.9**	**730.0**	**1 168.9**	**90.4**
Amérique du Nord	-83.1	659.8	806.0	447.3	1 585.0	1 276.8	-2 832.4	159.6	282.9	-431.7
Amérique du Nord	-6.0	-82.4	-12.0	0.3	13.7	-57.5	-600.6	-274.3	-163.0	61.2
Bahamas	-	1.3	2.0	-	-	.. c	-	-	.. c	15.0
Bermudes	-0.1	-3.9	-4.0	0.3	-	110.8	82.7	.. c	48.3	49.4
Îles Cayman	0.0	-81.8	-46.0	0.0	12.0	104.6	106.9	64.2	-103.7	19.8
Costa Rica	-	-	-	-	-	-0.5	.. c	.. c	-1.6	1.3
El Salvador	-	-	-	-	-	4.9	.. c	.. c	.. c	2.6
Guatemala	-	-	-	-	-	-0.8	.. c	.. c	0.1	0.5
Honduras	-	-	-	-	-	0.0	.. c	.. c	-2.1	-7.2
Nicaragua	-	-	-	-	-	-2.7	.. c	.. c	-2.2	-1.6
Panama	-	1.3	3.0	-	-	-17.1	-18.3	-40.1	1.7	41.1
Îles Vierges, US	-	-12.6	12.0	-	-	.. c	-	-	.. c	-
Amérique du Sud	-	2.5	10.0	-	-	619.5	-784.9	844.7	1 049.0	461.0
Argentine	-	-	-	-	-	4.2	.. c	.. c	0.3	-46.9
Bolivie	-	-	-	-	-	0.2	.. c	.. c	1.1	-1.0
Brésil	-	-	-	-	-	629.5	-734.1	859.8	1 040.8	516.2
Colombie	-	-	-	-	-	-6.2	1.6	.. c	-1.0	-0.8
Equateur	-	-	-	-	-	-4.3	.. c	.. c	-	-
Paraguay	-	-	-	-	-	-0.3	.. c	.. c	.. c	-0.1
Pérou	-	-	-	-	-	-2.9	.. c	.. c	-4.3	-5.8
Uruguay	-	-	-	-	-	.. c	.. c	.. c	.. c	-
Venezuela	-	-	-	-	-	-	-	-	.. c	-
ASIE	**-601.7**	**717.3**	**1 389.0**	**1 150.8**	**1 450.2**	**5 272.1**	**4 018.0**	**8 035.5**	**7 709.2**	**6 608.8**

Tableau 3. Revenus des investissements directs étrangers par pays *(suite)*

Millions de dollars des ÉU

	Entrant					Sortant				
	2014	2015	2016	2017	2018	2014	2015	2016	2017	2018
Proche et Moyen Orient	-7.0	59.4	72.0	39.5	91.6	-1 156.5	-710.1	-550.3	-103.6	55.0
Pays du Golfe	-7.0	59.4	69.0	39.4	91.6	-1 151.7	-708.6	-552.6	-105.3	69.3
Koweït	-	-	-	-	-	0.0	.. c	.. c	-	-
Qatar	-	-	-	-	-	0.0	.. c	.. c	-	-
Arabie saoudite	0.0	66.7	51.0	-	-	-1 328.4	-709.5	-485.3	-182.1	131.5
Emirats Arabes Unis	-0.2	-19.0	8.0	0.1	-	-63.3	20.4	-64.1	72.6	-64.4
Autres pays du Proche et Moyen Orient	-	0.0	3.0	0.1	0.0	.. c	-1.5	2.3	1.8	-14.4
Jordanie	-	-	-	-	-	-4.0	.. c	.. c	5.5	-2.2
Autres pays asiatiques	-594.7	657.8	1 317.0	1 111.3	1 358.6	6 428.7	4 728.1	8 585.8	7 812.7	6 553.8
Chine	-0.5	4.3	136.0	0.8	56.3	4 288.7	3 547.7	6 111.4	4 235.5	3 730.7
Hong Kong, Chine	-4.7	35.0	249.0	4.6	16.1	-76.6	-22.5	-141.5	-726.7	-443.9
Inde	-	-37.8	64.0	-	-	262.3	502.2	520.4	480.0	972.8
Indonesie	-	0.1	2.0	-	-	-0.6	-267.5	271.6	73.7	218.6
République islamique d'Iran	-	-	-	-	-	2.1	.. c	.. c	-13.8	-47.3
Malaisie	-	61.0	21.0	0.3	-0.9	112.6	128.6	387.2	377.8	349.1
Philippines	-	-19.0	-19.0	-	-	141.5	52.1	-342.0	-95.4	-1 295.7
Singapour	-74.0	90.1	189.0	64.6	711.8	688.8	889.5	947.0	1 297.5	1 064.2
Taipei Chinois	-0.2	-26.9	32.0	-	-	61.8	64.6	15.1	78.9	101.0
Thaïlande	-	-	-	-	-	193.6	186.1	203.8	141.0	173.5
Viet Nam	-	-	-	-	-	102.2	-122.9	528.3	1 831.6	1 699.2
AUSTRALIE, OCÉANIE ET RÉGIONS POLAIRES	**-**	**-6.2**	**4.0**	**2.8**	**0.4**	**-164.8**	**-66.3**	**-370.1**	**-1 214.9**	**442.5**
TOTAL MONDE non alloué et confidentiel	**0.0**	**36.0**	**34.0**	**0.0**	**0.0**	**-**	**0.0**	**-**	**-**	**-**
Union européenne (UE28)	**-207.3**	**637.1**	**1 456.0**	**1 770.8**	**1 316.6**	**570.2**	**1 102.4**	**875.0**	**1 871.4**	**1 935.8**
Pays du G20 hors Union Européenne	**-741.7**	**1 730.5**	**2 317.0**	**2 912.8**	**3 186.7**	**3 839.4**	**-1 383.7**	**7 383.2**	**5 865.9**	**6 738.4**
Pays OCDE du G20	**-741.2**	**1 697.3**	**2 064.0**	**2 912.0**	**3 130.4**	**706.2**	**-3 648.9**	**-495.0**	**-251.1**	**691.8**
Pays non-OCDE du G20	**-0.5**	**33.2**	**253.0**	**0.8**	**56.3**	**3 133.1**	**2 265.2**	**7 878.2**	**6 117.0**	**6 046.6**
Pays MENA	**-7.0**	**59.4**	**69.0**	**39.4**	**91.6**	**-1 175.0**	**-728.6**	**-918.1**	**-59.2**	**94.0**
Pays ANASE	**-74.1**	**132.3**	**193.0**	**64.9**	**710.9**	**1 200.0**	**829.8**	**1 994.9**	**3 605.3**	**2 147.1**

- Néant ; c Donnée confidentielle

Note : Les données excluent les entités à vocation spéciales. Voir les métadonnées détaillées sur : *http://stats.oecd.org/OECDStat_Metadata/ShowMetadata.ashx?Dataset=FDI_CTRY_IND_SUMM&lang=fr*.

1. Informations sur les données concernant Israël : *http://oe.cd/israel-disclaimer*.
2. Note de la Turquie : Les informations figurant dans ce document et faisant référence à « Chypre » concernent la partie méridionale de l'île. Il n'y a pas d'autorité unique représentant à la fois les Chypriotes turcs et grecs sur l'île. La Turquie reconnaît la République Turque de Chypre Nord (RTCN). Jusqu'à ce qu'une solution durable et équitable soit trouvée dans le cadre des Nations Unies, la Turquie maintiendra sa position sur la « question chypriote ».
3. Note de tous les États de l'Union européenne membres de l'OCDE et del'Union européenne : La République de Chypre est reconnue par tous les membres des Nations Unies sauf la Turquie. Les informations figurant dans ce document concernent la zone sous le contrôle effectif du gouvernement de la République de Chypre.

Source : Statistiques de l'OCDE sur l'investissement direct international (base de données) : https://doi.org/10.1787/idi-data-fr

Tableau 4. Investissement direct étranger : flux par secteur industriel

Millions de dollars des ÉU

	Entrant					Sortant				
	2014	2015	2016	2017	2018	2014	2015	2016	2017	2018
All FDI activities	**3 381.2**	**2 804.7**	**7 263.0**	**11 531.5**	**13 267.2**	**19 994.0**	**18 489.6**	**30 507.5**	**43 463.9**	**45 232.6**
Agriculture, sylviculture et pêche	**9.0**	**0.7**	**2.0**	**5.0**	**-28.5**	**31.3**	**69.7**	**59.0**	**81.9**	**118.1**
Industries extractives	**-4.4**	**7.3**	**13.0**	**0.1**	**1.6**	**2 553.8**	**-3 384.0**	**-1 106.0**	**-1 126.1**	**873.2**
Activités d'extraction	-4.4	-	-	0.1	-	2 438.7	-1 281.6	-1 029.0	-1 102.4	298.5
Activités de fabrication	**-848.9**	**1 507.4**	**3 909.0**	**5 180.9**	**5 245.3**	**7 759.7**	**7 794.6**	**11 758.0**	**14 631.2**	**17 421.0**
dont :										
Produits alimentaires, boissons et tabac	-63.7	-958.9	154.0	150.3	142.6	143.3	392.0	587.9	570.3	578.5
Textiles, bois, papier, imprimerie	9.5	-61.9	111.0	73.5	30.4	312.5	306.9	489.0	411.4	178.8
Produits pétroliers, chimiques, pharmaceutiques, caoutchouc, plastique, minéraux	1 106.0	2 436.5	2 839.0	2 120.7	2 049.5	2 196.6	1 321.7	1 778.6	1 540.4	1 849.2
Ouvrages en métaux et machines, sauf matériels électriques	-8 443.6	-189.1	-44.0	1 901.5	964.2	3 002.9	2 059.6	5 578.1	7 756.9	10 163.9
Automobiles, remorques, semi-remorques, autres matériels de transport	4 274.0	-1 032.3	-139.0	524.3	1 873.1	1 884.2	2 608.3	2 108.2	3 221.2	2 293.9
Autres activités de fabrication	2 268.9	1 313.1	988.0	410.6	185.4	220.2	1 106.1	1 216.3	1 131.0	2 356.7
Production et distribution d'électricité, de gaz, de vapeur et de climatisation	**21.4**	**7.4**	**50.0**	**-135.9**	**160.0**	**445.9**	**1 805.8**	**781.0**	**1 206.7**	**1 006.0**
Distribution de l'eau ; assainissement, traitement des déchets et dépollution	**-27.2**	**-5.8**	**10.0**	**149.2**	**1.5**	**17.5**	**12.7**	**3.0**	**174.8**	**442.2**
Construction	**-70.0**	**2.6**	**-33.0**	**11.8**	**14.7**	**-757.1**	**-105.4**	**778.0**	**638.1**	**885.8**
Services	**4 301.2**	**1 285.1**	**3 312.0**	**6 320.4**	**7 872.8**	**9 942.8**	**12 296.2**	**18 234.0**	**27 855.9**	**24 486.3**
Commerce de gros et de détail ; réparations automobiles et motocycles	480.0	755.3	1 029.0	1 042.4	936.6	1 885.4	2 910.9	4 504.0	11 682.8	5 605.9
Transport et entreposage	306.9	464.6	315.0	192.6	116.7	504.6	238.2	1 002.0	1 027.2	718.3
Activités d'hébergement et de restauration	-776.0	625.6	770.0	808.3	281.1	237.5	179.6	401.0	208.9	109.6
Information et communication	968.1	540.4	511.0	756.1	2 821.9	410.9	376.7	1 191.0	2 174.6	851.0
Activités financières et d'assurances	39.8	-749.2	151.0	2 100.2	2 057.5	5 359.1	6 043.7	5 343.0	9 506.9	12 837.0
Activités des sociétés holding	-1 725.6	387.0	580.0	76.4	656.6	4 198.3	1 226.8	479.3	1 105.3	1 648.6
Activités immobilières	513.6	-278.7	148.0	912.3	906.9	923.5	1 998.1	4 995.8	2 521.1	3 448.2
Activités professionnelles, scientifiques et techniques	4 199.7	-34.1	309.0	400.6	128.3	242.3	136.0	519.0	458.5	948.7
Activités de services administratifs et d'appui	-1 613.9	-	-	72.2	377.7	315.1	348.2	176.9	-335.8	-203.7
Administration publique; activités des ménages et des organismes extra-territoriaux	-0.2	-	-	-	-	0.1	1.0	-	258.0	-
Éducation	-40.9	45.9	21.0	13.7	11.7	-2.3	25.0	11.1	125.6	12.8
Santé humaine et action sociale	-1.8	-	-	-	-	11.3	44.9	68.9	175.4	181.5
Arts, spectacles et loisirs	27.3	-55.3	-14.0	16.0	233.3	49.4	-8.6	9.0	5.4	-26.0
Autres services	323.6	-29.4	72.0	5.8	1.1	6.0	2.5	12.7	47.4	3.0
Not allocated and confidential	**0.0**	**0.0**	**-**	**0.0**	**0.0**	**-**	**0.0**	**0.1**	**1.3**	**0.0**
Activités immobilières privées	..	..	-	-	-	..	-	-	-	-

- Néant ; .. Non disponible

Note : Les données excluent les entités à vocation spéciales. Voir les métadonnées détaillées sur : *http://stats.oecd.org/OECDStat_Metadata/ShowMetadata.ashx?Dataset=FDI_CTRY_IND_SUMM&lang=fr.*

Source : Statistiques de l'OCDE sur l'investissement direct international (base de données) : https://doi.org/10.1787/idi-data-fr

Tableau 5. Encours des investissement directs étrangers par secteur industriel

En fin d'année

Millions de dollars des ÉU

	Entrant					Sortant				
	2014	2015	2016	2017	2018	2014	2015	2016	2017	2018
All FDI activities	**168 827.2**	**168 923.7**	**174 978.0**	**210 863.5**	**213 966.3**	**242 791.7**	**276 100.1**	**296 641.0**	**343 088.5**	**383 982.9**
Agriculture, sylviculture et pêche	**221.6**	**153.1**	**200.6**	**235.3**	**203.1**	**662.6**	**855.5**	**842.0**	**910.0**	**1 031.1**
Industries extractives	**46.8**	**21.5**	**11.1**	**44.8**	**42.8**	**37 987.9**	**37 533.6**	**35 209.0**	**34 055.1**	**33 676.6**
Activités d'extraction	46.8	14.0	3.0	44.8	2.9	28 605.9	28 624.9	26 806.4	25 601.9	24 678.8
Activités de fabrication	**65 199.7**	**62 916.4**	**66 721.2**	**79 861.6**	**82 015.7**	**96 768.5**	**102 207.2**	**110 985.0**	**135 266.9**	**135 519.5**
dont :										
Produits alimentaires, boissons et tabac	1 560.4	3 166.5	3 296.2	4 817.0	4 134.5	3 229.0	3 279.2	4 319.6	4 152.1	4 414.1
Textiles, bois, papier, imprimerie	1 599.5	1 375.3	1 606.6	1 359.0	2 538.0	4 824.9	5 205.7	5 729.7	6 424.2	5 536.3
Produits pétroliers, chimiques, pharmaceutiques, caoutchouc, plastique, minéraux	23 768.5	25 445.6	27 498.5	37 225.6	33 422.9	10 703.0	12 833.1	13 725.1	15 259.1	17 859.3
Ouvrages en métaux et machines, sauf matériels électriques	13 791.3	18 020.9	18 067.2	20 369.9	23 757.8	42 257.1	44 940.0	50 536.8	60 291.8	65 102.0
Automobiles, remorques, semi-remorques, autres matériels de transport	15 638.5	7 060.1	8 216.7	7 099.0	8 347.5	26 832.2	26 545.9	25 735.6	37 816.9	28 616.6
Autres activités de fabrication	8 841.4	7 848.0	8 036.1	8 991.1	9 815.0	8 922.3	9 403.4	10 938.4	11 322.7	13 991.3
Production et distribution d'électricité, de gaz, de vapeur et de climatisation	**751.1**	**1 012.6**	**1 002.9**	**1 053.8**	**1 139.1**	**3 085.7**	**4 262.3**	**5 013.0**	**6 391.2**	**7 258.2**
Distribution de l'eau ; assainissement, traitement des déchets et dépollution	**103.3**	**92.2**	**146.3**	**194.0**	**245.2**	**-73.7**	**30.6**	**18.0**	**166.2**	**612.0**
Construction	**154.8**	**1 310.3**	**1 306.1**	**1 801.4**	**1 635.7**	**665.1**	**1 922.7**	**1 813.0**	**2 987.7**	**3 578.6**
Services	**102 349.9**	**103 417.5**	**105 589.9**	**127 672.5**	**128 684.8**	**103 695.7**	**129 287.2**	**142 758.0**	**163 309.9**	**202 305.4**
Commerce de gros et de détail ; réparations automobiles et motocycles	16 438.7	12 813.3	15 313.1	20 940.9	24 163.6	41 313.5	44 506.5	47 874.0	54 164.8	72 349.1
Transport et entreposage	3 999.3	3 025.3	3 169.6	3 698.0	2 923.4	2 658.7	2 678.1	4 519.0	4 133.2	5 150.7
Activités d'hébergement et de restauration	13 309.3	13 480.6	14 584.0	17 937.6	15 987.5	1 763.7	2 043.3	2 351.0	3 048.4	2 574.5
Information et communication	7 058.1	6 747.2	4 579.9	7 382.6	7 689.8	2 356.5	3 736.8	5 495.0	6 366.3	6 403.3
Activités financières et d'assurances	48 042.4	52 747.3	54 129.8	61 630.1	60 792.7	40 226.7	57 409.5	54 265.0	68 982.9	84 638.0
Activités des sociétés holding	-1 725.6	0.2	1.4	3 079.2	2 867.6	23 788.3	16 317.3	7 876.2	8 907.4	10 350.3
Activités immobilières	4 460.7	7 068.3	6 858.3	8 658.4	10 578.0	10 693.7	11 788.9	15 477.1	17 270.3	21 094.7
Activités professionnelles, scientifiques et techniques	8 310.7	4 312.4	4 737.2	3 491.0	2 599.7	1 251.2	1 472.6	8 205.0	3 845.8	4 625.0
Activités de services administratifs et d'appui	-	1 289.8	1 432.9	1 982.3	2 262.8	2 056.0	4 079.7	2 754.5	3 350.1	3 274.1
Administration publique; activités des ménages et des organismes extra-territoriaux	-	0.1	-	-	0.1	16.6	17.7	17.7	17.7	17.7
Éducation	142.4	222.9	193.8	260.1	249.0	155.4	200.3	204.4	222.4	253.3
Santé humaine et action sociale	16.9	11.3	12.0	12.0	1.9	229.5	193.5	426.7	611.0	674.0
Arts, spectacles et loisirs	188.8	1 257.1	454.7	1 398.8	710.3	711.8	875.9	888.0	964.1	927.1
Autres services	382.5	442.0	124.6	280.6	726.1	262.3	284.3	281.8	332.9	323.9
Not allocated and confidential	**0.0**	**-0.2**	**0.1**	**0.1**	**0.0**	**-**	**1.0**	**2.7**	**1.3**	**1.3**
Activités immobilières privées	..	..	-	-	-	-	-	-	-	-

- Néant ; .. Non disponible

Note : Les données excluent les entités à vocation spéciales. Voir les métadonnées détaillées sur : *http://stats.oecd.org/OECDStat_Metadata/ShowMetadata.ashx?Dataset=FDI_CTRY_IND_SUMM&lang=fr.*

Source : Statistiques de l'OCDE sur l'investissement direct international (base de données) : https://doi.org/10.1787/idi-data-fr

Tableau 6. Revenus des investissements directs étrangers par secteur industriel

Millions de dollars des ÉU

	Entrant					Sortant				
	2014	2015	2016	2017	2018	2014	2015	2016	2017	2018
All FDI activities	**-1 017.6**	**2 225.8**	**3 997.0**	**3 615.4**	**4 402.0**	**6 305.4**	**-124.1**	**9 054.5**	**10 090.4**	**9 629.2**
Agriculture, sylviculture et pêche	**-1.3**	**0.6**	**3.0**	**4.5**	**-**	**-49.1**	**-43.0**	**0.3**	**13.6**	**6.9**
Industries extractives	**-**	**13.7**	**10.0**	**0.6**	**1.3**	**-653.0**	**-5 337.7**	**-2 267.0**	**-1 637.2**	**-18.3**
Activités d'extraction	-	-	-	0.6	-	-402.4	-3 520.2	-1 951.5	-1 717.3	-347.7
Activités de fabrication	**-443.6**	**941.7**	**2 107.0**	**2 869.2**	**3 515.4**	**6 347.9**	**3 949.9**	**8 963.0**	**9 774.4**	**6 177.0**
dont :										
Produits alimentaires, boissons et tabac	-50.9	119.0	144.0	147.4	155.3	-58.0	20.8	224.1	0.1	8.2
Textiles, bois, papier, imprimerie	-1.9	-0.6	118.0	22.4	81.8	79.0	96.1	27.4	73.6	-77.0
Produits pétroliers, chimiques, pharmaceutiques, caoutchouc, plastique, minéraux	-176.3	345.8	661.0	1 860.1	2 169.2	838.5	512.1	834.5	734.4	238.0
Ouvrages en métaux et machines, sauf matériels électriques	-36.6	50.0	305.0	587.4	732.5	2 454.8	896.9	5 109.3	6 913.9	5 792.3
Automobiles, remorques, semi-remorques, autres matériels de transport	-171.7	335.5	760.0	104.4	61.9	3 239.4	2 194.5	2 204.1	1 544.1	-296.4
Autres activités de fabrication	-6.1	92.0	119.0	146.8	314.7	-205.9	229.4	563.7	508.3	511.9
Production et distribution d'électricité, de gaz, de vapeur et de climatisation	**-7.3**	**51.2**	**51.0**	**52.4**	**96.3**	**216.7**	**171.7**	**161.3**	**378.2**	**311.4**
Distribution de l'eau ; assainissement, traitement des déchets et dépollution	**-0.1**	**-4.4**	**-3.0**	**0.2**	**-**	**5.0**	**0.6**	**13.5**	**11.7**	**19.2**
Construction	**-**	**45.3**	**50.0**	**5.5**	**-**	**-1 505.2**	**-897.0**	**-532.0**	**-54.3**	**252.6**
Services	**-565.4**	**1 177.6**	**1 779.0**	**682.9**	**789.1**	**1 943.0**	**2 031.5**	**2 715.5**	**1 604.0**	**2 880.4**
Commerce de gros et de détail ; réparations automobiles et motocycles	-93.4	157.1	558.0	325.4	205.8	1 656.9	2 232.3	2 049.6	1 234.6	2 968.4
Transport et entreposage	-14.6	276.6	192.0	211.0	18.5	110.4	192.3	199.2	140.6	168.5
Activités d'hébergement et de restauration	-319.8	128.5	172.0	1.7	55.3	-26.5	-64.9	-12.9	-76.2	-181.8
Information et communication	-12.5	316.4	305.0	5.3	2.4	109.2	-250.5	52.8	-9.1	-278.3
Activités financières et d'assurances	-74.1	188.7	325.0	81.9	475.5	7.0	-452.2	-41.0	180.9	23.9
Activités des sociétés holding	-	37.2	47.0	44.1	9.6	312.1	-580.8	-31.9	26.2	60.9
Activités immobilières	-17.7	22.0	96.0	1.0	25.8	-40.5	108.8	211.1	111.5	312.0
Activités professionnelles, scientifiques et techniques	-28.8	100.8	129.0	44.5	1.4	-56.3	20.8	286.5	6.7	-120.1
Activités de services administratifs et d'appui	-	-	2.0	11.8	4.2	176.0	320.9	-24.9	124.6	29.1
Administration publique; activités des ménages et des organismes extra-territoriaux	-	-	-	-	-	-	-	-	-	-
Éducation	-	9.5	5.0	0.3	-	-2.7	-4.5	-8.5	-2.3	-19.4
Santé humaine et action sociale	-	-	-	-	-	-6.2	-4.6	19.3	-1.9	68.5
Arts, spectacles et loisirs	-	-24.8	-12.0	-	-	16.2	-66.4	-15.0	-103.7	-86.7
Autres services	-4.5	2.8	7.0	-	-	-0.5	-0.5	-0.7	-1.7	-3.6
Not allocated and confidential	**0.0**	**0.0**	**-**	**0.0**	**0.0**	**-**	**0.0**	**0.1**	**0.0**	**0.0**
Activités immobilières privées	..	..	-	-	-	..	-	-	-	-

- Néant ; .. Non disponible

Note : Les données excluent les entités à vocation spéciales. Voir les métadonnées détaillées sur : *http://stats.oecd.org/OECDStat_Metadata/ShowMetadata.ashx?Dataset=FDI_CTRY_IND_SUMM&lang=fr.*

Source : Statistiques de l'OCDE sur l'investissement direct international (base de données) : https://doi.org/10.1787/idi-data-fr

LETTONIE

Tableau 1. Flux d'investissement direct étranger par pays

Millions de dollars des ÉU

	Entrant					Sortant				
	2014	2015	2016	2017	2018	2014	2015	2016	2017	2018
TOTAL MONDE	**894.3**	**734.3**	**257.7**	**666.2**	**993.7**	**517.4**	**67.7**	**147.1**	**130.8**	**190.0**
Pays membres de l'OCDE	**254.7**	**193.0**	**-71.9**	**329.2**	**606.6**	**184.4**	**-66.6**	**97.3**	**64.3**	**41.3**
Australie	-	-	-	-	-	-	-	-	-	-
Autriche	-46.4	25.5	108.4	-6.8	13.0	.. c	.. c	.. c	2.3	-
Belgique	-9.3	2.2	-7.7	1.1	7.1	-	-	-	-	-
Canada	-6.6	5.5	6.6	3.4	-	-4.0	.. c	-	-	-
Chili	-	-	-	-	-	-	-	-	-	-
République Tchèque	1.3	2.2	1.1	-	-	.. c	-	.. c	.. c	-
Danemark	22.6	5.5	33.2	44.0	-34.2	2.7	2.2	12.2	11.3	13.0
Estonie	-10.6	41.0	79.6	19.2	269.1	50.4	-23.3	42.0	5.6	13.0
Finlande	-103.5	-3.3	13.3	-57.5	-47.2	1.3	4.4	-	-6.8	5.9
France	5.3	4.4	7.7	16.9	15.3	.. c	-4.4	.. c	2.3	3.5
Allemagne	156.6	16.6	-122.7	-9.0	31.9	2.7	2.2	-	-1.1	-10.6
Grèce	-	-	-	-	-	-	-	-	-	-
Hongrie	-27.9	-238.5	-	1.1	-	-	-	-	-	.. c
Islande	-14.6	2.2	-6.6	22.5	-55.5	.. c	-	.. c	-	1.2
Irlande	-	-1.1	6.6	32.7	-30.7	-	-	-	-	-
Israël[1]	4.0	-2.2	1.1	1.1	4.7	-	-	-	-	1.2
Italie	-	-4.4	44.2	2.3	3.5	-	3.3	-	-	-
Japon	-	-	-	-	-	-	-	-	-	-
Corée	15.9	5.5	-7.7	-37.2	-2.4	-	-	-	-	-
Lettonie	-	-	-	-	-	-	-	-	-	-
Lituanie	-75.6	73.2	61.9	148.8	27.1	203.0	25.5	37.6	55.2	28.3
Luxembourg	138.0	51.0	207.9	71.0	230.1	4.0	-1.1	1.1	-10.1	-3.5
Mexique	-	-	-	.. c	-1.2	-	-	.. c	.. c	.. c
Pays-Bas	43.8	206.3	-8.8	2.3	-147.5	122.1	5.5	-	-	-
Nouvelle-Zélande	-15.9	.. c	-	-	-	-	-	-	-	-
Norvège	51.7	62.1	6.6	-597.5	3.5	-2.7	-	-	-	-
Pologne	26.5	16.6	13.3	22.5	10.6	1.3	11.1	-15.5	-3.4	5.9
Portugal	-	-	-	-	-	.. c	.. c	.. c	-	-
République slovaquie	-	-	-	-1.1	-	26.5	.. c	.. c	44.0	-31.9
Slovénie	-	-	-	-	-	-	-	-	-	-
Espagne	1.3	-	-1.1	-	233.7	-2.7	3.3	6.6	4.5	1.2
Suède	92.9	-82.1	-456.7	870.3	212.4	-1.3	1.1	2.2	16.9	8.3
Suisse	-70.3	32.2	71.9	-45.1	4.7	-14.6	-71.0	17.7	-44.0	-20.1
Turquie	5.3	-	1.1	-1.1	3.5	-	-	-	-	-
Royaume-Uni	-	34.4	-60.8	-22.5	-139.3	-2.7	1.1	2.2	-5.6	-
Etats-Unis	-9.3	10.0	-3.3	-3.4	-5.9	1.3	17.7	18.8	44.0	35.4
EUROPE	**760.2**	**491.4**	**101.7**	**617.7**	**860.4**	**520.1**	**-2.2**	**101.7**	**74.4**	**96.8**
Bulgarie	6.6	-	1.1	3.4	1.2	-	-	-	-	1.2
Croatie	-	-	-	-	-	-	.. c	-	-	-
Chypre[2, 3]	90.2	110.9	3.3	-81.2	-115.7	-8.0	74.3	-4.4	-27.1	-49.6
Malte	35.8	15.5	-68.6	45.1	8.3	-	-33.3	.. c	.. c	77.9
Roumanie	-	-	-	-3.4	4.7	.. c	-	.. c	1.1	.. c
Russie	383.4	106.5	175.8	127.4	351.7	123.4	14.4	15.5	14.7	17.7
Ukraine	18.6	1.1	17.7	12.4	5.9	-	-4.4	-4.4	-4.5	18.9
AFRIQUE	**-5.3**	**-**	**7.7**	**5.6**	**1.2**	**-**	**-**	**-**	**-**	**1.2**
Afrique septentrionale	-	-	-	-	-	-	-	-	-	-
Algérie	-	-	-	-	-	-	-	-	-	-
Egypte	-	-	-	-	-	-	-	-	-	-
Libye	-	-	-	-	-	-	-	-	-	-
Maroc	-	-	-	-	-	-	-	-	-	-
Tunisie	-	-	-	-	-	-	-	-	-	-
Autres pays africains	-4.0	-	7.7	5.6	1.2	-	-	-	-	1.2
Nigéria	-	-	-	-	-	-	-	-	-	-
Afrique du Sud	-	-	-	-	-	-	-	-	-	-
AMÉRIQUE	**-8.0**	**1.1**	**-23.2**	**-11.3**	**-10.6**	**-2.7**	**17.7**	**38.7**	**46.2**	**26.0**
Amérique du Nord	-15.9	15.5	3.3	-	-5.9	-2.7	16.6	18.8	44.0	35.4
Amérique du Nord	9.3	-14.4	-26.5	-11.3	-4.7	-	-	19.9	.. c	-9.4
Bahamas	-	-	-	-	-	-	-	-	-	-
Bermudes	-	-	-	-	-	-	-	-	-	-
Îles Cayman	.. c	.. c	.. c	.. c	.. c	-	-	-	-	-
Costa Rica	-	-	-	-	-	-	-	-	-	-
El Salvador	-	-	-	-	-	-	-	-	-	-
Guatemala	-	-	-	-	-	-	-	-	-	-
Honduras	-	-	-	-	-	-	-	-	-	-
Nicaragua	-	-	-	-	-	-	-	-	-	-
Panama	-	-	-2.2	-3.4	-1.2	-	-	-	-	-
Îles Vierges, US	-	-	-	-	-	-	-	-	-	-
Amérique du Sud	-	-	-	-	-	-	-	-	-	-
Argentine	-	-	-	-	-	-	-	-	-	-
Bolivie	-	-	-	-	-	-	-	-	-	-
Brésil	-	-	-	-	-	-	-	-	-	-
Colombie	-	-	-	-	-	-	-	-	-	-
Equateur	-	-	-	-	-	-	-	-	-	-
Paraguay	-	-	-	-	-	-	-	-	-	-
Pérou	-	-	-	-	-	-	-	-	-	-
Uruguay	-	-	-	-	-	-	-	-	-	-
Venezuela	-	-	-	-	-	-	-	-	-	-
ASIE	**87.6**	**35.5**	**48.7**	**-27.1**	**28.3**	**10.6**	**42.2**	**-**	**-12.4**	**13.0**

Tableau 1. Flux d'investissement direct étranger par pays *(suite)*

Millions de dollars des ÉU

	Entrant					Sortant				
	2014	2015	2016	2017	2018	2014	2015	2016	2017	2018
Proche et Moyen Orient	14.6	2.2	29.9	-12.4	2.4	2.7	41.0	1.1	-13.5	13.0
Pays du Golfe	-	-	2.2	-2.3	-1.2	-	39.9	.. c	.. c	9.4
Koweït	-	-	-	-	-	-	-	-	-	-
Qatar	-	-	-	-	-	-	-	-	-	-
Arabie saoudite	-	-	-	-2.3	-	-	-	-	-	-
Emirats Arabes Unis	-	-	2.2	-1.1	-1.2	-	39.9	.. c	.. c	.. c
Autres pays du Proche et Moyen Orient	14.6	2.2	28.8	-9.0	3.5	2.7	1.1	10.0	-	2.4
Jordanie	-	-	-	-	-	-	-	-	-	-
Autres pays asiatiques	73.0	32.2	17.7	-14.7	26.0	8.0	1.1	-1.1	1.1	-
Chine	33.2	7.8	4.4	4.5	10.6	-	-	-1.1	-	-
Hong Kong, Chine	-	-	-	-	2.4	-	-	-	-	-
Inde	-	-	-	-	-	-	-	-	-	-
Indonesie	-	-	-	-	-	-	-	-	-	-
République islamique d'Iran	-	-	-	-	-	-	-	-	-	-
Malaisie	-	.. c	-	-	-	-	-	.. c	-	-
Philippines	-	-	-	-	-	-	-	-	-	-
Singapour	4.0	18.9	5.5	4.5	1.2	-	-	-	-	-
Taipei Chinois	-	-	-	-	-	-	-	-	-	-
Thaïlande	-	-	-	-	-	-	-	-	-	-
Viet Nam	-	-	12.2	5.6	5.9	-	-	-	-	-
AUSTRALIE, OCÉANIE ET RÉGIONS POLAIRES	**-15.9**	**-2.2**	**-**	**-1.1**	**-1.2**	**-**	**-**	**-**	**-**	**-**
TOTAL MONDE non alloué et confidentiel	**75.6**	**208.5**	**122.7**	**82.3**	**115.7**	**-10.6**	**10.0**	**6.6**	**22.5**	**53.1**
Union européenne (UE28)	**388.7**	**282.9**	**-184.7**	**1 108.1**	**553.5**	**403.3**	**53.2**	**65.2**	**87.9**	**64.9**
Pays du G20 hors Union Européenne	**583.8**	**184.1**	**46.4**	**78.9**	**265.5**	**119.4**	**34.4**	**48.7**	**55.2**	**34.2**
Pays OCDE du G20	**168.5**	**71.0**	**-133.8**	**-50.7**	**-96.8**	**-4.0**	**18.9**	**35.4**	**40.6**	**17.7**
Pays non-OCDE du G20	**416.6**	**114.3**	**180.3**	**129.6**	**361.1**	**123.4**	**14.4**	**14.4**	**14.7**	**16.5**
Pays MENA	**-**	**-**	**2.2**	**-2.3**	**-1.2**	**-**	**39.9**	**.. c**	**-13.5**	**9.4**
Pays ANASE	**4.0**	**17.7**	**17.7**	**10.1**	**7.1**	**-**	**-**	**.. c**	**-**	**-**

- Néant ; c Donnée confidentielle

Note : Voir les métadonnées détaillées sur : *http://stats.oecd.org/OECDStat_Metadata/ShowMetadata.ashx?Dataset=FDI_CTRY_IND_SUMM&lang=fr.*

1. Informations sur les données concernant Israël : *http://oe.cd/israel-disclaimer.*
2. Note de la Turquie : Les informations figurant dans ce document et faisant référence à « Chypre » concernent la partie méridionale de l'île. Il n'y a pas d'autorité unique représentant à la fois les Chypriotes turcs et grecs sur l'île. La Turquie reconnaît la République Turque de Chypre Nord (RTCN). Jusqu'à ce qu'une solution durable et équitable soit trouvée dans le cadre des Nations Unies, la Turquie maintiendra sa position sur la « question chypriote ».
3. Note de tous les États de l'Union européenne membres de l'OCDE et del'Union européenne : La République de Chypre est reconnue par tous les membres des Nations Unies sauf la Turquie. Les informations figurant dans ce document concernent la zone sous le contrôle effectif du gouvernement de la République de Chypre.

Source : Statistiques de l'OCDE sur l'investissement direct international (base de données) : https://doi.org/10.1787/idi-data-fr

Tableau 2. Encours des investissements directs étrangers par pays

En fin d'année

Millions de dollars des ÉU

	Entrant					Sortant				
	2014	2015	2016	2017	2018	2014	2015	2016	2017	2018
TOTAL MONDE	**15 118.0**	**14 729.5**	**14 316.4**	**17 542.6**	**17 405.5**	**1 493.3**	**1 553.6**	**1 633.8**	**1 929.7**	**2 007.1**
Pays membres de l'OCDE	**10 523.8**	**9 990.2**	**9 358.1**	**11 464.4**	**12 635.7**	**825.6**	**690.3**	**805.3**	**993.0**	**1 393.4**
Australie	-	2.2	1.1	-	-	-	-	-	-	-
Autriche	200.3	207.9	215.0	235.1	239.3	13.4	8.7	10.5	13.2	11.5
Belgique	30.4	31.6	53.8	34.8	57.2	-	-	-	-	1.1
Canada	25.5	17.4	12.6	14.4	14.9	1.2	-	-	-	1.1
Chili	-	-	-	-	-	-	-	-	-	-
République Tchèque	17.0	15.2	14.8	13.2	20.6	1.2	1.1	6.3	4.8	3.4
Danemark	693.3	622.8	629.3	704.0	645.8	3.6	10.9	22.1	25.2	14.9
Estonie	872.9	1 044.1	1 011.9	1 563.9	1 739.2	150.5	135.0	176.0	226.7	194.6
Finlande	420.1	436.6	413.2	405.4	424.8	7.3	16.3	14.8	19.2	14.9
France	98.3	87.1	95.9	115.1	169.5	13.4	9.8	7.4	7.2	2.3
Allemagne	888.7	787.2	643.0	783.2	862.1	24.3	14.2	12.6	32.4	46.9
Grèce	-	-	-	2.4	-	-	-	-	-	-
Hongrie	263.5	1.1	1.1	13.2	11.5	-	-	-	-	2.3
Islande	78.9	62.1	102.2	103.1	44.7	1.2	1.1	-	-	1.1
Irlande	15.8	15.2	7.4	54.0	19.5	3.6	4.4	-	-	-
Israël[1]	41.3	65.3	29.5	37.2	63.0	-	-	1.1	2.4	3.4
Italie	32.8	33.8	101.2	91.1	106.5	-	14.2	13.7	15.6	-
Japon	-	-	1.1	-	-	-	-	-	-	-
Corée	51.0	50.1	40.1	10.8	8.0	-	-	-	-	-
Lettonie	-	-	-	-	-	-	-	-	-	-
Lituanie	598.6	712.0	754.7	1 143.0	1 116.3	264.7	294.0	339.4	460.5	541.6
Luxembourg	423.7	474.7	685.1	951.1	1 045.3	142.1	116.5	112.8	117.5	114.5
Mexique	-	-	-	1.2	-2.3	-	-	9.5	15.6	-
Pays-Bas	1 216.5	1 334.8	1 274.4	1 464.4	1 245.7	111.7	106.7	103.3	117.5	113.4
Nouvelle-Zélande	46.1	27.2	27.4	30.0	25.2	-	-	-	-	-
Norvège	922.7	811.1	752.6	355.0	597.7	23.1	10.9	12.6	32.4	18.3
Pologne	51.0	66.4	70.6	105.5	114.5	47.4	54.4	65.4	62.4	38.9
Portugal	-	-	-	-	-	31.6	1.1	-	-	-
République slovaquie	1.2	3.3	2.1	1.2	3.4	18.2	22.9	20.0	67.2	34.3
Slovénie	-	-	-	-	-	1.2	2.2	2.1	3.6	3.4
Espagne	15.8	6.5	2.1	9.6	226.7	6.1	5.4	9.5	10.8	12.6
Suède	3 206.4	2 854.7	2 254.7	3 320.9	3 054.7	7.3	10.9	21.1	27.6	17.2
Suisse	207.6	197.1	238.2	310.6	248.5	191.8	96.9	111.7	67.2	49.2
Turquie	29.1	24.0	30.6	34.8	16.0	-	1.1	-	1.2	2.3
Royaume-Uni	491.7	544.4	441.7	520.5	326.3	19.4	25.0	30.6	33.6	28.6
Etats-Unis	182.1	166.6	205.5	173.9	191.2	3.6	19.6	42.2	91.1	121.4
EUROPE	**13 945.2**	**13 687.5**	**13 274.0**	**16 448.8**	**16 354.5**	**1 436.3**	**1 393.6**	**1 466.2**	**1 687.5**	**1 732.3**
Bulgarie	19.4	18.5	19.0	24.0	24.0	2.4	2.2	2.1	1.2	10.3
Croatie	-	-	-	-	-	4.9	-	-	-	-
Chypre[2, 3]	1 194.7	1 368.5	1 346.1	1 448.8	1 237.7	93.5	154.6	111.7	69.6	63.0
Malte	355.7	334.2	398.4	542.1	511.8	3.6	7.6	4.2	1.2	83.6
Roumanie	-	1.1	-	-3.6	1.1	7.3	5.4	5.3	15.6	9.2
Russie	1 274.8	1 276.0	1 391.4	1 803.8	1 913.2	104.4	116.5	129.7	119.9	115.6
Ukraine	144.5	148.1	149.7	158.3	154.6	48.6	44.6	19.0	20.4	53.8
AFRIQUE	**10.9**	**16.3**	**17.9**	**25.2**	**29.8**	**-**	**-**	**1.1**	**1.2**	**1.1**
Afrique septentrionale	-	-	-	-	-	-	-	-	-	-
Algérie	-	-	-	-	-	-	-	-	-	-
Egypte	-	-	-	-	-	-	-	-	-	-
Libye	-	-	-	-	-	-	-	-	-	-
Maroc	-	-	-	-	-	-	-	-	-	-
Tunisie	-	-	-	-	-	-	-	-	-	-
Autres pays africains	10.9	16.3	17.9	25.2	28.6	-	-	1.1	-	1.1
Nigéria	-	-	-	-	-	-	-	-	-	-
Afrique du Sud	-	4.4	1.1	-	8.0	-	-	-	-	-
AMÉRIQUE	**358.2**	**345.1**	**345.7**	**308.2**	**375.5**	**29.1**	**42.5**	**72.7**	**130.7**	**148.8**
Amérique du Nord	207.6	182.9	218.2	188.3	204.9	4.9	20.7	42.2	91.1	122.5
Amérique du Nord	150.5	162.2	127.5	119.9	168.3	23.1	21.8	30.6	38.4	26.3
Bahamas	-	-	-	-	-	-	1.1	-	-	-
Bermudes	-	-	17.9	10.8	10.3	-	-	-	-	-
Îles Cayman	13.4	4.4	6.3	10.8	18.3	-	-	-	-	-
Costa Rica	-	-	-	-	-	-	-	-	-	-
El Salvador	-	-	-	-	-	-	-	-	-	-
Guatemala	-	-	-	-	-	-	-	-	-	-
Honduras	-	-	-	-	-	-	-	-	-	-
Nicaragua	-	-	-	-	-	-	-	-	-	-
Panama	14.6	12.0	9.5	4.8	3.4	-	-	-	-	-
Îles Vierges, US	-	-	-	-	-	-	-	-	-	-
Amérique du Sud	-	-	-	-	1.1	-	-	1.1	1.2	1.1
Argentine	-	-	-	-	-	-	-	-	-	-
Bolivie	-	-	-	-	-	-	-	-	-	-
Brésil	-	-	-	-	-	-	-	1.1	1.2	-
Colombie	-	-	-	-	-	-	-	-	-	-
Equateur	-	-	-	-	-	-	-	-	-	-
Paraguay	-	-	-	-	-	-	-	-	-	-
Pérou	-	-	-	-	1.1	-	-	-	-	-
Uruguay	-	-	-	-	-	-	-	-	-	-
Venezuela	-	-	-	-	-	-	-	-	-	-
ASIE	**392.2**	**418.1**	**416.4**	**446.2**	**452.3**	**36.4**	**92.5**	**86.4**	**76.8**	**63.0**

Tableau 2. Encours des investissements directs étrangers par pays *(suite)*

En fin d'année

Millions de dollars des ÉU

	Entrant					Sortant				
	2014	2015	2016	2017	2018	2014	2015	2016	2017	2018
Proche et Moyen Orient	145.7	148.1	121.2	131.9	166.0	18.2	67.5	62.2	55.2	38.9
Pays du Golfe	27.9	15.2	2.1	-	12.6	-	39.2	29.5	12.0	21.8
Koweït	-	-	-	-	-	-	-	-	-	-
Qatar	-	-	-	-	-	-	-	-	-	-
Arabie saoudite	20.6	14.2	-	-2.4	-	-	-	-	-	-
Emirats Arabes Unis	8.5	-	3.2	2.4	12.6	-	39.2	29.5	12.0	21.8
Autres pays du Proche et Moyen Orient	116.6	133.9	119.1	131.9	153.4	18.2	28.3	31.6	42.0	17.2
Jordanie	-	-	-	-	-	-	-	-	-	-
Autres pays asiatiques	246.5	270.0	294.1	313.0	286.2	18.2	25.0	24.2	21.6	24.0
Chine	72.8	76.2	81.2	93.5	67.6	-	-	1.1	1.2	-
Hong Kong, Chine	2.4	3.3	1.1	2.4	4.6	-	-	-	-	-
Inde	-	1.1	1.1	3.6	2.3	-	-	-	-	-
Indonesie	-	-	-	-	-	-	-	-	-	-
République islamique d'Iran	-	-	-	-	-	-	-	-	-	-
Malaisie	-	-	-	-	-	-	-	1.1	1.2	1.1
Philippines	-	-	-	-	-	-	-	-	-	-
Singapour	48.6	64.2	65.4	79.2	74.4	-	-	-	-	-1.1
Taipei Chinois	-	-	-	-	-	-	-	-	-	-
Thaïlande	-	-	-	-	-	-	-	-	6.0	10.3
Viet Nam	-	-	11.6	20.4	25.2	-	-	-	-	-
AUSTRALIE, OCÉANIE ET RÉGIONS POLAIRES	**52.2**	**42.5**	**29.5**	**31.2**	**27.5**	**-**	**-**	**-**	**-**	**-**
TOTAL MONDE non alloué et confidentiel	**359.4**	**219.9**	**233.0**	**283.0**	**166.0**	**-8.5**	**25.0**	**7.4**	**33.6**	**61.8**
Union européenne (UE28)	**11 181.9**	**11 078.9**	**10 472.2**	**13 595.6**	**13 251.7**	**978.6**	**1 027.8**	**1 095.2**	**1 336.1**	**1 368.2**
Pays du G20 hors Union Européenne	**3 167.6**	**3 084.4**	**3 047.3**	**3 644.8**	**3 683.3**	**167.5**	**201.4**	**246.7**	**317.8**	**320.6**
Pays OCDE du G20	**1 799.3**	**1 711.5**	**1 572.7**	**1 745.0**	**1 691.1**	**63.1**	**84.9**	**115.9**	**195.5**	**204.9**
Pays non-OCDE du G20	**1 368.3**	**1 372.9**	**1 473.6**	**1 899.7**	**1 992.2**	**104.4**	**116.5**	**130.7**	**122.3**	**115.6**
Pays MENA	**29.1**	**15.2**	**2.1**	**-**	**13.7**	**-**	**39.2**	**30.6**	**13.2**	**21.8**
Pays ANASE	**49.8**	**65.3**	**78.0**	**99.5**	**99.6**	**-**	**-**	**1.1**	**7.2**	**11.5**

- Néant

Note : Voir les métadonnées détaillées sur : *http://stats.oecd.org/OECDStat_Metadata/ShowMetadata.ashx?Dataset=FDI_CTRY_IND_SUMM&lang=fr.*

1. Informations sur les données concernant Israël : *http://oe.cd/israel-disclaimer.*
2. Note de la Turquie : Les informations figurant dans ce document et faisant référence à « Chypre » concernent la partie méridionale de l'île. Il n'y a pas d'autorité unique représentant à la fois les Chypriotes turcs et grecs sur l'île. La Turquie reconnaît la République Turque de Chypre Nord (RTCN). Jusqu'à ce qu'une solution durable et équitable soit trouvée dans le cadre des Nations Unies, la Turquie maintiendra sa position sur la « question chypriote ».
3. Note de tous les États de l'Union européenne membres de l'OCDE et del'Union européenne : La République de Chypre est reconnue par tous les membres des Nations Unies sauf la Turquie. Les informations figurant dans ce document concernent la zone sous le contrôle effectif du gouvernement de la République de Chypre.

Source : Statistiques de l'OCDE sur l'investissement direct international (base de données) : https://doi.org/10.1787/idi-data-fr

Tableau 3. Revenus des investissements directs étrangers par pays

Millions de dollars des ÉU

	Entrant					Sortant				
	2014	2015	2016	2017	2018	2014	2015	2016	2017	2018
TOTAL MONDE	**1 040.2**	**1 154.7**	**1 186.6**	**1 398.9**	**1 871.8**	**54.4**	**154.2**	**117.2**	**216.4**	**158.1**
Pays membres de l'OCDE	**761.6**	**711.0**	**809.5**	**878.1**	**1 122.4**	**5.3**	**54.4**	**61.9**	**101.5**	**126.3**
Australie	-	-	-	-	-	-	-	-	-	-
Autriche	38.5	28.8	18.8	24.8	29.5	-	-	.. c	-	-
Belgique	2.7	-	3.3	.. c	3.5	-	-	-	-	-
Canada	-2.7	-1.1	-	1.1	1.2	.. c	-	-	-	-
Chili	-	-	-	-	-	-	-	-	-	-
République Tchèque	.. c	4.4	6.6	-	9.4	.. c	-	.. c	.. c	-
Danemark	43.8	33.3	54.2	60.9	56.7	.. c	.. c	.. c	.. c	.. c
Estonie	42.5	74.3	89.6	112.7	146.3	4.0	-1.1	-1.1	11.3	10.6
Finlande	21.2	21.1	23.2	33.8	46.0	5.3	5.5	6.6	-	1.2
France	10.6	5.5	5.5	7.9	8.3	-	-	.. c	.. c	-
Allemagne	67.7	58.8	47.6	57.5	46.0	-	-	-	-1.1	-
Grèce	-	-	-	-	-	-	-	-	-	-
Hongrie	8.0	.. c	-	-	-	-	-	-	-	-
Islande	9.3	-	10.0	7.9	-1.2	-	-	-	-	-
Irlande	-	-	-	5.6	1.2	-	-	-	-	-
Israël[1]	-1.3	-1.1	-1.1	-	-1.2	-	-	-	-	-
Italie	.. c	3.3	6.6	10.1	7.1	-	-	-	-	-
Japon	-	-	-	-	-	-	-	-	-	-
Corée	9.3	7.8	6.6	.. c	-	-	-	-	-	-
Lettonie	-	-	-	-	-	-	-	-	-	-
Lituanie	35.8	21.1	25.4	59.7	56.7	29.2	39.9	18.8	32.7	30.7
Luxembourg	21.2	41.0	45.3	120.6	81.4	5.3	-6.7	.. c	.. c	-4.7
Mexique	-	-	-	-	-	-	-	-	-	-
Pays-Bas	92.9	68.8	54.2	83.4	103.9	-	-	-	-	.. c
Nouvelle-Zélande	-	.. c	-	-	-	-	-	-	-	-
Norvège	78.3	62.1	91.8	81.2	62.6	-	-	-	-	-
Pologne	-2.7	2.2	6.6	9.0	15.3	-2.7	12.2	26.5	27.1	35.4
Portugal	-	-	-	-	-	-	.. c	-	-	-
République slovaquie	-	-	-	-	-	.. c	.. c	.. c	.. c	.. c
Slovénie	-	-	-	-	-	-	-	-	-	-
Espagne	.. c	.. c	2.2	1.1	11.8	.. c	.. c	5.5	.. c	-
Suède	290.6	277.3	291.9	239.0	385.9	8.0	8.9	11.1	11.3	3.5
Suisse	13.3	12.2	14.4	7.9	17.7	-4.0	23.3	8.8	9.0	.. c
Turquie	-1.3	-	-	3.4	4.7	-	-	-	-	-
Royaume-Uni	4.0	2.2	21.0	4.5	20.1	-8.0	-6.7	-3.3	1.1	.. c
Etats-Unis	6.6	2.2	12.2	4.5	9.4	-	-	.. c	.. c	-
EUROPE	**932.7**	**925.1**	**1 043.9**	**1 197.2**	**1 491.8**	**54.4**	**109.8**	**89.6**	**140.9**	**132.2**
Bulgarie	-	-	.. c	2.3	-	-	.. c	-	-	-
Croatie	-	-	-	-	-	-	-	-	-	-
Chypre[2, 3]	90.2	76.5	95.1	161.2	194.7	-	15.5	16.6	5.6	-1.2
Malte	45.1	65.4	33.2	34.9	34.2	-	.. c	.. c	-	-
Roumanie	-	-	-	-	-	-	-	-	-	-
Russie	9.3	48.8	87.4	59.7	136.9	14.6	5.5	-6.6	5.6	3.5
Ukraine	5.3	12.2	12.2	1.1	8.3	-	-5.5	-5.5	-5.6	-
AFRIQUE	**-**	**-**	**-**	**-**	**-**	**-**	**-**	**-**	**-**	**-**
Afrique septentrionale	-	-	-	-	-	-	-	-	-	-
Algérie	-	-	-	-	-	-	-	-	-	-
Egypte	-	-	-	-	-	-	-	-	-	-
Libye	-	-	-	-	-	-	-	-	-	-
Maroc	-	-	-	-	-	-	-	-	-	-
Tunisie	-	-	-	-	-	-	-	-	-	-
Autres pays africains	-	-	-	-	-	-	-	-	-	-
Nigéria	-	-	-	-	-	-	-	-	-	-
Afrique du Sud	-	-	-	-	-	-	-	-	-	-
AMÉRIQUE	**9.3**	**3.3**	**14.4**	**-11.3**	**-29.5**	**-4.0**	**-**	**1.1**	**2.3**	**-**
Amérique du Nord	4.0	1.1	12.2	5.6	10.6	.. c	-	.. c	.. c	-
Amérique du Nord	5.3	2.2	2.2	-15.8	-40.1	-	-	-	-	-
Bahamas	-	-	-	-	-	-	-	-	-	-
Bermudes	-	-	-	-	-	-	-	-	-	-
Îles Cayman	.. c	.. c	-	-	.. c	-	-	-	-	-
Costa Rica	-	-	-	-	-	-	-	-	-	-
El Salvador	-	-	-	-	-	-	-	-	-	-
Guatemala	-	-	-	-	-	-	-	-	-	-
Honduras	-	-	-	-	-	-	-	-	-	-
Nicaragua	-	-	-	-	-	-	-	-	-	-
Panama	-	-	-	-	-	-	-	-	-	-
Îles Vierges, US	-	-	-	-	-	-	-	-	-	-
Amérique du Sud	-	-	-	-	-	-	-	-	-	-
Argentine	-	-	-	-	-	-	-	-	-	-
Bolivie	-	-	-	-	-	-	-	-	-	-
Brésil	-	-	-	-	-	-	-	-	-	-
Colombie	-	-	-	-	-	-	-	-	-	-
Equateur	-	-	-	-	-	-	-	-	-	-
Paraguay	-	-	-	-	-	-	-	-	-	-
Pérou	-	-	-	-	-	-	-	-	-	-
Uruguay	-	-	-	-	-	-	-	-	-	-
Venezuela	-	-	-	-	-	-	-	-	-	-
ASIE	**5.3**	**10.0**	**4.4**	**-**	**2.4**	**-**	**25.5**	**11.1**	**21.4**	**1.2**

LETTONIE

Tableau 3. Revenus des investissements directs étrangers par pays *(suite)*

Millions de dollars des ÉU

	Entrant					Sortant				
	2014	2015	2016	2017	2018	2014	2015	2016	2017	2018
Proche et Moyen Orient	-2.7	-2.2	-3.3	-3.4	-3.5	-	15.5	13.3	22.5	-
Pays du Golfe	-	-	-	1.1	3.5	-	-	.. c	.. c	.. c
Koweït	-	-	-	-	-	-	-	-	-	-
Qatar	-	-	-	-	-	-	-	-	-	-
Arabie saoudite	-	-	-	-	-	-	-	-	-	-
Emirats Arabes Unis	-	-	-	1.1	3.5	-	-	.. c	.. c	.. c
Autres pays du Proche et Moyen Orient	-2.7	-2.2	-3.3	-4.5	-7.1	-	14.4	11.1	21.4	-
Jordanie	-	-	-	-	-	-	-	-	-	-
Autres pays asiatiques	8.0	12.2	7.7	3.4	7.1	-	11.1	-2.2	-	1.2
Chine	-	-	-1.1	-	-	-	-	.. c	-	-
Hong Kong, Chine	-	1.1	-	-	-	-	-	-	-	-
Inde	-	-	-	-	-	-	-	-	-	-
Indonesie	-	-	-	-	-	-	-	-	-	-
République islamique d'Iran	-	-	-	-	-	-	-	-	-	-
Malaisie	-	-	-	-	-	-	-	-	-	-
Philippines	-	-	-	-	-	-	-	-	-	-
Singapour	1.3	3.3	3.3	2.3	5.9	-	-	-	-	-
Taipei Chinois	-	-	-	-	-	-	-	-	-	-
Thaïlande	-	-	-	-	-	-	-	-	-	-
Viet Nam	-	-	-	-	-	-	-	-	-	-
AUSTRALIE, OCÉANIE ET RÉGIONS POLAIRES	-	.. c	-	-	-	-	-	-	-	-
TOTAL MONDE non alloué et confidentiel	**92.9**	**.. d**	**123.9**	**213.1**	**407.2**	**4.0**	**18.9**	**15.5**	**51.9**	**24.8**
Union européenne (UE28)	**822.6**	**788.7**	**829.4**	**1 033.7**	**1 253.4**	**41.1**	**84.3**	**88.5**	**128.5**	**120.4**
Pays du G20 hors Union Européenne	**106.1**	**126.5**	**184.7**	**149.9**	**234.9**	**2.7**	**-2.2**	**-16.6**	**9.0**	**4.7**
Pays OCDE du G20	**96.9**	**77.6**	**99.5**	**90.2**	**96.8**	**-11.9**	**-6.7**	**-7.7**	**3.4**	**1.2**
Pays non-OCDE du G20	**9.3**	**48.8**	**86.3**	**59.7**	**136.9**	**14.6**	**5.5**	**-7.7**	**5.6**	**3.5**
Pays MENA	-	-	-	**1.1**	**3.5**	-	-	**.. c**	**.. c**	**.. c**
Pays ANASE	**1.3**	**3.3**	**3.3**	**2.3**	**5.9**	-	-	-	-	-

- Néant ; .. Non disponible ; c Donnée confidentielle ; d Confidentialité Secondaire

Note : Voir les métadonnées détaillées sur : *http://stats.oecd.org/OECDStat_Metadata/ShowMetadata.ashx?Dataset=FDI_CTRY_IND_SUMM&lang=fr.*

1. Informations sur les données concernant Israël : *http://oe.cd/israel-disclaimer.*
2. Note de la Turquie : Les informations figurant dans ce document et faisant référence à « Chypre » concernent la partie méridionale de l'île. Il n'y a pas d'autorité unique représentant à la fois les Chypriotes turcs et grecs sur l'île. La Turquie reconnaît la République Turque de Chypre Nord (RTCN). Jusqu'à ce qu'une solution durable et équitable soit trouvée dans le cadre des Nations Unies, la Turquie maintiendra sa position sur la « question chypriote ».
3. Note de tous les États de l'Union européenne membres de l'OCDE et del'Union européenne : La République de Chypre est reconnue par tous les membres des Nations Unies sauf la Turquie. Les informations figurant dans ce document concernent la zone sous le contrôle effectif du gouvernement de la République de Chypre.

Source : Statistiques de l'OCDE sur l'investissement direct international (base de données) : https://doi.org/10.1787/idi-data-fr

LETTONIE

Tableau 4. Investissement direct étranger : flux par secteur industriel

Millions de dollars des ÉU

	Entrant					Sortant				
	2014	2015	2016	2017	2018	2014	2015	2016	2017	2018
All FDI activities	**894.3**	**734.3**	**257.7**	**666.2**	**993.7**	**517.4**	**67.7**	**147.1**	**130.8**	**190.0**
Agriculture, sylviculture et pêche	**49.1**	**13.3**	**14.4**	**33.8**	**16.5**	**-**	**-**	**.. c**	**-**	**-**
Industries extractives	**17.2**	**7.8**	**1.1**	**12.4**	**-**	**-**	**-**	**-**	**-**	**-**
Activités d'extraction	17.2	7.8	1.1	12.4	-	-	-	-	-	-
Activités de fabrication	**34.5**	**-53.2**	**22.1**	**32.7**	**173.5**	**49.1**	**23.3**	**73.0**	**25.9**	**10.6**
dont :										
Produits alimentaires, boissons et tabac	-47.8	-28.8	-16.6	-37.2	126.3	-	-	-	-	-
Textiles, bois, papier, imprimerie	50.4	-69.9	22.1	59.7	2.4	11.9	6.7	56.4	9.0	16.5
Produits pétroliers, chimiques, pharmaceutiques, caoutchouc, plastique, minéraux	8.0	-2.2	5.5	-20.3	48.4	.. c	.. c	.. c	-18.0	9.4
Ouvrages en métaux et machines, sauf matériels électriques	37.2	25.5	4.4	14.7	13.0	-	-1.1	-	-	.. c
Automobiles, remorques, semi-remorques, autres matériels de transport	5.3	10.0	5.5	22.5	22.4	-	-	-	-	-
Autres activités de fabrication	-18.6	12.2	1.1	-6.8	-38.9	1.3	18.9	.. c	.. c	-16.5
Production et distribution d'électricité, de gaz, de vapeur et de climatisation	**-33.2**	**-24.4**	**24.3**	**-73.3**	**-24.8**	**.. c**	**.. c**	**-1.1**	**.. c**	**-**
Distribution de l'eau ; assainissement, traitement des déchets et dépollution	**-9.3**	**1.1**	**-**	**-1.1**	**-1.2**	**.. c**	**-**	**-**	**-**	**-**
Construction	**39.8**	**24.4**	**18.8**	**91.3**	**67.3**	**-2.7**	**2.2**	**29.9**	**.. c**	**3.5**
Services	**463.0**	**484.7**	**81.8**	**427.2**	**555.9**	**475.0**	**17.7**	**39.8**	**83.4**	**126.3**
Commerce de gros et de détail ; réparations automobiles et motocycles	-345.0	61.0	265.4	58.6	329.3	17.2	8.9	33.2	9.0	90.9
Transport et entreposage	-83.6	57.7	64.1	50.7	30.7	4.0	-21.1	-	1.1	1.2
Activités d'hébergement et de restauration	31.8	-13.3	4.4	24.8	-22.4	.. c	.. c	-	-	-
Information et communication	-8.0	5.5	33.2	-42.8	-2.4	-	-	4.4	-	8.3
Activités financières et d'assurances	696.6	352.7	-206.8	314.5	187.7	359.6	26.6	-15.5	67.6	36.6
Activités des sociétés holding	252.1	84.3	-5.5	29.3	44.8	151.3	-41.0	-17.7	2.3	11.8
Activités immobilières	-23.9	-77.6	-73.0	109.3	178.2	-	.. c	8.8	.. c	9.4
Activités professionnelles, scientifiques et techniques	189.7	91.0	-21.0	-111.6	-178.2	90.2	7.8	15.5	5.6	-17.7
Activités de services administratifs et d'appui	-5.3	-2.2	3.3	14.7	-1.2	-	-	-	-1.1	3.5
Administration publique; activités des ménages et des organismes extra-territoriaux	-	-	-	-	-	-	-	-	-	-
Éducation	.. c	-	-	-	3.5	-	-	.. c	-	-
Santé humaine et action sociale	.. c	-	4.4	-	1.2	-	-	-	-	-
Arts, spectacles et loisirs	8.0	10.0	5.5	9.0	29.5	-	1.1	.. c	-	.. c
Autres services	.. c	-	-	-	-	-	-	-	-	-
Not allocated and confidential	**.. c**	**.. c**	**.. c**	**.. c**	**.. c**	**.. c**	**.. c**	**.. c**	**.. c**	**44.8**
Activités immobilières privées	**.. c**	**.. c**	**.. c**	**.. c**	**.. c**	**9.3**	**25.5**	**2.2**	**6.8**	**4.7**

- Néant ; c Donnée confidentielle

Note : Voir les métadonnées détaillées sur : *http://stats.oecd.org/OECDStat_Metadata/ShowMetadata.ashx?Dataset=FDI_CTRY_IND_SUMM&lang=fr.*

Source : Statistiques de l'OCDE sur l'investissement direct international (base de données) : https://doi.org/10.1787/idi-data-fr

Tableau 5. Encours des investissement directs étrangers par secteur industriel

En fin d'année

Millions de dollars des ÉU

	Entrant					Sortant				
	2014	2015	2016	2017	2018	2014	2015	2016	2017	2018
All FDI activities	**15 118.0**	**14 729.5**	**14 316.4**	**17 542.6**	**17 405.5**	**1 493.3**	**1 553.6**	**1 633.8**	**1 929.7**	**2 007.1**
Agriculture, sylviculture et pêche	**639.8**	**673.9**	**606.1**	**735.2**	**668.7**	**-**	**-3.3**	**3.2**	**3.6**	**-**
Industries extractives	**115.3**	**124.1**	**121.2**	**148.7**	**167.2**	**-**	**-**	**-**	**-**	**-**
Activités d'extraction	115.3	124.1	121.2	148.7	167.2	-	-	-	-	-
Activités de fabrication	**1 836.9**	**1 669.0**	**1 689.7**	**1 970.5**	**2 041.4**	**105.6**	**121.9**	**205.5**	**248.3**	**241.6**
dont :										
Produits alimentaires, boissons et tabac	239.2	231.9	267.7	261.5	312.6	-13.4	.. c	1.1	.. c	1.1
Textiles, bois, papier, imprimerie	545.1	512.8	529.1	629.6	706.4	59.5	58.8	113.8	133.1	140.8
Produits pétroliers, chimiques, pharmaceutiques, caoutchouc, plastique, minéraux	150.5	101.3	80.1	88.8	156.9	32.8	27.2	50.6	27.6	40.1
Ouvrages en métaux et machines, sauf matériels électriques	180.9	187.3	172.9	236.3	196.9	7.3	1.1	4.2	3.6	5.7
Automobiles, remorques, semi-remorques, autres matériels de transport	85.0	62.1	98.0	124.7	140.8	-	-	-	-	-
Autres activités de fabrication	636.2	573.8	541.8	629.6	527.8	19.4	38.1	35.8	82.8	55.0
Production et distribution d'électricité, de gaz, de vapeur et de climatisation	**632.5**	**548.7**	**521.8**	**686.0**	**636.6**	**-**	**-**	**-**	**-**	**-**
Distribution de l'eau ; assainissement, traitement des déchets et dépollution	**21.9**	**15.2**	**11.6**	**4.8**	**6.9**	**-**	**-**	**-**	**-**	**-**
Construction	**540.3**	**635.8**	**680.9**	**710.0**	**815.2**	**6.1**	**13.1**	**40.1**	**48.0**	**53.8**
Services	**10 197.2**	**10 068.6**	**9 749.1**	**12 120.4**	**11 992.2**	**1 380.4**	**1 374.0**	**1 364.0**	**1 565.1**	**1 612.1**
Commerce de gros et de détail ; réparations automobiles et motocycles	1 919.5	1 879.2	2 112.4	2 475.4	2 782.2	364.2	360.4	335.2	365.8	447.7
Transport et entreposage	587.6	541.1	587.1	1 039.8	901.1	49.8	4.4	7.4	8.4	6.9
Activités d'hébergement et de restauration	216.1	147.0	137.0	217.1	164.9	17.0	-	-	-	-
Information et communication	440.7	435.5	457.5	596.1	559.9	2.4	7.6	7.4	9.6	8.0
Activités financières et d'assurances	4 244.5	4 218.8	3 736.7	4 233.6	4 179.1	768.5	832.9	835.9	951.1	877.0
Activités des sociétés holding	723.6	757.8	769.5	550.5	641.2	178.5	188.4	201.3	201.5	313.7
Activités immobilières	2 079.8	1 911.8	1 869.9	2 533.0	2 657.4	19.4	32.7	41.1	48.0	41.2
Activités professionnelles, scientifiques et techniques	372.7	568.3	529.1	687.2	298.8	131.1	120.8	124.4	159.5	180.9
Activités de services administratifs et d'appui	194.3	229.7	185.5	172.7	208.4	20.6	8.7	7.4	16.8	50.4
Administration publique; activités des ménages et des organismes extra-territoriaux	-	-	-	-	-	-	-	-	-	-
Éducation	4.9	3.3	10.5	7.2	28.6	2.4	-	2.1	1.2	1.1
Santé humaine et action sociale	12.1	6.5	10.5	7.2	10.3	-	-	-	-	-
Arts, spectacles et loisirs	116.6	107.8	108.6	147.5	199.2	4.9	5.4	4.2	4.8	1.1
Autres services	8.5	19.6	2.1	3.6	1.1	-	-	-	-	-
Not allocated and confidential	**367.9**	**229.7**	**194.0**	**261.5**	**183.2**	**-9.7**	**6.5**	**-7.4**	**25.2**	**58.4**
Activités immobilières privées	**766.1**	**764.3**	**742.1**	**905.5**	**894.2**	**10.9**	**41.4**	**28.5**	**39.6**	**41.2**

- Néant ; c Donnée confidentielle

Note : Voir les métadonnées détaillées sur : *http://stats.oecd.org/OECDStat_Metadata/ShowMetadata.ashx?Dataset=FDI_CTRY_IND_SUMM&lang=fr.*

Source : Statistiques de l'OCDE sur l'investissement direct international (base de données) : https://doi.org/10.1787/idi-data-fr

LETTONIE

Tableau 6. Revenus des investissements directs étrangers par secteur industriel

Millions de dollars des ÉU

	Entrant					Sortant				
	2014	2015	2016	2017	2018	2014	2015	2016	2017	2018
All FDI activities	**1 040.2**	**1 154.7**	**1 186.6**	**1 398.9**	**1 871.8**	**54.4**	**154.2**	**117.2**	**216.4**	**158.1**
Agriculture, sylviculture et pêche	**2.7**	**7.8**	**-**	**12.4**	**8.3**	**-**	**-**	**-**	**-**	**-**
Industries extractives	**10.6**	**11.1**	**12.2**	**16.9**	**14.2**	**-**	**-**	**-**	**-**	**-**
Activités d'extraction	10.6	11.1	12.2	16.9	14.2	-	-	-	-	-
Activités de fabrication	**161.9**	**99.8**	**139.3**	**228.8**	**254.9**	**2.7**	**2.2**	**1.1**	**6.8**	**2.4**
dont :										
Produits alimentaires, boissons et tabac	25.2	-1.1	8.8	30.4	33.0	-	-	-	-	-
Textiles, bois, papier, imprimerie	91.5	65.4	97.3	143.2	151.1	-	-	1.1	1.1	.. c
Produits pétroliers, chimiques, pharmaceutiques, caoutchouc, plastique, minéraux	-2.7	1.1	1.1	1.1	8.3	.. c	.. c	-	.. c	-
Ouvrages en métaux et machines, sauf matériels électriques	4.0	-	5.5	7.9	11.8	-	-	-	-	-
Automobiles, remorques, semi-remorques, autres matériels de transport	9.3	7.8	13.3	13.5	10.6	-	-	-	-	-
Autres activités de fabrication	33.2	26.6	13.3	32.7	40.1	-	-	-	-	-
Production et distribution d'électricité, de gaz, de vapeur et de climatisation	**35.8**	**38.8**	**54.2**	**39.5**	**31.9**	**.. c**	**.. c**	**.. c**	**.. c**	**-**
Distribution de l'eau ; assainissement, traitement des déchets et dépollution	**-**	**-**	**-**	**-**	**-**	**.. c**	**-**	**-**	**-**	**-**
Construction	**2.7**	**4.4**	**-3.3**	**1.1**	**-4.7**	**-**	**-**	**-1.1**	**-**	**-**
Services	**735.0**	**784.2**	**881.3**	**901.8**	**1 174.3**	**47.8**	**137.5**	**106.2**	**163.5**	**144.0**
Commerce de gros et de détail ; réparations automobiles et motocycles	199.0	187.5	217.8	250.3	397.7	-1.3	45.5	26.5	28.2	18.9
Transport et entreposage	42.5	34.4	28.8	55.2	30.7	6.6	1.1	-	1.1	1.2
Activités d'hébergement et de restauration	1.3	1.1	1.1	10.1	-2.4	.. c	.. c	-	-	-
Information et communication	54.4	35.5	44.2	83.4	108.6	-	.. c	-	-	8.3
Activités financières et d'assurances	360.9	439.3	503.2	400.2	521.7	37.2	82.1	79.6	129.6	116.8
Activités des sociétés holding	45.1	71.0	37.6	39.5	66.1	8.0	18.9	2.2	19.2	8.3
Activités immobilières	23.9	38.8	28.8	42.8	83.8	-	-	-3.3	-	-1.2
Activités professionnelles, scientifiques et techniques	8.0	12.2	15.5	7.9	-24.8	4.0	5.5	5.5	4.5	4.7
Activités de services administratifs et d'appui	6.6	1.1	2.2	15.8	10.6	-	-	-	-	-
Administration publique; activités des ménages et des organismes extra-territoriaux	-	-	-	-	-	-	-	-	-	-
Éducation	.. c	-	-	-	-	-	-	-	-	-
Santé humaine et action sociale	-	-	-	-	-	-	-	-	-	-
Arts, spectacles et loisirs	37.2	33.3	39.8	34.9	48.4	.. c	-	.. c	-	.. c
Autres services	.. c	-	-	-	-	-	-	-	-	-
Not allocated and confidential	**91.5**	**208.5**	**102.8**	**198.4**	**393.0**	**.. c**	**.. c**	**.. c**	**.. c**	**11.8**
Activités immobilières privées	**-**	**-**	**-**	**-**	**-**	**-**	**-**	**-**	**-**	**-**

- Néant ; c Donnée confidentielle

Note : Voir les métadonnées détaillées sur : *http://stats.oecd.org/OECDStat_Metadata/ShowMetadata.ashx?Dataset=FDI_CTRY_IND_SUMM&lang=fr.*

Source : Statistiques de l'OCDE sur l'investissement direct international (base de données) : https://doi.org/10.1787/idi-data-fr

LITUANIE

Tableau 1. Flux d'investissement direct étranger par pays

Millions de dollars des ÉU

	Entrant					Sortant				
	2014	2015	2016	2017	2018	2014	2015	2016	2017	2018
TOTAL MONDE	**-183.0**	**1 053.7**	**436.0**	**1 027.4**	**1 092.9**	**9.0**	**369.0**	**51.3**	**68.4**	**671.5**
Pays membres de l'OCDE	**-750.7**	**1 176.7**	**-54.6**	**1 104.7**	**683.7**	**63.5**	**201.2**	**-90.5**	**-174.9**	**574.8**
Australie	-3.3	1.6	-3.3	0.1	7.8	-	-	-	-	.. c
Autriche	7.8	8.9	31.4	-39.6	3.5	0.0	0.0	.. c	0.3	0.2
Belgique	-7.1	6.3	-47.9	9.3	9.9	.. d	.. d	.. d	.. d	.. d
Canada	-30.1	1.2	-0.3	19.1	-55.9	-	0.8	.. c	.. d	0.1
Chili	-	.. c	.. d	.. d	- d	-	-	-	-	-
République Tchèque	0.4	3.0	-2.3	0.9	-7.1	0.1	1.2	0.6	4.9	0.6
Danemark	-167.2	-36.2	46.1	51.9	59.3	.. d	.. d	-2.1	-1.1	-0.1
Estonie	-28.6	93.5	167.0	203.1	242.9	13.6	97.7	-30.8	187.9	122.8
Finlande	12.0	17.0	67.0	-38.3	-56.7	-15.6	0.6	0.4	0.5	-0.5
France	6.9	32.6	21.0	162.0	-76.6	3.3	-6.1	3.5	6.6	-0.5
Allemagne	-180.8	111.0	-146.2	13.9	241.4	-3.3	-10.5	5.2	3.0	-1.1
Grèce	.. d	.. d	1.3	.. d	.. d	0.9	1.4	1.1	1.0	0.5
Hongrie	-0.2	0.4	3.0	-4.3	5.0	0.3	16.6	-1.0	-2.6	-0.2
Islande	-5.7	-7.0	2.0	1.5	-0.8	-	-	.. d	.. c	-
Irlande	0.9	20.7	5.0	4.6	18.7	.. c	.. c	.. d	143.5	-94.3
Israël[1]	-6.0	9.9	15.3	13.7	17.9	-	-	.. c	-	.. c
Italie	1.0	-3.7	18.7	4.6	10.9	-0.9	.. d	1.6	1.3	1.4
Japon	.. d	.. d	-0.6	0.3	-0.8	-	.. c	-	-	-
Corée	.. c	.. d	-0.2	-0.1	.. d	-	-	-	-	.. c
Lettonie	234.1	17.6	6.4	20.5	7.4	99.5	190.4	53.4	28.8	123.6
Lituanie	-	-	-	-	-	-	-	-	-	-
Luxembourg	-15.3	-38.4	-69.0	-25.3	130.9	.. c	.. d	.. c	.. c	.. d
Mexique	.. d	.. d	-0.2	.. d	.. d	-	-	-	-	-
Pays-Bas	439.7	242.6	530.7	170.7	131.9	-3.7	46.7	-81.7	-10.5	-31.0
Nouvelle-Zélande	.. c	.. c	.. c	.. d	.. d	-	-	-	-	.. c
Norvège	50.7	90.1	108.2	-627.1	53.1	2.3	0.3	-0.1	1.3	-0.7
Pologne	-770.9	-85.4	287.0	-66.1	101.2	-7.9	4.9	4.1	16.8	191.6
Portugal	-0.1	.. d	0.8	0.3	0.7	-	0.2	-	.. c	.. d
République slovaquie	.. d	.. d	.. d	2.2	0.3	0.7	-0.8	1.3	0.1	-0.5
Slovénie	.. d	.. d	-1.4	3.9	0.4	0.2	0.1	0.3	-0.1	0.2
Espagne	-41.3	30.3	7.7	7.8	20.3	7.5	.. d	4.1	2.2	1.6
Suède	-293.0	290.1	-609.0	1 097.0	157.5	1.4	33.6	-1.4	-11.4	246.8
Suisse	67.2	245.9	-276.8	40.9	72.8	-0.1	.. c	.. d	.. c	-0.4
Turquie	.. d	.. d	-0.1	-0.2	0.4	.. c	.. c	0.6	.. c	.. d
Royaume-Uni	180.5	124.6	-258.7	6.4	-338.0	2.7	2.6	1.3	-5.3	-4.3
Etats-Unis	31.0	3.8	41.4	71.7	-74.5	.. d	.. d	2.7	0.1	8.2
EUROPE	**-171.8**	**1 027.3**	**117.5**	**757.9**	**1 277.4**	**15.8**	**371.9**	**29.7**	**36.8**	**658.0**
Bulgarie	7.1	-2.4	4.2	-0.9	2.5	3.4	20.0	1.9	-22.4	-4.1
Croatie	.. d	.. d	.. d	.. d	.. d	1.1	0.9	0.6	0.4	0.5
Chypre[2, 3]	343.7	-225.0	228.8	171.0	79.6	-90.8	-61.1	93.3	165.7	99.4
Malte	365.7	4.3	-28.7	-432.7	340.8	.. c	-	0.1	.. c	.. d
Roumanie	-4.6	8.0	1.0	1.2	.. d	0.1	6.7	4.7	7.7	-2.7
Russie	-362.3	41.1	44.1	-15.2	-7.2	-51.6	3.9	26.0	-4.4	18.4
Ukraine	3.0	6.5	-7.3	13.8	25.1	-26.2	2.1	-19.6	26.9	24.0
AFRIQUE	**-2.7**	**-0.9**	**-0.5**	**-4.8**	**2.0**	**0.1**	**.. c**	**.. c**	**.. d**	**.. d**
Afrique septentrionale	.. d	0.7	-2.0	-2.7	.. d	-	-	-	-	-
Algérie	0.0	0.0	-	-	-	-	-	-	-	-
Egypte	.. d	0.7	-2.0	-2.8	-0.1	-	-	-	-	-
Libye	-	-	-	0.0	0.1	-	-	-	-	-
Maroc	-	-	-	-	-	-	-	-	-	-
Tunisie	-	-	-	-	.. d	-	-	-	-	-
Autres pays africains	.. d	-1.6	1.5	-2.0	.. d	0.1	.. c	.. c	.. d	.. d
Nigéria	-	-	.. c	.. c	.. d	-	-	-	.. c	.. c
Afrique du Sud	.. d	.. d	.. d	.. d	.. d	-	-	-	-	-
AMÉRIQUE	**4.3**	**-11.8**	**44.1**	**89.6**	**-420.2**	**.. d**	**.. d**	**2.8**	**-1.0**	**8.6**
Amérique du Nord	0.9	5.0	41.1	90.8	-130.4	.. d	.. d	2.7	0.2	8.3
Amérique du Nord	.. d	.. d	2.9	-1.6	-289.9	.. c	-	.. d	.. c	.. d
Bahamas	.. c	.. c	.. c	-	-	-	-	-	-	-
Bermudes	.. c	.. c	.. d	.. d	.. c	-	-	-	-	-
Îles Cayman	.. d	.. d	.. d	.. d	-0.7	-	-	-	-	-
Costa Rica	-	.. c	.. c	.. c	-	-	-	-	-	-
El Salvador	-	0.1	-	-	-	-	-	-	-	-
Guatemala	-	-	-	-	-	-	-	-	-	-
Honduras	0.0	-	-	-	-	-	-	-	-	-
Nicaragua	-	-	-	-	-	-	-	-	-	-
Panama	9.6	-1.1	.. d	-5.4	-1.3	-	-	-	-	.. c
Îles Vierges, US	.. c	-	.. c	-	-	-	-	-	-	-
Amérique du Sud	.. d	.. d	0.1	0.3	0.1	-	-	- d	.. c	.. c
Argentine	.. c	.. c	-	-	-	-	-	-	-	-
Bolivie	-	-	-	-	-	-	-	-	-	-
Brésil	.. d	0.6	.. d	.. d	0.1	-	-	-	-	-
Colombie	.. c	.. c	.. c	.. c	.. c	-	-	- d	-	- d
Equateur	-	-	-	-	0.0	-	-	-	-	-
Paraguay	-	-	-	-	-	-	-	-	-	-
Pérou	-	.. c	.. c	.. d	-	-	-	-	-	-
Uruguay	-	-	-	-	-	-	-	-	.. c	.. c
Venezuela	-	0.0	0.0	-	-	-	-	-	-	-
ASIE	**.. d**	**.. d**	**.. d**	**171.3**	**175.2**	**9.1**	**-4.3**	**18.7**	**32.4**	**4.2**

Tableau 1. Flux d'investissement direct étranger par pays *(suite)*

Millions de dollars des ÉU

	Entrant					Sortant				
	2014	2015	2016	2017	2018	2014	2015	2016	2017	2018
Proche et Moyen Orient	-3.1	9.9	17.3	16.3	20.2	5.4	-6.7	2.7	4.7	1.7
Pays du Golfe	0.7	0.6	-0.1	1.1	1.7	.. d	.. d	.. d	.. d	.. d
Koweït	-	-	-	-	-	-	-	-	-	-
Qatar	.. c	.. c	-	-	-	-	-	-	-	-
Arabie saoudite	.. c	.. c	-	-	- d	-	-	-	-	-
Emirats Arabes Unis	.. d	0.2	0.3	0.9	1.6	.. c	.. d	.. d	.. c	-0.4
Autres pays du Proche et Moyen Orient	-3.8	9.3	17.5	15.2	18.5	.. d	.. d	.. d	.. d	.. d
Jordanie	-	0.1	-	-	-	-	-	-	-	-
Autres pays asiatiques	.. d	.. d	.. d	155.0	155.0	3.7	2.4	16.1	27.7	2.5
Chine	-1.7	0.5	2.3	2.9	-2.1	.. d	.. d	.. d	20.8	.. d
Hong Kong, Chine	0.3	13.3	311.1	144.5	195.3	-	-	-	-	0.0
Inde	0.6	-0.3	0.0	-0.2	-0.5	-	-	-	-	-
Indonesie	-	-	-	-	0.0	-	.. c	.. c	.. c	.. c
République islamique d'Iran	.. d	.. d	-0.1	0.1	0.0	-	-	-	-	-
Malaisie	-	.. d	.. d	.. c	-0.4	-	-	-	-	-
Philippines	-	.. c	.. c	-0.1	0.1	-	-	-	-	-
Singapour	.. d	22.0	-2.1	0.6	-28.6	-	-	-	0.7	0.1
Taipei Chinois	.. c	.. d	0.0	0.1	-0.2	-	-	-	-	-
Thaïlande	-11.5	-12.9	-61.1	4.8	-7.9	-	.. c	.. c	-	.. c
Viet Nam	-	-	0.1	-	-	-	-	-	-	-
AUSTRALIE, OCÉANIE ET RÉGIONS POLAIRES	**.. d**	**.. d**	**.. d**	**0.0**	**7.7**	**- d**	**-**	**- d**	**- d**	**.. c**
TOTAL MONDE non alloué et confidentiel	**.. d**	**.. d**	**.. d**	**13.4**	**50.9**	**.. d**	**.. d**	**- d**	**- d**	**- d**
Union européenne (UE28)	**93.9**	**631.7**	**265.4**	**1 324.8**	**1 115.9**	**73.0**	**356.5**	**6.7**	**-25.4**	**616.6**
Pays du G20 hors Union Européenne	**-361.8**	**315.4**	**-282.2**	**264.8**	**-296.4**	**-45.7**	**-5.7**	**57.1**	**25.9**	**22.8**
Pays OCDE du G20	**2.3**	**273.6**	**-328.6**	**277.5**	**-286.1**	**2.5**	**-10.5**	**14.9**	**6.0**	**2.5**
Pays non-OCDE du G20	**-364.1**	**41.8**	**46.4**	**-12.7**	**-10.3**	**-48.2**	**4.8**	**42.2**	**19.8**	**20.3**
Pays MENA	**1.6**	**.. d**	**-2.4**	**-1.9**	**1.5**	**.. d**	**.. d**	**.. d**	**.. d**	**.. d**
Pays ANASE	**-11.9**	**9.1**	**-63.1**	**5.2**	**-36.8**	**-**	**.. c**	**.. c**	**3.9**	**0.5**

- Néant ; .. Non disponible ; c Donnée confidentielle ; d Confidentialité Secondaire

Note : Voir les métadonnées détaillées sur : *http://stats.oecd.org/OECDStat_Metadata/ShowMetadata.ashx?Dataset=FDI_CTRY_IND_SUMM&lang=fr.*

1. Informations sur les données concernant Israël : *http://oe.cd/israel-disclaimer.*
2. Note de la Turquie : Les informations figurant dans ce document et faisant référence à « Chypre » concernent la partie méridionale de l'île. Il n'y a pas d'autorité unique représentant à la fois les Chypriotes turcs et grecs sur l'île. La Turquie reconnaît la République Turque de Chypre Nord (RTCN). Jusqu'à ce qu'une solution durable et équitable soit trouvée dans le cadre des Nations Unies, la Turquie maintiendra sa position sur la « question chypriote ».
3. Note de tous les États de l'Union européenne membres de l'OCDE et del'Union européenne : La République de Chypre est reconnue par tous les membres des Nations Unies sauf la Turquie. Les informations figurant dans ce document concernent la zone sous le contrôle effectif du gouvernement de la République de Chypre.

Source : Statistiques de l'OCDE sur l'investissement direct international (base de données) : https://doi.org/10.1787/idi-data-fr

Tableau 2. Encours des investissements directs étrangers par pays
En fin d'année

Millions de dollars des ÉU

	Entrant					Sortant				
	2014	2015	2016	2017	2018	2014	2015	2016	2017	2018
TOTAL MONDE	**16 700.4**	**15 846.1**	**16 047.7**	**19 555.1**	**19 500.5**	**3 516.1**	**3 532.5**	**3 542.6**	**4 137.5**	**4 642.8**
Pays membres de l'OCDE	..	**12 075.7**	**13 790.7**	**15 739.5**	**16 343.0**	**2 275.0**	**2 218.4**	**2 737.8**	**2 973.3**	**3 407.5**
Australie	..	.. d	.. d	.. d	6.9	-	-	-	-	.. c
Autriche	..	155.9	160.7	170.0	152.7	0.1	0.1	0.1	0.4	0.6
Belgique	..	181.3	230.6	311.0	226.3	2.6	1.7	-0.8	4.5	5.9
Canada	..	361.2	356.8	463.3	365.7	-	0.8	0.6	0.8	0.8
Chili	..	0.0	0.0	0.1	0.1	-	-	-	-	-
République Tchèque	..	12.4	13.0	15.1	5.2	1.6	1.9	2.5	7.1	6.1
Danemark	..	766.7	808.3	911.8	913.7	8.9	2.1	0.3	0.8	-1.6
Estonie	..	819.1	1 081.1	1 396.7	1 513.8	277.7	346.0	369.7	627.6	729.1
Finlande	..	562.0	580.6	703.5	646.4	2.6	2.9	3.2	4.7	1.8
France	..	393.3	414.3	467.4	460.7	1.8	-4.3	-1.3	5.9	5.6
Allemagne	..	1 034.8	1 081.4	1 309.6	1 286.7	20.9	10.6	12.0	20.4	19.4
Grèce	..	0.6	0.7	1.1	1.4	4.3	5.4	6.2	8.2	8.3
Hongrie	..	5.2	6.0	5.6	6.3	7.5	20.7	20.0	20.1	21.2
Islande	..	39.8	36.9	42.0	30.9	-	-	0.2	0.3	0.3
Irlande	..	42.3	42.8	52.0	59.4	0.5	0.7	-49.4	96.5	0.3
Israël[1]	..	.. d	.. d	163.1	-178.0	-	-	.. c	.. c	-1.5
Italie	..	39.2	43.4	61.2	65.9	27.6	26.9	9.1	11.4	12.2
Japon	..	94.3	23.2	19.9	20.4	-	.. c	.. c	.. c	.. c
Corée	..	0.2	0.1	0.1	-	-	-	-	-	.. c
Lettonie	..	185.9	270.5	388.8	368.8	459.1	601.6	674.4	836.7	931.0
Lituanie	..	1 481.5	315.6	434.4	790.1	-	-	-	-	-
Luxembourg	..	160.0	135.5	166.8	171.5	.. c	528.3	511.5	-1.2	10.4
Mexique	..	.. d	.. d	.. d	.. d	-	-	-	-	-
Pays-Bas	..	582.7	934.9	1 280.7	1 467.7	946.7	867.6	765.9	852.7	808.0
Nouvelle-Zélande	..	.. d	.. d	.. d	.. d	-	-	-	-	.. c
Norvège	..	1 118.4	1 064.4	486.3	462.0	3.1	6.5	4.3	6.9	5.9
Pologne	..	470.4	679.8	849.9	935.8	353.8	313.3	307.0	365.1	522.2
Portugal	..	0.8	1.3	2.4	9.1	-	0.2	0.2	0.3	0.4
République slovaquie	..	7.4	8.2	11.8	10.4	7.6	7.4	9.4	9.5	8.8
Slovénie	..	0.4	0.8	.. d	18.2	0.6	0.6	0.9	0.9	1.1
Espagne	..	60.3	69.0	82.0	74.7	8.4	4.5	8.2	11.8	13.4
Suède	..	3 671.2	3 138.9	3 369.0	3 366.7	3.4	34.9	38.5	35.7	250.6
Suisse	..	291.9	406.3	422.4	432.8	.. d	.. d	0.0	0.0	-0.4
Turquie	..	.. d	-0.7	-0.6	1.5	1.1	0.3	2.2	.. c	0.9
Royaume-Uni	..	252.4	1 488.9	1 638.7	1 959.3	18.6	34.7	34.4	31.7	26.4
Etats-Unis	..	968.3	655.2	922.6	663.4	5.2	4.9	8.4	12.3	20.2
EUROPE	..	**13 743.3**	**14 350.1**	**17 185.4**	**17 718.8**	**3 515.2**	**3 533.9**	**3 526.0**	**4 078.0**	**4 572.7**
Bulgarie	..	4.1	4.0	0.8	1.7	80.7	90.2	89.6	77.8	73.7
Croatie	..	0.0	0.1	0.2	0.3	3.6	4.4	4.8	5.9	6.0
Chypre[2, 3]	..	395.8	500.9	449.5	241.2	440.8	338.4	423.5	651.2	754.6
Malte	..	15.1	25.9	25.1	31.8	0.0	0.0	0.1	-0.2	-45.3
Roumanie	..	0.6	0.8	2.9	2.9	5.2	14.8	18.3	28.9	17.6
Russie	..	526.3	345.3	468.2	389.8	85.9	94.0	112.4	107.4	137.2
Ukraine	..	247.6	232.1	288.8	272.8	49.5	69.4	27.1	75.8	75.1
AFRIQUE	..	**16.2**	**15.9**	**14.4**	**.. d**	**0.1**	**0.2**	**0.3**	**0.4**	**1.0**
Afrique septentrionale	..	3.0	1.0	0.7	0.5	-	-	-	-	-
Algérie	..	-	-	-	-	-	-	-	-	-
Egypte	..	2.9	1.0	0.7	0.4	-	-	-	-	-
Libye	..	-	-	0.0	0.1	-	-	-	-	-
Maroc	..	-	-	-	-	-	-	-	-	-
Tunisie	..	0.0	0.0	0.0	-	-	-	-	-	-
Autres pays africains	..	13.3	14.9	13.7	.. d	0.1	0.2	0.3	0.4	1.0
Nigéria	..	0.0	-	0.0	0.2	-	-	-	.. c	.. c
Afrique du Sud	..	.. d	.. d	5.5	7.1	-	-	-	-	-
AMÉRIQUE	..	**1 757.8**	**1 423.3**	**1 888.1**	**1 521.3**	**6.1**	**6.5**	**9.9**	**15.2**	**23.2**
Amérique du Nord	..	1 329.5	1 012.1	1 385.9	1 029.1	5.2	5.7	9.0	13.0	21.0
Amérique du Nord	..	427.7	410.6	501.5	491.6	0.9	0.8	0.9	.. d	2.2
Bahamas	..	.. c	.. c	-	.. c	-	-	-	-	-
Bermudes	..	.. c	.. c	.. c	.. c	- d	- d	-	-	-
Îles Cayman	..	322.0	332.6	.. c	.. c	-	-	-	-	-
Costa Rica	..	-	-	-	-	-	-	-	-	-
El Salvador	..	0.1	0.1	0.1	0.1	-	-	-	-	-
Guatemala	..	-	-	-	-	-	-	-	-	-
Honduras	..	0.0	0.0	0.0	0.0	-	-	-	-	-
Nicaragua	..	-	-	-	-	-	-	-	-	-
Panama	..	34.3	.. d	.. d	.. d	.. c	.. c	.. c	.. c	.. c
Îles Vierges, US	..	-	-	-	-	-	-	-	-	-
Amérique du Sud	..	0.5	0.6	0.7	0.6	-	-	-	.. c	-
Argentine	..	0.2	0.2	0.2	.. d	-	-	-	-	-
Bolivie	..	-	-	-	-	-	-	-	-	-
Brésil	..	0.1	0.2	0.2	.. d	-	-	-	-	-
Colombie	..	0.1	0.1	0.1	0.1	-	-	-	-	-
Equateur	..	-	-	-	-	-	-	-	-	-
Paraguay	..	-	-	-	-	-	-	-	-	-
Pérou	..	0.1	0.1	0.1	0.1	-	-	-	-	-
Uruguay	..	-	-	-	-	-	-	-	.. c	-
Venezuela	..	0.0	-	-	-	-	-	-	-	-
ASIE	..	**.. d**	**199.2**	**379.4**	**162.4**	**-5.3**	**-8.1**	**6.5**	**43.9**	**.. d**

Tableau 2. Encours des investissements directs étrangers par pays *(suite)*
En fin d'année

Millions de dollars des ÉU

	Entrant					Sortant				
	2014	2015	2016	2017	2018	2014	2015	2016	2017	2018
Proche et Moyen Orient	..	.. d	57.0	182.0	-158.2	11.1	4.8	5.7	13.8	14.9
Pays du Golfe	..	.. d	.. d	.. d	.. d	6.8	3.0	7.0	11.0	11.6
Koweït	..	-	-	-	-	-	-	-	-	-
Qatar	..	-	-	-	-	-	-	-	-	-
Arabie saoudite	..	.. d	.. d	.. d	.. d	- d	- d	- d	- d	- d
Emirats Arabes Unis	..	.. d	5.5	6.0	6.5	3.0	5.4	8.5	12.0	11.2
Autres pays du Proche et Moyen Orient	..	-35.2	.. d	.. d	.. d	4.2	1.9	-1.3	2.8	3.3
Jordanie	..	-1.7	0.0	0.0	.. d	-	-	-	-	-
Autres pays asiatiques	..	270.5	142.2	197.4	320.5	-16.4	-13.0	0.8	30.0	.. d
Chine	..	17.4	21.1	42.7	49.7	9.6	12.2	25.9	52.1	50.6
Hong Kong, Chine	..	-4.9	5.5	15.3	131.9	.. c	.. c	.. c	.. c	0.0
Inde	..	.. d	.. d	3.6	5.8	-	-	-	-	-
Indonesie	..	-	-	.. c	.. c	-	.. c	.. c	.. c	.. c
République islamique d'Iran	..	.. d	.. d	0.4	0.3	-	-	-	-	-
Malaisie	..	.. d	.. d	0.1	0.1	-	-	-	-	-
Philippines	..	-	-	-	0.0	-	-	-	-	-
Singapour	..	12.1	2.3	5.2	12.9	.. c	.. c	.. c	-0.1	-0.1
Taipei Chinois	..	0.1	0.1	0.1	.. d	-	-	-	-	-
Thaïlande	..	139.7	77.1	.. d	.. d	.. c	.. c	.. c	-28.4	-27.7
Viet Nam	..	0.1	0.1	0.2	0.2	-	-	-	-	-
AUSTRALIE, OCÉANIE ET RÉGIONS POLAIRES	..	**.. d**	**5.4**	**4.3**	**.. d**	**-**	**-**	**-**	**-**	**.. c**
TOTAL MONDE non alloué et confidentiel	..	**.. d**	**53.8**	**83.5**	**.. d**	**0.0**	**-**	**-**	**0.0**	**.. d**
Union européenne (UE28)	..	**11 301.5**	**12 037.9**	**14 114.9**	**14 788.6**	**3 255.0**	**3 255.4**	**3 259.6**	**3 716.1**	**4 189.8**
Pays du G20 hors Union Européenne	..	**3 718.4**	**4 453.9**	**5 424.5**	**5 316.2**	**170.6**	**180.4**	**204.2**	**248.6**	**278.4**
Pays OCDE du G20	..	**3 165.1**	**4 079.3**	**4 900.9**	**4 857.4**	**75.1**	**73.9**	**65.5**	**85.1**	**85.7**
Pays non-OCDE du G20	..	**553.3**	**374.6**	**523.7**	**458.8**	**95.5**	**106.4**	**138.7**	**163.5**	**192.6**
Pays MENA	..	**.. d**	**10.1**	**11.2**	**.. d**	**6.8**	**3.0**	**7.0**	**11.0**	**11.6**
Pays ANASE	..	**.. d**	**79.6**	**103.2**	**101.4**	**.. c**	**-27.3**	**-26.1**	**-25.0**	**-23.4**

- Néant ; .. Non disponible ; c Donnée confidentielle ; d Confidentialité Secondaire

Note : Les positions d'IDE entrants sont allouées selon le pays investisseur ultime. Voir les métadonnées détaillées sur : *http://stats.oecd.org/OECDStat_Metadata/ShowMetadata.ashx?Dataset=FDI_CTRY_IND_SUMM&lang=fr.*

1. Informations sur les données concernant Israël : *http://oe.cd/israel-disclaimer.*
2. Note de la Turquie : Les informations figurant dans ce document et faisant référence à « Chypre » concernent la partie méridionale de l'île. Il n'y a pas d'autorité unique représentant à la fois les Chypriotes turcs et grecs sur l'île. La Turquie reconnaît la République Turque de Chypre Nord (RTCN). Jusqu'à ce qu'une solution durable et équitable soit trouvée dans le cadre des Nations Unies, la Turquie maintiendra sa position sur la « question chypriote ».
3. Note de tous les États de l'Union européenne membres de l'OCDE et del'Union européenne : La République de Chypre est reconnue par tous les membres des Nations Unies sauf la Turquie. Les informations figurant dans ce document concernent la zone sous le contrôle effectif du gouvernement de la République de Chypre.

Source : Statistiques de l'OCDE sur l'investissement direct international (base de données) : https://doi.org/10.1787/idi-data-fr

Tableau 3. Revenus des investissements directs étrangers par pays

Millions de dollars des ÉU

	Entrant					Sortant				
	2014	2015	2016	2017	2018	2014	2015	2016	2017	2018
TOTAL MONDE	**684.3**	**1 642.2**	**1 721.9**	**1 980.4**	**2 241.6**	**119.8**	**134.9**	**145.1**	**149.8**	**300.1**
Pays membres de l'OCDE	**470.2**	**1 490.9**	**1 497.4**	**1 716.0**	**..**	**45.6**	**92.4**	**116.9**	**153.3**	**..**
Australie	-	-	-	0.1	..	-	-	-	-	..
Autriche	9.0	6.6	7.4	4.2	..	-	-	-	-	..
Belgique	9.5	8.2	6.8	20.1	..	0.5	0.6	-1.2	3.9	..
Canada	-9.4	6.5	4.8	-4.8	..	-	-	0.0	0.0	..
Chili	-	-	-	-	..	-	-	-	-	..
République Tchèque	-0.1	0.7	0.5	2.7	..	-0.2	.. d	.. d	4.6	..
Danemark	127.8	57.4	16.9	62.3	..	0.0	0.3	0.3	1.8	..
Estonie	260.5	110.1	133.6	149.7	..	37.0	62.3	70.0	97.4	..
Finlande	51.2	64.0	59.2	38.1	..	0.0	-	0.2	0.1	..
France	16.8	20.6	20.0	57.9	..	.. d	1.9	2.1	1.2	..
Allemagne	129.0	67.7	82.5	113.0	..	-1.0	2.6	1.2	1.1	..
Grèce	.. c	.. c	-	.. c	..	0.1	0.3	0.3	0.1	..
Hongrie	0.2	1.0	0.9	1.2	..	0.1	3.8	-0.4	-2.5	..
Islande	2.2	2.6	0.8	2.2	..	-	-	-	0.0	..
Irlande	4.8	7.7	4.1	3.8	..	-	.. c	.. d	.. d	..
Israël[1]	0.3	0.5	2.7	1.8	..	-	-	-	-	..
Italie	2.9	2.7	3.7	4.6	..	-0.4	-0.1	0.0	-0.3	..
Japon	-	-	-	-	..	-	-	-	-	..
Corée	.. c	.. c	-	-	..	-	-	-	-	..
Lettonie	57.0	45.0	51.2	53.0	..	41.3	33.0	19.9	12.3	..
Lituanie	-	-	-	-	..	-	-	-	-	..
Luxembourg	18.7	55.5	12.4	48.9	..	.. c	.. c	.. c	.. d	..
Mexique	-	-	-	.. c	..	-	-	-	-	..
Pays-Bas	141.6	168.2	213.5	248.2	..	2.3	8.6	19.1	28.5	..
Nouvelle-Zélande	-	-	-	-	..	-	-	-	-	..
Norvège	71.3	83.6	61.3	93.3	..	0.2	0.7	0.4	0.3	..
Pologne	-906.9	236.7	305.4	288.3	..	-5.8	-0.5	-6.1	4.6	..
Portugal	-	.. c	0.5	0.1	..	-	-	0.0	0.1	..
République slovaquie	.. c	.. c	.. c	1.3	..	.. c	0.1	1.3	1.1	..
Slovénie	.. c	.. c	1.9	1.8	..	-	0.1	0.1	0.0	..
Espagne	-11.3	-3.4	1.9	0.9	..	0.2	.. d	0.2	-0.3	..
Suède	406.8	391.3	402.5	397.2	..	0.2	0.4	0.8	-0.9	..
Suisse	78.9	107.1	40.2	61.4	..	-	-	-	-	..
Turquie	-1.0	-0.3	-0.4	-0.3	..	.. c	.. c	0.6	.. c	..
Royaume-Uni	35.9	56.9	19.3	26.2	..	0.9	3.1	5.3	0.6	..
Etats-Unis	30.8	38.7	42.1	38.7	..	.. d	.. d	-1.2	-0.5	..
EUROPE	**671.6**	**1 583.5**	**1 604.1**	**1 822.6**	**..**	**117.9**	**138.0**	**146.4**	**149.7**	**..**
Bulgarie	-	0.6	-0.3	0.3	..	-1.2	0.3	6.2	0.1	..
Croatie	.. c	.. c	.. c	.. c	..	-	-0.1	0.1	-	..
Chypre[2, 3]	120.0	48.0	85.7	70.8	..	42.6	-1.2	-2.9	3.2	..
Malte	11.8	17.0	17.7	11.0	..	-	-	-	.. c	..
Roumanie	-0.1	.. c	-	.. c	..	.. d	0.8	1.4	-0.4	..
Russie	11.3	6.7	16.4	6.5	..	-6.9	-6.1	14.4	-12.2	..
Ukraine	1.8	1.4	3.1	14.5	..	-20.1	2.8	1.8	-2.7	..
AFRIQUE	**1.6**	**0.2**	**.. d**	**-1.4**	**..**	**.. d**	**.. d**	**0.1**	**0.1**	**..**
Afrique septentrionale	.. c	0.3	0.0	0.0	..	-	-	-	-	..
Algérie	-	-	-	-	..	-	-	-	-	..
Egypte	.. c	0.3	0.0	0.0	..	-	-	-	-	..
Libye	-	-	-	-	..	-	-	-	-	..
Maroc	-	-	-	-	..	-	-	-	-	..
Tunisie	-	-	-	-	..	-	-	-	-	..
Autres pays africains	.. d	0.0	.. d	-1.4	..	.. d	.. d	0.1	0.1	..
Nigéria	-	-	-	-	..	-	-	-	-	..
Afrique du Sud	.. c	.. c	.. c	-	..	-	-	-	-	..
AMÉRIQUE	**16.2**	**47.1**	**45.5**	**33.4**	**..**	**.. d**	**.. d**	**-1.2**	**-1.6**	**..**
Amérique du Nord	21.5	45.2	46.9	33.9	..	.. d	.. d	-1.2	-0.5	..
Amérique du Nord	.. d	.. d	-1.5	-0.4	..	0.9	.. c	0.0	.. d	..
Bahamas	-0.5	.. d	.. d	-	..	-	-	-	-	..
Bermudes	.. c	.. c	.. c	.. c	..	-	-	-	- d	..
Îles Cayman	-	.. c	.. c	.. c	..	-	-	-	-	..
Costa Rica	-	-	-	-	..	-	-	-	-	..
El Salvador	-	-	-	-	..	-	-	-	-	..
Guatemala	-	-	-	-	..	-	-	-	-	..
Honduras	-	-	-	-	..	-	-	-	-	..
Nicaragua	-	-	-	-	..	-	-	-	-	..
Panama	1.9	2.2	0.0	-1.1	..	.. c	.. c	.. c	.. c	..
Îles Vierges, US	-	-	-	-	..	-	-	-	-	..
Amérique du Sud	.. c	.. c	-	-	..	-	- d	-	.. c	..
Argentine	.. c	.. c	-	-	..	-	-	-	-	..
Bolivie	-	-	-	-	..	-	-	-	-	..
Brésil	-	-	-	-	..	-	-	-	-	..
Colombie	-	-	-	-	..	-	-	-	-	..
Equateur	-	-	-	-	..	-	-	-	-	..
Paraguay	-	-	-	-	..	-	-	-	-	..
Pérou	-	-	-	-	..	-	-	-	-	..
Uruguay	-	-	-	-	..	-	-	-	.. c	..
Venezuela	-	-	-	-	..	-	-	-	-	..
ASIE	**.. d**	**.. d**	**.. d**	**119.2**	**..**	**0.8**	**-3.4**	**-0.1**	**1.6**	**..**

LITUANIE

Tableau 3. Revenus des investissements directs étrangers par pays *(suite)*

Millions de dollars des ÉU

	Entrant					Sortant				
	2014	2015	2016	2017	2018	2014	2015	2016	2017	2018
Proche et Moyen Orient	.. d	.. d	2.8	2.5	..	-0.7	-4.3	0.1	1.1	..
Pays du Golfe	.. d	.. d	0.3	0.1	..	.. d	-1.9	0.6	1.1	..
Koweït	-	-	-	-	..	-	-	-	-	..
Qatar	-	-	-	-	..	-	-	-	-	..
Arabie saoudite	.. c	.. c	- d	-	..	- d	- d	- d	- d	..
Emirats Arabes Unis	.. c	0.0	0.3	0.1	..	0.2	0.2	0.3	.. d	..
Autres pays du Proche et Moyen Orient	0.2	0.3	2.5	2.4	..	.. d	-2.4	-0.4	0.0	..
Jordanie	-	-	-	-	..	-	-	-	-	..
Autres pays asiatiques	-10.7	4.0	61.6	116.6	..	1.4	0.9	-0.2	0.5	..
Chine	-0.1	0.2	0.4	0.5	..	.. c	0.8	0.1	-0.5	..
Hong Kong, Chine	0.0	0.2	45.1	102.8	..	-	-	-	-	..
Inde	0.0	0.0	-0.6	0.0	..	-	-	-	-	..
Indonesie	-	-	-	-	..	-	-	-	.. c	..
République islamique d'Iran	.. c	0.0	0.0	0.0	..	-	-	-	-	..
Malaisie	-	-	-	-	..	-	-	-	-	..
Philippines	-	-	-	-	..	-	-	-	-	..
Singapour	.. d	0.2	-3.8	4.4	..	.. c	.. c	.. c	.. d	..
Taipei Chinois	-	-	-	-	..	-	-	-	-	..
Thaïlande	.. d	4.2	.. d	9.8	..	.. c	.. c	.. c	.. d	..
Viet Nam	-	-	-	-	..	-	-	-	-	..
AUSTRALIE, OCÉANIE ET RÉGIONS POLAIRES	**.. d**	**.. d**	**0.0**	**0.0**	**..**	**-**	**-**	**-**	**-**	**..**
TOTAL MONDE non alloué et confidentiel	**.. d**	**.. d**	**.. d**	**6.6**	**..**	**.. d**	**- d**	**0.0**	**-**	**..**
Union européenne (UE28)	**485.5**	**1 363.1**	**1 449.1**	**1 605.9**	**..**	**127.9**	**124.1**	**121.9**	**155.6**	**..**
Pays du G20 hors Union Européenne	**217.2**	**200.1**	**188.4**	**242.4**	**..**	**-2.7**	**2.8**	**22.6**	**-10.2**	**..**
Pays OCDE du G20	**205.1**	**192.5**	**172.1**	**235.4**	**..**	**1.6**	**8.1**	**8.0**	**2.5**	**..**
Pays non-OCDE du G20	**12.1**	**7.6**	**16.3**	**7.0**	**..**	**-4.3**	**-5.3**	**14.6**	**-12.7**	**..**
Pays MENA	**0.7**	**0.7**	**0.1**	**-0.2**	**..**	**-0.4**	**-1.9**	**0.6**	**1.1**	**..**
Pays ANASE	**-10.9**	**4.4**	**14.2**	**14.3**	**..**	**.. c**	**-1.2**	**-1.1**	**-0.5**	**..**

- Néant ; .. Non disponible ; c Donnée confidentielle ; d Confidentialité Secondaire

Note : Voir les métadonnées détaillées sur : *http://stats.oecd.org/OECDStat_Metadata/ShowMetadata.ashx?Dataset=FDI_CTRY_IND_SUMM&lang=fr.*

1. Informations sur les données concernant Israël : *http://oe.cd/israel-disclaimer.*
2. Note de la Turquie : Les informations figurant dans ce document et faisant référence à « Chypre » concernent la partie méridionale de l'île. Il n'y a pas d'autorité unique représentant à la fois les Chypriotes turcs et grecs sur l'île. La Turquie reconnaît la République Turque de Chypre Nord (RTCN). Jusqu'à ce qu'une solution durable et équitable soit trouvée dans le cadre des Nations Unies, la Turquie maintiendra sa position sur la « question chypriote ».
3. Note de tous les États de l'Union européenne membres de l'OCDE et del'Union européenne : La République de Chypre est reconnue par tous les membres des Nations Unies sauf la Turquie. Les informations figurant dans ce document concernent la zone sous le contrôle effectif du gouvernement de la République de Chypre.

Source : Statistiques de l'OCDE sur l'investissement direct international (base de données) : https://doi.org/10.1787/idi-data-fr

Tableau 4. Investissement direct étranger : flux par secteur industriel

Millions de dollars des ÉU

	Entrant					Sortant				
	2014	2015	2016	2017	2018	2014	2015	2016	2017	2018
All FDI activities	**-183.0**	**1 053.7**	**436.0**	**1 027.4**	**1 092.9**	**9.0**	**369.0**	**51.3**	**68.4**	**671.5**
Agriculture, sylviculture et pêche	**10.2**	**-3.4**	**57.4**	**57.9**	**-24.5**	**-1.9**	**.. d**	**.. d**	**.. d**	**2.7**
Industries extractives	**-26.4**	**-6.3**	**-8.4**	**-13.0**	**1.4**	**-2.1**	**.. d**	**.. d**	**.. d**	**0.8**
Activités d'extraction	.. c	.. c	.. c	.. c	.. c	-	-	-	-	-
Activités de fabrication	**-690.3**	**453.4**	**-487.4**	**525.8**	**35.7**	**-0.5**	**-0.2**	**-36.7**	**0.4**	**22.0**
dont :										
Produits alimentaires, boissons et tabac	39.1	258.4	-109.1	69.0	34.2	.. d	1.0	4.2	5.9	4.3
Textiles, bois, papier, imprimerie	59.1	18.0	-51.4	82.9	58.2	-8.5	-1.9	0.3	-5.1	-1.7
Produits pétroliers, chimiques, pharmaceutiques, caoutchouc, plastique, minéraux	-903.2	92.1	-357.4	250.2	-213.0	5.8	5.2	-51.9	-0.9	16.1
Ouvrages en métaux et machines, sauf matériels électriques	68.8	14.6	47.1	64.8	22.1	5.4	-0.6	5.6	6.9	0.2
Automobiles, remorques, semi-remorques, autres matériels de transport	53.4	72.7	-94.3	2.6	103.5	.. c	.. c	.. d	.. c	0.0
Autres activités de fabrication	-7.5	-2.4	77.6	56.4	30.6	-0.3	.. d	.. d	.. d	3.0
Production et distribution d'électricité, de gaz, de vapeur et de climatisation	**.. d**	**-7.2**	**0.4**	**4.2**	**.. d**	**-14.9**	**.. d**	**.. d**	**.. d**	**.. d**
Distribution de l'eau ; assainissement, traitement des déchets et dépollution	**.. d**	**-6.5**	**-0.7**	**7.2**	**.. d**	**0.0**	**.. d**	**.. d**	**.. d**	**.. d**
Construction	**49.5**	**34.9**	**82.7**	**37.2**	**-96.5**	**-46.7**	**14.4**	**33.0**	**7.3**	**5.7**
Services	**823.5**	**558.0**	**765.0**	**383.0**	**1 096.4**	**68.5**	**344.9**	**58.9**	**64.3**	**625.7**
Commerce de gros et de détail ; réparations automobiles et motocycles	103.2	67.0	229.5	149.4	193.7	68.6	115.5	70.7	78.1	305.0
Transport et entreposage	82.5	18.0	21.2	14.2	49.7	-93.6	-54.0	7.1	32.3	54.2
Activités d'hébergement et de restauration	0.7	1.0	-12.0	18.7	-10.8	0.9	.. d	1.2	-2.5	1.9
Information et communication	-548.2	426.0	50.6	7.7	23.5	-7.3	31.2	8.9	-3.7	24.0
Activités financières et d'assurances	980.7	-8.3	325.1	-94.0	184.8	-12.7	50.7	32.8	69.2	-233.0
Activités des sociétés holding	660.1	-181.0	.. d	-327.8	-50.5	34.4	9.4	43.6	1.7	53.5
Activités immobilières	50.6	91.5	27.1	51.5	89.4	69.0	23.3	-60.0	47.9	16.8
Activités professionnelles, scientifiques et techniques	184.1	-50.3	115.2	196.3	511.6	39.5	160.4	-54.7	-188.9	473.8
Activités de services administratifs et d'appui	-30.5	6.0	6.0	31.0	55.6	2.5	20.4	37.8	29.4	-13.5
Administration publique; activités des ménages et des organismes extra-territoriaux	- d	- d	-	-	-	-	- d	- d	- d	-
Éducation	.. d	.. d	-0.1	-0.2	0.1	.. c	-	.. d	1.6	-3.5
Santé humaine et action sociale	-1.2	1.2	-0.5	5.6	3.2	.. c	-0.2	.. d	0.2	0.1
Arts, spectacles et loisirs	2.1	4.5	2.9	2.9	-5.3	.. c	.. c	.. d	0.7	.. d
Autres services	-0.3	1.0	0.1	-0.1	0.7	.. d	0.2	.. d	.. d	-0.5
Not allocated and confidential	**.. d**	**0.0**	**-**	**0.0**	**- d**	**0.0**	**.. d**	**.. d**	**.. d**	**- d**
Activités immobilières privées	**43.3**	**30.9**	**27.0**	**25.1**	**62.2**	**6.7**	**6.4**	**2.4**	**3.7**	**-0.1**

- Néant ; .. Non disponible ; c Donnée confidentielle ; d Confidentialité Secondaire

Note : Voir les métadonnées détaillées sur : *http://stats.oecd.org/OECDStat_Metadata/ShowMetadata.ashx?Dataset=FDI_CTRY_IND_SUMM&lang=fr.*

Source : Statistiques de l'OCDE sur l'investissement direct international (base de données) : https://doi.org/10.1787/idi-data-fr

Tableau 5. Encours des investissement directs étrangers par secteur industriel

En fin d'année

Millions de dollars des ÉU

	Entrant					Sortant				
	2014	2015	2016	2017	2018	2014	2015	2016	2017	2018
All FDI activities	**16 700.4**	**15 846.1**	**16 047.7**	**19 555.1**	**19 500.5**	**3 516.1**	**3 532.5**	**3 542.6**	**4 137.5**	**4 642.8**
Agriculture, sylviculture et pêche	**191.6**	**173.8**	**238.1**	**359.1**	**332.5**	**-1.9**	**-4.2**	**28.8**	**32.6**	**33.8**
Industries extractives	**99.6**	**79.0**	**66.4**	**65.1**	**61.7**	**0.0**	**6.2**	**-0.5**	**-1.1**	**-0.3**
Activités d'extraction	.. c	.. c	.. c	.. c	.. c	-	-	-	-	-
Activités de fabrication	**3 006.4**	**3 076.7**	**2 579.6**	**3 500.7**	**3 353.5**	**508.2**	**488.0**	**397.6**	**422.6**	**443.4**
dont :										
Produits alimentaires, boissons et tabac	365.8	586.8	511.9	653.7	638.5	3.0	13.0	27.6	23.3	35.9
Textiles, bois, papier, imprimerie	488.2	439.7	386.7	535.5	577.0	16.0	11.0	5.5	1.7	3.1
Produits pétroliers, chimiques, pharmaceutiques, caoutchouc, plastique, minéraux	1 441.2	1 321.5	977.8	1 367.6	1 077.8	448.4	429.7	328.3	356.6	339.7
Ouvrages en métaux et machines, sauf matériels électriques	172.1	169.1	198.7	304.2	345.6	20.0	14.7	21.0	29.3	29.9
Automobiles, remorques, semi-remorques, autres matériels de transport	162.1	213.4	107.2	125.2	203.2	-	12.6	.. c	9.3	9.0
Autres activités de fabrication	377.1	346.3	397.3	514.4	511.4	20.8	7.0	.. d	2.3	25.8
Production et distribution d'électricité, de gaz, de vapeur et de climatisation	**326.3**	**294.2**	**297.5**	**337.1**	**304.3**	**-0.1**	**-0.9**	**2.1**	**0.9**	**23.2**
Distribution de l'eau ; assainissement, traitement des déchets et dépollution	**19.8**	**1.9**	**3.6**	**13.9**	**11.8**	**2.7**	**-0.7**	**0.2**	**-2.2**	**-2.5**
Construction	**415.5**	**393.2**	**467.1**	**603.9**	**469.6**	**13.6**	**32.7**	**63.6**	**75.8**	**75.6**
Services	**12 275.9**	**11 471.9**	**12 007.5**	**14 190.6**	**14 431.3**	**2 896.0**	**2 916.8**	**2 956.2**	**3 497.5**	**3 963.5**
Commerce de gros et de détail ; réparations automobiles et motocycles	1 728.4	1 653.7	1 854.2	2 277.1	2 284.9	354.0	560.8	603.6	809.9	1 063.1
Transport et entreposage	378.5	359.2	391.5	452.6	455.4	96.0	24.0	28.5	70.1	119.3
Activités d'hébergement et de restauration	73.8	71.9	44.2	72.5	129.4	6.8	2.3	1.9	0.0	2.9
Information et communication	928.0	1 229.7	1 134.2	1 287.8	1 309.8	57.9	81.8	101.1	95.0	117.0
Activités financières et d'assurances	5 447.0	4 628.8	5 037.3	5 729.0	5 508.2	439.5	373.4	939.2	1 200.4	926.1
Activités des sociétés holding	1 317.9	925.5	1 520.2	1 410.9	1 332.7	317.9	243.0	294.2	386.1	411.0
Activités immobilières	2 199.1	2 211.3	2 126.3	2 544.8	2 464.2	175.1	263.8	213.5	256.2	257.5
Activités professionnelles, scientifiques et techniques	1 186.9	1 019.4	1 093.7	1 424.5	1 863.1	1 747.0	1 544.5	938.8	896.1	1 337.7
Activités de services administratifs et d'appui	289.2	248.2	276.3	332.6	358.0	21.3	67.4	112.8	147.8	126.3
Administration publique; activités des ménages et des organismes extra-territoriaux	-	-	-	-	-	-	-	-	-	-
Éducation	1.5	1.6	0.8	0.9	1.0	0.5	0.1	14.4	17.8	12.0
Santé humaine et action sociale	24.8	26.1	23.4	41.3	37.4	1.0	0.7	0.5	0.9	0.8
Arts, spectacles et loisirs	17.1	19.5	22.1	24.3	16.8	-3.5	-2.8	1.8	3.3	1.5
Autres services	1.7	2.4	3.2	3.3	3.3	0.5	0.6	0.1	0.1	-0.7
Not allocated and confidential	**0.0**	-	-	-	-	-	-	-	**0.0**	-
Activités immobilières privées	**365.3**	**355.3**	**387.9**	**484.8**	**535.8**	**97.6**	**94.5**	**94.6**	**111.4**	**106.2**

- Néant ; .. Non disponible ; c Donnée confidentielle ; d Confidentialité Secondaire

Note : Voir les métadonnées détaillées sur : *http://stats.oecd.org/OECDStat_Metadata/ShowMetadata.ashx?Dataset=FDI_CTRY_IND_SUMM&lang=fr.*

Source : Statistiques de l'OCDE sur l'investissement direct international (base de données) : https://doi.org/10.1787/idi-data-fr

Tableau 6. Revenus des investissements directs étrangers par secteur industriel

Millions de dollars des ÉU

	Entrant					Sortant				
	2014	2015	2016	2017	2018	2014	2015	2016	2017	2018
All FDI activities	**684.3**	**1 642.2**	**1 721.9**	**1 980.4**	**2 241.6**	**119.8**	**134.9**	**145.1**	**149.8**	**300.1**
Agriculture, sylviculture et pêche	**-3.9**	**-7.3**	**-2.8**	**16.7**	**-5.0**	**0.0**	**-0.1**	**-0.2**	**0.0**	**2.5**
Industries extractives	**-26.5**	**-19.3**	**1.2**	**-6.1**	**8.6**	**-**	**-0.1**	**-0.4**	**-0.5**	**0.8**
Activités d'extraction	.. c	.. c	.. c	.. c	.. c	-	-	-	-	-
Activités de fabrication	**-555.4**	**617.3**	**688.1**	**669.4**	**680.1**	**-0.5**	**4.0**	**4.3**	**-7.2**	**16.5**
dont :										
Produits alimentaires, boissons et tabac	68.0	50.1	45.8	50.4	34.8	1.5	-1.2	1.4	3.7	-1.6
Textiles, bois, papier, imprimerie	60.8	35.2	35.3	50.4	50.7	-10.0	-2.5	1.0	-1.9	-0.6
Produits pétroliers, chimiques, pharmaceutiques, caoutchouc, plastique, minéraux	-782.9	441.1	495.0	454.2	456.7	3.7	4.0	0.7	.. d	19.2
Ouvrages en métaux et machines, sauf matériels électriques	32.5	44.3	43.9	49.7	90.3	2.3	2.1	2.4	5.1	1.3
Automobiles, remorques, semi-remorques, autres matériels de transport	19.7	12.5	12.4	15.6	22.6	-	.. c	0.0	.. c	-0.1
Autres activités de fabrication	46.5	34.1	55.7	49.2	25.0	2.0	.. d	-1.3	.. d	-1.6
Production et distribution d'électricité, de gaz, de vapeur et de climatisation	**36.8**	**10.6**	**28.0**	**27.8**	**30.0**	**.. d**	**.. d**	**.. d**	**-0.3**	**-4.9**
Distribution de l'eau ; assainissement, traitement des déchets et dépollution	**14.3**	**2.5**	**0.9**	**2.8**	**1.1**	**.. c**	**.. c**	**.. d**	**1.1**	**0.9**
Construction	**35.5**	**15.5**	**48.5**	**57.7**	**32.6**	**-3.8**	**-0.2**	**7.3**	**1.5**	**6.9**
Services	**1 183.6**	**1 022.8**	**958.0**	**1 211.9**	**1 494.2**	**125.1**	**127.8**	**131.2**	**154.2**	**276.3**
Commerce de gros et de détail ; réparations automobiles et motocycles	196.3	132.0	211.5	249.4	300.5	33.4	44.0	57.3	31.7	84.2
Transport et entreposage	102.5	45.9	23.7	70.2	99.0	11.2	-2.8	12.9	18.8	10.8
Activités d'hébergement et de restauration	0.5	5.3	5.6	13.9	9.6	-0.5	-0.3	-1.1	-2.0	.. d
Information et communication	147.5	167.2	171.7	198.0	204.1	7.5	8.3	21.4	11.6	25.7
Activités financières et d'assurances	389.7	322.9	283.2	300.4	437.9	9.5	5.0	-5.7	1.8	7.2
Activités des sociétés holding	34.2	17.1	3.3	0.4	25.3	12.0	7.1	3.3	3.6	16.5
Activités immobilières	115.0	173.2	129.2	158.1	165.4	7.7	4.8	0.2	21.9	35.9
Activités professionnelles, scientifiques et techniques	170.7	130.1	84.1	175.7	188.8	41.8	70.0	32.8	52.2	104.8
Activités de services administratifs et d'appui	55.4	39.6	41.2	36.1	74.5	14.8	-0.3	13.6	16.6	8.8
Administration publique; activités des ménages et des organismes extra-territoriaux	-	-	-	-	-	-	-	- d	-	- d
Éducation	0.4	0.3	0.2	0.0	0.1	-	-	.. c	1.6	0.2
Santé humaine et action sociale	1.2	2.7	6.6	7.9	10.7	.. c	-	0.1	0.1	-
Arts, spectacles et loisirs	4.8	3.6	0.9	2.2	2.0	.. c	-1.1	-1.1	-0.1	.. d
Autres services	-0.4	-0.1	0.0	0.1	1.6	.. c	0.2	-0.2	-0.1	-0.6
Not allocated and confidential	**-**	**-**	**0.0**	**0.0**	**-**	**.. c**	**.. c**	**.. d**	**-**	**-**
Activités immobilières privées	**-**	**-**	**-**	**-**	**-**	**0.7**	**0.8**	**1.0**	**1.2**	**1.1**

- Néant ; .. Non disponible ; c Donnée confidentielle ; d Confidentialité Secondaire

Note : Voir les métadonnées détaillées sur : http://stats.oecd.org/OECDStat_Metadata/ShowMetadata.ashx?Dataset=FDI_CTRY_IND_SUMM&lang=fr.

Source : Statistiques de l'OCDE sur l'investissement direct international (base de données) : https://doi.org/10.1787/idi-data-fr

LUXEMBOURG

Tableau 1. Flux d'investissement direct étranger par pays

Millions de dollars des ÉU

	Entrant					Sortant				
	2014	2015	2016	2017	2018	2014	2015	2016	2017	2018
TOTAL MONDE	**204 201.9**	**606 571.3**	**210 228.9**	**89 655.1**	**-386 474.7**	**241 829.6**	**713 728.2**	**170 862.5**	**250 751.9**	**-365 790.2**
Pays membres de l'OCDE	**156 258.5**	**582 746.5**	**142 000.4**	**-328 496.2**	**-264 916.8**	**196 162.9**	**710 400.4**	**101 990.5**	**239 864.7**	**-336 020.3**
Australie	3 010.5	8 012.2	207.9	540.0	1 077.5	624.9	5 399.9	1 346.9	-1 510.5	-1 163.7
Autriche	2 207.8	1 084.9	194.6	1 010.0	44.8	2 880.5	1 211.3	1 102.5	489.2	2 194.0
Belgique	6 308.9	-4 607.9	-4 462.0	36 783.9	-12 072.5	29 806.3	-27 860.2	-11 571.4	11 041.6	-4 919.2
Canada	19 310.1	19 727.1	26 750.0	13 386.3	6 554.9	5 557.9	-4 548.0	10 619.3	384.4	12 348.6
Chili	-14.6	-389.4	82.9	-147.7	20.1	510.8	-1 130.3	1 234.1	-1 170.1	643.2
République Tchèque	2 551.4	-87.6	-185.8	-219.8	-2 006.4	8 104.0	1 456.5	1 848.9	5 100.9	-1 940.3
Danemark	84.9	569.1	331.7	90.2	4 297.2	1 539.1	986.1	1 819.1	-543.3	2 014.6
Estonie	10.6	-256.2	26.5	10.1	-4.7	29.2	-7.8	14.4	-10.1	420.2
Finlande	318.4	1 157.0	130.5	-1 606.4	-429.6	67.7	-195.2	9 544.4	1 994.1	1 530.7
France	10 301.2	9 516.4	-18 427.5	1 003.3	803.7	38 442.4	8 761.0	8 332.4	2 212.8	20 478.0
Allemagne	14 557.5	4 713.3	3 671.3	18 023.9	-5 214.2	8 602.9	5 026.1	11 283.9	2 154.2	456.7
Grèce	78.3	24.4	48.7	-12.4	64.9	-463.0	274.0	-337.3	-119.5	489.8
Hongrie	3 143.2	11 074.9	-13 275.5	-24 134.8	93.2	-717.8	-1 253.5	21 430.9	-2 973.7	-28 429.1
Islande	-743.0	-3 372.2	3 081.9	-845.5	745.9	211.0	-1 318.9	-3 072.0	275.1	1 095.2
Irlande	50 127.4	218 776.5	90 021.0	-41 249.0	-60 762.4	-15 794.1	133 454.2	16 661.5	369 546.8	-5 696.9
Israël[1]	155.2	216.3	123.9	316.8	-881.6	1 194.1	-250.7	-179.1	126.3	1 172.0
Italie	2 831.4	71.0	27 740.8	9 585.2	-1 321.8	6 090.0	1 868.0	-564.0	2 446.2	-8 536.5
Japon	3 049.0	555.7	368.2	-790.2	839.1	2 284.7	51.0	-3.3	57.5	1 500.1
Corée	1 021.6	-32.2	68.6	94.7	-211.3	814.6	379.4	92.9	332.5	50.7
Lettonie	-11.9	255.1	22.1	-63.1	-11.8	25.2	17.7	2.2	-34.9	-4.7
Lituanie	-11.9	13.3	-230.0	-3.4	-4.7	-4.0	43.3	10.0	-116.1	140.4
Luxembourg	-	-	-	-	-	-	-	-	-	-
Mexique	2 581.9	-1 921.2	-1 019.6	-1 306.5	61.4	5 086.9	2 022.2	-677.9	-1.1	-872.2
Pays-Bas	55 948.0	-15 783.7	27 296.3	-49 797.1	-128 018.4	34 446.1	45 895.7	55 690.6	63 971.4	-78 058.5
Nouvelle-Zélande	309.1	898.5	-293.0	-2 059.5	-828.5	240.1	799.8	-600.5	-242.4	-38.9
Norvège	1 762.0	2 177.5	1 788.1	339.3	-997.3	-39.8	1 417.6	-559.5	166.8	-786.0
Pologne	1 403.7	-1 419.9	-224.5	900.7	-1 222.7	3 127.2	-3 245.7	1 797.0	6 017.4	817.9
Portugal	1 338.7	-848.6	74.1	38.3	702.2	14 887.9	6 672.2	-346.1	-399.1	1 418.6
République slovaquie	437.8	-7.8	-529.7	-151.1	-542.9	2 405.5	147.5	-644.7	299.9	-33.0
Slovénie	-14.6	32.2	31.0	68.8	-9.4	88.9	198.6	158.1	89.1	528.7
Espagne	2 685.4	1 559.6	9 394.0	-1 210.7	-2 509.1	14 941.0	-575.7	13 300.9	10 268.3	10 609.0
Suède	3 960.5	-3 662.8	-1 908.7	-1 899.4	2 705.1	3 395.3	5 080.4	4 845.7	-2 218.5	-4 876.7
Suisse	25 807.4	3 142.5	10 995.2	-13 163.1	-16 059.2	3 799.9	56 767.6	13 964.4	34 755.9	-22 740.5
Turquie	143.3	-261.8	179.1	-489.2	118.0	1 157.0	2 086.5	-739.8	-1 166.7	-323.4
Royaume-Uni	-67 114.2	135 211.3	-26 024.5	-27 654.2	5 477.4	-28 622.8	274 218.5	-20 537.4	45 856.2	-90 308.0
Etats-Unis	8 703.7	196 877.4	5 721.6	-243 887.9	-55 413.7	51 466.1	196 612.3	-33 263.3	-307 328.4	-145 201.2
EUROPE	**140 164.5**	**381 520.8**	**99 697.0**	**-109 883.9**	**-238 252.1**	**159 816.9**	**508 505.8**	**134 731.8**	**518 018.3**	**-202 223.5**
Bulgarie	-21.2	-2.2	44.2	-3.4	9.4	-91.5	175.3	56.4	25.9	642.0
Croatie	-1.3	7.8	-76.3	-1.1	1.2	88.9	341.7	-10.0	408.1	153.4
Chypre[2, 3]	282.6	-3 690.5	-890.2	-487.0	1 061.0	2 929.5	-2 756.5	-4 280.7	-21 696.5	-8 213.1
Malte	1 943.7	-3 053.8	3 080.8	986.4	-2 513.9	6 539.7	-681.1	-105.1	3 173.3	221.9
Roumanie	378.1	8.9	142.7	31.6	-3.5	356.9	307.3	345.0	281.8	-74.4
Russie	-1 410.4	18 485.9	-277.6	-3 753.8	7 794.2	812.0	308.4	-65.2	-8 096.0	-2 441.9
Ukraine	..	..	..	..	..	..	..	..	..	..
AFRIQUE	**1 130.4**	**-1 789.2**	**-915.6**	**1 081.1**	**164.1**	**2 390.9**	**-22.2**	**-17 328.3**	**-3 080.8**	**-915.9**
Afrique septentrionale	79.6	590.1	-24.3	-7.9	146.3	26.5	145.3	246.6	-2 447.3	53.1
Algérie	..	..	..	..	..	..	..	..	..	..
Egypte	61.0	535.8	-1.1	-11.3	-10.6	17.2	62.1	192.4	1 077.7	30.7
Libye	..	..	..	..	..	..	..	..	..	..
Maroc	8.0	51.0	23.2	-4.5	99.1	180.4	69.9	67.5	-3 520.5	14.2
Tunisie	..	..	..	..	..	..	..	..	..	..
Autres pays africains	1 052.1	-2 378.3	-892.4	1 088.9	16.5	2 364.3	-166.4	-17 574.9	-633.5	-969.0
Nigéria	-	2.2	-3.3	-2.3	-18.9	-112.8	1.1	8.8	28.2	3.5
Afrique du Sud	10.6	-468.1	-31.0	41.7	-1 921.4	1 922.5	-319.5	-15 902.9	-844.3	-256.1
AMÉRIQUE	**60 191.1**	**212 503.6**	**40 339.5**	**189 918.8**	**-137 618.3**	**61 992.8**	**205 714.9**	**-8 946.1**	**-333 699.7**	**-98 458.6**
Amérique du Nord	28 013.8	216 604.5	32 471.5	-230 500.5	-48 858.7	57 024.0	192 065.4	-22 645.1	-306 944.0	-132 852.6
Amérique du Nord	32 251.6	-11 772.6	10 003.3	424 235.1	-94 067.0	5 292.6	12 087.6	3 278.8	-28 145.6	30 725.8
Bahamas	..	..	..	..	..	..	..	..	..	..
Bermudes	..	..	..	..	..	..	..	..	..	..
Îles Cayman	..	..	..	..	..	..	..	..	..	..
Costa Rica	..	..	..	..	..	..	..	..	..	..
El Salvador	..	..	..	..	..	..	..	..	..	..
Guatemala	..	..	..	..	..	..	..	..	..	..
Honduras	..	..	..	..	..	..	..	..	..	..
Nicaragua	..	..	..	..	..	..	..	..	..	..
Panama	..	..	..	..	..	..	..	..	..	..
Îles Vierges, US	..	..	..	..	..	..	..	..	..	..
Amérique du Sud	-73.0	7 670.5	-2 134.2	-3 815.8	5 306.3	-323.7	1 561.8	10 420.2	1 391.0	3 668.1
Argentine	-19.9	-38.8	39.8	-28.2	-31.9	1.3	290.6	-305.2	375.4	-203.0
Bolivie	..	..	..	..	..	..	..	..	..	..
Brésil	256.1	8 196.3	-2 248.1	-2 670.5	1 791.6	-1 801.8	-326.1	8 030.5	3 346.9	2 293.2
Colombie	..	..	..	..	..	..	..	..	..	..
Equateur	..	..	..	..	..	..	..	..	..	..
Paraguay	..	..	..	..	..	..	..	..	..	..
Pérou	..	..	..	..	..	..	..	..	..	..
Uruguay	-1.3	-322.8	-267.6	-1 641.3	3 788.5	648.8	1 218.0	-69.7	-288.6	403.6
Venezuela	-43.8	10.0	3.3	11.3	-	-350.3	38.8	10.0	20.3	-21.2
ASIE	**-745.7**	**5 642.8**	**71 597.9**	**9 776.8**	**-10 981.9**	**16 397.8**	**-6 675.5**	**61 707.4**	**71 241.1**	**-62 851.4**

LUXEMBOURG

Tableau 1. Flux d'investissement direct étranger par pays (*suite*)

Millions de dollars des ÉU

	Entrant					Sortant				
	2014	2015	2016	2017	2018	2014	2015	2016	2017	2018
Proche et Moyen Orient	-1 946.4	10 690.0	-2 177.4	5 608.2	330.5	1 505.9	48.8	6 746.7	1 147.6	-3 528.9
Pays du Golfe	-2 004.8	10 247.4	-2 265.8	5 139.2	1 175.5	-124.7	174.2	6 409.4	583.9	-4 853.1
Koweït	..	..	..	..	..	..	..	..	..	..
Qatar	..	..	..	..	..	..	..	..	..	..
Arabie saoudite	..	..	..	..	..	..	..	..	..	..
Emirats Arabes Unis	..	..	..	..	..	..	..	..	..	..
Autres pays du Proche et Moyen Orient	58.4	442.6	88.5	468.9	-845.0	1 630.6	-124.2	337.3	564.8	1 325.4
Jordanie	..	..	..	..	..	..	..	..	..	..
Autres pays asiatiques	1 200.7	-5 047.1	73 775.3	4 168.6	-11 312.4	14 890.5	-6 725.5	54 960.7	70 092.4	-59 322.6
Chine	241.5	3 224.6	1 714.0	-4 019.8	2 355.7	-1 752.7	-84.3	1 239.6	-296.5	984.3
Hong Kong, Chine	-168.5	-11 713.8	3 968.8	49 342.8	1 310.0	7 691.4	-6 026.6	13 272.1	17 158.2	-710.5
Inde	175.1	-1 592.9	1 285.0	-111.6	-7.1	21.2	450.4	-801.7	976.2	-5.9
Indonesie	-18.6	-178.6	3 266.6	-53.0	94.4	452.4	91.0	280.9	125.1	70.8
République islamique d'Iran	..	..	..	..	..	..	..	..	..	..
Malaisie	108.8	3 015.0	-157.0	39.5	316.3	127.4	-379.4	-1 583.5	96.9	101.5
Philippines	-29.2	-17.7	44.2	-6.8	-	-17.2	-25.5	-32.1	-22.5	-9.4
Singapour	-2 976.0	1 900.2	62 401.9	-39 960.5	-15 987.3	4 561.5	-1 466.4	41 560.3	50 418.2	-61 288.8
Taipei Chinois	17.2	-28.8	-32.1	13.5	-49.6	366.2	7.8	13.3	58.6	46.0
Thaïlande	-79.6	58.8	1 037.3	-263.8	40.1	360.9	64.3	82.9	308.9	13.0
Viet Nam	..	..	..	..	..	..	..	..	..	..
AUSTRALIE, OCÉANIE ET RÉGIONS POLAIRES	**3 461.6**	**8 692.2**	**-491.0**	**-1 237.7**	**214.8**	**1 231.3**	**6 205.2**	**697.8**	**-1 727.0**	**-1 340.7**
TOTAL MONDE non alloué et confidentiel	**-**	**1.1**	**1.1**	**-**	**-1.2**	**-**	**-**	**-**	**-**	**-**
Union européenne (UE28)	**93 720.3**	**350 654.5**	**96 017.9**	**-79 959.4**	**-201 386.8**	**133 100.7**	**449 558.5**	**109 844.1**	**497 263.0**	**-188 974.4**
Pays du G20 hors Union Européenne	..	..	..	..	..	..	..	..	..	..
Pays OCDE du G20	**-1 604.1**	**372 469.2**	**19 235.9**	**-231 494.8**	**-47 228.8**	**91 504.6**	**491 876.9**	**-24 110.4**	**-256 563.0**	**-211 570.9**
Pays non-OCDE du G20	..	..	..	..	..	..	..	..	..	..
Pays MENA	..	..	..	..	..	..	..	..	..	..
Pays ANASE	**-3 062.2**	**4 777.6**	**66 591.8**	**-40 330.3**	**-15 550.6**	**5 303.2**	**-1 723.8**	**41 298.2**	**51 882.5**	**-61 182.6**

- Néant ; .. Non disponible

Note : Voir les métadonnées détaillées sur : *http://stats.oecd.org/OECDStat_Metadata/ShowMetadata.ashx?Dataset=FDI_CTRY_IND_SUMM&lang=fr*.

1. Informations sur les données concernant Israël : *http://oe.cd/israel-disclaimer*.
2. Note de la Turquie : Les informations figurant dans ce document et faisant référence à « Chypre » concernent la partie méridionale de l'île. Il n'y a pas d'autorité unique représentant à la fois les Chypriotes turcs et grecs sur l'île. La Turquie reconnaît la République Turque de Chypre Nord (RTCN). Jusqu'à ce qu'une solution durable et équitable soit trouvée dans le cadre des Nations Unies, la Turquie maintiendra sa position sur la « question chypriote ».
3. Note de tous les États de l'Union européenne membres de l'OCDE et del'Union européenne : La République de Chypre est reconnue par tous les membres des Nations Unies sauf la Turquie. Les informations figurant dans ce document concernent la zone sous le contrôle effectif du gouvernement de la République de Chypre.

Source : Statistiques de l'OCDE sur l'investissement direct international (base de données) : https://doi.org/10.1787/idi-data-fr

Tableau 2. Encours des investissements directs étrangers par pays

En fin d'année

Millions de dollars des ÉU

	Entrant					Sortant				
	2014	2015	2016	2017	2018	2014	2015	2016	2017	2018
TOTAL MONDE	**3 258 954.0**	**3 705 702.8**	**3 812 960.9**	**4 289 898.1**	**3 758 983.3**	**3 975 378.6**	**4 516 753.4**	**4 603 600.7**	**5 140 522.9**	**4 602 940.2**
Pays membres de l'OCDE	**2 397 774.7**	**2 872 659.8**	**2 940 050.6**	**2 842 351.9**	**2 529 452.7**	**3 460 972.9**	**4 027 277.1**	**4 083 565.9**	**4 528 400.1**	**4 094 139.0**
Australie	-1 138.8	6 773.0	7 031.7	8 064.3	8 579.1	10 010.3	14 957.0	15 499.1	17 489.8	17 388.4
Autriche	6 588.9	8 668.5	8 696.1	11 373.2	9 958.8	14 478.1	14 314.6	14 535.7	16 966.9	17 609.3
Belgique	97 306.5	93 423.0	84 242.6	132 145.6	119 768.7	177 366.7	130 850.3	121 490.5	143 456.5	123 047.9
Canada	186 919.2	195 659.2	205 626.6	219 531.1	223 256.2	113 637.3	94 957.0	94 844.5	102 013.7	105 807.2
Chili	520.8	124.1	208.7	61.2	80.1	2 580.0	1 388.1	2 371.7	659.6	679.0
République Tchèque	995.6	813.3	608.2	472.5	-1 275.5	10 846.8	10 419.2	11 122.6	19 185.7	17 000.2
Danemark	3 183.4	1 576.5	1 329.2	1 193.3	4 574.1	12 365.6	11 636.4	13 318.2	13 714.3	13 960.4
Estonie	282.9	24.0	49.5	64.8	37.8	170.0	148.1	132.8	136.7	532.4
Finlande	343.6	1 470.9	1 559.0	100.7	-162.6	10 888.0	2 521.5	11 487.3	14 239.6	15 811.8
France	11 526.7	18 952.6	-75.9	2 699.7	-2 202.9	109 310.3	107 695.2	110 270.9	129 072.9	138 110.8
Allemagne	73 988.5	74 818.7	77 649.4	108 521.2	102 180.0	123 415.7	116 448.6	126 991.7	145 809.5	142 760.5
Grèce	122.6	86.0	143.4	170.3	202.7	5 020.3	4 252.6	3 824.2	4 161.7	4 439.0
Hongrie	29 792.8	38 949.4	25 331.5	479.7	380.1	19 851.7	16 308.1	37 760.1	36 382.8	8 918.0
Islande	339.9	-3 075.7	-41.1	-929.5	-174.0	8 615.3	6 497.6	2 909.2	3 499.6	4 460.7
Irlande	215 675.2	428 173.1	515 381.0	520 647.6	455 170.6	211 936.9	348 204.7	358 916.4	734 654.6	731 323.6
Israël[1]	-559.7	-72.9	125.4	427.0	-429.4	4 165.6	2 366.9	2 331.6	2 164.8	3 531.0
Italie	-6 330.3	-5 630.9	20 633.5	31 939.3	29 949.6	77 360.0	76 620.6	75 576.1	87 044.9	76 710.6
Japon	3 990.7	3 279.3	3 789.4	3 972.2	4 402.3	6 269.6	5 626.6	5 147.0	5 316.6	6 581.2
Corée	-1 518.8	-1 854.1	-1 992.2	-1 982.5	-2 200.6	604.6	878.6	940.2	1 384.0	1 406.0
Lettonie	-257.4	-5.4	14.8	-49.2	-58.4	103.2	112.1	126.5	103.1	100.8
Lituanie	530.6	487.8	-4.2	-7.2	-12.6	142.1	156.8	162.3	66.0	206.1
Luxembourg	-	-	-	-	-	-	-	-	-	-
Mexique	-4 027.2	-5 456.7	-5 941.8	-7 010.1	-6 941.8	13 894.2	14 838.3	15 755.2	15 616.5	14 764.1
Pays-Bas	520 318.3	493 296.7	500 100.1	481 716.2	352 722.7	681 876.2	676 733.8	728 111.1	840 130.7	712 597.9
Nouvelle-Zélande	2 362.6	6 236.3	5 479.1	4 892.1	4 349.7	451.6	1 211.8	627.2	379.0	290.8
Norvège	2 822.8	4 385.4	5 720.5	6 851.8	5 549.6	12 295.2	12 623.8	11 853.1	12 913.2	12 259.0
Pologne	4 101.2	4 186.2	2 191.4	3 889.4	1 931.5	20 177.1	16 971.1	16 684.9	23 876.2	23 597.4
Portugal	3 048.6	2 347.3	2 173.5	2 126.4	2 966.6	15 188.4	20 634.7	19 774.4	22 664.9	24 016.5
République slovaquie	-339.9	-313.6	-807.4	-1 080.6	-1 558.3	4 883.1	4 535.7	3 586.0	4 352.4	4 071.4
Slovénie	-83.8	-42.5	-11.6	60.0	28.6	275.6	411.5	523.9	664.4	1 124.3
Espagne	-12 332.8	-10 545.5	-3 170.7	-5 140.3	-5 367.5	58 444.3	53 882.4	60 198.2	73 761.1	83 558.5
Suède	25 390.5	20 843.8	15 429.5	15 202.7	15 306.8	45 850.5	48 414.8	50 808.5	46 409.2	40 302.3
Suisse	108 823.4	107 589.5	123 804.2	120 605.7	95 764.8	310 442.9	372 522.6	386 257.0	429 583.8	392 137.6
Turquie	229.5	-116.5	3.2	-399.4	-262.2	9 276.9	9 947.7	10 836.9	10 127.1	5 283.9
Royaume-Uni	429 623.9	538 447.5	490 215.0	512 064.0	495 502.6	495 405.0	772 187.3	728 330.3	855 159.5	732 942.5
Etats-Unis	695 806.8	849 644.0	854 554.7	669 667.8	617 435.3	873 620.2	1 056 271.1	1 040 621.9	715 303.4	616 807.9
EUROPE	**1 849 320.8**	**2 155 923.8**	**2 178 883.7**	**2 268 923.0**	**1 972 110.1**	**2 704 486.7**	**3 080 775.2**	**3 157 912.9**	**3 888 943.4**	**3 541 797.6**
Bulgarie	-58.3	-55.5	-10.5	-15.6	-5.7	513.6	627.1	754.7	865.9	1 946.4
Croatie	-51.0	-38.1	-110.7	-128.3	-121.4	1 816.3	2 096.9	2 035.4	2 717.7	2 702.1
Chypre[2, 3]	18 380.3	13 478.5	12 652.1	13 130.2	11 730.0	112 062.6	110 145.9	108 172.2	85 556.5	76 943.0
Malte	13 875.9	10 361.5	12 114.5	14 007.0	11 463.2	18 908.4	13 832.3	13 913.8	17 107.2	15 439.7
Roumanie	-38.9	-159.0	-11.6	20.4	-18.3	1 056.3	1 350.0	1 584.3	1 954.9	1 757.5
Russie	-59 098.7	-39 469.8	-41 404.0	-39 601.8	-32 259.0	23 728.4	21 405.6	20 643.0	15 133.1	12 268.1
Ukraine	-91.1	-44.6	-40.1	-16.8	-16.0	432.2	481.2	561.8	710.0	559.9
AFRIQUE	**2 584.8**	**868.8**	**-1 516.8**	**-428.2**	**-695.0**	**27 357.3**	**27 155.1**	**10 512.3**	**11 516.0**	**10 658.3**
Afrique septentrionale	-223.4	331.0	307.8	315.4	435.1	1 052.6	1 218.3	939.2	1 770.2	2 031.1
Algérie	64.3	56.6	62.2	78.0	79.0	23.1	16.3	11.6	10.8	8.0
Egypte	-424.9	103.4	113.8	103.1	91.6	775.8	878.6	578.7	1 527.9	1 450.7
Libye	-	-	-48.5	-55.2	-	-	-	-	-	-
Maroc	138.4	172.0	180.2	190.7	264.5	236.7	296.1	325.7	215.9	554.2
Tunisie	-	-1.1	-1.1	-	-	15.8	27.2	23.2	15.6	19.5
Autres pays africains	2 808.2	537.8	-1 824.6	-743.6	-1 130.1	26 304.7	25 936.9	9 573.1	9 745.7	8 627.2
Nigéria	-9.7	-6.5	-9.5	-13.2	-33.2	68.0	38.1	40.1	64.8	63.0
Afrique du Sud	1 361.0	1 018.0	539.7	368.2	-2 001.4	21 489.6	21 051.7	6 240.1	5 823.9	4 984.0
AMÉRIQUE	**1 294 522.0**	**1 432 650.0**	**1 452 071.3**	**1 814 172.5**	**1 596 997.9**	**1 152 185.8**	**1 318 975.5**	**1 308 018.3**	**1 023 541.6**	**903 820.7**
Amérique du Nord	882 726.0	1 045 303.2	1 060 181.3	889 200.0	840 691.6	987 257.6	1 151 228.1	1 135 465.4	817 315.9	722 616.2
Amérique du Nord	410 159.4	379 516.6	385 655.1	921 855.4	751 543.4	102 952.0	109 065.9	105 306.2	126 739.0	113 323.8
Bahamas	56 925.5	39 407.7	42 337.9	52 796.8	50 043.5	-976.1	-1 223.7	-983.5	612.9	562.2
Bermudes	195 589.1	185 045.2	188 839.5	557 113.2	510 406.5	53 362.1	73 261.8	66 579.5	81 220.9	57 271.6
Îles Cayman	110 365.3	103 854.1	93 280.3	236 533.9	126 014.4	31 739.0	18 886.2	16 833.6	17 592.9	16 662.5
Costa Rica	-4.9	-3.3	-2.1	-3.6	-3.4	187.0	368.0	360.5	361.0	1 327.0
El Salvador	-2.4	3.3	79.1	90.0	139.7	24.3	156.8	152.8	18.0	18.3
Guatemala	-	-4.4	13.7	19.2	18.3	46.1	450.7	404.8	28.8	53.8
Honduras	103.2	-3.3	-	-	-	31.6	24.0	25.3	32.4	33.2
Nicaragua	-46.1	-2.2	-3.2	-2.4	-	7.3	7.6	-	73.2	73.3
Panama	1 021.1	1 922.7	5 080.6	4 718.2	3 722.2	1 538.3	1 706.0	2 214.6	984.6	934.3
Îles Vierges, US	25.5	-	-	-2.4	-17.2	4.9	-	218.2	492.9	9 448.1
Amérique du Sud	1 636.6	7 830.2	6 234.8	3 117.1	4 763.0	61 976.2	58 680.5	67 246.8	79 485.5	67 880.7
Argentine	-69.2	-101.3	-44.3	-82.8	-117.9	6 586.5	4 075.1	5 092.2	4 859.7	4 781.3
Bolivie	-3.6	-3.3	6.3	10.8	12.6	103.2	108.9	112.8	110.3	69.8
Brésil	2 628.5	9 347.9	7 648.4	5 711.2	4 068.0	47 246.7	46 386.5	52 078.6	67 281.1	54 974.8
Colombie	-259.8	-46.8	22.1	624.9	121.4	860.8	937.4	834.8	916.3	1 107.2
Equateur	-1.2	-	-	-6.0	-6.9	26.7	32.7	36.9	39.6	421.3
Paraguay	1.2	-4.4	-13.7	-14.4	-14.9	163.9	164.4	161.3	218.3	218.7
Pérou	-78.9	-78.4	108.6	206.3	442.0	1 500.6	1 910.7	3 336.1	2 798.0	2 839.5
Uruguay	-1 069.6	-1 386.0	-1 683.4	-3 392.9	177.5	2 859.2	3 650.5	3 192.8	2 140.8	2 325.4
Venezuela	-32.8	-21.8	-17.9	-1.2	-1.1	49.8	25.0	28.5	50.4	48.1
ASIE	**109 964.7**	**102 251.5**	**170 413.2**	**193 300.6**	**177 155.9**	**80 247.2**	**73 053.9**	**110 518.6**	**197 997.1**	**128 453.2**

Tableau 2. Encours des investissements directs étrangers par pays *(suite)*

En fin d'année

Millions de dollars des ÉU

	Entrant					Sortant				
	2014	2015	2016	2017	2018	2014	2015	2016	2017	2018
Proche et Moyen Orient	30 659.7	38 255.9	36 630.1	44 291.2	42 391.8	5 442.8	3 860.6	10 741.0	11 439.2	8 754.3
Pays du Golfe	30 651.2	37 613.5	35 879.6	43 059.5	42 040.3	-25.5	140.4	6 563.7	6 965.7	3 192.1
Koweït	-	-	-	-	-	-	2.2	-	3.6	3.4
Qatar	13 823.7	21 511.2	15 709.9	18 480.5	16 324.7	3.6	3.3	2.1	4.8	4.6
Arabie saoudite	1 742.2	1 550.4	2 633.1	4 258.8	4 224.9	88.6	99.1	127.5	133.1	123.7
Emirats Arabes Unis	14 340.9	13 627.7	16 474.1	17 777.6	17 793.7	-162.7	37.0	6 411.9	6 800.2	3 029.5
Autres pays du Proche et Moyen Orient	9.7	641.3	750.5	1 231.7	351.5	5 467.1	3 720.2	4 177.3	4 473.5	5 562.2
Jordanie	-	-	-	-1.2	-1.1	64.3	3.3	142.3	491.7	421.3
Autres pays asiatiques	79 305.0	63 995.6	133 782.0	149 008.2	134 764.1	74 804.3	69 193.3	99 777.6	186 557.9	119 698.9
Chine	2 310.4	4 829.6	6 291.8	4 878.9	7 107.9	9 671.5	9 304.3	10 090.7	10 030.0	11 219.4
Hong Kong, Chine	52 313.1	36 174.2	35 913.4	89 821.3	87 453.6	9 314.6	4 420.3	10 354.2	30 358.6	24 495.1
Inde	-8.5	-1 577.6	-301.5	-430.6	-403.0	2 366.3	2 911.3	2 871.3	4 170.1	3 581.4
Indonesie	-3 183.4	-3 362.0	-182.4	-241.1	-142.0	591.3	651.1	886.5	977.5	972.1
République islamique d'Iran	-	-	-	-	-	26.7	14.2	-	-	-
Malaisie	74.1	1 340.2	1 187.9	1 225.7	1 420.9	1 912.2	2 455.1	985.6	1 354.0	1 229.7
Philippines	-6.1	-22.9	20.0	13.2	12.6	163.9	170.9	153.9	141.5	114.5
Singapour	24 499.3	25 081.1	88 175.4	50 718.4	35 933.1	42 738.7	41 288.0	66 203.2	129 236.0	66 518.2
Taipei Chinois	29.1	-1.1	-34.8	-21.6	-68.7	316.9	327.7	328.9	373.0	348.1
Thaïlande	-75.3	-7.6	989.8	831.1	846.1	698.1	699.0	722.0	1 057.8	1 101.4
Viet Nam	-4.9	-4.4	-5.3	-8.4	-26.3	381.2	393.0	1 176.3	2 377.1	2 513.2
AUSTRALIE, OCÉANIE ET RÉGIONS POLAIRES	**2 560.5**	**14 008.7**	**13 110.6**	**13 931.4**	**13 414.2**	**11 101.7**	**16 793.7**	**16 639.6**	**18 524.8**	**18 209.3**
TOTAL MONDE non alloué et confidentiel	**1.2**	**-**	**-1.1**	**-1.2**	**-**	**-**	**-**	**-1.1**	**-**	**1.1**
Union européenne (UE28)	**1 435 583.4**	**1 733 611.3**	**1 766 311.8**	**1 845 603.3**	**1 603 094.8**	**2 229 711.6**	**2 561 511.2**	**2 620 192.9**	**3 320 218.3**	**3 011 528.5**
Pays du G20 hors Union Européenne	**1 334 752.4**	**1 646 751.2**	**1 626 674.4**	**1 521 928.5**	**1 450 175.2**	**1 944 573.0**	**2 376 312.5**	**2 322 843.9**	**2 192 746.5**	**1 951 467.8**
Pays OCDE du G20	**1 389 070.0**	**1 674 516.1**	**1 651 493.6**	**1 547 067.6**	**1 469 697.7**	**1 832 804.1**	**2 270 427.9**	**2 224 814.0**	**2 084 338.0**	**1 858 563.1**
Pays non-OCDE du G20	**-54 317.6**	**-27 764.8**	**-24 819.2**	**-25 139.1**	**-19 522.6**	**111 768.8**	**105 884.6**	**98 029.9**	**108 408.5**	**92 904.7**
Pays MENA	**31 000.8**	**38 664.1**	**36 909.5**	**44 179.7**	**43 220.7**	**1 998.4**	**2 258.0**	**9 034.5**	**10 688.4**	**7 023.1**
Pays ANASE	**21 975.2**	**23 023.4**	**90 184.5**	**52 867.6**	**38 568.8**	**46 531.6**	**45 707.1**	**70 178.1**	**135 207.5**	**72 506.3**

- Néant

Note : Voir les métadonnées détaillées sur : *http://stats.oecd.org/OECDStat_Metadata/ShowMetadata.ashx?Dataset=FDI_CTRY_IND_SUMM&lang=fr*.

1. Informations sur les données concernant Israël : *http://oe.cd/israel-disclaimer*.
2. Note de la Turquie : Les informations figurant dans ce document et faisant référence à « Chypre » concernent la partie méridionale de l'île. Il n'y a pas d'autorité unique représentant à la fois les Chypriotes turcs et grecs sur l'île. La Turquie reconnaît la République Turque de Chypre Nord (RTCN). Jusqu'à ce qu'une solution durable et équitable soit trouvée dans le cadre des Nations Unies, la Turquie maintiendra sa position sur la « question chypriote ».
3. Note de tous les États de l'Union européenne membres de l'OCDE et del'Union européenne : La République de Chypre est reconnue par tous les membres des Nations Unies sauf la Turquie. Les informations figurant dans ce document concernent la zone sous le contrôle effectif du gouvernement de la République de Chypre.

Source : Statistiques de l'OCDE sur l'investissement direct international (base de données) : https://doi.org/10.1787/idi-data-fr

LUXEMBOURG

Tableau 3. Revenus des investissements directs étrangers par pays

Millions de dollars des ÉU

	Entrant					Sortant				
	2014	2015	2016	2017	2018	2014	2015	2016	2017	2018
TOTAL MONDE	**72 524.9**	**49 914.6**	**55 099.0**	**54 408.7**	**48 114.0**	**80 830.6**	**75 208.0**	**77 250.9**	**80 172.5**	**71 511.9**
Pays membres de l'OCDE	**55 800.7**	**34 792.0**	**44 117.0**	**35 150.5**	**32 569.3**	**68 888.2**	**66 825.3**	**65 835.5**	**65 471.8**	**58 227.3**
Australie	..	..	..	..	..	..	..	..	..	..
Autriche	..	..	..	..	..	..	..	..	..	..
Belgique	..	..	..	..	..	..	..	..	..	..
Canada	..	..	..	..	..	..	..	..	..	..
Chili	..	..	..	..	..	..	..	..	..	..
République Tchèque	..	..	..	..	..	..	..	..	..	..
Danemark	..	..	..	..	..	..	..	..	..	..
Estonie	..	..	..	..	..	..	..	..	..	..
Finlande	..	..	..	..	..	..	..	..	..	..
France	..	..	..	..	..	..	..	..	..	..
Allemagne	..	..	..	..	..	..	..	..	..	..
Grèce	..	..	..	..	..	..	..	..	..	..
Hongrie	..	..	..	..	..	..	..	..	..	..
Islande	..	..	..	..	..	..	..	..	..	..
Irlande	..	..	..	..	..	..	..	..	..	..
Israël[1]	..	..	..	..	..	..	..	..	..	..
Italie	..	..	..	..	..	..	..	..	..	..
Japon	..	..	..	..	..	..	..	..	..	..
Corée	..	..	..	..	..	..	..	..	..	..
Lettonie	..	..	..	..	..	..	..	..	..	..
Lituanie	..	..	..	..	..	..	..	..	..	..
Luxembourg	..	..	..	..	..	..	..	..	..	..
Mexique	..	..	..	..	..	..	..	..	..	..
Pays-Bas	..	..	..	..	..	..	..	..	..	..
Nouvelle-Zélande	..	..	..	..	..	..	..	..	..	..
Norvège	..	..	..	..	..	..	..	..	..	..
Pologne	..	..	..	..	..	..	..	..	..	..
Portugal	..	..	..	..	..	..	..	..	..	..
République slovaquie	..	..	..	..	..	..	..	..	..	..
Slovénie	..	..	..	..	..	..	..	..	..	..
Espagne	..	..	..	..	..	..	..	..	..	..
Suède	..	..	..	..	..	..	..	..	..	..
Suisse	..	..	..	..	..	..	..	..	..	..
Turquie	..	..	..	..	..	..	..	..	..	..
Royaume-Uni	..	..	..	..	..	..	..	..	..	..
Etats-Unis	..	..	..	..	..	..	..	..	..	..
EUROPE	**41 501.9**	**28 642.3**	**35 963.7**	**33 395.3**	**27 114.4**	**57 696.7**	**55 421.0**	**62 307.9**	**62 930.9**	**55 195.3**
Bulgarie	..	..	..	..	..	..	..	..	..	..
Croatie	..	..	..	..	..	..	..	..	..	..
Chypre[2, 3]	..	..	..	..	..	..	..	..	..	..
Malte	..	..	..	..	..	..	..	..	..	..
Roumanie	..	..	..	..	..	..	..	..	..	..
Russie	..	..	..	..	..	..	..	..	..	..
Ukraine	..	..	..	..	..	..	..	..	..	..
AFRIQUE	**-66.3**	**-54.4**	**-18.8**	**-9.0**	**-2.4**	**1 878.7**	**-647.8**	**691.1**	**164.6**	**217.2**
Afrique septentrionale	25.2	18.9	21.0	28.2	38.9	203.0	-242.9	227.8	126.3	132.2
Algérie	..	..	..	..	..	..	..	..	..	..
Egypte	..	..	..	..	..	..	..	..	..	..
Libye	..	..	..	..	..	..	..	..	..	..
Maroc	..	..	..	..	..	..	..	..	..	..
Tunisie	..	..	..	..	..	..	..	..	..	..
Autres pays africains	-91.5	-73.2	-39.8	-37.2	-41.3	1 675.7	-404.9	464.4	38.3	85.0
Nigéria	..	..	..	..	..	..	..	..	..	..
Afrique du Sud	..	..	..	..	..	..	..	..	..	..
AMÉRIQUE	**28 406.5**	**18 969.5**	**17 569.4**	**17 819.9**	**18 088.0**	**17 549.4**	**17 794.8**	**8 843.3**	**11 603.0**	**10 675.1**
Amérique du Nord	14 881.3	8 932.9	9 908.2	6 690.3	9 867.8	14 017.5	15 115.9	6 821.9	7 780.4	5 923.5
Amérique du Nord	13 305.0	9 889.1	7 960.9	10 914.2	8 160.0	2 908.3	2 804.2	1 592.4	2 514.9	3 419.1
Bahamas	..	..	..	..	..	..	..	..	..	..
Bermudes	..	..	..	..	..	..	..	..	..	..
Îles Cayman	..	..	..	..	..	..	..	..	..	..
Costa Rica	..	..	..	..	..	..	..	..	..	..
El Salvador	..	..	..	..	..	..	..	..	..	..
Guatemala	..	..	..	..	..	..	..	..	..	..
Honduras	..	..	..	..	..	..	..	..	..	..
Nicaragua	..	..	..	..	..	..	..	..	..	..
Panama	..	..	..	..	..	..	..	..	..	..
Îles Vierges, US	..	..	..	..	..	..	..	..	..	..
Amérique du Sud	220.2	146.4	-299.7	215.3	60.2	623.6	-124.2	429.1	1 306.5	1 332.5
Argentine	..	..	..	..	..	..	..	..	..	..
Bolivie	..	..	..	..	..	..	..	..	..	..
Brésil	..	..	..	..	..	..	..	..	..	..
Colombie	..	..	..	..	..	..	..	..	..	..
Equateur	..	..	..	..	..	..	..	..	..	..
Paraguay	..	..	..	..	..	..	..	..	..	..
Pérou	..	..	..	..	..	..	..	..	..	..
Uruguay	..	..	..	..	..	..	..	..	..	..
Venezuela	..	..	..	..	..	..	..	..	..	..
ASIE	**2 656.2**	**1 564.1**	**1 579.1**	**2 954.6**	**2 832.5**	**3 508.0**	**2 104.3**	**5 116.7**	**5 191.1**	**5 218.9**

Tableau 3. Revenus des investissements directs étrangers par pays *(suite)*

Millions de dollars des ÉU

	Entrant					Sortant				
	2014	2015	2016	2017	2018	2014	2015	2016	2017	2018
Proche et Moyen Orient	831.9	691.1	868.1	1 111.5	1 111.8	222.9	138.7	29.9	196.1	136.9
Pays du Golfe	790.8	619.0	817.2	1 067.5	1 053.9	57.1	48.8	60.8	6.8	10.6
Koweït	..	..	..	..	..	..	..	..	..	..
Qatar	..	..	..	..	..	..	..	..	..	..
Arabie saoudite	..	..	..	..	..	..	..	..	..	..
Emirats Arabes Unis	..	..	..	..	..	..	..	..	..	..
Autres pays du Proche et Moyen Orient	42.5	72.1	50.9	44.0	59.0	165.8	89.9	-31.0	189.4	127.5
Jordanie	..	..	..	..	..	..	..	..	..	..
Autres pays asiatiques	1 824.3	873.0	711.0	1 843.1	1 720.8	3 285.1	1 965.6	5 086.8	4 994.9	5 082.0
Chine	..	..	..	..	..	..	..	..	..	..
Hong Kong, Chine	..	..	..	..	..	..	..	..	..	..
Inde	..	..	..	..	..	..	..	..	..	..
Indonesie	..	..	..	..	..	..	..	..	..	..
République islamique d'Iran	..	..	..	..	..	..	..	..	..	..
Malaisie	..	..	..	..	..	..	..	..	..	..
Philippines	..	..	..	..	..	..	..	..	..	..
Singapour	..	..	..	..	..	..	..	..	..	..
Taipei Chinois	..	..	..	..	..	..	..	..	..	..
Thaïlande	..	..	..	..	..	..	..	..	..	..
Viet Nam	..	..	..	..	..	..	..	..	..	..
AUSTRALIE, OCÉANIE ET RÉGIONS POLAIRES	**26.5**	**794.2**	**6.6**	**246.9**	**80.3**	**197.7**	**535.8**	**291.9**	**282.9**	**204.2**
TOTAL MONDE non alloué et confidentiel	**-**	**-1.1**	**-1.1**	**1.1**	**1.2**	**-**	**-**	**-**	**-**	**1.2**
Union européenne (UE28)	**33 618.2**	**20 536.9**	**31 769.3**	**25 108.8**	**19 733.3**	**48 584.3**	**47 401.0**	**55 002.8**	**48 878.4**	**43 330.6**
Pays du G20 hors Union Européenne	..	..	..	..	..	..	..	..	..	..
Pays OCDE du G20	..	..	..	..	..	..	..	..	..	..
Pays non-OCDE du G20	..	..	..	..	..	..	..	..	..	..
Pays MENA	..	..	..	..	..	..	..	..	..	..
Pays ANASE	**794.7**	**445.9**	**327.3**	**664.0**	**414.3**	**1 276.4**	**870.8**	**576.1**	**2 285.0**	**1 900.2**

- Néant ; .. Non disponible

Note : Voir les métadonnées détaillées sur : *http://stats.oecd.org/OECDStat_Metadata/ShowMetadata.ashx?Dataset=FDI_CTRY_IND_SUMM&lang=fr.*

1. Informations sur les données concernant Israël : *http://oe.cd/israel-disclaimer.*
2. Note de la Turquie : Les informations figurant dans ce document et faisant référence à « Chypre » concernent la partie méridionale de l'île. Il n'y a pas d'autorité unique représentant à la fois les Chypriotes turcs et grecs sur l'île. La Turquie reconnaît la République Turque de Chypre Nord (RTCN). Jusqu'à ce qu'une solution durable et équitable soit trouvée dans le cadre des Nations Unies, la Turquie maintiendra sa position sur la « question chypriote ».
3. Note de tous les États de l'Union européenne membres de l'OCDE et del'Union européenne : La République de Chypre est reconnue par tous les membres des Nations Unies sauf la Turquie. Les informations figurant dans ce document concernent la zone sous le contrôle effectif du gouvernement de la République de Chypre.

Source : Statistiques de l'OCDE sur l'investissement direct international (base de données) : https://doi.org/10.1787/idi-data-fr

Tableau 4. Investissement direct étranger : flux par secteur industriel

Millions de dollars des ÉU

	Entrant					Sortant				
	2014	2015	2016	2017	2018	2014	2015	2016	2017	2018
All FDI activities	**204 201.9**	**606 571.3**	**210 228.9**	**89 655.1**	**-386 474.7**	**241 829.6**	**713 728.2**	**170 862.5**	**250 751.9**	**-365 790.2**
Agriculture, sylviculture et pêche	**-**	**-**	**-**	**-**	**-**	**29.2**	**106.5**	**-60.8**	**-224.3**	**-89.7**
Industries extractives	**1.3**	**1.1**	**2.2**	**2.3**	**2.4**	**4 720.7**	**-3 970.1**	**-7 304.0**	**-7 682.3**	**812.0**
Activités d'extraction	-	-	-	-	-	1 504.6	-3 485.3	-5 963.7	-5 208.0	224.2
Activités de fabrication	**4 662.3**	**-766.5**	**3 504.4**	**1 108.1**	**585.4**	**53 811.9**	**8 672.2**	**7 321.7**	**-8 691.2**	**3 835.7**
dont :										
Produits alimentaires, boissons et tabac	-15.9	-6.7	-	1.1	-1.2	9 426.8	2 051.0	790.7	-7 414.0	635.0
Textiles, bois, papier, imprimerie	-630.2	-1 466.4	639.2	781.2	-512.2	993.8	2 256.2	-1 037.3	36.1	435.5
Produits pétroliers, chimiques, pharmaceutiques, caoutchouc, plastique, minéraux	43.8	-278.4	1 238.5	-290.8	-195.9	6 931.1	2 880.8	3 351.8	-92.4	1 713.7
Ouvrages en métaux et machines, sauf matériels électriques	5 108.1	886.3	1 544.8	573.8	1 267.6	24 999.3	-126.5	4 569.3	3 783.1	3 060.3
Automobiles, remorques, semi-remorques, autres matériels de transport	-5.3	11.1	6.6	33.8	18.9	10 017.2	494.7	-530.8	-3 990.5	-2 266.0
Autres activités de fabrication	161.9	86.5	74.1	9.0	8.3	1 443.5	1 115.9	176.9	-1 013.4	257.3
Production et distribution d'électricité, de gaz, de vapeur et de climatisation	**-66.3**	**-32.2**	**-88.5**	**56.4**	**-**	**-199.0**	**1 393.2**	**-504.3**	**-11.3**	**87.3**
Distribution de l'eau ; assainissement, traitement des déchets et dépollution	**9.3**	**10.0**	**3.3**	**10.1**	**9.4**	**35.8**	**116.5**	**49.8**	**22.5**	**27.1**
Construction	**19.9**	**-39.9**	**-3.3**	**23.7**	**28.3**	**1 505.9**	**1 558.5**	**-947.7**	**-412.6**	**-29.5**
Services	**199 519.7**	**607 422.1**	**206 689.2**	**88 454.5**	**-387 100.2**	**181 287.0**	**705 179.1**	**171 403.3**	**266 710.6**	**-371 187.3**
Commerce de gros et de détail ; réparations automobiles et motocycles	4 862.7	25 386.6	-5 288.1	-5 236.2	-42 443.1	16 461.5	5 259.0	-10 656.9	-3 696.3	1 923.8
Transport et entreposage	-55.7	-451.5	55.3	-192.8	86.2	2 571.3	144.2	-865.9	-844.3	426.1
Activités d'hébergement et de restauration	541.3	-183.0	142.7	6 774.9	-2 289.6	53.1	295.1	-434.6	-587.3	-118.0
Information et communication	2 542.1	-62.1	3 201.4	-5 642.0	19 432.3	15 487.6	5 587.4	3 002.3	-2 039.2	8 871.7
Activités financières et d'assurances	184 738.0	582 305.0	215 550.1	111 904.0	-369 627.1	50 494.9	682 990.6	154 887.8	411 346.0	-325 678.0
Activités des sociétés holding	175 798.1	536 296.2	199 542.2	108 339.5	-379 335.5	45 027.2	680 962.8	161 029.5	410 392.3	-321 118.8
Activités immobilières	363.5	786.5	261.0	-2 657.0	16.5	2 096.3	3 576.3	1 994.9	-3 548.6	620.8
Activités professionnelles, scientifiques et techniques	808.0	677.8	-2 848.6	-12 272.6	2 269.6	96 652.5	65 878.0	20 013.3	-133 010.9	-56 675.3
Activités de services administratifs et d'appui	5 650.8	-1 010.5	-4 381.3	-4 234.0	5 449.1	-2 589.9	-58 625.6	3 346.2	-689.9	-590.1
Administration publique; activités des ménages et des organismes extra-territoriaux	-	-21.1	-	-	-	-	-	-	-	-
Éducation	-	-	-	-	-	50.4	124.2	-42.0	-22.5	-11.8
Santé humaine et action sociale	70.3	-1.1	-2.2	12.4	5.9	-142.0	-28.8	39.8	-13.5	10.6
Arts, spectacles et loisirs	-2.7	-	-	-	-	-70.3	24.4	118.3	48.5	43.7
Autres services	-	-4.4	-1.1	-	-	224.2	-45.5	1.1	-231.1	-9.4
Not allocated and confidential	..	..	..	..	..	..	..	..	..	..
Activités immobilières privées	..	..	..	..	..	..	..	..	..	..

- Néant ; .. Non disponible

Note : Voir les métadonnées détaillées sur : http://stats.oecd.org/OECDStat_Metadata/ShowMetadata.ashx?Dataset=FDI_CTRY_IND_SUMM&lang=fr.

Source : Statistiques de l'OCDE sur l'investissement direct international (base de données) : https://doi.org/10.1787/idi-data-fr

Tableau 5. Encours des investissement directs étrangers par secteur industriel
En fin d'année

Millions de dollars des ÉU

	Entrant					Sortant				
	2014	2015	2016	2017	2018	2014	2015	2016	2017	2018
All FDI activities	**3 258 954.0**	**3 705 702.8**	**3 812 960.9**	**4 289 898.1**	**3 758 983.3**	**3 975 378.6**	**4 516 753.4**	**4 603 600.7**	**5 140 522.9**	**4 602 940.2**
Agriculture, sylviculture et pêche	-	-	-	-	-	**1 630.5**	**1 625.5**	**1 624.3**	**1 572.3**	**1 455.2**
Industries extractives	**4.9**	**5.4**	**5.3**	**7.2**	**8.0**	**27 914.6**	**22 509.5**	**18 079.5**	**11 283.3**	**11 145.0**
Activités d'extraction	-	-	-	-	-	19 840.8	15 762.7	12 314.7	7 934.8	7 807.4
Activités de fabrication	**4 172.9**	**1 817.1**	**3 270.8**	**4 977.2**	**3 697.0**	**137 878.1**	**124 250.4**	**130 612.4**	**128 933.8**	**122 332.3**
dont :										
Produits alimentaires, boissons et tabac	-47.4	-41.4	-44.3	-51.6	-52.7	16 306.6	15 715.8	16 964.3	10 287.8	9 679.4
Textiles, bois, papier, imprimerie	1 811.4	273.3	664.1	1 091.4	482.0	5 618.9	7 242.2	5 968.2	6 357.6	6 104.9
Produits pétroliers, chimiques, pharmaceutiques, caoutchouc, plastique, minéraux	2 150.2	1 377.2	2 362.2	3 709.5	2 915.0	40 577.7	38 165.5	39 163.1	42 871.2	41 031.6
Ouvrages en métaux et machines, sauf matériels électriques	132.3	86.0	162.3	66.0	198.1	53 220.1	42 201.4	47 510.3	48 683.1	47 082.7
Automobiles, remorques, semi-remorques, autres matériels de transport	3.6	9.8	15.8	36.0	34.3	13 521.4	12 406.1	12 717.4	12 649.3	10 992.7
Autres activités de fabrication	121.4	112.1	110.7	127.1	120.2	8 634.7	8 518.2	8 288.2	8 084.7	7 442.2
Production et distribution d'électricité, de gaz, de vapeur et de climatisation	**4.9**	**-30.5**	**-113.8**	**-73.2**	**-74.4**	**4 618.4**	**5 701.7**	**5 077.5**	**5 474.9**	**4 823.7**
Distribution de l'eau ; assainissement, traitement des déchets et dépollution	-	**12.0**	**13.7**	**15.6**	**14.9**	**154.2**	**246.1**	**290.9**	**316.6**	**287.4**
Construction	**216.1**	**153.5**	**125.4**	**133.1**	**123.7**	**5 198.8**	**6 128.5**	**4 917.3**	**4 967.6**	**4 656.5**
Services	**3 254 554.1**	**3 703 744.1**	**3 809 659.5**	**4 284 839.3**	**3 755 213.0**	**3 784 117.8**	**4 343 245.5**	**4 429 505.6**	**4 971 516.0**	**4 441 795.3**
Commerce de gros et de détail ; réparations automobiles et motocycles	46 361.6	65 107.2	60 562.9	57 977.9	14 790.5	87 483.2	85 338.1	79 454.0	77 349.5	73 667.3
Transport et entreposage	1 222.6	822.0	834.8	768.8	881.6	15 411.8	13 753.9	12 476.0	12 251.1	11 837.6
Activités d'hébergement et de restauration	468.6	212.3	305.7	7 584.6	4 890.1	2 087.0	2 104.5	1 663.3	1 884.1	1 749.5
Information et communication	1 891.6	2 049.0	5 299.9	3 153.0	25 787.7	27 880.6	31 540.6	31 997.5	30 467.7	39 564.9
Activités financières et d'assurances	3 143 201.7	3 577 710.4	3 691 717.1	4 183 956.6	3 678 967.3	3 088 935.1	3 678 577.0	3 757 454.4	4 390 758.0	3 931 506.8
Activités des sociétés holding	3 149 557.5	3 542 377.8	3 649 827.1	4 132 485.0	3 619 559.2	3 012 565.8	3 609 409.9	3 692 714.2	4 323 466.1	3 869 362.3
Activités immobilières	1 626.9	2 226.5	2 893.4	135.5	64.1	10 542.0	12 732.7	13 500.6	11 054.2	10 646.9
Activités professionnelles, scientifiques et techniques	35 028.0	33 544.9	31 845.7	21 541.1	22 127.3	467 406.6	494 951.6	504 615.8	420 439.0	348 169.2
Activités de services administratifs et d'appui	24 652.3	21 981.5	16 110.5	9 613.8	7 599.0	82 872.0	22 872.1	26 903.1	25 925.9	23 310.1
Administration publique; activités des ménages et des organismes extra-territoriaux	-	-	-	-	-	-	-	-	-	-
Éducation	-	-	-	-	-	85.0	190.5	147.6	154.7	147.7
Santé humaine et action sociale	66.8	63.1	64.3	79.2	80.1	919.1	764.3	776.9	861.1	820.9
Arts, spectacles et loisirs	27.9	25.0	24.2	27.6	26.3	189.4	189.4	286.7	345.4	348.1
Autres services	4.9	1.1	-	-	-	307.2	229.7	231.9	26.4	26.3
Not allocated and confidential	**1.2**	**1.1**	-	**-1.2**	**1.1**	**1.2**	**-1.1**	**-1.1**	**-1.2**	-
Activités immobilières privées	-	-	-	-	-	**13 865.0**	**13 047.4**	**13 494.3**	**16 459.6**	**16 444.9**

- Néant

Note : Voir les métadonnées détaillées sur : *http://stats.oecd.org/OECDStat_Metadata/ShowMetadata.ashx?Dataset=FDI_CTRY_IND_SUMM&lang=fr.*

Source : Statistiques de l'OCDE sur l'investissement direct international (base de données) : https://doi.org/10.1787/idi-data-fr

LUXEMBOURG

Tableau 6. Revenus des investissements directs étrangers par secteur industriel

Millions de dollars des ÉU

	Entrant					Sortant				
	2014	2015	2016	2017	2018	2014	2015	2016	2017	2018
All FDI activities	**72 524.9**	**49 914.6**	**55 099.0**	**54 408.7**	**48 114.0**	**80 830.6**	**75 208.0**	**77 250.9**	**80 172.5**	**71 511.9**
Agriculture, sylviculture et pêche	-	-	-	-	-	**-31.8**	**25.5**	**5.5**	**10.1**	**-22.4**
Industries extractives	-	**1.1**	**1.1**	**1.1**	**1.2**	**-372.8**	**-2 460.3**	**-1 403.3**	**-394.5**	**-263.2**
Activités d'extraction	-	-	-	-	-	-403.3	-2 448.1	-1 123.5	-527.6	-364.7
Activités de fabrication	**-142.0**	**992.8**	**2 054.6**	**577.2**	**1 121.2**	**6 787.8**	**5 241.3**	**5 977.0**	**6 584.4**	**7 578.2**
dont :										
Produits alimentaires, boissons et tabac	2.7	-6.7	5.5	3.4	2.4	530.7	409.3	603.8	588.4	603.1
Textiles, bois, papier, imprimerie	-574.5	-46.6	279.8	9.0	98.0	80.9	129.8	457.8	468.9	363.5
Produits pétroliers, chimiques, pharmaceutiques, caoutchouc, plastique, minéraux	124.7	317.2	165.9	-163.5	-201.8	3 326.3	1 641.7	2 038.0	1 465.4	1 477.6
Ouvrages en métaux et machines, sauf matériels électriques	120.7	630.1	1 509.5	689.9	1 138.9	1 719.5	2 092.1	1 572.5	2 892.6	3 692.9
Automobiles, remorques, semi-remorques, autres matériels de transport	13.3	14.4	17.7	20.3	64.9	362.2	412.6	609.3	537.7	745.9
Autres activités de fabrication	169.8	84.3	76.3	18.0	18.9	768.2	555.7	695.6	632.4	695.1
Production et distribution d'électricité, de gaz, de vapeur et de climatisation	**5.3**	**4.4**	-	**4.5**	**4.7**	**-167.2**	**-102.1**	**2.2**	**116.1**	**90.9**
Distribution de l'eau ; assainissement, traitement des déchets et dépollution	**6.6**	**-2.2**	**4.4**	**12.4**	**13.0**	**19.9**	**128.7**	**45.3**	**94.7**	**46.0**
Construction	**11.9**	**21.1**	**31.0**	**59.7**	**60.2**	**217.6**	**104.3**	**143.8**	**95.8**	**98.0**
Services	**72 641.6**	**48 871.9**	**53 004.5**	**53 749.3**	**46 909.0**	**74 229.8**	**72 145.3**	**72 346.6**	**73 521.6**	**63 823.9**
Commerce de gros et de détail ; réparations automobiles et motocycles	2 122.9	1 731.6	937.7	2 210.6	1 699.5	5 163.9	5 117.0	6 138.5	7 412.9	6 500.6
Transport et entreposage	-5.3	-137.5	102.8	34.9	66.1	810.7	230.7	648.0	1 309.9	954.8
Activités d'hébergement et de restauration	-5.3	37.7	46.4	30.4	31.9	-25.2	7.8	13.3	-27.1	-29.5
Information et communication	-29.2	-410.4	1 016.3	47.3	611.4	485.6	563.5	456.7	290.8	330.5
Activités financières et d'assurances	67 561.4	44 748.8	48 164.3	49 189.5	43 035.5	60 414.0	61 034.9	54 347.0	54 619.5	52 091.3
Activités des sociétés holding	65 800.7	42 135.3	43 660.3	45 169.7	40 015.3	56 071.4	58 230.7	51 862.2	51 464.3	50 033.0
Activités immobilières	185.8	22.2	359.4	651.6	9.4	794.7	505.8	713.3	412.6	424.9
Activités professionnelles, scientifiques et techniques	1 869.4	1 824.7	1 603.5	1 098.0	1 233.3	5 940.0	4 177.5	10 105.1	8 717.2	3 050.9
Activités de services administratifs et d'appui	927.4	1 047.1	764.1	473.5	205.4	655.4	434.8	-81.8	776.7	491.0
Administration publique; activités des ménages et des organismes extra-territoriaux	-	-	-	-	-	-	-	-	-	-
Éducation	-	-	-	-	-	-2.7	5.5	-2.2	-7.9	-8.3
Santé humaine et action sociale	13.3	5.5	6.6	9.0	10.6	30.5	54.4	-1.1	-3.4	-1.2
Arts, spectacles et loisirs	4.0	4.4	3.3	4.5	4.7	37.2	12.2	17.7	28.2	28.3
Autres services	-1.3	-1.1	-1.1	-	-	-73.0	1.1	-7.7	-10.1	-10.6
Not allocated and confidential	..	..	..	..	..	..	..	..	..	..
Activités immobilières privées	..	..	..	..	..	..	..	..	..	..

\- Néant ; .. Non disponible

Note : Voir les métadonnées détaillées sur : *http://stats.oecd.org/OECDStat_Metadata/ShowMetadata.ashx?Dataset=FDI_CTRY_IND_SUMM&lang=fr.*

Source : Statistiques de l'OCDE sur l'investissement direct international (base de données) : https://doi.org/10.1787/idi-data-fr

MEXIQUE

Tableau 1. Flux d'investissement direct étranger par pays

Millions de dollars des ÉU

	Entrant					Sortant				
	2014	2015	2016	2017	2018	2014	2015	2016	2017	2018
TOTAL MONDE	**30 261.5**	**35 647.9**	**30 644.0**	**33 596.5**	**33 615.3**	**6 331.6**	**10 663.0**	**627.6**	**3 833.0**	**7 831.0**
Pays membres de l'OCDE	..	..	..	..	..	..	..	..	..	..
Australie	20.8	685.6	97.1	1 374.8	598.9	..	..	..	..	..
Autriche	2.2	69.5	50.1	83.3	109.6	..	..	..	..	..
Belgique	1 269.6	826.9	1 111.8	1 029.4	11.6	..	..	..	..	..
Canada	2 965.2	1 093.5	2 294.9	2 822.5	4 147.9	..	..	..	..	..
Chili	72.2	125.6	13.5	34.6	90.4	..	..	..	..	..
République Tchèque	0.2	0.0	0.3	0.1	1.9	..	..	..	..	..
Danemark	32.4	33.1	56.5	58.5	26.8	..	..	..	..	..
Estonie	0.0	-	-	0.0	0.1	..	..	..	..	..
Finlande	108.6	203.5	-98.0	11.8	107.9	..	..	..	..	..
France	1 158.9	960.5	446.1	516.5	510.9	..	..	..	..	..
Allemagne	2 136.9	1 220.1	2 752.4	2 619.2	2 818.8	..	..	..	..	..
Grèce	0.0	-	0.2	-	1.8	..	..	..	..	..
Hongrie	0.1	0.1	0.1	0.2	0.6	..	..	..	..	..
Islande	0.0	-	-	0.0	0.0	..	..	..	..	..
Irlande	35.3	-10.9	41.2	8.5	33.5	..	..	..	..	..
Israël[1]	8.8	-1.6	2 015.2	2.4	1.8	..	..	..	..	..
Italie	282.8	606.9	805.1	1 862.9	1 527.0	..	..	..	..	..
Japon	2 433.0	2 206.0	1 945.4	2 433.2	2 221.9	..	..	..	..	..
Corée	611.2	1 009.7	1 027.4	252.5	708.1	..	..	..	..	..
Lettonie	-	-	0.0	-	0.1	..	..	..	..	..
Lituanie	0.2	0.0	-	0.0	0.0	..	..	..	..	..
Luxembourg	-19.9	4.7	9.6	3.4	52.6	..	..	..	..	..
Mexique	-	-	-	-	-	..	..	..	..	..
Pays-Bas	745.9	349.9	226.6	-123.6	505.9	..	..	..	..	..
Nouvelle-Zélande	75.6	1.8	1.1	-7.0	0.3	..	..	..	..	..
Norvège	-23.4	66.7	11.2	45.7	67.4	..	..	..	..	..
Pologne	0.1	0.1	0.4	0.6	-0.5	..	..	..	..	..
Portugal	1.2	0.3	7.3	11.5	26.9	..	..	..	..	..
République slovaquie	0.0	0.1	0.0	0.9	0.2	..	..	..	..	..
Slovénie	-	-	-	0.2	0.1	..	..	..	..	..
Espagne	4 451.1	3 897.7	3 552.2	3 385.3	4 146.0	..	..	..	..	..
Suède	115.0	-37.9	84.8	-42.9	158.9	..	..	..	..	..
Suisse	296.8	405.6	582.3	300.4	607.2	..	..	..	..	..
Turquie	0.4	0.0	0.0	1.9	0.2	..	..	..	..	..
Royaume-Uni	230.5	467.8	452.0	443.4	766.6	..	..	..	..	..
Etats-Unis	10 347.2	19 466.1	10 820.3	15 187.8	12 398.4	..	..	..	..	..
EUROPE	**10 825.9**	**9 066.3**	**10 111.2**	**10 246.3**	**11 524.7**	..	..	..	..	..
Bulgarie	0.0	-	0.0	0.1	1.4	..	..	..	..	..
Croatie	-	-	-	0.1	0.1	..	..	..	..	..
Chypre[2, 3]	-	-	0.0	12.8	9.0	..	..	..	..	..
Malte	0.0	0.1	16.6	0.0	0.1	..	..	..	..	..
Roumanie	0.0	0.1	0.0	0.4	0.1	..	..	..	..	..
Russie	0.7	0.8	1.9	14.9	31.8	..	..	..	..	..
Ukraine	0.0	0.6	0.3	0.7	0.2	..	..	..	..	..
AFRIQUE	**5.1**	**3.1**	**6.3**	**2.4**	**16.7**	..	..	..	..	..
Afrique septentrionale	0.3	0.0	0.0	0.1	0.0	..	..	..	..	..
Algérie	0.3	-	-	0.1	-	..	..	..	..	..
Egypte	-	0.0	0.0	-	0.0	..	..	..	..	..
Libye	-	-	-	-	-	..	..	..	..	..
Maroc	-	0.0	0.0	-	-	..	..	..	..	..
Tunisie	-	0.0	-	-	-	..	..	..	..	..
Autres pays africains	4.8	3.1	6.3	2.3	16.7	..	..	..	..	..
Nigéria	-	0.0	-	-	0.0	..	..	..	..	..
Afrique du Sud	4.8	3.0	3.4	2.0	16.3	..	..	..	..	..
AMÉRIQUE	**14 573.8**	**22 627.5**	**14 628.3**	**18 404.5**	**17 917.1**	..	..	..	..	..
Amérique du Nord	13 312.5	20 559.6	13 115.2	18 010.4	16 546.3	..	..	..	..	..
Amérique du Nord	60.2	86.2	40.1	54.8	101.2	..	..	..	..	..
Bahamas	-	-	-	-	-	..	..	..	..	..
Bermudes	-	-0.5	-	-	-	..	..	..	..	..
Îles Cayman	-	-	-	-	0.0	..	..	..	..	..
Costa Rica	-0.4	0.1	1.5	2.0	-1.4	..	..	..	..	..
El Salvador	44.1	10.6	35.0	26.6	0.1	..	..	..	..	..
Guatemala	5.5	6.4	0.6	1.5	0.7	..	..	..	..	..
Honduras	0.1	0.7	0.3	0.8	0.5	..	..	..	..	..
Nicaragua	3.6	4.8	-	3.5	0.1	..	..	..	..	..
Panama	4.8	62.9	-1.3	16.6	49.8	..	..	..	..	..
Îles Vierges, US	-	-	-	-	-	..	..	..	..	..
Amérique du Sud	1 211.9	1 997.8	1 473.0	339.4	1 269.6	..	..	..	..	..
Argentine	354.3	517.9	287.2	349.7	1 045.0	..	..	..	..	..
Bolivie	0.1	0.5	0.1	0.0	0.2	..	..	..	..	..
Brésil	629.0	1 145.3	912.6	-131.0	96.6	..	..	..	..	..
Colombie	100.2	113.9	213.1	71.5	-2.9	..	..	..	..	..
Equateur	-7.8	43.9	2.8	0.1	0.0	..	..	..	..	..
Paraguay	-	0.0	0.0	0.3	-	..	..	..	..	..
Pérou	15.2	2.9	6.9	8.3	30.4	..	..	..	..	..
Uruguay	28.1	37.3	23.5	-1.2	28.2	..	..	..	..	..
Venezuela	20.8	10.6	13.3	7.1	-18.2	..	..	..	..	..
ASIE	**3 276.2**	**3 452.5**	**5 276.0**	**3 110.4**	**3 397.1**	..	..	..	..	..

MEXIQUE

Tableau 1. Flux d'investissement direct étranger par pays (*suite*)

Millions de dollars des ÉU

	Entrant					Sortant				
	2014	2015	2016	2017	2018	2014	2015	2016	2017	2018
Proche et Moyen Orient	23.3	0.8	2 017.7	2.5	9.9	..	..	..	..	..
Pays du Golfe	14.3	2.4	2.5	0.1	8.2	..	..	..	..	..
Koweït	-	-	-	-	-	..	..	..	..	..
Qatar	-	-	-	0.0	0.0	..	..	..	..	..
Arabie saoudite	4.4	-	-	0.1	-6.4	..	..	..	..	..
Emirats Arabes Unis	9.9	2.4	2.5	-	14.5	..	..	..	..	..
Autres pays du Proche et Moyen Orient	9.0	-1.6	2 015.2	2.4	1.8	..	..	..	..	..
Jordanie	-	-	-	-	-	..	..	..	..	..
Autres pays asiatiques	3 253.0	3 451.8	3 258.2	3 107.9	3 387.2	..	..	..	..	..
Chine	100.7	52.9	68.6	203.5	247.8	..	..	..	..	..
Hong Kong, Chine	34.7	29.7	84.1	73.5	153.0	..	..	..	..	..
Inde	14.9	23.5	27.2	47.6	23.3	..	..	..	..	..
Indonesie	12.8	10.1	18.0	33.0	37.0	..	..	..	..	..
République islamique d'Iran	0.0	-	-	-	-0.1	..	..	..	..	..
Malaisie	0.0	-13.0	86.8	81.0	4.0	..	..	..	..	..
Philippines	-	0.0	-131.9	1.8	0.8	..	..	..	..	..
Singapour	-5.9	97.9	93.8	13.4	33.0	..	..	..	..	..
Taipei Chinois	50.1	34.5	36.3	-33.0	-42.7	..	..	..	..	..
Thaïlande	1.0	0.2	-	0.1	0.1	..	..	..	..	..
Viet Nam	-	-	2.6	1.2	0.8	..	..	..	..	..
AUSTRALIE, OCÉANIE ET RÉGIONS POLAIRES	**96.3**	**687.4**	**98.3**	**1 367.8**	**599.2**	..	..	..	..	..
TOTAL MONDE non alloué et confidentiel	**1 484.1**	**-188.9**	**524.0**	**465.0**	**160.5**	..	..	..	..	..
Union européenne (UE28)	**10 551.2**	**8 592.6**	**9 515.4**	**9 882.6**	**10 817.8**	..	..	..	..	..
Pays du G20 hors Union Européenne	**21 308.5**	**29 469.6**	**21 959.6**	**28 034.5**	**27 190.1**	..	..	..	..	..
Pays OCDE du G20	**20 187.0**	**27 716.2**	**20 640.7**	**27 514.7**	**25 698.6**	..	..	..	..	..
Pays non-OCDE du G20	**1 121.5**	**1 753.5**	**1 318.9**	**519.8**	**1 491.5**	..	..	..	..	..
Pays MENA	**14.7**	**2.4**	**2.5**	**0.2**	**8.2**	..	..	..	..	..
Pays ANASE	**7.9**	**95.3**	**69.3**	**130.5**	**75.6**	..	..	..	..	..

- Néant ; .. Non disponible

Note : Les données excluent les entités à vocation spéciales. Voir les métadonnées détaillées sur : *http://stats.oecd.org/OECDStat_Metadata/ShowMetadata.ashx?Dataset=FDI_CTRY_IND_SUMM&lang=fr*.

1. Informations sur les données concernant Israël : *http://oe.cd/israel-disclaimer*.
2. Note de la Turquie : Les informations figurant dans ce document et faisant référence à « Chypre » concernent la partie méridionale de l'île. Il n'y a pas d'autorité unique représentant à la fois les Chypriotes turcs et grecs sur l'île. La Turquie reconnaît la République Turque de Chypre Nord (RTCN). Jusqu'à ce qu'une solution durable et équitable soit trouvée dans le cadre des Nations Unies, la Turquie maintiendra sa position sur la « question chypriote ».
3. Note de tous les États de l'Union européenne membres de l'OCDE et del'Union européenne : La République de Chypre est reconnue par tous les membres des Nations Unies sauf la Turquie. Les informations figurant dans ce document concernent la zone sous le contrôle effectif du gouvernement de la République de Chypre.

Source : Statistiques de l'OCDE sur l'investissement direct international (base de données) : https://doi.org/10.1787/idi-data-fr

MEXIQUE

Tableau 2. Encours des investissements directs étrangers par pays
En fin d'année

Millions de dollars des ÉU

	Entrant					Sortant				
	2014	2015	2016	2017	2018	2014	2015	2016	2017	2018
TOTAL MONDE	**491 707.3**	**501 999.4**	**473 423.6**	**490 574.0**	**511 275.4**	**150 084.8**	**144 619.2**	**146 169.0**	**175 036.4**	**153 575.7**
Pays membres de l'OCDE	..	..	..	..	..	..	..	..	..	..
Australie	416.3	849.8	869.3	948.8	588.3	-	-	-	-	-
Autriche	607.6	535.2	471.7	629.6	703.6	2 800.0	.. c	1 763.1	2 949.7	2 441.9
Belgique	2 712.5	1 419.6	2 204.6	1 515.2	985.3	.. c	.. c	.. c	.. c	.. c
Canada	20 164.4	20 819.1	17 749.2	18 033.7	18 390.0	1 187.6	1 014.6	500.0	1 190.7	1 183.6
Chili	1 790.4	2 027.5	1 824.1	1 870.4	2 146.2	3 565.6	2 798.5	2 052.3	2 675.6	2 816.2
République Tchèque	12.4	13.8	23.2	22.4	21.0	.. c	.. c	.. c	.. c	.. c
Danemark	914.1	907.5	883.1	880.9	1 213.9	.. c	.. c	.. c	.. c	.. c
Estonie	.. c	.. c	.. c	.. c	.. c	-	-	-	-	-
Finlande	61.7	41.9	39.7	35.6	82.1	-	-	-	-	-
France	5 795.7	6 167.4	5 822.0	5 870.0	6 946.6	.. c	.. c	.. c	.. c	-
Allemagne	12 942.7	12 322.1	12 177.9	15 488.4	17 299.6	180.5	-25.0	-51.6	62.4	112.0
Grèce	1.4	1.4	1.4	1.4	1.3	-	-	-	-	-
Hongrie	6.6	6.8	6.6	25.6	4.4	2 026.5	2 048.3	2 121.1	2 015.5	2 086.2
Islande	9.0	9.2	8.7	8.7	8.7	-	-	-	-	-
Irlande	359.6	430.2	346.5	416.0	589.8	.. c	.. c	.. c	-14.3	.. c
Israël[1]	256.1	262.9	251.4	259.0	277.5	-	-	-	-	-
Italie	1 995.6	2 029.4	1 812.8	2 377.4	3 698.1	-	-	-	-	-
Japon	12 601.0	13 313.0	13 672.1	12 634.3	13 994.1	-	-	-	-	-
Corée	3 892.1	4 939.9	4 909.4	4 497.2	4 259.7	-	-	-	-	-
Lettonie	.. c	.. c	.. c	.. c	.. c	.. c	.. c	.. c	.. c	-
Lituanie	0.3	0.3	0.3	0.3	0.3	-	-	-	-	-
Luxembourg	12 885.9	14 771.6	13 894.1	14 922.4	14 911.2	-	-	-	.. c	.. c
Mexique	-	-	-	-	-	-	-	-	-	-
Pays-Bas	84 808.0	92 830.0	88 032.1	83 213.7	70 376.3	37 072.3	38 232.9	35 648.9	36 631.8	30 274.0
Nouvelle-Zélande	161.5	227.6	244.1	244.0	259.4	-	-	-	-	-
Norvège	282.3	284.3	283.0	314.7	305.4	-	-	-	-	-
Pologne	9.9	10.1	8.4	28.0	39.2	.. c	.. c	.. c	.. c	.. c
Portugal	223.0	232.5	245.7	327.3	291.1	-	-	-	-	-
République slovaquie	28.4	25.2	27.5	37.4	42.5	.. c	.. c	.. c	.. c	.. c
Slovénie	17.1	21.4	17.7	29.2	23.3	-	-	-	-	-
Espagne	60 310.1	56 794.9	56 611.1	53 482.9	63 162.5	6 083.0	7 603.6	7 405.4	8 541.3	9 646.6
Suède	2 927.4	3 186.0	2 809.7	2 792.5	3 052.1	-	-	-	-	-
Suisse	11 425.1	9 173.5	8 927.1	9 617.1	11 153.5	1 417.7	308.3	828.1	327.0	233.2
Turquie	15.8	16.6	16.6	5.5	20.0	.. c	.. c	.. c	.. c	.. c
Royaume-Uni	23 057.5	22 167.0	21 575.5	23 845.2	30 800.6	6 842.7	5 602.6	8 138.4	10 392.0	5 678.5
Etats-Unis	211 770.6	215 897.5	198 867.4	215 899.0	226 333.1	52 057.1	48 575.3	56 190.2	75 404.4	63 769.2
EUROPE	**221 696.6**	**223 675.1**	**216 573.3**	**216 258.1**	**226 167.4**	**59 192.6**	**58 733.1**	**58 510.1**	**63 650.9**	**52 144.2**
Bulgarie	2.3	2.3	2.8	2.8	11.5	-	-	-	-	-
Croatie	-	-	-	-	-	.. c	.. c	-	.. c	.. c
Chypre[2, 3]	37.7	37.7	38.5	37.6	38.0	-	-	-	-	-
Malte	33.9	31.4	82.9	104.3	138.3	-	-	-	-	-
Roumanie	4.2	4.1	4.8	8.0	3.2	-	-	-	-	-
Russie	21.4	22.2	22.2	24.2	25.4	-	-	-	.. c	.. c
Ukraine	0.4	0.3	0.3	0.3	0.3	-	-	-	-	-
AFRIQUE	**451.5**	**407.2**	**397.7**	**390.2**	**368.5**	**-**	**-**	**-**	**-**	**-**
Afrique septentrionale	7.3	7.5	7.5	8.0	8.3	-	-	-	-	-
Algérie	6.4	6.7	6.7	7.2	7.5	-	-	-	-	-
Egypte	0.9	0.9	0.8	0.8	0.8	-	-	-	-	-
Libye	.. c	.. c	.. c	.. c	.. c	-	-	-	-	-
Maroc	0.0	0.0	0.0	0.0	0.0	-	-	-	-	-
Tunisie	.. c	.. c	.. c	.. c	.. c	-	-	-	-	-
Autres pays africains	431.9	390.7	381.7	375.8	351.5	-	-	-	-	-
Nigéria	0.3	0.3	0.3	0.3	0.3	-	-	-	-	-
Afrique du Sud	30.0	24.3	27.0	11.5	9.8	-	-	-	-	-
AMÉRIQUE	**247 193.3**	**252 755.0**	**231 074.0**	**249 459.7**	**259 608.9**	**90 338.7**	**84 410.0**	**86 357.2**	**110 720.1**	**100 977.4**
Amérique du Nord	231 935.0	236 716.6	216 616.6	233 932.7	244 723.1	53 244.7	49 589.9	56 690.2	76 595.1	64 952.8
Amérique du Nord	6 103.3	7 212.2	6 840.0	8 168.6	7 992.5	10 904.2	13 354.7	11 034.6	3 180.4	4 268.7
Bahamas	360.2	456.2	490.7	563.6	556.6	-	.. c	.. c	.. c	.. c
Bermudes	664.1	424.0	362.6	323.8	302.7	.. c	.. c	.. c	.. c	.. c
Îles Cayman	1 496.3	1 161.3	1 126.7	1 341.7	1 399.5	-	-	-	-	.. c
Costa Rica	85.8	68.0	54.1	61.5	52.7	1 688.5	1 918.6	1 750.2	874.9	864.1
El Salvador	13.8	13.7	14.8	14.4	14.1	1 078.7	1 067.9	1 124.3	625.8	823.2
Guatemala	117.7	128.6	130.2	901.7	606.3	1 102.7	1 619.8	1 411.9	577.0	586.7
Honduras	12.7	13.0	11.8	7.3	3.9	1 053.2	1 009.0	962.1	362.3	358.8
Nicaragua	38.5	40.3	39.0	47.1	60.6	616.9	696.7	695.4	-325.9	693.3
Panama	2 177.1	2 398.1	2 164.0	1 995.4	1 859.1	359.9	708.6	668.6	490.7	434.2
Îles Vierges, US	511.1	507.7	492.9	517.9	383.2	-	-	-	-	-
Amérique du Sud	9 135.3	8 805.6	7 596.7	7 330.0	6 863.5	26 059.0	21 078.4	18 284.9	22 950.9	23 365.4
Argentine	3 140.3	3 078.4	2 877.0	2 497.8	1 402.5	-776.5	-412.2	-982.9	609.9	1 425.7
Bolivie	4.1	4.4	4.4	4.6	5.3	.. c	.. c	.. c	.. c	.. c
Brésil	2 167.1	1 455.1	780.1	906.3	1 220.3	19 291.6	14 434.1	12 018.0	9 525.2	9 104.0
Colombie	839.7	1 087.3	906.2	990.2	1 025.8	705.3	987.2	1 353.3	4 907.9	4 517.9
Equateur	57.1	36.4	34.6	34.8	34.9	2 024.9	2 379.1	2 469.9	2 046.7	1 544.3
Paraguay	1.5	1.3	1.2	1.1	1.1	.. c	.. c	.. c	.. c	.. c
Pérou	286.3	304.9	311.4	323.8	331.4	1 065.3	778.7	1 153.3	3 182.6	3 942.3
Uruguay	587.5	571.3	633.5	477.8	475.6	.. c	.. c	.. c	.. c	6.1
Venezuela	248.1	214.5	206.3	211.8	202.8	182.7	113.1	221.0	2.9	8.9
ASIE	**21 416.6**	**23 796.9**	**24 096.3**	**23 121.1**	**24 124.6**	**720.8**	**-**	**796.7**	**747.0**	**216.7**

Tableau 2. Encours des investissements directs étrangers par pays *(suite)*

En fin d'année

Millions de dollars des ÉU

	Entrant					Sortant				
	2014	2015	2016	2017	2018	2014	2015	2016	2017	2018
Proche et Moyen Orient	351.8	384.8	397.7	431.7	617.6	-	-	-	-	-
Pays du Golfe	92.9	119.0	143.6	169.8	328.4	-	-	-	-	-
Koweït	.. c	.. c	.. c	.. c	.. c	-	-	-	-	-
Qatar	1.7	1.9	1.9	2.3	141.3	-	-	-	-	-
Arabie saoudite	0.3	0.3	0.3	0.3	0.3	-	-	-	-	-
Emirats Arabes Unis	90.9	116.9	141.4	167.2	186.8	-	-	-	-	-
Autres pays du Proche et Moyen Orient	258.9	265.8	254.1	261.9	289.2	-	-	-	-	-
Jordanie	0.0	0.0	0.0	0.0	0.0	-	-	-	-	-
Autres pays asiatiques	21 061.2	23 408.3	23 696.7	22 687.5	23 502.8	672.5	-	183.3	166.3	168.5
Chine	537.1	634.0	636.4	730.5	1 324.7	-	-	-	-	-
Hong Kong, Chine	1 274.1	1 868.2	2 051.4	2 118.1	1 769.7	-	-	-	-	-
Inde	189.7	203.3	211.9	258.4	305.9	.. c	-	183.3	166.3	168.5
Indonesie	1.5	0.4	0.4	0.4	0.4	-	-	-	-	-
République islamique d'Iran	0.9	0.8	0.7	0.8	0.9	-	-	-	-	-
Malaisie	9.5	8.5	8.9	5.3	15.1	.. c	-	-	-	-
Philippines	65.4	46.6	45.9	46.5	22.4	672.5	-	.. c	.. c	.. c
Singapour	1 416.3	1 368.8	1 178.8	1 333.4	936.7	.. c	-	.. c	.. c	.. c
Taipei Chinois	1 038.5	983.2	938.8	1 013.6	823.9	-	-	-	-	-
Thaïlande	27.2	33.5	34.1	40.4	39.9	-	-	-	-	-
Viet Nam	0.8	0.8	0.8	0.8	0.9	-	-	-	-	-
AUSTRALIE, OCÉANIE ET RÉGIONS POLAIRES	**773.0**	**1 221.1**	**1 250.0**	**1 367.7**	**1 000.4**	-	-	-	-	-
TOTAL MONDE non alloué et confidentiel	**176.3**	**144.2**	**32.3**	**-22.8**	**5.6**	**-167.4**	**1 476.1**	**505.0**	**-81.6**	**237.4**
Union européenne (UE28)	**209 755.7**	**213 989.9**	**207 140.7**	**206 094.2**	**214 435.6**	**55 005.0**	**53 462.4**	**55 025.2**	**60 578.3**	**50 239.2**
Pays du G20 hors Union Européenne	**298 739.0**	**303 939.7**	**282 027.5**	**304 028.9**	**326 619.2**	**78 783.0**	**69 189.4**	**75 995.3**	**97 351.0**	**81 441.6**
Pays OCDE du G20	**292 651.7**	**298 521.7**	**277 472.2**	**299 599.5**	**322 330.0**	**60 267.9**	**55 167.5**	**64 776.9**	**87 049.5**	**70 743.3**
Pays non-OCDE du G20	**6 087.3**	**5 418.0**	**4 555.3**	**4 429.4**	**4 289.2**	**18 515.1**	**14 021.9**	**11 218.4**	**10 301.5**	**10 698.3**
Pays MENA	**102.5**	**129.0**	**153.4**	**180.3**	**348.1**	-	-	-	-	-
Pays ANASE	**1 521.1**	**1 459.0**	**1 269.1**	**1 427.1**	**1 015.8**	**672.5**	-	-	-	-

- Néant ; .. Non disponible ; c Donnée confidentielle

Note : Les données excluent les entités à vocation spéciales. Voir les métadonnées détaillées sur : *http://stats.oecd.org/OECDStat_Metadata/ShowMetadata.ashx?Dataset=FDI_CTRY_IND_SUMM&lang=fr*.

1. Informations sur les données concernant Israël : *http://oe.cd/israel-disclaimer*.
2. Note de la Turquie : Les informations figurant dans ce document et faisant référence à « Chypre » concernent la partie méridionale de l'île. Il n'y a pas d'autorité unique représentant à la fois les Chypriotes turcs et grecs sur l'île. La Turquie reconnaît la République Turque de Chypre Nord (RTCN). Jusqu'à ce qu'une solution durable et équitable soit trouvée dans le cadre des Nations Unies, la Turquie maintiendra sa position sur la « question chypriote ».
3. Note de tous les États de l'Union européenne membres de l'OCDE et del'Union européenne : La République de Chypre est reconnue par tous les membres des Nations Unies sauf la Turquie. Les informations figurant dans ce document concernent la zone sous le contrôle effectif du gouvernement de la République de Chypre.

Source : Statistiques de l'OCDE sur l'investissement direct international (base de données) : https://doi.org/10.1787/idi-data-fr

MEXIQUE

Tableau 4. Investissement direct étranger : flux par secteur industriel

Millions de dollars des ÉU

	Entrant					Sortant				
	2014	2015	2016	2017	2018	2014	2015	2016	2017	2018
All FDI activities	**30 261.5**	**35 647.9**	**30 644.0**	**33 596.5**	**33 615.3**	**6 331.6**	**10 663.0**	**627.6**	**3 833.0**	**7 831.0**
Agriculture, sylviculture et pêche	**177.8**	**168.9**	**89.1**	**137.8**	**49.9**	..	..	..	..	..
Industries extractives	**2 679.3**	**1 581.7**	**918.8**	**1 363.7**	**1 505.8**	..	..	..	..	..
Activités d'extraction	374.3	1 489.5	231.7	659.0	931.9	..	..	..	..	..
Activités de fabrication	**18 757.6**	**17 704.1**	**17 862.4**	**15 352.9**	**16 317.6**	..	..	..	..	..
dont :										
Produits alimentaires, boissons et tabac	3 450.1	2 780.3	2 652.4	2 005.8	1 075.9	..	..	..	..	..
Textiles, bois, papier, imprimerie	937.9	341.9	827.8	447.0	430.8	..	..	..	..	..
Produits pétroliers, chimiques, pharmaceutiques, caoutchouc, plastique, minéraux	4 527.0	2 021.0	5 240.6	1 555.2	1 704.5	..	..	..	..	..
Ouvrages en métaux et machines, sauf matériels électriques	2 637.9	2 507.7	2 562.5	2 450.2	4 067.4	..	..	..	..	..
Automobiles, remorques, semi-remorques, autres matériels de transport	5 917.9	7 052.5	5 566.2	7 786.1	7 858.4	..	..	..	..	..
Autres activités de fabrication	1 286.9	3 000.6	1 012.9	1 108.6	1 180.6	..	..	..	..	..
Production et distribution d'électricité, de gaz, de vapeur et de climatisation	**695.1**	**1 081.3**	**1 293.8**	**2 153.1**	**4 957.2**	..	..	..	..	..
Distribution de l'eau ; assainissement, traitement des déchets et dépollution	**6.0**	**-10.8**	**7.7**	**10.4**	**-6.9**	..	..	..	..	..
Construction	**886.0**	**2 027.9**	**1 012.8**	**3 020.1**	**1 530.7**	..	..	..	..	..
Services	**7 059.7**	**13 095.0**	**9 459.5**	**11 558.5**	**9 261.0**	..	..	..	..	..
Commerce de gros et de détail ; réparations automobiles et motocycles	1 951.9	2 653.8	1 797.9	2 951.5	2 770.2	..	..	..	..	..
Transport et entreposage	2 021.7	2 904.6	1 852.3	3 345.9	1 309.7	..	..	..	..	..
Activités d'hébergement et de restauration	953.5	534.1	601.5	873.6	1 104.9	..	..	..	..	..
Information et communication	-3 875.1	2 531.2	981.5	669.1	1 121.0	..	..	..	..	..
Activités financières et d'assurances	4 823.3	3 465.7	3 498.7	2 412.2	2 122.2	..	..	..	..	..
Activités des sociétés holding	-	-	-	-	-	..	..	..	..	..
Activités immobilières	541.5	109.5	320.2	464.3	220.3	..	..	..	..	..
Activités professionnelles, scientifiques et techniques	253.9	568.0	206.8	294.5	334.0	..	..	..	..	..
Activités de services administratifs et d'appui	292.0	173.8	141.2	332.8	187.5	..	..	..	..	..
Administration publique; activités des ménages et des organismes extra-territoriaux	-	-	-	-	-	..	..	..	..	..
Éducation	4.1	21.2	0.0	30.2	55.9	..	..	..	..	..
Santé humaine et action sociale	-1.2	16.4	11.9	10.4	3.4	..	..	..	..	..
Arts, spectacles et loisirs	111.9	114.9	37.8	155.8	13.5	..	..	..	..	..
Autres services	-17.8	1.6	9.5	18.2	18.3	..	..	..	..	..
Not allocated and confidential	**-**	**0.0**	**0.0**	**0.0**	**-**	**6 331.6**	**10 663.0**	**627.6**	**3 833.0**	**7 831.0**
Activités immobilières privées	**-**	**-**	**-**	**-**	**-**	..	..	..	..	..

- Néant ; .. Non disponible

Note : Les données excluent les entités à vocation spéciales. Voir les métadonnées détaillées sur : *http://stats.oecd.org/OECDStat_Metadata/ShowMetadata.ashx?Dataset=FDI_CTRY_IND_SUMM&lang=fr.*

Source : Statistiques de l'OCDE sur l'investissement direct international (base de données) : https://doi.org/10.1787/idi-data-fr

MEXIQUE

Tableau 5. Encours des investissement directs étrangers par secteur industriel

En fin d'année

Millions de dollars des ÉU

	Entrant					Sortant				
	2014	2015	2016	2017	2018	2014	2015	2016	2017	2018
All FDI activities	**491 707.3**	**501 999.4**	**473 423.6**	**490 574.0**	**511 275.4**	**150 084.8**	**144 619.2**	**146 169.0**	**175 036.4**	**153 575.7**
Agriculture, sylviculture et pêche	..	..	..	..	..	..	..	..	..	..
Industries extractives	..	..	..	..	..	..	..	..	..	..
Activités d'extraction	..	..	..	..	..	..	..	..	..	..
Activités de fabrication	..	..	..	..	..	..	..	..	..	..
dont :										
Produits alimentaires, boissons et tabac	..	..	..	..	..	..	..	..	..	..
Textiles, bois, papier, imprimerie	..	..	..	..	..	..	..	..	..	..
Produits pétroliers, chimiques, pharmaceutiques, caoutchouc, plastique, minéraux	..	..	..	..	..	..	..	..	..	..
Ouvrages en métaux et machines, sauf matériels électriques	..	..	..	..	..	..	..	..	..	..
Automobiles, remorques, semi-remorques, autres matériels de transport	..	..	..	..	..	..	..	..	..	..
Autres activités de fabrication	..	..	..	..	..	..	..	..	..	..
Production et distribution d'électricité, de gaz, de vapeur et de climatisation	..	..	..	..	..	..	..	..	..	..
Distribution de l'eau ; assainissement, traitement des déchets et dépollution	..	..	..	..	..	..	..	..	..	..
Construction	..	..	..	..	..	..	..	..	..	..
Services	..	..	..	..	..	..	..	..	..	..
Commerce de gros et de détail ; réparations automobiles et motocycles	..	..	..	..	..	..	..	..	..	..
Transport et entreposage	..	..	..	..	..	..	..	..	..	..
Activités d'hébergement et de restauration	..	..	..	..	..	..	..	..	..	..
Information et communication	..	..	..	..	..	..	..	..	..	..
Activités financières et d'assurances	..	..	..	..	..	..	..	..	..	..
Activités des sociétés holding	..	..	..	..	..	..	..	..	..	..
Activités immobilières	..	..	..	..	..	..	..	..	..	..
Activités professionnelles, scientifiques et techniques	..	..	..	..	..	..	..	..	..	..
Activités de services administratifs et d'appui	..	..	..	..	..	..	..	..	..	..
Administration publique; activités des ménages et des organismes extra-territoriaux	..	..	..	..	..	..	..	..	..	..
Éducation	..	..	..	..	..	..	..	..	..	..
Santé humaine et action sociale	..	..	..	..	..	..	..	..	..	..
Arts, spectacles et loisirs	..	..	..	..	..	..	..	..	..	..
Autres services	..	..	..	..	..	..	..	..	..	..
Not allocated and confidential	**491 707.3**	**501 999.4**	**473 423.6**	**490 574.0**	**511 275.4**	**150 084.8**	**144 619.2**	**146 169.0**	**175 036.4**	**153 575.7**
Activités immobilières privées	..	..	..	..	..	..	..	..	..	..

.. Non disponible

Note : Les données excluent les entités à vocation spéciales. Voir les métadonnées détaillées sur : *http://stats.oecd.org/OECDStat_Metadata/ShowMetadata.ashx?Dataset=FDI_CTRY_IND_SUMM&lang=fr.*

Source : Statistiques de l'OCDE sur l'investissement direct international (base de données) : https://doi.org/10.1787/idi-data-fr

PAYS-BAS

Tableau 1. Flux d'investissement direct étranger par pays

Millions de dollars des ÉU

	Entrant					Sortant				
	2014	2015	2016	2017	2018	2014	2015	2016	2017	2018
TOTAL MONDE	**44 975.5**	**178 949.5**	**30 667.9**	**60 349.5**	**114 234.6**	**59 357.8**	**247 681.6**	**156 468.0**	**46 801.9**	**-18 831.6**
Pays membres de l'OCDE	**32 596.5**	**144 417.1**	**.. d**	**.. d**	**.. d**	**41 917.2**	**198 736.5**	**.. d**	**.. d**	**.. d**
Australie	423.2	-311.7	.. d	-18.0	656.2	8 602.9	6 298.4	3 495.5	598.6	11 935.6
Autriche	-522.8	632.3	5 198.5	2 215.1	1 443.4	975.2	.. d	.. d	1 101.3	280.9
Belgique	1 584.2	24 487.0	3 798.5	2 065.2	-698.7	-1 720.8	1 364.4	-12 878.5	-7 180.7	-2 091.3
Canada	-597.1	321.7	.. d	.. d	.. d	1 658.5	-2 699.9	8 811.2	2 352.6	2 449.0
Chili	4.0	12.2	2.2	177.0	38.9	26.5	-275.1	24.3	1 008.9	541.7
République Tchèque	-39.8	-154.2	196.8	84.5	-1.2	179.1	78.8	-252.1	-2 877.9	357.6
Danemark	-319.8	269.6	953.2	666.2	1 140.1	337.0	2 427.1	2 219.4	880.4	636.1
Estonie	5.3	.. d	7.7	.. d	2.4	8.0	-1.1	-48.7	.. d	.. d
Finlande	-90.2	-256.2	118.3	134.1	.. d	-1 573.6	640.0	.. d	311.1	.. d
France	7 851.9	5 818.1	2 812.1	9 558.1	19 401.6	5 575.2	3 292.3	-2 139.8	10 054.1	1 061.0
Allemagne	2 588.6	931.8	-23 753.2	-9 864.7	-10 558.2	1 848.2	9 468.7	-320.7	10 887.2	2 295.5
Grèce	139.3	-229.6	.. d	-3.4	-13.0	207.0	266.2	220.1	96.9	151.1
Hongrie	-87.6	31.1	80.7	-6.8	164.1	-652.8	726.6	-1 711.8	-5 713.0	-442.6
Islande	30.5	.. d	.. d	.. d	.. d	-5.3	.. d	.. d	.. d	.. d
Irlande	-62.4	8 181.9	-9 937.0	7 052.2	7 043.6	2 469.2	2 433.7	9 342.0	42 026.8	5 372.4
Israël[1]	-107.5	194.1	.. d	.. d	-2 878.6	62.4	-92.1	-172.5	722.6	257.3
Italie	2 428.0	3 202.4	-2 142.0	-178.1	5 650.9	2 256.9	12 528.0	9 249.1	-7 045.4	2 461.9
Japon	1 072.0	49.9	2 794.4	897.3	-3 810.9	518.8	-345.0	-352.8	1 596.2	1 530.7
Corée	416.6	92.1	-352.8	55.2	504.0	-211.0	1 401.0	-17.7	468.9	-899.3
Lettonie	2.7	.. d	3.3	- d	.. d	-1.3	93.2	-108.4	91.3	239.6
Lituanie	9.3	8.9	32.1	5.6	-34.2	-6.6	3.3	27.6	58.6	2.4
Luxembourg	6 022.3	54 648.9	37 168.0	-4 492.2	14 193.3	11 350.7	37 411.0	-24 029.6	-13 233.0	-34 098.9
Mexique	1 443.5	6 982.8	8 625.5	3 898.1	2 613.0	3 372.7	9 401.0	1 045.0	536.6	5 371.2
Pays-Bas	-	-	-	-	-	-	-	-	-	-
Nouvelle-Zélande	22.6	.. d	-15.5	-4.5	116.8	204.3	718.8	-33.2	315.6	1 084.6
Norvège	-	472.5	2 002.7	556.9	1 439.9	1 045.5	752.1	1 361.3	-525.3	-227.8
Pologne	43.8	4.4	-63.0	312.3	160.5	-820.0	642.3	-347.2	1 342.6	1 888.4
Portugal	-205.7	.. d	5.5	-3 810.2	-96.8	-408.7	.. d	816.1	37.2	258.5
République slovaquie	-	3.3	67.5	5.6	-4.7	199.0	225.2	-91.8	76.7	38.9
Slovénie	-1.3	-	3.3	6.8	.. d	-2.7	.. d	117.2	.. d	.. d
Espagne	494.9	553.5	6 030.1	-343.8	-1 943.8	1 536.4	1 961.2	3 195.8	-2 225.2	2 656.7
Suède	-851.8	15.5	214.5	2 388.7	3 534.8	391.4	1 263.5	6 330.9	4 856.3	6 308.3
Suisse	4 381.1	29 121.5	2 728.1	9 296.6	27 509.7	1 988.9	5 832.5	50 120.5	-38 188.5	53 252.7
Turquie	325.1	502.5	152.6	111.6	-354.1	879.7	885.2	786.2	223.2	861.6
Royaume-Uni	10 656.8	-16 751.0	-18 554.7	50 178.1	79 026.3	8 053.6	59 021.6	40 241.1	18 986.6	-95 421.9
Etats-Unis	-4 467.3	26 127.6	-52 723.7	-38 080.3	-21 176.7	-6 452.2	40 418.2	-15 097.9	22 325.6	8 655.7
EUROPE	**36 671.1**	**115 736.0**	**1 311.5**	**65 504.5**	**147 292.6**	**39 925.7**	**146 049.9**	**109 442.7**	**-225.5**	**-52 711.0**
Bulgarie	2.7	-1.1	5.5	.. d	.. d	-61.0	24.4	151.5	146.5	37.8
Croatie	-15.9	-53.2	58.6	.. d	-1.2	122.1	-83.2	393.7	113.9	20.1
Chypre[2, 3]	1 085.3	4 353.9	-346.1	-781.2	-1 739.6	485.6	823.1	4 721.9	-1 544.4	.. d
Malte	5.3	.. d	.. d	4.5	.. d	-1.3	.. d	3 055.4	.. d	.. d
Roumanie	-4.0	-22.2	334.0	-36.1	40.1	193.7	266.2	130.5	286.3	712.9
Russie	1 095.9	-2 806.4	-4 626.8	-64.3	845.0	-631.6	1 333.3	2 184.0	-4 334.3	1 510.7
Ukraine	82.3	..	..	..	..	-348.9	..	..	..	..
AFRIQUE	**1 037.5**	**904.0**	**32 885.1**	**-2 163.2**	**1 922.6**	**2 822.1**	**22 071.0**	**-3 546.4**	**231.1**	**-2 772.3**
Afrique septentrionale	15.9	17.7	29 634.0	-57.5	378.9	197.7	-2 800.9	5 816.7	1 378.7	-575.9
Algérie	-	..	..	..	..	18.6	..	..	..	..
Egypte	4.0	.. d	.. d	75.5	269.1	209.6	-4 764.3	1 643.3	1 228.7	-267.9
Libye	-	..	..	..	..	-1.3	..	..	..	..
Maroc	8.0	8.9	2.2	-	1.2	-29.2	17.7	6.6	18.0	30.7
Tunisie	-	..	..	..	..	-2.7	..	..	..	..
Autres pays africains	1 021.6	886.3	3 250.0	-2 105.7	1 544.9	2 624.4	24 871.9	-9 363.0	-1 148.7	-2 197.6
Nigéria	948.7	.. d	.. d	13.5	.. d	1 868.1	1 066.0	466.7	1 667.2	620.8
Afrique du Sud	-8.0	.. d	.. d	.. d	-142.8	122.1	21 531.9	-13 716.7	1 236.6	-1 544.9
AMÉRIQUE	**5 028.5**	**59 315.6**	**-21 712.9**	**-8 961.8**	**-39 500.8**	**1 322.8**	**56 687.7**	**58 314.7**	**26 021.9**	**18 723.0**
Amérique du Nord	-5 064.3	26 449.3	-52 139.8	-37 739.8	-20 466.2	-4 791.0	37 722.7	-6 682.5	24 689.4	11 104.7
Amérique du Nord	9 688.2	32 094.3	32 467.1	21 684.1	-12 307.3	5 753.0	12 671.1	41 123.5	-1 321.2	12 675.6
Bahamas	22.6	..	..	..	..	801.4	..	..	..	..
Bermudes	6 972.3	..	..	..	..	3 068.9	..	..	..	..
Îles Cayman	1 982.2	..	..	..	..	-1 910.6	..	..	..	..
Costa Rica	11.9	..	..	..	..	-50.4	..	..	..	..
El Salvador	-1.3	..	..	..	..	13.3	..	..	..	..
Guatemala	5.3	..	..	..	..	-	..	..	..	..
Honduras	-	..	..	..	..	-4.0	..	..	..	..
Nicaragua	-	..	..	..	..	-4.0	..	..	..	..
Panama	10.6	..	..	..	..	17.2	..	..	..	..
Îles Vierges, US	-	..	..	..	..	1.3	..	..	..	..
Amérique du Sud	404.7	772.0	-2 040.3	7 095.0	-6 727.3	359.6	6 294.0	23 873.7	2 654.7	-5 058.4
Argentine	6.6	-378.3	211.2	-24.8	-70.8	134.0	1 105.9	1 134.6	289.7	1 212.1
Bolivie	-1.3	..	..	..	..	6.6	..	..	..	..
Brésil	236.2	-412.6	-2 682.7	5 945.2	-8 271.0	-41.1	3 571.8	22 704.9	-701.2	-7 247.7
Colombie	1.3	..	..	..	..	-46.4	..	..	..	..
Equateur	-	..	..	..	..	-4.0	..	..	..	..
Paraguay	5.3	..	..	..	..	-17.2	..	..	..	..
Pérou	1.3	..	..	..	..	-38.5	..	..	..	..
Uruguay	19.9	.. d	52.0	709.1	-88.5	2.7	.. d	-267.6	71.0	403.6
Venezuela	118.1	.. d	.. d	27.1	69.6	333.0	-42.2	232.2	-64.3	254.9
ASIE	**1 800.5**	**3 302.3**	**17 862.4**	**5 980.2**	**3 749.6**	**6 194.8**	**15 537.4**	**-11 196.5**	**19 834.3**	**4 994.7**

PAYS-BAS

Tableau 1. Flux d'investissement direct étranger par pays *(suite)*

Millions de dollars des ÉU

	Entrant					Sortant				
	2014	2015	2016	2017	2018	2014	2015	2016	2017	2018
Proche et Moyen Orient	660.7	-166.4	14 800.4	1 626.6	1 299.4	4 619.9	4 300.6	4 479.7	2 599.5	731.7
Pays du Golfe	793.4	-364.9	452.3	1 512.8	4 182.7	4 485.9	4 488.1	4 205.5	1 486.9	385.9
Koweït	5.3	..	..	..	..	-5.3	..	..	..	..
Qatar	498.9	..	..	..	..	2 166.6	..	..	..	..
Arabie saoudite	118.1	..	..	..	..	-147.3	..	..	..	..
Emirats Arabes Unis	-21.2	..	..	..	..	881.0	..	..	..	..
Autres pays du Proche et Moyen Orient	-134.0	198.6	14 348.1	115.0	-2 882.1	132.7	-185.2	273.1	1 113.7	344.6
Jordanie	-23.9	..	..	..	..	57.1	..	..	..	..
Autres pays asiatiques	1 138.4	3 469.8	3 062.0	4 351.3	2 450.1	1 574.9	11 234.6	-15 675.1	17 234.8	4 261.8
Chine	459.1	942.9	108.4	236.7	110.9	1 166.2	3 175.8	1 801.4	512.9	1 824.6
Hong Kong, Chine	-1 959.7	1 752.6	304.1	4 626.3	2 106.7	-693.9	-613.4	96.2	1 701.0	1 418.6
Inde	169.8	.. d	.. d	.. d	.. d	546.6	1 237.9	274.2	1 070.9	1 862.4
Indonesie	63.7	.. d	.. d	-81.2	139.3	234.8	844.1	3 533.1	1 936.6	-256.1
République islamique d'Iran	4.0	..	..	..	..	10.6	..	..	..	..
Malaisie	-509.5	-487.0	65.2	-1 233.2	-1 278.2	-57.1	343.9	-19 817.5	-1 745.0	234.9
Philippines	-26.5	-57.7	65.2	-78.9	23.6	-102.2	792.0	-479.9	-414.8	265.5
Singapour	1 241.9	1 129.2	-168.1	.. d	4 938.0	-341.0	2 198.6	-4 370.2	13 190.2	-2 288.4
Taipei Chinois	13.3	46.6	-19.9	.. d	.. d	33.2	-24.4	226.7	62.0	356.4
Thaïlande	14.6	.. d	-3.3	-36.1	68.5	-193.7	150.9	-3.3	22.5	310.4
Viet Nam	1.3	..	..	..	..	208.3	..	..	..	..
AUSTRALIE, OCÉANIE ET RÉGIONS POLAIRES	**448.5**	**-306.2**	**322.9**	**-9.0**	**769.5**	**8 809.9**	**7 066.0**	**3 457.9**	**933.4**	**12 941.1**
TOTAL MONDE non alloué et confidentiel	**-10.6**	**-2.2**	**-1.1**	**-1.1**	**1.2**	**282.6**	**269.6**	**-4.4**	**6.8**	**-7.1**
Union européenne (UE28)	**30 736.4**	**85 394.3**	**2 324.5**	**55 168.5**	**117 294.9**	**30 954.0**	**137 559.6**	**49 818.6**	**51 477.8**	**-108 282.8**
Pays du G20 hors Union Européenne	..	**.. d**	**.. d**	**.. d**	**.. d**	..	..	..	..	..
Pays OCDE du G20	**22 146.7**	**26 966.2**	**.. d**	**.. d**	**.. d**	**26 108.5**	**139 669.4**	**45 699.4**	**60 984.1**	**-59 699.0**
Pays non-OCDE du G20	..	**.. d**	**.. d**	**.. d**	**.. d**	..	..	..	..	..
Pays MENA	..	**.. d**	**.. d**	..	..	..	..	..	..	..
Pays ANASE	**789.4**	**698.8**	**153.7**	**-1 997.5**	**3 952.6**	**-249.4**	**4 585.7**	**-20 570.6**	**13 220.6**	**-1 340.7**

- Néant ; .. Non disponible ; d Confidentialité Secondaire

Note : Les données excluent les entités à vocation spéciales. Voir les métadonnées détaillées sur : *http://stats.oecd.org/OECDStat_Metadata/ShowMetadata.ashx?Dataset=FDI_CTRY_IND_SUMM&lang=fr.*

1. Informations sur les données concernant Israël : *http://oe.cd/israel-disclaimer.*
2. Note de la Turquie : Les informations figurant dans ce document et faisant référence à « Chypre » concernent la partie méridionale de l'île. Il n'y a pas d'autorité unique représentant à la fois les Chypriotes turcs et grecs sur l'île. La Turquie reconnaît la République Turque de Chypre Nord (RTCN). Jusqu'à ce qu'une solution durable et équitable soit trouvée dans le cadre des Nations Unies, la Turquie maintiendra sa position sur la « question chypriote ».
3. Note de tous les États de l'Union européenne membres de l'OCDE et del'Union européenne : La République de Chypre est reconnue par tous les membres des Nations Unies sauf la Turquie. Les informations figurant dans ce document concernent la zone sous le contrôle effectif du gouvernement de la République de Chypre.

Source : Statistiques de l'OCDE sur l'investissement direct international (base de données) : https://doi.org/10.1787/idi-data-fr

Tableau 2. Encours des investissements directs étrangers par pays

En fin d'année

Millions de dollars des ÉU

	Entrant					Sortant				
	2014	2015	2016	2017	2018	2014	2015	2016	2017	2018
TOTAL MONDE	**1 082 570.5**	**1 398 628.2**	**1 411 220.6**	**1 692 687.7**	**1 685 057.2**	**1 612 101.4**	**2 031 456.7**	**2 205 837.5**	**2 531 181.3**	**2 380 453.4**
Pays membres de l'OCDE	**933 153.6**	**1 198 410.5**	**.. d**	**.. d**	**.. d**	**1 330 478.8**	**1 541 775.7**	**.. d**	**.. d**	**.. d**
Australie	.. d	.. d	1 555.8	2 048.5	2 544.1	28 545.9	28 387.6	43 996.0	45 971.5	53 708.5
Autriche	2 883.5	2 516.1	7 245.7	11 128.6	12 695.2	8 552.1	12 135.0	31 185.8	40 119.9	33 053.6
Belgique	67 251.4	83 909.6	71 095.2	85 869.5	94 237.5	104 693.1	99 675.6	91 123.6	95 225.5	97 249.8
Canada	1 466.6	3 048.4	3 416.3	.. d	.. d	38 540.4	33 325.0	37 483.9	49 606.6	55 902.2
Chili	.. d	39.2	42.2	211.1	.. d	2 100.4	1 350.0	1 226.9	2 443.0	2 020.8
République Tchèque	.. d	148.1	133.9	231.5	207.2	5 085.9	5 777.9	7 327.9	7 329.1	7 367.8
Danemark	15 926.6	9 328.3	7 749.6	10 704.0	11 324.7	7 239.7	8 013.1	9 159.9	12 381.9	12 279.6
Estonie	.. d	.. d	.. d	.. d	.. d	269.5	196.0	95.9	34.8	.. d
Finlande	6 847.5	3 685.4	2 762.7	2 913.2	3 129.2	4 931.7	5 874.8	5 005.8	6 936.9	5 558.7
France	64 425.0	98 143.7	50 452.2	86 649.1	102 530.3	137 704.4	91 136.6	80 302.5	115 585.3	108 871.1
Allemagne	97 895.3	154 713.1	110 959.2	130 352.6	132 959.7	192 839.1	128 557.4	107 389.1	160 946.3	129 010.8
Grèce	344.8	.. d	202.4	.. d	180.9	2 110.1	1 461.1	2 191.4	2 804.0	2 818.9
Hongrie	.. d	260.2	335.2	387.4	527.8	4 430.3	6 859.0	8 111.1	7 622.9	5 788.9
Islande	.. d	.. d	.. d	.. d	.. d	.. d	.. d	.. d	.. d	.. d
Irlande	22 673.3	36 161.1	26 201.1	37 367.5	62 097.6	16 201.0	16 597.7	28 811.0	68 467.3	72 672.3
Israël[1]	.. d	.. d	.. d	.. d	.. d	1 828.4	1 794.2	10 429.0	11 358.8	10 834.7
Italie	9 758.9	59 138.8	51 527.4	58 030.7	63 454.3	44 606.0	89 242.2	92 188.3	108 823.5	97 463.9
Japon	18 969.1	18 138.3	15 786.9	18 924.2	22 457.1	10 418.2	12 052.3	14 306.9	16 976.5	18 880.2
Corée	2 689.2	.. d	.. d	.. d	.. d	5 978.2	12 769.7	10 761.0	13 556.0	13 052.4
Lettonie	.. d	.. d	.. d	.. d	.. d	.. d	.. d	6.3	141.5	453.4
Lituanie	.. d	.. d	.. d	.. d	.. d	52.2	138.3	162.3	176.3	182.0
Luxembourg	140 986.1	228 251.5	250 156.0	255 175.1	239 521.4	97 973.0	155 419.7	151 210.1	127 125.2	116 237.7
Mexique	7 905.0	13 393.6	21 133.1	40 009.6	25 199.2	22 853.0	49 578.7	39 748.1	44 376.3	49 705.7
Pays-Bas	-	-	-	-	-	-	-	-	-	-
Nouvelle-Zélande	.. d	.. d	.. d	.. d	.. d	1 069.6	3 382.7	3 610.2	4 709.8	5 448.8
Norvège	440.7	11 237.9	10 935.0	.. d	.. d	5 247.3	6 064.2	7 779.1	7 868.8	7 563.5
Pologne	567.0	1 147.5	986.6	1 565.1	1 699.1	8 485.3	8 248.2	9 423.4	12 728.5	14 546.6
Portugal	474.7	443.1	2 301.0	.. d	.. d	2 175.7	3 711.5	4 927.8	5 846.7	6 394.6
République slovaquie	.. d	35.9	40.1	42.0	32.1	892.4	1 081.1	1 608.5	2 011.3	2 105.6
Slovénie	.. d	.. d	.. d	.. d	.. d	55.8	338.6	563.9	723.2	719.0
Espagne	10 003.0	8 006.5	20 399.5	27 547.4	24 606.1	27 919.4	32 516.1	33 712.4	40 868.3	41 741.5
Suède	13 233.7	11 164.9	8 481.1	12 525.8	16 739.2	6 743.1	8 507.3	13 205.4	27 794.4	28 852.8
Suisse	56 646.3	97 062.6	97 585.1	131 342.0	139 761.9	196 883.3	193 982.6	242 478.1	240 470.1	264 982.8
Turquie	1 575.9	.. d	.. d	.. d	.. d	4 645.1	9 315.2	10 041.1	10 135.5	10 942.3
Royaume-Uni	253 370.5	139 073.5	126 866.2	203 810.3	243 570.0	186 247.8	221 479.6	308 583.3	337 166.0	248 733.7
Etats-Unis	126 111.0	182 235.2	258 446.3	249 033.3	206 315.5	152 976.6	292 867.7	376 177.9	409 136.5	356 843.4
EUROPE	**810 453.0**	**989 061.5**	**887 338.5**	**1 102 294.3**	**1 191 305.2**	**1 087 463.3**	**1 136 504.1**	**1 286 362.4**	**1 478 606.4**	**1 355 688.1**
Bulgarie	.. d	.. d	.. d	.. d	.. d	236.7	377.8	514.4	669.2	699.6
Croatie	.. d	.. d	.. d	.. d	.. d	202.8	1 740.9	1 771.9	1 887.7	1 975.0
Chypre[2, 3]	16 720.6	13 829.1	9 571.0	6 716.2	4 678.3	9 903.4	10 898.2	9 753.3	11 559.1	9 451.6
Malte	.. d	.. d	.. d	.. d	.. d	.. d	.. d	.. d	.. d	2 656.3
Roumanie	.. d	101.3	229.8	202.7	206.1	1 917.1	2 946.1	4 072.9	5 125.9	5 981.2
Russie	2 384.5	3 998.9	-884.4	.. d	.. d	5 544.8	12 424.6	14 496.7	11 524.3	13 102.8
Ukraine	.. d	.. d	.. d	.. d	.. d	758.8	1 264.0	.. d	.. d	.. d
AFRIQUE	**1 911.0**	**4 282.0**	**6 331.8**	**5 233.9**	**5 532.4**	**31 814.3**	**84 774.1**	**54 397.6**	**60 393.4**	**78 553.9**
Afrique septentrionale	106.8	646.7	647.2	740.0	1 202.2	10 130.5	16 855.7	15 038.5	18 295.8	42 641.4
Algérie	.. d	.. d	.. d	.. d	.. d	227.0	1 160.6	-414.3	.. d	.. d
Egypte	.. d	.. d	.. d	.. d	.. d	9 427.5	13 049.5	12 365.3	15 762.8	24 361.1
Libye	.. d	.. d	.. d	.. d	.. d	8.5	.. d	.. d	.. d	.. d
Maroc	.. d	.. d	26.4	.. d	.. d	207.6	177.5	166.5	217.1	243.9
Tunisie	.. d	.. d	.. d	.. d	.. d	.. d	.. d	640.9	.. d	713.3
Autres pays africains	1 804.2	3 635.3	5 684.6	4 492.7	4 330.2	21 682.6	67 919.4	39 359.1	42 098.8	35 911.4
Nigéria	.. d	.. d	.. d	.. d	.. d	11 691.8	13 748.5	11 704.4	11 705.4	11 717.4
Afrique du Sud	.. d	.. d	.. d	.. d	.. d	2 036.0	44 911.3	19 033.4	24 311.6	18 631.8
AMÉRIQUE	**220 368.9**	**326 748.0**	**426 499.4**	**475 897.1**	**347 356.3**	**305 692.2**	**586 562.9**	**646 745.0**	**736 278.5**	**689 145.9**
Amérique du Nord	127 578.8	185 283.6	261 861.5	252 706.9	210 375.5	191 526.7	326 509.5	413 659.7	458 747.9	412 749.0
Amérique du Nord	91 407.2	150 807.8	179 638.5	226 189.7	169 789.3	81 407.8	140 218.8	135 836.4	154 104.1	173 873.4
Bahamas	.. d	.. d	.. d	.. d	.. d	.. d	.. d	.. d	.. d	.. d
Bermudes	54 737.7	.. d	.. d	.. d	.. d	44 011.1	.. d	37 572.5	31 373.2	31 165.6
Îles Cayman	10 656.2	.. d	.. d	.. d	.. d	4 248.1	15 846.5	.. d	.. d	.. d
Costa Rica	.. d	.. d	.. d	.. d	.. d	154.2	291.8	268.8	287.8	267.9
El Salvador	.. d	.. d	.. d	.. d	.. d	51.0	59.9	.. d	.. d	.. d
Guatemala	.. d	.. d	.. d	.. d	.. d	19.4	139.4	.. d	.. d	.. d
Honduras	.. d	.. d	.. d	.. d	.. d	.. d	176.4	143.4	.. d	.. d
Nicaragua	.. d	.. d	.. d	.. d	- d	.. d	.. d	9.5	.. d	.. d
Panama	80.1	.. d	.. d	.. d	.. d	200.3	22 280.9	.. d	.. d	.. d
Îles Vierges, US	-	.. d	- d	.. d	.. d	.. d	.. d	.. d	.. d	- d
Amérique du Sud	1 381.6	-9 343.5	-15 001.6	-2 998.3	-32 808.6	32 756.4	119 835.6	97 248.9	123 427.7	102 523.5
Argentine	.. d	.. d	351.0	335.8	223.3	3 399.5	35 593.9	3 447.9	4 152.1	4 244.3
Bolivie	.. d	.. d	.. d	.. d	.. d	.. d	.. d	.. d	48.0	60.7
Brésil	558.5	-12 909.1	-18 457.9	-8 940.2	-39 560.3	22 766.8	74 165.5	85 475.9	108 382.1	89 102.4
Colombie	.. d	.. d	.. d	.. d	.. d	644.7	834.0	.. d	.. d	.. d
Equateur	.. d	.. d	.. d	.. d	.. d	136.0	1 061.5	1 096.2	.. d	.. d
Paraguay	.. d	.. d	.. d	.. d	.. d	43.7	.. d	46.4	218.3	124.8
Pérou	.. d	.. d	.. d	.. d	.. d	269.5	1 084.4	.. d	.. d	.. d
Uruguay	85.0	80.6	93.8	.. d	.. d	143.3	1 635.3	1 450.4	1 187.3	1 566.3
Venezuela	.. d	265.7	.. d	.. d	.. d	3 132.4	3 945.6	2 974.6	2 433.4	1 241.1
ASIE	**48 227.7**	**76 994.0**	**89 411.8**	**106 813.4**	**137 862.4**	**156 679.6**	**191 223.7**	**169 962.1**	**204 412.3**	**197 275.0**

Tableau 2. Encours des investissements directs étrangers par pays (*suite*)
En fin d'année

Millions de dollars des ÉU

	Entrant					Sortant				
	2014	2015	2016	2017	2018	2014	2015	2016	2017	2018
Proche et Moyen Orient	16 761.9	36 610.8	47 149.8	60 630.8	86 846.8	13 872.3	19 086.6	25 953.4	30 195.5	29 767.6
Pays du Golfe	10 108.6	8 376.7	8 813.1	12 243.9	18 639.8	11 345.8	16 594.4	14 885.6	18 354.5	18 375.3
Koweït	.. d	.. d	.. d	.. d	.. d	.. d	.. d	.. d	.. d	.. d
Qatar	.. d	.. d	.. d	.. d	.. d	2 807.0	2 024.0	.. d	.. d	.. d
Arabie saoudite	.. d	.. d	.. d	.. d	.. d	2 465.8	5 086.6	6 261.2	8 161.4	8 352.4
Emirats Arabes Unis	.. d	.. d	.. d	.. d	.. d	2 987.9	.. d	.. d	.. d	.. d
Autres pays du Proche et Moyen Orient	6 650.8	28 234.1	38 336.7	48 386.9	68 207.0	2 525.3	2 492.1	11 068.8	11 841.0	11 391.1
Jordanie	.. d	.. d	.. d	.. d	.. d	296.2	.. d	.. d	.. d	.. d
Autres pays asiatiques	31 465.8	40 383.2	42 262.0	46 182.5	51 015.6	142 806.1	172 137.2	144 008.6	174 216.8	167 507.4
Chine	1 647.5	2 859.0	2 161.9	1 884.1	1 649.9	16 099.0	17 563.4	13 651.3	14 641.4	14 567.2
Hong Kong, Chine	.. d	6 468.2	6 297.0	11 402.0	10 848.4	11 102.9	14 950.5	13 727.2	16 412.8	16 756.4
Inde	.. d	.. d	.. d	.. d	.. d	4 232.4	5 479.6	9 206.3	11 178.9	13 279.1
Indonesie	298.7	.. d	.. d	.. d	.. d	3 326.6	4 825.3	4 691.7	5 834.7	4 832.8
République islamique d'Iran	.. d	.. d	.. d	.. d	.. d	.. d	.. d	.. d	.. d	.. d
Malaisie	2 485.3	3 531.8	6 481.5	997.8	399.6	1 658.5	2 893.8	2 616.2	3 142.2	3 362.7
Philippines	.. d	.. d	.. d	.. d	.. d	2 199.9	1 931.4	2 050.2	1 581.9	1 631.6
Singapour	2 618.8	3 927.1	3 849.5	3 479.3	6 319.0	64 781.9	67 911.8	33 773.6	49 851.3	38 161.2
Taipei Chinois	.. d	.. d	.. d	.. d	.. d	2 314.1	2 201.4	5 004.7	6 127.4	10 866.7
Thaïlande	.. d	.. d	.. d	.. d	.. d	1 620.8	2 033.8	4 186.8	4 332.0	1 785.0
Viet Nam	.. d	.. d	.. d	.. d	.. d	1 523.7	2 458.4	2 204.1	2 477.8	2 557.8
AUSTRALIE, OCÉANIE ET RÉGIONS POLAIRES	**1 812.7**	**1 539.5**	**1 639.1**	**2 445.4**	**2 997.5**	**29 716.3**	**31 875.9**	**47 859.2**	**50 889.9**	**59 274.1**
TOTAL MONDE non alloué et confidentiel	**-202.8**	**3.3**	**-**	**3.6**	**3.4**	**735.7**	**516.1**	**511.2**	**600.9**	**516.4**
Union européenne (UE28)	**724 519.0**	**850 549.8**	**747 996.2**	**934 695.4**	**1 017 271.6**	**871 630.3**	**914 229.7**	**1 005 014.2**	**1 202 970.7**	**1 052 941.4**
Pays du G20 hors Union Européenne	**.. d**	**.. d**	**.. d**	**.. d**	**.. d**	**..**	**1 168 762.1**	**1 277 242.5**	**1 500 466.5**	**1 309 227.2**
Pays OCDE du G20	**.. d**	**.. d**	**.. d**	**.. d**	**.. d**	**476 530.6**	**968 712.0**	**1 120 978.2**	**1 312 279.9**	**1 143 114.3**
Pays non-OCDE du G20	**.. d**	**.. d**	**.. d**	**.. d**	**.. d**	**..**	**200 050.1**	**156 264.4**	**188 186.6**	**166 112.9**
Pays MENA	**.. d**	**.. d**	**.. d**	**.. d**	**.. d**	**.. d**	**.. d**	**.. d**	**.. d**	**.. d**
Pays ANASE	**6 026.8**	**8 444.2**	**11 551.6**	**5 907.9**	**8 457.8**	**77 423.2**	**83 725.6**	**51 153.2**	**68 956.6**	**54 093.2**

- Néant ; .. Non disponible ; d Confidentialité Secondaire

Note : Les données excluent les entités à vocation spéciales. Voir les métadonnées détaillées sur : *http://stats.oecd.org/OECDStat_Metadata/ShowMetadata.ashx?Dataset=FDI_CTRY_IND_SUMM&lang=fr.*

1. Informations sur les données concernant Israël : *http://oe.cd/israel-disclaimer.*
2. Note de la Turquie : Les informations figurant dans ce document et faisant référence à « Chypre » concernent la partie méridionale de l'île. Il n'y a pas d'autorité unique représentant à la fois les Chypriotes turcs et grecs sur l'île. La Turquie reconnaît la République Turque de Chypre Nord (RTCN). Jusqu'à ce qu'une solution durable et équitable soit trouvée dans le cadre des Nations Unies, la Turquie maintiendra sa position sur la « question chypriote ».
3. Note de tous les États de l'Union européenne membres de l'OCDE et del'Union européenne : La République de Chypre est reconnue par tous les membres des Nations Unies sauf la Turquie. Les informations figurant dans ce document concernent la zone sous le contrôle effectif du gouvernement de la République de Chypre.

Source : Statistiques de l'OCDE sur l'investissement direct international (base de données) : https://doi.org/10.1787/idi-data-fr

Tableau 3. Revenus des investissements directs étrangers par pays

Millions de dollars des ÉU

	Entrant					Sortant				
	2014	2015	2016	2017	2018	2014	2015	2016	2017	2018
TOTAL MONDE	**43 655.3**	**72 777.6**	**69 363.0**	**64 354.6**	**69 427.6**	**59 978.8**	**102 728.8**	**87 990.7**	**104 394.1**	**116 101.7**
Pays membres de l'OCDE	**39 661.7**	**66 648.9**	**.. d**	**.. d**	**.. d**	**43 427.1**	**67 636.2**	**.. d**	**.. d**	**.. d**
Australie	4.0	8.9	.. d	7.9	5.9	1 344.0	1 060.5	1 471.9	1 765.3	1 493.0
Autriche	67.7	165.3	38.7	348.3	338.7	127.4	.. d	.. d	1 524.1	1 438.7
Belgique	6 101.9	3 458.7	2 451.6	1 374.1	3 190.1	5 445.1	4 650.0	3 733.3	8 123.1	3 682.3
Canada	73.0	36.6	.. d	.. d	.. d	1 219.3	-2 782.0	212.3	2 543.1	6 972.7
Chili	-1.3	-	1.1	-1.1	2.4	123.4	-56.6	98.4	157.8	2 009.9
République Tchèque	1.3	2.2	2.2	2.3	2.4	281.3	300.6	541.9	385.5	559.4
Danemark	34.5	129.8	212.3	102.6	50.7	261.4	1 183.6	194.6	145.4	409.5
Estonie	-1.3	-	-	- d	-	9.3	5.5	-37.6	.. d	.. d
Finlande	225.6	15.5	516.4	644.8	.. d	163.2	1 332.2	.. d	83.4	.. d
France	4 795.0	2 841.9	2 065.7	1 326.8	3 034.3	1 730.1	6 559.1	3 933.4	3 839.5	3 259.8
Allemagne	4 801.6	10 827.5	3 704.5	6 994.7	11 170.8	3 396.6	3 364.4	3 584.0	3 981.5	5 535.2
Grèce	-	3.3	.. d	4.5	7.1	51.7	1.1	43.1	122.9	96.8
Hongrie	1.3	2.2	2.2	1.1	-	107.5	135.3	158.1	175.9	203.0
Islande	62.4	46.6	.. d	.. d	.. d	5.3	.. d	.. d	.. d	- d
Irlande	388.7	495.8	669.0	1 167.9	1 019.7	603.7	1 185.8	1 442.0	2 263.6	2 584.7
Israël[1]	19.9	1.1	-121.6	.. d	21.2	13.3	45.5	33.2	90.2	67.3
Italie	209.6	-2 699.9	628.1	3 038.0	5 312.2	723.1	2 036.6	729.8	839.8	1 442.2
Japon	869.0	1 746.0	1 580.2	2 269.2	3 341.2	595.7	251.8	766.3	479.1	1 552.0
Corée	74.3	61.0	56.4	16.9	18.9	107.5	213.0	228.9	180.4	681.0
Lettonie	-1.3	-	-	- d	- d	-1.3	95.4	-63.0	90.2	98.0
Lituanie	-1.3	-	1.1	4.5	2.4	1.3	3.3	4.4	1.1	2.4
Luxembourg	3 049.0	13 805.9	36 715.7	9 632.5	6 715.4	1 625.3	1 453.1	2 265.8	7 956.3	-234.9
Mexique	-448.5	1 368.8	-165.9	792.5	951.3	561.2	2 099.8	1 195.4	1 904.0	3 381.3
Pays-Bas	-	-	-	-	-	-	-	-	-	-
Nouvelle-Zélande	-1.3	- d	1.1	-	-1.2	179.1	-68.8	52.0	404.7	657.4
Norvège	1.3	112.0	320.7	-	86.2	107.5	74.3	175.8	156.7	131.0
Pologne	13.3	11.1	8.8	11.3	11.8	874.4	397.1	575.0	1 241.1	1 188.5
Portugal	-272.0	.. d	2.2	14.7	-3.5	80.9	.. d	305.2	320.1	341.1
République slovaquie	-	1.1	1.1	1.1	1.2	55.7	67.7	82.9	96.9	160.5
Slovénie	-1.3	1.1	-	-	-	-	.. d	24.3	.. d	29.5
Espagne	598.4	1 148.1	1 286.1	2 132.8	3 145.3	1 004.4	1 434.3	1 144.5	1 532.0	1 705.4
Suède	549.3	531.3	316.3	1 012.3	1 527.2	431.2	1 264.6	913.4	874.8	1 219.2
Suisse	4 359.8	4 297.3	3 942.3	8 293.3	5 515.2	7 637.0	20 341.7	11 930.8	11 331.3	14 491.9
Turquie	159.2	39.9	133.8	94.7	-7.1	100.8	270.7	334.0	279.6	362.3
Royaume-Uni	9 113.7	12 038.8	7 847.0	15 127.9	18 053.8	12 140.1	9 511.9	7 806.0	10 397.9	7 778.8
Etats-Unis	4 791.0	16 148.6	4 998.3	6 965.4	2 320.3	2 299.3	10 419.3	7 977.4	4 976.9	23 993.9
EUROPE	**36 358.0**	**48 797.6**	**62 055.7**	**52 926.4**	**61 045.7**	**38 066.9**	**58 612.3**	**43 607.2**	**57 609.1**	**48 779.7**
Bulgarie	-	1.1	1.1	- d	.. d	17.2	16.6	67.5	64.3	30.7
Croatie	-	-	-	-	-	1.3	4.4	19.9	18.0	26.0
Chypre[2, 3]	1 119.8	1 141.4	508.7	179.2	-37.8	869.0	632.3	471.1	287.5	.. d
Malte	5.3	.. d	- d	1.1	.. d	-	.. d	3.3	.. d	.. d
Roumanie	-	-	4.4	10.1	4.7	152.6	303.9	257.7	266.0	291.5
Russie	-27.9	-333.9	-69.7	174.7	-24.8	180.4	837.5	922.3	703.4	663.3
Ukraine	-	..	..	..	..	-222.9	..	..	..	..
AFRIQUE	**11.9**	**125.3**	**-203.5**	**-1 402.3**	**40.1**	**3 550.5**	**1 340.0**	**3 240.1**	**6 501.0**	**4 841.3**
Afrique septentrionale	-1.3	112.0	130.5	4.5	93.2	249.4	591.2	890.2	3 183.4	2 845.5
Algérie	-1.3	..	..	..	..	51.7	..	..	..	..
Egypte	-	- d	- d	-	-	228.2	461.5	227.8	2 381.9	1 657.0
Libye	-	..	..	..	..	-2.7	..	..	..	..
Maroc	-	-	-	-	1.2	-14.6	18.9	7.7	5.6	5.9
Tunisie	-	..	..	..	..	-17.2	..	..	..	..
Autres pays africains	11.9	13.3	-334.0	-1 408.0	-53.1	3 301.0	748.8	2 351.0	3 317.6	1 995.8
Nigéria	2.7	.. d	.. d	3.4	.. d	2 873.8	851.9	1 269.5	2 831.7	1 494.2
Afrique du Sud	1.3	.. d	.. d	-1 433.9	-105.0	49.1	64.3	98.4	119.5	139.3
AMÉRIQUE	**5 442.5**	**21 294.5**	**5 346.7**	**10 053.0**	**4 512.0**	**10 041.1**	**25 308.9**	**23 961.1**	**21 175.7**	**44 580.4**
Amérique du Nord	4 864.0	16 185.2	5 154.3	7 051.1	2 368.7	3 509.4	7 625.1	8 184.2	7 517.8	30 964.2
Amérique du Nord	573.2	3 988.9	2 041.4	4 075.1	3 796.8	4 999.3	11 447.6	7 273.0	8 014.9	6 599.8
Bahamas	34.5	..	..	..	..	43.8	..	..	..	..
Bermudes	582.5	..	..	..	..	4 212.6	..	..	..	..
Îles Cayman	524.1	..	..	..	..	-329.0	..	..	..	..
Costa Rica	-1.3	..	..	..	..	-14.6	..	..	..	..
El Salvador	-1.3	..	..	..	..	19.9	..	..	..	..
Guatemala	-	..	..	..	..	-4.0	..	..	..	..
Honduras	-1.3	..	..	..	..	-9.3	..	..	..	..
Nicaragua	-	..	..	..	..	-1.3	..	..	..	..
Panama	-	..	..	..	..	-1.3	..	..	..	..
Îles Vierges, US	-	..	..	..	..	-	..	..	..	..
Amérique du Sud	4.0	1 120.4	-1 850.1	-1 073.2	-1 654.7	1 532.4	6 237.4	8 502.7	5 643.1	7 015.2
Argentine	-1.3	-	1.1	1.1	-	126.0	242.9	45.3	358.5	705.8
Bolivie	-	..	..	..	..	18.6	..	..	..	..
Brésil	-	867.4	-1 853.4	1 149.0	-1 784.5	943.3	6 170.8	8 196.4	4 571.1	3 604.4
Colombie	-1.3	..	..	..	..	-54.4	..	..	..	..
Equateur	-	..	..	..	..	29.2	..	..	..	..
Paraguay	-	..	..	..	..	13.3	..	..	..	..
Pérou	-	..	..	..	..	-11.9	..	..	..	..
Uruguay	-	- d	-	23.7	27.1	35.8	.. d	60.8	53.0	188.8
Venezuela	-1.3	- d	- d	1.1	1.2	294.5	-215.2	39.8	155.6	-22.4
ASIE	**1 836.3**	**2 550.2**	**2 155.3**	**2 772.0**	**3 823.9**	**7 216.4**	**16 162.0**	**15 596.6**	**16 877.5**	**15 683.9**

Tableau 3. Revenus des investissements directs étrangers par pays *(suite)*

Millions de dollars des ÉU

	Entrant					Sortant				
	2014	2015	2016	2017	2018	2014	2015	2016	2017	2018
Proche et Moyen Orient	441.8	359.4	173.6	454.3	564.1	2 684.1	2 751.0	1 454.2	2 282.7	1 081.1
Pays du Golfe	420.6	357.2	293.0	458.8	542.9	2 704.0	3 005.0	928.9	1 799.1	935.9
Koweït	-	..	..	..	..	96.9	..	..	..	..
Qatar	1.3	..	..	..	..	1 375.9	..	..	..	..
Arabie saoudite	411.3	..	..	..	..	200.3	..	..	..	..
Emirats Arabes Unis	4.0	..	..	..	..	262.7	..	..	..	..
Autres pays du Proche et Moyen Orient	21.2	2.2	-119.4	-4.5	22.4	-19.9	-254.0	525.3	484.7	146.3
Jordanie	-	..	..	..	..	-47.8	..	..	..	..
Autres pays asiatiques	1 393.1	2 190.8	1 981.6	2 316.5	3 258.6	4 532.3	13 409.9	14 142.4	14 594.7	14 602.9
Chine	38.5	52.1	54.2	62.0	72.0	1 095.9	2 038.8	2 052.4	1 943.4	2 679.1
Hong Kong, Chine	106.1	231.8	211.2	-122.9	-312.8	773.5	1 584.0	1 341.4	1 462.1	2 266.0
Inde	-	- d	.. d	- d	- d	107.5	198.6	233.3	350.6	299.8
Indonesie	4.0	.. d	.. d	3.4	3.5	489.6	320.6	1 055.0	1 681.9	1 066.9
République islamique d'Iran	1.3	..	..	..	..	10.6	..	..	..	..
Malaisie	262.7	55.5	31.0	31.6	48.4	224.2	464.8	591.6	122.9	285.6
Philippines	-1.3	-	-	-	2.4	496.2	284.0	613.7	379.9	607.8
Singapour	21.2	25.5	31.0	.. d	59.0	595.7	6 785.4	5 824.4	6 222.5	2 578.8
Taipei Chinois	5.3	7.8	8.8	.. d	.. d	226.9	265.1	249.9	384.4	443.8
Thaïlande	-	- d	-	-	1.2	73.0	246.3	400.3	354.0	391.8
Viet Nam	-	..	..	..	..	41.1	..	..	..	..
AUSTRALIE, OCÉANIE ET RÉGIONS POLAIRES	**6.6**	**11.1**	**8.8**	**6.8**	**5.9**	**1 527.1**	**1 005.0**	**1 541.5**	**2 176.8**	**2 159.8**
TOTAL MONDE non alloué et confidentiel	**-**	**-1.1**	**-**	**-1.1**	**-**	**-423.2**	**300.6**	**44.2**	**54.1**	**56.7**
Union européenne (UE28)	**30 817.3**	**43 927.9**	**56 985.5**	**43 134.9**	**54 366.8**	**30 165.8**	**36 803.1**	**29 576.5**	**44 594.7**	**32 577.6**
Pays du G20 hors Union Européenne	**..**	**.. d**	**.. d**	**.. d**	**.. d**	**..**	**..**	**..**	**..**	**..**
Pays OCDE du G20	**24 450.0**	**42 418.2**	**.. d**	**.. d**	**.. d**	**24 224.5**	**33 005.0**	**28 239.5**	**31 187.0**	**56 452.3**
Pays non-OCDE du G20	**..**	**.. d**	**.. d**	**.. d**	**.. d**	**..**	**..**	**..**	**..**	**..**
Pays MENA	**..**	**.. d**	**.. d**	**..**	**..**	**..**	**..**	**..**	**..**	**..**
Pays ANASE	**293.2**	**88.7**	**67.5**	**69.9**	**118.0**	**1 917.2**	**8 384.9**	**8 908.5**	**9 310.1**	**5 753.6**

- Néant ; .. Non disponible ; d Confidentialité Secondaire

Note : Les données excluent les entités à vocation spéciales. Voir les métadonnées détaillées sur : *http://stats.oecd.org/OECDStat_Metadata/ShowMetadata.ashx?Dataset=FDI_CTRY_IND_SUMM&lang=fr*.

1. Informations sur les données concernant Israël : *http://oe.cd/israel-disclaimer*.
2. Note de la Turquie : Les informations figurant dans ce document et faisant référence à « Chypre » concernent la partie méridionale de l'île. Il n'y a pas d'autorité unique représentant à la fois les Chypriotes turcs et grecs sur l'île. La Turquie reconnaît la République Turque de Chypre Nord (RTCN). Jusqu'à ce qu'une solution durable et équitable soit trouvée dans le cadre des Nations Unies, la Turquie maintiendra sa position sur la « question chypriote ».
3. Note de tous les États de l'Union européenne membres de l'OCDE et del'Union européenne : La République de Chypre est reconnue par tous les membres des Nations Unies sauf la Turquie. Les informations figurant dans ce document concernent la zone sous le contrôle effectif du gouvernement de la République de Chypre.

Source : Statistiques de l'OCDE sur l'investissement direct international (base de données) : https://doi.org/10.1787/idi-data-fr

PAYS-BAS

Tableau 4. Investissement direct étranger : flux par secteur industriel

Millions de dollars des ÉU

	Entrant					Sortant				
	2014	2015	2016	2017	2018	2014	2015	2016	2017	2018
All FDI activities	**44 975.5**	**178 949.5**	**30 667.9**	**60 349.5**	**114 234.6**	**59 357.8**	**247 681.6**	**156 468.0**	**46 801.9**	**-18 831.6**
Agriculture, sylviculture et pêche	-	-	-	-	-	-	-	-	-	**397.7**
Industries extractives	**272.0**	**704.4**	**7 675.6**	**-1 802.5**	**-1 405.6**	**-640.8**	**8 859.7**	**43 852.7**	**1 214.1**	**-11 244.0**
Activités d'extraction	266.7	717.7	-892.4	-189.4	482.7	-652.8	..	..	..	..
Activités de fabrication	**36 891.3**	**80 125.3**	**-63 707.8**	**26 708.4**	**42 931.7**	**47 138.1**	**124 883.0**	**23 716.7**	**20 804.9**	**-22 386.4**
dont :										
Produits alimentaires, boissons et tabac	7 278.8	14 658.9	-6 261.2	28 888.5	23 166.5	3 425.8	..	..	..	..
Textiles, bois, papier, imprimerie	110.1	110.9	-29.9	-413.7	93.2	264.0	..	..	..	..
Produits pétroliers, chimiques, pharmaceutiques, caoutchouc, plastique, minéraux	25 778.2	46 602.3	-75 256.0	-16 378.1	10 953.6	38 021.8	76 424.8	-19 147.4	-32 891.4	14 161.5
Ouvrages en métaux et machines, sauf matériels électriques	1 520.5	9 021.6	26 067.7	14 415.5	7 122.6	5 235.5	..	..	..	..
Automobiles, remorques, semi-remorques, autres matériels de transport	744.3	9 479.8	-7 786.1	588.4	182.9	293.2	3 413.2	4 951.9	1 138.5	1 246.3
Autres activités de fabrication	1 460.8	251.8	-442.3	-391.2	1 412.7	-106.1	..	..	..	..
Production et distribution d'électricité, de gaz, de vapeur et de climatisation	**1 342.7**	**1 131.4**	**-15 501.5**	**-2 095.6**	**1 687.7**	**2 503.6**	**-245.1**	**1 386.7**	**-3 040.2**	**2 811.3**
Distribution de l'eau ; assainissement, traitement des déchets et dépollution	**-9.3**	**763.2**	**-63.0**	**-474.6**	**-38.9**	**-106.1**	**-26.6**	**2.2**	**-1.1**	**-80.3**
Construction	**938.0**	**761.0**	**369.3**	**-359.6**	**-43.7**	**1 030.9**	**2 442.6**	**4 105.9**	**-178.1**	**585.4**
Services	**5 539.3**	**95 466.4**	**101 966.2**	**38 372.2**	**71 103.5**	**9 345.9**	**111 556.3**	**83 638.2**	**28 145.6**	**11 039.8**
Commerce de gros et de détail ; réparations automobiles et motocycles	-1 321.5	2 198.6	-771.9	19 341.7	14 326.7	2 140.1	33 044.9	13 996.5	9 362.0	6 733.2
Transport et entreposage	-309.1	1 572.9	6 827.4	-843.2	3 196.0	386.1	2 508.0	4 117.0	6 537.0	5 622.6
Activités d'hébergement et de restauration	-108.8	59.9	50.9	37.2	-56.7	-1.3	1 118.1	1 973.9	44.0	100.3
Information et communication	12 763.7	-13 966.7	-14 428.8	1 116.0	-1 013.8	348.9	28 848.6	30 069.7	1 220.8	-1 085.8
Activités financières et d'assurances	-9 468.0	97 482.0	112 291.3	12 197.0	34 954.6	-2 430.7	41 570.7	24 748.4	5 560.8	11 989.9
Activités des sociétés holding	-	..	..	..	..	-1.3	..	..	..	..
Activités immobilières	5 130.7	3 034.9	-1 539.3	6 077.1	16 192.6	1 532.4	..	..	..	..
Activités professionnelles, scientifiques et techniques	-520.1	1 606.2	1 917.5	-149.9	80.3	516.1	-521.4	2 534.6	-335.9	-20 299.8
Activités de services administratifs et d'appui	-627.6	3 477.5	-2 380.8	596.3	3 423.8	6 858.2	..	..	..	..
Administration publique; activités des ménages et des organismes extra-territoriaux	..	..	..	..	..	..	..	..	..	..
Éducation	-	-	-	-	-	-	..	..	..	..
Santé humaine et action sociale	-	-	-	-	-	-	..	..	..	..
Arts, spectacles et loisirs	-	-	-	-	-	-1.3	-	-2.2	-	-
Autres services	-	-	-	-	-	-9.3	..	..	-	..
Not allocated and confidential	..	**-2.2**	**-70.8**	**1.1**	-	..	**211.9**	**-234.4**	**-143.2**	**44.8**
Activités immobilières privées	-	-	-	-	..	**82.3**	..	..	..	..

- Néant ; .. Non disponible

Note : Les données excluent les entités à vocation spéciales. Voir les métadonnées détaillées sur : *http://stats.oecd.org/OECDStat_Metadata/ShowMetadata.ashx?Dataset=FDI_CTRY_IND_SUMM&lang=fr.*

Source : Statistiques de l'OCDE sur l'investissement direct international (base de données) : https://doi.org/10.1787/idi-data-fr

PAYS-BAS

Tableau 5. Encours des investissement directs étrangers par secteur industriel
En fin d'année

Millions de dollars des ÉU

	Entrant					Sortant				
	2014	2015	2016	2017	2018	2014	2015	2016	2017	2018
All FDI activities	**1 082 570.5**	**1 398 628.2**	**1 411 220.6**	**1 692 687.7**	**1 685 057.2**	**1 612 101.4**	**2 031 456.7**	**2 205 837.5**	**2 531 181.3**	**2 380 453.4**
Agriculture, sylviculture et pêche	**-**	**-**	**-**	**-**	**-**	**-**	**-**	**-**	**-**	**802.6**
Industries extractives	**5 943.0**	**3 724.6**	**11 600.1**	**12 781.2**	**10 930.8**	**1 766.5**	**130 572.7**	**142 915.6**	**145 694.4**	**149 396.6**
Activités d'extraction	5 818.0	3 663.6	4 374.4	6 102.2	5 946.9	1 738.6	..	..	..	..
Activités de fabrication	**563 581.6**	**427 442.6**	**378 008.9**	**557 193.6**	**620 344.6**	**892 423.0**	**1 001 727.8**	**1 100 549.2**	**1 256 331.3**	**1 156 244.6**
dont :										
Produits alimentaires, boissons et tabac	212 252.6	118 596.6	101 236.4	142 581.0	176 896.0	148 080.1	..	..	..	..
Textiles, bois, papier, imprimerie	1 295.4	869.9	727.3	299.8	373.3	5 320.2	..	..	..	..
Produits pétroliers, chimiques, pharmaceutiques, caoutchouc, plastique, minéraux	253 912.0	228 710.9	196 414.0	299 781.7	337 000.2	603 547.3	581 739.8	580 851.7	608 671.1	658 441.7
Ouvrages en métaux et machines, sauf matériels électriques	84 837.7	59 426.2	74 124.6	106 171.7	97 228.1	127 612.8	..	..	..	..
Automobiles, remorques, semi-remorques, autres matériels de transport	9 465.1	17 212.8	3 007.3	4 045.3	3 915.7	5 672.3	33 290.1	37 460.7	46 724.6	51 684.2
Autres activités de fabrication	1 819.9	2 626.0	2 498.2	4 315.2	4 931.3	2 189.0	..	..	..	..
Production et distribution d'électricité, de gaz, de vapeur et de climatisation	**25 068.7**	**39 527.5**	**18 429.4**	**17 374.7**	**19 350.8**	**26 479.5**	**15 984.8**	**22 709.0**	**26 083.0**	**27 082.7**
Distribution de l'eau ; assainissement, traitement des déchets et dépollution	**2 576.3**	**964.6**	**327.8**	**515.7**	**487.7**	**155.4**	**141.5**	**123.3**	**135.5**	**58.4**
Construction	**7 857.7**	**5 834.5**	**4 900.4**	**5 788.0**	**4 052.0**	**92 582.4**	**33 820.4**	**5 371.6**	**7 693.7**	**7 457.1**
Services	**477 544.4**	**921 134.5**	**997 954.0**	**1 099 033.3**	**1 029 891.2**	**581 806.4**	**832 290.7**	**917 529.3**	**1 072 968.3**	**1 013 047.9**
Commerce de gros et de détail ; réparations automobiles et motocycles	226 928.6	128 964.6	113 356.2	112 052.1	129 125.3	204 498.1	231 707.1	276 894.7	261 246.1	247 122.7
Transport et entreposage	54 261.8	35 653.8	34 776.0	48 785.1	44 040.5	51 809.3	34 339.7	30 248.8	43 610.0	53 487.5
Activités d'hébergement et de restauration	1 948.6	1 127.9	800.0	1 074.6	1 013.3	633.8	2 553.1	4 334.4	301.0	403.0
Information et communication	73 689.8	36 712.0	28 222.8	30 267.5	26 906.3	63 061.6	146 251.5	158 586.5	141 584.3	125 744.2
Activités financières et d'assurances	55 251.3	656 847.0	751 340.8	810 255.5	712 256.7	208 711.1	348 504.1	361 550.5	509 559.8	464 297.0
Activités des sociétés holding	-	..	..	..	..	-	..	..	..	..
Activités immobilières	42 895.4	43 460.0	44 820.3	64 874.1	82 246.4	2 593.3	..	..	..	..
Activités professionnelles, scientifiques et techniques	6 724.9	2 845.9	10 717.8	13 108.7	14 384.0	27 227.4	26 454.0	40 154.9	46 572.3	41 822.8
Activités de services administratifs et d'appui	15 845.2	15 523.1	13 919.0	18 616.0	19 919.9	22 789.9	..	..	..	..
Administration publique; activités des ménages et des organismes extra-territoriaux	..	..	..	..	..	..	..	..	..	..
Éducation	-	-	-	-	-	-	..	..	..	..
Santé humaine et action sociale	-	-	-	-	-	-1.2	..	..	..	..
Arts, spectacles et loisirs	-	-	-	-	-	-1.2	3.3	1.1	2.4	3.4
Autres services	-	-	-	-	-	477.1	..	..	..	..
Not allocated and confidential	**..**	**-**	**-**	**1.2**	**-**	**..**	**16 918.9**	**16 639.6**	**22 275.1**	**26 363.6**
Activités immobilières privées	**-**	**-**	**-**	**-**	**..**	**16 885.7**	**..**	**..**	**..**	**..**

- Néant ; .. Non disponible

Note : Les données excluent les entités à vocation spéciales. Voir les métadonnées détaillées sur : *http://stats.oecd.org/OECDStat_Metadata/ShowMetadata.ashx?Dataset=FDI_CTRY_IND_SUMM&lang=fr.*

1. Note de la Banque Centrale des Pays-Bas sur l'existence d'une rupture de série entre 2014 et 2015 : *http://stats.oecd.org/OECDStat_Metadata/ShowMetadata.ashx?Dataset=FDI_CTRY_IND_SUMM&Lang=fr&Coords=[MEASURE].[USD],[ECO_ACT].[FDI_T],[COU].[NLD],[FDI_TYPE].[LE_FA_F],[TIME].[2015],[MEASURE_PRINCIPLE].[DO]*

   Voir les métadonnées détaillées sur : *http://stats.oecd.org/OECDStat_Metadata/ShowMetadata.ashx?Dataset=FDI_CTRY_IND_SUMM&lang=fr.*

Source : Statistiques de l'OCDE sur l'investissement direct international (base de données) : https://doi.org/10.1787/idi-data-fr

Tableau 6. Revenus des investissements directs étrangers par secteur industriel

Millions de dollars des ÉU

	Entrant					Sortant				
	2014	2015	2016	2017	2018	2014	2015	2016	2017	2018
All FDI activities	**43 655.3**	**72 777.6**	**69 363.0**	**64 354.6**	**69 427.6**	**59 978.8**	**102 728.8**	**87 990.7**	**104 394.1**	**116 101.7**
Agriculture, sylviculture et pêche	**-**	**-**	**-**	**-**	**-**	**-**	**-**	**-**	**-**	**135.7**
Industries extractives	**1 023.0**	**56.6**	**125.0**	**320.1**	**92.1**	**10.6**	**4 448.1**	**9 031.3**	**5 952.0**	**5 687.5**
Activités d'extraction	992.4	42.2	90.7	377.6	92.1	-1.3	..	..	..	..
Activités de fabrication	**18 721.0**	**22 092.1**	**10 031.0**	**22 769.7**	**23 396.7**	**35 381.5**	**51 387.7**	**41 031.7**	**60 523.1**	**67 870.9**
dont :										
Produits alimentaires, boissons et tabac	5 981.2	7 464.2	1 978.3	7 397.1	7 532.2	5 271.3	..	..	..	..
Textiles, bois, papier, imprimerie	42.5	116.5	18.8	55.2	-2.4	106.1	..	..	..	..
Produits pétroliers, chimiques, pharmaceutiques, caoutchouc, plastique, minéraux	10 740.3	11 789.2	5 666.3	11 055.1	9 723.8	27 196.5	32 194.1	21 101.4	38 173.8	36 760.3
Ouvrages en métaux et machines, sauf matériels électriques	1 247.2	1 794.8	1 415.5	1 861.1	3 239.7	2 649.6	..	..	..	..
Automobiles, remorques, semi-remorques, autres matériels de transport	589.1	875.2	520.8	780.1	943.0	123.4	103.2	1 573.6	209.7	282.1
Autres activités de fabrication	122.1	52.1	432.4	1 621.0	1 960.3	29.2	..	..	..	..
Production et distribution d'électricité, de gaz, de vapeur et de climatisation	**2 134.8**	**2 109.8**	**2 064.6**	**836.4**	**838.0**	**1 077.4**	**506.9**	**761.9**	**988.6**	**1 251.0**
Distribution de l'eau ; assainissement, traitement des déchets et dépollution	**37.2**	**762.1**	**-91.8**	**-64.3**	**-3.5**	**-86.2**	**-6.7**	**2.2**	**-1.1**	**2.4**
Construction	**793.4**	**726.6**	**332.9**	**189.4**	**-37.8**	**1 332.1**	**3 391.0**	**849.3**	**692.1**	**580.7**
Services	**20 946.0**	**47 030.5**	**56 901.5**	**40 304.4**	**45 141.0**	**22 262.2**	**41 344.4**	**34 788.2**	**34 230.6**	**38 440.9**
Commerce de gros et de détail ; réparations automobiles et motocycles	6 729.5	10 558.0	5 316.8	7 859.3	6 579.7	3 351.5	11 670.5	8 761.5	5 177.5	5 846.8
Transport et entreposage	2 780.9	2 545.8	2 984.6	2 534.1	1 012.6	1 549.7	2 320.6	2 773.4	3 026.7	2 777.1
Activités d'hébergement et de restauration	43.8	59.9	107.3	154.4	155.8	9.3	49.9	87.4	20.3	40.1
Information et communication	1 911.9	2 409.3	1 241.8	2 809.2	2 269.6	1 495.3	3 691.6	6 484.6	3 893.6	3 510.0
Activités financières et d'assurances	2 762.4	24 515.8	43 052.1	17 487.3	22 000.5	12 698.7	20 105.4	13 346.2	18 657.4	22 962.4
Activités des sociétés holding	-	..	..	..	..	-1.3	..	..	..	..
Activités immobilières	3 033.0	2 403.8	1 912.0	2 781.0	4 436.4	1 142.4	..	..	..	..
Activités professionnelles, scientifiques et techniques	214.9	7.8	54.2	113.9	119.2	919.5	956.2	1 641.0	1 314.4	1 218.0
Activités de services administratifs et d'appui	3 470.9	4 530.2	2 232.7	6 565.2	8 566.0	1 114.5	..	..	..	..
Administration publique; activités des ménages et des organismes extra-territoriaux	..	..	..	..	..	..	..	..	..	..
Éducation	-	-	-	-	-	-	..	..	..	..
Santé humaine et action sociale	-	-	-	-	-	-	..	..	..	..
Arts, spectacles et loisirs	-	-	-	-	-	-	-	-	-	-
Autres services	-	-	-	-	-	-23.9	..	..	..	..
Not allocated and confidential	**..**	**-**	**-**	**-1.1**	**1.2**	**..**	**1 657.2**	**1 526.0**	**2 008.8**	**2 132.7**
Activités immobilières privées	**-**	**-**	**-**	**-**	**..**	**-**	**..**	**..**	**..**	**..**

- Néant ; .. Non disponible

Note : Les données excluent les entités à vocation spéciales. Voir les métadonnées détaillées sur : *http://stats.oecd.org/OECDStat_Metadata/ShowMetadata.ashx?Dataset=FDI_CTRY_IND_SUMM&lang=fr.*

Source : Statistiques de l'OCDE sur l'investissement direct international (base de données) : https://doi.org/10.1787/idi-data-fr

NOUVELLE-ZÉLANDE

Tableau 1. Flux d'investissement direct étranger par pays

Millions de dollars des ÉU

	Entrant					Sortant				
	2014	2015	2016	2017	2018	2014	2015	2016	2017	2018
TOTAL MONDE	**2 493.8**	**-373.7**	**2 910.8**	**2 538.0**	**1 945.2**	**72.7**	**99.7**	**62.2**	**-222.5**	**424.9**
Pays membres de l'OCDE	**2 077.9**	**-1 022.4**	**.. c**	**2 320.2**	**811.0**	**-158.1**	**-756.4**	**.. c**	**-102.4**	**424.7**
Australie	359.3	35.7	2 709.7	1 869.2	-460.0	-476.0	-1 111.7	7.9	205.2	456.2
Autriche	.. c	.. c	.. c	.. c	.. c	.. c	..	..	..	.. c
Belgique	-59.4	.. c	.. c	-13.8	.. c	.. c	.. c	.. c	.. c	.. c
Canada	1 782.3	456.4	-1 033.0	223.2	-3.7	11.7	-2.9	-33.5	-40.5	43.7
Chili	.. c	.. c	.. c	0.0	..	.. c	.. c	.. c	.. c	.. c
République Tchèque	.. c	.. c	.. c	.. c	.. c	..	..	..	..	..
Danemark	-0.6	.. c	.. c	1.2	.. c	0.1	0.0	..	..	..
Estonie	..	..	..	-	-	..	..	..	..	..
Finlande	.. c	-0.1	.. c	1.0	.. c	11.8	-3.8	0.2	-0.1	-7.1
France	-38.2	14.1	35.1	-28.9	31.5	2.7	.. c	8.8	17.8	-34.1
Allemagne	-31.9	-24.2	-49.0	779.8	-53.2	0.5	.. c	20.8	-6.3	.. c
Grèce	..	..	..	..	..	..	..	..	..	..
Hongrie	.. c	.. c	.. c	.. c	..	0.6	..	..	..	..
Islande	..	..	..	..	..	..	..	..	..	..
Irlande	-130.4	.. c	-41.1	-30.8	62.0	-26.0	.. c	.. c	1.0	-57.8
Israël[1]	..	..	.. c	.. c	.. c	..	..	..	..	..
Italie	-2.2	0.0	8.0	-0.2	.. c	.. c	.. c	.. c	.. c	.. c
Japon	1 012.7	-5.0	280.9	194.9	265.7	-16.2	-12.2	6.1	8.3	0.0
Corée	15.3	16.0	-13.8	5.7	5.3	-1.2	5.8	0.2	-27.9	.. c
Lettonie	..	..	..	..	..	..	..	..	..	..
Lituanie	..	..	..	..	.. c	..	..	..	..	..
Luxembourg	-9.5	34.7	-13.6	-8.0	177.8	.. c	.. c	.. c	.. c	..
Mexique	.. c	.. d	-0.1	.. c	.. c	.. c	-1.1	14.4	.. c	.. c
Pays-Bas	-99.9	526.9	28.8	-75.9	156.2	159.5	44.0	-40.6	-107.0	.. c
Nouvelle-Zélande	-	-	-	0.0	-	-	-	-	0.0	-
Norvège	.. c	12.5	.. c	.. c	.. c	..	..	..	..	..
Pologne	.. c	.. c	0.0	0.0	.. c	..	..	..	..	..
Portugal	..	..	..	..	..	..	..	..	..	..
République slovaquie	..	.. c	.. c	.. c	.. c	..	..	..	..	..
Slovénie	..	..	..	..	-	..	..	..	..	..
Espagne	0.1	.. c	.. c	.. c	.. c	.. c	.. c	.. c	.. c	.. c
Suède	.. c	11.1	-15.8	.. c	.. c	.. c	.. c	.. c	.. c	.. c
Suisse	31.4	-67.2	69.2	29.4	16.5	0.0	0.0	0.0	0.1	..
Turquie	.. c	.. c	.. c	.. d	.. c	.. c	.. c	.. c	.. c	.. c
Royaume-Uni	64.9	-596.7	112.0	-485.7	342.0	11.0	56.9	48.4	9.8	-42.4
Etats-Unis	-870.7	-22.9	353.3	-106.4	-227.9	268.1	367.0	-95.8	-282.6	-331.2
EUROPE	**-253.1**	**-1 466.5**	**454.6**	**144.6**	**1 245.6**	**119.5**	**10.9**	**106.8**	**29.1**	**-156.0**
Bulgarie	..	..	..	..	..	..	..	..	..	..
Croatie	..	-	..	-	0.0	..	..	..	..	..
Chypre[2, 3]	..	..	..	..	..	.. c	.. c	..	..	..
Malte	.. c	.. c	.. c	.. c	..	..	..	..	..	..
Roumanie	..	..	.. c	.. c	.. c	..	..	..	..	..
Russie	.. c	.. c	..	..	..	.. c	.. c	.. c	.. c	.. c
Ukraine	..	..	..	..	..	..	..	..	..	..
AFRIQUE	**-0.1**	**-17.5**	**.. c**	**.. c**	**.. c**	**-5.0**	**.. c**	**.. c**	**0.6**	**-10.9**
Afrique septentrionale	-0.1	..	.. c	..	..	..	.. c	..	..	..
Algérie	..	..	..	..	..	..	..	..	..	..
Egypte	.. c	0.1	.. c	.. c	.. c	..	.. c	..	..	..
Libye	..	..	..	..	..	..	..	..	..	..
Maroc	..	..	..	..	..	..	..	..	..	..
Tunisie	..	..	..	..	..	..	..	..	..	..
Autres pays africains	0.0	.. c	.. c	..	..	-5.0	.. c	.. c	..	..
Nigéria	.. c	..	..	..	..	..	..	..	..	..
Afrique du Sud	.. c	.. c	0.1	.. c	.. c	.. c	..	..	.. c	.. c
AMÉRIQUE	**1 081.3**	**133.8**	**.. c**	**.. d**	**.. d**	**186.6**	**375.4**	**.. c**	**-288.2**	**170.0**
Amérique du Nord	911.5	..	..	..	..	279.8	..	..	..	..
Amérique du Nord	146.0	.. c	.. c	..	..	-82.3	..	..	..	..
Bahamas	.. c	.. c	.. c	.. c	.. c	..	..	..	..	..
Bermudes	-85.5	-57.5	24.0	52.3	.. c	.. c	4.7	0.5	27.2	13.8
Îles Cayman	-60.2	-176.0	25.2	-248.7	-215.8	..	..	..	..	.. c
Costa Rica	..	..	..	..	..	..	..	..	..	..
El Salvador	..	..	..	..	..	..	..	..	..	..
Guatemala	..	..	..	..	..	..	..	..	..	..
Honduras	..	..	..	..	..	..	..	..	..	..
Nicaragua	..	..	..	..	..	..	..	..	..	..
Panama	.. c	.. c	..	..	..	-0.2	-0.3	0.2	1.1	..
Îles Vierges, US	.. c	..	..	..	..	..	..	..	..	..
Amérique du Sud	23.7	.. c	.. c	..	..	-11.0	.. c	.. c	..	..
Argentine	.. c	.. c	.. c	-0.1	.. c	-0.7	0.6	.. c	.. c	.. c
Bolivie	..	..	..	..	..	..	..	..	.. c	.. c
Brésil	.. c	0.1	.. c	0.0	.. c	0.1	.. c	.. c	.. c	3.1
Colombie	.. c	.. c	.. c	.. c	.. c	..	..	..	.. c	.. c
Equateur	..	-	..	..	..	..	..	..	..	..
Paraguay	..	..	..	..	..	..	..	..	..	..
Pérou	..	..	..	..	..	.. c	0.9	2.0	.. c	.. c
Uruguay	..	..	..	..	..	.. c	.. c	.. c	.. c	.. c
Venezuela	.. c	.. c	.. c	.. c	..	.. c	1.7	-1.1	0.1	-0.2
ASIE	**1 310.4**	**962.0**	**402.4**	**607.4**	**1 056.7**	**252.5**	**.. d**	**-23.3**	**-117.3**	**-111.4**

Tableau 1. Flux d'investissement direct étranger par pays *(suite)*

Millions de dollars des ÉU

	Entrant					Sortant				
	2014	2015	2016	2017	2018	2014	2015	2016	2017	2018
Proche et Moyen Orient	-2.8	.. c	.. c	..	..	..	.. c	..	..	..
Pays du Golfe	-2.8	.. c	.. c	..	..	28.6	.. c	..	..	..
Koweït	..	..	..	..	..	..	..	..	..	..
Qatar	..	..	..	..	..	..	..	..	..	..
Arabie saoudite	..	..	..	..	-	.. c	2.1	-2.9	6.2	-12.8
Emirats Arabes Unis	..	.. c	.. c	.. c	.. c	.. c	.. c	-9.4	.. c	-24.4
Autres pays du Proche et Moyen Orient	-	..	.. c	..	..	..	..	..	..	..
Jordanie	..	..	-	..	..	..	..	..	..	..
Autres pays asiatiques	1 313.1	.. c	.. c	..	..	223.9	.. c	.. c	..	..
Chine	.. c	0.5	33.7	128.9	4.9	10.0	13.0	-68.5	26.7	-21.1
Hong Kong, Chine	901.7	-14.7	549.4	685.4	1 103.8	86.3	913.8	-22.7	131.6	144.9
Inde	1.1	-0.4	0.9	.. d	0.3	.. c	.. c	.. c	.. c	.. c
Indonesie	-0.1	0.5	.. c	0.2	0.4	.. c	.. c	.. c	-21.9	-14.1
République islamique d'Iran	..	..	..	..	..	..	..	..	..	..
Malaisie	-52.1	-86.3	.. c	-53.3	-24.9	160.3	.. c	0.3	-0.5	.. c
Philippines	.. c	1.4	2.2	6.7	.. c	0.1	.. c	.. c	.. c	.. c
Singapour	-587.4	1 053.4	-498.5	-338.6	-643.3	-29.1	-162.7	59.5	-164.7	-13.4
Taipei Chinois	.. c	0.2	-0.6	0.4	.. c	2.3	-7.1	-4.5	2.5	-0.8
Thaïlande	.. c	.. c	.. c	3.9	.. c	.. c	.. c	16.6	.. c	6.8
Viet Nam	.. c	.. c	.. c	2.1	.. c	.. c	.. c	-0.2	..	-6.9
AUSTRALIE, OCÉANIE ET RÉGIONS POLAIRES	**363.2**	**36.6**	**2 708.3**	**1 864.0**	**-467.2**	**-480.9**	**-1 117.5**	**8.3**	**201.0**	**440.8**
TOTAL MONDE non alloué et confidentiel	**-7.8**	**-22.1**	**-28.3**	**-29.5**	**686.2**	**0.1**	**78.1**	**77.9**	**-47.8**	**92.5**
Union européenne (UE28)	**-280.2**	**-1 449.8**	**400.8**	**88.2**	**1 201.7**	**94.9**	**-26.2**	**164.9**	**21.8**	**-153.5**
Pays du G20 hors Union Européenne	**2 311.2**	**-126.6**	**2 437.0**	**2 582.3**	**-91.5**	**-181.2**	**-634.8**	**-134.2**	**-83.1**	**38.7**
Pays OCDE du G20	**2 291.2**	**-126.6**	**2 403.0**	**2 451.6**	**-100.5**	**-215.1**	**-689.4**	**-24.2**	**-102.5**	**77.5**
Pays non-OCDE du G20	**.. c**	**0.1**	**34.0**	**130.7**	**9.0**	**34.0**	**54.6**	**-110.0**	**19.4**	**-38.8**
Pays MENA	**.. c**	**.. c**	**-0.3**	**.. c**	**.. d**	**.. c**	**.. c**	**-12.2**	**.. c**	**-37.2**
Pays ANASE	**-637.0**	**968.8**	**-448.5**	**-380.6**	**-324.6**	**142.0**	**-86.9**	**76.5**	**-212.5**	**-204.7**

- Néant ; .. Non disponible ; c Donnée confidentielle ; d Confidentialité Secondaire

Note : Voir les métadonnées détaillées sur : *http://stats.oecd.org/OECDStat_Metadata/ShowMetadata.ashx?Dataset=FDI_CTRY_IND_SUMM&lang=fr.*

1. Informations sur les données concernant Israël : *http://oe.cd/israel-disclaimer.*
2. Note de la Turquie : Les informations figurant dans ce document et faisant référence à « Chypre » concernent la partie méridionale de l'île. Il n'y a pas d'autorité unique représentant à la fois les Chypriotes turcs et grecs sur l'île. La Turquie reconnaît la République Turque de Chypre Nord (RTCN). Jusqu'à ce qu'une solution durable et équitable soit trouvée dans le cadre des Nations Unies, la Turquie maintiendra sa position sur la « question chypriote ».
3. Note de tous les États de l'Union européenne membres de l'OCDE et del'Union européenne : La République de Chypre est reconnue par tous les membres des Nations Unies sauf la Turquie. Les informations figurant dans ce document concernent la zone sous le contrôle effectif du gouvernement de la République de Chypre.

Source : Statistiques de l'OCDE sur l'investissement direct international (base de données) : https://doi.org/10.1787/idi-data-fr

NOUVELLE-ZÉLANDE

Tableau 2. Encours des investissements directs étrangers par pays
En fin d'année

Millions de dollars des ÉU

	Entrant					Sortant				
	2014	2015	2016	2017	2018	2014	2015	2016	2017	2018
TOTAL MONDE	**76 669.8**	**66 837.9**	**70 403.0**	**76 027.5**	**75 158.1**	**19 002.5**	**18 034.8**	**16 740.0**	**17 158.8**	**17 277.6**
Pays membres de l'OCDE	**62 219.1**	**53 071.1**	**.. c**	**60 092.1**	**58 702.8**	**15 755.7**	**14 012.7**	**.. c**	**13 252.2**	**13 655.4**
Australie	40 598.8	34 507.5	37 060.6	40 037.9	37 562.6	10 240.6	8 225.5	8 186.6	8 573.6	8 637.4
Autriche	.. c	.. c	.. c	.. c	.. c	.. c	..	..	..	.. c
Belgique	.. c	.. c	.. c	427.8	72.8	.. c	.. c	-6.2	.. c	.. c
Canada	3 064.6	3 184.1	1 877.4	2 563.8	2 952.4	.. c	126.7	112.0	57.2	103.7
Chili	..	.. c	.. c	..	..	.. c	.. c	.. c	.. c	435.5
République Tchèque	.. c	..	.. c	..	.. c	..	..	..	..	..
Danemark	.. c	.. c	.. c	1.1	0.7	-	..	..	..	..
Estonie	..	..	..	..	..	..	..	..	..	..
Finlande	.. c	.. c	.. c	.. c	.. c	11.4	7.2	7.5	7.6	..
France	105.1	72.5	75.5	75.0	93.3	.. c	.. c	43.6	70.5	.. c
Allemagne	-228.7	-183.9	-184.2	539.4	451.9	.. c	.. c	46.8	44.0	.. c
Grèce	..	..	..	..	..	..	..	..	..	..
Hongrie	.. c	.. c	.. c	.. c	.. c	..	..	..	..	..
Islande	..	..	..	..	..	..	..	..	..	..
Irlande	-31.1	24.5	-56.0	-81.6	-2.0	.. c	.. c	.. c	58.8	.. c
Israël[1]	..	..	.. c	.. c	.. c	..	..	..	..	..
Italie	.. c	.. c	.. c	.. c	0.4	.. c	.. c	.. c	.. c	.. c
Japon	3 796.8	3 319.1	3 639.5	3 937.7	3 781.1	-9.3	-15.2	-10.1	-1.0	73.8
Corée	.. c	.. c	.. c	.. c	.. c	.. c	.. c	.. c	.. c	.. c
Lettonie	..	..	..	..	..	..	..	..	..	..
Lituanie	..	..	..	..	..	..	..	..	..	..
Luxembourg	-22.4	224.8	226.4	335.8	483.9	.. c	.. c	.. c	.. c	.. c
Mexique	.. c	.. c	..	.. c	.. c	.. c	-0.9	.. c	18.7	39.5
Pays-Bas	2 671.7	2 906.5	2 821.4	2 748.3	2 908.2	.. c	333.6	289.1	.. c	.. c
Nouvelle-Zélande	-	-	-	0.0	-	-	-	-	0.0	-
Norvège	143.3	.. c	.. c	.. c	.. c	..	..	..	..	..
Pologne	.. c	0.0	0.0	0.0	.. c	..	..	..	..	..
Portugal	..	..	..	..	..	..	..	..	..	..
République slovaquie	.. c	..	.. c	..	.. c	..	..	..	..	..
Slovénie	..	..	..	..	..	..	..	..	..	..
Espagne	.. c	.. c	.. c	.. c	.. c	.. c	.. c	.. c	.. c	.. c
Suède	.. c	36.3	.. c	.. c	.. c	.. c	.. c	.. c	.. c	.. c
Suisse	414.7	297.2	362.4	443.2	438.0	-	-0.1	-0.1	..	..
Turquie	.. c	.. c	.. c	.. c	.. c	.. c	.. c	.. c	.. c	.. c
Royaume-Uni	5 652.5	2 881.6	3 735.6	3 334.0	4 311.2	1 061.7	1 038.4	850.3	951.2	885.0
Etats-Unis	6 091.0	5 481.1	5 628.2	5 584.6	4 930.5	.. c	3 000.4	2 527.5	2 434.8	2 356.6
EUROPE	**9 237.8**	**7 230.1**	**8 147.4**	**8 624.7**	**10 096.2**	**2 203.4**	**2 697.9**	**1 967.3**	**2 161.9**	**2 005.2**
Bulgarie	..	..	..	..	..	..	..	..	..	..
Croatie	..	..	..	..	0.0	..	..	..	..	..
Chypre[2, 3]	..	..	..	..	..	.. c	..	..	..	..
Malte	.. c	.. c	.. c	..	..	..	..	..	..	..
Roumanie	..	..	.. c	.. c	.. c	..	..	..	..	..
Russie	.. c	..	..	..	..	.. c	.. c	.. c	.. c	.. c
Ukraine	..	..	..	..	..	..	..	..	..	..
AFRIQUE	**-0.2**	**.. c**	**.. c**	**.. c**	**.. c**	**-20.1**	**.. c**	**.. c**	**.. c**	**.. c**
Afrique septentrionale	-0.1	..	.. c	..	..	..	..	..	..	..
Algérie	.. c	..	..	..	..	..	..	..	..	..
Egypte	.. c	..	.. c	.. c	.. c	..	..	..	..	..
Libye	..	..	..	..	..	..	..	..	..	..
Maroc	..	..	..	..	..	..	..	..	..	..
Tunisie	..	..	..	..	..	..	..	..	..	..
Autres pays africains	-0.1	.. c	.. c	..	..	-20.1	.. c	.. c	..	..
Nigéria	..	..	..	..	..	..	..	..	..	..
Afrique du Sud	.. c	.. c	-0.7	.. c	.. c	..	..	..	.. c	.. c
AMÉRIQUE	**11 358.6**	**.. d**	**.. c**	**10 511.5**	**.. d**	**3 548.2**	**.. d**	**.. c**	**.. d**	**.. d**
Amérique du Nord	9 155.6	..	..	..	..	3 338.8	..	..	..	..
Amérique du Nord	2 203.3	.. c	.. c	..	..	42.1	..	.. c	..	..
Bahamas	.. c	.. c	.. c	.. c	.. c	..	..	..	..	..
Bermudes	.. c	.. c	.. c	.. c	.. c	223.6	199.0	203.2	207.7	210.0
Îles Cayman	981.4	723.8	715.5	829.3	897.1	..	..	..	..	.. c
Costa Rica	..	..	..	..	..	..	..	..	..	..
El Salvador	..	..	..	..	..	..	..	..	..	..
Guatemala	..	..	..	..	..	..	..	..	..	..
Honduras	..	..	..	..	..	..	..	..	..	..
Nicaragua	..	..	..	..	..	..	..	..	..	..
Panama	.. c	..	..	..	..	.. c	-1.0	-1.0	..	..
Îles Vierges, US	..	..	..	..	..	..	..	..	..	..
Amérique du Sud	-0.2	.. c	.. c	..	..	167.3	.. c	.. c	..	..
Argentine	.. c	.. c	.. c	.. c	.. c	2.3	.. c	.. c	.. c	.. c
Bolivie	..	..	..	..	..	..	..	..	.. c	.. c
Brésil	.. c	.. c	.. c	.. c	.. c	.. c	.. c	.. c	.. c	16.2
Colombie	.. c	.. c	..	..	.. c	..	..	..	.. c	.. c
Equateur	..	..	..	..	..	..	..	..	..	..
Paraguay	..	..	..	..	..	..	..	..	..	..
Pérou	..	..	..	..	..	.. c	5.2	6.1	.. c	.. c
Uruguay	..	..	..	..	..	.. c	.. c	.. c	.. c	.. c
Venezuela	.. c	.. c	.. c	..	..	.. c	0.5	-0.8	-0.7	-0.8
ASIE	**12 269.7**	**11 606.7**	**12 296.1**	**13 481.6**	**14 947.4**	**2 724.5**	**3 359.2**	**3 256.0**	**3 259.7**	**3 006.3**

Tableau 2. Encours des investissements directs étrangers par pays *(suite)*
En fin d'année

Millions de dollars des ÉU

	Entrant					Sortant				
	2014	2015	2016	2017	2018	2014	2015	2016	2017	2018
Proche et Moyen Orient	..	.. c	.. c	..	..	..	.. c	.. c	..	..
Pays du Golfe	35.7	.. c	.. c	..	..	44.4	.. c	.. c	..	..
Koweït	..	..	..	..	..	..	..	..	..	..
Qatar	..	..	..	..	..	..	..	..	..	..
Arabie saoudite	..	..	..	..	..	-5.1	-1.7	.. c	-0.1	27.3
Emirats Arabes Unis	.. c	.. c	.. c	.. c	.. c	.. c	.. c	.. c	.. d	34.4
Autres pays du Proche et Moyen Orient	..	..	.. c	..	..	..	..	..	..	..
Jordanie	..	..	..	..	..	..	..	..	..	..
Autres pays asiatiques	12 234.0	.. c	.. c	..	..	2 680.1	.. c	.. c	..	..
Chine	509.8	.. d	.. c	898.8	945.3	64.7	68.4	4.8	32.7	44.7
Hong Kong, Chine	4 215.7	3 506.4	3 983.2	5 095.3	7 433.1	507.3	1 358.5	1 425.8	1 559.6	1 608.5
Inde	.. c	.. c	.. c	.. c	.. c	.. c	.. c	.. c	.. c	.. c
Indonesie	.. c	.. c	.. c	.. c	.. c	.. c	.. c	.. c	.. c	.. c
République islamique d'Iran	..	..	..	..	..	..	..	..	..	..
Malaisie	.. c	173.9	.. c	.. c	.. c	707.7	.. c	.. c	.. c	.. c
Philippines	.. c	.. c	.. c	.. c	.. c	.. c	.. c	.. c	0.3	.. c
Singapour	3 312.2	3 971.2	3 556.9	3 126.4	2 044.4	1 339.8	1 131.9	1 036.8	966.5	556.4
Taipei Chinois	.. c	.. c	-0.4	.. c	.. c	10.8	2.8	-1.3	1.6	10.7
Thaïlande	.. c	2.9	-0.3	3.6	.. c	-9.9	0.5	.. c	-10.1	-0.8
Viet Nam	.. c	.. c	.. c	.. c	.. c	.. c	.. c	..	..	..
AUSTRALIE, OCÉANIE ET RÉGIONS POLAIRES	**40 642.3**	**34 501.9**	**37 053.1**	**40 025.1**	**37 543.4**	**10 304.4**	**8 274.2**	**8 233.6**	**8 614.2**	**8 662.0**
TOTAL MONDE non alloué et confidentiel	**3 161.5**	**2 064.9**	**2 531.7**	**3 384.7**	**2 614.4**	**242.0**	**372.6**	**431.4**	**399.9**	**219.3**
Union européenne (UE28)	**8 089.8**	**6 105.7**	**7 117.8**	**7 485.3**	**8 978.3**	**2 178.9**	**2 637.1**	**1 969.1**	**2 156.8**	**2 000.2**
Pays du G20 hors Union Européenne	**59 690.0**	**49 858.3**	**52 668.0**	**57 071.0**	**55 136.9**	**14 859.2**	**12 631.3**	**11 835.7**	**12 220.7**	**12 298.5**
Pays OCDE du G20	**59 105.6**	**49 295.1**	**51 858.3**	**56 100.3**	**54 118.5**	**14 736.7**	**12 478.0**	**11 805.6**	**12 170.6**	**12 177.1**
Pays non-OCDE du G20	**584.4**	**563.2**	**809.6**	**970.7**	**1 018.4**	**122.5**	**153.2**	**30.0**	**50.2**	**121.4**
Pays MENA	**.. c**	**.. c**	**.. c**	**.. c**	**.. d**	**.. c**	**.. c**	**16.7**	**.. d**	**61.7**
Pays ANASE	**3 603.2**	**4 149.4**	**3 809.6**	**3 404.1**	**2 637.9**	**2 077.5**	**1 872.7**	**1 784.6**	**1 681.9**	**1 137.8**

- Néant ; .. Non disponible ; c Donnée confidentielle ; d Confidentialité Secondaire

Note : Voir les métadonnées détaillées sur : *http://stats.oecd.org/OECDStat_Metadata/ShowMetadata.ashx?Dataset=FDI_CTRY_IND_SUMM&lang=fr*.

1. Informations sur les données concernant Israël : *http://oe.cd/israel-disclaimer*.
2. Note de la Turquie : Les informations figurant dans ce document et faisant référence à « Chypre » concernent la partie méridionale de l'île. Il n'y a pas d'autorité unique représentant à la fois les Chypriotes turcs et grecs sur l'île. La Turquie reconnaît la République Turque de Chypre Nord (RTCN). Jusqu'à ce qu'une solution durable et équitable soit trouvée dans le cadre des Nations Unies, la Turquie maintiendra sa position sur la « question chypriote ».
3. Note de tous les États de l'Union européenne membres de l'OCDE et del'Union européenne : La République de Chypre est reconnue par tous les membres des Nations Unies sauf la Turquie. Les informations figurant dans ce document concernent la zone sous le contrôle effectif du gouvernement de la République de Chypre.

Source : Statistiques de l'OCDE sur l'investissement direct international (base de données) : https://doi.org/10.1787/idi-data-fr

NOUVELLE-ZÉLANDE

Tableau 3. Revenus des investissements directs étrangers par pays

Millions de dollars des ÉU

	Entrant					Sortant				
	2014	2015	2016	2017	2018	2014	2015	2016	2017	2018
TOTAL MONDE	**7 411.2**	**5 867.8**	**5 437.8**	**7 091.6**	**6 951.9**	**707.1**	**491.6**	**741.9**	**522.7**	**372.1**
Pays membres de l'OCDE	**6 984.0**	**5 428.0**	**.. c**	**6 571.4**	**6 263.5**	**682.3**	**340.1**	**.. c**	**478.3**	**308.4**
Australie	5 568.2	4 469.2	4 201.4	5 062.1	4 918.2	522.2	221.5	387.8	265.9	244.3
Autriche	.. c	.. c	.. c	.. c	.. c	.. c	..	..	-	..
Belgique	.. c	..	.. c	0.8	.. c	.. c	.. c	0.4	.. c	.. c
Canada	156.3	104.3	136.5	158.6	201.6	17.8	-2.0	-25.8	-19.1	0.7
Chili	..	..	..	-	..	.. c	.. c	.. c	.. c	.. c
République Tchèque	..	..	..	..	..	..	..	..	..	..
Danemark	..	..	..	..	..	..	..	..	..	..
Estonie	..	..	..	..	..	..	..	..	..	..
Finlande	.. c	.. c	.. c	.. c	.. c	0.2	0.1	0.0	0.0	0.0
France	30.2	28.7	22.5	30.5	12.2	.. c	.. c	-7.7	-0.7	-7.0
Allemagne	-18.2	.. d	20.4	68.5	9.8	.. c	.. c	-0.8	0.5	.. c
Grèce	..	..	..	..	..	..	..	..	..	..
Hongrie	..	..	..	..	..	0.0	..	..	..	..
Islande	..	..	..	..	..	..	..	..	..	..
Irlande	8.0	.. c	.. c	2.3	3.3	-1.2	.. c	.. c	1.0	-0.1
Israël[1]	..	..	..	..	..	..	..	..	..	..
Italie	..	..	..	-	..	.. c	.. c	.. c	.. c	.. c
Japon	132.3	.. d	125.8	174.4	167.1	0.4	.. d	.. c	.. c	.. c
Corée	.. c	.. c	.. c	17.6	17.7	.. c	0.7	4.0	2.5	.. c
Lettonie	..	..	..	..	..	..	..	..	..	..
Lituanie	..	..	..	..	..	..	..	..	..	..
Luxembourg	0.9	.. d	-0.8	.. c	21.3	.. c	.. c	.. c	.. c	..
Mexique	..	..	..	-	..	.. c	.. c	2.8	.. c	.. c
Pays-Bas	185.9	115.4	167.6	241.6	224.5	.. c	4.0	0.2	.. c	.. c
Nouvelle-Zélande	-	-	-	-	-	-	-	-	-	-
Norvège	.. c	.. c	.. c	.. c	.. c	..	..	..	-	..
Pologne	..	..	..	..	..	..	..	..	..	..
Portugal	..	..	..	..	..	..	..	..	..	..
République slovaquie	..	..	..	..	..	..	..	..	..	..
Slovénie	..	..	..	..	..	..	..	..	..	..
Espagne	..	..	.. c	.. c	.. c	.. c	.. c	.. c	.. c	.. c
Suède	.. c	.. c	.. c	.. c	.. c	.. c	.. c	.. c	.. c	.. c
Suisse	.. c	.. c	52.7	.. c	41.7	..	..	..	0.0	..
Turquie	..	..	..	-	..	.. c	.. c	.. c	.. c	.. c
Royaume-Uni	500.3	189.0	158.8	351.5	363.2	67.9	-16.8	32.7	-18.0	17.1
Etats-Unis	316.8	341.6	232.9	362.6	238.2	60.9	186.4	51.6	132.0	59.8
EUROPE	**768.6**	**509.1**	**539.5**	**828.8**	**750.0**	**74.2**	**-85.7**	**150.5**	**96.1**	**16.3**
Bulgarie	..	..	..	..	..	..	..	..	..	..
Croatie	..	..	..	..	..	..	..	..	..	..
Chypre[2, 3]	..	..	..	..	..	..	..	..	..	..
Malte	..	..	..	..	..	..	..	..	..	..
Roumanie	..	..	..	..	..	..	..	..	..	..
Russie	..	..	..	..	..	.. c	.. c	.. c	.. c	.. c
Ukraine	..	..	..	..	..	..	..	..	..	..
AFRIQUE	**-**	**.. c**	**.. c**	**.. c**	**.. c**	**1.0**	**.. c**	**.. c**	**0.8**	**.. c**
Afrique septentrionale	..	..	..	..	..	..	..	..	..	..
Algérie	..	..	..	..	..	..	..	..	..	..
Egypte	..	..	..	..	..	..	..	..	..	..
Libye	..	..	..	..	..	..	..	..	..	..
Maroc	..	..	..	..	..	..	..	..	..	..
Tunisie	..	..	..	..	..	..	..	..	..	..
Autres pays africains	..	.. c	.. c	..	..	..	.. c	.. c	..	..
Nigéria	..	..	..	..	..	..	..	..	..	..
Afrique du Sud	..	..	..	-	..	..	..	..	.. c	.. c
AMÉRIQUE	**610.7**	**.. d**	**.. c**	**.. d**	**.. d**	**54.1**	**.. d**	**.. c**	**151.6**	**.. d**
Amérique du Nord	..	..	..	..	..	..	..	..	..	..
Amérique du Nord	137.7	..	.. c	..	..	-27.0	.. c	..	-	..
Bahamas	.. c	.. c	.. c	.. c	.. c	..	..	..	-	..
Bermudes	38.0	28.9	18.9	65.0	88.1	36.9	31.5	46.9	40.6	14.1
Îles Cayman	46.0	35.5	23.5	.. c	.. c	..	..	..	-	.. c
Costa Rica	..	..	..	..	..	..	..	..	..	..
El Salvador	..	..	..	..	..	..	..	..	..	..
Guatemala	..	..	..	..	..	..	..	..	..	..
Honduras	..	..	..	..	..	..	..	..	..	..
Nicaragua	..	..	..	..	..	..	..	..	..	..
Panama	.. c	.. c	..	-	..	0.0	0.0	0.0	0.0	..
Îles Vierges, US	..	..	..	..	..	..	..	..	..	..
Amérique du Sud	-	..	..	..	..	2.4	.. c	.. c	..	..
Argentine	..	..	..	-	..	..	.. c	.. c	.. c	.. c
Bolivie	..	..	..	-	..	..	..	..	.. c	.. c
Brésil	..	..	..	-	..	0.2	.. c	.. c	.. c	.. c
Colombie	..	..	..	-	..	..	..	..	.. c	.. c
Equateur	..	..	..	-	..	..	..	..	..	..
Paraguay	..	..	..	..	..	..	..	..	..	..
Pérou	..	..	..	-	..	.. c	..	-0.4	.. c	.. c
Uruguay	..	..	..	-	..	.. c	.. c	.. c	.. c	.. c
Venezuela	..	..	..	-	..	..	0.0	0.0	0.0	0.0
ASIE	**456.9**	**360.5**	**269.7**	**555.9**	**690.7**	**55.7**	**125.9**	**121.0**	**5.7**	**30.7**

Tableau 3. Revenus des investissements directs étrangers par pays *(suite)*

Millions de dollars des ÉU

	Entrant					Sortant				
	2014	2015	2016	2017	2018	2014	2015	2016	2017	2018
Proche et Moyen Orient	..	.. c	.. c	..	..	..	.. c	.. c	..	..
Pays du Golfe	1.1	.. c	.. c	..	..	2.5	.. c	.. c	..	..
Koweït	..	..	..	..	..	..	..	..	..	..
Qatar	..	..	..	..	..	..	..	..	..	..
Arabie saoudite	..	..	..	-	..	0.0	.. d	0.0	-0.1	0.0
Emirats Arabes Unis	.. c	.. c	.. c	.. c	.. c	.. c	.. c	.. c	17.1	.. c
Autres pays du Proche et Moyen Orient	..	..	..	..	..	..	..	..	..	..
Jordanie	..	..	..	..	..	..	..	..	..	..
Autres pays asiatiques	455.7	.. c	.. c	..	..	53.3	.. c	.. c	..	..
Chine	.. c	.. c	.. c	.. d	29.6	9.7	4.7	3.9	4.7	2.9
Hong Kong, Chine	191.9	158.6	153.3	269.7	288.4	.. c	-8.9	-2.0	15.8	-5.3
Inde	.. c	.. c	.. c	.. c	.. c	.. c	.. c	.. c	.. c	.. c
Indonesie	..	..	.. c	..	..	..	..	..	..	..
République islamique d'Iran	..	..	..	..	..	..	..	..	..	..
Malaisie	.. c	.. c	.. c	.. c	.. c	.. c	.. c	.. c	0.4	-1.5
Philippines	.. c	.. c	.. c	.. c	.. c	.. c	.. c	.. c	.. c	.. c
Singapour	88.4	37.1	-41.3	76.9	189.6	36.1	100.1	85.4	.. c	.. c
Taipei Chinois	..	..	..	-	.. c	0.2	.. d	0.4	0.5	.. c
Thaïlande	..	..	..	-	..	.. c	.. c	.. c	0.3	.. c
Viet Nam	..	..	..	..	..	..	..	..	..	..
AUSTRALIE, OCÉANIE ET RÉGIONS POLAIRES	**5 575.0**	**4 469.2**	**4 201.4**	**5 062.1**	**4 918.2**	**522.1**	**231.4**	**391.2**	**268.6**	**248.1**
TOTAL MONDE non alloué et confidentiel	**-**	**18.7**	**-11.0**	**21.0**	**..**	**-**	**4.1**	**4.3**	**-**	**..**
Union européenne (UE28)	**700.4**	**428.3**	**458.8**	**748.8**	**671.8**	**73.2**	**-86.8**	**151.5**	**95.5**	**18.3**
Pays du G20 hors Union Européenne	**6 732.0**	**5 283.4**	**4 915.1**	**6 236.6**	**5 958.1**	**694.8**	**400.6**	**454.4**	**371.0**	**303.4**
Pays OCDE du G20	**6 728.9**	**5 284.6**	**4 913.8**	**6 225.9**	**5 928.0**	**684.3**	**395.6**	**447.3**	**365.7**	**299.9**
Pays non-OCDE du G20	**3.1**	**-1.2**	**1.3**	**10.7**	**.. d**	**10.5**	**5.0**	**7.1**	**5.3**	**3.5**
Pays MENA	**.. c**	**.. c**	**.. c**	**.. c**	**.. c**	**.. c**	**27.7**	**.. c**	**17.0**	**.. c**
Pays ANASE	**85.3**	**45.8**	**-26.9**	**82.9**	**185.5**	**39.8**	**100.8**	**86.6**	**-35.9**	**35.7**

- Néant ; .. Non disponible ; c Donnée confidentielle ; d Confidentialité Secondaire

Note : Voir les métadonnées détaillées sur : *http://stats.oecd.org/OECDStat_Metadata/ShowMetadata.ashx?Dataset=FDI_CTRY_IND_SUMM&lang=fr.*

1. Informations sur les données concernant Israël : *http://oe.cd/israel-disclaimer.*
2. Note de la Turquie : Les informations figurant dans ce document et faisant référence à « Chypre » concernent la partie méridionale de l'île. Il n'y a pas d'autorité unique représentant à la fois les Chypriotes turcs et grecs sur l'île. La Turquie reconnaît la République Turque de Chypre Nord (RTCN). Jusqu'à ce qu'une solution durable et équitable soit trouvée dans le cadre des Nations Unies, la Turquie maintiendra sa position sur la « question chypriote ».
3. Note de tous les États de l'Union européenne membres de l'OCDE et del'Union européenne : La République de Chypre est reconnue par tous les membres des Nations Unies sauf la Turquie. Les informations figurant dans ce document concernent la zone sous le contrôle effectif du gouvernement de la République de Chypre.

Source : Statistiques de l'OCDE sur l'investissement direct international (base de données) : https://doi.org/10.1787/idi-data-fr

NOUVELLE-ZÉLANDE

Tableau 4. Investissement direct étranger : flux par secteur industriel

Millions de dollars des ÉU

	Entrant					Sortant				
	2014	2015	2016	2017	2018	2014	2015	2016	2017	2018
All FDI activities	**2 493.8**	**-373.7**	**2 910.8**	**2 538.0**	**1 945.2**	**72.7**	**99.7**	**62.2**	**-222.5**	**424.9**
Agriculture, sylviculture et pêche	..	..	..	..	..	..	..	..	..	..
Industries extractives	..	..	..	..	..	..	..	..	..	..
Activités d'extraction	..	..	..	..	..	..	..	..	..	..
Activités de fabrication	..	..	..	..	..	..	..	..	..	..
dont :										
Produits alimentaires, boissons et tabac	..	..	..	..	..	..	..	..	..	..
Textiles, bois, papier, imprimerie	..	..	..	..	..	..	..	..	..	..
Produits pétroliers, chimiques, pharmaceutiques, caoutchouc, plastique, minéraux	..	..	..	..	..	..	..	..	..	..
Ouvrages en métaux et machines, sauf matériels électriques	..	..	..	..	..	..	..	..	..	..
Automobiles, remorques, semi-remorques, autres matériels de transport	..	..	..	..	..	..	..	..	..	..
Autres activités de fabrication	..	..	..	..	..	..	..	..	..	..
Production et distribution d'électricité, de gaz, de vapeur et de climatisation	..	..	..	..	..	..	..	..	..	..
Distribution de l'eau ; assainissement, traitement des déchets et dépollution	..	..	..	..	..	..	..	..	..	..
Construction	..	..	..	..	..	..	..	..	..	..
Services	..	..	..	..	..	..	..	..	..	..
Commerce de gros et de détail ; réparations automobiles et motocycles	..	..	..	..	..	..	..	..	..	..
Transport et entreposage	..	..	..	..	..	..	..	..	..	..
Activités d'hébergement et de restauration	..	..	..	..	..	..	..	..	..	..
Information et communication	..	..	..	..	..	..	..	..	..	..
Activités financières et d'assurances	..	..	..	..	..	..	..	..	..	..
Activités des sociétés holding	..	..	..	..	..	..	..	..	..	..
Activités immobilières	..	..	..	..	..	..	..	..	..	..
Activités professionnelles, scientifiques et techniques	..	..	..	..	..	..	..	..	..	..
Activités de services administratifs et d'appui	..	..	..	..	..	..	..	..	..	..
Administration publique; activités des ménages et des organismes extra-territoriaux	..	..	..	..	..	..	..	..	..	..
Éducation	..	..	..	..	..	..	..	..	..	..
Santé humaine et action sociale	..	..	..	..	..	..	..	..	..	..
Arts, spectacles et loisirs	..	..	..	..	..	..	..	..	..	..
Autres services	..	..	..	..	..	..	..	..	..	..
Not allocated and confidential	**2 493.8**	..	..	**2 538.0**	**1 945.2**	**72.7**	..	..	**-222.5**	**424.9**
Activités immobilières privées	..	..	..	..	..	..	..	..	..	..

.. Non disponible

Note : Voir les métadonnées détaillées sur : *http://stats.oecd.org/OECDStat_Metadata/ShowMetadata.ashx?Dataset=FDI_CTRY_IND_SUMM&lang=fr.*

Source : Statistiques de l'OCDE sur l'investissement direct international (base de données) : https://doi.org/10.1787/idi-data-fr

NOUVELLE-ZÉLANDE

Tableau 5. Encours des investissement directs étrangers par secteur industriel
En fin d'année

Millions de dollars des ÉU

	Entrant					Sortant				
	2014	2015	2016	2017	2018	2014	2015	2016	2017	2018
All FDI activities	**76 669.8**	**66 837.9**	**70 403.0**	**76 027.5**	**75 158.1**	**19 002.5**	**18 034.8**	**16 740.0**	**17 158.8**	**17 277.6**
Agriculture, sylviculture et pêche	**4 572.1**	**4 240.5**	**5 004.1**	**5 802.1**	**6 222.6**	**.. c**	**.. c**	**.. c**	**.. c**	**.. c**
Industries extractives	**1 685.4**	**1 039.8**	**504.2**	**380.8**	**1 507.1**	**.. c**	**.. c**	**.. c**	**.. c**	**.. c**
Activités d'extraction	..	..	..	..	..	..	..	..	..	..
Activités de fabrication	**11 420.7**	**9 564.9**	**10 848.0**	**10 995.0**	**10 988.6**	**7 877.9**	**7 927.7**	**6 260.4**	**6 543.6**	**6 772.8**
dont :										
Produits alimentaires, boissons et tabac	..	..	..	..	..	..	..	..	..	..
Textiles, bois, papier, imprimerie	..	..	..	..	..	..	..	..	..	..
Produits pétroliers, chimiques, pharmaceutiques, caoutchouc, plastique, minéraux	..	..	..	..	..	..	..	..	..	..
Ouvrages en métaux et machines, sauf matériels électriques	..	..	..	..	..	..	..	..	..	..
Automobiles, remorques, semi-remorques, autres matériels de transport	..	..	..	..	..	..	..	..	..	..
Autres activités de fabrication	..	..	..	..	..	..	..	..	..	..
Production et distribution d'électricité, de gaz, de vapeur et de climatisation	**3 711.6**	**1 773.5**	**1 804.7**	**1 880.9**	**1 793.6**	**407.1**	**474.1**	**.. c**	**.. c**	**.. c**
Distribution de l'eau ; assainissement, traitement des déchets et dépollution	..	..	..	..	..	..	..	..	..	..
Construction	**381.2**	**351.4**	**374.9**	**432.8**	**428.0**	**.. c**	**.. c**	**.. c**	**.. c**	**.. c**
Services	**54 898.8**	**38 721.2**	**40 524.9**	**44 983.5**	**42 788.8**	**9 369.2**	**7 535.2**	**7 807.8**	**7 643.6**	**6 580.8**
Commerce de gros et de détail ; réparations automobiles et motocycles	8 186.6	7 331.3	7 773.9	7 871.9	8 415.1	3 258.3	3 860.3	4 058.2	4 266.8	4 314.9
Transport et entreposage	215.3	166.1	541.7	466.9	502.1	860.0	854.6	.. c	.. c	.. c
Activités d'hébergement et de restauration	617.3	470.9	566.4	801.5	846.6	.. c	.. c	.. c	.. c	.. c
Information et communication	1 828.0	1 840.5	1 657.9	1 605.4	1 462.2	.. c	.. c	.. c	.. c	.. c
Activités financières et d'assurances	24 218.8	22 899.5	24 833.9	27 777.9	25 933.6	838.1	1 503.7	1 743.2	1 269.1	.. c
Activités des sociétés holding	..	..	..	..	..	..	..	..	..	..
Activités immobilières	3 172.6	2 918.0	2 307.9	2 447.5	2 555.9	.. c	.. c	.. c	.. c	.. c
Activités professionnelles, scientifiques et techniques	2 079.1	1 511.5	1 102.8	2 024.5	2 033.4	.. c	76.0	51.8	106.9	87.0
Activités de services administratifs et d'appui	208.9	518.2	702.3	693.1	227.6	.. c	.. c	.. c	.. c	.. c
Administration publique; activités des ménages et des organismes extra-territoriaux	.. c	101.4	.. c	.. c	.. c	..	..	..	-	..
Éducation	..	..	..	..	..	..	..	..	..	..
Santé humaine et action sociale	1 409.4	782.6	842.6	1 061.4	1 094.9	.. c	.. c	.. c	.. c	.. c
Arts, spectacles et loisirs	..	..	..	-	..	.. c	350.4	380.4	223.7	380.1
Autres services	.. c	91.0	.. c	.. c	.. c	..	..	..	-	..
Not allocated and confidential	**0.0**	**11 146.5**	**11 537.8**	**11 552.4**	**11 429.3**	**1 348.3**	**2 097.8**	**10 479.6**	**2 971.6**	**.. c**
Activités immobilières privées	..	..	..	..	..	..	..	..	..	..

- Néant ; .. Non disponible ; c Donnée confidentielle

Note : Voir les métadonnées détaillées sur : *http://stats.oecd.org/OECDStat_Metadata/ShowMetadata.ashx?Dataset=FDI_CTRY_IND_SUMM&lang=fr.*

Source : Statistiques de l'OCDE sur l'investissement direct international (base de données) : https://doi.org/10.1787/idi-data-fr

NOUVELLE-ZÉLANDE

Tableau 6. Revenus des investissements directs étrangers par secteur industriel

Millions de dollars des ÉU

	Entrant					Sortant				
	2014	2015	2016	2017	2018	2014	2015	2016	2017	2018
All FDI activities	**7 411.2**	**5 867.8**	**5 437.8**	**7 091.6**	**6 951.9**	**707.1**	**491.6**	**741.9**	**522.7**	**372.1**
Agriculture, sylviculture et pêche	..	..	..	..	..	..	..	..	..	..
Industries extractives	..	..	..	..	..	..	..	..	..	..
Activités d'extraction	..	..	..	..	..	..	..	..	..	..
Activités de fabrication	..	..	..	..	..	..	..	..	..	..
dont :										
Produits alimentaires, boissons et tabac	..	..	..	..	..	..	..	..	..	..
Textiles, bois, papier, imprimerie	..	..	..	..	..	..	..	..	..	..
Produits pétroliers, chimiques, pharmaceutiques, caoutchouc, plastique, minéraux	..	..	..	..	..	..	..	..	..	..
Ouvrages en métaux et machines, sauf matériels électriques	..	..	..	..	..	..	..	..	..	..
Automobiles, remorques, semi-remorques, autres matériels de transport	..	..	..	..	..	..	..	..	..	..
Autres activités de fabrication	..	..	..	..	..	..	..	..	..	..
Production et distribution d'électricité, de gaz, de vapeur et de climatisation	..	..	..	..	..	..	..	..	..	..
Distribution de l'eau ; assainissement, traitement des déchets et dépollution	..	..	..	..	..	..	..	..	..	..
Construction	..	..	..	..	..	..	..	..	..	..
Services	..	..	..	..	..	..	..	..	..	..
Commerce de gros et de détail ; réparations automobiles et motocycles	..	..	..	..	..	..	..	..	..	..
Transport et entreposage	..	..	..	..	..	..	..	..	..	..
Activités d'hébergement et de restauration	..	..	..	..	..	..	..	..	..	..
Information et communication	..	..	..	..	..	..	..	..	..	..
Activités financières et d'assurances	..	..	..	..	..	..	..	..	..	..
Activités des sociétés holding	..	..	..	..	..	..	..	..	..	..
Activités immobilières	..	..	..	..	..	..	..	..	..	..
Activités professionnelles, scientifiques et techniques	..	..	..	..	..	..	..	..	..	..
Activités de services administratifs et d'appui	..	..	..	..	..	..	..	..	..	..
Administration publique; activités des ménages et des organismes extra-territoriaux	..	..	..	..	..	..	..	..	..	..
Éducation	..	..	..	..	..	..	..	..	..	..
Santé humaine et action sociale	..	..	..	..	..	..	..	..	..	..
Arts, spectacles et loisirs	..	..	..	..	..	..	..	..	..	..
Autres services	..	..	..	..	..	..	..	..	..	..
Not allocated and confidential	**7 411.2**	..	..	**7 091.6**	**6 951.9**	**707.1**	..	..	**522.7**	**372.1**
Activités immobilières privées	..	..	..	..	..	..	..	..	..	..

.. Non disponible

Note : Voir les métadonnées détaillées sur : *http://stats.oecd.org/OECDStat_Metadata/ShowMetadata.ashx?Dataset=FDI_CTRY_IND_SUMM&lang=fr.*

Source : Statistiques de l'OCDE sur l'investissement direct international (base de données) : https://doi.org/10.1787/idi-data-fr

NORVÈGE

Tableau 1. Flux d'investissement direct étranger par pays

Millions de dollars des ÉU

	Entrant					Sortant				
	2014	2015	2016	2017	2018	2014	2015	2016	2017	2018
TOTAL MONDE	**20 184.4**	**-3 070.8**	**-3 979.3**	**-5 758.3**	**-2 141.7**	**32 025.1**	**31 782.4**	**2 329.3**	**-6 865.8**	**9 084.1**
Pays membres de l'OCDE	..	..	.. d	..	.. d	..	..	.. d	..	.. d
Australie	..	..	..	..	.. d	..	..	..	.. d	..
Autriche	..	..	..	.. d	..	..	..	..	..	..
Belgique	..	..	..	..	..	..	..	..	..	..
Canada	..	..	..	..	..	..	..	..	..	..
Chili	.. d	..	.. d	..	.. d	..	..	..	..	.. d
République Tchèque	.. d	..	.. d	..	..	..	.. d	..	..	..
Danemark	..	..	..	..	..	..	..	..	..	..
Estonie	.. d	..	..	.. d	..	..	..	..	..	.. d
Finlande	..	..	..	..	..	..	..	..	..	..
France	..	..	..	..	..	..	..	..	..	..
Allemagne	..	..	..	..	..	..	..	..	..	..
Grèce	..	.. d	.. d	.. d	.. d	..	..	..	..	..
Hongrie	.. d	.. d	..	..	..	..	.. d	.. d	..	.. d
Islande	..	..	..	..	..	..	..	..	..	..
Irlande	..	..	..	..	..	..	..	..	..	..
Israël[1]	.. d	.. d	.. d	.. d	.. d	.. d	.. d	..	..	.. d
Italie	..	..	..	..	..	..	.. d	.. d	.. d	..
Japon	..	..	..	..	.. d	..	..	..	..	..
Corée	.. d	.. d	..	..	..	..	..	..	..	..
Lettonie	..	..	..	..	..	..	..	..	..	.. d
Lituanie	..	..	..	.. d	..	..	..	..	..	..
Luxembourg	..	..	..	..	..	..	..	..	..	..
Mexique	..	.. d	..	..	..	..	..	..	..	..
Pays-Bas	..	..	..	..	..	..	..	..	..	..
Nouvelle-Zélande	.. d	.. d	..	..	.. d	.. d	.. d	..	..	..
Norvège	..	..	..	..	..	..	..	..	..	..
Pologne	..	..	..	..	..	..	..	..	..	..
Portugal	..	.. d	..	..	..	.. d	..	..	..	..
République slovaquie	..	.. d	.. d	.. d	..	..	..	..	..	..
Slovénie	..	.. d	.. d	.. d	- d	..	.. d	.. d	.. d	.. d
Espagne	..	..	..	..	..	..	..	..	..	..
Suède	..	..	..	..	..	..	..	..	..	..
Suisse	..	..	..	..	..	..	..	..	..	..
Turquie	..	.. d	..	..	..	.. d	..	..	..	..
Royaume-Uni	..	..	..	..	..	..	..	..	..	..
Etats-Unis	..	..	..	..	..	..	..	..	..	..
EUROPE	..	..	..	..	..	..	..	..	..	..
Bulgarie	.. d	.. d	..	..	- d	.. d	.. d	..	.. d	.. d
Croatie	.. d	.. d	..	.. d	.. d	.. d	..	..	.. d	.. d
Chypre[2, 3]	..	..	..	..	..	..	..	..	..	..
Malte	.. d	..	.. d	.. d	.. d	..	..	.. d	.. d	..
Roumanie	.. d	.. d	.. d	.. d	.. d	.. d	..	.. d	.. d	..
Russie	..	..	..	..	..	..	..	..	..	..
Ukraine	.. d	.. d	.. d	..	..	..	..	..	.. d	..
AFRIQUE	..	..	..	..	..	..	..	.. d	..	..
Afrique septentrionale	.. d	..	..	..	..	..	..	..	..	..
Algérie	- d	.. d	- d	.. d	.. d	..	.. d	.. d	.. d	.. d
Egypte	.. d	..	..	..	..	..	..	..	..	..
Libye	.. d	- d	.. d	..	- d	..	.. d	.. d	..	.. d
Maroc	.. d	.. d	.. d	.. d	.. d	..	..	.. d	..	..
Tunisie	..	- d	- d	- d	- d	.. d	.. d	.. d	.. d	.. d
Autres pays africains	..	..	..	..	..	..	..	.. d	..	..
Nigéria	..	.. d	.. d	..	..	..	..	.. d	.. d	.. d
Afrique du Sud	.. d	..	..	..	..	..	.. d	.. d	.. d	.. d
AMÉRIQUE	..	..	..	..	..	..	..	..	..	..
Amérique du Nord	..	..	..	..	..	..	..	..	..	..
Amérique du Nord	..	..	..	..	..	..	..	..	..	..
Bahamas	.. d	.. d	.. d	.. d	..	.. d	.. d	..	.. d	.. d
Bermudes	..	..	..	..	..	..	..	.. d	.. d	.. d
Îles Cayman	..	.. d	..	..	..	.. d	.. d	.. d	.. d	..
Costa Rica	..	..	..	.. d	.. d	..	.. d	.. d	.. d	.. d
El Salvador	- d	..	..	..	..	..	..	..	..	- d
Guatemala	..	..	..	..	..	.. d	.. d	.. d	.. d	.. d
Honduras	..	..	..	.. d	.. d	..	.. d	.. d	.. d	.. d
Nicaragua	..	..	..	..	..	..	..	.. d	.. d	.. d
Panama	.. d	.. d	.. d	.. d	.. d	.. d	.. d	.. d	.. d	..
Îles Vierges, US	..	..	- d	- d	..	..	..	..	..	..
Amérique du Sud	..	..	..	..	..	..	..	..	..	..
Argentine	- d	- d	.. d	..	.. d	..	..	..	.. d	.. d
Bolivie	.. d	- d	- d	- d	- d	..	.. d	.. d	.. d	.. d
Brésil	..	..	..	..	..	..	..	..	..	..
Colombie	.. d	.. d	.. d	.. d	..	.. d	.. d	.. d	.. d	.. d
Equateur	..	.. d	..	.. d	.. d	- d	..	.. d	..	.. d
Paraguay	- d	.. d	.. d	- d	.. d	..	..	..	..	..
Pérou	.. d	.. d	.. d	.. d	.. d	.. d	.. d	.. d	.. d	.. d
Uruguay	.. d	.. d	.. d	.. d	.. d	.. d	.. d	.. d	.. d	.. d
Venezuela	- d	..	.. d	- d	.. d	..	.. d	.. d	.. d	.. d
ASIE	..	..	..	..	..	..	..	..	..	..

Tableau 1. Flux d'investissement direct étranger par pays *(suite)*

Millions de dollars des ÉU

	Entrant					Sortant				
	2014	2015	2016	2017	2018	2014	2015	2016	2017	2018
Proche et Moyen Orient	..	..	..	..	..	..	.. d	..	..	.. d
Pays du Golfe	..	..	..	..	..	..	..	..	..	..
Koweït	.. d	- d	.. d	.. d	.. d	..	..	.. d	.. d	..
Qatar	.. d	.. d	.. d	.. d	..	..	- d	.. d	..	.. d
Arabie saoudite	.. d	.. d	..	..	..	..	..	.. d	.. d	..
Emirats Arabes Unis	..	..	..	..	..	..	..	..	..	..
Autres pays du Proche et Moyen Orient	.. d	.. d	.. d	..	..	..	.. d	..	.. d	.. d
Jordanie	- d	- d	..	- d	- d	.. d	.. d	.. d	.. d	.. d
Autres pays asiatiques	.. d	..	..	..	..	.. d	..	..	..	..
Chine	..	..	..	..	..	..	..	..	..	..
Hong Kong, Chine	..	..	..	..	..	.. d	..	..	..	..
Inde	..	.. d	.. d	..	..	..	..	..	..	..
Indonesie	..	..	.. d	..	..	..	..	..	.. d	..
République islamique d'Iran	..	..	..	.. d	- d	.. d	.. d	.. d	..	..
Malaisie	.. d	..	..	.. d	.. d	..	..	.. d	..	..
Philippines	..	..	..	..	..	..	..	..	.. d	..
Singapour	..	..	..	..	..	..	..	..	..	..
Taipei Chinois	.. d	- d	.. d	.. d	.. d	.. d	..	..	.. d	.. d
Thaïlande	.. d	.. d	.. d	.. d	..	.. d	.. d	..	..	.. d
Viet Nam	..	.. d	..	..	..	.. d	..	.. d	.. d	.. d
AUSTRALIE, OCÉANIE ET RÉGIONS POLAIRES	..	..	..	..	..	..	..	..	.. d	..
TOTAL MONDE non alloué et confidentiel	..	..	..	..	..	..	..	.. d	.. d	..
Union européenne (UE28)	..	..	..	..	..	..	..	..	..	..
Pays du G20 hors Union Européenne	..	..	..	..	..	..	..	..	..	..
Pays OCDE du G20	..	..	..	..	..	..	..	..	..	..
Pays non-OCDE du G20	..	..	..	..	..	..	..	..	..	..
Pays MENA	..	..	..	..	..	..	..	..	..	..
Pays ANASE	..	..	..	..	..	..	..	..	..	..

- Néant ; .. Non disponible ; d Confidentialité Secondaire

Note : Les données excluent les entités à vocation spéciales. Voir les métadonnées détaillées sur : *http://stats.oecd.org/OECDStat_Metadata/ShowMetadata.ashx?Dataset=FDI_CTRY_IND_SUMM&lang=fr*.

1. Informations sur les données concernant Israël : *http://oe.cd/israel-disclaimer*.
2. Note de la Turquie : Les informations figurant dans ce document et faisant référence à « Chypre » concernent la partie méridionale de l'île. Il n'y a pas d'autorité unique représentant à la fois les Chypriotes turcs et grecs sur l'île. La Turquie reconnaît la République Turque de Chypre Nord (RTCN). Jusqu'à ce qu'une solution durable et équitable soit trouvée dans le cadre des Nations Unies, la Turquie maintiendra sa position sur la « question chypriote ».
3. Note de tous les États de l'Union européenne membres de l'OCDE et del'Union européenne : La République de Chypre est reconnue par tous les membres des Nations Unies sauf la Turquie. Les informations figurant dans ce document concernent la zone sous le contrôle effectif du gouvernement de la République de Chypre.

Source : Statistiques de l'OCDE sur l'investissement direct international (base de données) : https://doi.org/10.1787/idi-data-fr

NORVÈGE

Tableau 2. Encours des investissements directs étrangers par pays

En fin d'année

Millions de dollars des ÉU

	Entrant					Sortant				
	2014	2015	2016	2017	2018	2014	2015	2016	2017	2018
TOTAL MONDE	**173 127.2**	**147 486.5**	**147 524.4**	**145 487.8**	**134 927.8**	**162 027.9**	**172 431.7**	**192 013.0**	**200 887.5**	**196 080.1**
Pays membres de l'OCDE	**138 910.4**	**123 286.9**	**121 549.8**	**118 490.0**	**.. d**	**120 221.8**	**132 086.0**	**155 164.8**	**162 795.7**	**156 210.2**
Australie	183.6	220.0	113.9	-78.6	49.1	167.8	1 318.7	942.6	753.0	821.2
Autriche	3 082.6	2 694.1	3 144.9	2 405.2	1 643.4	165.5	152.2	222.7	211.9	243.7
Belgique	10 340.0	9 358.9	7 263.2	7 344.3	3 892.4	17 066.4	8 045.2	5 357.7	-535.9	-281.8
Canada	1 882.1	750.9	1 191.4	4 717.7	428.8	1 117.1	1 224.2	1 172.7	2 013.8	1 903.6
Chili	.. c	2.4	-5.7	4.1	-13.0	823.8	1 211.5	1 294.0	1 217.1	1 090.0
République Tchèque	163.4	149.0	190.4	269.4	85.0	107.0	89.4	228.4	218.9	240.5
Danemark	8 056.8	5 511.0	5 906.3	8 161.4	6 122.6	11 291.0	12 156.6	11 599.2	13 278.0	12 805.6
Estonie	78.1	-72.1	.. c	5.0	121.2	772.9	675.9	658.9	486.4	212.4
Finlande	2 212.2	3 332.5	3 279.1	2 451.3	6 398.0	1 416.4	521.1	1 435.4	1 783.9	1 597.7
France	10 633.4	7 326.1	7 331.1	6 638.4	5 428.9	4 092.1	3 406.7	2 750.2	4 606.3	4 926.9
Allemagne	8 166.9	6 982.2	8 057.8	6 461.5	5 892.4	1 859.0	1 663.2	2 111.8	2 533.3	3 082.6
Grèce	-	.. c	.. c	0.2	.. c	41.3	45.1	10.7	28.7	35.0
Hongrie	1.8	-3.4	2.3	1.9	-0.5	780.4	255.8	416.6	1 461.6	174.3
Islande	317.8	84.3	50.1	214.4	179.3	179.1	157.7	367.5	412.1	311.3
Irlande	-419.9	1.6	-309.5	-59.4	532.8	1 908.2	1 318.5	2 180.9	2 201.9	2 044.4
Israël[1]	.. c	.. c	.. c	.. c	.. c	.. c	-0.5	2.1	-0.6	5.2
Italie	757.1	872.5	740.4	387.3	721.9	208.5	-9.6	228.2	229.1	180.0
Japon	1 423.0	955.4	1 028.1	1 388.7	1 119.0	91.4	118.2	112.6	572.8	538.7
Corée	206.5	-119.8	-259.7	-252.1	-241.7	284.5	559.6	1 055.8	886.7	807.8
Lettonie	0.9	-8.6	-6.4	0.5	0.6	679.9	722.1	651.2	588.9	375.6
Lituanie	-1.3	-19.8	-20.3	76.6	-2.3	868.1	859.9	871.0	465.2	454.2
Luxembourg	15 118.7	12 193.6	13 070.7	12 330.2	11 252.7	430.1	508.5	.. c	.. c	7 412.5
Mexique	.. c	.. c	-19.5	-1.6	4.8	42.9	94.2	65.1	112.5	93.7
Pays-Bas	14 107.3	26 861.1	20 664.7	15 704.3	14 201.4	25 179.5	33 311.5	34 458.7	34 517.8	27 468.6
Nouvelle-Zélande	.. c	.. c	-22.9	-4.0	3.9	28.1	45.4	6.5	23.6	43.2
Norvège	-	-	-	-	-	-	-	-	-	-
Pologne	1 030.7	738.9	488.2	652.4	599.7	1 433.0	1 178.5	948.1	1 567.4	1 610.4
Portugal	9.4	113.2	.. c	.. c	2.5	18.4	18.6	21.3	31.9	73.4
République slovaquie	.. c	8.3	-1.6	11.2	.. c	112.8	197.7	170.5	184.5	209.4
Slovénie	.. c	.. c	.. c	.. c	-	4.8	4.5	-6.1	1.8	-9.7
Espagne	278.3	363.7	456.0	306.5	706.7	6 017.5	5 954.7	7 912.1	7 241.8	7 493.7
Suède	27 145.8	27 732.1	31 404.2	32 143.6	29 901.2	20 671.3	25 913.3	25 640.0	27 733.7	25 165.1
Suisse	3 898.5	3 095.8	2 932.1	2 713.8	3 626.5	774.8	-214.2	456.5	393.9	-72.8
Turquie	13.6	1.5	17.5	6.2	3.0	1 283.6	1 193.1	1 811.9	1 168.3	1 070.2
Royaume-Uni	16 834.1	7 554.8	7 269.5	7 360.4	9 091.7	6 227.6	9 742.5	12 983.9	18 532.3	14 621.7
Etats-Unis	13 278.9	6 623.8	7 603.2	7 060.5	8 985.0	15 622.3	21 227.9	31 156.4	30 254.9	39 461.9
EUROPE	**128 377.0**	**120 245.4**	**116 565.9**	**110 452.4**	**105 260.6**	**107 194.9**	**112 592.7**	**123 598.1**	**131 532.9**	**116 409.6**
Bulgarie	.. c	.. c	-2.2	-2.6	-0.1	123.0	.. c	.. c	.. c	9.0
Croatie	.. c	.. c	-	.. c	-2.2	151.0	114.8	116.5	124.0	90.2
Chypre[2, 3]	1 884.0	1 411.9	1 012.9	979.2	804.7	810.0	1 354.9	729.8	1 095.4	1 180.1
Malte	221.9	206.4	353.4	242.3	533.3	1 511.7	2 133.8	1 408.9	1 513.3	1 892.3
Roumanie	.. c	-61.1	-216.8	48.2	.. c	-73.2	96.1	110.6	116.8	121.1
Russie	133.9	189.9	177.5	105.1	101.7	515.5	402.6	348.1	404.5	388.7
Ukraine	.. c	-	.. c	4.0	.. c	11.8	13.6	36.7	47.0	34.5
AFRIQUE	**75.5**	**113.4**	**-230.7**	**-125.1**	**-47.5**	**8 146.8**	**7 242.0**	**5 167.5**	**4 448.0**	**3 637.7**
Afrique septentrionale	-4.6	-11.8	-17.1	-13.2	-6.8	1 266.2	1 335.5	1 303.9	1 212.7	969.7
Algérie	.. c	.. c	.. c	-	.. c	876.2	1 165.3	1 118.0	1 014.9	806.3
Egypte	-0.8	-8.2	-16.6	-12.8	-6.6	154.4	50.5	55.9	64.6	62.1
Libye	.. c	.. c	-	-	.. c	227.5	.. c	.. c	.. c	.. c
Maroc	.. c	.. c	.. c	-0.2	-0.1	5.1	6.9	11.4	14.0	.. c
Tunisie	-	.. c	-0.1	.. c	.. c	.. c	.. c	.. c	.. c	.. c
Autres pays africains	80.1	125.2	-213.7	-111.9	-40.9	6 880.6	5 906.4	3 863.7	3 235.2	2 667.8
Nigéria	-1.5	.. c	.. c	.. c	.. c	-150.6	-89.0	-1 063.3	.. c	-685.7
Afrique du Sud	-1.6	5.4	4.3	-3.5	-4.7	19.7	52.0	83.6	85.1	133.4
AMÉRIQUE	**26 999.3**	**16 708.2**	**17 355.1**	**19 010.7**	**15 445.9**	**25 550.6**	**31 305.0**	**40 921.3**	**41 439.2**	**53 390.1**
Amérique du Nord	15 161.0	7 374.7	8 794.7	11 778.1	9 413.7	16 767.0	22 481.6	32 344.1	32 270.5	41 375.9
Amérique du Nord	11 792.1	9 358.6	8 660.1	6 919.4	5 820.0	3 808.1	4 132.9	2 502.7	1 782.5	2 165.2
Bahamas	.. c	39.3	20.5	177.8	95.9	27.6	27.1	.. c	.. c	34.1
Bermudes	5 611.2	4 885.4	4 241.5	3 308.9	3 074.0	3 211.3	3 455.5	2 153.2	1 418.3	1 758.8
Îles Cayman	4 737.6	3 701.1	3 514.6	2 541.5	1 623.5	350.5	258.6	222.2	154.8	178.8
Costa Rica	-	-	-	.. c	.. c	.. c	.. c	.. c	16.2	13.9
El Salvador	-	-	-	-	-	-	-	-	-	.. c
Guatemala	-	-	-	-	-	.. c	.. c	.. c	.. c	.. c
Honduras	-	-	.. c	.. c	.. c	-	.. c	.. c	.. c	.. c
Nicaragua	-	-	-	-	-	-	-	.. c	.. c	19.9
Panama	-3.9	.. c	-0.9	-0.7	-3.6	314.1	336.2	76.5	59.1	56.6
Îles Vierges, US	-	-	.. c	-	-	-	-	-	-	-
Amérique du Sud	46.3	-25.1	-99.5	313.4	212.2	4 975.5	4 690.5	6 074.6	7 386.2	9 848.9
Argentine	-	-	-0.1	-0.7	.. c	76.6	72.5	149.2	140.4	115.2
Bolivie	.. c	.. c	.. c	.. c	-0.1	-	.. c	.. c	.. c	.. c
Brésil	-56.0	-101.0	-118.1	-94.5	-97.7	3 713.1	2 936.3	4 176.5	5 660.5	8 247.2
Colombie	.. c	-0.3	-0.3	.. c	-0.9	11.4	.. c	227.5	153.1	190.8
Equateur	.. c	.. c	-0.2	-2.7	-0.5	.. c	-	.. c	.. c	.. c
Paraguay	.. c	.. c	.. c	.. c	.. c	-	-	-	-	-
Pérou	.. c	.. c	.. c	.. c	.. c	354.5	393.3	216.1	190.1	201.7
Uruguay	.. c	.. c	12.5	8.3	.. c	.. c	.. c	.. c	8.9	-8.3
Venezuela	.. c	0.1	-	-	.. c	-4.0	-5.0	4.5	11.1	.. c
ASIE	**8 673.6**	**3 018.3**	**5 349.9**	**6 911.3**	**5 031.3**	**17 463.5**	**15 866.6**	**17 510.2**	**18 018.0**	**17 003.3**

NORVÈGE

Tableau 2. Encours des investissements directs étrangers par pays *(suite)*

En fin d'année

Millions de dollars des ÉU

	Entrant					Sortant				
	2014	2015	2016	2017	2018	2014	2015	2016	2017	2018
Proche et Moyen Orient	149.5	51.4	-33.9	402.6	367.1	2 125.2	793.1	1 065.4	1 591.2	1 851.6
Pays du Golfe	26.4	50.9	-28.3	338.5	320.0	353.6	278.3	727.1	1 049.3	1 010.0
Koweït	.. c	.. c	0.7	.. c	.. c	1.9	0.9	0.7	-0.1	2.2
Qatar	.. c	0.1	-0.2	.. c	13.9	1.5	1.0	5.3	2.2	2.3
Arabie saoudite	-2.2	0.7	-1.7	-0.4	-0.9	49.1	48.2	57.4	56.8	61.1
Emirats Arabes Unis	30.6	51.8	-15.5	20.6	16.9	245.0	137.2	207.9	169.8	161.8
Autres pays du Proche et Moyen Orient	.. c	0.6	-5.6	64.2	47.0	1 771.7	514.8	338.3	541.9	841.5
Jordanie	.. c	-	-	.. c	-	.. c	.. c	.. c	.. c	.. c
Autres pays asiatiques	.. c	2 966.9	5 383.8	6 508.8	4 664.2	.. c	15 073.6	16 444.8	16 426.8	15 151.8
Chine	4 656.4	813.5	2 630.6	1 392.6	770.9	921.9	-1 327.5	535.6	162.7	971.6
Hong Kong, Chine	171.5	3.3	-12.9	.. c	.. c	100.4	77.4	144.0	152.7	94.2
Inde	8.1	1.8	-13.7	31.9	24.6	453.4	275.5	189.2	213.6	349.3
Indonesie	11.8	-1.1	0.3	-1.1	-2.0	84.3	77.4	120.8	158.5	136.5
République islamique d'Iran	-	-	-	.. c	.. c	-24.0	-30.3	.. c	.. c	.. c
Malaisie	688.4	210.0	702.8	619.6	46.0	306.9	304.1	223.1	275.8	246.6
Philippines	0.3	0.1	0.6	-1.3	-0.6	87.2	27.7	26.1	33.1	36.4
Singapour	889.5	1 053.8	267.7	124.7	-74.3	11 906.5	13 398.6	12 848.0	12 496.0	10 495.6
Taipei Chinois	.. c	-	0.3	0.1	-	4.3	5.8	10.4	16.0	7.9
Thaïlande	450.1	59.8	.. c	2 824.2	2 698.4	851.3	836.2	826.2	987.6	990.6
Viet Nam	-1.9	0.6	.. c	36.7	7.9	119.0	80.4	97.9	118.8	85.7
AUSTRALIE, OCÉANIE ET RÉGIONS POLAIRES	**797.3**	**589.0**	**471.9**	**492.9**	**192.9**	**134.1**	**1 554.4**	**1 124.5**	**794.2**	**1 018.1**
TOTAL MONDE non alloué et confidentiel	**8 204.4**	**6 812.3**	**8 012.3**	**8 745.6**	**9 044.6**	**3 538.0**	**3 870.9**	**3 691.3**	**4 655.2**	**4 621.3**
Union européenne (UE28)	**119 511.3**	**113 247.4**	**110 041.0**	**103 995.3**	**97 818.6**	**103 874.3**	**110 625.1**	**120 184.5**	**128 586.6**	**113 429.2**
Pays du G20 hors Union Européenne	**58 069.2**	**32 046.0**	**35 752.8**	**35 117.5**	**32 220.6**	**36 830.3**	**43 075.8**	**60 051.7**	**68 545.3**	**77 911.2**
Pays OCDE du G20	**53 318.7**	**31 136.9**	**33 073.7**	**33 688.2**	**31 482.9**	**30 996.9**	**40 538.8**	**54 391.3**	**61 663.1**	**67 508.4**
Pays non-OCDE du G20	**4 750.5**	**909.1**	**2 679.2**	**1 429.4**	**737.7**	**5 833.5**	**2 537.0**	**5 660.6**	**6 882.2**	**10 402.9**
Pays MENA	**24.1**	**39.7**	**-45.1**	**325.2**	**313.3**	**1 626.0**	**1 622.6**	**2 063.5**	**2 293.3**	**2 013.0**
Pays ANASE	**2 038.2**	**1 320.5**	**2 012.2**	**3 602.7**	**2 675.6**	**13 368.4**	**14 727.0**	**14 170.1**	**14 098.7**	**12 022.6**

- Néant ; .. Non disponible ; c Donnée confidentielle ; d Confidentialité Secondaire

Note : Les données excluent les entités à vocation spéciales. Voir les métadonnées détaillées sur : *http://stats.oecd.org/OECDStat_Metadata/ShowMetadata.ashx?Dataset=FDI_CTRY_IND_SUMM&lang=fr*.

1. Informations sur les données concernant Israël : *http://oe.cd/israel-disclaimer*.
2. Note de la Turquie : Les informations figurant dans ce document et faisant référence à « Chypre » concernent la partie méridionale de l'île. Il n'y a pas d'autorité unique représentant à la fois les Chypriotes turcs et grecs sur l'île. La Turquie reconnaît la République Turque de Chypre Nord (RTCN). Jusqu'à ce qu'une solution durable et équitable soit trouvée dans le cadre des Nations Unies, la Turquie maintiendra sa position sur la « question chypriote ».
3. Note de tous les États de l'Union européenne membres de l'OCDE et del'Union européenne : La République de Chypre est reconnue par tous les membres des Nations Unies sauf la Turquie. Les informations figurant dans ce document concernent la zone sous le contrôle effectif du gouvernement de la République de Chypre.

Source : Statistiques de l'OCDE sur l'investissement direct international (base de données) : https://doi.org/10.1787/idi-data-fr

Tableau 3. Revenus des investissements directs étrangers par pays

Millions de dollars des ÉU

	Entrant					Sortant				
	2014	2015	2016	2017	2018	2014	2015	2016	2017	2018
TOTAL MONDE	**7 795.1**	**6 207.2**	**6 312.1**	**11 105.4**	**12 865.1**	**13 637.3**	**9 061.4**	**6 709.1**	**8 328.7**	**12 001.4**
Pays membres de l'OCDE	**7 743.9**	**6 111.0**	**6 268.1**	**11 101.1**	**.. d**	**7 890.3**	**8 174.4**	**5 698.7**	**6 079.8**	**.. d**
Australie	-242.5	1.0	-34.4	-10.4	-2.7	19.4	69.7	-34.8	-24.4	-17.0
Autriche	93.1	-207.7	33.9	148.1	260.6	207.1	-17.5	-30.5	-28.8	-15.9
Belgique	309.7	286.1	188.6	165.9	91.2	849.9	258.3	261.1	-200.3	22.3
Canada	584.9	448.3	-139.6	-102.6	39.5	57.6	318.8	153.6	306.4	106.0
Chili	0.6	1.1	.. c	.. c	.. c	54.7	68.8	-81.5	96.2	181.0
République Tchèque	29.0	16.4	14.2	35.2	.. c	8.9	7.7	45.8	21.9	17.9
Danemark	2 071.9	1 098.0	1 218.4	1 531.4	1 745.6	548.2	893.7	236.3	772.8	1 226.0
Estonie	-18.1	.. c	-9.0	13.9	-	121.7	39.8	35.4	88.4	33.7
Finlande	177.9	-29.6	150.1	-27.0	1 062.5	385.3	91.4	77.7	60.9	-105.7
France	1 400.2	723.3	531.3	922.3	1 034.6	108.9	165.7	114.4	175.2	406.4
Allemagne	209.9	-346.7	584.7	494.3	319.0	820.5	197.4	952.0	101.1	208.7
Grèce	-	-	-	-	-	8.3	20.2	-0.1	0.6	0.1
Hongrie	-	.. c	-	.. c	.. c	133.3	101.3	107.3	12.3	64.8
Islande	17.9	13.8	4.5	.. c	1.8	24.3	23.8	-2.0	5.9	12.3
Irlande	12.5	17.5	23.8	76.9	52.7	-57.9	-247.1	-15.6	29.5	323.3
Israël[1]	25.4	-	-	.. c	.. c	1.4	.. c	-1.8	.. c	.. c
Italie	91.6	107.9	-4.4	-108.2	3.7	-43.3	29.1	1.2	-12.8	5.0
Japon	89.7	.. c	-4.2	34.0	67.1	-3.7	29.6	0.4	3.5	2.8
Corée	-262.1	-188.6	.. c	48.1	.. c	73.8	185.9	86.3	32.4	132.9
Lettonie	-5.6	-0.6	-0.2	.. c	.. c	63.9	89.8	78.3	132.0	125.0
Lituanie	0.5	.. c	-0.4	-0.2	.. c	33.2	37.2	50.0	53.7	84.9
Luxembourg	239.3	1 035.8	-52.0	534.5	315.2	10.2	-16.7	-11.2	49.2	87.2
Mexique	-1.6	.. c	.. c	.. c	.. c	-1.6	38.2	6.1	-7.6	-2.6
Pays-Bas	-335.9	798.5	452.8	1 519.6	1 323.1	535.4	2 040.0	1 813.1	2 081.0	824.6
Nouvelle-Zélande	-1.1	.. c	-2.5	.. c	.. c	7.5	6.6	7.4	9.7	16.4
Norvège	-	-	-	-	-	-	-	-	-	-
Pologne	-115.2	-44.3	-27.4	53.4	51.5	141.2	142.2	62.0	13.3	118.9
Portugal	-0.2	.. c	.. c	.. c	-0.2	-0.6	3.1	0.8	1.1	1.6
République slovaquie	3.3	.. c	.. c	.. c	.. c	43.0	18.0	-3.3	13.1	22.1
Slovénie	-	-	-	-	-	0.5	1.4	.. c	.. c	-1.7
Espagne	-5.7	18.7	18.2	78.5	161.3	-131.4	51.3	-1.2	7.5	-226.9
Suède	2 459.6	2 999.4	2 951.7	4 732.6	3 822.0	2 728.1	2 404.2	1 779.7	1 437.2	993.8
Suisse	282.8	-384.4	62.0	376.5	224.2	-301.8	51.1	0.2	-18.0	-0.9
Turquie	-	-	.. c	.. c	.. c	9.4	30.9	28.8	-159.1	30.0
Royaume-Uni	-78.1	-290.0	26.9	-122.7	1 007.3	587.6	818.5	-54.3	512.0	2 587.9
Etats-Unis	704.9	110.4	396.4	651.2	753.1	944.5	348.6	88.3	566.3	579.9
EUROPE	**7 425.7**	**6 136.2**	**6 088.8**	**10 489.5**	**12 227.1**	**6 999.3**	**6 954.6**	**5 734.3**	**5 357.9**	**6 776.1**
Bulgarie	-	-	.. c	-	-	89.2	.. c	.. c	.. c	.. c
Croatie	-	-	-	.. c	-	-2.9	-0.5	3.5	3.6	1.6
Chypre[2, 3]	84.1	147.4	-13.7	-57.8	66.1	-175.8	-522.3	-58.7	-74.4	-383.3
Malte	21.6	-18.8	24.0	-4.4	.. c	223.7	71.9	160.2	25.0	160.4
Roumanie	-0.5	0.1	1.7	.. c	.. c	-3.2	22.4	-0.5	11.6	8.0
Russie	-5.1	.. c	2.1	.. c	.. c	36.7	42.7	56.1	50.9	30.1
Ukraine	-	-	-	-	-	-0.5	2.6	3.8	0.7	2.0
AFRIQUE	**4.8**	**2.1**	**5.7**	**-0.5**	**16.0**	**1 978.0**	**-612.8**	**272.6**	**2 142.8**	**3 417.3**
Afrique septentrionale	-	-	-	.. c	-	541.9	39.4	26.9	235.2	723.9
Algérie	-	-	-	-	-	438.6	42.2	45.8	203.2	618.2
Egypte	-	-	-	.. c	-	10.6	9.7	-11.3	9.6	6.9
Libye	-	-	-	-	-	92.7	-12.3	-5.7	.. c	.. c
Maroc	-	-	-	-	-	0.8	0.4	-1.5	.. c	.. c
Tunisie	-	-	-	-	-	-1.0	.. c	.. c	.. c	.. c
Autres pays africains	4.8	2.1	5.7	-0.5	16.0	1 436.1	-652.3	245.7	1 907.6	2 693.5
Nigéria	-	-	.. c	.. c	.. c	265.6	.. c	.. c	.. c	.. c
Afrique du Sud	-	.. c	-	-	-	11.7	39.3	16.2	-8.3	24.0
AMÉRIQUE	**1 268.3**	**552.8**	**594.2**	**46.1**	**777.2**	**1 113.0**	**-69.9**	**-80.1**	**900.3**	**1 206.1**
Amérique du Nord	1 289.8	558.6	256.8	548.4	792.5	1 003.8	669.4	240.0	873.1	686.6
Amérique du Nord	-22.1	-7.1	344.6	-507.4	-11.4	191.5	79.4	28.2	-7.9	48.9
Bahamas	3.8	8.6	.. c	-1.9	.. c	-0.2	.. c	.. c	.. c	2.3
Bermudes	-49.5	58.4	101.9	84.8	-49.7	136.6	10.8	46.3	-11.0	51.5
Îles Cayman	-25.9	-111.5	209.8	-613.7	-15.4	27.9	14.4	-36.8	-0.4	-21.4
Costa Rica	-	-	-	-	-	1.7	.. c	.. c	.. c	1.0
El Salvador	-	-	-	-	-	-	-	-	-	.. c
Guatemala	-	-	-	-	-	1.0	.. c	.. c	.. c	.. c
Honduras	-	-	-	-	-	-	.. c	.. c	.. c	.. c
Nicaragua	-	-	-	-	-	-	-	.. c	.. c	.. c
Panama	-	.. c	-	-	-	26.2	19.3	3.8	6.9	7.9
Îles Vierges, US	-	-	-	-	-	-	-	-	-	-
Amérique du Sud	0.6	1.1	-7.3	5.1	-3.9	-82.2	-818.7	-348.4	35.1	470.6
Argentine	-	.. c	.. c	.. c	.. c	18.7	13.0	21.1	23.9	13.9
Bolivie	-	-	-	.. c	-	-	.. c	.. c	.. c	.. c
Brésil	2.9	-8.3	-13.5	-0.4	1.0	-166.3	-913.5	-280.8	-49.9	285.3
Colombie	-	-	-	.. c	-	-0.5	.. c	-16.2	-40.7	-25.4
Equateur	-	.. c	-	-	-	-	.. c	.. c	-	.. c
Paraguay	0.2	-	-	-	-	-	-	-	-	-
Pérou	-	.. c	-	.. c	.. c	15.9	3.8	1.2	-2.9	19.8
Uruguay	-2.9	.. c	.. c	.. c	.. c	-	.. c	.. c	0.1	-11.8
Venezuela	-	-	-	-	-	-4.9	.. c	8.2	.. c	.. c
ASIE	**-443.2**	**-441.8**	**-396.4**	**503.4**	**-166.2**	**3 477.5**	**2 608.9**	**860.6**	**-85.6**	**600.0**

Tableau 3. Revenus des investissements directs étrangers par pays *(suite)*

Millions de dollars des ÉU

	Entrant					Sortant				
	2014	2015	2016	2017	2018	2014	2015	2016	2017	2018
Proche et Moyen Orient	15.1	-0.7	-0.7	.. c	50.3	2 167.6	1 290.9	168.8	214.8	484.5
Pays du Golfe	-10.2	-0.7	-0.7	.. c	45.7	60.3	57.5	87.9	86.0	117.2
Koweït	-	.. c	-	.. c	.. c	1.0	.. c	-	-	0.5
Qatar	-	-	-	.. c	-	-0.3	1.2	-1.1	0.4	0.4
Arabie saoudite	-	-	-	-	.. c	16.2	21.2	.. c	.. c	18.9
Emirats Arabes Unis	-10.2	-0.7	-0.7	-3.5	-4.7	38.9	-10.2	49.0	45.5	90.6
Autres pays du Proche et Moyen Orient	25.2	-	-	.. c	.. c	2 107.3	.. c	81.0	128.9	367.3
Jordanie	-	-	-	-	-	-	.. c	.. c	.. c	.. c
Autres pays asiatiques	-458.3	-441.1	-395.7	442.5	-216.5	1 309.8	1 318.0	691.8	-300.4	115.6
Chine	-259.3	17.6	46.3	47.9	26.7	22.2	208.9	23.6	79.6	261.3
Hong Kong, Chine	-57.6	-30.9	.. c	.. c	.. c	38.4	20.0	73.3	13.9	21.1
Inde	-	-	-	.. c	.. c	24.9	24.4	19.6	5.9	6.1
Indonesie	-	-	.. c	.. c	.. c	-1.3	-76.0	10.2	21.6	13.0
République islamique d'Iran	-	-	-	-	-	-2.1	.. c	-4.6	-0.6	1.0
Malaisie	66.3	78.2	4.3	.. c	-2.7	64.7	74.0	41.0	-10.5	32.0
Philippines	-	-	.. c	.. c	.. c	2.5	5.3	2.4	0.7	1.1
Singapour	-40.5	-286.7	-375.7	305.3	-407.3	707.2	396.1	87.5	-823.1	-957.2
Taipei Chinois	-	.. c	.. c	.. c	-	-	6.0	.. c	1.6	2.2
Thaïlande	5.4	.. c	45.6	42.6	40.6	15.2	13.0	15.8	9.4	62.7
Viet Nam	-	.. c	.. c	.. c	.. c	6.7	25.0	18.8	24.8	.. c
AUSTRALIE, OCÉANIE ET RÉGIONS POLAIRES	**-460.7**	**-42.0**	**12.1**	**31.9**	**-36.8**	**22.2**	**72.4**	**-86.9**	**-14.3**	**-0.7**
TOTAL MONDE non alloué et confidentiel	**0.2**	**-**	**7.7**	**34.9**	**47.8**	**47.3**	**108.3**	**8.7**	**27.7**	**2.7**
Union européenne (UE28)	**6 645.3**	**6 280.6**	**6 104.6**	**9 995.2**	**11 410.6**	**7 233.2**	**6 790.9**	**5 701.8**	**5 384.5**	**6 551.1**
Pays du G20 hors Union Européenne	**2 235.4**	**535.1**	**1 284.7**	**1 885.3**	**3 332.5**	**2 535.9**	**1 592.3**	**1 233.7**	**1 640.2**	**4 692.9**
Pays OCDE du G20	**2 497.0**	**522.9**	**1 249.6**	**1 806.1**	**3 269.8**	**2 573.0**	**2 232.3**	**1 341.8**	**1 492.8**	**4 040.2**
Pays non-OCDE du G20	**-261.7**	**12.2**	**35.0**	**79.2**	**62.7**	**-37.1**	**-640.0**	**-108.1**	**147.4**	**652.8**
Pays MENA	**-10.2**	**-0.7**	**-0.7**	**.. c**	**45.7**	**603.2**	**97.0**	**116.0**	**323.2**	**843.4**
Pays ANASE	**31.4**	**-193.6**	**-326.2**	**302.3**	**-369.6**	**798.6**	**444.7**	**182.3**	**-774.5**	**-783.4**

- Néant ; .. Non disponible ; c Donnée confidentielle ; d Confidentialité Secondaire

Note : Les données excluent les entités à vocation spéciales. Voir les métadonnées détaillées sur : *http://stats.oecd.org/OECDStat_Metadata/ShowMetadata.ashx?Dataset=FDI_CTRY_IND_SUMM&lang=fr.*

1. Informations sur les données concernant Israël : *http://oe.cd/israel-disclaimer.*
2. Note de la Turquie : Les informations figurant dans ce document et faisant référence à « Chypre » concernent la partie méridionale de l'île. Il n'y a pas d'autorité unique représentant à la fois les Chypriotes turcs et grecs sur l'île. La Turquie reconnaît la République Turque de Chypre Nord (RTCN). Jusqu'à ce qu'une solution durable et équitable soit trouvée dans le cadre des Nations Unies, la Turquie maintiendra sa position sur la « question chypriote ».
3. Note de tous les États de l'Union européenne membres de l'OCDE et del'Union européenne : La République de Chypre est reconnue par tous les membres des Nations Unies sauf la Turquie. Les informations figurant dans ce document concernent la zone sous le contrôle effectif du gouvernement de la République de Chypre.

Source : Statistiques de l'OCDE sur l'investissement direct international (base de données) : https://doi.org/10.1787/idi-data-fr

Tableau 4. Investissement direct étranger : flux par secteur industriel

Millions de dollars des ÉU

	Entrant					Sortant				
	2014	2015	2016	2017	2018	2014	2015	2016	2017	2018
All FDI activities	**20 184.4**	**-3 070.8**	**-3 979.3**	**-5 758.3**	**-2 141.7**	**32 025.1**	**31 782.4**	**2 329.3**	**-6 865.8**	**9 084.1**
Agriculture, sylviculture et pêche	**.. d**	**.. d**	**.. d**	**..**	**..**	**.. d**	**.. d**	**.. d**	**..**	**.. d**
Industries extractives	**..**	**..**	**..**	**..**	**..**	**..**	**..**	**..**	**..**	**..**
Activités d'extraction	..	..	..	..	..	..	..	..	..	..
Activités de fabrication	**..**	**..**	**..**	**..**	**..**	**..**	**..**	**..**	**..**	**..**
dont :										
Produits alimentaires, boissons et tabac	..	..	..	..	..	..	..	..	..	..
Textiles, bois, papier, imprimerie	..	..	..	..	.. d	..	..	..	..	..
Produits pétroliers, chimiques, pharmaceutiques, caoutchouc, plastique, minéraux	..	..	..	..	..	..	..	..	.. d	.. d
Ouvrages en métaux et machines, sauf matériels électriques	..	..	..	..	..	..	..	..	..	..
Automobiles, remorques, semi-remorques, autres matériels de transport	.. d	..	..	..	..	..	..	..	..	..
Autres activités de fabrication	..	..	..	..	..	..	..	..	..	..
Production et distribution d'électricité, de gaz, de vapeur et de climatisation	**..**	**..**	**..**	**..**	**..**	**..**	**..**	**..**	**..**	**..**
Distribution de l'eau ; assainissement, traitement des déchets et dépollution	**..**	**.. d**	**..**	**..**	**.. d**	**..**	**.. d**	**..**	**..**	**.. d**
Construction	**..**	**..**	**..**	**..**	**..**	**..**	**..**	**..**	**..**	**..**
Services	**..**	**..**	**..**	**..**	**..**	**..**	**..**	**..**	**..**	**..**
Commerce de gros et de détail ; réparations automobiles et motocycles	..	..	..	..	..	..	..	..	..	..
Transport et entreposage	..	..	..	..	..	..	..	..	..	..
Activités d'hébergement et de restauration	.. d	.. d	.. d	..	.. d	.. d	..	..	.. d	.. d
Information et communication	..	..	..	..	..	..	..	..	..	..
Activités financières et d'assurances	..	..	..	..	..	..	..	..	..	..
Activités des sociétés holding	.. d	.. d	.. d	.. d	.. d	..	..	..	..	.. d
Activités immobilières	..	..	..	..	..	..	..	..	..	..
Activités professionnelles, scientifiques et techniques	..	..	..	..	..	..	..	..	..	..
Activités de services administratifs et d'appui	..	..	..	..	..	..	..	..	..	..
Administration publique; activités des ménages et des organismes extra-territoriaux	..	..	.. d	..	..	.. d	.. d	.. d	.. d	..
Éducation	..	.. d	..	..	.. d	.. d	.. d	.. d	.. d	.. d
Santé humaine et action sociale	..	..	..	..	..	..	..	.. d	..	..
Arts, spectacles et loisirs	..	.. d	..	.. d	.. d	.. d	.. d	.. d	.. d	.. d
Autres services	..	..	..	.. d	.. d	.. d	.. d	.. d	.. d	.. d
Not allocated and confidential	**.. d**	**.. d**	**.. d**	**.. d**	**.. d**	**.. d**	**.. d**	**.. d**	**..**	**.. d**
Activités immobilières privées	**.. d**	**.. d**	**.. d**	**.. d**	**.. d**	**..**	**..**	**..**	**..**	**..**

.. Non disponible ; d Confidentialité Secondaire

Note : Les données excluent les entités à vocation spéciales. Voir les métadonnées détaillées sur : *http://stats.oecd.org/OECDStat_Metadata/ShowMetadata.ashx?Dataset=FDI_CTRY_IND_SUMM&lang=fr*.

Source : Statistiques de l'OCDE sur l'investissement direct international (base de données) : https://doi.org/10.1787/idi-data-fr

NORVÈGE

Tableau 5. Encours des investissement directs étrangers par secteur industriel
En fin d'année

Millions de dollars des ÉU

	Entrant					Sortant				
	2014	2015	2016	2017	2018	2014	2015	2016	2017	2018
All FDI activities	**173 127.2**	**147 486.5**	**147 524.4**	**145 487.8**	**134 927.8**	**162 027.9**	**172 431.7**	**192 013.0**	**200 887.5**	**196 080.1**
Agriculture, sylviculture et pêche	**.. c**	**651.2**	**155.2**	**256.6**	**258.2**	**1 447.2**	**1 999.4**	**2 147.1**	**2 157.7**	**2 267.7**
Industries extractives	**62 281.8**	**43 882.2**	**42 126.1**	**40 306.0**	**30 993.6**	**42 659.0**	**44 231.4**	**48 846.6**	**41 749.5**	**48 761.5**
Activités d'extraction	62 281.8	43 882.2	42 126.1	40 306.0	30 993.6	42 659.0	44 231.4	48 846.6	41 749.5	48 761.5
Activités de fabrication	**27 620.5**	**21 115.3**	**20 981.3**	**21 158.6**	**21 391.4**	**29 370.3**	**26 799.4**	**27 429.9**	**30 918.6**	**30 426.7**
dont :										
Produits alimentaires, boissons et tabac	1 689.9	1 293.9	2 892.5	2 879.8	2 402.5	2 475.2	2 432.7	2 625.1	3 050.9	2 916.3
Textiles, bois, papier, imprimerie	256.3	183.7	96.3	193.8	496.3	1 498.7	1 334.5	1 301.9	1 402.7	1 290.0
Produits pétroliers, chimiques, pharmaceutiques, caoutchouc, plastique, minéraux	13 219.1	9 713.8	9 560.1	10 370.8	11 899.0	9 570.8	8 144.0	9 490.4	10 545.2	11 813.1
Ouvrages en métaux et machines, sauf matériels électriques	5 484.1	4 481.4	3 848.7	3 903.8	3 421.1	11 932.4	11 188.5	11 372.0	13 317.7	12 672.8
Automobiles, remorques, semi-remorques, autres matériels de transport	3 338.6	3 066.1	2 576.5	1 520.6	1 276.8	2 656.4	2 483.9	1 476.5	1 449.9	751.9
Autres activités de fabrication	3 632.6	2 376.6	2 007.3	2 289.8	1 895.9	1 236.7	1 215.8	1 164.2	1 152.4	982.5
Production et distribution d'électricité, de gaz, de vapeur et de climatisation	**761.0**	**794.6**	**1 052.3**	**1 426.7**	**1 923.2**	**6 841.2**	**5 521.1**	**6 061.1**	**4 304.3**	**4 760.8**
Distribution de l'eau ; assainissement, traitement des déchets et dépollution	**590.3**	**145.6**	**138.6**	**164.4**	**90.6**	**6.2**	**3.7**	**0.5**	**.. c**	**7.6**
Construction	**1 978.2**	**1 597.0**	**1 797.2**	**2 149.2**	**2 157.4**	**898.1**	**920.0**	**1 121.3**	**1 231.4**	**1 025.8**
Services	**67 856.7**	**62 762.3**	**69 383.9**	**67 789.4**	**67 490.1**	**59 072.4**	**71 457.1**	**81 890.7**	**93 976.6**	**85 567.0**
Commerce de gros et de détail ; réparations automobiles et motocycles	14 771.1	11 421.9	12 247.8	12 957.1	12 374.3	4 413.6	4 237.5	4 496.2	4 714.4	4 875.5
Transport et entreposage	11 375.8	8 775.5	8 922.4	10 352.0	10 645.9	9 684.4	9 776.7	10 227.4	11 244.5	8 331.3
Activités d'hébergement et de restauration	217.5	511.1	617.1	484.0	451.8	197.2	252.9	311.0	359.2	321.6
Information et communication	7 640.5	8 350.5	8 848.0	8 946.9	7 577.1	11 016.4	13 941.5	14 052.4	17 793.8	15 306.8
Activités financières et d'assurances	14 675.2	15 219.0	17 826.5	12 194.2	14 266.5	10 925.2	17 443.4	16 624.6	17 016.4	16 048.4
Activités des sociétés holding	-	.. c	.. c	.. c	.. c	871.7	1 045.6	481.7	.. c	-
Activités immobilières	6 720.7	8 016.3	9 141.6	11 731.1	11 043.2	8 205.7	8 104.5	7 521.6	8 218.1	7 986.5
Activités professionnelles, scientifiques et techniques	6 951.3	4 500.0	5 653.8	3 889.5	3 862.5	7 573.1	3 467.2	5 620.8	5 838.6	5 753.5
Activités de services administratifs et d'appui	4 558.5	4 782.2	4 960.9	5 939.8	6 135.3	1 888.2	4 139.2	4 141.5	3 241.0	4 635.2
Administration publique; activités des ménages et des organismes extra-territoriaux	-	.. c	-	-	-	.. c	.. c	.. c	.. c	.. c
Éducation	.. c	.. c	29.4	.. c	.. c	19.7	38.8	15.1	24.5	33.9
Santé humaine et action sociale	575.8	656.9	666.1	810.4	704.9	143.9	92.4	116.1	170.3	132.0
Arts, spectacles et loisirs	138.6	401.7	326.2	385.4	372.6	36.1	19.5	12.4	.. c	21.5
Autres services	210.5	.. c	144.0	72.1	36.9	.. c	.. c	139.2	159.8	149.7
Not allocated and confidential	**.. c**	**9 335.2**	**3 984.9**	**3 654.0**	**1 589.0**	**1 731.5**	**1 995.2**	**3 320.0**	**.. c**	**287.3**
Activités immobilières privées	**8 189.4**	**7 203.1**	**7 904.8**	**8 582.9**	**9 034.4**	**20 002.0**	**19 504.2**	**21 195.7**	**23 200.7**	**22 975.8**

- Néant ; c Donnée confidentielle

Note : Les données excluent les entités à vocation spéciales. Voir les métadonnées détaillées sur : *http://stats.oecd.org/OECDStat_Metadata/ShowMetadata.ashx?Dataset=FDI_CTRY_IND_SUMM&lang=fr.*

Source : Statistiques de l'OCDE sur l'investissement direct international (base de données) : https://doi.org/10.1787/idi-data-fr

NORVÈGE

Tableau 6. Revenus des investissements directs étrangers par secteur industriel

Millions de dollars des ÉU

	Entrant					Sortant				
	2014	2015	2016	2017	2018	2014	2015	2016	2017	2018
All FDI activities	**7 795.1**	**6 207.2**	**6 312.1**	**11 105.4**	**12 865.1**	**13 637.3**	**9 061.4**	**6 709.1**	**8 328.7**	**12 001.4**
Agriculture, sylviculture et pêche	**145.8**	**47.5**	**9.5**	**32.5**	**25.8**	**194.4**	**111.4**	**127.0**	**56.8**	**141.5**
Industries extractives	**3 131.1**	**-293.0**	**945.5**	**4 062.5**	**5 190.8**	**1 966.4**	**-1 407.3**	**143.7**	**2 190.1**	**4 692.7**
Activités d'extraction	3 131.1	2 374.7	945.5	4 062.5	5 190.8	1 966.4	-1 594.6	143.7	2 190.1	4 692.7
Activités de fabrication	**978.0**	**2 108.9**	**1 110.8**	**683.6**	**2 156.4**	**3 998.5**	**2 595.9**	**2 588.3**	**2 957.7**	**2 167.1**
dont :										
Produits alimentaires, boissons et tabac	90.4	29.6	262.7	223.7	187.1	406.7	457.8	296.1	204.9	96.6
Textiles, bois, papier, imprimerie	-2.7	-84.6	-10.1	11.5	-8.2	74.6	-4.2	123.1	36.5	106.9
Produits pétroliers, chimiques, pharmaceutiques, caoutchouc, plastique, minéraux	205.2	260.5	1 255.1	1 404.5	1 799.9	2 259.8	1 840.3	977.5	1 822.5	1 424.7
Ouvrages en métaux et machines, sauf matériels électriques	637.1	466.1	-372.7	-159.0	24.2	875.0	299.8	1 122.1	578.5	528.6
Automobiles, remorques, semi-remorques, autres matériels de transport	5.2	116.6	-365.0	-1 099.7	-68.3	233.3	-36.8	-10.7	171.4	-158.1
Autres activités de fabrication	42.8	376.0	340.9	302.6	221.8	149.0	62.4	80.4	143.8	168.3
Production et distribution d'électricité, de gaz, de vapeur et de climatisation	**-38.9**	**36.5**	**-98.5**	**30.7**	**287.8**	**944.2**	**191.2**	**217.7**	**-383.6**	**1 828.6**
Distribution de l'eau ; assainissement, traitement des déchets et dépollution	**158.4**	**.. c**	**9.5**	**14.0**	**8.1**	**0.2**	**.. c**	**0.8**	**.. c**	**.. c**
Construction	**119.5**	**181.4**	**127.3**	**127.6**	**-20.5**	**134.2**	**55.1**	**108.6**	**104.7**	**-64.4**
Services	**3 315.3**	**4 184.0**	**4 144.8**	**6 129.2**	**5 199.6**	**6 381.3**	**7 592.7**	**3 354.9**	**3 416.2**	**3 254.4**
Commerce de gros et de détail ; réparations automobiles et motocycles	749.3	960.4	1 441.5	1 679.2	1 092.5	842.6	903.4	326.4	494.4	305.6
Transport et entreposage	-563.5	-577.6	-377.0	82.2	107.4	553.0	107.8	104.6	142.3	510.6
Activités d'hébergement et de restauration	13.5	14.8	19.4	30.2	37.1	-43.3	-21.6	14.5	64.4	22.4
Information et communication	65.2	741.8	437.6	1 279.0	831.9	2 463.4	2 533.5	1 673.9	1 378.2	1 156.8
Activités financières et d'assurances	3 126.2	2 390.8	2 305.7	1 929.2	2 092.5	45.9	114.8	479.8	346.5	587.5
Activités des sociétés holding	-	0.2	3.6	7.3	3.9	-1.9	138.6	26.9	0.5	-
Activités immobilières	511.8	154.6	448.4	1 231.5	550.8	847.2	1 498.2	613.2	668.0	145.5
Activités professionnelles, scientifiques et techniques	-311.5	61.8	-266.9	17.9	245.7	1 981.3	2 208.9	-31.2	161.5	482.0
Activités de services administratifs et d'appui	-290.2	-9.2	94.9	-179.5	183.9	-318.6	151.3	155.7	123.2	-14.5
Administration publique; activités des ménages et des organismes extra-territoriaux	-	-	-	-	-	5.2	2.1	10.5	21.6	47.2
Éducation	-0.6	-	2.6	1.8	2.3	1.6	3.1	3.0	0.7	7.7
Santé humaine et action sociale	16.8	14.5	13.8	8.5	28.2	-0.5	4.5	5.4	15.0	8.1
Arts, spectacles et loisirs	15.2	29.4	16.9	26.0	30.5	1.7	-1.6	-0.7	.. c	.. c
Autres services	-16.8	12.0	8.0	23.3	-3.1	1.9	0.5	-	-1.7	-1.4
Not allocated and confidential	**-14.1**	**1.9**	**63.2**	**25.3**	**17.1**	**18.2**	**-9.1**	**168.1**	**.. c**	**.. c**
Activités immobilières privées	-	-	-	-	-	-	-	-	-	-

- Néant ; c Donnée confidentielle

Note : Les données excluent les entités à vocation spéciales. Voir les métadonnées détaillées sur : *http://stats.oecd.org/OECDStat_Metadata/ShowMetadata.ashx?Dataset=FDI_CTRY_IND_SUMM&lang=fr.*

Source : Statistiques de l'OCDE sur l'investissement direct international (base de données) : https://doi.org/10.1787/idi-data-fr

POLOGNE

Tableau 1. Flux d'investissement direct étranger par pays

Millions de dollars des ÉU

	Entrant					Sortant				
	2014	2015	2016	2017	2018	2014	2015	2016	2017	2018
TOTAL MONDE	**14 269.8**	**15 268.0**	**15 706.8**	**9 172.4**	**13 948.2**	**2 898.3**	**4 994.6**	**11 598.3**	**2 169.5**	**-405.9**
Pays membres de l'OCDE	**12 432.2**	**14 175.7**	**15 111.8**	**7 065.9**	**10 639.4**	**-1 409.7**	**1 909.5**	**12 059.8**	**3 491.4**	**-1 217.3**
Australie	-25.8	11.4	-1.7	-4.7	4.6	-7.3	-10.0	4.0	1.3	-6.9
Autriche	-1 196.7	808.3	1 115.1	1 311.2	-447.8	86.2	-68.2	7.0	67.7	5.7
Belgique	1 608.9	596.0	753.0	-99.6	206.6	6.7	6.2	16.7	31.8	59.7
Canada	78.8	33.8	-29.8	17.2	24.6	147.3	611.2	3 150.6	457.9	-1 557.9
Chili	-2.6	-0.6	0.9	-0.7	-8.5	0.2	145.7	229.2	159.9	43.1
République Tchèque	-67.4	403.3	104.6	754.2	559.7	40.7	98.5	113.8	-172.5	1 201.7
Danemark	-11.0	167.1	-99.0	-34.0	123.7	15.4	-68.6	283.1	50.7	-399.3
Estonie	-91.9	6.5	3.5	-5.0	-5.7	6.4	-1.5	16.0	-23.3	64.5
Finlande	-42.5	-38.8	-40.0	50.4	37.9	4.9	28.0	37.9	-1.3	7.2
France	1 601.8	-83.1	1 652.8	-913.9	-155.3	602.7	30.8	-28.4	-490.8	-357.7
Allemagne	1 305.8	2 789.0	3 624.3	3 763.9	1 865.8	377.4	145.0	295.7	226.8	105.0
Grèce	-12.3	2.7	8.8	-10.2	9.2	0.1	0.3	6.3	6.4	1.3
Hongrie	-85.1	132.2	-89.3	1 000.7	-324.0	5.9	162.0	927.9	173.2	328.4
Islande	-0.7	0.4	7.1	6.0	-0.3	0.4	0.0	-0.4	-0.3	0.0
Irlande	516.2	70.4	-577.5	225.5	-391.5	-3.2	46.5	-208.7	55.1	-2.4
Israël[1]	48.9	114.2	77.2	-134.1	39.2	-7.1	10.7	8.2	-101.7	2.2
Italie	431.6	121.0	-468.6	-2 184.3	225.3	5.2	35.9	6.1	-67.9	29.0
Japon	-95.5	-109.6	97.5	183.1	132.3	-18.1	-7.6	0.5	-4.4	5.3
Corée	19.5	86.1	4.0	184.3	101.5	2.9	-1.7	-8.3	-15.3	3.2
Lettonie	38.6	13.1	12.3	27.0	16.9	70.8	9.6	24.1	24.5	3.1
Lituanie	55.1	15.6	14.9	27.0	125.4	179.0	59.1	239.8	1.1	57.8
Luxembourg	6 257.3	2 031.2	2 140.1	2 159.1	2 060.8	-282.9	-112.1	5 724.4	627.9	1 827.7
Mexique	12.6	2.3	-41.1	-12.7	11.2	-1.1	11.9	5.5	-27.2	14.6
Pays-Bas	4 685.1	3 498.4	4 819.8	-1 739.1	8 754.3	-74.2	236.9	296.4	39.0	-105.2
Nouvelle-Zélande	0.2	-0.2	-0.1	0.5	0.1	0.3	-0.1	0.0	-0.1	-0.3
Norvège	92.4	-7.7	201.2	170.0	181.0	185.0	-297.0	-116.2	258.7	206.1
Pologne	-	-	-	-	-	-	-	-	-	-
Portugal	9.1	-215.5	79.4	-6.5	216.9	11.3	14.8	1.3	-3.1	40.3
République slovaquie	-69.9	-246.9	-35.1	102.3	164.3	36.7	11.6	83.3	68.3	134.1
Slovénie	8.2	-6.8	-6.6	3.5	-10.0	-1.8	6.8	5.9	1.8	6.0
Espagne	131.7	996.7	-203.6	498.1	-1 994.6	111.5	65.3	80.8	130.3	182.5
Suède	-1 399.0	769.1	13.2	622.8	-691.8	-2 831.3	-448.9	984.8	1 927.6	-1 393.7
Suisse	-618.8	427.6	909.6	448.1	492.1	10.7	1 133.8	314.6	-55.9	-1 685.4
Turquie	26.7	-9.7	33.0	14.8	-6.8	17.8	24.5	31.9	8.5	-1.5
Royaume-Uni	202.7	2 636.1	916.4	-63.2	-388.5	122.2	150.4	-218.7	42.4	40.8
Etats-Unis	-886.3	-809.4	130.3	731.5	-288.9	19.5	-51.6	-15.5	95.5	-76.1
EUROPE	**14 960.8**	**15 790.9**	**15 537.7**	**8 046.7**	**13 690.6**	**2 667.6**	**4 354.2**	**8 091.2**	**1 403.2**	**1 306.6**
Bulgarie	-8.6	-7.3	62.3	-31.3	-9.2	2.7	11.8	139.3	-18.4	70.8
Croatie	-1.7	12.0	18.6	-3.0	7.6	11.5	32.8	114.0	54.0	5.9
Chypre[2, 3]	1 419.0	1 168.9	437.2	1 601.0	1 382.6	3 805.5	2 997.5	-1 616.2	-1 835.5	365.9
Malte	227.0	-230.1	46.1	290.2	1 666.3	256.6	101.6	182.2	-68.1	64.6
Roumanie	1.1	6.0	12.7	0.8	-34.5	-9.4	-75.4	132.0	102.6	232.6
Russie	95.0	10.2	11.7	75.1	45.3	-103.2	53.2	17.0	74.5	-3.0
Ukraine	-32.0	-54.6	-27.0	-7.6	-14.8	-45.0	-24.0	57.3	122.3	143.2
AFRIQUE	**-14.7**	**-5.1**	**39.2**	**34.2**	**-7.6**	**-50.7**	**9.9**	**67.2**	**52.5**	**-138.9**
Afrique septentrionale	1.8	-14.1	20.5	14.9	-5.0	7.2	7.9	4.2	10.9	1.8
Algérie	3.5	0.0	2.6	0.1	-0.5	0.2	-	0.1	0.0	-0.1
Egypte	-4.7	-5.2	19.2	9.2	5.1	3.8	0.3	2.3	0.7	0.1
Libye	-	0.0	-	-	-	-10.3	0.0	-	0.2	1.2
Maroc	0.2	-6.7	0.8	2.6	-6.4	13.2	0.8	2.7	11.7	1.3
Tunisie	2.8	-2.1	-2.1	3.0	-3.2	0.4	6.8	-0.9	-1.7	-0.7
Autres pays africains	-16.4	9.0	18.8	19.3	-2.8	-58.0	2.0	63.0	41.7	-139.5
Nigéria	-0.2	0.5	-0.4	-0.1	-0.1	-0.1	0.3	0.8	1.1	0.4
Afrique du Sud	15.4	0.8	-2.4	-1.6	-3.0	-2.7	0.5	65.4	37.4	-105.1
AMÉRIQUE	**-780.2**	**-758.1**	**14.5**	**785.6**	**-311.9**	**172.4**	**733.3**	**3 449.7**	**743.1**	**-1 535.0**
Amérique du Nord	-807.4	-775.5	100.5	748.7	-264.3	166.8	559.6	3 135.1	553.4	-1 634.1
Amérique du Nord	29.4	10.2	-90.9	35.9	-37.7	-4.7	20.7	93.4	8.8	10.7
Bahamas	0.7	-	-	-0.1	-0.7	-3.1	42.2	86.1	47.8	0.5
Bermudes	-5.8	-36.2	-2.0	41.4	17.4	-	-	0.0	-	-
Îles Cayman	8.8	-1.8	25.5	6.7	-48.2	-	-	0.1	-1.0	-
Costa Rica	0.2	0.5	-0.4	-	-0.4	-0.4	-	-	-	-
El Salvador	0.1	-0.1	0.0	0.0	-	-	-	-	-	-
Guatemala	-	-	-0.3	-	0.2	-	-	-	-	-
Honduras	-	-	-	-	-	-	-	0.1	-	-
Nicaragua	0.2	0.1	0.3	0.2	0.2	-	-	-	-	-
Panama	2.6	2.3	-0.5	0.3	0.7	1.4	0.3	-0.4	-9.3	-3.9
Îles Vierges, US	-	-	-	-	-	-	-	-	-	-
Amérique du Sud	-2.2	7.3	4.9	1.1	-9.9	10.3	153.0	221.2	179.3	88.2
Argentine	0.1	-1.2	3.0	-2.6	7.3	-0.9	-0.5	0.3	2.5	0.2
Bolivie	-	-	-	0.1	-0.2	-	-0.1	-	-	-
Brésil	-3.4	7.6	3.5	0.6	-3.2	9.5	8.5	-8.0	17.9	-2.0
Colombie	0.4	-0.3	-1.4	2.1	-2.7	-0.3	-0.3	-0.5	-0.4	47.4
Equateur	0.7	0.1	-	-	-0.1	-	-	-	-	-
Paraguay	-	-	-	-	-	-	-	-	-	-
Pérou	1.1	1.2	-1.2	0.2	-0.2	1.9	-0.2	0.1	-0.4	-0.4
Uruguay	1.1	0.6	0.1	1.8	-2.6	-	0.0	0.1	-0.3	-
Venezuela	-0.1	-0.2	0.1	-0.3	0.3	-0.2	-	-	-	-
ASIE	**107.5**	**254.0**	**116.8**	**316.2**	**570.6**	**121.0**	**-92.6**	**-13.8**	**-30.5**	**-31.3**

Tableau 1. Flux d'investissement direct étranger par pays *(suite)*

Millions de dollars des ÉU

	Entrant					Sortant				
	2014	2015	2016	2017	2018	2014	2015	2016	2017	2018
Proche et Moyen Orient	110.0	123.0	59.0	-108.9	81.8	60.6	5.1	34.5	-77.9	60.1
Pays du Golfe	63.8	12.1	-15.2	25.6	41.9	69.4	-5.3	24.9	25.3	54.5
Koweït	49.0	-0.3	1.2	-0.1	-0.8	-	-	-	-	-
Qatar	-1.1	0.7	0.2	-0.2	0.4	-	0.0	0.0	-	-
Arabie saoudite	0.1	2.2	-1.8	-1.4	24.1	-1.0	0.1	0.1	-0.4	-1.2
Emirats Arabes Unis	13.9	9.4	4.7	27.2	18.6	60.8	3.8	23.6	25.1	55.7
Autres pays du Proche et Moyen Orient	46.2	110.9	74.2	-134.5	39.9	-8.7	10.3	9.6	-103.2	5.6
Jordanie	-	0.0	-2.8	2.8	-0.5	0.0	-	-0.1	-	0.1
Autres pays asiatiques	-1.1	131.1	57.8	425.1	488.9	60.4	-97.7	-48.4	47.4	-91.4
Chine	83.9	-2.2	13.8	56.9	87.8	0.7	-15.7	9.8	-7.2	4.3
Hong Kong, Chine	17.7	159.1	-79.6	-25.7	28.6	1.5	-3.3	0.5	7.2	15.9
Inde	15.3	6.4	18.9	20.1	-13.1	31.5	-9.4	4.9	22.4	22.1
Indonesie	1.8	0.4	-2.1	-0.2	0.7	-0.8	6.4	-0.6	-0.4	4.1
République islamique d'Iran	-	0.0	0.4	-0.2	-0.2	-	-	-	4.2	-0.5
Malaisie	-1.6	-14.3	-1.1	0.2	0.4	5.5	-56.9	-0.3	-4.4	2.0
Philippines	0.7	0.6	1.0	-82.3	-29.9	1.3	-1.0	-0.4	0.0	0.4
Singapour	-54.4	-11.0	-12.0	54.1	110.7	-5.4	1.2	-1.3	14.3	-137.6
Taipei Chinois	-1.7	13.7	-0.9	-1.4	20.9	0.2	0.0	-0.2	0.2	0.0
Thaïlande	-1.5	0.1	-3.0	46.3	57.9	1.4	0.3	6.2	-0.1	4.3
Viet Nam	0.5	2.7	12.4	-11.2	-2.4	0.1	6.0	-6.5	36.2	-0.8
AUSTRALIE, OCÉANIE ET RÉGIONS POLAIRES	**-0.9**	**10.3**	**-1.5**	**-8.5**	**-1.1**	**-12.0**	**-10.1**	**4.1**	**1.3**	**-7.2**
TOTAL MONDE non alloué et confidentiel	**-2.7**	**-24.1**	**-**	**-1.7**	**7.5**	**0.1**	**0.0**	**0.0**	**-0.1**	**0.0**
Union européenne (UE28)	**15 513.2**	**15 415.3**	**14 315.4**	**7 347.4**	**12 970.1**	**2 556.4**	**3 476.6**	**7 646.8**	**950.3**	**2 576.2**
Pays du G20 hors Union Européenne	**2 880.4**	**4 692.0**	**5 961.9**	**1 862.7**	**1 671.5**	**1 201.7**	**981.9**	**3 312.2**	**373.4**	**-1 882.9**
Pays OCDE du G20	**2 672.0**	**4 667.9**	**5 917.2**	**1 715.8**	**1 525.7**	**1 268.5**	**938.9**	**3 223.4**	**226.7**	**-1 802.2**
Pays non-OCDE du G20	**208.4**	**24.1**	**44.7**	**146.8**	**145.8**	**-66.8**	**42.9**	**88.8**	**146.7**	**-80.7**
Pays MENA	**62.8**	**-5.1**	**2.6**	**40.4**	**36.9**	**76.5**	**2.7**	**29.0**	**36.1**	**56.3**
Pays ANASE	**-54.4**	**-22.7**	**-2.7**	**6.7**	**135.9**	**2.1**	**-43.3**	**-3.8**	**42.3**	**-127.4**

- Néant

Note : Voir les métadonnées détaillées sur : *http://stats.oecd.org/OECDStat_Metadata/ShowMetadata.ashx?Dataset=FDI_CTRY_IND_SUMM&lang=fr*.

1. Informations sur les données concernant Israël : *http://oe.cd/israel-disclaimer*.
2. Note de la Turquie : Les informations figurant dans ce document et faisant référence à « Chypre » concernent la partie méridionale de l'île. Il n'y a pas d'autorité unique représentant à la fois les Chypriotes turcs et grecs sur l'île. La Turquie reconnaît la République Turque de Chypre Nord (RTCN). Jusqu'à ce qu'une solution durable et équitable soit trouvée dans le cadre des Nations Unies, la Turquie maintiendra sa position sur la « question chypriote ».
3. Note de tous les États de l'Union européenne membres de l'OCDE et del'Union européenne : La République de Chypre est reconnue par tous les membres des Nations Unies sauf la Turquie. Les informations figurant dans ce document concernent la zone sous le contrôle effectif du gouvernement de la République de Chypre.

Source : Statistiques de l'OCDE sur l'investissement direct international (base de données) : https://doi.org/10.1787/idi-data-fr

Tableau 2. Encours des investissements directs étrangers par pays

En fin d'année

Millions de dollars des ÉU

	Entrant					Sortant				
	2014	2015	2016	2017	2018	2014	2015	2016	2017	2018
TOTAL MONDE	**211 496.0**	**185 986.4**	**188 760.6**	**240 382.2**	**228 501.2**	**29 966.0**	**27 935.3**	**28 307.2**	**29 615.0**	**24 594.4**
Pays membres de l'OCDE	**181 660.9**	**181 896.6**	**166 906.9**	**210 833.9**	**200 170.8**	**15 847.9**	**14 439.6**	**19 546.2**	**21 753.3**	**18 131.2**
Australie	180.7	227.5	341.8	424.4	699.3	3.1	-4.8	7.6	5.4	0.2
Autriche	6 460.1	6 044.5	5 591.3	7 722.7	7 530.2	390.1	234.5	237.3	338.5	336.6
Belgique	3 472.1	1 869.7	1 810.1	2 961.0	2 812.2	614.6	694.1	-45.9	-150.7	-72.9
Canada	2 715.7	2 466.5	1 627.5	2 078.3	2 003.9	152.4	753.0	1 960.6	1 862.3	-218.6
Chili	0.9	0.7	1.5	0.9	0.8	5.4	147.7	482.3	522.3	566.2
République Tchèque	777.0	1 012.5	917.0	1 279.1	1 557.2	1 757.8	1 823.4	2 038.3	3 495.6	2 767.4
Danemark	3 180.8	3 426.7	2 994.7	3 564.4	3 488.8	42.6	-5.2	299.0	414.1	40.2
Estonie	11.2	15.2	11.2	18.4	14.6	12.8	9.4	9.8	-12.2	49.7
Finlande	2 165.1	2 036.8	1 924.5	2 208.7	2 029.3	7.6	39.7	97.6	111.9	113.5
France	23 160.0	24 032.8	19 054.9	23 780.8	23 779.3	-173.7	-21.2	707.6	307.9	-86.4
Allemagne	39 031.6	34 696.4	37 405.8	47 930.0	45 938.2	1 392.3	1 217.0	1 305.8	1 639.5	1 611.3
Grèce	23.9	605.5	213.9	236.9	226.5	0.1	0.3	7.6	14.3	15.8
Hongrie	188.0	188.5	149.9	269.6	212.9	404.9	522.8	1 366.7	1 659.4	1 820.7
Islande	36.1	68.7	22.7	39.2	45.4	-0.1	-0.1	-0.4	-0.7	0.1
Irlande	1 885.1	607.6	642.2	757.3	871.6	-10.5	28.0	-178.9	80.7	52.3
Israël[1]	799.8	841.9	792.8	943.2	984.3	145.7	178.3	269.8	152.8	138.3
Italie	12 965.9	10 635.5	7 641.2	4 916.3	4 934.5	63.2	112.4	107.1	138.8	136.8
Japon	3 883.0	3 759.9	4 118.6	6 167.7	5 312.9	-6.6	-12.1	-3.0	-6.5	-1.0
Corée	1 349.8	1 949.1	1 208.6	1 747.0	1 900.5	7.7	3.9	-7.7	-15.7	-17.7
Lettonie	53.7	78.3	60.1	85.9	103.1	97.7	93.7	109.8	144.5	133.5
Lituanie	156.2	133.2	249.8	292.9	500.2	961.0	869.4	1 057.2	1 074.2	1 107.4
Luxembourg	2 279.7	2 651.8	1 824.6	2 338.2	2 350.7	7 438.3	6 820.8	7 656.0	6 259.6	7 490.2
Mexique	2.1	0.4	-5.1	-8.3	14.7	0.9	11.8	16.1	-6.2	6.5
Pays-Bas	7 030.6	18 276.2	16 044.0	23 052.9	20 945.7	2 763.9	2 368.8	2 204.6	2 394.2	2 519.0
Nouvelle-Zélande	5.6	4.9	3.0	4.1	3.9	0.6	0.4	0.4	0.4	-
Norvège	1 307.9	852.1	832.4	1 669.3	1 718.2	1 079.0	513.9	409.8	553.3	593.7
Pologne	8 813.2	7 269.2	9 691.0	10 769.0	9 164.2	-	-	-	-	-
Portugal	3 659.3	2 361.3	2 236.6	2 949.5	2 904.1	39.5	45.6	47.5	60.7	73.5
République slovaquie	301.0	3.1	264.5	658.9	677.0	355.7	335.3	419.5	562.3	651.3
Slovénie	123.9	78.4	66.9	71.4	70.7	6.3	10.7	15.9	18.6	21.0
Espagne	11 113.4	8 556.2	8 476.1	11 721.2	10 647.3	-241.9	-63.8	70.8	-37.9	128.0
Suède	3 755.0	4 938.4	3 647.5	4 625.5	4 926.3	-5 759.4	-5 803.1	-4 684.3	-3 312.8	-4 542.4
Suisse	4 837.1	6 384.0	5 045.7	6 308.3	6 143.4	3 343.3	2 279.1	2 558.7	2 376.4	591.5
Turquie	65.2	74.7	85.0	111.7	105.7	258.1	271.6	273.3	271.4	258.0
Royaume-Uni	12 172.0	12 323.9	11 723.0	13 863.9	11 991.5	1 001.8	1 096.0	892.6	1 101.9	1 100.3
Etats-Unis	23 907.8	23 636.0	20 441.6	25 566.4	23 561.6	752.4	831.5	894.3	809.1	747.2
EUROPE	**150 669.9**	**150 591.4**	**139 486.0**	**176 173.8**	**166 285.9**	**27 752.3**	**24 935.3**	**23 425.6**	**24 822.6**	**22 111.5**
Bulgarie	4.4	6.5	8.1	21.4	24.4	48.2	57.4	92.4	83.6	145.7
Croatie	23.2	30.4	44.8	59.8	61.7	75.9	105.0	148.4	223.0	218.6
Chypre[2, 3]	-	-	-	-	-	9 546.2	9 221.5	3 643.9	1 854.0	1 608.5
Malte	-	336.7	-	-	-	437.7	593.3	815.8	822.6	791.2
Roumanie	-1.6	1.7	-3.0	-8.4	-13.0	594.4	510.1	599.6	803.0	965.8
Russie	1 416.8	1 048.0	841.4	991.1	791.8	793.2	681.3	720.7	913.1	708.7
Ukraine	112.3	-91.2	-49.4	-230.3	-305.8	83.0	18.4	15.1	122.5	222.9
AFRIQUE	**1 621.8**	**211.8**	**1 173.4**	**544.7**	**617.2**	**199.2**	**226.0**	**280.9**	**311.6**	**213.3**
Afrique septentrionale	8.3	6.7	5.9	10.7	8.4	24.8	30.5	57.2	73.5	73.4
Algérie	-	-	-	-	-	0.1	0.1	0.2	0.2	0.1
Egypte	-	-	-	-	-	-26.0	-23.3	2.8	1.6	0.9
Libye	-	-	-	-	-	-1.5	-0.7	-0.7	-0.6	0.5
Maroc	8.3	6.7	5.9	10.7	8.4	51.7	47.8	49.6	66.7	65.7
Tunisie	-	-	-	-	-	0.4	6.6	5.4	5.6	6.2
Autres pays africains	1 613.5	205.1	1 167.5	534.0	608.8	174.5	195.5	223.7	238.1	140.0
Nigéria	-	-	-	-	-	0.6	3.5	4.5	4.9	5.3
Afrique du Sud	1 530.8	133.3	1 167.5	534.0	608.8	2.3	1.5	64.1	117.5	8.3
AMÉRIQUE	**26 640.3**	**26 197.5**	**22 069.1**	**27 639.1**	**25 585.3**	**1 005.5**	**1 847.9**	**3 537.5**	**3 438.3**	**1 389.3**
Amérique du Nord	26 623.6	26 102.5	22 069.1	27 644.7	25 565.4	904.7	1 584.5	2 854.9	2 671.4	528.6
Amérique du Nord	12.7	91.9	-3.7	-6.7	16.3	65.4	80.8	174.6	198.2	207.6
Bahamas	-	-	-	-	-	34.9	73.6	161.3	214.5	212.1
Bermudes	8.8	56.7	-	-	-	-	-	-	-	-
Îles Cayman	-	-	-	-	-	-	-	0.0	-	-
Costa Rica	-	-	-	-	-	-	-	-	-	-
El Salvador	-	-	-	-	-	-	-	-	-	-
Guatemala	-	-	-	-	-	-	-	-	-	-
Honduras	-	-	-	-	-	-	-	-	-	-
Nicaragua	-	-	-	-	-	-	-	-	-	-
Panama	-	8.5	-	-	-	10.6	10.7	10.5	4.2	3.7
Îles Vierges, US	-	-	-	-	-	-	-	-	-	-
Amérique du Sud	4.1	3.1	3.7	1.0	3.6	35.3	182.6	508.0	569.3	653.7
Argentine	-	-	-	-	-	1.2	1.1	0.9	0.7	1.1
Bolivie	-	-	-	-	-	-	-0.1	-	-	-
Brésil	-	-	0.0	0.1	-0.7	26.5	32.3	23.8	45.5	41.7
Colombie	-	-	-	-	-	-0.4	-0.7	-1.1	-1.4	44.0
Equateur	-	-	-	-	-	-	-	-	-	-
Paraguay	-	-	-	-	-	-	-	-	-	-
Pérou	-	-	-	-	-	2.6	2.3	1.8	2.2	0.7
Uruguay	3.2	2.4	2.3	-	3.4	0.1	0.1	0.3	-	0.0
Venezuela	-	-	-	-	-	-	-	-	-	-
ASIE	**7 907.5**	**9 112.8**	**8 323.8**	**11 571.6**	**11 521.9**	**1 004.8**	**930.4**	**1 055.1**	**1 036.7**	**880.2**

Tableau 2. Encours des investissements directs étrangers par pays *(suite)*

En fin d'année

Millions de dollars des ÉU

	Entrant					Sortant				
	2014	2015	2016	2017	2018	2014	2015	2016	2017	2018
Proche et Moyen Orient	1 129.7	1 125.0	1 027.8	1 198.2	1 232.1	283.2	320.7	441.7	356.0	354.7
Pays du Golfe	306.1	259.2	213.3	230.7	223.0	137.0	141.0	169.2	201.6	210.8
Koweït	74.0	49.6	46.5	49.9	42.9	0.0	0.0	0.0	0.0	0.0
Qatar	190.7	167.8	137.5	169.1	158.6	-	-	-	-	-
Arabie saoudite	12.9	40.6	25.1	1.0	17.7	0.8	0.8	0.9	0.5	0.1
Emirats Arabes Unis	28.5	1.2	4.3	10.7	3.9	127.3	141.5	168.6	200.9	210.6
Autres pays du Proche et Moyen Orient	823.6	865.8	814.5	967.5	1 009.1	146.2	179.7	272.5	154.4	143.8
Jordanie	-	-	-	-	-	-	-	-0.1	-0.1	-
Autres pays asiatiques	6 777.8	7 987.8	7 296.0	10 373.4	10 289.8	721.6	609.6	613.4	680.7	525.4
Chine	501.9	927.5	707.2	847.8	941.8	86.8	80.1	87.5	83.9	82.4
Hong Kong, Chine	295.9	517.8	412.2	454.1	275.9	6.4	5.4	8.7	1.3	15.2
Inde	184.0	206.6	251.5	271.8	276.9	256.9	235.1	236.1	250.6	247.1
Indonesie	-	-	-	-	-	19.1	26.3	26.2	22.9	27.1
République islamique d'Iran	-	-	5.9	12.6	6.2	-	-	-	6.0	5.2
Malaisie	17.5	10.7	259.2	246.3	639.1	82.9	27.5	28.2	26.3	26.6
Philippines	23.0	52.8	44.6	51.3	46.4	8.6	7.3	8.2	8.1	8.2
Singapour	171.2	234.8	24.4	235.1	511.0	96.0	97.0	122.7	126.3	-10.6
Taipei Chinois	287.6	295.8	234.4	268.1	281.4	-1.8	0.1	-0.1	0.4	-1.5
Thaïlande	63.9	32.9	26.8	63.8	98.8	11.9	10.6	15.8	17.8	21.9
Viet Nam	-	-	2.5	2.2	-1.2	12.4	16.4	0.1	44.8	18.9
AUSTRALIE, OCÉANIE ET RÉGIONS POLAIRES	**187.4**	**232.4**	**344.8**	**428.5**	**702.9**	**3.7**	**-4.3**	**8.1**	**5.9**	**0.2**
TOTAL MONDE non alloué et confidentiel	**26 443.8**	**593.8**	**18 353.6**	**25 134.1**	**23 788.0**	**0.5**	**0.0**	**-**	**-**	**-**
Union européenne (UE28)	**142 804.9**	**142 217.0**	**132 690.3**	**166 147.5**	**157 749.4**	**21 867.2**	**20 916.0**	**19 041.6**	**20 089.2**	**19 196.4**
Pays du G20 hors Union Européenne	**123 080.4**	**116 158.7**	**106 635.5**	**129 224.2**	**122 878.3**	**4 638.3**	**5 317.7**	**7 314.5**	**7 542.9**	**4 653.0**
Pays OCDE du G20	**119 433.9**	**113 802.8**	**103 643.0**	**126 578.4**	**120 242.0**	**3 451.6**	**4 259.1**	**6 154.3**	**6 108.1**	**3 536.6**
Pays non-OCDE du G20	**3 646.5**	**2 355.9**	**2 992.6**	**2 645.8**	**2 636.3**	**1 186.7**	**1 058.5**	**1 160.2**	**1 434.8**	**1 116.4**
Pays MENA	**338.1**	**289.8**	**235.1**	**257.0**	**246.5**	**161.3**	**171.6**	**226.5**	**275.0**	**284.3**
Pays ANASE	**275.6**	**331.1**	**357.6**	**598.7**	**1 294.1**	**231.0**	**185.8**	**201.2**	**242.6**	**92.2**

- Néant

Note : Les positions d'IDE entrants sont allouées selon le pays investisseur ultime. Voir les métadonnées détaillées sur : *http://stats.oecd.org/OECDStat_Metadata/ShowMetadata.ashx?Dataset=FDI_CTRY_IND_SUMM&lang=fr.*

1. Informations sur les données concernant Israël : *http://oe.cd/israel-disclaimer.*
2. Note de la Turquie : Les informations figurant dans ce document et faisant référence à « Chypre » concernent la partie méridionale de l'île. Il n'y a pas d'autorité unique représentant à la fois les Chypriotes turcs et grecs sur l'île. La Turquie reconnaît la République Turque de Chypre Nord (RTCN). Jusqu'à ce qu'une solution durable et équitable soit trouvée dans le cadre des Nations Unies, la Turquie maintiendra sa position sur la « question chypriote ».
3. Note de tous les États de l'Union européenne membres de l'OCDE et del'Union européenne : La République de Chypre est reconnue par tous les membres des Nations Unies sauf la Turquie. Les informations figurant dans ce document concernent la zone sous le contrôle effectif du gouvernement de la République de Chypre.

Source : Statistiques de l'OCDE sur l'investissement direct international (base de données) : https://doi.org/10.1787/idi-data-fr

Tableau 3. Revenus des investissements directs étrangers par pays

Millions de dollars des ÉU

	Entrant					Sortant				
	2014	2015	2016	2017	2018	2014	2015	2016	2017	2018
TOTAL MONDE	**20 330.2**	**17 905.4**	**20 777.9**	**21 490.7**	**23 952.6**	**1 596.7**	**814.8**	**1 004.5**	**2 286.9**	**2 265.6**
Pays membres de l'OCDE	**19 673.1**	**17 773.7**	**20 062.0**	**20 394.5**	**22 817.6**	**862.6**	**106.6**	**421.2**	**1 495.3**	**1 579.4**
Australie	2.4	1.9	2.0	1.9	-2.1	-1.4	-5.7	-2.0	-1.3	0.0
Autriche	686.7	707.0	503.1	795.3	662.5	20.8	19.5	6.5	-1.7	-1.8
Belgique	488.5	442.9	399.8	371.6	312.7	12.8	12.8	7.3	-2.4	-6.9
Canada	29.6	32.1	29.2	25.3	23.4	1.6	12.0	-1 722.5	552.5	28.7
Chili	0.0	0.0	0.0	-	-	-1.5	-1.5	31.5	39.3	47.5
République Tchèque	-16.6	100.8	116.8	94.8	129.5	84.2	110.3	170.1	234.7	221.2
Danemark	198.9	350.9	271.9	307.1	317.7	1.0	18.5	2.7	-1.1	-6.6
Estonie	3.9	2.4	2.2	-8.3	-10.9	0.9	0.8	1.4	0.0	-0.6
Finlande	184.3	185.6	168.4	221.4	284.6	-2.3	-0.1	11.1	8.8	4.3
France	2 114.2	1 730.5	1 672.3	1 991.5	1 896.9	-8.5	-14.1	6.7	2.9	-25.9
Allemagne	4 192.7	3 635.0	4 030.0	4 479.1	4 651.3	109.8	76.0	230.2	156.2	300.0
Grèce	-16.0	5.5	5.8	2.3	2.2	0.1	-0.1	0.0	-0.5	0.3
Hongrie	42.3	28.1	28.1	79.0	44.0	-26.3	41.4	58.5	93.7	249.7
Islande	1.4	1.8	-0.4	1.3	0.6	-	-	-	-	-
Irlande	205.4	60.5	134.9	129.9	147.2	-2.9	-0.8	-0.2	0.3	3.1
Israël[1]	4.8	0.8	4.0	13.9	9.9	8.4	9.3	9.0	1.1	0.4
Italie	1 069.7	882.7	897.5	731.6	687.2	7.8	-2.8	0.1	-85.5	-21.8
Japon	80.9	30.2	37.3	193.6	63.4	-0.4	-	-	-	-
Corée	139.8	73.9	59.3	89.4	80.5	0.7	0.7	-0.1	-0.2	-1.3
Lettonie	33.7	16.2	27.3	50.3	59.0	-0.1	11.0	9.6	13.0	17.1
Lituanie	15.8	11.5	6.8	17.8	-16.2	-90.5	332.3	286.8	323.1	104.4
Luxembourg	1 742.3	1 958.3	2 812.0	2 351.8	3 355.0	381.8	-61.7	1 727.8	128.7	321.6
Mexique	0.2	0.2	0.1	0.4	0.8	-	-0.6	-2.8	-0.4	3.3
Pays-Bas	4 467.9	4 027.0	4 807.1	4 606.6	6 109.3	-162.7	-6.7	30.3	84.4	60.7
Nouvelle-Zélande	0.2	-0.1	0.0	-0.1	-0.2	-	-	-	-	-
Norvège	89.4	102.0	14.2	135.2	158.4	26.4	71.1	-10.8	213.9	208.6
Pologne	-	-	-	-	-	-	-	-	-	-
Portugal	148.1	138.8	116.0	117.6	139.3	6.6	7.8	6.9	1.1	1.6
République slovaquie	-33.8	24.9	17.2	13.2	27.3	463.8	47.2	58.5	69.0	104.4
Slovénie	10.8	7.8	7.2	7.6	7.1	0.9	2.5	3.0	1.9	1.4
Espagne	778.1	710.9	736.7	821.4	802.2	-36.6	-18.3	19.0	10.8	16.6
Suède	831.9	863.5	661.7	360.1	436.9	-99.6	-116.4	-111.4	-82.8	-140.8
Suisse	546.0	505.5	676.0	704.0	702.7	76.3	42.9	31.5	78.0	35.7
Turquie	6.4	0.5	0.6	-3.4	-2.6	-16.7	2.0	28.4	4.2	1.9
Royaume-Uni	1 061.1	972.4	902.6	1 197.5	1 282.9	-5.5	4.8	-190.5	-4.3	52.7
Etats-Unis	611.5	189.4	920.8	511.8	455.0	23.0	-143.9	11.4	-18.8	-0.1
EUROPE	**19 187.7**	**17 546.8**	**19 706.8**	**20 591.3**	**23 212.1**	**1 560.2**	**924.6**	**2 661.2**	**1 656.8**	**2 101.4**
Bulgarie	-4.3	-0.1	-4.8	-5.4	2.5	1.6	6.2	3.1	15.7	19.9
Croatie	3.5	4.2	3.2	6.5	7.7	1.3	-0.6	3.0	8.6	14.6
Chypre[2, 3]	117.1	95.1	588.0	915.2	971.6	867.4	286.3	133.4	57.7	30.4
Malte	246.9	-15.7	58.6	95.7	42.3	-13.8	44.3	22.4	82.4	224.9
Roumanie	-2.6	-2.1	0.2	1.6	2.2	9.8	-53.2	-30.7	51.6	79.4
Russie	12.6	4.0	24.9	19.4	13.6	21.1	41.0	33.5	57.9	37.0
Ukraine	-26.6	-15.9	-14.1	-13.7	-14.7	-89.3	5.3	80.9	93.0	129.0
AFRIQUE	**210.5**	**-12.7**	**1.2**	**2.2**	**3.5**	**-50.3**	**3.3**	**-5.1**	**8.0**	**6.2**
Afrique septentrionale	1.2	-0.3	0.2	0.8	0.7	3.8	3.8	4.6	4.5	2.8
Algérie	-	-0.1	-0.1	-	-	-	-	-	-	-
Egypte	-	-	-	-	-	3.6	0.2	2.3	0.7	0.0
Libye	-	-	-	-	-	-1.8	0.1	-0.1	0.1	0.4
Maroc	1.2	-0.3	0.2	0.8	0.7	1.6	3.6	3.2	5.4	3.1
Tunisie	-	-	-	-	-	0.4	-0.1	-0.8	-1.7	-0.7
Autres pays africains	209.3	-12.4	1.0	1.4	2.7	-54.1	-0.5	-9.7	3.5	3.5
Nigéria	-	-	-	-	-	0.1	0.1	0.0	0.1	0.2
Afrique du Sud	209.6	-	-	-	0.3	-2.2	-0.2	-2.6	1.8	0.2
AMÉRIQUE	**657.8**	**220.8**	**912.8**	**544.3**	**500.8**	**26.9**	**-128.9**	**-1 681.2**	**570.2**	**85.8**
Amérique du Nord	641.1	221.6	950.1	537.1	478.4	24.7	-131.9	-1 711.1	533.7	28.5
Amérique du Nord	15.6	-0.3	-37.1	7.3	22.6	3.7	3.8	-2.8	-3.0	10.5
Bahamas	-	-	-	1.6	-	2.4	4.4	0.9	7.4	10.6
Bermudes	-1.7	-3.1	-6.5	0.1	17.4	-	-	-	-	-
Îles Cayman	8.8	3.1	-33.5	-3.9	1.2	-	-	-	-0.9	-
Costa Rica	-	-	-	-	-	-	-	-	-	-
El Salvador	-	-	-	-	-	-	-	-	-	-
Guatemala	-	-	-	-	-	-	-	-	-	-
Honduras	-	-	-	-	-	-	-	-	-	-
Nicaragua	0.2	0.1	0.1	0.2	0.2	-	-	-	-	-
Panama	0.4	0.1	0.3	-0.1	-0.1	1.6	0.2	-0.5	-9.7	-3.5
Îles Vierges, US	-	-	-	-	-	-	-	-	-	-
Amérique du Sud	1.1	-0.4	-0.2	-	-0.2	-1.5	-0.9	32.7	39.5	46.7
Argentine	-	-	-	-	-	0.3	-0.4	0.0	0.2	0.1
Bolivie	-	-	-	-	-	-	-	-	-	-
Brésil	0.5	-	-	-	0.0	-0.3	1.2	1.3	0.2	-
Colombie	-	-	-	-	-	0.0	-0.1	-0.2	-0.1	-0.8
Equateur	0.8	-	-	-	-	-	-	-	-	-
Paraguay	-	-	-	-	-	-	-	-	-	-
Pérou	-	-	-	-	-	-	-0.1	-0.1	-0.1	-0.1
Uruguay	-0.2	-0.5	-0.2	-	-0.2	-	0.0	0.1	-0.1	-
Venezuela	-	-	-	-	-	-	-	-	-	-
ASIE	**271.3**	**148.7**	**155.0**	**352.9**	**238.7**	**66.4**	**21.4**	**31.6**	**53.4**	**72.5**

Tableau 3. Revenus des investissements directs étrangers par pays *(suite)*

Millions de dollars des ÉU

	Entrant					Sortant				
	2014	2015	2016	2017	2018	2014	2015	2016	2017	2018
Proche et Moyen Orient	19.1	23.3	16.9	27.9	26.5	32.7	29.7	41.9	25.2	49.0
Pays du Golfe	15.7	25.2	12.7	17.0	17.4	25.3	20.5	33.1	24.1	48.5
Koweït	0.3	1.2	1.0	1.9	0.9	-	-	-	-	-
Qatar	-	-	-	-	-	-	-	-	-	-
Arabie saoudite	-	-	-0.2	-0.3	-0.1	0.1	-	-	-0.1	-0.4
Emirats Arabes Unis	13.3	20.1	11.9	15.4	16.6	22.4	23.4	33.6	24.2	48.9
Autres pays du Proche et Moyen Orient	3.4	-1.9	4.2	10.9	9.1	7.4	9.2	8.8	1.1	0.4
Jordanie	-	-	-	-	-	-	-	-	-	-
Autres pays asiatiques	252.2	125.4	138.1	325.0	212.2	33.7	-8.3	-10.4	28.2	23.5
Chine	6.9	-2.3	5.2	8.2	14.8	-0.4	-4.2	-4.4	-4.4	-5.8
Hong Kong, Chine	8.4	9.8	0.6	17.9	18.7	-1.0	-2.0	-0.6	-5.8	2.9
Inde	13.9	10.2	17.3	17.5	13.0	16.9	14.9	14.1	12.8	25.8
Indonesie	-	-	-	-	-	-0.7	0.6	-2.0	-1.0	0.6
République islamique d'Iran	-	-	0.3	-	-	-	-	-	0.0	0.1
Malaisie	1.0	1.0	0.9	-0.1	-0.4	-0.1	-1.2	-1.0	0.2	-0.7
Philippines	-	-	-0.1	-	0.1	-	-	0.6	0.1	0.0
Singapour	0.6	0.1	5.8	-3.0	19.8	-0.1	8.6	10.5	29.1	9.1
Taipei Chinois	-2.2	0.8	2.2	2.3	-1.6	-	-	0.0	0.0	0.0
Thaïlande	1.7	1.1	-	0.4	3.8	0.5	1.9	2.0	-1.3	0.9
Viet Nam	1.0	0.6	9.5	-1.1	0.2	0.0	-	-	0.2	3.2
AUSTRALIE, OCÉANIE ET RÉGIONS POLAIRES	**2.9**	**1.8**	**2.1**	**-0.5**	**-3.1**	**-6.5**	**-5.7**	**-2.0**	**-1.3**	**0.0**
TOTAL MONDE non alloué et confidentiel	**0.1**	**0.0**	**-**	**0.5**	**0.6**	**0.0**	**0.0**	**0.0**	**-0.2**	**-0.3**
Union européenne (UE28)	**18 570.7**	**16 944.4**	**18 970.6**	**19 752.6**	**22 354.0**	**1 521.8**	**746.7**	**2 465.7**	**1 166.2**	**1 624.0**
Pays du G20 hors Union Européenne	**9 551.9**	**7 560.7**	**8 599.2**	**9 263.2**	**9 178.2**	**145.3**	**-18.7**	**-1 601.1**	**672.7**	**395.0**
Pays OCDE du G20	**9 308.6**	**7 548.8**	**8 551.9**	**9 218.6**	**9 136.6**	**110.6**	**-71.7**	**-1 641.1**	**605.3**	**337.5**
Pays non-OCDE du G20	**243.4**	**11.9**	**47.3**	**44.6**	**41.5**	**34.7**	**52.9**	**40.0**	**67.4**	**57.5**
Pays MENA	**15.6**	**22.1**	**13.1**	**14.9**	**17.6**	**29.1**	**24.3**	**37.7**	**28.6**	**51.3**
Pays ANASE	**4.3**	**2.8**	**15.9**	**-3.8**	**23.5**	**-0.3**	**9.9**	**10.1**	**24.1**	**13.5**

- Néant

Note : Voir les métadonnées détaillées sur : *http://stats.oecd.org/OECDStat_Metadata/ShowMetadata.ashx?Dataset=FDI_CTRY_IND_SUMM&lang=fr.*

1. Informations sur les données concernant Israël : *http://oe.cd/israel-disclaimer.*
2. Note de la Turquie : Les informations figurant dans ce document et faisant référence à « Chypre » concernent la partie méridionale de l'île. Il n'y a pas d'autorité unique représentant à la fois les Chypriotes turcs et grecs sur l'île. La Turquie reconnaît la République Turque de Chypre Nord (RTCN). Jusqu'à ce qu'une solution durable et équitable soit trouvée dans le cadre des Nations Unies, la Turquie maintiendra sa position sur la « question chypriote ».
3. Note de tous les États de l'Union européenne membres de l'OCDE et del'Union européenne : La République de Chypre est reconnue par tous les membres des Nations Unies sauf la Turquie. Les informations figurant dans ce document concernent la zone sous le contrôle effectif du gouvernement de la République de Chypre.

Source : Statistiques de l'OCDE sur l'investissement direct international (base de données) : https://doi.org/10.1787/idi-data-fr

POLOGNE

Tableau 4. Investissement direct étranger : flux par secteur industriel

Millions de dollars des ÉU

	Entrant					Sortant				
	2014	2015	2016	2017	2018	2014	2015	2016	2017	2018
All FDI activities	**14 269.8**	**15 268.0**	**15 706.8**	**9 172.4**	**13 948.2**	**2 898.3**	**4 994.6**	**11 598.3**	**2 169.5**	**-405.9**
Agriculture, sylviculture et pêche	**95.0**	**31.4**	**67.6**	**142.5**	**-22.5**	**-3.1**	**-0.6**	**-13.1**	**-8.4**	**5.9**
Industries extractives	**-563.2**	**-82.2**	**43.1**	**86.8**	**168.3**	**433.1**	**1 245.1**	**3 287.1**	**918.4**	**488.6**
Activités d'extraction	-215.2	-89.8	-3.4	12.6	112.4	-148.0	89.1	466.0	323.7	207.1
Activités de fabrication	**3 675.1**	**3 155.4**	**3 829.9**	**4 679.8**	**5 956.4**	**-926.6**	**-280.4**	**52.1**	**96.1**	**2 349.5**
dont :										
Produits alimentaires, boissons et tabac	32.5	465.0	1 102.8	606.4	591.7	11.6	-97.0	-33.5	54.6	236.5
Textiles, bois, papier, imprimerie	1 131.4	586.3	-221.4	640.1	466.2	69.1	54.5	241.6	-44.5	20.5
Produits pétroliers, chimiques, pharmaceutiques, caoutchouc, plastique, minéraux	611.1	-257.5	-255.6	802.0	1 025.0	-1 295.2	-235.7	-238.2	-262.3	1 659.6
Ouvrages en métaux et machines, sauf matériels électriques	847.7	528.9	1 222.8	947.6	1 408.3	93.2	16.1	283.7	244.7	505.9
Automobiles, remorques, semi-remorques, autres matériels de transport	1 332.6	1 231.4	1 258.7	1 052.2	989.9	143.3	66.2	-274.2	110.9	-131.7
Autres activités de fabrication	-280.2	601.3	722.7	631.5	1 475.2	51.4	-84.4	72.8	-7.2	58.8
Production et distribution d'électricité, de gaz, de vapeur et de climatisation	**575.0**	**-71.5**	**-478.1**	**-1 382.1**	**260.3**	**-1 007.0**	**-401.9**	**1.9**	**524.5**	**-202.1**
Distribution de l'eau ; assainissement, traitement des déchets et dépollution	**5.2**	**14.8**	**5.3**	**26.8**	**14.6**	**5.2**	**1.0**	**4.8**	**11.5**	**17.9**
Construction	**1 239.7**	**338.4**	**889.2**	**953.6**	**992.9**	**-6.5**	**133.3**	**446.5**	**-12.8**	**49.6**
Services	**9 174.4**	**11 629.4**	**12 067.6**	**5 310.5**	**7 262.1**	**2 923.3**	**3 714.8**	**7 691.5**	**836.9**	**-2 657.7**
Commerce de gros et de détail ; réparations automobiles et motocycles	755.0	2 883.7	2 369.8	-1 434.0	3 870.0	43.0	226.3	1 153.5	515.4	105.6
Transport et entreposage	69.2	294.1	-11.1	583.4	716.7	-19.1	197.6	114.3	65.5	29.4
Activités d'hébergement et de restauration	28.4	39.7	2.1	89.1	195.2	5.3	198.2	154.1	103.6	40.6
Information et communication	3 852.6	1 737.8	3 330.6	1 875.1	-1 491.2	30.2	-396.4	1 750.0	1 010.2	73.8
Activités financières et d'assurances	-38.0	1 675.4	1 377.2	2 960.4	858.1	2 207.2	4 784.5	-1 055.5	-455.6	-2 379.8
Activités des sociétés holding	-41.0	1 034.6	854.9	4 159.7	276.4	2 346.4	4 165.7	-225.6	-298.8	-2 170.6
Activités immobilières	1 756.7	1 862.6	1 670.1	1 640.5	754.3	-146.9	445.3	840.2	-150.5	-181.5
Activités professionnelles, scientifiques et techniques	2 134.2	2 874.2	3 118.0	-822.2	1 794.4	1 121.2	-1 635.2	2 816.1	-371.9	-5.1
Activités de services administratifs et d'appui	487.7	171.2	106.8	302.8	337.2	-429.9	-70.9	2 049.8	124.8	-342.9
Administration publique; activités des ménages et des organismes extra-territoriaux	-8.8	-1.8	-	-	-	-	-	-	-4.2	-
Éducation	1.6	-5.0	8.4	2.0	-4.5	7.7	4.9	-17.1	-3.4	0.2
Santé humaine et action sociale	62.4	77.0	51.9	46.9	83.6	-1.2	1.3	-0.4	2.4	17.2
Arts, spectacles et loisirs	86.1	5.9	36.6	40.7	144.4	5.8	1.4	2.9	2.7	-2.9
Autres services	-12.7	14.6	7.0	25.8	4.0	100.0	-42.1	-116.5	-2.1	-12.4
Not allocated and confidential	**68.6**	**252.3**	**-717.7**	**-645.5**	**-684.0**	**1 479.9**	**583.5**	**127.6**	**-196.7**	**-457.7**
Activités immobilières privées	-	-	-	-	-	-	-	-	-	-

- Néant

Note : Voir les métadonnées détaillées sur : *http://stats.oecd.org/OECDStat_Metadata/ShowMetadata.ashx?Dataset=FDI_CTRY_IND_SUMM&lang=fr.*

Source : Statistiques de l'OCDE sur l'investissement direct international (base de données) : https://doi.org/10.1787/idi-data-fr

Tableau 5. Encours des investissement directs étrangers par secteur industriel

En fin d'année

Millions de dollars des ÉU

	Entrant					Sortant				
	2014	2015	2016	2017	2018	2014	2015	2016	2017	2018
All FDI activities	**211 496.0**	**185 986.4**	**188 760.6**	**240 382.2**	**228 501.2**	**29 966.0**	**27 935.3**	**28 307.2**	**29 615.0**	**24 594.4**
Agriculture, sylviculture et pêche	**1 018.3**	**992.3**	**979.8**	**1 220.4**	**1 100.9**	**18.3**	**11.8**	**4.2**	**4.2**	**21.0**
Industries extractives	**757.9**	**569.3**	**512.5**	**592.1**	**748.5**	**1 467.4**	**2 516.1**	**2 903.6**	**2 937.0**	**1 187.9**
Activités d'extraction	355.8	224.1	70.4	95.9	224.8	724.8	624.5	1 012.3	1 306.7	1 243.5
Activités de fabrication	**61 908.5**	**60 201.9**	**59 236.6**	**77 743.9**	**71 669.4**	**3 724.4**	**3 876.0**	**4 213.9**	**5 382.8**	**5 425.6**
dont :										
Produits alimentaires, boissons et tabac	11 435.2	11 079.0	11 805.9	15 861.6	13 422.7	269.3	734.9	689.8	705.9	946.8
Textiles, bois, papier, imprimerie	6 447.0	6 623.1	5 937.7	7 479.9	7 004.0	190.8	247.2	366.3	308.8	267.4
Produits pétroliers, chimiques, pharmaceutiques, caoutchouc, plastique, minéraux	11 760.7	10 946.1	9 490.6	12 591.5	11 099.2	1 377.2	1 346.0	1 312.6	2 089.6	1 748.1
Ouvrages en métaux et machines, sauf matériels électriques	11 757.5	10 651.0	10 902.1	14 251.4	13 913.2	842.1	836.0	1 063.9	1 387.2	1 739.0
Automobiles, remorques, semi-remorques, autres matériels de transport	11 035.7	11 253.6	11 594.5	14 940.1	14 443.9	750.0	556.2	497.0	589.3	480.1
Autres activités de fabrication	9 472.3	9 649.2	9 505.8	12 619.3	11 786.2	294.9	155.6	284.4	302.1	244.1
Production et distribution d'électricité, de gaz, de vapeur et de climatisation	**6 799.3**	**6 631.3**	**5 438.8**	**5 206.9**	**4 878.0**	**-1 454.3**	**-1 496.8**	**-1 329.4**	**-926.1**	**-1 054.2**
Distribution de l'eau ; assainissement, traitement des déchets et dépollution	**477.2**	**414.0**	**418.0**	**528.9**	**482.6**	**0.3**	**2.6**	**20.2**	**36.2**	**39.8**
Construction	**9 431.2**	**9 218.0**	**9 028.9**	**12 178.6**	**11 996.2**	**-83.5**	**-20.3**	**443.8**	**601.3**	**495.7**
Services	**124 196.7**	**107 959.6**	**114 115.0**	**145 042.2**	**134 630.0**	**24 009.0**	**22 809.3**	**21 557.4**	**21 164.4**	**18 120.2**
Commerce de gros et de détail ; réparations automobiles et motocycles	29 697.0	28 551.3	28 387.8	33 784.8	33 352.9	2 158.0	1 597.9	2 786.1	3 513.9	2 941.8
Transport et entreposage	3 225.3	2 619.9	2 184.1	3 097.5	3 404.2	335.8	542.5	620.0	724.0	515.6
Activités d'hébergement et de restauration	719.0	974.7	968.2	1 438.9	1 671.7	-90.1	99.2	197.7	346.6	499.5
Information et communication	12 383.0	10 302.0	12 560.0	15 416.5	12 206.7	-1 698.4	-1 933.8	-25.1	640.5	704.4
Activités financières et d'assurances	47 729.3	33 638.0	34 432.9	49 361.0	42 343.5	13 165.8	14 161.9	9 756.5	9 075.4	7 807.2
Activités des sociétés holding	2 073.3	2 759.2	3 631.0	8 155.9	7 340.1	9 720.5	10 488.8	6 729.7	5 511.8	5 047.9
Activités immobilières	14 301.0	15 376.2	16 680.8	21 103.9	21 919.6	552.4	551.5	787.2	466.7	381.9
Activités professionnelles, scientifiques et techniques	12 306.8	12 711.7	15 524.7	16 479.5	15 332.3	5 086.6	3 480.0	5 856.4	4 755.8	4 369.6
Activités de services administratifs et d'appui	2 658.1	2 558.7	2 347.9	3 004.6	2 935.2	3 890.7	3 802.5	1 221.1	1 260.7	566.2
Administration publique; activités des ménages et des organismes extra-territoriaux	28.2	23.2	-	-	-	0.7	0.6	0.6	0.7	0.7
Éducation	17.4	15.7	13.5	12.2	19.9	32.2	30.0	8.0	-3.7	-4.3
Santé humaine et action sociale	781.4	804.5	764.6	970.4	968.8	3.9	4.2	4.7	-8.3	10.6
Arts, spectacles et loisirs	260.6	265.2	137.9	202.3	325.6	42.0	50.4	37.0	45.2	39.0
Autres services	89.6	118.5	112.6	170.7	149.7	529.4	422.4	307.2	346.7	288.1
Not allocated and confidential	**6 906.9**	**0.0**	**-968.9**	**-2 130.8**	**2 995.4**	**2 284.3**	**236.5**	**493.5**	**415.3**	**358.5**
Activités immobilières privées	-	-	-	-	-	-	-	-	-	-

- Néant

Note : Voir les métadonnées détaillées sur : *http://stats.oecd.org/OECDStat_Metadata/ShowMetadata.ashx?Dataset=FDI_CTRY_IND_SUMM&lang=fr.*

Source : Statistiques de l'OCDE sur l'investissement direct international (base de données) : https://doi.org/10.1787/idi-data-fr

Tableau 6. Revenus des investissements directs étrangers par secteur industriel

Millions de dollars des ÉU

	Entrant					Sortant				
	2014	2015	2016	2017	2018	2014	2015	2016	2017	2018
All FDI activities	**20 330.2**	**17 905.4**	**20 777.9**	**21 490.7**	**23 952.6**	**1 596.7**	**814.8**	**1 004.5**	**2 286.9**	**2 265.6**
Agriculture, sylviculture et pêche	**74.8**	**82.1**	**85.7**	**35.4**	**49.0**	**-0.7**	**0.0**	**0.7**	**0.4**	**1.6**
Industries extractives	**-273.9**	**-130.2**	**-69.1**	**-41.4**	**33.8**	**-138.3**	**68.4**	**-1 659.0**	**784.4**	**284.0**
Activités d'extraction	-266.1	-134.1	-41.2	-41.3	4.2	-136.2	46.5	-20.7	193.0	198.5
Activités de fabrication	**8 313.1**	**7 474.9**	**7 876.9**	**8 380.4**	**9 251.7**	**25.4**	**246.3**	**638.2**	**595.3**	**439.1**
dont :										
Produits alimentaires, boissons et tabac	1 376.8	1 140.6	1 303.0	1 392.7	1 461.0	9.4	8.4	49.1	42.6	31.0
Textiles, bois, papier, imprimerie	904.9	895.5	792.1	873.0	1 054.2	-21.0	6.0	103.4	31.3	88.2
Produits pétroliers, chimiques, pharmaceutiques, caoutchouc, plastique, minéraux	1 506.2	1 100.1	1 300.9	1 432.7	1 777.5	-77.2	167.8	325.8	392.6	117.8
Ouvrages en métaux et machines, sauf matériels électriques	1 688.0	1 558.0	1 733.4	1 640.2	1 842.5	62.6	56.9	105.8	76.3	156.0
Automobiles, remorques, semi-remorques, autres matériels de transport	1 505.6	1 346.2	1 509.4	1 880.7	1 760.8	37.0	7.9	46.9	44.8	37.2
Autres activités de fabrication	1 331.6	1 434.5	1 238.0	1 161.0	1 355.7	14.7	-0.7	7.0	7.7	8.8
Production et distribution d'électricité, de gaz, de vapeur et de climatisation	**534.1**	**256.2**	**-59.4**	**376.2**	**466.8**	**-46.7**	**-45.4**	**-46.3**	**-20.5**	**-25.7**
Distribution de l'eau ; assainissement, traitement des déchets et dépollution	**28.0**	**31.4**	**45.6**	**52.5**	**40.8**	**2.5**	**0.0**	**0.9**	**0.4**	**0.4**
Construction	**249.3**	**384.2**	**742.6**	**481.1**	**745.1**	**27.2**	**30.2**	**3.5**	**-38.3**	**16.1**
Services	**11 404.5**	**9 808.9**	**12 152.5**	**12 205.9**	**13 364.5**	**1 700.9**	**508.9**	**2 059.4**	**960.4**	**1 492.6**
Commerce de gros et de détail ; réparations automobiles et motocycles	3 490.6	2 841.1	3 418.7	4 169.8	4 703.3	126.4	206.6	167.6	386.7	486.7
Transport et entreposage	602.9	510.9	547.7	652.0	809.7	-50.0	5.9	8.5	0.9	51.2
Activités d'hébergement et de restauration	27.7	46.8	87.2	96.8	90.4	-20.3	18.2	31.7	38.0	63.4
Information et communication	1 501.5	1 740.3	1 482.2	2 096.5	1 054.2	36.0	48.5	37.4	43.0	99.0
Activités financières et d'assurances	3 524.2	2 591.6	2 514.3	2 435.6	3 118.2	745.2	188.5	-93.2	55.6	458.9
Activités des sociétés holding	-118.2	101.0	94.4	283.1	272.8	714.2	84.8	-40.4	-48.6	295.3
Activités immobilières	865.6	852.6	1 718.0	962.9	1 683.2	-74.3	-14.0	82.5	52.9	89.7
Activités professionnelles, scientifiques et techniques	1 071.0	1 137.7	1 553.4	1 285.1	1 425.5	843.7	23.9	2.7	147.4	27.7
Activités de services administratifs et d'appui	259.3	40.7	778.0	441.6	383.6	43.4	41.8	1 814.2	191.1	162.2
Administration publique; activités des ménages et des organismes extra-territoriaux	3.8	2.4	-	-	-	-	-	-	-	-
Éducation	6.4	-1.3	5.6	-3.0	-2.3	1.8	2.5	2.4	-0.1	-0.3
Santé humaine et action sociale	21.7	29.6	35.6	52.8	58.6	-1.0	-1.0	-1.1	0.6	1.7
Arts, spectacles et loisirs	9.7	-6.9	-11.7	-4.7	15.4	-3.9	-4.7	2.7	1.5	0.0
Autres services	20.1	23.3	23.6	20.7	24.8	53.9	-7.4	3.9	42.9	52.3
Not allocated and confidential	**0.4**	**-2.1**	**3.1**	**0.6**	**0.8**	**26.6**	**6.3**	**7.1**	**4.9**	**57.4**
Activités immobilières privées	-	-	-	-	-	-	-	-	-	-

- Néant

Note : Voir les métadonnées détaillées sur : *http://stats.oecd.org/OECDStat_Metadata/ShowMetadata.ashx?Dataset=FDI_CTRY_IND_SUMM&lang=fr.*

Source : Statistiques de l'OCDE sur l'investissement direct international (base de données) : https://doi.org/10.1787/idi-data-fr

PORTUGAL

Tableau 1. Flux d'investissement direct étranger par pays

Millions de dollars des ÉU

	Entrant					Sortant				
	2014	2015	2016	2017	2018	2014	2015	2016	2017	2018
TOTAL MONDE	**4 890.5**	**7 628.4**	**5 127.7**	**6 830.1**	**5 977.8**	**-3 721.6**	**5 224.6**	**1 008.5**	**-923.2**	**-66.1**
Pays membres de l'OCDE	..	..	..	..	..	..	..	..	..	..
Australie	4.0	4.4	-6.6	4.5	-3.5	39.8	136.4	102.8	-27.1	7.1
Autriche	62.4	65.4	-35.4	801.5	114.5	-19.9	-5.5	1.1	-19.2	-1.2
Belgique	-891.6	-36.6	33.2	396.8	240.8	10.6	-42.2	44.2	-13.5	-409.5
Canada	14.6	-24.4	10.0	-9.0	-11.8	5.3	3.3	76.3	-5.6	-15.3
Chili	6.6	7.8	-	10.1	2.4	1.3	5.5	-	192.8	1.2
République Tchèque	8.0	1.1	3.3	-	-9.4	4.0	-2.2	-16.6	-21.4	18.9
Danemark	39.8	-8.9	29.9	111.6	250.2	1.3	-5.5	-8.8	6.8	4.7
Estonie	-	-	..	-	-	..	..	..	..	-
Finlande	-2.7	2.2	12.2	-44.0	29.5	-1.3	-35.5	21.0	37.2	-64.9
France	963.2	853.0	107.3	852.2	332.8	-29.2	-238.5	-97.3	109.3	-93.2
Allemagne	205.7	-282.9	526.4	-160.1	51.9	766.9	-139.8	-197.9	-109.3	38.9
Grèce	..	-	..	..	..	..	..	-	..	..
Hongrie	-1.3	-1.1	-1.1	-1.1	-2.4	-359.6	-62.1	-12.2	-22.5	-41.3
Islande	-	-	-	-	..	-	-	-	-	-
Irlande	-394.1	240.7	-279.8	11.3	-220.7	-27.9	2.2	-234.4	-103.7	-171.1
Israël[1]	..	..	..	..	-	..	..	..	..	..
Italie	-1 216.7	244.0	-55.3	197.3	381.2	14.6	321.7	-10.0	37.2	-75.5
Japon	22.6	1.1	-4.4	103.7	16.5	63.7	16.6	-92.9	-192.8	-5.9
Corée	2.7	-2.2	15.5	55.2	2.4	-	-	-	-	-1.2
Lettonie	-	-	2.2	-	-	-	-	-	-	-
Lituanie	-	-	..	-	-	-	-	-	-	-
Luxembourg	2 389.5	7 205.8	2 171.8	2 357.1	139.3	934.1	-64.3	110.6	-676.4	151.1
Mexique	-10.6	-11.1	16.6	7.9	-11.8	-25.2	189.7	-12.2	7.9	23.6
Pays-Bas	-2 920.3	-1 077.1	673.4	-131.9	799.0	-4 273.6	4 033.3	-143.8	-3 447.2	1 213.3
Nouvelle-Zélande	1.3	3.3	1.1	-	-	-	-	-	-	-
Norvège	42.5	-17.7	-14.4	4.5	7.1	-6.6	-	-	3.4	2.4
Pologne	14.6	6.7	14.4	-54.1	28.3	-9.3	-342.8	-19.9	-91.3	53.1
Portugal	-	-	-	-	-	-	-	-	-	-
République slovaquie	..	-	-	..	-	..	..	..	..	..
Slovénie	..	-	-	-	-	-	-	-	-	-
Espagne	-500.2	-950.6	676.8	122.9	1 362.0	-325.1	705.5	535.2	1 455.3	56.7
Suède	116.8	42.2	362.7	550.1	-27.1	6.6	7.8	11.1	36.1	24.8
Suisse	195.0	104.3	269.8	156.7	20.1	42.5	79.9	7.7	33.8	-54.3
Turquie	1.3	16.6	4.4	81.2	-14.2	-1.3	-2.2	3.3	11.3	-2.4
Royaume-Uni	662.1	1 145.9	-73.0	-28.2	199.5	-83.6	402.7	268.7	170.2	103.9
Etats-Unis	-122.1	326.1	69.7	62.0	175.9	-17.2	-159.7	1.1	-483.6	-94.4
EUROPE	**-1 066.7**	**7 840.3**	**4 612.4**	**4 927.3**	**3 832.2**	**-3 464.2**	**4 664.4**	**243.3**	**-2 619.8**	**618.4**
Bulgarie	1.3	-	-	-7.9	9.4	1.3	-	1.1	5.6	-3.5
Croatie	..	..	-	-	-	..	-	-	-	-
Chypre[2, 3]	8.0	-22.2	55.3	-25.9	40.1	-	-	-17.7	4.5	-
Malte	71.6	280.6	-17.7	-250.3	74.4	26.5	61.0	7.7	20.3	-114.5
Roumanie	4.0	-5.5	7.7	-15.8	-4.7	-34.5	1.1	-10.0	-7.9	-
Russie	54.4	1.1	10.0	11.3	23.6	-1.3	-	-	-45.1	-4.7
Ukraine	4.0	5.5	3.3	-1.1	18.9	-4.0	-2.2	-7.7	-1.1	-
AFRIQUE	**999.1**	**391.6**	**-465.6**	**-**	**470.9**	**-265.4**	**439.3**	**-113.9**	**1 263.7**	**-210.1**
Afrique septentrionale	74.3	-15.5	16.6	30.4	-7.1	51.7	28.8	89.6	307.7	-2.4
Algérie	17.2	12.2	8.8	2.3	-	-95.5	-13.3	-56.4	-25.9	-16.5
Egypte	..	..	..	..	..	..	..	..	..	..
Libye	..	-	..	..	..	-	..	-	-	..
Maroc	38.5	-35.5	8.8	1.1	9.4	10.6	-18.9	-7.7	-7.9	1.2
Tunisie	-2.7	21.1	16.6	19.2	-4.7	14.6	4.4	-8.8	7.9	-9.4
Autres pays africains	..	..	..	..	..	..	..	..	..	..
Nigéria	-39.8	247.4	-215.6	1.1	1.2	47.8	57.7	-57.5	67.6	-
Afrique du Sud	8.0	-1.1	11.1	-18.0	34.2	2.7	-44.4	24.3	16.9	-
AMÉRIQUE	**1 724.8**	**-510.3**	**637.0**	**279.6**	**511.0**	**163.2**	**-535.8**	**761.9**	**543.3**	**13.0**
Amérique du Nord	-107.5	301.7	80.7	53.0	164.1	-11.9	-156.4	77.4	-489.2	-109.8
Amérique du Nord	-1 265.8	279.5	325.1	130.8	-5.9	-2 320.6	28.8	232.2	720.3	-245.5
Bahamas	..	..	..	..	..	-	..	..	..	-
Bermudes	-	..	..	..	..	-	..	..	..	..
Îles Cayman	..	..	..	..	..	..	..	..	..	..
Costa Rica	-	-	1.1	-	1.2	-	-1.1	-	-3.4	-
El Salvador	-	-	-	-	-	-	-	-	-	-
Guatemala	-	-	-	-	-	-	-	-	-	-
Honduras	-	-	-	..	-	-	..	-	-	-
Nicaragua	-	-	-	-	-	-	-	-	-	-
Panama	..	..	-	..	-	..	..	-	..	-
Îles Vierges, US	..	..	..	..	..	..	..	..	..	..
Amérique du Sud	3 098.1	-1 092.6	231.1	95.8	352.9	2 497.0	-407.1	451.2	312.3	368.2
Argentine	2.7	-	-1.1	-	1.2	-	-5.5	-1.1	6.8	-2.4
Bolivie	-	-	..	-	-	..	-	..	-	..
Brésil	3 054.3	-890.7	158.1	86.8	335.2	2 527.5	-412.6	274.2	138.7	259.6
Colombie	-	-1.1	14.4	-2.3	-2.4	1.3	4.4	1.1	10.1	1.2
Equateur	-	..	..	-	..	-	-	-	-	-
Paraguay	-	-	-	..	-	-	-	-	..	-
Pérou	-	-	-	..	..	..	-	..	..	..
Uruguay	-1.3	1.1	-	2.3	3.5	8.0	-1.1	6.6	1.1	-14.2
Venezuela	35.8	-208.5	56.4	-	14.2	-66.3	11.1	165.9	-40.6	-29.5
ASIE	**2 859.2**	**1 449.8**	**958.8**	**1 155.5**	**1 105.9**	**272.0**	**105.4**	**-13.3**	**-301.0**	**-26.0**

Tableau 1. Flux d'investissement direct étranger par pays (*suite*)

Millions de dollars des ÉU

	Entrant					Sortant				
	2014	2015	2016	2017	2018	2014	2015	2016	2017	2018
Proche et Moyen Orient	..	..	..	..	..	..	..	..	..	..
Pays du Golfe	..	..	..	..	..	..	..	-	..	..
Koweït	5.3	22.2	-1.1	7.9	3.5	-	-	-	-	22.4
Qatar	..	..	..	..	..	..	..	..	..	..
Arabie saoudite	..	..	..	..	..	..	-	..	..	..
Emirats Arabes Unis	9.3	51.0	77.4	94.7	66.1	-1.3	-2.2	-4.4	-9.0	-3.5
Autres pays du Proche et Moyen Orient	..	..	..	..	..	..	..	..	..	..
Jordanie	..	..	..	..	..	-	-	..	..	..
Autres pays asiatiques	..	..	..	..	..	..	..	..	..	..
Chine	948.7	529.1	562.9	432.9	421.3	-35.8	5.5	10.0	-6.8	-47.2
Hong Kong, Chine	1 902.6	736.6	-47.6	210.8	249.0	..	..	-	..	..
Inde	5.3	-26.6	1.1	39.5	23.6	1.3	-1.1	-11.1	12.4	8.3
Indonesie	..	..	..	..	..	..	..	..	..	..
République islamique d'Iran	-	..	..	..	..	-	-	-	-	-
Malaisie	..	..	..	..	..	-	..	-	..	..
Philippines	-	..	-	..	..	-	-	-	-	-
Singapour	..	..	..	..	..	-	-	..	..	-
Taipei Chinois	-	-	..	-	..	-	-	-	-	-
Thaïlande	..	..	..	..	..	-	-	..	..	..
Viet Nam	..	..	..	..	..	-	-	-	..	..
AUSTRALIE, OCÉANIE ET RÉGIONS POLAIRES	**5.3**	**7.8**	**-7.7**	**5.6**	**-2.4**	**39.8**	**136.4**	**102.8**	**-27.1**	**7.1**
TOTAL MONDE non alloué et confidentiel	..	..	..	..	..	..	..	..	..	..
Union européenne (UE28)	..	..	..	..	..	..	..	..	..	..
Pays du G20 hors Union Européenne	..	..	..	..	..	..	..	..	..	..
Pays OCDE du G20	..	..	..	..	..	..	..	..	..	..
Pays non-OCDE du G20	..	..	..	..	..	..	..	..	..	..
Pays MENA	..	..	..	..	..	..	..	..	..	..
Pays ANASE	..	..	..	..	..	..	..	..	..	..

- Néant ; .. Non disponible

Note : Les données excluent les entités à vocation spéciales. Voir les métadonnées détaillées sur : *http://stats.oecd.org/OECDStat_Metadata/ShowMetadata.ashx?Dataset=FDI_CTRY_IND_SUMM&lang=fr*.

1. Informations sur les données concernant Israël : *http://oe.cd/israel-disclaimer*.
2. Note de la Turquie : Les informations figurant dans ce document et faisant référence à « Chypre » concernent la partie méridionale de l'île. Il n'y a pas d'autorité unique représentant à la fois les Chypriotes turcs et grecs sur l'île. La Turquie reconnaît la République Turque de Chypre Nord (RTCN). Jusqu'à ce qu'une solution durable et équitable soit trouvée dans le cadre des Nations Unies, la Turquie maintiendra sa position sur la « question chypriote ».
3. Note de tous les États de l'Union européenne membres de l'OCDE et del'Union européenne : La République de Chypre est reconnue par tous les membres des Nations Unies sauf la Turquie. Les informations figurant dans ce document concernent la zone sous le contrôle effectif du gouvernement de la République de Chypre.

Source : Statistiques de l'OCDE sur l'investissement direct international (base de données) : https://doi.org/10.1787/idi-data-fr

PORTUGAL

Tableau 2. Encours des investissements directs étrangers par pays

En fin d'année

Millions de dollars des ÉU

	Entrant					Sortant				
	2014	2015	2016	2017	2018	2014	2015	2016	2017	2018
TOTAL MONDE	**140 065.9**	**136 652.2**	**135 156.5**	**164 862.1**	**155 906.8**	**64 754.0**	**65 306.5**	**64 076.1**	**69 935.2**	**62 012.8**
Pays membres de l'OCDE	..	..	..	..	..	..	..	..	..	..
Australie	14.6	17.4	7.4	16.8	13.7	117.8	210.1	285.7	266.3	257.6
Autriche	1 153.4	638.0	542.8	2 486.2	2 460.5	178.5	149.2	154.9	152.3	145.4
Belgique	3 491.8	3 089.8	3 175.9	4 092.1	4 185.9	279.2	240.6	569.2	400.6	9.2
Canada	809.8	693.5	682.0	759.2	712.2	82.6	79.5	151.8	40.8	24.0
Chili	-2.4	5.4	6.3	22.8	24.0	35.2	29.4	30.6	220.7	207.2
République Tchèque	9.7	9.8	11.6	12.0	3.4	49.8	28.3	27.4	57.6	72.1
Danemark	590.1	526.9	538.6	726.8	935.4	217.3	170.9	153.9	188.3	186.6
Estonie	..	..	..	..	..	..	..	..	..	..
Finlande	86.2	80.6	89.6	52.8	77.9	20.6	-17.4	-4.2	36.0	-21.8
France	6 817.2	6 540.0	6 856.8	8 933.8	8 594.0	993.1	971.1	1 267.0	1 498.0	1 267.5
Allemagne	5 900.5	4 872.1	4 943.6	5 664.4	5 522.1	977.4	754.5	1 232.2	1 326.5	1 360.2
Grèce	..	..	..	..	..	..	..	..	..	..
Hongrie	34.0	29.4	27.4	30.0	26.3	281.7	170.9	140.2	136.7	89.3
Islande	..	..	..	..	..	-	-	-	-	-
Irlande	2 183.0	2 263.5	1 924.7	2 166.0	1 853.7	1 516.4	1 430.6	1 186.9	1 260.5	1 039.6
Israël[1]	..	..	..	..	..	..	..	..	..	..
Italie	911.8	1 037.6	849.6	1 163.3	1 482.7	344.8	627.1	575.5	692.0	574.8
Japon	389.7	345.1	326.8	486.9	480.9	145.7	150.2	170.8	130.7	128.2
Corée	128.7	114.3	122.3	188.3	182.0	-	-	-1.1	-	-1.1
Lettonie	7.3	6.5	6.3	7.2	6.9	1.2	1.1	1.1	-	-
Lituanie	..	..	..	..	-	-	-	-	-	-
Luxembourg	15 822.2	21 026.7	21 182.7	27 124.0	25 738.5	1 561.3	2 452.9	3 230.7	3 129.0	2 899.0
Mexique	-	-12.0	-2.1	7.2	-4.6	46.1	76.2	37.9	60.0	83.6
Pays-Bas	32 738.2	31 325.0	31 755.0	36 945.3	32 714.7	13 318.7	17 856.3	17 631.5	15 868.3	13 707.4
Nouvelle-Zélande	3.6	6.5	7.4	15.6	13.7	-	-	-	-	-
Norvège	193.0	159.0	136.0	190.7	188.9	7.3	10.9	11.6	16.8	17.2
Pologne	43.7	40.3	52.7	-7.2	21.8	2 565.4	1 465.4	1 263.8	2 000.5	1 907.5
Portugal	-	-	-	-	-	-	-	-	-	-
République slovaquie	..	..	..	..	..	..	..	..	..	..
Slovénie	..	..	..	..	..	-	-	-	-	-
Espagne	23 988.2	20 985.3	22 209.3	26 151.4	27 806.3	10 559.0	11 449.1	10 625.1	13 681.9	13 079.9
Suède	669.0	651.1	964.5	1 773.8	1 668.2	231.9	224.3	205.5	231.5	235.9
Suisse	2 352.9	2 211.2	2 409.6	2 910.8	2 774.2	162.7	194.9	138.1	112.7	59.5
Turquie	27.9	42.5	46.4	137.9	119.1	68.0	62.1	63.2	63.6	53.8
Royaume-Uni	9 402.0	10 467.1	9 986.3	11 208.9	10 730.5	2 445.2	2 742.5	2 645.7	2 925.2	2 911.6
Etats-Unis	1 478.8	1 715.8	1 695.0	1 799.0	1 885.7	1 501.8	1 511.2	1 573.7	1 053.0	1 425.5
EUROPE	**109 215.6**	**108 867.7**	**110 706.2**	**135 050.4**	**130 140.8**	**36 682.8**	**41 800.8**	**41 879.4**	**44 649.8**	**40 382.4**
Bulgarie	4.9	4.4	5.3	-2.4	6.9	30.4	27.2	26.4	36.0	30.9
Croatie	..	..	..	..	..	..	-	-	-	..
Chypre[2, 3]	653.2	569.4	605.0	675.2	669.8	23.1	20.7	5.3	8.4	9.2
Malte	956.7	1 231.4	1 265.9	1 304.9	1 291.5	418.9	369.1	350.0	407.8	368.7
Roumanie	-	-6.5	1.1	-14.4	-18.3	240.4	215.6	194.0	208.7	201.5
Russie	176.0	159.0	163.4	196.7	211.8	29.1	26.1	31.6	37.2	24.0
Ukraine	12.1	16.3	19.0	20.4	36.6	4.9	8.7	3.2	3.6	3.4
AFRIQUE	**3 059.5**	**3 063.7**	**1 964.8**	**2 957.5**	**3 122.3**	**10 391.5**	**8 974.4**	**7 459.7**	**9 829.7**	**7 944.8**
Afrique septentrionale	127.5	95.8	109.6	157.1	144.3	1 112.1	1 174.7	1 223.8	1 644.3	1 573.2
Algérie	9.7	19.6	27.4	34.8	33.2	286.5	278.7	249.8	261.5	241.6
Egypte	..	..	..	..	..	..	..	..	..	..
Libye	..	..	..	..	..	..	..	..	..	..
Maroc	32.8	-7.6	3.2	1.2	9.2	166.3	194.9	186.6	200.3	193.5
Tunisie	83.8	95.8	108.6	146.3	135.1	36.4	86.0	69.6	82.8	66.4
Autres pays africains	..	..	..	..	..	..	..	..	..	..
Nigéria	-32.8	221.0	5.3	7.2	6.9	-43.7	3.3	-32.7	21.6	20.6
Afrique du Sud	150.5	135.0	141.2	146.3	172.9	234.3	197.1	249.8	284.2	251.9
AMÉRIQUE	**7 253.0**	**6 294.0**	**5 088.0**	**5 947.5**	**6 158.7**	**8 000.9**	**6 173.1**	**6 660.7**	**6 652.7**	**6 407.1**
Amérique du Nord	2 288.6	2 410.5	2 376.9	2 558.2	2 597.9	1 583.2	1 590.6	1 724.5	1 093.8	1 449.5
Amérique du Nord	675.0	897.1	-109.6	75.6	61.8	1 050.2	975.5	1 007.7	1 207.7	916.0
Bahamas	..	..	..	..	..	..	..	..	..	..
Bermudes	..	..	..	..	..	..	..	..	..	..
Îles Cayman	..	..	..	..	..	..	..	..	..	..
Costa Rica	3.6	3.3	2.1	2.4	3.4	8.5	6.5	6.3	6.0	5.7
El Salvador	-	-	-	-	-	-	-	-	-	-
Guatemala	-	-	-	-	-	..	..	..	..	..
Honduras	-	-	-	..	..	..	..	..	-	..
Nicaragua	-	-	-	-	-	..	-	-	-	-
Panama	..	..	..	..	..	..	..	..	..	..
Îles Vierges, US	..	..	..	..	..	-	-	-	-	-
Amérique du Sud	4 289.4	2 986.4	2 819.6	3 313.7	3 499.0	5 367.5	3 607.0	3 928.5	4 351.2	4 042.8
Argentine	-	-	-1.1	-1.2	-1.1	23.1	18.5	20.0	31.2	25.2
Bolivie	-	-	..	..	..	..	..	..	..	..
Brésil	4 045.4	2 945.0	2 761.7	3 229.8	3 398.2	4 932.9	3 328.3	3 475.3	3 672.3	3 533.3
Colombie	-1.2	-2.2	11.6	9.6	6.9	13.4	9.8	13.7	24.0	24.0
Equateur	-	..	-	-	..	..	..	..	-	-
Paraguay	-	-	..	-	..	..	..	..	..	..
Pérou	-	-	..	..	..	..	..	..	..	..
Uruguay	2.4	3.3	3.2	6.0	9.2	18.2	18.5	25.3	28.8	14.9
Venezuela	244.0	34.8	33.7	37.2	51.5	269.5	137.2	294.1	280.6	1.1
ASIE	**4 138.9**	**5 218.3**	**5 831.1**	**7 921.6**	**8 457.8**	**1 708.2**	**1 716.9**	**1 835.1**	**1 874.6**	**1 831.9**

Tableau 2. Encours des investissements directs étrangers par pays *(suite)*

En fin d'année

Millions de dollars des ÉU

	Entrant					Sortant				
	2014	2015	2016	2017	2018	2014	2015	2016	2017	2018
Proche et Moyen Orient	..	..	..	..	..	..	..	..	..	..
Pays du Golfe	..	..	..	..	..	..	..	..	..	..
Koweït	48.6	69.7	64.3	66.0	66.4	-	-	-	-	22.9
Qatar	..	..	..	..	..	..	..	..	..	..
Arabie saoudite	..	..	..	..	..	..	..	..	..	..
Emirats Arabes Unis	65.6	303.8	367.9	527.7	567.9	26.7	20.7	15.8	9.6	6.9
Autres pays du Proche et Moyen Orient	..	..	..	..	..	..	..	..	..	..
Jordanie	..	..	..	..	..	-	-	..	..	..
Autres pays asiatiques	..	..	..	..	..	..	..	..	..	..
Chine	1 057.5	1 356.6	1 849.9	2 570.2	2 861.2	55.8	53.3	55.9	58.8	17.2
Hong Kong, Chine	1 981.4	2 496.5	2 225.2	2 763.3	2 707.8	..	..	..	..	..
Inde	3.6	-21.8	-20.0	22.8	44.7	91.1	87.1	68.5	69.6	74.4
Indonesie	..	..	..	..	..	..	..	..	..	..
République islamique d'Iran	-	..	..	..	..	..	..	..	..	..
Malaisie	..	..	..	..	..	..	..	..	..	..
Philippines	-	..	..	..	..	-	-	-	-	-
Singapour	..	..	..	..	..	..	..	..	..	..
Taipei Chinois	-	-	..	-	..	..	..	..	..	..
Thaïlande	..	..	..	..	..	..	..	..	..	..
Viet Nam	..	..	..	..	..	-	-	-	..	..
AUSTRALIE, OCÉANIE ET RÉGIONS POLAIRES	**41.3**	**43.5**	**32.7**	**51.6**	**46.9**	**117.8**	**210.1**	**285.7**	**267.5**	**259.9**
TOTAL MONDE non alloué et confidentiel	..	..	..	..	..	..	..	..	..	..
Union européenne (UE28)	..	..	..	..	..	..	..	..	..	..
Pays du G20 hors Union Européenne	..	..	..	..	..	..	..	..	..	..
Pays OCDE du G20	..	..	..	..	..	..	..	..	..	..
Pays non-OCDE du G20	..	..	..	..	..	..	..	..	..	..
Pays MENA	..	..	..	..	..	..	..	..	..	..
Pays ANASE	..	..	..	..	..	..	..	..	..	..

- Néant ; .. Non disponible

Note : Les données excluent les entités à vocation spéciales. Voir les métadonnées détaillées sur : *http://stats.oecd.org/OECDStat_Metadata/ShowMetadata.ashx?Dataset=FDI_CTRY_IND_SUMM&lang=fr.*

1. Informations sur les données concernant Israël : *http://oe.cd/israel-disclaimer.*
2. Note de la Turquie : Les informations figurant dans ce document et faisant référence à « Chypre » concernent la partie méridionale de l'île. Il n'y a pas d'autorité unique représentant à la fois les Chypriotes turcs et grecs sur l'île. La Turquie reconnaît la République Turque de Chypre Nord (RTCN). Jusqu'à ce qu'une solution durable et équitable soit trouvée dans le cadre des Nations Unies, la Turquie maintiendra sa position sur la « question chypriote ».
3. Note de tous les États de l'Union européenne membres de l'OCDE et del'Union européenne : La République de Chypre est reconnue par tous les membres des Nations Unies sauf la Turquie. Les informations figurant dans ce document concernent la zone sous le contrôle effectif du gouvernement de la République de Chypre.

Source : Statistiques de l'OCDE sur l'investissement direct international (base de données) : https://doi.org/10.1787/idi-data-fr

PORTUGAL

Tableau 3. Revenus des investissements directs étrangers par pays

Millions de dollars des ÉU

	Entrant					Sortant				
	2014	2015	2016	2017	2018	2014	2015	2016	2017	2018
TOTAL MONDE	**4 622.5**	**5 343.3**	**5 732.6**	**6 342.0**	**6 791.0**	**2 085.7**	**2 118.7**	**2 715.9**	**3 883.4**	**3 030.8**
Pays membres de l'OCDE	..	..	..	..	..	..	..	..	..	..
Australie	-	-	-	..	..	..	..	..	..	..
Autriche	..	..	..	..	..	..	..	..	..	..
Belgique	..	..	..	..	..	..	..	..	..	..
Canada	-	..	..	..	..	..	..	..	..	-
Chili	-	-	-	..	-	-	..	..	..	..
République Tchèque	-	-	-	-	-	-	-	..	..	..
Danemark	..	..	..	..	..	..	..	..	..	-
Estonie	-	..	-	..	-	-	..	..	-	-
Finlande	..	-	..	..	..	-	-	-	-	-
France	..	..	..	..	..	..	..	..	..	..
Allemagne	..	..	..	..	..	..	..	..	..	..
Grèce	-	-	-	-	-	-	-	-	-	-
Hongrie	-	-	..	..	-	..	..	..	..	..
Islande	-	-	-	-	-	-	-	-	-	-
Irlande	..	..	..	..	..	..	..	..	..	..
Israël[1]	-	-	-	..	-	-	-	-	-	-
Italie	..	..	..	..	..	..	..	..	..	..
Japon	..	..	..	..	..	-	..	..	..	..
Corée	-	..	..	..	-	-	-	-	-	-
Lettonie	-	-	-	-	-	-	-	-	-	-
Lituanie	-	-	-	-	-	-	-	-	-	-
Luxembourg	..	..	..	..	..	..	..	..	..	..
Mexique	-	-	-	-	-	..	..	..	..	..
Pays-Bas	..	..	..	..	..	..	..	..	..	..
Nouvelle-Zélande	-	-	-	-	-	-	-	-	-	-
Norvège	-	..	..	..	..	-	..	-	..	..
Pologne	-	..	..	..	..	..	..	..	..	..
Portugal	-	-	-	-	-	-	-	-	-	-
République slovaquie	-	-	-	-	..	-	-	-	-	-
Slovénie	-	-	-	-	-	-	-	-	-	-
Espagne	..	..	..	..	..	..	..	..	..	..
Suède	..	..	..	..	..	..	..	..	..	..
Suisse	..	..	..	..	..	..	..	..	..	..
Turquie	-	..	..	..	-	..	..	..	..	..
Royaume-Uni	..	..	..	..	..	..	..	..	..	..
Etats-Unis	..	..	..	..	..	..	..	..	..	..
EUROPE	..	..	..	..	..	..	..	..	..	..
Bulgarie	-	..	..	-	..	-	-	-	..	-
Croatie	-	-	-	-	-	-	-	-	-	-
Chypre[2, 3]	..	..	..	..	..	..	..	..	..	-
Malte	..	..	..	..	..	..	..	..	..	..
Roumanie	-	-	-	-	-	-	..	..	..	..
Russie	-	-	-	-	-	-	-	-	..	..
Ukraine	-	-	-	-	-	-	..	-	-	-
AFRIQUE	..	..	..	..	..	..	..	..	..	..
Afrique septentrionale	-	..	..	..	-	..	..	..	..	..
Algérie	-	-	-	..	-	..	..	..	..	-
Egypte	-	-	-	-	-	..	..	..	..	..
Libye	-	-	-	-	-	-	-	-	-	-
Maroc	-	..	-	..	-	..	..	..	..	..
Tunisie	-	..	..	..	-	..	..	..	..	..
Autres pays africains	..	..	..	..	..	..	..	..	..	..
Nigéria	-	..	-	-	-	-	-	..	..	-
Afrique du Sud	-	..	..	..	-	-	-	-	..	..
AMÉRIQUE	..	..	..	..	..	..	..	..	..	..
Amérique du Nord	..	..	..	..	..	..	..	..	..	..
Amérique du Nord	..	..	..	..	..	..	..	..	..	..
Bahamas	..	..	..	..	..	-	..	-	..	-
Bermudes	-	-	-	-	-	-	-	-	-	-
Îles Cayman	-	..	..	-	-	..	..	..	..	..
Costa Rica	-	..	-	-	-	-	..	-	..	-
El Salvador	-	-	-	-	-	-	-	-	-	-
Guatemala	-	-	-	-	-	-	..	-	-	-
Honduras	-	-	-	-	-	-	-	-	-	-
Nicaragua	-	-	-	-	-	-	-	-	-	-
Panama	-	..	..	..	-	-	..	..	..	..
Îles Vierges, US	-	-	-	-	-	-	-	-	-	-
Amérique du Sud	..	..	..	..	..	..	..	..	..	..
Argentine	-	-	-	-	-	-	..	..	..	-
Bolivie	-	-	-	-	-	-	-	-	..	-
Brésil	..	..	..	..	..	..	..	..	..	..
Colombie	-	-	-	-	-	-	-	..	..	-
Equateur	-	-	-	-	-	-	-	-	-	-
Paraguay	-	-	-	-	-	-	-	-	-	-
Pérou	-	-	-	-	-	-	-	..	..	..
Uruguay	-	-	..	-	-	..	..	..	..	-
Venezuela	-	-	-	-	-	..	..	..	..	-
ASIE	..	..	..	..	..	..	..	..	..	..

PORTUGAL

Tableau 3. Revenus des investissements directs étrangers par pays *(suite)*

Millions de dollars des ÉU

	Entrant					Sortant				
	2014	2015	2016	2017	2018	2014	2015	2016	2017	2018
Proche et Moyen Orient	-	..	..	..	..	..	..	..	..	..
Pays du Golfe	-	..	..	..	..	-	..	..	..	..
Koweït	-	..	..	..	-	-	-	-	-	-
Qatar	-	-	-	..	-	-	..	..	..	..
Arabie saoudite	-	..	..	-	-	-	..	..	..	-
Emirats Arabes Unis	-	-	..	..	..	-	..	..	-	-
Autres pays du Proche et Moyen Orient	-	-	..	..	-	..	..	..	..	..
Jordanie	-	-	-	-	-	-	-	-	-	-
Autres pays asiatiques	..	..	..	..	..	..	..	..	..	..
Chine	-	..	..	..	..	..	..	..	..	..
Hong Kong, Chine	-	..	..	..	..	-	..	..	..	..
Inde	-	..	-	-	-	-	..	..	..	..
Indonesie	-	-	-	-	-	..	..	..	-	..
République islamique d'Iran	-	-	-	-	-	-	-	-	-	-
Malaisie	-	-	-	-	-	-	..	-	-	-
Philippines	-	-	-	-	-	-	-	-	-	-
Singapour	-	..	..	..	..	-	..	-	-	-
Taipei Chinois	-	-	-	-	-	-	-	-	-	-
Thaïlande	-	-	-	-	-	-	-	..	-	-
Viet Nam	-	-	-	-	-	-	-	-	-	-
AUSTRALIE, OCÉANIE ET RÉGIONS POLAIRES	-	-	..	..	-	..	..	..	..	..
TOTAL MONDE non alloué et confidentiel	..	..	..	..	..	..	..	..	..	..
Union européenne (UE28)	..	..	..	..	..	..	..	..	..	..
Pays du G20 hors Union Européenne	..	..	..	..	..	..	..	..	..	..
Pays OCDE du G20	..	..	..	..	..	..	..	..	..	..
Pays non-OCDE du G20	..	..	..	..	..	..	..	..	..	..
Pays MENA	-	..	..	..	..	..	..	..	..	..
Pays ANASE	-	..	..	..	..	..	..	..	-	..

- Néant ; .. Non disponible

Note : Les données excluent les entités à vocation spéciales. Voir les métadonnées détaillées sur : *http://stats.oecd.org/OECDStat_Metadata/ShowMetadata.ashx?Dataset=FDI_CTRY_IND_SUMM&lang=fr*.

1. Informations sur les données concernant Israël : *http://oe.cd/israel-disclaimer*.
2. Note de la Turquie : Les informations figurant dans ce document et faisant référence à « Chypre » concernent la partie méridionale de l'île. Il n'y a pas d'autorité unique représentant à la fois les Chypriotes turcs et grecs sur l'île. La Turquie reconnaît la République Turque de Chypre Nord (RTCN). Jusqu'à ce qu'une solution durable et équitable soit trouvée dans le cadre des Nations Unies, la Turquie maintiendra sa position sur la « question chypriote ».
3. Note de tous les États de l'Union européenne membres de l'OCDE et del'Union européenne : La République de Chypre est reconnue par tous les membres des Nations Unies sauf la Turquie. Les informations figurant dans ce document concernent la zone sous le contrôle effectif du gouvernement de la République de Chypre.

Source : Statistiques de l'OCDE sur l'investissement direct international (base de données) : https://doi.org/10.1787/idi-data-fr

PORTUGAL

Tableau 4. Investissement direct étranger : flux par secteur industriel

Millions de dollars des ÉU

	Entrant					Sortant				
	2014	2015	2016	2017	2018	2014	2015	2016	2017	2018
All FDI activities	**4 890.5**	**7 628.4**	**5 127.7**	**6 830.1**	**5 977.8**	**-3 721.6**	**5 224.6**	**1 008.5**	**-923.2**	**-66.1**
Agriculture, sylviculture et pêche	..	..	..	..	..	..	..	..	..	..
Industries extractives	..	..	..	..	..	..	..	..	..	..
Activités d'extraction	-	-	-	-	-	-	-	-	-	-
Activités de fabrication	**-240.1**	**327.2**	**251.0**	**-28.2**	**231.3**	**-1 149.0**	**-890.7**	**-140.4**	**227.7**	**-393.0**
dont :										
Produits alimentaires, boissons et tabac	..	..	..	..	..	..	..	..	..	..
Textiles, bois, papier, imprimerie	..	..	..	..	..	..	..	..	..	..
Produits pétroliers, chimiques, pharmaceutiques, caoutchouc, plastique, minéraux	..	..	..	..	..	..	..	..	..	..
Ouvrages en métaux et machines, sauf matériels électriques	..	..	..	..	..	..	..	..	..	..
Automobiles, remorques, semi-remorques, autres matériels de transport	..	..	..	..	..	..	..	..	..	..
Autres activités de fabrication	..	..	..	..	..	..	..	..	..	..
Production et distribution d'électricité, de gaz, de vapeur et de climatisation	..	..	..	..	..	..	..	..	..	..
Distribution de l'eau ; assainissement, traitement des déchets et dépollution	..	..	..	..	..	..	..	..	..	..
Construction	**-212.3**	**-291.7**	**-389.3**	**251.4**	**480.3**	**-536.0**	**236.3**	**-575.0**	**162.3**	**-341.1**
Services	**3 161.7**	**5 773.7**	**2 722.5**	**4 975.8**	**2 793.6**	**-1 756.7**	**6 237.4**	**416.9**	**766.5**	**-370.6**
Commerce de gros et de détail ; réparations automobiles et motocycles	582.5	-1 287.9	190.2	1 043.9	126.3	183.1	484.7	533.0	-171.3	-335.2
Transport et entreposage	..	..	..	..	..	..	..	..	..	..
Activités d'hébergement et de restauration	..	..	..	..	..	..	..	..	..	..
Information et communication	-2 924.2	5 693.8	10.0	-69.9	-335.2	286.6	28.8	8.8	-42.8	110.9
Activités financières et d'assurances	6 124.5	652.2	1 528.3	1 497.0	1 038.6	-11 389.1	3 777.0	-112.8	-542.2	-623.2
Activités des sociétés holding	..	..	..	..	..	..	..	..	..	..
Activités immobilières	628.9	934.0	675.7	925.5	487.4	132.7	1 124.8	809.5	108.2	31.9
Activités professionnelles, scientifiques et techniques	-1 594.8	-583.5	94.0	680.9	1 253.4	9 153.5	840.8	-1 032.8	1 180.3	935.9
Activités de services administratifs et d'appui	..	..	..	..	..	..	..	..	..	..
Administration publique; activités des ménages et des organismes extra-territoriaux	-	-	-	-	-	..	-	-	-	-
Éducation	-	-	-	..	..	-	..	..	..	-
Santé humaine et action sociale	-	..	..	..	..	..	..	..	..	..
Arts, spectacles et loisirs	-	..	..	..	..	-	..	-	..	..
Autres services	-	..	..	..	..	..	..	..	..	..
Not allocated and confidential	..	..	..	..	..	..	..	..	..	..
Activités immobilières privées	-	-	-	-	-	-	-	-	-	-

- Néant ; .. Non disponible

Note : Les données excluent les entités à vocation spéciales. Voir les métadonnées détaillées sur : *http://stats.oecd.org/OECDStat_Metadata/ShowMetadata.ashx?Dataset=FDI_CTRY_IND_SUMM&lang=fr.*

Source : Statistiques de l'OCDE sur l'investissement direct international (base de données) : https://doi.org/10.1787/idi-data-fr

Tableau 5. Encours des investissement directs étrangers par secteur industriel

En fin d'année

Millions de dollars des ÉU

	Entrant					Sortant				
	2014	2015	2016	2017	2018	2014	2015	2016	2017	2018
All FDI activities	**140 065.9**	**136 652.2**	**135 156.5**	**164 862.1**	**155 906.8**	**64 754.0**	**65 306.5**	**64 076.1**	**69 935.2**	**62 012.8**
Agriculture, sylviculture et pêche	..	..	..	..	..	..	..	..	..	..
Industries extractives	..	..	..	..	..	..	..	..	..	..
Activités d'extraction	-	-	-	-	-	-	-	-	-	-
Activités de fabrication	**9 473.6**	**8 875.3**	**9 178.9**	**9 177.3**	**8 971.8**	**3 941.0**	**3 022.3**	**3 320.3**	**3 391.7**	**3 069.6**
dont :										
Produits alimentaires, boissons et tabac	..	..	..	..	..	..	..	..	..	..
Textiles, bois, papier, imprimerie	..	..	..	..	..	..	..	..	..	..
Produits pétroliers, chimiques, pharmaceutiques, caoutchouc, plastique, minéraux	..	..	..	..	..	..	..	..	..	..
Ouvrages en métaux et machines, sauf matériels électriques	..	..	..	..	..	..	..	..	..	..
Automobiles, remorques, semi-remorques, autres matériels de transport	..	..	..	..	..	..	..	..	..	..
Autres activités de fabrication	..	..	..	..	..	..	..	..	..	..
Production et distribution d'électricité, de gaz, de vapeur et de climatisation	..	..	..	..	..	..	..	..	..	..
Distribution de l'eau ; assainissement, traitement des déchets et dépollution	..	..	..	..	..	..	..	..	..	..
Construction	**4 308.8**	**3 757.2**	**3 164.3**	**3 612.4**	**3 626.1**	**4 472.7**	**4 473.6**	**3 471.1**	**4 395.5**	**3 354.7**
Services	**104 331.3**	**102 303.8**	**99 785.0**	**123 298.2**	**113 338.7**	**57 673.4**	**57 735.4**	**55 955.5**	**62 750.1**	**55 161.4**
Commerce de gros et de détail ; réparations automobiles et motocycles	15 081.6	12 331.0	11 623.3	15 801.2	14 326.8	4 317.3	4 443.1	4 123.5	4 407.5	3 583.7
Transport et entreposage	..	..	..	..	..	..	..	..	..	..
Activités d'hébergement et de restauration	..	..	..	..	..	..	..	..	..	..
Information et communication	2 284.9	7 598.3	7 219.4	8 268.2	1 498.7	-165.1	-92.5	-42.2	-137.9	-134.0
Activités financières et d'assurances	39 149.9	33 572.1	32 243.1	38 660.4	51 047.6	31 894.4	25 713.7	22 617.3	23 857.0	24 184.8
Activités des sociétés holding	..	..	..	..	..	..	..	..	..	..
Activités immobilières	6 945.9	7 988.0	8 275.5	10 201.5	10 146.6	2 118.6	2 966.8	3 530.1	4 309.2	4 220.3
Activités professionnelles, scientifiques et techniques	28 949.0	29 451.3	29 792.3	37 529.4	25 752.2	15 800.3	21 437.1	22 263.1	26 847.0	21 720.9
Activités de services administratifs et d'appui	..	..	..	..	..	..	..	..	..	..
Administration publique; activités des ménages et des organismes extra-territoriaux	-	-	-	-	-	..	..	..	..	..
Éducation	..	..	..	..	..	..	..	..	..	..
Santé humaine et action sociale	..	..	..	..	..	..	..	..	..	..
Arts, spectacles et loisirs	..	..	..	..	..	..	..	..	..	..
Autres services	..	..	..	..	..	..	..	..	..	..
Not allocated and confidential	..	..	..	..	..	..	..	..	..	..
Activités immobilières privées	-	-	-	-	-	-	-	-	-	-

- Néant ; .. Non disponible

Note : Les données excluent les entités à vocation spéciales. Voir les métadonnées détaillées sur : *http://stats.oecd.org/OECDStat_Metadata/ShowMetadata.ashx?Dataset=FDI_CTRY_IND_SUMM&lang=fr.*

Source : Statistiques de l'OCDE sur l'investissement direct international (base de données) : https://doi.org/10.1787/idi-data-fr

PORTUGAL

Tableau 6. Revenus des investissements directs étrangers par secteur industriel

Millions de dollars des ÉU

	Entrant					Sortant				
	2014	2015	2016	2017	2018	2014	2015	2016	2017	2018
All FDI activities	**4 622.5**	**5 343.3**	**5 732.6**	**6 342.0**	**6 791.0**	**2 085.7**	**2 118.7**	**2 715.9**	**3 883.4**	**3 030.8**
Agriculture, sylviculture et pêche	..	..	..	..	..	..	..	..	..	..
Industries extractives	..	..	..	..	..	-	..	..	..	..
Activités d'extraction	-	-	-	-	-	-	-	-	-	-
Activités de fabrication	..	..	..	..	..	..	..	..	..	..
dont :										
Produits alimentaires, boissons et tabac	..	..	..	..	..	..	..	..	..	..
Textiles, bois, papier, imprimerie	..	..	..	..	..	..	..	..	..	..
Produits pétroliers, chimiques, pharmaceutiques, caoutchouc, plastique, minéraux	..	..	..	..	..	..	..	..	..	..
Ouvrages en métaux et machines, sauf matériels électriques	..	..	..	..	..	..	..	..	..	..
Automobiles, remorques, semi-remorques, autres matériels de transport	..	..	..	..	..	-	..	..	-	..
Autres activités de fabrication	..	..	..	..	..	..	..	..	..	..
Production et distribution d'électricité, de gaz, de vapeur et de climatisation	..	..	..	..	..	..	..	..	..	..
Distribution de l'eau ; assainissement, traitement des déchets et dépollution	..	..	..	..	..	-	..	..	..	-
Construction	..	..	..	..	..	..	..	..	..	..
Services	..	..	..	..	..	..	..	..	..	..
Commerce de gros et de détail ; réparations automobiles et motocycles	..	..	..	..	..	..	..	..	..	..
Transport et entreposage	..	..	..	..	..	..	..	..	..	..
Activités d'hébergement et de restauration	..	..	..	..	..	..	..	..	..	..
Information et communication	..	..	..	..	..	..	..	..	-	..
Activités financières et d'assurances	..	..	..	..	..	..	..	..	..	..
Activités des sociétés holding	..	..	..	..	..	..	..	..	..	..
Activités immobilières	..	..	..	..	..	..	..	..	..	..
Activités professionnelles, scientifiques et techniques	..	..	..	..	..	..	..	..	..	..
Activités de services administratifs et d'appui	..	..	..	..	..	..	..	..	..	..
Administration publique; activités des ménages et des organismes extra-territoriaux	-	-	-	-	-	..	-	-	-	-
Éducation	-	..	-	..	-	-	-	-	-	-
Santé humaine et action sociale	..	..	..	..	..	-	..	..	..	-
Arts, spectacles et loisirs	-	..	..	..	..	-	..	..	..	..
Autres services	..	..	..	..	..	..	..	..	..	..
Not allocated and confidential	..	..	..	..	..	..	..	..	..	..
Activités immobilières privées	-	-	-	-	-	-	-	-	-	-

- Néant ; .. Non disponible

Note : Les données excluent les entités à vocation spéciales. Voir les métadonnées détaillées sur : *http://stats.oecd.org/OECDStat_Metadata/ShowMetadata.ashx?Dataset=FDI_CTRY_IND_SUMM&lang=fr.*

Source : Statistiques de l'OCDE sur l'investissement direct international (base de données) : https://doi.org/10.1787/idi-data-fr

RÉPUBLIQUE SLOVAQUE

Tableau 1. Flux d'investissement direct étranger par pays

Millions de dollars des ÉU

	Entrant					Sortant				
	2014	2015	2016	2017	2018	2014	2015	2016	2017	2018
TOTAL MONDE	**-331.5**	**..**	**805.1**	**4 008.2**	**1 183.2**	**-123.4**	**..**	**95.5**	**1 322.6**	**234.1**
Pays membres de l'OCDE	**180.9**	**..**	**1 407.7**	**4 534.0**	**1 440.1**	**-139.6**	**..**	**121.3**	**1 252.5**	**194.6**
Australie	3.6	..	.. c	1.2	-3.3	-	..	.. c	.. c	4.2
Autriche	-156.9	..	163.0	-152.3	279.5	4.2	..	82.9	1.0	52.6
Belgique	53.7	..	38.4	342.5	292.6	44.5	..	-	-	-
Canada	1.2	..	.. c	2.3	0.4	0.0	..	.. c	.. c	.. c
Chili	0.0	..	.. c	-1.7	0.6	0.8	..	.. c	.. c	.. c
République Tchèque	855.6	..	667.5	1 172.7	509.2	-136.2	..	-23.6	1 148.8	-94.4
Danemark	5.1	..	-82.4	76.7	-10.7	0.1	..	.. c	.. c	.. c
Estonie	0.4	..	.. c	2.8	-0.4	-	..	-	-	-
Finlande	-2.6	..	.. c	38.3	34.2	0.4	..	.. c	.. c	0.7
France	-77.6	..	-76.1	193.4	493.5	0.0	..	.. c	6.8	8.3
Allemagne	-258.6	..	446.9	901.5	-558.8	17.0	..	.. c	-1.5	6.9
Grèce	-4.3	..	.. c	4.1	-4.2	-	..	-	-	-
Hongrie	197.9	..	159.0	-13.4	65.3	-9.1	..	47.1	0.2	-2.4
Islande	-2.4	..	.. c	-0.2	-0.2	-	..	.. c	.. c	.. c
Irlande	-134.2	..	.. c	65.8	-121.1	-	..	.. c	-	.. c
Israël[1]	-1.1	..	.. c	22.1	0.3	-	..	-	-	-
Italie	62.0	..	-864.4	179.7	134.4	3.9	..	.. c	2.0	0.9
Japon	-24.4	..	.. c	36.6	25.9	-	..	-	-	-0.3
Corée	263.8	..	-14.1	48.7	150.7	-	..	.. c	-	0.6
Lettonie	0.2	..	.. c	0.6	18.2	-	..	.. c	.. c	.. c
Lituanie	0.2	..	.. c	0.8	.. c	0.7	..	.. c	.. c	.. c
Luxembourg	-304.8	..	-408.2	322.9	-190.2	-71.4	..	.. c	-31.8	-33.3
Mexique	0.3	..	.. c	-2.1	-46.1	-	..	-	-	-
Pays-Bas	-419.6	..	1 796.9	-798.9	-248.5	-5.9	..	.. c	-98.9	58.9
Nouvelle-Zélande	-1.8	..	-11.4	-12.4	0.1	-	..	-	-	-
Norvège	77.9	..	.. c	-20.9	-5.6	-	..	.. c	.. c	.. c
Pologne	-47.8	..	21.4	158.1	98.0	6.2	..	-51.8	109.0	89.7
Portugal	-8.7	..	.. c	0.8	-0.7	-	..	.. c	.. c	.. c
République slovaquie	-	..	..	-	-	-	..	-	-	-
Slovénie	1.6	..	.. c	3.2	-4.7	0.5	..	.. c	-0.6	0.6
Espagne	2.7	..	52.4	145.4	-20.9	0.0	..	.. c	.. c	-0.4
Suède	-29.8	..	119.0	689.6	58.9	-	..	-	-	-
Suisse	-75.7	..	-75.5	178.5	122.9	-0.2	..	.. c	-0.3	1.4
Turquie	6.6	..	.. c	20.1	-10.4	0.0	..	.. c	.. c	.. c
Royaume-Uni	8.0	..	2.3	705.7	501.2	1.1	..	.. c	70.6	91.3
Etats-Unis	190.7	..	-413.9	222.4	-119.9	4.5	..	.. c	.. c	6.2
EUROPE	**-664.9**	**..**	**1 086.8**	**3 789.3**	**1 226.2**	**-121.4**	**..**	**88.6**	**1 275.5**	**206.7**
Bulgarie	-2.6	..	.. c	-2.7	9.6	0.0	..	.. c	-0.4	0.8
Croatie	-5.3	..	.. c	1.3	4.8	-0.3	..	.. c	2.2	1.7
Chypre[2, 3]	-255.9	..	-182.2	-148.2	-198.4	26.0	..	-39.1	4.6	13.1
Malte	0.6	..	.. c	31.4	129.3	-	..	.. c	.. c	2.9
Roumanie	-0.5	..	.. c	7.2	-45.3	-0.2	..	-9.2	2.3	-1.1
Russie	-87.5	..	.. c	10.8	55.6	0.1	..	.. c	5.6	4.3
Ukraine	-0.8	..	.. c	-1.0	-2.6	6.0	..	-3.1	-6.9	5.1
AFRIQUE	**-2.8**	**..**	**.. c**	**-0.2**	**10.4**	**-0.6**	**..**	**.. c**	**.. c**	**-0.7**
Afrique septentrionale	-21.6	..	.. c	2.4	5.7	-0.6	..	.. c	.. c	.. c
Algérie	0.5	..	-	-	-	-	..	-	-	-
Egypte	-20.5	..	.. c	4.4	1.6	-	..	-	-	-
Libye	-	..	-	-	-	-	..	-	-	-
Maroc	-1.0	..	.. c	-3.4	1.7	-0.6	..	.. c	.. c	.. c
Tunisie	-0.5	..	.. c	1.5	2.3	-	..	.. c	-	-
Autres pays africains	18.8	..	.. c	-2.6	4.7	-	..	.. c	.. c	.. c
Nigéria	-0.5	..	.. c	-0.1	-0.1	-	..	.. c	.. c	.. c
Afrique du Sud	0.9	..	.. c	-3.7	2.6	-	..	-	-	-
AMÉRIQUE	**165.3**	**..**	**-332.1**	**242.5**	**-147.4**	**5.2**	**..**	**3.9**	**9.1**	**7.9**
Amérique du Nord	192.0	..	-405.6	224.7	-119.5	4.4	..	-2.1	0.4	7.0
Amérique du Nord	-25.2	..	81.4	16.4	-30.5	-	..	-	-	-
Bahamas	-	..	.. c	.. c	.. c	-	..	-	-	-
Bermudes	-	..	-	.. c	.. c	-	..	-	-	-
Îles Cayman	-0.5	..	.. c	24.4	10.7	-	..	-	-	-
Costa Rica	-0.7	..	.. c	.. c	.. c	-	..	-	-	-
El Salvador	-	..	.. c	.. c	-	-	..	-	-	-
Guatemala	-	..	-	.. c	-	-	..	-	-	-
Honduras	-	..	-	-	-	-	..	-	-	-
Nicaragua	-	..	-	-	-	-	..	-	-	-
Panama	-15.0	..	.. c	-0.2	1.9	-	..	-	-	-
Îles Vierges, US	-	..	-	-	-	-	..	-	-	-
Amérique du Sud	-1.5	..	-8.0	1.3	2.6	0.8	..	.. c	8.7	0.9
Argentine	0.1	..	0.7	-0.1	0.4	-	..	.. c	.. c	.. c
Bolivie	-	..	-	-	-	-	..	-	-	-
Brésil	-0.9	..	.. c	3.0	1.5	-	..	.. c	.. c	.. c
Colombie	0.2	..	.. c	0.0	0.1	-	..	-	-	-
Equateur	0.1	..	.. c	0.0	0.0	-	..	-	-	-
Paraguay	-	..	-	-	-	-	..	-	-	-
Pérou	-0.8	..	.. c	0.1	0.0	-	..	-	-	-
Uruguay	0.0	..	.. c	-	-	-	..	-	-	-
Venezuela	0.0	..	-	.. c	-	-	..	-	-	-
ASIE	**169.1**	**..**	**80.4**	**-12.0**	**97.3**	**-6.7**	**..**	**.. c**	**37.5**	**16.0**

Tableau 1. Flux d'investissement direct étranger par pays *(suite)*

Millions de dollars des ÉU

	Entrant					Sortant				
	2014	2015	2016	2017	2018	2014	2015	2016	2017	2018
Proche et Moyen Orient	2.4	..	.. c	21.9	6.7	0.0	..	.. c	.. c	.. c
Pays du Golfe	3.4	..	.. c	0.1	6.4	-	..	-	-	-
Koweït	-	..	.. c	.. c	.. c	-	..	-	-	-
Qatar	0.0	..	.. c	-0.9	1.0	-	..	-	-	-
Arabie saoudite	0.7	..	.. c	-0.4	-0.7	-	..	-	-	-
Emirats Arabes Unis	2.7	..	.. c	1.4	6.1	-	..	-	-	-
Autres pays du Proche et Moyen Orient	-1.0	..	.. c	21.9	0.3	0.0	..	.. c	.. c	.. c
Jordanie	0.0	..	.. c	-0.1	0.0	-	..	-	-	-
Autres pays asiatiques	166.7	..	78.6	-34.0	90.6	-6.7	..	.. c	37.3	15.8
Chine	-2.7	..	.. c	6.4	0.9	0.0	..	.. c	31.4	13.5
Hong Kong, Chine	-2.8	..	.. c	2.6	-14.6	-	..	.. c	.. c	0.0
Inde	-1.4	..	.. c	1.3	-5.1	0.0	..	.. c	.. c	.. c
Indonesie	-0.9	..	.. c	-4.7	4.8	-	..	-	-	-
République islamique d'Iran	-	..	.. c	.. c	-	-	..	-	-	-
Malaisie	-10.8	..	.. c	-8.3	-7.4	-6.7	..	-	-	-
Philippines	0.0	..	.. c	-	-0.2	-	..	-	-	-
Singapour	-9.2	..	.. c	-65.2	-30.9	-	..	.. c	.. c	2.0
Taipei Chinois	-41.6	..	.. c	-67.7	-24.2	-	..	-	-	-
Thaïlande	-13.3	..	.. c	1.9	-3.6	-	..	-	-	-
Viet Nam	9.8	..	.. c	14.5	-5.6	0.2	..	.. c	.. c	-0.1
AUSTRALIE, OCÉANIE ET RÉGIONS POLAIRES	**1.8**	**..**	**-24.6**	**-11.3**	**-3.4**	**-**	**..**	**.. c**	**.. c**	**4.2**
TOTAL MONDE non alloué et confidentiel	**-**	**..**	**.. d**	**0.0**	**0.0**	**0.0**	**..**	**- d**	**.. d**	**0.0**
Union européenne (UE28)	**-521.3**	**..**	**1 727.9**	**3 929.2**	**1 224.5**	**-118.6**	**..**	**72.0**	**1 275.4**	**195.2**
Pays du G20 hors Union Européenne	**83.7**	**..**	**-892.6**	**2 322.2**	**627.8**	**26.6**	**..**	**-8.7**	**128.1**	**139.7**
Pays OCDE du G20	**175.6**	**..**	**-858.0**	**2 309.6**	**567.6**	**26.4**	**..**	**-28.2**	**80.1**	**121.6**
Pays non-OCDE du G20	**-91.9**	**..**	**-34.7**	**12.6**	**60.1**	**0.2**	**..**	**19.5**	**48.0**	**18.0**
Pays MENA	**-18.2**	**..**	**2.6**	**2.4**	**12.0**	**-0.6**	**..**	**.. c**	**.. c**	**-0.6**
Pays ANASE	**-24.4**	**..**	**31.2**	**-61.8**	**-43.0**	**-6.5**	**..**	**.. c**	**.. c**	**1.8**

- Néant ; .. Non disponible ; c Donnée confidentielle ; d Confidentialité Secondaire

Note : Voir les métadonnées détaillées sur : *http://stats.oecd.org/OECDStat_Metadata/ShowMetadata.ashx?Dataset=FDI_CTRY_IND_SUMM&lang=fr*.

1. Informations sur les données concernant Israël : *http://oe.cd/israel-disclaimer*.
2. Note de la Turquie : Les informations figurant dans ce document et faisant référence à « Chypre » concernent la partie méridionale de l'île. Il n'y a pas d'autorité unique représentant à la fois les Chypriotes turcs et grecs sur l'île. La Turquie reconnaît la République Turque de Chypre Nord (RTCN). Jusqu'à ce qu'une solution durable et équitable soit trouvée dans le cadre des Nations Unies, la Turquie maintiendra sa position sur la « question chypriote ».
3. Note de tous les États de l'Union européenne membres de l'OCDE et del'Union européenne : La République de Chypre est reconnue par tous les membres des Nations Unies sauf la Turquie. Les informations figurant dans ce document concernent la zone sous le contrôle effectif du gouvernement de la République de Chypre.

Source : Statistiques de l'OCDE sur l'investissement direct international (base de données) : https://doi.org/10.1787/idi-data-fr

RÉPUBLIQUE SLOVAQUE

Tableau 2. Encours des investissements directs étrangers par pays
En fin d'année

Millions de dollars des ÉU

	Entrant					Sortant				
	2014	2015	2016	2017	2018	2014	2015	2016	2017	2018
TOTAL MONDE	**49 740.8**	**46 015.8**	**47 591.7**	**59 510.3**	**58 441.2**	**2 820.2**	**2 462.3**	**2 631.0**	**4 589.9**	**4 585.5**
Pays membres de l'OCDE	**48 018.1**	**44 605.1**	**46 192.4**	**58 505.6**	**57 390.7**	**2 161.9**	**1 948.1**	**2 199.9**	**4 045.3**	**4 009.2**
Australie	-17.6	12.5	-3.4	-2.6	-6.8	.. c	.. c	1.3	.. c	.. c
Autriche	7 795.7	7 714.3	6 860.6	7 651.6	6 756.4	69.1	50.3	124.1	168.9	186.6
Belgique	2 489.4	2 165.4	2 340.4	2 995.0	3 081.5	-	-	-	-	-
Canada	28.0	20.0	25.0	33.0	25.5	.. c	.. c	.. c	.. c	.. c
Chili	-0.1	-0.8	.. c	-1.6	-0.9	.. c	.. c	.. c	.. c	.. c
République Tchèque	5 117.2	4 537.1	5 423.3	7 731.1	7 512.7	988.9	948.7	900.1	2 388.7	2 191.3
Danemark	492.2	430.8	407.5	521.6	469.6	.. c	.. c	.. c	49.9	48.7
Estonie	17.0	15.6	15.6	16.7	16.5	-	-	-	-	-
Finlande	100.8	116.9	107.7	155.7	182.6	.. c	.. c	.. c	.. c	.. c
France	1 165.0	917.1	881.9	817.5	1 336.7	.. c	66.7	64.7	73.4	69.6
Allemagne	4 255.7	3 076.0	2 666.1	4 558.9	4 189.0	37.4	27.5	40.5	41.4	36.9
Grèce	1.7	5.8	-1.1	2.7	10.1	.. c	.. c	-	-	-
Hongrie	2 681.7	2 613.3	2 597.3	2 999.6	3 059.4	74.0	83.1	135.1	162.3	151.4
Islande	9.4	.. c	.. c	0.3	0.2	.. c	.. c	.. c	.. c	.. c
Irlande	610.8	519.7	421.4	547.5	438.5	.. c	.. c	-	-	-1.7
Israël[1]	5.9	-1.9	-1.0	5.3	4.9	-	-	-	-	-
Italie	3 191.1	3 399.9	2 311.4	2 791.2	2 845.4	34.0	26.1	26.4	31.9	31.3
Japon	43.8	44.2	72.1	127.9	144.1	-	-	-	-	-0.2
Corée	3 184.2	3 230.4	3 060.2	3 446.1	3 384.4	.. c	.. c	-	-	0.6
Lettonie	4.4	5.6	-0.1	-0.7	27.7	.. c	.. c	11.4	14.8	13.0
Lituanie	-0.8	-1.0	-2.2	-1.7	-0.8	.. c	.. c	.. c	.. c	.. c
Luxembourg	4 152.7	3 872.2	3 303.8	4 018.9	3 954.3	.. c	73.3	80.3	77.2	40.3
Mexique	0.4	-62.4	-1.7	-4.8	-49.1	.. c	.. c	.. c	.. c	.. c
Pays-Bas	9 818.0	9 077.4	13 231.4	15 300.2	14 966.9	78.5	190.2	253.1	193.5	255.0
Nouvelle-Zélande	27.0	24.1	5.7	-0.1	0.0	-	-	-	-	-
Norvège	150.6	150.1	147.6	138.6	127.1	.. c	-	.. c	.. c	.. c
Pologne	71.2	316.8	196.3	471.5	455.9	265.2	229.7	156.1	299.5	368.6
Portugal	4.6	4.0	-1.3	-0.8	-1.8	.. c	.. c	.. c	.. c	.. c
République slovaquie	-	-	..	-	-	-	-	..	-	-
Slovénie	16.7	15.0	8.8	11.9	7.0	.. c	17.3	17.1	18.9	16.9
Espagne	613.5	587.4	650.9	837.8	795.0	.. c	.. c	.. c	.. c	.. c
Suède	294.5	257.7	351.2	823.1	840.4	-	-	-	.. c	.. c
Suisse	845.5	718.2	593.7	842.4	874.4	.. c	6.1	11.2	12.9	12.1
Turquie	6.0	-3.3	-13.2	5.6	-4.2	.. c	149.3	146.1	164.5	154.4
Royaume-Uni	540.6	492.0	545.6	1 441.6	1 793.3	.. c	7.9	138.3	232.8	310.5
Etats-Unis	305.1	331.5	-11.4	222.6	155.1	.. c	14.9	11.9	10.8	16.5
EUROPE	**45 519.0**	**41 801.5**	**43 701.0**	**54 881.7**	**53 964.5**	**2 705.3**	**2 388.2**	**2 517.4**	**4 423.3**	**4 396.3**
Bulgarie	5.1	12.2	22.7	22.9	32.1	4.4	4.4	4.4	4.9	5.5
Croatie	3.4	4.5	-1.5	-4.2	2.8	13.4	9.9	12.2	16.0	13.7
Chypre[2, 3]	1 367.1	1 383.2	1 809.1	1 795.1	1 728.6	158.5	147.4	87.8	95.7	143.0
Malte	117.2	106.2	77.9	150.0	268.6	.. c	.. c	.. c	.. c	.. c
Roumanie	5.4	6.6	25.4	36.5	-8.1	21.4	18.8	7.5	11.4	10.3
Russie	-375.5	-182.8	-225.4	-243.6	-181.8	21.0	28.9	35.3	45.9	46.5
Ukraine	-3.2	-0.4	-2.6	-3.4	-6.0	137.8	122.5	113.7	121.6	111.0
AFRIQUE	**44.7**	**45.9**	**31.8**	**48.7**	**56.3**	**6.2**	**5.6**	**.. c**	**.. c**	**.. c**
Afrique septentrionale	-11.1	-1.9	-1.2	-0.5	5.2	6.2	5.6	.. c	.. c	.. c
Algérie	.. c	-	-	-	-	-	-	-	-	-
Egypte	-12.1	-2.0	-4.2	-0.3	-0.4	-	-	-	-	-
Libye	-	-	-	-	-	-	-	-	-	-
Maroc	0.6	-0.5	-0.7	-6.0	-2.1	.. c	.. c	.. c	.. c	.. c
Tunisie	0.4	0.8	3.7	5.8	7.8	.. c	.. c	-	-	-
Autres pays africains	55.8	47.8	33.0	49.2	51.1	-	-	.. c	.. c	.. c
Nigéria	.. c	.. c	0.0	-0.2	-0.2	-	-	.. c	.. c	.. c
Afrique du Sud	-2.6	-1.7	-9.8	-15.3	-11.9	-	-	-	-	-
AMÉRIQUE	**588.7**	**546.7**	**322.4**	**671.8**	**655.3**	**53.6**	**28.9**	**52.2**	**66.2**	**71.0**
Amérique du Nord	333.1	351.6	13.6	255.6	180.6	16.3	15.0	12.2	11.9	18.3
Amérique du Nord	115.1	68.5	123.0	209.7	206.3	12.9	10.9	.. c	.. c	.. c
Bahamas	0.4	27.2	.. c	.. c	.. c	-	-	-	-	-
Bermudes	-	-	-	.. c	.. c	-	-	-	-	-
Îles Cayman	.. c	.. c	.. c	82.5	104.1	-	-	-	-	-
Costa Rica	1.0	0.4	.. c	.. c	.. c	-	-	-	-	-
El Salvador	-	-	.. c	-	-	-	-	-	-	-
Guatemala	-	-	-	.. c	-	-	-	-	-	-
Honduras	-	-	-	-	-	-	-	-	-	-
Nicaragua	-	-	-	-	-	-	-	-	-	-
Panama	2.8	2.5	1.8	73.1	90.1	-	-	-	-	-
Îles Vierges, US	-	-	-	-	-	-	-	-	-	-
Amérique du Sud	140.5	126.6	185.8	206.4	268.4	24.4	2.9	26.2	38.6	37.7
Argentine	130.6	118.9	182.0	208.0	269.6	.. c	.. c	.. c	.. c	.. c
Bolivie	-	-	-	-	-	-	-	-	-	-
Brésil	10.1	8.6	4.9	1.0	0.5	.. c	2.9	8.6	18.1	17.7
Colombie	.. c	-	-0.8	-0.9	-0.8	-	-	-	-	-
Equateur	-	-0.1	0.0	.. c	.. c	-	-	-	-	-
Paraguay	-	-	-	-	-	-	-	-	-	-
Pérou	.. c	-	.. c	0.0	0.0	-	-	-	-	-
Uruguay	.. c	.. c	.. c	.. c	.. c	-	-	-	-	-
Venezuela	.. c	.. c	.. c	.. c	.. c	-	-	-	-	-
ASIE	**3 579.0**	**3 585.1**	**3 534.1**	**3 910.9**	**3 772.2**	**54.5**	**39.6**	**54.7**	**93.1**	**110.7**

Tableau 2. Encours des investissements directs étrangers par pays *(suite)*
En fin d'année

Millions de dollars des ÉU

	Entrant					Sortant				
	2014	2015	2016	2017	2018	2014	2015	2016	2017	2018
Proche et Moyen Orient	17.1	2.1	4.0	8.6	15.1	8.2	.. c	.. c	.. c	.. c
Pays du Golfe	7.7	1.3	2.4	0.5	7.6	-	-	-	-	-
Koweït	-	-	.. c	.. c	-	-	-	-	-	-
Qatar	-	-	0.0	-1.0	-	-	-	-	-	-
Arabie saoudite	.. c	12.1	.. c	10.8	10.1	-	-	-	-	-
Emirats Arabes Unis	-5.6	-10.9	-9.1	-9.2	-2.5	-	-	-	-	-
Autres pays du Proche et Moyen Orient	9.4	0.9	1.6	8.0	7.5	8.2	.. c	.. c	.. c	.. c
Jordanie	.. c	-0.1	.. c	-0.2	-0.2	-	-	-	-	-
Autres pays asiatiques	3 561.9	3 583.0	3 530.1	3 902.3	3 757.2	46.3	39.3	54.2	92.3	109.7
Chine	38.0	15.0	26.7	36.1	35.3	.. c	24.1	23.9	52.6	63.5
Hong Kong, Chine	6.2	5.8	24.7	30.2	14.7	.. c	.. c	.. c	.. c	.. c
Inde	-2.1	-4.6	-3.4	-2.7	-6.8	.. c	6.2	9.2	13.7	12.8
Indonesie	-0.3	1.0	4.5	0.0	4.7	-	-	-	-	-
République islamique d'Iran	-	-	-	-	-	-	-	-	-	-
Malaisie	98.9	83.1	76.1	77.0	65.0	.. c	.. c	.. c	.. c	.. c
Philippines	0.0	-	0.3	0.2	0.0	-	-	-	-	-
Singapour	107.4	73.8	103.1	51.2	19.9	.. c	.. c	.. c	.. c	.. c
Taipei Chinois	58.9	74.3	79.6	18.1	-6.3	-	-	-	-	-
Thaïlande	6.5	2.2	3.0	6.8	0.8	-	-	-	-	-
Viet Nam	20.5	57.9	81.0	112.0	101.5	.. c	.. c	.. c	.. c	.. c
AUSTRALIE, OCÉANIE ET RÉGIONS POLAIRES	**9.4**	**36.6**	**2.3**	**-2.8**	**-7.1**	**0.7**	**.. c**	**1.3**	**.. c**	**.. c**
TOTAL MONDE non alloué et confidentiel	**-**	**0.0**	**0.0**	**0.0**	**0.0**	**-**	**- d**	**- d**	**.. d**	**.. d**
Union européenne (UE28)	**44 931.8**	**41 651.8**	**44 250.0**	**55 691.5**	**54 760.1**	**2 162.7**	**1 982.1**	**2 123.2**	**3 975.3**	**3 977.6**
Pays du G20 hors Union Européenne	**12 513.6**	**11 424.5**	**9 523.7**	**13 431.5**	**13 933.1**	**387.3**	**365.5**	**520.4**	**703.6**	**782.3**
Pays OCDE du G20	**12 702.1**	**11 458.0**	**9 532.6**	**13 437.2**	**13 813.4**	**343.2**	**303.5**	**443.3**	**573.2**	**641.7**
Pays non-OCDE du G20	**-188.6**	**-33.5**	**-8.9**	**-5.7**	**119.7**	**44.0**	**61.9**	**77.0**	**130.4**	**140.6**
Pays MENA	**0.1**	**.. c**	**.. c**	**3.0**	**15.6**	**6.2**	**.. c**	**.. c**	**.. c**	**.. c**
Pays ANASE	**232.9**	**.. c**	**267.9**	**247.2**	**191.9**	**20.5**	**.. c**	**17.9**	**23.2**	**.. c**

- Néant ; .. Non disponible ; c Donnée confidentielle ; d Confidentialité Secondaire

Note : Voir les métadonnées détaillées sur : *http://stats.oecd.org/OECDStat_Metadata/ShowMetadata.ashx?Dataset=FDI_CTRY_IND_SUMM&lang=fr*.

1. Informations sur les données concernant Israël : *http://oe.cd/israel-disclaimer*.
2. Note de la Turquie : Les informations figurant dans ce document et faisant référence à « Chypre » concernent la partie méridionale de l'île. Il n'y a pas d'autorité unique représentant à la fois les Chypriotes turcs et grecs sur l'île. La Turquie reconnaît la République Turque de Chypre Nord (RTCN). Jusqu'à ce qu'une solution durable et équitable soit trouvée dans le cadre des Nations Unies, la Turquie maintiendra sa position sur la « question chypriote ».
3. Note de tous les États de l'Union européenne membres de l'OCDE et del'Union européenne : La République de Chypre est reconnue par tous les membres des Nations Unies sauf la Turquie. Les informations figurant dans ce document concernent la zone sous le contrôle effectif du gouvernement de la République de Chypre.

Source : Statistiques de l'OCDE sur l'investissement direct international (base de données) : https://doi.org/10.1787/idi-data-fr

RÉPUBLIQUE SLOVAQUE

Tableau 3. Revenus des investissements directs étrangers par pays

Millions de dollars des ÉU

	Entrant					Sortant				
	2014	2015	2016	2017	2018	2014	2015	2016	2017	2018
TOTAL MONDE	**4 375.2**	..	**4 411.3**	**4 330.4**	**4 773.8**	**201.7**	..	**205.8**	**391.1**	**371.1**
Pays membres de l'OCDE	**4 464.5**	..	**4 485.3**	**4 421.3**	**4 764.4**	**124.8**	..	**167.3**	**354.9**	**307.8**
Australie	-	..	-	-	-	-	..	-	-	0.0
Autriche	823.5	..	744.7	698.1	593.2	1.0	..	19.4	11.9	11.0
Belgique	217.2	..	223.8	211.8	265.8	0.0	..	-	-	-
Canada	-2.7	..	2.8	.. c	.. c	-	..	0.1	0.2	.. c
Chili	-	..	-	-	-	0.8	..	0.4	.. c	0.4
République Tchèque	643.3	..	195.5	314.7	320.0	36.6	..	47.6	229.7	215.3
Danemark	5.3	..	46.0	61.6	.. c	-	..	3.0	.. c	.. c
Estonie	0.7	..	0.0	.. c	2.4	-	..	-	-	-
Finlande	2.3	..	3.2	6.4	-9.7	0.0	..	-	-	-
France	115.7	..	128.3	151.8	134.7	0.0	..	6.9	.. c	8.4
Allemagne	476.4	..	576.9	524.3	512.3	0.1	..	3.1	14.0	5.1
Grèce	-0.1	..	-	.. c	.. c	-	..	-	-	-
Hongrie	124.9	..	247.1	182.9	484.6	3.1	..	20.7	-1.2	-1.0
Islande	0.3	..	0.1	-	-	-	..	-	-	-
Irlande	4.2	..	25.6	22.1	6.6	-	..	-	-	-
Israël[1]	0.0	..	0.2	1.7	0.7	-	..	-	-	-
Italie	184.4	..	349.2	260.3	193.7	0.4	..	0.1	.. c	.. c
Japon	0.1	..	2.7	-19.5	0.7	-	..	-	-	-
Corée	732.6	..	398.1	401.4	519.1	-	..	-0.8	-	-
Lettonie	-	..	-	.. c	.. c	-	..	-	-	-
Lituanie	-	..	0.0	.. c	.. c	-	..	-	-	-
Luxembourg	84.5	..	283.3	257.2	441.7	60.9	..	-1.2	.. c	-4.7
Mexique	-	..	-	-	-	-	..	-	-	-
Pays-Bas	744.7	..	946.3	1 056.1	1 170.7	12.5	..	17.4	24.4	13.2
Nouvelle-Zélande	-	..	0.6	-	-	-	..	-	-	-
Norvège	80.8	..	-1.5	15.3	7.0	-	..	-	-	-
Pologne	101.1	..	29.6	21.5	2.0	0.6	..	4.0	34.8	43.7
Portugal	0.1	..	-	-	0.0	-	..	-	-	2.1
République slovaquie	-	..	..	-	-	-	..	..	-	-
Slovénie	0.5	..	-0.4	-0.6	-0.9	1.1	..	-	-	-
Espagne	23.2	..	77.1	50.8	80.9	-	..	-	.. c	-
Suède	0.0	..	24.4	33.0	17.1	-	..	-	-	-
Suisse	-2.2	..	43.6	104.6	9.2	0.4	..	-	-1.3	-1.1
Turquie	0.0	..	0.8	.. c	.. c	6.1	..	37.3	.. c	-0.4
Royaume-Uni	98.7	..	139.6	80.5	42.9	1.2	..	9.2	.. c	11.6
Etats-Unis	5.0	..	-2.6	-21.3	-35.7	-	..	-	1.6	1.5
EUROPE	**3 247.7**	..	**4 006.6**	**4 027.0**	**4 301.2**	**197.4**	..	**200.6**	**380.7**	**361.6**
Bulgarie	0.0	..	0.4	0.5	.. c	-	..	0.1	.. c	-
Croatie	-	..	.. c	0.3	.. c	0.0	..	6.3	.. c	.. c
Chypre[2, 3]	-95.6	..	-27.2	29.4	46.8	36.6	..	19.1	19.1	19.9
Malte	3.3	..	4.3	25.4	30.2	-	..	1.5	1.9	.. c
Roumanie	0.0	..	-	.. c	.. c	-	..	0.0	.. c	.. c
Russie	0.4	..	-2.6	-2.8	3.3	0.8	..	4.1	5.5	9.6
Ukraine	-0.2	..	-0.4	-0.4	-0.6	45.8	..	0.7	0.4	23.0
AFRIQUE	**3.9**	..	**-0.8**	**6.9**	**2.9**	-	..	-	**.. c**	-
Afrique septentrionale	-	..	-	-	-	-	..	-	.. c	-
Algérie	-	..	-	-	-	-	..	-	-	-
Egypte	-	..	-	-	-	-	..	-	-	-
Libye	-	..	-	-	-	-	..	-	-	-
Maroc	-	..	-	-	-	-	..	-	.. c	-
Tunisie	-	..	-	-	-	-	..	-	-	-
Autres pays africains	3.9	..	-0.8	6.9	2.9	-	..	-	-	-
Nigéria	-	..	-	-	-	-	..	-	-	-
Afrique du Sud	-	..	-	.. c	.. c	-	..	-	-	-
AMÉRIQUE	**0.1**	..	**-0.6**	**-21.1**	**-28.5**	-	..	**0.6**	**.. c**	**2.5**
Amérique du Nord	0.1	..	0.2	-21.6	-36.1	-	..	0.1	1.8	1.7
Amérique du Nord	-	..	-0.1	0.0	9.6	-	..	-	-	-
Bahamas	-	..	-	-	-	-	..	-	-	-
Bermudes	-	..	-	.. c	.. c	-	..	-	-	-
Îles Cayman	0.0	..	-0.1	-0.1	.. c	-	..	-	-	-
Costa Rica	-	..	-	-	-	-	..	-	-	-
El Salvador	-	..	-	-	-	-	..	-	-	-
Guatemala	-	..	-	-	-	-	..	-	-	-
Honduras	-	..	-	-	-	-	..	-	-	-
Nicaragua	-	..	-	-	-	-	..	-	-	-
Panama	-	..	-0.1	-0.1	.. c	-	..	-	-	-
Îles Vierges, US	-	..	-	-	-	-	..	-	-	-
Amérique du Sud	-	..	-0.7	0.6	-1.9	-	..	0.5	.. c	0.8
Argentine	0.2	..	0.5	0.5	-1.8	-	..	-	-	-
Bolivie	-	..	-	-	-	-	..	-	-	-
Brésil	-	..	-1.2	0.1	-0.1	-	..	0.1	0.4	.. c
Colombie	-	..	-	-	-	-	..	-	-	-
Equateur	-	..	-	-	-	-	..	-	-	-
Paraguay	-	..	-	-	-	-	..	-	-	-
Pérou	-	..	-	-	-	-	..	-	-	-
Uruguay	-	..	-	-	-	-	..	-	-	-
Venezuela	-	..	-	-	-	-	..	-	-	-
ASIE	**728.7**	..	**405.6**	**317.6**	**498.1**	**-6.7**	..	**4.5**	**7.7**	**7.0**

RÉPUBLIQUE SLOVAQUE

Tableau 3. Revenus des investissements directs étrangers par pays *(suite)*

Millions de dollars des ÉU

	Entrant					Sortant				
	2014	2015	2016	2017	2018	2014	2015	2016	2017	2018
Proche et Moyen Orient	-	..	-0.3	1.3	-0.2	-	..	-	-	-
Pays du Golfe	-	..	-0.2	.. c	.. c	-	..	-	-	-
Koweït	-	..	-	-	-	-	..	-	-	-
Qatar	-	..	-	-	-	-	..	-	-	-
Arabie saoudite	-	..	-0.2	.. c	.. c	-	..	-	-	-
Emirats Arabes Unis	-	..	-	-	-	-	..	-	-	-
Autres pays du Proche et Moyen Orient	-	..	-0.1	1.5	0.4	-	..	-	-	-
Jordanie	-	..	-	-	-	-	..	-	-	-
Autres pays asiatiques	728.7	..	405.9	316.3	498.2	-6.7	..	4.5	7.7	7.0
Chine	0.4	..	-0.8	-1.2	2.7	-	..	5.0	8.0	7.3
Hong Kong, Chine	0.2	..	0.4	.. c	.. c	-	..	0.4	.. c	-
Inde	0.0	..	-	-	0.0	-	..	-	-0.3	-0.2
Indonesie	-	..	-	-	-	-	..	-	-	-
République islamique d'Iran	-	..	-	-	-	-	..	-	-	-
Malaisie	0.1	..	0.2	.. c	.. c	-6.7	..	-	-	-
Philippines	-	..	-	-	-	-	..	-	-	-
Singapour	-3.9	..	4.7	-66.2	-17.8	-	..	-	-	-
Taipei Chinois	-	..	0.0	.. c	.. c	-	..	-	-	-
Thaïlande	0.3	..	0.1	.. c	.. c	-	..	-	-	-
Viet Nam	-	..	0.6	.. c	.. c	0.0	..	0.0	.. c	.. c
AUSTRALIE, OCÉANIE ET RÉGIONS POLAIRES	**-**	**..**	**0.6**	**-**	**.. c**	**-**	**..**	**-**	**-**	**0.0**
TOTAL MONDE non alloué et confidentiel	**394.9**	**..**	**-**	**0.0**	**.. d**	**11.0**	**..**	**-**	**.. d**	**0.0**
Union européenne (UE28)	**3 558.1**	**..**	**4 018.1**	**3 994.8**	**4 350.7**	**200.1**	**..**	**157.5**	**362.0**	**330.0**
Pays du G20 hors Union Européenne	**1 611.4**	**..**	**1 591.4**	**1 373.8**	**1 360.7**	**8.6**	**..**	**65.1**	**65.4**	**43.6**
Pays OCDE du G20	**1 610.4**	**..**	**1 595.8**	**1 377.4**	**1 357.2**	**7.8**	**..**	**56.0**	**51.8**	**26.6**
Pays non-OCDE du G20	**1.1**	**..**	**-4.4**	**-3.6**	**3.5**	**0.8**	**..**	**9.1**	**13.6**	**17.1**
Pays MENA	**-**	**..**	**-0.5**	**.. c**	**-0.8**	**-**	**..**	**-**	**.. c**	**-**
Pays ANASE	**-3.9**	**..**	**.. c**	**-64.9**	**-23.5**	**-6.7**	**..**	**0.0**	**.. c**	**-0.1**

- Néant ; .. Non disponible ; c Donnée confidentielle ; d Confidentialité Secondaire

Note : Voir les métadonnées détaillées sur : *http://stats.oecd.org/OECDStat_Metadata/ShowMetadata.ashx?Dataset=FDI_CTRY_IND_SUMM&lang=fr.*

1. Informations sur les données concernant Israël : *http://oe.cd/israel-disclaimer.*
2. Note de la Turquie : Les informations figurant dans ce document et faisant référence à « Chypre » concernent la partie méridionale de l'île. Il n'y a pas d'autorité unique représentant à la fois les Chypriotes turcs et grecs sur l'île. La Turquie reconnaît la République Turque de Chypre Nord (RTCN). Jusqu'à ce qu'une solution durable et équitable soit trouvée dans le cadre des Nations Unies, la Turquie maintiendra sa position sur la « question chypriote ».
3. Note de tous les États de l'Union européenne membres de l'OCDE et del'Union européenne : La République de Chypre est reconnue par tous les membres des Nations Unies sauf la Turquie. Les informations figurant dans ce document concernent la zone sous le contrôle effectif du gouvernement de la République de Chypre.

Source : Statistiques de l'OCDE sur l'investissement direct international (base de données) : https://doi.org/10.1787/idi-data-fr

RÉPUBLIQUE SLOVAQUE

Tableau 4. Investissement direct étranger : flux par secteur industriel

Millions de dollars des ÉU

	Entrant					Sortant				
	2014	2015	2016	2017	2018	2014	2015	2016	2017	2018
All FDI activities	**-331.5**	..	**805.1**	**4 008.2**	**1 183.2**	**-123.4**	..	**95.5**	**1 322.6**	**234.1**
Agriculture, sylviculture et pêche	..	..	**-40.1**	**14.3**	..	..	..	.. c	.. c	..
Industries extractives	..	..	**-41.0**	**21.9**	..	..	..	**0.3**	**243.5**	..
Activités d'extraction	..	..	49.5	12.2	..	..	..	.. c	.. c	..
Activités de fabrication	..	..	**845.9**	**1 883.0**	..	..	..	**78.9**	**74.6**	..
dont :										
Produits alimentaires, boissons et tabac	..	..	-10.7	-13.0	..	..	..	7.8	5.9	..
Textiles, bois, papier, imprimerie	..	..	93.9	62.7	..	..	..	62.7	8.7	..
Produits pétroliers, chimiques, pharmaceutiques, caoutchouc, plastique, minéraux	..	..	257.3	132.1	..	..	..	-0.4	8.4	..
Ouvrages en métaux et machines, sauf matériels électriques	..	..	-124.8	511.4	..	..	..	-23.8	6.0	..
Automobiles, remorques, semi-remorques, autres matériels de transport	..	..	355.5	788.3	..	..	..	8.3	-2.2	..
Autres activités de fabrication	..	..	274.7	401.5	..	..	..	24.4	47.8	..
Production et distribution d'électricité, de gaz, de vapeur et de climatisation	..	..	**12.7**	**-106.1**	..	..	..	**4.7**	**0.2**	..
Distribution de l'eau ; assainissement, traitement des déchets et dépollution	..	..	**-2.5**	**17.5**	..	..	..	.. c	**2.0**	..
Construction	..	..	**12.5**	**46.8**	..	..	..	**-103.7**	**23.8**	..
Services	..	..	**17.6**	**2 130.8**	..	..	..	**106.4**	**980.1**	..
Commerce de gros et de détail ; réparations automobiles et motocycles	..	..	292.9	141.5	..	..	..	47.4	44.6	..
Transport et entreposage	..	..	54.7	83.4	..	..	..	54.8	-4.3	..
Activités d'hébergement et de restauration	..	..	-38.3	-0.6	..	..	..	.. c	.. c	..
Information et communication	..	..	-202.1	189.3	..	..	..	33.0	127.1	..
Activités financières et d'assurances	..	..	701.8	229.4	..	..	..	1.2	-98.3	..
Activités des sociétés holding	..	..	3.4	-96.0	..	..	..	3.7	-53.3	..
Activités immobilières	..	..	-109.3	507.6	..	..	..	1.8	303.8	..
Activités professionnelles, scientifiques et techniques	..	..	-132.5	1 173.0	..	..	..	-114.4	137.0	..
Activités de services administratifs et d'appui	..	..	-586.2	-339.8	..	..	..	.. c	6.7	..
Administration publique; activités des ménages et des organismes extra-territoriaux	..	..	-	-	..	..	..	-	.. c	..
Éducation	..	..	.. c	.. c	..	..	..	-	-	..
Santé humaine et action sociale	..	..	-8.5	199.8	..	..	..	.. c	.. c	..
Arts, spectacles et loisirs	..	..	81.3	-50.1	..	..	..	27.7	.. c	..
Autres services	..	..	-36.3	-2.7	..	..	..	54.6	.. c	..
Not allocated and confidential	**-331.5**	..	**-**	**0.0**	**1 183.2**	**-123.4**	..	**.. c**	**.. c**	**234.1**
Activités immobilières privées	..	..	-	-	..	..	..	-	-	..

- Néant ; .. Non disponible ; c Donnée confidentielle

Note : Voir les métadonnées détaillées sur : *http://stats.oecd.org/OECDStat_Metadata/ShowMetadata.ashx?Dataset=FDI_CTRY_IND_SUMM&lang=fr.*

Source : Statistiques de l'OCDE sur l'investissement direct international (base de données) : https://doi.org/10.1787/idi-data-fr

Tableau 5. Encours des investissement directs étrangers par secteur industriel

En fin d'année

Millions de dollars des ÉU

	Entrant					Sortant				
	2014	2015	2016	2017	2018	2014	2015	2016	2017	2018
All FDI activities	**49 740.8**	**46 015.8**	**47 591.7**	**59 510.3**	**58 441.2**	**2 820.2**	**2 462.3**	**2 631.0**	**4 589.9**	**4 585.5**
Agriculture, sylviculture et pêche	**190.6**	**164.2**	**150.4**	**181.2**	..	**.. c**	**1.7**	**13.2**	**6.2**	..
Industries extractives	**254.9**	**111.5**	**94.5**	**76.1**	..	**.. c**	**.. c**	**70.6**	**413.0**	..
Activités d'extraction	.. c	9.6	.. d	-18.8	..	.. c	.. c	.. c	.. c	..
Activités de fabrication	**16 620.9**	**15 301.7**	**15 358.3**	**19 091.0**	..	**540.0**	**515.8**	**471.8**	**600.4**	..
dont :										
Produits alimentaires, boissons et tabac	837.0	884.7	637.7	670.5	..	35.8	20.4	35.9	48.0	..
Textiles, bois, papier, imprimerie	716.8	628.1	676.7	809.4	..	43.8	76.2	118.3	146.2	..
Produits pétroliers, chimiques, pharmaceutiques, caoutchouc, plastique, minéraux	.. c	3 528.0	3 587.1	4 115.7	..	.. c	-	61.5	76.6	..
Ouvrages en métaux et machines, sauf matériels électriques	5 326.0	4 845.5	4 830.7	5 673.6	..	180.0	80.7	89.3	107.2	..
Automobiles, remorques, semi-remorques, autres matériels de transport	3 514.2	3 275.4	3 383.9	5 411.5	..	.. c	66.6	68.4	70.6	..
Autres activités de fabrication	2 510.9	2 139.9	2 242.2	2 410.4	..	81.5	87.9	98.4	151.8	..
Production et distribution d'électricité, de gaz, de vapeur et de climatisation	**1 846.2**	**1 948.8**	**3 484.1**	**3 919.6**	..	**43.9**	**5.7**	**19.2**	**24.5**	..
Distribution de l'eau ; assainissement, traitement des déchets et dépollution	**120.4**	**126.5**	**121.3**	**154.4**	..	**.. c**	**2.2**	**0.8**	**3.2**	..
Construction	**526.5**	**477.1**	**608.9**	**765.1**	..	**132.1**	**87.8**	**54.0**	**86.9**	..
Services	**30 181.2**	**27 885.9**	**27 774.2**	**35 322.9**	..	**2 099.0**	**1 778.9**	**2 001.4**	**3 455.8**	..
Commerce de gros et de détail ; réparations automobiles et motocycles	4 512.0	4 137.5	4 344.0	5 091.3	..	588.9	469.1	485.8	603.8	..
Transport et entreposage	1 414.6	1 856.1	1 833.5	2 149.4	..	24.1	65.7	133.1	153.7	..
Activités d'hébergement et de restauration	302.7	69.1	124.9	158.6	..	.. c	.. c	.. c	3.9	..
Information et communication	1 933.4	2 369.6	2 142.0	2 632.1	..	126.2	106.5	133.9	290.7	..
Activités financières et d'assurances	12 197.6	11 235.6	11 048.2	12 869.9	..	280.9	361.1	261.3	214.5	..
Activités des sociétés holding	.. c	124.0	-120.5	-541.8	..	150.8	81.5	.. d	80.7	..
Activités immobilières	3 871.4	3 289.5	3 004.2	4 369.4	..	82.1	410.3	386.3	754.7	..
Activités professionnelles, scientifiques et techniques	1 973.8	1 598.9	1 636.3	3 315.4	..	344.7	146.8	381.6	598.1	..
Activités de services administratifs et d'appui	3 747.8	2 882.5	3 158.4	4 019.4	..	481.1	17.9	.. d	23.3	..
Administration publique; activités des ménages et des organismes extra-territoriaux	-	-	-	-	..	-	-	-	.. c	..
Éducation	1.6	1.5	.. c	.. c	..	-	-	-	-	..
Santé humaine et action sociale	137.2	134.3	126.4	421.8	..	.. c	.. c	.. c	.. c	..
Arts, spectacles et loisirs	71.5	166.1	252.0	181.2	..	.. c	39.5	49.8	57.7	..
Autres services	13.6	145.0	103.3	113.2	..	-	14.9	.. c	.. c	..
Not allocated and confidential	-	**0.1**	**0.0**	**0.0**	**58 441.2**	**.. c**	**.. c**	-	**0.0**	**4 585.5**
Activités immobilières privées	-	-	-	-	..	-	-	-	-	..

- Néant ; .. Non disponible ; c Donnée confidentielle ; d Confidentialité Secondaire

Note : Voir les métadonnées détaillées sur : *http://stats.oecd.org/OECDStat_Metadata/ShowMetadata.ashx?Dataset=FDI_CTRY_IND_SUMM&lang=fr.*

Source : Statistiques de l'OCDE sur l'investissement direct international (base de données) : https://doi.org/10.1787/idi-data-fr

RÉPUBLIQUE SLOVAQUE

Tableau 6. Revenus des investissements directs étrangers par secteur industriel

Millions de dollars des ÉU

	Entrant					Sortant				
	2014	2015	2016	2017	2018	2014	2015	2016	2017	2018
All FDI activities	**4 375.2**	**..**	**4 411.3**	**4 330.4**	**4 773.8**	**201.7**	**..**	**205.8**	**391.1**	**371.1**
Agriculture, sylviculture et pêche	**..**	**..**	**6.6**	**21.1**	**..**	**..**	**..**	**.. c**	**-3.5**	**..**
Industries extractives	**..**	**..**	**40.7**	**40.2**	**..**	**..**	**..**	**.. c**	**-44.2**	**..**
Activités d'extraction	..	..	36.7	.. c	..	..	..	.. c	.. c	..
Activités de fabrication	**..**	**..**	**2 233.4**	**2 049.3**	**..**	**..**	**..**	**29.9**	**28.2**	**..**
dont :										
Produits alimentaires, boissons et tabac	..	..	89.0	49.1	..	..	..	.. c	0.2	..
Textiles, bois, papier, imprimerie	..	..	101.5	85.2	..	..	..	16.6	.. c	..
Produits pétroliers, chimiques, pharmaceutiques, caoutchouc, plastique, minéraux	..	..	616.1	530.5	..	..	..	1.0	.. c	..
Ouvrages en métaux et machines, sauf matériels électriques	..	..	601.1	505.7	..	..	..	0.3	5.1	..
Automobiles, remorques, semi-remorques, autres matériels de transport	..	..	664.1	688.0	..	..	..	3.3	.. c	..
Autres activités de fabrication	..	..	161.5	190.7	..	..	..	8.2	11.7	..
Production et distribution d'électricité, de gaz, de vapeur et de climatisation	**..**	**..**	**81.0**	**30.1**	**..**	**..**	**..**	**0.9**	**2.6**	**..**
Distribution de l'eau ; assainissement, traitement des déchets et dépollution	**..**	**..**	**5.0**	**15.0**	**..**	**..**	**..**	**0.1**	**0.3**	**..**
Construction	**..**	**..**	**21.0**	**63.6**	**..**	**..**	**..**	**3.7**	**25.2**	**..**
Services	**..**	**..**	**2 023.7**	**2 111.0**	**..**	**..**	**..**	**170.4**	**382.5**	**..**
Commerce de gros et de détail ; réparations automobiles et motocycles	..	..	495.7	627.7	..	..	..	53.4	156.8	..
Transport et entreposage	..	..	116.3	100.1	..	..	..	11.1	-5.6	..
Activités d'hébergement et de restauration	..	..	-16.7	9.6	..	..	..	.. c	.. c	..
Information et communication	..	..	286.3	335.9	..	..	..	10.8	32.1	..
Activités financières et d'assurances	..	..	1 003.3	864.7	..	..	..	28.9	34.5	..
Activités des sociétés holding	..	..	-19.9	-30.8	..	..	..	8.6	10.7	..
Activités immobilières	..	..	105.6	86.1	..	..	..	21.6	69.4	..
Activités professionnelles, scientifiques et techniques	..	..	74.9	-7.0	..	..	..	33.0	34.0	..
Activités de services administratifs et d'appui	..	..	-8.2	37.4	..	..	..	.. c	.. c	..
Administration publique; activités des ménages et des organismes extra-territoriaux	..	..	-	-	..	..	..	-	.. c	..
Éducation	..	..	.. c	0.0	..	..	..	-	-	..
Santé humaine et action sociale	..	..	0.9	-1.5	..	..	..	.. c	.. c	..
Arts, spectacles et loisirs	..	..	17.4	77.0	..	..	..	2.8	.. c	..
Autres services	..	..	-51.9	.. c	..	..	..	.. c	.. c	..
Not allocated and confidential	**4 375.2**	**..**	**0.0**	**0.0**	**4 773.8**	**201.7**	**..**	**.. c**	**0.0**	**371.1**
Activités immobilières privées	**..**	**..**	**-**	**-**	**..**	**..**	**..**	**-**	**-**	**..**

- Néant ; .. Non disponible ; c Donnée confidentielle

Note : Voir les métadonnées détaillées sur : *http://stats.oecd.org/OECDStat_Metadata/ShowMetadata.ashx?Dataset=FDI_CTRY_IND_SUMM&lang=fr.*

Source : Statistiques de l'OCDE sur l'investissement direct international (base de données) : https://doi.org/10.1787/idi-data-fr

Tableau 1. Flux d'investissement direct étranger par pays

Millions de dollars des ÉU

	Entrant					Sortant				
	2014	2015	2016	2017	2018	2014	2015	2016	2017	2018
TOTAL MONDE	**1 049.9**	**1 674.7**	**1 244.7**	**895.8**	**1 368.3**	**275.2**	**267.3**	**289.6**	**337.7**	**267.4**
Pays membres de l'OCDE	**799.6**	**1 491.9**	**1 149.2**	**624.1**	**1 204.1**	**240.2**	**119.7**	**-11.7**	**195.9**	**50.5**
Australie	-0.6	-0.7	0.8	1.3	-15.3	6.3	7.6	2.7	3.1	-4.1
Autriche	-200.1	295.9	148.6	435.0	262.8	93.9	3.4	-45.5	-4.6	10.6
Belgique	0.9	12.7	18.1	18.3	-18.2	-0.7	0.1	-0.3	-0.3	0.4
Canada	-0.1	-0.6	-2.0	-1.1	-0.5	2.7	-0.6	2.4	-0.6	9.3
Chili	0.0	0.0	0.0	0.0	0.0	-	-	1.0	2.3	2.2
République Tchèque	39.2	92.7	47.3	31.2	4.2	31.4	-3.3	19.7	-7.9	3.6
Danemark	-5.0	0.1	-3.5	1.7	0.0	-8.6	3.1	-4.9	1.1	3.3
Estonie	1.3	0.5	-0.2	-0.1	-1.3	-	-	-	-	-
Finlande	0.8	1.0	-10.9	3.9	-6.2	-0.3	0.2	-3.5	1.7	4.9
France	-44.9	1.4	-22.6	63.1	-28.8	-0.4	-7.3	0.3	-7.4	1.6
Allemagne	502.6	151.7	35.4	54.4	189.4	51.2	-42.7	-21.2	129.2	22.0
Grèce	-0.7	-1.6	0.4	2.3	1.6	3.5	0.7	2.7	8.8	6.4
Hongrie	8.0	3.7	6.4	9.7	30.7	-6.5	-0.8	1.0	2.8	-2.0
Islande	0.0	0.0	-	0.0	0.0	-	-	-	0.0	-
Irlande	-16.2	15.3	31.6	-5.8	-0.7	0.6	0.2	4.2	0.6	0.1
Israël[1]	-0.9	0.3	1.3	2.5	1.6	0.1	-	-	-	-
Italie	36.6	62.3	91.2	-128.2	45.2	9.4	-2.3	13.6	39.0	-3.1
Japon	-1.6	25.7	-0.9	-27.4	-28.2	-0.4	0.0	-0.9	-0.4	0.1
Corée	0.4	-1.7	1.0	1.3	-0.5	0.5	0.1	0.1	-0.3	-0.7
Lettonie	0.8	1.0	0.5	0.3	0.3	-0.1	0.0	0.0	0.0	-0.1
Lituanie	0.3	0.2	0.1	0.1	0.0	-0.3	-0.2	0.0	0.2	-0.2
Luxembourg	169.4	222.7	469.8	-11.2	463.5	1.3	-3.2	3.7	-3.4	0.0
Mexique	-0.2	0.2	-0.2	0.0	-0.7	5.7	1.4	-3.7	1.7	-1.1
Pays-Bas	240.7	325.1	135.8	54.4	98.2	32.2	15.1	17.1	-8.2	27.4
Nouvelle-Zélande	0.5	0.1	0.0	0.0	-0.1	-	-	0.0	0.1	-0.1
Norvège	5.5	-0.2	-0.6	1.0	-0.1	-	-	-	0.0	-
Pologne	2.8	7.9	8.5	-5.6	9.6	7.4	-1.6	2.3	0.5	-3.0
Portugal	-0.3	-0.1	0.1	0.6	0.4	1.0	0.9	-0.5	2.6	-1.7
République slovaquie	12.3	-3.2	3.3	6.3	-1.3	4.6	-2.7	-5.5	-0.1	-3.7
Slovénie	-	-	-	-	-	-	-	-	-	-
Espagne	1.0	0.1	1.9	2.3	-3.9	3.1	2.6	16.9	9.3	1.2
Suède	8.9	33.6	81.8	7.8	-17.0	-6.4	10.9	-1.5	7.9	1.1
Suisse	80.8	182.5	68.5	97.0	119.8	-14.1	152.3	-5.6	0.1	-1.3
Turquie	0.5	-3.5	-7.1	14.4	16.2	2.9	-2.5	0.1	15.7	-3.6
Royaume-Uni	-55.2	72.3	43.3	-0.1	16.9	5.5	0.3	-11.5	-15.3	-0.5
Etats-Unis	13.5	-4.1	1.8	-5.2	66.6	14.4	-12.3	5.1	17.9	-18.4
EUROPE	**1 064.1**	**1 655.4**	**1 235.5**	**913.3**	**1 359.8**	**234.4**	**252.5**	**261.5**	**301.2**	**250.4**
Bulgarie	0.4	4.6	1.6	1.9	2.9	-7.7	5.4	-0.2	-0.1	-1.3
Croatie	328.1	132.0	-27.2	62.3	35.3	64.8	-15.6	105.6	176.5	134.4
Chypre[2, 3]	-28.0	37.6	15.0	-12.3	62.0	-8.2	2.7	10.1	-9.6	1.5
Malte	-3.8	1.7	51.6	11.3	6.7	0.0	0.0	0.0	-0.5	0.4
Roumanie	0.3	0.5	-1.4	3.3	-4.4	-0.6	-6.0	2.2	3.5	-10.8
Russie	-25.7	-6.5	6.8	116.8	16.2	114.6	48.7	17.3	28.5	20.0
Ukraine	-0.3	5.8	-1.8	-2.2	1.1	-20.0	9.7	4.5	7.9	3.4
AFRIQUE	**3.3**	**1.6**	**-2.4**	**-0.4**	**1.6**	**-7.7**	**-13.6**	**-11.1**	**-1.2**	**-2.7**
Afrique septentrionale	3.2	1.2	0.9	-0.6	2.3	3.2	1.3	0.7	2.9	0.6
Algérie	0.2	-0.4	0.6	0.0	0.0	0.1	-	-	0.0	0.0
Egypte	2.9	1.0	0.0	-0.7	0.9	0.0	0.0	-	-	-
Libye	-	0.0	0.0	-	-	3.2	1.4	0.7	2.3	0.5
Maroc	0.5	0.3	0.3	0.0	1.6	0.0	0.0	0.0	0.6	0.0
Tunisie	-0.5	0.2	0.1	0.1	-0.3	-	-	-	-	-
Autres pays africains	0.1	0.3	-3.3	0.3	-0.7	-10.9	-14.9	-11.8	-4.1	-3.3
Nigéria	-0.1	0.1	-	-	-	-	-	-	-	-
Afrique du Sud	0.1	0.0	-0.2	0.2	-0.6	2.6	3.3	1.0	-0.7	2.0
AMÉRIQUE	**16.5**	**-4.9**	**3.5**	**-1.1**	**71.0**	**20.2**	**-11.6**	**5.3**	**23.2**	**-5.4**
Amérique du Nord	13.3	-4.8	-0.2	-6.3	66.1	17.1	-12.9	7.5	17.3	-9.1
Amérique du Nord	3.7	-0.1	4.8	5.7	4.2	5.7	1.4	-3.6	1.7	-1.1
Bahamas	-0.3	0.0	0.0	-	-	-	-	-	-	-
Bermudes	0.0	0.0	-	0.0	0.0	-	-	-	-	-
Îles Cayman	28.6	0.0	0.0	-	-	-	-	-	-	-
Costa Rica	-	-	-	-0.1	-	-	0.0	-	-	-
El Salvador	-	-	-	-	-	-	-	-	-	-
Guatemala	0.0	0.0	0.0	0.0	-	-	-	-	-	-
Honduras	-	-	-	-	-	-	-	-	-	-
Nicaragua	-	-	-	-	-	-	-	-	-	-
Panama	-0.2	-0.6	0.1	-2.2	-0.2	-	0.0	0.0	0.0	0.0
Îles Vierges, US	-	-	-	-	-	-	-	-	-	-
Amérique du Sud	-0.5	0.0	-1.1	-0.5	0.7	-2.6	-0.1	1.5	4.1	4.8
Argentine	-0.5	-0.3	-0.6	-0.4	-0.1	-	-	-	1.4	2.3
Bolivie	-	-	-	0.0	-	-	-	-	-	-
Brésil	0.1	0.2	-0.5	0.1	0.8	-0.7	0.0	0.9	-1.9	0.3
Colombie	-	0.0	0.0	0.0	0.0	-0.5	-	0.4	0.1	-0.2
Equateur	-	-	-	-	0.0	-1.4	-0.1	-1.1	0.0	0.0
Paraguay	-	-	0.0	-	-	-	-	-	-	-
Pérou	0.0	0.0	-	0.0	0.0	-	-	0.3	2.3	0.3
Uruguay	-	-	0.0	0.0	-	-	-	-	-	-
Venezuela	-	0.0	0.0	-0.1	-	-	-	-	-	-
ASIE	**9.8**	**31.1**	**6.4**	**-13.3**	**-8.0**	**12.1**	**14.8**	**14.5**	**-1.9**	**15.0**

SLOVÉNIE

Tableau 1. Flux d'investissement direct étranger par pays *(suite)*

Millions de dollars des ÉU

	Entrant					Sortant				
	2014	2015	2016	2017	2018	2014	2015	2016	2017	2018
Proche et Moyen Orient	1.7	4.2	13.0	21.0	14.9	1.3	1.4	-0.8	-1.6	1.8
Pays du Golfe	2.7	3.0	11.7	18.7	13.9	1.2	1.3	-0.8	-1.6	1.8
Koweït	-0.2	0.0	0.0	-0.1	-0.5	-	-	-	-	-
Qatar	-0.2	0.0	-0.1	0.1	0.0	-	-	-	-	-
Arabie saoudite	1.1	1.3	0.4	0.5	0.4	0.0	-0.2	0.2	-0.1	0.0
Emirats Arabes Unis	1.9	1.7	11.5	18.2	14.1	1.2	1.6	-1.0	-1.5	1.7
Autres pays du Proche et Moyen Orient	-1.0	1.2	1.3	2.3	1.0	0.1	0.1	-	0.0	0.0
Jordanie	-0.2	0.9	0.0	-0.1	-0.5	0.0	0.0	-	-	-
Autres pays asiatiques	8.2	26.9	-6.7	-34.3	-22.9	10.8	13.4	15.3	-0.3	13.3
Chine	1.5	4.8	6.2	2.2	0.5	6.0	9.4	11.8	1.0	13.4
Hong Kong, Chine	3.2	-3.3	-7.1	-4.4	4.9	2.2	2.1	0.4	1.8	-2.9
Inde	2.1	-2.1	2.3	-1.2	-3.3	0.3	-0.5	-0.4	0.2	0.2
Indonesie	-	-	-	-	0.0	-	-	0.1	-0.1	0.0
République islamique d'Iran	-	-	0.0	0.0	0.0	-	0.0	-0.1	-0.2	0.1
Malaisie	0.5	0.0	-0.7	-1.0	2.1	-0.5	0.1	0.1	0.1	0.1
Philippines	0.1	-0.1	0.0	0.0	0.0	-	-	-	-	-
Singapour	0.9	4.9	-5.2	-1.6	0.5	0.0	0.1	0.1	-0.6	0.9
Taipei Chinois	0.0	-0.1	0.0	0.0	0.0	-	-	-	0.0	-
Thaïlande	0.0	0.0	0.0	0.0	-0.5	0.5	0.0	-	-0.1	-0.3
Viet Nam	0.0	0.0	0.0	-	0.0	-	-	-	-	-
AUSTRALIE, OCÉANIE ET RÉGIONS POLAIRES	**-0.2**	**-0.6**	**0.8**	**1.3**	**-15.4**	**6.3**	**7.6**	**2.7**	**3.1**	**-4.2**
TOTAL MONDE non alloué et confidentiel	**-43.7**	**-7.9**	**0.9**	**-4.0**	**-40.7**	**9.9**	**17.6**	**16.7**	**13.2**	**14.3**
Union européenne (UE28)	**999.9**	**1 471.5**	**1 126.3**	**606.9**	**1 147.7**	**270.0**	**-40.0**	**105.0**	**326.2**	**192.3**
Pays du G20 hors Union Européenne	**429.6**	**300.3**	**155.1**	**90.7**	**274.2**	**220.4**	**2.2**	**17.7**	**211.1**	**39.7**
Pays OCDE du G20	**450.9**	**302.9**	**140.8**	**-27.5**	**260.3**	**97.7**	**-58.3**	**-13.1**	**182.7**	**1.5**
Pays non-OCDE du G20	**-21.3**	**-2.6**	**14.4**	**118.1**	**13.8**	**122.7**	**60.6**	**30.8**	**28.4**	**38.2**
Pays MENA	**5.6**	**5.2**	**12.7**	**17.9**	**15.6**	**4.4**	**2.7**	**-0.1**	**1.3**	**2.3**
Pays ANASE	**1.6**	**4.7**	**-6.0**	**-2.6**	**2.1**	**0.0**	**0.2**	**0.2**	**-0.7**	**0.7**

- Néant

Note : Voir les métadonnées détaillées sur : *http://stats.oecd.org/OECDStat_Metadata/ShowMetadata.ashx?Dataset=FDI_CTRY_IND_SUMM&lang=fr.*

1. Informations sur les données concernant Israël : *http://oe.cd/israel-disclaimer.*
2. Note de la Turquie : Les informations figurant dans ce document et faisant référence à « Chypre » concernent la partie méridionale de l'île. Il n'y a pas d'autorité unique représentant à la fois les Chypriotes turcs et grecs sur l'île. La Turquie reconnaît la République Turque de Chypre Nord (RTCN). Jusqu'à ce qu'une solution durable et équitable soit trouvée dans le cadre des Nations Unies, la Turquie maintiendra sa position sur la « question chypriote ».
3. Note de tous les États de l'Union européenne membres de l'OCDE et del'Union européenne : La République de Chypre est reconnue par tous les membres des Nations Unies sauf la Turquie. Les informations figurant dans ce document concernent la zone sous le contrôle effectif du gouvernement de la République de Chypre.

Source : Statistiques de l'OCDE sur l'investissement direct international (base de données) : https://doi.org/10.1787/idi-data-fr

SLOVÉNIE

Tableau 2. Encours des investissements directs étrangers par pays

En fin d'année

Millions de dollars des ÉU

	Entrant					Sortant				
	2014	2015	2016	2017	2018	2014	2015	2016	2017	2018
TOTAL MONDE	**12 385.8**	**12 642.4**	**13 671.8**	**16 738.8**	**17 348.3**	**6 477.2**	**5 997.2**	**6 051.6**	**7 159.3**	**6 940.9**
Pays membres de l'OCDE	..	..	..	**14 011.5**	**13 594.8**	**961.6**	**969.9**	**924.9**	**1 245.2**	**1 205.3**
Australie	..	..	..	-	-	11.4	17.7	20.5	26.3	20.2
Autriche	..	..	..	2 539.1	2 337.0	193.4	179.6	120.9	129.2	133.2
Belgique	..	..	..	142.1	115.2	3.0	2.9	2.7	2.8	3.0
Canada	..	..	..	-	-	7.9	6.1	8.6	8.6	17.0
Chili	..	..	..	-	-	-	-	1.0	3.4	5.4
République Tchèque	..	..	..	258.0	230.7	81.4	66.9	75.6	82.7	85.0
Danemark	..	..	..	-	-	14.1	15.6	10.5	13.1	15.6
Estonie	..	..	..	-	-	-	-	-	-	-
Finlande	..	..	..	-	-	0.7	0.8	1.3	3.3	7.9
France	..	..	..	815.5	793.2	21.2	15.3	14.3	9.2	9.5
Allemagne	..	..	..	2 526.3	2 607.7	144.4	84.0	61.7	209.0	174.4
Grèce	..	..	..	-	-	6.3	6.5	9.1	19.4	25.2
Hongrie	..	..	..	-	-	21.6	20.5	24.4	25.8	32.1
Islande	..	..	..	-	-	-	-	-	-	-
Irlande	..	..	..	-	-	1.2	1.2	5.2	6.2	6.0
Israël[1]	..	..	..	-	-	-	-	-	-	-
Italie	..	..	..	1 568.4	1 500.7	74.7	62.0	79.3	127.4	120.3
Japon	..	..	..	409.0	388.7	2.5	2.5	1.6	1.3	1.4
Corée	..	..	..	-	-	5.5	4.8	4.8	5.1	4.7
Lettonie	..	..	..	-	-	0.6	0.5	0.4	0.4	0.3
Lituanie	..	..	..	-	-	0.3	0.1	0.2	0.4	0.2
Luxembourg	..	..	..	313.9	274.2	3.3	2.1	5.6	3.8	3.6
Mexique	..	..	..	259.5	237.6	7.6	8.3	5.0	12.3	10.5
Pays-Bas	..	..	..	701.3	595.4	246.2	234.1	243.0	269.0	287.0
Nouvelle-Zélande	..	..	..	-	-	-	-	0.0	0.1	0.0
Norvège	..	..	..	-	-	-	-	-	0.0	0.0
Pologne	..	..	..	81.4	33.7	78.3	69.0	70.0	89.7	82.8
Portugal	..	..	..	-	-	4.1	4.6	3.9	7.2	5.2
République slovaquie	..	..	..	-	-	20.6	16.5	13.9	15.3	11.1
Slovénie	..	..	..	314.0	363.2	-	-	-	-	-
Espagne	..	..	..	-	-	27.7	29.0	43.0	58.3	56.0
Suède	..	..	..	165.7	181.0	2.3	11.9	9.9	12.9	13.3
Suisse	..	..	..	1 335.1	1 400.6	-117.7	25.2	20.3	15.7	13.4
Turquie	..	..	..	-	-	15.7	10.3	8.4	24.1	16.2
Royaume-Uni	..	..	..	438.0	838.1	26.6	24.7	14.6	-4.8	-5.6
Etats-Unis	..	..	..	2 144.2	1 697.7	57.8	47.8	45.6	68.7	50.3
EUROPE	..	..	..	**12 841.8**	**13 088.9**	**5 852.1**	**5 388.9**	**5 524.1**	**6 533.9**	**6 409.5**
Bulgarie	..	..	..	-	-	6.4	12.1	12.5	13.0	10.7
Croatie	..	..	..	744.2	873.4	1 818.9	1 619.1	1 714.3	2 181.0	2 234.0
Chypre[2, 3]	..	..	..	163.8	242.0	33.1	32.5	40.3	37.3	30.0
Malte	..	..	..	-	-	-	0.0	0.0	-0.5	-0.1
Roumanie	..	..	..	-	-	34.2	24.7	27.2	33.2	21.6
Russie	..	..	..	599.7	539.6	373.8	332.4	413.2	465.6	408.5
Ukraine	..	..	..	-	-	22.5	30.8	32.4	46.5	49.4
AFRIQUE	..	..	..	-	-	**264.5**	**244.3**	**131.3**	**135.2**	**24.9**
Afrique septentrionale	..	..	..	-	-	4.6	5.5	5.9	9.5	9.6
Algérie	..	..	..	-	-	0.1	0.1	0.0	0.0	0.0
Egypte	..	..	..	-	-	0.0	-	-	-	-
Libye	..	..	..	-	-	4.5	5.4	5.9	8.9	9.0
Maroc	..	..	..	-	-	0.1	0.0	0.0	0.6	0.6
Tunisie	..	..	..	-	-	-	-	-	-	-
Autres pays africains	..	..	..	-	-	259.9	238.9	125.4	125.7	15.3
Nigéria	..	..	..	-	-	-	-	-	-	-
Afrique du Sud	..	..	..	-	-	26.0	22.1	25.9	28.0	29.4
AMÉRIQUE	..	..	..	**2 403.7**	**1 935.3**	**79.1**	**67.5**	**65.2**	**100.3**	**93.1**
Amérique du Nord	..	..	..	2 144.2	1 697.7	65.7	53.9	54.3	77.3	67.4
Amérique du Nord	..	..	..	259.5	237.6	10.5	11.0	7.6	15.3	13.5
Bahamas	..	..	..	-	-	-	-	-	-	-
Bermudes	..	..	..	-	-	-	-	-	-	-
Îles Cayman	..	..	..	-	-	-	-	-	-	-
Costa Rica	..	..	..	-	-	-	-	-	-	-
El Salvador	..	..	..	-	-	-	-	-	-	-
Guatemala	..	..	..	-	-	-	-	-	-	-
Honduras	..	..	..	-	-	-	-	-	-	-
Nicaragua	..	..	..	-	-	-	-	-	-	-
Panama	..	..	..	-	-	3.0	2.7	2.6	0.8	0.8
Îles Vierges, US	..	..	..	-	-	-	-	-	-	-
Amérique du Sud	..	..	..	-	-	2.9	2.6	3.3	7.7	12.3
Argentine	..	..	..	-	-	-	-	-	1.5	3.7
Bolivie	..	..	..	-	-	-	-	-	-	-
Brésil	..	..	..	-	-	2.7	2.4	2.5	0.5	0.7
Colombie	..	..	..	-	-	0.0	-	0.4	0.5	0.3
Equateur	..	..	..	-	-	0.2	0.2	-0.9	-0.9	-0.9
Paraguay	..	..	..	-	-	-	-	-	-	-
Pérou	..	..	..	-	-	-	-	0.3	2.7	3.0
Uruguay	..	..	..	-	-	-	-	-	-	-
Venezuela	..	..	..	-	-	-	-	-	-	-
ASIE	..	..	..	**411.2**	**797.3**	**51.3**	**63.4**	**75.5**	**82.1**	**94.4**

Tableau 2. Encours des investissements directs étrangers par pays (*suite*)

En fin d'année

Millions de dollars des ÉU

	Entrant					Sortant				
	2014	2015	2016	2017	2018	2014	2015	2016	2017	2018
Proche et Moyen Orient	..	..	..	-	-	2.5	3.3	3.6	2.3	2.5
Pays du Golfe	..	..	..	-	-	2.5	3.3	3.5	2.2	2.5
Koweït	..	..	..	-	-	-	-	-	-	-
Qatar	..	..	..	-	-	-	-	-	-	-
Arabie saoudite	..	..	..	-	-	0.3	0.0	0.2	0.1	0.1
Emirats Arabes Unis	..	..	..	-	-	2.3	3.2	3.3	2.1	2.3
Autres pays du Proche et Moyen Orient	..	..	..	-	-	0.0	0.1	0.1	0.1	0.0
Jordanie	..	..	..	-	-	0.0	-	-	-	-
Autres pays asiatiques	..	..	..	411.2	797.3	48.8	60.1	72.0	79.8	91.9
Chine	..	..	..	2.2	408.7	29.7	38.3	46.1	53.9	66.0
Hong Kong, Chine	..	..	..	-	-	2.5	4.5	4.6	6.5	4.0
Inde	..	..	..	-	-	0.4	-0.1	-0.4	0.5	0.7
Indonesie	..	..	..	-	-	-	-	0.1	0.0	0.0
République islamique d'Iran	..	..	..	-	-	0.0	0.0	-0.1	-0.3	-0.2
Malaisie	..	..	..	-	-	0.6	0.5	0.6	1.2	1.2
Philippines	..	..	..	-	-	-	-	-	-	-
Singapour	..	..	..	-	-	0.1	0.0	1.7	1.3	2.2
Taipei Chinois	..	..	..	-	-	-	-	-	-	-
Thaïlande	..	..	..	-	-	1.5	1.3	1.3	0.2	-0.1
Viet Nam	..	..	..	-	-	-	-	-	-	-
AUSTRALIE, OCÉANIE ET RÉGIONS POLAIRES	..	..	..	-	-	**11.4**	**17.7**	**20.5**	**26.4**	**20.2**
TOTAL MONDE non alloué et confidentiel	..	..	..	**1 082.1**	**1 526.8**	**218.7**	**215.4**	**234.9**	**281.4**	**298.8**
Union européenne (UE28)	..	..	..	**10 771.6**	**10 985.6**	**2 864.6**	**2 536.2**	**2 603.7**	**3 344.1**	**3 362.2**
Pays du G20 hors Union Européenne	..	..	..	**8 762.8**	**9 011.9**	**807.9**	**678.7**	**751.9**	**1 037.4**	**928.4**
Pays OCDE du G20	..	..	..	**8 160.9**	**8 063.7**	**375.1**	**283.5**	**264.3**	**487.2**	**419.1**
Pays non-OCDE du G20	..	..	..	**601.9**	**948.3**	**432.8**	**395.2**	**487.5**	**550.2**	**509.3**
Pays MENA	..	..	..	-	-	**7.1**	**8.7**	**9.5**	**11.7**	**12.0**
Pays ANASE	..	..	..	-	-	**2.2**	**1.9**	**3.7**	**2.7**	**3.3**

- Néant ; .. Non disponible

Note : Les positions d'IDE entrants sont allouées selon le pays investisseur ultime. Les positions d'IDE entrants par la contrepartie immédiate sont disponibles pour des années en plus dans *la base de données Statistisques d'IDE selon BMD4*. Voir les métadonnées détaillées sur : *http://stats.oecd.org/OECDStat_Metadata/ShowMetadata.ashx?Dataset=FDI_CTRY_IND_SUMM&lang=fr.*

1. Informations sur les données concernant Israël : *http://oe.cd/israel-disclaimer*.
2. Note de la Turquie : Les informations figurant dans ce document et faisant référence à « Chypre » concernent la partie méridionale de l'île. Il n'y a pas d'autorité unique représentant à la fois les Chypriotes turcs et grecs sur l'île. La Turquie reconnaît la République Turque de Chypre Nord (RTCN). Jusqu'à ce qu'une solution durable et équitable soit trouvée dans le cadre des Nations Unies, la Turquie maintiendra sa position sur la « question chypriote ».
3. Note de tous les États de l'Union européenne membres de l'OCDE et del'Union européenne : La République de Chypre est reconnue par tous les membres des Nations Unies sauf la Turquie. Les informations figurant dans ce document concernent la zone sous le contrôle effectif du gouvernement de la République de Chypre.

Source : Statistiques de l'OCDE sur l'investissement direct international (base de données) : https://doi.org/10.1787/idi-data-fr

SLOVÉNIE

Tableau 3. Revenus des investissements directs étrangers par pays

Millions de dollars des ÉU

	Entrant					Sortant				
	2014	2015	2016	2017	2018	2014	2015	2016	2017	2018
TOTAL MONDE	**-48.9**	**1 078.2**	**1 252.3**	**1 254.8**	**1 567.5**	**-87.2**	**55.2**	**176.5**	**219.7**	**346.4**
Pays membres de l'OCDE	**-6.2**	**1 027.2**	**1 240.3**	**1 310.9**	**1 436.8**	**61.1**	**15.3**	**27.0**	**52.6**	**61.0**
Australie	-1.1	-0.5	0.1	1.2	-0.6	0.1	-1.7	-4.7	-2.4	-1.8
Autriche	-582.4	367.6	426.5	458.2	489.0	45.3	2.9	4.7	3.4	2.6
Belgique	19.9	18.7	21.5	18.6	19.7	-0.5	-0.6	0.0	0.3	0.3
Canada	0.0	-0.1	-0.1	-	-	-0.1	-0.1	0.0	0.5	-2.5
Chili	-	-	-	-	-	-	-	-	0.0	0.0
République Tchèque	-7.8	10.6	16.0	20.6	15.5	8.3	5.1	9.8	7.6	12.4
Danemark	23.4	19.8	20.6	15.4	18.8	0.5	0.5	0.7	0.7	1.3
Estonie	0.1	0.1	0.1	0.0	-	-	-	-	-	-
Finlande	6.4	5.0	4.1	2.4	4.9	-0.7	-1.3	0.1	-0.4	0.1
France	76.0	48.3	103.5	105.7	135.4	-0.8	-1.3	0.2	-1.5	1.0
Allemagne	137.6	172.6	172.6	180.0	170.4	9.8	-1.2	7.3	13.3	3.0
Grèce	0.2	0.0	0.9	2.7	3.1	0.6	0.2	0.0	0.3	0.0
Hongrie	20.9	13.2	6.7	11.9	12.3	-1.6	0.1	3.7	5.0	4.9
Islande	-	-	-	-	-	-	-	-	-	-
Irlande	0.4	0.7	-6.9	-0.1	0.6	-0.1	0.8	0.7	0.3	0.5
Israël[1]	0.0	0.5	-0.1	0.0	0.2	-	-	-	-	-
Italie	38.8	57.2	96.1	60.9	103.9	-6.7	-1.7	0.4	11.6	3.3
Japon	1.7	2.6	4.0	0.2	3.0	0.0	-0.1	-0.5	-0.1	0.0
Corée	0.6	0.4	0.0	-0.3	-0.2	0.9	0.8	0.8	0.8	-0.3
Lettonie	0.1	0.1	0.1	0.2	0.1	0.1	0.1	0.1	0.1	0.1
Lituanie	0.1	0.1	0.2	-	-	0.2	0.1	0.2	0.2	0.2
Luxembourg	34.6	45.5	102.9	62.0	18.2	0.0	-0.4	-	0.5	-
Mexique	-	-	-	-	-	-0.3	-2.1	-3.0	-1.3	-0.9
Pays-Bas	-11.6	41.1	56.6	127.2	145.9	0.9	3.5	3.5	3.8	26.2
Nouvelle-Zélande	0.0	0.0	0.0	-	-	-	-	-	-	-
Norvège	0.7	0.5	0.2	1.2	1.0	-	-	-	-	0.0
Pologne	0.1	1.3	4.9	3.7	3.3	7.6	7.4	7.0	9.5	10.2
Portugal	-	-	-	-	-	0.1	0.3	0.3	0.3	0.3
République slovaquie	2.1	2.5	6.2	7.4	-0.6	-1.2	0.4	-0.4	-0.7	0.0
Slovénie	-	-	-	-	-	-	-	-	-	-
Espagne	0.2	-0.4	0.0	1.7	1.1	3.2	0.9	2.0	1.3	-0.4
Suède	10.2	8.0	11.5	33.2	34.1	1.2	2.3	0.6	0.9	0.4
Suisse	149.5	162.9	124.6	137.4	196.6	-12.1	-1.7	-3.3	0.0	0.6
Turquie	-3.4	-0.7	-0.3	0.5	-2.1	1.7	-0.2	0.3	1.5	2.1
Royaume-Uni	65.2	37.4	50.3	48.2	39.6	1.7	2.2	-0.1	-0.3	2.8
Etats-Unis	11.4	12.2	17.8	10.7	23.3	3.0	0.4	-3.2	-2.1	-5.4
EUROPE	**-78.4**	**1 064.1**	**1 236.4**	**1 246.7**	**1 524.1**	**-93.5**	**66.1**	**184.1**	**223.0**	**362.4**
Bulgarie	0.4	1.4	1.0	0.1	0.6	-0.6	0.5	1.0	-2.1	-0.4
Croatie	-32.3	29.7	-29.7	-103.6	59.7	-93.7	-21.2	-13.7	35.1	86.7
Chypre[2, 3]	-29.2	20.1	14.7	5.9	9.0	-1.0	0.5	9.1	-8.8	0.8
Malte	1.1	3.9	11.7	11.9	9.2	-	0.0	0.0	-0.5	0.4
Roumanie	-0.3	-0.5	0.1	-	0.2	1.6	1.5	1.4	1.0	1.3
Russie	-1.0	-12.7	-3.5	-3.4	-2.4	12.3	5.0	23.7	23.3	31.2
Ukraine	-0.3	-0.3	-0.9	0.2	-0.1	-2.7	10.3	12.1	4.5	7.9
AFRIQUE	**0.1**	**1.5**	**-2.9**	**0.0**	**-0.1**	**-3.8**	**-13.2**	**-11.2**	**-0.3**	**-2.5**
Afrique septentrionale	0.0	1.2	0.1	0.0	-0.1	3.7	1.3	0.7	2.2	0.5
Algérie	0.0	0.0	0.0	-	-	-	-	-	0.0	0.0
Egypte	0.2	1.2	0.0	0.0	-0.1	-	-	-	-	-
Libye	-	0.0	0.0	-	-	3.7	1.4	0.7	2.3	0.5
Maroc	0.3	0.3	0.3	-	-	0.0	0.0	0.0	-0.1	0.0
Tunisie	-0.5	-0.3	-0.1	-	-	-	-	-	-	-
Autres pays africains	0.1	0.2	-3.0	-	-	-7.5	-14.6	-11.9	-2.5	-3.0
Nigéria	-	-	-	-	-	-	-	-	-	-
Afrique du Sud	-	-	0.0	-	-	3.2	3.2	0.8	-0.5	2.0
AMÉRIQUE	**22.3**	**11.4**	**17.9**	**7.4**	**27.0**	**1.7**	**-2.8**	**-7.4**	**-3.0**	**-8.8**
Amérique du Nord	11.4	12.1	17.7	10.7	23.3	2.9	0.2	-3.3	-1.6	-7.9
Amérique du Nord	10.9	-0.7	0.2	-3.3	3.7	-0.3	-2.1	-3.0	-1.3	-0.9
Bahamas	0.0	0.0	0.0	-	-	-	-	-	-	-
Bermudes	-	-	-	-	-	-	-	-	-	-
Îles Cayman	4.1	0.0	0.0	-	-	-	-	-	-	-
Costa Rica	-	-	-	-	-	-	-	-	-	-
El Salvador	-	-	-	-	-	-	-	-	-	-
Guatemala	-	-	-	-	-	-	-	-	-	-
Honduras	-	-	-	-	-	-	-	-	-	-
Nicaragua	-	-	-	-	-	-	-	-	-	-
Panama	0.5	0.2	0.1	-2.2	-0.2	-	-	-	-	-
Îles Vierges, US	-	-	-	-	-	-	-	-	-	-
Amérique du Sud	0.0	0.0	0.0	-	-	-0.9	-0.9	-1.2	-0.1	0.0
Argentine	0.0	0.0	0.0	-	-	-	-	-	0.0	0.0
Bolivie	-	-	-	-	-	-	-	-	-	-
Brésil	-	-	-	-	-	-0.1	-0.8	-0.1	-0.1	0.0
Colombie	-	-	-	-	-	-0.4	-	-	-	-
Equateur	-	-	-	-	-	-0.4	-0.2	-1.0	0.0	-
Paraguay	-	-	-	-	-	-	-	-	-	-
Pérou	-	-	-	-	-	-	-	-	0.0	0.0
Uruguay	-	-	-	-	-	-	-	-	-	-
Venezuela	-	-	-	-	-	-	-	-	-	-
ASIE	**4.5**	**1.3**	**0.0**	**-0.5**	**17.0**	**8.3**	**6.9**	**15.8**	**2.5**	**-2.9**

Tableau 3. Revenus des investissements directs étrangers par pays *(suite)*

Millions de dollars des ÉU

	Entrant					Sortant				
	2014	2015	2016	2017	2018	2014	2015	2016	2017	2018
Proche et Moyen Orient	1.3	1.6	2.8	0.8	14.5	-0.6	-0.7	1.3	-1.6	1.0
Pays du Golfe	1.3	1.2	3.0	0.8	14.3	-0.6	-0.7	1.3	-1.6	1.0
Koweït	0.0	0.0	-0.1	0.0	0.0	-	-	-	-	-
Qatar	-	-	-	-	-	-	-	-	-	-
Arabie saoudite	0.2	0.4	0.4	0.9	0.4	0.0	0.0	-0.1	0.0	-
Emirats Arabes Unis	1.2	0.8	2.7	-0.1	13.9	-0.6	-0.7	1.4	-1.6	1.0
Autres pays du Proche et Moyen Orient	0.0	0.5	-0.2	0.0	0.2	-	-	-	0.0	0.0
Jordanie	0.0	0.0	0.0	-	-	-	-	-	-	-
Autres pays asiatiques	3.2	-0.3	-2.8	-1.3	2.5	8.8	7.5	14.4	4.1	-3.9
Chine	0.0	0.1	0.2	-0.1	-0.3	5.6	6.5	9.1	1.8	-4.6
Hong Kong, Chine	0.3	-3.6	-6.9	-1.0	0.1	2.1	2.1	4.3	1.3	1.3
Inde	0.0	0.0	0.0	0.0	0.0	-0.1	-0.2	-0.2	0.1	0.3
Indonesie	-	-	-	-	-	-	-	-	-	-
République islamique d'Iran	-	-	-	-	-	-	0.0	-0.1	-0.1	-
Malaisie	-	-	-	-	0.0	-	-	-	0.0	-
Philippines	0.1	0.0	0.0	-	-	-	-	-	-	-
Singapour	0.5	0.3	0.0	0.0	0.1	0.0	0.1	0.0	0.0	0.0
Taipei Chinois	-0.1	-0.1	0.0	-	-	-	-	-	-	-
Thaïlande	-	-	0.0	-	-	0.0	-	-	-	-0.9
Viet Nam	-	-	-	-	-	-	-	-	-	-
AUSTRALIE, OCÉANIE ET RÉGIONS POLAIRES	**-1.1**	**-0.4**	**0.1**	**1.2**	**-0.6**	**0.1**	**-1.7**	**-4.7**	**-2.4**	**-1.8**
TOTAL MONDE non alloué et confidentiel	**3.8**	**0.2**	**0.8**	**0.1**	**0.0**	**0.0**	**-**	**0.0**	**0.0**	**0.0**
Union européenne (UE28)	**-225.6**	**903.8**	**1 091.9**	**1 074.2**	**1 294.1**	**-25.7**	**1.6**	**38.6**	**80.7**	**157.9**
Pays du G20 hors Union Européenne	**326.0**	**317.3**	**441.1**	**404.4**	**470.5**	**30.3**	**8.7**	**30.9**	**44.4**	**30.2**
Pays OCDE du G20	**326.8**	**329.5**	**444.0**	**407.1**	**472.9**	**9.4**	**-5.1**	**-2.5**	**19.9**	**1.4**
Pays non-OCDE du G20	**-0.8**	**-12.2**	**-3.0**	**-2.7**	**-2.3**	**20.9**	**13.8**	**33.3**	**24.5**	**28.8**
Pays MENA	**1.3**	**2.4**	**3.1**	**0.8**	**14.2**	**3.1**	**0.7**	**2.0**	**0.5**	**1.5**
Pays ANASE	**0.6**	**0.3**	**0.0**	**0.0**	**0.1**	**0.0**	**0.1**	**0.0**	**0.0**	**-0.9**

- Néant

Note : Voir les métadonnées détaillées sur : *http://stats.oecd.org/OECDStat_Metadata/ShowMetadata.ashx?Dataset=FDI_CTRY_IND_SUMM&lang=fr.*

1. Informations sur les données concernant Israël : *http://oe.cd/israel-disclaimer.*
2. Note de la Turquie : Les informations figurant dans ce document et faisant référence à « Chypre » concernent la partie méridionale de l'île. Il n'y a pas d'autorité unique représentant à la fois les Chypriotes turcs et grecs sur l'île. La Turquie reconnaît la République Turque de Chypre Nord (RTCN). Jusqu'à ce qu'une solution durable et équitable soit trouvée dans le cadre des Nations Unies, la Turquie maintiendra sa position sur la « question chypriote ».
3. Note de tous les États de l'Union européenne membres de l'OCDE et del'Union européenne : La République de Chypre est reconnue par tous les membres des Nations Unies sauf la Turquie. Les informations figurant dans ce document concernent la zone sous le contrôle effectif du gouvernement de la République de Chypre.

Source : Statistiques de l'OCDE sur l'investissement direct international (base de données) : https://doi.org/10.1787/idi-data-fr

SLOVÉNIE

Tableau 4. Investissement direct étranger : flux par secteur industriel

Millions de dollars des ÉU

	Entrant					Sortant				
	2014	2015	2016	2017	2018	2014	2015	2016	2017	2018
All FDI activities	**1 049.9**	**1 674.7**	**1 244.7**	**895.8**	**1 368.3**	**275.2**	**267.3**	**289.6**	**337.7**	**267.4**
Agriculture, sylviculture et pêche	**-0.9**	**-0.2**	**3.5**	**0.3**	**0.4**	**-1.4**	**10.0**	**3.7**	**2.4**	**4.1**
Industries extractives	**-3.0**	**-0.4**	**0.1**	**5.8**	**9.9**	**0.7**	**-0.7**	**5.1**	**16.5**	**3.4**
Activités d'extraction	-1.3	0.1	0.6	6.0	-1.6	-	-	-	-	-
Activités de fabrication	**374.9**	**809.1**	**508.3**	**254.7**	**819.4**	**151.1**	**108.2**	**120.3**	**244.9**	**36.0**
dont :										
Produits alimentaires, boissons et tabac	11.9	405.5	207.7	129.8	-1.3	-51.7	3.4	6.1	16.5	-9.2
Textiles, bois, papier, imprimerie	-28.5	12.7	33.0	59.6	37.4	-4.3	-2.2	1.3	0.6	-1.4
Produits pétroliers, chimiques, pharmaceutiques, caoutchouc, plastique, minéraux	107.6	159.2	140.6	11.4	125.0	151.8	18.0	41.4	124.7	55.1
Ouvrages en métaux et machines, sauf matériels électriques	70.9	106.0	80.4	17.5	94.9	2.7	3.6	55.9	62.6	10.5
Automobiles, remorques, semi-remorques, autres matériels de transport	134.1	20.6	-20.0	-3.9	175.7	-31.7	52.5	4.6	-14.6	0.5
Autres activités de fabrication	78.9	105.2	66.6	40.2	387.6	84.4	33.0	11.0	55.1	-19.5
Production et distribution d'électricité, de gaz, de vapeur et de climatisation	**9.6**	**14.0**	**-20.7**	**29.8**	**42.0**	**0.6**	**25.4**	**14.0**	**40.3**	**24.1**
Distribution de l'eau ; assainissement, traitement des déchets et dépollution	**2.3**	**0.0**	**-0.8**	**1.0**	**3.4**	**0.7**	**-0.1**	**0.0**	**1.1**	**-0.4**
Construction	**-67.4**	**-11.6**	**28.7**	**45.4**	**-16.2**	**-2.7**	**-10.7**	**6.5**	**6.1**	**-9.6**
Services	**723.2**	**844.1**	**715.0**	**557.1**	**485.2**	**77.6**	**95.3**	**81.0**	**-47.5**	**131.1**
Commerce de gros et de détail ; réparations automobiles et motocycles	716.3	67.9	31.6	85.8	220.9	116.4	4.3	68.8	23.1	32.0
Transport et entreposage	327.0	40.6	19.9	-6.8	1.7	-17.5	-22.1	-12.8	2.0	8.9
Activités d'hébergement et de restauration	1.3	45.5	1.1	-11.5	-10.8	-8.1	-7.2	-3.5	6.7	0.0
Information et communication	238.5	211.9	38.2	27.4	59.3	-10.7	11.6	13.4	-108.6	-2.8
Activités financières et d'assurances	-168.1	512.7	445.9	255.2	114.3	-22.6	147.6	21.2	25.3	73.3
Activités des sociétés holding	-28.8	105.0	22.8	190.0	-7.1	-68.4	0.8	4.6	-20.8	12.2
Activités immobilières	-509.2	-57.3	101.0	110.9	51.8	-0.2	4.6	4.9	5.6	4.5
Activités professionnelles, scientifiques et techniques	109.6	3.2	47.1	74.4	31.1	34.9	4.5	-2.9	0.1	8.7
Activités de services administratifs et d'appui	7.3	3.4	-15.6	17.8	14.5	-16.9	-26.5	-10.0	-6.8	4.6
Administration publique; activités des ménages et des organismes extra-territoriaux	0.0	0.0	0.0	-	-	-	-	-	-	-
Éducation	-0.3	-0.3	-0.4	0.2	-	-0.1	-0.1	0.0	0.0	0.0
Santé humaine et action sociale	-0.8	6.2	-0.2	1.1	1.6	2.4	-	-	-	-
Arts, spectacles et loisirs	0.1	8.9	45.6	2.9	1.4	-0.8	-21.7	0.5	1.1	-0.9
Autres services	1.4	1.4	0.9	0.0	-0.7	0.8	0.2	1.4	4.1	2.9
Not allocated and confidential	**11.3**	**19.6**	**10.7**	**1.7**	**24.2**	**48.5**	**40.0**	**59.0**	**73.9**	**78.8**
Activités immobilières privées	-	-	-	-	-	-	-	-	-	-

- Néant

Note : Voir les métadonnées détaillées sur : *http://stats.oecd.org/OECDStat_Metadata/ShowMetadata.ashx?Dataset=FDI_CTRY_IND_SUMM&lang=fr.*

Source : Statistiques de l'OCDE sur l'investissement direct international (base de données) : https://doi.org/10.1787/idi-data-fr

SLOVÉNIE

Tableau 5. Encours des investissement directs étrangers par secteur industriel

En fin d'année

Millions de dollars des ÉU

	Entrant					Sortant				
	2014	2015	2016	2017	2018	2014	2015	2016	2017	2018
All FDI activities	**12 385.8**	**12 642.4**	**13 671.8**	**16 738.8**	**17 348.3**	**6 477.2**	**5 997.2**	**6 051.6**	**7 159.3**	**6 940.9**
Agriculture, sylviculture et pêche	**19.2**	**17.4**	**19.8**	**26.4**	**25.6**	**22.0**	**29.3**	**40.3**	**49.3**	**51.0**
Industries extractives	**50.6**	**46.9**	**46.0**	**61.9**	**68.5**	**21.0**	**18.4**	**26.0**	**42.5**	**43.8**
Activités d'extraction	33.4	32.3	33.7	44.8	41.1	-	-	-	-	-
Activités de fabrication	**4 012.6**	**4 323.9**	**4 446.8**	**5 567.8**	**6 221.2**	**1 585.0**	**1 533.9**	**1 509.5**	**1 903.6**	**1 782.3**
dont :										
Produits alimentaires, boissons et tabac	205.2	577.3	522.0	733.6	704.0	287.5	260.7	216.1	266.9	243.7
Textiles, bois, papier, imprimerie	469.7	425.1	446.3	552.9	535.0	13.7	8.7	6.5	11.6	10.8
Produits pétroliers, chimiques, pharmaceutiques, caoutchouc, plastique, minéraux	1 477.4	1 508.9	1 602.9	1 904.6	1 943.2	493.1	415.2	562.3	754.4	683.8
Ouvrages en métaux et machines, sauf matériels électriques	577.5	591.7	639.3	852.3	927.9	177.1	151.6	183.3	324.2	298.7
Automobiles, remorques, semi-remorques, autres matériels de transport	601.5	512.7	393.5	451.6	576.3	94.0	206.6	161.6	81.9	115.1
Autres activités de fabrication	681.2	708.1	842.9	1 073.0	1 534.8	519.7	491.1	379.8	464.6	430.2
Production et distribution d'électricité, de gaz, de vapeur et de climatisation	**405.7**	**379.1**	**350.6**	**439.5**	**448.4**	**143.8**	**151.5**	**143.4**	**198.6**	**248.3**
Distribution de l'eau ; assainissement, traitement des déchets et dépollution	**69.5**	**63.5**	**61.3**	**69.9**	**92.5**	**15.1**	**9.9**	**12.4**	**16.2**	**15.0**
Construction	**103.9**	**96.4**	**162.3**	**262.3**	**225.6**	**27.7**	**14.9**	**62.0**	**109.6**	**35.6**
Services	**7 457.1**	**7 456.3**	**8 307.0**	**9 960.9**	**9 846.6**	**3 503.8**	**3 159.5**	**3 089.2**	**3 385.4**	**3 271.9**
Commerce de gros et de détail ; réparations automobiles et motocycles	2 828.7	2 681.1	2 629.6	2 968.1	3 094.5	1 409.2	1 306.6	1 303.2	1 451.4	1 376.3
Transport et entreposage	456.9	305.4	307.3	328.3	294.5	349.1	314.6	192.6	192.2	89.2
Activités d'hébergement et de restauration	34.3	94.2	102.9	122.7	134.7	62.9	38.9	41.0	53.3	50.7
Information et communication	674.4	774.1	790.1	945.4	929.2	296.2	282.2	171.9	213.0	195.0
Activités financières et d'assurances	1 927.3	2 241.3	3 080.7	3 682.9	3 368.2	910.1	909.7	1 016.0	1 050.8	1 110.5
Activités des sociétés holding	144.4	261.4	264.4	440.9	374.1	302.9	250.1	398.0	308.0	306.4
Activités immobilières	910.0	760.1	834.8	1 089.7	1 161.0	154.5	140.1	311.8	328.9	330.3
Activités professionnelles, scientifiques et techniques	464.4	430.9	429.5	664.6	665.2	200.1	175.1	52.6	83.8	89.8
Activités de services administratifs et d'appui	133.7	128.6	77.6	98.7	142.5	59.7	-49.4	-41.2	-17.4	-9.6
Administration publique; activités des ménages et des organismes extra-territoriaux	0.0	0.0	0.0	-	-	-	-	-	-	-
Éducation	-0.1	-0.3	-0.9	-	-	-0.2	-0.2	-0.2	-0.1	-0.1
Santé humaine et action sociale	2.1	8.0	7.4	10.2	10.5	2.2	2.0	1.9	2.2	2.1
Arts, spectacles et loisirs	4.4	13.1	27.7	27.7	25.5	27.4	11.1	10.4	-3.4	5.2
Autres services	21.0	19.9	20.2	22.5	20.8	32.4	28.9	29.2	30.6	32.4
Not allocated and confidential	**267.2**	**258.9**	**278.0**	**350.0**	**420.0**	**1 158.8**	**1 080.0**	**1 168.8**	**1 454.0**	**1 493.0**
Activités immobilières privées	-	-	-	-	-	-	-	-	-	-

- Néant

Note : Voir les métadonnées détaillées sur : *http://stats.oecd.org/OECDStat_Metadata/ShowMetadata.ashx?Dataset=FDI_CTRY_IND_SUMM&lang=fr*.

Source : Statistiques de l'OCDE sur l'investissement direct international (base de données) : https://doi.org/10.1787/idi-data-fr

Tableau 6. Revenus des investissements directs étrangers par secteur industriel

Millions de dollars des ÉU

	Entrant					Sortant				
	2014	2015	2016	2017	2018	2014	2015	2016	2017	2018
All FDI activities	**-48.9**	**1 078.2**	**1 252.3**	**1 254.8**	**1 567.5**	**-87.2**	**55.2**	**176.5**	**219.7**	**346.4**
Agriculture, sylviculture et pêche	**1.0**	**2.6**	**1.1**	**0.7**	**1.1**	**-1.4**	**1.9**	**1.4**	**2.9**	**4.6**
Industries extractives	**-1.1**	**-1.0**	**0.0**	**-0.9**	**1.4**	**-0.6**	**-0.2**	**0.2**	**1.9**	**4.0**
Activités d'extraction	-2.3	-1.6	-1.1	-1.4	-1.9	-	-	-	-	-
Activités de fabrication	**489.5**	**518.4**	**565.5**	**566.8**	**527.5**	**6.8**	**55.8**	**87.2**	**94.9**	**99.6**
dont :										
Produits alimentaires, boissons et tabac	20.8	29.3	46.7	59.7	74.8	17.8	16.4	21.6	25.1	15.7
Textiles, bois, papier, imprimerie	27.9	41.9	45.1	29.2	27.7	-1.1	-0.2	-0.4	0.8	0.5
Produits pétroliers, chimiques, pharmaceutiques, caoutchouc, plastique, minéraux	236.7	232.3	183.4	194.4	236.3	22.9	21.8	30.6	38.2	47.6
Ouvrages en métaux et machines, sauf matériels électriques	63.5	67.8	92.4	42.3	95.6	-10.0	5.2	20.9	38.1	32.2
Automobiles, remorques, semi-remorques, autres matériels de transport	43.4	74.1	62.6	90.9	76.4	-50.7	-1.8	-1.1	-30.5	-9.5
Autres activités de fabrication	97.0	73.0	135.3	150.3	16.7	28.0	14.4	15.6	23.2	13.2
Production et distribution d'électricité, de gaz, de vapeur et de climatisation	**-0.9**	**7.2**	**-5.7**	**6.7**	**-1.4**	**6.4**	**7.2**	**4.4**	**2.3**	**8.4**
Distribution de l'eau ; assainissement, traitement des déchets et dépollution	**8.9**	**6.4**	**7.2**	**8.1**	**9.7**	**-0.8**	**-0.1**	**0.3**	**1.1**	**0.2**
Construction	**-70.7**	**-7.2**	**0.7**	**3.4**	**27.4**	**-9.3**	**-3.9**	**1.7**	**0.3**	**-3.3**
Services	**-475.7**	**551.8**	**683.4**	**670.0**	**1 001.9**	**-88.4**	**-5.5**	**80.9**	**116.1**	**231.2**
Commerce de gros et de détail ; réparations automobiles et motocycles	184.0	267.4	207.6	127.9	362.4	-21.2	45.3	55.0	19.3	70.2
Transport et entreposage	22.7	32.5	35.7	27.2	-4.8	-10.9	-18.3	-11.5	-2.2	-2.9
Activités d'hébergement et de restauration	0.4	-7.6	3.3	4.4	9.0	-8.7	-1.2	-0.1	-0.2	1.7
Information et communication	81.2	96.6	64.7	69.2	87.5	9.5	11.7	9.1	10.2	10.9
Activités financières et d'assurances	-340.8	26.1	273.5	276.1	362.8	-11.6	-12.2	59.2	97.5	131.3
Activités des sociétés holding	-6.2	4.7	21.4	-2.8	12.0	6.2	-1.8	12.1	-6.7	24.6
Activités immobilières	-466.4	94.4	65.6	89.5	91.7	-34.2	-10.5	-37.1	-12.6	5.2
Activités professionnelles, scientifiques et techniques	37.8	31.5	40.4	60.7	79.2	3.5	4.2	6.4	5.2	8.5
Activités de services administratifs et d'appui	2.9	6.8	-18.1	12.5	10.2	-15.9	-25.2	-2.6	-5.7	3.1
Administration publique; activités des ménages et des organismes extra-territoriaux	0.0	-	0.0	-	-	-	-	-	-	-
Éducation	-0.2	-0.2	-0.4	-	-	-0.1	-0.1	0.0	0.0	0.0
Santé humaine et action sociale	0.1	1.4	0.7	1.1	1.6	-	-	-	-	-
Arts, spectacles et loisirs	0.0	0.2	8.6	-0.7	0.7	0.4	0.6	1.2	1.3	0.8
Autres services	2.6	2.9	1.7	2.2	1.6	0.6	0.2	1.3	3.2	2.4
Not allocated and confidential	**0.0**	**0.0**	**0.0**	**0.0**	**0.0**	**0.0**	**0.1**	**0.5**	**0.2**	**1.7**
Activités immobilières privées	-	-	-	-	-	-	-	-	-	-

- Néant

Note : Voir les métadonnées détaillées sur : *http://stats.oecd.org/OECDStat_Metadata/ShowMetadata.ashx?Dataset=FDI_CTRY_IND_SUMM&lang=fr*.

Source : Statistiques de l'OCDE sur l'investissement direct international (base de données) : https://doi.org/10.1787/idi-data-fr

ESPAGNE

Tableau 1. Flux d'investissement direct étranger par pays

Millions de dollars des ÉU

	Entrant					Sortant				
	2014	2015	2016	2017	2018	2014	2015	2016	2017	2018
TOTAL MONDE	**22 571.3**	**8 556.9**	**31 538.2**	**38 723.9**	**44 981.7**	**36 742.7**	**41 916.8**	**43 902.5**	**52 237.6**	**27 057.7**
Pays membres de l'OCDE	**18 905.4**	**3 863.6**	**29 570.9**	**37 079.2**	**41 693.6**	**19 793.0**	**29 547.4**	**31 354.6**	**41 750.6**	**18 446.8**
Australie	.. c	.. c	.. c	-69.9	-105.0	.. d	86.5	.. d	.. d	.. d
Autriche	.. d	.. c	.. c	.. c	.. d	.. c	.. d	.. d	366.4	.. d
Belgique	.. c	1 104.8	-613.7	-860.1	766.0	825.3	472.5	496.5	.. c	.. c
Canada	.. d	.. d	.. d	.. d	-226.6	.. d	.. c	.. d	.. d	.. d
Chili	.. d	.. c	.. c	.. c	.. c	9 246.4	2 327.2	2 945.9	-9 885.0	.. c
République Tchèque	.. d	.. c	.. c	86.8	.. c	.. c	.. d	.. d	.. d	140.4
Danemark	.. d	407.1	.. d	.. d	.. d	.. d	.. d	.. d	-845.5	.. d
Estonie	.. c	.. c	.. c	.. c	.. c	.. c	.. c	.. c	.. c	.. c
Finlande	.. c	.. c	.. d	.. d	.. c	.. c	.. c	.. c	.. c	509.9
France	5 794.1	5 733.8	3 236.8	2 097.8	2 002.8	-6 383.2	2 692.2	1 638.8	4 001.8	1 533.1
Allemagne	225.6	455.9	4 997.2	4 927.3	7 649.0	-222.9	1 487.5	1 946.3	838.7	-2 207.0
Grèce	.. c	.. c	.. c	.. c	.. c	.. d	.. c	.. d	.. d	.. d
Hongrie	.. d	-59.9	-327.3	.. c	.. d	.. d	.. c	.. c	.. d	250.2
Islande	.. c	.. c	.. c	.. c	.. c	.. c	.. c	.. c	.. c	.. c
Irlande	-776.2	-487.0	125.0	5 828.0	-266.7	8 097.4	905.2	-2 992.4	3 220.6	652.7
Israël[1]	.. c	.. c	.. c	.. c	.. c	.. c	.. c	.. c	.. c	.. c
Italie	2 386.9	.. c	273.1	-7 800.7	7 739.9	398.0	-607.9	1 299.3	1 107.0	-729.4
Japon	.. d	.. d	.. d	.. d	.. c	.. c	.. c	.. c	.. c	.. d
Corée	.. d	.. d	56.4	.. d	.. d	.. c	.. d	.. d	.. c	.. c
Lettonie	.. c	.. c	.. c	.. c	.. c	.. c	.. c	.. c	.. c	.. c
Lituanie	.. c	.. c	.. c	.. c	.. c	.. c	.. c	.. c	.. c	.. c
Luxembourg	14 861.4	-1 273.4	3 083.0	5 442.5	12 230.6	-1 653.2	-555.7	4 707.5	-1 810.4	4 127.2
Mexique	.. d	.. d	.. d	.. d	.. d	2 568.7	3 667.2	4 497.4	2 633.3	2 981.2
Pays-Bas	-11 406.4	-2 909.6	6 856.1	14 784.1	.. d	-2 182.6	.. d	-11 090.3	200.7	1 043.3
Nouvelle-Zélande	.. d	.. c	.. c	.. c	.. c	.. c	.. c	.. c	.. c	.. c
Norvège	.. d	.. d	.. d	.. d	.. d	.. d	146.4	.. d	258.1	.. d
Pologne	.. c	.. d	.. d	.. c	.. d	805.4	621.2	339.5	715.8	.. d
Portugal	894.3	.. d	498.7	.. d	155.8	841.2	-1 520.8	.. c	735.0	1 446.9
République slovaquie	.. c	.. c	.. c	.. c	.. c	91.5	.. c	267.6	.. c	.. d
Slovénie	.. c	.. c	.. c	.. c	.. c	.. c	.. c	.. c	.. c	.. c
Espagne	-	-	-	-	-	-	-	-	-	-
Suède	1 909.2	1 008.3	531.9	358.5	.. d	.. d	.. d	.. d	.. c	.. d
Suisse	1 000.4	1 223.5	517.5	760.9	-1 390.3	1 093.3	.. d	.. c	.. d	.. d
Turquie	.. c	.. c	.. c	.. c	.. c	.. d	.. d	.. d	.. d	.. d
Royaume-Uni	1 038.9	-2 814.2	6 699.1	3 206.0	.. d	2 860.6	7 553.0	.. d	18 778.0	2 635.4
Etats-Unis	-261.4	-2 931.8	.. d	7 098.4	2 584.7	6 407.1	4 604.5	14 355.9	14 962.2	3 820.4
EUROPE	**18 275.2**	**5 021.6**	**26 952.3**	**28 554.8**	**35 353.5**	**2 548.8**	**9 505.3**	**9 039.0**	**32 055.0**	**12 445.4**
Bulgarie	.. c	.. c	.. c	.. c	.. c	.. c	.. c	.. c	.. c	.. c
Croatie	.. c	.. c	.. c	.. c	.. c	.. c	.. c	.. c	.. c	.. c
Chypre[2, 3]	.. c	.. c	.. c	.. d	.. c	.. c	.. c	.. c	.. c	.. d
Malte	.. d	.. d	288.6	.. d	.. c	.. c	.. c	.. c	.. c	.. c
Roumanie	.. c	.. d	.. d	-272.8	.. c	.. d	.. d	.. c	.. c	.. c
Russie	.. d	.. d	.. d	.. d	.. d	.. c	.. d	.. d	.. d	.. d
Ukraine	.. c	.. c	.. c	.. c	.. c	.. c	.. c	.. c	.. c	.. c
AFRIQUE	**.. c**	**.. c**	**.. d**	**-100.3**	**-231.3**	**370.2**	**.. d**	**426.8**	**.. d**	**.. d**
Afrique septentrionale	.. c	.. c	.. c	-67.6	.. c	.. d	.. d	212.3	.. d	.. d
Algérie	.. c	.. c	.. c	.. c	.. c	.. d	.. d	.. d	.. d	.. d
Egypte	.. c	.. c	.. c	.. c	.. c	.. d	.. d	.. c	.. c	.. d
Libye	.. c	.. c	.. c	.. c	.. c	.. c	.. c	.. c	.. c	.. c
Maroc	.. c	.. c	.. c	.. c	.. c	.. d	.. d	.. d	.. d	.. d
Tunisie	.. c	.. c	.. c	.. c	.. c	.. c	.. c	.. c	.. c	.. c
Autres pays africains	.. c	.. c	.. d	.. c	-177.0	.. d	.. d	.. d	.. d	.. d
Nigéria	.. c	.. c	.. c	.. c	.. c	.. c	.. c	.. c	.. c	.. c
Afrique du Sud	.. c	.. c	.. c	.. c	.. c	.. d	.. c	.. c	.. d	.. d
AMÉRIQUE	**.. d**	**1 269.0**	**2 522.4**	**9 599.8**	**-2 727.5**	**32 213.1**	**33 926.8**	**.. d**	**17 214.5**	**11 557.9**
Amérique du Nord	94.2	-2 604.5	308.5	7 157.0	.. d	6 663.1	15 013.9	14 870.1	17 123.2	.. d
Amérique du Nord	2 933.5	.. d	2 995.7	-924.4	-2 443.1	7 079.7	4 289.5	5 592.2	2 749.4	3 078.0
Bahamas	.. c	.. c	.. c	.. c	.. c	.. c	.. c	.. c	.. c	.. c
Bermudes	.. c	.. c	.. c	.. c	.. c	.. c	.. d	.. d	.. c	106.2
Îles Cayman	.. c	.. d	.. d	.. d	.. d	.. c	74.3	.. d	.. d	.. d
Costa Rica	.. c	.. c	.. c	.. c	.. c	.. d	.. d	74.1	.. d	.. d
El Salvador	.. c	.. c	.. c	.. c	.. c	.. d	.. c	-60.8	.. c	.. c
Guatemala	.. c	.. c	.. c	.. c	.. c	.. d	.. d	.. d	.. d	.. d
Honduras	.. c	.. c	.. c	.. c	.. c	.. c	.. c	.. c	.. c	.. c
Nicaragua	.. c	.. c	.. c	.. c	.. c	107.5	.. c	.. c	.. c	.. c
Panama	.. c	.. d	.. d	.. c	.. d	.. d	.. c	.. d	.. d	.. d
Îles Vierges, US	.. c	.. c	.. c	.. c	.. c	.. c	.. c	.. c	.. c	.. c
Amérique du Sud	116.8	2 094.3	.. d	3 367.2	-2 643.7	18 471.5	14 623.4	12 134.2	-2 657.0	7 126.2
Argentine	.. d	.. d	801.7	.. c	.. d	335.7	.. d	.. d	1 551.1	.. d
Bolivie	.. c	.. c	.. c	.. c	.. c	.. d	.. d	141.5	.. d	.. d
Brésil	-703.2	330.6	-1 172.2	307.7	-2 554.0	6 251.8	8 139.8	3 517.6	.. d	.. d
Colombie	.. d	.. d	.. d	162.3	.. d	.. c	356.1	1 375.7	527.6	-468.5
Equateur	.. c	.. c	.. c	.. c	.. c	.. c	.. d	.. c	.. d	.. d
Paraguay	.. c	.. c	.. c	.. c	.. c	.. d	.. c	.. c	.. c	.. d
Pérou	-534.7	.. d	.. c	.. c	.. c	.. d	.. c	899.0	.. c	.. d
Uruguay	1 601.4	-675.5	.. d	2 785.5	-85.0	.. d	.. d	.. d	.. d	.. d
Venezuela	.. d	.. d	-219.0	.. d	.. d	4 008.2	-232.9	.. d	.. d	.. d
ASIE	**816.0**	**2 095.4**	**.. d**	**.. d**	**12 362.8**	**.. d**	**.. d**	**2 088.9**	**.. d**	**3 570.2**

ESPAGNE

Tableau 1. Flux d'investissement direct étranger par pays (*suite*)

Millions de dollars des ÉU

	Entrant					Sortant				
	2014	2015	2016	2017	2018	2014	2015	2016	2017	2018
Proche et Moyen Orient	.. d	564.6	.. d	.. d	3 436.8	.. d	.. d	90.7	.. d	.. d
Pays du Golfe	.. d	531.3	.. d	.. d	.. d	.. d	.. c	98.4	.. d	.. d
Koweït	.. c	.. c	.. c	.. c	.. c	.. c	.. c	.. c	.. c	60.2
Qatar	.. d	.. c	.. c	.. c	.. c	.. c	.. c	.. d	.. c	.. c
Arabie saoudite	.. c	.. c	.. c	.. c	.. c	.. d	.. c	80.7	288.6	.. d
Emirats Arabes Unis	.. d	.. d	.. d	.. d	.. d	.. c	.. c	.. c	.. c	.. c
Autres pays du Proche et Moyen Orient	.. c	.. c	.. c	.. c	.. c	.. c	.. c	.. c	58.6	.. d
Jordanie	.. c	.. c	.. c	.. c	.. c	.. c	.. c	.. c	.. c	.. c
Autres pays asiatiques	.. d	1 530.8	.. d	.. d	.. d	.. d	.. d	.. d	.. d	1 539.0
Chine	634.2	.. c	.. d	.. d	.. c	.. d	.. d	.. d	.. d	.. d
Hong Kong, Chine	.. d	.. d	.. c	.. c	396.6	.. d	.. d	.. d	.. d	.. d
Inde	.. c	100.9	.. d	.. c	.. c	.. d	.. d	.. d	.. d	.. d
Indonesie	.. c	.. c	.. c	.. c	.. c	.. c	.. c	.. c	.. c	.. c
République islamique d'Iran	.. c	.. c	.. c	.. c	.. c	.. c	.. c	.. c	.. c	.. c
Malaisie	.. c	.. c	.. c	.. d	.. c	.. d	.. d	.. d	.. d	.. c
Philippines	.. c	.. c	.. c	.. c	.. c	.. c	.. c	.. c	.. c	.. c
Singapour	.. d	.. d	.. d	.. c	.. d	.. d	.. c	.. d	.. d	.. c
Taipei Chinois	.. c	.. c	.. c	.. c	.. c	.. c	.. c	.. c	.. c	.. c
Thaïlande	.. c	.. c	.. c	.. c	.. c	.. c	.. c	.. c	.. c	.. c
Viet Nam	.. c	.. c	.. c	.. c	.. c	.. c	.. c	.. c	.. c	.. c
AUSTRALIE, OCÉANIE ET RÉGIONS POLAIRES	**.. d**	**.. c**	**.. d**	**.. c**	**-85.0**	**.. d**	**87.6**	**.. d**	**.. d**	**.. d**
TOTAL MONDE non alloué et confidentiel	**.. d**	**.. d**	**.. d**	**.. d**	**309.2**	**.. d**	**.. d**	**.. d**	**.. d**	**.. d**
Union européenne (UE28)	**15 917.5**	**3 517.5**	**26 679.2**	**27 674.4**	**36 656.4**	**.. c**	**5 427.6**	**7 327.2**	**27 664.3**	**10 666.8**
Pays du G20 hors Union Européenne	**.. d**	**.. d**	**.. d**	**.. d**	**.. d**	**.. d**	**.. d**	**.. d**	**.. d**	**.. d**
Pays OCDE du G20	**.. d**	**.. d**	**.. d**	**.. d**	**.. d**	**.. d**	**.. d**	**.. d**	**.. d**	**.. d**
Pays non-OCDE du G20	**.. d**	**.. d**	**.. d**	**.. d**	**.. d**	**.. d**	**.. d**	**.. d**	**.. d**	**.. d**
Pays MENA	**.. d**	**.. d**	**.. d**	**.. d**	**.. d**	**.. d**	**.. d**	**.. d**	**.. d**	**.. d**
Pays ANASE	**.. d**	**768.7**	**-214.5**	**.. d**	**.. d**	**.. d**	**.. d**	**.. d**	**.. d**	**.. d**

- Néant ; .. Non disponible ; c Donnée confidentielle ; d Confidentialité Secondaire

Note : Voir les métadonnées détaillées sur : *http://stats.oecd.org/OECDStat_Metadata/ShowMetadata.ashx?Dataset=FDI_CTRY_IND_SUMM&lang=fr*.

1. Informations sur les données concernant Israël : *http://oe.cd/israel-disclaimer*.
2. Note de la Turquie : Les informations figurant dans ce document et faisant référence à « Chypre » concernent la partie méridionale de l'île. Il n'y a pas d'autorité unique représentant à la fois les Chypriotes turcs et grecs sur l'île. La Turquie reconnaît la République Turque de Chypre Nord (RTCN). Jusqu'à ce qu'une solution durable et équitable soit trouvée dans le cadre des Nations Unies, la Turquie maintiendra sa position sur la « question chypriote ».
3. Note de tous les États de l'Union européenne membres de l'OCDE et del'Union européenne : La République de Chypre est reconnue par tous les membres des Nations Unies sauf la Turquie. Les informations figurant dans ce document concernent la zone sous le contrôle effectif du gouvernement de la République de Chypre.

Source : Statistiques de l'OCDE sur l'investissement direct international (base de données) : https://doi.org/10.1787/idi-data-fr

ESPAGNE

Tableau 2. Encours des investissements directs étrangers par pays
En fin d'année

Millions de dollars des ÉU

	Entrant					Sortant				
	2014	2015	2016	2017	2018	2014	2015	2016	2017	2018
TOTAL MONDE	**596 701.0**	**561 589.5**	**591 484.1**	**702 018.5**	**721 877.7**	**523 853.8**	**512 970.1**	**536 713.4**	**604 725.4**	**578 268.8**
Pays membres de l'OCDE	**546 451.8**	**486 835.1**	**500 669.3**	**630 915.1**	**651 254.9**	**383 525.7**	**391 384.9**	**397 723.2**	**454 105.3**	**433 716.5**
Australie	.. c	528.0	541.8	.. c	.. c	794.0	795.9	749.4	1 422.4	1 620.1
Autriche	2 116.2	2 462.7	2 773.3	2 757.3	2 681.5	217.3	1 561.2	741.0	1 513.6	1 657.9
Belgique	15 926.6	12 694.6	10 892.8	14 574.2	14 961.1	5 580.0	5 065.9	5 179.7	4 809.3	4 485.9
Canada	.. d	.. d	.. d	.. d	.. d	.. d	.. d	.. d	.. d	.. d
Chili	.. c	.. c	363.7	164.3	.. c	24 340.3	24 655.4	29 014.4	21 084.2	19 791.6
République Tchèque	.. c	234.1	267.7	182.3	226.7	1 337.9	818.7	862.2	1 092.6	1 142.7
Danemark	3 429.8	2 880.8	3 714.6	5 087.6	5 237.0	1 605.0	1 693.0	1 919.5	600.9	670.9
Estonie	.. c	131.7	127.5	.. c	.. c	.. c	.. c	.. c	.. c	.. c
Finlande	373.9	688.1	668.3	467.7	423.6	299.9	142.6	138.1	.. c	545.0
France	62 744.7	49 139.9	49 944.1	75 380.2	73 945.5	11 457.5	13 467.6	14 496.7	20 436.6	21 090.0
Allemagne	45 310.2	39 033.2	42 411.7	62 896.4	67 621.9	13 168.1	19 597.2	22 436.0	26 458.4	23 725.7
Grèce	199.1	217.7	235.1	123.5	164.9	1 063.6	869.9	809.5	777.2	803.8
Hongrie	821.9	766.5	290.9	199.1	.. c	.. c	.. c	.. c	1 140.6	1 316.7
Islande	.. c	139.4	107.5	.. c	.. c	.. c	.. c	.. c	.. c	.. c
Irlande	7 600.3	5 358.7	4 721.2	13 281.4	13 780.6	15 050.0	13 765.9	10 065.4	13 971.0	11 309.8
Israël[1]	.. c	240.6	237.2	.. c	.. c	.. c	.. c	.. c	.. c	430.5
Italie	42 713.3	36 819.8	32 802.8	34 941.2	40 132.8	10 614.9	9 176.9	9 398.1	12 070.0	11 365.9
Japon	1 719.2	1 934.7	2 525.6	2 710.5	6 881.2	348.4	389.8	366.8	394.6	156.9
Corée	730.9	706.6	741.0	862.3	936.6	546.3	347.3	476.4	518.1	1 876.6
Lettonie	.. c	238.4	250.9	.. c	.. c	.. c	.. c	.. c	.. c	.. c
Lituanie	.. c	133.9	134.9	.. c	.. c	.. c	.. c	.. c	.. c	.. c
Luxembourg	81 542.6	74 101.3	75 552.9	94 206.0	101 804.4	6 155.5	6 378.9	7 147.7	7 188.8	9 946.2
Mexique	6 086.3	7 552.5	8 237.6	9 137.7	9 214.6	38 168.9	36 186.2	35 245.1	41 691.1	40 135.1
Pays-Bas	143 472.6	117 213.9	125 141.8	138 404.9	136 923.5	10 016.3	3 727.8	-5 369.5	-7 511.4	-4 236.3
Nouvelle-Zélande	514.8	480.1	529.1	782.0	766.0	.. c	.. c	.. c	.. c	.. c
Norvège	4 471.5	4 641.3	4 875.1	5 729.2	5 838.1	1 431.4	2 215.6	2 430.7	3 145.8	3 336.4
Pologne	-2 820.4	-2 467.1	-2 449.7	-3 800.7	-602.2	10 804.3	8 338.6	7 588.3	11 122.6	11 072.8
Portugal	13 279.8	11 309.7	11 488.4	17 977.9	17 492.6	27 879.4	24 051.2	24 401.8	26 321.7	21 755.2
République slovaquie	.. c	.. c	.. c	.. c	.. c	333.9	288.5	554.4	736.4	957.2
Slovénie	.. c	.. c	.. c	.. c	.. c	.. c	.. c	.. c	.. c	.. c
Espagne	-	-	-	-	-	-	-	-	-	-
Suède	9 935.0	7 139.9	7 136.1	12 799.2	12 942.5	2 566.6	1 683.2	1 189.0	1 312.1	1 145.0
Suisse	20 021.7	19 392.5	18 878.5	20 821.5	18 700.5	16 150.0	14 706.6	14 572.6	15 147.5	14 455.0
Turquie	.. c	117.6	157.1	.. c	.. c	7 884.4	7 513.3	6 945.3	9 534.7	6 282.3
Royaume-Uni	60 163.5	68 239.5	72 232.5	86 613.1	86 063.7	86 912.6	96 595.5	90 076.9	120 250.7	116 458.7
Etats-Unis	23 708.9	22 885.1	23 206.5	32 341.1	33 137.2	67 057.2	65 670.1	77 630.4	100 135.5	94 377.1
EUROPE	**522 631.2**	**463 316.3**	**475 622.4**	**596 749.8**	**612 390.7**	**250 932.6**	**253 675.6**	**244 902.5**	**277 332.7**	**265 862.1**
Bulgarie	.. c	.. c	.. c	.. c	.. c	373.9	333.2	425.8	707.6	681.2
Croatie	.. c	.. c	.. c	.. c	.. c	.. c	.. c	.. c	146.3	135.1
Chypre[2, 3]	.. c	305.9	372.1	832.3	445.4	610.7	862.3	577.6	663.2	529.0
Malte	743.0	1 455.6	1 671.8	1 027.8	981.2	774.6	827.4	492.3	478.5	538.1
Roumanie	.. c	-189.4	-355.2	.. c	.. c	1 307.6	1 156.2	1 119.4	1 176.5	1 080.8
Russie	2 463.4	6 848.1	7 344.8	3 331.7	3 473.8	881.4	687.0	952.9	1 414.0	802.6
Ukraine	-157.8	.. c	.. c	-321.4	-360.7	.. c	.. c	.. c	.. c	.. c
AFRIQUE	**914.2**	**1 759.4**	**2 172.4**	**1 113.0**	**724.8**	**6 571.9**	**6 124.1**	**5 432.7**	**6 487.2**	**6 083.1**
Afrique septentrionale	870.5	1 333.7	1 347.1	807.1	649.2	4 618.4	4 377.8	3 537.5	4 254.0	3 954.7
Algérie	.. c	555.3	528.1	.. c	.. c	715.1	374.5	247.7	380.2	535.8
Egypte	.. c	.. c	.. c	.. c	.. c	1 118.2	1 679.9	855.9	892.3	950.3
Libye	.. c	.. c	.. c	.. c	.. c	.. c	.. c	.. c	.. c	.. c
Maroc	.. c	236.3	253.0	.. c	.. c	2 376.0	2 182.9	2 284.2	2 621.7	2 425.0
Tunisie	.. c	.. c	.. c	.. c	.. c	.. d	.. d	.. d	.. d	.. d
Autres pays africains	.. c	425.7	825.3	305.8	.. c	1 953.5	1 746.3	1 894.2	2 233.1	.. d
Nigéria	.. c	.. c	.. c	.. c	.. c	.. c	.. c	.. c	.. c	.. c
Afrique du Sud	.. c	.. c	.. c	.. c	.. c	1 204.4	892.8	1 041.4	1 217.3	1 147.2
AMÉRIQUE	**56 748.2**	**58 386.5**	**59 992.6**	**82 108.4**	**76 535.4**	**254 653.8**	**240 939.6**	**273 982.3**	**306 248.5**	**288 702.8**
Amérique du Nord	25 715.9	25 010.3	25 235.6	34 474.7	34 989.7	73 994.5	80 902.6	92 409.6	118 421.7	110 077.9
Amérique du Nord	11 123.6	13 585.2	15 693.1	17 432.2	.. d	50 726.3	47 525.3	47 441.8	54 293.6	.. d
Bahamas	.. c	.. c	397.4	361.0	340.1	.. c	.. c	.. c	.. c	225.6
Bermudes	.. c	.. c	.. c	.. c	.. c	.. c	.. c	.. c	.. c	.. c
Îles Cayman	.. c	254.8	202.4	171.5	265.6	3 176.1	1 686.4	1 640.1	2 601.3	258.8
Costa Rica	365.4	319.0	235.1	231.5	225.6	1 193.5	1 219.4	1 708.7	1 920.1	2 057.5
El Salvador	.. c	.. c	.. c	.. c	.. c	860.8	766.5	734.7	704.0	689.3
Guatemala	.. c	.. c	.. c	.. c	.. c	636.2	575.9	788.4	887.5	904.5
Honduras	.. c	.. c	.. c	.. c	.. c	156.6	142.6	145.5	.. c	.. c
Nicaragua	.. c	.. c	.. c	.. c	.. c	240.4	360.4	227.7	214.7	186.6
Panama	1 004.1	1 172.6	1 845.7	2 175.6	2 244.1	2 043.3	2 335.3	2 640.5	2 222.4	2 744.4
Îles Vierges, US	.. c	.. c	.. c	.. c	.. c	.. c	.. c	.. c	.. c	.. c
Amérique du Sud	19 908.8	19 791.0	19 064.0	30 201.5	26 220.5	129 933.0	112 511.7	134 130.9	133 533.2	126 582.3
Argentine	390.9	521.5	531.3	490.5	332.0	18 092.5	18 258.0	17 689.5	21 599.9	18 392.5
Bolivie	.. c	.. c	.. c	.. c	.. c	1 217.7	1 993.5	2 052.3	2 176.8	2 076.9
Brésil	6 796.5	6 607.5	5 098.6	8 656.8	5 885.0	54 191.4	43 924.9	59 134.6	61 021.8	59 441.3
Colombie	4 157.1	3 571.0	3 576.5	4 248.0	4 387.5	7 881.9	6 402.8	7 202.5	8 234.6	7 106.7
Equateur	.. c	.. c	.. c	124.7	117.9	3 679.9	3 810.6	3 900.1	4 042.9	4 197.4
Paraguay	.. c	.. c	.. c	.. c	.. c	511.1	484.5	638.8	616.5	531.3
Pérou	490.5	512.8	608.2	654.8	589.7	6 076.6	4 739.2	4 715.9	5 187.1	3 907.7
Uruguay	7 203.3	6 783.9	6 980.1	11 601.1	10 873.6	5 124.7	4 943.9	5 172.3	5 882.7	7 174.3
Venezuela	733.3	1 659.2	1 910.0	.. c	.. c	8 770.7	3 224.8	4 546.2	3 601.6	3 855.0
ASIE	**9 335.2**	**12 938.5**	**14 606.3**	**13 198.6**	**23 707.4**	**11 100.5**	**11 409.9**	**11 614.8**	**13 175.8**	**15 948.0**

Tableau 2. Encours des investissements directs étrangers par pays (*suite*)
En fin d'année

Millions de dollars des ÉU

	Entrant					Sortant				
	2014	2015	2016	2017	2018	2014	2015	2016	2017	2018
Proche et Moyen Orient	6 111.8	7 053.9	6 956.9	5 737.6	.. d	1 412.0	1 555.8	1 436.7	1 934.5	.. d
Pays du Golfe	6 043.8	6 545.5	6 427.7	5 647.6	.. d	1 351.3	1 487.2	1 391.4	1 761.8	3 200.1
Koweït	.. c	766.5	807.4	.. c	.. c	.. c	133.9	.. c	134.3	122.5
Qatar	.. c	509.5	239.3	.. c	.. c	244.0	237.3	140.2	.. c	143.1
Arabie saoudite	.. c	301.6	347.8	.. c	.. c	745.5	810.0	793.7	1 007.4	1 027.0
Emirats Arabes Unis	.. c	4 596.6	4 476.7	4 853.7	4 364.6	230.7	292.9	250.9	309.4	1 793.0
Autres pays du Proche et Moyen Orient	.. c	508.4	528.1	.. c	.. c	.. c	.. c	.. c	172.7	503.8
Jordanie	.. c	.. c	.. c	.. c	.. c	.. c	.. c	.. c	.. c	.. c
Autres pays asiatiques	3 223.4	5 884.6	7 649.4	7 461.0	15 051.5	9 688.5	9 854.1	10 177.1	11 241.3	12 244.1
Chine	.. c	430.0	1 272.3	1 363.6	2 500.6	3 059.5	2 942.8	3 073.7	3 402.5	3 455.5
Hong Kong, Chine	535.4	804.6	1 067.8	910.3	1 249.1	2 930.8	2 112.1	2 307.4	2 618.1	2 225.8
Inde	-225.8	.. c	.. c	.. c	.. c	746.7	2 212.3	1 810.9	1 703.0	2 363.2
Indonesie	.. c	.. c	.. c	.. c	.. c	.. c	.. c	.. c	.. c	151.1
République islamique d'Iran	.. c	.. c	.. c	.. c	.. c	.. c	.. c	.. c	.. c	.. c
Malaisie	.. c	.. c	.. c	289.0	267.9	1 107.3	975.5	1 037.2	1 156.2	1 114.0
Philippines	.. c	.. c	.. c	.. c	.. c	.. c	.. c	.. c	470.1	.. c
Singapour	290.2	1 834.5	1 782.4	1 381.6	3 164.6	264.7	186.2	412.1	585.3	521.0
Taipei Chinois	.. c	.. c	.. c	.. c	.. c	.. c	.. c	.. c	.. c	.. c
Thaïlande	.. c	.. c	.. c	.. c	.. c	.. c	.. c	.. c	.. c	120.2
Viet Nam	.. c	.. c	.. c	.. c	.. c	.. c	.. c	.. c	.. c	.. c
AUSTRALIE, OCÉANIE ET RÉGIONS POLAIRES	**919.1**	**1 130.1**	**1 086.8**	**835.9**	**717.9**	**801.3**	**803.5**	**779.0**	**1 450.0**	**1 643.0**
TOTAL MONDE non alloué et confidentiel	**6 153.1**	**298.3**	**276.2**	**8 012.7**	**7 801.7**	**-206.4**	**17.4**	**2.1**	**31.2**	**29.8**
Union européenne (UE28)	**493 623.9**	**428 099.1**	**440 206.6**	**565 328.6**	**583 020.4**	**222 719.4**	**226 789.3**	**218 177.5**	**245 827.5**	**238 479.5**
Pays du G20 hors Union Européenne	**.. d**	**.. d**	**.. d**	**.. d**	**.. d**	**.. d**	**.. d**	**.. d**	**.. d**	**.. d**
Pays OCDE du G20	**.. d**	**.. d**	**.. d**	**.. d**	**.. d**	**.. d**	**.. d**	**.. d**	**.. d**	**.. d**
Pays non-OCDE du G20	**.. d**	**.. d**	**.. d**	**.. d**	**.. d**	**.. d**	**.. d**	**.. d**	**.. d**	**86 780.4**
Pays MENA	**.. d**	**.. d**	**.. d**	**.. d**	**.. d**	**.. d**	**.. d**	**.. d**	**.. d**	**.. d**
Pays ANASE	**291.4**	**1 787.7**	**1 685.5**	**1 565.1**	**3 386.8**	**1 958.3**	**1 762.7**	**2 034.4**	**2 437.0**	**2 008.2**

- Néant ; .. Non disponible ; c Donnée confidentielle ; d Confidentialité Secondaire

Note : Voir les métadonnées détaillées sur : *http://stats.oecd.org/OECDStat_Metadata/ShowMetadata.ashx?Dataset=FDI_CTRY_IND_SUMM&lang=fr.*

1. Informations sur les données concernant Israël : *http://oe.cd/israel-disclaimer.*
2. Note de la Turquie : Les informations figurant dans ce document et faisant référence à « Chypre » concernent la partie méridionale de l'île. Il n'y a pas d'autorité unique représentant à la fois les Chypriotes turcs et grecs sur l'île. La Turquie reconnaît la République Turque de Chypre Nord (RTCN). Jusqu'à ce qu'une solution durable et équitable soit trouvée dans le cadre des Nations Unies, la Turquie maintiendra sa position sur la « question chypriote ».
3. Note de tous les États de l'Union européenne membres de l'OCDE et del'Union européenne : La République de Chypre est reconnue par tous les membres des Nations Unies sauf la Turquie. Les informations figurant dans ce document concernent la zone sous le contrôle effectif du gouvernement de la République de Chypre.

Source : Statistiques de l'OCDE sur l'investissement direct international (base de données) : https://doi.org/10.1787/idi-data-fr

ESPAGNE

Tableau 3. Revenus des investissements directs étrangers par pays

Millions de dollars des ÉU

	Entrant					Sortant				
	2014	2015	2016	2017	2018	2014	2015	2016	2017	2018
TOTAL MONDE	**24 009.6**	**22 030.0**	**23 652.5**	**27 419.7**	**25 196.5**	**35 392.1**	**31 693.8**	**33 708.9**	**34 204.7**	**36 001.4**
Pays membres de l'OCDE	**22 936.2**	**20 645.6**	**22 342.1**	**25 629.6**	**23 726.0**	**23 346.2**	**22 210.8**	**22 331.1**	**24 096.5**	**27 290.2**
Australie	.. c	.. c	.. c	.. c	.. c	.. c	.. c	.. d	.. d	.. d
Autriche	.. d	.. d	.. d	.. d	.. d	.. d	.. d	.. d	.. d	.. d
Belgique	.. d	.. d	.. d	.. d	.. d	.. d	153.1	.. d	.. d	.. d
Canada	.. d	.. d	.. c	.. c	.. c	.. d	.. d	.. d	.. d	.. c
Chili	.. c	.. c	.. c	.. c	.. c	.. d	.. d	.. d	.. d	.. d
République Tchèque	.. c	.. c	.. c	.. c	.. c	.. d	.. d	.. d	.. d	.. d
Danemark	.. d	.. d	.. d	.. d	.. d	.. d	.. d	.. d	.. c	.. d
Estonie	.. c	.. c	.. c	.. c	.. c	.. c	.. c	.. c	.. c	.. c
Finlande	.. c	.. c	.. d	.. c	.. c	.. c	.. c	.. c	.. c	.. c
France	.. d	.. d	.. d	.. d	.. d	.. d	609.0	.. d	1 232.1	.. d
Allemagne	.. d	2 318.4	.. d	2 466.5	2 581.1	.. d	.. d	.. d	.. d	.. d
Grèce	.. c	.. c	.. c	.. c	.. c	.. d	.. c	.. d	.. d	.. d
Hongrie	.. c	.. d	.. c	.. c	.. c	-1 160.9	.. d	.. c	.. d	.. d
Islande	.. c	.. c	.. c	.. c	.. c	.. c	.. c	.. c	.. c	.. c
Irlande	.. d	.. d	.. d	.. d	.. d	326.4	597.9	549.6	428.4	529.9
Israël[1]	.. c	.. c	.. c	.. c	.. c	.. c	.. c	.. c	.. c	.. c
Italie	.. d	.. d	.. d	.. d	.. d	-92.9	.. d	.. d	.. d	.. d
Japon	.. d	.. d	.. d	.. d	.. d	.. c	.. c	.. c	.. c	.. c
Corée	.. c	.. c	.. c	.. c	.. c	.. c	.. c	.. c	.. c	.. c
Lettonie	.. c	.. c	.. c	.. c	.. c	.. c	.. c	.. c	.. c	.. c
Lituanie	.. c	.. c	.. c	.. c	.. c	.. c	.. c	.. c	.. c	.. c
Luxembourg	2 883.1	1 843.6	723.2	.. d	2 097.3	671.4	-118.7	.. c	443.0	256.1
Mexique	-67.7	.. c	.. d	.. d	.. d	.. d	.. d	.. d	.. d	.. d
Pays-Bas	5 354.9	.. d	.. d	5 620.6	4 753.9	1 809.7	1 913.5	990.8	326.9	2 496.2
Nouvelle-Zélande	.. d	.. c	.. c	.. c	.. c	.. c	.. c	.. c	.. c	.. c
Norvège	.. c	.. d	.. d	.. d	.. d	.. c	.. d	.. d	.. d	.. c
Pologne	.. d	.. d	.. d	.. d	.. d	.. d	.. d	.. d	.. d	.. d
Portugal	.. c	.. c	.. d	.. d	.. d	.. d	.. d	.. d	.. d	.. d
République slovaquie	.. c	.. c	.. c	.. c	.. c	.. c	.. c	56.4	.. d	.. c
Slovénie	.. c	.. c	.. c	.. c	.. c	.. c	.. c	.. c	.. c	.. c
Espagne	-	-	-	-	-	-	-	-	-	-
Suède	.. d	.. d	.. d	.. d	.. d	.. d	.. d	.. d	.. d	.. d
Suisse	.. d	.. d	.. d	.. d	.. d	.. d	.. d	.. d	.. d	.. d
Turquie	.. c	.. c	.. c	.. c	.. c	.. d	.. d	.. d	.. d	.. d
Royaume-Uni	2 382.9	2 948.4	.. d	2 930.9	2 960.0	.. d	.. d	4 732.9	.. d	.. d
Etats-Unis	.. d	.. d	.. d	.. d	.. d	2 051.2	1 403.2	.. d	.. d	.. d
EUROPE	**21 813.7**	**19 446.5**	**20 403.6**	**23 854.1**	**21 987.5**	**15 344.3**	**15 306.7**	**14 131.4**	**15 534.9**	**18 071.5**
Bulgarie	.. c	.. c	.. c	.. c	.. c	.. c	.. c	.. c	.. c	.. c
Croatie	.. c	.. c	.. c	.. c	.. c	.. c	.. c	.. c	.. c	.. c
Chypre[2, 3]	.. c	.. c	.. c	.. c	.. c	.. c	.. c	.. c	.. d	.. c
Malte	.. d	.. c	.. c	.. c	.. c	.. c	.. c	.. c	.. c	.. c
Roumanie	.. c	.. c	.. c	.. c	.. c	.. c	.. c	.. d	.. c	.. c
Russie	.. c	.. c	.. c	.. c	.. c	.. d	.. c	.. d	.. d	.. d
Ukraine	.. c	.. c	.. c	.. c	.. c	.. c	.. c	.. c	.. c	.. c
AFRIQUE	**.. d**	**.. d**	**.. d**	**.. d**	**.. d**	**.. d**	**.. d**	**.. d**	**.. d**	**.. d**
Afrique septentrionale	.. d	.. d	.. d	.. d	.. d	.. d	.. d	.. d	.. d	.. d
Algérie	.. c	.. d	.. c	64.3	.. c	.. c	.. c	.. c	.. c	.. c
Egypte	.. c	.. c	.. c	.. c	.. c	.. d	.. c	.. c	.. c	.. c
Libye	.. c	.. c	.. c	.. c	.. c	.. c	.. c	.. c	.. c	.. c
Maroc	.. c	.. c	.. c	.. c	.. c	.. d	.. d	.. d	.. d	.. d
Tunisie	.. c	.. c	.. c	.. c	.. c	.. c	.. c	.. c	.. c	.. c
Autres pays africains	.. c	.. c	.. c	.. c	.. c	.. c	.. c	.. d	.. d	.. c
Nigéria	.. c	.. c	.. c	.. c	.. c	.. c	.. c	.. c	.. c	.. c
Afrique du Sud	.. c	.. c	.. c	.. c	.. c	.. d	.. c	.. d	.. d	.. d
AMÉRIQUE	**2 319.2**	**1 884.6**	**2 119.9**	**2 581.4**	**2 316.8**	**18 370.7**	**15 937.9**	**17 964.2**	**16 809.8**	**.. d**
Amérique du Nord	.. d	.. d	.. d	.. d	.. d	2 532.8	2 589.0	.. d	.. d	.. d
Amérique du Nord	-79.6	-84.3	.. d	.. d	.. d	.. d	.. d	.. d	.. d	.. d
Bahamas	.. c	.. c	.. c	.. c	.. c	.. c	.. c	.. c	.. c	.. c
Bermudes	.. c	.. c	.. c	.. c	.. c	.. c	.. c	.. c	.. c	.. c
Îles Cayman	.. c	.. c	.. c	.. c	.. c	.. c	.. c	.. d	.. d	.. c
Costa Rica	.. c	.. c	.. c	.. c	.. c	.. c	.. d	.. d	.. d	.. d
El Salvador	.. c	.. c	.. c	.. c	.. c	.. c	.. d	.. c	.. c	.. c
Guatemala	.. c	.. c	.. c	.. c	.. c	.. d	.. d	.. c	.. d	.. d
Honduras	.. c	.. c	.. c	.. c	.. c	.. c	.. c	.. c	.. c	.. c
Nicaragua	.. c	.. c	.. c	.. c	.. c	.. c	.. c	.. c	.. c	.. c
Panama	.. c	.. d	.. d	.. c	.. c	.. d	.. d	.. d	.. d	.. d
Îles Vierges, US	.. c	.. c	.. c	.. c	.. c	.. c	.. c	.. c	.. c	.. c
Amérique du Sud	1 291.0	748.8	188.0	1 010.0	736.5	.. d	.. d	.. d	.. d	.. d
Argentine	.. c	.. c	.. c	.. d	.. d	.. d	.. d	.. d	.. d	.. d
Bolivie	.. c	.. c	.. c	.. c	.. c	.. d	.. d	.. c	.. d	.. c
Brésil	546.6	.. c	.. c	73.3	110.9	.. d	.. d	.. d	.. d	.. d
Colombie	.. c	-56.6	-108.4	.. c	.. c	.. c	.. d	.. d	.. c	.. d
Equateur	.. c	.. c	.. c	.. c	.. c	.. d	.. d	.. d	.. c	.. d
Paraguay	.. c	.. c	.. c	.. c	.. c	.. d	.. d	.. d	.. d	.. d
Pérou	.. c	.. c	.. c	.. c	.. c	.. d	.. d	.. d	.. d	.. d
Uruguay	.. d	.. d	.. d	.. d	.. d	.. d	.. d	.. c	.. d	.. d
Venezuela	.. c	.. c	.. c	.. c	.. c	.. d	.. c	.. d	.. d	.. d
ASIE	**.. d**	**.. d**	**.. d**	**.. d**	**.. d**	**.. d**	**.. d**	**.. d**	**.. d**	**.. d**

Tableau 3. Revenus des investissements directs étrangers par pays *(suite)*

Millions de dollars des ÉU

	Entrant					Sortant				
	2014	2015	2016	2017	2018	2014	2015	2016	2017	2018
Proche et Moyen Orient	.. c	.. d	.. d	.. d	.. d	.. c	.. c	.. c	.. d	.. d
Pays du Golfe	.. c	.. d	.. d	.. d	.. d	.. c	.. c	.. c	.. d	.. d
Koweït	.. c	.. c	.. c	.. c	.. c	.. c	.. c	.. c	.. c	.. c
Qatar	.. c	.. c	.. c	.. c	.. d	.. c	.. c	.. c	.. c	.. c
Arabie saoudite	.. c	.. c	.. c	.. c	.. c	.. c	.. c	.. d	.. c	.. d
Emirats Arabes Unis	.. c	.. c	.. c	.. c	.. c	.. c	.. c	.. c	.. c	.. c
Autres pays du Proche et Moyen Orient	.. c	.. c	.. c	.. c	.. c	.. c	.. c	.. c	.. c	.. c
Jordanie	.. c	.. c	.. c	.. c	.. c	.. c	.. c	.. c	.. c	.. c
Autres pays asiatiques	.. d	.. d	.. d	.. d	.. d	.. d	.. d	.. d	.. d	.. d
Chine	.. c	.. c	.. c	.. c	.. c	.. d	.. c	.. d	.. d	.. d
Hong Kong, Chine	.. c	.. c	.. c	.. c	.. c	.. d	.. d	.. d	.. c	.. d
Inde	.. c	.. c	.. c	.. c	.. c	.. d	.. d	.. c	.. c	.. d
Indonesie	.. c	.. c	.. c	.. c	.. c	.. c	.. c	.. c	.. c	.. c
République islamique d'Iran	.. c	.. c	.. c	.. c	.. c	.. c	.. c	.. c	.. c	.. c
Malaisie	.. c	.. c	.. c	.. c	.. c	.. c	.. d	.. c	.. c	.. c
Philippines	.. c	.. c	.. c	.. c	.. c	.. c	.. c	.. c	.. c	.. c
Singapour	.. c	.. c	.. c	.. c	.. c	.. c	.. c	.. c	.. d	.. c
Taipei Chinois	.. c	.. c	.. c	.. c	.. c	.. c	.. c	.. c	.. c	.. c
Thaïlande	.. c	.. c	.. c	.. c	.. c	.. c	.. c	.. c	.. c	.. c
Viet Nam	.. c	.. c	.. c	.. c	.. c	.. c	.. c	.. c	.. c	.. c
AUSTRALIE, OCÉANIE ET RÉGIONS POLAIRES	**.. d**	**.. c**	**.. c**	**.. c**	**.. c**	**.. c**	**.. c**	**.. d**	**.. d**	**.. d**
TOTAL MONDE non alloué et confidentiel	**- d**	**.. d**	**.. d**	**.. d**	**.. d**	**.. d**	**- d**	**.. d**	**.. d**	**.. d**
Union européenne (UE28)	**20 298.5**	**17 997.8**	**19 122.0**	**22 234.2**	**20 506.3**	**13 780.0**	**13 038.3**	**11 260.6**	**12 726.9**	**15 655.6**
Pays du G20 hors Union Européenne	**.. d**	**.. d**	**.. d**	**.. d**	**.. d**	**.. d**	**.. d**	**.. d**	**.. d**	**.. d**
Pays OCDE du G20	**.. d**	**.. d**	**.. d**	**.. d**	**.. d**	**.. d**	**.. d**	**.. d**	**.. d**	**.. d**
Pays non-OCDE du G20	**.. d**	**.. d**	**.. d**	**.. d**	**.. d**	**.. d**	**.. d**	**.. d**	**.. d**	**.. d**
Pays MENA	**.. d**	**.. d**	**.. d**	**.. d**	**.. d**	**.. d**	**.. d**	**.. d**	**.. d**	**.. d**
Pays ANASE	**.. c**	**.. c**	**.. c**	**.. c**	**.. c**	**.. c**	**.. d**	**.. c**	**.. c**	**.. c**

- Néant ; .. Non disponible ; c Donnée confidentielle ; d Confidentialité Secondaire

Note : Voir les métadonnées détaillées sur : *http://stats.oecd.org/OECDStat_Metadata/ShowMetadata.ashx?Dataset=FDI_CTRY_IND_SUMM&lang=fr.*

1. Informations sur les données concernant Israël : *http://oe.cd/israel-disclaimer.*
2. Note de la Turquie : Les informations figurant dans ce document et faisant référence à « Chypre » concernent la partie méridionale de l'île. Il n'y a pas d'autorité unique représentant à la fois les Chypriotes turcs et grecs sur l'île. La Turquie reconnaît la République Turque de Chypre Nord (RTCN). Jusqu'à ce qu'une solution durable et équitable soit trouvée dans le cadre des Nations Unies, la Turquie maintiendra sa position sur la « question chypriote ».
3. Note de tous les États de l'Union européenne membres de l'OCDE et del'Union européenne : La République de Chypre est reconnue par tous les membres des Nations Unies sauf la Turquie. Les informations figurant dans ce document concernent la zone sous le contrôle effectif du gouvernement de la République de Chypre.

Source : Statistiques de l'OCDE sur l'investissement direct international (base de données) : https://doi.org/10.1787/idi-data-fr

ESPAGNE

Tableau 4. Investissement direct étranger : flux par secteur industriel

Millions de dollars des ÉU

	Entrant					Sortant				
	2014	2015	2016	2017	2018	2014	2015	2016	2017	2018
All FDI activities	**22 571.3**	**8 556.9**	**31 538.2**	**38 723.9**	**44 981.7**	**36 742.7**	**41 916.8**	**43 902.5**	**52 237.6**	**27 057.7**
Agriculture, sylviculture et pêche	**428.6**	**68.8**	**.. c**	**59.7**	**..**	**.. c**	**.. c**	**.. c**	**.. c**	**..**
Industries extractives	**-2 680.1**	**206.3**	**-358.3**	**-1 306.5**	**..**	**-1 939.8**	**10 266.2**	**266.5**	**1 923.1**	**..**
Activités d'extraction	-2 600.5	69.9	.. c	-164.6	..	-1 955.7	10 163.1	726.5	2 011.0	..
Activités de fabrication	**-2 035.3**	**746.5**	**-2 464.9**	**9 391.3**	**..**	**1 095.9**	**3 988.9**	**-748.6**	**-733.9**	**..**
dont :										
Produits alimentaires, boissons et tabac	871.7	807.5	-1 177.7	-782.3	..	496.2	1 219.1	633.6	-383.3	..
Textiles, bois, papier, imprimerie	-678.0	-424.8	295.3	.. c	..	-976.5	-114.3	231.1	-67.6	..
Produits pétroliers, chimiques, pharmaceutiques, caoutchouc, plastique, minéraux	1 915.9	731.0	1 594.6	-411.5	..	1 529.8	814.2	1 200.9	-1 573.7	..
Ouvrages en métaux et machines, sauf matériels électriques	.. d	-619.0	-3 493.3	.. d	..	346.3	414.9	-705.5	-1 707.8	..
Automobiles, remorques, semi-remorques, autres matériels de transport	.. c	-970.6	-92.9	1 668.4	..	-509.5	1 251.2	-2 930.4	942.4	..
Autres activités de fabrication	3 133.9	1 223.5	409.2	10 005.6	..	209.6	402.7	821.6	2 057.3	..
Production et distribution d'électricité, de gaz, de vapeur et de climatisation	**-1 325.5**	**-4 239.6**	**832.7**	**-11 759.7**	**..**	**5 230.2**	**303.9**	**368.2**	**-8 098.3**	**..**
Distribution de l'eau ; assainissement, traitement des déchets et dépollution	**471.0**	**519.1**	**.. c**	**.. c**	**..**	**-99.5**	**.. c**	**.. c**	**289.7**	**..**
Construction	**1 212.7**	**2 132.0**	**295.3**	**-311.1**	**..**	**1 034.9**	**2 128.7**	**1 733.9**	**2 522.8**	**..**
Services	**23 245.3**	**6 988.4**	**29 775.5**	**38 074.6**	**..**	**31 052.1**	**26 117.6**	**42 472.6**	**56 548.3**	**..**
Commerce de gros et de détail ; réparations automobiles et motocycles	769.5	2 686.6	13 212.4	-8 010.4	..	.. c	2 208.5	10 753.1	6 342.0	..
Transport et entreposage	104.8	2 553.5	2 358.7	521.9	..	1 373.2	5 690.5	4 328.2	5 007.3	..
Activités d'hébergement et de restauration	590.4	640.0	-1 012.9	.. c	..	-128.7	157.5	564.0	612.1	..
Information et communication	11 192.8	747.6	1 185.4	1 603.0	..	147.3	6 185.2	240.0	1 238.9	..
Activités financières et d'assurances	5 206.3	-5 765.9	9 786.6	37 921.3	..	17 627.7	9 843.6	21 005.2	39 290.9	..
Activités des sociétés holding	735.0	-5 101.5	10 160.3	39 513.0	..	3 748.2	-6 806.4	12 830.9	29 247.0	..
Activités immobilières	2 853.9	3 737.1	2 976.9	.. c	..	350.3	1 152.5	2 537.9	-744.0	..
Activités professionnelles, scientifiques et techniques	-143.3	1 315.6	429.1	2 929.8	..	8 646.7	2 208.5	3 624.9	4 533.9	..
Activités de services administratifs et d'appui	1 769.9	1 282.3	230.0	2 088.8	..	2 206.4	-1 289.0	-776.3	144.3	..
Administration publique; activités des ménages et des organismes extra-territoriaux	.. c	.. c	.. c	.. c	..	.. c	.. c	.. c	.. c	..
Éducation	.. c	.. c	.. c	-224.3	..	.. c	.. c	.. c	.. c	..
Santé humaine et action sociale	-597.1	74.3	.. c	140.9	..	.. c	96.5	.. c	.. c	..
Arts, spectacles et loisirs	234.8	164.2	433.5	968.3	..	-172.5	.. c	-183.6	.. c	..
Autres services	1 222.0	109.8	.. c	126.3	..	1 283.0	-118.7	164.8	66.5	..
Not allocated and confidential	..	..	..	..	**44 981.7**	..	..	..	..	**27 057.7**
Activités immobilières privées	..	..	..	..	..	..	..	..	..	..

.. Non disponible ; c Donnée confidentielle ; d Confidentialité Secondaire

Note : Voir les métadonnées détaillées sur : *http://stats.oecd.org/OECDStat_Metadata/ShowMetadata.ashx?Dataset=FDI_CTRY_IND_SUMM&lang=fr.*

Source : Statistiques de l'OCDE sur l'investissement direct international (base de données) : https://doi.org/10.1787/idi-data-fr

Tableau 5. Encours des investissement directs étrangers par secteur industriel
En fin d'année

Millions de dollars des ÉU

	Entrant					Sortant				
	2014	2015	2016	2017	2018	2014	2015	2016	2017	2018
All FDI activities	**596 701.0**	**561 589.5**	**591 484.1**	**702 018.5**	**721 877.7**	**523 853.8**	**512 970.1**	**536 713.4**	**604 725.4**	**578 268.8**
Agriculture, sylviculture et pêche	**842.6**	**1 027.8**	**1 230.1**	**1 507.6**	..	**367.9**	**396.3**	**419.5**	**471.3**	..
Industries extractives	**6 183.4**	**6 542.2**	**5 794.2**	**5 046.8**	..	**9 949.5**	**15 517.7**	**10 424.8**	**13 569.2**	..
Activités d'extraction	490.5	557.4	639.8	582.9	..	8 932.1	12 853.6	8 508.5	11 688.7	..
Activités de fabrication	**139 052.1**	**122 152.4**	**94 135.1**	**113 578.8**	..	**92 569.1**	**94 196.0**	**68 722.5**	**77 676.9**	..
dont :										
Produits alimentaires, boissons et tabac	22 720.7	21 696.2	18 415.7	17 240.3	..	10 035.8	11 018.0	8 972.3	10 079.2	..
Textiles, bois, papier, imprimerie	4 365.9	3 391.4	3 730.4	3 770.7	..	2 685.6	2 620.6	2 963.0	3 246.6	..
Produits pétroliers, chimiques, pharmaceutiques, caoutchouc, plastique, minéraux	36 639.1	29 817.1	30 986.6	34 678.6	..	17 931.0	24 003.3	25 403.2	24 959.2	..
Ouvrages en métaux et machines, sauf matériels électriques	26 432.2	23 859.6	19 487.7	22 188.8	..	20 861.9	17 482.9	16 233.8	15 573.3	..
Automobiles, remorques, semi-remorques, autres matériels de transport	8 232.8	11 835.6	8 158.5	12 453.8	..	2 580.0	4 212.3	5 934.4	8 872.6	..
Autres activités de fabrication	40 661.4	31 553.6	13 357.2	23 246.6	..	38 476.0	34 857.9	9 215.8	14 946.0	..
Production et distribution d'électricité, de gaz, de vapeur et de climatisation	**66 937.0**	**58 351.7**	**58 542.2**	**55 206.3**	..	**39 315.0**	**34 352.7**	**30 709.4**	**25 602.1**	..
Distribution de l'eau ; assainissement, traitement des déchets et dépollution	**1 682.7**	**1 473.1**	**2 374.8**	**2 712.9**	..	**1 731.3**	**1 845.4**	**1 686.5**	**1 959.7**	..
Construction	**8 618.9**	**10 317.9**	**9 787.1**	**11 422.4**	..	**16 324.8**	**21 097.4**	**27 245.7**	**30 798.8**	..
Services	**236 101.2**	**225 635.3**	**280 366.8**	**338 571.6**	..	**331 252.6**	**316 141.5**	**371 641.2**	**424 798.5**	..
Commerce de gros et de détail ; réparations automobiles et motocycles	38 008.6	37 812.7	50 711.5	47 930.0	..	34 074.9	30 121.9	35 279.9	39 435.1	..
Transport et entreposage	9 880.3	10 135.0	13 258.1	18 893.0	..	5 680.8	9 750.7	10 227.7	14 130.5	..
Activités d'hébergement et de restauration	3 956.8	3 985.8	4 384.9	5 550.5	..	4 845.5	5 788.8	5 221.9	6 584.3	..
Information et communication	31 465.8	29 326.1	29 932.5	32 843.6	..	58 145.7	49 477.4	51 140.5	57 261.9	..
Activités financières et d'assurances	91 971.7	80 270.0	114 767.6	150 653.6	..	201 906.0	194 900.4	232 360.1	266 589.1	..
Activités des sociétés holding	31 928.4	31 645.1	68 059.5	101 166.9	..	24 847.8	29 771.4	67 731.6	73 263.4	..
Activités immobilières	17 621.4	21 436.0	25 382.1	28 491.2	..	8 174.5	9 325.0	12 273.6	14 374.0	..
Activités professionnelles, scientifiques et techniques	18 561.2	17 907.5	16 563.7	21 939.3	..	8 714.8	7 587.4	17 833.9	18 865.4	..
Activités de services administratifs et d'appui	20 361.7	20 765.4	19 543.6	24 931.6	..	7 455.8	7 200.9	5 960.8	5 322.6	..
Administration publique; activités des ménages et des organismes extra-territoriaux	.. c	.. c	.. c	.. c	..	.. c	.. c	.. c	.. c	..
Éducation	.. c	.. c	.. c	.. c	..	.. c	.. c	.. c	.. c	..
Santé humaine et action sociale	571.8	636.9	644.0	987.0	..	154.2	153.5	.. c	.. c	..
Arts, spectacles et loisirs	2 068.8	1 935.8	2 761.7	3 677.1	..	-139.6	-145.9	-906.5	-783.2	..
Autres services	534.2	387.6	632.4	738.8	..	1 274.8	1 083.3	1 243.8	1 921.3	..
Not allocated and confidential	..	..	..	..	**721 877.7**	..	..	..	..	**578 268.8**
Activités immobilières privées	..	..	..	..	..	..	..	..	..	..

.. Non disponible ; c Donnée confidentielle

Note : Voir les métadonnées détaillées sur : *http://stats.oecd.org/OECDStat_Metadata/ShowMetadata.ashx?Dataset=FDI_CTRY_IND_SUMM&lang=fr.*

Source : Statistiques de l'OCDE sur l'investissement direct international (base de données) : https://doi.org/10.1787/idi-data-fr

Tableau 6. Revenus des investissements directs étrangers par secteur industriel

Millions de dollars des ÉU

	Entrant					Sortant				
	2014	2015	2016	2017	2018	2014	2015	2016	2017	2018
All FDI activities	**24 009.6**	**22 030.0**	**23 652.5**	**27 419.7**	**25 196.5**	**35 392.1**	**31 693.8**	**33 708.9**	**34 204.7**	**36 001.4**
Agriculture, sylviculture et pêche	**.. c**	**.. c**	**.. c**	**.. c**	**..**	**.. c**	**.. c**	**.. c**	**.. c**	**..**
Industries extractives	**111.5**	**246.3**	**.. c**	**544.5**	**..**	**306.5**	**881.9**	**204.6**	**363.0**	**..**
Activités d'extraction	.. c	73.2	65.2	.. c	..	196.4	732.1	.. c	86.8	..
Activités de fabrication	**6 680.4**	**6 403.8**	**7 193.4**	**7 279.9**	**..**	**2 820.8**	**2 636.7**	**3 889.2**	**2 747.2**	**..**
dont :										
Produits alimentaires, boissons et tabac	1 011.0	938.4	1 038.4	716.9	..	727.1	828.6	498.7	534.3	..
Textiles, bois, papier, imprimerie	171.2	.. c	338.4	262.7	..	.. c	56.6	200.2	.. d	..
Produits pétroliers, chimiques, pharmaceutiques, caoutchouc, plastique, minéraux	2 140.1	2 896.3	3 777.5	2 583.7	..	802.7	982.8	1 353.5	740.6	..
Ouvrages en métaux et machines, sauf matériels électriques	1 487.3	.. d	-299.7	918.7	..	1 897.3	881.9	731.0	634.7	..
Automobiles, remorques, semi-remorques, autres matériels de transport	1 125.1	1 610.6	1 639.9	1 823.9	..	-98.2	-280.6	434.6	.. c	..
Autres activités de fabrication	745.7	471.4	697.8	974.0	..	.. d	166.4	671.2	603.1	..
Production et distribution d'électricité, de gaz, de vapeur et de climatisation	**3 297.1**	**1 105.9**	**1 967.3**	**2 505.9**	**..**	**3 169.7**	**1 426.5**	**1 954.0**	**1 765.3**	**..**
Distribution de l'eau ; assainissement, traitement des déchets et dépollution	**.. c**	**.. c**	**.. c**	**232.2**	**..**	**84.9**	**267.3**	**257.7**	**310.0**	**..**
Construction	**249.4**	**97.6**	**.. c**	**115.0**	**..**	**313.1**	**259.6**	**-65.2**	**933.4**	**..**
Services	**10 948.7**	**11 828.1**	**12 222.7**	**14 387.3**	**..**	**28 227.4**	**25 449.8**	**27 612.5**	**27 706.0**	**..**
Commerce de gros et de détail ; réparations automobiles et motocycles	2 028.7	2 728.8	3 728.9	2 599.5	..	2 471.8	2 538.0	3 333.0	4 054.8	..
Transport et entreposage	317.1	406.0	442.3	784.6	..	817.3	2 002.2	1 433.2	1 661.6	..
Activités d'hébergement et de restauration	177.8	343.9	179.1	541.1	..	351.6	429.3	399.2	462.2	..
Information et communication	594.4	816.4	1 112.5	1 268.2	..	4 294.8	2 086.5	3 974.3	1 781.1	..
Activités financières et d'assurances	5 012.6	5 646.1	4 803.7	6 455.9	..	18 053.6	18 234.1	16 065.5	18 018.3	..
Activités des sociétés holding	1 005.7	2 021.1	2 276.9	3 626.4	..	1 617.4	2 995.0	3 442.4	2 918.5	..
Activités immobilières	548.0	438.2	679.0	1 042.7	..	.. c	196.3	289.7	263.8	..
Activités professionnelles, scientifiques et techniques	1 158.3	342.8	253.2	634.7	..	1 829.6	-605.7	1 683.1	1 209.6	..
Activités de services administratifs et d'appui	904.9	1 074.9	948.8	780.1	..	483.0	582.4	384.8	311.1	..
Administration publique; activités des ménages et des organismes extra-territoriaux	.. c	.. c	.. c	.. c	..	.. c	.. c	.. c	.. c	..
Éducation	.. c	.. c	.. c	.. c	..	.. c	.. c	.. c	.. c	..
Santé humaine et action sociale	90.2	.. c	.. c	.. c	..	.. c	.. c	.. c	.. c	..
Arts, spectacles et loisirs	74.3	.. c	.. c	.. c	..	-111.5	-63.2	-73.0	-62.0	..
Autres services	.. c	.. c	.. c	186.0	..	.. c	.. c	.. c	72.1	..
Not allocated and confidential	..	..	..	..	**25 196.5**	..	..	..	..	**36 001.4**
Activités immobilières privées	..	..	..	..	..	..	..	..	..	..

.. Non disponible ; c Donnée confidentielle ; d Confidentialité Secondaire

Note : Voir les métadonnées détaillées sur : *http://stats.oecd.org/OECDStat_Metadata/ShowMetadata.ashx?Dataset=FDI_CTRY_IND_SUMM&lang=fr.*

Source : Statistiques de l'OCDE sur l'investissement direct international (base de données) : https://doi.org/10.1787/idi-data-fr

SUÈDE

Tableau 1. Flux d'investissement direct étranger par pays

Millions de dollars des ÉU

	Entrant					Sortant				
	2014	2015	2016	2017	2018	2014	2015	2016	2017	2018
TOTAL MONDE	**4 018.7**	**8 382.1**	**19 149.8**	**14 262.3**	**3 356.3**	**9 179.4**	**12 760.1**	**4 726.5**	**25 537.5**	**16 774.3**
Pays membres de l'OCDE	**3 827.8**	**17 392.7**	**17 325.5**	**12 573.2**	**3 418.8**	**7 597.6**	**8 682.2**	**4 995.4**	**20 787.1**	**13 000.4**
Australie	-1 519.6	.. c	.. c	-29.8	-177.3	582.2	44.1	112.0	-	242.5
Autriche	400.4	117.6	20.7	758.2	145.1	262.7	48.5	76.2	183.5	72.0
Belgique	-4 426.2	-627.0	401.3	-394.8	-17.4	-721.9	-3 365.3	4 275.2	-13 935.9	-6 872.9
Canada	-121.6	4 214.7	104.7	-72.1	-11.3	124.5	376.8	1 241.7	966.8	-44.0
Chili	.. c	.. c	.. c	-	.. c	74.1	-203.9	-24.3	145.1	-3.7
République Tchèque	141.3	23.7	1.4	2.8	-18.2	-15.9	13.6	1 781.1	-111.3	32.3
Danemark	1 029.3	-31.1	809.2	1 585.4	1 938.2	1 026.7	1 608.1	-191.2	1 118.9	3 332.9
Estonie	30.5	2.3	13.2	19.3	7.2	597.1	-219.0	265.5	709.3	239.1
Finlande	1 295.2	-4 317.6	1 149.9	301.9	348.4	2 520.4	1 993.9	2 433.2	-900.0	877.1
France	436.5	87.8	112.3	2 543.6	368.9	-338.9	311.9	1 202.7	384.5	954.4
Allemagne	11 175.2	5 579.1	-424.1	-266.1	752.1	1 148.4	1 547.3	249.6	9 190.6	-6 495.2
Grèce	-	-	.. c	-	-	11.1	3.3	-13.8	6.2	4.9
Hongrie	.. c	.. c	.. c	1.2	-4.7	102.8	87.4	113.2	-10.1	-70.3
Islande	-23.0	-18.5	-55.5	-3.0	-7.6	-15.0	0.1	-0.6	-5.7	15.1
Irlande	-1 579.5	704.1	-3 636.1	2 461.0	1 986.1	-327.4	359.1	670.6	3 269.0	11 409.7
Israël[1]	26.5	.. c	6.4	4.8	-	-311.7	18.7	40.1	17.4	74.1
Italie	116.8	97.3	62.1	94.1	794.1	2 115.6	140.0	-2 255.5	651.5	1 838.4
Japon	1 136.3	2 661.1	352.4	920.2	1 077.9	-437.0	342.9	231.6	214.7	379.5
Corée	.. c	.. c	.. c	42.7	32.1	-41.8	-27.4	158.6	-258.6	-235.9
Lettonie	5.7	-1.2	-7.9	.. c	-5.3	189.7	23.1	-424.1	841.6	142.3
Lituanie	8.9	-18.9	3.3	.. c	.. c	-250.7	-308.9	-371.1	1 159.8	392.3
Luxembourg	-8 121.4	7 585.2	164.0	-1 961.7	-3 690.7	449.0	837.9	-6 890.9	-3 792.7	1 106.0
Mexique	.. c	.. c	.. c	-7.5	26.1	205.8	97.8	1 681.1	-1 419.1	-345.6
Pays-Bas	4 936.5	-6 221.5	9 550.5	-1 426.3	-4 133.2	5 167.7	-1 665.7	-5 138.8	15 380.3	-6 005.9
Nouvelle-Zélande	.. c	.. c	.. c	-	0.2	-42.7	24.0	3.6	28.0	17.7
Norvège	1 211.8	1 143.4	-1 095.0	1 773.6	-197.3	1 344.9	2 405.9	1 644.1	4 665.1	3 700.3
Pologne	.. c	.. c	.. c	760.7	476.8	-714.6	-657.9	1 196.4	440.3	-316.3
Portugal	1.7	-0.7	-2.8	.. c	.. c	237.6	132.9	119.3	119.2	94.9
République slovaquie	7.3	-1.7	3.9	13.9	-15.3	-29.4	-21.5	324.8	205.1	-59.4
Slovénie	.. c	.. c	.. c	.. c	.. c	-6.0	31.4	49.7	41.3	41.2
Espagne	451.2	-16.6	37.2	-99.8	16.7	381.8	-92.3	814.9	1 406.9	127.2
Suède	-	-	-	-	-	-	-	-	-	-
Suisse	-401.9	549.6	364.9	3 199.6	-252.3	2 138.1	1 246.7	1 465.1	611.2	178.7
Turquie	15.7	3.3	1.9	1.6	-4.1	-38.9	67.6	59.5	137.4	56.7
Royaume-Uni	-947.0	3 589.1	3 813.2	6 012.6	1 310.2	-3 599.9	-1 632.0	-514.0	-2 234.2	2 341.3
Etats-Unis	-5 642.4	2 109.3	6 011.7	-3 668.3	2 538.7	-4 251.8	4 827.3	238.5	2 721.0	5 779.0
EUROPE	**7 360.7**	**8 173.0**	**11 682.8**	**14 989.7**	**-1 101.0**	**10 513.4**	**3 119.2**	**1 289.0**	**21 727.6**	**8 150.0**
Bulgarie	.. c	-	.. c	.. c	.. c	69.7	84.8	106.0	47.9	96.0
Croatie	.. c	.. c	.. c	.. c	.. c	12.2	21.8	-58.9	50.8	31.1
Chypre[2, 3]	-1 271.7	-366.5	425.8	-480.8	-1 248.4	.. c	-148.5	.. c	-19.9	204.2
Malte	187.6	35.7	-98.4	.. c	109.4	219.7	20.6	-313.4	960.2	487.2
Roumanie	.. c	-	.. c	-	.. c	124.3	29.4	145.4	34.5	38.7
Russie	69.2	1.3	11.0	3.4	-19.2	286.7	-11.9	115.6	834.6	696.1
Ukraine	.. c	.. c	0.5	.. c	.. c	-34.5	24.2	101.4	31.2	104.5
AFRIQUE	**.. c**	**.. c**	**.. c**	**5.9**	**2.6**	**-336.0**	**1 849.4**	**-445.9**	**28.5**	**413.8**
Afrique septentrionale	0.6	.. c	.. c	1.4	-2.5	-240.5	-180.2	-53.6	-20.5	26.5
Algérie	-	.. c	.. c	-	-	15.0	7.5	-14.5	-2.5	12.8
Egypte	0.6	0.2	-1.3	1.4	-0.1	-62.4	-30.4	-49.7	.. c	23.7
Libye	-	-	-	-	-2.5	-	-	-	-	4.6
Maroc	-	-	-	0.1	-	-202.0	-164.1	7.6	-0.9	-17.5
Tunisie	-	-	-	-	-	8.7	6.8	.. c	0.1	2.9
Autres pays africains	.. c	.. c	.. c	4.4	5.2	-95.5	2 029.5	-392.2	49.0	387.2
Nigéria	14.6	0.7	1.5	0.5	-2.8	-24.8	3.0	.. c	-7.6	24.4
Afrique du Sud	.. c	.. c	.. c	-0.8	7.9	82.5	130.5	94.7	400.4	184.5
AMÉRIQUE	**-3 104.9**	**-3 922.3**	**6 334.5**	**-7 382.9**	**2 250.5**	**-2 641.3**	**5 506.0**	**3 530.6**	**2 614.7**	**6 738.1**
Amérique du Nord	-5 763.9	6 324.0	6 116.4	-3 740.4	2 527.5	-4 125.9	5 205.2	1 478.1	3 687.5	5 738.6
Amérique du Nord	2 211.0	-9 528.1	421.1	.. c	-233.6	444.6	26.5	1 682.8	-1 424.4	-170.1
Bahamas	-	-	-0.5	-1.6	-	7.1	1.7	-	-0.8	0.8
Bermudes	.. c	.. c	.. c	59.7	9.0	.. c	-22.5	-3.6	26.0	.. c
Îles Cayman	234.8	.. c	10.8	.. c	.. c	35.7	-18.9	2.5	-31.6	27.8
Costa Rica	-	-	-	-	-	.. c	.. c	2.7	-15.2	.. c
El Salvador	-	-	-	-	-	.. c	.. c	.. c	.. c	.. c
Guatemala	-	-	-	-	-	.. c	.. c	4.6	-2.8	.. c
Honduras	-	-	-	-	-	.. c	.. c	.. c	.. c	.. c
Nicaragua	-	-	-	-	-	.. c	.. c	-	-	-
Panama	-	-	-	-	-	5.4	9.4	8.4	4.6	.. c
Îles Vierges, US	-	-	-	-	-	-	-	-	.. c	-
Amérique du Sud	.. c	.. c	.. c	2.7	-43.4	1 040.0	274.4	369.8	351.7	1 169.5
Argentine	.. c	.. c	.. c	-	-	164.1	126.8	136.3	180.4	245.4
Bolivie	-	-	-	-	-	123.2	19.5	-111.6	-172.1	253.0
Brésil	5.2	.. c	.. c	2.7	11.2	548.0	171.0	222.3	94.4	591.2
Colombie	.. c	.. c	.. c	-	-	40.7	36.7	38.8	53.8	-8.9
Equateur	.. c	.. c	.. c	-	-	1.2	7.9	-	4.4	0.1
Paraguay	-	-	-	-	-	0.3	-1.5	-0.1	-1.1	.. c
Pérou	.. c	.. c	.. c	-	-	26.2	80.1	105.7	42.2	60.2
Uruguay	.. c	.. c	.. c	-	.. c	19.5	2.6	13.8	-0.9	14.8
Venezuela	.. c	.. c	.. c	-	-	42.6	35.4	-14.5	5.4	17.4
ASIE	**1 171.3**	**3 921.7**	**1 765.9**	**6 680.7**	**2 381.6**	**1 104.4**	**2 220.1**	**243.7**	**1 145.1**	**1 212.3**

Tableau 1. Flux d'investissement direct étranger par pays *(suite)*

Millions de dollars des ÉU

	Entrant					Sortant				
	2014	2015	2016	2017	2018	2014	2015	2016	2017	2018
Proche et Moyen Orient	-121.0	-48.3	.. c	.. c	.. c	-353.4	79.2	112.8	16.5	118.5
Pays du Golfe	.. c	-47.5	.. c	.. c	.. c	-50.0	3.6	75.0	4.4	42.1
Koweït	-	-	-	-	-	2.5	2.0	0.7	0.5	1.4
Qatar	-	-	-	-	-	-	-	-0.2	-0.2	-1.2
Arabie saoudite	.. c	-52.0	.. c	.. c	.. c	-11.7	-36.4	19.4	8.2	-23.9
Emirats Arabes Unis	2.3	3.7	-1.2	0.1	-0.3	-47.4	47.2	56.2	-6.2	52.8
Autres pays du Proche et Moyen Orient	.. c	.. c	.. c	4.8	-	-303.4	75.6	37.6	12.1	76.4
Jordanie	-	-	-	-	-	0.4	6.3	0.2	0.4	0.1
Autres pays asiatiques	1 292.3	3 970.0	1 930.0	6 780.3	2 474.3	1 457.7	2 140.9	131.0	1 128.6	1 093.7
Chine	309.9	865.7	1 473.1	5 375.9	1 667.4	962.8	1 934.4	711.2	671.7	28.8
Hong Kong, Chine	.. c	.. c	.. c	26.3	-291.4	493.6	-122.4	-864.0	343.4	209.8
Inde	-5.2	2.6	-0.1	16.8	0.2	138.3	-501.8	350.5	568.0	390.2
Indonesie	.. c	.. c	.. c	-	-	-78.3	-53.1	33.7	7.6	36.5
République islamique d'Iran	-	-0.6	-	-	1.8	-34.3	.. c	.. c	.. c	-86.6
Malaisie	.. c	.. c	6.1	31.2	-	78.4	77.1	96.8	34.4	24.7
Philippines	-	.. c	.. c	-	-	53.2	60.6	77.7	-44.1	-67.3
Singapour	-28.4	-65.5	.. c	.. c	-11.9	411.2	76.8	-113.7	-583.8	126.1
Taipei Chinois	.. c	1.1	-1.9	0.2	0.7	-269.1	88.7	-0.6	-19.2	-11.7
Thaïlande	.. c	.. c	.. c	0.5	-	109.0	79.1	52.4	55.8	132.0
Viet Nam	7.0	-1.5	3.6	1.1	-1.2	-1.5	14.0	5.0	9.5	18.6
AUSTRALIE, OCÉANIE ET RÉGIONS POLAIRES	**-1 479.6**	**.. c**	**.. c**	**-29.8**	**-177.1**	**538.9**	**65.5**	**115.6**	**28.0**	**260.2**
TOTAL MONDE non alloué et confidentiel	**.. d**	**.. d**	**.. d**	**-1.2**	**-0.3**	**-**	**-0.1**	**-6.5**	**-6.4**	**-0.1**
Union européenne (UE28)	**6 733.6**	**7 357.7**	**12 611.7**	**10 073.7**	**-690.8**	**8 354.3**	**-790.3**	**-2 430.2**	**15 194.9**	**4 051.6**
Pays du G20 hors Union Européenne	**6 437.4**	**17 776.3**	**11 198.5**	**10 864.9**	**8 282.2**	**-2 439.2**	**7 855.8**	**4 089.5**	**13 119.7**	**6 619.9**
Pays OCDE du G20	**5 869.9**	**17 558.6**	**9 472.4**	**5 571.1**	**6 707.3**	**-4 532.0**	**6 096.1**	**2 405.9**	**10 354.4**	**4 471.1**
Pays non-OCDE du G20	**567.5**	**217.7**	**1 725.9**	**5 293.8**	**1 575.0**	**2 092.7**	**1 759.7**	**1 683.6**	**2 765.3**	**2 148.8**
Pays MENA	**.. c**	**-46.7**	**.. c**	**.. c**	**.. c**	**-283.1**	**-178.8**	**17.2**	**-23.4**	**66.2**
Pays ANASE	**.. c**	**102.4**	**.. c**	**.. c**	**-13.0**	**569.1**	**265.1**	**167.5**	**-525.2**	**298.8**

- Néant ; .. Non disponible ; c Donnée confidentielle ; d Confidentialité Secondaire

Note : Voir les métadonnées détaillées sur : *http://stats.oecd.org/OECDStat_Metadata/ShowMetadata.ashx?Dataset=FDI_CTRY_IND_SUMM&lang=fr.*

1. Informations sur les données concernant Israël : *http://oe.cd/israel-disclaimer.*
2. Note de la Turquie : Les informations figurant dans ce document et faisant référence à « Chypre » concernent la partie méridionale de l'île. Il n'y a pas d'autorité unique représentant à la fois les Chypriotes turcs et grecs sur l'île. La Turquie reconnaît la République Turque de Chypre Nord (RTCN). Jusqu'à ce qu'une solution durable et équitable soit trouvée dans le cadre des Nations Unies, la Turquie maintiendra sa position sur la « question chypriote ».
3. Note de tous les États de l'Union européenne membres de l'OCDE et del'Union européenne : La République de Chypre est reconnue par tous les membres des Nations Unies sauf la Turquie. Les informations figurant dans ce document concernent la zone sous le contrôle effectif du gouvernement de la République de Chypre.

Source : Statistiques de l'OCDE sur l'investissement direct international (base de données) : https://doi.org/10.1787/idi-data-fr

Tableau 2. Encours des investissements directs étrangers par pays
En fin d'année

Millions de dollars des ÉU

	Entrant					Sortant				
	2014	2015	2016	2017	2018	2014	2015	2016	2017	2018
TOTAL MONDE	**320 593.8**	**317 407.1**	**315 873.3**	**367 705.7**	**342 276.0**	**402 098.5**	**355 227.1**	**348 463.4**	**384 598.9**	**374 513.3**
Pays membres de l'OCDE	**300 713.8**	**297 404.6**	**298 763.8**	**344 042.0**	**321 378.2**	**343 451.9**	**303 418.3**	**304 518.3**	**323 276.2**	**331 122.4**
Australie	662.4	967.0	334.6	225.1	202.4	2 564.0	2 350.8	2 190.7	2 864.8	2 641.6
Autriche	2 369.8	2 256.5	2 668.0	2 866.8	2 573.1	4 142.9	3 191.9	1 329.1	1 891.1	1 053.9
Belgique	2 825.1	1 213.9	1 976.7	4 714.5	1 031.9	16 933.8	12 966.2	18 130.1	-707.6	806.5
Canada	2 798.0	3 566.6	2 403.1	1 786.9	2 287.7	2 993.3	3 053.9	3 702.9	4 883.4	5 070.9
Chili	.. c	.. c	.. c	.. c	.. c	1 910.2	1 442.9	1 320.0	1 547.1	1 546.8
République Tchèque	47.4	183.3	61.5	48.0	68.7	1 400.8	1 047.3	2 206.2	3 373.3	2 952.9
Danemark	26 702.9	25 593.8	23 463.7	24 358.1	25 332.4	25 066.8	19 869.6	21 135.7	21 306.4	24 017.2
Estonie	259.0	393.2	101.9	29.5	156.2	5 316.1	4 403.6	4 280.4	5 538.5	5 588.5
Finlande	31 826.8	28 602.7	28 031.2	32 591.1	28 941.5	38 234.1	34 445.7	38 931.8	27 011.7	24 881.8
France	3 939.9	5 490.4	4 734.2	6 956.5	7 230.5	7 868.7	7 160.8	7 608.5	9 168.1	8 853.9
Allemagne	24 019.9	30 921.2	30 561.2	35 412.3	31 604.4	23 016.9	17 635.9	10 989.6	21 151.1	20 083.4
Grèce	-	-5.3	.. c	.. c	-2.6	163.4	131.9	175.7	182.5	133.7
Hongrie	-88.0	-60.8	41.3	30.5	217.4	922.5	616.9	595.2	687.0	371.5
Islande	.. c	121.1	.. c	.. c	.. c	42.8	32.5	37.3	88.8	259.9
Irlande	993.5	3 554.4	-1 888.2	1 212.5	4 771.6	2 344.8	1 882.6	2 211.1	11 977.6	12 163.9
Israël[1]	.. c	.. c	.. c	.. c	.. c	466.1	1 015.4	654.8	523.1	434.1
Italie	927.8	842.0	966.4	1 130.0	1 496.3	6 861.4	6 843.8	5 694.5	7 472.1	7 903.9
Japon	2 637.6	3 040.8	2 991.3	4 590.9	5 142.5	2 656.6	3 054.8	3 414.1	3 671.1	3 910.0
Corée	.. c	113.7	187.7	280.9	285.5	2 261.3	2 503.8	2 566.0	2 525.0	2 690.0
Lettonie	8.3	.. c	89.6	11.8	32.2	3 023.7	2 792.3	2 221.0	3 358.9	3 167.4
Lituanie	46.5	45.0	19.0	10.7	168.2	3 377.0	3 163.0	2 484.3	4 324.6	4 447.8
Luxembourg	46 174.2	49 006.1	46 425.5	52 702.0	46 477.4	27 782.6	24 887.7	18 691.7	15 251.5	12 783.5
Mexique	.. c	.. c	.. c	143.8	.. c	1 293.5	1 771.0	3 467.6	1 624.0	1 281.6
Pays-Bas	64 319.2	51 513.0	56 945.3	59 077.7	56 963.4	33 700.8	22 604.1	21 408.5	34 453.1	34 863.2
Nouvelle-Zélande	.. c	.. c	.. c	.. c	.. c	75.2	136.1	130.9	189.6	184.8
Norvège	20 658.9	22 318.5	25 059.4	28 045.9	27 810.8	27 163.0	27 778.4	31 239.8	28 314.6	27 886.5
Pologne	-4 620.7	-6 061.2	-3 138.9	-2 827.9	-3 447.9	6 370.9	5 759.1	6 247.4	8 396.7	6 899.4
Portugal	.. c	.. c	.. c	.. c	-24.3	4 742.1	1 307.7	1 325.2	1 608.2	1 522.6
République slovaquie	45.9	48.6	47.2	29.5	36.0	167.9	113.6	280.0	953.9	821.3
Slovénie	.. c	-	.. c	.. c	.. c	46.5	58.8	189.9	226.0	256.1
Espagne	2 370.8	1 301.7	1 681.5	1 784.0	1 571.6	10 860.5	9 660.6	10 563.8	13 932.1	14 959.9
Suède	-	-	-	-	-	-	-	-	-	-
Suisse	8 363.1	9 962.0	8 140.0	8 797.4	7 511.1	8 112.7	9 610.9	10 130.4	11 839.4	10 928.2
Turquie	-25.2	-20.4	-7.6	-6.5	2.8	1 308.0	1 225.5	1 131.2	1 630.1	1 338.6
Royaume-Uni	39 557.2	40 672.7	37 130.2	50 735.7	47 985.1	27 110.8	22 791.3	20 680.1	22 338.6	22 328.2
Etats-Unis	22 361.9	20 357.0	29 357.0	29 039.8	24 797.9	49 550.9	52 063.3	49 637.2	54 004.4	62 088.7
EUROPE	**281 287.1**	**277 701.0**	**271 255.5**	**319 233.9**	**297 572.7**	**307 097.3**	**259 335.3**	**251 207.8**	**278 149.7**	**261 990.9**
Bulgarie	.. c	-	.. c	.. c	.. c	269.0	269.1	369.0	373.7	519.9
Croatie	-	-	-	.. c	.. c	286.0	369.5	336.9	392.9	628.4
Chypre[2, 3]	6 444.2	6 609.2	6 509.0	8 470.4	7 128.5	1 562.1	1 127.0	1 543.0	1 505.4	1 501.0
Malte	577.7	656.8	285.5	514.1	607.7	1 495.3	619.8	762.4	1 573.5	370.4
Roumanie	.. c	.. c	.. c	.. c	.. c	615.7	560.1	662.6	756.9	619.9
Russie	205.0	115.9	188.8	70.4	62.1	7 436.1	5 663.6	6 596.7	7 401.4	6 145.8
Ukraine	.. c	-	-	-	.. c	408.9	123.7	137.3	216.5	352.2
AFRIQUE	**72.3**	**166.2**	**97.8**	**32.7**	**159.9**	**3 867.8**	**4 195.1**	**4 336.9**	**4 536.7**	**4 537.1**
Afrique septentrionale	52.1	16.5	-24.9	.. c	35.1	1 312.9	989.1	697.2	546.8	470.3
Algérie	-	-26.2	-	-	-	.. c	125.3	.. c	.. c	.. c
Egypte	-30.2	-32.7	-24.8	.. c	-	442.4	387.8	246.9	96.9	93.0
Libye	-	-	-	-	35.1	-	-	-	-	-49.1
Maroc	.. c	.. c	.. c	.. c	-	.. c	417.5	383.5	389.9	359.1
Tunisie	-	-	-	-	-	.. c	.. c	.. c	.. c	.. c
Autres pays africains	20.3	149.7	122.8	33.3	124.9	2 554.9	3 206.0	3 639.7	3 989.9	4 066.8
Nigéria	65.5	40.3	87.0	-	92.7	102.0	94.7	34.8	.. c	-5.4
Afrique du Sud	-137.1	.. c	.. c	-18.6	-19.3	818.9	747.7	1 122.1	1 696.4	1 612.8
AMÉRIQUE	**31 672.6**	**28 803.2**	**34 778.9**	**32 794.0**	**28 883.2**	**64 929.0**	**66 073.0**	**65 408.5**	**69 980.8**	**77 679.3**
Amérique du Nord	25 159.8	23 923.6	31 760.1	30 826.8	27 085.6	52 564.0	55 137.0	53 357.0	58 964.3	67 236.3
Amérique du Nord	5 602.4	4 384.5	2 821.7	1 679.0	1 688.7	1 852.8	2 377.5	4 115.8	2 253.4	1 509.8
Bahamas	-	.. c	.. c	.. c	-	.. c	.. c	.. c	.. c	.. c
Bermudes	1 363.1	.. c	461.8	502.2	580.9	288.5	309.1	223.6	233.4	-87.0
Îles Cayman	.. c	2 116.7	2 094.7	946.8	353.9	49.5	34.4	143.3	95.8	86.5
Costa Rica	-	-	-	-	-	.. c	4.0	11.0	-4.1	-5.0
El Salvador	-	-	-	.. c	-	.. c	.. c	.. c	.. c	.. c
Guatemala	-	-	-	-	-	.. c	.. c	.. c	.. c	.. c
Honduras	-	-	-	-	-	.. c	.. c	.. c	.. c	.. c
Nicaragua	-	-	-	-	-	-	-	-	-	-
Panama	-	-	-	-	-	39.2	53.8	75.4	81.8	7.9
Îles Vierges, US	-	-	-	-	-	-	-	.. c	.. c	.. c
Amérique du Sud	910.4	495.1	197.2	288.3	109.0	10 512.2	8 558.5	7 935.7	8 762.9	8 933.3
Argentine	.. c	.. c	.. c	.. c	.. c	657.4	461.0	451.1	577.9	570.1
Bolivie	.. c	-	-	-	-	1 502.3	1 700.0	.. c	1 077.2	.. c
Brésil	-77.0	-100.3	130.9	165.8	.. c	5 281.0	3 977.2	4 280.6	4 608.8	4 546.3
Colombie	.. c	.. c	-	-	-	384.6	298.1	229.2	288.7	240.1
Equateur	.. c	.. c	-	-	-	.. c	115.2	62.1	84.2	68.1
Paraguay	-	-	-	-	-	.. c	24.9	.. c	.. c	.. c
Pérou	.. c	.. c	-	-	-	331.0	372.0	377.6	440.8	447.0
Uruguay	.. c	.. c	-	-	-	118.4	77.5	91.0	77.4	77.5
Venezuela	.. c	.. c	-	.. c	.. c	156.7	89.8	116.4	50.2	27.4
ASIE	**6 715.1**	**9 540.7**	**9 267.7**	**15 246.5**	**15 294.5**	**23 562.9**	**23 134.4**	**25 188.6**	**28 877.3**	**27 479.7**

SUÈDE

Tableau 2. Encours des investissements directs étrangers par pays *(suite)*

En fin d'année

Millions de dollars des ÉU

	Entrant					Sortant				
	2014	2015	2016	2017	2018	2014	2015	2016	2017	2018
Proche et Moyen Orient	615.9	920.8	336.1	425.4	.. c	1 006.9	1 675.4	1 190.7	1 002.8	1 021.2
Pays du Golfe	.. c	769.4	254.8	.. c	.. c	487.5	576.1	512.3	465.3	575.5
Koweït	-	-	-	-	-	.. c	.. c	.. c	.. c	.. c
Qatar	-	-	-	-	-	.. c	.. c	.. c	.. c	1.2
Arabie saoudite	.. c	.. c	.. c	.. c	.. c	191.5	161.8	145.7	170.7	157.2
Emirats Arabes Unis	-15.3	-41.1	-24.3	-2.6	.. c	222.2	308.1	284.3	228.7	346.7
Autres pays du Proche et Moyen Orient	.. c	.. c	.. c	.. c	.. c	519.3	1 099.3	678.3	537.5	445.7
Jordanie	-	-	-	-	-	.. c	.. c	.. c	.. c	.. c
Autres pays asiatiques	6 099.3	8 619.9	8 931.6	14 821.0	15 131.6	22 555.9	21 459.0	23 997.9	27 874.5	26 458.5
Chine	.. c	4 535.4	5 198.3	9 156.1	8 424.2	9 411.0	8 170.3	10 669.4	13 182.6	11 205.8
Hong Kong, Chine	35.9	29.7	54.7	564.0	635.0	1 090.5	1 414.2	508.8	511.3	1 110.7
Inde	68.9	147.6	102.3	104.7	-7.6	2 165.8	1 739.2	2 261.8	2 909.6	2 620.8
Indonesie	.. c	.. c	-	.. c	.. c	191.9	119.8	267.4	305.3	265.8
République islamique d'Iran	11.0	.. c	-	-	.. c	.. c	.. c	.. c	.. c	.. c
Malaisie	.. c	-	.. c	.. c	-5.8	979.4	898.0	715.7	858.1	750.2
Philippines	.. c	-9.2	.. c	.. c	.. c	240.1	370.7	359.8	296.3	151.1
Singapour	535.2	725.3	267.8	18.8	606.3	898.2	1 336.5	1 082.1	725.6	744.6
Taipei Chinois	20.8	31.9	29.1	24.6	.. c	240.8	370.9	204.8	239.9	335.9
Thaïlande	-109.0	.. c	.. c	-21.8	-	1 448.9	1 370.0	1 414.7	1 888.4	1 820.5
Viet Nam	32.4	34.6	42.3	38.0	49.8	-20.6	2.6	-5.2	0.9	7.1
AUSTRALIE, OCÉANIE ET RÉGIONS POLAIRES	**701.2**	**1 048.1**	**334.5**	**222.7**	**202.3**	**2 641.6**	**2 489.3**	**2 321.5**	**3 054.3**	**2 826.3**
TOTAL MONDE non alloué et confidentiel	**145.5**	**147.9**	**138.9**	**175.9**	**163.2**	**-0.1**	**-**	**0.1**	**0.1**	**-**
Union européenne (UE28)	**250 038.8**	**244 085.4**	**236 821.3**	**281 411.4**	**260 861.9**	**261 000.1**	**213 776.7**	**201 053.5**	**227 551.5**	**214 499.9**
Pays du G20 hors Union Européenne	**102 323.5**	**112 774.5**	**114 665.0**	**140 032.0**	**129 881.0**	**153 639.4**	**141 495.6**	**136 877.1**	**162 185.3**	**165 315.5**
Pays OCDE du G20	**98 249.6**	**107 339.7**	**108 767.6**	**130 295.7**	**121 191.0**	**127 485.6**	**120 455.1**	**111 082.3**	**131 332.7**	**138 190.9**
Pays non-OCDE du G20	**4 073.9**	**5 434.8**	**5 897.4**	**9 736.4**	**8 690.0**	**26 153.7**	**21 040.5**	**25 794.8**	**30 852.6**	**27 124.7**
Pays MENA	**609.0**	**905.8**	**229.7**	**.. c**	**188.8**	**1 849.7**	**1 640.5**	**1 224.1**	**1 003.0**	**1 028.6**
Pays ANASE	**347.8**	**700.3**	**356.2**	**96.1**	**653.4**	**3 825.6**	**4 146.1**	**3 894.9**	**4 125.4**	**3 880.1**

- Néant ; c Donnée confidentielle

Note : Voir les métadonnées détaillées sur : *http://stats.oecd.org/OECDStat_Metadata/ShowMetadata.ashx?Dataset=FDI_CTRY_IND_SUMM&lang=fr.*

1. Informations sur les données concernant Israël : *http://oe.cd/israel-disclaimer.*
2. Note de la Turquie : Les informations figurant dans ce document et faisant référence à « Chypre » concernent la partie méridionale de l'île. Il n'y a pas d'autorité unique représentant à la fois les Chypriotes turcs et grecs sur l'île. La Turquie reconnaît la République Turque de Chypre Nord (RTCN). Jusqu'à ce qu'une solution durable et équitable soit trouvée dans le cadre des Nations Unies, la Turquie maintiendra sa position sur la « question chypriote ».
3. Note de tous les États de l'Union européenne membres de l'OCDE et del'Union européenne : La République de Chypre est reconnue par tous les membres des Nations Unies sauf la Turquie. Les informations figurant dans ce document concernent la zone sous le contrôle effectif du gouvernement de la République de Chypre.

Source : Statistiques de l'OCDE sur l'investissement direct international (base de données) : https://doi.org/10.1787/idi-data-fr

Tableau 3. Revenus des investissements directs étrangers par pays

Millions de dollars des ÉU

	Entrant					Sortant				
	2014	2015	2016	2017	2018	2014	2015	2016	2017	2018
TOTAL MONDE	**23 598.2**	**22 048.3**	**21 831.1**	**22 161.0**	**24 099.7**	**36 103.3**	**26 788.9**	**25 589.9**	**30 696.6**	**32 906.9**
Pays membres de l'OCDE	**24 127.0**	**20 688.0**	**20 089.5**	**20 065.8**	**22 016.7**	**29 403.8**	**22 429.7**	**21 645.9**	**25 321.0**	**26 536.3**
Australie	91.1	-0.8	-0.9	-5.4	-7.5	332.1	194.4	207.7	248.9	132.3
Autriche	475.2	244.0	236.4	250.3	326.7	385.9	323.9	155.6	217.7	202.5
Belgique	105.0	75.6	309.1	246.3	-7.4	1 369.0	500.0	933.8	1 091.5	1 347.3
Canada	488.8	250.0	200.5	549.6	152.2	315.7	444.4	367.6	276.8	208.7
Chili	14.4	8.3	.. c	.. c	4.3	127.0	-112.0	149.4	150.7	80.0
République Tchèque	138.9	22.9	0.5	-	0.2	208.5	196.2	242.5	302.9	217.5
Danemark	1 504.2	875.5	1 582.7	1 378.6	1 286.6	2 702.8	1 689.5	1 690.3	1 680.1	1 695.3
Estonie	9.3	1.1	7.7	17.4	10.9	941.3	342.5	462.9	486.6	540.3
Finlande	2 952.4	2 125.6	2 020.3	1 916.9	2 357.2	3 025.4	1 886.3	2 512.1	4 206.3	3 723.3
France	491.3	179.6	526.0	624.9	454.6	314.3	430.0	526.7	1 077.7	889.1
Allemagne	2 325.4	2 270.7	1 546.1	1 930.7	1 975.1	2 428.3	2 695.2	220.0	1 231.9	1 560.9
Grèce	-	-	-	-	-	17.6	10.8	14.0	12.8	17.5
Hongrie	-8.6	.. c	.. c	.. c	-1.4	129.3	50.3	41.6	93.5	77.7
Islande	-22.3	-17.8	-55.5	-3.0	-7.6	4.4	0.8	0.6	-7.6	15.5
Irlande	278.1	226.4	-3.7	184.9	112.9	161.1	141.6	199.4	296.4	478.2
Israël[1]	26.5	-0.8	6.4	4.8	-	-222.0	12.2	27.3	38.5	119.0
Italie	118.8	101.6	109.3	115.4	-52.7	209.8	417.7	327.4	435.4	310.6
Japon	210.1	521.3	511.7	456.9	540.9	211.7	92.5	425.4	277.5	208.9
Corée	23.0	19.1	14.0	41.3	35.4	148.0	133.9	124.4	408.9	305.7
Lettonie	5.8	-	-9.5	.. c	-	449.3	289.5	308.4	463.7	428.3
Lituanie	-	-20.0	-	.. c	-1.3	502.6	225.3	332.6	470.6	542.2
Luxembourg	1 204.5	907.1	959.3	1 317.3	2 216.9	1 697.0	408.6	1 145.9	636.8	433.8
Mexique	.. c	.. c	.. c	-5.9	21.4	139.1	194.9	158.6	213.1	228.9
Pays-Bas	3 803.3	3 593.8	3 539.6	4 450.9	3 522.3	5 149.5	2 381.7	2 361.8	2 512.0	3 467.4
Nouvelle-Zélande	.. c	.. c	.. c	.. c	0.2	-0.9	17.7	18.2	16.3	13.0
Norvège	2 857.0	1 824.2	1 623.4	1 465.7	1 556.2	2 878.5	2 178.6	3 297.4	3 207.4	2 800.0
Pologne	-7.3	18.9	-65.2	-25.2	-51.4	607.3	430.9	462.3	267.8	333.0
Portugal	-	-	.. c	-	-	130.9	134.4	86.5	101.8	163.9
République slovaquie	-	-	-	-	-	28.6	32.0	27.2	35.8	29.2
Slovénie	-	-	-	-	-	10.2	13.8	3.5	9.4	23.1
Espagne	253.4	234.7	249.3	86.2	320.8	331.1	608.1	558.9	522.6	754.4
Suède	-	-	-	-	-	-	-	-	-	-
Suisse	1 188.2	1 169.7	811.5	802.4	1 004.4	1 286.2	1 240.2	1 701.0	1 137.7	1 159.1
Turquie	-	-	-	-	-	63.3	54.6	55.7	91.4	75.4
Royaume-Uni	4 405.6	4 957.0	3 934.0	2 963.6	3 994.1	1 023.8	1 391.9	259.7	296.4	1 035.5
Etats-Unis	1 199.0	1 081.8	2 033.1	1 300.6	2 252.4	3 249.8	3 891.9	2 572.1	3 282.6	2 919.2
EUROPE	**21 555.4**	**19 121.0**	**17 590.0**	**18 073.6**	**19 459.1**	**27 743.8**	**18 991.6**	**18 982.9**	**22 162.5**	**23 849.9**
Bulgarie	-	-	-	-	-	51.6	31.1	51.7	48.0	41.3
Croatie	-	-	.. c	-	-	35.1	17.7	18.9	9.6	46.6
Chypre[2, 3]	-825.1	52.6	78.4	205.1	202.6	16.5	3.7	78.4	89.6	117.9
Malte	363.1	235.3	103.0	80.6	219.1	273.3	123.5	156.4	181.0	196.7
Roumanie	.. c	-	.. c	.. c	.. c	64.3	53.1	34.7	32.9	71.8
Russie	-	-	-1.2	-	-	836.2	367.2	511.3	763.5	887.8
Ukraine	-	-	-	-	-	18.2	33.8	85.2	32.8	91.4
AFRIQUE	**.. c**	**.. c**	**-3.3**	**4.8**	**.. c**	**123.5**	**-61.9**	**242.5**	**231.3**	**345.7**
Afrique septentrionale	-	-	-	-	-	-220.7	-141.1	49.9	14.7	19.1
Algérie	-	-	-	-	-	15.0	20.2	4.2	-2.5	12.8
Egypte	-	-	-	-	-	-55.0	-12.0	28.2	3.0	11.9
Libye	-	-	-	-	-	-	-	-	-	-
Maroc	-	-	-	-	-	-189.5	-155.8	14.7	14.0	-8.5
Tunisie	-	-	-	-	-	8.7	6.5	2.8	0.1	2.9
Autres pays africains	.. c	.. c	-3.3	4.8	.. c	344.3	79.0	192.6	216.5	326.6
Nigéria	-	-	-	-	-	8.6	4.2	-0.5	-7.0	19.3
Afrique du Sud	.. c	.. c	.. c	-	-	170.6	66.9	91.9	99.7	160.5
AMÉRIQUE	**1 555.6**	**1 574.4**	**2 579.9**	**1 860.5**	**2 416.5**	**5 180.5**	**5 087.5**	**3 791.2**	**4 671.5**	**4 690.3**
Amérique du Nord	1 687.8	1 331.8	2 233.6	1 850.0	2 404.6	3 567.0	4 338.0	2 941.5	3 559.1	3 131.5
Amérique du Nord	-150.6	274.5	371.2	5.3	-4.5	282.9	218.9	209.3	288.1	324.7
Bahamas	-	-	-0.5	-1.6	-	7.1	1.7	-	0.5	0.8
Bermudes	32.5	19.7	29.7	54.4	67.7	53.2	-21.2	14.5	21.9	10.8
Îles Cayman	-63.8	238.3	288.7	24.5	3.3	47.4	32.7	32.1	18.7	74.1
Costa Rica	-	-	-	-	-	1.3	1.9	-14.6	4.4	-3.7
El Salvador	-	-	-	-	-	0.4	1.4	1.1	0.8	1.5
Guatemala	-	-	-	-	-	2.3	0.8	-7.9	14.3	-7.0
Honduras	-	-	-	-	-	-	0.2	0.9	0.2	0.7
Nicaragua	-	-	-	-	-	.. c	-	-	-	-
Panama	-	-	-	-	-	8.6	14.5	7.1	4.8	-
Îles Vierges, US	-	-	-	-	-	-	-	-	-	-
Amérique du Sud	18.4	.. c	-24.9	5.1	16.5	1 330.6	530.8	640.3	824.3	1 234.1
Argentine	.. c	.. c	.. c	-	-	183.5	154.6	180.0	184.0	170.8
Bolivie	-	-	-	-	-	324.8	270.5	204.2	218.1	452.8
Brésil	3.4	-37.8	-20.9	4.7	12.1	423.5	57.2	7.6	200.0	462.5
Colombie	.. c	.. c	.. c	-	-	35.0	27.9	11.7	-0.4	9.2
Equateur	.. c	.. c	.. c	-	-	5.1	5.2	-0.6	4.1	3.3
Paraguay	-	-	-	-	-	-0.3	-0.1	-1.2	-1.4	-1.2
Pérou	.. c	.. c	.. c	.. c	.. c	58.9	79.8	79.1	40.7	40.3
Uruguay	-	.. c	.. c	-	-	31.1	11.6	25.8	22.5	-0.7
Venezuela	.. c	0.9	.. c	-	-	142.0	36.1	-15.8	6.0	17.4
ASIE	**401.5**	**1 359.9**	**1 664.1**	**2 226.9**	**2 230.7**	**2 724.7**	**2 560.9**	**2 347.5**	**3 366.1**	**3 875.8**

Tableau 3. Revenus des investissements directs étrangers par pays *(suite)*

Millions de dollars des ÉU

	Entrant					Sortant				
	2014	2015	2016	2017	2018	2014	2015	2016	2017	2018
Proche et Moyen Orient	26.8	61.0	.. c	.. c	.. c	-147.8	113.9	107.9	76.8	195.0
Pays du Golfe	-	61.8	.. c	.. c	.. c	59.3	80.3	66.4	37.8	68.9
Koweït	-	-	-	-	-	3.5	2.0	2.0	1.2	1.4
Qatar	-	-	-	-	-	-	-	-0.2	-0.2	-1.2
Arabie saoudite	-	61.8	.. c	.. c	.. c	0.4	15.9	17.3	11.2	14.6
Emirats Arabes Unis	-	.. c	-	-	.. c	27.3	35.6	33.5	15.2	41.7
Autres pays du Proche et Moyen Orient	26.8	-0.8	6.7	4.8	-	-207.1	33.5	41.5	38.8	126.1
Jordanie	-	-	-	-	-	0.4	6.3	0.2	0.4	0.1
Autres pays asiatiques	374.8	1 298.9	1 639.8	2 207.9	2 220.3	2 872.5	2 447.1	2 239.6	3 289.5	3 680.7
Chine	157.7	860.9	1 081.6	1 629.8	1 613.5	757.6	1 029.5	821.9	1 585.0	1 480.5
Hong Kong, Chine	3.1	-5.9	-8.8	26.6	7.2	940.5	388.1	229.9	182.9	667.2
Inde	-15.0	-1.3	1.1	14.6	1.6	323.3	163.1	247.5	474.1	401.7
Indonesie	.. c	.. c	.. c	.. c	.. c	10.5	-2.4	24.9	16.7	34.1
République islamique d'Iran	-	-	-	-	-	-27.0	18.0	15.3	-16.7	-69.5
Malaisie	.. c	.. c	7.0	35.2	.. c	134.0	115.2	65.1	75.6	80.5
Philippines	-	.. c	.. c	.. c	.. c	35.7	20.4	36.6	22.2	21.4
Singapour	9.5	-87.9	26.1	4.1	21.5	117.2	132.2	3.4	-86.8	91.6
Taipei Chinois	.. c	.. c	.. c	-	.. c	78.6	39.6	32.7	62.0	89.8
Thaïlande	.. c	.. c	.. c	.. c	.. c	70.8	98.0	99.5	154.3	164.1
Viet Nam	-	-	-	-	-	10.2	17.0	18.8	13.8	21.2
AUSTRALIE, OCÉANIE ET RÉGIONS POLAIRES	**91.7**	**1.1**	**-0.2**	**-5.4**	**-7.2**	**330.6**	**210.8**	**225.9**	**265.1**	**145.3**
TOTAL MONDE non alloué et confidentiel	**.. d**	**.. d**	**0.6**	**0.6**	**.. d**	**0.1**	**-**	**-**	**0.1**	**-0.1**
Union européenne (UE28)	**17 593.8**	**16 099.7**	**15 123.2**	**15 744.8**	**16 886.7**	**22 268.1**	**14 832.9**	**13 217.1**	**16 814.9**	**18 749.8**
Pays du G20 hors Union Européenne	**9 483.2**	**10 252.2**	**9 943.6**	**9 635.1**	**11 003.6**	**11 141.4**	**11 793.6**	**7 147.3**	**11 174.7**	**11 487.4**
Pays OCDE du G20	**9 353.9**	**9 380.9**	**8 875.1**	**7 971.7**	**9 366.0**	**8 435.8**	**9 941.8**	**5 245.0**	**7 840.4**	**7 875.1**
Pays non-OCDE du G20	**129.3**	**871.2**	**1 068.3**	**1 663.4**	**1 637.8**	**2 705.6**	**1 851.9**	**1 902.3**	**3 334.3**	**3 612.3**
Pays MENA	**-**	**61.8**	**.. c**	**.. c**	**.. c**	**-148.3**	**-51.1**	**116.1**	**48.0**	**84.6**
Pays ANASE	**-3.8**	**-95.0**	**29.5**	**39.4**	**21.6**	**377.7**	**391.5**	**261.4**	**198.0**	**458.2**

- Néant ; .. Non disponible ; c Donnée confidentielle ; d Confidentialité Secondaire

Note : Voir les métadonnées détaillées sur : *http://stats.oecd.org/OECDStat_Metadata/ShowMetadata.ashx?Dataset=FDI_CTRY_IND_SUMM&lang=fr.*

1. Informations sur les données concernant Israël : *http://oe.cd/israel-disclaimer.*
2. Note de la Turquie : Les informations figurant dans ce document et faisant référence à « Chypre » concernent la partie méridionale de l'île. Il n'y a pas d'autorité unique représentant à la fois les Chypriotes turcs et grecs sur l'île. La Turquie reconnaît la République Turque de Chypre Nord (RTCN). Jusqu'à ce qu'une solution durable et équitable soit trouvée dans le cadre des Nations Unies, la Turquie maintiendra sa position sur la « question chypriote ».
3. Note de tous les États de l'Union européenne membres de l'OCDE et del'Union européenne : La République de Chypre est reconnue par tous les membres des Nations Unies sauf la Turquie. Les informations figurant dans ce document concernent la zone sous le contrôle effectif du gouvernement de la République de Chypre.

Source : Statistiques de l'OCDE sur l'investissement direct international (base de données) : https://doi.org/10.1787/idi-data-fr

Tableau 4. Investissement direct étranger : flux par secteur industriel

Millions de dollars des ÉU

	Entrant					Sortant				
	2014	2015	2016	2017	2018	2014	2015	2016	2017	2018
All FDI activities	**4 018.7**	**8 382.1**	**19 149.8**	**14 262.3**	**3 356.3**	**9 179.4**	**12 760.1**	**4 726.5**	**25 537.5**	**16 774.3**
Agriculture, sylviculture et pêche	**-20.8**	**29.3**	**30.3**	**3.7**	**2.8**	**.. c**	**3.8**	**-0.5**	**5.4**	**8.4**
Industries extractives	**275.5**	**25.2**	**1 394.1**	**412.2**	**684.1**	**-393.3**	**-434.0**	**1 562.7**	**544.3**	**177.0**
Activités d'extraction	282.9	21.1	1 372.6	398.4	687.9	-231.5	-458.3	779.8	311.0	-18.0
Activités de fabrication	**6 004.0**	**6 731.6**	**818.0**	**5 787.8**	**5 590.8**	**4 430.5**	**6 724.0**	**4 417.3**	**11 346.8**	**13 688.3**
dont :										
Produits alimentaires, boissons et tabac	-3 015.9	-709.5	-128.8	441.6	292.6	-2 530.6	-168.7	-964.3	679.7	476.5
Textiles, bois, papier, imprimerie	53.5	-498.3	-68.5	-504.6	-160.5	486.6	-451.8	321.4	.. c	.. c
Produits pétroliers, chimiques, pharmaceutiques, caoutchouc, plastique, minéraux	-29.0	2 659.8	511.9	1 995.3	-373.5	-3 677.9	-597.4	-338.5	285.0	-1 568.6
Ouvrages en métaux et machines, sauf matériels électriques	-1 420.4	-217.1	422.7	1 575.3	3 707.7	8 219.7	-122.3	323.6	5 261.6	11 541.4
Automobiles, remorques, semi-remorques, autres matériels de transport	10 260.2	4 325.9	.. c	-115.1	2 333.3	1 483.4	4 661.4	4 414.5	1 084.1	2 906.7
Autres activités de fabrication	155.8	1 170.8	-316.3	2 395.3	-208.9	449.4	3 402.9	660.3	-912.5	-205.2
Production et distribution d'électricité, de gaz, de vapeur et de climatisation	**-2 618.7**	**-3 793.2**	**105.4**	**-2 095.1**	**-1 296.4**	**.. c**	**.. c**	**.. c**	**.. c**	**.. c**
Distribution de l'eau ; assainissement, traitement des déchets et dépollution	**-31.9**	**65.0**	**-23.3**	**15.2**	**33.6**	**-4.1**	**-31.0**	**-134.6**	**76.4**	**46.7**
Construction	**-226.5**	**-531.0**	**370.6**	**134.0**	**-309.3**	**.. c**	**.. c**	**.. c**	**.. c**	**.. c**
Services	**-1 506.6**	**3 739.6**	**16 489.8**	**8 369.4**	**3 039.6**	**8 547.4**	**6 727.8**	**-2 342.7**	**12 259.5**	**3 136.3**
Commerce de gros et de détail ; réparations automobiles et motocycles	2 986.2	2 102.1	15 379.3	4 397.4	-3 688.8	8 428.5	-877.2	-2 116.4	2 146.3	-587.9
Transport et entreposage	-277.7	539.1	285.2	38.8	472.1	248.7	865.3	.. c	-1 200.9	777.4
Activités d'hébergement et de restauration	146.8	-30.8	-254.5	105.5	10.5	50.0	178.4	476.8	74.4	14.5
Information et communication	3 618.1	-109.3	-1 050.5	-2 263.8	-806.3	1 752.8	309.3	-1 722.4	-412.0	853.8
Activités financières et d'assurances	-5 323.8	-1 262.1	3 348.7	2 399.3	52.5	-3 549.3	2 556.0	-656.6	721.2	-2 458.2
Activités des sociétés holding	.. c	-123.0	3 648.7	-94.3	-1 446.3	-1 435.6	.. c	.. c	-31.2	-2 968.3
Activités immobilières	-487.6	-409.2	-1 200.0	-956.6	1 838.2	982.5	.. c	288.0	2 243.6	1 763.1
Activités professionnelles, scientifiques et techniques	-832.2	3 052.6	-498.7	1 992.3	2 354.6	-614.3	2 087.6	59.0	2 795.1	763.4
Activités de services administratifs et d'appui	-1 230.0	-91.8	573.7	2 748.2	1 794.2	636.6	455.2	1 345.6	5 377.8	1 776.2
Administration publique; activités des ménages et des organismes extra-territoriaux	-	-	-	-	-	28.7	-	78.2	527.7	98.2
Éducation	11.2	-2.0	0.2	8.4	8.5	.. c	-	0.6	5.3	18.9
Santé humaine et action sociale	-356.9	.. c	-119.2	-107.9	.. c	.. c	.. c	80.6	156.9	131.8
Arts, spectacles et loisirs	.. c	-8.7	-9.4	-7.4	24.2	626.1	80.0	-50.6	22.1	25.7
Autres services	97.4	-28.5	35.3	15.1	2.0	0.1	-0.1	43.0	-198.0	-40.4
Not allocated and confidential	**1 992.3**	**1 987.5**	**-149.4**	**1 531.4**	**-4 705.4**	**.. c**	**.. c**	**.. c**	**.. c**	**.. c**
Activités immobilières privées	**151.5**	**128.1**	**114.2**	**103.8**	**316.7**	**-11.7**	**323.0**	**-28.5**	**589.4**	**127.7**

- Néant ; c Donnée confidentielle

Note : Voir les métadonnées détaillées sur : *http://stats.oecd.org/OECDStat_Metadata/ShowMetadata.ashx?Dataset=FDI_CTRY_IND_SUMM&lang=fr.*

Source : Statistiques de l'OCDE sur l'investissement direct international (base de données) : https://doi.org/10.1787/idi-data-fr

SUÈDE

Tableau 5. Encours des investissement directs étrangers par secteur industriel
En fin d'année

Millions de dollars des ÉU

	Entrant					Sortant				
	2014	2015	2016	2017	2018	2014	2015	2016	2017	2018
All FDI activities	**320 593.8**	**317 407.1**	**315 873.3**	**367 705.7**	**342 276.0**	**402 098.5**	**355 227.1**	**348 463.4**	**384 598.9**	**374 513.3**
Agriculture, sylviculture et pêche	**.. c**	**401.5**	**87.0**	**27.2**	**.. c**	**.. c**	**-232.9**	**315.9**	**267.3**	**476.5**
Industries extractives	**1 551.4**	**1 677.2**	**1 400.2**	**1 696.9**	**1 577.9**	**2 949.5**	**2 369.4**	**3 560.5**	**3 596.7**	**3 953.5**
Activités d'extraction	.. c	.. c	959.3	1 298.9	1 236.0	2 458.4	.. c	.. c	.. c	.. c
Activités de fabrication	**139 418.8**	**137 035.4**	**126 855.4**	**143 295.8**	**132 695.6**	**165 442.3**	**152 650.5**	**143 849.8**	**157 396.9**	**158 828.1**
dont :										
Produits alimentaires, boissons et tabac	27 818.8	23 432.1	22 480.4	23 642.7	21 676.2	8 307.4	6 604.6	4 965.9	4 359.0	4 827.4
Textiles, bois, papier, imprimerie	17 345.6	15 360.4	14 300.8	15 442.4	14 309.8	10 343.5	11 848.0	.. c	.. c	.. c
Produits pétroliers, chimiques, pharmaceutiques, caoutchouc, plastique, minéraux	52 757.1	51 258.6	46 418.3	53 826.8	51 458.8	38 661.5	37 211.8	35 800.1	41 282.7	38 390.8
Ouvrages en métaux et machines, sauf matériels électriques	14 480.5	13 066.9	13 125.1	16 100.0	16 189.5	57 396.1	55 824.9	46 384.3	47 357.7	48 345.3
Automobiles, remorques, semi-remorques, autres matériels de transport	17 735.3	21 588.5	20 459.8	21 700.8	19 201.3	33 334.6	.. c	.. c	.. c	40 956.3
Autres activités de fabrication	9 281.4	12 328.9	10 071.0	12 583.1	9 860.0	17 399.4	8 176.2	8 946.2	10 120.2	11 633.8
Production et distribution d'électricité, de gaz, de vapeur et de climatisation	**26 054.9**	**24 155.9**	**22 630.4**	**24 152.0**	**20 912.9**	**.. c**	**.. c**	**.. c**	**.. c**	**.. c**
Distribution de l'eau ; assainissement, traitement des déchets et dépollution	**672.0**	**601.8**	**768.6**	**875.2**	**855.9**	**745.0**	**550.4**	**.. c**	**.. c**	**.. c**
Construction	**2 926.2**	**1 947.3**	**1 823.4**	**2 306.9**	**1 367.2**	**4 010.6**	**4 508.9**	**3 772.2**	**4 089.2**	**4 658.0**
Services	**133 558.4**	**134 601.5**	**145 536.8**	**171 678.9**	**160 773.5**	**176 356.7**	**158 311.9**	**168 696.7**	**176 821.9**	**170 264.7**
Commerce de gros et de détail ; réparations automobiles et motocycles	25 896.5	30 055.8	34 316.8	45 380.8	40 702.0	33 026.5	36 019.7	36 711.7	42 604.2	37 443.3
Transport et entreposage	5 449.7	4 972.4	3 500.7	4 980.3	6 348.0	6 634.0	6 226.7	6 627.9	6 245.4	6 792.5
Activités d'hébergement et de restauration	1 694.2	1 114.6	897.5	1 697.2	529.7	.. c	578.4	.. c	585.2	.. c
Information et communication	13 567.3	14 436.0	13 554.8	15 140.6	11 852.7	25 880.1	14 139.7	17 386.6	23 408.4	26 720.3
Activités financières et d'assurances	49 340.1	46 374.2	59 826.0	63 977.0	64 381.3	76 464.8	72 985.7	74 760.7	57 176.2	45 079.1
Activités des sociétés holding	6 976.5	16 455.1	24 801.6	23 556.7	28 397.2	4 012.3	7 050.0	7 495.9	9 367.6	11 651.7
Activités immobilières	15 664.2	18 024.1	17 034.6	19 253.7	17 076.2	12 770.3	8 482.5	11 045.6	16 808.1	18 357.3
Activités professionnelles, scientifiques et techniques	15 164.7	14 675.1	10 890.4	12 126.3	13 654.1	10 590.2	10 991.4	8 528.9	13 016.7	16 348.9
Activités de services administratifs et d'appui	5 316.7	4 296.7	4 791.9	8 348.4	4 598.3	8 456.8	7 981.5	8 803.3	12 815.8	13 905.7
Administration publique; activités des ménages et des organismes extra-territoriaux	-	-	-	-	-	.. c	-	.. c	.. c	.. c
Éducation	29.5	.. c	.. c	.. c	139.3	.. c	-	.. c	.. c	.. c
Santé humaine et action sociale	1 065.7	318.3	282.4	.. c	1 095.3	-91.1	.. c	1 162.3	2 479.9	2 760.4
Arts, spectacles et loisirs	.. c	.. c	.. c	.. c	371.6	523.3	.. c	.. c	588.5	.. c
Autres services	202.3	.. c	233.7	214.5	25.0	.. c	.. c	.. c	.. c	.. c
Not allocated and confidential	**.. c**	**3 961.8**	**4 151.2**	**8 549.5**	**.. c**	**.. c**	**.. c**	**.. c**	**.. c**	**.. c**
Activités immobilières privées	**10 161.9**	**13 024.7**	**12 620.3**	**15 123.3**	**14 196.1**	**20 318.7**	**20 437.3**	**20 236.9**	**25 655.1**	**24 175.2**

- Néant ; c Donnée confidentielle

Note : Voir les métadonnées détaillées sur : *http://stats.oecd.org/OECDStat_Metadata/ShowMetadata.ashx?Dataset=FDI_CTRY_IND_SUMM&lang=fr.*

Source : Statistiques de l'OCDE sur l'investissement direct international (base de données) : https://doi.org/10.1787/idi-data-fr

Tableau 6. Revenus des investissements directs étrangers par secteur industriel

Millions de dollars des ÉU

	Entrant					Sortant				
	2014	2015	2016	2017	2018	2014	2015	2016	2017	2018
All FDI activities	**23 598.2**	**22 048.3**	**21 831.1**	**22 161.0**	**24 099.7**	**36 103.3**	**26 788.9**	**25 589.9**	**30 696.6**	**32 906.9**
Agriculture, sylviculture et pêche	**-20.8**	**35.8**	**30.3**	**3.7**	**2.8**	**24.1**	**5.2**	**-0.5**	**5.4**	**8.9**
Industries extractives	**-288.8**	**64.7**	**363.0**	**463.6**	**329.6**	**-132.2**	**-28.6**	**554.5**	**659.9**	**476.0**
Activités d'extraction	-300.2	21.1	310.1	436.1	333.4	-176.4	-262.9	297.0	304.9	140.6
Activités de fabrication	**10 431.6**	**10 519.3**	**11 210.4**	**11 192.6**	**12 926.8**	**14 399.0**	**13 087.1**	**11 593.5**	**14 395.6**	**15 628.4**
dont :										
Produits alimentaires, boissons et tabac	843.9	304.4	962.3	661.9	665.6	1 041.0	495.3	1 325.8	832.9	814.2
Textiles, bois, papier, imprimerie	585.9	350.8	149.1	498.1	618.7	-12.5	1 221.3	663.6	1 388.8	985.7
Produits pétroliers, chimiques, pharmaceutiques, caoutchouc, plastique, minéraux	5 734.9	5 040.4	5 323.7	4 225.3	5 870.0	290.4	1 124.2	159.3	1 425.8	370.4
Ouvrages en métaux et machines, sauf matériels électriques	1 201.3	1 468.6	1 113.4	1 714.1	1 311.4	7 372.7	6 847.2	5 249.6	6 131.4	7 506.7
Automobiles, remorques, semi-remorques, autres matériels de transport	1 184.0	2 286.8	2 822.4	3 255.9	3 320.9	3 093.2	1 715.0	2 516.2	3 852.8	4 576.8
Autres activités de fabrication	881.6	1 068.4	839.5	837.4	1 140.0	2 614.2	1 684.2	1 679.2	763.9	1 374.6
Production et distribution d'électricité, de gaz, de vapeur et de climatisation	**1 450.0**	**870.9**	**186.9**	**204.4**	**153.4**	**812.5**	**734.3**	**108.5**	**596.2**	**361.4**
Distribution de l'eau ; assainissement, traitement des déchets et dépollution	**44.8**	**65.0**	**3.0**	**15.2**	**34.2**	**0.4**	**-21.6**	**-32.8**	**77.8**	**60.6**
Construction	**314.3**	**-58.0**	**162.6**	**458.5**	**109.5**	**312.4**	**404.8**	**198.8**	**-59.9**	**115.3**
Services	**10 747.1**	**10 079.8**	**9 764.4**	**9 519.5**	**9 907.9**	**20 193.2**	**11 961.5**	**12 640.6**	**14 402.8**	**15 642.8**
Commerce de gros et de détail ; réparations automobiles et motocycles	2 510.1	2 564.7	3 090.3	3 042.5	2 853.8	4 895.4	2 908.9	3 394.6	4 078.3	3 980.1
Transport et entreposage	78.4	559.8	339.0	207.3	-130.1	971.0	278.3	-20.9	57.4	-5.5
Activités d'hébergement et de restauration	93.6	131.7	37.7	132.1	60.3	65.0	191.1	126.3	99.9	18.1
Information et communication	2 081.2	1 183.8	1 209.5	703.1	1 635.5	3 432.4	1 535.8	1 874.8	2 300.7	3 108.8
Activités financières et d'assurances	4 007.9	3 680.7	3 218.3	3 142.4	3 443.2	8 403.3	4 438.6	4 242.3	5 120.0	4 560.9
Activités des sociétés holding	69.5	1 192.6	642.4	264.0	390.2	51.3	172.6	314.1	197.8	295.3
Activités immobilières	887.0	568.1	310.5	537.1	189.3	583.5	653.6	245.1	167.1	366.2
Activités professionnelles, scientifiques et techniques	890.5	1 018.1	1 119.1	1 219.8	1 331.0	887.9	980.6	1 283.8	941.5	1 603.1
Activités de services administratifs et d'appui	406.3	421.6	484.0	541.5	448.9	668.5	828.4	1 114.2	1 201.0	1 683.2
Administration publique; activités des ménages et des organismes extra-territoriaux	-	-	-	-	-	28.7	-	78.2	170.7	144.5
Éducation	11.5	-2.0	0.2	8.4	8.5	3.5	-	0.6	5.3	18.9
Santé humaine et action sociale	-269.1	-9.6	-77.0	-27.3	41.4	13.0	17.2	89.3	79.8	-18.8
Arts, spectacles et loisirs	-11.1	-8.7	-9.4	-7.4	24.2	240.7	129.0	138.3	119.8	147.5
Autres services	60.8	-28.5	42.0	19.8	2.0	0.1	-0.1	74.2	61.7	35.8
Not allocated and confidential	**879.8**	**440.4**	**-3.0**	**105.4**	**424.0**	**438.2**	**536.6**	**383.1**	**381.7**	**423.6**
Activités immobilières privées	**40.2**	**30.5**	**113.6**	**198.1**	**211.5**	**55.7**	**109.6**	**144.2**	**237.2**	**189.9**

- Néant

Note : Voir les métadonnées détaillées sur : *http://stats.oecd.org/OECDStat_Metadata/ShowMetadata.ashx?Dataset=FDI_CTRY_IND_SUMM&lang=fr.*

Source : Statistiques de l'OCDE sur l'investissement direct international (base de données) : https://doi.org/10.1787/idi-data-fr

SUISSE

Tableau 1. Flux d'investissement direct étranger par pays

Millions de dollars des ÉU

	Entrant					Sortant				
	2014	2015	2016	2017	2018	2014	2015	2016	2017	2018
TOTAL MONDE	**9 351.8**	**75 289.0**	**88 618.5**	**107 321.0**	**-53 150.2**	**-46.6**	**88 758.7**	**122 101.3**	**30 144.2**	**60 780.8**
Pays membres de l'OCDE	**25 688.5**	**65 220.3**	**81 521.3**	**65 134.8**	**-29 280.3**	**1 204.5**	**91 331.5**	**140 593.9**	**-31 673.3**	**43 933.4**
Australie	.. c	.. c	.. c	.. c	.. c	-2 777.6	7 562.9	-71.2	-1 583.5	-8 511.9
Autriche	-788.1	-78.7	10 231.0	-1 124.1	11 252.1	770.8	79.7	249.4	-276.7	-465.0
Belgique	-1 724.8	1 662.6	-1 125.3	-1 112.3	-1 102.7	297.6	3 203.3	-1 645.8	-4 318.2	-3 167.0
Canada	-157.4	259.3	-137.6	2 989.7	51.0	2 866.3	-1 782.0	-2 965.1	950.4	-5 989.4
Chili	.. c	.. c	.. c	.. c	.. c	47.0	-3 418.5	-466.8	-47.0	3 679.4
République Tchèque	.. c	.. c	.. c	.. c	.. c	220.5	-527.9	-753.9	543.3	176.0
Danemark	-169.8	-2 869.0	-373.1	1 515.9	245.4	492.5	-287.4	-413.4	135.8	144.2
Estonie	.. c	.. c	.. c	.. c	.. c	.. c	-99.8	354.9	-327.6	20.3
Finlande	-38.2	.. c	.. c	.. c	.. c	157.7	-39.3	173.5	-430.2	163.9
France	-1 604.7	120.5	-2 933.5	528.9	10 279.2	-1 301.7	23 296.8	2 938.0	-908.0	9 228.9
Allemagne	-1 527.6	885.8	2 355.3	1 364.9	-7 473.6	2 200.5	1 994.8	7 347.9	5 976.9	11 069.0
Grèce	.. c	.. c	.. c	.. c	.. c	100.1	1.9	-357.9	437.1	-35.5
Hongrie	.. c	1 980.5	4 529.9	2 557.8	-3 103.3	-73.8	335.6	4 023.8	394.8	388.4
Islande	.. c	.. c	.. c	.. c	.. c	.. c	.. c	.. c	.. c	.. c
Irlande	.. c	13 893.8	-7 503.5	11 032.5	23 007.5	-2 019.4	39 418.8	36 492.0	-42 926.0	18 632.7
Israël[1]	-148.3	51.3	-200.0	-177.3	-26.1	153.1	160.9	919.7	-147.7	53.4
Italie	-285.0	425.1	535.4	25.7	-1 405.1	1 815.8	-513.0	819.8	591.5	1 200.2
Japon	-45.3	543.1	-441.9	-1 935.9	797.4	-378.8	262.6	2 284.5	4 507.7	2 412.6
Corée	.. c	.. c	.. c	.. c	.. c	369.7	255.5	-835.2	304.3	-2.6
Lettonie	.. c	.. c	.. c	.. c	.. c	.. c	0.2	3.5	96.2	37.7
Lituanie	.. c	.. c	.. c	.. c	.. c	.. c	-5.9	-0.4	-19.2	76.0
Luxembourg	6 866.3	7 346.5	7 699.8	44 047.1	-21 054.7	2 950.5	9 652.8	8 639.8	-6 200.7	15 133.4
Mexique	.. c	.. c	.. c	.. c	.. c	-3 345.4	388.0	864.0	714.1	1 071.0
Pays-Bas	5 897.3	28 229.1	50 032.0	47 931.0	-41 870.4	11 650.2	14 872.9	27 253.9	8 645.9	-3 473.1
Nouvelle-Zélande	.. c	.. c	.. c	.. c	.. c	30.4	30.4	39.7	-18.5	41.2
Norvège	.. c	.. c	.. c	.. c	.. c	351.2	-213.0	2 386.5	-332.9	-258.5
Pologne	.. c	.. c	.. c	.. c	.. c	149.4	-252.8	533.9	811.1	785.9
Portugal	.. c	.. c	.. c	.. c	.. c	238.3	465.8	231.3	359.8	252.0
République slovaquie	.. c	.. c	.. c	.. c	.. c	58.1	109.3	71.3	268.9	209.3
Slovénie	.. c	.. c	.. c	.. c	.. c	.. c	.. c	.. c	.. c	.. c
Espagne	-1 010.4	134.5	-563.5	-53.1	-1 572.2	99.0	-309.7	-225.4	330.1	1 023.7
Suède	-1 161.3	2 087.1	-103.7	800.5	595.5	61.8	-478.2	-1 008.7	1 078.2	151.0
Suisse	..	..	..	..	..	..	..	..	..	..
Turquie	.. c	.. c	.. c	.. c	.. c	585.8	631.9	694.2	415.6	303.1
Royaume-Uni	21 634.3	14 326.0	6 064.1	-26 374.0	39 763.9	-9 535.5	-13 426.6	13 511.9	-15 367.7	11 886.7
Etats-Unis	2 351.8	-2 713.8	13 510.2	-17 478.2	-38 009.8	-5 238.2	9 805.7	39 403.9	14 738.1	-12 367.7
EUROPE	**4 402.6**	**61 166.0**	**74 206.8**	**89 331.9**	**33 702.9**	**-1 489.9**	**73 445.0**	**106 340.7**	**10 270.5**	**65 761.4**
Bulgarie	.. c	.. c	.. c	.. c	.. c	91.7	22.5	-15.2	38.4	-25.0
Croatie	.. c	.. c	.. c	.. c	.. c	42.7	-4.5	18.7	58.8	0.1
Chypre[2, 3]	.. c	-1 920.1	-487.9	1 298.6	-625.7	.. c	-777.4	-1 387.2	49 541.0	-501.0
Malte	.. c	.. c	.. c	.. c	.. c	.. c	.. c	.. c	.. c	.. c
Roumanie	.. c	.. c	.. c	.. c	.. c	49.0	-116.9	-24.3	439.3	271.6
Russie	.. c	.. c	.. c	.. c	.. c	844.1	785.0	1 619.3	4 851.3	2 937.0
Ukraine	.. c	.. c	.. c	.. c	.. c	228.5	-148.4	-81.9	774.5	602.8
AFRIQUE	**.. c**	**.. c**	**.. c**	**.. c**	**.. c**	**320.5**	**3 132.6**	**283.0**	**-1 408.2**	**-396.9**
Afrique septentrionale	.. c	.. c	.. c	.. c	.. c	.. c	526.7	-600.6	-105.2	-43.6
Algérie	.. c	.. c	.. c	.. c	.. c	.. c	.. c	.. c	.. c	.. c
Egypte	.. c	.. c	.. c	.. c	.. c	57.8	522.0	-415.4	-113.3	-72.4
Libye	.. c	.. c	.. c	.. c	.. c	.. c	.. c	.. c	.. c	.. c
Maroc	.. c	.. c	.. c	.. c	.. c	-17.6	-3.5	-228.6	-21.0	15.3
Tunisie	.. c	.. c	.. c	.. c	.. c	3.4	-15.2	2.4	12.7	13.8
Autres pays africains	.. c	.. c	.. c	.. c	.. c	.. c	2 605.9	883.6	-1 303.0	-353.3
Nigéria	.. c	.. c	.. c	.. c	.. c	-29.4	244.6	162.8	35.0	-2.7
Afrique du Sud	.. c	.. c	.. c	.. c	.. c	224.0	-199.1	683.7	-67.1	-368.9
AMÉRIQUE	**4 606.4**	**18 223.3**	**13 294.5**	**17 885.7**	**-89 030.8**	**-7 749.5**	**-2 997.9**	**15 557.0**	**12 011.6**	**150.9**
Amérique du Nord	2 194.4	-2 454.5	13 372.5	-14 488.5	-37 958.6	-2 371.9	8 023.7	36 438.7	15 688.5	-18 357.1
Amérique du Nord	.. c	.. c	.. c	.. c	.. c	-7 378.3	-6 682.2	-20 977.3	-4 355.1	9 795.9
Bahamas	.. c	.. c	.. c	.. c	.. c	.. c	.. c	.. c	.. c	.. c
Bermudes	.. c	.. c	.. c	.. c	.. c	.. c	-27 216.8	-253.8	-6 333.5	14 118.5
Îles Cayman	.. c	.. c	.. c	.. c	.. c	.. c	.. c	.. c	.. c	.. c
Costa Rica	.. c	.. c	.. c	.. c	.. c	52.1	93.2	79.5	153.6	259.3
El Salvador	.. c	.. c	.. c	.. c	.. c	.. c	.. c	.. c	.. c	.. c
Guatemala	.. c	.. c	.. c	.. c	.. c	38.8	26.7	19.8	-57.2	2.2
Honduras	.. c	.. c	.. c	.. c	.. c	.. c	.. c	.. c	.. c	.. c
Nicaragua	.. c	.. c	.. c	.. c	.. c	.. c	.. c	.. c	.. c	.. c
Panama	.. c	.. c	.. c	.. c	.. c	.. c	-2 159.0	-3 793.5	4 032.2	-224.7
Îles Vierges, US	.. c	.. c	.. c	.. c	.. c	.. c	.. c	.. c	.. c	.. c
Amérique du Sud	.. c	.. c	.. c	.. c	.. c	2 000.7	-4 339.4	95.6	678.2	8 712.0
Argentine	.. c	.. c	.. c	.. c	.. c	333.2	228.3	-424.6	108.9	313.0
Bolivie	.. c	.. c	.. c	.. c	.. c	0.0	2.6	-15.6	11.5	8.0
Brésil	.. c	.. c	.. c	.. c	.. c	1 410.0	-1 136.0	43.3	-262.1	1 243.3
Colombie	.. c	.. c	.. c	.. c	.. c	145.1	21.7	6.6	299.9	3 543.6
Equateur	.. c	.. c	.. c	.. c	.. c	59.6	35.5	-12.7	37.2	90.1
Paraguay	.. c	.. c	.. c	.. c	.. c	.. c	.. c	.. c	.. c	.. c
Pérou	.. c	.. c	.. c	.. c	.. c	21.7	109.1	-1.2	315.4	-216.0
Uruguay	.. c	.. c	.. c	.. c	.. c	346.3	46.1	664.1	60.3	101.4
Venezuela	.. c	.. c	.. c	.. c	.. c	-360.3	-224.7	304.5	137.7	-45.1
ASIE	**-518.9**	**.. c**	**.. c**	**.. c**	**.. c**	**11 358.3**	**7 201.1**	**-847.5**	**11 193.6**	**4 975.4**

SUISSE

Tableau 1. Flux d'investissement direct étranger par pays *(suite)*

Millions de dollars des ÉU

	Entrant					Sortant				
	2014	2015	2016	2017	2018	2014	2015	2016	2017	2018
Proche et Moyen Orient	.. c	.. c	.. c	.. c	.. c	.. c	76.4	-3 250.8	-592.8	-2 808.7
Pays du Golfe	.. c	.. c	.. c	.. c	.. c	2 212.5	.. c	.. c	.. c	.. c
Koweït	.. c	.. c	.. c	.. c	.. c	.. c	.. c	.. c	.. c	.. c
Qatar	.. c	.. c	.. c	.. c	.. c	.. c	5.7	-3.1	4.7	0.2
Arabie saoudite	.. c	.. c	.. c	.. c	.. c	111.7	-1.9	93.9	90.7	192.2
Emirats Arabes Unis	.. c	.. c	.. c	.. c	.. c	1 993.2	44.8	-3 869.3	-530.7	-3 402.4
Autres pays du Proche et Moyen Orient	.. c	.. c	.. c	.. c	.. c	172.8	.. c	.. c	.. c	.. c
Jordanie	.. c	.. c	.. c	.. c	.. c	.. c	-29.1	45.0	47.9	-5.1
Autres pays asiatiques	.. c	.. c	.. c	.. c	.. c	.. c	7 124.6	2 403.3	11 786.4	7 784.1
Chine	.. c	.. c	.. c	.. c	.. c	3 675.8	1 542.3	1 505.6	3 217.4	3 012.9
Hong Kong, Chine	.. c	.. c	.. c	.. c	.. c	761.8	1 017.5	-306.7	709.9	-125.8
Inde	.. c	.. c	.. c	.. c	.. c	524.9	798.9	160.6	1 056.4	831.4
Indonesie	.. c	.. c	.. c	.. c	.. c	2 087.0	1 878.2	2 063.0	1 977.9	1 891.6
République islamique d'Iran	.. c	.. c	.. c	.. c	.. c	.. c	.. c	.. c	.. c	.. c
Malaisie	.. c	.. c	.. c	.. c	.. c	568.8	45.3	164.0	621.2	-2 811.2
Philippines	.. c	.. c	.. c	.. c	.. c	74.5	467.7	-18.1	770.3	-186.8
Singapour	.. c	.. c	.. c	.. c	.. c	415.3	448.2	-2 512.0	-1 398.5	2 519.5
Taipei Chinois	.. c	.. c	.. c	.. c	.. c	188.3	243.7	124.2	206.7	113.7
Thaïlande	.. c	.. c	.. c	.. c	.. c	131.4	141.9	-38.1	143.3	205.1
Viet Nam	.. c	.. c	.. c	.. c	.. c	70.3	78.5	89.1	72.7	-8.5
AUSTRALIE, OCÉANIE ET RÉGIONS POLAIRES	**.. c**	**.. c**	**.. c**	**.. c**	**.. c**	**-2 722.1**	**7 686.8**	**-9.9**	**-1 504.6**	**-8 552.1**
TOTAL MONDE non alloué et confidentiel	**.. d**	**-4 694.8**	**1 759.1**	**2 216.5**	**1 406.5**	**236.0**	**291.1**	**778.0**	**-418.7**	**-1 157.8**
Union européenne (UE28)	**23 276.5**	**65 440.5**	**71 371.2**	**80 296.7**	**6 301.5**	**8 305.9**	**76 608.6**	**97 057.4**	**-702.4**	**63 308.3**
Pays du G20 hors Union Européenne	**19 259.3**	**12 161.4**	**18 849.4**	**-35 286.2**	**195.1**	**-5 528.3**	**32 372.2**	**69 737.4**	**21 312.8**	**20 352.3**
Pays OCDE du G20	**20 327.9**	**.. c**	**.. c**	**.. c**	**.. c**	**-14 739.1**	**28 476.6**	**63 992.6**	**10 339.5**	**10 299.9**
Pays non-OCDE du G20	**-1 068.7**	**.. c**	**.. c**	**.. c**	**.. c**	**9 210.7**	**3 895.7**	**5 744.8**	**10 973.3**	**10 052.4**
Pays MENA	**147.1**	**.. c**	**.. c**	**.. c**	**.. c**	**2 256.0**	**513.2**	**-4 782.8**	**-549.2**	**-2 900.5**
Pays ANASE	**76.1**	**.. c**	**.. c**	**.. c**	**.. c**	**3 353.4**	**3 050.0**	**-261.7**	**2 187.6**	**1 679.1**

.. Non disponible ; c Donnée confidentielle ; d Confidentialité Secondaire

Note : Voir les métadonnées détaillées sur : *http://stats.oecd.org/OECDStat_Metadata/ShowMetadata.ashx?Dataset=FDI_CTRY_IND_SUMM&lang=fr.*

1. Informations sur les données concernant Israël : *http://oe.cd/israel-disclaimer.*
2. Note de la Turquie : Les informations figurant dans ce document et faisant référence à « Chypre » concernent la partie méridionale de l'île. Il n'y a pas d'autorité unique représentant à la fois les Chypriotes turcs et grecs sur l'île. La Turquie reconnaît la République Turque de Chypre Nord (RTCN). Jusqu'à ce qu'une solution durable et équitable soit trouvée dans le cadre des Nations Unies, la Turquie maintiendra sa position sur la « question chypriote ».
3. Note de tous les États de l'Union européenne membres de l'OCDE et del'Union européenne : La République de Chypre est reconnue par tous les membres des Nations Unies sauf la Turquie. Les informations figurant dans ce document concernent la zone sous le contrôle effectif du gouvernement de la République de Chypre.

Source : Statistiques de l'OCDE sur l'investissement direct international (base de données) : https://doi.org/10.1787/idi-data-fr

Tableau 2. Encours des investissements directs étrangers par pays
En fin d'année

Millions de dollars des ÉU

	Entrant					Sortant				
	2014	2015	2016	2017	2018	2014	2015	2016	2017	2018
TOTAL MONDE	**812 908.1**	**890 483.5**	**1 119 934.6**	**1 352 536.5**	**1 354 535.3**	**1 077 238.6**	**1 131 401.8**	**1 307 515.6**	**1 438 450.5**	**1 494 721.1**
Pays membres de l'OCDE	**702 621.6**	**781 032.0**	**970 270.2**	**1 172 834.0**	**1 144 052.6**	**745 954.5**	**838 339.4**	**1 016 897.7**	**1 077 991.4**	**1 126 184.4**
Australie	.. c	3 502.7	1 940.5	2 079.6	2 512.1	16 421.0	17 596.4	16 878.5	15 748.8	6 657.5
Autriche	5 256.5	7 755.5	7 194.8	8 849.3	10 402.8	8 566.0	7 847.3	8 585.9	10 083.2	9 419.6
Belgique	6 726.4	7 053.7	5 524.9	4 912.9	3 504.9	12 830.2	14 937.6	15 460.1	13 433.0	9 795.1
Canada	32 808.3	38 515.4	34 915.7	37 968.4	30 541.9	41 696.1	46 319.5	45 514.4	40 064.7	31 707.5
Chili	.. c	.. c	.. c	.. c	.. c	2 101.8	-1 521.6	-2 047.4	-2 007.9	1 768.7
République Tchèque	.. c	.. c	.. c	.. c	.. c	5 598.2	4 423.6	3 430.7	4 268.3	4 404.2
Danemark	5 630.4	3 202.6	2 447.4	4 075.3	4 341.5	2 270.5	1 712.9	1 547.5	1 670.3	1 605.9
Estonie	.. c	.. c	.. c	.. c	.. c	.. c	57.0	422.1	114.7	159.1
Finlande	415.0	.. c	.. c	.. c	.. c	783.2	587.7	787.0	554.7	950.0
France	44 948.7	43 161.5	38 499.6	44 185.0	49 454.0	34 060.4	56 069.5	57 878.9	59 973.3	64 794.4
Allemagne	32 897.4	32 442.7	30 031.2	44 849.7	40 692.4	36 002.7	37 620.6	40 499.1	48 507.0	59 063.6
Grèce	.. c	.. c	.. c	.. c	.. c	2 163.0	2 006.0	1 630.7	2 307.0	2 167.6
Hongrie	.. c	677.5	1 029.8	2 158.6	1 221.9	2 017.9	2 008.4	5 851.4	5 944.5	5 769.7
Islande	.. c	.. c	.. c	.. c	.. c	.. c	.. c	.. c	.. c	.. c
Irlande	.. c	108 101.8	116 412.3	118 166.4	163 579.5	29 052.8	69 389.6	132 031.7	98 663.4	119 519.3
Israël[1]	1 548.7	1 560.9	1 911.8	1 628.2	1 721.2	1 113.3	1 174.2	1 509.3	1 572.0	1 552.0
Italie	5 417.7	6 013.1	6 456.2	6 565.9	3 962.8	16 796.1	15 748.7	15 681.2	18 173.7	18 091.6
Japon	9 664.2	11 113.6	24 229.3	26 129.7	28 035.4	8 002.3	9 276.9	11 537.6	14 526.4	16 868.7
Corée	.. c	.. c	.. c	.. c	.. c	4 393.9	4 358.0	3 308.1	3 951.0	3 896.0
Lettonie	.. c	.. c	.. c	.. c	.. c	.. c	37.0	40.3	142.1	172.6
Lituanie	.. c	.. c	.. c	.. c	.. c	.. c	305.2	392.6	397.6	479.7
Luxembourg	43 215.5	25 940.6	25 780.5	28 116.8	19 968.6	138 974.8	155 062.0	176 411.5	195 540.5	194 161.4
Mexique	.. c	12 916.4	12 901.1	12 632.0	11 291.2	7 731.2	7 477.5	5 455.3	5 844.3	6 617.4
Pays-Bas	51 559.6	72 628.9	75 748.2	70 600.8	56 252.4	98 835.3	108 127.0	129 189.4	159 429.8	159 419.9
Nouvelle-Zélande	.. c	.. c	.. c	.. c	.. c	438.5	425.3	605.9	393.1	374.8
Norvège	.. c	.. c	.. c	.. c	.. c	3 204.9	1 963.0	5 000.0	4 631.5	4 743.7
Pologne	.. c	.. c	.. c	.. c	.. c	6 025.1	5 252.4	5 377.9	6 805.2	6 990.2
Portugal	.. c	.. c	.. c	.. c	.. c	1 300.6	1 491.1	1 227.6	1 495.1	1 386.0
République slovaquie	.. c	.. c	.. c	.. c	.. c	458.1	528.5	507.8	804.9	943.2
Slovénie	.. c	.. c	.. c	.. c	.. c	.. c	.. c	.. c	.. c	.. c
Espagne	5 320.9	6 446.0	5 999.5	6 713.0	6 770.7	8 856.6	8 865.0	9 044.9	9 892.3	10 669.1
Suède	5 125.4	10 303.6	10 116.7	12 231.3	12 762.1	7 975.8	7 385.9	6 073.3	7 619.1	8 312.0
Suisse	..	.. c	.. c	.. c	.. c	..	..	..	..	..
Turquie	.. c	.. c	.. c	.. c	.. c	2 866.6	2 604.6	2 634.4	2 603.4	2 368.1
Royaume-Uni	24 906.3	34 199.7	49 449.3	67 484.0	66 954.3	59 220.7	49 593.4	57 795.0	56 489.9	79 525.7
Etats-Unis	307 592.9	320 103.1	475 221.2	625 315.0	571 242.9	184 329.8	198 165.8	255 192.6	286 906.6	289 971.3
EUROPE	**353 052.5**	**408 473.5**	**467 168.6**	**517 180.8**	**578 378.4**	**517 998.7**	**590 995.9**	**734 926.1**	**828 712.4**	**883 774.7**
Bulgarie	.. c	.. c	.. c	.. c	.. c	366.5	312.9	281.1	340.4	244.7
Croatie	.. c	.. c	.. c	.. c	.. c	383.3	342.5	365.7	446.8	437.3
Chypre[2, 3]	.. c	.. c	.. c	.. c	.. c	.. c	2 706.9	8 522.8	58 934.2	59 069.3
Malte	.. c	.. c	.. c	.. c	.. c	.. c	.. c	.. c	.. c	.. c
Roumanie	.. c	.. c	.. c	.. c	.. c	2 564.1	2 217.2	2 142.0	2 730.6	2 621.2
Russie	.. c	5 486.0	21 016.8	28 394.1	29 004.2	9 529.9	8 654.6	19 932.0	22 401.0	23 916.5
Ukraine	.. c	.. c	.. c	.. c	.. c	1 161.2	457.5	603.9	1 522.0	2 132.9
AFRIQUE	**.. c**	**.. c**	**.. c**	**.. c**	**.. c**	**10 963.3**	**13 362.4**	**13 128.9**	**11 842.7**	**11 503.6**
Afrique septentrionale	.. c	.. c	.. c	.. c	.. c	.. c	2 519.3	1 379.2	1 278.5	1 200.0
Algérie	.. c	.. c	.. c	.. c	.. c	.. c	.. c	.. c	.. c	.. c
Egypte	.. c	.. c	.. c	.. c	.. c	1 413.6	1 864.1	779.7	638.7	621.0
Libye	.. c	.. c	.. c	.. c	.. c	.. c	.. c	.. c	.. c	.. c
Maroc	.. c	.. c	.. c	.. c	.. c	603.8	558.3	334.8	342.2	380.0
Tunisie	.. c	.. c	.. c	.. c	.. c	57.2	44.8	35.0	41.3	46.4
Autres pays africains	.. c	.. c	.. c	.. c	.. c	.. c	10 843.1	11 749.7	10 564.2	10 303.6
Nigéria	.. c	.. c	.. c	.. c	.. c	397.2	599.0	468.1	440.7	422.9
Afrique du Sud	.. c	.. c	.. c	.. c	.. c	2 850.4	2 170.0	2 660.1	2 597.2	2 637.6
AMÉRIQUE	**400 880.5**	**422 245.5**	**577 694.2**	**743 747.1**	**681 112.2**	**422 168.7**	**397 993.7**	**428 914.5**	**456 889.8**	**463 680.0**
Amérique du Nord	340 401.2	358 618.5	510 136.9	663 283.2	601 784.9	226 025.9	244 485.3	300 707.0	326 971.3	321 678.8
Amérique du Nord	.. c	.. c	.. c	.. c	.. c	170 827.3	135 650.8	110 271.5	110 552.7	116 558.1
Bahamas	.. c	.. c	.. c	.. c	.. c	.. c	.. c	.. c	.. c	.. c
Bermudes	.. c	.. c	.. c	.. c	.. c	.. c	42 253.8	39 716.6	48 475.8	62 690.5
Îles Cayman	.. c	.. c	.. c	.. c	.. c	.. c	.. c	.. c	.. c	.. c
Costa Rica	.. c	.. c	.. c	.. c	.. c	618.7	652.4	784.2	940.0	1 095.2
El Salvador	.. c	.. c	.. c	.. c	.. c	.. c	.. c	.. c	.. c	.. c
Guatemala	.. c	.. c	.. c	.. c	.. c	218.7	215.5	204.6	193.6	193.5
Honduras	.. c	.. c	.. c	.. c	.. c	.. c	.. c	.. c	.. c	.. c
Nicaragua	.. c	.. c	.. c	.. c	.. c	.. c	.. c	.. c	.. c	.. c
Panama	.. c	.. c	.. c	.. c	.. c	.. c	3 037.1	262.3	4 020.5	3 131.7
Îles Vierges, US	.. c	.. c	.. c	.. c	.. c	.. c	.. c	.. c	.. c	.. c
Amérique du Sud	.. c	.. c	.. c	.. c	.. c	25 315.5	17 857.6	17 936.0	19 365.9	25 443.0
Argentine	.. c	.. c	.. c	.. c	.. c	4 370.0	4 974.5	4 070.7	4 024.2	3 091.9
Bolivie	.. c	.. c	.. c	.. c	.. c	66.7	72.9	58.1	69.2	75.1
Brésil	.. c	.. c	.. c	.. c	.. c	13 098.4	9 346.7	10 761.5	11 068.1	10 649.5
Colombie	.. c	.. c	.. c	.. c	.. c	1 022.2	842.7	898.2	1 252.1	4 749.3
Equateur	.. c	.. c	.. c	.. c	.. c	338.6	352.4	303.4	325.2	417.3
Paraguay	.. c	.. c	.. c	.. c	.. c	.. c	.. c	.. c	.. c	.. c
Pérou	.. c	.. c	.. c	.. c	.. c	596.8	660.9	656.4	331.2	27.3
Uruguay	.. c	.. c	.. c	.. c	.. c	1 771.9	1 819.7	2 259.7	2 324.0	2 428.6
Venezuela	.. c	.. c	.. c	.. c	.. c	1 760.9	1 210.9	877.5	1 793.9	2 057.5
ASIE	**.. c**	**.. c**	**.. c**	**.. c**	**.. c**	**106 350.1**	**108 073.4**	**109 652.4**	**120 244.3**	**123 233.6**

SUISSE

Tableau 2. Encours des investissements directs étrangers par pays *(suite)*
En fin d'année

Millions de dollars des ÉU

	Entrant					Sortant				
	2014	2015	2016	2017	2018	2014	2015	2016	2017	2018
Proche et Moyen Orient	.. c	.. c	.. c	.. c	.. c	.. c	25 275.5	23 581.1	23 602.1	20 840.9
Pays du Golfe	.. c	.. c	.. c	.. c	.. c	23 592.1	.. c	.. c	.. c	.. c
Koweït	.. c	.. c	.. c	.. c	.. c	.. c	.. c	.. c	.. c	.. c
Qatar	.. c	.. c	.. c	.. c	.. c	.. c	46.4	58.6	60.3	162.4
Arabie saoudite	.. c	.. c	.. c	.. c	.. c	939.4	943.2	900.0	983.0	1 133.0
Emirats Arabes Unis	.. c	1 768.0	837.9	793.8	738.9	20 796.1	20 908.9	18 484.5	18 255.6	14 898.6
Autres pays du Proche et Moyen Orient	.. c	.. c	.. c	.. c	.. c	1 583.0	.. c	.. c	.. c	.. c
Jordanie	.. c	.. c	.. c	.. c	.. c	.. c	246.2	278.8	337.3	315.3
Autres pays asiatiques	.. c	.. c	.. c	.. c	.. c	.. c	82 797.8	86 071.3	96 642.1	102 392.6
Chine	.. c	.. c	7 228.0	17 357.5	18 084.2	20 247.8	19 874.7	19 654.7	22 700.2	23 287.2
Hong Kong, Chine	.. c	.. c	.. c	.. c	.. c	6 074.9	6 273.9	5 990.4	7 720.7	7 350.4
Inde	.. c	1 597.2	1 881.8	1 856.2	2 337.7	4 569.7	4 870.1	4 718.4	6 209.9	6 343.6
Indonesie	.. c	.. c	.. c	.. c	.. c	5 549.9	6 453.1	6 828.0	7 087.7	6 625.8
République islamique d'Iran	.. c	.. c	.. c	.. c	.. c	.. c	.. c	.. c	.. c	.. c
Malaisie	.. c	.. c	.. c	.. c	.. c	4 472.2	4 057.9	5 979.9	6 278.6	3 043.1
Philippines	.. c	.. c	.. c	.. c	.. c	1 107.3	1 414.4	1 427.3	2 201.0	1 894.7
Singapour	.. c	.. c	.. c	.. c	.. c	17 584.1	17 783.2	18 343.3	17 667.7	25 177.7
Taipei Chinois	.. c	.. c	.. c	.. c	.. c	1 749.2	1 775.0	1 826.3	1 944.6	1 832.8
Thaïlande	.. c	.. c	.. c	.. c	.. c	2 664.5	2 503.2	2 465.7	2 710.5	2 854.0
Viet Nam	.. c	.. c	.. c	.. c	.. c	537.5	605.6	629.8	707.0	692.7
AUSTRALIE, OCÉANIE ET RÉGIONS POLAIRES	**.. c**	**.. c**	**.. c**	**.. c**	**.. c**	**16 915.3**	**18 145.0**	**17 592.0**	**16 336.4**	**7 142.4**
TOTAL MONDE non alloué et confidentiel	**.. d**	**40 222.1**	**37 042.6**	**41 763.6**	**41 615.2**	**2 842.5**	**2 831.5**	**3 301.8**	**4 424.9**	**5 386.7**
Union européenne (UE28)	**307 666.0**	**357 873.6**	**376 580.5**	**423 622.6**	**445 233.5**	**481 186.1**	**556 226.4**	**682 898.0**	**767 033.7**	**822 570.8**
Pays du G20 hors Union Européenne	**520 810.3**	**545 502.7**	**734 578.5**	**938 569.7**	**879 605.4**	**472 676.2**	**502 117.9**	**581 900.3**	**629 860.6**	**657 246.7**
Pays OCDE du G20	**474 321.6**	**.. c**	**.. c**	**.. c**	**.. c**	**411 520.9**	**444 831.0**	**512 375.0**	**552 789.2**	**579 561.7**
Pays non-OCDE du G20	**46 488.7**	**.. c**	**.. c**	**.. c**	**.. c**	**61 155.3**	**57 286.9**	**69 525.4**	**77 071.4**	**77 685.0**
Pays MENA	**4 628.6**	**.. c**	**.. c**	**.. c**	**.. c**	**26 088.8**	**26 611.5**	**23 433.0**	**23 291.9**	**20 478.1**
Pays ANASE	**-982.5**	**.. c**	**.. c**	**.. c**	**.. c**	**31 999.0**	**32 888.5**	**35 701.5**	**36 732.9**	**40 432.5**

.. Non disponible ; c Donnée confidentielle ; d Confidentialité Secondaire

Note : Les positions d'IDE entrants sont allouées selon le pays investisseur ultime. Voir les métadonnées détaillées sur : *http://stats.oecd.org/OECDStat_Metadata/ShowMetadata.ashx?Dataset=FDI_CTRY_IND_SUMM&lang=fr*.

1. Informations sur les données concernant Israël : *http://oe.cd/israel-disclaimer*.
2. Note de la Turquie : Les informations figurant dans ce document et faisant référence à « Chypre » concernent la partie méridionale de l'île. Il n'y a pas d'autorité unique représentant à la fois les Chypriotes turcs et grecs sur l'île. La Turquie reconnaît la République Turque de Chypre Nord (RTCN). Jusqu'à ce qu'une solution durable et équitable soit trouvée dans le cadre des Nations Unies, la Turquie maintiendra sa position sur la « question chypriote ».
3. Note de tous les États de l'Union européenne membres de l'OCDE et del'Union européenne : La République de Chypre est reconnue par tous les membres des Nations Unies sauf la Turquie. Les informations figurant dans ce document concernent la zone sous le contrôle effectif du gouvernement de la République de Chypre.

Source : Statistiques de l'OCDE sur l'investissement direct international (base de données) : https://doi.org/10.1787/idi-data-fr

SUISSE

Tableau 3. Revenus des investissements directs étrangers par pays

Millions de dollars des ÉU

	Entrant					Sortant				
	2014	2015	2016	2017	2018	2014	2015	2016	2017	2018
TOTAL MONDE	**73 369.0**	**59 799.7**	**70 912.0**	**98 750.6**	**105 009.9**	**90 613.8**	**91 017.9**	**90 756.2**	**99 840.3**	**106 142.4**
Pays membres de l'OCDE	**..**	**.. c**	**.. c**	**.. c**	**.. c**	**..**	**.. c**	**.. c**	**.. c**	**.. c**
Australie	.. c	.. c	.. c	.. c	.. c	.. c	.. c	.. c	.. c	.. c
Autriche	.. c	.. c	.. c	.. c	.. c	.. c	.. c	.. c	.. c	.. c
Belgique	.. c	.. c	.. c	.. c	.. c	.. c	.. c	.. c	.. c	.. c
Canada	.. c	.. c	.. c	.. c	.. c	.. c	.. c	.. c	.. c	.. c
Chili	.. c	.. c	.. c	.. c	.. c	.. c	.. c	.. c	.. c	.. c
République Tchèque	.. c	.. c	.. c	.. c	.. c	.. c	.. c	.. c	.. c	.. c
Danemark	.. c	.. c	.. c	.. c	.. c	.. c	.. c	.. c	.. c	.. c
Estonie	.. c	.. c	.. c	.. c	.. c	.. c	.. c	.. c	.. c	.. c
Finlande	.. c	.. c	.. c	.. c	.. c	.. c	.. c	.. c	.. c	.. c
France	.. c	.. c	.. c	.. c	.. c	.. c	.. c	.. c	.. c	.. c
Allemagne	.. c	.. c	.. c	.. c	.. c	.. c	.. c	.. c	.. c	.. c
Grèce	.. c	.. c	.. c	.. c	.. c	.. c	.. c	.. c	.. c	.. c
Hongrie	.. c	.. c	.. c	.. c	.. c	.. c	.. c	.. c	.. c	.. c
Islande	.. c	.. c	.. c	.. c	.. c	.. c	.. c	.. c	.. c	.. c
Irlande	.. c	.. c	.. c	.. c	.. c	.. c	.. c	.. c	.. c	.. c
Israël[1]	.. c	.. c	.. c	.. c	.. c	.. c	.. c	.. c	.. c	.. c
Italie	.. c	.. c	.. c	.. c	.. c	.. c	.. c	.. c	.. c	.. c
Japon	.. c	.. c	.. c	.. c	.. c	.. c	.. c	.. c	.. c	.. c
Corée	.. c	.. c	.. c	.. c	.. c	.. c	.. c	.. c	.. c	.. c
Lettonie	.. c	.. c	.. c	.. c	.. c	.. c	.. c	.. c	.. c	.. c
Lituanie	.. c	.. c	.. c	.. c	.. c	.. c	.. c	.. c	.. c	.. c
Luxembourg	.. c	.. c	.. c	.. c	.. c	.. c	.. c	.. c	.. c	.. c
Mexique	.. c	.. c	.. c	.. c	.. c	.. c	.. c	.. c	.. c	.. c
Pays-Bas	.. c	.. c	.. c	.. c	.. c	.. c	.. c	.. c	.. c	.. c
Nouvelle-Zélande	.. c	.. c	.. c	.. c	.. c	.. c	.. c	.. c	.. c	.. c
Norvège	.. c	.. c	.. c	.. c	.. c	.. c	.. c	.. c	.. c	.. c
Pologne	.. c	.. c	.. c	.. c	.. c	.. c	.. c	.. c	.. c	.. c
Portugal	.. c	.. c	.. c	.. c	.. c	.. c	.. c	.. c	.. c	.. c
République slovaquie	.. c	.. c	.. c	.. c	.. c	.. c	.. c	.. c	.. c	.. c
Slovénie	.. c	.. c	.. c	.. c	.. c	.. c	.. c	.. c	.. c	.. c
Espagne	.. c	.. c	.. c	.. c	.. c	.. c	.. c	.. c	.. c	.. c
Suède	.. c	.. c	.. c	.. c	.. c	.. c	.. c	.. c	.. c	.. c
Suisse	..	..	..	..	..	..	..	..	..	..
Turquie	.. c	.. c	.. c	.. c	.. c	.. c	.. c	.. c	.. c	.. c
Royaume-Uni	.. c	.. c	.. c	.. c	.. c	.. c	.. c	.. c	.. c	.. c
Etats-Unis	.. c	.. c	.. c	.. c	.. c	.. c	.. c	.. c	.. c	.. c
EUROPE	**.. c**	**.. c**	**.. c**	**.. c**	**.. c**	**.. c**	**.. c**	**.. c**	**.. c**	**.. c**
Bulgarie	.. c	.. c	.. c	.. c	.. c	.. c	.. c	.. c	.. c	.. c
Croatie	.. c	.. c	.. c	.. c	.. c	.. c	.. c	.. c	.. c	.. c
Chypre[2, 3]	.. c	.. c	.. c	.. c	.. c	.. c	.. c	.. c	.. c	.. c
Malte	.. c	.. c	.. c	.. c	.. c	.. c	.. c	.. c	.. c	.. c
Roumanie	.. c	.. c	.. c	.. c	.. c	.. c	.. c	.. c	.. c	.. c
Russie	.. c	.. c	.. c	.. c	.. c	.. c	.. c	.. c	.. c	.. c
Ukraine	.. c	.. c	.. c	.. c	.. c	.. c	.. c	.. c	.. c	.. c
AFRIQUE	**.. c**	**.. c**	**.. c**	**.. c**	**.. c**	**.. c**	**.. c**	**.. c**	**.. c**	**.. c**
Afrique septentrionale	.. c	.. c	.. c	.. c	.. c	.. c	.. c	.. c	.. c	.. c
Algérie	.. c	.. c	.. c	.. c	.. c	.. c	.. c	.. c	.. c	.. c
Egypte	.. c	.. c	.. c	.. c	.. c	.. c	.. c	.. c	.. c	.. c
Libye	.. c	..	..	..	..	.. c	.. c	.. c	.. c	.. c
Maroc	.. c	.. c	.. c	.. c	.. c	.. c	.. c	.. c	.. c	.. c
Tunisie	.. c	.. c	.. c	.. c	.. c	.. c	.. c	.. c	.. c	.. c
Autres pays africains	.. c	.. c	.. c	.. c	.. c	.. c	.. c	.. c	.. c	.. c
Nigéria	.. c	.. c	.. c	.. c	.. c	.. c	.. c	.. c	.. c	.. c
Afrique du Sud	.. c	.. c	.. c	.. c	.. c	.. c	.. c	.. c	.. c	.. c
AMÉRIQUE	**.. c**	**.. c**	**.. c**	**.. c**	**.. c**	**.. c**	**.. c**	**.. c**	**.. c**	**.. c**
Amérique du Nord	.. c	.. c	.. c	.. c	.. c	.. c	.. c	.. c	.. c	.. c
Amérique du Nord	.. c	.. c	.. c	.. c	.. c	.. c	.. c	.. c	.. c	.. c
Bahamas	.. c	.. c	.. c	.. c	.. c	.. c	.. c	.. c	.. c	.. c
Bermudes	.. c	.. c	.. c	.. c	.. c	.. c	.. c	.. c	.. c	.. c
Îles Cayman	.. c	.. c	.. c	.. c	.. c	.. c	.. c	.. c	.. c	.. c
Costa Rica	.. c	.. c	.. c	.. c	.. c	.. c	.. c	.. c	.. c	.. c
El Salvador	.. c	.. c	.. c	.. c	.. c	.. c	.. c	.. c	.. c	.. c
Guatemala	.. c	.. c	.. c	.. c	.. c	.. c	.. c	.. c	.. c	.. c
Honduras	.. c	.. c	.. c	.. c	.. c	.. c	.. c	.. c	.. c	.. c
Nicaragua	.. c	.. c	.. c	.. c	.. c	.. c	.. c	.. c	.. c	.. c
Panama	.. c	.. c	.. c	.. c	.. c	.. c	.. c	.. c	.. c	.. c
Îles Vierges, US	.. c	.. c	.. c	.. c	.. c	.. c	.. c	.. c	.. c	.. c
Amérique du Sud	.. c	.. c	.. c	.. c	.. c	.. c	.. c	.. c	.. c	.. c
Argentine	.. c	.. c	.. c	.. c	.. c	.. c	.. c	.. c	.. c	.. c
Bolivie	.. c	.. c	.. c	.. c	.. c	.. c	.. c	.. c	.. c	.. c
Brésil	.. c	.. c	.. c	.. c	.. c	.. c	.. c	.. c	.. c	.. c
Colombie	.. c	.. c	.. c	.. c	.. c	.. c	.. c	.. c	.. c	.. c
Equateur	.. c	.. c	.. c	.. c	.. c	.. c	.. c	.. c	.. c	.. c
Paraguay	.. c	.. c	.. c	.. c	.. c	.. c	.. c	.. c	.. c	.. c
Pérou	.. c	.. c	.. c	.. c	.. c	.. c	.. c	.. c	.. c	.. c
Uruguay	.. c	.. c	.. c	.. c	.. c	.. c	.. c	.. c	.. c	.. c
Venezuela	.. c	.. c	.. c	.. c	.. c	.. c	.. c	.. c	.. c	.. c
ASIE	**.. c**	**.. c**	**.. c**	**.. c**	**.. c**	**.. c**	**.. c**	**.. c**	**.. c**	**.. c**

Tableau 3. Revenus des investissements directs étrangers par pays *(suite)*

Millions de dollars des ÉU

	Entrant					Sortant				
	2014	2015	2016	2017	2018	2014	2015	2016	2017	2018
Proche et Moyen Orient	.. c	.. c	.. c	.. c	.. c	.. c	.. c	.. c	.. c	.. c
Pays du Golfe	.. c	.. c	.. c	.. c	.. c	.. c	.. c	.. c	.. c	.. c
Koweït	.. c	.. c	.. c	.. c	.. c	.. c	.. c	.. c	.. c	.. c
Qatar	.. c	.. c	.. c	.. c	.. c	.. c	.. c	.. c	.. c	.. c
Arabie saoudite	.. c	.. c	.. c	.. c	.. c	.. c	.. c	.. c	.. c	.. c
Emirats Arabes Unis	.. c	.. c	.. c	.. c	.. c	.. c	.. c	.. c	.. c	.. c
Autres pays du Proche et Moyen Orient	.. c	.. c	.. c	.. c	.. c	.. c	.. c	.. c	.. c	.. c
Jordanie	.. c	.. c	.. c	.. c	.. c	.. c	.. c	.. c	.. c	.. c
Autres pays asiatiques	.. c	.. c	.. c	.. c	.. c	.. c	.. c	.. c	.. c	.. c
Chine	.. c	.. c	.. c	.. c	.. c	.. c	.. c	.. c	.. c	.. c
Hong Kong, Chine	.. c	.. c	.. c	.. c	.. c	.. c	.. c	.. c	.. c	.. c
Inde	.. c	.. c	.. c	.. c	.. c	.. c	.. c	.. c	.. c	.. c
Indonesie	.. c	.. c	.. c	.. c	.. c	.. c	.. c	.. c	.. c	.. c
République islamique d'Iran	.. c	..	..	..	..	.. c	.. c	.. c	.. c	.. c
Malaisie	.. c	.. c	.. c	.. c	.. c	.. c	.. c	.. c	.. c	.. c
Philippines	.. c	.. c	.. c	.. c	.. c	.. c	.. c	.. c	.. c	.. c
Singapour	.. c	.. c	.. c	.. c	.. c	.. c	.. c	.. c	.. c	.. c
Taipei Chinois	.. c	.. c	.. c	.. c	.. c	.. c	.. c	.. c	.. c	.. c
Thaïlande	.. c	.. c	.. c	.. c	.. c	.. c	.. c	.. c	.. c	.. c
Viet Nam	.. c	.. c	.. c	.. c	.. c	.. c	.. c	.. c	.. c	.. c
AUSTRALIE, OCÉANIE ET RÉGIONS POLAIRES	**.. c**	**.. c**	**.. c**	**.. c**	**.. c**	**.. c**	**.. c**	**.. c**	**.. c**	**.. c**
TOTAL MONDE non alloué et confidentiel	**.. d**	**59 799.7**	**70 912.0**	**98 750.6**	**105 009.9**	**.. d**	**91 017.9**	**90 756.2**	**99 840.3**	**106 142.4**
Union européenne (UE28)	**.. c**	**.. c**	**.. c**	**.. c**	**.. c**	**.. c**	**.. c**	**.. c**	**.. c**	**.. c**
Pays du G20 hors Union Européenne	**.. c**	**.. c**	**.. c**	**.. c**	**.. c**	**.. c**	**.. c**	**.. c**	**.. c**	**.. c**
Pays OCDE du G20	**.. c**	**.. c**	**.. c**	**.. c**	**.. c**	**.. c**	**.. c**	**.. c**	**.. c**	**.. c**
Pays non-OCDE du G20	**.. c**	**.. c**	**.. c**	**.. c**	**.. c**	**.. c**	**.. c**	**.. c**	**.. c**	**.. c**
Pays MENA	**.. c**	**.. c**	**.. c**	**.. c**	**.. c**	**.. c**	**.. c**	**.. c**	**.. c**	**.. c**
Pays ANASE	**.. c**	**.. c**	**.. c**	**.. c**	**.. c**	**.. c**	**.. c**	**.. c**	**.. c**	**.. c**

.. Non disponible ; c Donnée confidentielle ; d Confidentialité Secondaire

Note : Voir les métadonnées détaillées sur : *http://stats.oecd.org/OECDStat_Metadata/ShowMetadata.ashx?Dataset=FDI_CTRY_IND_SUMM&lang=fr.*

1. Informations sur les données concernant Israël : *http://oe.cd/israel-disclaimer.*
2. Note de la Turquie : Les informations figurant dans ce document et faisant référence à « Chypre » concernent la partie méridionale de l'île. Il n'y a pas d'autorité unique représentant à la fois les Chypriotes turcs et grecs sur l'île. La Turquie reconnaît la République Turque de Chypre Nord (RTCN). Jusqu'à ce qu'une solution durable et équitable soit trouvée dans le cadre des Nations Unies, la Turquie maintiendra sa position sur la « question chypriote ».
3. Note de tous les États de l'Union européenne membres de l'OCDE et del'Union européenne : La République de Chypre est reconnue par tous les membres des Nations Unies sauf la Turquie. Les informations figurant dans ce document concernent la zone sous le contrôle effectif du gouvernement de la République de Chypre.

Source : Statistiques de l'OCDE sur l'investissement direct international (base de données) : https://doi.org/10.1787/idi-data-fr

SUISSE

Tableau 4. Investissement direct étranger : flux par secteur industriel

Millions de dollars des ÉU

	Entrant					Sortant				
	2014	2015	2016	2017	2018	2014	2015	2016	2017	2018
All FDI activities	**9 351.8**	**75 289.0**	**88 618.5**	**107 321.0**	**-53 150.2**	**-46.6**	**88 758.7**	**122 101.3**	**30 144.2**	**60 780.8**
Agriculture, sylviculture et pêche	..	..	..	..	..	..	**.. c**	**.. c**	**.. c**	**.. c**
Industries extractives	..	**.. c**	**.. c**	**.. c**	**.. c**	..	**.. c**	**.. c**	**.. c**	**.. c**
Activités d'extraction	..	.. c	.. c	.. c	.. c	..	.. c	.. c	.. c	.. c
Activités de fabrication	..	**13 326.5**	**5 158.7**	**58 765.6**	**-23 731.2**	..	**8 520.6**	**30 641.8**	**-8 413.6**	**12 745.5**
dont :										
Produits alimentaires, boissons et tabac	..	.. c	.. c	.. c	.. c	..	.. c	.. c	.. c	.. c
Textiles, bois, papier, imprimerie	..	.. c	.. c	.. c	.. c	..	.. c	.. c	.. c	.. c
Produits pétroliers, chimiques, pharmaceutiques, caoutchouc, plastique, minéraux	..	.. c	.. c	.. c	.. c	..	.. c	.. c	.. c	.. c
Ouvrages en métaux et machines, sauf matériels électriques	..	.. c	.. c	.. c	.. c	..	.. c	.. c	.. c	.. c
Automobiles, remorques, semi-remorques, autres matériels de transport	..	.. c	.. c	.. c	.. c	..	.. c	.. c	.. c	.. c
Autres activités de fabrication	..	.. c	.. c	.. c	.. c	..	.. c	.. c	.. c	.. c
Production et distribution d'électricité, de gaz, de vapeur et de climatisation	..	**.. c**	**.. c**	**.. c**	**.. c**	..	**.. c**	**.. c**	**.. c**	**.. c**
Distribution de l'eau ; assainissement, traitement des déchets et dépollution	..	**.. c**	**.. c**	**.. c**	**.. c**	..	..	..	..	..
Construction	..	**.. c**	**.. c**	**.. c**	**.. c**	..	**.. c**	**.. c**	**.. c**	**.. c**
Services	..	**61 494.9**	**82 451.3**	**47 147.6**	**-28 407.3**	..	**75 273.3**	**91 968.0**	**38 628.5**	**48 443.9**
Commerce de gros et de détail ; réparations automobiles et motocycles	..	4 015.9	11 478.5	11 863.0	15 302.3	..	23 498.8	14 484.4	-7 472.3	32 501.8
Transport et entreposage	..	140.6	771.7	1 500.9	1 671.2	..	872.6	1 248.7	3 850.0	3 869.8
Activités d'hébergement et de restauration	..	-184.8	34.2	-273.9	-33.9	..	205.2	-134.6	85.9	-48.6
Information et communication	..	792.3	245.7	-741.7	-806.2	..	2 831.9	-218.5	-836.3	-73.9
Activités financières et d'assurances	..	18 121.8	48 505.3	52 018.4	-35 279.2	..	24 219.4	57 308.0	50 185.6	17 167.2
Activités des sociétés holding	..	312.8	33 247.5	48 490.4	18 787.2	..	3 914.2	27 085.6	51 517.0	15 433.1
Activités immobilières	..	.. c	.. c	.. c	.. c	..	.. c	.. c	.. c	.. c
Activités professionnelles, scientifiques et techniques	..	21 957.3	19 743.8	-20 018.5	-2 168.9	..	24 123.7	13 950.6	-6 542.0	-2 556.1
Activités de services administratifs et d'appui	..	.. c	.. c	.. c	.. c	..	.. c	.. c	.. c	.. c
Administration publique; activités des ménages et des organismes extra-territoriaux	..	..	..	..	..	..	..	..	..	..
Éducation	..	.. c	.. c	.. c	.. c	..	..	..	..	..
Santé humaine et action sociale	..	.. c	.. c	.. c	.. c	..	.. c	.. c	.. c	.. c
Arts, spectacles et loisirs	..	.. c	.. c	.. c	.. c	..	.. c	.. c	.. c	.. c
Autres services	..	.. c	.. c	.. c	.. c	..	.. c	.. c	.. c	.. c
Not allocated and confidential	**9 351.8**	**.. c**	**.. c**	**.. c**	**.. c**	**-46.6**	**.. c**	**.. c**	**.. c**	**.. c**
Activités immobilières privées	..	**455.8**	**271.6**	**51.7**	**53.7**	..	**291.1**	**778.2**	**-419.3**	**-1 157.8**

.. Non disponible ; c Donnée confidentielle

Note : Voir les métadonnées détaillées sur : *http://stats.oecd.org/OECDStat_Metadata/ShowMetadata.ashx?Dataset=FDI_CTRY_IND_SUMM&lang=fr.*

Source : Statistiques de l'OCDE sur l'investissement direct international (base de données) : https://doi.org/10.1787/idi-data-fr

Tableau 5. Encours des investissement directs étrangers par secteur industriel
En fin d'année

Millions de dollars des ÉU

	Entrant					Sortant				
	2014	2015	2016	2017	2018	2014	2015	2016	2017	2018
All FDI activities	**812 908.1**	**890 483.5**	**1 119 934.6**	**1 352 536.5**	**1 354 535.3**	**1 077 238.6**	**1 131 401.8**	**1 307 515.6**	**1 438 450.5**	**1 494 721.1**
Agriculture, sylviculture et pêche	..	..	..	..	..	..	.. c	.. c	.. c	.. c
Industries extractives	.. c	.. c	.. c	.. c	.. c	.. c	.. c	.. c	.. c	.. c
Activités d'extraction	..	.. c	.. c	.. c	.. c	.. c	.. c	.. c	.. c	.. c
Activités de fabrication	**101 766.9**	**122 792.3**	**132 027.7**	**171 545.7**	**180 660.9**	**381 116.3**	**388 136.2**	**397 880.6**	**416 086.7**	**433 268.0**
dont :										
Produits alimentaires, boissons et tabac	.. c	.. c	.. c	.. c	.. c	.. c	.. c	.. c	.. c	.. c
Textiles, bois, papier, imprimerie	.. c	.. c	.. c	.. c	.. c	.. c	.. c	.. c	.. c	.. c
Produits pétroliers, chimiques, pharmaceutiques, caoutchouc, plastique, minéraux	.. c	.. c	.. c	.. c	.. c	.. c	.. c	.. c	.. c	.. c
Ouvrages en métaux et machines, sauf matériels électriques	.. c	.. c	.. c	.. c	.. c	.. c	.. c	.. c	.. c	.. c
Automobiles, remorques, semi-remorques, autres matériels de transport	.. c	.. c	.. c	.. c	.. c	.. c	.. c	.. c	.. c	.. c
Autres activités de fabrication	.. c	.. c	.. c	.. c	.. c	.. c	.. c	.. c	.. c	.. c
Production et distribution d'électricité, de gaz, de vapeur et de climatisation	.. c	.. c	.. c	.. c	.. c	..	.. c	.. c	.. c	.. c
Distribution de l'eau ; assainissement, traitement des déchets et dépollution	.. c	.. c	.. c	.. c	.. c	.. c	.. c	.. c	.. c	.. c
Construction	.. c	.. c	.. c	.. c	.. c	.. c	.. c	.. c	.. c	.. c
Services	**669 648.4**	**725 685.8**	**945 988.4**	**1 135 632.0**	**1 130 665.6**	**681 980.3**	**725 079.3**	**891 740.2**	**1 001 150.7**	**1 039 785.8**
Commerce de gros et de détail ; réparations automobiles et motocycles	152 448.3	158 848.0	174 365.0	194 221.9	211 275.1	111 983.3	128 014.8	145 482.5	137 390.5	158 281.2
Transport et entreposage	7 378.2	7 525.0	8 466.5	10 437.7	11 732.0	19 692.0	19 986.6	20 104.8	24 219.4	28 692.6
Activités d'hébergement et de restauration	2 874.3	2 803.9	2 859.0	2 943.4	2 877.1	1 275.4	1 240.6	996.8	1 195.0	1 222.6
Information et communication	17 886.6	18 639.2	18 012.4	16 964.1	16 607.6	8 535.5	10 396.5	9 368.5	10 535.0	10 403.0
Activités financières et d'assurances	333 263.6	362 818.0	494 827.6	659 863.9	645 635.8	388 399.4	383 697.0	497 395.3	590 938.9	616 496.2
Activités des sociétés holding	174 569.8	185 639.3	284 941.7	385 029.9	420 421.3	214 632.1	198 039.4	278 631.0	364 500.8	397 433.0
Activités immobilières	.. c	.. c	.. c	.. c	.. c	.. c	.. c	.. c	.. c	.. c
Activités professionnelles, scientifiques et techniques	150 690.0	151 634.8	216 036.8	215 938.2	216 213.0	142 232.3	171 560.2	201 733.8	221 368.8	210 128.0
Activités de services administratifs et d'appui	.. c	.. c	.. c	.. c	.. c	.. c	.. c	.. c	.. c	.. c
Administration publique; activités des ménages et des organismes extra-territoriaux	..	.. c	.. c	.. c	.. c	.. c	.. c	.. c	.. c	.. c
Éducation	..	.. c	.. c	.. c	.. c	.. c	.. c	.. c	.. c	.. c
Santé humaine et action sociale	.. c	.. c	.. c	.. c	.. c	.. c	.. c	.. c	.. c	.. c
Arts, spectacles et loisirs	.. c	.. c	.. c	.. c	.. c	.. c	.. c	.. c	.. c	.. c
Autres services	..	.. c	.. c	.. c	.. c	.. c	.. c	.. c	.. c	.. c
Not allocated and confidential	.. c	.. c	.. c	.. c	.. c	.. c	.. c	.. c	.. c	.. c
Activités immobilières privées	**36.6**	**37 822.5**	**37 130.3**	**38 800.6**	**38 485.3**	..	**2 831.5**	**3 302.1**	**4 424.9**	**5 386.7**

.. Non disponible ; c Donnée confidentielle

Note : Voir les métadonnées détaillées sur : *http://stats.oecd.org/OECDStat_Metadata/ShowMetadata.ashx?Dataset=FDI_CTRY_IND_SUMM&lang=fr.*

Source : Statistiques de l'OCDE sur l'investissement direct international (base de données) : https://doi.org/10.1787/idi-data-fr

SUISSE

Tableau 6. Revenus des investissements directs étrangers par secteur industriel

Millions de dollars des ÉU

	Entrant					Sortant				
	2014	2015	2016	2017	2018	2014	2015	2016	2017	2018
All FDI activities	**73 369.0**	**59 799.7**	**70 912.0**	**98 750.6**	**105 009.9**	**90 613.8**	**91 017.9**	**90 756.2**	**99 840.3**	**106 142.4**
Agriculture, sylviculture et pêche	..	..	..	..	..	..	.. c	.. c	.. c	.. c
Industries extractives	..	.. c	.. c	.. c	.. c	..	.. c	.. c	.. c	.. c
Activités d'extraction	..	.. c	.. c	.. c	.. c	..	.. c	.. c	.. c	.. c
Activités de fabrication	..	**15 250.9**	**14 936.6**	**16 355.8**	**14 886.6**	..	**45 452.7**	**37 187.2**	**37 262.8**	**45 770.8**
dont :										
Produits alimentaires, boissons et tabac	..	.. c	.. c	.. c	.. c	..	.. c	.. c	.. c	.. c
Textiles, bois, papier, imprimerie	..	.. c	.. c	.. c	.. c	..	.. c	.. c	.. c	.. c
Produits pétroliers, chimiques, pharmaceutiques, caoutchouc, plastique, minéraux	..	.. c	.. c	.. c	.. c	..	.. c	.. c	.. c	.. c
Ouvrages en métaux et machines, sauf matériels électriques	..	.. c	.. c	.. c	.. c	..	.. c	.. c	.. c	.. c
Automobiles, remorques, semi-remorques, autres matériels de transport	..	.. c	.. c	.. c	.. c	..	.. c	.. c	.. c	.. c
Autres activités de fabrication	..	.. c	.. c	.. c	.. c	..	.. c	.. c	.. c	.. c
Production et distribution d'électricité, de gaz, de vapeur et de climatisation	..	.. c	.. c	.. c	.. c	..	.. c	.. c	.. c	.. c
Distribution de l'eau ; assainissement, traitement des déchets et dépollution	..	.. c	.. c	.. c	.. c	..	..	..	..	..
Construction	..	.. c	.. c	.. c	.. c	..	.. c	.. c	.. c	.. c
Services	..	**44 583.4**	**55 721.5**	**82 191.1**	**89 990.1**	..	**45 517.0**	**53 714.9**	**61 986.2**	**59 341.3**
Commerce de gros et de détail ; réparations automobiles et motocycles	..	13 440.7	15 466.8	28 346.3	24 855.6	..	4 387.4	9 711.5	7 494.9	6 463.7
Transport et entreposage	..	628.6	1 042.2	1 217.1	1 391.0	..	1 450.7	1 483.9	2 114.1	1 650.7
Activités d'hébergement et de restauration	..	-47.7	165.1	72.5	46.5	..	130.8	-146.7	80.5	69.6
Information et communication	..	3 149.1	3 339.2	3 503.9	1 959.1	..	213.2	179.4	851.1	151.0
Activités financières et d'assurances	..	18 216.0	20 956.7	38 887.8	36 035.0	..	22 948.1	20 979.0	26 656.5	28 957.9
Activités des sociétés holding	..	5 617.3	1 581.5	17 962.5	22 218.2	..	11 457.5	7 020.4	16 461.2	15 319.1
Activités immobilières	..	.. c	.. c	.. c	.. c	..	.. c	.. c	.. c	.. c
Activités professionnelles, scientifiques et techniques	..	8 982.2	14 319.6	10 822.0	27 312.7	..	15 979.6	20 011.6	23 274.0	21 333.4
Activités de services administratifs et d'appui	..	.. c	.. c	.. c	.. c	..	.. c	.. c	.. c	.. c
Administration publique; activités des ménages et des organismes extra-territoriaux	..	..	..	..	..	..	..	..	..	..
Éducation	..	.. c	.. c	.. c	.. c	..	..	..	..	..
Santé humaine et action sociale	..	.. c	.. c	.. c	.. c	..	.. c	.. c	.. c	.. c
Arts, spectacles et loisirs	..	.. c	.. c	.. c	.. c	..	.. c	.. c	.. c	.. c
Autres services	..	.. c	.. c	.. c	.. c	..	.. c	.. c	.. c	.. c
Not allocated and confidential	**73 369.0**	.. c	.. c	.. c	.. c	**90 613.8**	.. c	.. c	.. c	.. c
Activités immobilières privées	..	..	..	..	..	..	..	..	..	..

.. Non disponible ; c Donnée confidentielle

Note : Voir les métadonnées détaillées sur : *http://stats.oecd.org/OECDStat_Metadata/ShowMetadata.ashx?Dataset=FDI_CTRY_IND_SUMM&lang=fr.*

Source : Statistiques de l'OCDE sur l'investissement direct international (base de données) : https://doi.org/10.1787/idi-data-fr

Tableau 1. Flux d'investissement direct étranger par pays

Millions de dollars des ÉU

	Entrant					Sortant				
	2014	2015	2016	2017	2018	2014	2015	2016	2017	2018
TOTAL MONDE	**12 447.9**	**18 916.2**	**13 719.1**	**11 184.5**	**12 966.3**	**6 663.8**	**4 900.6**	**2 891.6**	**2 634.7**	**3 606.4**
Pays membres de l'OCDE	**6 831.7**	**11 504.5**	**6 939.7**	**4 217.9**	**5 724.3**	..	**3 965.4**	**2 180.2**	**1 920.0**	**3 205.2**
Australie	3.3	4.0	28.1	462.7	48.0	..	0.1	1.2	1.6	0.9
Autriche	88.4	84.0	364.4	-1 152.9	455.0	..	44.0	3.0	10.4	38.6
Belgique	184.7	856.2	406.7	199.6	127.9	..	-102.4	2.8	11.2	19.8
Canada	14.6	33.1	117.9	41.7	33.6	..	15.6	12.9	12.8	10.4
Chili	0.0	-	5.6	1.9	-	..	-	0.1	0.1	-
République Tchèque	5.0	2.4	1.9	65.7	13.7	..	0.9	0.4	5.3	0.3
Danemark	66.4	43.6	63.6	31.0	221.7	..	0.9	1.8	0.7	0.4
Estonie	-	1.0	3.0	-	1.0	..	0.2	0.0	0.7	1.0
Finlande	27.3	7.2	8.9	12.9	11.6	..	0.1	0.4	3.6	4.3
France	245.3	172.8	-123.9	396.7	451.5	..	17.4	28.8	28.9	26.3
Allemagne	1 058.4	654.5	644.7	362.9	267.4	..	220.5	13.3	189.9	52.3
Grèce	65.5	51.1	7.0	1.3	20.1	..	0.8	2.4	19.0	21.5
Hongrie	-	-0.1	3.9	1.1	1.2	..	3.5	5.9	15.2	-14.6
Islande	0.2	-	-	-	-	..	-	-	-	-
Irlande	59.0	144.5	300.1	44.4	-168.3	..	0.1	-0.4	-0.9	0.9
Israël[1]	17.8	13.7	5.2	3.2	36.7	..	2.6	1.0	1.2	6.6
Italie	521.5	242.8	209.0	43.6	389.4	..	21.9	30.7	31.5	46.1
Japon	253.5	315.3	460.9	184.3	147.5	..	0.0	3.6	0.8	0.1
Corée	59.5	59.1	132.5	35.3	198.3	..	32.5	15.7	0.3	-7.5
Lettonie	-11.2	1.0	3.2	0.0	1.2	..	2.6	1.2	8.6	0.9
Lituanie	-	1.0	1.0	1.0	1.0	..	0.4	-	0.1	1.1
Luxembourg	244.5	2 376.7	506.5	-265.9	443.3	..	136.9	57.8	-389.4	42.7
Mexique	-	-	-	-	-	..	0.0	1.1	4.1	3.9
Pays-Bas	1 985.3	1 625.8	1 634.9	1 674.9	1 149.5	..	1 507.0	716.2	697.8	1 664.7
Nouvelle-Zélande	-	-	-	4.8	2.0	..	-	0.1	-	0.2
Norvège	285.9	49.8	10.9	61.8	224.7	..	89.0	-4.0	0.9	0.4
Pologne	18.9	-3.0	1.5	8.0	7.9	..	1.6	1.5	3.0	6.8
Portugal	3.5	4.0	-0.5	1.1	1.3	..	0.2	2.3	49.5	13.8
République slovaquie	3.4	6.4	1.6	2.0	1.0	..	0.0	0.2	-1.2	1.0
Slovénie	1.4	1.3	0.0	6.6	-	..	0.0	1.0	11.8	2.3
Espagne	81.7	2 338.4	293.8	1 403.2	219.4	..	3.8	6.6	9.6	21.1
Suède	64.4	50.9	44.7	42.7	87.6	..	0.4	49.0	38.9	16.4
Suisse	188.1	192.7	343.9	13.0	146.1	..	11.5	54.7	23.2	106.5
Turquie	-	-	-	-	-	..	-	-	-	-
Royaume-Uni	904.4	598.0	952.5	296.7	680.6	..	621.7	337.8	334.9	340.6
Etats-Unis	380.0	1 578.2	507.6	233.7	502.7	..	1 334.5	831.0	796.2	775.4
EUROPE	**9 127.0**	**12 054.5**	**8 535.1**	**6 377.5**	**7 166.3**	..	**3 009.4**	**1 473.8**	**1 187.7**	**2 616.1**
Bulgarie	8.4	16.4	13.2	4.8	21.5	..	31.8	4.1	43.7	8.9
Croatie	-	0.4	0.2	0.9	-	..	36.8	14.3	2.7	0.7
Chypre[2, 3]	0.0	13.5	5.3	-	-	..	-	-	-	-0.8
Malte	-0.2	3.7	-39.7	0.9	21.1	..	80.4	19.8	15.6	30.9
Roumanie	2.1	3.3	4.0	1.0	7.1	..	27.6	53.1	12.3	21.8
Russie	1 062.2	902.3	788.1	44.9	113.7	..	65.5	-59.2	30.9	20.1
Ukraine	23.0	49.0	35.1	18.0	53.5	..	13.0	12.2	-55.0	23.7
AFRIQUE	**93.8**	**144.5**	**86.2**	**124.2**	**239.2**	..	**34.5**	**91.1**	**105.2**	**64.6**
Afrique septentrionale	49.4	128.0	72.4	59.4	188.8	..	14.2	60.6	78.3	44.6
Algérie	3.4	7.0	10.0	6.0	37.0	..	3.5	26.0	39.2	11.1
Egypte	17.0	35.0	36.0	32.2	71.8	..	7.4	24.9	30.8	3.8
Libye	26.0	82.0	22.6	20.0	66.0	..	0.1	-	-	0.4
Maroc	3.0	1.0	1.0	1.4	7.0	..	1.0	9.4	7.4	28.9
Tunisie	-	3.0	2.8	-0.2	7.0	..	2.2	0.4	1.0	0.5
Autres pays africains	44.5	16.5	13.8	64.9	50.5	..	20.4	30.4	26.9	20.0
Nigéria	-	-	-2.0	-	1.0	..	0.2	11.0	1.8	-
Afrique du Sud	42.5	-1.5	0.0	1.0	3.8	..	8.8	0.0	0.1	7.0
AMÉRIQUE	**391.1**	**1 626.3**	**644.2**	**340.7**	**622.7**	..	**1 338.7**	**870.8**	**821.7**	**806.7**
Amérique du Nord	394.6	1 611.3	625.6	275.4	536.3	..	1 350.0	843.9	809.0	785.8
Amérique du Nord	-3.8	9.0	13.3	62.3	79.5	..	-12.8	8.8	7.6	7.3
Bahamas	-6.6	1.0	-	-	-	..	-	-	-	-
Bermudes	-	-	-	-	-	..	-8.8	7.0	-	-
Îles Cayman	0.4	3.7	0.2	1.3	-	..	-	-	2.7	-
Costa Rica	-	-	-	-	-	..	-	-	-	-
El Salvador	-	0.1	-	-	-	..	-	-	-	-
Guatemala	-	-	-	-	-	..	-	-	-	1.2
Honduras	-	-	-	-	-	..	-	-	-	-
Nicaragua	-	-	-	-	-	..	-	-	-	-
Panama	-	0.2	0.1	1.3	2.1	..	-	-	-	0.2
Îles Vierges, US	-	-	-	7.0	0.3	..	-	0.3	-	-
Amérique du Sud	0.4	6.1	5.3	2.9	7.0	..	1.5	18.0	5.1	13.5
Argentine	-	-	-	1.0	-	..	-	-	-	-
Bolivie	-	-	-	-	-	..	-	-	-	-
Brésil	0.3	6.1	-0.3	-	1.0	..	1.2	0.1	0.8	1.1
Colombie	-	-	-	-	-	..	0.2	17.9	2.2	9.9
Equateur	-	-	-	-	-	..	-	-	2.0	2.5
Paraguay	-	-	-	-	-	..	-	-	-	-
Pérou	-	-	-	-	-	..	-	-	0.0	0.1
Uruguay	-	-	-	-	-	..	-	-	-	-
Venezuela	-	-	-	-	6.0	..	-	-	-	-
ASIE	**3 163.6**	**5 086.8**	**4 425.7**	**3 874.7**	**4 888.0**	..	**518.0**	**454.6**	**518.5**	**117.9**

Tableau 1. Flux d'investissement direct étranger par pays *(suite)*

Millions de dollars des ÉU

	Entrant					Sortant				
	2014	2015	2016	2017	2018	2014	2015	2016	2017	2018
Proche et Moyen Orient	2 377.6	3 582.2	3 257.0	3 212.7	3 160.0	..	414.2	313.6	402.8	27.6
Pays du Golfe	1 123.8	2 059.7	1 499.3	1 369.2	1 872.6	..	115.2	72.0	125.4	-14.2
Koweït	326.1	246.2	258.2	197.7	343.0	..	43.5	-1.6	-0.1	-0.2
Qatar	26.3	427.2	462.9	164.3	513.1	..	14.7	-4.7	-0.3	-3.0
Arabie saoudite	323.3	554.3	372.3	525.2	432.4	..	2.8	0.3	5.3	-4.0
Emirats Arabes Unis	294.1	362.6	291.3	260.2	134.3	..	23.6	38.8	52.6	-15.2
Autres pays du Proche et Moyen Orient	1 253.8	1 522.5	1 757.7	1 843.5	1 287.5	..	299.0	241.6	277.5	41.8
Jordanie	44.6	28.4	39.3	37.1	138.9	..	2.3	-0.1	1.2	-0.3
Autres pays asiatiques	786.0	1 504.6	1 168.7	662.1	1 728.0	..	103.7	141.0	115.7	90.3
Chine	52.7	521.4	346.1	146.9	81.2	..	21.3	33.0	10.3	26.9
Hong Kong, Chine	60.7	29.8	-53.0	17.2	178.5	..	20.6	0.3	0.1	0.8
Inde	-4.7	2.4	-1.4	9.2	30.4	..	18.2	1.0	5.9	6.7
Indonesie	-	1.0	-5.4	1.0	1.0	..	0.5	5.1	0.0	9.2
République islamique d'Iran	105.1	95.4	95.2	55.0	425.4	..	0.1	0.1	-4.0	2.2
Malaisie	24.9	317.5	13.1	34.9	2.4	..	0.2	0.1	6.9	5.7
Philippines	-	-	-	-	0.0	..	0.0	-	-	0.1
Singapour	135.2	12.1	32.5	21.8	10.8	..	0.1	0.3	1.6	2.3
Taipei Chinois	0.4	0.6	0.9	6.2	247.5	..	0.4	0.4	0.1	0.3
Thaïlande	-0.1	0.1	-6.4	54.1	68.5	..	4.4	0.5	0.4	0.9
Viet Nam	-	-	0.4	-	-	..	0.1	20.4	1.3	2.9
AUSTRALIE, OCÉANIE ET RÉGIONS POLAIRES	**3.4**	**4.0**	**28.1**	**467.4**	**50.0**	..	**0.1**	**1.4**	**1.6**	**1.2**
TOTAL MONDE non alloué et confidentiel	**-331.1**	**0.0**	**0.0**	**0.0**	**-**	..	**0.0**	**0.0**	**-**	**-**
Union européenne (UE28)	**5 627.9**	**9 297.8**	**5 311.2**	**3 184.1**	**4 434.4**	..	**2 659.1**	**1 354.0**	**1 153.1**	**2 369.8**
Pays du G20 hors Union Européenne	**4 916.7**	**5 643.8**	**4 428.6**	**2 786.7**	**3 382.4**	..	**2 382.5**	**1 256.5**	**1 454.3**	**1 315.3**
Pays OCDE du G20	**3 440.4**	**3 657.9**	**2 929.2**	**2 057.6**	**2 718.8**	..	**2 264.2**	**1 276.2**	**1 401.0**	**1 248.5**
Pays non-OCDE du G20	**1 476.3**	**1 985.9**	**1 499.5**	**729.1**	**663.6**	..	**118.3**	**-19.8**	**53.3**	**66.8**
Pays MENA	**1 269.8**	**2 257.5**	**1 761.0**	**1 504.5**	**2 311.4**	..	**131.6**	**132.8**	**205.6**	**31.3**
Pays ANASE	**160.0**	**330.7**	**34.2**	**111.8**	**82.7**	..	**5.3**	**26.4**	**10.1**	**21.1**

- Néant ; .. Non disponible

Note : Voir les métadonnées détaillées sur : *http://stats.oecd.org/OECDStat_Metadata/ShowMetadata.ashx?Dataset=FDI_CTRY_IND_SUMM&lang=fr.*

1. Informations sur les données concernant Israël : *http://oe.cd/israel-disclaimer.*
2. Note de la Turquie : Les informations figurant dans ce document et faisant référence à « Chypre » concernent la partie méridionale de l'île. Il n'y a pas d'autorité unique représentant à la fois les Chypriotes turcs et grecs sur l'île. La Turquie reconnaît la République Turque de Chypre Nord (RTCN). Jusqu'à ce qu'une solution durable et équitable soit trouvée dans le cadre des Nations Unies, la Turquie maintiendra sa position sur la « question chypriote ».
3. Note de tous les États de l'Union européenne membres de l'OCDE et del'Union européenne : La République de Chypre est reconnue par tous les membres des Nations Unies sauf la Turquie. Les informations figurant dans ce document concernent la zone sous le contrôle effectif du gouvernement de la République de Chypre.

Source : Statistiques de l'OCDE sur l'investissement direct international (base de données) : https://doi.org/10.1787/idi-data-fr

Tableau 2. Encours des investissements directs étrangers par pays
En fin d'année

Millions de dollars des ÉU

	Entrant					Sortant				
	2014	2015	2016	2017	2018	2014	2015	2016	2017	2018
TOTAL MONDE	**182 064.6**	**158 077.6**	**148 428.2**	**197 374.5**	**147 107.1**	**39 513.3**	**35 615.0**	**38 368.6**	**45 534.1**	**44 449.2**
Pays membres de l'OCDE	..	..	**113 130.5**	**150 106.9**	**104 597.2**	**22 480.6**	**19 879.9**	**22 665.3**	**26 945.2**	**29 517.0**
Australie	..	..	69.3	27.4	21.9	24.0	2.7	-2.8	-7.5	-12.1
Autriche	..	..	9 231.8	4 197.7	2 204.7	956.2	1 206.5	1 251.5	1 831.6	1 916.5
Belgique	..	..	3 191.7	3 423.7	2 502.1	195.7	130.3	213.7	205.9	353.5
Canada	..	..	879.7	1 687.2	1 372.5	34.4	18.0	18.5	20.6	15.5
Chili	..	..	11.8	13.7	6.2	7.1	6.8	7.1	8.1	-
République Tchèque	..	..	151.0	626.2	210.7	-	-	-0.2	-0.1	-0.8
Danemark	..	..	541.8	896.2	829.7	1.0	0.0	0.0	-0.2	0.1
Estonie	..	..	0.2	0.3	0.1	1.1	0.4	-	-	-
Finlande	..	..	2 440.4	2 375.3	1 345.2	1.1	0.3	0.4	1.8	2.7
France	..	..	6 174.8	8 572.4	5 483.6	167.1	60.7	106.6	137.4	98.4
Allemagne	..	..	15 383.4	20 402.4	13 387.7	1 526.6	1 216.7	1 356.5	1 729.5	1 683.5
Grèce	..	..	152.9	180.7	101.9	54.0	24.3	26.3	42.0	41.3
Hongrie	..	..	29.6	11.2	7.6	15.9	19.1	26.9	25.5	-0.2
Islande	..	..	..	1.0	1.0	-	-	-	-	-
Irlande	..	..	728.4	788.3	398.9	607.5	598.5	647.7	659.0	584.7
Israël[1]	..	..	944.0	1 262.3	903.2	184.2	203.9	114.1	124.5	143.4
Italie	..	..	4 207.3	5 117.3	3 151.8	86.9	117.8	144.4	155.3	140.1
Japon	..	..	3 041.5	5 252.1	2 996.2	-	0.1	0.2	0.6	2.3
Corée	..	..	1 796.3	2 366.7	2 099.7	5.8	4.0	6.7	0.6	2.2
Lettonie	..	..	..	1.0	1.0	3.4	23.0	4.8	-12.9	-15.1
Lituanie	..	..	0.6	-	0.0	0.1	-	-	-	-
Luxembourg	..	..	9 110.5	13 159.1	7 563.4	1 056.1	988.9	1 846.6	511.2	534.7
Mexique	..	..	..	0.1	1.5	0.5	-0.7	-8.0	7.9	-8.5
Pays-Bas	..	..	22 320.4	35 323.6	31 769.3	12 171.1	11 726.5	13 020.1	15 036.7	17 574.8
Nouvelle-Zélande	..	..	1.9	4.5	8.5	0.4	2.5	1.5	1.9	2.1
Norvège	..	..	788.9	845.7	399.9	90.3	-0.3	-	-	-
Pologne	..	..	29.7	47.7	47.1	17.6	8.1	37.3	74.9	52.6
Portugal	..	..	39.4	45.5	24.4	1.1	4.8	5.3	6.3	13.7
République slovaquie	..	..	..	27.3	21.0	21.6	-0.2	-0.2	-2.2	-2.7
Slovénie	..	..	0.7	0.1	0.1	-0.7	0.5	-0.1	1.6	12.4
Espagne	..	..	7 448.1	10 618.3	6 091.7	189.7	175.1	273.4	250.7	205.9
Suède	..	..	460.6	472.7	418.3	0.1	8.0	4.1	52.2	42.3
Suisse	..	..	5 046.1	7 065.9	5 279.3	417.8	161.9	165.6	184.8	205.4
Turquie	..	..	91.1	160.8	76.7	-	-	-	-	-
Royaume-Uni	..	..	12 756.6	16 288.2	10 089.1	2 637.4	1 626.9	1 570.9	3 890.6	4 113.0
Etats-Unis	..	..	6 058.8	8 844.4	5 781.2	2 009.2	1 567.9	1 826.6	2 007.0	1 815.1
EUROPE	..	..	**111 203.1**	**143 842.3**	**107 699.4**	**24 346.7**	**25 793.9**	**29 278.9**	**35 693.6**	**36 638.9**
Bulgarie	..	..	5.0	2.0	3.9	116.4	141.7	267.5	291.9	291.6
Croatie	..	..	0.0	0.0	0.0	174.1	153.6	157.2	139.8	157.3
Chypre[2, 3]	..	..	..	-	-	-	-	-	-	-
Malte	..	..	132.8	107.2	54.1	1 656.9	1 646.5	1 754.4	2 050.6	1 760.4
Roumanie	..	..	1.0	6.6	3.2	281.3	107.5	219.3	255.4	330.8
Russie	..	..	10 415.2	12 732.4	16 055.1	564.4	594.1	467.5	428.7	694.5
Ukraine	..	..	7.5	0.1	0.2	128.2	59.1	124.7	115.3	176.7
AFRIQUE	..	..	**122.8**	**147.2**	**114.5**	**1 126.0**	**966.6**	**1 258.8**	**1 568.7**	**1 265.8**
Afrique septentrionale	..	..	102.9	134.1	105.1	986.6	633.7	1 141.9	1 371.0	1 110.0
Algérie	..	..	..	-	-	234.4	181.1	632.3	1 174.1	908.2
Egypte	..	..	2.4	10.2	12.5	296.0	245.0	195.0	204.5	245.4
Libye	..	..	98.9	123.0	92.2	147.8	123.2	16.7	-119.4	-160.9
Maroc	..	..	1.6	0.7	0.2	146.3	33.5	247.9	72.3	88.5
Tunisie	..	..	0.0	0.2	0.2	162.2	50.9	50.1	39.4	28.8
Autres pays africains	..	..	19.9	13.1	9.4	139.5	332.9	116.9	197.7	155.8
Nigéria	..	..	..	-	-	21.2	70.9	64.9	80.3	23.2
Afrique du Sud	..	..	2.2	5.1	2.1	6.5	3.0	7.8	14.8	8.3
AMÉRIQUE	..	..	**8 356.1**	**12 739.5**	**8 510.1**	**3 236.1**	**3 052.4**	**2 868.3**	**3 322.3**	**2 240.2**
Amérique du Nord	..	..	6 938.5	10 531.6	7 153.7	2 043.6	1 585.9	1 845.1	2 027.5	1 830.6
Amérique du Nord	..	..	1 188.5	1 931.7	1 231.8	1 076.5	1 415.6	966.4	1 237.4	370.0
Bahamas	..	..	4.6	138.7	114.5	2.6	2.6	2.6	2.6	2.6
Bermudes	..	..	50.5	181.7	91.5	12.8	1.9	3.7	7.8	7.4
Îles Cayman	..	..	255.5	421.3	283.1	0.0	706.2	831.7	1 055.8	540.8
Costa Rica	..	..	..	-	-	-	-	-	-	-
El Salvador	..	..	..	-	-	-	-	-	-	-
Guatemala	..	..	..	-	-	-	-	-	-	-
Honduras	..	..	..	-	-	-	-	-	-	-
Nicaragua	..	..	..	-	-	-	-	-	-	-
Panama	..	..	740.2	847.9	543.9	445.8	394.7	34.9	41.2	-261.5
Îles Vierges, US	..	..	-	7.0	7.3	-	-	-	-	-
Amérique du Sud	..	..	229.1	276.2	124.5	115.9	51.0	56.8	57.4	39.6
Argentine	..	..	..	-	-	-	-	-	-	-
Bolivie	..	..	..	-	-	-	-	-	-	-
Brésil	..	..	217.3	262.5	118.3	78.9	16.6	-0.1	-0.6	-0.5
Colombie	..	..	..	-	-	30.0	27.6	47.4	49.9	40.0
Equateur	..	..	..	-	-	-	-	2.3	-	-
Paraguay	..	..	..	-	-	-	-	-	-	-
Pérou	..	..	..	-	-	-	-	-	-	0.1
Uruguay	..	..	..	-	-	-	-	-	-	-
Venezuela	..	..	..	-	-	-	-	-	-	-
ASIE	..	..	**28 675.2**	**40 613.6**	**30 752.8**	**10 482.9**	**5 530.4**	**4 767.0**	**4 818.3**	**4 366.3**

Tableau 2. Encours des investissements directs étrangers par pays *(suite)*

En fin d'année

Millions de dollars des ÉU

	Entrant					Sortant				
	2014	2015	2016	2017	2018	2014	2015	2016	2017	2018
Proche et Moyen Orient	..	..	21 226.3	28 190.3	22 365.2	8 599.4	3 359.5	2 526.8	2 466.3	2 621.6
Pays du Golfe	..	..	12 485.6	14 745.2	12 783.9	538.2	1 284.6	1 048.4	1 399.0	1 501.7
Koweït	..	..	1 056.4	1 273.8	1 085.1	0.9	0.9	7.2	8.5	-83.0
Qatar	..	..	4 940.6	5 965.9	6 432.9	86.6	43.5	110.0	-252.9	101.2
Arabie saoudite	..	..	3 888.3	4 187.9	3 224.1	42.4	95.2	-0.8	-49.7	-47.4
Emirats Arabes Unis	..	..	1 493.2	1 993.0	1 465.6	235.7	267.4	552.6	907.6	935.4
Autres pays du Proche et Moyen Orient	..	..	8 740.7	13 445.1	9 581.3	8 061.2	2 074.9	1 478.3	1 067.3	1 119.9
Jordanie	..	..	70.4	83.5	44.2	14.7	15.2	22.6	13.7	13.2
Autres pays asiatiques	..	..	7 448.9	12 423.4	8 387.6	1 883.5	2 170.9	2 240.3	2 352.0	1 744.7
Chine	..	..	492.4	1 561.8	1 136.5	119.5	143.6	181.1	260.9	190.8
Hong Kong, Chine	..	..	57.0	69.4	81.1	-2.5	0.6	0.1	10.5	21.5
Inde	..	..	65.6	143.2	144.5	148.9	130.4	111.9	124.0	200.9
Indonesie	..	..	0.6	0.3	0.2	91.4	111.2	-48.2	-54.2	-49.0
République islamique d'Iran	..	..	176.0	89.1	103.9	437.2	503.0	408.2	394.2	387.3
Malaisie	..	..	951.2	1 463.6	644.5	201.2	145.8	142.6	193.6	186.9
Philippines	..	..	..	-	-	0.8	0.1	0.7	0.6	1.0
Singapour	..	..	193.5	274.2	220.6	4.2	18.8	17.5	24.4	32.5
Taipei Chinois	..	..	14.5	52.4	49.2	-	0.1	0.2	0.3	0.1
Thaïlande	..	..	493.7	949.1	768.0	17.0	128.6	104.0	91.6	128.9
Viet Nam	..	..	..	-	-	-	-	-	0.2	-
AUSTRALIE, OCÉANIE ET RÉGIONS POLAIRES	..	..	**71.1**	**31.9**	**30.3**	**321.6**	**271.6**	**195.5**	**131.3**	**-61.9**
TOTAL MONDE non alloué et confidentiel	..	..	**0.0**	**0.0**	**0.0**	**0.0**	-	-	**0.0**	-
Union européenne (UE28)	..	..	**94 540.5**	**122 691.1**	**85 710.5**	**21 939.2**	**19 985.4**	**22 934.2**	**27 334.3**	**29 891.6**
Pays du G20 hors Union Européenne	..	..	**65 540.5**	**87 612.1**	**65 142.6**	**7 543.8**	**5 708.2**	**5 738.9**	**8 665.7**	**8 847.0**
Pays OCDE du G20	..	..	**50 458.9**	**68 719.0**	**44 461.8**	**6 491.9**	**4 614.2**	**5 019.7**	**7 941.9**	**7 849.4**
Pays non-OCDE du G20	..	..	**15 081.6**	**18 893.1**	**20 680.8**	**1 051.9**	**1 094.0**	**719.2**	**723.8**	**997.6**
Pays MENA	..	..	**13 467.0**	**15 854.1**	**13 535.3**	**1 582.7**	**1 941.7**	**2 213.4**	**2 788.0**	**2 625.0**
Pays ANASE	..	..	**1 639.0**	**2 687.1**	**1 633.3**	**314.5**	**404.8**	**215.2**	**255.0**	**298.2**

- Néant ; .. Non disponible

Note : Les positions d'IDE entrants sont allouées selon le pays investisseur ultime. Les positions d'IDE entrants par la contrepartie immédiate sont disponibles pour des années en plus dans *la base de données Statistisques d'IDE selon BMD4*. Voir les métadonnées détaillées sur : *http://stats.oecd.org/OECDStat_Metadata/ShowMetadata.ashx?Dataset=FDI_CTRY_IND_SUMM&lang=fr*.

1. Informations sur les données concernant Israël : *http://oe.cd/israel-disclaimer*.
2. Note de la Turquie : Les informations figurant dans ce document et faisant référence à « Chypre » concernent la partie méridionale de l'île. Il n'y a pas d'autorité unique représentant à la fois les Chypriotes turcs et grecs sur l'île. La Turquie reconnaît la République Turque de Chypre Nord (RTCN). Jusqu'à ce qu'une solution durable et équitable soit trouvée dans le cadre des Nations Unies, la Turquie maintiendra sa position sur la « question chypriote ».
3. Note de tous les États de l'Union européenne membres de l'OCDE et del'Union européenne : La République de Chypre est reconnue par tous les membres des Nations Unies sauf la Turquie. Les informations figurant dans ce document concernent la zone sous le contrôle effectif du gouvernement de la République de Chypre.

Source : Statistiques de l'OCDE sur l'investissement direct international (base de données) : https://doi.org/10.1787/idi-data-fr

TURQUIE

Tableau 3. Revenus des investissements directs étrangers par pays

Millions de dollars des ÉU

	Entrant					Sortant				
	2014	2015	2016	2017	2018	2014	2015	2016	2017	2018
TOTAL MONDE	**2 349.7**	**3 554.0**	**3 137.5**	**3 276.9**	**3 198.2**	**313.5**	**219.3**	**201.5**	**296.8**	**955.9**
Pays membres de l'OCDE	..	**3 290.7**	**2 887.2**	**3 146.9**	..	..	**109.8**	**86.7**	**124.6**	..
Australie	..	0.1	0.4	0.5	..	..	-	-	0.1	..
Autriche	..	61.8	88.1	15.7	..	..	4.4	-	-	..
Belgique	..	121.7	82.8	56.4	..	..	-	-	0.1	..
Canada	..	0.5	4.9	3.8	..	..	-	0.2	-	..
Chili	..	-	5.6	4.9	..	..	-	-	-	..
République Tchèque	..	14.4	16.5	0.0	..	..	-	-	-	..
Danemark	..	2.6	5.4	3.9	..	..	-	-	-	..
Estonie	..	-	-	-	..	..	-	-	-	..
Finlande	..	461.3	12.3	1.0	..	..	-	-	-	..
France	..	154.1	178.1	208.8	..	..	-	2.0	0.2	..
Allemagne	..	515.8	413.0	497.9	..	..	2.9	-2.4	-4.1	..
Grèce	..	61.5	0.8	9.1	..	..	-	-	-	..
Hongrie	..	-	6.0	12.5	..	..	-0.1	-0.1	-	..
Islande	..	-	-	-	..	..	-	-	-	..
Irlande	..	2.8	11.5	0.6	..	..	-	0.0	-	..
Israël[1]	..	7.6	9.8	5.7	..	..	-	-	-	..
Italie	..	76.4	75.3	63.8	..	..	0.1	-	-	..
Japon	..	45.9	148.0	119.4	..	..	-	2.6	-	..
Corée	..	12.6	20.8	30.5	..	..	-	-	4.4	..
Lettonie	..	-	-	-	..	..	-	2.6	3.3	..
Lituanie	..	-	-	-	..	..	-	-	-	..
Luxembourg	..	94.0	90.2	224.5	..	..	20.7	0.1	13.0	..
Mexique	..	-	-	-	..	..	-	-	-	..
Pays-Bas	..	419.5	486.1	463.8	..	..	57.0	46.2	92.4	..
Nouvelle-Zélande	..	-	-	-	..	..	-	-	-	..
Norvège	..	7.3	18.1	20.3	..	..	-	0.0	-	..
Pologne	..	-	0.0	0.6	..	..	-	0.4	0.7	..
Portugal	..	6.5	7.3	5.1	..	..	-	-	-	..
République slovaquie	..	14.1	18.8	13.9	..	..	-	0.0	-	..
Slovénie	..	-	-	-	..	..	-	-	-	..
Espagne	..	185.3	211.9	119.3	..	..	-	-	0.0	..
Suède	..	6.0	5.8	195.8	..	..	-	0.0	-	..
Suisse	..	154.6	251.6	331.9	..	..	0.0	0.5	4.6	..
Turquie	..	-	-	-	..	..	-	-	-	..
Royaume-Uni	..	481.1	618.3	643.8	..	..	9.8	24.1	-0.1	..
Etats-Unis	..	383.4	100.3	93.6	..	..	15.0	10.6	10.0	..
EUROPE	..	**3 004.6**	**2 614.5**	**2 899.4**	..	..	**99.8**	**77.9**	**129.0**	..
Bulgarie	..	0.1	0.6	0.1	..	..	0.3	0.1	0.4	..
Croatie	..	1.1	-	-	..	..	-	-	-	..
Chypre[2, 3]	..	-	-	-	..	..	-	-	-	..
Malte	..	1.3	11.1	7.3	..	..	-	0.7	9.7	..
Roumanie	..	0.1	0.0	0.0	..	..	0.1	-	-	..
Russie	..	159.4	4.3	1.0	..	..	2.9	0.8	0.6	..
Ukraine	..	0.1	-	0.0	..	..	-	1.2	7.0	..
AFRIQUE	..	**1.6**	**5.5**	**0.5**	..	..	**5.1**	**3.2**	**5.5**	..
Afrique septentrionale	..	1.6	5.5	0.5	..	..	5.0	3.1	5.5	..
Algérie	..	1.5	-	0.0	..	..	3.9	2.5	3.8	..
Egypte	..	0.1	0.1	0.1	..	..	0.5	0.6	1.7	..
Libye	..	-	5.3	0.4	..	..	-	-	-	..
Maroc	..	-	-	-	..	..	0.6	-	0.1	..
Tunisie	..	-	-	-	..	..	-	-	-	..
Autres pays africains	..	-	0.0	0.0	..	..	0.1	0.1	-	..
Nigéria	..	-	-	-	..	..	-	-	-	..
Afrique du Sud	..	-	-	-	..	..	-	-	-	..
AMÉRIQUE	..	**417.6**	**114.9**	**107.0**	..	..	**14.7**	**10.6**	**9.9**	..
Amérique du Nord	..	383.9	105.1	97.4	..	..	15.0	10.7	10.0	..
Amérique du Nord	..	33.7	4.2	4.7	..	..	-0.3	-0.1	-0.1	..
Bahamas	..	-	-	-	..	..	-	-	-	..
Bermudes	..	-	-	4.3	..	..	-0.3	-	-	..
Îles Cayman	..	3.7	4.2	0.2	..	..	-	-	-	..
Costa Rica	..	-	-	-	..	..	-	-	-	..
El Salvador	..	-	-	-	..	..	-	-	-	..
Guatemala	..	-	-	-	..	..	-	-	-	..
Honduras	..	-	-	-	..	..	-	-	-	..
Nicaragua	..	-	-	-	..	..	-	-	-	..
Panama	..	-	-	-	..	..	-	-	-	..
Îles Vierges, US	..	-	-	-	..	..	-	-	-	..
Amérique du Sud	..	0.0	5.6	4.9	..	..	-	0.0	-	..
Argentine	..	-	-	-	..	..	-	-	-	..
Bolivie	..	-	-	-	..	..	-	-	-	..
Brésil	..	-	-	-	..	..	-	-	-	..
Colombie	..	-	-	-	..	..	-	0.0	-	..
Equateur	..	-	-	-	..	..	-	-	-	..
Paraguay	..	-	-	-	..	..	-	-	-	..
Pérou	..	-	-	-	..	..	-	-	-	..
Uruguay	..	0.0	-	-	..	..	-	-	-	..
Venezuela	..	-	-	-	..	..	-	-	-	..
ASIE	..	**130.1**	**372.6**	**329.2**	..	..	**99.8**	**106.2**	**138.8**	..

Tableau 3. Revenus des investissements directs étrangers par pays (*suite*)

Millions de dollars des ÉU

	Entrant					Sortant				
	2014	2015	2016	2017	2018	2014	2015	2016	2017	2018
Proche et Moyen Orient	..	28.2	153.5	133.7	..	..	95.1	83.3	95.1	..
Pays du Golfe	..	17.3	128.9	115.0	..	..	78.2	82.1	93.2	..
Koweït	..	-	52.6	46.6	..	..	-	-	0.0	..
Qatar	..	0.8	43.3	37.6	..	..	-	-	-	..
Arabie saoudite	..	-	6.6	19.9	..	..	0.1	0.5	-	..
Emirats Arabes Unis	..	16.6	26.4	10.8	..	..	13.1	0.3	0.1	..
Autres pays du Proche et Moyen Orient	..	10.9	24.6	18.7	..	..	16.9	1.2	1.9	..
Jordanie	..	1.0	-	0.1	..	..	1.3	-	0.0	..
Autres pays asiatiques	..	101.9	219.2	195.5	..	..	4.7	22.9	43.8	..
Chine	..	0.2	2.6	2.3	..	..	-	0.8	18.1	..
Hong Kong, Chine	..	20.1	5.4	0.3	..	..	0.3	-	0.0	..
Inde	..	0.3	1.0	0.4	..	..	-	-	0.2	..
Indonesie	..	-	1.0	0.4	..	..	-	-	-	..
République islamique d'Iran	..	0.4	-	-	..	..	-	-	0.2	..
Malaisie	..	9.2	8.5	4.0	..	..	-	-	-	..
Philippines	..	-	-	-	..	..	-	-	-	..
Singapour	..	11.8	27.5	34.3	..	..	-	2.4	0.5	..
Taipei Chinois	..	1.3	2.5	3.2	..	..	-	-	-	..
Thaïlande	..	-	1.0	0.4	..	..	-	-	-	..
Viet Nam	..	-	-	-	..	..	-	-	-	..
AUSTRALIE, OCÉANIE ET RÉGIONS POLAIRES	..	**0.1**	**0.4**	**0.5**	..	..	-	-	**0.1**	..
TOTAL MONDE non alloué et confidentiel	..	-	**0.0**	**0.0**	..	..	**0.0**	-	**0.0**	..
Union européenne (UE28)	..	**2 681.3**	**2 339.6**	**2 543.7**	..	..	**95.2**	**73.6**	**115.7**	..
Pays du G20 hors Union Européenne	..	**1 829.5**	**1 574.4**	**1 686.0**	..	..	**30.7**	**39.1**	**29.4**	..
Pays OCDE du G20	..	**1 669.8**	**1 558.9**	**1 661.9**	..	..	**27.8**	**37.0**	**10.5**	..
Pays non-OCDE du G20	..	**159.8**	**15.4**	**24.0**	..	..	**2.9**	**2.1**	**19.0**	..
Pays MENA	..	**21.4**	**137.4**	**118.0**	..	..	**96.6**	**85.3**	**98.7**	..
Pays ANASE	..	**20.9**	**37.9**	**39.2**	..	..	-	**2.4**	**0.5**	..

- Néant ; .. Non disponible

Note : Voir les métadonnées détaillées sur : *http://stats.oecd.org/OECDStat_Metadata/ShowMetadata.ashx?Dataset=FDI_CTRY_IND_SUMM&lang=fr*.

1. Informations sur les données concernant Israël : *http://oe.cd/israel-disclaimer*.
2. Note de la Turquie : Les informations figurant dans ce document et faisant référence à « Chypre » concernent la partie méridionale de l'île. Il n'y a pas d'autorité unique représentant à la fois les Chypriotes turcs et grecs sur l'île. La Turquie reconnaît la République Turque de Chypre Nord (RTCN). Jusqu'à ce qu'une solution durable et équitable soit trouvée dans le cadre des Nations Unies, la Turquie maintiendra sa position sur la « question chypriote ».
3. Note de tous les États de l'Union européenne membres de l'OCDE et del'Union européenne : La République de Chypre est reconnue par tous les membres des Nations Unies sauf la Turquie. Les informations figurant dans ce document concernent la zone sous le contrôle effectif du gouvernement de la République de Chypre.

Source : Statistiques de l'OCDE sur l'investissement direct international (base de données) : https://doi.org/10.1787/idi-data-fr

Tableau 4. Investissement direct étranger : flux par secteur industriel

Millions de dollars des ÉU

	Entrant					Sortant				
	2014	2015	2016	2017	2018	2014	2015	2016	2017	2018
All FDI activities	**12 447.9**	**18 916.2**	**13 719.1**	**11 184.5**	**12 966.3**	**6 663.8**	**4 900.6**	**2 891.6**	**2 634.7**	**3 606.4**
Agriculture, sylviculture et pêche	**61.5**	**49.8**	**41.5**	**50.5**	**96.2**	..	**9.2**	**7.2**	**20.2**	**18.3**
Industries extractives	**309.1**	**221.3**	**161.7**	**453.9**	**67.0**	..	**1 800.2**	**1 068.3**	**1 036.1**	**835.1**
Activités d'extraction	286.5	159.5	125.7	443.1	24.0	..	1 760.5	1 074.2	994.5	819.8
Activités de fabrication	**2 613.0**	**4 463.6**	**2 410.2**	**1 190.8**	**2 076.8**	..	**819.9**	**397.7**	**373.6**	**476.9**
dont :										
Produits alimentaires, boissons et tabac	252.6	918.6	728.1	363.8	478.5	..	294.2	41.5	25.7	63.0
Textiles, bois, papier, imprimerie	193.9	470.9	168.0	137.3	175.0	..	93.1	71.6	143.6	190.1
Produits pétroliers, chimiques, pharmaceutiques, caoutchouc, plastique, minéraux	713.2	2 059.5	273.1	422.8	524.2	..	36.6	54.6	66.9	37.5
Ouvrages en métaux et machines, sauf matériels électriques	228.0	410.3	721.7	118.7	99.5	..	109.1	60.7	22.5	47.3
Automobiles, remorques, semi-remorques, autres matériels de transport	105.4	152.0	168.6	30.7	352.8	..	6.7	13.0	18.9	1.3
Autres activités de fabrication	1 119.9	452.3	350.8	117.6	446.8	..	280.3	156.3	95.9	137.8
Production et distribution d'électricité, de gaz, de vapeur et de climatisation	**1 199.7**	**1 576.2**	**629.5**	**-945.0**	**370.1**	..	**87.4**	**39.2**	**24.7**	**387.2**
Distribution de l'eau ; assainissement, traitement des déchets et dépollution	**2.8**	**11.9**	**3.1**	**-5.3**	**4.0**	..	**0.2**	**0.6**	**0.7**	**0.3**
Construction	**296.2**	**39.1**	**270.7**	**568.9**	**187.3**	..	**305.0**	**39.6**	**144.5**	**67.3**
Services	**3 975.7**	**8 398.3**	**6 312.4**	**5 227.8**	**4 249.8**	..	**1 878.9**	**1 339.0**	**1 034.7**	**1 821.5**
Commerce de gros et de détail ; réparations automobiles et motocycles	850.8	801.3	932.9	1 276.7	1 271.4	..	53.3	78.4	118.2	12.3
Transport et entreposage	637.4	2 042.9	1 553.1	1 926.5	878.7	..	37.1	139.5	108.5	36.7
Activités d'hébergement et de restauration	9.3	9.5	258.2	91.2	422.0	..	44.1	47.9	123.7	-26.5
Information et communication	195.9	1 464.9	858.3	-171.6	203.4	..	647.3	84.7	38.8	16.1
Activités financières et d'assurances	1 625.4	3 522.2	1 856.8	1 252.2	1 138.7	..	647.0	481.8	-79.7	1 152.1
Activités des sociétés holding	160.6	205.9	126.5	-2.2	83.1	..	490.3	257.3	191.5	886.4
Activités immobilières	259.3	190.7	367.8	303.6	93.4	..	378.1	367.7	567.3	430.4
Activités professionnelles, scientifiques et techniques	88.1	44.2	105.1	70.1	-35.3	..	13.5	13.9	19.0	112.3
Activités de services administratifs et d'appui	50.4	218.9	149.0	323.5	54.5	..	20.5	2.5	19.1	8.9
Administration publique; activités des ménages et des organismes extra-territoriaux	0.6	-	0.1	0.4	2.0	..	0.0	0.1	-0.8	-
Éducation	0.0	0.0	-74.1	-10.8	0.6	..	0.7	0.6	1.5	11.0
Santé humaine et action sociale	168.8	81.6	315.0	126.2	95.5	..	19.5	85.3	4.3	4.1
Arts, spectacles et loisirs	24.4	1.6	16.3	9.7	19.5	..	0.4	-0.6	2.6	1.2
Autres services	65.3	20.7	-26.0	30.2	105.3	..	17.6	37.1	112.3	62.8
Not allocated and confidential	**-331.1**	**0.0**	**-**	**0.0**	**0.0**	**6 663.8**	**-0.3**	**0.0**	**0.3**	**0.0**
Activités immobilières privées	**4 321.0**	**4 156.0**	**3 890.0**	**4 643.0**	**5 915.0**	..	..	..	..	..

- Néant ; .. Non disponible

Note : Voir les métadonnées détaillées sur : *http://stats.oecd.org/OECDStat_Metadata/ShowMetadata.ashx?Dataset=FDI_CTRY_IND_SUMM&lang=fr.*

Source : Statistiques de l'OCDE sur l'investissement direct international (base de données) : https://doi.org/10.1787/idi-data-fr

TURQUIE

Tableau 5. Encours des investissement directs étrangers par secteur industriel

En fin d'année

Millions de dollars des ÉU

	Entrant					Sortant				
	2014	2015	2016	2017	2018	2014	2015	2016	2017	2018
All FDI activities	**182 064.6**	**158 077.6**	**148 428.2**	**197 374.5**	**147 107.1**	**39 513.3**	**35 615.0**	**38 368.6**	**45 534.1**	**44 449.2**
Agriculture, sylviculture et pêche	**1 071.9**	**806.3**	**748.0**	**1 399.7**	**724.1**	**14.4**	**3.3**	**8.8**	**29.6**	**32.2**
Industries extractives	**3 964.1**	**3 135.4**	**2 690.9**	**4 770.7**	**3 595.7**	**7 655.1**	**4 630.2**	**4 202.3**	**5 296.4**	**3 577.5**
Activités d'extraction	1 772.5	1 183.2	1 091.6	2 081.3	1 454.7	-	4 470.6	4 045.2	5 137.9	3 480.7
Activités de fabrication	**61 215.5**	**52 233.5**	**45 957.9**	**61 628.8**	**37 738.0**	**5 556.0**	**5 233.4**	**4 483.8**	**4 032.4**	**4 059.9**
dont :										
Produits alimentaires, boissons et tabac	12 746.2	11 320.5	9 858.9	12 306.0	6 945.4	3 036.4	1 771.7	2 051.6	709.2	787.9
Textiles, bois, papier, imprimerie	1 230.7	952.1	992.7	1 718.0	1 217.1	939.2	1 481.9	790.2	979.7	933.5
Produits pétroliers, chimiques, pharmaceutiques, caoutchouc, plastique, minéraux	14 231.3	16 424.6	13 787.1	19 186.3	13 544.8	597.5	962.5	641.6	813.5	643.5
Ouvrages en métaux et machines, sauf matériels électriques	7 506.7	4 620.7	4 948.8	6 928.9	3 450.0	496.7	507.1	769.6	1 345.0	1 277.1
Automobiles, remorques, semi-remorques, autres matériels de transport	13 115.6	9 254.1	8 922.2	12 504.2	6 776.1	31.3	95.8	121.6	101.1	140.1
Autres activités de fabrication	12 385.0	9 661.5	7 448.2	8 985.4	5 804.7	454.8	414.5	109.2	84.0	277.8
Production et distribution d'électricité, de gaz, de vapeur et de climatisation	**17 647.3**	**15 558.9**	**11 829.6**	**18 971.8**	**6 633.8**	**670.9**	**699.5**	**468.4**	**425.8**	**305.7**
Distribution de l'eau ; assainissement, traitement des déchets et dépollution	**86.5**	**63.8**	**62.6**	**53.1**	**26.0**	-	**12.8**	**10.3**	**2.4**	**2.9**
Construction	**1 875.0**	**1 610.9**	**1 459.9**	**946.4**	**792.3**	**1 073.9**	**1 005.7**	**1 085.2**	**466.7**	**333.0**
Services	**96 204.5**	**84 668.9**	**85 679.5**	**109 604.1**	**97 597.3**	**24 543.0**	**24 030.2**	**28 109.9**	**35 280.8**	**36 138.0**
Commerce de gros et de détail ; réparations automobiles et motocycles	22 986.4	26 398.6	32 069.7	40 520.1	38 722.1	1 983.3	934.6	1 574.7	2 057.0	2 709.1
Transport et entreposage	3 583.2	2 918.6	3 359.9	7 086.5	4 752.1	779.9	1 169.8	1 433.2	2 826.7	1 399.5
Activités d'hébergement et de restauration	677.6	511.2	455.7	936.9	511.2	470.7	188.1	411.0	338.9	204.2
Information et communication	23 118.4	16 036.0	12 633.9	16 146.3	9 779.3	1 675.1	2 639.1	2 510.0	1 774.9	1 086.2
Activités financières et d'assurances	38 975.2	33 219.9	31 950.3	38 057.2	38 610.9	17 833.2	18 598.7	21 595.0	27 650.6	29 978.4
Activités des sociétés holding	3 677.2	4 750.9	3 999.7	5 187.8	3 353.4	10 616.7	11 891.5	13 266.3	18 980.4	21 067.0
Activités immobilières	1 152.1	1 475.2	1 354.6	2 342.1	1 972.6	775.6	347.7	321.9	471.1	573.9
Activités professionnelles, scientifiques et techniques	377.6	305.9	315.8	692.6	498.9	2.6	46.1	45.4	52.6	5.4
Activités de services administratifs et d'appui	2 435.2	1 859.6	1 569.8	2 104.2	1 574.4	404.4	13.3	60.4	12.2	27.9
Administration publique; activités des ménages et des organismes extra-territoriaux	-	-	0.0	0.4	0.4	0.6	-	-	-0.8	-0.8
Éducation	125.1	60.9	11.6	13.6	10.0	18.8	6.0	5.6	4.8	2.5
Santé humaine et action sociale	1 730.5	1 049.4	759.7	653.8	378.4	10.6	8.8	80.5	35.9	73.8
Arts, spectacles et loisirs	154.7	112.3	572.4	129.1	96.1	259.6	2.4	24.6	26.2	59.8
Autres services	888.5	721.4	626.2	921.2	690.9	328.7	75.7	47.6	30.6	18.1
Not allocated and confidential	**-0.1**	**-0.1**	**-0.1**	**-0.1**	**-0.1**	**0.0**	-	-	**0.0**	-
Activités immobilières privées	-	..	..	..	..	-	..	..	..	..

- Néant ; .. Non disponible

Note : Voir les métadonnées détaillées sur : *http://stats.oecd.org/OECDStat_Metadata/ShowMetadata.ashx?Dataset=FDI_CTRY_IND_SUMM&lang=fr.*

Source : Statistiques de l'OCDE sur l'investissement direct international (base de données) : https://doi.org/10.1787/idi-data-fr

Tableau 6. Revenus des investissements directs étrangers par secteur industriel

Millions de dollars des ÉU

	Entrant					Sortant				
	2014	2015	2016	2017	2018	2014	2015	2016	2017	2018
All FDI activities	**2 349.7**	**3 554.0**	**3 137.5**	**3 276.9**	**3 198.2**	**313.5**	**219.3**	**201.5**	**296.8**	**955.9**
Agriculture, sylviculture et pêche	..	**0.3**	**22.9**	**12.7**	**13.3**	..	**0.2**	**0.2**	**-**	**0.1**
Industries extractives	..	**198.2**	**116.6**	**240.2**	**75.0**	..	**1.1**	**0.1**	**0.3**	**1.5**
Activités d'extraction	..	61.2	46.0	115.2	56.3	..	-	-	-	-
Activités de fabrication	..	**1 222.1**	**1 369.8**	**1 286.5**	**1 140.6**	..	**40.8**	**70.2**	**122.2**	**291.3**
dont :										
Produits alimentaires, boissons et tabac	..	391.3	496.8	483.4	337.9	..	-	13.3	23.6	24.4
Textiles, bois, papier, imprimerie	..	59.5	28.4	59.8	67.6	..	1.2	3.5	4.4	21.0
Produits pétroliers, chimiques, pharmaceutiques, caoutchouc, plastique, minéraux	..	147.6	350.2	196.2	168.4	..	21.9	29.3	34.4	30.5
Ouvrages en métaux et machines, sauf matériels électriques	..	52.4	169.2	169.0	149.5	..	3.1	15.2	15.1	25.9
Automobiles, remorques, semi-remorques, autres matériels de transport	..	343.0	193.1	141.2	192.4	..	-	1.0	0.5	-
Autres activités de fabrication	..	228.3	132.1	236.9	224.9	..	14.6	7.9	44.3	189.5
Production et distribution d'électricité, de gaz, de vapeur et de climatisation	..	**153.8**	**133.4**	**88.7**	**121.8**	..	**0.5**	**1.5**	**0.1**	**20.3**
Distribution de l'eau ; assainissement, traitement des déchets et dépollution	..	**-**	**0.2**	**1.2**	**0.0**	..	**-**	**-**	**-**	**-**
Construction	..	**42.1**	**27.4**	**41.4**	**51.1**	..	**22.9**	**1.2**	**18.0**	**28.9**
Services	..	**1 937.6**	**1 467.1**	**1 606.4**	**1 796.4**	..	**153.8**	**128.3**	**157.2**	**613.8**
Commerce de gros et de détail ; réparations automobiles et motocycles	..	410.1	517.0	453.1	366.6	..	3.6	4.5	5.2	14.9
Transport et entreposage	..	193.0	313.2	193.5	358.0	..	4.8	0.1	4.9	11.2
Activités d'hébergement et de restauration	..	8.7	27.1	23.9	132.9	..	-	0.4	4.0	9.0
Information et communication	..	649.3	44.1	462.2	297.1	..	-0.3	-0.2	19.3	2.2
Activités financières et d'assurances	..	520.4	319.4	309.5	489.0	..	118.2	121.2	104.3	519.1
Activités des sociétés holding	..	14.5	18.1	9.7	56.3	..	26.9	3.4	2.1	261.1
Activités immobilières	..	17.2	35.9	13.0	19.5	..	-	-0.1	3.4	1.2
Activités professionnelles, scientifiques et techniques	..	37.5	123.0	62.8	25.7	..	1.1	0.4	4.8	4.6
Activités de services administratifs et d'appui	..	29.5	35.4	20.8	34.9	..	-	0.7	9.9	1.1
Administration publique; activités des ménages et des organismes extra-territoriaux	..	-	-	-	0.0	..	-	-	-	-
Éducation	..	0.1	0.0	0.0	0.4	..	-	0.1	0.0	-
Santé humaine et action sociale	..	34.5	28.1	7.1	4.9	..	23.7	-	0.4	45.1
Arts, spectacles et loisirs	..	18.1	7.2	5.0	6.4	..	-	0.4	-	3.1
Autres services	..	19.3	16.7	55.6	61.0	..	2.6	0.9	1.1	2.4
Not allocated and confidential	**2 349.7**	**0.0**	**0.0**	**0.0**	**0.0**	**313.5**	**0.0**	**0.0**	**-1.0**	**0.0**
Activités immobilières privées	..	..	..	..	..	..	..	..	..	..

- Néant ; .. Non disponible

Note : Voir les métadonnées détaillées sur : *http://stats.oecd.org/OECDStat_Metadata/ShowMetadata.ashx?Dataset=FDI_CTRY_IND_SUMM&lang=fr.*

Source : Statistiques de l'OCDE sur l'investissement direct international (base de données) : https://doi.org/10.1787/idi-data-fr

ROYAUME-UNI

Tableau 1. Flux d'investissement direct étranger par pays

Millions de dollars des ÉU

	Entrant					Sortant				
	2014	2015	2016	2017	2018	2014	2015	2016	2017	2018
TOTAL MONDE	**45 831.4**	**38 669.2**	**196 503.4**	**78 511.5**	**83 854.9**	**.. c**	**-65 561.5**	**-22 310.4**	**106 692.0**	**84 616.5**
Pays membres de l'OCDE	**45 922.0**	**19 066.5**	**152 390.0**	**51 399.7**	**69 233.0**	**.. c**	**-65 795.3**	**.. c**	**111 666.2**	**55 126.1**
Australie	.. c	1 996.9	-2 159.2	3 026.0	935.0	.. c	186.4	1 215.9	-4 470.8	3 917.6
Autriche	.. c	48.9	-101.2	-10.3	225.4	-209.1	.. c	114.7	385.0	146.7
Belgique	.. c	-825.1	.. c	-2 818.7	3 273.3	.. c	2 459.9	.. c	.. c	1 808.7
Canada	.. d	5 388.8	155.2	.. d	.. d	.. c	.. c	-1 391.4	137.8	.. c
Chili	.. c	-	-1.4	12.9	5.3	.. c	-812.8	274.0	-42.5	68.0
République Tchèque	.. c	32.1	-	-1.3	58.7	.. c	7.6	-66.1	218.9	-94.7
Danemark	.. c	689.1	36.4	534.4	621.6	.. c	-1 222.3	1 063.4	-464.8	.. c
Estonie	.. c	-	-	-	5.3	19.8	.. c	-112.0	43.8	-5.3
Finlande	77.4	103.9	-55.3	34.8	277.4	-75.7	-65.7	62.1	82.4	-538.9
France	7 510.7	.. c	618.1	7 700.2	-21.3	.. c	1 657.8	697.7	-1 984.3	3 862.9
Allemagne	3 215.3	7 605.8	3 330.6	318.1	5 667.6	.. c	-2 397.3	-174.1	894.9	7 093.5
Grèce	8.2	32.1	12.1	-55.4	5.3	.. c	244.5	.. c	148.1	73.4
Hongrie	.. c	10.7	-13.5	43.8	14.7	.. c	-187.9	.. c	218.9	113.4
Islande	.. c	35.1	56.7	-23.2	4.0	.. c	-	-1.4	2.6	84.0
Irlande	.. c	1 040.5	-948.7	673.4	-1 388.6	.. c	-123.8	-7 641.0	13 060.8	-5 646.3
Israël[1]	.. c	68.8	25.6	.. d	.. c	248.6	160.4	125.5	230.5	49.4
Italie	411.6	348.4	-755.7	1 862.0	420.2	.. c	.. c	430.5	-632.2	12.0
Japon	3 622.0	2 624.9	2 295.5	10 144.2	.. c	.. c	.. c	-27.0	.. c	-200.1
Corée	.. c	.. c	188.9	202.2	.. c	663.5	.. c	1 654.5	.. c	649.6
Lettonie	.. c	-1.5	1.4	7.7	1.3	.. c	-13.8	-20.2	-	-13.3
Lituanie	.. c	-	1.4	.. c	2.7	.. c	4.6	-44.5	9.0	-9.3
Luxembourg	2 482.7	-1 298.7	29 121.5	5 499.6	-9 086.3	.. c	-12 168.1	2 112.0	7 078.3	164.1
Mexique	.. c	-18.3	6.7	7.7	.. c	956.5	1 066.5	569.5	1 129.3	956.4
Pays-Bas	.. c	-34 055.0	.. c	-2 319.1	-19 455.8	-12 935.5	-10 400.3	-17 797.6	.. c	6 434.6
Nouvelle-Zélande	42.8	29.0	55.3	-37.3	82.7	237.1	-195.6	14.8	155.8	288.1
Norvège	1 918.0	.. c	.. c	461.0	.. c	.. c	1 563.0	1 376.5	.. c	-2 917.2
Pologne	.. c	29.0	-1.4	67.0	52.0	.. c	1 715.8	-151.1	378.6	-1 001.7
Portugal	.. c	19.9	8.1	-27.0	-16.0	.. c	-516.4	-599.2	211.2	.. c
République slovaquie	.. c	32.1	2.7	.. c	-20.0	-143.2	-18.3	-60.7	.. c	-66.7
Slovénie	.. c	-1.5	-	2.6	5.3	.. c	-9.2	13.5	-25.8	-8.0
Espagne	.. c	3 495.8	2 531.7	-797.1	3 284.0	3 088.6	441.6	1 066.1	.. c	-3 174.6
Suède	1 025.7	918.3	-13.5	1 070.0	1 024.4	.. c	728.8	3 170.0	866.6	731.0
Suisse	2 914.1	670.7	1 144.4	5 114.6	.. c	3 571.0	2 021.4	-1 334.7	209.9	-2 036.8
Turquie	13.2	1.5	-10.8	39.9	.. c	.. c	-71.8	359.0	-316.8	440.2
Royaume-Uni	-	-	-	-	-	-	-	-	-	-
Etats-Unis	25 044.5	32 258.2	25 049.9	20 392.7	73 990.9	4 695.4	-17 153.6	982.5	92 951.3	41 811.4
EUROPE	**6 628.3**	**-18 800.6**	**131 993.3**	**28 489.6**	**-15 226.1**	**-161 899.9**	**-18 453.8**	**-34 803.0**	**13 574.6**	**13 957.6**
Bulgarie	.. c	-3.1	-1.4	15.5	-2.7	34.6	39.7	-1.4	94.0	.. c
Croatie	.. c	.. d	-	.. c	4.0	.. c	38.2	-17.5	-32.2	.. c
Chypre[2, 3]	324.3	592.8	103.9	.. c	650.9	.. c	38.2	.. c	-320.6	.. c
Malte	.. c	.. c	-44.5	-106.9	584.2	.. c	.. c	62.1	-1 344.3	-26.7
Roumanie	.. c	-	2.7	.. d	-2.7	.. c	125.3	.. c	166.1	.. c
Russie	.. c	.. c	-64.8	-55.4	.. c	.. c	1 167.3	-583.0	-725.0	.. c
Ukraine	.. c	.. c	-2.7	11.6	5.3	.. c	.. c	-545.2	-83.7	.. c
AFRIQUE	**726.0**	**.. c**	**17.5**	**376.0**	**1 147.1**	**4 468.2**	**343.8**	**-8 461.5**	**.. c**	**15 459.5**
Afrique septentrionale	.. c	22.9	5.4	2.6	6.7	423.1	-2 097.8	-1 596.5	.. c	.. c
Algérie	.. c	.. c	-	.. c	.. c	.. c	.. c	.. c	.. c	.. c
Egypte	.. c	-1.5	-	-1.3	-	941.7	-267.4	-399.5	.. c	.. c
Libye	.. c	.. c	5.4	.. c	-	.. c	.. c	.. c	.. c	.. c
Maroc	.. c	-	-	-1.3	2.7	.. c	.. c	-141.7	.. c	-8.0
Tunisie	.. c	-	-	.. c	.. c	.. c	149.7	-5.4	-	2.7
Autres pays africains	.. d	.. c	12.1	373.4	1 141.8	4 045.1	2 441.6	-6 865.0	-5 973.5	.. d
Nigéria	.. c	.. c	56.7	.. c	.. c	.. c	.. c	746.3	330.9	352.1
Afrique du Sud	691.5	539.3	-89.1	.. c	1 083.1	.. c	1 364.4	.. c	423.6	3 114.6
AMÉRIQUE	**27 634.2**	**42 771.6**	**28 348.2**	**28 581.0**	**78 571.4**	**14 488.0**	**-32 724.2**	**2 657.2**	**99 262.2**	**40 489.5**
Amérique du Nord	.. d	37 647.1	25 203.8	.. d	.. d	.. d	.. d	-406.2	93 089.1	.. d
Amérique du Nord	.. c	5 129.1	3 129.6	6 847.8	1 959.5	5 737.6	2 308.6	2 086.4	5 270.4	.. c
Bahamas	316.1	7.6	-78.3	33.5	166.7	.. c	.. c	93.1	.. c	14.7
Bermudes	.. c	1 644.0	1 658.6	1 943.1	-799.0	.. c	-553.1	-547.9	-157.1	-1 164.5
Îles Cayman	-1 743.5	617.3	3 681.5	-16.7	-2 834.5	.. c	3 454.5	.. c	3 427.8	.. c
Costa Rica	-	-	-1.4	-	-	.. c	128.3	.. c	.. c	.. c
El Salvador	-	-	-	-	-	.. c	-1.5	.. c	.. c	1.3
Guatemala	525.2	111.5	44.5	158.4	-68.0	.. c	-1.5	-20.2	101.7	-20.0
Honduras	-	-	-	-	-	.. c	-7.6	-4.0	.. c	.. c
Nicaragua	-	-	-	-	-	.. c	.. c	-1.4	20.6	2.7
Panama	-31.3	-6.1	-2.7	6.4	-62.7	.. c	.. c	12.1	.. c	-2.7
Îles Vierges, US	-	.. c	2.7	.. c	-6.7	-	-	1.4	-3.9	1.3
Amérique du Sud	.. c	-3.1	14.8	.. c	.. d	.. d	.. d	978.4	902.7	1 939.4
Argentine	.. c	1.5	-	-	-	.. c	693.7	.. c	.. c	292.1
Bolivie	-	-	-	-	-	.. c	-	-	1.3	-
Brésil	.. c	-3.1	16.2	.. c	4.0	2 838.3	1 451.5	466.9	261.4	.. c
Colombie	.. c	.. c	-	.. c	1.3	-13.2	-183.3	-167.3	.. c	237.4
Equateur	.. c	.. c	-	.. c	-	.. c	6.1	.. c	18.0	-2.7
Paraguay	-	-	-	.. c	.. d	.. c	.. c	2.7	1.3	1.3
Pérou	.. c	-	-	-	2.7	23.0	29.0	29.7	61.8	58.7
Uruguay	-	-	-	-	-	.. c	-158.9	.. c	1.3	.. c
Venezuela	.. c	-	-	-	-	212.4	-62.6	43.2	94.0	.. c
ASIE	**10 339.2**	**12 022.9**	**37 720.6**	**19 660.1**	**18 311.3**	**16 371.4**	**-14 866.3**	**16 969.0**	**.. c**	**7 659.1**

Tableau 1. Flux d'investissement direct étranger par pays *(suite)*

Millions de dollars des ÉU

	Entrant					Sortant				
	2014	2015	2016	2017	2018	2014	2015	2016	2017	2018
Proche et Moyen Orient	544.9	.. c	.. c	891.1	.. c	2 840.0	.. c	.. c	.. d	-73.4
Pays du Golfe	.. d	.. c	.. c	844.7	-504.2	.. c	.. c	.. c	1 282.5	-8.0
Koweït	.. c	-12.2	20.2	-9.0	-5.3	.. c	1.5	8.1	.. c	17.3
Qatar	.. c	6.1	4.0	16.7	-36.0	.. c	51.9	33.7	.. c	25.3
Arabie saoudite	.. c	-1.5	-74.2	3.9	-28.0	.. c	718.1	653.2	696.6	.. c
Emirats Arabes Unis	.. c	.. c	.. c	645.1	-93.4	.. c	.. c	.. c	.. c	-1 240.5
Autres pays du Proche et Moyen Orient	.. c	76.4	27.0	47.6	.. c	.. c	.. c	655.9	.. d	-65.4
Jordanie	.. c	.. c	-	.. d	2.7	.. c	33.6	.. c	.. c	.. c
Autres pays asiatiques	9 794.2	.. d	.. d	18 769.0	.. c	13 531.4	.. d	.. d	5 329.6	7 732.4
Chine	961.5	702.8	552.0	1 357.2	-34.7	740.9	-1 233.0	1 526.3	-330.9	1 923.4
Hong Kong, Chine	.. c	1 416.3	.. c	2 724.7	.. c	.. c	5 112.3	3 859.6	2 978.4	3 764.2
Inde	.. c	.. c	-792.2	1 874.8	509.5	549.9	994.7	.. c	-441.7	-2 058.2
Indonesie	.. c	.. c	.. c	.. c	-	.. c	-250.6	1 081.0	-614.2	.. c
République islamique d'Iran	.. c	-3.1	5.4	.. c	6.7	.. c	.. c	.. c	-1.3	-
Malaisie	207.4	38.2	-145.7	94.0	301.5	2 527.2	99.3	902.8	535.7	716.3
Philippines	.. c	.. c	2.7	23.2	-4.0	.. c	-58.1	43.2	65.7	.. c
Singapour	3 855.8	5 735.7	5 612.7	-664.4	-94.7	.. c	4 181.8	.. c	-387.6	-257.4
Taipei Chinois	13.2	3.1	-2.7	10.3	34.7	512.0	302.5	483.1	337.4	.. d
Thaïlande	57.6	.. c	-4.0	38.6	.. c	350.7	-48.9	790.8	-37.3	-197.4
Viet Nam	.. c	-	.. c	-	4.0	.. c	230.7	-54.0	.. c	735.0
AUSTRALIE, OCÉANIE ET RÉGIONS POLAIRES	**.. c**	**2 016.8**	**-1 576.2**	**1 406.1**	**1 051.1**	**.. c**	**140.6**	**1 326.6**	**-4 567.3**	**7 052.2**
TOTAL MONDE non alloué et confidentiel	**461.0**	**111.5**	**-**	**-1.3**	**-**	**.. c**	**-1.5**	**1.4**	**-2 468.5**	**..**
Union européenne (UE28)	**8 740.5**	**-21 095.5**	**124 186.2**	**10 816.4**	**-13 814.9**	**.. c**	**-20 478.2**	**-30 313.1**	**19 025.2**	**11 747.4**
Pays du G20 hors Union Européenne	**.. d**	**.. d**	**.. d**	**.. d**	**.. d**	**.. c**	**.. d**	**.. d**	**.. d**	**.. d**
Pays OCDE du G20	**.. d**	**.. d**	**28 719.3**	**.. d**	**.. d**	**.. c**	**.. d**	**4 317.1**	**.. d**	**.. d**
Pays non-OCDE du G20	**.. c**	**.. d**	**.. d**	**.. d**	**.. d**	**.. c**	**4 906.0**	**.. d**	**.. d**	**.. d**
Pays MENA	**.. c**	**.. d**	**.. d**	**.. d**	**.. d**	**.. c**	**.. d**	**.. d**	**.. d**	**.. d**
Pays ANASE	**4 326.6**	**5 890.0**	**5 261.8**	**23.2**	**-34.7**	**6 499.8**	**4 242.9**	**-1 083.7**	**-283.3**	**2 606.4**

- Néant ; .. Non disponible ; c Donnée confidentielle ; d Confidentialité Secondaire

Note : Voir les métadonnées détaillées sur : *http://stats.oecd.org/OECDStat_Metadata/ShowMetadata.ashx?Dataset=FDI_CTRY_IND_SUMM&lang=fr*.

1. Informations sur les données concernant Israël : *http://oe.cd/israel-disclaimer*.
2. Note de la Turquie : Les informations figurant dans ce document et faisant référence à « Chypre » concernent la partie méridionale de l'île. Il n'y a pas d'autorité unique représentant à la fois les Chypriotes turcs et grecs sur l'île. La Turquie reconnaît la République Turque de Chypre Nord (RTCN). Jusqu'à ce qu'une solution durable et équitable soit trouvée dans le cadre des Nations Unies, la Turquie maintiendra sa position sur la « question chypriote ».
3. Note de tous les États de l'Union européenne membres de l'OCDE et del'Union européenne : La République de Chypre est reconnue par tous les membres des Nations Unies sauf la Turquie. Les informations figurant dans ce document concernent la zone sous le contrôle effectif du gouvernement de la République de Chypre.

Source : Statistiques de l'OCDE sur l'investissement direct international (base de données) : https://doi.org/10.1787/idi-data-fr

Tableau 2. Encours des investissements directs étrangers par pays

En fin d'année

Millions de dollars des ÉU

	Entrant					Sortant				
	2014	2015	2016	2017	2018	2014	2015	2016	2017	2018
TOTAL MONDE	**1 613 251.2**	**1 530 133.4**	**1 475 523.4**	**1 608 032.7**	**1 864 337.9**	**1 583 661.5**	**1 606 364.8**	**1 491 940.0**	**1 624 231.9**	**1 750 803.6**
Pays membres de l'OCDE	**1 350 049.9**	**1 174 173.1**	**1 199 040.5**	**1 302 699.6**	**1 502 476.8**	**1 133 338.5**	**1 132 488.1**	**1 082 914.3**	**1 228 098.9**	**1 319 841.3**
Australie	17 892.4	21 298.2	13 707.7	9 537.9	17 473.7	31 037.4	41 861.3	50 488.4	41 335.0	47 865.9
Autriche	3 602.2	2 682.3	1 620.1	3 295.5	2 627.9	1 527.3	1 461.2	1 237.5	6 516.7	6 102.6
Belgique	39 931.4	31 358.9	32 478.8	21 928.1	142 987.2	17 046.8	23 441.0	18 363.9	16 087.0	17 326.4
Canada	.. d	25 080.0	.. d	25 777.6	17 383.5	44 953.2	25 497.9	25 920.8	30 636.4	.. d
Chili	.. c	.. c	64.0	177.0	113.0	2 076.4	1 886.5	1 504.5	1 364.7	1 451.1
République Tchèque	14.0	244.5	7.4	13.5	.. c	2 610.0	2 588.9	2 301.6	2 864.5	3 040.5
Danemark	10 517.9	9 629.5	8 335.6	9 085.3	10 730.0	10 939.2	8 965.6	8 488.1	6 949.1	8 413.1
Estonie	.. c	-	.. d	1.4	30.5	190.3	243.0	254.6	328.3	328.8
Finlande	2 321.4	1 677.5	728.3	1 417.4	1 833.2	1 636.5	1 089.2	1 082.5	737.7	1 110.8
France	118 638.1	103 141.7	73 722.5	92 834.8	83 722.2	59 663.0	89 638.4	88 253.2	96 604.5	98 701.3
Allemagne	78 145.1	74 831.1	73 599.5	60 671.5	114 095.5	37 060.8	26 286.3	25 709.2	29 363.6	38 571.8
Grèce	299.5	1 052.2	145.2	410.8	1 044.8	2 433.7	806.2	338.3	294.6	506.5
Hongrie	.. c	213.4	-20.9	258.1	74.0	1 302.2	1 040.3	1 322.4	1 232.3	1 857.3
Islande	477.4	297.9	.. d	320.2	.. d	35.9	4.4	.. c	9.5	.. d
Irlande	21 430.6	18 241.0	14 128.4	18 897.4	22 181.0	52 678.6	63 484.0	59 292.7	87 562.5	65 801.7
Israël[1]	901.7	.. d	585.6	702.6	.. c	883.0	869.9	.. d	1 299.8	.. d
Italie	6 925.1	11 338.2	6 223.4	11 594.4	7 500.3	15 494.5	16 227.0	15 318.0	13 023.9	20 227.2
Japon	59 644.3	61 144.0	57 189.1	66 968.0	117 392.4	6 382.2	6 664.2	5 411.5	7 213.9	8 933.6
Corée	3 539.8	2 720.8	2 278.3	3 025.3	2 554.3	7 450.9	5 112.6	7 549.5	8 779.9	7 153.7
Lettonie	.. c	69.7	.. d	77.0	16.5	.. d	108.2	.. d	293.2	104.1
Lituanie	.. c	1.5	3.7	1.4	12.7	98.3	77.1	52.9	64.9	100.3
Luxembourg	122 987.5	103 286.9	141 221.6	157 273.3	146 397.1	168 620.9	139 059.0	138 730.5	138 135.4	149 007.2
Mexique	.. c	90.4	137.8	143.2	157.4	10 093.6	10 889.2	9 244.7	12 657.7	12 907.2
Pays-Bas	274 585.0	216 009.2	260 914.0	298 142.1	194 091.7	185 280.8	190 733.6	174 360.9	184 431.8	189 094.8
Nouvelle-Zélande	541.3	779.5	324.8	644.5	1 523.4	1 318.3	1 590.1	1 077.6	1 189.0	1 658.0
Norvège	8 405.6	6 702.7	6 562.9	8 744.8	10 609.4	4 143.5	4 976.3	8 408.2	4 988.5	5 379.0
Pologne	160.7	429.8	147.6	237.8	1 113.4	7 778.5	8 961.2	7 620.9	9 197.4	8 988.2
Portugal	730.1	806.2	513.0	936.4	1 439.6	3 943.8	4 503.6	4 139.5	4 961.5	5 943.9
République slovaquie	6.2	237.1	13.5	-1.4	839.2	368.2	354.2	392.4	647.2	652.5
Slovénie	14.0	8.9	3.7	5.4	19.0	168.5	164.5	153.8	154.0	252.6
Espagne	71 279.3	56 827.2	37 244.4	55 279.0	63 157.3	25 355.7	66 708.7	68 820.3	85 680.3	92 869.1
Suède	14 984.4	14 073.8	9 070.0	13 673.8	11 221.3	28 121.7	24 265.0	22 833.1	26 604.5	25 384.0
Suisse	62 160.7	57 891.2	55 736.3	61 018.8	86 045.4	22 945.4	26 704.2	27 217.4	38 721.8	54 607.1
Turquie	196.6	253.4	120.6	329.7	80.0	5 624.0	9 506.5	9 554.7	9 256.9	8 188.4
Royaume-Uni	-	-	-	-	-	-	-	-	-	-
Etats-Unis	394 881.4	458 850.0	379 012.2	379 278.5	424 763.2	374 093.6	351 603.4	296 443.6	358 975.8	400 959.8
EUROPE	**949 558.5**	**806 748.7**	**831 161.3**	**948 009.7**	**1 041 642.8**	**740 121.7**	**791 412.3**	**761 980.6**	**838 956.9**	**884 034.5**
Bulgarie	9.4	7.4	48.0	129.7	34.3	215.3	131.9	66.4	198.6	297.1
Croatie	.. c	-	-	-	.. d	349.5	340.8	294.0	-40.5	25.4
Chypre[2, 3]	5 784.7	6 157.4	5 212.2	5 080.4	6 802.1	814.4	770.6	3 973.4	3 026.6	4 110.7
Malte	979.7	938.1	830.4	968.8	1 273.3	.. c	3 236.5	.. c	1 871.4	2 357.5
Roumanie	.. d	13.3	7.4	8.1	14.0	1 313.6	1 310.0	1 216.6	824.2	727.4
Russie	.. c	.. c	1 233.9	.. c	.. c	21 365.1	12 249.6	14 423.7	.. c	13 482.3
Ukraine	.. c	-	48.0	150.0	55.9	346.3	195.6	200.5	-448.6	-43.2
AFRIQUE	**4 666.1**	**3 608.5**	**2 405.0**	**4 437.2**	**3 258.9**	**66 249.6**	**57 590.4**	**55 471.8**	**44 658.8**	**44 029.5**
Afrique septentrionale	.. c	.. c	253.4	.. c	.. c	16 326.1	.. c	.. c	.. c	10 135.8
Algérie	.. c	.. c	-	-	.. c	-	.. c	.. c	.. c	.. c
Egypte	.. c	25.2	22.1	35.1	12.7	9 794.1	.. c	.. c	.. c	.. c
Libye	.. c	.. c	228.8	.. c	.. c	.. c	.. c	-7.4	-8.1	.. c
Maroc	.. c	3.0	1.2	-	3.8	257.4	244.5	251.0	344.5	.. c
Tunisie	.. c	1.5	1.2	.. c	.. c	.. c	1 132.2	9.8	-	2.5
Autres pays africains	.. d	.. d	2 151.6	.. d	.. d	49 923.6	.. d	.. d	.. d	33 893.6
Nigéria	.. c	.. c	343.2	.. c	.. c	2 305.8	6 108.5	6 318.1	.. c	6 180.0
Afrique du Sud	3 455.5	2 279.2	1 283.1	2 995.5	1 930.9	19 755.1	17 138.4	16 511.3	12 221.3	13 250.0
AMÉRIQUE	**525 240.3**	**575 829.9**	**506 918.4**	**504 675.0**	**591 551.4**	**555 287.1**	**508 150.6**	**435 309.4**	**488 116.5**	**555 225.3**
Amérique du Nord	.. d	483 930.1	.. d	405 056.1	442 145.5	419 046.8	377 102.8	322 376.7	389 619.0	.. d
Amérique du Nord	94 223.1	91 624.2	104 814.9	96 187.0	148 967.9	104 255.9	98 473.6	87 270.3	75 695.2	91 456.1
Bahamas	1 099.8	103.7	899.3	982.3	2 554.3	.. c	.. c	916.5	.. c	.. c
Bermudes	22 890.8	26 338.2	22 099.9	24 192.7	32 525.1	41 273.0	22 046.5	26 139.7	7 742.2	29 221.8
Îles Cayman	29 254.3	28 202.4	33 373.1	31 897.0	47 270.5	29 269.9	26 444.9	16 754.8	.. c	.. c
Costa Rica	-	-	-4.9	-	1.3	255.9	400.1	264.5	56.7	19.0
El Salvador	-	-	-	-	-	7.8	3.0	20.9	52.7	15.2
Guatemala	4 744.2	2 611.1	1 269.5	3 034.7	1 107.0	269.9	134.9	123.0	195.9	368.2
Honduras	-	-	-	-	-	.. c	.. d	.. c	.. c	.. c
Nicaragua	-	-	-	-	-	.. c	.. c	2.5	39.2	.. c
Panama	722.3	340.8	966.9	351.3	1 032.1	.. c	.. c	.. c	.. c	.. c
Îles Vierges, US	-	.. c	11.1	.. c	8.9	-	-	1.2	-24.3	6.3
Amérique du Sud	.. d	277.1	.. d	3 432.0	438.0	31 984.4	32 574.1	25 663.7	22 802.3	.. d
Argentine	149.8	13.3	1.2	1.4	1.3	5 132.6	5 773.6	5 978.6	5 676.3	.. c
Bolivie	-	-	-	-	-	.. c	3.0	4.9	6.8	14.0
Brésil	.. c	211.9	.. c	.. c	312.3	22 937.6	23 184.6	16 604.7	14 784.5	13 333.8
Colombie	.. c	.. c	1.2	-	2.5	945.4	859.5	720.9	535.1	924.2
Equateur	.. c	.. c	-	.. c	-	59.3	40.0	32.0	58.1	106.6
Paraguay	-	-	-	.. c	-	93.6	.. d	.. d	10.8	19.0
Pérou	.. c	1.5	1.2	2.7	5.1	310.5	315.6	220.2	143.2	600.5
Uruguay	-	-	-	-	-	.. c	-81.5	40.6	63.5	90.1
Venezuela	.. c	-	-	-	-	404.1	503.9	479.8	156.7	120.6
ASIE	**114 787.8**	**121 621.2**	**118 903.9**	**139 605.5**	**208 843.5**	**188 702.0**	**204 825.1**	**187 341.6**	**210 516.1**	**215 945.2**

Tableau 2. Encours des investissements directs étrangers par pays (*suite*)

En fin d'année

Millions de dollars des ÉU

	Entrant					Sortant				
	2014	2015	2016	2017	2018	2014	2015	2016	2017	2018
Proche et Moyen Orient	9 884.6	9 328.7	8 028.0	9 832.5	27 544.8	21 386.9	24 358.3	29 862.2	48 280.0	39 551.9
Pays du Golfe	8 503.9	8 183.2	7 063.6	8 665.0	.. d	10 608.4	.. d	.. d	34 156.2	.. d
Koweït	424.3	389.7	381.4	432.4	634.8	.. c	1.5	17.2	40.5	58.4
Qatar	.. c	143.7	62.7	145.9	.. c	143.5	168.9	200.5	.. c	209.5
Arabie saoudite	79.6	47.4	109.5	277.0	818.8	4 780.0	5 117.1	4 638.9	5 660.0	5 726.8
Emirats Arabes Unis	6 318.3	.. c	5 274.9	6 481.6	6 262.5	2 879.9	2 347.4	6 256.6	8 308.3	13 220.8
Autres pays du Proche et Moyen Orient	1 380.7	1 147.0	963.2	1 167.4	.. c	10 778.5	.. c	.. c	14 123.8	.. c
Jordanie	.. c	.. c	.. d	.. c	.. c	1 137.3	.. c	.. c	.. c	19.0
Autres pays asiatiques	104 903.3	112 291.0	110 875.9	129 771.7	181 298.7	167 315.1	180 466.8	157 479.4	162 236.2	176 393.3
Chine	1 789.4	3 350.6	1 874.8	3 102.3	4 576.6	11 602.2	14 614.7	14 276.0	11 268.7	16 665.0
Hong Kong, Chine	19 887.7	16 135.2	.. c	27 569.2	27 753.0	81 641.2	81 575.3	75 429.9	.. c	90 990.2
Inde	3 316.7	3 916.7	1 830.5	10 772.9	3 022.7	4 893.9	17 956.4	16 223.4	17 726.0	18 456.3
Indonesie	.. c	.. c	.. c	-	-	7 060.8	6 779.8	7 229.7	6 170.8	6 781.8
République islamique d'Iran	.. c	.. c	301.4	.. c	.. c	.. c	.. c	.. c	21.6	30.5
Malaisie	712.9	632.8	321.1	760.7	1 022.0	5 081.1	4 761.4	4 215.8	4 514.3	3 856.8
Philippines	.. c	.. c	98.4	.. d	69.8	252.7	265.3	.. d	370.2	889.9
Singapour	13 482.1	22 766.7	22 418.5	12 241.6	22 999.9	26 112.3	27 709.0	13 125.8	8 882.6	11 712.6
Taipei Chinois	207.5	143.7	76.3	197.3	137.1	3 631.8	3 586.2	3 667.1	5 042.6	4 353.2
Thaïlande	402.5	206.0	152.5	471.6	985.1	4 269.9	2 605.2	2 973.3	2 968.5	3 540.7
Viet Nam	.. c	1.5	.. c	-	5.1	.. c	90.4	238.7	206.7	.. c
AUSTRALIE, OCÉANIE ET RÉGIONS POLAIRES	**18 998.4**	**22 323.7**	**16 136.1**	**11 305.2**	**19 041.5**	**33 301.1**	**44 385.0**	**51 836.6**	**41 982.2**	**51 569.1**
TOTAL MONDE non alloué et confidentiel	**-**	**1.5**	**-1.2**	**-**	**-**	**-**	**1.5**	**-**	**1.4**	**-**
Union européenne (UE28)	**773 397.8**	**653 278.0**	**666 208.6**	**752 218.6**	**814 943.5**	**630 416.5**	**675 997.3**	**647 232.1**	**717 615.2**	**741 901.7**
Pays du G20 hors Union Européenne	**.. d**	**.. d**	**.. d**	**.. d**	**.. d**	**689 380.7**	**686 101.1**	**629 779.8**	**.. d**	**.. d**
Pays OCDE du G20	**.. d**	**758 747.8**	**.. d**	**650 160.8**	**785 122.5**	**591 853.4**	**583 286.9**	**533 893.5**	**607 847.6**	**.. d**
Pays non-OCDE du G20	**.. c**	**.. d**	**.. d**	**.. d**	**.. d**	**97 527.3**	**102 814.2**	**95 886.3**	**.. d**	**.. d**
Pays MENA	**.. d**	**.. d**	**.. d**	**.. d**	**.. d**	**.. c**	**.. d**	**.. d**	**.. d**	**.. d**
Pays ANASE	**15 296.4**	**24 398.3**	**24 397.8**	**14 764.2**	**.. d**	**44 482.1**	**43 375.8**	**29 233.6**	**25 014.2**	**29 560.7**

- Néant ; .. Non disponible ; c Donnée confidentielle ; d Confidentialité Secondaire

Note : Voir les métadonnées détaillées sur : *http://stats.oecd.org/OECDStat_Metadata/ShowMetadata.ashx?Dataset=FDI_CTRY_IND_SUMM&lang=fr.*

1. Informations sur les données concernant Israël : *http://oe.cd/israel-disclaimer.*
2. Note de la Turquie : Les informations figurant dans ce document et faisant référence à « Chypre » concernent la partie méridionale de l'île. Il n'y a pas d'autorité unique représentant à la fois les Chypriotes turcs et grecs sur l'île. La Turquie reconnaît la République Turque de Chypre Nord (RTCN). Jusqu'à ce qu'une solution durable et équitable soit trouvée dans le cadre des Nations Unies, la Turquie maintiendra sa position sur la « question chypriote ».
3. Note de tous les États de l'Union européenne membres de l'OCDE et del'Union européenne : La République de Chypre est reconnue par tous les membres des Nations Unies sauf la Turquie. Les informations figurant dans ce document concernent la zone sous le contrôle effectif du gouvernement de la République de Chypre.

Source : Statistiques de l'OCDE sur l'investissement direct international (base de données) : https://doi.org/10.1787/idi-data-fr

ROYAUME-UNI

Tableau 3. Revenus des investissements directs étrangers par pays

Millions de dollars des ÉU

	Entrant					Sortant				
	2014	2015	2016	2017	2018	2014	2015	2016	2017	2018
TOTAL MONDE	**86 183.7**	**73 579.8**	**70 274.0**	**67 481.3**	**92 655.7**	**108 019.4**	**87 384.3**	**68 005.4**	**95 923.3**	**119 289.0**
Pays membres de l'OCDE	**71 172.2**	**60 730.3**	**54 981.1**	**59 286.6**	**79 241.0**	**61 753.4**	**52 395.7**	**41 728.7**	**62 389.9**	**77 589.7**
Australie	624.0	-433.9	-835.4	-288.4	-540.2	4 306.9	3 436.2	2 580.3	5 269.1	4 906.0
Autriche	278.2	48.9	108.0	96.6	104.0	.. c	18.3	226.7	283.3	213.4
Belgique	2 749.4	2 363.6	2 807.0	2 356.4	2 218.2	767.2	543.9	1 944.7	1 551.6	2 394.3
Canada	.. d	473.6	1 503.4	-324.5	.. d	.. c	.. d	2 603.2	.. d	3 183.9
Chili	.. c	3.1	6.7	5.2	1.3	153.1	136.0	183.5	445.5	262.8
République Tchèque	1.6	12.2	-	-1.3	.. c	293.1	203.2	117.4	39.9	206.7
Danemark	.. c	944.2	1 013.5	149.4	545.6	594.3	403.4	782.7	1 201.4	489.5
Estonie	.. c	-	-	-	-	24.7	16.8	1.4	3.9	1.3
Finlande	230.5	116.1	-10.8	59.2	104.0	339.2	157.4	136.3	70.8	209.4
France	5 340.8	4 045.8	-156.5	1 604.4	4 236.4	.. c	3 916.0	3 175.4	3 847.5	3 193.3
Allemagne	9 328.3	6 540.9	7 066.1	3 416.2	10 262.8	.. c	3 703.6	2 916.3	4 402.5	3 161.3
Grèce	112.0	81.0	64.8	28.3	64.0	116.9	3.1	32.4	70.8	88.0
Hongrie	3.3	18.3	1.4	-18.0	1.3	.. c	134.5	124.2	154.5	238.8
Islande	37.9	.. d	.. d	.. d	12.0	3.3	-	1.4	-	-
Irlande	722.8	1 489.7	369.8	1 103.5	1 365.9	2 023.4	1 809.0	6 047.2	4 465.6	5 150.1
Israël[1]	87.3	.. d	.. d	29.6	.. c	344.1	.. d	.. d	.. d	218.8
Italie	910.4	417.1	390.0	600.1	428.2	1 109.6	1 113.8	628.9	920.7	417.5
Japon	3 368.5	2 450.7	4 247.0	8 593.9	7 249.6	648.7	470.6	1 346.8	819.0	496.2
Corée	.. c	45.8	133.6	212.5	.. c	931.8	351.4	620.8	892.4	943.0
Lettonie	.. c	4.6	1.4	.. d	2.7	.. c	.. d	.. d	.. c	.. d
Lituanie	.. c	-	1.4	.. c	-	9.9	19.9	6.7	15.5	2.7
Luxembourg	2 528.8	1 798.3	1 638.3	2 259.9	1 163.1	3 585.8	1 680.7	.. c	3 274.5	3 266.6
Mexique	.. c	1.5	12.1	11.6	-	1 183.7	1 219.3	919.0	1 254.2	1 315.2
Pays-Bas	9 000.7	5 156.6	4 527.7	2 603.7	4 635.2	8 995.7	6 010.7	3 132.3	8 555.2	11 300.5
Nouvelle-Zélande	51.0	33.6	27.0	1.3	18.7	268.4	.. d	287.4	338.7	325.5
Norvège	1 249.6	313.2	35.1	140.4	.. c	.. c	6.1	-242.9	631.0	956.4
Pologne	13.2	15.3	5.4	11.6	16.0	1 024.0	547.0	642.4	920.7	720.3
Portugal	256.8	186.4	129.6	47.6	38.7	233.8	74.9	4.0	172.5	257.4
République slovaquie	.. c	10.7	-	-	14.7	84.0	65.7	41.8	81.1	53.4
Slovénie	.. c	-	-	-	-	23.0	22.9	18.9	15.5	10.7
Espagne	5 235.4	3 217.7	3 052.6	3 251.4	7 563.0	1 656.2	1 341.5	1 450.7	1 813.0	1 978.1
Suède	1 468.6	999.2	743.6	1 220.7	621.6	2 920.6	3 107.7	3 263.2	1 746.1	.. c
Suisse	1 236.4	2 158.9	2 731.4	5 923.3	5 204.7	1 906.5	3 749.4	3 824.6	2 472.3	2 862.5
Turquie	19.8	7.6	8.1	7.7	21.3	.. c	22.9	6.7	197.0	333.5
Royaume-Uni	-	-	-	-	-	-	-	-	-	-
Etats-Unis	23 154.4	27 862.5	25 295.5	26 149.9	29 937.3	25 923.6	17 746.4	3 456.1	14 439.9	25 239.4
EUROPE	**44 879.8**	**33 566.1**	**29 561.4**	**28 839.8**	**45 442.2**	**33 847.5**	**33 760.1**	**33 303.6**	**41 867.1**	**48 578.1**
Bulgarie	.. c	-1.5	4.0	-1.3	1.3	34.6	22.9	9.4	14.2	2.7
Croatie	.. c	-	-	.. c	.. d	.. d	47.4	36.4	-5.2	.. d
Chypre[2, 3]	503.8	433.9	465.6	479.0	1 025.7	.. c	10.7	-29.7	.. c	.. c
Malte	261.8	3.1	33.7	142.9	73.4	.. c	.. c	202.4	-33.5	20.0
Roumanie	-	1.5	-	.. d	-1.3	171.2	195.6	222.7	95.3	128.1
Russie	.. c	.. c	-63.4	-18.0	.. c	2 132.0	1 816.7	1 047.2	1 035.3	.. c
Ukraine	.. c	-	5.4	5.2	1.3	.. c	-35.1	.. c	-12.9	74.7
AFRIQUE	**.. c**	**129.9**	**58.0**	**-240.8**	**105.4**	**6 172.2**	**1 969.4**	**3 757.1**	**4 222.3**	**6 378.6**
Afrique septentrionale	.. c	.. c	6.7	5.2	-1.3	.. c	-554.6	.. d	.. d	.. d
Algérie	.. c	.. c	-	.. c	.. c	.. c	38.2	.. c	.. c	.. c
Egypte	1.6	1.5	2.7	1.3	-1.3	518.6	33.6	-36.4	-197.0	49.4
Libye	.. c	.. c	5.4	.. c	-	.. c	.. c	1.4	-	-1.3
Maroc	.. c	-	-	-	-	-123.5	-10.7	-67.5	1.3	-24.0
Tunisie	.. c	-	-	.. c	.. c	.. c	.. d	-1.4	-3.9	-
Autres pays africains	.. c	.. d	51.3	-245.9	105.4	.. d	2 525.6	.. d	.. d	.. d
Nigéria	.. c	.. c	48.6	.. c	.. c	1 121.2	.. c	237.5	339.9	490.9
Afrique du Sud	.. c	79.5	-39.1	-279.4	-8.0	2 558.4	2 635.6	2 261.8	2 868.9	2 118.2
AMÉRIQUE	**32 143.6**	**32 861.7**	**33 415.7**	**27 531.5**	**36 154.5**	**37 431.7**	**25 642.5**	**11 785.4**	**21 917.3**	**36 297.2**
Amérique du Nord	.. d	28 334.6	26 798.9	25 825.4	.. d	.. d	.. d	6 059.4	.. d	28 423.4
Amérique du Nord	5 882.5	4 510.3	6 596.5	1 702.3	4 823.3	8 156.1	6 279.6	4 835.4	4 026.5	6 710.7
Bahamas	278.2	22.9	17.5	36.1	268.1	.. c	181.8	101.2	.. c	.. c
Bermudes	2 535.4	1 650.1	1 966.3	355.4	644.3	4 028.6	.. c	1 071.5	.. c	2 883.8
Îles Cayman	1 420.8	951.9	1 496.6	-21.9	2 048.8	1 969.0	2 562.3	1 504.7	1 568.4	.. c
Costa Rica	-	-	-1.4	-	-	51.0	.. c	13.5	.. c	-9.3
El Salvador	-	-	-	-	-	.. c	-	-	-1.3	1.3
Guatemala	324.3	162.0	95.8	81.1	58.7	14.8	16.8	-5.4	18.0	-5.3
Honduras	-	-	-	-	-	.. c	.. c	-2.7	2.6	.. c
Nicaragua	-	-	-	-	-	.. c	-6.1	-2.7	1.3	-
Panama	51.0	-12.2	33.7	-25.8	.. c	.. c	272.0	242.9	3.9	.. c
Îles Vierges, US	.. c	.. c	-	.. c	-	-	-	1.4	-2.6	1.3
Amérique du Sud	.. d	15.3	18.9	5.2	.. d	.. d	.. d	889.3	.. d	1 163.1
Argentine	8.2	.. d	-	-	.. d	637.1	686.0	.. d	.. d	266.8
Bolivie	-	-	-	-	-	.. c	-	-	-	2.7
Brésil	6.6	10.7	12.1	-2.6	4.0	2 074.4	1 417.9	51.3	571.7	545.6
Colombie	.. c	-	-	.. c	-	.. c	-27.5	1.4	9.0	65.4
Equateur	.. c	.. c	-	.. c	-	9.9	6.1	5.4	5.2	4.0
Paraguay	-	-	-	.. c	-	.. c	15.3	.. d	1.3	2.7
Pérou	.. c	-	-	-	-	47.7	74.9	79.6	86.3	102.7
Uruguay	-	-	-	-	-	-95.5	-33.6	20.2	10.3	1.3
Venezuela	.. c	-	-	-	-	97.1	.. c	9.4	42.5	.. c
ASIE	**8 972.7**	**7 417.9**	**7 450.7**	**13 230.7**	**11 523.3**	**25 790.3**	**22 071.8**	**16 130.9**	**21 202.7**	**21 903.4**

ROYAUME-UNI

Tableau 3. Revenus des investissements directs étrangers par pays *(suite)*

Millions de dollars des ÉU

	Entrant					Sortant				
	2014	2015	2016	2017	2018	2014	2015	2016	2017	2018
Proche et Moyen Orient	870.9	1 318.6	187.6	206.0	.. c	4 084.6	2 495.0	1 673.4	3 423.9	3 434.7
Pays du Golfe	765.6	1 277.3	161.9	172.5	130.7	1 883.4	.. d	1 305.0	2 428.5	2 095.5
Koweït	.. c	.. c	-5.4	1.3	4.0	.. c	.. c	.. c	.. c	.. c
Qatar	.. c	6.1	1.4	-2.6	146.7	19.8	33.6	33.7	.. c	22.7
Arabie saoudite	3.3	-	-2.7	-3.9	8.0	745.8	829.6	686.9	913.0	633.6
Emirats Arabes Unis	727.7	1 252.9	148.4	161.0	33.3	770.5	490.5	377.9	.. c	765.6
Autres pays du Proche et Moyen Orient	105.4	42.8	25.6	33.5	.. c	2 201.2	.. c	368.4	995.4	1 339.2
Jordanie	.. c	.. c	.. d	1.3	-	.. c	16.8	.. d	3.9	1.3
Autres pays asiatiques	8 101.7	6 099.3	7 263.2	13 026.0	.. d	21 705.6	19 576.8	14 457.5	17 780.1	18 468.7
Chine	334.2	64.2	5.4	-56.7	-60.0	831.4	1 819.7	2 615.4	2 017.8	2 175.5
Hong Kong, Chine	1 569.0	2 429.3	2 129.6	.. c	.. c	7 823.5	7 793.7	4 365.7	8 338.9	7 084.2
Inde	289.8	226.1	558.7	2 146.5	422.8	2 240.7	2 395.7	1 523.6	1 276.1	1 756.7
Indonesie	.. c	.. c	.. c	.. c	-	1 297.3	635.6	885.3	256.2	1 004.4
République islamique d'Iran	.. c	-	1.4	.. c	1.3	.. c	.. c	.. c	-	1.3
Malaisie	172.9	30.6	-141.7	20.6	1.3	1 595.3	1 544.7	697.7	1 198.8	992.4
Philippines	.. c	.. c	.. d	5.2	5.3	90.6	.. d	207.8	153.2	208.1
Singapour	.. c	741.0	542.5	391.5	124.1	2 751.1	1 954.2	310.4	834.4	1 684.7
Taipei Chinois	14.8	7.6	6.7	6.4	1.3	561.4	382.0	345.5	358.0	188.1
Thaïlande	39.5	.. c	8.1	6.4	28.0	498.8	310.2	276.7	381.1	270.8
Viet Nam	.. c	-	.. c	-	-	184.4	294.9	233.5	279.4	268.1
AUSTRALIE, OCÉANIE ET RÉGIONS POLAIRES	**.. c**	**-395.7**	**-211.9**	**-1 880.0**	**-568.2**	**4 777.7**	**3 940.4**	**3 028.3**	**6 712.6**	**6 131.8**
TOTAL MONDE non alloué et confidentiel	**-487.3**	**-**	**-**	**-**	**-1.3**	**-**	**-**	**-**	**1.3**	**-**
Union européenne (UE28)	**39 214.7**	**27 903.7**	**22 259.1**	**19 488.8**	**34 539.1**	**25 977.9**	**25 457.6**	**26 484.5**	**34 195.2**	**37 895.2**
Pays du G20 hors Union Européenne	**.. d**	**.. d**	**.. d**	**.. d**	**.. d**	**.. c**	**.. d**	**.. d**	**.. d**	**.. d**
Pays OCDE du G20	**.. d**	**41 411.8**	**37 664.0**	**39 983.3**	**.. d**	**.. c**	**.. d**	**18 253.7**	**.. d**	**43 189.3**
Pays non-OCDE du G20	**.. c**	**.. d**	**.. d**	**.. d**	**.. d**	**12 517.3**	**12 236.8**	**.. d**	**.. d**	**.. d**
Pays MENA	**.. d**	**.. d**	**.. d**	**.. d**	**.. d**	**.. c**	**.. d**	**.. d**	**.. d**	**.. d**
Pays ANASE	**.. c**	**864.8**	**201.1**	**445.5**	**.. d**	**6 898.3**	**4 968.7**	**2 637.0**	**3 145.8**	**4 717.9**

- Néant ; .. Non disponible ; c Donnée confidentielle ; d Confidentialité Secondaire

Note : Voir les métadonnées détaillées sur : *http://stats.oecd.org/OECDStat_Metadata/ShowMetadata.ashx?Dataset=FDI_CTRY_IND_SUMM&lang=fr.*

1. Informations sur les données concernant Israël : *http://oe.cd/israel-disclaimer.*
2. Note de la Turquie : Les informations figurant dans ce document et faisant référence à « Chypre » concernent la partie méridionale de l'île. Il n'y a pas d'autorité unique représentant à la fois les Chypriotes turcs et grecs sur l'île. La Turquie reconnaît la République Turque de Chypre Nord (RTCN). Jusqu'à ce qu'une solution durable et équitable soit trouvée dans le cadre des Nations Unies, la Turquie maintiendra sa position sur la « question chypriote ».
3. Note de tous les États de l'Union européenne membres de l'OCDE et del'Union européenne : La République de Chypre est reconnue par tous les membres des Nations Unies sauf la Turquie. Les informations figurant dans ce document concernent la zone sous le contrôle effectif du gouvernement de la République de Chypre.

Source : Statistiques de l'OCDE sur l'investissement direct international (base de données) : https://doi.org/10.1787/idi-data-fr

ROYAUME-UNI

Tableau 4. Investissement direct étranger : flux par secteur industriel

Millions de dollars des ÉU

	Entrant					Sortant				
	2014	2015	2016	2017	2018	2014	2015	2016	2017	2018
All FDI activities	**45 831.4**	**38 669.2**	**196 503.4**	**78 511.5**	**83 854.9**	**.. c**	**-65 561.5**	**-22 310.4**	**106 692.0**	**84 616.5**
Agriculture, sylviculture et pêche	**-107.0**	**.. d**	**.. d**	**..**	**..**	**24.7**	**155.8**	**.. d**	**..**	**..**
Industries extractives	**17 393.8**	**.. c**	**-5 006.7**	**..**	**..**	**.. c**	**-55 168.8**	**-10 352.2**	**..**	**..**
Activités d'extraction	17 497.5	.. c	-5 363.0	..	..	.. c	-31 489.7	-7 040.5	..	..
Activités de fabrication	**18 063.9**	**4 058.1**	**.. c**	**..**	**..**	**9 486.3**	**-2 756.3**	**-19 759.8**	**..**	**..**
dont :										
Produits alimentaires, boissons et tabac	10 131.7	913.7	.. c	..	..	.. c	-2 273.5	.. c	..	..
Textiles, bois, papier, imprimerie	490.6	631.0	-1 206.5	..	..	.. c	297.9	676.1	..	..
Produits pétroliers, chimiques, pharmaceutiques, caoutchouc, plastique, minéraux	.. c	-753.2	4 753.0	..	..	.. c	621.8	-20 716.6	..	..
Ouvrages en métaux et machines, sauf matériels électriques	577.9	4 890.8	-3 666.7	..	..	-5 116.9	-293.4	-20.2	..	..
Automobiles, remorques, semi-remorques, autres matériels de transport	.. c	2 942.7	190.3	..	..	3 253.2	.. c	.. c	..	..
Autres activités de fabrication	.. c	-4 568.4	.. c	..	..	6 867.0	.. d	-744.9	..	..
Production et distribution d'électricité, de gaz, de vapeur et de climatisation	**-4 993.4**	**2 145.1**	**948.7**	**..**	**..**	**.. c**	**-499.6**	**2 480.4**	**..**	**..**
Distribution de l'eau ; assainissement, traitement des déchets et dépollution	**.. c**	**762.4**	**155.2**	**..**	**..**	**.. c**	**.. c**	**232.1**	**..**	**..**
Construction	**.. c**	**1 509.5**	**632.9**	**..**	**..**	**-2 133.7**	**-32.1**	**228.1**	**..**	**..**
Services	**.. c**	**59 229.9**	**90 098.5**	**..**	**..**	**.. c**	**.. c**	**4 178.1**	**..**	**..**
Commerce de gros et de détail ; réparations automobiles et motocycles	-11 718.8	-5 778.5	-776.0	..	..	.. c	-5 064.9	2 920.4	..	..
Transport et entreposage	.. c	5 110.8	4 045.9	..	..	875.9	1 951.1	2 446.7	..	..
Activités d'hébergement et de restauration	-382.0	2 187.9	556.0	..	..	.. c	4 288.8	3 863.7	..	..
Information et communication	-2 609.5	11 618.0	6 530.4	..	..	.. c	-2 939.6	-2 383.3	..	..
Activités financières et d'assurances	24 702.0	33 865.5	33 583.0	..	..	-34 257.5	-12 719.6	-2 970.3	..	..
Activités des sociétés holding	.. c	.. c	2 979.8	..	..	.. c	.. c	4 287.4	..	..
Activités immobilières	.. c	.. c	691.0	..	..	568.0	2 019.9	.. c	..	..
Activités professionnelles, scientifiques et techniques	956.5	11 020.6	40 257.8	..	..	6 847.2	.. c	1 052.6	..	..
Activités de services administratifs et d'appui	.. c	-1 709.7	5 153.8	..	..	3 003.0	935.1	414.3	..	..
Administration publique; activités des ménages et des organismes extra-territoriaux	.. c	.. d	-5.4	..	..	.. c	.. c	.. c	..	..
Éducation	637.1	-162.0	16.2	..	..	.. c	.. c	577.6	..	..
Santé humaine et action sociale	-56.0	759.4	36.4	..	..	.. c	59.6	.. c	..	..
Arts, spectacles et loisirs	-847.9	22.9	484.5	..	..	.. c	90.1	-17.5	..	..
Autres services	-112.0	13.8	-477.7	..	..	-3.3	29.0	-18.9	..	..
Not allocated and confidential	**.. d**	**.. c**	**.. c**	**78 511.5**	**..**	**.. d**	**.. c**	**.. d**	**106 692.0**	**..**
Activités immobilières privées	**.. c**	**-**	**975.7**	**..**	**..**	**.. c**	**.. c**	**354.9**	**..**	**..**

- Néant ; .. Non disponible ; c Donnée confidentielle ; d Confidentialité Secondaire

Note : Voir les métadonnées détaillées sur : *http://stats.oecd.org/OECDStat_Metadata/ShowMetadata.ashx?Dataset=FDI_CTRY_IND_SUMM&lang=fr.*

Source : Statistiques de l'OCDE sur l'investissement direct international (base de données) : https://doi.org/10.1787/idi-data-fr

Tableau 5. Encours des investissement directs étrangers par secteur industriel
En fin d'année

Millions de dollars des ÉU

	Entrant					Sortant				
	2014	2015	2016	2017	2018	2014	2015	2016	2017	2018
All FDI activities	**1 613 251.2**	**1 530 133.4**	**1 475 523.4**	**1 608 032.7**	**1 864 337.9**	**1 583 661.5**	**1 606 364.8**	**1 491 940.0**	**1 624 231.9**	**1 750 803.6**
Agriculture, sylviculture et pêche	**.. d**	**.. d**	**1 264.6**	..	..	**1 828.4**	**2 110.3**	**2 510.8**	..	..
Industries extractives	**153 784.7**	**119 963.0**	**132 329.9**	..	..	**297 151.3**	**253 109.1**	**202 806.0**	..	..
Activités d'extraction	151 895.5	118 995.3	130 880.8	..	..	263 034.3	249 428.0	212 398.8	..	..
Activités de fabrication	**325 931.4**	**276 431.5**	**334 730.0**	..	..	**276 259.0**	**278 878.2**	**258 536.1**	..	..
dont :										
Produits alimentaires, boissons et tabac	106 271.5	68 039.4	157 723.0	..	..	71 255.9	80 726.1	75 635.4	..	..
Textiles, bois, papier, imprimerie	13 528.9	11 218.1	6 014.3	..	..	2 042.1	1 132.2	3 001.6	..	..
Produits pétroliers, chimiques, pharmaceutiques, caoutchouc, plastique, minéraux	44 897.0	53 703.3	49 282.8	..	..	100 363.5	102 458.5	94 373.2	..	..
Ouvrages en métaux et machines, sauf matériels électriques	76 341.7	68 149.1	54 824.7	..	..	30 190.3	26 689.4	22 262.3	..	..
Automobiles, remorques, semi-remorques, autres matériels de transport	26 953.2	22 302.9	18 538.6	..	..	20 464.9	21 032.9	18 020.7	..	..
Autres activités de fabrication	57 939.2	53 020.2	48 346.7	..	..	51 942.3	46 840.5	45 243.0	..	..
Production et distribution d'électricité, de gaz, de vapeur et de climatisation	**73 655.2**	**66 665.7**	**54 853.0**	..	..	**12 890.8**	**.. c**	**.. c**	..	..
Distribution de l'eau ; assainissement, traitement des déchets et dépollution	**4 535.1**	**4 198.3**	**3 333.7**	..	..	**1 447.7**	**.. c**	**1 987.9**	..	..
Construction	**21 212.2**	**11 510.1**	**11 789.9**	..	..	**2 363.5**	**2 036.2**	**1 732.1**	..	..
Services	**1 025 844.0**	**1 030 195.6**	**919 501.8**	..	..	**.. c**	**923 218.7**	**875 655.1**	..	..
Commerce de gros et de détail ; réparations automobiles et motocycles	212 090.5	185 336.4	149 114.3	..	..	64 282.4	65 988.4	60 396.1	..	..
Transport et entreposage	64 308.9	57 025.8	59 575.6	..	..	24 446.2	28 163.9	28 931.0	..	..
Activités d'hébergement et de restauration	11 589.7	28 366.9	26 292.3	..	..	43 429.0	39 589.5	34 191.2	..	..
Information et communication	134 363.5	127 621.5	98 525.0	..	..	154 358.8	163 784.8	151 643.5	..	..
Activités financières et d'assurances	436 567.9	477 211.0	443 907.0	..	..	576 968.8	526 796.1	518 002.2	..	..
Activités des sociétés holding	1 009.4	514.2	16.0	..	..	.. c	.. c	147 121.4	..	..
Activités immobilières	7 096.7	8 867.8	7 582.7	..	..	11 475.8	9 930.4	12 874.9	..	..
Activités professionnelles, scientifiques et techniques	82 188.8	94 248.7	87 481.9	..	..	44 808.1	49 832.5	45 967.5	..	..
Activités de services administratifs et d'appui	52 159.1	41 273.0	36 081.9	..	..	29 472.7	29 548.0	18 024.4	..	..
Administration publique; activités des ménages et des organismes extra-territoriaux	1.6	3.0	1.2	..	..	386.9	.. d	.. c	..	..
Éducation	2 982.8	1 892.4	2 409.9	..	..	887.7	.. c	5 345.1	..	..
Santé humaine et action sociale	4 803.4	2 249.6	1 675.5	..	..	160.7	280.1	654.4	..	..
Arts, spectacles et loisirs	10 269.9	4 813.3	5 553.0	..	..	2 895.5	3 681.1	1 614.0	..	..
Autres services	7 421.2	1 286.3	1 301.5	..	..	244.9	238.6	.. d	..	..
Not allocated and confidential	**8 288.6**	**.. c**	**-**	**1 608 032.7**	..	**.. d**	**.. c**	**.. c**	**1 624 231.9**	..
Activités immobilières privées	**.. c**	**.. c**	**17 720.5**	..	..	**.. c**	**.. c**	**130 103.3**	..	..

- Néant ; .. Non disponible ; c Donnée confidentielle ; d Confidentialité Secondaire

Note : Voir les métadonnées détaillées sur : *http://stats.oecd.org/OECDStat_Metadata/ShowMetadata.ashx?Dataset=FDI_CTRY_IND_SUMM&lang=fr.*

Source : Statistiques de l'OCDE sur l'investissement direct international (base de données) : https://doi.org/10.1787/idi-data-fr

ROYAUME-UNI

Tableau 6. Revenus des investissements directs étrangers par secteur industriel

Millions de dollars des ÉU

	Entrant					Sortant				
	2014	2015	2016	2017	2018	2014	2015	2016	2017	2018
All FDI activities	**86 183.7**	**73 579.8**	**70 274.0**	**67 481.3**	**92 655.7**	**108 019.4**	**87 384.3**	**68 005.4**	**95 923.3**	**119 289.0**
Agriculture, sylviculture et pêche	**.. d**	**.. d**	**44.5**	..	..	**130.1**	**162.0**	**.. d**	..	..
Industries extractives	**10 056.0**	**1 943.5**	**.. c**	..	..	**24 163.6**	**342.2**	**940.6**	..	..
Activités d'extraction	10 026.3	1 922.1	.. c	..	..	22 787.3	4 837.3	-2 183.5	..	..
Activités de fabrication	**15 095.5**	**12 991.6**	**13 948.7**	..	..	**24 807.4**	**29 524.8**	**21 915.0**	..	..
dont :										
Produits alimentaires, boissons et tabac	4 262.4	2 866.3	2 179.5	..	..	7 721.4	9 538.6	5 726.0	..	..
Textiles, bois, papier, imprimerie	727.7	485.9	539.8	..	..	.. c	470.6	847.5	..	..
Produits pétroliers, chimiques, pharmaceutiques, caoutchouc, plastique, minéraux	1 717.2	3 252.9	3 040.5	..	..	9 921.0	13 214.7	10 425.1	..	..
Ouvrages en métaux et machines, sauf matériels électriques	2 607.8	1 949.6	1 851.6	..	..	2 362.5	2 129.9	1 893.4	..	..
Automobiles, remorques, semi-remorques, autres matériels de transport	4 874.9	3 223.8	2 913.6	..	..	2 100.8	2 328.5	2 164.6	..	..
Autres activités de fabrication	905.5	1 213.1	3 422.4	..	..	.. d	1 841.1	857.0	..	..
Production et distribution d'électricité, de gaz, de vapeur et de climatisation	**4 730.0**	**4 909.1**	**4 485.8**	..	..	**.. c**	**.. c**	**1 290.1**	..	..
Distribution de l'eau ; assainissement, traitement des déchets et dépollution	**214.0**	**357.5**	**.. c**	..	..	**.. c**	**137.5**	**230.8**	..	..
Construction	**1 094.8**	**628.0**	**-570.9**	..	..	**172.9**	**201.7**	**256.4**	..	..
Services	**.. c**	**52 531.7**	**50 503.4**	..	..	**.. c**	**53 902.2**	**41 396.8**	..	..
Commerce de gros et de détail ; réparations automobiles et motocycles	10 271.7	9 196.3	9 179.5	..	..	824.8	1 861.0	3 870.4	..	..
Transport et entreposage	5 293.1	5 778.5	5 427.8	..	..	1 101.4	965.6	1 021.6	..	..
Activités d'hébergement et de restauration	549.9	698.2	.. c	..	..	7 090.9	7 398.0	6 897.4	..	..
Information et communication	4 975.3	7 356.8	2 956.8	..	..	4 237.7	5 398.0	4 124.2	..	..
Activités financières et d'assurances	27 625.9	29 288.0	28 310.4	..	..	36 083.3	30 583.7	19 581.6	..	..
Activités des sociétés holding	.. c	.. c	2 558.7	..	..	.. c	.. c	5 160.6	..	..
Activités immobilières	182.7	363.6	193.0	..	..	900.6	1 081.7	689.6	..	..
Activités professionnelles, scientifiques et techniques	3 427.7	-1 469.8	4 106.6	..	..	3 394.8	3 931.2	2 522.3	..	..
Activités de services administratifs et d'appui	1 789.6	1 359.8	1 336.0	..	..	1 315.4	1 323.1	1 442.6	..	..
Administration publique; activités des ménages et des organismes extra-territoriaux	.. c	-	.. d	..	..	.. c	.. c	.. c	..	..
Éducation	.. c	-59.6	-64.8	..	..	.. c	.. c	630.2	..	..
Santé humaine et action sociale	357.3	58.1	8.1	..	..	.. c	-10.7	-1.4	..	..
Arts, spectacles et loisirs	.. c	-77.9	20.2	..	..	322.7	302.5	161.9	..	..
Autres services	181.1	39.7	78.3	..	..	19.8	27.5	.. d	..	..
Not allocated and confidential	**.. d**	**.. c**	**.. c**	**67 481.3**	..	**.. d**	**.. c**	**.. d**	**95 923.3**	..
Activités immobilières privées	**.. c**	**.. c**	**147.1**	..	..	**.. c**	**.. c**	**1 662.6**	..	..

- Néant ; .. Non disponible ; c Donnée confidentielle ; d Confidentialité Secondaire

Note : Voir les métadonnées détaillées sur : *http://stats.oecd.org/OECDStat_Metadata/ShowMetadata.ashx?Dataset=FDI_CTRY_IND_SUMM&lang=fr.*

Source : Statistiques de l'OCDE sur l'investissement direct international (base de données) : https://doi.org/10.1787/idi-data-fr

ÉTATS-UNIS

Tableau 1. Flux d'investissement direct étranger par pays

Millions de dollars des ÉU

	Entrant					Sortant				
	2014	2015	2016	2017	2018	2014	2015	2016	2017	2018
TOTAL MONDE	**201 733.0**	**467 625.0**	**471 792.0**	**277 258.0**	**253 561.0**	**333 014.0**	**264 359.0**	**289 261.0**	**300 378.0**	**-90 623.0**
Pays membres de l'OCDE	**..**	**..**	**.. d**	**..**	**.. d**	**..**	**181 055.0**	**.. d**	**..**	**.. d**
Australie	1 098.0	10 587.0	4 715.0	-905.0	3 204.0	17 489.0	271.0	6 739.0	-414.0	-2 992.0
Autriche	983.0	198.0	3 482.0	1 788.0	-443.0	299.0	92.0	310.0	1 030.0	575.0
Belgique	11 410.0	-12 327.0	3 363.0	5 982.0	6 015.0	-663.0	3 014.0	2 522.0	1 318.0	9 937.0
Canada	23 479.0	58 887.0	67 053.0	71 904.0	47 469.0	30 691.0	10 114.0	13 822.0	18 624.0	19 695.0
Chili	67.0	158.0	92.0	123.0	445.0	617.0	1 450.0	346.0	-1 793.0	363.0
République Tchèque	-4.0	30.0	-4.0	11.0	-59.0	628.0	433.0	-497.0	246.0	1 394.0
Danemark	3 282.0	1 013.0	3 616.0	176.0	2 041.0	896.0	-122.0	1 758.0	-1 763.0	-1 114.0
Estonie	-	-	.. c	-	1.0	7.0	-2.0	-80.0	6.0	11.0
Finlande	-1 455.0	655.0	-79.0	829.0	1 459.0	-111.0	-1 322.0	2 055.0	-444.0	-384.0
France	10 197.0	33 472.0	28 104.0	20 757.0	23 440.0	1 517.0	4 156.0	1 053.0	2 742.0	1 560.0
Allemagne	37 121.0	25 353.0	14 931.0	11 899.0	26 795.0	-115.0	1 691.0	4 424.0	2 148.0	2 632.0
Grèce	-28.0	35.0	45.0	-24.0	.. c	42.0	1 054.0	45.0	62.0	100.0
Hongrie	4 452.0	-5 312.0	-854.0	1 629.0	.. c	184.0	163.0	-476.0	510.0	1 212.0
Islande	.. c	.. c	.. c	.. c	-40.0	25.0	131.0	.. c	68.0	.. c
Irlande	7 114.0	14 892.0	36 695.0	17 269.0	64 187.0	47 993.0	69 631.0	50 035.0	44 669.0	-10 522.0
Israël[1]	-1 198.0	952.0	116.0	-243.0	1 671.0	925.0	553.0	463.0	734.0	581.0
Italie	4 071.0	6 924.0	608.0	262.0	2 367.0	1 846.0	800.0	-74.0	705.0	7 551.0
Japon	44 891.0	32 997.0	31 610.0	43 868.0	22 200.0	-13 003.0	5 177.0	-1 398.0	9 653.0	3 289.0
Corée	9 024.0	1 302.0	3 392.0	10 392.0	5 218.0	4 795.0	2 225.0	1 902.0	1 693.0	-455.0
Lettonie	.. c	.. c	.. c	.. c	.. c	24.0	8.0	11.0	10.0	8.0
Lituanie	.. c	.. c	.. c	.. c	.. c	27.0	-34.0	4.0	13.0	17.0
Luxembourg	27 943.0	172 740.0	57 398.0	2 477.0	-110 388.0	37 125.0	-365.0	30 833.0	33 444.0	37 632.0
Mexique	1 742.0	1 116.0	2 372.0	702.0	-260.0	8 218.0	7 255.0	5 212.0	6 334.0	7 180.0
Pays-Bas	29 685.0	33 318.0	47 186.0	17 770.0	83 614.0	24 320.0	41 337.0	44 203.0	34 542.0	-26 517.0
Nouvelle-Zélande	66.0	-317.0	-228.0	-39.0	615.0	-462.0	145.0	428.0	6.0	-336.0
Norvège	3 549.0	8 130.0	-572.0	473.0	.. c	923.0	-235.0	285.0	-542.0	-1 960.0
Pologne	-34.0	-6.0	175.0	449.0	-823.0	165.0	72.0	613.0	8.0	1 094.0
Portugal	50.0	6.0	-5.0	7.0	-74.0	528.0	15.0	75.0	-5.0	267.0
République slovaquie	-11.0	.. c	-2.0	.. c	10.0	198.0	49.0	-286.0	247.0	51.0
Slovénie	.. c	-	.. c	.. c	9.0	67.0	18.0	17.0	14.0	1.0
Espagne	4 671.0	4 956.0	3 294.0	4 078.0	3 843.0	3 160.0	1 387.0	1.0	388.0	4 124.0
Suède	4 134.0	3 685.0	4 161.0	-265.0	550.0	-6 066.0	50.0	1 462.0	1 259.0	5 886.0
Suisse	31 139.0	-5 732.0	56 155.0	21 082.0	25 576.0	19 291.0	17 059.0	20 732.0	30 026.0	2 994.0
Turquie	-26.0	46.0	271.0	203.0	294.0	181.0	333.0	312.0	481.0	778.0
Royaume-Uni	-94 851.0	50 294.0	57 267.0	43 694.0	1 326.0	29 112.0	14 426.0	33 469.0	23 093.0	8 618.0
Etats-Unis	-	-	-	-	-	-	-	-	-	-
EUROPE	**.. c**	**338 653.0**	**.. c**	**.. c**	**.. c**	**157 721.0**	**.. c**	**.. c**	**.. c**	**.. c**
Bulgarie	.. c	.. c	.. c	.. c	.. c	74.0	49.0	33.0	47.0	43.0
Croatie	.. c	.. c	.. c	.. c	.. c	-21.0	-89.0	-1.0	26.0	-8.0
Chypre[2, 3]	-71.0	151.0	-673.0	-1 290.0	-169.0	186.0	-69.0	-624.0	-537.0	-412.0
Malte	484.0	-257.0	600.0	.. c	-26.0	-49.0	61.0	-14.0	-6.0	-85.0
Roumanie	-7.0	25.0	10.0	-25.0	.. c	233.0	251.0	69.0	-327.0	217.0
Russie	.. c	-376.0	132.0	-34.0	124.0	-1 661.0	539.0	1 175.0	-934.0	1 363.0
Ukraine	-	.. c	-1.0	-1.0	-	43.0	17.0	7.0	-56.0	87.0
AFRIQUE	**825.0**	**1 853.0**	**194.0**	**1 210.0**	**54.0**	**2 405.0**	**829.0**	**-2 109.0**	**332.0**	**353.0**
Afrique septentrionale	.. c	.. c	.. c	.. c	.. c	2 515.0	176.0	-894.0	.. c	.. c
Algérie	.. c	.. c	-3.0	.. c	.. c	457.0	15.0	288.0	68.0	-135.0
Egypte	-	8.0	-36.0	106.0	-18.0	1 844.0	325.0	-801.0	-1 705.0	428.0
Libye	.. c	.. c	.. c	.. c	.. c	55.0	-112.0	-333.0	.. c	.. c
Maroc	-5.0	.. c	.. c	-4.0	-3.0	64.0	-10.0	-74.0	-14.0	-38.0
Tunisie	-4.0	1.0	-1.0	-2.0	15.0	95.0	-42.0	26.0	-36.0	-24.0
Autres pays africains	.. c	.. c	.. c	.. c	.. c	-110.0	653.0	-1 215.0	.. c	.. c
Nigéria	13.0	5.0	23.0	20.0	14.0	-1 232.0	1 094.0	-131.0	1 667.0	-92.0
Afrique du Sud	421.0	1 893.0	95.0	1 141.0	-116.0	191.0	-205.0	-318.0	596.0	847.0
AMÉRIQUE	**37 106.0**	**70 515.0**	**.. c**	**.. c**	**.. c**	**95 875.0**	**62 030.0**	**72 394.0**	**81 671.0**	**-108 797.0**
Amérique du Nord	23 479.0	58 887.0	.. c	.. c	.. c	30 743.0	10 113.0	13 821.0	18 623.0	19 694.0
Amérique du Nord	.. c	.. c	.. c	.. c	.. c	53 610.0	50 016.0	55 841.0	65 193.0	-133 631.0
Bahamas	183.0	-128.0	-421.0	-534.0	588.0	1 742.0	-4 178.0	1 232.0	-510.0	-7 135.0
Bermudes	-1 962.0	-933.0	20 515.0	-3 750.0	12 109.0	15 429.0	25 106.0	31 015.0	30 031.0	-158 148.0
Îles Cayman	13 507.0	11 574.0	-1 213.0	2 065.0	3 234.0	25 821.0	20 608.0	11 148.0	25 731.0	21 923.0
Costa Rica	-32.0	20.0	82.0	-109.0	-88.0	509.0	70.0	66.0	194.0	42.0
El Salvador	-11.0	6.0	2.0	1.0	.. c	-50.0	-288.0	322.0	265.0	249.0
Guatemala	-11.0	6.0	17.0	-2.0	-	76.0	-49.0	-91.0	75.0	28.0
Honduras	2.0	3.0	24.0	-36.0	-28.0	20.0	425.0	9.0	98.0	-902.0
Nicaragua	.. c	.. c	.. c	.. c	.. c	39.0	8.0	-35.0	-23.0	-40.0
Panama	208.0	243.0	100.0	-280.0	335.0	59.0	-189.0	599.0	261.0	424.0
Îles Vierges, US	..	..	..	..	..	..	..	..	..	..
Amérique du Sud	.. c	.. c	.. c	.. c	.. c	11 491.0	1 832.0	2 723.0	-2 139.0	5 144.0
Argentine	-35.0	-50.0	21.0	145.0	-146.0	1 743.0	813.0	223.0	1 414.0	2 396.0
Bolivie	29.0	.. c	.. c	.. c	.. c	-23.0	14.0	95.0	53.0	34.0
Brésil	-407.0	-750.0	-2 586.0	866.0	-361.0	6 773.0	448.0	3 796.0	2 576.0	2 410.0
Colombie	-239.0	169.0	77.0	-63.0	-71.0	600.0	770.0	-508.0	-66.0	768.0
Equateur	-4.0	2.0	-3.0	18.0	7.0	250.0	-41.0	46.0	-203.0	160.0
Paraguay	.. c	.. c	-	1.0	-12.0	52.0	-9.0	.. c	.. c	.. c
Pérou	-45.0	-3.0	19.0	19.0	20.0	1 009.0	-477.0	-154.0	551.0	-932.0
Uruguay	400.0	-299.0	58.0	-203.0	25.0	62.0	9.0	-55.0	.. c	-176.0
Venezuela	246.0	224.0	491.0	-154.0	911.0	161.0	-1 449.0	-1 154.0	-670.0	-292.0
ASIE	**.. c**	**.. c**	**.. c**	**.. c**	**.. c**	**.. c**	**.. c**	**.. c**	**.. c**	**.. c**

Tableau 1. Flux d'investissement direct étranger par pays (*suite*)

Millions de dollars des ÉU

	Entrant					Sortant				
	2014	2015	2016	2017	2018	2014	2015	2016	2017	2018
Proche et Moyen Orient	-1 538.0	.. c	.. c	.. c	2 188.0	7 952.0	1 435.0	.. c	.. c	.. c
Pays du Golfe	-390.0	.. c	.. c	.. c	725.0	.. c	973.0	.. c	.. c	.. c
Koweït	61.0	41.0	15.0	9.0	173.0	93.0	-56.0	-77.0	.. c	27.0
Qatar	.. c	.. c	.. c	204.0	-696.0	220.0	502.0	694.0	309.0	2 880.0
Arabie saoudite	-1 189.0	474.0	743.0	-161.0	943.0	375.0	1 322.0	729.0	482.0	335.0
Emirats Arabes Unis	639.0	129.0	-32.0	1 630.0	327.0	6 145.0	-565.0	-2 437.0	3 117.0	627.0
Autres pays du Proche et Moyen Orient	-1 148.0	.. c	.. c	.. c	1 463.0	.. c	462.0	.. c	.. c	.. c
Jordanie	28.0	.. c	.. c	.. c	-207.0	.. c	11.0	.. c	.. c	-18.0
Autres pays asiatiques	.. c	.. c	.. c	.. c	.. c	.. c	.. c	26 633.0	.. c	.. c
Chine	2 201.0	5 127.0	25 445.0	-504.0	-754.0	11 033.0	6 029.0	8 561.0	9 850.0	7 592.0
Hong Kong, Chine	4 731.0	682.0	1 430.0	-568.0	3 493.0	6 171.0	4 988.0	466.0	5 374.0	1 242.0
Inde	1 287.0	298.0	-537.0	928.0	-223.0	4 092.0	3 820.0	3 786.0	4 238.0	2 080.0
Indonesie	339.0	173.0	-1 070.0	-244.0	29.0	3 443.0	176.0	-452.0	262.0	-3 051.0
République islamique d'Iran	2.0	-3.0	-	-	-	-	-	-	-	-
Malaisie	235.0	118.0	-157.0	-30.0	182.0	2 940.0	2 054.0	-1 083.0	404.0	-88.0
Philippines	768.0	145.0	-432.0	3.0	-348.0	643.0	75.0	546.0	749.0	689.0
Singapour	3 911.0	2 660.0	2 013.0	-1 713.0	-477.0	25 117.0	21 390.0	10 945.0	17 219.0	-47 508.0
Taipei Chinois	1 387.0	760.0	665.0	432.0	2 480.0	774.0	751.0	543.0	471.0	529.0
Thaïlande	572.0	469.0	456.0	-4.0	-100.0	2 929.0	200.0	1 495.0	-3 357.0	44.0
Viet Nam	1 065.0	473.0	-1 412.0	-34.0	-61.0	240.0	88.0	157.0	61.0	344.0
AUSTRALIE, OCÉANIE ET RÉGIONS POLAIRES	**.. c**	**.. c**	**.. c**	**.. c**	**.. c**	**.. c**	**620.0**	**7 284.0**	**.. c**	**.. c**
TOTAL MONDE non alloué et confidentiel	**10 042.0**	**-1 035.0**	**2 893.0**	**1 116.0**	**22 639.0**	**64.0**	**-35.0**	**-8 275.0**	**3 027.0**	**-1 346.0**
Union européenne (UE28)	**49 204.0**	**329 844.0**	**259 250.0**	**127 893.0**	**121 685.0**	**141 607.0**	**136 756.0**	**170 941.0**	**143 443.0**	**43 887.0**
Pays du G20 hors Union Européenne	**.. d**	**227 767.0**	**232 566.0**	**204 913.0**	**131 549.0**	**106 720.0**	**59 390.0**	**82 961.0**	**83 543.0**	**61 828.0**
Pays OCDE du G20	**36 746.0**	**220 978.0**	**210 323.0**	**202 776.0**	**132 053.0**	**80 731.0**	**46 448.0**	**65 461.0**	**65 059.0**	**47 856.0**
Pays non-OCDE du G20	**.. d**	**6 789.0**	**22 243.0**	**2 137.0**	**-504.0**	**25 989.0**	**12 942.0**	**17 500.0**	**18 484.0**	**13 972.0**
Pays MENA	**.. d**	**.. d**	**..**	**.. d**	**.. d**	**.. d**	**.. d**	**.. d**	**.. d**	**.. d**
Pays ANASE	**.. d**	**.. d**	**..**	**.. d**	**.. d**	**35 295.0**	**23 996.0**	**.. d**	**15 352.0**	**.. d**

- Néant ; .. Non disponible ; c Donnée confidentielle ; d Confidentialité Secondaire

Note : Voir les métadonnées détaillées sur : *http://stats.oecd.org/OECDStat_Metadata/ShowMetadata.ashx?Dataset=FDI_CTRY_IND_SUMM&lang=fr.*

1. Informations sur les données concernant Israël : *http://oe.cd/israel-disclaimer.*
2. Note de la Turquie : Les informations figurant dans ce document et faisant référence à « Chypre » concernent la partie méridionale de l'île. Il n'y a pas d'autorité unique représentant à la fois les Chypriotes turcs et grecs sur l'île. La Turquie reconnaît la République Turque de Chypre Nord (RTCN). Jusqu'à ce qu'une solution durable et équitable soit trouvée dans le cadre des Nations Unies, la Turquie maintiendra sa position sur la « question chypriote ».
3. Note de tous les États de l'Union européenne membres de l'OCDE et del'Union européenne : La République de Chypre est reconnue par tous les membres des Nations Unies sauf la Turquie. Les informations figurant dans ce document concernent la zone sous le contrôle effectif du gouvernement de la République de Chypre.

Source : Statistiques de l'OCDE sur l'investissement direct international (base de données) : https://doi.org/10.1787/idi-data-fr

ÉTATS-UNIS

Tableau 2. Encours des investissements directs étrangers par pays
En fin d'année

Millions de dollars des ÉU

	Entrant					Sortant				
	2014	2015	2016	2017	2018	2014	2015	2016	2017	2018
TOTAL MONDE	**2 945 795.0**	**3 354 907.0**	**3 765 114.0**	**4 025 492.0**	**4 344 610.0**	**5 108 835.0**	**5 289 071.0**	**5 586 030.0**	**6 013 335.0**	**5 950 991.0**
Pays membres de l'OCDE	**.. d**	**.. d**	**.. d**	**.. d**	**.. d**	**.. d**	**.. d**	**.. d**	**..**	**4 483 364.0**
Australie	60 951.0	68 733.0	76 220.0	73 002.0	71 460.0	177 420.0	160 061.0	166 430.0	168 855.0	162 983.0
Autriche	3 073.0	3 181.0	3 468.0	3 954.0	6 290.0	10 171.0	6 508.0	6 871.0	7 819.0	8 579.0
Belgique	44 257.0	47 192.0	71 223.0	80 352.0	84 661.0	48 242.0	48 096.0	51 589.0	54 954.0	64 051.0
Canada	328 089.0	394 814.0	457 557.0	523 761.0	588 399.0	370 220.0	361 954.0	365 375.0	391 208.0	401 874.0
Chili	1 287.0	2 394.0	2 531.0	2 674.0	3 483.0	28 843.0	28 134.0	28 959.0	25 884.0	26 146.0
République Tchèque	2.0	2.0	.. c	2.0	2.0	6 183.0	6 343.0	4 888.0	5 406.0	6 737.0
Danemark	13 188.0	14 534.0	17 588.0	17 541.0	19 572.0	16 497.0	15 794.0	17 018.0	13 873.0	13 205.0
Estonie	-5.0	-5.0	-5.0	-5.0	-5.0	173.0	160.0	71.0	72.0	76.0
Finlande	7 678.0	8 750.0	8 197.0	8 741.0	9 978.0	2 765.0	1 258.0	3 200.0	3 318.0	2 482.0
France	218 339.0	255 524.0	272 149.0	301 540.0	326 437.0	77 738.0	81 274.0	80 739.0	85 572.0	86 863.0
Allemagne	327 995.0	356 982.0	371 148.0	405 552.0	474 472.0	114 421.0	120 519.0	133 696.0	136 128.0	140 331.0
Grèce	978.0	978.0	1 057.0	1 028.0	889.0	-54.0	1 007.0	1 042.0	1 224.0	1 415.0
Hongrie	109.0	108.0	108.0	108.0	123.0	5 582.0	7 625.0	7 223.0	7 131.0	7 811.0
Islande	.. c	.. c	.. c	.. c	.. c	.. c	.. c	.. c	.. c	896.0
Irlande	136 291.0	260 047.0	320 089.0	328 671.0	385 322.0	273 247.0	337 831.0	391 264.0	446 383.0	442 167.0
Israël[1]	20 561.0	24 923.0	59 229.0	39 307.0	38 453.0	10 387.0	10 251.0	10 325.0	26 667.0	27 144.0
Italie	33 071.0	34 425.0	35 258.0	35 672.0	38 626.0	30 154.0	30 869.0	30 922.0	30 708.0	38 479.0
Japon	373 120.0	404 081.0	422 243.0	476 878.0	488 714.0	104 130.0	106 932.0	124 550.0	129 064.0	125 488.0
Corée	37 900.0	37 837.0	41 243.0	50 633.0	57 623.0	37 454.0	38 608.0	38 493.0	41 602.0	41 532.0
Lettonie	-	-	-	-	.. c	40.0	39.0	69.0	71.0	70.0
Lituanie	-	-	.. c	-	-	145.0	109.0	120.0	154.0	171.0
Luxembourg	12 086.0	12 728.0	29 760.0	28 792.0	18 440.0	596 105.0	599 001.0	640 646.0	676 418.0	713 829.0
Mexique	33 302.0	34 390.0	34 783.0	35 408.0	37 234.0	94 482.0	101 326.0	100 734.0	109 671.0	114 877.0
Pays-Bas	131 678.0	165 597.0	189 873.0	169 155.0	228 144.0	753 546.0	829 693.0	898 495.0	936 728.0	883 188.0
Nouvelle-Zélande	1 210.0	509.0	529.0	1 039.0	1 310.0	9 011.0	11 427.0	11 948.0	11 938.0	11 289.0
Norvège	33 408.0	29 477.0	26 950.0	27 661.0	28 413.0	34 808.0	31 697.0	29 230.0	29 187.0	27 913.0
Pologne	.. c	.. c	.. c	.. c	.. c	13 122.0	11 872.0	11 863.0	12 604.0	12 977.0
Portugal	.. c	.. c	.. c	.. c	.. c	2 067.0	1 971.0	1 985.0	2 060.0	2 825.0
République slovaquie	-1.0	-1.0	.. c	-1.0	-1.0	989.0	987.0	562.0	867.0	847.0
Slovénie	.. c	2.0	.. c	4.0	4.0	315.0	336.0	354.0	369.0	369.0
Espagne	61 892.0	66 106.0	67 880.0	73 244.0	76 380.0	35 253.0	36 075.0	33 484.0	33 128.0	36 962.0
Suède	43 566.0	48 137.0	54 418.0	54 150.0	55 424.0	33 516.0	32 593.0	31 723.0	34 622.0	39 307.0
Suisse	154 550.0	143 403.0	180 893.0	201 867.0	222 491.0	142 886.0	171 342.0	187 048.0	249 968.0	278 044.0
Turquie	1 087.0	1 969.0	2 157.0	2 282.0	2 357.0	3 718.0	3 798.0	3 852.0	4 266.0	4 656.0
Royaume-Uni	520 463.0	558 931.0	572 206.0	614 865.0	597 219.0	631 666.0	632 327.0	686 048.0	747 571.0	757 781.0
Etats-Unis	87 833.0	83 796.0	73 410.0	75 565.0	79 443.0	-	-	-	-	-
EUROPE	**1 760 609.0**	**2 023 546.0**	**2 239 293.0**	**2 369 767.0**	**2 594 926.0**	**.. c**	**.. c**	**.. c**	**.. c**	**.. c**
Bulgarie	-	.. c	5.0	.. c	.. c	740.0	684.0	711.0	848.0	928.0
Croatie	4.0	4.0	.. c	4.0	4.0	212.0	180.0	176.0	199.0	187.0
Chypre[2, 3]	.. c	.. c	1 103.0	306.0	203.0	2 771.0	2 583.0	1 996.0	1 650.0	3 461.0
Malte	.. c	7.0	8.0	11.0	54.0	408.0	504.0	547.0	601.0	620.0
Roumanie	1.0	1.0	.. c	-	-	3 103.0	3 774.0	3 923.0	3 620.0	4 019.0
Russie	6 015.0	4 111.0	4 289.0	4 157.0	3 876.0	9 764.0	10 259.0	14 520.0	13 881.0	14 795.0
Ukraine	1.0	3.0	3.0	4.0	6.0	620.0	498.0	476.0	398.0	402.0
AFRIQUE	**3 474.0**	**4 470.0**	**4 485.0**	**5 806.0**	**5 752.0**	**69 029.0**	**52 004.0**	**51 689.0**	**50 285.0**	**47 796.0**
Afrique septentrionale	-39.0	-32.0	.. c	.. c	.. c	.. c	19 376.0	17 671.0	14 131.0	13 748.0
Algérie	-	-	-	-	-	3 014.0	2 698.0	2 986.0	3 030.0	3 571.0
Egypte	-19.0	-16.0	-3.0	35.0	28.0	.. c	14 068.0	12 561.0	9 352.0	8 384.0
Libye	2.0	5.0	.. c	.. c	.. c	2 599.0	1 820.0	1 373.0	1 058.0	1 134.0
Maroc	-22.0	-21.0	-21.0	-22.0	-22.0	529.0	493.0	434.0	412.0	408.0
Tunisie	-	-	-	-	-	447.0	297.0	317.0	279.0	251.0
Autres pays africains	3 513.0	4 502.0	.. c	.. c	.. c	.. c	32 628.0	34 018.0	36 154.0	34 048.0
Nigéria	.. c	.. c	.. c	.. c	.. c	4 884.0	5 872.0	4 349.0	5 774.0	5 630.0
Afrique du Sud	3 075.0	3 934.0	3 878.0	5 073.0	4 991.0	7 346.0	6 926.0	6 659.0	7 334.0	7 621.0
AMÉRIQUE	**544 799.0**	**638 071.0**	**694 668.0**	**771 976.0**	**874 700.0**	**1 268 684.0**	**1 264 600.0**	**1 294 838.0**	**1 399 292.0**	**1 334 198.0**
Amérique du Nord	415 929.0	478 615.0	530 969.0	599 326.0	667 838.0	370 224.0	361 958.0	365 379.0	391 212.0	401 878.0
Amérique du Nord	.. c	.. c	107 605.0	112 795.0	147 445.0	747 890.0	770 364.0	791 098.0	871 182.0	790 843.0
Bahamas	355.0	123.0	168.0	179.0	378.0	27 301.0	22 737.0	23 647.0	23 387.0	18 518.0
Bermudes	32 139.0	30 555.0	33 237.0	35 920.0	60 750.0	283 019.0	303 244.0	314 853.0	346 804.0	249 386.0
Îles Cayman	.. c	11 559.0	12 295.0	13 398.0	20 895.0	304 005.0	303 438.0	306 512.0	331 391.0	334 477.0
Costa Rica	.. c	.. c	.. c	.. c	78.0	1 608.0	1 642.0	1 349.0	1 567.0	1 625.0
El Salvador	.. c	.. c	.. c	.. c	.. c	2 782.0	2 576.0	2 774.0	3 037.0	3 277.0
Guatemala	15.0	15.0	15.0	15.0	15.0	1 182.0	1 098.0	992.0	1 048.0	1 026.0
Honduras	2.0	2.0	2.0	2.0	2.0	848.0	1 274.0	1 283.0	1 405.0	504.0
Nicaragua	.. c	.. c	.. c	.. c	.. c	250.0	256.0	217.0	187.0	138.0
Panama	704.0	658.0	733.0	759.0	862.0	4 510.0	4 447.0	4 301.0	4 706.0	5 050.0
Îles Vierges, US	..	..	..	..	..	..	..	..	..	..
Amérique du Sud	.. c	.. c	56 094.0	59 855.0	59 417.0	150 128.0	131 775.0	137 848.0	136 389.0	140 970.0
Argentine	5 090.0	5 134.0	4 937.0	4 608.0	4 896.0	14 727.0	14 624.0	14 057.0	14 907.0	15 196.0
Bolivie	9.0	9.0	9.0	9.0	9.0	492.0	481.0	552.0	598.0	618.0
Brésil	18 530.0	43 662.0	38 751.0	42 841.0	39 803.0	69 548.0	56 847.0	66 418.0	68 272.0	70 878.0
Colombie	2 126.0	2 443.0	2 679.0	2 591.0	3 242.0	8 280.0	7 750.0	7 467.0	7 222.0	7 737.0
Equateur	-23.0	-23.0	-27.0	-27.0	3.0	971.0	913.0	1 036.0	779.0	898.0
Paraguay	-	-	-	-	-	209.0	.. c	207.0	179.0	148.0
Pérou	244.0	240.0	247.0	260.0	280.0	8 097.0	7 573.0	5 742.0	6 370.0	6 403.0
Uruguay	264.0	326.0	353.0	367.0	381.0	2 232.0	2 239.0	2 178.0	1 556.0	1 314.0
Venezuela	4 326.0	4 558.0	4 742.0	4 801.0	5 728.0	10 803.0	9 825.0	7 364.0	6 632.0	6 478.0
ASIE	**.. c**	**.. c**	**.. c**	**.. c**	**.. c**	**.. c**	**.. c**	**.. c**	**.. c**	**.. c**

Tableau 2. Encours des investissements directs étrangers par pays (*suite*)
En fin d'année

Millions de dollars des ÉU

	Entrant					Sortant				
	2014	2015	2016	2017	2018	2014	2015	2016	2017	2018
Proche et Moyen Orient	62 256.0	65 601.0	100 744.0	84 331.0	.. c	.. c	.. c	.. c	.. c	.. c
Pays du Golfe	41 479.0	40 412.0	41 194.0	44 642.0	.. c	.. c	.. c	.. c	.. c	44 232.0
Koweït	318.0	808.0	787.0	804.0	967.0	434.0	342.0	250.0	296.0	313.0
Qatar	2 440.0	2 784.0	2 809.0	3 494.0	2 447.0	9 898.0	7 252.0	7 938.0	8 183.0	10 636.0
Arabie saoudite	11 542.0	11 497.0	12 280.0	14 055.0	15 368.0	8 800.0	10 025.0	10 585.0	11 085.0	11 379.0
Emirats Arabes Unis	26 208.0	24 978.0	24 990.0	26 011.0	26 738.0	17 466.0	16 205.0	13 568.0	16 785.0	17 303.0
Autres pays du Proche et Moyen Orient	20 777.0	25 189.0	59 550.0	39 689.0	.. c	.. c	.. c	.. c	.. c	.. c
Jordanie	.. c	.. c	.. c	.. c	.. c	212.0	224.0	209.0	232.0	.. c
Autres pays asiatiques	.. c	.. c	.. c	.. c	.. c	.. c	.. c	.. c	.. c	.. c
Chine	29 049.0	33 050.0	58 976.0	58 048.0	60 182.0	82 244.0	92 150.0	97 287.0	107 556.0	116 518.0
Hong Kong, Chine	13 012.0	14 567.0	15 009.0	14 996.0	16 888.0	64 741.0	69 367.0	68 944.0	81 234.0	82 546.0
Inde	11 514.0	11 647.0	12 155.0	13 123.0	13 734.0	33 241.0	35 361.0	38 634.0	44 458.0	45 984.0
Indonesie	438.0	504.0	527.0	585.0	689.0	15 674.0	15 717.0	14 944.0	15 171.0	11 140.0
République islamique d'Iran	1.0	1.0	1.0	1.0	1.0	2.0	2.0	2.0	2.0	2.0
Malaisie	1 304.0	1 307.0	1 484.0	1 471.0	2 417.0	14 642.0	15 765.0	14 606.0	15 080.0	13 581.0
Philippines	.. c	856.0	892.0	975.0	377.0	4 073.0	5 992.0	6 325.0	7 116.0	7 645.0
Singapour	33 675.0	38 573.0	82 786.0	88 596.0	54 227.0	229 189.0	253 277.0	255 344.0	274 260.0	218 835.0
Taipei Chinois	9 439.0	10 249.0	10 924.0	11 306.0	14 093.0	15 942.0	15 295.0	15 935.0	17 031.0	17 530.0
Thaïlande	515.0	514.0	2 139.0	2 160.0	2 056.0	18 143.0	17 942.0	18 021.0	15 006.0	17 667.0
Viet Nam	11.0	11.0	11.0	12.0	10.0	1 746.0	1 816.0	1 956.0	2 010.0	2 358.0
AUSTRALIE, OCÉANIE ET RÉGIONS POLAIRES	**.. c**	**.. c**	**.. c**	**.. c**	**.. c**	**.. c**	**.. c**	**.. c**	**.. c**	**.. c**
TOTAL MONDE non alloué et confidentiel	**2 430.0**	**689.0**	**694.0**	**27.0**	**51.0**	**23 127.0**	**20 854.0**	**21 694.0**	**28 228.0**	**23 529.0**
Union européenne (UE28)	**1 561 324.0**	**1 838 900.0**	**2 019 137.0**	**2 127 626.0**	**2 326 836.0**	**2 659 118.0**	**2 810 011.0**	**3 041 226.0**	**3 244 095.0**	**3 269 739.0**
Pays du G20 hors Union Européenne	**2 107 403.0**	**2 345 021.0**	**2 494 167.0**	**2 737 648.0**	**2 905 523.0**	**1 882 747.0**	**1 879 577.0**	**1 993 943.0**	**2 127 309.0**	**2 168 375.0**
Pays OCDE du G20	**2 022 150.0**	**2 231 482.0**	**2 358 374.0**	**2 595 158.0**	**2 761 984.0**	**1 641 403.0**	**1 637 668.0**	**1 730 839.0**	**1 844 645.0**	**1 874 864.0**
Pays non-OCDE du G20	**85 253.0**	**113 539.0**	**135 793.0**	**142 490.0**	**143 539.0**	**241 344.0**	**241 909.0**	**263 104.0**	**282 664.0**	**293 511.0**
Pays MENA	**.. d**	**.. d**	**.. d**	**.. d**	**.. d**	**.. d**	**.. d**	**.. d**	**.. d**	**.. d**
Pays ANASE	**.. d**	**.. d**	**.. d**	**.. d**	**.. d**	**283 583.0**	**310 640.0**	**311 348.0**	**328 809.0**	**.. d**

- Néant ; .. Non disponible ; c Donnée confidentielle ; d Confidentialité Secondaire

Note : Les positions d'IDE entrants sont allouées selon le pays investisseur ultime. Voir les métadonnées détaillées sur : *http://stats.oecd.org/OECDStat_Metadata/ShowMetadata.ashx?Dataset=FDI_CTRY_IND_SUMM&lang=fr.*

1. Informations sur les données concernant Israël : *http://oe.cd/israel-disclaimer.*
2. Note de la Turquie : Les informations figurant dans ce document et faisant référence à « Chypre » concernent la partie méridionale de l'île. Il n'y a pas d'autorité unique représentant à la fois les Chypriotes turcs et grecs sur l'île. La Turquie reconnaît la République Turque de Chypre Nord (RTCN). Jusqu'à ce qu'une solution durable et équitable soit trouvée dans le cadre des Nations Unies, la Turquie maintiendra sa position sur la « question chypriote ».
3. Note de tous les États de l'Union européenne membres de l'OCDE et del'Union européenne : La République de Chypre est reconnue par tous les membres des Nations Unies sauf la Turquie. Les informations figurant dans ce document concernent la zone sous le contrôle effectif du gouvernement de la République de Chypre.

Source : Statistiques de l'OCDE sur l'investissement direct international (base de données) : https://doi.org/10.1787/idi-data-fr

Tableau 3. Revenus des investissements directs étrangers par pays

Millions de dollars des ÉU

	Entrant					Sortant				
	2014	2015	2016	2017	2018	2014	2015	2016	2017	2018
TOTAL MONDE	**177 294.0**	**149 926.0**	**155 978.0**	**173 778.0**	**208 078.0**	**457 122.0**	**433 333.0**	**427 542.0**	**470 933.0**	**531 010.0**
Pays membres de l'OCDE	**..**	**..**	**..**	**..**	**.. d**	**299 164.0**	**300 546.0**	**297 512.0**	**..**	**348 717.0**
Australie	3 040.0	1 221.0	555.0	908.0	4 267.0	9 079.0	8 743.0	6 881.0	7 912.0	10 254.0
Autriche	532.0	509.0	565.0	728.0	943.0	2 264.0	172.0	409.0	471.0	804.0
Belgique	4 748.0	2 616.0	3 289.0	8 339.0	6 262.0	3 483.0	3 244.0	4 343.0	6 166.0	5 713.0
Canada	15 032.0	14 732.0	14 485.0	22 273.0	27 330.0	31 718.0	21 096.0	19 077.0	27 354.0	30 619.0
Chili	69.0	69.0	84.0	-16.0	200.0	2 764.0	2 091.0	1 636.0	1 810.0	2 326.0
République Tchèque	-	-	-	1.0	6.0	767.0	596.0	481.0	473.0	560.0
Danemark	1 095.0	1 051.0	1 110.0	1 206.0	1 627.0	696.0	668.0	741.0	471.0	192.0
Estonie	.. c	-	-	-	-	6.0	2.0	2.0	7.0	12.0
Finlande	612.0	398.0	466.0	320.0	846.0	65.0	109.0	126.0	285.0	115.0
France	10 774.0	15 808.0	12 017.0	10 999.0	11 277.0	4 084.0	1 445.0	2 820.0	3 010.0	1 587.0
Allemagne	17 595.0	12 872.0	14 683.0	13 043.0	23 422.0	2 850.0	6 322.0	4 851.0	6 156.0	6 810.0
Grèce	.. c	.. c	.. c	.. c	.. c	130.0	19.0	127.0	130.0	200.0
Hongrie	.. c	445.0	.. c	.. c	.. c	524.0	591.0	455.0	656.0	570.0
Islande	.. c	.. c	268.0	292.0	.. c	51.0	43.0	47.0	74.0	83.0
Irlande	3 752.0	9 772.0	7 094.0	10 741.0	8 433.0	43 670.0	56 589.0	52 366.0	51 804.0	53 071.0
Israël[1]	302.0	-845.0	226.0	308.0	166.0	363.0	260.0	546.0	560.0	381.0
Italie	1 815.0	516.0	476.0	645.0	1 353.0	1 415.0	1 622.0	1 792.0	1 457.0	1 534.0
Japon	20 126.0	17 789.0	16 637.0	24 355.0	24 765.0	8 928.0	12 365.0	12 832.0	13 681.0	13 088.0
Corée	2 734.0	1 948.0	1 251.0	1 627.0	1 857.0	2 165.0	2 867.0	2 475.0	2 228.0	2 963.0
Lettonie	-	-	-	-	1.0	7.0	8.0	11.0	10.0	8.0
Lituanie	-	-	-	-	-	4.0	-	-1.0	-	-1.0
Luxembourg	7 597.0	8 264.0	13 698.0	12 881.0	16 145.0	41 095.0	28 340.0	34 819.0	36 825.0	36 050.0
Mexique	1 858.0	1 352.0	1 208.0	1 269.0	1 417.0	7 057.0	7 351.0	6 514.0	8 962.0	8 562.0
Pays-Bas	20 740.0	16 069.0	18 645.0	15 546.0	19 187.0	70 382.0	70 573.0	72 130.0	76 083.0	86 618.0
Nouvelle-Zélande	21.0	-64.0	-124.0	-8.0	377.0	433.0	537.0	531.0	633.0	595.0
Norvège	732.0	71.0	-638.0	442.0	2 121.0	4 062.0	1 750.0	854.0	1 630.0	1 505.0
Pologne	.. c	22.0	.. c	.. c	.. c	748.0	601.0	1 060.0	666.0	1 096.0
Portugal	13.0	10.0	-2.0	23.0	-46.0	294.0	207.0	232.0	272.0	165.0
République slovaquie	.. c	-	-	-	1.0	51.0	37.0	-27.0	20.0	-11.0
Slovénie	-2.0	-	-	-	-	15.0	22.0	20.0	17.0	12.0
Espagne	1 079.0	2 105.0	1 518.0	1 571.0	3 111.0	2 595.0	3 088.0	1 958.0	3 229.0	3 257.0
Suède	3 274.0	3 278.0	3 278.0	3 498.0	3 616.0	1 558.0	809.0	463.0	1 880.0	1 181.0
Suisse	20 075.0	19 588.0	18 300.0	15 660.0	20 165.0	22 567.0	28 953.0	30 321.0	30 474.0	31 408.0
Turquie	.. c	.. c	115.0	71.0	.. c	312.0	412.0	320.0	577.0	639.0
Royaume-Uni	27 147.0	8 942.0	18 697.0	20 467.0	18 822.0	32 973.0	39 022.0	36 299.0	41 311.0	46 751.0
Etats-Unis	-	-	-	-	-	-	-	-	-	-
EUROPE	**122 793.0**	**103 476.0**	**114 812.0**	**118 276.0**	**139 429.0**	**233 708.0**	**243 582.0**	**.. c**	**.. c**	**.. c**
Bulgarie	-	2.0	3.0	-1.0	7.0	73.0	71.0	58.0	63.0	64.0
Croatie	-	-	-	-	-	-6.0	-2.0	10.0	11.0	10.0
Chypre[2, 3]	43.0	94.0	122.0	-10.0	-39.0	81.0	103.0	66.0	254.0	182.0
Malte	22.0	.. c	.. c	.. c	.. c	41.0	44.0	45.0	53.0	73.0
Roumanie	-	-	-	-	-	127.0	-60.0	-8.0	77.0	235.0
Russie	-60.0	-286.0	-33.0	231.0	326.0	330.0	630.0	1 008.0	1 331.0	1 338.0
Ukraine	-	-	-	-	-	134.0	42.0	40.0	83.0	100.0
AFRIQUE	**488.0**	**189.0**	**-3.0**	**170.0**	**159.0**	**5 523.0**	**2 915.0**	**2 208.0**	**3 435.0**	**4 182.0**
Afrique septentrionale	2.0	3.0	.. c	.. c	.. c	2 307.0	569.0	390.0	.. c	1 596.0
Algérie	-	-	-	-	-	1 125.0	477.0	460.0	564.0	467.0
Egypte	2.0	3.0	.. c	.. c	.. c	1 121.0	105.0	113.0	508.0	1 031.0
Libye	-	-	-	-	-	44.0	-27.0	-140.0	.. c	80.0
Maroc	-	-	-	-	-	-4.0	15.0	-43.0	1.0	-2.0
Tunisie	-	-	-	-	-	21.0	-1.0	-	3.0	20.0
Autres pays africains	486.0	186.0	.. c	.. c	.. c	3 216.0	2 346.0	1 818.0	.. c	2 586.0
Nigéria	.. c	.. c	.. c	8.0	.. c	1 101.0	1 120.0	696.0	821.0	452.0
Afrique du Sud	414.0	.. c	11.0	-21.0	-1.0	499.0	420.0	292.0	852.0	668.0
AMÉRIQUE	**23 867.0**	**23 292.0**	**21 319.0**	**26 663.0**	**33 721.0**	**117 230.0**	**103 307.0**	**102 961.0**	**113 471.0**	**131 947.0**
Amérique du Nord	15 032.0	14 732.0	14 485.0	22 273.0	27 330.0	31 717.0	21 095.0	19 076.0	27 353.0	30 618.0
Amérique du Nord	7 778.0	7 648.0	6 609.0	4 033.0	5 488.0	73 721.0	75 015.0	77 781.0	77 210.0	90 884.0
Bahamas	86.0	66.0	-31.0	-23.0	8.0	4 145.0	2 818.0	717.0	592.0	223.0
Bermudes	1 965.0	2 718.0	1 358.0	104.0	989.0	34 806.0	38 357.0	41 554.0	32 341.0	35 178.0
Îles Cayman	3 939.0	3 143.0	3 896.0	2 234.0	2 389.0	24 338.0	23 664.0	26 279.0	33 235.0	41 804.0
Costa Rica	2.0	1.0	-1.0	1.0	-3.0	228.0	174.0	125.0	127.0	143.0
El Salvador	-	-	-	-	-	126.0	38.0	594.0	298.0	349.0
Guatemala	-	-	-	-	-	77.0	31.0	10.0	73.0	60.0
Honduras	-	-	-	-	-	16.0	61.0	111.0	68.0	-77.0
Nicaragua	-	-	-	-	-	1.0	-9.0	-24.0	-18.0	-24.0
Panama	148.0	301.0	116.0	13.0	132.0	107.0	308.0	474.0	603.0	618.0
Îles Vierges, US	..	..	..	..	..	..	..	..	..	..
Amérique du Sud	1 057.0	912.0	225.0	357.0	903.0	11 776.0	7 189.0	6 095.0	8 912.0	10 450.0
Argentine	.. c	-88.0	-70.0	.. c	55.0	971.0	1 451.0	1 723.0	1 965.0	1 450.0
Bolivie	-	-	-	-	-	-	39.0	108.0	80.0	70.0
Brésil	175.0	12.0	-8.0	-55.0	-81.0	4 666.0	2 068.0	2 390.0	3 389.0	3 846.0
Colombie	74.0	19.0	21.0	23.0	25.0	811.0	286.0	343.0	731.0	1 139.0
Equateur	1.0	1.0	.. c	3.0	7.0	183.0	99.0	147.0	125.0	60.0
Paraguay	-	-	-	-	-	22.0	9.0	21.0	.. c	22.0
Pérou	.. c	.. c	.. c	.. c	.. c	1 183.0	151.0	321.0	484.0	741.0
Uruguay	46.0	67.0	27.0	9.0	15.0	50.0	8.0	-52.0	110.0	129.0
Venezuela	.. c	.. c	196.0	342.0	.. c	1 199.0	1 094.0	-475.0	51.0	261.0
ASIE	**.. c**	**.. c**	**19 367.0**	**.. c**	**.. c**	**.. c**	**73 941.0**	**.. c**	**.. c**	**.. c**

Tableau 3. Revenus des investissements directs étrangers par pays *(suite)*

Millions de dollars des ÉU

	Entrant					Sortant				
	2014	2015	2016	2017	2018	2014	2015	2016	2017	2018
Proche et Moyen Orient	346.0	-244.0	1 053.0	877.0	.. c	.. c	9 343.0	.. c	.. c	.. c
Pays du Golfe	48.0	604.0	830.0	573.0	.. c	.. c	8 906.0	5 135.0	6 800.0	7 607.0
Koweït	25.0	66.0	29.0	20.0	24.0	44.0	40.0	-28.0	32.0	9.0
Qatar	.. c	.. c	.. c	.. c	.. c	10 002.0	6 210.0	3 338.0	4 314.0	5 053.0
Arabie saoudite	.. c	.. c	.. c	.. c	.. c	1 893.0	1 355.0	1 105.0	1 147.0	1 020.0
Emirats Arabes Unis	166.0	197.0	237.0	150.0	104.0	1 897.0	1 809.0	1 272.0	1 503.0	1 366.0
Autres pays du Proche et Moyen Orient	298.0	-848.0	223.0	304.0	.. c	.. c	437.0	.. c	.. c	.. c
Jordanie	-4.0	-4.0	-4.0	-5.0	.. c	.. c	24.0	30.0	36.0	27.0
Autres pays asiatiques	.. c	.. c	18 314.0	.. c	.. c	.. c	64 598.0	.. c	.. c	.. c
Chine	1 416.0	683.0	-248.0	454.0	811.0	13 593.0	10 674.0	12 106.0	13 417.0	13 073.0
Hong Kong, Chine	262.0	-284.0	-109.0	-748.0	564.0	5 237.0	5 663.0	4 407.0	6 056.0	7 867.0
Inde	657.0	477.0	120.0	353.0	174.0	3 239.0	3 110.0	4 112.0	4 983.0	4 482.0
Indonesie	25.0	20.0	28.0	.. c	27.0	2 231.0	989.0	1 161.0	1 472.0	3 483.0
République islamique d'Iran	-	-	-	-	-	-	-	-	-	-
Malaisie	4.0	-	4.0	2.0	21.0	2 814.0	1 539.0	957.0	1 012.0	1 182.0
Philippinoc	.. c	.. c	1.0	2.0	3.0	703.0	435.0	814.0	1 096.0	837.0
Singapour	845.0	831.0	173.0	71.0	480.0	31 019.0	22 937.0	25 002.0	24 496.0	35 579.0
Taipei Chinois	618.0	554.0	382.0	622.0	738.0	1 332.0	1 177.0	1 334.0	1 407.0	1 493.0
Thaïlande	19.0	18.0	89.0	.. c	-54.0	1 645.0	1 315.0	1 675.0	2 298.0	2 575.0
Viet Nam	-	-	-	-	-2.0	52.0	79.0	111.0	58.0	248.0
AUSTRALIE, OCÉANIE ET RÉGIONS POLAIRES	**.. c**	**.. c**	**483.0**	**.. c**	**.. c**	**.. c**	**9 587.0**	**.. c**	**.. c**	**10 939.0**
TOTAL MONDE non alloué et confidentiel	**-128.0**	**2.0**	**-**	**170.0**	**471.0**	**3 856.0**	**1.0**	**-13 340.0**	**-6 725.0**	**1 884.0**
Union européenne (UE28)	**101 756.0**	**82 831.0**	**96 287.0**	**100 933.0**	**116 047.0**	**209 991.0**	**214 242.0**	**215 648.0**	**231 858.0**	**246 856.0**
Pays du G20 hors Union Européenne	**.. d**	**.. d**	**.. d**	**.. d**	**.. d**	**128 003.0**	**121 942.0**	**117 758.0**	**141 204.0**	**152 167.0**
Pays OCDE du G20	**.. d**	**.. d**	**80 124.0**	**95 657.0**	**.. d**	**100 581.0**	**101 245.0**	**93 861.0**	**112 648.0**	**122 807.0**
Pays non-OCDE du G20	**.. d**	**.. d**	**.. d**	**.. d**	**.. d**	**27 422.0**	**20 697.0**	**23 897.0**	**28 556.0**	**29 360.0**
Pays MENA	**..**	**..**	**..**	**..**	**.. d**	**.. d**	**.. d**	**.. d**	**.. d**	**.. d**
Pays ANASE	**..**	**..**	**295.0**	**..**	**.. d**	**38 476.0**	**27 306.0**	**29 732.0**	**30 441.0**	**.. d**

- Néant ; .. Non disponible ; c Donnée confidentielle ; d Confidentialité Secondaire

Note : Voir les métadonnées détaillées sur : *http://stats.oecd.org/OECDStat_Metadata/ShowMetadata.ashx?Dataset=FDI_CTRY_IND_SUMM&lang=fr.*

1. Informations sur les données concernant Israël : *http://oe.cd/israel-disclaimer.*
2. Note de la Turquie : Les informations figurant dans ce document et faisant référence à « Chypre » concernent la partie méridionale de l'île. Il n'y a pas d'autorité unique représentant à la fois les Chypriotes turcs et grecs sur l'île. La Turquie reconnaît la République Turque de Chypre Nord (RTCN). Jusqu'à ce qu'une solution durable et équitable soit trouvée dans le cadre des Nations Unies, la Turquie maintiendra sa position sur la « question chypriote ».
3. Note de tous les États de l'Union européenne membres de l'OCDE et del'Union européenne : La République de Chypre est reconnue par tous les membres des Nations Unies sauf la Turquie. Les informations figurant dans ce document concernent la zone sous le contrôle effectif du gouvernement de la République de Chypre.

Source : Statistiques de l'OCDE sur l'investissement direct international (base de données) : https://doi.org/10.1787/idi-data-fr

Tableau 4. Investissement direct étranger : flux par secteur industriel

Millions de dollars des ÉU

	Entrant					Sortant				
	2014	2015	2016	2017	2018	2014	2015	2016	2017	2018
All FDI activities	**201 733.0**	**467 625.0**	**471 792.0**	**277 258.0**	**253 561.0**	**333 014.0**	**264 359.0**	**289 261.0**	**300 378.0**	**-90 623.0**
Agriculture, sylviculture et pêche	**603.0**	**152.0**	**-194.0**	**379.0**	**804.0**	**931.0**	**172.0**	**183.0**	**233.0**	**105.0**
Industries extractives	**12 781.0**	**3 350.0**	**22 039.0**	**7 246.0**	**-1 666.0**	**15 213.0**	**416.0**	**-4 488.0**	**-16 672.0**	**-4 259.0**
Activités d'extraction	10 660.0	4 903.0	19 409.0	5 374.0	-861.0	11 711.0	-1 390.0	-3 376.0	-16 089.0	-5 006.0
Activités de fabrication	**162 123.0**	**230 981.0**	**204 441.0**	**95 575.0**	**166 889.0**	**55 037.0**	**43 502.0**	**52 609.0**	**77 073.0**	**50 911.0**
dont :										
Produits alimentaires, boissons et tabac	42 658.0	15 928.0	32 294.0	6 736.0	37 807.0	6 951.0	5 947.0	5 831.0	8 982.0	5 247.0
Textiles, bois, papier, imprimerie	987.0	666.0	.. c	.. c	3 938.0	2 478.0	470.0	818.0	2 868.0	807.0
Produits pétroliers, chimiques, pharmaceutiques, caoutchouc, plastique, minéraux	86 136.0	164 986.0	125 825.0	52 238.0	94 712.0	14 226.0	9 024.0	.. c	.. c	.. c
Ouvrages en métaux et machines, sauf matériels électriques	24 875.0	22 071.0	32 242.0	19 059.0	21 329.0	23 894.0	14 926.0	18 561.0	34 497.0	22 230.0
Automobiles, remorques, semi-remorques, autres matériels de transport	8 014.0	21 511.0	7 505.0	11 668.0	9 415.0	4 591.0	11 282.0	7 446.0	9 160.0	3 375.0
Autres activités de fabrication	-548.0	5 820.0	.. c	.. c	-311.0	2 897.0	1 853.0	.. c	.. c	.. c
Production et distribution d'électricité, de gaz, de vapeur et de climatisation	**.. c**	**.. c**	**.. c**	**.. c**	**.. c**	**4 648.0**	**1 140.0**	**1 377.0**	**1 376.0**	**-105.0**
Distribution de l'eau ; assainissement, traitement des déchets et dépollution	**.. c**	**.. c**	**.. c**	**.. c**	**.. c**	**135.0**	**-29.0**	**-121.0**	**50.0**	**-48.0**
Construction	**4 735.0**	**2 563.0**	**670.0**	**636.0**	**-1 605.0**	**1 681.0**	**174.0**	**1 308.0**	**-450.0**	**-1 078.0**
Services	**12 309.0**	**231 243.0**	**.. c**	**167 233.0**	**81 036.0**	**255 368.0**	**218 985.0**	**238 391.0**	**238 768.0**	**-136 145.0**
Commerce de gros et de détail ; réparations automobiles et motocycles	45 594.0	30 558.0	21 737.0	72 057.0	80 189.0	16 341.0	11 678.0	21 613.0	14 286.0	-14 102.0
Transport et entreposage	19 227.0	7 609.0	21 746.0	4 251.0	4 996.0	2 630.0	3 021.0	3 947.0	10 232.0	-1 488.0
Activités d'hébergement et de restauration	174.0	2 174.0	1 881.0	11 415.0	1 010.0	3 306.0	774.0	1 781.0	-378.0	3 231.0
Information et communication	11 178.0	8 810.0	9 695.0	5 974.0	5 504.0	20 404.0	13 488.0	21 503.0	19 997.0	51 810.0
Activités financières et d'assurances	-99 305.0	152 978.0	.. c	54 425.0	40 523.0	178 231.0	168 550.0	163 795.0	169 729.0	-201 739.0
Activités des sociétés holding	-124 001.0	86 662.0	.. c	14 065.0	6 632.0	172 172.0	159 366.0	147 587.0	127 632.0	-318 145.0
Activités immobilières	6 142.0	5 618.0	7 383.0	6 915.0	35 006.0	1 101.0	1 670.0	396.0	1 923.0	39.0
Activités professionnelles, scientifiques et techniques	18 802.0	22 593.0	.. c	6 522.0	-96 363.0	17 800.0	7 065.0	8 771.0	-1 853.0	9 597.0
Activités de services administratifs et d'appui	9 629.0	-2 457.0	.. c	5 297.0	2 169.0	12 229.0	11 991.0	14 450.0	14 599.0	14 076.0
Administration publique; activités des ménages et des organismes extra-territoriaux	..	..	..	..	..	..	..	..	..	..
Éducation	382.0	914.0	1 524.0	-883.0	-290.0	531.0	311.0	-283.0	641.0	337.0
Santé humaine et action sociale	427.0	548.0	3 547.0	1 731.0	226.0	1 316.0	662.0	285.0	462.0	282.0
Arts, spectacles et loisirs	101.0	893.0	434.0	441.0	7 463.0	309.0	-1 034.0	1 414.0	7 645.0	425.0
Autres services	-42.0	1 005.0	1 791.0	-912.0	603.0	1 170.0	809.0	719.0	1 485.0	1 387.0
Not allocated and confidential	**9 254.0**	**-3 700.0**	**82 945.0**	**..**	**8 103.0**	**-**	**-1.0**	**-2.0**	**..**	**-4.0**
Activités immobilières privées	..	..	..	..	..	..	..	..	..	..

- Néant ; .. Non disponible ; c Donnée confidentielle

Note : Voir les métadonnées détaillées sur : *http://stats.oecd.org/OECDStat_Metadata/ShowMetadata.ashx?Dataset=FDI_CTRY_IND_SUMM&lang=fr.*

Source : Statistiques de l'OCDE sur l'investissement direct international (base de données) : https://doi.org/10.1787/idi-data-fr

Tableau 5. Encours des investissement directs étrangers par secteur industriel

En fin d'année

Millions de dollars des ÉU

	Entrant					Sortant				
	2014	2015	2016	2017	2018	2014	2015	2016	2017	2018
All FDI activities	**2 945 795.0**	**3 354 907.0**	**3 765 114.0**	**4 025 492.0**	**4 344 610.0**	**5 108 835.0**	**5 289 071.0**	**5 586 030.0**	**6 013 335.0**	**5 950 991.0**
Agriculture, sylviculture et pêche	**4 657.0**	**4 519.0**	**4 313.0**	**4 667.0**	**5 652.0**	**6 347.0**	**6 800.0**	**7 019.0**	**7 395.0**	**6 526.0**
Industries extractives	**126 961.0**	**117 142.0**	**127 161.0**	**132 270.0**	**132 061.0**	**214 287.0**	**180 418.0**	**169 643.0**	**159 493.0**	**156 795.0**
Activités d'extraction	91 775.0	83 594.0	91 209.0	94 988.0	91 773.0	159 792.0	133 823.0	127 422.0	117 920.0	114 814.0
Activités de fabrication	**1 114 540.0**	**1 359 812.0**	**1 541 897.0**	**1 607 209.0**	**1 771 552.0**	**654 335.0**	**693 847.0**	**735 648.0**	**870 099.0**	**902 555.0**
dont :										
Produits alimentaires, boissons et tabac	123 224.0	153 111.0	171 621.0	181 051.0	217 070.0	122 699.0	115 332.0	122 680.0	136 412.0	143 604.0
Textiles, bois, papier, imprimerie	14 586.0	18 105.0	.. c	22 179.0	26 145.0	19 852.0	20 834.0	20 272.0	23 262.0	24 049.0
Produits pétroliers, chimiques, pharmaceutiques, caoutchouc, plastique, minéraux	529 813.0	708 611.0	821 544.0	841 488.0	1 006 276.0	197 656.0	204 271.0	.. c	.. c	.. c
Ouvrages en métaux et machines, sauf matériels électriques	267 770.0	277 034.0	315 552.0	332 494.0	357 080.0	232 451.0	260 665.0	269 274.0	321 162.0	351 402.0
Automobiles, remorques, semi-remorques, autres matériels de transport	116 026.0	131 842.0	137 475.0	149 571.0	151 914.0	54 198.0	62 087.0	73 112.0	84 912.0	86 189.0
Autres activités de fabrication	63 122.0	71 109.0	.. c	00 427.0	13 069.0	27 480.0	30 659.0	.. c	.. c	.. c
Production et distribution d'électricité, de gaz, de vapeur et de climatisation	**.. c**	**.. c**	**.. c**	**.. c**	**.. c**	**15 795.0**	**16 274.0**	**14 108.0**	**16 287.0**	**15 303.0**
Distribution de l'eau ; assainissement, traitement des déchets et dépollution	**.. c**	**.. c**	**.. c**	**.. c**	**.. c**	**1 683.0**	**1 251.0**	**1 228.0**	**1 224.0**	**1 305.0**
Construction	**20 970.0**	**23 178.0**	**24 299.0**	**23 290.0**	**22 440.0**	**4 255.0**	**4 075.0**	**5 616.0**	**5 215.0**	**4 506.0**
Services	**1 609 055.0**	**1 785 372.0**	**1 986 409.0**	**2 168 333.0**	**2 316 811.0**	**4 212 131.0**	**4 386 407.0**	**4 652 766.0**	**4 953 622.0**	**4 864 001.0**
Commerce de gros et de détail ; réparations automobiles et motocycles	391 335.0	434 145.0	449 664.0	514 043.0	594 623.0	297 613.0	291 265.0	310 189.0	330 428.0	299 062.0
Transport et entreposage	74 396.0	70 394.0	91 187.0	97 759.0	102 827.0	33 393.0	33 911.0	42 716.0	52 315.0	46 143.0
Activités d'hébergement et de restauration	15 059.0	17 766.0	19 774.0	31 389.0	43 630.0	18 918.0	18 671.0	26 968.0	27 267.0	29 678.0
Information et communication	147 618.0	168 281.0	172 933.0	184 168.0	180 441.0	179 689.0	198 689.0	207 182.0	226 576.0	286 330.0
Activités financières et d'assurances	728 412.0	806 094.0	.. c	.. c	970 639.0	3 378 448.0	3 516 420.0	3 715 424.0	3 935 016.0	3 801 657.0
Activités des sociétés holding	144 413.0	168 184.0	.. c	.. c	229 219.0	2 472 128.0	2 678 541.0	2 857 262.0	2 991 188.0	2 772 320.0
Activités immobilières	45 842.0	52 755.0	58 866.0	67 197.0	105 620.0	38 420.0	39 505.0	39 806.0	42 497.0	43 536.0
Activités professionnelles, scientifiques et techniques	137 115.0	165 832.0	.. c	.. c	203 849.0	120 733.0	125 583.0	131 491.0	132 117.0	146 019.0
Activités de services administratifs et d'appui	52 851.0	49 615.0	73 848.0	77 049.0	78 459.0	116 879.0	132 847.0	147 515.0	164 497.0	170 293.0
Administration publique; activités des ménages et des organismes extra-territoriaux	..	..	..	..	..	..	..	..	..	..
Éducation	2 717.0	3 655.0	4 876.0	3 944.0	3 793.0	2 691.0	2 650.0	2 425.0	3 072.0	3 269.0
Santé humaine et action sociale	9 284.0	9 697.0	13 195.0	15 005.0	16 043.0	7 315.0	7 841.0	8 158.0	8 675.0	6 564.0
Arts, spectacles et loisirs	2 400.0	3 241.0	3 574.0	3 936.0	11 394.0	10 691.0	10 799.0	11 046.0	20 088.0	19 023.0
Autres services	2 026.0	3 897.0	5 721.0	4 904.0	5 493.0	7 341.0	8 226.0	9 846.0	11 074.0	12 427.0
Not allocated and confidential	**67 067.0**	**66 389.0**	**621 938.0**	**..**	**96 094.0**	**12 534.0**	**12 838.0**	**-**	**..**	**-**
Activités immobilières privées	..	..	..	..	..	..	..	..	..	..

- Néant ; .. Non disponible ; c Donnée confidentielle

Note : Voir les métadonnées détaillées sur : *http://stats.oecd.org/OECDStat_Metadata/ShowMetadata.ashx?Dataset=FDI_CTRY_IND_SUMM&lang=fr.*

Source : Statistiques de l'OCDE sur l'investissement direct international (base de données) : https://doi.org/10.1787/idi-data-fr

ÉTATS-UNIS

Tableau 6. Revenus des investissements directs étrangers par secteur industriel

Millions de dollars des ÉU

	Entrant					Sortant				
	2014	2015	2016	2017	2018	2014	2015	2016	2017	2018
All FDI activities	**177 294.0**	**149 926.0**	**155 978.0**	**173 778.0**	**208 078.0**	**457 122.0**	**433 333.0**	**427 542.0**	**470 933.0**	**531 010.0**
Agriculture, sylviculture et pêche	**186.0**	**65.0**	**192.0**	**142.0**	**166.0**	**452.0**	**290.0**	**516.0**	**274.0**	**206.0**
Industries extractives	**8 952.0**	**-518.0**	**-1 753.0**	**752.0**	**3 827.0**	**18 173.0**	**3 541.0**	**3 157.0**	**9 819.0**	**14 932.0**
Activités d'extraction	6 690.0	-1 130.0	-2 643.0	-1 045.0	2 401.0	13 671.0	1 143.0	-267.0	4 974.0	7 492.0
Activités de fabrication	**70 634.0**	**64 636.0**	**76 148.0**	**88 786.0**	**94 473.0**	**63 148.0**	**67 102.0**	**72 037.0**	**81 077.0**	**79 791.0**
dont :										
Produits alimentaires, boissons et tabac	8 679.0	5 461.0	9 532.0	13 704.0	11 703.0	10 358.0	7 840.0	7 703.0	10 173.0	10 049.0
Textiles, bois, papier, imprimerie	867.0	923.0	1 114.0	1 282.0	1 469.0	1 089.0	1 688.0	1 954.0	2 387.0	2 695.0
Produits pétroliers, chimiques, pharmaceutiques, caoutchouc, plastique, minéraux	34 569.0	35 449.0	37 376.0	45 161.0	48 980.0	19 787.0	22 245.0	25 974.0	27 160.0	24 927.0
Ouvrages en métaux et machines, sauf matériels électriques	15 461.0	11 110.0	15 867.0	13 107.0	19 894.0	23 814.0	22 430.0	26 532.0	28 174.0	33 406.0
Automobiles, remorques, semi-remorques, autres matériels de transport	9 520.0	8 803.0	8 881.0	11 648.0	11 583.0	6 149.0	10 632.0	7 699.0	9 937.0	7 991.0
Autres activités de fabrication	1 535.0	2 889.0	3 379.0	3 882.0	845.0	1 950.0	2 266.0	2 175.0	3 246.0	722.0
Production et distribution d'électricité, de gaz, de vapeur et de climatisation	**.. c**	**.. c**	**.. c**	**2 815.0**	**3 440.0**	**.. c**	**1 980.0**	**1 951.0**	**1 456.0**	**1 368.0**
Distribution de l'eau ; assainissement, traitement des déchets et dépollution	**.. c**	**.. c**	**.. c**	**205.0**	**406.0**	**.. c**	**28.0**	**45.0**	**47.0**	**-8.0**
Construction	**1 593.0**	**1 458.0**	**951.0**	**-680.0**	**-803.0**	**1 136.0**	**823.0**	**275.0**	**-98.0**	**-343.0**
Services	**92 624.0**	**82 089.0**	**.. c**	**81 758.0**	**106 567.0**	**371 831.0**	**359 568.0**	**349 559.0**	**378 357.0**	**435 060.0**
Commerce de gros et de détail ; réparations automobiles et motocycles	25 104.0	23 551.0	13 420.0	19 007.0	31 911.0	33 638.0	24 803.0	26 464.0	26 899.0	35 099.0
Transport et entreposage	3 209.0	3 793.0	3 210.0	4 478.0	5 600.0	3 647.0	3 580.0	4 235.0	4 492.0	3 785.0
Activités d'hébergement et de restauration	876.0	987.0	1 526.0	1 238.0	1 314.0	2 036.0	2 627.0	2 778.0	3 019.0	2 762.0
Information et communication	3 608.0	2 611.0	1 836.0	3 037.0	6 233.0	16 333.0	14 756.0	17 485.0	17 566.0	16 781.0
Activités financières et d'assurances	50 252.0	38 939.0	45 997.0	40 635.0	47 240.0	286 326.0	280 867.0	262 109.0	283 832.0	342 692.0
Activités des sociétés holding	11 071.0	7 383.0	9 835.0	11 201.0	13 118.0	241 504.0	231 586.0	215 719.0	229 567.0	276 179.0
Activités immobilières	1 228.0	1 546.0	1 957.0	1 958.0	2 346.0	-234.0	508.0	1 386.0	1 882.0	1 687.0
Activités professionnelles, scientifiques et techniques	3 775.0	5 602.0	4 779.0	4 707.0	4 146.0	11 818.0	12 830.0	14 173.0	14 997.0	11 630.0
Activités de services administratifs et d'appui	3 942.0	4 427.0	.. c	5 833.0	6 370.0	15 870.0	17 861.0	18 849.0	22 347.0	17 166.0
Administration publique; activités des ménages et des organismes extra-territoriaux	..	..	..	..	..	..	..	..	..	..
Éducation	-2.0	-141.0	-81.0	-275.0	-326.0	250.0	260.0	307.0	376.0	423.0
Santé humaine et action sociale	636.0	754.0	863.0	910.0	910.0	180.0	215.0	151.0	374.0	221.0
Arts, spectacles et loisirs	-99.0	-41.0	-24.0	172.0	585.0	872.0	375.0	730.0	980.0	1 335.0
Autres services	95.0	61.0	-131.0	58.0	238.0	1 095.0	886.0	892.0	1 593.0	1 479.0
Not allocated and confidential	**3 229.0**	**2 261.0**	**4 587.0**	**..**	**2.0**	**-**	**1 417.0**	**1 737.0**	**..**	**4.0**
Activités immobilières privées	..	..	..	..	..	..	..	..	..	..

- Néant ; .. Non disponible ; c Donnée confidentielle

Note : Voir les métadonnées détaillées sur : *http://stats.oecd.org/OECDStat_Metadata/ShowMetadata.ashx?Dataset=FDI_CTRY_IND_SUMM&lang=fr.*

Source : Statistiques de l'OCDE sur l'investissement direct international (base de données) : https://doi.org/10.1787/idi-data-fr

www.ingramcontent.com/pod-product-compliance
Lightning Source LLC
LaVergne TN
LVHW080640011026
849160LV00014B/1277
* 9 7 8 9 2 6 4 3 1 3 2 6 2 *